不空全集

明生敬题

〔唐〕不空 撰
吕建福 编

下

中华书局

觀自在菩薩如意輪念誦儀軌①

大興善寺三藏沙門大廣智不空奉詔譯②

依《灌頂道場經》③，説修陀羅尼法門，求速出離生死大海，應須先入諸佛如來海會灌頂道場④。受⑤灌頂已，發歡喜心，從師⑥親受念誦法則。後於淨⑦室⑧、山林、流水最爲上勝⑨，建立道場，安置本尊⑩。修真言者面⑪向東方，應以⑫瞿摩夷塗拭其地，以白檀香磨爲香泥，以用塗壇⑬，或方或圓，隨意大小。而於壇上散諸名華，燒香供養⑭。取二淨器，盛滿⑮香水，安置壇中，以用供養⑯。行者澡浴⑰或不澡浴，悉無障礙。但⑱當運心思惟，觀察一切衆生本性清淨，爲諸客塵之所覆蔽，不見清淨真如法

---

① 底本，《中華藏》第1450號，第65册第793頁中—796頁下，原《金藏》廣勝寺本。校本，《中華藏》第1451號，第65册第800頁上—802頁下，原房山石經本。經名，校本作"觀自在如意輪菩薩念誦法一卷"。經名後，原有"一卷"，《中華藏》校勘《南》《徑》《清》無，卷末亦無，此略。
② 譯名，校本作"師子國三藏阿目佉奉詔譯"，《中華藏》校勘《徑》《清》作"唐北天竺三藏沙門大廣智不空奉詔譯"，《麗》作"開府儀同三司特進試鴻臚卿肅國公食邑三千户賜紫贈司空謚大鑒正號大廣智大興善寺三藏沙門不空奉詔譯"。
③ "依《灌頂道場經》"，校本作"我依《蘇悉地經》"。
④ 灌頂道場，校本作"曼荼羅"。
⑤ "受"前，校本有"得"。
⑥ 師，校本作"阿闍梨"。
⑦ 淨，校本作"清淨"。
⑧ "室"後，校本有"中或於"。
⑨ 上勝，校本作"殊勝之處"。
⑩ 安置本尊，校本作"安本尊像"。
⑪ "面"前，校本有"於壇西"。
⑫ 以，原脱，據校本及《中華藏》校勘《麗》補。
⑬ 磨爲香泥以用塗壇，校本作"泥塗作曼荼羅位"。
⑭ 燒香供養，校本作"燒香燈明，以用供養"，《中華藏》校勘《麗》作"燒香燈明供養"。
⑮ 盛滿，校本作"滿盛"。
⑯ 以用供養，校本作"奉獻本尊，浴諸聖衆"。
⑰ "澡浴"前，校本有"或時"。
⑱ 但，校本作"應"。

性,爲令清淨,應當至心誦此密語①。真言曰:

唵引,一娑嚩二合婆,引嚩戌②度引啥二

　　由此真言加持③故,身、口、意業悉得清淨。然後五輪著地,歸命禮十方一切諸佛、諸大菩薩、方廣大乘④,右膝著地,懺悔、隨喜、勸請,發願⑤:

　　　　歸命十方正等覺! 最勝妙法菩薩衆!
　　　　以身口意清淨業,慇懃合掌恭敬禮。
　　　　無始輪迴諸有中,身口意業所生罪,
　　　　如佛菩薩所懺悔,我今陳懺亦如是⑥。
　　　　諸佛菩薩行願中,金剛三業所生福,
　　　　緣覺聲聞及有情,所集善根盡隨喜⑦。
　　　　一切世燈坐道場,覺眼開敷照三有,
　　　　我今蹋跪先勸請,轉於無上妙法輪。
　　　　所有如來三界主,臨般無餘涅槃者,
　　　　我皆勸請令久住,不捨悲願救世間。
　　　　懺悔隨喜勸請福,願我不失菩提心,
　　　　諸佛菩薩妙衆中,常爲善友不猒捨。
　　　　離於八難生無難,宿命住智相嚴身,
　　　　遠離愚迷具悲智,悉能滿足波羅蜜。
　　　　富樂豐饒生勝族,眷屬廣多恒熾盛,
　　　　四無礙辯十自在,六通諸禪悉圓滿。
　　　　如金剛幢及普賢,願讚迴向亦如是。

　　次⑧對本尊前結加趺坐,或半加坐,起大慈心⑨,我修此法,爲一切衆生速⑩證無上

---

　　① "真如法性"至"誦此密語",校本作"即蓮華合掌,以清淨心誦淨三業真言三遍"。"心"後,《中華藏》校勘《麗》有"蓮華合掌"。

　　② 戌,校本作"秝詩章反"。

　　③ "持"後,《中華藏》校勘《麗》有"力"。

　　④ "然後五輪著地"至"方廣大乘",校本作"然後歸命禮十方一切諸佛、諸大菩薩、方廣大乘、一切賢聖,即以五輪著地,虔誠作礼"。

　　⑤ "願"後,校本有"以至心每誦此偈",《中華藏》校勘《麗》同。

　　⑥ "是"後,《中華藏》校勘《普》《南》《徑》《清》有"我今深發歡喜心,隨喜一切福智聚"。

　　⑦ "喜"後,校本有"復觀諸佛坐道樹,已身各請轉法輪"。

　　⑧ "次"前,校本有"誦此偈已"。

　　⑨ 心,《中華藏》校勘《徑》作"悲",校本後有"作如是念"。

　　⑩ "速"前,校本有"願",《中華藏》校勘《麗》同。

正等菩提。先磨諸香，以用塗手，然後結於佛部三昧邪陀羅尼印①：以②二手虛心合掌，
開二頭指，屈輔二中指上節，二大指屈輔二頭指下節③，其印④即成。置⑤印當心，想⑥
於如來三十二相、八十種好，相好⑦分明，如對目前。至心誦⑧真言七徧，真言曰：

唵引，一怛佗引蘖覩引納婆二合嚩引也娑嚩二合，引訶引，二⑨

　　由結此印，及誦真言故⑩，即⑪警覺一切如來，悉當護念加持行者，以光明照觸，所
有罪障皆得消滅，壽命長遠，福慧增長，佛部聖衆擁護歡喜⑫，生生世世⑬離諸惡趣，蓮
華化生，速證無上正等菩提⑭。

　　次結蓮華⑮三昧邪印：以⑯二手虛心合掌，散開二頭指、二中指、二無名指，微屈如
蓮花⑰形，置⑱於當心，想觀自在菩薩相好具足⑲，誦⑳真言七徧，於頂右散㉑。真
言曰：

唵引，一跛那謨二合，引納婆二合嚩引也㉒娑嚩二合，引訶引，二㉓

　　由結此印及誦真言故㉔，即㉕警覺觀自在菩薩等㉖持蓮華者，一切菩薩蓮華部衆㉗

---

① “先磨諸香”至“陀羅尼印”，校本作“即以塗香塗手，先結佛部三昧耶印”。

② 以，校本無。

③ “下節”後，校本有“捻二中指上節，二大指屈附二頭指下節文”。

④ 其印，校本作“印相”。

⑤ 置，校本作“安”。

⑥ “想”前，校本有“應”。

⑦ 相好，校本作“了了”，《中華藏》校勘《麗》同。

⑧ “誦”後，校本有“此”，《中華藏》校勘《麗》同。

⑨ 此真言，校本作“唵怛他去，引蘗姤引納婆二合嚩引野娑嚩二合賀引”。

⑩ 故，校本無。

⑪ 即，校本無。

⑫ 擁護歡喜，校本作“護念加持”。

⑬ 生生世世，校本作“世世生生”。

⑭ 蓮花化生速證無上正等菩提，校本作“常生諸佛淨妙國土”。

⑮ “華”後，校本有“部”，《中華藏》校勘《麗》同。

⑯ 以，校本無。

⑰ 屈如蓮花，校本作“微屈如開敷蓮華”，《中華藏》校勘《麗》同。

⑱ 置，校本作“安”，《中華藏》校勘《麗》同。

⑲ 具足，校本作“圓滿”。

⑳ 誦，校本作“持妙蓮華即誦此”。

㉑ 散，校本作“散印”。

㉒ 也，校本作“野”。

㉓ 訶引二，校本作“賀引”。

㉔ 故，校本無。

㉕ 即，校本無。

㉖ 等，校本作“及”。

㉗ 衆，校本作“聖衆”，《中華藏》校勘《麗》同。

悉皆歡喜，加持護念，一切菩薩①光明照觸，所有業②障皆得③消滅，一切菩薩常爲善友④。

　　次結金剛部三昧邪印：以左手翻掌向外，以右手掌背安左手背⑤，用⑥左右大指、小指互相鉤⑦，如金剛杵形，安置⑧於當心，想金剛藏菩薩，誦⑨真言七徧，頂上左散之⑩，真言曰：

唵引，一⑪嚩日嚧二合納婆二合嚩引也⑫娑嚩二合，引訶引⑬，二

　　由結此印及誦真言故⑭，即⑮警覺一切金剛聖衆⑯，加持擁護⑰，所有罪障皆悉⑱除滅，一切痛苦終不著身⑲，當得金剛堅固之體⑳。

　　次結護身三昧邪印㉑：以㉒二手内相叉，右押㉓左，豎二中指㉔，屈二頭指，如鉤形於中指背，勿令相著㉕，並二大指押㉖無名指即成，印身㉗五處，所謂額，次右肩，次左

---

① 一切菩薩，校本作“修真言者以無量”。
② 業，校本作“罪”，《中華藏》校勘《麗》同。
③ 皆得，校本作“悉皆”。
④ 一切菩薩常爲善友，校本作“壽命長遠福慧增長”。
⑤ 以右手掌背安左手背，校本作“以右手仰於左手背上”。
⑥ 用，校本作“以”。
⑦ 互相鉤，校本作“手相叉，餘六指博著手腕”。
⑧ 置，校本無。
⑨ 誦，校本作“持妙金剛杵威光相好即誦此”，《中華藏》校勘《麗》作“持妙金剛杵威光相好”。
⑩ 上左散之，校本作“左散印”。
⑪ 引一，校本無。
⑫ 也，校本作“野”。
⑬ 引訶引，校本作“賀引”。
⑭ 故，校本無。
⑮ 即，校本無。
⑯ 一切金剛聖衆，校本作“金剛藏菩薩及金剛部一切聖衆”。
⑰ 擁護，校本作“護念修真言者”。
⑱ 皆悉，校本作“皆得”，《中華藏》校勘《麗》作“悉皆”。
⑲ 一切痛苦終不著身，校本作“遠離一切災厄苦難”。
⑳ 體，校本作“身一切諸魔不能侵嬈”，《中華藏》校勘《麗》作“體一切諸魔不能侵嬈”。
㉑ 三昧邪印，校本作“被金剛甲冑印”，《中華藏》校勘《麗》同。
㉒ 以，校本無。
㉓ 押，校本作“壓”。
㉔ “二中指”後，校本有“頭相拄”，《中華藏》校勘《麗》同。
㉕ 如鉤形於中指背勿令相著，校本作“於中指背勿令相著如金剛杵形”。
㉖ 押，校本作“壓”。
㉗ 印身，校本作“以印加持自身”，《中華藏》校勘《麗》同。

肩①，次心，次喉，於頂上散②。各誦真言一徧③，真言曰：

唵引，一④囕日囉二合，引曒你⑤二合鉢囉二合捻跛跢二合也⑥娑嚩二合，引訶⑦引，二⑧

由結此印及誦真言加持故，即⑨成被金剛甲胄，所有毗那夜迦及諸天魔作障礙者退散馳走。悉⑩見行者光明，被身⑪威德自在，若居⑫山林及在嶮難⑬，皆悉無畏，水⑭火等災、一切厄難、虎、狼、師子、刀杖、枷鎖，如是等事皆悉消滅⑮。見⑯者歡喜，命終已後不墮惡趣，當⑰生諸佛淨妙國土。

次結地界真言印⑱：先以右手中指入左頭中指間⑲，右無名指入左無⑳名指小指內㉑，中指入左中指頭指內，左亦如之，皆頭外出㉒，餘指並頭相拄㉓，即想印成火焰金剛杵形。大㉔指著地掣㉕之，一掣一誦㉖，至三便止，隨意大小標心，即成堅固㉗地界。真言曰：

---

① “所謂額”至“次左肩”，校本作“每處各誦真言一遍，先印額，次印右肩，次印左肩”。
② 散，校本作“散印”，《中華藏》校勘《麗》同。
③ 各誦真言一徧，校本無。
④ 引一，校本無，
⑤ 曒你，校本作“儗頼”。
⑥ 也，校本作“野”。
⑦ 訶，校本作“賀”。
⑧ 二，校本無。
⑨ “即”前，校本有“遍體”。
⑩ 悉，校本作“皆”。
⑪ 被身，校本作“赫奕”。
⑫ 居，校本作“入”。
⑬ 在嶮難，校本作“險難處”。
⑭ “水”前，《中華藏》校勘《麗》有“所有”。
⑮ 消滅，校本作“遠離”。
⑯ “見”前，校本有“一切衆生”。
⑰ 當，校本作“必”。
⑱ 真言印，《中華藏》校勘《麗》作“金剛橛印”。
⑲ 先以右手中指入左頭中指間，原脱，據校本補。
⑳ 無，校本無。
㉑ 內，校本作“間皆頭外出”。
㉒ 皆頭外出，原脱，據《中華藏》校勘《麗》補。
㉓ “中指入左中指頭指內”至“餘指並頭相拄”，校本作“以左中指繳右中指背，入右頭中指間，以左名指繳右中指背，入右名小指間，二小指、二頭指各頭相拄，二大指下相捻即成。作此印已”。
㉔ “大”前，校本有“以二”。
㉕ 掣，校本作“觸”。
㉖ 一掣一誦，校本作“一遍一印”。
㉗ “固”後，校本有“金剛之座”。

唵引,一①枳里枳里二②嚩日囉二合,引③嚩日哩二合,三④部啤二合,半音,四⑤滿馱滿馱⑥吽
引發吒半音,五⑦

由結此印及誦真言加持地界故,下至水際如金剛座⑧,天魔及諸障者不爲惱害⑨,
少加功力速得成就⑩。

次結方隅金剛牆真言⑪印:准前地界⑫,開二大指豎之⑬,側如牆形,想印金⑭剛杵
形,右遶身三轉⑮,標⑯心大小,即成金剛堅固之城,諸佛菩薩⑰尚不違越,何況諸餘難
調伏者,毗那夜迦及毒蟲、利牙爪者⑱不能附⑲近。真言曰:
唵引,一⑳薩囉薩囉二㉑嚩日囉二合,引㉒鉢囉二合迦引囉吽引發吒半音,三㉓

行者次應想於壇中八葉大蓮華上有師㉔子座,座上有七寶樓閣,垂諸瓔珞、繒綵、
幡蓋,寶柱行列,垂妙天衣,周布㉕香雲,普雨雜㉖華,奏諸音樂,寶缾閼伽,天妙飲食,
摩尼寶㉗燈。作此觀已,而誦此偈:
　　　以我功德力,如來加持力,

---

① 引一,校本無。
② 二,校本作“一”。
③ 引,校本無。
④ 三,校本作“二”。
⑤ 部啤二合半音四,校本作“步引囉”。
⑥ “馱”後,校本有小注“三”。
⑦ 半音五,校本作“四”。
⑧ “地界故”至“如金剛座”,校本作“下至金剛際成金剛不壞之界”。
⑨ 天魔及諸障者不爲惱害,校本作“大力諸魔不能搖動”。
⑩ “成就”後,校本有“成就地中所諸穢惡物由加持力故,悉皆清淨,其界隨心大小即成”。
⑪ 真言,《中華藏》校勘《麗》無。
⑫ “界”後,《中華藏》校勘《麗》有“印”。
⑬ 豎之,《中華藏》校勘《麗》作“直豎”。
⑭ “金”前,《中華藏》校勘《麗》有“如”。
⑮ 轉,校本作“帀”。
⑯ 標,校本作“隨”。
⑰ 諸佛菩薩,校本作“如來”。
⑱ 利牙爪者,校本作“之類”。
⑲ 能附,《中華藏》校勘《麗》作“輔”。
⑳ 引一,校本無。
㉑ 二,校本作“一”。
㉒ 引,校本無。
㉓ 半音三,校本無。
㉔ “師”前,《中華藏》校勘《麗》有“妙”。
㉕ 布,校本作“帀”。
㉖ 雜,校本作“天”。
㉗ 寶,原作“爲”,據校本改。

及以法界力，普供養而住。

說此偈已，次結大虛空藏普通供養印：以二手合掌，以二中指外相叉①，以二頭指相柱，反黶如寶形②。結印成已，誦真言四徧。普通供養③真言曰：

唵引，一④誐誐曩三去婆去嚩⑤嚩日囉二合，引⑥斛引，二⑦

由誦此⑧真言加持故，所想供養真寶⑨無異，一切聖衆皆得受用。

次應結寶車輅印：二手内相叉仰掌，二⑩頭指横相拄，以二大指各捻頭指根下，想⑪七寶車輅，金剛駕御寶車，乘空而去，至於極樂世界。誦⑫真言三徧，真言曰：

唵引，一⑬都嚕都⑭嚕吽引，二⑮

由此真言印⑯加持故，七寶車輅至彼極樂土，想⑰如意輪觀自在菩薩及諸聖衆、眷屬圍遶，寶⑱車輅至道場中虛空而住。

次結請車輅印：准前印，以大指⑲向身，撥中指，即誦真言三徧⑳，真言曰：

娜麼悉底囉三合㉑野地尾二合迦引南引，一怛佗㉒引蘖多引喃引，二唵㉓嚩日嘮二合㉔喠㉕你

---

① 二中指外相叉，《中華藏》校勘《麗》作"二中指右壓左外相叉博著手背"。
② "寶形"後，校本有"即成，想從印流出無量諸供養具、衣服、飲食、宮殿、樓閣等，供養一切聖衆"。
③ 普通供養，校本作"虛空藏"。
④ 引一，校本無。
⑤ "嚩"後，校本有小注"一"。
⑥ 引，校本無。
⑦ 二，校本無。
⑧ 誦此，《中華藏》校勘《麗》作"結此印及誦"。
⑨ 真寶，《中華藏》校勘《麗》作"真實"。
⑩ 二，原脱，據《中華藏》校勘《麗》補。
⑪ "想"後，《中華藏》校勘《麗》有"印成"。
⑫ "誦"前，《中華藏》校勘《麗》有"請諸聖衆即"。
⑬ 引一，校本無。
⑭ 都嚕都，校本作"覩嚕覩"。
⑮ 二，校本無。
⑯ 此真言印，《中華藏》校勘《麗》作"結此印真言"。
⑰ 極樂土想，《中華藏》校勘《麗》作"彼極樂國土又想"。
⑱ "寶"前，《中華藏》校勘《麗》有"乘"。
⑲ 准前印以大指，《中華藏》校勘《麗》作"便誦請車輅真言以大二指"。
⑳ 撥中指即誦真言三徧，《中華藏》校勘《麗》作"撥二中指頭誦三徧"。
㉑ 囉三合，校本作"哩"。
㉒ 怛佗，校本作"薩嚩怛他去"。
㉓ 唵，校本作"唵引"。
㉔ 二合，校本作"二合，引"。
㉕ 喠，校本作"儗霓以反"。

野三合,引羯唎沙①二合也娑嚩二合,引訶引,三②

　　由此真言印加持故,聖衆從本土來至道場空中③而住。

　　次結請本尊三昧邪降至於④道場印,二手内相叉作拳,左大拇指入掌⑤,以右大拇指向身招之⑥。真言曰:

唵引,一阿⑦嚧引力迦半音,二阿擘車阿擘車⑧娑嚩二合,引訶引,三⑨

　　由此真言印加持故⑩,菩薩不越本誓故,即赴集於道場⑪。

　　次應辟除諸作障者,結蓮華部明王馬頭觀自在菩薩真言⑫印:二手合掌,屈二頭指、二⑬無名指於掌内,甲相背,豎開二大指,左轉三帀,心想辟除諸作障者⑭,一切諸魔見此印已⑮,退散馳走⑯。真言曰:

唵引,一阿⑰蜜哩⑱二合覩引納皤二合嚕二合吽引⑲發吒半音⑳娑嚩二合,引訶引,三㉑

　　次結上方金剛網印:准前牆印,二大指捻二頭指下節㉒,誦真言三徧,頭上㉓右轉三帀便止㉔。真言曰:

----

①　你野三合引羯唎沙,校本作"孃三迦囉灑"。
②　引訶引三,校本作"賀"。
③　至道場空中,《中華藏》校勘《麗》作"至此道場空虛"。
④　三昧邪降至於,校本作"降"。
⑤　左大拇指入掌,《中華藏》校勘《麗》作"左大指屈入掌中"。
⑥　"之"後,《中華藏》校勘《麗》有"誦真言七遍"。
⑦　引一阿,校本作"阿去,引"。
⑧　二阿擘車阿擘車,校本作"瞖引醯引呬"。
⑨　引訶引三,校本作"賀"。
⑩　故,《中華藏》校勘《麗》作"觀自在"。
⑪　"道場"後,《中華藏》校勘《麗》有"受此供養"。
⑫　蓮華部明王馬頭觀自在菩薩真言,校本作"馬頭明王"。
⑬　二,原脱,據校本補。
⑭　左轉三帀心想辟除諸作障者,《中華藏》校勘《麗》作"微屈離頭指,二小指二中指各各合豎即成,隨誦真言以印頂上,左旋三匝,想辟除諸作難障者"。
⑮　已,原作"見",據《中華藏》校勘《磧》《普》《南》《徑》《清》《麗》改。
⑯　"走"後,《中華藏》校勘《麗》有"便右旋三匝,即成結界明王"。
⑰　引一阿,校本作"阿上"。
⑱　哩,校本作"嘌"。
⑲　二吽引,校本作"吽"。
⑳　半音,校本無。
㉑　訶引三,校本作"賀引"。
㉒　"節"後,校本有"第一文即成"。
㉓　頭上,《中華藏》校勘《麗》作"以印頂上"。
㉔　便止,《中華藏》校勘《麗》無。

唵引，一①尾娑普二合囉捺囉②二合乞叉二合③，二嚩日囉二合，引半惹④囉吽發吒半音，三⑤

　　由此網印⑥真言加持故，即成金剛堅固不壞之網。

　　次結火院⑦密縫⑧印：以左手掩右手，皆⑨豎二大指，誦真言三徧，右遶身⑩三帀，想金剛牆外火院⑪圍遶。真言曰：

唵引，一阿⑫三莽噷你二合⑬吽發吒半音，二⑭

　　次獻閼伽香水真言印：二手捧器⑮，想浴聖眾足⑯，誦真言三徧，真言曰：

曩莫三滿多沒馱引南引，一誐誐曩娑莽娑娑忙娑嚩二合，引訶引，二⑰

　　由獻閼伽香水故，行者⑱三業清淨，洗滌煩惱垢⑲。

　　次當⑳結獻蓮華座印：二手虛心合掌，舒開左右無名指、中指、頭指，屈如微敷蓮華形㉑。在寶樓㉒內諸聖及本尊各坐本位㉓，眷屬圍遶，了了分明㉔。誦㉕真言三徧，真言曰：

---

① 引一，校本無。
② 囉，校本作“略”。
③ 叉二合，校本作“薩二合，一”。
④ 惹，校本作“惹自攞反”。
⑤ 半音三，校本無。
⑥ 由此網印，《中華藏》校勘《麗》作“由結此印”。
⑦ 火院，《中華藏》校勘《麗》作“金剛火院”。
⑧ 密縫，校本作“火院界”。
⑨ 皆，《中華藏》校勘《磧》《普》《南》《徑》《清》《麗》作“背”。
⑩ 遶身，校本作“轉”。
⑪ 火院，《中華藏》校勘《麗》作“有三重火焰”。
⑫ 引一阿，校本作“阿上”。
⑬ 噷你二合，校本作“儗霓以反顝”。
⑭ 半音二，校本無。
⑮ “器”後，《中華藏》校勘《麗》有“當額奉獻”。
⑯ 足，校本作“雙足”。
⑰ 此真言，校本作“娜莫三去滿多母馱引南引誐誐曩三去麼三摩上，引，上同娑嚩二合，引賀”。
⑱ “者”後，《中華藏》校勘《麗》有“獲得”。
⑲ 洗滌煩惱垢，校本作“洗除一切煩惱罪垢”。
⑳ 當，校本無。
㉑ “二手虛心合掌”至“屈如微敷蓮花形”，校本作“准前蓮花部三昧耶印，稍屈諸指如花座形即成，想於曼荼羅中”。
㉒ 樓，《中華藏》校勘《麗》作“樓閣”。
㉓ 在寶樓內諸聖及本尊各坐本位，校本作“寶樓閣內本尊及諸聖眾各住本位，皆坐寶蓮花座”。
㉔ 明，《中華藏》校勘《麗》作“別”。
㉕ 誦，校本作“即誦此花座”。

唵引,一迦麼攞娑嚩二合,引訶引,二①

由結蓮華座印真言②故,行者當得十地滿足③,當得④金剛之座。

次結普供養印:二手合掌,以⑤右押左,交指⑥即成,誦真言三徧。想⑦無量無邊塗香雲海、華鬘雲海、燒香雲海、飲食⑧、燈明雲海,皆成清淨,廣多⑨供養,誦普供養真言⑩曰:

曩莫三滿多没馱引南引,一薩嚩佗引欠搌娜孼二合底娑頗二合囉呬引輅誐誐曩劍娑嚩二合,引訶引,三⑪

次應誦讚歎偈⑫:

迦麼攞目佉一迦麼攞路引左娜二迦麼攞引娑那三迦麼攞賀娑跢二合,四迦麼攞引娑母你五迦麼攞迦麼攞六三娑嚩七娑迦攞麼攞八乞叉二合攞娜九那麼悉帝二合,十⑬

次應思惟,想於身⑭正當胸間⑮,如滿月形⑯,光明晃曜,月⑰上有八葉蓮華,上⑱有如意寶珠,如⑲紅頗梨色,爁奕⑳光明至㉑無量世界。於光明中想自身如本尊像,六

臂，相好①圓滿，住思惟相。作是觀已，起大悲心，即結如②意輪根本印：二手合掌，二頭指屈如寶形，二中指屈③相拄，如蓮華葉，合豎二大指即成。誦④根本真言七徧，想於本尊如對目前，頂上散之⑤。真言⑥曰：

曩謨囉怛曩二合怛羅二合夜引也⑦一曩莫阿引⑧哩夜二合，引⑨嚩略⑩引枳帝溼嚩二合囉引也⑪二冒引地薩怛嚩二合，引也三⑫摩賀引薩怛嚩二合，引也四⑬摩賀引迦引嚕抳⑭迦引也五⑮怛你⑯也二合佗⑰去，引，六唵引，七斫訖囉二合襪⑱底振多⑲引摩抳八⑳麼賀引跢㉑納銘二合，九㉒嚕嚕底瑟姹二合，十㉓入嚩二合，引攞阿迦㉔囉灑二合也十一吽泮㉕吒半音娑嚩二合，引訶引，十二㉖

　　次結心印㉗：准前根本印，無名指、小指㉘右壓左，外相叉即成，誦㉙真言七徧，頂

_____

　　①　想自身如本尊像六臂相好，《中華藏》校勘《麗》作“涌出本尊如意輪觀自在菩薩，具足六臂，相好圓滿，柱思惟相，作是觀已”。
　　②　如，校本作“本尊如”。
　　③　屈，校本作“頭”。
　　④　合豎二大指即成誦，校本作“二大指並豎即成，如意輪菩薩如對目前，了了分明。即誦”。
　　⑤　“誦根本真言七徧”至“頂上散之”，校本作“想如意輪菩薩如對目前，了了分明，即誦根本陀羅尼七遍，頂上散印”，《中華藏》校勘《麗》同。
　　⑥　真言，校本作“陀羅尼”。
　　⑦　也，校本作“野三”。
　　⑧　引，校本作“引，去”。
　　⑨　夜二合引，校本作“野二合，二”。
　　⑩　略，校本作“路”。
　　⑪　也，校本作“野”。
　　⑫　也三，校本作“野四”。
　　⑬　也四，校本作“野五”。
　　⑭　抳，校本作“抳尼貞反，諸同”。
　　⑮　也五，校本作“野六”。
　　⑯　你，校本作“弥”。
　　⑰　佗，校本作“他”。
　　⑱　襪，校本作“鞁”。
　　⑲　振多，校本作“震跢”。
　　⑳　摩抳八，校本作“麼抳上同，七”。
　　㉑　跢，校本作“鉢”。
　　㉒　九，校本作“十”。
　　㉓　十，校本作“十一”。
　　㉔　引攞阿迦，校本作“羅阿去，引羯”。
　　㉕　也十一吽泮，校本作“野十二吽引，十三發”。
　　㉖　嚩二合引訶引十二，校本作“嚩二合賀引”。
　　㉗　心印，校本作“如意輪心印”，《中華藏》校勘《麗》作“如意輪印”。
　　㉘　無名指小指，校本作“二無名指二小指右壓左”，《中華藏》校勘《麗》同。
　　㉙　“誦”後，校本有“心”，《中華藏》校勘《麗》同。

上散之①。真言曰：

唵引，一跛娜麼二合振跢引麼抳入嚩二合攞吽引，二②

　　次結心中心印③：准前根本印④，中指外相叉，小指横豎即成⑤，誦⑥真言七徧，頂上散之⑦，真言曰：

唵引，一⑧嚩囉娜跛納銘二合吽引，二⑨

　　即持⑩念珠於⑪掌中，以心中心真言加持七徧，然後持珠當心，次第記數，誦之至⑫一百八徧，乃至一千八十⑬。住本尊三摩地，更莫異緣，了了分明，徧數了已，珠安掌中，頂戴安置本處⑭。然後結根本印、心印、心中心三印，即入三摩地觀，即觀心圓明漸舒⑮，廓周法⑯界，不見身心，成清淨法界，乃至食頃從三昧出⑰。

　　結⑱普供養印，獻香華等及閼伽水、讚歎、發願，即結火院結界印。頭上左轉一徧，即成解界⑲。次結車輅印，向外撥之⑳。次結迎請印，向外撥之㉑。次結護身印，印五處已，次㉒結三部印㉓，任意經行。讀誦大乘經典，迴助心中所求上、中、下㉔悉

---

① 之，校本作“印”。

② 此真言，校本作“唵跛那麼二合震跢引麼上抳入嚩二合囉吽引”。

③ “次結心中心印”前，校本另起行標題“觀自在如意輪菩薩念誦法”。

④ 根本印，校本作“心印”，《中華藏》校勘《麗》同。

⑤ 中指外相叉小指横豎即成，校本作“以二小指交即成”。

⑥ “誦”後，校本有“心中心”，《中華藏》校勘《麗》同。

⑦ 之，校本作“印”。

⑧ 引一，校本無。

⑨ 吽引二，校本作“引吽引”。

⑩ 持，校本作“取”。

⑪ “於”前，校本有“蟠”，《中華藏》校勘《麗》同。

⑫ 誦之至，校本作“念誦滿”，《中華藏》校勘《麗》同。

⑬ 乃至一千八十，校本作“或一千八十遍心”，《中華藏》校勘《麗》同。

⑭ “徧數了已”至“頂戴安置本處”，校本作“勿令散亂，念誦畢已，捧珠頂上，戴安本尊前”。

⑮ “然後結根本印”至“即觀心圓明漸舒”，校本作“復結心中心印，入三摩地，觀心中圓明漸漸舒”。

⑯ 漸舒廓周法界，校本作“漸漸舒廓遍周法界”，《中華藏》校勘《南》《徑》《清》作“漸舒廓周沙界”。

⑰ 乃至食頃從三昧出，校本作“或異食頃，或隨意多少，時欲出三昧，漸斂月輪，量同初觀”。

⑱ “結”前，校本有“印”。

⑲ “獻香花等”至“即成解界”，校本作“誦前讚歎，獻諸香花，及閼伽等，廣發大願，即結前火院印，頂上左旋一匝成解結界”。

⑳ 向外撥之，校本作“向外撥中指，徐徐舉印，想送聖衆，頂上便散”。

㉑ 向外撥之，校本作“以右大指頭，向外撥之即成，奉送真言曰：唵阿去嚧引力迦半音蘗磋蘗磋娑嚩二合，引賀”。

㉒ 印五處已次，校本作“如前加持自身五處，又”。

㉓ 印，校本作“三昧耶印，即出道場”，《中華藏》校勘《麗》同。

㉔ 迴助心中所求上中下，校本作“用助心中所求”。

地。行者若能日日三時依此^①念誦，罪障^②消滅，得大智慧，三昧成就，本尊現前，能獲功德^③，如經所述。

　　觀自在菩薩如意輪念誦儀軌一卷

①　"依此"後，校本有"軌儀"。
②　罪障，校本作"一切罪障悉皆"。
③　"德"後，校本有"不可校量"。

葉衣觀自在菩薩經①

特進試鴻臚卿大興善寺三藏沙門大廣智不空奉詔譯②

尒時婆伽梵住極樂世界，與諸大眾宣説妙法。時金剛手菩薩從座而起，偏袒右肩，雙膝著地，頂禮觀自在菩薩摩訶薩足。白觀自在菩薩言："聖者住大悲解脱如幻三昧，能除一切有情苦惱，與世、出世利益安樂，假使三千大千世界，一切眾生同時有種種苦惱及八難苦，或希望世間、出世果報，若能一心稱念觀自在菩薩摩訶薩名號，應時不捨大悲誓願，即現種種隨類之身，能滿眾生一切勝願。亦能護持國界，拔濟苦難；亦能攝受養育，增長吉祥；亦能遮止囚禁苦刑；亦能銷除蠱毒、鬼魅及諸惡病；亦能臨陣禁制刀杖；亦能消除水、火災難；亦能斷除厭禱呪詛；亦能結護方隅地界。唯願聖者哀愍未來一切有情，國王、男女若淨信三寶，護持佛法，相承王業，勿令斷絕，爲彼等故，説軌儀陀羅尼加持方便。"

尒時觀自在菩薩摩訶薩從座而起，頂禮佛足，右遶三帀，還坐本處，合掌向佛而白佛言："惟願世尊哀愍加持，我有葉衣觀自在菩薩摩訶薩陀羅尼，能除一切有情災禍、疫疾、飢儉、劫賊、刀兵、水旱不調、宿曜失序，亦能增長福德，國界豐盛，人民安樂，我今欲説，惟願聽許。"佛言："善哉！善哉！隨汝意説。"尒時觀自在菩薩，承佛威神而説陀羅尼曰：

曩謨囉怛曩二合怛囉二合夜引野一曩謨阿弭跢引婆去，引野二怛佗去，引蘖跢引夜引囉賀二合帝三去貌三去没馱引野三曩謨阿去，引哩野二合，引嚩路引枳帝濕嚩二合囉野四冒地薩怛嚩二合，引野五摩訶薩怛嚩二合，引野六摩賀迦引嚕抳尼整反迦引野七曩謨摩賀娑佗二合，去，引麼鉢囉二合，引跛跢二合，引野八冒地薩怛嚩二合野九摩賀薩怛嚩二合，引野十摩賀迦魯抳尼整反迦野十一嚩引麼寧怛鑁二合，引曩麼寫去，引弸十二怛鑁二合，引曩謨寫去，引弸十三嚩摩寧姒舍止鉢囉拏二合捨嚩哩十四鉢囉拏二合捨嚩哩姒舍止鉢囉二合捨拏捨嚩哩鉢囉二合拏捨嚩哩姒舍止十五婆去誐嚩底丁以反，十六跛捨跛囉輸上播捨馱哩抳十七夜引顎

① 底本，《中華藏》第1431號，第65册第659頁中—662頁下，原《金藏》廣勝寺本。

② 譯名，《中華藏》校勘《徑》《清》作"唐特進試鴻臚卿三藏沙門大廣智不空奉詔譯"，《麗》作"開府儀同三司特進試鴻臚卿肅國公食邑三千户賜紫贈司空謚大鑒正號大廣智大興善寺三藏沙門不空奉詔譯"。

迦顊質十八婆去夜顊聿二合答跛二合你也二合麼引曩顊聿二合答跛二合撚帝十九夜引，入迦引室質二合你泥以反多庾二十，引夜引，入迦引室質二合怛麼二合哩庾二合，二十一夜引，入迦引室質二合摩賀引麼引哩庾二合，引，二十二曳計質砮鉢捺囉二合嚩無跛反，二十三曳計質努播引夜引娑引，入，二十四曳計質捺地野二合，引婆嚩准上，引，二十五曳計質砮跛薩虐引，二十六塢跛薩誐三去滿馱引嚩引，二十七嗢鉢撚帝二十八薩嚩引顊跢引顊薩嚩引娑彈二合，引，二十九薩吠帝嚩引攞多三十噎武無後反，引鉢撚帝曩三十一半旎多多娑多二合娜甯曩薩底曳二合，三十二薩底也二合嚩引計引曩三十三惹自娜反，下同惹惹惹三十四噎鼻室止二合半旎跢引，三十五地瑟耻二合帶引漫怛囉二合鉢乃三十六麼鼻聲麼准上薩嚩薩怛縛二合，引難上者三十七囉迦愴二合，引矩嚕三十八麌不井二合矩嚕三十九跛哩怛囉二合，引喃矩嚕四十跛哩孁囉二合怛上矩嚕四十一跛哩播引攞曩矩嚕四十二扇引并矩嚕四十三娑嚩二合娑底野二合野曩矩嚕四十四難上拏跛哩賀引啣矩嚕四十五設娑怛囉三合跛哩賀啣矩嚕四十六尾灑怒引灑南矩嚕四十七尾灑曩引捨曩矩嚕四十八梟引麼引滿蕩矩嚕四十九馱囉捉滿蕩左矩嚕五十怛你也二合佗去，引，五十一阿蜜哩二合帝阿蜜哩二合姤納婆二合吠五十二阿濕嚩二合娑黨二合，引霓五十三麼鼻聲，引麼囉麼同前，引麼囉五十四捨麼鉢囉二合捨麼五十五覩奴鼻聲尾覩奴准前，五十六覩黎覩母黎娑嚩二合，引賀引，五十七

心真言曰：

唵一鉢囉拏二合捨嚩哩二吽引發吒半聲，三

時觀自在菩薩説此陀羅尼已，白佛言："世尊，若善男子、善女人誦此陀羅尼一徧，即護自身，若誦兩徧，即護伴侶，若誦三徧，能護一家，若誦四徧，護一聚落，若誦五徧，護一國界。若國内疫病流行，應取白氎闊一肘半，長二肘，先令畫人絜淨齋戒，以瞿摩夷汁和少青緑，以香膠和，勿用皮膠，取鬼宿日，畫葉衣觀自在菩薩像。其像作天女形，首戴寶冠，冠[①]有無量壽佛，瓔珞環釧莊嚴其身，身[②]有圓光，火焰圍遶。像有四臂，右第一手當心持吉祥果，第二手作施願手，左第一手持鉞斧，第二手持索[③]，坐蓮華上。畫像成已，懸於竿上，令一人執持，執竿之人無間斷誦葉衣觀自在菩薩陀羅尼，聲鼓鳴磬，所擊之杖用摘枳[④]王真言加持二十一徧，方乃擊之。真言曰：

唵一楠枳吽短聲弱二

又令二人誦讚，一人誦吉慶讚，一人誦吉祥讚。令知法弟子三五人，一人持香爐，燒安悉香，其香以葉衣觀自在菩薩心真言加持一百八徧，然後取香燒煙[⑤]，勿令斷

---

① 冠，《中華藏》校勘《石》無。

② 身，《中華藏》校勘《石》無。

③ 索，《中華藏》校勘《石》《磧》《南》《徑》《清》《麗》作"羂索"。

④ 枳，《中華藏》校勘《石》作"抧"。

⑤ 取香燒煙，《中華藏》校勘《石》作"取燒香煙"。

絶。一人持賢缾,滿盛香水,插葉①果樹枝,令持缾人在前,先行引像,二人吹蠡,引入王宮有旋一匝,南門而出,復從東入②,却遶城内坊市一匝,便城南門出。城南門外置一大水缾,於中置種種飲食、雜果及麨,阿闍梨誦妙色身如來真言,加持七徧,然後誦葉衣觀自在菩薩陀羅尼七徧,於真言句中,稱國王名號加持,願王國③界無諸災難,然後於路側曠野,棄擲水缾令破,作是告言:"閻魔界中行病鬼等,汝等受領此飲食。"復道而歸。於諸有情起大悲④心,令此國界無諸災難。

又法,欲求長壽無病者,隨意大小,氎⑤上畫葉衣觀自在菩薩像⑥。於施願手下畫彼男女,其像置道場中,每日香華、飲食,旋遶供養發願,常得加持滿其所願。

又法,若國王、男、女,難長、難養,或短壽⑦、疾病纏眠⑧、寢食不安,皆由宿業因緣生惡宿直,或數被五曜陵逼本宿令身不安,則於所居之處,用牛黃,或紙、或素上書二十八大藥叉將真言帖⑨四壁上。先於東方壁上帖四大藥叉將真言,從東北角起首,所謂第一藥叉將真言曰:

唵一你引囉伽二合,二吒枳吽弱娑嚩二合,引訶引,三

　　第二藥叉將真言曰:

唵一蘇寳怛囉二合,二吒枳吽弱娑嚩二合,引訶引,三

　　第三藥叉將真言曰:

唵一布囉拏二合迦二吒枳吽弱娑嚩二合,引訶引,三

　　第四藥叉將真言曰:

唵一迦比擺二吒枳吽弱娑嚩二合,引訶引,三

　　次於南方壁上帖四大藥叉將真言。

　　第一藥叉將真言曰:

唵一僧伽二吒枳吽弱娑嚩二合,引訶引,三

　　第二藥叉將真言曰:

唵一塢波僧伽二吒枳吽弱娑嚩二合,引訶引,三

　　第三藥叉將真言曰:

---

① 葉,《中華藏》校勘《石》作"花",《磧》《南》《徑》《清》《麗》作"華"。

② 入,《中華藏》校勘《磧》《南》《徑》《清》無。

③ 王國,《中華藏》校勘《石》《麗》作"國王"。

④ 悲,《中華藏》校勘《石》《麗》作"慈"。

⑤ 氎,《中華藏》校勘《磧》《南》《徑》《清》作"於白氎"。

⑥ "像"後,《中華藏》校勘《磧》《南》《徑》《清》有"如前四臂"。

⑦ "短壽"前,《中華藏》校勘《磧》《南》《徑》《清》有"薄命"。

⑧ 纏眠,《中華藏》校勘《磧》《南》《徑》《清》作"纏綿"。

⑨ 帖,原作"怗",據《中華藏》校勘《石》《麗》改,《徑》《清》作"貼",下同。

唵—商企羅二吒枳吽弱娑嚩二合,引訶引,三

　　第四藥叉將真言曰:

唵—難上娜上,二吒枳吽弱娑嚩二合,引訶引,三

　　次於西方壁上,帖四大藥叉將真言。

　　第一藥叉將真言曰:

唵—訶哩二吒枳吽弱娑嚩二合,引訶引,三

　　第二藥叉將真言曰:

唵—訶哩計奢二吒枳吽弱娑嚩二合,引訶引,三

　　第三藥叉將真言曰:

唵—鉢囉二合僕二吒枳吽弱娑嚩二合,引訶引,三

　　第四藥叉將真言曰:

唵—迦比羅二吒枳吽弱娑嚩二合,引訶引,三

　　次於北方壁上,帖四大藥叉將真言。

　　第一藥叉將真言曰:

唵—馱邏拏二吒枳吽弱娑嚩二合,引訶引,三

　　第二藥叉將真言曰:

唵—馱邏難上那二吒枳吽弱娑嚩二合,引訶引,三

　　第三藥叉將真言曰:

唵—塢你庚二合誐跛羅二吒枳吽弱娑嚩二合,引訶引,三

　　第四藥叉將真言曰:

唵—尾灑弩二吒枳吽弱娑嚩二合,引訶引,三

　　次於東北隅,帖一大藥叉將真言曰:

唵—半支迦二吒枳吽弱娑嚩二合訶引,三

　　次於東南隅,帖一大藥叉將真言曰:

唵—半左引羅蠟拏二吒枳吽弱娑嚩二合,引訶引,三

　　次於西南隅,帖一大藥叉將真言曰:

唵—娑上跢儗哩二吒枳吽弱娑嚩二合,引訶引,三

　　次於西北隅,帖一大藥叉將真言曰:

唵—害麼嚩多二吒枳吽弱娑嚩二合,引訶引,三

　　次於下方足不踏處石上,鐫四大藥叉將真言,置於四方地下。

　　東方地下一大藥叉將真言曰:

唵—步莫二吒枳吽弱娑嚩二合,引訶引,三

　　南方地下一大藥叉將真言曰:

唵一蘇步莫二吒抧吽弱娑嚩二合,引訶引,三

西方地下一大藥叉將真言曰:

唵一迦羅二吒抧吽弱娑嚩二合,引訶引,三

北方地下一大藥叉將真言曰:

唵一塢波迦羅二吒抧吽弱娑嚩二合,引訶引,三

次於上方四隅舍上,各帖一大藥叉將真言。

東北隅舍上一大藥叉將真言曰:

唵一蘇哩也二合,二吒抧吽弱娑嚩二合,引訶引,三

東南隅舍上一大藥叉將真言曰:

唵一阿銀你二合,二吒抧吽弱娑嚩二合,引訶引,三

西南隅舍上一大藥叉將真言曰:

唵一蘇摩二吒抧吽弱娑嚩二合,引訶引,三

西北隅舍上一大藥叉將真言曰:

唵一嚩庾二吒抧吽弱娑嚩二合,引訶引,三

帖真言已,於二十八大藥叉將住①各各以香塗一小壇,壇上燒香、雜華、飲食、燈燭、閼伽。虔誠啓告:"唯願二十八大藥叉將并諸眷屬各住本方,護持守護某甲,令除災禍、不祥疾病、夭壽,獲得色力,增長聰慧威肅,端嚴具足,易養易長,壽命長遠。"作是加持已,二十八大藥叉將不敢違越諸佛,如觀自在菩薩及金剛手菩薩教勅,晝夜擁護,卧安覺安,獲大威德。若有國王作此法者,其王境内,災疾②消滅,國土安寧,人民歡樂。

又法,應畫本生③宿直,每月供養。若作如是法者,惡宿直轉成吉祥。以白檀香刻作葉衣觀自在菩薩像,并於樺皮上書此真言共帶。若作此法,取鬼宿直日受灌頂,其灌頂缾以繒繫項,滿盛香水,水中著七寶及五種藥,所謂娑訶者囉④等,娑訶泥嚩⑤、建吒迦哩⑥、勿哩訶底⑦、儗哩羯囉拏⑧及五種⑨子、諸香等。以葉衣觀自在陀羅尼加

① 住,《中華藏》校勘《麗》作"位"。

② 災疾,《中華藏》校勘《石》作"灾疫"。

③ 生,《中華藏》校勘《磧》《南》《徑》《清》作"命"。

④ "囉"後,《中華藏》校勘《磧》《南》《徑》《清》有"藥"。

⑤ "嚩"後,《中華藏》校勘《磧》《南》《徑》《清》有"藥"。

⑥ "哩"後,《中華藏》校勘《磧》《南》《徑》《清》有"藥"。

⑦ "底"後,《中華藏》校勘《磧》《南》《徑》《清》有"藥"。

⑧ "拏"後,《中華藏》校勘《磧》《南》《徑》《清》有"藥"。

⑨ 種,《中華藏》校勘《磧》《南》《徑》《清》作"種種"。

持一百八徧，以用灌頂，洗諸障難。灌頂已，取一瓦椀，盛種種飲食，彼①男女頭上遶三匝，令一知法②遠送擲破，即結線索，以葉衣真言加持繫其頭上。若作如是法，身上疾病、鬼魅、厭禱、執曜令逼本宿所③，皆悉殄滅④。

又法，若人疫病，取舍彌木此國無，楮木替⑤。然火，然後酥護摩，人髮、人骨投一百八徧於火中燒，七日已來，每日供養葉衣觀自在菩薩。護摩之時，稱彼國城名、聚落名、村坊名，一切災難悉皆除滅。如是象疫、馬疫、牛疫、水牛疫，各取本類骨本毛，作護摩七日七夜，亦皆災滅。

又法，取一缾滿盛香水，誦真言加持⑥一百八徧，以水淋彼畜，一切疫病悉皆消滅。

又法，若人頭痛，取有香氣華加持一百八徧，令鼻嗅，即得除愈。

又法，若人患⑦鬼魅，取粳米粉，捏⑧作彼魅形，以鑌⑨刀⑩段段截之，七日護摩，即得除差。

又法，若人患瘧，若一日、二日、三日，乃至七日，或長時患瘧，用牛黃書此真言，戴即得除差。

又法，或嬰孩⑪鬼魅，書此真言帶，則得除愈。

又法，劫⑫賊侵奪坊市村邑，或欲遠遊，路畏劫⑬，取佉陀羅木末護摩，誦真言一百八徧，所去之處無諸障難。

又法，若虫食苗稼，取砂以真言加持一百八徧，散於田中，虫自遠去，五穀豐熟。

葉衣觀自在菩薩經⑭

---

① 彼，《中華藏》校勘《磧》《南》《徑》《清》作“於彼”。

② 知法，《中華藏》校勘《磧》《南》《徑》《清》作“知法者”。

③ 令逼本宿所，《中華藏》校勘《石》作“陵逼本命宿所”，《麗》作“淩逼本命宿所”。

④ “滅”後，《中華藏》校勘《磧》《南》《徑》《清》有夾注“由灌頂戴像二十八大藥叉時常隨擁護”。

⑤ 此國無楮木替，《中華藏》校勘《石》《麗》作“此國無取褚木替之”。

⑥ “加持”後，《中華藏》校勘《磧》《南》《徑》《清》有“水瓶”。

⑦ 患，《中華藏》校勘《石》作“遭”。

⑧ 捏，《中華藏》校勘《石》《麗》作“担”。

⑨ 鑌，《中華藏》校勘《石》《磧》《南》《徑》《清》《麗》作“鑌”。

⑩ “刀”後，《中華藏》校勘《磧》《南》《徑》《清》有“即”，《石》《麗》有“誦”。

⑪ “嬰孩”後，《中華藏》校勘《磧》《南》《徑》《清》有“患”。

⑫ “劫”前，《中華藏》校勘《磧》《南》《徑》《清》有“被”。

⑬ 路畏劫，《中華藏》校勘《石》《麗》作“路畏劫盜”，《磧》《南》《徑》《清》作“路行畏劫奪”。

⑭ 卷末經名，《中華藏》校勘《石》作“葉衣觀自在菩薩經一卷”。

佛説大方廣曼殊室利經①

開府儀同三司特進試鴻臚卿肅國公食邑三千户賜紫贈司空
謚大辨正號大廣智大興善寺三藏沙門不空奉詔譯②

觀自在菩薩授記品③

　　尔時世尊復遍觀察淨居天宫，告觀自在菩薩摩訶薩言："善哉！善哉！善男子，汝能愍念多衆生故，住陁羅尼形而爲衆生演説，安立、勸進、隨喜，解其理趣，爲修行者開示法要及諸護摩，善巧方便，能獲無上正等菩提，及獲二乘、人天之果，以清淨身能爲衆生作諸佛事，示現佛身，安立寂静，無住涅槃。若有衆生應以摩醯首羅身得度者，即現摩醯首羅身，爲彼衆生演陁羅尼秘密之法。乃至應以帝釋之身、迦樓羅身、緊那羅身、摩呼羅伽、悉地明仙、日月、星宿、童男童女種種之身，乃至異類二足、四足、多足、無足，有情、無情三界之身而得度者，即皆現之而爲演説，以是義故名觀自在。"

　　尔時世尊復讚觀自在菩薩摩訶薩言："善哉！善哉！善男子，汝能如是善巧方便，利益有情，現種種身，開示演説，甚爲希有！是真清淨菩提薩埵。汝於來世阿僧祇世界微塵數劫，於平等光明普照世界當得作佛，号曰平等光明普照如來應供正遍知明行足善逝世閒解無上士調御丈夫天人師佛世尊。令彼衆生住於無畏，無諸熱惱，無有變易，究竟寂滅，然後方般大般涅槃。"

　　尔時世尊授觀自在菩薩摩訶薩記已，淨居諸天及會無量菩薩摩訶薩衆以佛神力，承普光明遍照之光，普照十方無量世界而皆大明。其中衆生遇斯光者，快獲善

---

　　①　底本，《中華藏》第 1398 號，第 65 册第 326 頁上—331 頁中，原《麗藏》本。經名，《中華藏》校勘《石》後有"觀自在菩薩授記品第三十一"，《磧》《南》《徑》《清》有夾注"觀自在多羅菩薩儀軌經"。諸經録或題"觀自在菩薩授記經"，内品題"觀自在多羅菩薩經"。

　　②　譯名，《中華藏》校勘《石》作"特進試鴻臚卿大興善寺三藏沙門不空奉詔譯"，《磧》《南》作"三藏沙門大廣智不空奉詔譯"，《徑》《清》作"唐特進試鴻臚卿三藏沙門大廣智不空奉詔譯"。

　　③　品名，《中華藏》校勘《石》《磧》《南》無，《徑》《清》作"受記品第一"。

利，離諸苦惱，悉發無上菩提之心。一切大衆思念佛身，各於本座寂然而住，雨衆天華、清涼香風普散大會。

尔時大衆於虛空中各見無量觀自在菩薩摩訶薩，十方刹土靡不周遍。時諸大衆同稱是言：“南無佛陁，此是世尊威神之力。”一切衆會見此神變，心得歡喜，離諸疑惑。

尔時觀自在菩薩摩訶薩從座而起，遶佛三帀，頭面作禮，瞻仰如來目不暫瞬，熙怡微笑，手持白拂誠心而住。時他方世界一切諸佛各雨種種雜色華雲，其華雲中有天妙衣、花鬘、金索、瓔珞、幢幡、兢迦尼網嚴餝之具，滿虛空中彌覆佛上，又出妙聲讚言：“善哉！善哉！如來，今日爲觀自在菩薩摩訶薩作法輪王摩訶灌頂。”

　　　　無量莊嚴具，及與妙音聲，
　　　　過人天所讚，如是皆來現。
　　　　十方諸如來，一切菩薩衆，
　　　　六欲及色界，并無垢淨居，
　　　　彼佛子灌頂，如是皆雲集。
　　　　俱胝魔羅衆，及多類衆生，
　　　　皆持妙供具，來獻佛菩薩，
　　　　同願於未來，皆如觀自在。

尔時觀自在菩薩摩訶薩頂禮尊足讚如來已，還就本座，作如是言：“此陁羅尼，過去諸佛毗婆尸等及我世尊釋迦如來所共宣説，隨喜、印可，及於未來彌勒世尊、阿僧祇等一切諸佛亦當宣説。”作是語已，入於普光明多羅三昧。以三昧力，從其面輪右目瞳中放大光明。隨光流出，現妙女形，住於殊勝妙色三昧，無價雜寶而爲嚴身，如融真金、映琉璃寶。所謂成就世、出世閒密言之要，能息衆生種種苦惱，亦能喜悦一切衆生，遍入諸佛法界自性，由如虛空平等住故。普告衆生作如是言：“誰在變苦？誰在①流溺生死海中？我今誓度。”作是語已，遍遊無量無邊世界。還至佛所，右遶三帀，頭面作禮，觀自在菩薩摩訶薩足合掌恭敬，持青蓮華，瞻仰菩薩，受教而住。思念如來自在神力，以清涼光普照衆生，猶如世閒清涼月輪能除熱惱，一切幽瞑無不照了，復過於是。含嬉②微笑，憐愍衆生猶如慈母，以慈悲光普照佛刹，諸天光明皆悉不現。

　　　　尔時觀自在，吉祥清淨者，
　　　　作禮世尊已，偈作如是説：

――――――――――――

①　在，《中華藏》校勘《石》《磧》《南》《徑》《清》作“有”。
②　嬉，《中華藏》校勘《磧》《南》《徑》《清》作“喜”。

我於俱胝劫，演說是多羅，
理趣及密言，時節與方位。
如是過去佛，亦皆廣宣說，
如虛空無邊，無能限量者，
我今於少分，隨事而演說。
若人妙修行，勝願悉成就，
十方與壽命，無不獲如意。
若有諸衆生，現求人天果，
受持是妙法，隨說而修習，
無量俱胝劫，受上妙快樂。
若欲求十地，滿足菩薩位，
難勝與不動，善慧及法雲，
受持多羅尊，俱胝與三億。
隨其根利鈍，或十六洛叉，
如是妙修行，必獲如上事。
若欲見觀音，吉祥清淨者，
誦七洛叉數，獲見無有疑。
若求見勢至，無垢摩訶薩，
誦滿俱胝遍，聖者必現前。
若於三時中，寂靜心無染，
一心常念誦，速疾滿六度，
具足如來藏，涅槃及實際。
光明不壞身，無等等三昧。
坐於金剛座，轉無上法輪，
開人天之眼，修行多羅故，
如上皆圓滿。欲悟陀羅尼，
儀軌諸方便，了義及修多，
甚深之理趣，及息三有苦。
當誦洛叉遍。若欲求梵天，
及與天帝釋，轉輪人天主，
誦滿洛叉遍。若欲遊雪山。
及與泜提夜，須彌及鐵圍，
薩醯與妙高，摩賴妙幢山。

吉祥及阿部，涅部麴羅娑①，
只怛俱吒等，妙色與閒錯。
清淨②及尸利，如是仙聖宅，
皆誦洛叉遍，藥叉乾闥婆，
羅刹龍宮等，乃至天宮殿。
隨意皆能往，問决諸疑惑，
隨事皆曉了。欲求如上願，
應誦洛叉遍。欲入修羅宮，
緊那羅所住，呼召藥叉女，
及持明仙女，龍王緊那藥③，
應念皆來至，遊戲恣娛樂。
及求延壽命，不死甘露藥，
豐財及僕使，一切五欲樂，
應誦洛叉遍。若我及如來，
於俱胝數劫，演説其功德，
猶尚不能盡。持此多羅者，
應受人天供。多羅大悲者，
一切之慈母，天人及藥叉，
無一非子者，故号世間母。
及與出世閒，觀音大勢至，
金剛與善才，文殊須菩提，
慈氏與香象，月光無盡意，
離垢虛空藏，妙眼及大慧，
維摩等菩薩，皆是多羅子，
亦是波若母。三世諸如來，
一切摩訶薩，無一非子者。
皆稱是我母，慈育諸有情，
安載如大地。

尒時觀自在説是偈已，即爲多羅菩薩。説陀羅尼曰：

那慕囉怛娜二合怛囉二合夜耶娜莫阿利耶嚩嚕吉帝濕嚩二合囉耶冐地薩埵耶摩訶薩埵

---

① 娑，《中華藏》校勘《石》作“婆”。
② 淨，《中華藏》校勘《石》《磧》《南》《徑》《清》作“涼”。
③ 藥，《中華藏》校勘《石》《磧》《南》《徑》《清》作“梨”。

耶摩訶迦路尼迦耶怛姪他唵多利咄多唎咄唎莎嚩二合訶

　　時觀自在菩薩説陁羅尼已，以多羅菩薩威神力故，一切世界所有衆生離諸苦惱，皆獲安樂，悉發無上菩提之心，悉與法界體性相應，入於出生無邊門藏。一切衆會心生奇特，歎未曾有。

觀自在多羅菩薩經①曼荼羅品第二

　　尒時觀自在菩薩摩訶薩告多羅菩薩言："若女人爲欲成就一切種智及欲滿足世間勝願，應當修習如是秘要。其曼荼羅，一如今日釋迦如來在淨居天宮，與諸菩薩集會之位。其修行者，先應擇地，或於山峯，或於河岸，或近大海花菓泉池，寂静之處，離諸危難及蓂戾車、怨賊、毒蟲、旃陁羅等雜穢之處。量取四肘或八肘乃至十六肘，掘深一肘，去諸骨髮灰炭、荊棘不淨之物，取河岸②土及諸淨土。先以五淨灑已，即誦本尊陁羅尼一百八遍，加持其土，用填其地。清淨修③築，極令平整。取黃牛糞不墮地者，亦誦陁羅尼而加持已，然後塗地。於神通月及吉宿日，或正月十五日，二月八日、十五日等。從夜起首，以青蓮華印加持壇地，取五色④綵線拼其界道，以五色粉撚畫爲之，或七寶粉，隨力而辦。和諸香末，誦陁羅尼。四方三院，先於中胎⑤畫釋迦牟尼佛，坐寶師子座，作説法相。右邊應畫觀自在菩薩，坐蓮華上，瞻仰合掌，持白蓮花，身白紅色，嚴飾瓔珞，首戴寶冠，左絡白神索。左邊畫金剛藏菩薩，左⑥手持金剛杵，身淺綠色。次後應畫八大菩薩，所謂弥勒菩薩、大勢至菩薩、曼殊室利菩薩、地藏菩薩、虛空庫菩薩、除蓋障菩薩、薩陁波崙菩薩、虛空藏菩薩。於金剛藏菩薩下，復畫降三世明王菩薩，作忿怒形。及畫月靨忿怒菩薩，作按⑦掌摧伏諸魔勢。近觀自在菩薩，畫毗俱胝白衣觀世音、馬頭明王，各如本色。近馬頭菩薩，畫大吉祥觀世音、大白⑧觀世音、月觀世音、豐財觀世音、名稱觀世音。於釋迦如來師子座下畫蓮華池，於其池中有妙寶蓮華，作赤光色如紅頗梨，放大光明。其蓮華中坐多羅菩薩，左手持青蓮華，右手仰安臍上如坐禪勢，眼亦如是。嚴飾瓔珞，披紗縠朝霞衣，怡然而住。其壇四門幢幡、華蓋，欄楯、陛⑨楯、難提、商佉，諸天音樂讚詠聖衆。壇東面，畫阿迦尼

---

①　觀自在多羅菩薩經，《中華藏》校勘《徑》《清》無，下同。

②　岸，《中華藏》校勘《磧》《南》《徑》《清》作"灰"。

③　修，《中華藏》校勘《石》《磧》《南》《徑》《清》作"隱"。

④　色，《中華藏》校勘《石》《磧》《南》《徑》《清》無。

⑤　胎，《中華藏》校勘《磧》《南》《徑》《清》作"台"。

⑥　左，《中華藏》校勘《磧》《南》《徑》《清》作"右"。

⑦　按，《中華藏》校勘《石》作"按"。

⑧　白，《中華藏》校勘《磧》《南》《徑》《清》作"曰"。

⑨　陛，《中華藏》校勘《石》作"階"。

吒天衆、少光天子、無熱天子。北邊，畫妙見天子、善現天子。其門兩邊，畫梵天、梵輔天、光音天、大梵天。四方各畫二①天，皆戴寶冠，披赤色衣，或黄或白，身無瓔珞，坐禪而住，各以右手安於②頂上作敬禮相。外院門側，畫③訖理瑟拏槃闍魔王，瓔珞莊嚴，少年之貌。次畫化樂天及兜率夜摩帝釋天子等，近門而住。次畫四天王天、迦樓羅天、伊舍那、鬼神主，及畫毗紐天，持輪而住。次畫半支迦大藥叉將。次畫染婆羅、大藥叉及滿賢、寶賢、藥叉王等，及畫訶利底、大藥叉女、日月星宿四姊妹、割底迦童子并二龍王難陁、跋難陁等。如是聖衆皆須一心迎請，以心發遣。取白花置遏伽鉢中，供養一切諸佛、菩薩、緣覺、聲聞，一切呪仙，世、出世閒皆須觀盡心供養。以白檀、龍腦、欝金而爲香水，散灑聖衆。復以此香爲末燒之，當白是言：‘唯願諸佛、諸大菩薩、一切聖者與我悉地，令我速出生死淤泥。’三稱是已，隨力所辦而爲供養。心常繫請世、出世閒一切呪天，願加持我，一一各結其本印而相應之。以八新瓶盛滿香水，并置一切種子及七寶金銀，并諸藥草、阿摩羅樹枝，并楊柳、夜合、松柏等葉，以不截繒綵繫覆瓶上。四瓶置内四角，四瓶置外四角，又安八瓶。第一一瓶供養色界阿迦尼吒天衆，第二一瓶供養淨居天衆，第三一瓶供養欲界天衆，第四一瓶供養諸藥叉、天女及持明呪仙，第五一瓶供養諸佛世尊，第六一瓶供養菩薩、聲聞、緣覺，第七一瓶於多羅前而爲供養，第八一瓶供養一切衆生。如是一十④六瓶，皆須一一如法布置。於壇四面各然酥燈，塗香、燒香、花鬘、琭饌，一一皆如曼殊室利曼茶羅法，皆以本尊陁羅尼加持諸供養物。於壇西南角去四五肘，應作護摩軍吒。其爐方四角，或一肘、二肘，深可半肘，爐中作蓮華形，其爐穿造如擇地法。取新鑽淨火，以乳木作柴，取一切草花及五種子和酥蜜酪。先以酥三杓供養，火天燒之。次蜜酪各三杓，然後以五種子三置火中。陁羅尼曰：

唵阿祇你莎訶二合訶

“誦此密言而加持之，復取白檀、欝金、龍腦香等相和香水，盛以瓦、木、金、銀、熟銅、新淨之器，右邊安之。請火天已，取花香，誦根本陁羅尼，擲燒供養火天。右手取香水，右旋灑火。及用本法，先自護身。次結青蓮花印，想多羅菩薩，誦一千八遍，取諸白花置遏伽水，想念本尊捧而供養。先傾三渧，又取白檀、欝金、龍腦和酥蜜酪，并取有乳木柴，無節端直，十二指，截一千八段，一誦一擲爐中。燒已，多羅菩薩即現其身，告行者言：“汝求何願？一切施與。”縱修行者有積業重障，亦現警誡，或放光明，或聞雷震、鍾磬等聲，或於空中無雲而雨，或香花清涼、妙風觸行者身。遇斯瑞已，生

① 　二，《中華藏》校勘《磧》《南》作“一”。
② 　右手安於，《中華藏》校勘《磧》《南》《徑》《清》作“左手安”。
③ 　畫，原作“盡”，據《中華藏》校勘《石》《磧》《南》《徑》《清》改。
④ 　十，原作“切”，據《中華藏》校勘《磧》《南》《徑》《清》改。

大慶悦，諸天人衆見修行者心生歡喜，應知多羅菩薩不久滿願。若阿闍梨爲作此者，發遣聖衆獻遏伽已，即於道場如常誦念一千八遍，圍繞三帀，隨意經行。每日三時或一①七日、二②七日乃至三③七日，求自本願念誦。念誦已，即取多羅菩薩本尊前瓶供養之水，結青蓮華④印，灌修行者頂。其灌頂處，去壇八肘，畫一蓮花。而灌頂已，圍遶三帀，重獻遏伽，誦諸讚歎。結本尊印，上置白蓮，散於壇上以爲供養。然後如常時發遣。壇中花⑤粉置清淨流水之中，不應履踐⑥，曼荼羅處復用瞿摩塗之。供養飲食，當施衆僧及諸貧者。曾入曼荼羅修行之人不應食此，亦不得食茄子、蘿蔔、蓮花根莖，亦不得踐履窣堵波影及阿闍梨、父母之影，清淨比丘、修行人影，乃至七佛菩提樹影並不應履。"

觀自在多羅菩薩經畫像品

尒時釋迦牟尼佛又復觀察淨居天宮，告觀自在菩薩摩訶薩言："汝今次應爲多羅菩薩説畫像法。"時觀自在菩薩摩訶薩承佛聖旨，從坐而起，禮佛雙足，復遍觀察淨居天宮，而勑天、龍、夜叉、健闥婆、阿蘇羅、迦樓羅、緊那羅、摩呼羅伽及一切世界持⑦明咒仙，作是誓言："汝等應當聽，受憶⑧本三昧耶，勿生疑惑。若當來世有修行者，應當擁護。若起異心，執金剛大藥叉將以金剛火焰杵摧碎汝頂，命終之後墮在泥犁，於無量劫受大苦惱。"尒時菩薩告誓已訖，告多羅菩薩言："若未來世諸修行者至求圓滿增上悉地，當依我教如法畫像。取新白氎及諸絹素不截幅者，組織清淨，無諸毛髮花，及彩色必須新潔。取第一畫工，及發菩提心，身器全者受八關戒。或八肘、四肘乃至一肘，先於中台畫釋迦世尊，坐於衆寶師子之坐，處淨居天宮，身色如金，作説法相。左畫曼殊室利童子，嚴餝瓔珞微作赤色，著青色裙，被輕縠衣，絡以神索。右手執白拂，左手持青蓮華莖，瞻仰而住。右畫觀自在菩薩，身淺紅色，髮戴寶冠化佛，帶白神索，於蓮華上蹋跪而坐。左手執蓮花，右手於頂上作散花⑨勢，種種瓔珞莊嚴其身，作微笑貌已。次復應畫多羅菩薩，無價雜寶而爲莊嚴，身緑黃色如盛年形。作愍念微笑觀行者貌，向觀自在曲躬而住，左手持青蓮華，右作執吉祥果勢。於觀自在菩薩下

---

① 一，《中華藏》校勘《磧》《南》《徑》《清》無。
② 二，《中華藏》校勘《磧》《南》作"三"。
③ 三，《中華藏》校勘《磧》《南》《徑》《清》作"七"。
④ 華，《中華藏》校勘《磧》《南》《徑》《清》無。
⑤ 花，《中華藏》校勘《磧》《南》《徑》《清》作"蓮"。
⑥ 履踐，《中華藏》校勘《磧》《南》《徑》《清》作"踐履"。
⑦ 持，《中華藏》校勘《磧》《南》《徑》《清》無。
⑧ 憶，《中華藏》校勘《石》《磧》《南》《徑》《清》作"憶念"。
⑨ 散花，《中華藏》校勘《磧》《南》《徑》《清》作"敬禮"。

應畫行者，捧香鑪，作頂禮勢。於座右邊畫一①金鉢，盛熟阿摩羅果。下方畫少光天子、無熱天子、善見天子，作聽法相。上方右邊畫阿迦尼吒天子，左邊畫善現天子，右手散花，左手作敬禮相。上畫寶蓋諸天妓樂，四邊空處悉畫龍花。若修行者至誠供養，頂禮一拜②，滅除億劫生死之罪。”

觀自在多羅菩薩經第二畫像品

尒時觀自在菩薩摩訶薩復告多羅菩薩言：“若修行人復欲成就第二畫像法者，先於中台畫無量壽佛，倚菩提樹。左邊畫離垢菩薩，白色種種莊嚴衣、紗縠衣，手持白拂，側顧向佛。右邊畫四臂觀自在菩薩。右第一手作無畏印，以中指大指捻數珠展手作摩頂勢，第二手作執杖形，左第一手持紅蓮華，第二手執軍持。觀自在菩薩右邊畫多羅菩薩，妙寶莊嚴，身緑黄色，合③掌捧青蓮花，半跏而坐，作恭敬曲躬之相。離垢菩薩下，畫三目四手毗俱胝菩薩，身著素衣，左第一手執蓮花，第二手執軍持，右第一手作無畏印，第二手執數珠。多羅菩薩下畫一髻羅刹，眼赤黑色，擔④肚垂下，虵爲瓔珞，狗牙上出，著虎皮裙，蟒虵槃髮。右手把鉞斧，左手持虵羂索，以血塗身。二手合掌，攢眉怒目，作恐怖相。爪甲纖利，交絡象皮。毗俱胝下畫四臂馬頭菩薩，二手結根本印。右手持鉞斧，左手執蓮花，丁字而立，作忿怒相。像下畫難陁跋難陁龍王，左手捧蓮花莖，右手作敬禮相。池⑤下畫地天，捧寶槃䠒跪瞻仰。四方四隅畫八方神，上畫日月、諸天妓樂，五色雲中灑甘雨勢。觀自在菩薩下畫行者，著白衣，執香鑪，䠒跪瞻仰。”

若修行人於月八日或十五日、或神通月或順吉宿，應食乳粥、花果等食，或唯食香。依先持誦法，三時澡浴，不應睡眠。常坐茅草，身衣白服。數限欲終，三日不食，無限念誦，對此像前。於壇四角置香水，瓶中插夜合柳等諸香樹葉，亦置七寶⑥及五穀種，以不截綵於⑦瓶上。行者坐左邊案上，置曼殊般若，散花經上。八方置八淨器，亦盛香水。又置八椀乳，然百盞酥燈，種種飲食盛以新器，置壇四角。燒沈水香，燒乳木火，取沈香十二指，截一百八段，搵蘇合油，一誦一燒，滿一百八遍。

觀自在菩薩大悲聖者從東方來，手持一杖，身衣白服，妙寶瓔珞以爲莊嚴。以黑

① 一，《中華藏》校勘《磧》《南》作“二”。
② 拜，《中華藏》校勘《磧》《南》《徑》《清》作“禮”。
③ 合，《中華藏》校勘《磧》《南》《徑》《清》無。
④ 擔，《中華藏》校勘《徑》《清》作“襜”。
⑤ 池，《中華藏》校勘《徑》《清》作“地”。
⑥ 寶，《中華藏》校勘《磧》《南》《徑》《清》作“珍”。
⑦ “於”前，《中華藏》校勘《磧》《南》《徑》《清》有“覆”。

鹿皮作右髆交珞①，髮戴寶冠。現行者前，放大光明，普照地獄、畜生、餓鬼。苦惱衆生過斯光已，身安快樂，發菩提心。行者見已，散諸華香，五體投地，至誠歸命，持遏伽水以獻菩薩。時觀自在大悲聖者告行者言："善哉！行者，汝等何願？一切施與。"得印可已，所求心欲無不成就。或飛騰虛空，或安怛陁那，或聞持延壽，或根不具亦得圓滿，或求伏藏入修羅窟，亦得隨入觀自在宮。如是等一切上願，世、出世間無不成就。復誦此密言，發遣聖者。陁羅尼曰：

娜慕囉怛那二合怛囉二合夜耶那莫阿唎耶嚩魯吉帝濕嚩二合囉耶菩地薩埵耶摩訶薩埵耶呬唎呬唎蘇略蘇略薩嚩薩埵迦略尼迦擊蹉擊蹉耶阿唎耶嚩魯吉帝濕嚩二合囉也他三麼耶滿努薩麼二合囉薩嚩二合訶

　　行者捧諸香華，誦此真言七遍加持已，散菩薩足下，則成發遣一髻羅刹。陁羅尼曰：

娜慕囉怛那二合怛囉二合夜耶娜莫阿唎耶嚩魯吉帝濕嚩二合囉耶冒地薩埵耶摩訶薩埵耶娜慕翳迦惹吒耶麼訶囉乞灑二合斯阿夜囉麼麼摩訶囉乞灑二合斯麼麼母迦薩嚩迦唎也抳迦略呬怛姪他阿難帝薩嚩二合訶惹夜也娑嚩二合訶薩嚩微近娜尾那夜建略乞叉二合略乞叉二合娑嚩二合訶

　　此陁羅尼能令用功少，成就疾，亦是多羅菩薩使者，故諸修行人應當誦念。

　　佛説大方廣曼殊室利經②

---

　　① 　珞，《中華藏》校勘《石》《磧》《南》《徑》《清》作"絡"。

　　② 　卷末經名，《中華藏》校勘《石》作"觀自在多羅菩薩儀軌經一卷"，《磧》《南》作"觀自在多羅菩薩儀軌經"，《徑》《清》作"佛説大方廣曼殊室利經觀自在多羅菩薩儀軌經"。

菩提場莊嚴陀羅尼經①

特進試鴻臚卿大興善寺三藏沙門大廣智不空奉詔譯②

　　如是我聞，一時薄伽梵住筏羅疙斯大城廣博大園，與苾芻衆五千人俱，皆是大阿羅漢，諸漏已盡，所作已辦，逮得已利，斷諸有結，復有菩薩摩訶薩五百人俱。尒時世尊滿月十五日而坐説法，其衆會有無量俱胝那庾多百千有情，婆羅門、刹利、梵志、尼乾子等及餘外道戲論幻術，居屍林納衣持牛戒者，居山谷持禁戒者，復與大天衆皆於佛前衆會而坐。時大衆會邪見異道心懷疑難，如來愍念，皆安慰之，恣其所問。復有天、龍、藥叉、乾闥婆、阿修羅、迦樓羅、緊那羅、摩睺羅伽、人、非人等，前後圍遶而坐。復有天帝釋與忉利天子，天衆百千眷屬前後圍遶，來至佛所。復有梵王與娑訶世界主梵衆天子，百千眷屬皆來集會。復有日月天子、寶賢、滿賢、賢力天等，與大藥叉將衆及大自在天、那羅延天、焰魔天、水天、俱尾羅天、四大天王、吉祥天女、辯才天女、訶利帝母、商棄尼天女、華齒天女、訶利帝五百子等，皆與眷屬衆會而坐。復有娑伽羅龍王、難陀龍王、烏波難陀龍王，與無量百千龍衆圍遶。復有緊那羅王、摩呼羅伽王，與無量眷屬前後圍遶，作大供養而住聽法。

　　其大衆會有大婆羅門，名毗鈕達多，住波吒離子城。是婆羅門多諸財寶，豐饒巨富，與毗沙門天王等敵。是婆羅門多聞聰哲，智慧審慮，諦修善品，意樂淨信，極善歸依三寶，優婆塞中最爲第一。其婆羅門爲無子息，晝夜作是思惟：若無子息，當生何趣？又斷我族。婆羅門又作思惟：大師、佛、世尊即是我父，我是佛子，真正妙法是我之母，僧伽聖衆是我兄弟，今生有幸遇大吉祥，及於來世，我今問佛世尊修何法行，我由修行一法，收攝一切善根，迴向於無上正等菩提，常恒三寶種，永不斷絶，由此福因緣，得有子息。我今欲問世尊，修何法行？尒時毗劒③達多大婆羅門往詣世尊，遶佛三帀，合掌禮佛，而白佛言："世尊，能以一法積集一切善根，所謂證得無上正等菩提，

---

　　① 底本，《中華藏》第 1425 號，第 65 册第 634 頁中—644 頁下，原《金藏》廣勝寺本。
　　② 譯名，《中華藏》校勘《徑》《清》作"唐特進試鴻臚卿三藏沙門大廣智不空奉詔譯"，《麗》作"開府儀同三司特進試鴻臚卿肅國公食邑三千户賜紫贈司空謚大鑒正號大廣智大興善寺三藏沙門不空奉詔譯"。
　　③ 劒，《中華藏》校勘《石》《磧》《普》《南》《徑》《清》《麗》作"鈕"。

即成共諸三寶善根無盡,令我獲得子息。"世尊告言:"善哉！ 善哉！ 大婆羅門能問如是善①義,汝今當聽、善聽、極善聽②,極善作意,吾今爲汝廣稱讚敷演。大婆羅門,有菩提場莊嚴陀羅尼大教王,由此陀羅尼種植一切善根,能滿一切意願。我念過去世於波吒離子城東門外有一大園,其園名阿蘇離園,中有羅刹女住,名華阿蘇離。其園③羅刹女稟性暴惡威怒,千由旬内所有男女,童男童女,奪其精氣,波吒離子城中人民常被驚怖,懷大憂懼,互相瞻視,咸言作何方便。時衆多耆舊告諸人衆:'汝等諦聽,我等聞佛出世,其佛號曰妙光幢如來應供正遍知,汝等應當往詣彼佛世尊所,問佛世尊,救濟汝等憂懼之難。'時諸人衆白耆舊言:'世尊今者在於何處?'耆舊答言:'世尊今在半遮羅聚落。'是諸人衆復白耆舊:'我等作何方便?'耆舊告言:'汝等還歸,可於淨處以瞿摩夷和土塗作方壇,四方齊整,散諸雜華,置四香鑪,四缾香水,并四楪④食,然四盞燈,又取一頻伽缾,滿盛香水,取一齒木,安於缾上,應當啓請彼如來言:惟願世尊明日食時降臨於此。如來悉知過去、未來、現在之事,如來拔濟一切有情墮險趣者,地獄、餓鬼、畜生常令解脱,如來必當食時降赴以大神通,并諸眷屬來至波吒離子⑤城。'時諸人衆聞此語已,衆人咸集高顯淨處,以瞿摩夷和土塗壇,以種種華散其壇上,嚴飾賢缾,置種種飲食⑥、塗香、燒香,然燈置於四方,種種音樂,金頻伽寶,莊嚴缾滿盛香水,齒木安於缾上,置壇中心,以和雅音,高聲作是唱言:'稽首歸命妙光幢如來、世尊、應正等覺,稽首歸命憐愍一切有情大牟尼世尊,稽首歸命奇特法性佛世尊,惟願拔濟我等受苦衆生,惟願明日食時來受我供,安慰我等一切有情,爲歸、爲依、爲作善趣,解脱我等極甚怖畏,險惡難處。'

　　時大人衆纔發此言,於其處地六種震動,頻伽寶缾傾倒於地,即成大蓮華池,天妙八功德水充滿其中,其水香淨,不冷不熱,令人悦意。其池水中有種種華,所謂青蓮華、紅蓮華、赤蓮華、白蓮華,滿於池内。金砂布地,四道寶堦,以種種寶間錯莊嚴。即其齒木變爲寶樹,高六由旬,縱廣正等有八由旬,其樹根、莖、枝、葉、華、果皆七寶所成。復於是處,其地寬廣嚴淨,面各十二由旬,成一大曼茶羅。其處令人愛樂,殊麗端嚴,處處皆有種種水陸諸華。於華樹上有種種鳥,鸚鵡、孔雀、迦陵頻伽共命之鳥及餘吉祥諸鳥,金觜金髻,毛羽皆是七寶所成,出和雅音。其地種種華樹以爲莊嚴,所謂多摩羅樹、瞻蔔華樹、波吒羅樹、無憂樹、阿低木多迦樹、蘇摩那樹、南摩樹、

---

① 善,《中華藏》校勘《石》《麗》無。
② 善聽極善聽,《中華藏》校勘《麗》無。
③ 園,《中華藏》校勘《石》《麗》無。
④ 楪,《中華藏》校勘《石》《麗》作"疊"。
⑤ 子,《中華藏》校勘《石》《麗》無。
⑥ 飲食,《中華藏》校勘《石》作"食飲"。

扼羅樹、大扼羅樹、竭乳羅樹、薔薇華樹、上①藍努迦樹、庾體佗以反②迦樹、信努迦縛離樹等,皆是妙光幢如來本願菩提場莊嚴陀羅尼神力加持故③,作大神變。時波吒離子人衆心生奇特,互相視言:'今所現者大神通相,先應而現,誰之威力、誰之神通,於此贍部洲現大利益,現大功德! 當於世間現此瑞相,與諸有情成大利益。'時彼人衆互相視言:'汝等各去營辨④種種殊勝飲食,明日請佛廣大供養。'時彼人衆各還本家,其夜營辦種種飲食,色香美味,香華、塗香、末香、幢幡、音樂,與多眷屬將至中路,祇候世尊。時妙光幢如來在半遮羅大聚落中,與大衆會説法教化,於大衆前忽現七寶所成頻伽水缾并及齒木。

"尒時世尊見已微笑,即舒百千福莊⑤嚴金色臂,取頻伽缾并及齒木,寂然而住。尒時大衆見此事已,咸生奇特,歎未曾有,現此瑞相未知何方迎請世尊。

"尒時衆中有一菩薩摩訶薩,名妙清淨慧,往詣佛所,頭面禮足,右遶三帀,而白佛言:'世尊,此之瑞相從何而來,現頻伽水缾并及齒木奉請世尊?'佛言:'此頻伽缾齒木從波吒離子大城而來。'告妙清淨慧菩薩言:'汝可行籌隨從我者,以大神力,明日晨朝,當入波吒離子大城。'時妙清淨慧菩薩摩訶薩聞是語已,尋即行籌,告諸聲聞衆、菩薩衆,有大神通,能作神境通者,可受此籌,明日晨朝入波吒離子城。時妙⑥清淨慧菩薩徧行籌已,即請世尊。

"尒時世尊於晨朝時齊整衣服,以大威嚴,以大眷屬,以大神力,遊戲加持,與諸大衆即乘虛空,天、龍、藥叉、乾闥婆、阿修羅、迦樓羅、緊那羅、摩睺羅伽作大音樂,以種種香華、塗香、末香、衣服、嚴具於虛空中供養。如來以佛神通,於須臾頃至波吒離子大城,從空而下,至寬廣嚴淨大曼茶羅處,坐師子座,彼大衆各各自乘華⑦宮殿而來會坐。時城中人衆以佛威神力,各持種種供養世尊及彼大衆菩薩、聲聞衆、天龍八部衆⑧,世尊知食時將至,皆令坐食,種種色香、美味飲食恣意食足。

"尒時大衆食已,洗漱整理衣服,以大神通,復以供養,旋遶三帀,各於佛前次第而坐。即以上事白佛言:'世尊,於此城東門外有園,名阿蘇離,於彼園中有羅刹女,名華阿蘇離,其性暴惡,常奪男女童男童女精氣,晝夜常懷害心,惟願世尊開示,方便除此災害。'

---

① 上,《中華藏》校勘《石》《麗》作"止"。
② 佗以反,《中華藏》校勘《徑》《清》無。
③ 故,《中華藏》校勘《石》無。
④ 辨,《中華藏》校勘《磧》《普》《南》《徑》《清》《麗》作"辦"。
⑤ 莊,原作"裝",據《中華藏》校勘《磧》《普》《南》《徑》《清》《麗》改。
⑥ 妙,《中華藏》校勘《石》無。
⑦ 華,《中華藏》校勘《石》作"化"。
⑧ "衆"後,原衍"聲聞衆",據文意刪。

"尒時妙光幢如來安慰大衆,寂默而住,示現微笑,從佛面門出種種光明,以此光明①照曜三千大千世界,及照阿蘇離園羅刹女并百千眷屬,佛威神力,令彼羅刹女并諸眷屬四方馳走,其園被燒,如一火聚,悲聲號哭,十方奔走。'我等歸誰,誰當救我?'是時城中有諸天衆空中出聲,告言:'汝等可往妙光幢如來所稽首歸依,當令汝獲得安樂。'時彼華阿蘇離羅刹女百千眷屬忙然,往詣佛所,頭面禮足,白佛言:'惟願世尊救我! 惟願薄伽梵救我! 惟願修伽陀救我! 世尊,我從今已後,更不敢害諸有情,更不敢侵惱有情。'時妙光幢如來默然而許,即入菩提場遊戲神通加持三摩地,由入此三摩地故,照曜十方一切佛刹。彼刹中一切如來悉皆顯現,并聞爲大衆説法音聲。時妙光幢如來説菩提場莊嚴陀羅尼,彼十方世界中如來皆讚言:"善哉! 善哉!妙光幢如來,善説菩提場莊嚴陀羅尼教王,令調伏華阿蘇離羅刹女并及眷屬,安立十善業道,并諸人衆令得不退轉地,置於善道,即其城地七寶所成及雨七寶,其贍部洲人民豐饒安樂。'大婆羅門,我當彼之時,爲婆羅門童子,年始七歲,聞此陀羅尼,於佛教中得生淨信,便證無上正等菩提。大婆羅門,或有猶豫生疑者,往昔時華阿蘇離羅刹女豈異人乎! 即汝身是。何以故? 汝爲阿蘇離羅刹女,時損害衆生無有善②心,經無量劫墮於惡趣。大婆羅門,莫生疑惑,當彼之時,波吒離子城中人衆,今此天、龍、藥叉、乾闥婆、阿修羅、迦樓羅、緊那羅,今來雲集者是。大婆羅門或生猶豫,或生疑惑。當彼之時,羅刹女百千眷屬者不應作③如是見,何以故? 是我集會中,婆羅門、刹利、梵志、尼乾子及餘外道戲論幻術者,居屍林,納衣,持牛戒者,居山谷持禁戒者等是。"

尒時釋迦牟尼如來説往昔因緣已,默然而住,時一切大衆,聞此往昔因緣,皆生奇特,持種種香、華、塗香、末香、華鬘、衣服、幢幡,往詣世尊所,而作供養,右遶三帀,頭面禮足,而作是言:"惟願世尊説菩提場莊嚴陀羅尼教王,惟願世尊説,惟願修伽陀説此大明王,令一切有情作大光明,於後末世一切有情能滿諸願。"

尒時世尊大衆請已,默然而住,受請微笑。現微笑後,從其面門出種種光,照曜十方世界。照曜已,彼世界中一切諸佛悉皆顯現,又聞彼諸如來説法語言,於此地中即生七寶樹,其樹根、莖、枝、葉、華、果殊勝,天妙悦意,受用安樂,現於贍部洲,其樹現大遊戲神通加持。

尒時文殊師利童真菩薩,見此神通及見如來微笑,往詣世尊,頭面禮足,遶佛三帀,合掌向佛,白佛言:"世尊,惟願説菩提場莊嚴陀羅尼教王,惟願善逝説之,與一切

---

① 光明,原作"其光",據《中華藏》校勘《磧》《普》《南》《徑》《清》改。

② 善,《中華藏》校勘《石》《麗》作"慈"。

③ 作,《中華藏》校勘《石》《麗》無。

有情作大利益,長養一切種植善根者。"

尒時釋迦牟尼如來受文殊師利童真菩薩請,即入觀佛三摩地,由纔入此三摩地,於剎那頃,見十方世界剎土一切諸佛,如一箭道,彼十方世界,九十俱胝百千恒河沙數諸佛,皆來集會,同聲讚釋迦牟尼如來言:"善哉! 善哉! 釋迦牟尼如來善說此大陀羅尼教王,過去一切如來已說,悉皆加持隨喜,惟願世尊廣爲宣說菩提場莊嚴陀羅尼法要大教王儀軌。"

尒時文殊師利童真菩薩以如來所生法界,盛於鉢中,二手捧鉢,奉獻如來。

尒時釋迦牟尼如來舒金色臂,授①文殊師利童真菩薩鉢,授已,擲於空中,於剎那頃②,其鉢徧滿虛空,所盛法界舍利如來形像滿三千大千世界虛空。彼如來咸皆讚歎釋迦牟尼如來言:"善哉! 善哉! 釋迦牟尼佛。"見彼一一如來前皆有釋迦牟尼佛并大衆會,一一釋迦牟尼佛前復有文殊師利菩薩,滿鉢盛法界奉獻,現大神通,現大神變。

尒時金剛手菩薩摩訶薩白文殊師利童真菩薩言:"甚奇特! 文殊師利童真菩薩現於如來大衆會神變,今此光相爲誰所現? 以何因緣? 是誰威神現大如來形像集會?"

文殊師利言:"金剛手,汝豈不知現此光相神變耶?"金剛手言:"文殊師利,我昔未曾見聞如是大神通一切如來集會,此之希有,未曾見聞,今乃得見。"尒時金剛手菩薩摩訶薩旋轉金剛杵,右遶世尊,佛前而住,白佛言:"世尊,欲說何法? 今有未曾見聞相現於世間中,大神通相分明而現。"佛言:"金剛手,且待須臾,當自證見。"於剎那頃,佛前忽然有七寶幢③從地踊出,高七千踰繕那,闊五千踰繕那,天妙莊嚴,光明熾盛,垂妙繒綵,真珠羅網彌覆其上,鈴鐸搖動,出和雅音,華鬘莊嚴,無量俱胝百千天子從空而下,持種種七寶供養具,而供養寶幢。

尒時世尊告金剛手菩薩言:"汝可往開幢門。"

尒時金剛手菩薩徧身光焰,如火聚熾盛,頭冠瓔珞,莊嚴其身,執金剛杵,面兒忿怒,令人怖畏,近至寶幢而申右臂,開其幢門。開幢門已,於是幢中有師子座,其座閻浮檀金所成,七寶莊嚴,以種種天妙衣服,敷其座上,廣博面④金口高勇光明幢頂如來應供正徧知如來於上而坐,入三摩地而現。

尒時廣博面金口高勇光明幢頂如來讚歎釋迦牟尼佛言:"善哉! 善哉! 釋迦牟尼如來,於世閒中現大神變,現大如來集會,無有神變集會與此等者。先佛等覺而亦

---

① 授,原作"受",據《中華藏》校勘《石》改,下同。
② 頃,原作"項",據《中華藏》校勘《磧》《普》《南》《徑》《清》《麗》改。
③ 幢,《中華藏》校勘《石》《麗》作"柱"。
④ 面,《中華藏》校勘《磧》《普》《南》《徑》《清》無。

未有此如來集會，神通示現，惟願世尊説此菩提場莊嚴陀羅尼教王，成多人利益，安樂哀愍。此如來形像遊戲神通集會，現此幢相，皆是菩提場莊嚴陀羅尼威力，現此神變，亦是此陀羅尼加持先現此瑞，惟願世尊説菩提場莊嚴陀羅尼大教王。”

　　尒時釋迦牟尼如來受廣博面金口高勇光明幢頂如來請已，即説菩提場莊嚴陀羅尼曰：

曩謨婆誐嚩帝一尾補攞嚩娜二曩建贊努得訖使三合鉢多二合，三鉢囉二合婆引娑計覩母囉馱寧二合，四薩嚩怛二合佗引蘖跢寫五曩謨婆誐嚩帝六捨引枳也二合母曩曳七怛佗引蘖多引夜引囉賀二合帝三藐三没馱引野八怛你也二合佗引，九唵引，十冐地冐地冐地冐地十一薩嚩怛佗引蘖多盧引者囉十二馱囉馱囉十三賀囉賀囉十四鉢囉二合賀囉鉢囉二合賀羅十五麼賀引冐地唧多馱囉十六主盧主盧十七捨怛囉濕弭二合散祖你帝十八薩嚩怛佗引蘖多引毗色訖帝二合，十九虞頓二十虞拏嚩帝二十一没馱虞拏嚩婆細二十二弭里弭里二十三誐誐曩怛麗二十四薩嚩怛佗引蘖多地瑟恥二合帝二十五曩婆蘖多二合麗二十六捨麼捨麼二十七鉢囉二合捨麼鉢囉二合捨麼二十八薩嚩播引跛鉢囉二合捨麼寧二十九薩嚩播引跛尾輸引馱寧三十虎盧虎盧三十一麼賀冐地末引誐三鉢囉二合悉體二合帝三十二薩嚩怛佗引蘖多三十三鉢囉二合底丁以反瑟恥二合多秫第娑嚩二合，引訶引，三十四

　　纔説此菩提場莊嚴陀羅尼大教王已，十方一切諸佛皆讚言：“善哉！善哉！”及所現一切如來稱：“善哉！善哉！釋迦牟尼如來善説此陀羅尼教王，利益安樂一切有情。”尒時大地六種震動，雨種種華，雨塗香、末香、衣服嚴具、真珠、臂釧、頭冠、瓔珞，諸天於空中奏種種音樂，出微妙聲。雨種種華，所謂青蓮華、紅蓮華、赤蓮華、白蓮華、曼陀羅華、摩訶曼陀羅華、盧遮華、曼殊沙華、摩訶曼殊沙華、蘇摩那華、婆利師迦華、瞻蔔華、搔乾地華，以種種華而供養佛。今於如來大集會，聞此大陀羅尼，或有證得阿羅漢果，或證緣覺菩提果，或有證斯陀含果，或有證阿那含果，或有證須陀洹果，或有住菩提心，或有得不退轉地，或有得授無上正等菩提記，或有生天果報，或在地獄受諸苦惱，悉皆解脱。或有生焰魔界，或生傍生，或有生於鬼趣，彼等悉皆解脱，安置佛道。於此閻浮提大示現種種神通，其世界衆生皆熾盛歡悦，人民充滿，豐饒安樂。

　　尒時金剛手祕密主頂禮佛足，合掌白佛言：“世尊説此陀羅尼教王，甚極難得，若有苾芻苾芻尼、優婆塞優婆夷、善男子善女人，聞此陀羅尼，受持讀誦，爲佗宣説如理作意，生幾所福成就？”佛言：“善哉！善哉！金剛手①大祕密主，妙問如是義，此問極端嚴，極善妙問，金剛手，汝可往詣文殊師利菩薩所問，應當爲汝廣分別説。”

　　尒時金剛手即詣文殊師利菩薩所，右遶文殊師利菩薩白言：“若有人受持讀誦，

---

　　①　手，原作“王”，據《中華藏》校勘《石》《磧》《普》《南》《徑》《清》《麗》改。

爲佗宣説，如理作意，此菩提場莊嚴陀羅尼得幾所福？”文殊師利童真菩薩告金剛手言：“諦聽！我今以譬喻説，盡三千大千世界處，所有土地、山川、塠阜析爲百分千分，乃至細如毛端分，我不見一處微塵不周徧。我又以天眼觀如來身分舍利，亦徧一切處，我無不見如來法身①分舍利、法界舍利、骨舍利、肉舍利，如一芥子量空界而不周徧。或有人具大威德神通，悉能筭數觀察度量，可知其數。金剛手，其人是爲智慧，是爲聰哲耶？”金剛手言：“文殊師利，是人甚奇特希有！”文殊師利復言金剛手：“諦聽！如上微塵舍利，筭數觀察度量，可知其數。復次，金剛手，所有一切微塵、一切身分舍利准如上數微塵，准如上數舍利數量，尒所如來或住一劫，或餘一劫，或復千劫，讚揚此菩提場莊嚴陀羅尼教王功德，不能譬喻校量盡其功德福利。金剛手，此菩提場莊嚴陀羅尼教王有如是大威德，若有受持讀誦，爲佗宣説，供養經卷，當知是人獲無量無邊功德，不可窮盡。”

　　彼大衆集會，天、龍、藥叉、乾闥婆、阿蘇囉、迦樓羅、緊那羅、摩睺羅伽及彼衆中有情，從文殊師利童真菩薩聞此所説功德，皆得阿耨多羅三藐三菩提不退轉地，所謂阿耨多羅三藐三菩提記，咸皆三度喞陀南讚歎：“曩謨歸命釋迦牟尼應供正徧知佛世尊！曩謨歸命奇特神通佛世尊！曩謨歸命作奇特業佛世尊！”尒時金剛手大祕密主白文殊師利童真菩薩言：“云何於此菩提場莊嚴陀羅尼大教王種植善根？”文殊師利童真菩薩言：“金剛手，此義當問如來，如來悉知是義。”

　　尒時金剛手祕密主往詣佛所，遶佛三帀而白佛言：“云何於此菩提場莊嚴陀羅尼種植善根？”佛言：“金剛手，汝今諦聽，當爲汝説此陀羅尼種植善根法。金剛手，若有善男子善女人，欲求種植善根，修無上菩提道資糧者，苾芻苾芻尼、優婆塞優婆夷，或善男子善女人、淨信善心者，應受持此陀羅尼，以此積集善根。若有淨信善男子善女人、比丘比丘尼、優婆塞優婆夷，澡浴清淨，著新淨衣，以瞿摩夷和土，塗作方曼荼羅，以五淨灑，隨力分散華，燒香供養，以菩提場莊嚴陀羅尼加持香水七徧，浴佛形像。復加持白檀香，用塗佛上，又加持欝金香塗上，隨力分供養，旋遶禮拜，對於佛前誦一徧，然一盞燈。金剛手，我今説彼即爲種植善根。金剛手，我今作譬喻説，三千大千世界大龍王降微細雨，或有一人有大神力，能數是雨滴。我復作譬喻説，以彼筭計籌量，可知其數。彼善男子善女人、苾芻苾芻尼、優婆塞優婆夷，准如上雨滴數，如來應正等覺所承事供養、禮拜，或於一劫，或過一劫，乃至百劫，生如是功德聚，可知其福，如上浴像，種植善根所生功德，一切如來不能知其數量。

　　“復次，金剛手，第二校量福德，以少善根因緣，能成就廣善根果報。此菩提場莊嚴陀羅尼，於樺皮上書，或置金剛杵中，或置佛像中，或置畫像上，或置印塔中，或置

---

① 身，《中華藏》校勘《石》《麗》作“身身”。

窣堵波中，隨於一事置此陀羅尼，即成造百千數。若置一窣堵波中，彼善男子善女人，即成造百千窣堵波，其人獲得尔所造塔功德，種植善根。金剛手，若有苾芻苾芻尼、優婆塞優婆夷、善男子善女人，於四衢道，或高山頂，或於河岸，或於城門，或王道路，造作一大窣堵波，寫此陀羅尼并經，置於相輪樸①中，如我先譬喻說，滿三千大千世界微塵數量法身舍利、法界舍利、骨舍利、肉舍利，彼善男子善女人即成造如上尔所微塵舍利等數量窣堵波，即成一切如來舍利藏窣堵波，即成佛曼荼羅窣堵波，即成一切如來藏塔，如來誠言作如是記別。金剛手，若有善男子善女人於如來記別塔所，或華或香，或復合掌稽首作禮，或一旋遶，彼善男子善女人、苾芻苾芻尼、優婆塞優婆夷，即種植無量無邊善根，一切罪障悉皆消滅，一切地獄、傍生皆得解脫，證得不退相莊嚴三摩地，身得清淨，乃至菩提場一切善根無有窮盡，更不復生於母胎。金剛手，此陀羅尼甚難得聞，金剛手，若有人造佛形像，或埿，或畫，或木，或鈿，或以香埿，或以鍮石，或以熟銅，或以三金，金銀銅也。或鐵，或銀，或金，或造窣堵波，或紙，或素，書寫此陀羅尼并經及功能，安於舍利塔中及佛像中，應當供養、禮拜。金剛手，彼苾芻苾芻尼、優婆塞優婆夷、善男子善女人，以如來先②譬喻量，以如來校量功德量③，以佛眼觀察舍利數量，以大海滴數量，如是如來形像等量，若有苾芻苾芻尼、優婆塞優婆夷、善男子善女人，於一佛像或一塔中置此陀羅尼，恭敬供養、禮拜，是人即成供養④尔所佛形像，獲得尔所福德聚。”

尔時金剛手祕密主白佛言：“世尊，此大陀羅尼教王有大威德，有大福利，有大神通，纔稱名者獲大善根，成就大福。”

尔時世尊告金剛手祕密主菩薩言：“金剛手，若有苾芻苾芻尼、優婆塞優婆夷、善男子善女人，欲滿大功德聚者，若欲供養過去、未來、現在一切諸佛如來者，應盡書寫此陀羅尼經置於篋中，日日供養及香水浴，旋遶禮拜。彼善男子善女人、苾芻苾芻尼、優婆塞優婆夷，所有過去、未來、現在如來，先所說譬喻數量者，悉皆成四事供養。當知此善男子善女人，一切如來加持，一切如來之所授⑤記，一切如來皆所安慰，其人得不退轉。”

尔時世尊告文殊師利童真菩薩及金剛手祕密主菩薩、四大天王言：“我今付囑汝等佛子此陀羅尼教王，於末後世勿令隱没，應護受持此經有情，擁護長養，以各各自真言、儀軌、印契加持彼人。”

---

① 樸，《中華藏》校勘《石》作“根”，《磧》《普》《南》《徑》《清》作“樽”，《麗》作“操”。
② 先，《中華藏》校勘《磧》《普》《南》《徑》《清》作“光”。
③ 量，《中華藏》校勘《石》《麗》作“數量”。
④ “養”後，《中華藏》校勘《麗》有“禮拜”。
⑤ 授，《中華藏》校勘《石》作“受”。

爾時文殊師利童真菩薩、金剛手大祕密主菩薩及四大天王從座而起，頭面禮足，作是言：“世尊，我等已受如來付囑此陀羅尼大教王，我當守護彼大丈夫受持此陀羅尼者，一切資具不令乏少，無歸無依者悉皆拔濟，乃至菩提場轉法輪，我等咸皆護持。”爾時世尊告文殊師利童真菩薩、金剛手大祕密主菩薩、四大天王，讚言：“善哉！善哉！汝等應當作如是事。”

爾時世尊普告大衆：“此陀羅尼能成辦一切事業，能與一切悉地，能消滅一切罪障，所作一切事業通達無礙。應身器清淨澡浴，著新淨衣，每日誦一百八徧，即見一切諸佛。壽命百歲，遠離一切疾病，一切賢聖常當擁護，金剛手祕密主、四大天王亦常當擁護。一切意願皆得滿足，命終當生妙喜世界，不復於母胎中生，常得蓮華化生，得宿命智。若誦二十一徧，當遠離決定地獄業，一切罪悉皆除滅，決定不墮於惡趣，於諸冤敵皆得勝。若誦七徧，一切鬪諍言訟論理得勝。當於白月十五日，一日一夜不食，清淨澡浴，著新淨衣，對佛像結加趺坐，以華香、燒香①、燈明供養世尊，誦此菩提場莊嚴陀羅尼一千徧。滿一千徧已，即見釋迦牟尼如來舒金色臂，按行者頂而安慰之，讚言：‘善哉！善哉！大持明者，大丈夫，汝所作菩提場莊嚴陀羅尼，汝②已成就，汝持明者大勤勇精進，汝已作是勤苦，已圓滿多善根，所欲往佛世界隨願而往。’其持明者身有熾盛光明，照曜一切，真言教法悉皆成就，日滿一切願，由作此法，先行成就。設令作五無間罪者，由一日一夜斷食念誦，其罪悉皆消滅，現世得成就。若於有舍利塔中，黑月十四日，一日一夜不食，澡浴清淨，身著淨衣，於熟銅器中滿盛白芥子，誦陀羅尼加持一千徧，即法成就，當一切處用。取白芥子一把散於龍池中，即一切龍歡喜隨順持誦者，彼等龍容許入於宮中，悉皆接足，禮彼人所處分，悉皆奉教，取白芥子擲於虛空，霜雹即止，亦能制止暴風。

“若白芥子擲散四方，一切風雲、蚊虻、鸚鵡、鵒鴿、蝗蟲、暴惡蟲獸等，皆被禁縛口。若取白芥子擲於火中，火不能燒。擲於江河，水即不流。擲於商估中，不被賊劫，不見彼衆。擲於王宮門，國王、大臣、後宮，悉令歡喜。擲於大衆，大衆皆共供養彼人。擲於佗敵，彼軍衆即被禁止。若擲關戍守捉處，身隱即不現而過。若散於苗稼上，不被蟲傷。若天旱時擲於龍池，即降大雨。若暴雨時擲於空中，極暴雨止息。若擲冤家舍中，不復有冤相遇③。若擲於城門城內，一切逼迫悉皆消滅，一切夜叉、羅刹馳走而去。若鬪戰時擲散彼軍，即彼禁止自軍得勝。若口中含，一切鬪諍言訟論理得勝。若置於水中，與患者澡浴，一切疾病皆得除愈。若有人患諸鬼魅，取白芥子和沙糖，燒熏病人，一切鬼魅皆得解脱。若有牛疫、諸畜疫、人疫、童男疫、童女疫，於

---

① 燒香，《中華藏》校勘《麗》無。
② 汝，《中華藏》校勘《石》《麗》作“法”。
③ 有冤相遇，《中華藏》校勘《石》《麗》作“有恨”。

四衢道，取白芥子和土燒，一切疫病悉皆止息。若於自頭髮中散於一切處，得人供養一切，人見皆生憐愛。若持誦者，從十四日以二手按文殊師利菩薩足，從初夜至圓滿十五日，晨朝無間念誦，文殊師利菩薩住行人前，一切意願皆得滿足[1]。若按金剛手菩薩足，誦陀羅尼加持一千八徧，以安悉香和蘇燒，金剛手菩薩即現其前，一切意願盛事皆得成就，真言教法授[2]與彼人，養育如子。又法，若以二手按摩尼拔陀羅藥叉足，誦陀羅尼一千八徧，獲得廣大財寶，即現其身，所言皆作。若以手按毗沙門頂，燒沈水香，誦陀羅尼八十徧，即得一千金錢。又法，若觀吉祥天女面，誦陀羅尼一千八徧，得一千金錢。又法，若畫藥叉，以五色彩成，誦陀羅尼一千二十徧，燒薩勒枳香，_{薰陸香也}。藥叉女現其人前，誓作爲女使者，所處分事皆能成辨，乃至命存，成辨百種、千種事，成就一切義利。

“我今説畫像法，能成就一切。取不截氎長四肘，擇去毛髮，不應用皮膠，畫人清淨受八戒，然後令畫。當中畫釋迦牟尼佛於寶樹下師[3]子座，於釋迦牟尼佛上又畫一佛，作説法相，其菩提樹種種寶莊嚴。釋迦牟尼右[4]邊畫聖文殊師利菩薩，種種寶瓔珞莊嚴，於蓮華上雙膝跪坐，二手捧鉢，作獻佛勢。佛右[5]邊畫聖金剛手菩薩，面兒忿怒瞋相，一切寶莊嚴身，手把金剛杵作旋轉勢，於蓮華上雙膝跪坐，瞻仰如來。聖文殊師利後畫寶幢，其量廣大，界道莊嚴，於幢中畫如來座師子座，作安慰相。金剛手後畫菩提場莊嚴陀羅尼經夾，置於寶篋[6]中，篋四面周帀畫佛，安置師子座上。於寶篋下畫金剛使者，作威怒形。於寶幢下畫吉祥天女。於佛下當中畫四大天王，皆被甲冑作威怒形，天王下畫持誦者，左手執香爐，右手把念珠，瞻視世尊。由畫此佛[7]像，應墮惡趣者，謗方廣大乘，毀謗聖人，作五無間罪，若畫此像者，悉皆消滅，其人得不退轉，何況能修持，其人等同如來。”

尒時世尊説菩提場陀羅尼曼茶羅法。欲建立此曼茶羅者，或於寺内，或於天廟，或在山間，或於清淨隨自意樂處，依教平治其地，以瞿摩夷和土加持已，然後塗拭其壇，周圍十六[8]肘量。其畫壇人清淨澡浴，然後令畫四門，四角均[9]停，四角畫四天王，

---

① 滿足，《中華藏》校勘《石》《麗》作“圓滿”。
② 授，《中華藏》校勘《石》作“受”。
③ “師”前，《中華藏》校勘《麗》有“坐”。
④ 右，《中華藏》校勘《磧》《南》《徑》《清》作“左”。
⑤ 右，《中華藏》校勘《石》《麗》作“左”。
⑥ 篋，《中華藏》校勘《麗》作“幢”，下同。
⑦ 佛，《中華藏》校勘《麗》無。
⑧ 六，《中華藏》校勘《石》無。
⑨ 均，《中華藏》校勘《磧》《普》《南》《徑》《清》《麗》作“鉤”。

中央畫佛形像，於門門①中畫寶樹，於東門畫吉祥天女，南門畫辯才天女，西門商棄尼天女，北門華齒天女。畫壇了，以稻穀華和白芥子散於壇上，兼散時華塗香、末香。四角安四香水缾，以四器盛飲食，供養四門，安四香爐，兼諸飲食，種種華鬘及三白食，四角安四盞燈。念誦者面向東坐，應後夜入曼荼羅護身結界，纔入此曼荼羅，一切罪障悉皆消滅，一切悉地皆得成就，一切福聚皆得長生②，獲得佛菩提，遠離諸惡趣，不被一切鬼神侵擾，一切諸天悉皆擁護，晝夜常得安隱，兼諸助伴，獲得大護，由入此曼荼羅，得不退轉地。我今說心陀羅尼曰：

唵引，一薩嚩怛佗引蘖多二尾也二合嚩路枳帝三惹野惹野娑嚩二合，引訶引，四

　　　心中心陀羅尼曰：

唵引，一虎嚕虎嚕二惹野穆契娑嚩二合，引訶引，三

　　　澡浴灑淨陀羅尼：

唵引，一惹里你二惹曳娑嚩二合，引訶引，三

　　　結界陀羅尼：

唵引，一三曼多布引囉拏二合，二惹曳娑嚩二合，引訶引，三

　　　結曼荼羅界陀羅尼：

唵引，一滿拏羅惹曳娑嚩二合，引訶引，二

　　　供養食陀羅尼：

唵引，一枲哩二弭里三惹曳娑嚩二合，引訶引，四

　　　迎請陀羅尼：

唵引，一薩嚩散馱嚇二弭里三惹曳娑嚩二合，引訶引，四

　　　供養華陀羅尼：

唵引，一沒馱矩素鉛娑嚩二合，引訶引，二

　　　供養燒香陀羅尼：

唵引，一惹野爐弟娑嚩二合，引訶引，二

　　　灌頂陀羅尼：

唵引，一尾惹野蘖陛娑嚩二合，引訶引，二

　　　結頂髻陀羅尼：

唵引，一怛佗引蘖多惹曳娑嚩二合，引訶引，二

　　　加持衣服陀羅尼：

唵引，一惹野勿哩二合弟娑嚩二合，引訶引，二

---

①　門，《中華藏》校勘《石》《麗》無。
②　長生，《中華藏》校勘《石》《磧》《普》《南》《徑》《清》《麗》作"生長"。

護弟子身加持陀羅尼：

唵引，一矩攞馱哩娑嚩二合，引訶引，二

奉送聖衆陀羅尼：

唵引，一馱囉馱囉二弭里三惹曳娑嚩二合，引訶引，四

加持念珠陀羅尼：

唵引，一素三婆嚩惹曳娑嚩二合，引訶引，二

獻座陀羅尼：

唵引，一素那哩惹曳娑嚩二合，引訶引，二

縛毗那夜迦陀羅尼：

唵引，一素哩惹曳娑嚩二合，引訶引，二

迎請一切如來陀羅尼：

唵引，一鉢嚩二合嚩囉二惹野三悉弟娑嚩二合，引訶引，四

護身陀羅尼：

唵引，一囉乞叉二合尼惹曳娑嚩二合，引訶引，二

供養燈陀羅尼：

唵引，一惹野你比寧娑嚩二合訶引，二

護摩陀羅尼：

唵引，一麼黎二尾麼羅三惹曳娑嚩二合，引訶引，四

請一切如來陀羅尼：

唵引，一娑囉娑婆囉二惹曳三悉弟娑嚩二合，引訶引，四

我今説修行心陀羅尼心中心陀羅尼功能：若誦心陀羅尼百千徧，得爲持明仙中斫羯囉伐底，取雄黄置熟銅器中，加持千徧，取點額，即得飛騰虚空，一切天龍八部，宮門悉開得見，得入隨意遊行，壽命一劫。

若加持掃尾羅眼藥百千徧用點眼，即得安怛那，一切鬼神宫悉皆開得入。

又法，誦一萬徧，得見一切如來。又法，加持窣堵波橞①八千徧，安於塔上，一切如來舍利來入此塔，則成大舍利窣堵波塔。又法，取文殊師利鉢，加持鉢八千徧，滿盛乳糜粥，置文殊師利手，卻從菩薩乞請，一千人喫此粥不盡。又法，取餘部真言法，用此陀羅尼加持，隨心所欲，隨作隨成。

我今説印法：以二手平展，以右手押左手，仰掌安心上，名爲菩提場莊嚴陀羅尼根本印，纔結此印，滅一切罪，一切如來安慰其人，亦成請一切如來，結此印，一切如來甚恭敬其人。

---

① 橞，《中華藏》校勘《石》作"檥"。

　　即前根本印舉右手，通一切處用，即成一切印，一切如來所加持。以右手安於臍下，以大指捻頭指頭，此印通一切印，一切如來所加持，由結此印遠離一切罪障。

　　尒時文殊師利菩薩説陀羅尼，爲護持此陀羅尼教法故。陀羅尼曰：

曩謨曼殊室哩二合野耶一俱摩囉部跢耶二怛你也二合佗三惹曳四尾惹曳五惹曳室哩二合，六儒瑟知二合，引吽娑嚩二合，引訶引，七

　　若念誦時，先行時，求成就時，先誦此陀羅尼七徧，即無障礙，速得成就。

　　尒時金剛手祕密主菩薩説此大明陀羅尼曰：

怛你也二合佗一嚩囉二合母瑟知二合，二訶曩三娜訶四跛遮五嚩囉二合吽吽發吒娑嚩二合，引訶引，六

　　以此陀羅尼，加持白芥子七徧，念誦處散擲四方，即成大結界。

　　尒時四大天王説真言曰：

怛你也二合佗一地哩二合底二呬哩三弭里四娑羅五鉢囉二合娑囉六鼻里鼻里娑嚩二合，引訶引，七

　　以此真言加持白芥子水三七徧，灌自頂，一切鬼神、夜叉，悉皆降伏，接足禮敬而退。

　　尒時世尊説是經已，文殊師利童真菩薩、金剛手大祕密主菩薩、四大天王及一切天龍八部、人、非人等，聞佛所説，皆大歡喜，信受奉行。

　　菩提場莊嚴陀羅尼經①

────────

①　卷末經名後，《中華藏》校勘《磧》《普》有“一卷”。

八大菩薩曼荼羅經①

大興善寺三藏沙門大廣智不空奉詔譯②

如是我聞，一時薄伽梵住補怛落迦山聖觀自在菩薩宮殿，與百千俱胝那庾多菩薩前後圍遶。尒時衆中有一菩薩名曰寶藏月光，從座而起，整理衣服，偏袒右肩，曲躬合掌。白言："薄伽梵，我有少疑，惟願如來③聽許諮問。"於是④寶藏月光菩薩言："若善男子、善女人作八曼荼羅者，云何建立？復依何法趣無量福，令修行者速證菩提？"尒時如來讚寶藏月光菩薩言："善哉！善哉！善男子，汝⑤能問如是甚深之義，而爲利益無量、無邊有情與安樂故，及能淨除三惡趣故，爲證無比無上智故，汝今善聽。若諸有情纔聞此密言者，得長壽樂。善男子，有八曼荼羅，是八大菩薩甚深法要，若有有情依法建立此八曼荼羅一徧者，所有十惡、五逆、謗方等經，皆悉消滅，一切所求義⑥利、勝願悉得成就。"即説如來密言曰：

唵引，一摩訶尾囉娑嚩二合，引賀引，二

即曼荼羅中，想於如來真金色身，三十二相，坐蓮華臺。

次説觀自在菩薩密言曰：

吽引，一纈唎二合，二郝三鉢納麼二合室哩二合曳娑嚩二合，引訶引，四

即想曼荼羅中，聖觀自在身赤色⑦，左手持蓮華，右手施願，頭冠中有無量壽如來。

---

① 底本，《中華藏》第 1430 號，第 65 冊第 656 頁中—657 頁中，原《金藏》廣勝寺本。經名，《中華藏》校勘《徑》《清》作"佛説八大菩薩曼荼羅經"，卷末經名同。

② 譯名，《中華藏》校勘《石》作"特進試鴻臚卿大興善寺三藏沙門大廣智不空奉詔譯"，《徑》《清》作"唐大興善寺三藏沙門大廣智不空奉詔譯"，《麗》作"開府儀同三司特進試鴻臚卿肅國公食邑三千户贈司空謚大鑒正號大廣智大興善寺三藏法師不空奉詔譯"。

③ 如來，《中華藏》校勘《石》作"如來應正等遍知"。

④ "於是"後，《中華藏》校勘《磧》《普》《南》《徑》《清》有"如來應等正徧知告"。

⑤ 汝，《中華藏》校勘《石》《麗》無。

⑥ 義，原作"善"，據《中華藏》校勘《石》《磧》《普》《南》《徑》《清》改。

⑦ 身赤色，《中華藏》校勘《麗》作"赤色身"。

次説慈氏菩薩密言曰：

每訶哩尒娑嚩二合，引訶引，一

於觀自在菩薩後，想慈氏菩薩金色身，左手執軍持，右手施無畏，冠中有窣堵波，半加而坐①。

次説虛空藏菩薩密言曰：

阿引蘗婆也娑嚩二合，引訶引，一

於佛背後想虛空藏菩薩，左手持寶安於心上，右手施流出無量寶。

次説普賢菩薩密言曰：

纈唎二合惹也娑嚩二合，引訶引

虛空藏菩薩左邊想普賢菩薩，戴五佛冠，金色身，右手持劍，左手施願，半加而坐。

次説金剛手菩薩密言曰：

唵引鑁囉嚩娑嚩二合，引訶引，一

於如來左邊想金剛手菩薩，右②手執金剛杵，左手安於胯，戴五佛冠，身青色，半加而坐。

次説曼殊室利菩薩密言曰：

室利二合闍嚕誐娑嚩二合，引訶引，一

於金剛手菩薩前想曼殊室利童真菩薩，五髻童子形，左手執青蓮華，中有五股金剛杵，右手作施願，身金色，半加而坐。

次説除蓋障菩薩密言曰：

匿伐囉拏娑嚩二合訶引，一

於曼殊室利菩薩前③想除蓋障菩薩金色身，左手持如意幢，右手施願，半加而坐。

次説地藏菩薩密言曰：

乞灑二合訶囉惹娑嚩二合，引賀引，一

於如來④前想地藏菩薩，頭冠，瓔珞，面兒熙怡寂静，愍念一切有情，左手安齊下拓鉢，右手覆⑤掌向下，大指捻頭指，作安慰⑥一切有情想。

此八大菩薩曼荼羅供養觀行法，若善男子、善女人，受持此《八曼荼羅經》，一切

---

① 而坐，《中華藏》校勘《石》《麗》作“坐”，《石》下同。

② 右，《中華藏》校勘《石》作“左”。

③ 前，《中華藏》校勘《石》《麗》作“右”。

④ 如來，《中華藏》校勘《石》作“慈氏”。

⑤ “覆”後，原衍“合”字，據《中華藏》校勘《麗》删。

⑥ 安慰，《中華藏》校勘《磧》《普》《南》《徑》《清》作“慰安”。

業障悉皆消滅,速證無上正等菩提①。

佛説是經已,諸大菩薩及聲聞衆、一切天龍八部,聞佛所説,歡喜奉行。

八大菩薩讚:

　　　　圓寂宮城門,能摧户扇者,

　　　　諸佛法受用,救世我頂禮!

　　　　自手流清水,能除餓鬼渴,

　　　　三界如意樹,頂禮蓮華手!

　　　　大慈水爲心,能息瞋恚火,

　　　　頂禮慈氏尊!能斷欲弓弦,

　　　　虚空藏妙慧,虚空寂静尊。

　　　　生死流解脱,頂禮佛心子!

　　　　無邊有情惑,能息無益心。

　　　　普賢我頂禮!善逝上首子,

　　　　塵勞盡僮僕,超勝摩羅軍。

　　　　頂禮金剛手!能説一切明,

　　　　頂禮妙吉祥!持妙童子形,

　　　　舒徧智慧燈,攘②奪三界溟③。

　　　　一切除蓋障,是故我頂禮!

　　　　無盡智慧尊,能生無竭辯。

　　　　如地諸有情,所依一不斷,

　　　　堅慧悲愍藏,地藏我頂禮!

　　　　此真善逝子,讚揚所獲福,

　　　　以此諸有情,如彼成讚器。

八大菩薩曼荼羅經

---

① "一切業障"至"正等菩提",《中華藏》校勘《石》作"一切成就"。
② 攘,原作"穰",據《中華藏》校勘《石》《逕》《清》《麗》改。
③ 溟,《中華藏》校勘《石》《麗》作"冥",《逕》《清》作"暝"。

金剛恐怖集會方廣軌儀觀自在菩薩三世冣勝心明王經①

開府儀同三司特進試鴻臚卿肅國公食邑三千户賜紫贈司空
諡大辨正號大廣智大興善寺三藏沙門不空奉詔譯②

序品第一

如是我聞，一時佛在寶峯大山寶間錯峯宮殿之中，其處百千寶蓋，種種行樹，悦意香花，布散嚴飾。諸大阿羅漢，大目乾連、舍利弗、阿難等千二百五十人前後圍繞，復與無量菩薩、金剛手菩薩、曼殊室利菩薩、寶幢菩薩等爲上首俱，復有毗沙門、滿賢、半旨迦、梵王、帝釋、那羅延、天、龍、藥叉、羅刹、必哩多、比舍遮、緊那羅、摩呼羅伽等百千眷屬，周帀而住，恭敬供養。

尒時如來坐於雜寶間錯大師子座，爲觀自在菩薩等説菩提薩埵行門法要。時觀自在菩薩摩訶薩大悲者，遶佛三帀，偏袒右肩，右膝著地，合掌恭敬，而白佛言：世尊，我由一法生愛樂歡喜，大悲勤勇心生利益安樂，加護有情。所謂自心明王之王，名三世冣勝，我今欲説是法。佛言：摩訶薩埵，汝今説之。時觀自在菩薩承佛教旨，即説自③心真言曰：

曩謨囉怛曩二合怛囉二合夜也一曩莫婀引哩夜二合嚩路枳帝濕嚩二合囉引也二冒地薩怛嚩二合，引也三摩訶引薩怛嚩二合，引也摩訶迦引嚕抳迦引也四怛你也二合他五，引跋納麼二合，三稱播抳六娑囉娑囉七瞖係曳二合呬八婆誐鑁九曩引哩夜二合嚩路枳帝濕嚩二合囉婀引嚕力

復説頭真言曰：

曩謨囉怛曩二合怛囉二合夜也一曩莫婀引哩夜二合嚩路枳帝濕嚩二合囉引也二唵惡引

---

① 底本，《中華藏》第 1400 號，第 65 册第 371 頁上—381 頁下，原《麗藏》本。
② 譯名，《中華藏》校勘《石》作"特進試鴻臚卿大興善寺三藏沙門不空奉詔譯"，《磧》《普》《南》作"大興善寺三藏沙門大廣智不空奉詔譯"，《徑》《清》作"唐三藏沙門大廣智不空奉詔譯"。
③ 自，《中華藏》校勘《磧》《普》《南》《徑》《清》無。

　　頂真言曰：

唵噁引吽

　　眼真言曰：

唵惡引入嚩二合攞

　　心真言曰：

唵噁引燹吒半音

　　甲胄真言曰：

唵噁引滿馱

　　劍真言曰：

唵噁引怛囉二合,引娑

　　排真言曰：

唵噁引尾塞普二合囉

　　箭真言曰：

唵噁引賀曩

　　網真言曰：

唵噁引娜賀

　　牆真言曰：

唵噁引捺囉二合乞叉二合

　　㝡上心真言曰：

唵噁引紇哩二合娜庚引跢囉

　　警覺心真言曰：

唵噁引紇哩二合娜庚一袒引娜南

　　心發生真言曰：

唵噁引紇哩二合娜庚納婆二合嚩入

　　輪真言曰：

唵噁引鉢囉二合塞頗二合囉

　　觀自在菩薩纔説三世勝等大心真言，三千大千世界六種震動，諸天從空雨微妙花，一切寒冰地獄皆得温適，乃至阿毗地獄、諸熱地獄皆得清涼，光明照曜，上至阿迦尼吒天，在於空中百千音樂不鼓自鳴，天、龍、藥叉、緊那羅等咸皆讚歎如來及觀自在菩薩，諸魔障者毗那也迦等戰掉號哭。諸天同音以伽陀讚揚曰：

　　善哉善哉大悲身[①]！善哉利益拔苦者！

————————————

　　①　大悲身，《中華藏》校勘《磧》《普》《南》《徑》《清》作“大慈悲”。

善哉善哉大薩埵！善哉成就一切義！

尒時，觀自在菩薩説是明王已，白佛言：世尊，此心真言能息諸疾患，能成就一切義利；能調伏，能增益，能利樂；能安住無相三昧，能令行於空義，能開伏藏；能除一切蠱毒、蜘蛛、蛇、蠍等毒，令一切有情敬念，能令已死者更生；能護師子、虎狼、熊羆、賊難，能破厭①禱、咒詛；能成就如意珠、賢瓶、雨寶、輪、劍、神線、蓮花鬘、澡罐、念珠；能竭大海、江河；能成辦天諸②飲食，能示現諸天宮殿恣其受用；能震動須弥山王，能招召一切樹木。但心欲作，隨意皆成。我往昔寶鬘、寶幢、弥勒劫中已説之法及未説者，皆能成辦。

成就事品第二

尒時觀自在菩薩白佛言：世尊，若有善男子、善女人，若持若誦此心真言，雖未加功，於一切怖畏之中即能衛護，一切疾病皆不著身，所出言詞令人信受，令一切衆生皆生敬念，一切天及鬼神、藥叉、羅刹、必里多、毗舍遮、乾闥婆、摩呼囉伽等不敢侵犯。終無非命、夭壽等事，不墮③諸惡道中。一切時倉庫盈溢，得大揔持，能除一切疾病。命終之後，當生有佛國土成就色相。我先所説馬頭觀自在法門，皆以此真言成就。世尊，修行者欲得悉地，先以五淨淨其身蘊，及塗飾處所。從師口④授真言法則，且對佛像，唯食於乳，以香、花、燈、鬘、飲食供養，乃至七日，無限念誦。從此之後當畫本尊，方圓一肘，離諸毛髮。畫人應受八戒，新器調色，勿用皮膠。中畫阿弥陁如來，坐白蓮花，右手住於施願。右畫觀自在菩薩，身相白色，虎皮爲裙，白頗黎寶以爲腰條，以黑鹿皮⑤角絡而披，住白蓮花，左手持白蓮花，右手施願，無瓔珞臂釧。左畫金剛手菩薩，身赤白色，著種種寶瓔珞，手持白拂，作拂如來勢。佛、菩薩等皆顧視行人，行人於佛下畫，右膝著地，手執香鑪，瞻仰聖者。像成已，若是在家行人，具持八戒，三⑥時澡浴，三時換衣，應著清淨白衣。從月一日起首，以白花供養佛像，於像前以香泥作一千宰堵波，於此宰堵波前作先行成就法。

若誦一洛叉，一切天梵王、摩醯首羅、那羅延、俱摩羅、七母天及迦樓羅等皆大踊躍，則當入一切曼茶羅三昧耶，一切真言皆得成就。誦二洛叉，毗沙門王等一切藥叉皆大歡喜。誦三洛叉，一切金剛部中真言皆得成就。誦四洛叉，一切如來部族真言

---

① 厭，原作“壓”，據《中華藏》校勘《石》《磧》《普》《南》《徑》《清》改。

② 天諸，《中華藏》校勘《清》作“諸天”。

③ 墮，原作“隨”，據《中華藏》校勘《石》改。

④ 口，《中華藏》校勘《磧》《普》作“曰”，《南》《徑》《清》作“白”。

⑤ 黑鹿皮，《中華藏》校勘《磧》《普》《南》《徑》《清》作“墨皮”。

⑥ 三，《中華藏》校勘《磧》《南》《徑》《清》作“二”。

皆得成就。行者先承事法已，對於像前誦一洛叉，第二於山間誦二洛叉，第三河岸邊誦三洛叉，第四於窣堵波前誦四洛叉已，即受八戒，三日對於像前，無限念誦。然後三日三夜不食，設廣大供養，取蓮花搵三甜，燒滿一千，即從畫像佛身之中，當出光明，繞於行人。其光便入觀自在頂，道場燈焰熾盛增長。於虛空中聞諸音樂，地便震動，四方明顯。行人當知真言悉地，即於此時求三種願，所謂持明仙、無相三昧、斫羯囉鞁①栗底惹②等。若得持明仙③願，爲明仙中輪惹，身相美白④，髮紺青色，便成二八童子之形，瞬目之間能往百千由旬，還來本處，壽五百千歲，命終生安樂國。若得無相願，一切無相三昧，人中爲首，意有所往，能疾一千由旬，復歸常所。若得第三願，成威德自在，壽五千歲。

又欲成就蓮花，以紫檀刻一蓮花，縱廣六指，日月蝕時，於七重白蓮花上置之，安於像前。如法念誦，至三相現，得煖相，爲斫羯囉囉惹，力如千象，壽百千歲。煙相，得無相三昧，於一切無相中成鉢囉惹，於他財六分之中得恣用一分，不成盜罪，壽千歲。焰相，便證空義，爲持明仙鉢囉惹，身如二八童子，髮紺青色，力如六千象，身光威德如百千日，壽千劫，命終生極樂世界。如是等澡罐、神線、念珠、仙杖、花鬘、輪、劍、棒、没遜尼、鑐、鉞、斧、槊、牛黃衣、雌黃革屣、印契、金剛杵、佛頂、鉢盂、袈裟、伏突之類，皆如成就蓮花，得三種悉地。

成就如意寶品第三

欲成就如意寶，誦心真言五洛叉，即爲先行成就。然後取一頗黎⑤寶，如前成就蓮花儀軌。於日月蝕時，安於一蓮花上，念誦乃至焰現，已後心有所求，皆得滿之。

又蓮花搵三甜，護十⑥夜，雨金。

又欲成就賢瓶，如前法成之。

又法，欲得藥叉敬伏，蘇末那花搵三甜，護十萬，即現其身。是悉底哩也。

又法，一切病者，若見若觸此行人，皆得除愈。

又欲除頭痛，想已身爲我，以手摩彼頭，自患自摩，乃至眼、耳、心、脇等痛法亦如是。

又有患，服藥加持七遍，服之即愈。

---

① 鞁，《中華藏》校勘《石》《磧》《普》《南》《徑》《清》作"鞁"。
② "惹"前，《中華藏》校勘《磧》《普》《南》《徑》《清》有"囉"。
③ 仙，《中華藏》校勘《磧》《普》《南》《徑》《清》無。
④ 白，《中華藏》校勘《磧》《普》《南》《徑》《清》作"貌"。
⑤ 頗黎，《中華藏》校勘《石》《磧》《普》《南》《徑》《清》作"紅玻瓈"。
⑥ 十，《中華藏》校勘《磧》《普》《南》《徑》《清》作"七"。

又嬰兒爲鬼魅所中，加持俱那衛花二十一遍散，臥處即安。

又人癲，以吉里麼羅長十指，截兩頭，搵三甜，護七日，取是灰和水，遍塗彼身即愈，七日總萬遍，燒萬段木。苦練①亦得。

又欲曩哦悉底利嚩施迦囉拏，以沉水香搵三甜護十萬遍，即來與爲兄弟，日送五百兩金錢。師云木②四指截。

又於我像前一誦一獻白蓮花，至十萬枚，一切病除。

又欲藥叉悉底利，如前長四指截白檀木，乃至十萬，即七③箇來圍遶行人作是言：欲我何所爲？ 若以子事，日供千人食。

又欲天悉底利嚩試迦囉拏，安悉香搵三甜護十萬，即來子事之，日供天食天衣服。

又蓮花搵三甜，護三十万，一切伏藏皆現，得已，給施一切衆生。

療一切病品第四

先像前持一洛叉，然取蓮花搵三甜，護一萬遍，次白芥子和三甜，護十萬遍，一切疾患乃至決定業病皆除。

又鬼魅所持者，以四瓶盛滿④香水，各加持萬遍，從頂淋之，便用澡浴即除。

又寒熱一日二日乃至四日等病，鹽和三甜護萬遍。然取此灰加持七遍，點病人額上即愈，但一切病皆如是作。

又若有鬼魅乃至比舍遮荼吉尼等所持者，心誦，顧視即除。

又加持右頭指百八遍，揮被鬼魅所持者，便⑤說所緣，心所欲皆能令作。

又欲問三世事，取⑥童男或童女，依法澡浴，塗一小壇，遍彼身以白檀、龍腦香塗之。以末利花爲鬘，繫於頭上。誦真言一⑦百八遍，即去地一肘説所問事。廣州有此花，香白而甘，白色香甘⑧，或銀錢、蘇末那等代之亦得。

又欲我夢中説三世事，蓮花搵三甜，護十萬遍。又有爲蛇所囓，乃至諸病魅病等，隨行人心所欲加持皆除。

---

① 苦練，《中華藏》校勘《磧》《普》《南》《徑》《清》作“苦楝”。

② 木，《中華藏》校勘《徑》《清》作“水”。

③ 七，《中華藏》校勘《清》作“十”。

④ 滿，《中華藏》校勘《磧》《普》《南》《徑》無。

⑤ “便”後，《中華藏》校勘《石》《磧》《普》《南》《徑》《清》有“縛”。

⑥ “取”前，《中華藏》校勘《石》有“所”。

⑦ 一，《中華藏》校勘《磧》《普》《南》《徑》《清》無。

⑧ 白色香甘，《中華藏》校勘《磧》《普》《南》《徑》《清》作“色香甘華”。

一切有情敬念品第五

像前誦三洛叉，成先行法。然以香泥作窣堵波十万區，於前以蘇末那花，搵三甜，護万遍，即得悉地。已後一切時誦①念，便得豐饒。

又欲囉惹敬愛，安悉香搵三甜，護万遍，即兼諸眷屬如僮僕敬事。

又令宰官如上，迴香②子搵三甜護万遍。

又令一聚落有情如上，安悉香、迴香子相和，護一洛叉，隨意。

由彼青蓮花搵三甜，護十万遍③，一城所敬愛。

由彼青蓮華護万遍，一切城邑歡喜。

由塗眼故見皆悦，百八加持安善那。

由百八加牛黄故點額，所向皆敬愛。

由誦真言二十一，加持菖蒲青木香，論議諍訟獲勝，教命言④辭人皆信受。

由加衣鬘食菓等，隨所與人皆悦喜。

由加安善那洛叉一切伏藏，塗眼見猿、猴、師子、虎、狼、熊、羆、鼠、狼、野猫、蛇、鼠等，結索七結加持故，如是恐怖皆遠離。

義利成就品第六

誦四洛叉，即先行成就。方以白色香花，搵三甜護洛叉，即得悉地。

由沉香或龍腦香⑤護洛叉，日獲千金錢。

由欝金香護，行人便得無盡衣。

大⑥麥、油麻⑦、菉豆、稻和，護万遍，得無盡食。

由阿失嚩嚕麼，十萬護，得阿失嚩群。

牛乳洛叉，得群遇引。

凡所欲物護彼類，求男女，以油麻護。求大聰明，菖蒲護。杉木護，金百叵攞。如上三皆洛叉數。

千手千眼中有法，皆以此明成就之。

---

① 誦，《中華藏》校勘《磧》《普》《南》《徑》《清》作"護"。
② 迴香，《中華藏》校勘《磧》《普》《南》《徑》《清》作"茴香"，下同。
③ 遍，《中華藏》校勘《磧》《普》《南》《徑》《清》無。
④ 言，《中華藏》校勘《磧》《普》《南》《徑》《清》無。
⑤ 香，《中華藏》校勘《磧》《普》《南》《徑》《清》無。
⑥ 大，《中華藏》校勘《磧》《普》《南》《徑》《清》作"二"。
⑦ 油麻，《中華藏》校勘《石》作"胡麻"，下同。

成就軌儀品第七

像前誦五洛叉，即成先行。

沉香然火白蓮護洛叉，多聞天王現，眷屬同至行人前，至於財寶皆豐足。蓮子搵三甜護三洛叉，吉祥天現，爲作豐饒吉祥事。杉木①搵三甜護三洛叉，一切藥叉現白言：今欲我何所？隨行人求無不得。

龍花藥搵三甜，護三洛叉，龍來伏從。青蓮花搵三甜，護三洛叉，現金剛藏。明仙無相與輪惹，此三及餘求皆得。蓮花搵彼三甜，護梵天像前三洛叉，梵王現，與上三願。摩訶迦羅天像前，蘇末那搵三甜，護三洛叉已，現爲使方②，爲成辦於一切，大黑天也，披象皮，橫把一槍，一頭穿人頭，一頭穿羊。但於一切天像前，以彼所敬愛之花護洛叉，皆來爲使者。

普通成就品第八

尔時，觀自在菩薩白佛言：世尊！我今説此明王諸族甚深微細軌儀法則。行人應先於一切有情起大悲③心，孝順父母尊長，懃念苦趣衆生。淨信於④三寶，樂供養諸佛。遠離飲酒、放逸、婬慾、殺生、妄語等事。成此真言，應當如是。先於白月五日加持五淨百八遍，飲之，每一飲得半月清淨。五淨牛糞及尿各少分，和酥、乳、酪，銀銅器隨取一盛之，加持。白月五日者，月生五日也。

加持五淨真言曰：
怛你也二合他引唵一也秋第二娑嚩二合引賀歸命同多利心真言

即於好宿蓮子百八枚，於精室中面東坐。一一蓮子加持七遍，穿之加持。真言曰：
唵一阿没哩二合黨誐冥二室利二合莽引里你三娑嚩二合賀歸命如加五淨

加持已，每至念誦時，常⑤先二手捧珠，加持七遍。真言曰：
唵一素上麼底室唎二合曳二娑嚩二合賀

念誦畢，又如此加持，然安置之念誦室，遍以赤土泥飾。行人每於便痢處，憶念穢身。真言曰：
唵一嚩日囉二合俱㗚二合馱二摩賀麼攞賀曩娜賀三跛左末他尾枳囉拏四尾特縫二合娑也

---

① 木，《中華藏》校勘《磧》《普》《南》《徑》《清》無。

② 方，《中華藏》校勘《磧》《普》《南》《徑》《清》作“者”。

③ 大悲，《中華藏》校勘《磧》《普》《南》《徑》《清》作“大慈”。

④ “於”前，《中華藏》校勘《磧》《普》《南》《徑》《清》有“敬”。

⑤ 常，《中華藏》校勘《石》作“當”。

惹致攞藍謨娜略麁澀麼俱略二合䭾吽發吒

此真言於穢所成護，便痢畢，即以甲胄真言被甲。真言曰：

唵一度比度比迦引也度比鉢囉二合入嚩二合里你婆嚩二合賀

又以軍吒利真言，淨內外諸障。真言曰：

曩謨囉怛曩二合怛囉二合夜也一曩莽室戰二合拏嚩日囉二合播拏曳二摩賀藥乞叉二合細曩引跛多曳三曩謨嚩日囉二合俱略二合䭾也你底也二合鉢囉二合入嚩二合里多四俱略二合䭾引喻引孽囉二合能去瑟吒略三合得迦二合吒輂囉嚩引也阿斯母娑攞跛囉輸播捨賀娑跢二合，引也唵阿沒哩二合多軍拏里佉佉佉引吲佉引吲底瑟吒二合滿䭾滿䭾賀曩賀曩娜荷娜荷跛左跛左蘗惹蘗惹尾塞怖二合吒也尾塞怖二合吒也薩嚩尾近曩二合尾曩引也建摩賀誐拏跛底貳引尾旦引跢迦囉引也娑嚩二合賀

誦已，即加持土，洗淨加持。真言曰：

唵嚩日囉二合䭾囉吽

洗淨已，然於河津或浴室中，如法澡浴訖，以三掬水獻本[1]尊。獻水真言曰：

唵枳里枳里吽泮吒

次結頂髮[2]真言曰：

唵素悉地迦囉囉乞叉二合囉乞叉二合輪娑嚩二合賀

出浴所已，洗手漱口，灑諸身分。真言曰：

唵一秫嚕二合底娑沒哩三合底二娑囉娑嚩二合底䭾引囉扼吽鶴

如前品所説，心及諸器仗真言，應分明觀於我身，即先誦蓮花部三昧耶真言曰：

唵曩莫薩嚩怛他引誐哆引喃引跛納謨納婆嚩二合也娑嚩二合賀

又説觀自在菩薩念珠真言曰：

唵一鉢囉二合塞普二合囉訖唱二合播覽嚩曩滿怛囉二合，引怛磨二合迦吽發吒

又説觀自在菩薩杖真言曰：

唵娜難引多難上拏吽發吒

又説觀自在菩薩澡罐真言曰：

唵一薩嚩薩怛嚩二合沒哩二合多二鉢囉二合娜始鑁迦囉也三娑嚩二合賀

又説馬頭觀自在菩薩真言曰：

唵一阿沒里二合都納婆二合嚩吽發吒

又説白衣觀自在菩薩真言曰：

唵一迦致知曳反，下同尾迦致迦吒孕二合迦致二娑嚩二合，引賀

---

① 　本，《中華藏》校勘《磧》《普》《南》《徑》《清》無。

② 　髮，《中華藏》校勘《磧》《普》《南》《徑》《清》作“髻”。

又説名稱慧觀自在菩薩真言曰：

唵始吠扇引底迦哩吽迦囉致准①上也勢也戌麼底娑嚩二合賀

又説月身觀自在菩薩真言曰：

唵贊捺囉二合贊捺囉二合麼底素麼底悉哩二合曳具扼具扼攞攞攞攞布帝布多甯悉弟悉馱跛囉引訖囉二合冥娑嚩二合，引賀阿弭多引婆素多娑嚩二合賀薩吠衫引阿引哩夜二合嚩路枳帝濕嚩二合囉娑嚩二合賀引

又説勇健觀自在菩薩真言曰：

唵一尾囉尾囉麼底二素麼底三捺捨也悉弟四娑去，引馱也五唵六賀你謨荷你染婆你塞擔二合婆你七娑嚩二合賀

即以下真言結本三昧耶契，真言曰：師云，以示聖者。

唵一商迦嚪三麼曳二掃冥曳二合薩嚩三麼夜拏鉢囉二合尾瑟致二合娑嚩二合賀

誦訖，即隨意誦心真言已。然往於精室，在路中閒不應瞋怒，一心念佛及觀本尊。每日三時浴，皆應如是。別換衣，勿爲爭論，至精室門更當②洗足。誦辯才天女真言以加持水，漱口散灑，然入於中。又結甘露軍吒利契，兼誦真言，即以兩手掬水，又誦辟除毗那夜迦真言，散灑十方。真言曰：

唵吽荷囊度囊麼他尾特縫二合娑庾娑囉也吽發吒

次作地界結護真言曰：

唵枳里枳里嚩日囉二合嚩日哩二合勃引滿馱滿馱吽發

又金剛橛真言曰：

唵嚩日囉二合枳引攞吽發

以此真言，淨地及攝受地。

次悦喜聖者真言曰：

唵嚩日囉二合枳里枳里吽發

又以白衣觀自在菩薩真言，加持神線、臂釧等真言③：

曩謨囉怛曩二合怛囉二合夜也曩莫阿引哩夜二合嚩略吉帝濕嚩二合囉引也冒地薩怛嚩二合，引也摩賀薩怛嚩引也摩賀迦引嚕抳迦引也一切觀音真言同此歸命怛你也他引唵捺捨曩引毗焰二合嚩引室囉二合嚩拏娑麼二合囉扼曳二合曩嚩引寫引摩唅薩嚩薩怛嚩二合，引南薩嚩尾夜地止枳怛娑二合脚怛你也二合他迦致尾迦致迦吒孕二合迦致尾迦致知曳反，餘准此婆誐嚩底尾惹曳娑嚩賀

---

①　准，原作“唯”，據文意改。

②　當，《中華藏》校勘《磧》《普》《南》《徑》《清》無。

③　“真言”後，《中華藏》校勘《石》《磧》《普》《南》《徑》《清》有“曰”。

迎請真言曰：即寂初者是，未加娑嚩_{二合}賀^①。

次獻遏迦真言曰：

曀呬婆誐鑁你呬遏鉗左三鉢囉_{二合}底_引砌南布染_引再嚩鉢囉_{二合}斯那冥娑嚩_{二合}賀

迎請真言曰^②：

娑嚩_{二合}誐擔婆誐挽_{無滿反}寞呬鉢羅_{二合}娑_引那_引那_引寫多_引弭荷仡哩_{二合}荷拏_{二合}布惹_引麼娑麼多入鉢囉_{二合}娑_引難左地夜矩嚕娑嚩_{二合}賀

請已，獻本三昧印，與心供養、塗香等。

塗香真言曰：

伊冥巘鐸_引輸婆你尾琰_{二合}，_引輸左藥輸左庚曩藥麼庚_引你吠弥妬薄底夜_{二合}鉢囉_{二合}底_引仡哩_{二合}呬也_{二合}鉢囉_{二合}四那冥_三阿_引，_{下同}賀囉阿賀囉_四薩嚩尾你夜_{二合}馱囉布尒帝_五娑嚩_{二合}賀

獻花真言曰：

伊冥蘇末曩素你尾藥_引輸左庚_引曩藥摩庚_引你吠你妬薄底夜_{二合}鉢囉底仡哩_{二合}呬也_{二合}鉢囉_{二合}四那冥阿_引賀囉阿_引賀囉薩嚩尾你也_{二合}馱囉布尒帝娑嚩賀

獻燒香真言曰：

阿衍嚩曩娑跛_{二合}底囉素你尾喻_{二合}巘馱_引柱_引度_引跛烏多輪麼夜你吠你妬薄底夜鉢囉_{二合}底仡哩_{二合}呬也_{二合}鉢囉_{二合}呬那冥阿_引賀囉阿_引賀囉薩嚩尾你夜_{二合}馱囉布尒帝娑嚩賀

獻飲食、諸藥物、苽菓等真言曰：

奥沙地_引曩_引囉素呬也_{二合}你也_{二合}曀沙滿怛囉_{二合}，_引始怒荷微翼_{二合}麼夜你吠你妬薄底夜_{二合}粎里嚟沙鉢囉_{二合}仡哩呬也_{二合}擔_引阿_引賀囉阿賀囉薩嚩尾你夜_{二合}馱囉布尒帝娑嚩_{二合}賀

獻燈真言曰：

略乞芻_{二合}伽曩_{二合}室左_{二合}多暮尾馱麼諾輪薄麼藥你吠你妬薄底夜_{二合}你_引報焰鉢囉_{二合}底仡哩_{二合}呬也_{二合}擔_引阿_引路迦也阿_引路迦也薩嚩尾你夜_{二合}馱囉布尒帝娑嚩_{二合}賀

若無如上香花食等，即結契、誦下真言，便成廣大供養。真言曰：

曩謨三_引曼多没馱南唵薩嚩他_引欠嗢誐帝娑頗_{二合}囉呬_引輪誐誐曩劍娑嚩賀

次誦讚雲海真言曰：

曩謨薩嚩没馱冒地薩怛嚩_引南_引薩嚩怛囉_{二合}僧_{思孕反}句蘇弭多_引毗穰囉_引始你曩謨

---

① "迎請真言"至"賀"，《中華藏》校勘《石》無。

② 迎請真言曰，《中華藏》校勘《磧》《普》《南》《徑》《清》無。

塞覩二合帝娑嚕二合賀

行人應去本尊四肘，坐以茅草。先觀己身爲軍茶利金剛，然觀想本尊。即以種種讚歎，讚揚佛及我次金剛手菩薩，發露懺悔。次取念珠以前真言加持，捧而加持。即一心觀我心心相續，或觀真言文字輪環行列，凡文字隨息①增、敬、降、懷等②，變色之。隨意念誦限數畢已，其真言即誦部母真言獻授之。師云，想從自口出入，部母口中作金色發願，云唯願聖者，授此真言加護，勿令功用散失，一切得妙③。即又加持念珠安置本所。次應護摩，爲令本尊熾盛威力故。精室門外應作軍茶，四方爲之，中作蓮花，安悉香和酥，或迴香子和三甜。

護摩請火天真言曰：

曀係曳二合㗚摩賀步多泥嚕哩史二合你尾二合惹娑跢麽仡哩二合㗚引怛嚕二合，引戶底麽引賀囉麽塞泯二合塞㗚妬婆嚕阿訖曩二合曳娑嚕二合賀

火天入軍茶已，獻滿三杓酥，即火威④德熾盛。獻真言曰：

唵阿引訖曩二合曳賀尾也二合迦尾也二合嚕引賀曩引也你引比也二合跋娑嚕二合，引賀

行人應於茅團上作吉祥坐，師云，豎兩⑤膝，以右腳加左腳交之。面東或北。爐四向敷茅，安護摩事物。應燒獻之具，置之坐右。遏伽⑥器及灑散鑪上，與火天本尊漱口等二器，置於坐左。散灑洗漱已，即以三七大杓藥酥獻火天。真言曰：

唵阿訖曩二合曳娑嚕二合，引賀

獻已，又三灑水，又與火天漱口，應以文殊師利真言灑漱口水。真言曰：

唵㗚囉娜嚕日囉二合曇師云，旋遶是漱口，直潑是淨火

即以本心真言，用迴香子和三甜，護摩一千八遍，復三灑散，又以火天真言三投酥。然誦發遣真言曰：

布尒妬四磨夜薄乞叉也三合，引蘖縒阿儗你二合娑嚕二合婆嚕南補曩囉比夜二合誐麽曩引曳娑嚕二合賀

次以香花燈明飲食，獻本尊已而奉送之。然出道場，印塔及讀誦大乘經，供養苾芻等，塗拭曼茶羅。每日三時作斯業，穬麥、菜、乳以爲常食。夜寢茅薦，真言加持。用欝金色或紅色線，一誦一結，至百八結，持以繫臂。真言曰：

唵洛乞憯二合，引矩嚕儗抳娑嚕二合賀

---

① 隨息，《中華藏》校勘《石》作“隨意”。
② 懷等，《中華藏》校勘《磧》《普》《南》《徑》《清》作“壞”。
③ 妙，《中華藏》校勘《磧》《普》《南》《徑》《清》作“便”。
④ 威，《中華藏》校勘《磧》《普》《南》《徑》《清》作“盛”。
⑤ 兩，原作“雨”，據《中華藏》校勘《石》《磧》《普》《南》《徑》《清》改。
⑥ 伽，原作“如”，據《中華藏》校勘《石》《磧》《普》《南》《徑》《清》改。

結已，又誦部母真言，加持七遍繫之。然隨意寢息，若近悉地，本尊攝受，即夢善相。所謂見廣大僧衆，或見女人著諸瓔珞，或見林木花菓茂盛，或見象馬牛及犎牛，或得念珠、花鬘、澡罐、白花及化①花供養粳米、雌雄黃等。或見我於餘部所説吉夢，當知此相去成就近，即應加行，倍復精進。若失成就，夢蚧陁羅、比舍遮鬼、惡形狀者，或見人身著垢弊衣，或見真言文句闕少，或見不具足人。若有如是之夢，應誦部母真言一百八遍，一切不祥之事皆得消滅，不久當得悉地。如此經中所説成就之法，除行婬欲及損害衆生之人，餘皆決定悉地。依此儀軌法則，犯五無間者尚②得成就，況修行菩薩行人。

成就心真言品第九

我又説儀軌先行成就法。誦此真言，一一字滿一洛叉，師云三十五万。然後畫像。應令童女於清淨處織氍、絹等，以帛覆口，三時洗浴，身著白衣，供給織者飲食等人亦須清淨，織以白線機杼應新。諸難調伏信根不具足人，是惡流輩，皆勿令見。於織處布散時花。轉讀《大集經》，令會③畫人當受八戒。緣像所市，一依所索，勿與畫者有爭競心。其絹、氍等香水浸漬，藍青、雌黃及與紫鑛，此中彩色是等皆除。白色應用白檀、烏始羅、龍腦香等，黃色應用苣蓿香、薩計扼耶百合代龍等，赤色應用欝金香、紫檀等，黑色應用多迦羅花、青蓮花、酥合香等，身分及乳皆不應用。畫者護持禁戒，常思六念。先中央畫菩提樹，樹下畫阿弥陀如來，坐師子座，座④以二蓮承。身金色，右手施無畏。佛左聖得大勢至菩薩。佛右聖觀自在菩薩，右手住安慰，即以風、空、頭相捻豎餘指作引手勢。左手持蓮花，身如秋箭色。白也。觀自在下畫多羅菩薩，上畫四淨居天子，作音樂供養。應畫梵天，手持曼陁羅花。畫已安精室中，依法供養。即於像前以蓮花搵三甜，護一洛叉，然作一切事業，結根本印，誦心真言。入城邑聚落，一切見者深生貴重。於像前供養蓮花一洛叉，一誦一置於前。即見一切伏藏。欲掘取寶物，結白衣觀自在根本印，誦心真言，一切伏藏自然放光，恣意受用。

又山中採長年藥，結一切驚怖諸鬼神印，即禁一切藥露⑤，誦心真言，必得延年藥法成就。

由馬頭印故，應時山在空。

---

① 化，《中華藏》校勘《磧》《普》《南》《徑》《清》作“代”。
② 尚，《中華藏》校勘《磧》《普》《南》《徑》《清》作“向”。
③ 經令會，《中華藏》校勘《磧》《普》《南》《徑》《清》作“會經”。
④ 座，《中華藏》校勘《磧》《普》《南》《徑》《清》無。
⑤ 露，《中華藏》校勘《磧》《普》《南》《徑》《清》作“靈”。

由月身印故，彼河等半①流。

由袈裟印故，而河水竭涸。

由六臂觀自在印，阿修羅門開。

由十二臂印，降伏捨哦嚕。

由千臂印故，攝彼囉惹。

由四面觀音印，而隨順宰官。

由白衣母印，鉤召悉底唎。

由護摩鹽故，那哦皆敬伏，一切鬼魅病見觸皆自除已上並誦心真言。世尊，此心真言猶如意珠，一切真言明王中尊，隨意所念皆得成就。

尒時，觀自在菩薩復白佛言：世尊，我今説最勝明王印契相。

內縛火如針，風各屈火前如環，根本印。身真言曰：

唵跛納麼帝嚇二合路枳也二合尾訖䤥二合帝婆誐嚩底叶叶㘕吒

由結此印，離諸罪。

如前根本印，力召是爲請，進屈申奉迎②。請用初真言曰：

唵紇唎入

由結此印警覺，心真言即爲應驗。

如前申二風，搏著二火背，是頭印。真言曰：

唵惡引

如頭移力度，申搏忍度背，是頂印。真言曰：

唵惡引叶

如頭移二風，首相拄如環，是眼印。真言曰：

唵惡入嚕二合攞

如眼風申開，是甲印。真言曰：

唵噁滿馱

如甲隱二風，是劍印。真言曰：

唵噁怚囉引索

禪拳空押風，是排印③。真言曰：

唵噁尾塞普二合囉

智羽如常拳，空火各申直，是箭印。真言曰：

---

① 半，《中華藏》校勘《磧》《普》《南》《徑》《清》作"逆"。

② 迎，《中華藏》校勘《石》《磧》《普》《南》《徑》《清》作"送"。

③ 排印，《中華藏》校勘《石》作"牌印"。

唵噁荷諾

　　十度内相叉，如網上右旋，是上方網界。真言曰：

唵噁那曜

　　内縛出二風，申開上右旋，是牆印。真言曰：

唵噁捺囉二合乞叉鉢囉二合迦曜

　　如牆屈二風，首相拄如環，是㝡勝心印。真言曰：

唵噁引紇哩二合那庚多曜

　　不易申合風，是警覺心印。真言曰：

唵噁紇哩那庚租那南

　　不易以二風，屈中節相跓，是心發生印。真言曰：

唵噁紇哩那庚引納婆二合嚕入

　　十度外相叉，輪形磔開掌，是輪印。真言曰：

唵噁鉢囉塞普二合曜

　　世尊，如上等印，三世勝明王之王[①]。自支分生，兼真言加持己支分，即行人與我無異。師云，如心即[②]安心，上餘例可知。世尊，行人每日三時，爲除衆罪故，結十波羅蜜契。結是等契，各誦本心真言一遍，則百千生所有諸罪悉滅，況現生罪而不滅耶？次即説十波羅蜜印相。

　　智掌仰申垂，空捻水度甲，是檀波羅蜜印。真言曰：

唵波誐嚩底難上，引曩引地跛帝吽尾徙唱惹布囉也麼引南娑嚩二合訶

　　由此印故，一切怖畏之中皆得加護，檀波羅蜜圓滿。

　　内縛空如針，是戒波羅蜜印。真言曰：

唵施羅馱引囉抳婆誐嚩底吽曜

　　由此印，設令破戒者，即成具戒清淨之人。

　　如戒風申合，風空相去離，是羼提波羅蜜印。真言曰：

唵婆誐嚩底迦乞屦二合，引底哩吽癹

　　由此印故，一切怖畏之中無有能損害，即得忍辱波羅蜜圓滿。

　　如忍風開直，是精進波羅蜜印。真言曰：

唵尾哩也二合迦哩吽尾引哩曳二合尾引哩曳二合娑嚩二合賀

　　由此印故，得精進波羅蜜圓滿。

　　結蓮花坐已，結跏也。禪仰舒跏上，智亦尒。

────────────

①　王，《中華藏》校勘《磧》《普》《南》《徑》《清》作"主"。
②　即，《中華藏》校勘《磧》《普》《南》《徑》《清》作"印"。

　　加禪是禪波羅蜜印。真言曰：

唵婆誐嚩帝薩嚩播跛賀哩摩賀奈帝曳吽吽鑵發

　　由此印故，能除一切罪，得禪波羅蜜圓滿。

　　二羽背相著，二火反相鈎，二風申如針，是慈無量心印。真言曰：

唵昧底嚧二合昧怛囉二合只帝娑嚩二合賀

　　由此印故，慈無量心圓滿。

　　智住施無畏，是悲無量心印。真言曰：

唵迦嚕抳曳二合迦嚕抳曳二合唵荷荷叁

　　由此印故，悲無量心圓滿。

　　地水內縛之，餘六申合蔟，是喜無量心印。真言曰：

唵母你母你帝吽荷荷吽弱

　　由此印故，喜無量心圓滿。

　　空地如連銷內縛，風如針，是捨無量心印。真言曰：

唵驗引驗引娑嚩怛嚩引曩冥鑁唵吽發

　　由此印故，捨無量心圓滿。

　　如捨火申之微開，屈二風首相柱如環，是智波羅蜜印。真言曰：

唵麼麼訖穰二合，引曩加哩吽娑嚩二合賀

　　由此印故，智波羅蜜圓滿。

　　內縛風如針，是一切波羅蜜心印。真言曰：

唵吽紇唎二合吽鑵

　　世尊，由結此十波羅蜜印，當得十地滿足。行者每晨朝結之，一切宿業罪障皆得消滅。一切眾生見行人者，深生恭敬①之心。如上心印於十二臂觀音法中廣說。

　　復白佛言：世尊，我今說普通蓮花部中印。虛空合掌已，散開水火風是。蓮花部真言曰：

唵曩莫薩嚩怛他引誐多引南引跛納謨納婆嚩引也娑嚩二合賀

　　智羽揚掌已，空捻於水甲②，是念珠印。真言：如上准③重呼。

鉢囉塞普二合囉

　　禪拳直豎空，是觀自在杖印。禪拳豎空火，是觀自在澡罐印。內縛豎二空，稍屈其上節，是馬頭印④。上三印真言，如前說。

---

①　敬，《中華藏》校勘《石》《磧》《普》《南》《徑》《清》作“愛”。

②　甲，《中華藏》校勘《磧》《普》《南》《徑》《清》作“申”。

③　准，《中華藏》校勘《磧》《普》《南》《徑》《清》作“唯”。

④　印，《中華藏》校勘《磧》《普》《南》《徑》《清》無。

内縛風申合，二空亦並竪，是第二心印。

不易第二心，風相跓[①]如環，是白衣觀自在印。真言曰：

唵迦致尾迦致迦吒哰迦致娑嚩三合賀

内縛千眼印。

世尊，如是等印，成辦一切義利。我於别法之中亦已宣説，亦能成就千手千眼法門。

又白佛言：世尊，修行者成就真言法，爲除諸障及加護本明故，應於精室壁上畫一方曼荼羅，所畫之人受八齋戒。調諸彩色，勿用皮膠，於中畫一百葉開敷蓮花，具足胎蘂，於胎中位書此真言。真言曰：

唵跛納謨納婆嚩引也娑嚩二合賀

於花右邊畫念珠，左邊[②]澡罐。花之上方畫神線，下方畫杖，以香花供養，於此壇前結一切印。由作如是法故，一切事業、一切契印皆得成就。世尊，我説此大力大勇健之法。若欲具説經，無量劫亦不可盡。是法往昔金剛藏菩薩已曾宣説，我部族真言、金剛部族真言，皆依此法而得悉地。所有世天、梵王、那羅延、大自在、俱摩羅天、母衆天、金翅鳥、諸鬼神等真言，亦依此法而得悉地。由對此纔誦，則成入一切曼荼羅，一切衆生皆當敬念，一切五無間罪皆得消滅。臨命終時，觀自在菩薩即當現身前而爲説法。命終之後生兜率天宫，不墮於三惡道。或有衆生不信三寶，多諸慳悋，暫聞此經乃至讀誦，彼等不久亦當成就，況於三寶淨信之人。尒時，如來讚觀自在菩薩言：

善哉善哉大薩埵！大悲住大薩埵位。

汝今説大真言王，利樂淨信衆生故。

觀自在菩薩説此經已，諸大菩薩及阿羅漢，諸[③]天、龍、藥叉、緊那羅、摩呼羅伽等，皆大歡喜，信受奉行。

金剛恐怖集會方廣軌儀觀自在菩薩三世寂勝心明王經一卷[④]

---

① 跓，《中華藏》校勘《石》作“拄”。

② 邊，《中華藏》校勘《磧》《普》《南》《徑》《清》作“畫”。

③ 諸，《中華藏》校勘《石》作“信”，《磧》《普》《南》《徑》《清》作“僧”。

④ 一卷，《中華藏》校勘《磧》《普》《南》《徑》《清》無。

佛説一髻尊陁羅尼經^①

佛説一髻尊陁羅尼經[①]

大興善寺三藏沙門大廣智不空奉詔譯[②]

如是我聞,一時佛在王舍大城鷲峯山中,與無量菩薩摩訶薩俱,前後圍遶。

尒時觀自在菩薩摩訶薩與無數持明賢聖俱,前後圍繞,來詣佛所。到佛所已,五體投地,頂禮佛足,禮佛足已,遶佛三帀,卻坐一面。時觀自在菩薩白佛言:"世尊,有諸天及持明仙等,歸信大梵者衆,今[③]欲降伏大梵天及諸天仙等,願佛聽許,欲令一切衆生念善法故,欲令一切衆生無憂惱故,除一切衆生病故,及一切障難、災恠、惡夢悉除滅故,除一切橫病死故,欲除一切諸惡心者令柔軟故,欲[④]除一切諸魔、鬼神障難不起故。世尊,我今有根本心陀羅尼,能除一切衆[⑤]生衆罪業故。世尊,我未曾見有若天、若魔、若釋梵、若沙門、婆羅門等,有能受持此真言者,若讀誦、書寫流布,或以此法防護其身,若入軍陣鬪戰,若爲毒所害者,持此陁羅尼,一切諸難無所能爲。如是之法,一切諸佛所念,我此陀羅尼法,以經無量諸佛所記[⑥]。世尊,我於因地過恒河沙數劫外,有佛名百蓮華眼頂無障礙功德光明王如來,我於尒時彼佛所作大持明仙人中王,於彼佛所受得此陀羅尼。得已,時十方諸佛皆現目前,見佛現已,忽然即得未曾有智。當知此真言有如是神力,能利益無量衆生。若有善男子、善女人等,能晝夜慇懃,受持讀誦,令不忘失,誦此陁羅尼時,更莫緣佗境,每至白月十五日,或黑月八日,洗浴其身,著新淨衣,受持此陀羅尼,作印護身,取淨泥摩壇,方圓四肘。結界已竟,請我一髻明王於壇中心坐,燒香、散華種種供養,禮拜懺悔,誦真言一百八徧,持此明者現身即得十種果報。何者爲十:一者身常无病,二者恒爲十方諸佛憶念,三者一切財物、衣服、飲食自然充足,常無乏少,四者能破冤敵,五者能使一切衆生發起慈

①　底本,《中華藏》第 1491 號,第 66 册第 214 頁中—220 頁中,原《金藏》廣勝寺本。

②　譯名,《中華藏》校勘《徑》《清》作"唐北天竺三藏沙門大廣智不空奉詔譯",《麗》作"開府儀同三司特進試鴻臚卿肅國公食邑三千户賜紫贈司空謚大鑒正號大廣智大興善寺三藏沙門不空奉詔譯"。

③　今,原作"令",據《中華藏》校勘《磧》《南》《徑》《清》改。

④　欲,《中華藏》校勘《麗》無。

⑤　衆,《中華藏》校勘《麗》無。

⑥　記,《中華藏》校勘《麗》作"説"。

心，六者一切蠱毒、一切熱病無能侵害，七者一切刀杖不能爲害，八者一切水難①不能漂溺，九者火不能燒，十者不受一切橫死，是名②爲十。復得四種果報，何等爲四？一者不被禽獸所害，二者不墮地獄，三者臨命終時得見十方諸佛，四者命終之後生無量壽國。世尊，我念過恒河沙數劫，尒時有佛名曼陀羅香如來，我於彼佛時爲優婆塞，名曰翳迦惹吒婆羅門。於彼佛所復得此法，常爲百千萬億梵天説法，無不歸伏者，一切諸佛大慈大悲、大喜大捨，智慧藏法門，以此真言力故，能救一切衆生牢獄繫閉、杻械枷鎖、臨當刑戮、水火等難，種種苦惱，我恒救護。令得解脱一切夜叉、羅刹斯等，由此法印陀羅尼力故，令諸夜叉、羅刹斯等皆發善心，功德具足，即能發阿耨多羅三藐三菩提心，有如是力。設復有人犯四重、五逆等罪，誦持③此陀羅尼一徧者，所有一切根本重罪，皆悉④除滅，況復依法作印受持者，當知是人於萬萬億那由佗諸佛所曾聞此法，今還得聞。若善男子、善女人，能受持、憶念、晝夜不忘者，是人心所求願，無不滿足。每欲求勝上悉地，用白月八日，或十五日，以香湯洗浴，著新淨衣，每上厠一度洗浴，如此淨衣不得上厠。作此法時，其日不食，作結界護身印，印已誦陀羅尼至於明旦。其道場中置本尊像，結請印，誦真言，懸種種雜色幡蓋，香華供養。初入道場中，必須珍重，至心奉請十方諸佛，至心懺悔、讚歎三寶。禮拜已，於像前敷一坐具，�跪恭敬，至誠發願，作數珠印捻已，一心誦真言一千八徧，次執香鑪，燒香而言：此處無有種種供養、上味飲食，慙愧謝之。世尊，我由此等法印真言力，名號尊貴，難可得聞，若有人稱念百千俱胝那由佗諸佛名號，復有暫時稱我名號，彼二人福正等無異。”

尒時觀自在菩薩白佛言：“世尊，善男子、善女人晝夜誦持我此明王翳迦惹吒真言者，得離一切苦惱，一切障難怖畏及三毒罪障，悉得除愈，況復有人依法修行，當知是人即得阿耨多羅三藐三菩提，如在掌內。”

尒時佛告觀自在菩薩摩訶薩言：“善哉！善哉！善男子，汝今能於一切衆生起大慈大悲心，而欲開示此大陀羅尼翳迦惹吒法印。若善男子由此法方便力故，悉能救脱一切衆生所有病苦、障難、怖畏、身語意業，乃至安立一切衆生於阿耨多羅三藐三菩提決定無疑，善男子，此陀羅尼印等法門，我亦隨喜，受汝此真言、印等法，我今亦印可，善男子，汝今説之。”

尒時觀自在菩薩摩訶薩蒙佛印可，從座而起，頂禮佛足，卻坐一面，而入無能勝三昧，從頂化出翳迦惹吒羅刹王，三目四臂，所有八部鬼神、大力然頂鬼王等驚怖走

① 難，《中華藏》校勘《磧》《南》《徑》《清》作“火”。
② 名，《中華藏》校勘《磧》《南》《徑》《清》無。
③ 持，《中華藏》校勘《磧》《徑》無。
④ 皆悉，《中華藏》校勘《麗》作“悉皆”。

散，各失本威，莫知所在，願見救護，願見救護，皆捨①所有惡害之心，從今已往，并諸眷屬，歸依佛、法、僧寶。

尒時翳迦惹吒降得然頂鬼王，并諸眷屬，來詣觀自在菩薩摩訶薩②，合掌恭敬，白觀自在菩薩摩訶薩言："我有甚深祕密陁羅尼真言，能摧碎天魔及惡藥叉、羅刹斯、毒惡鬼神等，及諸疫病、水火、盜賊，亦能息諸寃敵，願聽許我說是陀羅尼。"時觀自在菩薩摩訶薩讚言："善哉！善哉！翳迦惹吒，善能調伏然頂鬼王及諸藥叉、羅刹斯等，汝有此祕密根本陀羅尼，聽汝所說，今正是時。"時③翳迦惹吒蒙大聖許說，生大歡喜，即遶觀自在菩薩三帀，卻坐一面，對無量諸大菩薩及無量金剛密跡及八部鬼神、一切藥叉、羅刹衆前，即說真言曰：

娜謀囉多娜二合跢囉二合夜引耶娜莫阿引哩耶二合嚩魯引枳帝湮嚩二合囉引耶冒地薩跢嚩二合耶摩訶引薩跢嚩二合耶摩訶引迦嚕抳迦引耶娜謀翳迦惹吒耶摩訶引囉訖叉二合斯阿訶繽哩二合馱鹽麼麼囉訖叉二合斯麼麼母佉寫薩嚩迦哩夜二合你迦嚕呬銘怛你也二合佗唵阿難底惹耶娑嚩二合，引訶引惹耶惹夜耶娑嚩二合，引訶引摩訶引尾惹曳娑嚩二合，引訶引摩訶引嚧比曳娑嚩二合，引訶引薩嚩尾近那二合尾那引夜迦引難耶娑嚩二合，引訶引赭攞耶拏瑟吒二合娑嚩二合，引訶引囉訖叉二合囉訖叉二合娑嚩二合訶引跋賒訶塞哆二合耶娑嚩二合，引訶引

心真言曰：

唵嚧㗇邏二合耶母涅哩二合寧曳惹吒惹吒曳吽吽吒娑嚩二合，引訶引

隨心真言曰：

翳呬曳二合呬翳迦惹吒麼麼穆佉惹耶娑嚩二合，引訶引

時翳迦惹吒說此陀羅尼時，一切天宮、魔宮及諸龍神、藥叉、羅刹斯，諸惡毒害鬼神等，各各共領無量眷屬，同詣其前，同時出聲，皆言乞命："我等眷屬從今已往，永斷惡心，誓願事從④，日夜守護持此陀羅尼者，不令諸鬼神等得其過便，願施我等無畏，願得本心。"時翳迦惹吒當與諸鬼神作施無畏印，各得本心，禮觀自在菩薩摩訶薩，次禮化身一髻尊，各還本宮。時翳迦惹吒白觀自在菩薩言："我有成就七日供養作壇法，若有沙門、婆羅門及善男子等，請於祕密法藏決定要成就大驗。若諸國王心生決定，懺悔衆罪，願欲建⑤大道場法，先覓清淨寬大院宇及好寺舍，佛堂之所露地亦得。

① 皆捨，原脫，據《中華藏》校勘《麗》補。
② "薩"後，《中華藏》校勘《麗》有"所"。
③ 時，《中華藏》校勘《磧》《南》《徑》《清》無。
④ 從，《中華藏》校勘《磧》《徑》《清》無。
⑤ 建，原作"見"，據《中華藏》校勘《徑》改。

得①是處已，以白月一日，於晨朝時，阿闍梨身及諸弟子香湯洗浴，將諸香華至其處所，阿闍梨手執金剛杵，次第問弟子等言："汝等決定欲學諸佛祕密法藏，莫生疑惑。"徒衆答言："我等欲學諸佛法藏，決定誠信，不生疑心。"如是次第，三問三答。如是答竟，次阿闍梨手印印②香鑪水等，誦真言已，手執香鑪，蹦跪燒③香，啓白一切諸佛、般若、菩薩、金剛、諸天等及與一切業道冥祇："今此地者是我之地，我今欲立七日七夜大道場壇法之會，供養一切十方法界諸佛世尊及般若波羅蜜多、諸大菩薩衆、金剛天等，領諸徒衆，決定一切祕密法藏難思議法門故，取諸證成，我欲護身結界法事，在此院內東、西、南、北、四維上下，所有一切破壞正法毗那夜迦惡鬼神等，皆須出去結界之所七里之外。若護④正法善神鬼等，我佛法中有利益者，隨意而住。"說此語已，次第依彼軍荼利法，辟除結界。既結界已，即令掘去十肘地內一切惡土、骨髮、炭糠、瓦礫等物。若上好地，掘深一磔⑤，若中一肘，下地二肘，若下下地，掘深三肘，惡物盡去，將好淨土和諸香末，堅⑥築令平，基高最好，次第二日及第三日，以泥塗地，次第四日，用牛糞香泥泥⑦其地竟。次將神線四方八肘，一帀挽之，四角下點，更以神線從東北角至西南角，從東南角至西北角，交叉挽之。其線叉中下點，掘地深一磔許，埋著五寶并及五穀。其五寶者，一金，二銀，三真珠，四珊瑚，五琥珀。言⑧五穀者，一大麥，二小麥，三稻穀，四小豆，五胡麻，以一片絹共裹寶穀，以五色線繫絹埋之。其五色線一頭出地，長五指許，此寶物等永未得出。次作大結界，其結界法，執跋折羅，右遶壇外，急走三帀，辟毗那夜迦，種種結界，以印印地東、西、南、北、上、下。誦真言、作印、啓告、辟除、結界等法，如初日說，依軍荼利次第法用。次第五日結界法式，如第四日，更用牛糞塗地。其塗地法，手右旋摩，勿左旋摩，其餘事法，同第四日。次第六日阿闍梨洗浴，先入壇內，取好聰明弟子二人，亦淨洗浴，著新淨衣，隨後入壇。以檀香湯和白粉竟，於粉汁中染其神線，令一弟子把其線頭，按壇東北，正當角頭先點之處。次阿闍梨把線一頭，按壇東南，正當角頭先下點之處，急挽著地，使一弟子捻線中央，絣著地上。次東北角弟子起，向西南角坐，亦如前作。次東南角阿闍梨起，向西北角坐，亦如前作。次西南角弟子起，向東坐，亦如前法。次先絣處，從外向內，離一肘許，更依前法，圍遶絣之。次取八肘神線，屈中當壇一方一著，一一點。更屈

---

① 得，《中華藏》校勘《磧》無。
② 印，原脫，據《中華藏》校勘《麗》補。
③ 燒，《中華藏》校勘《磧》《徑》作"焚"。
④ 護，原脫，據《中華藏》校勘《麗》補。
⑤ "磔"後，《中華藏》校勘《磧》《徑》《清》有"手"。
⑥ 堅，原作"緊"，據《中華藏》校勘《麗》改。
⑦ 泥，《中華藏》校勘《麗》作"塗"。
⑧ 言，《中華藏》校勘《磧》《徑》《清》無。

二肘繩子,從壇一方中央點,量左右,更點兩處。次其一方門,辟壇繩五指許,次更屈門辟,向左右五指許。次其門左右兩畔,寬五指許作。次其門外邊,直盡著一方,若餘三方准知。次作中院,外繩四肘,其外院内繩與中①外繩,兩繩之門②開一肘道,其中院門四方辟與向左右,總作三指許,其門外邊神線絣法,亦如前法。其中院内方離外界一肘,更絣漬③神線,絣其壇正中心作二肘院,更莫作門。次阿闍梨以五色線,一④真言一結,五十五結,用馬頭觀自在陁囉尼。真言曰:

翳曳呬薄伽梵阿哩耶二合噂魯吉帝溼噂二合囉没陀没陀没陀薩跢也摩弩娑麽二合囉薩底耶二合摩努薩麽二合囉怛你也二合佗曩柱曩柱枳尼枳尼呬尼呬尼努嚕努嚕寐嚕寐嚕主嚕主嚕都嚕都嚕素嚕素嚕母嚕母嚕噂囉噂囉冒陀耶冒陀耶呬哩弭哩你知你悉殿都弭滿跢囉二合鉢娜莎噂二合,引訶引

次以絹帛裹於五寶,并五穀子,五色線繫真言索上,隨人多少,一一裹之。次於壇四角各豎一竿,西門兩竿,以線繞繫四角竿上,於其線上懸雜色幡,其壇上方東、西、南、北四維繫幡,交絡莊嚴。其壇外院西門南側,離二尺穿作火爐,縱廣、深淺各二尺作,於其爐中留一土臺⑤,臺上捏作香泥蓮以爲座。次日没時,阿闍梨令諸弟子等洗浴竟,次阿闍梨作大結界。次日入時,召請諸佛、菩薩、金剛,於壇中心著一佛像,北方觀自在,南方金剛,以種種香華,五盤飲食,十六盞燈而供養之。次於西門外敷新淨席,次阿闍梨喚諸弟子作護身印,一一誦真言七徧,各各與印諸弟子頂及兩肩、心、咽、眉間、髮際、腦後,護身畢已,令諸弟子就於席上,面向東坐。次取香華及白芥子,阿闍梨把白芥子念真言七徧,次第打諸弟子頭上,三徧打竟,更與護身,用馬頭觀自在印。真言曰:

唵賀也訖哩二合噂三暮多阿弭帝吽

次阿闍梨胡跪,問於最長弟子而云:"汝今欲得學此法否?"弟子答云:"欲得。"如是次第,問諸弟子,法用如前。次阿闍梨手⑥擎香水,灌諸弟子一一頭上覆之,以右手按諸弟子一一胸上,爲誦馬頭觀自在真言。次取真言索,各與繫諸弟子臂,男左女右。次娑婆樹汁香,次弟與灌諸弟子身,右旋三轉。灌香水竟,次旋炬火,亦如前法。次與齒木,各長八指。次授與華竟,令諸弟子向東列坐,教諸弟子投華向前,次嚼齒木,亦如前投。若其華頭向人者好,背向東者,知魔障出,向南北者,皆⑦爲不吉。齒

---

① 中,《中華藏》校勘《磧》《南》《徑》《清》作"界"。

② 門,《中華藏》校勘《麗》作"間"。

③ 漬,《中華藏》校勘《麗》作"清"。

④ 一,《中華藏》校勘《麗》作"一誦"。

⑤ 臺,《中華藏》校勘《磧》《南》《徑》《清》無。

⑥ 手,《中華藏》校勘《磧》《南》《徑》《清》作"契手",《麗》無。

⑦ 皆,《中華藏》校勘《麗》無。

木嚼處，向身者好，背向東者，知魔障出，餘如法華法。次與洗手，各令飲金剛誓水，敬謝飲之。次阿闍梨入於壇内，白佛、菩薩、金剛等云："諸弟子等明日更欲入道場，來廣作供養，諸佛、菩薩、金剛、天等請昇本宫，後設供養，願皆降赴，受衆供養。"如是三説。然後發遣壇内諸佛、菩薩、金剛及諸天等。

次阿闍梨向壇邊，面向南坐，著一火爐，誦馬頭真言，燒白芥子，一真言一燒，一百八徧，時諸弟子即得罪滅①。

次阿闍梨與二弟子於一夜中，以五色粉敷置壇内，一依五方色，諸餘賢聖座一依三部法，次作護身印，用馬頭印。

唵賀也惹吒吽

次把跋折羅，作阿蜜哩多軍荼利身印三迴，右轉於壇外邊。

次作地結界，四方上下，次第而作，并誦馬頭真言。緣壇内用閼伽水餅各四方安，次以帛覆其弟子眼，阿闍梨心口發願，以平等心，普大慈悲心，所有福田皆迴與一切衆生已。此散華法，一依三部法，華所著處，更莫移改。所有火法及請賢聖，一依三部②次第。

次説嚲迦惹吒獨建壇法及真言、契等法，廣明如後。

曩謀没陀去夜曩謀達摩夜曩謀僧去伽夜娜莫阿唎耶二合嚩嚕枳帝溼嚩二合邏耶冒地薩哆嚩二合耶摩訶薩哆嚩二合耶摩訶迦魯抳迦耶跢你也二合佗唵嚲迦惹吒耶摩訶囉乞叉二合斯阿哩夜二合乃延鉢囉二合麼囉乞叉二合斯麼麼姥佉娑婆迦唎唎夜你迦嚕思呬阿難底娑嚩二合,引訶引惹耶惹耶耶娑嚩二合,引訶引薩婆尾近那毗那夜迦囉訖叉二合囉訖叉二合娑嚩二合,引訶引

隨心真言曰：

唵嗚囉馱啌囉姥涅哩二合尾吽泮吒吒,半音呼娑嚩二合,引訶

凡欲受持我真言，先須捨貪愛及身、口、意業諸不善，出入護淨，先須洗浴清淨，著新淨衣，手執香爐，端心正念，啓告十方諸佛及大菩薩一切賢聖："弟子某乙③，今於此處欲建立壇場，所有一切善神，惟願擁護，所有不善之心者，急離此界。"夫擇地要須高山，或是平原近水及有華果之處最爲上好，若在城邑，寺舍淨處即得。欲作壇時，先作軍荼利結界護身，辟毗那夜迦障難。揀地訖，當作四肘壇，掘深一肘，除去瓦礫，并諸草穢、毛髮、爪甲，然後填好黄土，築令堅實，取佉陀羅木，橛長十二指三稜成者四箇，釘四角頭。次用犢子糞未墮地者，其牛不得食糟。次用白檀香用摩壇四肘，内須二肘，高交四指，取沈香、檀香用塗其上。中心用牛黄和白檀香，摩作一蓮華座，狀

---

① 罪滅，《中華藏》校勘《磧》《南》《徑》《清》作"滅罪"。
② "部"後，《中華藏》校勘《磧》《南》《徑》《清》有"法"。
③ 某乙，《中華藏》校勘《磧》《南》《徑》《清》作"某甲"。

如輪形，當坐本尊，南邊著馬頭觀自在，北邊著軍荼利，後面安毗梨耶波羅蜜。壇下層安四門，東安大自在天，餘門安跋折羅。其跋折羅無金銅者，取柳木及紫檀木①亦得。檀四角各安一缾，滿缾盛水，用柏、柳枝及華等覆上，燈八盞，以種種華果、乳酪、酥蜜、飲食而供養之。四門前各安一香鑪，燒安悉香及諸名香而供養之。真言師當洗浴，著新淨衣，一日不食，面向本尊，手執香爐，廣發願②懺悔，然後端坐正念，誦前根本真言十萬徧，所有重罪、業障皆得銷滅。每趁徧數，勿令間斷，或趁一千八徧，或一百八徧。課畢之後，即共人言。當念誦時，勿共人語。念誦了畢，禮拜發願，然後始出。

次說火法，其西門南著一火鑪，方圓深共一肘，用胡麻、生稻穀華等，酥蜜相和竟，誦馬頭隨心真言。先請③火天真言，加④前物，一徧真言一投火中燒，如是乃至一千八徧已，次請本尊嚳迦惹吒，即能息一切災難。欲求本尊現身者，用構枝及香酥蜜等，至弟三日，真言師取前件物相和，置壇中心著，禮拜、行道、讚歎滿四十九帀，然後胡跪，却請前件物，真言一百八徧，用根本真言。後欲投火時，誦心真言一千八徧，一誦一燒，投在火中，乃至數滿。燒了啓云："一切諸佛、諸大菩薩、金剛密跡、釋梵諸天、一切諸仙、天眼佗心宿命通者、當界善神，願授弟子火法供養。"火光熾盛，無煙焰中作音⑤樂聲，或輪成。是大吉祥。

火焰未滅，真言師⑥勿起，便結加坐，右點左淨坐，至心想惹字，喻若紅頗梨，淨無黶點，光明逼身，本尊即從西南角現身出，三目四臂，頂上有阿彌陀佛，狗牙上下出，垂左手，與真言師摩頂，問之求何願，真言師不得心動、喜悅及怕怖等，如是想不滅，即是本尊。從三昧緩緩⑦起，合掌小低頭，禮白言："聖者、弟子今有願，所求皆得。"勿多言乞願，其時便得一天華，分付真言師以爲信。聖者言："我從今已往，常勑諸八部鬼神常加侍衛，亦令使喚無難，求⑧悉地，出離生死及大成就無不得者。"如是求願，要在山門半年所置道場，勿令異色人見，亦不得更持別法，常念不空菩薩及十一面菩薩。臨欲發遣，誦此真言曰：

蘇佉蘇佉誐車誐車惹吒曳娑嚩二合, 引訶引

真言師不得戲笑中忘誦，當覺身輕如無骨肉，心如師子王，空界異香現，即知聖

---

① 紫檀木，《中華藏》校勘《磧》《南》《徑》作"紫檀木"，《麗》作"紫薑木"。

② 願，《中華藏》校勘《麗》作"大願"。

③ 請，《中華藏》校勘《磧》《南》《徑》《清》作"誦"。

④ 加，原脱，據《中華藏》校勘《麗》補。

⑤ 音，《中華藏》校勘《南》《徑》《清》作"童"。

⑥ 師，原脱，據《中華藏》校勘《麗》補。

⑦ 緩緩，《中華藏》校勘《麗》作"緩"。

⑧ 求，《中華藏》校勘《麗》作"所求"。

者宫。後起行道七帀，後執香鑪，所有賢聖來至此處，供養多不如法，惟願布施歡喜。次作根本契印，即成散衆。

獨部期剋印，左手爲金剛拳，直豎力、度。泥啝根本印，禪、智、進、力[①]、忍、願等向内相叉，右押左，戒、方豎頭相拄，檀、慧横相押。真言曰：

翳門惹隣吽

請印，檀、慧、戒、方、忍、願各外相附，二羽合，禪、智頭各拄檀、慧下節文，屈進、力附忍、願側，如鉤來去。請真言曰：

阿唎野輅徙

次結華座印，禪、智、進、力、戒、方、檀、慧各頭相拄，開掌，忍、願相去八分許。真言曰：

唵惹吒些那

供養印，願、進頭相拄，戒、力於願背頭相拄，忍、方於願背頭相拄，慧度拄力度上文，檀度外横博智、羽背，禪、智側並豎，並開虎口。真言曰：

唵你弭也二合布惹

忿怒辟尾那夜迦，用軍吒利身印，真言曰：

唵賀那賀那吽

一髻尊降伏真言曰：

唵吁嚕啅惹曳娑嚩二合，引訶引

真言師洗浴，灌頂印[②]，檀、慧並豎，戒、方屈入掌，忍、願頭相拄，進、力屈拄上節背，以禪、智拄檀、慧上文，用隨心真言，捻[③]數珠印，用蓮華部真言。

十一面觀自在印，真言曰[④]：

唵阿嚕力娑嚩二合，引訶引乞厠二合素怛囉二合惹閉吽

請火天真言曰：

而曳二合底曳娑嚩二合，引訶引

以印用忍、願屈甲上文相合，戒、方直豎頭相拄，進、力各獨屈如鉤，相去一寸[⑤]，禪、智微屈，相離三分，檀、慧直豎相去一寸。畫像法，右手執劍，右手執三股叉，左手斧，左索，身立。

佛説一髻尊陀羅尼經

---

① 力，《中華藏》校勘《麗》無。

② 印，《中華藏》校勘《麗》無。

③ "捻"前，《中華藏》校勘《麗》有"曰"。

④ 真言曰，原脱，此據文意補。

⑤ 寸，《中華藏》校勘《磧》《南》《徑》《清》作"肘"。

金剛手光明灌頂經最勝立印聖無動尊大威怒王念誦儀軌法品①

大興善寺三藏沙門大廣智不空共中天竺婆羅門僧徧智奉詔譯②

尒時金剛手菩薩入三摩地，名金剛等至熾盛光焰。其光普照一切佛土，周徧焚燒三界，其中所有一切魔囉作障難者，一切尾曩也迦囉刹婆等，皆被是大火焚燒，痠楚③徧入肢體，苦痛絞結纏身，心迷悶絕，咸皆高聲大叫。譬如世人遇大苦逼，唱言密密，其聲徧滿三千大千世界，所有一切眾生聞此聲者，皆悉惶怖，奔走投佛，咸作是言："世尊，我等今並歸命三寶。"時金剛手菩薩從三昧起，告文殊師利言："汝云何見諸天、帝釋等來至於此？"文殊師利菩薩語金剛手言："我不能知，唯如來了。"作是語已，二大士便無言說。

時金剛手菩薩復告文殊師利言："有大威怒王名聖者無動，我今說是心及立印故，一切大眾咸來至此。"時金剛手菩薩復告文殊師利④言："善男子，諦聽！無邊功力勇健無邊如來奉事是不動尊大威怒王，復有六十萬恒河沙俱胝如來，皆蒙教示，得成無上正等菩提。復有無量天龍八部等恒常供養，恭敬承事。若纔憶念是威怒王，能令一切作障難者皆悉斷壞。一切障者不敢親近，常當遠離。是修行者所住之處，無有魔事及諸鬼神等。"時金剛手菩薩從三摩地警覺，召集一切聲聞、辟支佛，一切天、龍、藥叉、乾闥婆、阿素囉、孽⑤嚕拏、緊那囉、麼護囉誐、人及非人一切群生等，皆來集

---

① 底本，《中華藏》第 1510 號，第 66 冊第 329 頁上—334 頁下，原《金藏》廣勝寺本。校本，《大正藏》第 1199 號，第 21 冊第 1 頁上—7 頁上。經名，原作"怒王念誦儀軌法品"，據《中華藏》校勘《徑》《清》改。經名後，《中華藏》校勘《石》《麗》有"一卷"，卷末經名同。

② 譯名，《中華藏》校勘《石》作"特進試鴻臚卿大興善寺三藏沙門大廣智不空與中天竺淨行婆羅門遍智譯"，《徑》《清》作"唐北天竺三藏沙門大廣智不空共天竺婆羅門僧徧智奉詔譯"，《麗》作"開府儀同三司特進試鴻臚卿肅國公食邑三千户賜紫贈司空謚大鑒正號大廣智大興善寺三藏沙門不空奉詔譯"。

③ 痠楚，《中華藏》校勘《石》《麗》作"酸楚"。

④ 文殊師利，《中華藏》校勘《磧》《南》《徑》《清》作"文殊師利菩薩"。

⑤ 孽，《中華藏》校勘《磧》《南》《徑》《清》作"誐"。

會。復抽撮彼群生衆差別之心，合同一體，等①住三麼地，名俱胝焚燒世界。火滅②，唯成一大火聚，如七日光照，大馬口等衆流俱湊，吞納無餘，盡成猛焰。説是大威怒王聖無動尊微妙心，亦如大馬口吞噉一切衆生若干③種心等，成大火光界。

曩莫薩嚩怛佗引④蘗帝毗藥二合薩嚩目契毗藥二合薩嚩佗引怛囉二合，引吒半音贊拏摩訶引略灑拏欠佉引呬佉引呬薩嚩尾覲南二合，引吽怛囉二合吒半音憾引斛引

　　纔説妙真言，一切衆身如劒揮斷，時⑤擗地猶如利刃斷芭蕉林，亦如大暴惡旋嵐猛風飄衆樹葉，吹擲大衆置於輪圍山閒，唯除十地大菩薩等。一切佛國土、三千大千世界，咸被大忿怒王威光焚燒，同一體相，成大火聚，蘇彌盧山、摩訶蘇彌盧山、鐵圍山、大鐵圍山，一切大海⑥皆悉枯涸，乾燒成⑦灰燼，大衆咸見。

　　　　欲作諸事業，先結三麼耶，
　　　　二羽齊輪合，並建於二空，
　　　　由是加持故，身即同如來⑧。

　　三麼⑨耶真言曰：

曩莫三漫跢引没馱南引婀三謎底哩二合三謎三麼曳莎嚩二合，引訶引

　　次結法界印。

　　　　以二金剛拳，二風側相拄。

　　真言曰：

曩莫三漫跢嚩日囉二合，引赦引達麼馱引妬引娑嚩二合婆引嚩句崄歸命同前

　　結轉法輪印。

　　　　二羽反相叉，二空峯相合，
　　　　加身分五處，身同執金剛。

　　真言曰：

曩莫三漫多嚩日囉二合赦嚩日囉二合怛麼二合句崄

　　次結大精進慧劒祕密印。

　　　　二手三補吒，風屈初節合，

①　等，《中華藏》校勘《磧》《南》《徑》《清》無。
②　火滅，原作“大威”，據《大正藏》本校勘記改。
③　干，原作“千”，據《中華藏》校勘《石》《徑》《清》《麗》改。
④　“引”後，原有“下同”，據《大正藏》本校勘記删，下同。
⑤　時，《中華藏》校勘《石》《麗》作“一時”。
⑥　“大海”前，原有“海”，據《中華藏》校勘《麗》及《大正藏》校勘記删。
⑦　成，原作“成就”，據《大正藏》本校勘記改。
⑧　身即同如來，《中華藏》校勘《磧》《南》《徑》《清》作“身同諸如來”。
⑨　麼，《中華藏》校勘《磧》《南》《徑》《清》作“昧”。

　　　　峯拄空上節，由結是印故，

　　　　結使皆斷壞。

　　真言曰：

曩莫三漫跢没馱南歸命摩訶渴誐尾惹也達麽散捺囉二合捨曩娑訶惹娑得迦二合，引也你哩二合砌娜迦怛佗蘗多地目訖底二合你囉惹跢尾囉引誐達麽你乞厠二合多吽

　　　　劍印改二空，出於風火閒，

　　　　是名法螺印。

　　真言曰：

曩莫三漫多没馱南暗

　　　　復次獻華座，名金剛蓮華，

　　　　定慧芙蓉合，水火俱散開。

　　　　猶如蓮華葉，二風屈附火，

　　　　初節之側住，奉諸佛菩薩。

　　真言曰：

曩莫三漫多没馱南引阿引

　　　　二羽忿怒縛，二風屈如鈎，

　　　　是名鈎密印，能辦攝召事。

　　真言曰：

曩莫三滿多母馱南阿引薩縛怛嚩二合①鉢囉二合底訶跢怛佗引蘗黨引矩捨冒地左哩也引跛哩布囉迦娑嚩二合，引訶引

　　　　次奉獻閼伽。以前商佉印，

　　　　誦是祕密言：

曩莫三滿多母馱引南誐誐曩引三麽三麽娑嚩二合，引訶引

　　　　塗香供養印，二羽芙蓉合，

　　　　風各如彈指，空並押風輪。

　　真言曰：

娜莫三滿多母馱引南尾秫馱巘度納婆二合嚩娑二合，引訶引

　　　　以前塗香印，二空住風側，

　　　　中節之下際，名華供養印。

　　真言曰：

娜莫三滿多母馱引南麼訶眛底哩夜二合毗庾二合娜誐二合帝娑嚩二合，引訶引

---

①　合，原脱，據《大正藏》本補。

二手三補吒，地堅住水下，

二火屈上節，和①合少下水，

二風屈中節，峯拄②住空頭，

名焚香供養。

真言曰：亦有歸命。

達麼馱怛嚩二合弩誐帝娑嚩二合，引訶引

飲食供養印，二手虛心合，

定慧空入目③。

真言曰：有歸命。

婀囉囉迦囉囉麼隣上娜弭摩隣上娜埿摩訶麼里娑嚩二合，引訶引

以前飲食印，唯改二空輪，

並建離滿月，名燈明供養。

真言曰：有歸命。

怛佗蘖跢囉止二合娑頗二合囉拏嚩娑引娑曩誐誐怒奴奧反那引哩曳娑嚩二合，引訶引，

已上真言一切同用劍④真言歸⑤命

次結無動尊，根本祕密印，

二羽內相叉，輪輪各如環，

二空住水側，火峯⑥住空面，

二空和合豎。次寶山印相，

定慧內相叉，二空入滿月，

以二金剛拳，定置慧拳上，

名頭祕密印。以印置於頭，

二羽內相叉，二空入滿月，

風輪和合豎，印眼及眉間，

是名眼密印。次結口密印，

地輪內相叉，水押地叉間，

二火並甲⑦直，空各加水甲，

---

① 和，《中華藏》校勘《石》作“如”。
② 拄，《中華藏》校勘《石》作“砫”，《麗》作“跓”。
③ 目，《中華藏》校勘《麗》作“掌”。
④ 劍，《中華藏》校勘《磧》《徑》作“誦”。
⑤ 歸，《中華藏》校勘《磧》作“皈”。
⑥ 峯，《中華藏》校勘《磧》《南》《徑》《清》作“風”。
⑦ 甲，《中華藏》校勘《石》作“申”。

二風加火甲，以印置於口。

復次密印相，二羽三補吒，

風空如彈指，是名心密印。

復次三補吒，二火建如幢，

風住火初節，二水如寶形，

二地及二空，各各而建立，

印心及兩肩，喉位頂上散。

次作惡叉波，名師子奮迅，

不改前密印，開豎慧風輪。

次結火焰印，以慧手空輪，

加於水火甲，風豎拄定掌，

右旋成界方，左轉名解散，

火焰輪止印，定慧各爲拳，

空出火風間，二拳背相合，

能制止諸火。次商佉密印，

定空加地水，慧羽亦如是①，

二火甲如針，觀風附火節，

止風開豎之，不動渴誐印，

止空加地水，風火並申直，

是名三昧鞘。慧手亦如是，

觀風火輪入，定空水地環，

輪面與月合，即劍住定鞘，

抽出辦諸事，斷結辟護等。

次結罥索印，慧空加火水，

及地等三輪，風建入定月，

止地水火拳，空風拄②如環，

是名索摽幟。三鈷金剛印，

觀空加風甲，三輪如金剛，

所有諸供具，散灑作淨除，

密印已説竟。聖者無動尊，

---

① 如是，原作"如之"，據《中華藏》校勘《石》《磧》《南》《徑》《清》改，下一"如是"同，據《石》改。

② 拄，《中華藏》校勘《磧》《南》《徑》《清》作"住"。

　　説一切真言，用前金剛印。

　　當誦是真言：

曩莫三漫跢嚩日囉_{二合}，引皷引，此歸命吽尾訖哩_{二合}跢尾迦吒尾羯囉引路囉特嚩_{二合}計捨吽嚩日囉_{二合}，引仡囉_{二合}，引仡囉吽發吒吒_{半音}呼

　　此真言用金剛印，能爲成辨一切事業。

　　復次真言曰：用渴誐印。

曩莫三漫跢嚩日囉_{二合}，引皷唵婀左攞迦引拏没馱際吒迦吽吽佉引呬佉呬伊南_上仡哩_{二合}，_上囉怛曩_{三合}輅賀引攞賀攞尾沙索入跛哆_{二合}惡紇哩_{二合}，引，入郝賀引發吒吒_{半音}阿引哩夜_{二合}左攞引蘖縒緊止囉引也徒伊南_上迦引哩養_{二合}矩嚕娑嚩_{二合}，引訶引

　　以此真言用前劍印，一切事業皆能成辨，次一真言用前索印。

曩莫三滿多嚩日囉_{二合}，引喃暗播捨盆_去惹曩吽發吒吒_{半音}呼

　　真言用索印，能成一切事。

　　復次心真言，用金剛密印。

曩莫三滿多嚩日囉_{二合}，引喃婀左攞迦拏贊拏娑引馱也吽發吒吒_{字半音}

　　此之真言，用金剛印，能爲成辨一切事業。

　　次説不空聖者無動威怒真言曰：

曩莫三滿多嚩日囉_{二合}，引喃怛囉_{二合}吒_{半音}阿慕伽贊拏摩訶路少拏娑頗_{二合}，引吒也吽怛囉_{二合}麼也怛囉_{二合}麼也吽怛囉_{二合}吒_{半音}憾輅

　　　行者每食訖，以是真言加，
　　　殘餘置淨處，奉獻無動尊。

　　次説聖無動大威怒之王一字心真言曰：

曩莫三滿多嚩日囉_{二合}，引喃憾引，已上諸真言歸命同上

　　　用是一字心，真言能成辨，
　　　一切事業作，通用一切印。
　　　復次聖無動，布字祕密法，
　　　從頂乃至足，一一安布之，
　　　頂上安長久[①]，而成於頂相。

　　頂相真言曰：

曩莫薩嚩怛佗蘖帝毗藥_{二合}薩嚩目契毗藥_{二合}薩嚩佗引唵婀左攞贊拏欠

　　　企孕安頭上，成就尸法[②]鬠。

----

①　久，原作"欠"，據文意改。

②　法，《中華藏》校勘《石》《麗》作"佉"。

頭髻真言曰①：

曩莫薩嚩怛佗蘖帝毗藥二合薩嚩目契毗藥二合薩嚩佗唵阿左羅企孕二合企孕二合，引，歸命如頂明

棄布於頭②左，成一髮索垂。

垂髮真言曰：

曩莫薩嚩怛佗蘖帝毗藥二合薩嚩目契毗藥二合薩嚩佗引唵贊拏已上真言首皆安此

棄長憾安於額，成攞攞吒相。

毫相真言曰③：

憾引

長呬布兩耳，成就金剛耳。

耳相真言曰：

呬

左眼布怛囉，其字戴長聲。

吒置於左④眼，半義不應全。

眼相真言曰：

怛囉引吒半

長吽布兩鼻，布誦是真言：

吽

賀字第九轉，名護安於口。

誦是口真言：

護⑤

賀短加空點，名憾布舌端。

成金剛舌相，誦是舌真言：

憾

長莽布兩肩，誦是肩真言：

莽

莽短加空點，名輪布於喉。

誦是喉真言：

<hr>

① “曩莫薩嚩怛佗”至“頭髻真言曰”，《中華藏》校勘《磧》《南》《徑》《清》無。
② 頭，《中華藏》校勘《磧》《南》《徑》《清》作“頂”。
③ 曰，原脫，據《中華藏》校勘《徑》《清》《麗》補。
④ 左，《中華藏》校勘《徑》作“右”。
⑤ 護，《中華藏》校勘《石》有音注“引”。

輇

　　　　短路①安空點，名瞻布兩乳，
　　　　布誦是真言：

瞻②

　　　　短摩安空點，名滿安於心，
　　　　誦是心真言：

滿

　　　　短吒并空點，布於臍輪中，
　　　　大空嚴飾故，而成就吒暗，
　　　　誦是臍真言：

吒暗二合

　　　　吒字第九轉，頂戴大空點，
　　　　安布於兩脅，誦是脅真言：

吒唵二合,引

　　　　最初聲吒字，當用置於腰，
　　　　布誦是真言：

吒

　　　　賀字十二轉，名郝布兩胜，
　　　　誦是胜真言：

郝

　　　　賀第十一轉，名憾布兩膝，
　　　　布誦是真言：

憾

　　　　賀字第二轉，并以大空點，
　　　　名憾布兩足，誦足印真言：

憾引,歸命同前

　　　　是聖無動尊，摩訶威怒王，
　　　　布字祕密法，十九種真言，
　　　　并布諸支分。修真言菩薩，
　　　　作是布置已，自身成聖尊。

──────────

① 路,《中華藏》校勘《磧》《南》《徑》《清》作"多"。
② 瞻,《中華藏》校勘《石》《磧》《南》《徑》《清》作"膽"。

　　一切天素囉，及十地菩薩，

　　不復起動搖①。一切天及龍，

　　八部諸鬼神，於是等衆中，

　　爲自在囉惹。

　　復次聖無動尊大威怒王説大身真言曰：

曩莫三漫跢嚩日囉二合被阿慕伽暲呬婀鉢囉二合底賀跢暲呬婀左攞際吒娜難跢迦引曩底瑟吒二合底瑟吒二合左引拏左引拏跢抳怛吒烏二合尾勒南二合引伽引哆也莽引囉也佉引娜也薩跢單左茗婀拏滿馱婀訖娘二合引矩嚕婀娑荷馱曩引仡囉二合羯吒羯吒莽吒莽吒憾憾婀底麼攞暲呬摩訶愚拏避灑拏捺吒捺吒婀尾捨引尾捨婀左攞制吒薩嚩怛囉引努跢噸迦際吒跢吒跢吒娜麼娜麼癹吒半音癹吒吒半憾翰引

　　聖者無動尊大威怒王復説三三麼邪攝召真言曰：

曩莫三漫跢引莫伽引鉢囉二合底賀跢嚩日囉二合引被婀鉢囉二合底賀黨引矩施婀曩也吽婀慕伽摩訶麼朗引矩施婀引曩也吽引摩訶底哩二合三麼養矩施吽引怛囉二合引吒半音怛囉二合吒半音嚩日嚧二合囉吒囉吒嚩日嚧二合迦吒迦吒嚩日禮二合曩吒曩吒嚩日嚧二合跢呬跢呬黨矩嚕三麼也嚩日囉二合引麼訶麼攞尾羯囉二合引茗婀引曩也施引伽嚲二合娑佗二合引跛也薩鑁引滿馱也娑引嚲底哩㮏里你慕止計慕左也滿蕩引婀難跢麼麼底你婀三茗底哩二合三麼也麼訶麼朗引矩施婀娑荷婀娑忙哦你二合吽荷囉荷囉婀三茗怛囉二合引吽呬麼訶麼朗引矩施吽婀羯灑也婀三忙哦你二合娑嚩二合訶引，一切皆同

　　聖者無動尊大威怒王復説護身結界三磨邪真言曰：

曩莫三漫跢嚩日囉二合引被怛囉二合引吒半音婀慕伽贊拏麼訶略灑拏娑破二合吒也婀引曩也婀娑荷婀三忙哦你二合吽吽尾覲南二合吽怛囉二合吒半音

　　聖者無動尊大威怒王復説加護所住處真言曰：

曩莫三漫跢嚩日囉二合被怛囉二合引吒半音婀慕伽贊拏摩訶略灑拏娑頗二合吒也薩嚩尾覲南二合引麼麼娑嚩二合引娑底二合扇引底始鑁茗婀左攞黨引矩嚕怛羅二合引麼也怛囉二合引麼也吽怛囉二合引吒半音，呼憾翰

　　　　復説無比力，聖者無動心，

　　　　能成辦一切，事業之法門。

　　　　菜食作念誦，數滿十萬徧，

　　　　斷食一晝夜，方設大供養。

　　　　作護摩事業，應以苦練木，

　　　　兩頭搵蘇燒，八千枚爲限，

_____

　①　起動搖，《中華藏》校勘《麗》作"能搖動"。

已成初行滿。心所願求者，
皆悉得成就。發言咸隨意，
所攝召即至，欲驗法成者，
能摧折樹枝，能墮落飛鳥，
河水能令竭，陂池使枯涸，
能使水逆流，能移山及動，
制止諸外道，呪術力不行。
復次成就法，候月蝕之時，
斷食一日夜，應以未至地，
黃牛瞿摩夷，塗拭曼荼羅，
置大般若經，以諸妙華香，
布散於壇上。應取黃牛蘇，
犢母同色者，蘇數滿一兩，
置於赤銅器，以佉陀羅木，
攪蘇作加持。令現三種相，
煖能成敬愛，烟相變顏色，
令壽命增長，火光相出現，
足踐於虛空，得成就大仙。
復次於山頂，不食而念誦，
滿一洛叉徧，能見諸伏藏，
取與皆自在。次除死災法，
以乳作護摩，一千徧爲限，
能除死災難，又除大死法，
以骨濾草搵，蘇乳蜜護摩，
滿一十①萬徧，能除大死難。
所謂國人民，疾疫行夭折，
故名大死難②。復次成就法，
以蘇酪蜜等，蓮華搵護摩，
滿一洛叉徧，蓮華大吉祥，
天女而現前，滿修行者願。

① 十，《中華藏》校勘《麗》作“千”。
② “所謂”至“大死難”，《中華藏》校勘《磧》《南》《徑》《清》無。

復次成就法，入赴海河水，
深至於肩處，於中作念誦，
滿三洛叉徧，得一大聚落，
隨所護摩物，得如是色衣，
若以稻穀護，獲得無盡穀。
又一護摩法，以蜜攞嚕果，
護摩十①萬徧，當獲得惹位。
復次護摩法，以比哩孕愚，
華護摩十萬，成就敬愛事。
又法以松木，護摩十萬徧，
得眾人歸敬。又法以大麥②，
護摩十萬徧，得成大長者。
次説無動尊，畫像儀則法③，
於袈裟上畫，聖者無動尊，
左④垂一索髮，左目而現眇，
右手操銳劍，左手執羂索，
安坐寶盤山，現叱咤唅鳴。
作怖三界相，其身徧青色，
上言袈裟畫，或赤或乾陀，
褐色等繒綵，是名爲袈裟。
畫像作成就，置赴海河邊，
修行者衣服，所著色如像，
屏捨諸世務，斷諸異言説。
乞食作念誦，滿五洛叉徧，
數畢便斷食，滿一日一夜，
應以戰娜迦，其形似畢豆，
和蘇作護摩，一萬數爲極，
無動尊現身，奉事修行者，
猶如婆誐鑁，得三麼地成，

① 十，《中華藏》校勘《石》作"七"。
② 麥，原作"麦"，據《中華藏》校勘《石》《磧》《南》《徑》《清》《麗》改。
③ 則法，《中華藏》校勘《麗》作"法則"。
④ 左，《中華藏》校勘《石》《麗》作"右"。

與諸大菩薩，得同共止住。
復次畫像法，取死人衣服，
畫聖無動尊，相貌如前説。
刺取自身血，畫無動像眼，
安像面於西，真言行菩薩，
面東對像坐，三時皆澡浴，
著所浴濕衣，斷語作持誦，
滿一十萬徧。以諸雜飲食，
施一切鬼神，黑月分八日，
斷食一日夜，取一未壞屍，
徧身無瘢痕，諸根皆全具①，
少年好丈夫，得如是死屍，
當坐於心上，念誦一萬徧，
其屍即動搖，明者不應怖。
屍口出妙蓮，便即須割取，
執之便騰空，成就持明仙。
身狀如梵天，得爲仙中王。
若對像三時，念誦滿六月，
隨力辦供養，燒焯沈水香，
得成就惹位。又法加②幢幡，
一千徧滿足，能降伏佗軍，
若止諸寃敵，畫黄色大身，
四面手亦四，口出現利牙，
作大暴惡形，徧身成火焰，
作吞佗力相。所有戰陣時，
置像於軍前，猶如以胃索，
作攝縛彼相，令使佗歸降。
若欲成敬愛，以鹽作彼形，
稱名而片割，護摩七日内，
設有大威德，咸來伏從之。

---

① 全具，《中華藏》校勘《磧》《南》《徑》《清》作“具全”。
② 加，《中華藏》校勘《石》作“如”。

又一成就法，若底華護摩，
滿一十①萬徧，得藥厠抳來，
伏從持明者。復次護摩法，
以旋風所飄，葉作護摩事，
得彼著顛狂。又攝召護摩，
鹽作護摩事，能攝諸天女，
及召仙女等。又法安悉香，
作護摩事業，得爲國大臣。
又法畫釋迦，牟尼如來像，
右邊畫文殊，童子之形像，
左畫金剛手，菩薩微笑形，
於下畫無動，大威怒金剛。
著種種瓔珞，嚴飾身支分，
畫畢於像前，念誦五十萬，
一切皆成辦。打②賊用眼印，
誦吽字真言，所有諸寃敵，
能使著顛狂，真言者不捨，
乃至置殞滅。復次敬愛事③，
以燒死屍灰，加持一七徧，
散於彼身上，即敬愛成就。
又法以牛黄，加持一七徧，
點置於眉間，一切皆伏從，
無復違拒者。復次觀自身，
成本尊形狀④，以真言文字，
布身諸支分，一⑤百由旬内，
所有難調御，鬼神所持者，
皆悉能散壞。又正報盡者，
能延六月住，又法壁畫劍，

① 十，《中華藏》校勘《石》作“千”。
② 打，《中華藏》校勘《磧》《南》《徑》《清》作“持”。
③ 敬愛事，《中華藏》校勘《麗》作“成敬愛”。
④ 狀，《中華藏》校勘《磧》《南》《徑》《清》作“像”。
⑤ 一，《中華藏》校勘《清》作“二”。

以俱哩迦龍，纏交於劍上，
加持一千徧，劍中觀婀字，
發生威焰光，令病者看之，
便即阿尾捨，問者皆實説。
若能於每日，誦一百八徧，
無動尊常逐，修真言菩薩，
每食①餘殘者，以置於淨處，
奉獻無動使，隨心獲悉地。
又法於忿怒，誦吽字真言，
能止雲雨等。又法以刺木，
作護摩事業，能止大風雨，
復能成衆事。復次畫像法，
於袈裟上畫，應作青黑色，
髮向左邊垂，作童真形狀，
手操鑠訖底，或執嚩日囉，
眼睛色微赤，威焰光赫弈，
坐於盤山上，其山色赤黃，
著青色衣服，作孩子相貌。
對此畫像形，結一切密印，
皆悉得成就，先所思念事，
若舊若新等，皆悉得成就。
所有隱形法，輪劍飛空藥，
若無是畫像，但於寂静處，
念誦皆成就。又法或以鏡，
中看一切事，或辟畫像上，
問看諸事等，皆得隨意應。
又法以無病，童男或童女，
作阿尾捨法，問三世諸事，
皆悉得成辦。復次説使者，
成就之法門，起黑月一日，
對像三時念，各一百八徧，

---

① 　食，《中華藏》校勘《磧》《南》《徑》《清》作"日"。

至白十五日，月輪圓滿時，
如前所演説。最初承事法，
以苦練木柴，及以白芥子，
從黃昏起首，護摩至夜半，
使者即來起①，不來盡一夜，
決定來出現，來問持明者，
求乞進止等，隨意而處分，
皆悉依奉行。若欲往天宮，
使者戴接往，使取天帝釋，
妃后婇女等，亦皆能將來。
若所須宮觀，皆悉能成辦，
若齒木淨水，塗掃等事業，
悉皆能爲作，所使令作者，
一切能成辦，如聖者所須，
皆使成辦之。若一夜護摩，
使者不出現，彼即決定死，
聖者無動使，法門説已竟。

金剛手光明灌頂經最勝立印聖無動尊大威怒王念誦儀軌法品

---

① 起，《中華藏》校勘《石》《麗》作“赴”。

底哩三昧邪不動尊威怒王使者念誦法①

特進試鴻臚卿大興善寺三藏沙門大廣智不空奉詔譯②

爾時釋迦牟尼佛告執金剛菩薩言：我今爲汝說無量力神通無動使者，甚能利益成就一切事業。先洗心防患，除諸亂想，制心一處。先頂禮一切諸佛、菩薩，懺悔等，令三業清淨，然後作一切事業。若忘③念闕法，師即犯三昧邪。應每日三時誦此明，即滅前所犯諸罪障④。明曰：

曩莫⑤薩底哩耶四合地尾二合迦喃一薩嚩⑥怛佗⑦引蘖多喃二唵三微囉喃四摩訶斫羯囉二合嚩日哩二合薩多薩多五娑囉帝娑囉帝六怛囉二合怛囉二合異尾異七陀摩你八三畔闍你九多囉摩底十悉馱蘗嚓二合野十一怛嚂二合㟪娑嚩二合，引訶引，十二

若欲便易去，當誦次⑧明七徧，以杵印護身五處，額、兩肩、心、喉，頂上散之。明曰：

唵一阿者邏迦曩二戰拏⑨娑馱耶吽泮吒半音，三

便易了，當洗淨。出已，洗手漱口。即往精舍，准前禮佛懺悔已，然以清淨心合掌，以二大指按於額上，定意誦三昧邪明曰：

---

① 底本，《中華藏》第1407號，第65冊第431頁中—438頁下，原《金藏》廣勝寺本。校本，《中華藏》第1408號別本，第65冊第441頁上—445頁中，原房山石經本。經名中"法"，校本作"品"。經名後，原有"一卷"，此略。

② 譯名，《中華藏》校勘《磧》《南》作"三藏沙門大廣智不空譯"，《徑》《清》作"唐三藏沙門大廣智不空譯"，《麗》作"開府儀同三司特進試鴻臚卿肅國公食邑三千户賜紫贈司空諡大鑒正號大廣智大興善寺三藏沙門不空奉詔譯"。

③ 忘，《中華藏》校勘《磧》《南》《徑》《清》《麗》作"妄"。

④ 即滅前所犯諸罪障，校本作"令滅罪"。

⑤ 曩莫，校本作"娜麼"。校本咒文無斷句序號，下同。

⑥ 嚩，校本作"囉婆二合"。

⑦ 佗，校本作"他"，下同。

⑧ 次，校本作"下"。

⑨ 曩二戰拏，校本作"迦拏戰荼"。

曩莫薩嚩①母地薩怛嚩二合呐曩莫蘇悉悌娑達你二阿蘖嚩迦嚕妳三嚩囉祢多異阿皤曳四阿底莽嚩五曩莽素覩二合娑囉莽悉悌馱耶六計鼻喻二合莽賀訖哩二合閉弊②娑嚩二合，引訶引，七

　　次以安隱明印護身，二小指内相叉於大指虎口中出，並豎二中指，二無名指於中指背相交③，以二頭指各握無名指，豎二大指，捻中指即成。明曰：

曩莫④三滿多没⑤馱南一唵⑥二賀囉賀囉三莽賀弥你多吽泮吒半音，四

　　行者次應淨其業障，洗除身心無始垢穢，使得清淨。洗有二種，一内，二外。内爲於諸有情上起慈、悲、喜、捨四無量心，清淨、無我等觀⑦。外者即以水洗⑧，令得清淨。即結三昧邪印，誦三昧邪⑨明。次即以杵印明，除其垢穢。以右手大指⑩捻頭指甲上，餘三指散豎如金剛杵。明曰：

唵一阿者羅二迦曩戰茶娑馱野吽泮吒伴音，三

　　次説⑪加持水土，令清淨。用先洗腰已下及浴衣，并洗手、漱口等。其印先合掌，屈二大指入掌中，攪⑫水右轉，即土等亦尒。明曰：

曩莫三滿多嚩囉二合挐去聲，一怛囉二合吒二阿母伽戰挐莽賀嚕沙上挐三娑頗二合吒野四吽吽五怛囉二合娑野怛囉二合娑野六吽怛囉二合吒七唅八斛九

　　内外洗已，身心清淨⑬。

　　行者次應結界，即以右手中已下三指握大指爲拳，直豎頭指。以印右轉，即成結界。左轉，成解界，亦成辟除，便成十方界。明曰：

唵一吽二莽賀四摩畔馱你三滿馱滿馱四嚩日嚩二合嚩日唎二合尼五吽泮吒半音，六

　　次結被⑭甲印，先合掌，各屈頭指、無名指入掌中即磔⑮開，豎大、小、中指等如三

---

① 莫薩嚩，校本作“莽薩囉麼二合”。
② “弊”後，校本有注音“毗也反”。
③ 相交，底本脱，據校本補。
④ 曩莫，校本作“曩莽”，下同。
⑤ 没，校本作“敦”，下同。
⑥ 唵，校本作“歔”。
⑦ 等觀，校本無。
⑧ 洗，校本作“洗浴或河中”。
⑨ 邪，底本脱，據校本補。
⑩ 大指，底本脱，據校本補。
⑪ 次説，校本作“説淨水印”。
⑫ 攪，《中華藏》校勘《麗》作“攪”。
⑬ “次説加持水土令清淨”至“身心清淨”一段經文，校本在“次結被甲印”一段後，且經文有差異。
⑭ 被，校本無。
⑮ 磔，校本作“搩”，下同。

鈷①金剛杵,是名無能勝金剛甲印。明曰:

唵一吽②二嚩日囉二合莽曳三嚩日囉二合迦嚩制斛引,四嚩日囉二合吽泮吒半音,五

　　以印印五處,成被甲③已,然後隨意洗浴訖。

　　次作灌頂印,以左右無名指、小指相叉入掌中便結爲拳,二中指直豎頭相拄,二頭指各押中指甲,二大指亦各捻無名指,即成灌頂印。明曰:

曩莫悉底哩三合野地吠二合蘖多引南一薩嚩④怛他引蘖多南二紇唎二合,三没馱曩避也二合囉濕弥⑤二合鼻曬屬四鼻詵者怛母二合努悌皤嚩邏嚩底五末囉二合者嬾娑嚩二合,引訶引,六

　　次又以甲印⑥護身洗浴。著衣時,誦此明曰:

唵⑦一吽二娑⑧多二合吒野三娑呬吽四洛乞叉二合鉿泮吒半音,五

　　次結金剛座印,以此印明加持住處,便成不可壞金剛地。即⑨於此地,想有金剛座。其印平舒兩手,仰掌向上,以右手押左手。誦此明曰:

唵一吽二嚩⑩日囉二合娑引你鑁三吽泮吒半音,四

　　即以如來所生印,於此金剛座布列安置諸佛聖衆。以印加持,其印仰左右手指內相叉結爲拳,散豎二小指。誦此明曰:

曩莫薩嚩⑪没馱母地薩怛嚩二合南一阿引莽邏尾迦囉二合多二帝尒弥阿囉逝娑嚩二合,引訶引,三

　　布置聖衆已,即用如來所生印,想閼伽奉獻諸佛、菩薩及佛頂等。若能常作此法,供養念誦速得成就。復觀不動尊住於本位中,用前灌頂明印奉獻。即誦本⑫明三七徧已,頂禮諸聖衆。即應用前結界印,左轉,解所結界。

　　又結三昧邪印已,即當定意起往精舍,如常禮懺。至道場已⑬,取杵印身五處除垢。如前結界,加持本尊,然後安坐。又以如來所生印,獻閼伽,誦本尊明三七徧。

---

① 鈷,《中華藏》校勘《麗》作"股"。
② 吽,校本作"唅吽"。
③ 成被甲,校本作"如前成著金剛甲"。
④ 嚩,校本作"囉麼二合"。
⑤ 弥,校本作"弥夜"。
⑥ 印,校本作"印明"。
⑦ 唵,校本作"唵唅",下同。
⑧ 娑,校本作"娑巨"。
⑨ 即,底本作"印",據《中華藏》校勘《麗》改。
⑩ 嚩,校本作"跋"。
⑪ 嚩,校本作"囉麼"。
⑫ 本,校本作"本尊"。
⑬ 至道場已,校本作"即結三昧耶印"。

如前灌頂法,供養本尊。即安坐,自定身心,然後結牆等界。

先結牆界,其印側二手,豎二小指①側相拄,屈二無名指、中指②入掌中,曲二頭指於中指側如鈎,二大指屈押頭指下節。以印頂上,右三轉,即成不可壞金剛牆。明曰:

唵一吽二嚧日囉二合曼荼嚂三滿馱滿馱四吽泮吒半音,五

次結金剛網印,先合掌,屈二頭指、二無名指内相叉右押左,二大指、二中指、二小指各頭拄磔開即成。以印於頂上右三③轉,便成金剛網。明曰:

唵一吽二嚧日囉二合薩囉二合步嚂祢慕三吽泮吒半音,四

次結金剛火燄界④。此火燄光明,以印加持威德,於金剛牆外四面上下成大火聚光明,一切障不敢前進。其印二手相背,十指相叉如火燄。明曰:

唵一吽二嚧日囉二合惹⑤嚂二合嶷三吽泮吒半音,四

結界畢已,應加持飲食、香、華、燈明等供養。其⑥印合掌,十指各微屈令甲相拄。以此印置所供養食等上,觸之,誦⑦明七徧。供養已,即能速滿一切成就。復應以此明印定心坐,想於世界中所有水陸所生諸雜華及諸上妙華果樹,并諸山、大海中珍寶摩尼、異香等如雲集,來爲供養。即誦妙伽他加持,定中爲供養。伽他曰:

> 以我福德力,諸佛加持力,
> 願此香華雲,徧滿諸佛刹。
> 供養一切佛,及諸大菩薩。
> 復應更思惟,陳其五供養,
> 令福德增長,滿足悉地願,
> 能成佛菩提。先説塗香明,
> 供養佛功德,能除行者身,
> 惡毒熱煩惱,業淨證菩提⑧。

---

① "指"後,校本有"二中指"。
② 指,校本作"節"。
③ 三,《中華藏》校勘《麗》無。
④ 界,校本作"印"。
⑤ 惹,校本作"什"。
⑥ 其,校本作"此結滿足"。
⑦ "誦"後,校本有"觸之明曰:曩摩莽悉底哩野四合那嚂二合蘗多南薩囉麼二合怛他引蘗多南暗尾多哩莽賀嚂日囉二合娑哆娑哆娑怛嚇二合安怛嚇二合娑嚂二合賀引"。
⑧ "復應更思惟"至"業淨證菩提",校本無。

明①曰：

曩摩悉底哩二合野那嚩二合孽多南一薩嚩怛佗引孽多南二阿三莽彦引度怛謎三蘇彦引馱嚩底四娑頗二合囉吶輪五誐誐南莽引呼六曩曳泥去尾薩嚩遏佗二合娑馱弥娑嚩二合,引訶引,七

　　　　　次説華供養，福資於行者，

　　　　　三世諸垢穢，悉淨無有餘。

　　　　　佛果當尅證，皆由此福業②。

明③曰：

曩摩悉底哩三合野娜嚩二合孽多引南一薩嚩怛佗引孽多南二阿引嚩略枳多二合莽賀布瑟波二合嚩磨娑嚩二合,引訶引,三

　　　　　次説焚香福，能使此加持，

　　　　　業障煩惱盡。行者修福業，

　　　　　遠聞佗方佛④，悉來共加持。

　　　　　法身香氣雲，徧滿十方界，

　　　　　供養佛菩薩⑤。

明⑥曰：

曩摩悉底哩三合娜嚩二合孽多引南引,一薩嚩怛佗引孽多南二唵三阿孽哩二合始弃始弃四度莽始弃度莽始弃娑嚩二合,引訶引,五

　　　　　次説飲食明，供養佛功德，

　　　　　能使於行者，速證三脱門，

　　　　　永離三苦縛，常資於慧命，

　　　　　圓滿證三身⑦。

明⑧曰：

曩摩悉底哩野娜嚩二合孽多引南一薩嚩怛佗引孽多引南二唵三嚩鄰曩馱思四莽賀嚩里娑嚩二合,引訶引,五

　　　　　次説燈供養，功德力莊嚴。

---

① 明，校本作“塗香明”。

② “次説華供養”至“皆由此福業”，校本無。

③ 明，校本作“花明”。

④ 佗方佛，《中華藏》校勘《麗》作“他方便”。

⑤ “次説焚香福”至“供養佛菩薩”，校本無。

⑥ 明，校本作“香明”。

⑦ “次説飲食明”至“圓滿證三身”，校本無。

⑧ 明，校本作“飲食明”。

能令於行者，念誦速成就，

如意菩提果。光明徧法界，

能破三界中，一切諸衆生，

無明業煩惱。

明曰：

曩摩悉底哩三合野娜嚩二合蘖多引南一薩嚩怛佗引蘗多引南二阿藍帝三嚩藍帝四你齔儒底始弃娑嚩二合，引訶引，五

上說五供養，塗華焚食燈。

其明各八徧，能令供養物，

如雲徧法界。復應更加持，

令此供養具，以明加威力，

能成真實物。供養諸聖衆，

散施諸有情，皆得實受用。

誦此明八徧，以此加持力，

滿檀波羅蜜。

明曰：

曩莫薩嚩沒馱冒地薩怛嚩二合南一薩嚩佗烏那二合誐帝娑頗二合囉呬輅二誐誐曩劍娑嚩二合，引訶引，三

復應更思惟，發於真實願。

即作如是言，以我修行福，

令此諸妙供，徧至十方界，

一切聖衆前，願受此微供。

誦明加持之，便成真實福。

明曰：

曩摩薩嚩沒馱冒地薩怛嚩二合南一薩嚩怛囉二合僧句素弥多鼻惹囉始吠二曩麽素覩二合帝娑嚩二合，引訶引，二①

次應更結不動尊根本印，即誦本明三徧，能令聖者歡喜，加持速得願滿。

尒時行者復應更當諦心思惟：外財所捨恐是輕微，今應更當捨自內財所有身命，

———

①　"次說燈供養"至此，校本作"以上明等各誦八遍。供養已，復誦加持供養明八遍。明曰：曩莽薩嚩勃馱母地薩怛嚩二合南薩囉麽二合他引烏那二合哦帝娑破二合囉呬輅哦哦曩劍娑嚩二合賀引。此明力故，能得真實供養一切諸佛、菩薩。次應讚歎，復作是願：以我福力，令此供養遍滿一切諸佛、菩薩。即誦此加持明曰：曩莽薩囉麽二合敎馱母地薩怛嚩二合南薩囉麽二合僧句素弥多鼻喏囉始吠曩莽素覩二合帝娑嚩二合賀引"。

供養諸佛、菩薩聖衆。即應發願作如是言：伏願諸聖衆與我作大護加持，常攝受。如是三白請，聖衆不①違願，便即懺諸罪。

　　　　無始十惡業，願皆盡銷滅。

　　　　復應更迴向，今我所修善，

　　　　念誦諸功德，迴與諸有情，

　　　　迴向菩提果。誦此明加持，

　　　　令願不虛發，其明誦八徧②。

　　明曰：

曩摩薩嚩没馱冒地薩怛嚩二合南曩謨素覩二合帝莽賀嚩囉二合，二薩嚩呬蹬迦囉三底瑟侘二合薩㗚謎二合囉麼二合怛囉二合，四薩㗚謎二合殺達麼拏莽地瑟侘二合野娑嚩二合，引訶引，五

　　次應更當結前灌頂印，誦明自灌頂已，次結虛空眼印，護自身及護本尊。其印虛心合掌，屈二頭指頭至中指第一節，二大指並豎即成。誦此明曰：

曩摩悉底哩二合野娜嚩二合努孽帝鮑一薩嚩怛佗引孽多鮑二唵三誐誐曩者你四誐誐曩三麼薩嚩覩嚕二合誐多底五娑囉三婆吠入嚩二合囉六曩謨阿伽南娑嚩二合，引訶引，七

　　誦明結印護身訖，即仰開此印，向上如捧狀，便成捧念珠印。即誦此明，用加持念誦速成就。明曰：

曩謨嚩日囉二合目契一薩嚩③怛佗引孽帝毗庾二合，二婆誐鑁持嚩二合毗藥二合，三怛你也二合佗引，四矯唎五彥馱唎六戰茶里七麼蹬祇八賓引誐里九怛佗引孽④多微⑤曳二合使多茶底十吽十一入⑥嚩二合里多帝逝十二伊能迦囉餤句嚕二合娑嚩二合，引訶引，十三

　　次結法界生印，自加持，令諸障不生。其印以左右頭指、二無名指屈入於掌中，面相鉤，豎二大指、二中指、二小指頭相拄開。以印按左臂，次右，至頂上散，每按處誦此明一徧。明曰：

曩莫薩嚩没馱冒地薩怛嚩二合南一阿引，二薩嚩佗薩嚩怛囉二合路計娑嚩二合，引訶引，三

　　次即更當結前虛空眼印，誦明七徧。亦名部心。誦已⑦，即當諦觀，諸佛、菩薩歷然滿空，本尊聖衆親對，在己目前。安心定意，兩手執持念珠，當心徐徐念誦。乃至疲

---

　①　不，原脫，據文意補。

　②　"無始十惡業"至"其明誦八徧"，校本無。

　③　嚩，校本作"囉麼二合"。

　④　孽，校本作"哦"。

　⑤　微，校本作"吠"。

　⑥　入，校本作"什"。

　⑦　誦已，校本作"當誦七遍"。

極，徧數任意。每日三時念誦，不令閒斷。徧數至極下少，不得下於一百八徧。念誦數訖已，即誦虛空眼明加持，結護念珠，置於本處。次即卻結根印，誦百字明加持自身，令速成就。明曰：

唵①一阿三麽三麽二三曼多覩娜多去怛②嚩必底二合舍薩你三賀囉賀囉四娑麽二合囉拏娑麽二合囉拏五微誐多没馱達麽帝六娑囉娑囉七三麽嚩囉八荷囉荷囉九怛囉二合野怛囉二合野十伽那伽那十一摩賀末攞略乞叉二合你十二入嚩二合囉入嚩二合囉十三那娑伽嚇娑嚩二合，引訶引，十四

誦百字加持已，復當想前所觀本尊、諸佛，聖衆歷然，攝受於我，在己目前，即應更陳前諸種種廣大供養定③中所見一切聖衆。供養畢已，復應更當至心迴向發願，作如是言：

　　　　願我所修行，一切諸善業，

　　　　念誦加持力，迴施諸有情。

　　　　出離三界苦，速證於菩提④。

迴向發願已，即應結前印⑤。所結諸界印，左轉即便解已。復結前灌頂印，豎二小指頭相挂，即誦燈燄如來明。以印左轉之，一切諸聖衆各歸本淨土。明⑥曰：

曩莫悉底哩三合野娜嚩二合努誐多南二合，一唵二紇哩二合，三

次結前三昧邪，頂禮諸聖衆。起出於道場，轉誦⑦摩訶衍、華嚴等經典，任意自經行。行者若自喫飲⑧食及諸藥物，當即以此明加持食，誦明八徧，然後取喫，障者不能爲害。明⑨曰：

曩麽薩嚩没馱冒地薩怛嚩二合南引，一唵二嚩引，三藍娜泥帝儒莽利你娑嚩二合，引訶引，四

行者若能常行⑩供養，應每自⑪喫飲食、茶藥等，皆留少殘，置一別器中。即結聖者本劍印，加持食上，誦明七徧。送置淨處，至心供養之。其印右手作金剛拳直，並

---

① 唵，校本作“暗”。

② 怛，校本作“哆”。

③ 定，《中華藏》校勘《麗》作“空”。

④ “願我所修行”至“速證於菩提”，校本作“願以此功德，普及于一切，我等與衆生，皆共成佛道”。

⑤ 印，《中華藏》校勘《麗》無。

⑥ 明，校本作“解界明”。

⑦ 誦，《中華藏》校勘《麗》作“讀”。

⑧ 飲，《中華藏》校勘《麗》作“飯”，下同。

⑨ 明，校本作“喫食明”。

⑩ 行，《中華藏》校勘《麗》作“修行”。

⑪ 自，《中華藏》校勘《麗》作“日”。

申中^①、頭二指，大指、無名指甲側，加持上。明^②曰：

曩莫三滿多嚩日囉二合拏去，一怛囉二合吒二阿目伽戰拏三摩訶嚕殺拏四娑頗二合吒野五 吽六怛囉二合麼野怛囉二合麼野七吽怛囉二合吒八唅九鈝十

所用飲食供養聖者。此尊本願，大悲捨身，奉侍一切持誦者，身如奴僕，現無一目^③相受此殘食供養。行者若每食之時心不忘者，我當晝夜常隨擁護，不令諸魔、毗那夜迦作諸障難，令不隨意速滿成就。行者若夜分寢息時，即當先結淨室莊嚴印，先彎左手背，持按心上，後彎右手，於左^④手上掌相合。舉印置頂上，便分開二手，順身下摩。當誦此明曰：

曩麼悉底哩二合野娜嚩二合努誐多南一薩嚩怛佗引孽多南二摩賀三麼引野三孽帝三麼孽囉二合麼麼佗孽囉二合，四麼怛囉二合路計達麼馱怛嚩二合，五店多僧伽諦娑嚩二合，引訶引，六

淨加持已^⑤，即合掌，長舒兩臂於頂上，向東方面^⑥著地，亦舒二足，至心作禮。禮時觀想一切諸佛、菩薩各在本剎。作是念言：我今捨此身爲奴僕，供養奉侍一切佛，惟願攝受，哀愍於我，爲我^⑦作最上成就。如是三白已，然後隨意寢息。常念明相，作速起意。

又《不動尊法品》云：佛言不動使者，能利益成就一切事業。行者若欲修行作諸法者，先行^⑧誦十萬徧已，即於月八日或十五日，一日一夜大作供養。於像前以苦練^⑨一千八枚和酥燒，一誦取一枚，燒滿一千八徧已，後所作法皆得成就。行者所有言説，人皆敬重，無敢^⑩違者。若欲縛撲問事策使崩摧，任意皆應。

又於月蝕日，取未著地牛糞，塗曼荼羅，隨其大小。於其壇上散種種雜華，壇中置《大般若經》夾。取純色犢子母牛酥一兩置熟銅椀中，取佉陀羅木如齒木大長十二指攪之。於道場前加持念誦，不限徧數，令三相現，蝕畢即止^⑪。

又，於山峯上塗壇，斷食念誦滿十萬徧，即見地中一切諸伏藏。

_____

① 中，《中華藏》校勘《麗》無。
② 明，校本作"供養本尊明"。
③ 目，《中華藏》校勘《磧》作"自"。
④ 左，《中華藏》校勘《麗》作"右"。
⑤ 淨加持已，校本作"作前法已，應如過去燃燈佛禮拜法"。
⑥ 面，校本作"合面"。
⑦ 爲我，《中華藏》校勘《麗》無。
⑧ 行，《中華藏》校勘《麗》作"行法"。
⑨ 苦練，《中華藏》校勘《磧》《普》《南》《徑》《清》作"苦楝"，下同。
⑩ 敢，校本作"有"。
⑪ 令三相現蝕畢即止，校本作"令三種成就"。

又法，取乳續續投火中護摩，念誦滿一千徧，能除疫病。

又，取俱屢草和酥乳蜜等，潑火中燒，誦①十萬徧，能除大疫病。

又法，取蓮華和酥酪蜜，潑火中燒，誦十萬徧，蓮華吉祥天女②等能與滿願。

又，臨河海口入水至胸，誦三十萬徧，得尾沙邪。

又，取雜華擲火中燒，隨華色得衣。燒五穀子③，得穀米，隨意受用。

又，取尾邏嚩二合木，擲火中燒，念誦十萬徧，即得囉闍王愛敬④。

又，取必哩商⑤隅木，擲火中燒，能令一切人敬愛。燒齒木⑥，即得無量僕從。燒木⑦麥，即⑧爲長者。已上念誦各滿十萬徧。

次說畫不動尊像法。取⑨好淨疊，畫不動尊，著赤土色裙，左垂辮髮髻，眼斜視，左手執劍，右手執索，坐寶蓮華。蹙眉面瞋相，作降三世狀。如是畫已，將此像於河海岸上，如法塗壇安像。行者亦著赤色衣，心不染著，寂靜安心，乞食爲活。即於像前念誦五十萬徧已，即於夜中取詹木⑩一萬段⑪，一誦一擲⑫，火中燒之。滿已，即不動尊自現其身，滿行者願，所作皆得成就。行者自身爲如來使，證三摩地，共諸菩薩同位。

又，欲得降伏一切惡人者，取尸陀林帛，畫不動尊，以自己血淡作像色。像置西向，行者東面坐念誦。每日三時洗浴，著濕⑬衣。於像前誦滿十萬徧已，即一切所作皆隨成就。仍每日施一切鬼神食。

又法，黑月八日夜於寒林中取母邪⑭摩奴沙，坐其上念誦滿一萬徧，彼摩奴沙即動耳，必不得怕。彼便開口出大開敷蓮華，即便把取，能令己身如十六童子。髮如連環，升空遊於梵天，得大明王主。又於像前每日三時念誦，隨力供養，燒沈水香。如是供養滿於六月，至心不斷，即得尾沙邪至。

---

① 誦，底本脱，據《中華藏》校勘《磧》《普》《南》《徑》《清》補。
② 女，校本無。
③ 五穀子，校本作“穀米”。
④ 王愛敬，校本無。
⑤ 商，《中華藏》校勘《磧》《普》《南》《徑》《清》作“商”，校本作“養”。
⑥ 齒木，校本作“柏木誦明”。
⑦ 木，《中華藏》校勘《麗》作“大”。
⑧ “即”前，校本有“誦其言”。
⑨ 取，《中華藏》校勘《麗》作“以”。
⑩ 木，《中華藏》校勘《麗》作“末”。
⑪ 一萬段，校本作“燒火”。
⑫ “擲”後，《中華藏》校勘《麗》有“一擲”。
⑬ 濕，《中華藏》校勘《磧》《普》《南》《徑》《清》作“淨”。
⑭ 母邪，校本無。

又法，欲令佗軍陣破散者，加持自軍旌一千①徧。執出在軍前，彼軍陣破散退走。

又法，欲禁佗軍陣衆令不動者，於自旌上畫不動尊，四面四臂，身作黄色，上下出牙，作大忿怒瞋怖畏②狀，徧身火光，作吞③兵勢。行者以旌示彼軍衆，復想聖者以羂索縛彼兵衆，即彼軍衆盡不能動。

又法，欲令佗軍衆自鬭諍退散者，取老鵶、鵄、梟、鴿毛，誦明加持，擲火中燒，滿一千徧，彼軍衆即自相鬭諍。

又法，欲令捨覩嚕殀亡者，取稻糠，誦明加持，擲火中燒。又想彼捨覩嚕被使者以索縛，將向南方，悶苦吐血而殀，彼等族類皆不得痊，一無存在。

又法，欲令佗軍主殀亡者，取鹽、土蠟、苦練葉，和擣爲泥，作彼形狀置於地上。誦明加持，斫斷，彼即殀。

又法，欲令佗軍貧窮絶粮者，取稻穀加持，彼即貧矣。

又法，欲令佗軍降伏來者，即結不動尊眼印，作瞋怒聲，稱吽字，想聖者使諸鬼神捉縛將來，彼即自降。

又法，欲令大人④憂樂者，以鹽⑤作彼形狀，段段斷之，念誦滿七日，彼即愛樂。

又，取俱蘇摩華燒，誦明十萬徧，得藥叉女來，於三事中所求皆得。

又，取曼陀羅華，稱彼人名加持，即令荒亂。

又，取鹽加持燒，即得天女來，所使隨意。

又，加持安悉香燒，即得王臣憶念。

又説畫像法，中畫釋迦牟尼佛，左畫曼殊童子，右畫執金剛菩薩，作微笑面，手執金剛杵。於執金剛下畫不動尊，種種莊嚴。即於像前誦五十萬徧，然後作一切事業，皆得隨意。

又法，取燒屍⑥灰，誦明七徧，與彼人，即得愛樂。

又法，取牛黄加持七徧，點己額上，能令衆人所見皆生敬重，毗那夜迦不能損害，熾盛成就。

又，於己身上布明梵字，彼羅刹衆諸作障者，百由旬内皆悉退散。

又法，若人被蛇咬，經六月不差，誦明加持，於其臂上畫劒契，立差。

---

① 千，《中華藏》校勘《麗》作“十”。
② 忿怒瞋怖畏，校本作“怖畏瞋怒”。
③ 吞，《中華藏》校勘《麗》作“天”。
④ 人，《中華藏》校勘《麗》無。
⑤ “鹽”前，《中華藏》校勘《麗》有“七”。
⑥ 燒屍，校本作“尸陁林”。

又法，畫①律迦大蛇纏劍上，劍圍遶畫火燄。誦明加持滿一千徧，以示病者，即自下語。若誦加持病者一百八徧，即常蒙聖者擁護。若每日加持殘食，置淨處，供養使者，常如願。

又法，若惡風雨，行者瞋怒心，大聲稱吽字，惡雲退散。又取棘刺，和羅視迦油加持，擲火中燒，能止大雨。亦令行者成大結護，亦成就一切事業。

又法，畫不動尊，著赤土色衣，左垂辮髮，眼斜視。童子形，右手執金剛杵當心，左手執寶棒。眼微赤，坐蓮華上。瞋怒相，徧身火燄。於像前結所愛樂印念誦，一切皆得成就。依前念誦，升空、隱形、一切愛樂事皆隨意成就。若無畫像，獨處閑静，或於寺中，或在山窟，離雜鬧處，求一切事法皆亦成就。

又法，加持瘧病，令自縛下語。又加持鏡，於中聖者現，問事皆語。

又，取一童子或童女，令淨洗浴，著鮮淨衣，置道場中。召請聖者入道場，加②被此童子，問一切事皆得。

又法，若欲成就繫迦囉法者，於白月一日日中時，於像前著種種香華，供養不歇，誦明一百八徧，想念壇中一切諸佛、菩薩攝受。每日如是，念誦滿一月。又取苦練木燒③香，又取遏迦木以酥塗上，和白芥子加持，擲火中燒。從戌至子乃至寅時，繫迦囉即來語行者言：使我作何事？行者攝受已，後常隨行者意所使。隨順供給所須飲食、齒木、淨水等，常在左右。乃至使往上天取天女，亦即將來。

又更說根本印明等，其根本印，以二中指内相叉爲鉤，二頭指側相拄，二大指各捻自無名指甲上。明曰：

曩麼三曼多嚩囉二合拏去，一吽二尾吉哩二合多尾迦囉三麼賀畢囌二合多尾瑟佗二合契怒四始瑟佗二合賀囉案怛囉二合麼囉馱囉五者咄囉目佉入嚩二合邏那比路囉墮計舍吽六嚩囉二合，引孽囉二合吽泮吒半音，七

次說心印，以二小指、二無名指内相叉，二中指豎頭相拄，二頭指於中指後④曲如鉤，二大指並捻中指中節。明曰：

曩摩三曼多嚩日囉二合拏一怛囉二合吒二阿母伽戰拏摩賀嚕殺拏三娑頗二合吒野四吽怛囉二合麼野怛囉二合麼野五吽怛囉二合吒半音，六唅七轮八

次說釣印，左手大指捻無名指小指甲，直頭中二指。右手頭、中二指入左掌中握以爲拳，右無名、小二指、大指捻其甲上。又云左頭指屈，捻大指如環。明曰：

---

①　“畫”前，校本有“於壁上畫合合劍又”。
②　加，《中華藏》校勘《磧》《普》《南》《徑》《清》《麗》作“加持”。
③　燒，《中華藏》校勘《麗》無。
④　後，《中華藏》校勘《麗》作“復”。

唵一娿者邏二迦拏没馱制吒迦三吽吽四佉呬佉呬五伊能魚哩二合呬輪六賀唎尾沙素鉢
多二合惡七紇哩二合賀八泮吒半音,九阿哩野二合者邏阿蘗車緊旨囉夜思十伊引能迦引哩
野二合句嚕曩麽娑嚩二合,引訶引,十一

次説金剛杵印,以右手大指捻頭指甲如環,散開餘三指,亦名成就一切事業印。
明曰:

曩莫三曼多嚩日囉二合,引拏一唵二娜者邏迦引拏者嚕婆引馱野吽泮吒半音,三①

次説寶山印,以兩手十指内相叉,合結爲拳。

次説頭印,左手以四指握大指爲拳,置頭上。

次説垂瓣髮髻②印③,以二無名指内相叉,豎二中指頭側合,二頭指各捻中指甲
上,二大指入無名指、小指間,甲相背合,二小指合而豎。以印置頭左④角上,即成。
又用此印,翻頭向内,倒垂置額上,便成聖者眼印。

次説口印,以二小指内相交,以二無名指握之。二中指側相拄,二頭指各捻中指
甲,二大指向外,並直豎置口上。

次説甲印⑤,合⑥掌,二頭指、二無名指背相著,二大指、二中指、二小指合而
磔開。

次説師子奮迅印,先合,以無名二指屈入掌中背相著,二頭指於中指後屈如鉤,
二大指、二小指各並直向外申。即起作頻申舞勢,遶壇行道。

次説火燄印,左手大指屈押中指,餘三指直豎頭拄右掌心,右手五指散開。

次説制火燄印,二手各爲拳,二大指於頭指間出頭,拳相合。

次説商佉印,以二小指内相交,二中指、二無名指頭相拄,左頭指直申附中指背,
右頭指屈捻中指上節,二大指各捻無名指。從寶山以下諸印,取本部中所愛樂明,加
持用之,必驗成就。

次説索印⑦,二手各作金剛拳,各豎頭指,右頭指内入左掌中握之。豎印,當心誦

---

① "次説心印"至此,校本無。
② 髻,《中華藏》校勘《麗》作"髮"。
③ 次説垂瓣髮髻印,校本無。
④ 左,《中華藏》校勘《麗》作"在"。
⑤ "次説甲印"前,校本有"次結心印,以二小指、二無名指向内相叉爲拳,二中指豎頭相拄,二頭指於
中指背後曲爲鉤,二大指並捻中指中節即是"。
⑥ "合"前,《中華藏》校勘《麗》有"合印"。
⑦ "次説索印"前,校本有"次結劍印。左手大指捻無名小指甲上,直舒頭中二指,右手亦然,以右手
頭、中二指入左手握取爲拳,屈頭指,捻大指如環是也。次説金剛杵印。以右手大指横捻頭指甲上如環,散
開三指,名爲成辦一切事業印。結劍印,誦此明,能成就一切事業。明曰:唵阿者邏迦拏勃馱制吒迦吽吽佉
呬佉呬伊能魚哩二合呬輪賀唎尾沙素鉢多二合惡紇哩二合賀泮吒阿哩野二合,引者邏阿蘗車緊旨囉夜思伊引
能迦引哩野二合句嚕二合曩莽娑嚩二合訶引"。

加持。明曰：

曩麼三曼多嚩日囉二合，引拏—阿波舍伴闍曩吽泮吒半音，二①

　　底哩三昧邪不動尊威怒王使者念誦法

---

① 　咒語後，校本有"次結金剛杵印，誦此明能成辦一切事業。明曰：曩莽三曼多跋日囉二合拏唵阿者
邏迦引拏者嚕娑引駄野吽泮吒。次以此明真言搏食，供養本尊，常蒙歡喜，擁護行者，所求皆得，終不空過。
明此根本心明：曩莽三曼多上跋日囉二合拏怛囉二合，引吒阿慕伽戰茶莽賀嚕娑上拏娑叵吒野吽怛囉二合麼
野怛囉二合麼野吽怛囉二合吒悍漫"。

底哩三昧耶不動尊聖者念誦祕密法①

底哩三昧耶不動尊聖者念誦祕密法卷上

大興善寺三藏沙門不空奉詔譯

底哩三昧耶不動明王本事神力息障祕要品第一

我薄伽梵大日世尊復爲修真言者説除障之因，一切障法雖有無量，以要言之但從心生。又由行者過去世隨順慳法故，今世多有諸障，當知亦是從心因緣生也，當知彼慳貪等是諸障之因。若能除彼因障，諸障自息。若能除對治，即淨菩提心也。若念菩提心故，即是能除諸障之因。又一切諸障由分別心生，心思有者即是障，謂心中煩惱、隨煩惱等。若離諸分別，即是淨菩提心。由真言行者憶念此心，即離一切諸過。意常思惟無動聖者，即能除一切爲障者，如前所説。

無動明王，此是如來法身，以大願故，無相相②中而現是相，護一切真言行者。若能常念，能離一切障也。所謂無動者，即是真淨菩提之心。爲表是義故，因事立名。此明王閉一目者亦有深意也，以佛明鑒唯一，無二無三。其印下自當説之。

祕密主，一切惡風，當誦阿字亦有深意。正取阿字爲身，以此本無生之字門而作我身也。無我作訶字，心誦，塗香點地，作七圓點。此風先想訶字，在中加七點而好蓋之，方依縛庚③以瓦椀蓋合之，此瓦椀大衆生彌盧思念。時時彼上想阿字，并點，作是風大縛，繼先佛所説。謂造立壇時，或有大風爲障，以露地立故當須止之。當想此

---

①　底本，《大正藏》第1201號，第21冊第13頁上—22頁下，原延享三年刊豐山大學藏本，原校本〔甲〕元享元年寫寶壽院藏本，〔乙〕高山寺藏古寫本，〔丙〕永久元年寫高山寺藏本，又〔原イ〕指原延享三年刊豐山大學藏本校勘異本，〔乙イ〕指〔乙〕高山寺藏古寫本校勘異本。校本，《卍續藏》第108號，第2冊第519頁中—530頁中。

②　相，《大正藏》校勘〔原イ〕作"之"。

③　縛庚，《大正藏》校勘〔乙〕無。

阿字遍於身分之內，此字作金剛不動色，謂真金色也。如是想已，又心誦阿字。於風方西北方也。用塗香，於地畫作七①小圓點∷，各如彈丸許大。如數足，即用瓦椀蓋之。於瓦器上想阿字，以此字爲金剛山而鎮押之，三千大千諸須彌山合爲一體而蓋其上。又當時時器上作阿字想，此阿是金剛不動義，加一點是遍一切處。今此金剛不動遍一切處，即是增廣之義也。

祕密主，水②障法者，當思囉字遍於身。內作赤色大力焰，即是火焰之鬘，從內而出遍於身上如鬘也。作大力可畏惡形，手執大刀印。作嗔形已，畫地作雲像，或作龍蛇之像。用刀印斬斷，其形雲即散滅，以雲是諸水之所因依故也。隨所起障之方而作之，如雨從東來即於東方作也。或作金剛橛，用此止其風③。其橛，用佉陀羅木作獨股金剛杵，以金剛真言加持之，想同一切金剛而以打之。亦隨所在方面也，此應自身同於一切金剛然後作之。此橛是三股金剛，除去邊支即成獨股金剛。其最小者名金剛針，息除一切障難。

復説大威德忿怒不動大力真言法，於本曼茶羅中作④住，持誦者於曼茶羅中畫作彼形像。左脚蹹彼頂上，當除⑤息，死無疑。復更明異方便除一切障也，即前所説不動明王本曼茶羅，即是三角曼茶羅，其中黑色是也，持誦者自想己身作不動尊明王之像。又於此中作法有二意，一者想不動尊在圓壇中而蹹彼上也，二者想自身是⑥不動尊，即以本真言印而蹹上⑦也。三角中畫彼爲障者形，然後入中以左脚蹹彼頂上。以大忿怒形加之，彼當應時退散。若彼違戾此教者，主⑧必自斷其命根。是故持誦者當生慈心念言，勿令彼斷命也。然此中密意，不動謂爲障者，即是從心所生慳貪等法，能爲行人作一切障事。今此無動明王即是一切智智大菩提心，當知此即是大力威猛，能永害一切隨眠等過，令彼永斷，即是死義也。

如瑜伽會中⑨佛初成正覺，大集會中一切曼茶羅所攝三界之衆，有摩醯首羅者，即是三千世界之主，住三千界之中。心慢故，不肯從所召命，而作是念：我⑩是三界之主，更有誰尊而召我耶？復作是念：彼持明者畏一切穢惡，我今化作一切穢污之物，

---

①　七，原作"一"，據《大正藏》校勘［原ィ］改。
②　水，《大正藏》校勘［乙ィ］作"外"。
③　風，《大正藏》校勘［原ィ］作"風雨"。
④　作，《大正藏》校勘［原ィ］無。
⑤　除，《大正藏》校勘［甲］［乙］作"除去"。
⑥　是，原脱，據《大正藏》校勘［原ィ］補。
⑦　上，《大正藏》校勘［原ィ］作"其上"。
⑧　主，《大正藏》校勘［原ィ］作"乃至"。
⑨　會中，《大正藏》校勘［原ィ］作"所説"。
⑩　我，原脱，據《大正藏》校勘［甲］［乙］補。

四面圍繞而住其中，彼所施明術何所能爲。時無動明王承佛教命召彼天，見其作如此事，即化受觸金剛即是不淨金剛令彼取之。爾時不淨金剛須臾悉噉所有諸穢，令盡無餘。便執彼來，至於佛所。彼復言："爾等是夜叉之類，而我是諸天之主，何能受爾所召命耶？"尋即逃歸，如是七遍。爾時無動明王白佛言："世尊，此有情故①犯三世諸佛三昧耶法，當何事治之？"佛言："即當斷彼命②也。"時不動明王即持彼，以左足蹈其頂半月中，右足蹈其妃首半月上。爾時大自在天尋即命終，於爾時悶絶之中證無量法，而得授記，生於灰欲世界，作佛號日月勝如來，此皆祕密也。

　　食一切穢惡污③，是噉惡④業、煩惱等垢穢滓濁。謂之爲法本命終者，是彼一切心法永斷，入無生法性故。於此中得一切佛記，非是殺也。爾時諸天等見三千界天王以不順諸佛三昧耶故自取命終，一切敬畏。自相謂言："天主尚爾，我云何不往？"即共來詣佛所，於大曼荼羅中而得法利。時無動明王白佛言："此大自在天當更云何？"佛言："汝應甦之。"時無動明王即説法界生真言，爾時大自在者即復蘇息，生大歡喜，白佛言："甚希有也！我初召至已，問⑤佛故此夜叉是何等類，我所不解。佛言是諸佛之主，我作是念：諸佛一切之尊，云何以此而更爲主也？是所不解。今乃知之此大王力故，令我現前得記作佛，當知實是諸佛之尊也。"

　　祕密主⑥，大自在天三千世界之主，即是衆生自心。所謂無明住地，於諸惑中得自在，唯除大菩提心無能伏者。斷其命已，即於寂然世界作證。所謂生者，即是起諸⑦慧門，是故真言行者應一一思順諸佛密語也。

　　又法，用芥子及諸毒藥二種相和，作彼爲障者形像。而用塗之，令彼身如火燒，速被中傷，故云速被著也。乃至大梵等爲障尚被能著，何況餘耶？又，凡此法皆是久時持誦大成就解法者乃能作之。若但聞法，即求得如是用，無此理也。其佉陀羅木橛，若無此當用苦練木，乃至用鑌⑧鐵亦得。事知之也。

　　時金剛手白佛言："如我知佛世尊所説義，我亦是⑨知曼荼羅位住。世尊，尊主現威令住彼位，如是如來教勅不敢隱蔽，何以故？此佛三昧耶，一切諸真言所師，謂性

---

①　故，《大正藏》校勘［原イ］作"何故"。

②　命，原脱，據《大正藏》校勘［原イ］補。

③　污，《大正藏》校勘［甲］無。

④　"惡"前，《大正藏》校勘［乙］有"彼"。

⑤　問，原作"向"，據《大正藏》校勘［甲］［乙］改。

⑥　祕密主，《大正藏》校勘［原イ］作"所以然者"。

⑦　諸，《大正藏》校勘［甲］［乙］作"佛"。

⑧　鑌，原作"賓"，據《大正藏》校勘［原イ］改。

⑨　是，《大正藏》校勘［乙］作"如是"。

住者。”金剛手白佛言：“此大①無動明王即是尊主。能作如是②威猛之事，能調難調，爲傳如是祕密之教令使，如本尊是佛部，即③金輪中④。若如是作，必有靈驗。此之現威即効驗之語也，令修行者若如是作必令有効。諸生死中普得聞知，不敢隱蔽此之真言主。是故持金剛者大威猛所不敢隱蔽，謂此尊有靈驗故，所作善事皆成，諸爲障者不敢隱蔽，如來所教勅也。此即是十方三世諸佛三昧耶，我等一切執金剛亦應作此法。

　　所應作者隨此三昧耶，不敢失墜，何以故？此即是諸執金剛性，是故當住斯法。如四姓等各各有家法，若失家法則不名敬順先祖父之教，世人名爲惡子。今此大雄猛調伏難調、宣布難信之教，是我金剛等家姓之法，所謂如來種姓之家也，是等真言門修行諸菩薩等於本中住，一切事業作者。是金剛手以身勸⑤懃而行之言：我等所應作事業亦復如是，若未來世持真言者亦當住此位。所謂如來家法，應以無量門降伏諸障，令如來法無敢隱蔽也。此真言行人亦於諸尊若欲作降伏，即須自身作無動尊住於火輪中，亦名火生三昧也。

　　祕密主，若諸彩色畫曼荼羅中諸尊色，先佛説者謂本尊各有形色，下當更説之。如上説隨本位住而作事業，謂於會中所有諸尊。若見其黃色即應坐金剛中，白色即坐水輪中，赤色即坐火輪中，黑色坐風輪中。次下有色字，梵音別名，此是形相也。如是寂然，即須坐圓壇等類，應一一依教而畫。是故諸佛所説其道玄同，非我故説，欲令眾生起決定信也。

　　祕密主，未來世當有眾生劣慧，不信聞此法。以先無信根故，聞此而不能信。以此眾生等鈍根少智，信不具故，聞此甚深之事不能曉了，更增疑網，此即説爲障所由也。如是真畫色及持誦等，一一皆有深意。畫是如來不思議事，如此畫色等皆依法不疑，乃能深入法界不思議⑥，唯信者得入。若欲以心數下量，云何得知所以而不疑耶？謂非如來真空無相之法，徒⑦自傷也。此色字亦云通達是正義，謂異方便無事，不解之義已⑧。彼先此一切説梵音迴互，上文已明諸佛，今此下句云先佛。作如是説已，彼此一切説利益求者，彼凡夫不知。説⑨法相空，一切諸法相説常。當⑩住真言

---

① 大，《大正藏》校勘［原イ］作“大力”。
② 是，《大正藏》校勘［原イ］作“來”。
③ “即”後，《大正藏》校勘［原イ］有“坐”。
④ “中”後，《大正藏》校勘［原イ］有“之類”。
⑤ 勸，《大正藏》校勘［原イ］［乙］作“愍”。
⑥ “議”後，《大正藏》校勘［原イ］有“境”。
⑦ 徒，原作“從”，據《大正藏》校勘［乙］改。
⑧ 已，《大正藏》校勘［甲］作“也”。
⑨ 説，《大正藏》校勘［乙］作“諸”。
⑩ 當，《大正藏》校勘［甲］作“常”，［乙］無。

業,作善無疑者,此意言如來具一切智,於諸法中而得自在。以衆生劣慧未堪頓説如來自證不思議力用故,作此畫色等方便,令諸衆生隨所作者能滿所求而得利益。所以然者,以諸衆生未解諸法空相,是故於無相中而作有相方便説之。若人得佛深意者,當住真常之行。諸有所作,皆入理體,同於一切智智之心。如是無疑慮者,一切障法無得其便。

次復説法界生真言曰:

曩麼三曼多没陀南一達磨馱睹二薩嚩二合①婆嚩二合,三②句痕

祕密曰:不動者是菩提心,大寂定義也。我薄伽梵大日世尊,從最初正覺坐寂滅道場,以大願故證三世諸佛應正等覺,皆從四祕密、三菩提起,應現三身,成等正覺。如來成道時,先坐寶菩提樹降魔成道者,即是大寂定不動菩提本因。三世諸佛皆幻化義,現種種身雲,教化調伏③諸衆生故,因事立號,號不動尊。又明尊義也,即是大日世尊差別智身。以大願故,於無相中而現作相。閉一目有深意,示現極惡醜弊身④也。唯佛世尊廣大圓滿,衆相具足,我下劣卑弊之身亦是怖魔之義。頭上七種髮⑤,表七菩提分。左垂一髮向下者,是垂慈悲之義,悲念下惡極苦惱衆生也。云無動使者,即大日如來。如世間王勅教命令,使一人火急追役,使人至已,上至王公,下及凡庶,無問貴賤,更不敢拒逆,皆隨使往至彼王所,無問善惡,一依教命。無動使義亦復如是,能令真言行者親見佛故。發廣大心,灌頂位中爲佛長子,佛使願淨佛國土遊戲神通。右手執劍者,如世間征戰防禦,亦皆執利器,然始得勝,菩薩亦爾。左手執索者是繫縛之義,又如世間密捉一人,如有違逆難伏者,即以繩繫縛捉將,諸佛祕索降伏四魔,亦復如是。坐盤石上者,亦是不動之義。如世山岳亦以石鎮押,方始不動。又如大海,亦以須彌山鎮押,然始得常安,湛然圓滿。不動亦爾,其大石性能出生⑥一切寶物,無動坐大盤石者亦能出生佛功德寶,亦是降伏四魔義。不動亦自身遍出火焰光,即是本尊自住火生三昧。又明火有四義,二種世間,二種出世間。世間火者一是內火,三毒煩惱名之爲火,能燒諸衆生諸善功德故。二外火,能成就衆生長養萬物。出世間火者,是大智火也。如九十五種外道法中事火爲最,如大火龍變出世火,燒損衆生,亦能焚燒衆物。此無動智火先能降伏火龍,制諸異道,上至等覺、下至衆生,皆能燒諸煩惱,乃至菩提大智習氣,亦燒一切衆生無明煩惱黑闇障故。又本尊真

---

① 二合,《大正藏》校勘[甲][乙]無。
② 三,原脱,據《大正藏》校勘[乙]補。
③ "伏"後,《大正藏》校勘[乙]有"難伏"。
④ "身"後,《大正藏》校勘[甲]有"怖魔之義"。
⑤ 髮,《大正藏》校勘[原ィ]作"髻"。
⑥ 生,《大正藏》校勘[甲]無。

言句自有火生義,即摩賀盧沙句是。此智火住阿字一切智門,重重燒諸菩薩廣大習氣煩惱,令盡無餘,故名火生三昧。又無動義者,執持利劍,能斷壞生死業、愛煩惱故,降伏三①世貪、瞋、癡、我慢、煩惱故。喫殘食者,噉一切衆生惡業、煩惱、重障,令盡無餘,證無生法忍故,三②降未來世,斷無明煩惱習氣見障故。執金剛索引,至大菩提路,住佛解脱門,紹隆三寶,種位不斷,故名降三世義也。是故本尊住四密門也,所謂阿③、路、唅、輪,重重是怖魔義,亦是種子義。如世間良田堪下善種,諸佛智種亦復如是,能成就大悲曼荼羅,出生一切陀羅尼門、三摩地門。

　　拘底支木、槐木是。烏伽木、嗢勃④是。阿彌尸利師木、守宮槐木是。鎮頭迦木、柿木未詳。篤迦木、栗木是。播囉師木、胡桃木是。羊素⑤佉木、甘草。居凌迦木、李子是。舍利般那木。牆微是。

　　復次,或有真言中有三吽字者能成一切事,所謂護身、結界、召請、供養、相助、決罰、教授等事。若久持一切真言不成就者,持此真言當成一切真言之法。三吽字真言曰:

曩謨喇怛曩怛囉夜耶一曩莽室戰二合荼嚩日囉二合簸拏曳二摩賀藥乞叉二合細那鉢多曳三唵四蘇悉地耶蘇悉地耶五娑太野六蘇悉地羯羅七吽吽吽八泮吒泮吒

　　蓮華部明王,名賀野羯利婆,爲補瑟徵⑥迦明王真言,亦名降三世明王。真言曰:

曩謨囉怛曩二合怛囉二合夜耶曩莽室戰二合荼嚩日囉二合簸拏曳摩賀藥乞叉二合細曩鉢多曳唵㘑婆儞㘑婆吽庀哩二合靁拏二合庀哩靁拏二合吽庀哩二合靁拏二合播耶吽阿娜耶護引薄伽梵尾儞夜嚩日囉二合囉闍吽泮吒曩莽

　　蓮華部明王心:

唵微路枳寧莎嚩二合訶引

　　佛部明王心:

唵若嚩囉路者寧莎嚩二合訶引

　　金剛部明王心:

唵滿度哩儞異鉢帝莎嚩二合訶

　　念誦已,欲眠之時,作前光莊嚴印,又以部母護身,再被甲加持所臥處,然後澄淨身心。誦明曰:

---

①　三,《大正藏》校勘[原イ]作"現在"。
②　三,《大正藏》校勘[原イ]作"亦"。
③　阿,《大正藏》校勘[乙]作"訶"。
④　嗢勃,《大正藏》校勘[原]疑當作"榲桲",[乙]作"嗢敎"。
⑤　羊素,《大正藏》校勘[乙]作"牟毒"。
⑥　徵,《大正藏》校勘[乙]作"微"。

唵吠睒儞吽

以此加持，令無惡夢。若有夢諸惡相者，即誦此明曰：

唵嚩日囉二合那羅呵那麽他盤闍囉拏吽泮吒

誦一百八遍，於所眠處如法辟除結界。若欲知善惡相，應用前三部明王心，加持檀香水七遍，而飲三掬，并以灑身上。若念誦求成就之時，如上作法方取善相。

　　　一切衆生，無明所覆，

　　　唯求菩提，不能信受。

　　　我今爲彼，非爲己身。

　　　唯願如來，成就之時，

　　　還我遍數。

誦偈既畢，以百字明加持，又以部母護尊及己身。以三昧耶大結護左轉其印，以文闍句，即成界也。

底哩三昧耶不動尊聖者念誦祕密法卷上

底哩三昧耶不動尊聖者念誦祕密法卷中

大興善寺三藏沙門不空奉詔譯

根本真言品第二

《三昧耶經》中略說出無動明王根本祕要，成就一切事業。爲欲令諸修行者顯發諸佛實智故，三世諸佛應正等覺者皆由成就陀羅尼門、三摩地門，於菩提樹下現證最勝三解脫門，具一切智。彼釋師子由獲無比大明呪藏故，能摧伏魔軍，利樂一切。是故智者安心此門，祕密爲行。應當淨菩提心，修行此法，速得成就一切智故。我薄伽梵大日世尊復爲一切修真言者爲除障故，住於火生三昧，說此大摧障真言。此祕密明威勢，能除一切有情種種障難。乃至佛道樹下以此真言力故，一切魔軍無不散壞，何況世間所有諸障。又明此障略有二種。一者內障，謂從自心而生，其類甚多，不可具說。二者外障，而從外而生，其類亦甚多。以要言之，皆能除障也。即說大摧障聖者不動明王威怒明曰：

曩麽三曼①縛日囉二合赦一怛羅二合吒阿謨伽戰拏二摩賀路灑儜上，三娑頗二合吒野吽四怛囉二合摩野怛羅摩野五吽怛囉二合吒唅鈐六

祕密釋曰：

---

① 曼，《大正藏》校勘[甲][乙][丙]作"曼哆"。

曩莫三曼哆縛日羅二合被歸命普遍忿怒金剛王也怛羅二合吒殘害破障也阿謨伽戰拏不空威怒極惡中之極也,示形狀暴惡無有過者,乃至噉食一切世間諸障,令無有餘,惡之中惡也摩賀路灑儜此是大怒也,極惡之中更忿怒暴惡①也,即是諸佛第一義。威猛殘害世間,盡其巢穴,定入法界,歸依金剛界娑頗二合吒野破壞也吽恐怖也怛囉二合麼野堅固也吽怛羅二合吒唅䅶種子也

　　用後二字爲種子,諸句義中皆能成事業。初戰拏者是死義,入阿字門即本無生死義也。茶是戰義,以此無生死大勢之王與諸四魔戰也。次魔是我義,入阿字門即是無我,亦是空三昧也。盧者有囉字,垢障義爲體。有鄔聲是三昧也,即奢麼他爲大三昧也。儜是戰義,入阿字門即大空三昧也。薩是堅義,頗是法②義,知世間法如聚沫故,易破壞也。傍有阿字之點即行也,吒是戰義,能敵障怖畏令破也。野是乘義也,吽是大空三昧。如上説,怛是如也,囉是無垢也,吒是作也,謂一切法無作也。唅字上有空點是圓寂義,亦名大空智,入訶字門是行義。又有阿③聲怖魔障,金剛三昧行也。野即大空也,以此大空不動之行,大怖一切魔障也。䅶字亦名大空智,爲麼字門是我義,入阿字門無我也,謂一切法本無生滅也。又以此大空無我三昧而怖衆魔,以此字亦有阿聲及野也。阿④、嚧、唅、䅶,此四字皆有阿聲,即重怖魔極怖畏也,即是破内外二障之義也。

　　結三昧已,即想自身全成鑁字。此字想成猶如火色,從字發熾然猛焰,焚燒身中三毒煩惱及隨煩惱,一時頓盡時,火亦隨滅,唯存鑁字,融成皎月在心中。作是觀時,不宜遲住,速轉慧心,令其成就。

澡浴結護身品第三

　　無動金剛極安穩護身印明第一
　　先以二小指内相叉於大指虎口中出,並豎二中指、二無名指於中指背相交,以二頭指各握無名指,豎二大指捻中指中節是。明曰:
曩麼三曼多勃馱喃一唵二賀羅賀羅三摩訶儞弭多吽引泮吒半音,四

　　爾時無動聖者説洗浴法有二種,一者内淨,二者外淨。内淨者,於諸衆生起慈、悲、喜、捨心,清淨無我心。二者外淨,以水洗浴,或於河中。先結三昧耶印,置安頂上,誦明三遍,即用杵印明護身瀉垢,方可結界。淨水及土,亦用杵印明。

　　無動金剛洗浴結護八方印明第二
　　禪度入掌握爲拳,獨豎進度金剛峯三轉,右轉成結界,左轉解界及辟除。明曰:

---

①　"惡"後,《大正藏》校勘[甲][乙][丙]有"甚"。
②　法,原作"沫",據《大正藏》校勘[甲][乙][丙]改。
③　阿,《大正藏》校勘[甲]無。
④　阿,《大正藏》校勘[原彳]作"訶"。

唵啥吽摩訶吶摩畔馱儞畔馱吽①畔馱嚩日囉②二合嚩日黎二合禰③吽泮吒

無動金剛洗浴淨水印明第三

禪、智雙入定、慧掌中，以印攪水除諸障。明曰：

曩麼三曼哆嚩日囉二合赦一怛囉二合吒阿謨伽④戰荼二摩訶嚕灑拏三薩頗二合吒耶吽四怛囉二合莎耶怛囉二合莎耶吽怛略二合吒吽⑤怛略二合吒

不動金剛著甲印明第四

戒、方入掌背相著，進、力入掌亦如是，六度豎合三鈷杵。開腕印身上頂，加持五處，頂上散，是名金剛甲。明曰：

唵啥吽嚩日囉二合三摩曳嚩日⑥囉迦縛制護嚩日羅二合吽泮吒半音

以此明印印五處，即成著甲，隨意洗浴。

不動金剛灌頂印明第五

戒、方、檀、慧內相叉，忍、願豎合進、力附，智捻方背禪亦然，是名本尊灌頂印。明曰：

曩摩悉多羅三合也地尾二合蘗多引南薩羅嚩怛他引蘇⑦哆南紇唎二合薩羅嚩母馱那婢卑也反邏波波羅濕摩鼻曬闍婀⑧婢詵去者怛謨努遞皤邏嚩底丁以切尾囉者麗莎嚩二合訶

修真言者著甲護身，洗浴著衣竟，誦明曰：

唵啥吽塞頗吒耶薩鹼吽羅迦沙二合啥⑨泮吒輕呼半音

不動金剛杵印真言，一切穢處用。修真言者欲往一切穢處，先用杵印印五處，所謂兩肩、心、額、喉、頂是也。用印之時，以明加持，至頂上散。誦明曰：

唵阿者邏迦拏戰荼莎馱耶吽泮吒

結護道場品第四

無動金剛三昧耶印明第一

如是依法洗浴已，即往精舍。以清淨心身⑩，如常合掌，直豎禪、智二度，安⑪於額

---

① 吽，《大正藏》校勘[甲][乙][丙]無。

② 囉，《大正藏》校勘[甲][丙]作“隸”。

③ 禰，《大正藏》校勘[甲][乙][丙]作“祗”。

④ 伽，《大正藏》校勘[乙][丙]作“佉”。

⑤ 吽，《大正藏》校勘[乙][丙]無。

⑥ 日，《大正藏》校勘[甲][乙][丙]無。

⑦ 蘇，《大正藏》校勘[甲][丙]作“奠”。

⑧ 婀，《大正藏》校勘[甲][乙][丙]作“迦”。

⑨ 啥，《大正藏》校勘[原亻]作“袷”。

⑩ 身，原脫，據《大正藏》校勘[乙]補。

⑪ 安，原脫，據《大正藏》校勘[乙][丙]補。

上。思惟諸佛、菩薩如對目前，放其身心，坦然禪悦，入三昧耶。誦明曰：

曩摩薩嚩母馱冒地薩怛嚩二合喃那莫①蘇悉地莎達儞阿蘗隷二合迦嚕儞嚩羅提怛羅異怛羅異②阿皤曳阿底摩嚹那莽素都二合帝波羅摩悉地馱也㜸鼻喻二合摩訶訖哩二合閉弊毗也反莎嚩訶

> 禪智並合蓮華掌，加持本明安額上，
>
> 思惟諸法本不生。

不動威怒辟除障難印明第二

> 願力並豎端，慧方如鉤勢，
>
> 智度捻如環，慧③羽亦如是，
>
> 即以忍進劍，穿入定④鞘中，
>
> 是名無動劍。結護方隅界，
>
> 拔刀左邅之，辟除一切魔。
>
> 持劍右旋轉，下指金剛橛，
>
> 上結虛空界。復誦祕密明：

曩麼三曼哆嚩日囉二合赦怛羅二合吒戰茶摩訶路灑拏沙頗二合吒⑤耶吽怛羅二合吒唅䭾

密誦三遍或七遍，以印右旋結護，左轉辟除及以上下。是明威力，能大擁護十方大界，及以護身并淨除處所，乃至三界猶能防護，況一方所作是法。時隨行者心念明印，所及之處能令種種類及難調魍魎之屬皆見熾然金剛威怒，如大火聚周遍其處。此印功能甚大難説，若人住於世，窮劫説其功能，亦不可盡，是名無動金剛劍。此印明亦通五部護身結界用。

無動金剛能成就一切事業杵印明第三

> 豎開止羽掌，禪進捻如環，
>
> 各建金剛拏，是名無動杵。
>
> 復誦密言曰：

曩麼三曼多嚩日囉二合赦戰拏唵阿者邏迦拏者嚕娑馱耶吽泮吒

此杵明印能成就一切事業，乃至洗浴明⑥淨土，及以護身結界，皆用此明印。

---

① 莫，《大正藏》校勘[乙][丙]作“莽”。

② 怛羅異怛羅異，《大正藏》校勘[甲]作“怛異怛異怛異怛異”，[乙]作“怛怛異異怛怛異異”。

③ 慧，《大正藏》校勘[乙][丙]作“定”。

④ 定，《大正藏》校勘[乙][丙]作“慧”。

⑤ 吒，《大正藏》校勘[乙][丙]作“囉”。

⑥ 明，《大正藏》校勘[甲][乙][丙]作“明水”。

無動金剛牆印明第四

戒方進力屈入掌，側豎忍願並檀慧，

禪支屈捻進下文，智捻力支亦如是。

誦明曰：

唵唅吽嚩日囉二合曼茶隸畔馱畔馱吽泮吒輕呼

誦明三遍，以印左①轉三遍，隨心②遠近，即成就牆界。

無動金剛網印明第五

戒方進力內相叉，六度豎合頭相拄，

開腕頂上右三旋，即成金剛堅固網。

誦明曰：

唵唅吽嚩日羅二合薩囉二合步嚩儞暮吽泮吒半音

結此印已，誦明三遍，於頂上右旋三匝，即成網界。

無動金剛火焰印明第六

二羽翻掌背相叉，即成本尊三昧火，

金剛牆外三旋繞，如火猛焰金剛城，

一切魔軍悉馳散。

誦明曰：

唵唅吽嚩日羅二合入嚩二合隸吽泮吒

結此火焰印，已誦明三遍，於金剛牆外右旋三匝，即成火院。

供養品第五

無動金剛座印明第一

平舒定掌承慧背，行人想成金剛座，

座上更安所生印，一切聖者皆隨喜。

誦明曰：

唵唅吽嚩日羅二合莎儞梵吽泮吒半音

以此明印加持住處，得爲金剛不壞地。即於地上想有金剛座，便以如來所生印
安置諸佛、菩薩於金剛座上，便迴此印供養諸聖。

一切如來所生印明第二

金剛堅固內相叉，檀慧豎開所生印，

---

① 左，《大正藏》校勘［乙］［丙］作“右”。

② 心，《大正藏》校勘［甲］［乙］［丙］作“身”。

此印名爲功德母，佛法僧寶住其中。

請召明王及本尊，結此祕印皆雲集。

便迴此印獻諸尊，即成閼伽供養佛。

誦明曰①：

曩麼薩嚩母馱冒地薩怛嚩二合喃阿引摩羅尾迦羅二合多帝餌儞阿羅逝莎嚩二合訶

便以此如來所生印想爲閼伽，奉獻諸佛、菩薩、諸尊賢聖。常作此法供養，是速得成就。復觀不動聖者住本位，用前灌頂印明奉獻本尊。即誦根本明一遍，能令聖者歡喜，速得圓滿成就故。又持明行者次結三昧耶印，安置頂上，印如前已説。即想自身如本尊，乘八葉蓮華，手執香爐，即令三業寂然無亂。往詣精舍至道場門，三稱吽字，驚覺諸聖，入精舍已。已上安於三昧印後。

次應如常禮懺，奉獻閼伽。應作是念：我今當捨全身供養十方三世常住三寶道場衆會，唯願一切諸佛菩薩乞與我等，作大加持最上成就，得成金剛薩埵悉地，當攝受故，請求加護。如是三白，便即云云。又以杵印，如前結界，加持本尊座，以如來所生印奉獻諸佛、菩薩。每日三時如法供養，或時忘念闕少法則，即犯三昧耶。先誦大輪金剛明，及結大輪印，用除其咎，謝其過罪。

大輪金剛懺悔印明第三

如是依法結護已，皆有闕犯三昧耶，

密持蘇摩金剛明，懺悔四時諸過咎。

戒方進力内相鉤，六度豎合金剛輪，

結此明印安頂上，右旋三匝謝其過。

誦明曰：

曩麼悉底哩耶四②合地尾迦喃薩縛怛他誐多喃唵尾囉耳尾囉耳摩訶斫迦羅嚩日羅二合薩哆薩哆莎囉帝莎囉帝怛囉二合曳怛囉二合曳尾馱摩儞三盤若儞怛囉二合摩底悉馱阿紇哩曳怛唎二合藍引莎嚩二合訶

持真言者結護了，皆有闕犯三昧耶，當結此印，安頂上，誦明三遍或七遍，右旋三匝，懺謝③衆④過，然後念誦本尊明。

無動金剛滿足印明第四

虛心合掌甲相拄，是名本尊滿足印。

種種供養及塗香，焚香燈明并飲食，

---

①　誦明曰，原脱，據《大正藏》校勘［甲］［乙］［丙］補。

②　四，《大正藏》校勘［甲］［乙］［丙］作“二”。

③　謝，《大正藏》校勘［原彳］作“悔”。

④　衆，《大正藏》校勘［乙］［丙］作“罪”。

　　上妙供養吉祥事，俱持此印皆圓滿。

　　誦明曰：

曩麼悉底哩也四合陀嚕二合蘖哆喃薩嚩怛他蘖哆喃暗尾哆哩摩訶嚕日囉二合薩怛薩怛莎囉帝莎羅帝莎縛訶

　　復以此明印想水陸珍寶及寶山等物、海中妙寶摩尼、華樹王等，悉皆無主所攝。以我福德力、諸佛加持力，願此香華雲遍滿諸佛刹土，供養一切諸佛、菩薩，滿足上願。

　　塗香供養印明第五

　　印如前，誦明曰：

曩麼悉底哩三合也陀嚕二合蘖哆喃薩縛怛他蘖哆喃阿三摩彥度怛謎素彥馱嚕底薩頗二合羅啊輪哦哦喃摩呼那曳泥去尾薩嚕嘌他二合莎馱儞莎嚕二合訶

　　燒香供養印明第六

　　誦明曰：

曩麼悉底哩三合也陀嚕二合蘖哆喃薩嚕怛他蘖哆喃唵阿蘖哩阿蘖哩始棄始棄南薩嚕怛度麼始棄莎嚕二合訶

　　華供養印明第七

　　誦明曰：

曩麼悉底哩三合也陀嚕蘖哆喃薩嚕怛他蘖哆喃阿嚕路枳哆二合摩訶布澁波二合嚕底莎嚕二合訶

　　飲食供養印明第八

　　誦明曰：

曩麼悉底哩三合也陀嚕蘖哆喃薩嚕怛他蘖哆喃唵阿囉婆阿囉婆迦囉迦囉嚕哩嚕哩嚕隣嚕隣那陀毗摩訶嚕哩莎嚕二合訶

　　燈供養印明第九

　　誦明曰：

曩麼悉底哩三合也陀嚕蘖哆喃薩嚕怛他蘖哆喃阿藍帝爾嚕二合藍帝儞波必也反儒底始棄莎嚕訶

　　普莊嚴供養明印第十

　　誦明曰：

曩麼薩婆母馱菩地薩埵嚕喃薩婆他烏特二合伽帝塞破羅啊輪伽伽那劍莎縛①訶

　　持此明力故，能生如意寶，供養一切諸佛菩薩眾會。由誦此讚歎福德力故，令此供養普遍一切諸佛菩薩眾會。讚歎明曰：

---

①　莎縛，《大正藏》校勘[乙][丙]作“莎縛二合”。

曩麼薩婆母馱菩地薩埵嚩二合喃一薩婆怛路二合僧句素弭哆二合鼻枳惹二合囉始吠三那謨素都帝薩嚩二合訶四

　　復誦無動明王根本明三遍，能令聖者歡喜與願，速得圓滿菩提故。次即懺悔先業，一切罪障願皆消滅。復作此①願：我今所有一切善業，迴施法界衆生，令我此願速得成就無上菩提，具一切種智。復誦此加持明八遍，明曰：

曩麼薩埵嚩喃那暮素都帝摩訶嚩日羅二合薩婆薩埵嚩四路迦羅底瑟他薩婆怛羅嚇吠達羅摩摩拏地瑟他耶莎嚩二合訶

　　如上供養加持本尊已，結前灌頂印，而自灌頂。

　　無動金剛虛空部母印第十一

　　　　結此虛空明②印，用護身及護本尊，故名部母，亦名虛空眼。

　　　　進力俱入蓮華掌，即名虛空部母眼，

　　　　以印護身及③本尊，二羽分開捻珠印，

　　　　亦名聖者虛空眼。

　　明曰：

曩麼悉底哩二合也陀嚩二合拏檗帝弊薩嚩怛他檗帝弊唵哦哦那路者儞哦哦那三摩薩嚩都嚕檗哆底沙囉三婆吠入嚩二合攞那謨阿謨伽喃莎嚩二合訶

　　無動金剛法界生印明第十二

　　　　戒方進力內相叉，六度豎合頭相拄，

　　　　開腕加持左右臂，舉印漸至頂上開。

　　　　真言悉地隨此生，是故名爲法生印。

　　結印加持，誦明曰：

曩麼薩嚩母馱冒地薩怛嚩喃阿薩羅嚩他薩羅縛多囉路計莎嚩二合訶

　　法生印者，從一切如來不動菩提心生，從大悲本願生，從佛口生，從法化生。故名法生印。

　　次誦前虛空部母眼明七遍，即觀一切諸佛菩薩如在目前。手執數珠，如法念誦。如是廣作佛事已，當結本尊根本三昧耶印，先誦金剛百字真言，爲令加持，不傾動故。

　　捻數珠明印第十三

　　其印準前部母印，二羽分開，即是此④印也。誦明曰：

---

①　此，《大正藏》校勘[甲][乙][丙]作“是”。

②　明，《大正藏》校勘[原亻]作“眼”。

③　“及”後，原衍“護”字，據文意刪。

④　此，《大正藏》校勘[乙]作“成此”。

曩麽嚩日羅二合目契弊薩嚩怛他引檗帝毗喻二合婆伽梵特縛①弊畢遮反怛地也二合他②
嬌唎健馱哩戰荼唎摩蹬儗濱俄哩怛他引伽多吠曳二合使怛摩底吽入縛二合哩多帝逝
伊能迦羅焰句嚕莎縛二合訶

　　　無動金剛根本三昧耶印明第十四亦名根本身③印

　　　　　六度和合內相叉，直舒進力頭相拄，
　　　　　智度屈捻方便背，禪捻戒背亦如是。
　　　　　當誦金剛百字明，加持自身堅固住，
　　　　　復誦本明成悉地。

　　真言曰：

唵阿三摩阿三摩三曼哆都那哆怛嚩泌底舍那儞訶羅訶羅娑摩二合囉拏娑麼二合囉拏
尾蘗哆母馱達摩帝薩羅薩羅三摩嚩邏荷羅荷羅荷娑荷娑④怛羅耶怛羅耶伽那伽那摩
訶嚩囉囉迦沙二合儞入縛二合攞那入嚩二合那⑤娑伽隸莎縛二合訶

　　誦百字明加持，復觀一切諸佛菩薩在行者前，攝受如前種種供養。廣大成就所
謂現世所求一切悉地，名最勝悉地，亦名金剛薩埵悉地。復作是願：願以此功德，普
及於一切，我等與眾生，皆共成佛道。每日三時念誦，時別最少一百八遍，已下不成。
念誦了，以虛空眼真言及印加⑥持本尊，令歡喜與願，亦令堅固不散。

　　後誦根本印明曰，其手印準前根本三昧耶是，以二手中指已下並向內相叉便爲
鉤，二頭指側相拄，二大指各捻無名指甲即成。誦根本明三遍。

　　底哩三昧耶不動尊聖者念誦祕密法卷中

底哩三昧耶不動尊聖者念誦祕密法卷下

大興善寺三藏沙門不空奉詔譯

不動金剛祕密要法品第六⑦

　　無動金剛寶山印第一

---

① 縛，《大正藏》校勘［乙］［丙］作"縛二合"，［甲］無。
② 他，《大正藏》校勘［乙］［丙］作"他引"。
③ 身，《大正藏》校勘［甲］作"尊"。
④ 荷娑荷娑，《大正藏》校勘［甲］［乙］［丙］無。
⑤ 那，《大正藏》校勘［甲］［乙］［丙］作"攞那"。
⑥ 加，底本作"如"，據《大正藏》校勘［甲］［乙］［丙］改。
⑦ 品目及其品次，原脫，據《卍續藏》本校勘記補。

金剛堅固内相叉，是名寶山身密印，

種種供養并護身，加持本明頂上散。

無動金剛頭印第二

禪度入掌把爲拳，置安頂上名頭印，

思此全身聖者前，静坐安心作觀照。

無動金剛髻①印第三

戒方檀慧内相叉，忍願堅②合進力附，

禪智二度背相著，屈入戒方相叉内，

與二無名面相著，舉印置安左髻中，

是名無動金剛髻。

無動金剛眼印第四

準前髻③印，翻手倒垂至額前，即名無動金剛眼。

無動金剛口印第五

檀慧二度内相叉，戒方雙押内叉上，

忍願豎合進力附，禪捻戒背智捻方，

是名聖者金剛口。

無動金剛心印第六

戒方檀慧内相叉，忍願豎合屈進力，

禪智並捻忍願文，是名無動金剛心。

無動金剛師子奮迅印第七

準前無動金剛甲，唯改進力頭相拄④，

起立頻伸虎⑤舞勢，遶壇行道辟除魔，

師子頻伸大奮迅，是名五股金剛印。

無動金剛火印第八

禪捻三度背爲拳，進度獨舒指定掌，

散開五度如猛焰，是名無動金剛火。

無動金剛法螺印第九

---

① 髻，《大正藏》校勘［甲］作“髮”。

② 堅，《大正藏》校勘［甲］作“豎”。

③ 髻，《大正藏》校勘［甲］作“金剛髻”。

④ 相拄，《卍續藏》校勘一本作“開立”。

⑤ 伸虎，《卍續藏》校勘一本作“申似”。

二羽各如無動劍，掌內鉤鎖狀猶①環，

忍願豎合頭相拄，進與忍背重相著，

力度願背亦如是，是名無動法螺印。

無動金剛索印第十

禪捻三度背爲拳，進度直舒觀②羽握，

力度屈捻智如環，是名無動金剛索。

明曰：

曩麼三曼哆嚩日囉二合赦阿引波舍伴闍那吽泮吒半音

無動金剛劍印明，能成就一切事業。

明曰：

唵阿者囉迦拏引③勃馱制吒迦吽吽佉醯④佉醯伊能魚⑤哩二合醯摩輅賀唎尾沙索鉢多二合惡紇哩二合訶吽引泮吒阿哩耶二合者囉阿引蘖車緊至囉夜思伊引能迦哩囉耶⑥二合⑦句嚕耶麼莎縛二合訶

持明行者，每常食時，出一分殘食供養本尊像，歡喜擁護，所求皆得，終不空過。復誦無動金剛根本明。

無動金剛解界明印第十一

持明行者念誦了，即解前所結火界及牆界已，灌頂印，豎二小指頭相拄是也。當誦燈焰如來解界明，以印左轉即成解界，前火院界是也。燈焰如來解界真言曰：

曩麼悉底哩也二合陀嚩拏哦哆喃唵紇哩二合

誦密語已，重以香花如法供養，懺悔三業，即結部母印護身，方可起去，轉誦大乘方廣理趣，諸善事隨修行。

持明行者每欲⑧食時，以事業金剛真言加持自身中種子，加鑁字復誦十力明八遍乃食之，明曰：

曩麼三曼哆鑁

十力明曰：

曩謨薩嚩母馱冒地薩怛嚩二合喃唵麼蘭捺泥帝引孺忙喋寧莎縛二合訶

---

①　猶，《卍續藏》校勘一本作“連”。

②　觀，《卍續藏》校勘一本作“止”。

③　引，《大正藏》校勘［甲］無。

④　醯，《卍續藏》校勘一本作“醯阿”。

⑤　魚，《卍續藏》校勘一本作“迦”。

⑥　耶，《卍續藏》校勘一本作“那”。

⑦　二合，《大正藏》校勘［甲］無。

⑧　欲，《大正藏》校勘［甲］作“飲”。

如是先成就本尊,訖①所餘觸食以成辦諸事心明,供養所應食者,當用不空威怒增加聖者不動尊明,誦一遍,受者歡喜,當隨行者而護念之。每日如是供養,不得斷絕,常得本尊護念,諸魔不能爲害。施食已,如常禮懺,依法念誦,於中夜分,欲消息時,即結先②莊嚴印。

無動金剛光莊嚴印明第十二

　　　慧手翻掌彎心上,定掌還來心上合,

　　　加持本明安頂上,便開二手順身摩,

　　　能除障難得成就,以護身故名莊嚴。

光莊嚴明曰:

曩麽悉底哩也四合陀嚩二合拏伽哆喃薩嚩怛他蘗哆喃摩訶三昧耶伽底③伽帝三曼帝④三摩蘗羅嚩二合摩他薩羅⑤婆多羅二合路計達麽馱埵底多僧伽帝莎嚩二合訶

作前法已,應如過去燃燈佛禮拜法,金剛合掌長舒二臂於頂上,面東令面著地,長展二足,以心著地。如是禮拜時,觀念一切諸佛、菩薩⑥,唯願攝受我等作最上成就,哀愍故。如是三迴已後,隨意消息,心念明相作速成就相。

無動金剛事業求願品⑦第七

爾時,釋迦牟尼佛告執金剛菩薩言:我今爲汝説無量神通力無動金剛法,能利益成就一切事業。若修行者菜食長齋,或菓子等,誦滿一萬遍已,於月八日,或十五日,一日一夜大作供養,於像前取苦練木和蘇燒,一呪一燒,滿一千八遍,作此法已,然後所作一切事法,皆得成就。行者出語,令縛即縛,及問事等,能摧折樹木,墮落飛鳥,能令一切泉池枯渴,亦能令人鬭諍獲勝,得此已,亦能團風而爲一團。

又法,於月蝕夜,取未⑧著地牛糞塗曼荼羅,種種香花散於壇上,置《大般若經》,前取純色犢子牸牛蘇一兩,置熟銅椀中,取佉陀羅木爲齒木,并攪蘇明,不限遍數,令種⑨種成就。

又,山峯頂上不喫食,誦滿十萬遍,即得見一切伏藏。

---

① 訖,《大正藏》校勘[甲]作"飯訖"。

② 先,《卍續藏》校勘一本作"光"。

③ 伽底,《大正藏》校勘[甲]無。

④ 三曼帝,《大正藏》校勘[甲]無。

⑤ 羅,《大正藏》校勘[甲]無。

⑥ "薩"後,《大正藏》校勘[甲]有"名禮本刹,復作是念:我今當捨全身爲僕,供養一切諸佛菩薩"。

⑦ 品,原脱,據《大正藏》校勘[甲]補。

⑧ 未,《大正藏》校勘[甲]作"木"。

⑨ 種,《卍續藏》校勘一本作"三"。

又，用乳作火法，誦一千八遍，沃火燒，能除疫病。若共一切人論議，即得彼人口噤不論。

又法，取句瀘草和蘇乳蜜，加持沃火中燒，誦十萬遍，能除大疫病。

又，取蓮花和蘇酪蜜，誦明沃火中燒，誦明①十萬遍，蓮華吉祥天與行者願。

又法，於臨近②海河口，入水至胸，誦明三十萬遍，得尾沙耶。

又，誦明以華擲火中燒，隨華色得衣，燒穀米得穀米。

又，取尾邏縛木誦明，燒十萬遍，即得囉闍。

又，取必哩養隅木誦明燒，能令一切人愛念。明柏木燒，即得無量僕從。明大麥燒，得爲大長者。

次説畫像法，畫無動尊，身著赤土色帬衣，左垂瓣髻③，眼斜視，手執劍索，坐寶蓮華，嚬眉嗔面，作怖三世④狀。如是畫已，於流水河海岸上，如法安像，行者自身亦著赤色衣，心無染著寂静，乞食爲活。於像前誦五十萬遍畢已，即於夜中，以蒼蔔木火燒，一明一燒擲火中，滿一萬遍，即見無動聖者現前，自身得爲如來使者，得三摩地，共菩薩同位。

又法，取尸陀林中帛，畫無動金剛像，以自身血淡作色，安置像，面向西⑤著。行者面向東坐念誦，每時⑥三時澡浴，著濕衣，對像面前誦明十萬遍，即施一切鬼神食。又於黑月八日夜，取摩奴沙，坐其上，誦明一萬遍已，彼摩奴沙動身，行者必不得怕，彼口現出大開敷蓮華，即把取，能令行者身如十五六童子，髻如連環，遊歴天⑦地，得大明王。

又，於像前每日二⑧時，念誦隨力，供養燒沈水香，如是滿足六月，自見得尾沙耶主。

又法，取旗幡誦明一千遍，執於軍陣前，能破他陣⑨。

又法，欲禁他軍令不得動者，於旗幡上畫無動尊，身作黃肉色，四面，上下出牙，四臂作怖畏瞋怒狀，遍身火焰，作吞他兵勢，持法人以旗示彼人。又想聖者，以羂索縛彼⑩兵衆，彼即無能動也。

---

① 明，《大正藏》校勘[甲]無。
② 近，《大正藏》校勘[甲]作“江”。
③ 髻，《卍續藏》校勘一本作“髮”。
④ 世，《大正藏》校勘[甲]作“界”。
⑤ 西，《大正藏》校勘[甲]無。
⑥ 時，《大正藏》校勘[甲]作“日”。
⑦ 天，《大正藏》校勘[甲]作“梵天”。
⑧ 二，《大正藏》校勘[甲]作“三”。
⑨ 陣，《大正藏》校勘[甲]作“障”。
⑩ “彼”後，《卍續藏》校勘一本有“彼兵衆”。

四面無動金剛明曰：

曩麼三曼哆嚩日羅二合祇始麼二合舍曩悉體二合迦播羅楞訖哩二合哆户怛嚩賀姥儞嘞嚩引路囉駄縛二合能瑟吒邏二合迦囉邏娜捨曩步惹誐跋哩吠瑟徵擔捨唎邏底𦣾①捺囉②曩③野曩迦賀護姥④訖哆二合吒賀三者咄姥佉尾訖哩二合怛嚕引跋莽賀避沙拏也怛儞也二合他唵尾訖哩哆尾迦吒尾迦⑤邏摩賀囉⑥㗚二合哆尾瑟他姥怛羅契駐尼去反齒瑟吒賀囉案怛囉莽羅駄羅者咄姥母佉入嚩二合邏那⑦比⑧路駄嚩二合計奢吽嚩日囉二合嚩日噪二合蘗羅二合吽泮吒莎嚩二合訶

若欲令他相鬥者，取鳥鴿、鵄梟羽明燒，即得鬥諍。

若欲令燒設都嚕卒者，取稻糠燒，當燒之時，想聖者以索縛彼捨都嚕，將向南方困苦吐血，彼等族類皆不得存也。

又法，欲令設都嚕卒，取土⑨鹽蠟，苦練葉相和擣爲泥，捻作彼形狀，置地上斫斷，即卒。

若明稻穀燒，令彼捨都嚕即⑩貧窮。

若欲令大人愛樂者，以鹽作彼形狀，段段斫之，誦滿七日，彼即愛樂。又⑪取俱蘇摩花明⑫燒十萬遍，得夜叉女來，於三事中所求皆得。

又，明曼荼羅花，稱彼人名，即令橫⑬亂。

明鹽燒，即得天女來，所使隨意。

明安息香燒者，得闍羅⑭歡喜。

又畫像法，先畫釋迦牟尼佛像⑮，畫文殊師利童子像。畫執金剛菩薩，作微嗔面，手執金剛杵。於執金剛下畫無動聖者，種種莊嚴。即於彼前誦明五十⑯萬遍，然後作一切事皆得稱意。

---

① 𦣾，《卍續藏》校勘疑當作"勞"。
② 囉，《大正藏》校勘［甲］作"囉二合"。
③ 曩，《大正藏》校勘［甲］無。
④ 姥，《大正藏》校勘［甲］無。
⑤ 迦，《大正藏》校勘［甲］作"迦羅"。
⑥ 囉，《大正藏》校勘［甲］作"跋"。
⑦ 那，《卍續藏》校勘一本作"那迦"，《大正藏》校勘［原イ］作"那迦"，［甲］作"那佉"。
⑧ 比，《卍續藏》校勘一本作"比鳴"。
⑨ 土，《大正藏》校勘［甲］作"生"。
⑩ 即，《大正藏》校勘［甲］作"即卒"。
⑪ "以鹽作彼形狀"至"又"，《大正藏》校勘［甲］無。
⑫ 明，《大正藏》校勘［甲］作"明燈"。
⑬ 橫，《卍續藏》校勘疑當作"狂"。
⑭ 闍羅，《大正藏》校勘［甲］作"羅闍"。
⑮ 像，《卍續藏》校勘一本作"像傍"，《大正藏》校勘［甲］作"傍"。
⑯ 五十，《卍續藏》校勘一本作"十五"。

　　若欲令降他兵,即結無動聖者眼印,作瞋怒聲,稱吽字,以心想令魍魎捉彼,乃降。取^①尸陀林灰,加持七遍與彼人,即得愛樂。

　　又法,取牛黃加持七遍,點自身額上,能令衆人見者愛樂,毗那夜迦不能損害,熾焰成就故。

　　又法,於已身上布明梵字,彼羅刹衆退散百由旬外,又被毒蛇,經半年不差,明之即差。

　　又,於壁上畫劍契,又畫句律迦大蛇纏劍上,其劍周圍有火焰,即加持千遍,以示病者,病者即下語,加持一百八遍,病者常蒙聖者擁護。每日加持殘食,置淨處供養聖者,常得如願。

　　行者瞋怒結心印,稱吽字,一切惡雲退散。

　　又,取棘針和羅視迦油明燒,能止大雨,能令行者成結大界,亦成就千種事業。

　　又説無動尊金剛畫像法,身著赤土色衣,左垂辮髻,斜視童子狀,手執金剛杵及寶棒,眼微赤,坐石上,瞋怒遍身火焰。於像前結愛樂一切印契,皆得成就。依前法作所樂,騰空隱形及所愛法,隨意成就。縱無畫像,獨處閑静,或在寺中,或山窟中,離雜鬧處,所求者一切皆得成就。

　　加持患瘧病者,即自縛下語。

　　加持鏡亦得像,現問事皆説。

　　取童子或童女置道場中,召神入令下壇中,問一切事皆得。

　　次欲成就繫迦羅法,於月一日,日中時,著^②種種香華,供養不歇,誦明一百八遍,念壇中一切諸佛菩薩。每日念誦,滿一月日,如法供養已,用苦練木柴燒火,遏迦木上塗蘇,白芥子加持燒火,從黃昏燒火至夜半,乃至日出。繫迦攞即來語行者言:使我作何事? 行者攝受已後,常隨行者,所使必得隨順,乃至使往天上取天女,即將來所須飲食齒木水等,皆得給侍。

　　底哩三昧耶無動尊聖者念誦祕密法卷下

　　復次,如前建立曼荼羅,應取一千蓮華,一華一誦,安中台,以爲奉獻。然後引弟子,入告三昧耶言爲諸欲清淨誓。《羯磨曼荼羅品》。

　　復次,成就像法,於清淨絹氎上,畫觀自在菩薩,堅蘇彌盧頂,八佛圍遶,白月一日,於此像前。

---

①　"取"前,《卍續藏》校勘一本有"又法"。

②　"著"前,《大正藏》校勘[甲]有"像前"。

聖迦抳忿怒金剛童子菩薩成就儀軌經①

聖迦抳忿怒金剛童子菩薩成就儀軌經卷上出《蘇悉地經》大明王教中第六品②

大興善寺三藏沙門大廣智不空奉詔譯③

　　尒時金剛手菩薩從座④而起，頂禮佛足，退坐一面，合掌向佛，而白佛言："世尊，世尊⑤哀愍加持於我，已説蘇悉地諸真言、軌則、律儀、教法，我今欲爲未來有情及末法時無福德者，以於前世不修善品，作諸罪業，致於今生招感貧匱、逢遇惡人、鬪諍言訟、殺害有情，亦爲未來有諸國王正法治國，生清淨信，尊敬三寶，爲隣國小王侵擾國界，不遵正法，或有外道不信因果，毁謗三寶，滅壞佛教。有如是等種種有情，今於佛前爲彼等類説以息災、增益、愛敬、降伏等法，令知佛法有大威德，神通自在，知諸菩薩具一切智。或復有諸修真言行者，見有衆生常懷惡心、欲破佛法、興師害善，大悲愍念，作降伏法，而令彼人不逐惡業，亦遮未來墮之惡趣，是故説此無比大威德聖迦抳忿怒之法。修此法者，當於有舍利塔前，或於河岸清流水側，或於空閑及天廟山間，於如是處或時飲乳、食菜，或復乞食，專誦真言滿六十萬徧，即先行法皆得成就，有大効驗。或能縛撲⑥，摧諸鬼魅，滅除邪見。毁謗正法、壞國之人、闡提等類，真言威力悉能令彼發于善心，毒蟲、毒藥不能傷害。

　　又復不爲餘部諸持誦者能破此法，若持誦者設有不能依此法則，或增或減，亦得滿足。

---

　　①　底本，《中華藏》第 1487 號，第 66 册第 144 頁中—182 頁上。卷上、卷下，原《金藏》廣勝寺本，卷中，原《清藏》本。校本，《中華藏》附《麗藏》本，下稱别本。
　　②　題注，原無，據《中華藏》校勘《磧》《南》《清》補。
　　③　譯名，《中華藏》校勘《磧》《南》作"大興善寺三藏不空譯"，《清》作"唐三藏沙門大廣智不空譯"。
　　④　座，别本作"坐"。
　　⑤　世尊，别本無。
　　⑥　撲，《中華藏》校勘《磧》《南》《清》無，别本後有"問事皆如"。

又能開諸伏藏，破阿修羅關鍵，枯竭江河，迴止流水。

又先行法，取自身嚕地囉及牛黄、穌相和，然千盞燈供養聖者[①]金剛童子。空中有聲言："汝法已成。"便可即取閼伽香水，當額奉獻。從此已後，所求之事無不成就。

又[②]往阿脩羅窟門，以茅草作鉤，誦真言加持七徧，茅鉤於門邊空中右旋轉。專誦真言，勿令間斷，窟中生大火聚，彼中修羅男女等皆被燒然，一一皆出現身。告持誦者言："惟願尊者入我窟中，恣意遊戲。"入已，住一大劫，受天妙樂。

又欲取伏藏，不擇日時[③]，於彼伏藏邊[④]翹一足，立誦真言，右旋顧視，徧於四方，即成結界。作大壇亦有此法。專心翹足立，誦真言一百八徧，守伏藏者[⑤]若作障難，即被燒成火聚[⑥]。持誦者即告彼言："汝等開此伏藏，藏中所有皆悉與我。"若彼不與[⑦]，即作是言："梵王、那羅延、摩醯首羅及鬪戰女神訥伽等來厭汝伏藏，汝等應速與我此物，若不然者，忿怒聖者金剛童子滅汝家族。"彼等聞已[⑧]，皆悉順伏[⑨]，即告彼言："汝等可自開藏與我。"彼則開藏，恭敬持與。

又法，取雌黄或雄黄、安膳那眼藥，置金、銀或熟銅器中，對有舍利塔前，以香塗一方壇，置聖金剛童子像於壇中，以種種香、華、飲食、閼伽，依教迎請而供養之。對此壇前誦真言八千徧，加持前藥[⑩]。若暖相現，用點額上，或塗眼中，一切人見者親附，心生歡喜。若煙相現，如前用之，即得安怛但那成就。若光相現，亦如前，即得騰空自在。

又法，至於恒河或入海之河，於此河側而持誦者，或淨食或不食，誦真言三十万遍，至於阿修羅窟，結印契，誦真言，其阿修羅關鍵自然而破，窟門即開，阿修羅王引入宫中，食天甘露，壽命一劫。

又法，若於大海岸邊結印、誦真言，擬大海水，其水即減二十五肘。隨其減處，地則乾燥[⑪]。

又[⑫]於海岸閒閉目，以綿塞其兩耳，結印、誦真言一千徧，則見自身至楞伽山頂。

---

① 者，《中華藏》校勘《磧》《南》《清》無。

② "又"後，别本有"若欲"。

③ 不擇日時，别本作"不應簡擇宿曜日時，不即齋戒"。

④ "邊"後，别本有"當"。

⑤ "守伏藏者"前，别本有"其伏藏中"。

⑥ "火聚"後，别本有"哭泣來至持誦者前，踟跪降伏"。

⑦ 若彼不與，别本作"彼等即開與持誦者，若彼等慳惜不與"。

⑧ 彼等聞已，别本作"彼等若聞如此語已"。

⑨ "皆悉順伏"後，别本有"即作是言，尊者恣意往取物，我無所悋"。

⑩ "加持前藥"後，别本有"即得三相而現，所謂暖相、煙相、光相"。

⑪ 燥，原作"澡"，據《中華藏》校勘《磧》《南》《清》改。

⑫ 又，别本作"又法"。

又誦一千徧,有羅刹王微毗師那示現端嚴身至①,任誦者驅役②。若不伏使③,即④想彼羅刹在左足下,舉足踏地,其羅刹王悶絕至死。所住楞伽之城悉皆被燒,如大火聚。持誦者起慈愍心,於真言句中,加娑縛賀字,其羅刹等即⑤穌息,歸伏任⑥驅使。

又⑦於俱摩羅天前乘孔雀天,不食,誦真言三十萬徧,天當現身⑧,與行者願。行者即取閼伽,加持七徧以獻,作言⑨:"善來俱摩羅,惟願令我於俱摩羅摩醯首羅天所說真言皆得成就。"彼言:"願汝成就。"語已不現⑩。從此已後一切金剛部中及餘天所說真言皆得成就。

又法,至摩醯首羅天廟,不食誦真言十萬徧,心所願求皆得滿足。

又⑪於梵天、那羅延天、摩醯首羅天、帝釋天、俱摩羅天、日天,諸餘天等形像之前誦真言十萬徧,心所求願悉皆成就⑫。

又⑬欲降伏惡人者,取芥子共鹽相和護摩,誦真言十萬徧,一徧一稱彼名,投於火中⑭,天、修羅等尚被損壞,何況諸餘人類興惡心者而不損壞。雖先未有功業,隨誦隨成,何況常受持者。又⑮欲變蜜里得迦成爲金寶者,取蜜里得迦,以左脚踏頭上,以手印打之,真言中并吽字,其蜜哩得迦即自起,用補沙鐵刀、劍斫之,即全身變成金⑯。

---

① "至"後,別本有"行者處"。
② "驅役"後,別本有"走使"。
③ 使,別本作"駈使"。
④ "即"前,別本有"持誦者"。
⑤ 即,別本作"即得"。
⑥ 任,別本作"行者任令"。
⑦ 又,別本作"又法"。
⑧ 天當現身,別本作"俱摩羅天當即現身"。
⑨ 加持七徧以獻作言,別本作"香水,誦真言加持七遍而以奉獻作是言"。
⑩ 彼言願汝成就語已不現,別本作"俱摩羅言願汝成就,作是語已,隱身不現"。
⑪ 又,別本作"又法"。
⑫ 此段後,別本插入下"又於曾經所入脩羅窟前"至"誦真言一千徧"段,並有經文:"先入修羅宮者,則出窟來。第二、第三、乃至第七人,皆出來作如是言:我等先入阿修羅王荷擷迦宮殿,皆因受持金剛童子真言,得入此宮,情相愛慕,結爲朋友。我等相共耻辱科罰,不迎汝者,我等共汝且不應入阿修羅窟,即於窟前取所獻摩醯首羅蔆花,又取畫摩醯首羅形像,以左足踏其頭上,投蔆花於火中作護摩,則吉祥天與修羅女共爲眷屬,從窟而出,至行者前作如是言:終相奉事。所持誦者,必不應受,當須作雷震、忿怒聲,而誦真言。彼等悉皆迷謬狂亂,自脫衣服,其身裸露,吉祥天女及修羅女作是言:我等奉事尊者。持誦者拍掌三遍告言:汝隨順我。即起慈心,於真言句中加娑嚩賀字,彼等迷悶,皆得醒悟,若作此法,由不入者,持誦人即閉目誦真言八遍,則聖者金剛童子現身,告行者言:子汝來,汝入修羅窟至第二重門,門即自開,若自身入,并諸眷屬等亦皆得入,阿修羅王所有七種宮殿,作此法,皆悉得入。"
⑬ 又,別本作"又法"。
⑭ 投於火中,別本作"投芥子及鹽於火中"
⑮ 又,別本作"又法"。
⑯ 金,別本作"金軀"。

若不尒，持誦者告言："速吐速吐。"即吐如意寶珠，懸自頸下，所思之事皆得滿足。

又法，對舍利塔前誦真言六十萬徧，即先行成就，然以補沙鐵作劍，長六指，或八指、十六指、三十二指量①，以五淨洗之，右手把劍於道場中念誦，乃至劍現光焰，得變身爲持明仙，飛騰虛空，名持劍明仙。或以補沙鐵作金剛杵，量如《蘇婆呼經》説，念誦如前，則變爲毗那夜迦王②仙，於諸魔衆而得自在。或以作輪念誦，如前爲持輪仙，於諸明仙得爲主宰。若作鉞斧，念誦如前，則爲鬼神主仙，於諸鬼神得爲主宰。若作刀子，爲天女主仙，於諸天女而得自在。若作羂索，則爲龍主仙，於諸龍中而得自在。若作爍底，則得勇健大力，能敵俱摩羅天。若佉吒網迦，則得如摩醯首羅天，於三界中而得自在。於前諸法，若一法成就，則能成入一切壇場，亦能成就一切諸法，所有明仙共彼來往，壽命一大劫。

又於曾經所入脩羅窟前誦真言十萬徧，先窟中持誦成就者出迎，頂禮引入宮中，若不來，即至摩醯首羅天廟中，并稱吽字誦真言一千徧，先入宮者皆出來。

又法，取所獻摩醯首羅菱華，又取畫摩醯首羅像，以左脚踏其頭上，投菱華作護摩，則吉祥天女與脩羅女從窟而出，至行者前，作如是言："終身奉事尊者。"行者拍掌三遍告言："汝隨順我。"師起慈心，於真言句中加婆嚕賀字，彼皆醒悟。若作此法由不入者，即閉目誦真言，則金剛童子現身告行者言："汝來入，并眷屬亦得入。"

又欲召羅刹使者，先入漫荼羅受灌頂，然則離怖畏心，常觀念諸佛、菩薩、聲聞、緣覺，三時懺悔、隨喜、勸請、迴向、發願，將像於塚閒作猛利壇，身著赤衣，赤色華作鬘，莊嚴自身，頭上安人劫波羅，誦真言無限。常以甲胄攢③身於猛利壇中，畫四印漫荼羅，初念誦時見惡形狗牙上出，或有惡形豎髮④，或一足、三足，或八臂，或二頭、四頭，或見大風、雷雨。第二七日見美貌女人嚴身幻惑，起慈心觀，彼退不現。第三七日即見毗那夜伽，及見羅刹，極惡形容，即降伏爲使者，見餘成就持明人得悉地者。所彼起少忿怒視彼人，彼人所有成就法悉皆退失。彼羅刹等立誓，所爲所作一切所驅使處，皆悉成辨而爲使者。

又法，於故園中，或向一樹下，或池側，或山閒隨所愛樂處，不語，或乞食，或飲乳，或食菜，或支持身命，三時懺悔，像前誦真言八十萬徧，所爲所作皆得成就。

又欲止佗敵不能爲害者，三日不食，應畫四印漫荼羅，隨力⑤供養。於壇中一髻

---

① "量"後，別本有"或依餘真言教中劍量，劍成之後"。

② 王，《中華藏》校勘《磧》《南》《清》作"主"。

③ 攢，《中華藏》校勘《磧》《南》《清》作"攂"。

④ 髮，《中華藏》校勘《磧》《南》《清》作"鬘"。

⑤ 力，《中華藏》校勘《磧》《南》《清》無。

尊菩薩位處置竹竿青幡上，取自魯地囉和毒及白芥子，畫作三股底里商①俱金剛杵，杵心畫忿怒金剛童子形。於竿下地上，以劍波羅末和埿，捏作獨股金剛杵形，作護摩鑪，鑪中又捏作一小獨股金剛杵。取②棘刺木然火，取骨末和毒，一誦真言一稱彼名擲鑪中，對軍陣前作法，令彼軍衆皆盲，手中器仗自落，或於當處不動如杌。

又法，彼軍欲逼，且縱相近，近已，如前作四印壇，餘壇亦得。豎前青幡對彼軍前作護摩鑪，行者裸形被髮結印，被甲護身，取摩訶莾婆和毒及血，日三時念誦各一百八徧，稱彼名投火中，七日中互相殺害，互相間構，悉皆殞命，二七日間磨滅無餘，念誦時不得語，寢息時應卧牛皮。

又法，於自頭上五脉處刺血作護摩，佗敵須臾頑癡如杌，任捉殺害。若順伏，即起悲愍心。取酥和蜜，以龍華藥捏，稱彼名，真言一徧一擲火中。彼苦皆息。於前諸法若一法成就，則能成入一切壇場，亦德成就一切諸法，所有明仙共彼來往，壽一大劫。

又欲帝釋擁護者，取七蚯蚓糞作彼天形，以右腳踏心上，取毒藥和嚕地囉及白芥子誦真言一千徧，護摩一徧一擲火中，得天帝敬愛，天眷屬常來擁護。

又若華、果真言③，七徧加持，以將與人，則得④歡喜，此金剛童子真言對舍利塔前念誦，餘處不應念誦，作法不成。若常念誦不間斷者，一切所求皆得成就。應發菩提心，離慳悋想，遠離無益世間談話，一切勝願皆得現前，不被諸魔之所得便，不應與人治病及治鬼魅，以妨大法。

真言印契念誦次第法⑤。

根本印，以二中指相背豎，二無名指於中指中節外橫交，二頭指鈎二無名指頭，二大指於中指前中節頭相拄，二小指頭相合向下豎如針。真言曰⑥：
曩謨引囉怛曩二合怛囉二合夜引野一曩莫室戰二合拏嚩日囉二合播引拏上曳二摩訶藥乞灑二合細曩引鉢多上曳三怛你也二合佗去，引，四唵五迦抳度顙六吽引嫁吒半音娑嚩二合，引賀七，引

又弟二根本真言開修羅宮，用前根本印。真言曰：
曩謨引囉怛曩二合怛囉二合夜引野一曩莫室戰二合拏嚩日囉二合播引拏上曳二摩賀藥乞灑二合細曩引鉢多上曳三怛你也二合佗去，引，四唵引，五度曩尾度曩六迦抳矩嚕二合，引

---

①　商，《中華藏》校勘《磧》《南》《清》無。

②　取，《中華藏》校勘《磧》《南》《清》無。

③　又若華果真言，別本作“又法若花若菓誦真言”。

④　得，《中華藏》校勘《磧》《南》《清》作“能”。

⑤　真言印契念誦次第法，別本作“我今説聖迦抳忿怒金剛童子真言印契念誦次第法根本印”。

⑥　此段，別本作“其印相，以二中指相背豎，二無名指於中指中節外橫交，二頭指鈎二無名指頭，二大指於中指前中節頭相拄，二小指頭相合，向下豎如針即成。根本真言曰”。

駄七薩嚩演怛囉二合,引抳吽八

　　次結獨股杵印,二手内相叉作拳,二大指互捻二小指甲上,頭指並豎合。用前第一根本真言。

　　次結護身印,用前根本印,印身五處。真言曰:

唵引,一薩嚩弩瑟吒二合嚩向識量反羯囉二迦抳矩嚕二合,引駄三囉乞灑二合囉乞灑二合䮯引娑嚩二合,引賀四,引

　　次結甲冑印,准前根本印,舒二頭指相拄,二大指捻二頭指下弟一文,印身五處。真言曰:

唵引,一紇哩二合,入,引迦抳野二摩諾賀吽發吒半音娑嚩二合,引賀引,三

　　次結寶山印,准前杵印,二頭指微屈,頭相拄,安頭上即成。真言曰:

唵引,一阿佐羅吽引,二

　　次結牆界印,准前根本印,直舒二頭指,頭相去一寸許。真言曰:

唵引,一紇哩二合迦泥二諾賀諾賀三鉢者鉢者四吽五發吒六

　　次結網印,准前根本印,印二大指向外散開。真言曰:

唵引,一嚩日囉二合半惹囉吽發吒二

　　次結縛毗那夜迦印,准前根本印,二頭指、二中指屈入掌,二大指各押二中指於掌中申相背合爲拳。真言曰:

唵引,一度曩尾度曩怛囉二合娑引野二成引灑野三薩嚩尾曩引野迦引南引,四吽引,五娑嚩二合賀六,引

　　次結迎請聖者印,准前根本,以二大指向身招。真言曰:

唵引,一度頗發吒二

　　次結請聖者眷屬,用前印。真言曰:

唵引,一娑跛哩嚩引囉二麽引嚩引賀野婆去誐鑁三迦抳矩嚕引駄四三麽野麽弩鼻聲娑摩囉娑嚩二合,引賀五,引

　　次結獻閼伽印,准根本印,二大指捻二頭指下第一文。真言曰:

唵引,一嚩日嚕二合,引娜迦吽引,二

　　次結獻座印,准前獨股杵印,二大指捻二頭指下文,頭向外出少許。真言曰:

唵引,一嚩日囉二合尾引囉引野二娑嚩二合,引賀引,三

　　次結獻塗香印,准前杵印,二大指微屈捻頭指下文,二大指相去二寸許,能滿所闕儀軌。真言曰:

唵引,一迦抳矩嚕二合,引駄二薩嚩薩怛嚩二合,引娑去羯囉三囉乞灑二合薩嚩産駄引頗娑嚩引賀引,四

　　次結獻華印,准前杵印出右指。真言曰:

唵引,一迦抳補澀波二合母納婆二合噧吽引,二

次結燒香①印,准前杵印,二大指面相合。真言曰:

唵引,一迦抳矩嚕二合,引馱二塢蘖囉二合能上瑟吒嚕三合,引得羯二合吒佩引囉嚕三蘖囉二合恨拏二合蘗囉二合恨拏二合,四度奔娑噧二合,引賀引,五

次結獻食印,准前杵印,出二大指、二小指頭相拄,餘六指内相叉作拳。真言曰:

唵引,一迦抳二吽吽三娑噧二合,引賀引,四

次結燈明印,准前杵印,二大指向身並竪。真言曰:

唵引,一迦抳你泥以反,引跛你跛野二吽三麌吒娑噧二合,引賀引,四

次結頭印,准前根本印,二大指捻二無名指甲上。真言曰:

唵引,一吽引吽引,二麼麼麌吒三

次結頂印,准前根本印,二頭指直舒頭相拄。真言曰:

唵引,一紇哩二合,引,二戰拏迦抳三諾賀鉢者四吽引,五麌吒娑噧二合,引賀引,六

次結前根本印安於心上,以心真言加持。心真言曰:

唵引,一迦顙吽麌吒二

次結甲冑印,如多羅菩薩印,二頭指②微開,用前甲冑真言。

次結最勝印,二手内相叉作拳,二小指頭相合,用前第二根本真言,次捧念珠當心,以隨心真言加持七徧。隨心真言曰:

唵引,一迦顙度麼二合吽三,引麌吒四

次結奉送聖者印,准前根本印,二大指向外撥。真言曰:

唵引,一迦抳娑噧二合,引賀引,二

今③復説開阿脩羅窟門立印。持誦者當迅速踏地,行步喜躍恐悚,頻伸蹙眉,鼓其兩頰,二手高舉,曲其十指爲師子爪,二目向下如師子顧視。時時以兩手兩④師子爪,更互上下以踏其地,如⑤師子行,作阿里茶立舞而旋遶。想自身如本尊,此印一切印中最勝,能摧一切阿脩羅宫關鍵。

金剛手菩薩説畫像法:取不截白氎畫,又受八戒,畫菩薩身⑥,種種瓔珞以莊嚴,身如火色,徧身流出火焰。以右手持金剛杵,鋒舉向上,右⑦手作施願手,脚爲里茶,

---

① 香,《中華藏》校勘《磧》《南》《清》無。

② 指,《中華藏》校勘《磧》《南》《清》無。

③ "今"前,别本有"我"。

④ 兩,别本作"作"。

⑤ 如,《中華藏》校勘《磧》《南》《清》無。

⑥ "金剛手菩薩"至"畫菩薩身",别本作"金剛藏菩薩言:我今説畫金剛童子像法,取不截白氎,擇去毛髮,畫師當須受持八戒,畫菩薩身"。

⑦ 右,《中華藏》校勘《磧》作"左"。

立踏槃石上,施願手。下畫持誦者,右膝著地,手執香爐。像成已,當於像前種種供養,燒安息香,無閒念誦。乃至①聞空中聲及聞鈴聲,復有光現,光如流星,墜下壇內,聲如雷震②,即獻閼伽,其像或動,或放光,當知即有功効,已後對像念誦,隨意皆成③。

又法,取④白氍用牛尿洗,復用香水濯淨,於閑靜處對佛前,或舍利塔前,不應用皮膠和彩色,畫筆色盞須新者,畫匠澡浴⑤,著新淨衣,受八齋戒,勿吐氣⑥以衝其像,亦不與畫人論其價直。其像獨身從海涌出,如吠瑠璃色,身有六臂,臂膊臃停,相兒充滿,面有三目,其目赤色,首戴寶冠,狗牙上出,口咬下唇,顰眉威怒。又於海中畫一寶山,像以左足踏於寶山,山上有妙蓮華以承其足,右足在海水中立,没其半膝。右第一手持底里賞俱金剛杵,作直勢,第二手持母娑羅棒,謂棒一頭,如鐵杵形,第三手⑦執鈇斧。左第一手把棒,第二手如擬勢,作金剛拳舒頭指。第三手⑧持劍。以大蛇於身上角絡繫,又以一切毒蛇⑨膊釧、臂釧、腰絛、瓔珞及耳璫繫髮。又以一大蛇遶要三帀,身背圓光,火焰圍遶,於火焰外有其雲電,以相輔翼。畫已⑩,持於河岸,或迥⑪樹下,或天廟中,或於池側,若念誦時,常須乞食⑫,嘿然不與人語,乃至成就。常起慈心,三時發露懺悔,專自策勵,生勇健心,不應怯弱,常樂捨施,每月受灌頂護身,於念誦處應結方隅⑬界及結漫荼羅界,加持香水,灑身衣服,每日三時迎請聖者,獻閼伽及塗香飲食、燈燭,對像誦真言九十萬徧。作先行法,正持誦時,有惡人來作障難者,以忿怒誦真言而顧視,彼即癲癇狂亂。若稱彼名念誦視之,其人身肉片片圮裂,或⑭致死世醫不救。須臾以右腳大指極按其地誦真言,即空中雨火燩然燒之,若起慈心念誦,如水滅火,即得惺悟。若外賊侵境,稱魁師師名⑮念誦者,彼軍⑯盡皆疫病,或波迸

---

① "乃至"後,別本有"有成就相現"。
② "聲如雷震"後,別本有"即於其處先所置賢瓶香水"。
③ 隨意皆成,別本作"隨所意樂事,悉皆成就"。
④ 又法取,別本作"又說畫像法,如前取織斷不截"。
⑤ 畫匠澡浴,別本作"畫師必須澡浴清淨"。
⑥ 勿吐氣,別本作"閉口吞聲,勿令吐氣"。
⑦ "第三手"前,別本有"右"。
⑧ "第三手"前,別本有"左"。
⑨ 毒蛇,別本作"毒虵作"。
⑩ 畫已,別本作"應如是畫畫成已"。
⑪ 迥,《中華藏》校勘《清》作"向"。
⑫ "常須乞食"前,別本有"或有伴或獨自一切皆得"。
⑬ 隅,原作"偶",據《中華藏》校勘《磧》《南》《清》改。
⑭ 或,別本作"或時"。
⑮ 名,《中華藏》校勘《磧》《南》《清》無。
⑯ 彼軍,別本作"彼之軍衆"。

逃竄，或當枯死①，或癲癇病惱②，彼若順伏，當慈心③念誦還得如故。又④欲求成就殊勝果者，於神通日月白分，就趣海、河側印沙印泥爲塔，塔⑤中置緣起偈，即法身舍利偈。置像於塔前，念誦行者以水和麨食之，取遏迦木搵酥投火護摩十萬徧已⑥，地動則⑦轉身飛騰爲忉利天主。若徧地有火炬則爲四天王主，若大雲注雨，大地所有伏藏一時踊出。若金色光徧現，則爲⑧菩薩，壽命一劫，一切有大威力無能沮壞。若見一切有情身出光焰，即證悟一切三乘佛法菩薩⑨心成就。若像及塔放光，則得一切持明仙中爲王。若徧十方光焰，即見普賢菩薩，所求世間、出世間一切勝願悉皆滿足。此法不應無智慧少悲愍者，不敬師長多口過者，掉舉、散亂多事務者⑩，不入漫荼羅不受灌頂者，如是等人念誦則招顛狂夭壽。金剛手菩薩如是説。

　　又⑪若隣國侵境、惡臣作亂者，對像前取人劫波羅，搗爲末捏作彼人形，當於塚間，或於池側，以像面北，持誦者面南，坐於三角壇中安像。斷語、乞食，忿怒作無悲愍心，以右手作金剛拳舒，小指刺彼人形心上，誦真言無閒斷。由此威力令彼得大病，即於壇中忿怒王現身，如大拇指節，如火聚融金色，周圓流出金剛火焰。以右手頭指作期剋勢，即迅速至於彼處，告言某甲持誦者："使我來令斷汝命，汝命不存。"彼聞是語即吐熱血，即命盡。若歸順悔過，應起慈心，速加持香水灑彼頭上，即離苦惱得穌息。若見餘成就人得悉地者，於彼起少忿怒視彼人，彼所有成就法悉皆退失。

　　又法，欲驅⑫惡人令遠去者，取朗伽離藥誦真言，稱彼名加持七徧，埋彼人門閫下，即自遠逝。

　　又法，以白檀香三指許，剋作金剛童子像，右手把獨股金剛杵，左手施願手，忿怒形咬下脣，用金剛杵形以爲瓔珞莊嚴，以毗梨勒木作合盛之，燒蘇合香供養。對合前念誦三萬徧，即成就一千種大小⑬，不擇時日⑭，不限齋戒，不成就人亦得成就，若人有

---

① "或當枯死"後，別本有"或迷睡不覺"。
② "或癲癇病惱"後，別本有"或遍身痛惱"。
③ 心，《中華藏》校勘《磧》《南》《清》無。
④ 又，別本作"又法"。
⑤ 塔，《中華藏》校勘《磧》《南》《清》無。
⑥ "已"前，別本有"滿"。
⑦ 則，《中華藏》校勘《磧》《南》《清》無。
⑧ "爲"前，別本有"轉依"。
⑨ 菩薩，《中華藏》校勘《磧》《南》《清》作"菩提"。
⑩ "此法不應無智慧少悲愍者"至"散亂多事務者"，別本作"此像成就法，不應小人、無智慧者，少悲愍者，無積集福資糧者，不敬師長、謗毀此法者，諂誑妄語多口過者，掉舉散亂心不平等者，多事務者"。
⑪ 又，別本作"又法"。
⑫ 欲驅，別本作"驅逐"。
⑬ 小，別本作"事"。
⑭ "時日"後，別本有"宿直"。

厄難，稱彼人名，念誦得①解脫。

又法，食菜，或飲乳，或乞食念誦，應持禁戒一如比丘誦三十萬②，所爲所作，對此像前如前縛撲所問，皆得應驗③。

又雄黃法④，如前畫像，取雄黃置熟銅器中，持誦者取五淨飲之，身即清淨。置像於舍利塔前，用根本真言淨其精舍，護身結方隅界，用前眷屬真言加持塗香、燒香、時華、飲食、燈燭以伸供養，或黑月八日、十四日用四角菩提葉承雄黃器，用三箇菩提葉覆之，如無菩提夜合葉亦得。念誦乃至三相現⑤。若煖相現，取塗足，即離地一坼⑥，日行千里；若烟相現，得安怛怛那；若光相現，則飛騰虛空，一切無能沮壞。若於路中所逢象、馬車乘，自開路避之。行者作法時，應著黃衣，及以黃神線角絡，如披袈裟。若求安膳那成就，以青㲲染衣服著，或服赤衣，神線亦如是。説漫荼羅，用⑦五月、九月於黑分，先令念誦者殷重供養師，然後取吉祥木長十二指，加持一千八徧，爲欲念誦者作護摩⑧已，方引漫荼羅受灌頂。以其曾作先行法者，應畫漫荼羅，用五色粉撚成四門，門外畫標分漫荼羅爲三分，中取半分爲門，當上門以香粉畫佛坐蓮華⑨，右畫觀自在菩薩⑩，左畫金剛手菩薩，並坐⑪蓮華上。當下門畫聖迦抳忿怒金剛童子住蓮華上，徧身光焰，四角應畫三股金剛杵，以蛇纏杵，并有光焰，門門安賢缾，壇中心置一缾滿盛香水，以細繒帛繫缾頸，各加持一百八徧，成金剛水用灌弟子頂。灌已⑫，一切悉地皆得現前，從此已後纔結契念誦，頓集無量功德，所求皆得成就⑬。

聖迦抳忿怒金剛童子菩薩成就儀軌經卷上

---

① “得”前，別本有“則”。

② 誦三十萬，別本作“誦真言三十万遍”。

③ 此段經文後，別本有“又法，欲得敬愛者，畫四肘像，不應用皮膠，於像中心畫佛，在菩提樹下結跏趺坐，作説法相，比丘衆圍遶，於下右邊畫金剛忿怒菩薩，狗牙上出，口咬下脣，身如青蓮花色，眼赤黃色，眉顰蹙，以種種寶莊嚴身，當額流出長六指金剛童子形，充滿口有四牙，遍身千光流出，顰眉，以右手頭指作期剋勢。左邊畫持誦者，右膝着地，手執香爐。金剛手菩薩言：我今説所求事，取牛膝，搵酥投火中，護摩日三時，每時一百八遍，一遍一稱彼名，滿七日，一切有情，皆得歡喜。以此儀軌，若油麻投火中護摩，皆得敬愛。又法，至於塚間作彼設咄嚕形，屍林中取死人骨作橛，以赤線纏之，釘彼設咄嚕形心上，彼即毋馱。又法，取芥子和毒嚕地囉，日三時，每時誦一百八遍，稱彼名滿七日已，彼即命終”。

④ “法”後，別本有“者”。

⑤ “三相現”後，別本有“所謂煖煙光”。

⑥ 坼，《中華藏》校勘《清》作“尺”。

⑦ 説漫荼羅用，別本作“我今説漫荼羅當用”。

⑧ “護摩”後，別本有“護摩”。

⑨ 佛坐蓮華，別本作“佛世尊坐蓮花座”。

⑩ 右畫觀自在菩薩，別本作“右邊畫觀自在菩薩住蓮花上”。

⑪ 並坐，別本作“住”。

⑫ 灌已，別本作“於此漫荼羅中得此灌頂已”。

⑬ “從此已後”至“成就”，別本作“由入此漫荼羅及見漫荼羅故，從此已後，纔結契念誦，頓集無量功德，所求皆得成就。已説《漫荼羅儀軌品》竟”。

聖迦柅忿怒金剛童子菩薩成就儀軌經卷中下同卷

唐三藏沙門大廣智不空譯①

我今復説作先行法，於舍利塔前安本尊像，於三月十五日塗壇，隨力供養。取沉香搵酥、蜜、酪，晝夜擲火中護摩，一誦一擲爐中，若道場中幡華搖動，當知有効驗，即於晨朝供養三寶，七日獲得財寶、榮官，皆得稱意，及得②珠、玉、七寶等。

又③欲令空中出火者，視望空誦真言二十一徧，意念即空中火出。

又欲雨者④，觀虛空誦二十一徧，即降甘雨，取雨水獻佛，已後所作皆成。

又⑤欲空中雨華者，觀虛空誦二十一徧，即於空中雨種種華。

又⑥欲令若男、若女歡喜者，以安息香作丸，誦二十一徧，一稱彼名投火中，即得歡喜。

又⑦加持菖蒲二十一徧，口中含，共人論議皆⑧得勝。

又⑨若毗那夜迦相逼惱、作障難者，纔憶念真言，一切皆消散。若常念誦不間，注意於彼，障者并親族皆自滅壞⑩。

又法，從黑月一日起首，對像前，每日三時念誦真言，時別一千八徧，燒安息香丸，護摩至月末，所求皆得。

又⑪對像前，以蓮華搵酥、蜜、酪，誦真言一千徧，一擲火中護摩，即獲伏藏。

又求衣服者，於趣海、河入水，立至胸，取有藻華，誦真言一千八徧，一徧一擲水中，即得衣裳十副。

又法，迦腩摩華搵酥、蜜、酪護摩，真言一千八徧，一徧一投火中，一切有情皆得

---

①　譯名，《中華藏》校勘《磧》《南》作"大興善寺三藏沙門不空譯"。

②　"得"後，別本有"金銀"。

③　又，別本作"又法"。

④　又欲雨者，別本作"又法，欲令天雨者"。

⑤　又，別本作"又法"。

⑥　又，別本作"又法"。

⑦　又，別本作"又法"。

⑧　"皆"後，別本有"即"。

⑨　又，別本作"又法"。

⑩　此段經文後，別本有"又法，得先行成就者，應畫聖金剛童子像，或於素上，或於板上畫之，其像作忿怒形，以虵爲瓔珞，腰絛臂釧，二目瞋怒。黑月八日起首，行者應飲乳，或食大麦，誦真言十万徧，即先行成就"。

⑪　又，別本作"又法"。

歡喜順伏①。

又法，對像前取蘇摩那華搵酥、蜜、酪護摩，於七日中日三時，時別誦真言一千八徧，徧徧一擲火中，一切人恭敬得爲邑主。

又欲②摧伏設咄嚕者，取人骨爲橛，作彼人形，或畫或捏，加持一百八徧，釘於心上，即得摧伏。

又③欲摧彼設咄嚕令麼囉者，取燒屍殘木作橛，磨紫檀香以塗橛上，取屍林中帛纏橛，釘彼設咄嚕如前形頭上，彼設咄嚕即母馱④。

今復説畫聖金剛童子像，忿形虎皮裙，右手把金剛杵，左手作施頭⑤，對像於舍利塔前作先行法已，以香華供養此像，像前作方爐。作增益法，取沉香，可長大指節，搵酥合油七日，日三時，時誦真言一百八徧，一擲火中護摩，滿七日已，得持明仙安怛但那，足離於地，行疾如風，所聞永不忘。

又欲成就藥者，取羯扼迦羅華藥、龍華藥、白檀香，此等細擣熟研，又取象脂，其象年二十，額上自有文裂，即有流脂，異種極香。取此脂和上件藥爲丸。和藥時，取鬼宿日，令童女沐浴，著新淨衣，擣篩香藥及作七丸，丸如梧子，陰乾。丸藥法，以大指頭指撚藥丸⑥，指融蠟塗上，又取竹膜貼蠟上，意不欲上有指文，印藥上，若有指文，藥無靈驗也。其藥丸取生沉香，作合子盛，對像前結淨，三時念誦，乃至合子中作佉吒佉吒聲，即取一丸供養本尊，一丸奉請，一丸供養先成就者，又一丸分與助伴⑦，餘三丸以熟金、銀薄重重裹之，於口中含，即得安怛但那滅影藏形。

又⑧欲破他敵者，取華置死人身上，然後收取燒屍殘木，然火護摩七日，取月黑分，或中夜，或日中，每時一百八徧，對三角爐前面向南坐，稱彼將帥名，用前華加持一徧一擲火中，彼軍即破。

又⑨欲令淨行婆羅門歡喜者，取俱嬾拏迦華，常稱彼名，七日內作護摩，誦真言投華火中，即得歡喜。

---

①　本段與前"又求衣服者"至"衣裳十副"段，別本前後互置。

②　又欲，別本作"又法欲得"。

③　又，別本作"又法"。

④　此段經文後，別本有"又法，欲令設咄嚕國界疫病起者，取老烏翅搵嚕地囉，於三角爐中，誦真言七遍，滿七日已，彼盡疫病"。

⑤　"今復説畫聖金剛童子像"至"左手作施頭"，別本作"我今復説畫像法，或於白氎、或於素上、或板上，不應用皮膠，畫師應潔淨，受八戒，畫聖金剛童子像，作忿怒形，虎皮爲裙，右手把金剛杵，左手作施願"。

⑥　丸，《中華藏》校勘《磧》《南》無。

⑦　伴，《中華藏》校勘《磧》《南》作"畔"。

⑧　又，別本作"又法"。

⑨　又，別本作"又法"。

　　又①於舍利塔前取牛黃，加持一百八徧，用點額，所行履處，一切見者皆敬愛歡喜。

　　又②取骨屢草嬾苗揾酥，護摩一千八徧，一徧一擲火中，即得一切災難悉皆殄滅及增壽命。

　　又法，先已降伏者欲息彼苦，三時以乳護摩，彼苦則得消除。

　　又③欲求聞持不忘，日誦萬言者，對聖迦柅金剛像前種種供養，於銀器中盛酥，取酪法如下當明，念誦乃至相現④，皆得聞持不忘。

　　又⑤欲得延壽者，飲乳食、大麥，誦真言十萬徧，對摩醯首羅像前，取雄黃盛熟銅器中，以七箇菩提樹葉如前上下覆蓋，兼施八方天供養粥，誠心念誦，或有伴、無伴，應護自身結甲冑印，念誦乃至三相現，若光相，壽命萬歲⑥。

　　又⑦欲得敬重者，以鐵作輪，或三戟叉，於舍利塔前安金剛手菩薩像，廣大供養，置壇中，右手按上無間斷念誦，乃至質質致致聲，當知成就。手把叉或輪，一切天人即皆順伏，敬重彼人如佛⑧。又取河兩岸土，捏作頭指形，安壇中，以金剛杵按上念誦，乃至金剛杵及指來近身，當知成。已後手把此指，欲鉤召天龍八部，若男、若女及畜生、禽獸等，真言句中稱彼等名，迅疾如風，即至行者所，使所作皆得順伏。

　　又延壽法，對像⑨塗壇供養，於熟銅器中置牛黃，念誦乃至光出手把，即壽五千年。

　　又法，取七箇蚯蚓糞泥，加持塗圓壇，壇上坐念誦⑩，乃至空中有天妙藥下來，纔執此藥，身如金剛手菩薩。

　　又⑪欲成就華法者，取紫檀木雕作開敷蓮華，於舍利塔像前念誦，乃至光現，則變爲持明仙，最爲尊貴。若至持明仙住洞之處⑫，一切天龍八部皆得隨順。

　　又法，被毒蟲所囓，鬼魅所病，或瘧，或被毒藥所中，取水加持七徧，灑彼或飲，即得除愈。

---

① 又，別本作“又法”。
② 又，別本作“又法”。
③ 又，別本作“又法”。
④ “乃至相現”後，別本有“隨上、中、下”。
⑤ 又，別本作“又法”。
⑥ 萬歲，別本作“一萬歲”，後有夾注“上、中、下如前”。
⑦ 又，別本作“又法”。
⑧ “如佛”後，別本有“無異”。
⑨ 又延壽法對像，別本作“又法若成就牛黃延壽法者，對金剛童子像前”。
⑩ 壇上坐念誦，別本作“坐於圓壇上念誦”。
⑪ 又，別本作“又法”。
⑫ 若至持明仙住洞之處，別本作“若所至持明仙所居住洞之處”。

又欲縛撲問事①，一日一夜不食念誦，其法即成。或童子、童女令澡浴，著新淨衣，塗拭泥圓壇令坐，縛問過去未來事，皆知之。此法設令犯四重、五無間罪，現生無成就分者，由入曼荼羅受灌頂，已後念誦現生得一切成就，況具戒行者②。

又③取牛黄末，加持一千八徧，用點額頭，一切人皆見歡喜，若在軍陣，刀箭不著身。

又法，晨朝取水一掬，加持七徧飲之，食飲不求自至④。

又把袈裟角，加持二十一徧，共人論議，皆得勝辭無礙⑤。

又法，經過賊境，一心念誦，即不被劫奪傷害⑥。

又法，佉陀羅木灰散彼持誦人，彼即持誦無効。若欲解時，心誦真言一徧即解。

又婦人産生⑦，取酥一兩，加持二十一徧令服，即易産不受諸苦。

又⑧欲令惡人歡喜者，取蠟捏作彼人形，安於胜上，加持一千八徧，暴惡、忿怒人皆得敬順歡喜。

又⑨對本尊像前，獻白華一千八枚，即一切恭敬順伏⑩。

又⑪持誦者飲乳，或食大麥，取蚯蚓捏作和修吉龍王形，坐⑫彼王上念誦，若動搖，當知法成，龍王每日供十二人食，亦説過、未來事⑬。

又法，從月一日，乞食以自存。至白月十四日，一夜對像前廣設供養，念誦，乃至像動，即得安怛但那，安怛但那成就中最爲尊上，心念百味飲食，則得壽五千年。

---

① 事，原作"字"，據別本改。
② "過去未來事皆知之"至"況具戒行者"，別本作"過未來事，皆悉得知。持誦者當須淨信敬重三寶。金剛手菩薩愍念一切有情，欲令安樂利益故説。此經蘇悉地大明王教中第六品一品是，此法南天竺國境苾芻訶哩拔摩，於此法中持誦得大効驗，成就此法。設令犯四重、五無間罪，現生持誦無成就分者，由入曼荼羅受灌頂，念誦現生則得一切成就，何況餘淨住具戒行者。又法，設先持誦未有功効者，但臨時念誦，即得成就"。
③ 又，別本作"又法"。
④ 食飲不求自至，別本作"不求飲食，飲食自至"。
⑤ 此段，別本作"又法，左手把袈裟角加持二十一遍，共人論議，皆悉得勝，辭辯無導"。
⑥ 此段後，別本有"又法，取佉陀羅木護摩，除一切鬼魅"。
⑦ 又婦人産生，別本有"又法，婦人難産者"。
⑧ 又，別本作"又法"。
⑨ 又，別本作"又法"。
⑩ 此段後，別本有"又法，欲令男、女恭敬者，於男、女前誦真言一千八遍，即恭敬順伏"。
⑪ 又，別本作"又法"。
⑫ "坐"前，別本有"持誦者"。
⑬ 此段後，別本有"又法，持誦者飲乳，或食大麦，對像前誦真言百千遍，即獲財寶無限"。

又法，入①恒河，立水至胸，誦真言十萬徧，然後於恒河洲中，印沙塔加持，即將本尊像置河岸側，酥、蜜、酪相和護摩，一切龍即來降伏，所處分事皆得成辦②。

又法，乘船入海，誦真言十萬徧，海龍王即來現身，所求皆得，龍獻行者摩尼寶珠。受已，便爲持明仙，即飛騰虛空，一切持明仙中爲最尊。

又法，令金銅匠受八戒，取熟銅作賢缾，於中置少分穀、麥等一切種子，及諸靈藥、金、銀、七寶等，少分塗拭曼茶羅，每日三時供養。置缾於壇中，神通月取一日起首，念誦至十五日，無間斷念誦，加持缾，其缾有光焰現，則持閼伽供養，聖衆敬謝，即取缾置於淨處，所須之物内手入缾中，所須一切財寶、車乘、衣服、玩具隨所意求皆悉獲得，缾中所出物先供養本尊。其缾須加持防護，不爾，恐諸魔盜竊缾將去③。

又法，於入海、河，水立至胸，誦真言十萬徧，然後印塔，或泥，或沙，則於像前廣設供養，用水精作如意寶，或用泥作，安右掌中，結跏④念誦，乃至放光，即成如意寶，得爲持明仙。

又法，於舍利塔前安像，於神通月十五日，像前依法廣供養、然燈，右手持寶幢，幢上繫白繒垂下，念誦乃至放光，即得如意幢，爲持明仙。

又法，於神通月十五日對像前廣供養，取《般若波羅蜜經》夾，以香泥塗夾，以華鬘纏供養，置於左手，跏趺坐念誦，乃至放光，則通達一切佛法，無礙解辯，爲持明仙，徧遊六趣，廣利無邊有情，至無上菩提。

又法，飲乳、食大麥，於大海岸獨樹下，一⑤日三時，時別誦真言一千徧，大海中所有珍寶悉皆踊出，恣意取之。

又法，食菉豆，於山上誦真言一千八徧，則見山中一切金，恣意取之。

又法，加持酥一千八徧，與無子息女人喫，即有男女。

又法，取醍醐加持一百八徧塗身，入火不燒，入水不溺，若當念誦，不被一切毒藥所中。

又法，作⑥先行法，於黑月八日、十四日廣大供養本尊，即請僧次供養，以雄黄於道場中地上畫百葉蓮華，中坐念誦，乃至地裂，踊出蓮華，於蓮華葉上有十六持明仙

① “入”前，別本有“持誦者”。
② 此段後，別本有“又法，於獨樹下印緣起偈塔，誦真言滿十万遍已，令剠鏤匠受八戒，取菩提樹木作三戟叉，加持十万遍，以種種香塗上，以右手持叉，晝夜念誦，其戟叉出焰，則變身成摩醯首羅天，即能調伏難調伏者，無能沮壞”。
③ “去”後，別本有“應知”。
④ “跏”後，別本有“趺坐”。
⑤ 一，別本作“七”。
⑥ “作”前，別本有“念誦者應”。

圍遶①，飛騰虛空。有人若遇見成就者，亦得飛騰虛空，即此蓮華變成寶莊嚴宮殿，壽命中劫，命終得生淨妙佛國②。

又加持水一千八徧，用溉枯樹，即生華果。又③於枯涸河中念誦，水則盈滿。又④被水漂溺，設令解浮，困乏無力，念誦真言則得淺處⑤。

又⑥願得僧大眾生歡喜者，對像前獻華一千八枚，一誦真言獻一華，則得。又法，取安息香丸用護摩，得金千兩。

又法，對像前以薰陸香護摩七夜，別誦真言一千八徧，徧別一擲火中，即得伏藏。

又欲怨家歡喜者，對像前以白芥子護摩七日，日三時，時別誦一千八徧，徧別一擲火中，即一切怨家降伏⑦。

又法，加持油一千八徧，塗刀、箭傷瘡即差。

又⑧取土塊加持七徧，擲於水中，水中磨竭、黿鼉等皆口噤，不能傷人。

又法，以此真言加持，一切疾病皆得除愈⑨。

又法，徧身疼痛，或寒熱病，一日、二日、三日或常患，加持油麻油一百八徧或二十一徧，用塗身即愈。

又法，毗舍遮瘧、部多諸鬼魅瘧，以真言加持白縷，結索帶之即差⑩。

---

① 十六持明仙圍遶，別本作“十六持明仙現，即共彼仙圍遶”。

② 命終得生淨妙佛國，別本作“若命終後，即得往生淨妙佛國”。

③ 又，別本作“又法”。

④ 又，別本作“又法”。

⑤ 此段後，別本有“又法，欲得彼人敬者，取白芥子，誦真言一千八遍護摩，取淨土捏作彼人形，安像前，念誦真言一千八遍，一遍一稱彼名，即得敬順”。

⑥ 又，別本作“又法”。

⑦ “降伏”後，別本有“歡喜”，又有“又法，取紫鑛護摩七日，日三時，時別誦真言一千八遍，一遍一擲火中，即得一切人恭敬歸伏。又法，取粳米護摩七日，日三時，時別誦真言一千八遍，一遍一擲火中，即得一千貫錢。又法，從白月一日，一日一夜不食，於趣海、河入水，立至胸，取蘇摩那花十萬枚，誦真言一遍，加持一花，供養擲水中，獲金百兩”。

⑧ 又，別本作“又法”。

⑨ 以此真言加持一切疾病皆得除愈，別本作“於白月十三日至十五日，三日不食，念誦，然後入河中，水至臍，獻花一十八枚，誦真言一遍，擲一花於水中，即得一副衣，價直千金錢。又法，月蝕時於舍利塔前，取相思子曝乾擣爲末，和酥蜜作丸，置熟銅器中，取菩提葉七枚覆蓋器，如前念誦，乃至光相現，分藥供養，如前取服，即得聞持不忘，日誦萬言。又法，以此聖迦抳忿怒金剛童子真言加持，一切疾病皆得除愈”。

⑩ 此段後，別本有“又法，婦人難產，加持油麻油二十一遍，塗臍下腰胯，即得易產，不受諸苦。又法，欲入軍陣鬥戰，書此真言於樺皮上，或絹素上，加持一千八遍，繫於右臂，所向無敵，有大威德。又法，於根本像前，一日一夜不食，於趣海、河側，飲乳，或食大麥，於水中取開敷蓮花十萬莖，誦真言一遍，擲一花於水中，即得大伏藏。又法，於有舍利塔前安本尊像，取佉陀羅木然火，取蓮花三萬莖，誦真言一遍，一擲花於火中，滿已，則見本尊現前，即獻閼伽供養，所願皆滿。又法，取沉香木對本尊像前，取犢子糞和酥、蜜、酪護摩，誦真言七千遍，則有一黃牛來，又取犢子糞和酥蜜酪，誦真言二萬遍，如前護摩，其牛必來，取其乳供得千人”。

又法，取沉香木，對本尊像前，取犢糞和酥、蜜、酪，護摩七千徧，則有一黃牛來，又取犢子糞，和酥、蜜、酪二萬徧，如前護摩，其牛必來，取其乳供得千人。

又對滿賢大將前，取蘇摩那華，日燒八千，乃至六月，即得金錢千貫①。

又法，供養像，從月一日至十五日，每日漸加一僧，初請七僧，日滿已②，其像出語告言："汝今成就。"已後對像念誦，所求皆得成就。

又法，令童女澡浴③，著新淨衣，右合五色線加持一百八徧，繫右臂上，即除疾病，福德增長。又於趣海、河水中，取黑油麻，以三指頭撮，誦真言，一徧一擲一撮於水中，滿八千遍，即得穀麥豐饒。

又每日取有香氣華一百八枚，誦真言加持，一徧一獻本尊，獲大福④。

又法，取百合莖然火，取菖蒲一千八段，搵酥護摩，一誦真言，一擲火中，取灰於額上點，即得安怛但那，如一徧不成，至第二、第三必得成就。

又於菩提樹下夜合樹亦得。供養聖者像，取牛膝草搵酥、蜜、酪，護摩一千八徧，即得象、驢、騾、牛、水牛等自來，隨順驅使。又⑤春三月黑分，受八戒，於舍利塔前塗檀香華供養，日日請僧次齋，取瓦餅底不黑者四枚，滿盛水，持種種香、種種藥少分置於餅中，一一餅誦真言加持⑥。黑分八日早朝鳥未鳴時，令男女沐浴，對本尊像前，取屍林燒屍火及殘木，取茴香華護摩，誦真言十萬徧，一擲火中，即得飲食，無有窮盡，廣應惠施供養⑦。

又法，若被囚禁枷鎖，纔誦真言即得解脫。

又⑧於神通月，對本尊像前，飲乳、食大麥，從十三至十五日不間斷⑨念誦，聖者即來，燈焰增盛地動，像動出聲，告行者言："汝今成就。"已後對像念誦，所求皆得⑩。

又法，於有舍利塔前，誦真言十萬徧，所作重罪應墮惡道，皆得消滅。

又法，每日鳥未鳴時，取胡椒七顆，加持二十一徧，自吞之⑪，即得聞持。日誦一

---

①　乃至六月即得金錢千貫，別本作"乃至六箇月滿已，即得金錢一千貫"。

②　"供養像"至"滿已"，別本作"供養聖金剛童子像，從月一日至十五日，每日漸加供養物，從月一日依僧次，初請七僧，供養日加一僧，至十五日滿已"。

③　"令童女澡浴"前，別本有"欲除身上疾病令福德增長者"。

④　一獻本尊獲大福，別本作"一遍一獻本尊，滿已則獲大福德"。

⑤　又，別本作"又法"。

⑥　"加持"後，別本有"一千八遍至四月"。

⑦　供養，別本無。

⑧　又，別本作"又法"。

⑨　"不間斷"前，別本有"三日"。

⑩　已後對像念誦所求皆得，別本作"從此已後對像前念誦，所求皆得成就。又法，應作先行法，六箇月念誦，然後於舍利塔前安像，又更六箇月念誦，念誦滿已，即得五千金錢"。

⑪　吞之，別本作"食"。

百五十徧，徧別一擲火中，所求榮官、財産、聰慧、增壽悉皆獲得。

又法，於河兩岸，遠人問①擣帛杵聲處，取土作方七肘壇，於壇上畫千葉蓮華，於蓮華上以如來一磔手，凡人一肘量。取五種金金、銀、銅、鐵、錫。相和，銷爲一輪置於華上。用種種華供養壇四邊，然酥燈七盞。四方置四缾，盛香水，缾中置七寶少許，缾上安俱緣果。應燒薰陸香、沉香、室利吠瑟吒迦香、安息香，應施四方天食：東方施粳米酪飯，南方施水和粳米飯，西方施粳米砂糖飯，北方施乳粳米粥。對此壇前，以波羅奢木然火，取牛膝草一千段，搵酥護摩，先②加持七徧，然後一徧一擲火中，牛膝滿，以其輪放光，手持此輪，即得飛騰虛空，一切持明仙皆悉順伏，敬事如佛。

又於白月十五日月蝕時，行者受八戒，對舍利塔前，一日一夜不食，取瞿摩夷未墮地者塗一圓壇，大小如一牛皮許大，取黃乳牛犢子母同色者，令童女罄乳酪拌酥，取酥七兩，置於金銀器中，以左手持酥，以右手無名指攪酥，誦真言加持。若煖飲之，得聞持不忘，日誦萬言，一誦之後終身不忘③。若得烟相，一切人見者愛敬尊重，光相現者④安怛但那。分酥供養，及日蝕如前法中⑤。

又若城邑聚落有疾病流行，於中夜塗一小壇，供養白食，取乳木柴然火，取酥護摩一千八徧，徧別一稱國王名，投酥火中，疫病遠離國界。

又欲降伏藥叉者，取尼拘陀樹木，長十指截，搵酥、蜜、酪護摩一千八徧即伏。

又欲伏癲癇鬼、吸人精氣鬼，取黑羊毛護摩一千八徧，彼鬼服已，病者除愈⑥。

又⑦欲降伏摩醯首羅者，取安息香，作一千八丸搵酥，護摩一千八徧，一切摩醯首羅所有使者悉皆降伏，能成辦一切事。

---

①　問，疑當作“聞”。
②　“先”後，別本有“誦真言”。
③　一誦之後終身不忘，別本作“一誦已後，乃至終身更不廢忘”。
④　“光相現者”後，別本有“則得”。
⑤　此段經文後，別本有“又法，取天門冬護摩，誦真言一千八遍已，然後取灰置於四瓶中，滿盛水，一一瓶加持一千八遍，所有患鬼魅、癲癇、被厭禱者，先令澡浴，著新淨衣，於淨處塗一圓壇，上安一床子，令患者坐，取前加持水瓶，持誦者誦真言不間斷，頂上及身澆之，所有病患、災難並得除差。又法，取無能勝花一千八枚護摩，誦真言一千八遍，一遍一擲火中，入軍陣鬥戰，皆得大勝。又法，令童女合線，誦真言加持，結繫於左臂上，不被毒蟲、毒藥所中”。
⑥　此段，別本作“又法，欲降伏鳩盤茶鬼，取冬瓜蔓藤，長十指，截一千八莖，搵酥護摩，誦真言一千八遍，一遍一擲火中，其鬼即皆降伏。又法，欲調伏餓鬼者，取油麻末護摩，誦真言一千八遍，一遍以三指撮，一擲火中，即得降伏。又法，欲調伏毗舍遮鬼，取塚間破帛護摩，誦真言一千八遍，一遍擲一片子投火中，即得降伏。又法，欲得降伏藥叉者，取尼拘陀樹木，長十指截，搵酥蜜酪護摩，誦真言一千八遍，一誦一擲火中，即得降伏。又法，欲得降伏癲癇鬼、吸人精氣病鬼，取黑羊毛護摩，誦真言一千八遍，取一撮擲於火中，彼鬼伏已，病者除愈”。
⑦　又，別本作“又法”。

又法，取雄黃一兩，隨索價①，用婆羅皂夾木亦云蜜相木。柴然火，燒雄黃如火色已，欲②收取置熟銅器中，以酥澆雄黃上，其酥取黃牛母子同色者，令童女聲乳臥酪抨酥，取酥③、蜜、酪各別器中盛供養本尊，收取雄黃盛於熟銅合子中。候月蝕時，從十三日至十五日，三日斷食，對舍利塔前面向北坐，取菩提葉七枚，四枚敷合下，三枚覆合上，無間斷念誦。若暖相現，取點額，一切人見皆悉歡喜，若烟相現，則安怛但那成就，若光相現，則飛騰虛空。如是依前法求成就，雌黃牛黃安膳那法皆得，唯牛黃法少異於此。牛黃法，取月十五日於荷葉中裹牛黃安於二手中，合掌無間念誦加持，乃至三相現，所獲果報如前。

又法，以五金作蓮華，取鬱金香、牛黃、龍腦香研作末，取天雨水和爲七丸，於舍利塔前安像念誦，以右手按藥乃至放光，則飛騰虛空爲持明仙，壽命一萬歲。

若以真言加持頭冠、臂釧、腰條，皆得成就如前④。設令破戒壞行，所爲所作尚得成就，何況具戒行者。

又取犢子瞿摩夷護摩七日，每夜一時誦真言一千八徧，一徧取瞿摩夷少許，一擲火中，得牛一百頭⑤。

又法，入河中立水至胸，取蓮華搵檀香，香摩如泥。誦一百千徧，徧別一擲水中，所得伏藏積如蓮華。

又法，取吉祥木一千八段搵酥護摩三日，日三時一千八徧，即得財寶豐饒。

又法，取烏油麻稻穀華相和，對像前護摩三日，日三時，時別一千八徧，徧別一擲火中，即得家中飲食無盡。

又欲得降伏一切龍王者，取種種華護摩三日，日三時，時別一千八徧，即得一切龍降伏。

又欲降伏藥叉者，對像前取安息香丸護摩七日，日三時，時別一千八徧，即得一切藥叉降伏。

又法，欲召藥叉女者，取無憂木準前藥叉護摩法，即得藥叉女來恭敬承事，所須一切衣服、飲食及諸財寶隨意供⑥給。

---

①　隨索價，別本作"若買隨彼索價稱口與錢"。
②　欲，《中華藏》校勘《磧》作"卻"。
③　酥，原作"酪"，據《中華藏》校勘《磧》改。
④　此段後，別本有"又法，於有舍利塔前安本尊像，若俗人應受八戒，於像前廣設供養，以遏迦木然火，取佉陀羅木長十指，兩頭搵酥，從白月十四日起手護摩，至十五日，每日用佉陀羅木一千八段，誦真言一千八遍，一遍一擲火中"。
⑤　此段後，別本有"又法，取佉陀羅木，搵酥蜜酪護摩三日，三時每時誦真言一千八遍，一遍一擲火中，即獲得伏藏。若廣設供養，其伏藏用之無盡"。
⑥　供，《中華藏》校勘《磧》《南》作"恭"。

又法，對根本像前取沉香木搵酥護摩三七日，日三時，時別一千八徧，即得一切諸天歡喜助護，災難消滅，福德增長。

又法，若被囚禁，夜時澡浴，著新淨衣服誦真言一千八徧，即得解脫。

又法，若被人瞋怒欲相損害者，取油麻護摩一千八徧，即彼人歡喜。

又法，誦真言加持菖蒲一千八徧繫於臂上，於佗人邊出言，所求皆得稱意，又①常念誦，於諸怨敵得勝不被侵陵②。

又法，取旗旛以真言③一百八徧，以香華并酪七椀供養旗旛及獻閼伽，即持此旗引軍前，彼軍見旗自破。

又法，若城邑被奪，應對像前取黃色華七日護摩，日日像前誦真言一千八徧，一徧一擲火中，先有城邑被他所奪即皆卻得。

又法，作先行法，取白芥子七日七夜護摩，一月內其宅中雨寶④。

又法，對像前香華供養，飲乳、食大麥，取蓮華莖⑤搵酥護摩一千八徧，得金千兩。

又法，取赤蓮華十萬莖護摩十萬徧⑥，心所願求，悉皆得之。

又法，取白蓮華一萬枚搵酥護摩一萬徧，即得官祿高遷。

又取白檀香搵油護摩十萬徧，即獲金錢一千枚⑦。

又法，取沉水香護摩十萬徧，徧別一擲火中，日誦萬言，耳所曾聞經典乃至終身不忘⑧。

又法，取黃乳牛子母同色者，𤛓乳成酪抨酥，於金器中盛，誦真言加持十萬徧即喫，得聞持不忘，日誦萬言。

---

① 又，別本作“又法，若”。

② 此段後，別本有“又法，燒安息香十万丸，無間斷念誦護摩，即得錢十万。又法，對像前廣設供養，右旋敷菩提葉，安劍於葉上念誦，乃至放光，即獻閼伽供養本尊。以右手執劍，得三相現，即共千人并諸眷屬，同時飛騰虛空，至本尊宮殿。若遊諸持明仙宮，彼皆不能沮壞，與諸眷屬，壽命同得一百万歲。又法，取菖蒲護摩，誦真言一千八遍，一遍一擲火中，即得財寶”。

③ 真言，《中華藏》校勘《磧》作“瞋”。

④ 此段後，別本有“又法，以吉祥木然火，對像前護摩，誦真言一千八遍，一遍一擲火中，即得伏藏，或得富饒。又法，對像前廣設供養，取迴香花搵酥護摩，誦真言十万遍，一遍一擲火中，即得財寶。又法，於舍利塔前安像，取青蓮花十万莖護摩，誦真言十万遍，一遍一擲火中，即得一所莊園”。

⑤ “莖”前，別本有“一千八”。

⑥ “十萬徧”後，別本有“一遍一擲火中”。

⑦ 此段，別本作“又法，取鐵末護摩，誦真言一萬遍，一遍取一撮投火中，即獲金錢一千。又法，取鬱金香搵香油護摩，誦真言十万遍，每一遍取少許投火中，能滿一切勝願。又法，取一切香護摩，誦真言十万遍，一遍一擲火中，被隣國所奪城邑，即皆却得。又法，取龍腦香護摩，誦真言十万遍，一遍一擲火中，即獲金錢一千枚”。

⑧ 此段後，別本有“又法，取小庸樹木搵香油護摩，誦真言十万遍，一遍一擲火中，一切疾病皆悉除差。又法，取苦練子搵香油，誦真言十万遍，一切囚閉被禁縛人皆得解脫”。

又法，取楝子搵香油護摩十萬徧，一切囚閉被禁縛人皆得解脫。

又法，若見怨家，心誦真言，彼起慈心不能爲害。

又法，一切疾病誦真言加持楊枝，拂彼即除愈。

又法，取五色線結索加持七徧繫臂，一切鬼魅悉皆遠離。

又法，加持淨灰七徧遶壇散之，即成結界。

又法，婦人不收男女者，月經後取母子同色牛乳加持一百八徧，令彼女人禮佛、菩薩，令飲，又煮乳粥和酥加持一百八徧與服，即生福德具相之男。

又法，作先行法，像①前香華供養，取沈香可如大拇指節，搵酥合油護摩七日，日三時，時別誦真言一千八徧，徧別一擲火中，即得持明仙安怛但那成就，足離地疾行，及得聞持不忘②。

聖迦枳忿怒金剛童子菩薩成就儀軌經卷中

聖迦枳忿怒金剛童子菩薩成就儀軌經卷下

大興善寺三藏沙門大廣智不空奉詔譯③

我今説縛撲印法④，先以瞿摩夷塗一圓壇，一肘量。取七八歲童男或童女，著新淨衣，先令潔淨三日，立於壇中，燒安息香。先加持香七徧，然後燒之。又取華加持七徧，置童子當中，令掩面，然後行者結契、誦真言。行者面向東，童子面向西。其印以二手內相叉作拳，二小指相鉤，以大指並豎，捻如鉤鎖形，安於額牢掘，彼童男⑤即語。以二大指向外撥，童子即卻遠後行。二大指向身招，童子即向前來，即成鉤召。以印左右揮其童子，即隨印左右撲舉印向上，童子即立。問其吉、凶、三世之事，一一皆實，所作疾成⑥。尒時金剛手菩薩以偈頌曰：

> 此金剛童子，從我三昧生，
> 成辦一切事。忿怒王大力，
> 即我金剛手，調伏難調者，
> 能滅除諸罪，暴惡諸藥叉，

---

① 作先行法像，別本作“應作先行法於”。

② 及得聞持不忘，別本作“日行千里及得聞持不忘。又法，於趣海、河，行者入水中立至胸，先須具齋戒，取有藥花一千八枚，誦真言一千八遍，一遍一擲水中，即得衣十副”。

③ 譯名，《中華藏》校勘《磧》《南》作“大興善寺三藏沙門不空譯”，《清》作“唐三藏沙門大廣智不空譯”。

④ “縛撲印法”前，別本有“聖迦抳忿怒金剛童子”。

⑤ “童男”後，別本有“童女”。

⑥ 所作疾成，別本作“所作一切事業，速疾成就”。

　　　　及諸羅刹衆，惱害修行者，

　　　　令彼速除滅。梵王及帝釋，

　　　　水天諸天王，及餘威德者，

　　　　刹那令滅壞。受持者應當，

　　　　入忿怒王定，威德如金剛，

　　　　能伏難調者，悉皆令順伏。

　　又法，取蓮華或有香氣華護摩，所求皆得。

　　又①結印，誦吽字真言，即得山嶽摧倒，亦能枯竭河水，亦能破阿脩羅關鍵②。尒時金剛手菩薩告大衆言：此忿怒王有無量威德大神通力，善能調伏難調伏故，示諸方便，從於三昧生此菩薩，適纔憶念，一切鬼魅悉皆馳走，一切惡心衆生皆當損壞，一切災禍悉皆除滅。若有受持此真言者③，自然成受三昧邪戒。若求悉地，速得成就，無能沮壞④，不墮諸惡趣，速證菩薩地，成無上菩提⑤。有纔誦一徧則能除一切災禍，能禁制虎、狼、師子、惡龍等，加持土塊擲彼身上，則不能爲害。若被日、月、五星逼近本命宿者，能常念誦，不招災禍。若被除他人災者，以白芥子和乳稱彼名護摩則息災。若犯羅刹鬼所持，或爲怨家所逼害，當念誦真言即得解脫，怨家慈心相向⑥。

　　又若有鬥訟，取蘇摩那花護摩七夜，夜別一百八徧，徧一擲火中，諍訟消滅。若有修行，應入此曼荼羅受灌頂⑦，當分地拼線，阿闍梨應淨其地，以五色線拼壇，壇八肘，或十二肘，或十六肘。如先説法儀則，四方四門，於中央畫蘇嚕蘇嚕大忿怒王金剛，手持金剛杵，金剛手明王右邊畫金剛族中金剛鉤明妃，右邊畫大抱誐縛底明妃，南邊畫步擲金剛大恐怖眼等。右邊畫難覩十大忿怒金剛：所謂難覩忿怒金剛、水中忿怒金剛、降伏忿怒金剛、阿波囉尒忿怒金剛、摧天忿怒金剛、恐怖天忿怒金剛、須弥忿怒金剛、寶峯忿怒金剛、降三世忿怒金剛、光明熾盛忿怒金剛。北邊青棒等十金剛：所謂青棒金剛、謨時迦羅金剛、劫比羅金剛、大笑金剛、勇健步金剛、擧足步金剛、摩醯首羅步金剛、一霹靂金剛、摧伏金剛、大棒金剛。西方畫難勝等八大金剛：所謂

---

　　①　又，別本作“又法”。

　　②　“關鍵”後，別本有“此聖迦抳忿怒金剛童子有無量威德大神通力”。

　　③　若有受持此真言者，別本作“若有人受持此金剛童子菩薩真言者”。

　　④　“沮壞”後，別本有“一切世間人、天常應供養”。

　　⑤　“菩提”後，別本有“所説漫荼羅忿怒王大威德者，若有修行，應入此漫荼羅受灌頂，此曼荼羅名爲聖迦抳忿怒金剛童子壇。尒時金剛手秘密主説聖迦抳金剛童子修行法”。

　　⑥　“若犯羅刹鬼所持”至“怨家慈心相向”，別本作“又法，犯羅刹鬼所持，纔憶念誦真言即得解脫。又法，若爲怨家所逼害，當念誦真言，怨家即慈心相向，不能爲害”。

　　⑦　若有修行應入此曼荼羅受灌頂，別本作“尒時金剛手秘密主菩薩加持聖迦抳忿怒金剛童子，若説漫荼羅”。

難勝金剛、忿怒金剛、難持金剛、恐怖金剛、極忿怒金剛、三世金剛、成就金剛、大忿怒金剛。若欲於佗怨敵、惡人得勝者，壇内四門，各各門右邊畫金剛恐怖忿怒菩薩，左邊畫軍吒利金剛，於外四門右邊畫霹靂忿怒金剛，左邊畫金剛鎖忿怒金剛，於二忿怒金剛前，應畫天阿脩羅，諸龍及諸魔作恐怖受降伏勢。於壇外界道畫諸天衆，以塗香、時華、飲食、燈明置壇四邊供養一切諸菩薩、金剛明主①。各各聖者皆以本真言迎請，迎請已，獻閼伽供養，結印請諸聖者真言，各各呈本三昧邪印，然後引弟子入壇擲華，隨華著處聖者，便授與本尊真言，即應灌頂。於此大忿怒曼荼羅，所求勝願及破佗敵則得滿足，由入此曼荼羅，一切疫病、鬼魅，一切障難悉皆消滅。於此壇亦能成就一切藥物安怛怛那，入阿脩羅宮悉皆成就。

　　尒時金剛祕密主見未來一切有情爲利益安樂故，略説成辦一切曼荼羅。以少財寶以少時分，持誦者但清淨住戒，兼助伴清淨修行，或於白月一日，或二日，或五日，或八日，或十四日，或於滿月十五日取，如是等日起首修曼荼羅。或於城内，或於城外，或寺中，或村邑聚落，於東北方華果茂盛，叢林名華軟草寂静處，於神通月建立曼荼羅，如《瞿呬邪經》所説。治地淨地，兼分位已，應畫聖金剛童子曼荼羅，此壇能成就一切大事，有威德。若修行具諸律儀，依《蘇悉地教王》，及依最勝經，不久成就。所有鬼魅作障礙者，及餘九執聖，凡種種相貌，纔稱彼名，四散馳走。若見此曼荼羅，得灌頂已，則得三昧邪戒。然後從師受真言、印契、儀軌，克獲成就。如前所説《金剛王經》中法，若有勤勇者，成就無疑②。

　　尒時金剛秘密主告諸天衆言：末法之時修此教者，有懈怠、不具真言律儀者，或惡龍、雷震、諸魔變現種種身形惱亂持誦者，及諸布單那鬼、吸人精氣鬼，并天趣之中犯羅刹，及諸天母衆等，或在須彌山及諸寶山莊嚴之處，山河峯側，巖窟林野，大江、沼、大樹、大河、大海之間，雲霧陂澤，悦意華果樹下及興雲降雨山處，故園故廟，一切鬼神多依如上諸處住，好作障難，伺求人過。若不依軌法，即爲彼魔得便。爲如是等種種有情故説斯法，令持誦者不爲衆魔之所得便。我金剛手菩薩爲懇念有情，示現真言王忿怒形，由此真言威力，一切藥叉、羅刹、天衆見我者皆大怖畏，於求一切成就法中，一切真言忿怒衆中我爲最勝王。哀愍難調於諸有情作障難者，爲調伏彼故説是真言，於三昧中示現此形，從額流出。是故一切真言無比大威德、大忿怒、大怖畏、大名稱，爲護王及正法故，我祕密主説金剛童子法，於此教中當作息災、增益、敬愛等。若有於佛教起邪見、瞋毒、心滅正法者，應作猛利心作降伏法。若彼降伏受諸苦惱欲令除者，應用乳木作護摩，即得息災。我今又説求悉地時能成辦諸事印，加持所成就物。真言曰：

① 主，《中華藏》校勘《磧》《南》《清》作“王”。

② 此段後，別本有“我已曾説十種金剛女使者成就法，并六十四種小金剛使者法，求成就時，亦依前經中儀則”。

唵引，一迦抳矩嚕二合，引馱二薩嚩薩怛嚩二合婆去孕羯囉三囉乞灑二合囉乞灑二合，四薩嚩捺囉二合尾野二合，引抳娑嚩二合，引賀引，五

澡洗印，准前獨股杵印，二大指並入掌，手腕相著即成。真言曰：

唵引，一迦抳矩嚕二合嚩拽蹉娑嚩二合，引賀引，二

道場掃地真言曰：

迦抳麼引囉野二吽三，引

求成就時縛難調者，准前根本印，以大指於掌中交。真言曰：

唵引，一迦抳戌引灑野二薩嚩弩瑟鶵二合，引，三滿馱野滿馱野四吽五發吒半音，六

廣大金剛心印，准前獨股杵印，二大指掌中相抳。廣大金剛隨心印，准前心印以二大指並豎，亦名蓮華金剛印。最勝心印，准前最勝印，屈二小指頭相拄，若種種障難家中不祥，結此印念誦即皆消滅。最勝隨心印，准前最勝印，舒二名指，此印能成辦一切事，若入修羅宮亦用此印，有大威力。

次說大鉤印，二手內相叉，二頭指屈如鉤，此印三界中所有衆生之類皆能召得，若召阿脩羅女，於七日中即來。

又說解拏吉你印，如前獨股印，舒二小指、二頭指頭相合，餘六指內相叉，以二大指數數開之，非但解拏吉你，亦能除地居一切鬼魅，法此即用根本真言。

又說調伏一切龍印，准前獨股杵印，屈大指入掌，以甲正相向，想彼龍在大指節間。此印能伏一切龍，祈雨、止雨，一切諸龍見此印馳散遠去，亦能除一切毒蟲所囓，由此印威力不被諸毒傷害，若已被傷者即差。

又說駈擯一切難調有情印，二手內相叉，以二大指四相合，此印有大威力，諸大力天及惡鬼神不順教者，悉能駈逐，用根本真言①。

又法，以阿落得迦烟脂書彼人名於掌中，用火炙掌念誦真言，句中加彼人名，須臾即至。

又持根本真言十萬徧，然後取安息香作十萬丸護摩，諸藥叉女、毗金遮女皆能召來，種種駈使②。

又法，若有災難及恐怖處，誦真言八千徧，則得災滅離怖畏。

又對忿怒王像前，以粳米飯和酥護摩，則得家中飲食無盡。

---

① 此段後，別本有"常以峯印護自身，牆印護他身。以根本真言心及隨心真言，能開山破修羅關鍵，及駈擯一切惡人"。

② 此段後，別本有"又法，對忿怒像前，取屍林中燒屍灰，捏作彼人鬼形，書彼名於彼形心上，置於忿怒像前，坐劫波羅，燒安息香護摩七夜，每誦真言一千八遍，一遍一擲火中，即召得諸類鬼神來，隨意駈使"。

又法，取護摩灰點於頂上，入軍陣不被刀杖所傷，於佗敵得勝①。

又法，若城邑聚落有疫病，可入水念誦七夜，夜別一千八徧，諸疫病悉除②。

又法，若求財寶，著新淨衣對像前，香泥塗一小壇，燒安悉③香，誦真言一萬徧，則得如意。

又法，對像前專注意，誦真言三十萬徧，即見聖者，所求皆得。

又天久霖雨，加持白芥子一百八徧，徧別一擲，上散虛空，即雨止。

又法，取一男子死屍未損壞者，於屍陀林，或四衢道，先與藥瀉以水灌洗，令瀉腹中惡物，出已，又已香湯洗身令淨，以香塗徧身，帛繒纏胯覆形，華鬘嚴飾。取佉陀羅木誦真言七徧，加持佉陀木橛釘於頭邊，以髮繫橛上，持誦者於屍心上坐，面向東，起慈心，勇銳無恐怖。四方應置解念誦者四人執劍，持誦者手持小鐵杓，酌鐵末寫屍口中，不閒斷念誦，其屍即出舌，以利刀截取舌，右手把變成劍，色如青蓮，則兼諸眷屬飛騰虛空，爲持明王，壽命一大劫，當生金剛手菩薩宮中。

又法，於屍陁林中共鬼交易，賣摩訶莽娑與鬼，取長年藥，安④怛但那藥，寶劍伏藏，金、銀、七寶，當作法時用此真言護自身及助伴，皆得無礙，不被鬼幻惑，所求皆得⑤成就。

又法，欲破佗敵者，將帥已下一一皆以真言加持七徧護身，佗敵即破，或以真言加持水一千八徧，散灑軍衆，不被傷害，得脫彼敵退散。

又法，以四瓷瓶底不黑者，取河流水滿盛，及著少分諸香及諸藥對像前加持一百八徧，頂上澆灌，彼人念誦久致功夫猶無現驗，被諸魔嬈惱者、不祥鬼魅所持，由作此灌頂洗浴法故，諸魔魅等悉皆遠離，福德熾盛，速疾成就。

---

①　此段後，別本有“又法，結忿怒童子根本印，對像念誦真言，句中加彼人名，誦一千八遍，則得百由旬外，所有一切有情類皆來降伏。又法，穿掘取伏藏時，誦真言一千八遍，護惜伏藏，諸障難者，一切皆除，伏藏不變，恣意取得。又法，燒諸香護摩，則取七顆毗梨勒燒取灰，又取屍陀林間帛和灰，捏作彼人形，對像前坐彼形上，念誦三日，日三時，每時誦真言一千八遍，所召一切天龍八部、鬼神皆來駈使，悉得成辦。又法，鹽和芥子護摩七夜，別誦真言一千八遍，大怨家即降伏。又法，取麻油粳米和酥蜜酪護摩，誦真言一千八遍，所求皆得。又法，取嚼棄齒木燃火，取迦囉尾囉花出嶺南，人呼名俱那衛花。一千八枚搵酥護摩，誦真言一千八遍，一遍一擲火中，即得一切降伏”。

②　此段後，別本有“又法，欲得降伏一切摩怒沙，心念誦真言即至。又法，被一切毒藥所中，加持水七遍令飲，即得除差。又法，若求財寶，著新淨衣，對像前香塗塗一小壇，燒安悉香，誦真言一萬遍，則得財寶如意。又法，對像前以瞿摩夷塗壇，誦真言，則設咄嚕摧伏。又法，加持劍七遍，斫於厭禱處地，彼法則破。又法，求豐財，安像於趣海、河側，對像前蓮花，搵酥蜜酪護摩，誦真言十万遍，一遍一擲水中，則得豐財如意”。

③　悉，《中華藏》校勘《磧》《南》《清》作“息”。

④　安，《中華藏》校勘《磧》《南》《清》無。

⑤　得，《中華藏》校勘《磧》《南》《清》無。

又法，加持香水一千八徧，身上散灑，鬼虐皆除①。

又法，取孔雀尾一莖加持一百八徧，拂彼身上，彼人被毒所中皆除差。

又法，取蚯蚓糞塗小圓壇，於上坐誦真言一萬徧，即先行法成就。先行者即真言法成功德効神驗。然後不擇時日宿直，七日日誦真言一千八徧，即得金錢一千。

又②誦真言，加持索帶③，或灑水，則成護身。誦兩徧，則成結方隅界。誦真言三徧，護助伴。四遍④，護曼茶羅。

又法，於黑月八日，一日一夜不食，取乳牛母子同色者，瞿摩夷未墮地者，和土作童子像，塗一小壇置像於中，其壇上廣設供養，對像誦真言十萬徧，其像動頭，或⑤現餘應驗，當知所思念事皆得成就，金剛童子夢中現身，示教應作不應⑥作事⑦。

又法，於黑月八日，一日一夜不食，取芥子和蘇護摩一千八徧，則得一千銀⑧錢，并得莊嚴⑨。

又法，取室麗瑟曼得迦木然火，以骨屢草苗護摩十萬徧⑩，即得牛一千頭。

尒時金剛手菩薩爲利益安樂諸有情故，説普通儀軌，欲爲未來末法之時淨信修行、樂大乘者，及懈怠、嬾惰、不具慧方便者速集福德智慧，修真言行，爲護持正法帝王，令加持國界人民豐樂，無諸灾禍，吉祥福德，是故説此妙真言門。

時金剛手菩薩即從眉閒出於光明，照燭加持等，應頂受我之所説，大忿怒明王金剛童子息灾、騰空等成就法，如上等儀，汝等助護，速令成就，此法⑪勿生疑惑，如法奉行。

聖迦抳忿怒金剛童子菩薩成就儀軌經卷下

---

① 此段後，別本有“又法，於恒河岸側寂静處，應作沙塔一千八枚，高如來一搩量，隨力於塔前供養，一一塔前，應誦真言一千八遍，則神通自在，得大富貴。又法，於舍利塔前安像，誦真言一千八遍，所求皆得”。

② 又，別本作“又法”。

③ “帶”後，別本有“誦一遍，結一結”。

④ 遍，原作“邊”，據《中華藏》校勘《磧》《南》《清》改。

⑤ 或，《中華藏》校勘《磧》《南》《清》無。

⑥ 應，原作“動”，據別本改。

⑦ 此段後，別本有“又法，取薰陸香，護摩三日，日三時，時別誦真言一千八遍，即得金錢一百”。

⑧ 銀，《中華藏》校勘《磧》《南》《清》作“金”。

⑨ 莊嚴，別本作“一所莊”。

⑩ 徧，《中華藏》校勘《磧》《南》《清》無。

⑪ “照燭加持等”至“此法”，別本作“照觸加持聖迦抳忿怒金剛童子菩薩已，即告伊舍那等梵王、魔醯首羅諸天等言：汝應頂受我之所説大忿怒明王金剛童子息灾、增益、降伏、敬愛、入修羅宮、安怛怛那、騰空等成就法，如上等儀，汝等助護，速令成就此聖迦抳忿怒金剛童子之法”。

毗沙門天王經[1]

特進試鴻臚卿大興善寺三藏沙門大廣智不空奉詔譯[2]

尒時毗沙門天王在於佛前合掌，白佛言：“世尊，我爲未來諸有情等利益安樂，豐饒財寶，護持國界故，説自真言。我此真言，如真多摩尼寶心[3]能滿衆願，世尊[4]，聽許我説。”佛言：“善哉！善哉！天王，汝能愍念爲諸有情，恣汝意説。”

尒時毗沙門天[5]王歡喜無量，即於佛前説心真言曰：

(na) (mo) (ra) (tna) (tra) (yā) (ya) (na) (mo) (vai)
曩 謨 囉 怛曩二合 怛羅二合 夜引 野一 曩 謨 吠
(śra) (ma) (ṇā) (ya) (ma) (hā) (rā) (jā) (ya) (sa) (rva)
室囉二合 摩 拏鼻,引 野二 摩 賀引 囉引 惹引 野三 薩 嚩
(sa) (tva) (nā) (mā) (śā) (pa) (ri) (pū) (ra) (ṇā) (ya)
薩 怛嚩二合 曩引 摩鼻,引,四 舍引 跛 哩 布引 囉 摩引 野五
(si) (dvi) (ka) (rā) (ya) (su) (ka) (nda) (nā) (ya) (ta)
悉 地 迦 囉引 野六 蘇上 騫 娜 娜引 野七 怛
(smai) (na) (maḥ) (skṛ) (tva) (i) (māṃ) (vai) (śra)
娑每二合,引 曩 莫 塞訖哩三合 怛嚩二合,八 伊上 鋡引 吠引 室羅二合
(ma) (ṇā) (hṛ) (da) (ya) (mā) (va) (rtta) (i) (ṣa) (mi)
摩 拏鼻,引 紇哩二合 乃 野九 摩引 襪 多 以 灑引 弭十
(sa) (rva) (sa) (tva) (su) (khā) (va) (haṃ) (ta) (dya)
薩 嚩 薩 怛嚩二合 蘇上 佉去,引 嚩 憾十一 怛 你也二合

---

① 底本，《中華藏》第 1433 號，第 65 册第 669 頁中—671 頁中，原《金藏》廣勝寺本。

② 譯名，《中華藏》校勘《徑》《清》作“唐特進試鴻臚卿三藏沙門大廣智不空奉詔譯”，《麗》作“開府儀同三司特進試鴻臚卿肅國公食邑三千户贈司空謚大鑒正號大廣智大興善寺三藏法師不空奉詔譯”。

③ 心，《中華藏》校勘《石》《麗》作“王”。

④ “世尊”前，《中華藏》校勘《石》有“唯願”。

⑤ 天，《中華藏》校勘《石》無 。

𑀓(thā)　　𑀑(oṃ)　𑀲(si)　𑀤(dvi)　𑀃　　　𑀲(su)　𑀫(mu)①𑀃　　　𑀘(ca)　𑀘(ca)𑀘(ca)
佗去,引,十二　唵　　悉　地　　悉地十三　蘇上　母　　蘇上母十四　左上　　左上　左上

𑀘(ca)　𑀘(ca)　𑀭(ra)𑀃　　𑀲(sa)　𑀭(ra)𑀃　　　𑀓(ka)　𑀭(ra)𑀃　　　𑀓(ki)　𑀭(ri)
左上,十五左　　囉　左囉十六　娑　囉　娑囉十七　羯　囉　羯囉十八　枳　里

𑀃　　𑀓(ku)　𑀭(ru)𑀃　　𑀫(mu)　𑀭(ru)𑀃　　　𑀘(cu)　𑀭(ru)𑀃　　　𑀲(sā)
枳里十九　矩　嚕　矩嚕二十　母　嚕　母嚕二十一　主　嚕　主嚕二十二娑去,引

𑀥(dha)　𑀬(ya)　𑀅(a)　𑀣(rthaṃ)　𑀫(ma)　𑀫(ma)　𑀦(ni)　𑀢(tya)　𑀫(ma)　𑀣(tha)
馱　　野　　遏　貪　　摩　　麼二十三　顎　底也二合末　佗

𑀦(no)　𑀪(bhā)　𑀯(va)　𑀲(svā)　𑀳(hā)　𑀯(vai)　𑀰(śra)　𑀫(ma)　𑀡(ṇā)　𑀬(ya)
弩鼻,引婆去　嚩　　娑嚩二合,引賀引,二十四吠　室囉二合麼　拏鼻,引　野

𑀲(svā)　𑀳(hā)　𑀥(dha)　𑀦(na)　𑀤(dā)　𑀬(ya)　𑀲(svā)　𑀳(hā)　𑀫(ma)
娑嚩二合,引賀引,二十五惝　　曩　娜引　野　娑嚩二合賀引,二十六麼鼻

𑀦(no)　𑀭(ra)　𑀣(tha)　𑀧(pa)　𑀭(ri)　𑀧(pū)　𑀭(ra)　𑀓(kā)　𑀬(ya)　𑀲(svā)
弩鼻,引囉　佗二十七跛　哩　布引　囉　迦引　野　娑嚩二合,引

𑀳(hā)②
賀引,二十八

尒時毗沙門天王説此真言已,白佛言:世尊,我今説受持真言法,先取安悉香、白檀香、龍腦香、多櫱囉香、薰陸香、蘇合香,和合此香,供養我毗沙門天王。若迎請時結根本印,以二頭指向身三招,即誦真言七徧,頂上散印。

惝你也二合佗去,引,一曩謨吠引室囉二合麼鼻弩鼻,引野二曩謨引馱曩娜引野三馱寀寧定切,引濕嚩二合囉引野四阿去,引櫱言羯切蹉去,引櫱蹉五阿跛哩弭多馱寀引濕嚩二合囉六鉢囉麼鼻迦引嚕扡迦七薩嚩薩答嚩二合呬馨異切多上唧多八麼麼馱曩麼鼻弩鼻鉢囉二合拽延結切蹉九娑嚩二合琰麼鼻,引櫱蹉娑嚩二合,引賀引,十

行者念誦,常無閒斷,乃至毗沙門天王子赦你娑現童子形,告持誦者言:"汝有何事請召我父?"持誦者言:"我爲供養三寶,授③與我財寶。"童子赦你娑於須臾頃還至毗沙門天王所,向④父王言:"持誦者求諸財寶,爲供養故,利益有情。"毗沙門天王告童子赦你娑言:"汝日日與金錢一百,乃至壽終。"其童子赦你娑日日送金錢一百與持誦者,安於頭邊,其金錢異種香氣,先願所得之者,除自受用外,應行捨施,不應貯積

---

①　𑀫(mu),原作"𑀲(su)",據對譯改。
②　以上梵字,據《大正藏》所刊原靈雲寺版普通真言藏對照,下同。
③　授,《中華藏》校勘《石》作"受"。
④　向,《中華藏》校勘《磧》《普》《徑》《清》《麗》作"告"。

而懷慳悋，常於一切有情起大悲①心，勿生嗔恚。以殊勝香華、飲食、燈明於寂静處，如法供養佛、法、僧寶，兼復思惟，而無閒斷。爲毗沙門天王，并諸眷屬念恩德故，常應誦吉祥讚，令彼天王獲諸吉慶，願毗沙門天王男女眷屬、內外親姻輔弼，乃至使者及諸營，從國界有情佛所，稱讚十種福利，悉皆獲得。所謂一者淨信，二者戒，三者聞，四者捨，五者受，六者慧，七者形貌，八者力，九者辯，十者色、聲、香、味、觸，富貴自在，於佛法中而開②法眼，證得聖果，獲得甘露妙法，亦得三十七品助佛道法③。持誦者每日作如是發願，毗沙門天王即生歡喜，告自營從眷屬：汝等觀彼持誦者，於我深生恭敬。

　　復告子敕你娑言：持誦者希望欲見我毗沙門藥叉王，欲閉惡趣門，所思勝願皆令滿足，壽無量百千歲，獲得④如意寶、飛騰虛空、安怛那⑤及得伏藏，若男若女及囉惹皆令敬愛，亦解一切禽獸語言，令得豐財，永離貧匱。彼持誦者常⑥於白月八日及十五日，令畫人受八戒，澡浴，著新淨衣，取不截白氎畫像，其彩色中不用皮膠。中心畫釋迦牟尼佛，作說法相，佛右邊畫吉祥天女形，眼目廣長，顏貌寂静，首戴天冠，瓔珞、臂釧莊嚴其身，右手作施願手，左手執開敷蓮華。畫像得已，於清淨處安像，供養以塗香、華鬘、燒香、飲食、燈明，以供養佛及吉祥天女。受持者不應以下劣心而生恐怖，應以決定心，如法念誦此吉祥天女真言曰：

ᘓ(na)	ᘓ(maḥ)	ᘓ(śrī)	ᘓ(gā)	ᘓ(ṇā)	ᘓ(ya)	ᘓ(na)	ᘓ(mo)	ᘓ(vai)	ᘓ(śra)
曩	莫	室哩二合	伽去	曩引	野一	曩	謨	吠引	室囉二合

ᘓ(ma)	ᘓ(ṇā)	ᘓ(ya)	ᘓ(ma)	ᘓ(hā)	ᘓ(ya)	ᘓ(kṣa)	ᘓ(rā)	ᘓ(jā)	ᘓ(dhi)
摩	拏上,引	野二	摩	賀引	藥	乞灑二合	囉引	惹引	地

ᘓ(rā)	ᘓ(jā)	ᘓ(ya)	ᘓ(na)	ᘓ(maḥ)	ᘓ(śrī)	ᘓ(yā)	ᘓ(ye)	ᘓ(ma)	ᘓ(hā)
囉引	惹	野三	曩	莫	室哩二合	夜引	襄引,四	摩	賀引

ᘓ(de)	ᘓ(ve)	ᘓ(ta)	ᘓ(dya)	ᘓ(thā)	ᘓ(oṃ)	ᘓ(ta)	ᘓ(ra)	ᘓ(tu)	ᘓ(ru)
禰引	吠鼻,引,五怛	你也二合	佗去,引,六唵			怛	囉	怛囉七	咄嚕

ᘓ	ᘓ(su)	ᘓ(ṣṭra)	ᘓ			ᘓ(ma)	ᘓ(ṇi)	ᘓ(ka)	ᘓ(na)
咄嚕八蘇		瑟徿二合蘇瑟徿二合,下徿勑數切,上同,九麼				抳	迦	曩	

---

① 悲，《中華藏》校勘《麗》作"慈"。
② 開，原作"聞"，據《中華藏》校勘《石》《磧》《普》《南》《徑》《清》《麗》改。
③ 助佛道法，《中華藏》校勘《石》作"助道佛法"。
④ 得，《中華藏》校勘《石》無。
⑤ 安怛那，《中華藏》校勘《石》作"安怛怛那"。
⑥ 常，《中華藏》校勘《石》作"當"。

𑖎(ka) 𑖪(va) 𑖕𑖿𑖨(jra) 𑖪𑖲(vai) 𑖥𑖳(bhū) 𑖨𑖿𑖧(rya) 𑖦𑖲(mu) 𑖎𑖿𑖝𑖰(kti) 𑖡𑖯(nā)
迦十　嚩　囉二合　吠引　女拏數切,引　哩也二合,十一　穆　　訖多二合曩引

𑖦𑖯(mā) 𑖩𑖲𑖽(lum) 𑖎𑖴(kṛ) 𑖝(ta) 𑖥𑖳𑖾(bhūḥ) 𑖭(sa) 𑖨𑖿𑖪(rva) 𑖭(sa) 𑖝𑖿𑖪(tva) 𑖮𑖰(hi)
麽引　稜去　訖唎二合　多十二　僕引,十三　薩　嚩　薩　怛嚩二合,十四　呬

𑖝(ta) 𑖎𑖯(kā) 𑖦(ma) 𑖪𑖲(vai) 𑖫𑖿𑖨(śra) 𑖦(ma) 𑖜(ṇa) 𑖫𑖿𑖨𑖱(śrī) 𑖧(ya) 𑖟𑖸(de)
多　迦引　麽十五　吠引　室囉二合摩　拏十六　室哩二合　野　泥上

𑖪𑖱(vī) 𑖦(ma) 𑖩𑖽(laṃ) 𑖪𑖱(vī) 𑖎(e) 𑖮𑖿𑖧𑖸(hye) 𑖮𑖰(hi) 𑖐𑖲(gu) 𑖨𑖿𑖜(rṇa)
尾引,十七　末　騰　毗去,十八　曀　醯去,引　呬十九　具　囉拏二合,鼻

𑖦(ma) 𑖭(sa) 𑖟𑖿𑖨(dra) 𑖫(śa) 𑖧(ya) 𑖭𑖰(si) 𑖟𑖿𑖪𑖰(dvi)
具囉拏二合,鼻,二十麽　娑　麽娑二十一　捺囉二合捨　野　悉　地二十二

𑖟𑖯(dā) 𑖟𑖯(dā) 𑖮𑖰(hi) 𑖦𑖸(me) 𑖟𑖿𑖨(dra) 𑖫(śa) 𑖡(na) 𑖎𑖯(kā) 𑖦(ma) 𑖭𑖿𑖧(sya)
娜　娜引　呬　銘二十三　捺囉二合捨　曩　迦引　麽　寫二十四

𑖟𑖿𑖨(dra) 𑖫(śa) 𑖡𑖽(naṃ) 𑖢𑖿𑖨(pra) 𑖮𑖿𑖩𑖯(hlā) 𑖨(①) 𑖟(da) 𑖧(ya) 𑖦(ma)
捺囉二合捨　南二十五　鉢囉二合賀攞二合,引　賀攞二合,引　娜　野　摩

𑖜𑖾(ṇaḥ) 𑖭𑖿𑖪𑖯(svā) 𑖮𑖯(hā)
諾　　　娑縛二合,引　賀引,二十六

尔時毗沙門天王見持誦此真言及供養如來,愍念行者,則爲現身作童子形,或居士形,右手持如意寶,左手持金篋,顏貌寂静,來至像前,禮佛像已,告行者言:"汝今於我欲求何願? 爲入修羅窟邪? 爲求伏藏邪? 爲求伏火水銀邪? 爲求安怛但那、囉惹②敬愛邪? 雄黄成就邪? 安膳那藥成就邪? 持明成就邪? 飛騰虚空邪? 壽命③一大劫邪? 如是等願,悉能成就。"持誦者白④毗沙門天王言:"願我一切處通達,獲得金銀、無盡名稱福德,壽命無量劫,飛騰虚空,變化種種,瑜伽自在。"毗沙門言:"隨汝所願。"尔時毗沙門天王欲重明其義,而説偈言:

假使有日月,從空墮於地,
或大地傾覆,寧有如是事,
不應生少疑,此法易成就。
不假於齋戒,利益貧匱者,
一切人恭敬,乃至盡壽命⑤,

① 𑖨,重複符號,原脱,據對譯補。
② 安怛但那囉惹,《中華藏》校勘《石》作"安怛那囉闍",《麗》作"安怛那囉惹"。
③ 壽命,《中華藏》校勘《麗》作"受命"。
④ 白,原作"曰",據《中華藏》校勘《石》《磧》《普》《徑》《清》《麗》改。
⑤ 盡壽命,《中華藏》校勘《石》《麗》作"壽命盡"。

毗沙門加持，遠離諸危①難。

藥叉將衛護，常隨受持者，

若能持是教，諸願悉成就。

迅疾如射箭，諸王敬彼人，

獲得無盡寶，千俱胝藥叉，

衛護持誦者，能滿諸勝願。

解脫諸惡趣，若見毗沙門，

俱尾羅財施，獲得大智慧，

乃至天眼通，壽命俱胝歲。

若人殷重心，愛敬此教法，

應當求成就，決定無有疑。

今此護身法，多聞天所説，

由此加持故，真言上悉地。

即誦護身明：

曩謨囉怛曩二合怛囉二合野引，上聲野一曩謨吠引室囉二合麼鼻拏鼻，引野二合，二麼賀引囉引惹引野三怛你也二合佗去，引，四唵引唧轉舌誐唧准上誐五被吒簡切，下同拏被拏六齲區宇切，下文同拏拏數切，鼻音，數字上聲齲弩准上音，七摩賀引囉引惹八灑乞灑二合灑乞灑二合輪莫感切，鼻，引，九薩冒毛保切，引鉢捺囉二合吠引毗藥二合娑嚩二合，引賀引，十

　我今説根本印：以二手右押左内相叉，豎二名指②頭相合，屈二頭指如鉤，若迎請時向身招，若發遣時向外撥。念誦時結印當心，誦七徧，即頂上散，然後取念珠專注念誦。

　次説吉祥天女身印：二手虛心合掌，開二頭指、二中指、二無名指，屈如蓮華③形，二大指二小指豎合，若念誦時當心結，誦真言七徧，頂④上散。

　《毗沙門天王經》中⑤毗沙門天王呪曰：

那謨裴鑠囉幡拏寫一摩訶曷囉闍寫施鞞二娑婆訶三施幡跋趺犁娑婆訶四

　若呪淨油⑥七徧、二七徧⑦，用塗臥所、乞財物等，得如所願。

　毗沙門天王經

---

① 危，《中華藏》校勘《麗》作“厄”。

② 名指，《中華藏》校勘《磧》《普》《徑》作“右指”。

③ 華，《中華藏》校勘《石》無。

④ 頂，《中華藏》校勘《石》作“頭”。

⑤ 上散毗沙門天王經中，《中華藏》校勘《麗》無。

⑥ 油，《中華藏》校勘《磧》《普》《南》《徑》作“洒”。

⑦ 二七徧，《中華藏》校勘《麗》無。

末利支提婆華鬘經①

大興善寺三藏沙門大廣智不空奉詔譯②

如是我聞，一時佛在舍衛國祇樹給孤獨園，與大阿羅漢二百五十人俱，復有無量大菩薩衆，彌勒菩薩、曼殊室利菩薩、觀世音菩薩而爲上首，及末利支等諸天龍神八部前後圍遶。

尒時舍利子即從座起，偏袒右肩，右膝著地，合掌而白佛言："世尊，未來末世衆生作何法得脱諸難?"佛告舍利子："諦聽！諦聽！我今爲汝説於此事。"尒時衆會歡喜踊躍，重復勸請。時佛世尊即説此言："有天名末利支，常在日前行，日不見彼，彼能見日。"即説呪曰：

南謨佛陀邪！

南謨達摩邪！

南謨僧伽邪！

怛你也二合佗阿囉迦摩斯末迦摩斯阿豆摩斯支婆羅摩斯安達檀那摩斯摩利支波羅摩斯那謨率都𦙢娑𡂥二合,引賀引

王難中覆護我，賊難、行路難、失路曠野，晝日夜中，水難、火難、羅刹難、鳩盤③荼難、支你鬼難、中毒藥難，佛語真實、法語真實、僧語真實④，天⑤實語、仙人實語，覆護我⑥。呪曰：

怛你二合佗阿羅拘利阿羅拘利吉利的𦙢勒叉勒叉我某甲薩婆婆油上鉢陀羅菩提婆伽

---

① 底本，《中華藏》第 1511 號，第 66 册第 338 頁中—343 頁中，原《金藏》廣勝寺本。經名，《中華藏》校勘《石》作"末利支提婆華鬘經一卷"，《徑》《清》作"佛説末利支提婆華鬘經"，卷末經名同。

② 譯名，《中華藏》校勘《石》作"特進試鴻臚卿大興善寺三藏沙門大廣智不空奉詔譯"，《徑》《清》作"唐三藏沙門大廣智不空奉詔譯"，《麗》作"開府儀同三司特進試鴻臚卿肅國公食邑三千户賜紫贈司空諡大鑒正號大廣智大興善寺三藏沙門不空奉詔譯"。

③ 鳩盤，《中華藏》校勘《石》《麗》無。

④ 語真實，《中華藏》校勘《石》《麗》作"實語"。

⑤ 天，原作"夫"，據《中華藏》校勘《石》《徑》《清》改。

⑥ 我，原作"成"，據《中華藏》校勘《石》《南》《徑》《清》《麗》改。

夜栖_{斯亞反}裨毗馱婆賀

佛言：若有人欲行此法者，一切法中此法最勝。若人欲得供養末利支天者，應用金，若銀、若赤銅、若白檀、若紫檀，應作①末利支天形②像。其造像法一似③天女形，身長大小一寸、二寸、三寸，乃至一肘，其中最勝者一寸、二寸爲好，其作像又須得最好手博士，遣受八戒齋，日日洗浴，著淨白衣作之。其價直之者隨博士語索，不得違價④。作此像已，若苾蒭欲行遠道，於袈裟片中裹著⑤彼像。若持五戒優婆塞，於頭髻中盛著彼像，大小便時，離身放著，不得共身上屏⑥大小便利。

次說印及壇法：反⑦又二小指二無名指，在掌中右押左，二頭指直豎頭相著，二中指各苾⑧在二頭指背上，頭相拄著，二大指並豎博⑨二頭指側，大指來去，此是身姥陀羅尼⑩，准前身印。上各屈二中指上節，頭向大指垂甲指⑪背，又⑫屈二大指上節，頭向掌中，此是頭頂印。

若比丘、比丘尼，袈裟中裹前像，若俗人頭髻中著像，即作此頭印以案像上，二十一徧誦呪，行於道路，准前身印，唯開二頭指頭二分許，即是護身印，用之護身法。

左手大指頭押無名指第一節文，以餘四指把拳，即是歡喜印。若作此印誦呪，向王臣邊者，即前人歡喜。左手屈臂，牽向於前，以頭指已下⑬四指把拳，復以大指押頭指甲上，次開掌中作孔，以右手申掌，從左手節上向，手掌摩之到於孔上，即以右掌覆蓋指孔上，心裏作之。左手掌是末利支心，右手掌是末利支身，於左手掌心中，我身隨在末利支天，藏我身著，末利支在我頂上，護於我身，此是末利支印。

口中數數誦呪者，即得大驗，行者不得喫餘，唯食大麥、乳、酪、酥、菜等。若不堪忍者，自乞餘喫，不得喫於衆僧之食。如是滿足十萬徧，即得驗也。於淨潔道場中安末利支像已，行者日日洗浴⑭、洗手、漱口入道場，作身印，喚末利支安置已，種種供

---

① 作，《中華藏》校勘《磧》《南》《徑》《清》作"用"。
② 形，《中華藏》校勘《石》無。
③ 似，《中華藏》校勘《石》作"以"。
④ 價，《中華藏》校勘《石》《麗》無。
⑤ 著，《中華藏》校勘《石》無。
⑥ 屏，《中華藏》校勘《南》《徑》《清》作"廁"。
⑦ 反，《中華藏》校勘《麗》作"交"。
⑧ 苾，《中華藏》校勘《徑》《清》《麗》作"拁"。
⑨ 博，《中華藏》校勘《徑》《清》作"搏"，《麗》作"縛"。
⑩ 尼，原作"吁"，據《中華藏》校勘《徑》《清》《麗》改，《南》作"呢"。
⑪ 指，《中華藏》校勘《石》《麗》作"相"。
⑫ 又，《中華藏》校勘《麗》作"又"。
⑬ 下，《中華藏》校勘《石》作"上"。
⑭ "洗浴"後，《中華藏》校勘《石》《麗》有"若不洗浴"。

養，日日誦呪一百八徧，或一千八十①徧，如是乃至滿十萬徧訖。然後於好處所②料理
於地，拔去惡物、樹根、瓦礫、毛骨等已，堅築於地，使平坦之。其作壇日者，臘月十五
日，以五色作之。中心著末利支座，座上畫著華座并像。或即東面安使者，名婆多羅
室利夜；北面安使者，名計室你；南面安使者，名摩利你。然後呪師喚之安置以香華、
飲食八槃、燈十六盞，種種供養已，呪師在西門面向東坐，誦呪一千八③徧。種種供養
訖，然後發遣之。更有別法，日月蝕日，作此壇法者，大得驗也。

若人欲東西遠行在路者，先作水壇，喚末利支，安置已，取粳米、華和酥，呪一徧
一燒，滿一千八徧并誦呪，隨所欲去處，趣者得大驗。

又更一法，七日之中日日作水壇，喚末利支安置，復著火爐，然穀、木、樹火，於此
柴火中，呪燒粳米、烏麻一百八徧并誦呪，日三時，時別一百八徧，乃至七日作此法
訖，向王臣邊者，前人散走也。

又更一法，若欲論議，依前法火燒梨枝一百八段，一段一尺④，并呪七日，作此法
者得大論師也。

又法，依前法火燒酥一百八徧并呪者，一切禽獸、毒蟲不得侵害。

又法，若人欲得見末利支者，依前法以穀樹柴然火，取天木二十一段，以酥、蜜、
酪塗之，火燒并呪，日日唯喫粳米、飰、乳酪⑤三種，不得食餘物。七日之中，日日倍
勝，種種供養。如是七日作此法時，第七日中末利支身現，入道場，問行者言："汝欲
求何法？"是時行者隨意答之。時末利支聽許歸去，即知得驗，一切諸天亦皆歡喜。

又法，七日之中，每日三時，火燒茴香草、白菖蒲、白芥子三種，并呪訖，向羅闍邊
去者，前人歡喜。

又法，欲向官人邊去者，依前法火燒白芥子，日日三時，時別一百八徧并呪，七日
之中唯食粳米、乳酪三種，不得食餘物，如是七日訖，向官人邊去者，前人歡喜。

又法，依前法，火燒阿末羅梨葉一百八徧并呪，呪⑥如是七日治一切鬼病，則
得驗。

又法，依前法，取大麥好擣勿使末以蜜和作團，大如李子，一百八箇。七日之中行
者初日全不喫食，餘六日任意得食，日日火燒所團大麥并呪，作上歡喜印。如是盡燒
一百八團訖，以水滅火後，附其煙上薰兩手掌，誦呪二十一徧，願云使我之手作一切

---

① 十，《中華藏》校勘《石》《麗》無。
② 所，《中華藏》校勘《石》無。
③ 一千八，《中華藏》校勘《南》作"一千八十"。
④ 尺，《中華藏》校勘《磧》《徑》《清》作"擲"。
⑤ 酪，《中華藏》校勘《石》《麗》作"酥"。
⑥ 呪，《中華藏》校勘《石》《麗》無。

法，種種得驗者，即一切得驗，前人歡喜。

又法，若人熱病，取好青草擬口，誦呪二十一徧，以摩病者五十四徧，并呪者即差。

又法，日日一徧誦呪，三徧作大護身，三徧作大結界，五徧誦呪者，所愛之人任意即得，六徧誦呪結界，夜入塚墓，一切無畏。

又法，若欲遠行，先於私房七徧火燒薰陸之香，并呪訖，著道行之時，數數誦呪行者，路中賊難、鬼難等皆不得近也。

又法，依前法，白月八日於淨室中，取好香、華，與粳米飼少少，火燒一千八徧，行法之人一日不食，著淨潔①之衣，作此法者，前人尊重，恭敬供養。

又法，取牛糞未落地時，以器承②取，莫著別處，即用和水作水壇，壇中心著佛像，或佛舍利，復取母犢，並黃牛乳作酥，盛著金鉢中，以右手無名指攪之，於酥并呪。其酥之上火若出者，即知得大聰明，一誦千偈；若火不出，唯煙與煖者，即知得可可③聰明；若不得煙煖，自身伏地，擬口於酥器邊，以右手無名指爲箸喫酥，即得少少聰明。

又法，於城東門外好料理地作四肘壇，取坏塼五箇，中心著一，四面各一，又以四水罐盛水，以柳枝塞口，於四面塼上著之，又取紫檀摩研水中，即以其水灑於壇上，以赤華供養於壇，復以胡燕支四枚，各著四水罐邊。復以五色線遶壇四面，於壇四面之外，以種種華香、飲食泮與諸鬼。於壇四門敷青草座，呪師著好淨衣，結加趺坐於青草上，喚摩利支及諸使者安置，種種供養。呪師手把青草誦呪，以草從自頭向腳摩之一百八徧。呪師手作④末利支身印，印中把青草向自頂著，遣一弟子將壇上四水罐，一一灌於呪師頂上竟。然後呪師著好淨衣，作護身印，念佛、禮佛、禮摩利支訖，取龍樹華與龍腦香及蘇合香三種，七日之中，呪師唯食粳米、牛乳粥，不得食餘物，日日呪於上三種藥一百八徧，乃至第七日，將彼藥安自頂上、右肩、左肩、心上、咽上、額上者得驗，此語不問有別法用。

又法，依前法⑤，若人患痔病，取黑線作呪索，病者頭東腳西，臥於牀上，以索繫著⑥腰，又以別⑦索繫其牀腳，并呪如是呪⑧二十一徧者，痔病即差。若人患頸治法，准上，唯改前繫腰，繫其頸上爲異。

---

① 淨潔，《中華藏》校勘《石》作“鮮潔”。
② 承，《中華藏》校勘《石》作“盛”。
③ 可可，《中華藏》校勘《麗》作“可”。
④ “作”後，《中華藏》校勘《麗》有“字”。
⑤ 法，《中華藏》校勘《石》《麗》無。
⑥ 著，《中華藏》校勘《石》《麗》作“病者”。
⑦ 別，《中華藏》校勘《麗》作“引”。
⑧ 如是呪，《中華藏》校勘《麗》無。

又法，取江水兩邊泥土，以作一百鬼形像，其中鬼王名曰毗那夜迦，此鬼王頭者作象頭形，其餘諸鬼頭，各各別作諸禽獸形，其身、手、腳總作人形，大小、長短四指，或八指許作之。取紫檀木，以於水研之，用以其水和泥，於地作壇，以五色土於壇之上作座處。中心一座，北面二座，南面二座，東面二座。於中心座上著於鬼王像，其餘六座上總分著九十九鬼像，以諸香華及然七盞酥燈、飲食等種種供養，并取安悉香和酥火燒，用以供養。呪師於西門座，面向東，誦末利支呪七徧，以七種色線呪二十一徧。然後取壇三面諸鬼像，聚就於中心鬼王邊一處著之，以其七色線，總縛著彼鬼像訖。取犢子糞一百八團，一一火燒并呪。燒一一團時，一誦呪：

馭婆二合，引訶引

於前先唱[1]云縛一切鬼，然後唱云：

馭婆二合，引訶引

如是盡一百八團竟，別處掘地，深至人要作孔，將彼所縛諸鬼像著於孔中，以諸香華、種種飲食供養彼鬼，然後以土塞於孔，上堅築，以地平復，其鬼永不得出。若彼呪師業病臨死之時，心中作意，解放彼鬼，彼鬼得脫。若作此法者，即得末利支大[2]驗，一切呪驗。

又法，一生之中，日日唯食粳米、乳粥，數數誦呪，得大聰明，四姓之中得婆羅門大愛念。若火燒酥酪乳者，剎帝利愛念；若火燒大麥、乳酪者，毗舍愛念；若火燒烏麻滓者，首陀愛念。

又法，若人鬼病，口全不語者，呪水二十一徧潑[3]之即語。

又法，鬼病，口合不語，以袈裟角呪二十一徧打之即語。

又法，手捻於灰呪之七徧，散四方結界。

又法，以泥作彈丸十箇，各擲十方作大結界。

又法，若婦人難產，呪烏麻油七徧以摩臍上，即得易產。

又法，若佗共[4]論議得勝時，被佗相憎瞋，一準[5]相言。

又共佗鬥諍，被佗相言枷鎖官邊，問罪是非之時，取白菖蒲，呪二十一徧繫著右臂，復以右[6]手作歡喜印，并呪之，即得大勝之理，若數誦呪，種種得驗。

又法，若人被毒蟲螫者，呪師取五色線作呪索，二十一結，以繫自右手臂上訖，向

---

①　唱，《中華藏》校勘《磧》《南》《徑》《清》作“喝”。

②　大，《中華藏》校勘《清》作“天”。

③　潑，《中華藏》校勘《石》《麗》作“泮”。

④　佗共，《中華藏》校勘《石》《徑》《清》《麗》作“共他”。

⑤　準，原作“隻”，據《中華藏》校勘《徑》《清》改。

⑥　右，《中華藏》校勘《石》《麗》作“左”。

彼螫人邊去，取柳枝呪之，數數以手摩，彼人即差。若人被惡毒蛇所螫，臨死之時，呪師以自手掬取水，漱口七徧誦呪，以其水潑於病者二十一徧竟即差。

又若人身生惡瘡者，和泥塗於瘡上，二十一徧并呪即差。

又若畜生遇時氣病者，於城正中央然穀樹火，以牛乳火燒，并呪即差，夜裏應作此法，其明日午時還燒穀樹火，取白芥子油與白芥子相和，火燒一千八徧并呪即差。

又法，取俱嚕陀木一千八段，此木相狀似菩提樹。一一火燒并呪，各一徧者，一切鳩槃茶、藥叉等鬼神皆悉歡喜。若火燒冬苽①，少少一千八徧者，一切魍魎悉皆歡喜。若取塚墓之上樹木一千八段，與烏麻相和，火燒并呪一千八徧者，一切大惡鬼神歡喜。

又法，若取菩提樹枝一千八段，一一塗酥，火燒一千八徧并呪者，四大天王歡喜愛念。

又法，若人癲病者，呪師取一切穀②相和，以手掬取呪之，火③燒一千八徧者，鬼神歡喜，即得治病。若取安悉香，擣之爲丸，塗酥火燒一千八徧并呪者，摩醯首羅及傍邊天一切歡喜。若依以前法作壇，種種供養，壇中心著佛像，或佛舍利，取喝囉迦沙彌陀木此是苦練樹之別名三千八段，與酥酪蜜中塗之，一一火燒，各一段一呪，如是盡三千八段，作此法者造四重、五逆罪滅而得驗。若行者依前法，作水壇訖，從白月八日至十五日，日日取紫薑木一千八段，塗酥火燒并呪者，末利支即來入道場，遂其所願。尒時行者眼見末利支身，得大驗。若一日不食作此法，種種供養者，得末利支大驗。

又若欲得錢財者，黑月十四日至十五日，兩日之中，每日三時取烏麻、粳米及粳米華三種，火燒并呪者，即得錢④。

又法，若欲得縛魔者，七日之中，日日取苦練樹枝，一名菩提樹，一千八段，一一塗於白芥子之油中火燒者，即得縛。若呪師或俗人行此呪法時，官府知之捉得者，被枷鎖縛時，數數誦此呪，縛永不得。若人相瞋，取烏麻油、滓與粳米、糠相和，火燒一千八徧并呪者，即得前人瞋，即歡喜，若取烏麻火燒一千八徧者，前人愛念歡喜。

又法，若欲得錢財者，七日之中，日日取石榴草莖，長六指，一千八段，一一火燒并呪者，即得錢財。

又法，欲向佗人處索所愛物者，取白菖蒲，呪之一千八徧，繫自臂上，乞之無所不得。

又法，二十一日，日日三時取安悉香，擣之爲丸，一千八丸，用塗酥酪蜜中，一一

---

① 苽，《中華藏》校勘《石》作“瓜”。
② 穀，《中華藏》校勘《石》《麗》作“五穀”。
③ 火，《中華藏》校勘《石》無。
④ 錢，《中華藏》校勘《石》《麗》作“錢財”。

火燒并呪者,向王、百官邊去者,前人歡喜愛念。若欲得作綱①維者,七日之中,日日三時取衆名香,擣之爲丸,一千八丸,一一塗酥火燒并呪者,即得綱維。

又法,若行者洗浴入道場,作水壇等種種供養,喚末利支安置,如是滿十萬徧。作此法訖,然後口云結界,莫手作印。隨行者所願皆得成就,一切難事易得辦之,然破佗人作法之事。

尒時末利支白佛言:"世尊,我有別法,今欲説者,用好紫檀木,廣三指長三寸,其木一面刻作末利支形,作女天,其像左、右各刻作兩末利支侍者,亦作女形,復以別紫檀木作蓋蓋之,作此像已,欲行遠道,將②於此像不離自身,隱藏著之,莫令聽③人知,日日數數誦呪。若有所願,欲作水壇,壇中心安像,喚末利支安置,以種種供養,復取蓮華一百八箇以供養之。其供養法,手取一一蓮華呪之,用以供養,復以烏麻、粳米,火燒一千八徧并呪訖,把像種種得驗此語應知。上件諸法,皆作水壇等,種種供養如④得驗之。"末利支説此法竟,與諸天龍八部,禮佛而退。

怛姪他阿羅居㝹阿羅居㝹吉利帝底薩婆伽羅醯鼻薩菩烏波塗瑟齤鼻薩婆伊底庾烏波達囉脞鼻勒叉勒叉莫麽某甲耶寫莎嚩二合,引詞引

有一本云,作天像法,其像二手,左一手屈臂,向上平橫,當左乳前把拳,拳中把拂,形如講法師,高座上所把形,於其拂中作西國萬字文形,亦如佛像胸上字,字⑤四曲,内各作日形,一一著之,著四箇日形,其拂上作焰形,右一手申臂及指解垂下。其作像法,畫像一種無別,其像身長一寸、二寸,乃至一肘。

怛姪佗阿羅拘梨阿羅拘梨雞利底跢薩嚩去伽囉醯鼻薩菩鉢跢羅脞鼻薩婆伊都庾鉢跢羅鞞弊曷勒叉曷勒叉摩麽某甲夜寫莎嚩二合,引詞引

以後別此呪縛賊。

曼殊室利菩薩説呪曰:

歸命同千轉頭。

那冒曼殊室利曳矩摩羅菩多夜怛姪佗醯唎底瑟吒二合怛婆羯囉上跋途徙麽遮羅上莎嚩二合,引賀引

又若在道行逢賊時,呪手大拇指急把指,遇賊無難。若呪衣袂,或衣衿,左繾七徧,急⑥誦呪而過。

---

① 綱,原作"網",據《中華藏》校勘《南》《徑》《清》《麗》改,下一"綱"字同。
② 將,《中華藏》校勘《石》作"持"。
③ 聽,《中華藏》校勘《清》作"他"。
④ 如,《中華藏》校勘《石》《麗》作"始"。
⑤ 字,《中華藏》校勘《石》無。
⑥ "急"後,《中華藏》校勘《石》《麗》有"把"。

除睡呪：

怛姪佗伊底弥底只底比迦那羶底波陀耻莎囆二合,引賀引

　　若人坐中多睡時,於佛前至①心誦七徧,便少無也。

　　毗沙門呪曰：

那謨裴鑠囉蟠拏寫摩訶曷囉闍寫施韓娑婆二合,引訶引施蟠跋跌犂娑婆二合,引訶引

　　若呪淨油七徧,若二七徧,用塗臥所,乞財物等,得如所願。

　　呪一切賊法：

補魯那補魯那主嚕訶主嚕訶薩寫娑婆二合,引訶引

　　更有呪縛賊呪②：

伽吒加吒僧伽吒我今爲加吒終不爲解加吒

　　又若被賊,燒香誦呪,若有疑者,并稱名,不知③者,但當面誦呪呪之,賊即自縛,自道盜物得已,然後解放,大驗也。

　　末利支提婆華鬘經

_____

　　①　至,《中華藏》校勘《石》作“志”。
　　②　“呪”後,《中華藏》校勘《石》有“曰”。
　　③　“不知”前,《中華藏》校勘《麗》有“若”。

佛説摩利支天菩薩陁羅尼經①

唐三藏沙門大廣智不空奉詔譯②

如是我聞，一時薄伽梵在室羅筏城逝多林給孤獨園。爾時，世尊告諸苾芻："有天女名摩利支，有大神通自在之力，常行日、月天前，日天、月天不能見彼，彼能見日天、月天③。無人能見，無人能知，無人能捉，無人能縛，無人能害，無人能欺誑，無人能債其財物，無人能責罰，不爲怨家能得其便。"佛告諸苾芻："若有知彼摩利支天名，常憶念者，彼人亦不可見，亦不可知，亦不可捉，亦不可縛，亦不可害，亦不可欺誑，亦不爲人債其財物，亦不爲人之所責罰，亦不爲怨家能得其便。若有善男子、善女人，知彼摩利支天名，求加護者，應作是言：我某甲知摩利支天母有大神力，我今歸命，願護我身，無人能見我，無人能知我，無人能捉我，無人能縛我，無人能害我，無人能欺誑我，無人能債我財物，無人能責罰我，亦不爲怨家能得其便。"爾時，世尊説陀羅尼曰：

曩謨引囉怛曩二合怛囉二合夜野一怛你也二合他去聲,引,二遏迦麽枲鼻聲,已下同,三沫迦麽枲四阿上聲度引麽枲五紫精以切,引鉢囉麽枲六摩訶紫鉢囉麽枲七頞怛馱引曩麽枲八麽鼻聲,引哩引紫野麽枲九曩謨引娑覩二合帝十囉轉舌乞灑二合囉乞灑二合輪引,十一薩嚩薩怛嚩二合,引難上聲左十二薩嚩怛囉二合,十三薩嚩婆去聲喻引鉢捺囉二合吠引毗藥二合娑嚩二合,引賀引,十四

心真言曰：

娜莫三去聲滿多没馱引南一唵引,二摩鼻聲,引哩引唧引娑嚩二合賀引,三

爾時，世尊説此陀羅尼已，告諸苾芻："若有受持此經法者，應作是願：王難中護我，賊難中護我，行路難中護我，於失道曠野中護我，水火難中護我，刀兵軍陣難中護我，鬼神難中護我，毒藥難中護我，惡獸難中護我，毒蟲難中護我，一切怨家、惡人難

---

① 底本,《中華藏》第1486號别本,第66册第142頁上—143頁下,原《清藏》本。經名,原作"佛説摩利支天經",此據内文及《麗藏》本標題改,卷末經名同。
② 譯名,《中華藏》校勘《南》作"大興善寺三藏沙門大廣智不空奉詔譯"。
③ 日天月天,原作"日",當脱文,據上文補。

中護我，佛實語護我，法實語護我，僧實語護我，天實語護我，仙人實語護我，一切處、一切時，願常護我，弟子某甲。”

娑嚩二合，引賀引

　　佛告諸苾芻：“若善男子、善女人、苾芻、苾芻尼、鄔波索迦、鄔波斯迦、國王、大臣，一切人等有諸難時，但當至心誦此摩利支陀羅尼，不待加功，隨誦隨成，遠離諸難，除不至心。”持誦之時，并結本印，以香塗手，先結三部心印，二手內相叉爲拳，並豎二大拇指，是一切如來心印。真言曰：

唵引，一爾惹以切曩爾迦半音，二

　　次結蓮部心印。即前印以左大拇指屈入掌，直豎右大拇指。真言曰：

唵引，一阿去聲，引嚕引力迦半音，二

　　次結金剛部心印。即前印以右大拇指屈入掌，直豎左大拇指。真言曰：

唵引，一嚩日囉二合地力二合迦半音，二

　　次結護身如來拳印。以右手屈大拇指橫於掌中，便以四指握大拇指爲拳，以此拳印，加持自身五處。先額、右肩、左肩、心、喉，每處各誦真言一徧。真言曰：

唵引，一僕引入嚩二合羅吽引，二

　　次結摩利支菩薩根本印。二小指、二無名指右押左內相叉，直豎二頭指相捻，以二中指各繚頭指背，向前頭相拄，二大指並豎即成。結印當心，誦前摩利支身陀羅尼及心各七徧，每徧屈二大拇指招之，亦名迎請印，兼以此印加持身五處，頂上散印。

　　次結大三昧耶印。辟除結界，以右手大指捻小指甲上，餘三指直豎如三股①杵形，左手作金剛拳按於心上，隨誦真言。以右手印於頂上，左轉三市，辟除一切作障難者，便右旋三市，并揮上下，即成結十方界。一切天、龍、人、非人等，不能附近。真言曰：

唵引，一商迦㘑輕舌，二摩訶引三去聲麽鼻聲琰娑嚩賀

　　次結摩利支安怛袒那印。此言隱形。以左手虛掌作拳，大指微捻頭指甲如環，已下三指握拳令密，又令掌中作孔，安自心前。想自身入此印孔中藏，以右手平掌，右旋摩此印，便蓋孔上。想此印即是摩利支天菩薩身，我自身隱藏於摩利支天菩薩心中，一心專注不間斷，誦前根本及心真言，不限徧數，但虔誠至心，必獲菩薩威神加護，一切怨家、惡人悉不能見，一切災難皆得解脱。若欲供養摩利支菩薩者，應用金，或銀，或赤銅，或白檀香木，或紫檀木等，刻作摩利支菩薩像，如天女形，可長半寸，或一寸，二寸已下。於蓮花上，或立，或坐，頭冠瓔珞種種莊嚴，極令端正，左手把天扇，其扇如維摩詰前天女扇，右手垂下，揚掌向外展五指，作與願勢，有二天女各執白拂，

---

①　股，《中華藏》校勘《南》作“鑽”。

侍立左右。作此像成，戴於頂上，或戴臂上，或置衣中，以菩薩威神之力，不逢災難，於怨家處決定得勝，鬼神、惡人無得便。若欲成驗，願見摩利支天真身求勝願者，誦此陀羅尼滿十萬徧，依法建立曼荼羅，畫摩利支菩薩像，安置壇中種種供養，并作護摩火壇，摩利支天女必現其身，所求勝願，決定成就，除不至心。

佛告諸苾芻："我爲當來惡世苦難恐怖有情，略説摩利支天法。此菩薩有大悲願，常於苦難、恐怖之處，護諸有情，不令天、龍、鬼神、人及非人、怨家、惡獸所能爲害，汝當受持，廣宣流布，饒益有情。"

諸苾芻等及天龍八部，一切大衆聞佛所説，皆大歡喜，信受奉行。

佛説摩利支天菩薩陁羅尼經

佛説穰麌梨童女經①

三藏沙門大廣智不空奉詔譯②

　　如是我聞：一時薄伽梵住舍衛國祇樹給孤獨園③，與大苾芻衆千二百五十人俱。復有無量④菩薩摩訶薩及諸天、龍、藥叉、乾闥婆、阿修羅、迦樓羅、緊那羅、摩睺羅伽、人、非人⑤等皆來集會⑥。

　　尒時世尊告諸苾芻⑦：“我念往昔住雪山北，遊香醉山，見一童女，百福相好，莊嚴其身，鹿皮爲衣，以諸毒蛇而爲瓔珞，將諸毒蟲、蚖蝮之類前後圍遶，常爲伴戲⑧，飲毒漿，食毒葉。彼女見我謂言：‘仁者當知，聽我宣説，穰麌梨真言能除世間一切諸毒。若人聞此真言及持我名者，不被一切諸毒⑨；若人聞此真言及持我名者，不被一切言者毒所害。’尒時童女爲我宣説，我從彼世間，常持此法，饒益有情。我今當説真言曰：

怛你也二合佗去，引唵引壹里蜜帝引一底丁以反里蜜帝引二壹里底里蜜帝引三努鼻迷努鼻麼引里引曳平，引四訥泚訥蹉去，引里引曳平五得羯囉捉尼呈反，鼻六嚕無博切羯囉捉鼻，上同七羯濕弭二合，引嚜引八羯濕弭二合，引囉穆訖帝二合，引九惡祇祇曳反，十惡伽去寧十一惡伽去曩伽寧十二壹里曳十三壹里壹里引曳十四阿上佉去，引夜引曳平，十五始烏合反播引夜引曳平，十六濕吠二合，引帝引，十七濕吠二合，引多頓妳引十八阿上曩引努鼻囉乞曬二合，引

---

　　①　底本，《中華藏》第1421號，第65册第595頁中—596頁下，原《金藏》廣勝寺本。校本，《中華藏》別本《觀自在菩薩化身襄麌哩曳童女銷伏毒害陀羅尼經》，原《麗藏》本（《磧砂藏》《嘉興藏》有同本）。

　　②　譯名，《中華藏》校勘《石》作“特進試鴻臚卿大興善寺三藏沙門大廣智不空奉詔譯”，《逕》《清》作“唐三藏沙門大廣智不空奉詔譯”，別本作“開府儀同三司特進試鴻臚卿肅國公食邑三千户賜紫贈司空謚大鑒正號大廣智大興善寺三藏沙門不空奉詔譯”。

　　③　祇樹給孤獨園，別本作“祇陀園”。

　　④　復有無量，別本作“又與無數”。

　　⑤　“乾闥婆”至“非人”，別本作“八部衆”。

　　⑥　集會，別本作“雲集”。

　　⑦　世尊告諸苾芻，別本作“如來告諸大衆”。

　　⑧　戲，別本作“侶”。

　　⑨　若人聞此真言及持我名者不被一切諸毒，《中華藏》校勘《石》《磧》《南》《逕》《清》無。

娑嚩二合,引賀十九

佛告諸苾芻:“若人一聞此陀羅尼,却後七年遠離一切諸毒。若常受持,一切毒蟲及諸毒藥,悉不能害。若有毒蛇來嚙此人者,頭破作七分,猶如蘭香稍。其有受持此真言法,應以白物先供養師,然後受持,必獲成就。苾芻當知,勿於蛇前稱誦此明,其蛇必死,應當以此真言,加持死蛇,令其蘇息。”真言曰:

怛你也二合佗去,引,一唵引壹羅引,二尾羅引,三斫句去,引嚩句去,引,四句引拏引句妳引底丁以反,五報引拏引報引妳引底同前顛矩嚕拏引,六顛矩魯妳引底同前,七普吒囉莫引普吒囉莫引,八普吒被譎簡反拏囉莫引,九薩跛囉莫引,十薩跛吒被准上音拏囉莫引,十一曩引誐囉莫引,十二曩引誐吒被同前拏囉莫引,十三阿上泚引蹉禮引,十四揆攞尾曬引,十五試引帝引試引多縛寧引,十六滿跢引黎引,十七伊上里黎引,十八賀黎賀黎十九旦妳引旦妳引,二十怛齁二十一娑普二合吒娑普二合吒娑嚩二合賀引,二十二

尒時世尊説此陀羅尼已,告諸苾芻:“我此真言能解世間一切諸毒,蟲[1]毒、魅毒、蠱[2]毒、藥毒等不能爲害。若有被毒中者,以此真言加持,皆得消滅。諸苾芻,此穰麌梨陀羅尼,於一切如來大會中説,真實不虛,不顛倒語,如語,不異語,諸有藥毒、呪毒、蟲毒、魅毒欲來相害,能令却著本所與者,令使諸毒入水入火、入柱入壁,亦令入地,所有諸毒不令成毒,悉能除滅。若人受持此經,日誦一徧,非但滅世間諸毒,亦能除滅身中三毒。”尒時世尊復説穰麌梨童女隨心真言及成就法:“修行者欲成就此法,先斷五辛,亦不食鹽,不食油,斷語,於一淨處,三時澡浴,三時換衣,結印誦隨心真言滿一萬徧,則行[3]法成就。後[4]作一切事,必獲成就。”隨心真言曰:

唵引阿上泉思以反尒賀吠二合,引,一成引攞尒賀吠二合,引,二嚩囉二合迦引曳引,三仡囉二合娑仡囉二合娑四入嚩二合羅入嚩二合羅五摩賀引迦引里六摩賀引喻祇霓夷反,引,七濕嚩二合里引曳引,八唵引頗齁引,九普吒囉奚引娑嚩二合,引賀引,十吽發吒上半聲娑嚩二合,引賀引,十一

我今復説穰麌梨印及觀行法,其根本印,以二[5]手相愽如掬物勢,以二小指相並,餘八指各散開微曲即成。結此印,誦前根本真言,加持自身五處,所謂右肩、左肩、心、喉、額等,頂[6]上散印。次結隨心印,以右手五指散開微屈,如師子爪形即成。結此印誦隨心真言七徧,加持五處。修行者作先行成就法已,欲作法除毒之時,觀想自

---

① 蟲,《中華藏》校勘《磧》《南》《徑》《清》作“蠱”。
② 蠱,《中華藏》校勘《南》《徑》《清》作“蟲”。
③ 行,《中華藏》校勘《石》作“先行”。
④ 後,《中華藏》校勘《磧》《南》《徑》《清》作“復”。
⑤ 二,《中華藏》校勘《石》作“一”。
⑥ 頂,原作“項”,據文意改。

身爲穰麌梨童女，身緑色，狀如龍女，具足七頭，項有圓光。應想四臂，右第一手持三戟叉，第二手執三五莖孔雀尾；左第一手把一黑蛇，第二手施無畏。又想七寶瓔珞、耳璫、環釧、臂脚釧，莊嚴其身，并以諸蛇用爲瓔珞，想從一一毛孔流出火焰。作此觀已，於被螫人前結根本印及隨心印，加持自身五處。取一熟銅椀盛水，誦隨心真言，加持七徧，以右手掬水，打被螫人心上，所有毒氣漸漸消除，即於真言句中增加此句，所謂：

左攞娑嚩二合引賀引尾鑠疏覺反娑嚩二合引賀引

　　即取淨土加持七徧，周帀圍遶被螫之人，一切諸毒應時消滅。又法，於被螫人前結本印數，誦吽字一字真言，或誦撲字一字真言加持，皆能除毒。若常受持此穰麌梨法，能滅世間一切諸毒，所求無不遂心。

　　尒時世尊説此經已，時彼大會天、龍、藥叉、人、非人等聞佛所説，皆大歡喜，信受奉行。

　　佛説穰麌梨童女經一卷

大聖天歡喜雙身毗那夜迦法^①出《陀羅尼集經》第十一諸天下卷^②

開府儀同三司特進試鴻臚卿肅國公食邑三千户賜紫贈司空
謚大辨正號大廣智大興善寺三藏沙門不空奉詔譯^③

身呪：

曩謨尾那翼迦二合瀉賀悉底二合母佉瀉怛你野二合他唵娜去聲，下同翼迦二合娜翼迦二合
尾娜翼迦二合尾娜翼迦二合怛囉二合簸哩二合怛囉二合翼迦二合餉引佉賀悉底二合餉引佉
迦只多扇上底迦囉二合娑嚩二合，引賀引

心呪：

唵儗上哩虐

心中心呪：

唵虐虐吽娑嚩二合，引賀

　若欲作此天法，先須畫像，或用白鑞銅木等及花木，若鑄若刻，並得其像形。夫
婦二身令相抱立，各長五寸，或七寸皆得，並作象頭人身，造像不得違價^④。其像成
已，當以白月一日，於淨室內，用淨牛糞摩作圓壇，隨意大小，當取一升清細麻油，以
淨銅器盛之，用上呪文，呪油一百八遍，即暖其油。然後將像放著油中，安置壇內，用
淨銅匙、銅杓等，藥^⑤油灌其二像頂、身一百八遍，一日之中七遍灌之，平曉四遍，日午
三遍，共成七^⑥遍。已後每日更呪舊油，以灌其像。如是作法，乃至七日，隨心所願，
即得稱意。正灌油之時，數數發願，復用酥蜜和麨作團，及蘿蔔根，并一盞酒及歡喜

　　①　底本，《中華藏》第1512號，第66册第346頁上—347頁中，原《麗藏》本。經名中，"天"，《中華藏》
校勘《南》《徑》《清》作"大"；"夜"，《中華藏》校勘《磧》作"耶"。經名後，原附"一卷"，此略。
　　②　夾注文原在譯名下行，此移題後。
　　③　譯名，《中華藏》校勘《磧》《南》作"大興善寺三藏沙門大廣智不空奉詔譯"，《徑》《清》作"唐北天竺三
藏沙門大廣智不空奉詔譯"。
　　④　違價，《中華藏》校勘《磧》《南》《徑》《清》作"還"。
　　⑤　藥，《中華藏》校勘《磧》《南》《徑》《清》作"攣"。
　　⑥　七，《中華藏》校勘《石》作"十"。

團、時新花菓等，如是日別取新者供養。一切善事隨意①成就，一切災禍悉皆銷滅。其所獻食必須自食，始得氣力。

請召印，以二小指、二無名指相鉤向內，即以二中指豎相叉，又以二頭指各豎附中指，以二大指亦豎，附近頭指側，大指來去。

呪曰：

唵簸迦囉二合主拏祢去嚩哆野二合

誦七徧。

讚歎呪：

唵誐娜簸波，上、下同底扇上聲，呼底娑嚩二合，引悉底摩賀誐娜簸底娑嚩二合，引賀引

送呪：

唵簸迦囉二合主拏祢去嚩哆野二合娑嚩二合，引賀引

誦七遍。

呪水護身呪：

唵吉里吉里跋折囉二合，引吽泮吒半音

若欲作法時，先以上呪呪水七遍，用洗口。并更取水，呪七遍，用楊柳散灑身上，即爲護身，然後入持誦室中作法之所。

洗浴呪：

唵阿拏婆折唎二合婆跋燄拏訶

以上呪呪水七遍，當用洗浴。

調和毗那夜迦法：

請一切天作帝殊羅施印，以二小指、無名指相叉於掌內，豎二中指，指②頭相捻，以二頭指各加中指背第一節下半分，大指③。

來去呪曰：

唵一鑠都嚕二波羅摩馱你曳三莎訶

誦七遍，但是誦呪人夢中驚怖，見諸畜生、惡境界等，當知是毗那夜迦王瞋。夢中覺已，即慙愧，乞莫瞋。明日自有飲食勞謝，以水摩地，作二肘水圓壇，如槃大亦得。即取饊④餅五顆、蘿蔔根三顆，火燒熟，有花著花，并燒白膠、薰陸等香，安於壇中。呪人壇西，面向東坐，誦大自在天呪一百八遍已，口云“慙愧好去”，如是語已，壇中雜物盤盛，出門向西棄却，西北亦得。口云：

---

① 意，《中華藏》校勘《磧》《南》《徑》《清》作“願”。
② 指，《中華藏》校勘《石》無。
③ “大指”後，當有脫漏。
④ 饊，《中華藏》校勘《磧》《南》《徑》《清》作“烝”。

薩婆藥叉囉闍阿藹捨訶娑鉢闍伽車

　　作是語已，棄却即歸。

　　大自在天呪曰：

唵一毗跢囉薩尼二波囉末唎達尼三瞋達尼瞋達尼四頻達尼頻達尼五莎訶

　　誦呪一百八遍，即心歡喜，非但夢中，但覺有魔事，即作前法定好。

　　造像法：

　　其像形端立，象頭人身，左牙出，右牙折，面少向左，其鼻向外瘻①。有六臂，其左上手把刀，次手把果盤，下手把輪；右上手把棒，次手把索，下手把牙。造此像不得違②價，足數付之，若鑄、若刻、若畫並得。

　　右此大聖天秘要法，人間希有，實勿傳之，宜誡③慎也。

　　大聖天歡喜雙身毗那夜迦法一卷

---

①　瘻，《中華藏》校勘《磧》《南》《徑》《清》作"僂"。
②　違，《中華藏》校勘《石》《磧》《南》《徑》《清》作"還"。
③　誡，《中華藏》校勘《磧》《南》《徑》《清》作"誠"。

大藥叉女歡喜母并愛子成就法[①]

大興善寺三藏沙門大廣智不空奉詔譯[②]

尒時佛住王舍城竹林精舍，爲諸人天演說法要。時有大藥叉女，名曰歡喜，容貌端嚴，有五千眷屬，常在[③]支那國護持世界。是娑多大藥叉將之女，娉半支迦大藥叉將，名云[④]散脂者訛。生五百子，有大威力。與諸眷屬來詣佛所，退坐一面。佛告歡喜母：“汝今可受如來教勅，我欲令汝捨除暴惡，護諸[⑤]有情，此王舍城及贍部洲一切女人所生男女皆施無畏。”時歡喜母白佛言：“世尊，若如是者，我及諸子當於何食？”佛言：“汝但慈心，不害有情，我當勅諸聲聞弟子，每於食次，常與汝食，并於行末置一分食，呼汝名字，并諸子等皆令飽滿。若有餘食，汝可迴施一切鬼神，皆悉運心，令其飽足。”時歡喜母白佛言：“世尊，我今歸命如來，奉佛教勅，不敢違越。王舍大城及諸國土一切人民所生男女，我皆擁護，令其安樂，不令一切諸惡鬼神得其便也，惟願如來護念於我！”佛言：“善哉！善哉！歡喜母，汝今可於如來善法律中受持三歸五戒，令汝長夜解脫諸苦，獲大安樂。所謂歸佛、法、僧，不殺生命，乃至不飲諸酒。是汝學處，汝當受持。”時歡喜母既受三歸并五學處，歡喜踊躍，遶佛三帀。白佛言：“世尊，我今已蒙如來加護，我有自心陀羅尼，能除一切災難、恐怖。若有受持此章句者，我諸眷屬常爲守護，令獲安樂，唯願如來聽我宣說。”佛言：“恣汝意說。”時歡喜母即於佛前說陀羅尼曰：

曩謨引囉怛曩二合怛囉二合夜引耶一娜莫賀引哩底曳二合，二摩賀藥乞史二合扼尼整反，三阿謨伽去，引曳四薩底曳二合嚩引你泥以反顇五没馱鉢哩二合野引曳六惹多賀引哩扼曳二

① 底本，《中華藏》第1479號，第66册第77頁中—82頁上，原《金藏》廣勝寺本。經名後，《中華藏》校勘《石》有夾注“亦名《訶哩底母法》”，《麗》有夾注“亦名《訶哩底母經》”。
② 譯名，《中華藏》校勘《石》作“特進試鴻臚卿大興善寺三藏沙門大廣智不空奉詔譯”，《徑》《清》作“唐北天竺三藏沙門大廣智不空奉詔譯”，《麗》作“開府儀同三司特進試鴻臚卿肅國公食邑三千户賜紫贈司空謐大鑒正號大廣智大興善寺三藏沙門不空奉詔譯”。
③ 在，《中華藏》校勘《麗》作“住”。
④ 名云，《中華藏》校勘《磧》《南》《徑》《清》作“名”，《麗》作“昔云”。
⑤ 諸，《中華藏》校勘《石》作“念”。

合,七半左補怛囉二合,八捨多鉢哩二合嚕囉引曳九畢哩二合迦囉引曳二麼呬多引薩嚕薩怛嚕二合,引,十一曩麼塞訖哩三合跢引曳十二婆誐鑁賀引哩底曳二合,十三紇哩二合乃野麼引嚩跢以灑引銘十四没馱帝惹自攞反婆去,引朶底丁以反,十五薩麼二合囉多引曳十六婆去誐鑁補囉囉引乞灑二合臬十七婆去誐鑁母引紫精以反多引臬十八跛囉補怛囉二合,十九尾觀曩二合尾曩引野迦二十没哩二合跛三去麼你引多怛囉二合拏鼻,引羅二十一滿怛囉二合跛娜補娜引攞二十二賀引哩灑引曳二十三怛你野二合佗去,引,二十四臬嚕䫂二十五跛哩嚕䫂二十六寗引怛囉二合曷底二十七薩嚕羯麼迦囉拏鼻,引曳娑嚩二合,引賀引,二十八

　　“世尊,我此陀羅尼有大威力,猶如真多摩尼寶,能滿一切有情[1]意願,唯有如來及諸菩薩當證知我。”佛言:“歡喜母,汝能饒益有情,護持我法,説此陀羅尼,未來世中我諸弟子付汝守護,悉令安樂。”時歡喜母白佛言:“如佛聖旨,我當奉行! 世尊,若欲成就此陀羅尼法者,先於白氎上或絹素上,隨其大小,畫我歡喜母,作天女形,極令姝麗。身白紅色,天繒寶衣,頭冠,耳璫,白螺爲釧,種種瓔珞莊嚴其身。坐寶宣臺,垂下右足,於宣臺南[2]邊傍膝各畫二孩子。其母左手於懷中抱一孩子,名畢哩二合孕迦,極令端正,右手近乳掌吉祥果。於其左右并畫侍[3]女眷屬,或執白拂,或莊嚴具。其畫像人清淨澡浴,著新淨衣,受持八戒。如法畫已,於一密室清淨掃洒,作四肘方壇。應取純色牸牛瞿摩曳,以物承取,以香相和,如法塗拭。又以白檀香泥,方壇上作一圓壇,安像於中。上施天蓋,懸諸綵幡,以種種時華散於壇上。又以乳麋、酪飰、甘脆飲食及諸果子、閼伽香水,燒好沈香而爲供養。像面向西,其持誦者壇西,面東對像念誦。或四時、三時乃至一時,不應閒闕。若有間斷,法即難成。亦不得誦金剛部真言及諸雜念誦,恐難成就。每時誦一百八徧爲常。正念誦時,不應雜共人語,令真言閒斷,不成徧數,虛費功力。若欲成就此法,從白月一日、五日及十六日、二十日起首,依前儀軌,對此像前誦滿一萬徧即成,先行必須慎密,勿使人知,勿對人前誦此真言。若能依教專注密修,歡喜母必現其身,滿修行者所願。作此念誦,必不得與人結怨,恐損彼人,成不饒益。若得成就已,所獲財寶應須廣行檀施,不應慳恪。若欲令歡喜母速來現身,修行者專想此母,常不離心,又於念誦處及所居處必須清淨,不用燈明,又常燒沈香,唯自獨處,無閒念誦,亦不應恐怖,歡喜母必來現身。若得來已,漏泄人知,必招其禍。若來現身,亦不應共語,但至心念誦,更加如法供養,後必數來,告行者言:令我何所作爲? 或留瓔珞、環釧、寶莊嚴具。若留必須便用,不得停留,亦不與語。如是久久淳熟,方可與語,即請爲母或爲姊妹。不應於彼生貪染心,設彼聖者有染欲意,必不應受,若受必生彼族,難得解脫。持誦者每於自所食物,先

---

①　有情,《中華藏》校勘《麗》作“諸有”。

②　南,《中華藏》校勘《石》《麗》作“兩”。

③　侍,《中華藏》校勘《磧》《南》《徑》《清》作“兒”。

減一分淨食，以心真言加持七徧食了，持於淨處瀉之，常得擁護，不離左右。"誦心真言曰：

唵一弩努麼鼻,引里迦引呬諦娑嚩二合,引賀引,二

持誦者既先行功滿，擇吉宿日，或日月蝕時，如法供養，取好沈香，搵蘇護摩一千八十徧，必獲成就。或現本身，或即加持數珠，或供養具，祈上、中、下等成就。得①所居處地動，或見光明，當知已獲成就。從此已後，所作皆得如意，方用已後諸成就法。

若求伏藏者，取一有童女，澡浴清淨，著鮮潔衣，取有香氣華，令童女兩手捧華，掩面立於壇邊。持誦者誦前真言，加持鬱金香水一百八徧，灑童女身上，於真言句中加求願事。須臾頃，彼童女即説伏藏所在。或即專心念誦，請聖者現身，問其所在。或但祈請，令歡喜母每日供給所須。若得如願，所獲財寶，廣修功德及行檀施，饒益有情，不應蓄積，必失成就。

又法，欲得貴人歡喜，取彼人門下土，以唾和作丸，加持一百八徧，置於廁中，彼人必相敬順、歡喜。

又法，欲得女人敬愛，加持果子二十一徧，與彼人喫，即相敬愛。

又法，若有疑事，准前加持童女問之，所疑事意種種皆説。

又法，或但念誦，乞願邀祈，或聞空中語聲相報，或於夢寐中必相告語，疑事悉知。

又法，若有鬼魅所持，怕②怖不安者，取安息香、阿魏藥、白芥子和蘇，護摩一千八十徧，一切精魅悉皆殄滅。

又法，若有惡人作留難者，取嚕地囉和土，加持二十一徧或一百八徧，密埋彼家門閫下，其作留難人必病。欲令差者，收卻彼土，其病即除。

又法，夫妻不和者，彼所受用衣服等物，或所食之物，密加持二十一徧，與彼人受用，勿令知覺，必得相順。

又法，有人被毒中者，加持白鴿糞和水，與喫即差。

又法，若有被囚禁、枷鎖、種種口舌者，取五月五日桃③木，密書彼怨人名字，加持一百八徧。又於真言句中稱彼人名，加持求願語，釘入地，即得官府口舌，解散無事。

又法，欲得論議勝者，取野葛一片，加持二十一徧，手把與彼論議，彼便杜口。

又法，女人難婚者，作一灰人，加持一百八徧，令彼女人每日拜此灰人七拜，其婚即合，萬④不失一。

---

① 得，《中華藏》校勘《石》《麗》作"或得"。

② 怕，原作"帕"，據《中華藏》校勘《石》《磧》《南》《徑》《清》《麗》改。

③ 桃，《中華藏》校勘《石》作"枷"。

④ 萬，《中華藏》校勘《石》作"百"。

又法，欲遠召所愛人者，應作一灰人，或作鹽①人亦得。以刀安彼心上，稱彼姓名，每日三時結召請印，誦真言一百八徧加持，不踰七日彼人即至。如或不來，其人必遭重病。

又法，若有負債不還者，當以鹽末作彼人形，結降伏印，誦陀羅尼一百八徧，於真言句中稱彼人姓名，以刀劃之，其人即自來叩頭乞命。

又法，若人患鬼魅病者，准前加持一童女問之，知其病祟所作，即以法發遣彼鬼魅，病人無不除差。

又法，若欲治病去時，先然燈一盞，安於竈下，以真言加持二十一徧，即蓋竈門，明日平旦②檢看，若油盡即去，若不盡即不須與治，必難得差，此法甚驗。

又法，若日月蝕時，於像前，以熟銅椀盛蘇加持乃至數③滿。食此加持蘇，即獲聞持，日誦千言。

又法，若有不和順者，密誦真言加持果子，或飲食方便，與彼人食，必得敬愛。

又法，凡有死亡家令人恐怖者，以忿怒心誦此陀羅尼二十一徧或一百八徧，恐怖即除，不往死亡家最善。

又法，若經官論訟，持此真言一百八徧，或但密誦真言，必得道理。

又法，若欲謁見大人官長，誦真言一百八徧，見時必待④歡喜。

又法，若有難産者，加持牛蘇一百八徧或二十一徧，與産婦喫及塗産門，必得易産。若持誦者一心專誦此真言，更不雜修，歡喜母常隨擁護不離左右，不久必現其身。若修行此歡喜母法欲令速驗者，當別置淨⑤室，極須慎密，不得於佛堂精舍中作法，恐難成就，又不得使人見此像及知作法，必失効驗。

又法，若有怨讎欲來相害者，取胡麻和蘇，於像前護摩一千八十徧，於真言句中稱彼人姓名，必得歡喜。

又法，若欲令前人相憶念者，書彼人姓名安自牀腳下，彼人必相憶念。

又法，若欲令彼怨人家驚恐不安者，取髑髏骨一片，加持二十一徧或一百八徧，密安彼怨宅⑥內，其家必驚恐不安。凡欲取髑髏骨時，先以真言加持自身二十一徧，即結召印，然後取之密加持用，無不應驗。若⑦卻令彼人無恐怖者，誦此真言二十一

---

① 鹽，《中華藏》校勘《石》作“壇”。
② 旦，原作“且”，據《中華藏》校勘《磧》《南》《徑》《清》改。
③ 數，《中華藏》校勘《石》《麗》作“復”。
④ 待，《中華藏》校勘《石》《磧》《清》《麗》作“得”。
⑤ 淨，《中華藏》校勘《麗》作“静”。
⑥ 密安彼怨宅，《中華藏》校勘《石》作“安彼家宅”。
⑦ 若，《中華藏》校勘《石》《麗》作“若欲”。

徧，收取髑髏骨作發遣卻送本處，彼家即得無畏。此骨一度用，更不堪重用，無驗。凡經供養竟食及果子等，一切不得食，令持真言者無効。

　　凡欲供養歡喜母食，皆須創新別造，不得用經宿殘食，每下供養食皆須自送，不得使人送，必無効驗。

　　又法，欲成就役使法者，先持誦真言令功業成已，然後揀取一髑髏，若知此髑髏是了事彊幹人，必易得成驗。先於所見處加持自身，又以真言加持彼髑髏一百八徧，結請召印，彼①令隨密裏將去。先以水②洗，又以香水浴，以銀爲舌，於歡喜像前加持一千八十徧，於壇側以甌蓋頭，即於其夜自通姓名，或現其身，請爲給使，從此以後驅使，無不應驗，疑事問之必能先知。此法極須慎密，若漏泄，非但不成，亦反招殃咎。凡使髑髏往彼人處，先須料校前人，彼怨若是持③誦金剛部法，或精持禁戒解法，人必不得惱亂，反損自身，不尒必効。

　　次說印契，先結請召印，以右手指於左手背叉入，把左手掌左手向身三招，其印相即成。次結降伏印，二手内相叉，二小指相鉤，二無名指各左右入虎口，二中指豎合，二頭指各捻中指背，二大指各捻中指中節，其印相即成。次結擲惡人印，以右手大指捻無名指甲上，每誦真言一徧，一度向彼惡人擲之，其印相即成。次結發遣聖者印，即結前召請印，以左④手向外擲之，其印即以成矣。

　　尒時歡喜母於大會中，說此陀羅尼法已。白佛言："世尊，我今已蒙如來護念於我，我及眷屬奉佛教勅，於未來世護諸有情，令獲安樂，離於⑤恐怖。若有能依此法清淨受持此陀羅尼者，一切所求皆得滿足。"

　　時歡喜母復白佛言："世尊，我今復說愛子畢哩二合孕迦陀羅尼法，爲利益護持諸有求者。"真言曰：

唵一致尾致顙娑嚩二合,引賀引,二

　　其印以二手合掌，二大指並屈入掌中即成。此印一切處用，獲身請召奉送並皆用之。以印加持自身五處，所謂頂、左右肩、心、喉等，即成護身。以二大指招之名請召，開出之名奉送。若有受持此陀羅尼法者，我及愛子畢哩二合孕迦并諸眷屬等擁護是人，不令一切諸惡鬼神有所侵擾⑥。

　　若有持此陀羅尼，必須清淨，不食薰⑦穢。誦真言滿三十萬徧，并施愛子畢哩二合

---

① "彼"前，《中華藏》校勘《石》《麗》有"召"。
② 水，《中華藏》校勘《石》《麗》作"淨水"。
③ 持，《中華藏》校勘《石》作"時"。
④ 左，《中華藏》校勘《麗》作"右"。
⑤ 於，《中華藏》校勘《麗》作"諸"。
⑥ 擾，原作"優"，據《中華藏》校勘《石》《磧》《南》《徑》《清》《麗》改。
⑦ 薰，《中華藏》校勘《石》《磧》《南》《徑》《清》作"葷"。

孕迦食，即成先行。其施食法，先於露地淨處，以瞿摩夷塗一圓壇，壇上散以時華，或但於淨石上施之亦得。每欲食時，先取所食之物各少許，共置一淨器中，以前真言加持七徧，於彼壇上施之，并呼畢哩二合孕迦名告言，受我①此食，願垂加護，如是不闕，滿六箇月，即得愛子常隨加護。

又法，或乞食或喫乳，誦真言滿三十萬徧已。然後取牛肉作丸，一加持一燒，日日②三時，時別一千八十徧，滿四十九日，畢哩二合孕迦即現其身，滿修行者所願。

又法，修行者每③三白食，以牛肉和安悉香作丸護摩，從白月一日起首，滿足一月，每日三時，時別一千八十徧，至月滿日，廣陳供養，一日一夜，斷食斷雜言語④。如上依教護摩無間，至誠念誦，愛子畢哩二合孕迦必現，與持誦者常爲親伴，所須皆應。

又法，取明淨好安悉香，搵蘇護摩，每日三時，時別准上，如是護摩不間⑤不斷，即常送金錢供其所用。

又法，欲求伏藏者，如前作先行法成已，然後復⑥以蘇合香和蘇護摩，每日三時，時別一千八十徧，如是不間不斷，其伏藏即現取用，一無障礙。若常持誦此陀羅尼兼施食者，能令財物豐盈，所求無不隨意，常得此畢哩二合孕迦衛護。

又法，若欲降伏冤敵者，書彼冤人名，於持誦者左腳下踏，而以勵聲、忿怒相誦於真言，句中加彼冤人名，誦滿十萬徧，一切冤對無不隨順。

又法，若被囚禁者，當誦此陀羅尼，即得解脫。

又法，欲得安隱者，取菴末羅樹葉和乳，加持護摩十萬徧，即得安隱。

我今復說畢哩二合孕迦刻像法，取好白栴檀香木無瑕隙者，長六指或一擮手，令巧匠雕作童子形，頂上有五朱荼⑦髻子，相好圓滿，以種種瓔珞莊嚴其身，於荷葉上交腳而坐，右手掌吉祥果作與人勢，左手揚掌向外垂展五指，此名滿願手。作此像已，於一淨室密處，以安悉香水和泥，作一肘或三肘方壇，以瞿摩夷如法塗拭。又以白檀香塗一圓座，安像於中，以種種時華散於壇上，乳糜、酪飰、甜脆果子及歡喜團等，如法供養。燒沈水香，對此像前，誦陀羅尼滿十萬徧，愛子畢哩二合孕迦必來現身問行者言：喚我有何所求？修行者隨所願求皆得如意。從此已後，作法無不成驗。

又法，欲知未來善惡事者，取瞿摩夷如前塗壇，如前供養，燒安悉香，以胡麻一加持一燒，滿一千八十徧，即於此處安寢，勿使雜語，一心思惟畢哩二合孕迦聖天乞境

① 受我，原作“我受”，據《中華藏》校勘《石》《麗》改。
② 日日，《中華藏》校勘《石》作“日”。
③ 每，《中華藏》校勘《石》《麗》作“食”。
④ 語，《中華藏》校勘《石》作“話”。
⑤ 不間，《中華藏》校勘《石》無。
⑥ 復，《中華藏》校勘《石》《麗》無。
⑦ 朱荼，《中華藏》校勘《石》《麗》作“朱紫”，《徑》作“株荼”。

界。須臾頃，夢見畢哩二合孕迦，所有疑事問之皆説，乞夢真言曰：

唵一馱囉馱囉二眷婆眷婆三瞱引醖引吲四畢哩二合孕迦囉五薩嚩薩怛嚩二合顝嚩引囉野六賀引賀引吲引吲引護引護引娑嚩二合，引賀引，七

尒時歡喜母説此自心陀羅尼并愛子畢哩二合孕迦成就法已，五體投地，禮佛雙足，白言："世尊，我今以此陀羅尼及成就法饒益有情，惟願如來及諸聖衆當證知我。"佛言："善哉！善哉！歡喜母，我今又復付囑於汝，汝①等於我法中，若諸伽藍出家弟子所住之處，一切人民汝及眷屬，勤心守護，勿令諸惡鬼神作其障難，令得安樂，乃至我法未滅，已來於贍部洲，應如是行。"時歡喜母及五百子并諸眷屬、藥叉等衆，聞佛教勅，皆大歡喜，作禮而去。

大藥叉女歡喜母并愛子成就法

---

① 汝，《中華藏》校勘《石》無。

訶利帝三合母真言法①

特進試鴻臚卿大興善寺三藏沙門大廣智不空奉詔譯②

尔時訶利帝藥叉女在佛眾會，從座而起，五體投地，禮佛雙足，而白佛言："我有心真言，由如真多摩尼寶，能滿一切意願，爲利益安樂閻浮提諸善女人及男女故，惟願世尊哀愍聽許，我今說之。"

真言曰：

唵引，一弩弩麽引里迦引呬帝娑嚩二合，引訶引，二

若有女人不宜男女，或在胎中墮落，斷叙③不收，皆由四大不宜，男女不能調適，或被鬼神作諸障難，或是宿業因緣不宜男女。應取白氎，或一肘，或一搩④手，或長五寸，或隨意大小，畫訶利帝母，作天女形像，金色⑤身著天衣，頭冠瓔珞。坐宣⑥臺上，垂下兩⑦足。於垂足兩邊，畫二孩子，傍宣臺立。於二膝上各坐一孩子，以左手懷中抱一孩子，於右手中持吉祥果。畫師應受八戒，其彩色中不用皮膠。畫像成已，淨治一室，嚴儀塗拭，以香泥作方壇，置像壇中，以種種華散於壇上，復以甘脆飲食，乳糜、酪飯及諸菓子、閼伽香水，燒沈水⑧香而供養。像面向西，持誦者面東，對像念誦，每日三時，時別誦一千徧。取月生五日起，首先誦十⑨萬徧，然後對像前念誦，所求一切事皆悉圓滿。

---

① 底本，《中華藏》第1432號，第65冊第665頁中—66頁下，原《金藏》廣勝寺本。經名，《中華藏》校勘《麗》作"訶利帝母真言經"，"三合"原置經名後，此移注音處。

② 譯名，《中華藏》校勘《磧》《南》作"大興善寺三藏沙門大廣智不空奉詔譯"，《徑》《清》作"唐特進試鴻臚卿三藏沙門大廣智不空奉詔譯"，《麗》作"開府儀同三司特進試鴻臚卿肅國公食邑三千户賜紫贈司空諡大鑒正號大廣智大興善寺三藏沙門不空奉詔譯"。

③ 叙，《中華藏》校勘《石》《麗》作"緒"。

④ 搩，原作"磔"，據文意改。

⑤ "金色"後，《中華藏》校勘《石》有"或白紅色"。

⑥ 宣，《中華藏》校勘《磧》《南》《徑》《清》作"寶"，下同。

⑦ 兩，《中華藏》校勘《石》作"右"。

⑧ 沈水，《中華藏》校勘《石》作"好沉"。

⑨ 十，《中華藏》校勘《磧》《南》《徑》《清》作"千"。

又法，女人欲得男女者，月經後澡浴，取黃牛乳①母子同色者，搆②乳一升，置銀器中，以右手無名指攪乳，誦真言加持一③千八十徧，然後取服，至五④日内，則得有胎。

又法，欲令佗人歡喜敬愛者，或飲食果子，或華，或香，加持一百八徧，於真言句中加彼人名，將與彼人，則得歡喜敬愛。

又法，若有人作留難口舌者，畫彼人形，左脚踏之，誦真言一千八十⑤徧，則得無難。

又法，欲令一切人歡喜者，取牛黃末置銀器中，准前以無名指攪，誦真言加持一百八徧，點於額上，一切人見，皆歡喜順伏。

又法，若得新衣服，對像前加持一百八徧，然後取著一切人見，亦皆歡喜敬愛。

又法，若有惡夢，誦真言一百八徧，則得惡夢消除。

又法，若月蝕時，取蘇五兩置器中，以金筯攪無間斷，念誦加持，乃至月却，得圓滿爲限。然後取一分，供養訶利帝母，餘者漸喫，即有胎孕，所生男女，聰慧福德。

又法，取牛膝根作齒木，加持一百八徧，嚼及揩齒，所出言詞令人樂聞，意欲所求佗人之事，皆得隨意成就。

又法，欲得壽命長遠者，取骨屢草嫩苗搵⑥蘇、蜜、酪護摩七夜，夜別誦真言一千八十徧，一擲火中，則得長壽。

又法，欲得所爲所作隨意成就者，每月生五日、二十日，塗飾⑦道場，散華，種種飲食，乳糜、酪飯及諸果子，閼伽香水，燒沈香薰陸，以用供養。先供養一切如來、文殊師利菩薩、普賢等一切菩薩，然後供養我訶利帝母，何以故？我本藥叉女，如來授⑧與我三歸五戒、菩提心律儀戒，對諸十地菩薩故，是先供養諸佛、菩薩。供養已，對此像前誦一萬徧，所求事業皆得滿足。

訶利帝母念誦⑨法：

愛子心真言：

唵引，一知上尾知上顙娑嚩二合，引訶引，二

印合掌，屈二大拇指入掌中，誦心真言。供養訖，於頂上放二大拇指，即散去。

———————

① 牛乳，《中華藏》校勘《石》《麗》作"乳牛"。
② 搆，《中華藏》校勘《石》作"擊"，《磧》《南》《徑》《清》作"毊"。
③ 一，《中華藏》校勘《磧》《南》作"二"。
④ 五，《中華藏》校勘《石》《麗》作"七"。
⑤ 八十，《中華藏》校勘《石》無。
⑥ 搵，原作"榅"，據《中華藏》校勘《磧》《南》《徑》《清》《麗》改。
⑦ 飾，《中華藏》校勘《石》《麗》作"拭"。
⑧ 授，原作"受"，據《中華藏》校勘《麗》改。
⑨ 念誦，《中華藏》校勘《石》作"真言"。

請召、發遣，皆放此印。以白檀香橫量六指作童子形，具足兩手，各把果子與人。頭上作三髻角子，於閑淨處安置。誦真言萬徧，即現身問言："喚我何事？"隨心答之。取黃牛肉方寸，一加持一燒，日三時，滿四日得大自在隨意。

又法，牛肉、安悉香爲丸，月八日三時念誦，燒上香一千八①徧。至十日已，夜半現大光相，得大神力，安悉香爲丸，一加持一燒，日三時，時別一千八徧，五日調伏一切人。

又法，百草華一一加持，散身上，得千人衣食。

又法，日誦真言，燒蘇合香七日，見地下金藏，已種種華果、飲食壇中供養，日日如是，得一切財寶。

又法，安悉香和乳粥，一加持一燒，七日，日三時，時別一千八徧，現身任語任意問。

又法，被禁閉，誦一萬徧，即解脱，治病加持，菴羅果葉乳中漬燒加持，除一切病。

訶利帝母真言法

---

① 　一千八，《中華藏》校勘《麗》作"十八"。

文殊師利菩薩根本大教王經金翅鳥王品①

大興善寺三藏沙門大廣智不空奉詔譯②

尒時釋迦牟尼佛復觀淨居天宮,告文殊師利童真菩薩言:"文殊師利,於汝大教中,一切如來之所稱讚隨喜,順大真言行,令一切有情入三昧邪壇故,通學地、水、火、風、空五種。由知此故,通達一切有情語言不思議境界,成得金翅鳥王真言行。以神通悟此,通達方便,一切世間、出世間法皆得成就,乃至一切傍生及諸金翅鳥王身法悉皆通達。"是故於菩薩大眾中,金翅鳥王與無量金翅鳥圍遶,從座而起,往詣於文殊師利大菩薩前,頭面禮足,長跪合掌,而白文殊師利言:"我住大菩薩位,於此教王利益安樂諸有情故,說過去百種法,唯願大菩薩隨喜許說。"文殊師利菩薩言:"爲有情利益故,汝今說之。"時金翅鳥王以佛威神力故,從座而起,歡喜踊躍。文殊師利言:"汝應宣說過去百種法,并其深密法要。"

尒時金翅鳥王即說真言曰:

曩莫三滿多没馱引南引,一阿鉢囉二合底二賀多三捨薩那南引,四怛你野二合佗五唵捨句娜六摩賀引捨句娜七尾旦多八跛乞叉二合,引九薩嚩跛曩十誐那迦十一佉佉佉呬佉呬十二三摩野十三摩奴薩麼二合囉十四吽底瑟姹二合,十五冒引地薩怛舞二合,十六枳孃二合跛野底十七娑嚩二合,引賀引,十八

尒時金翅鳥王說真言已,次當宣說過去百種法,召龍、調龍、捉龍,或有被龍嚙及不嚙者,皆令神著說過去、未來一切事。召蛇罸讁蛇,取毒戲劇,不爲毒中,召一切毒,或纔稱意念,或意作法。持誦者受齋戒,三日不食,或不食十二日。於河岸側,五色粉建立六肘曼荼羅,畫八枚八葉蓮華,中央畫佛,作說法相。佛右以粉畫大聖文殊師利菩薩,作合掌瞻仰佛相;佛左畫那羅延天,四臂持四種標幟器仗。近那羅延,畫

---

① 底本,《中華藏》第1482號,第66册第123頁中—128頁上,原《金藏》廣勝寺本。經名,《中華藏》校勘《石》作"文殊師利菩薩根本大教王經一卷",《麗》作"文殊師利菩薩根本大教王經金翅鳥王品一卷"。經名中,"經"字原無,據《中華藏》校勘《石》《麗》補,卷末經名同。

② 譯名,《中華藏》校勘《徑》《清》作"唐北天竺三藏沙門大廣智不空奉詔譯",《麗》作"開府儀同三司特進試鴻臚卿肅國公食邑三千户賜紫贈司空諡大鑒正號大廣智大興善寺三藏沙門不空奉詔譯"。

金翅鳥王，作極可畏恐怖形。近金翅鳥王畫阿盧拏天，於大聖文殊後畫無慧菩薩及善財童子須菩提，合掌而住，如是名爲中壇。次壇東外院，以白灰撚畫金剛杵，左邊以炭末畫劔，北邊以黃畫棒，西邊以赤畫羂索。如是外院置曼荼羅畫已，四邊應以三甜食而供養之，於其壇上散種種華及種種塗香、末香，及置閼伽賢餅，滿盛香水，燒安悉香，誦根本真言，請一切聖衆，對此壇前，應作護摩爐。以無煙炭然火，以佉陀羅木投之，於一切有情起大慈心，作龍坐而坐，帖①膝坐也。用虵刺木揾三甜酪蜜蘇也。投於爐中一千八徧，即成就。相見即有衆蛇來集，即獻閼伽，當知真言法成。應誦真言作是願言：願真言法得悉地。即誦根本真言發遣。以閼伽水隨誦真言，濺灑所有供養食飲華香，擲於河水中，從此已後，所作鉤召禁止一切毒類，隨誦成就。

　　又法，欲令兩人相憎，取白氎華和毒藥，護摩二十一徧，彼即相憎。

　　又法，欲摧毀怨家，取蛇皮一枚，誦真言一徧，投於火中，二十一徧，即彼怨摧滅。

　　又法，取烏②翅護摩二十一徧，彼怨③人狂④走，猶如烏跳。

　　又法，若令男女互相敬愛者，以白芥子和蘇護摩二十一徧，即相敬順。

　　又法，欲令王敬愛者，以乳粥護摩二十一徧，即得隨意。

　　又法，加持土塊投於火中，火即不熱，若欲解，加持草投火即解。

　　又法，誦真言七徧，加持江河泉，一切魚不被網。

　　又法，彈指誦真言，能召諸魚。

　　又法，若一切患疾病者，加持水二十一徧，灌於頂上，病即得差。

　　又法，加持棒二十一徧，擊一切門，門即自開。

　　又法，即以棒盛於青色袋中，當軍陣前遙示佗敵，彼軍即散。

　　又法，加持衣襟二十一徧，閃爍佗敵，彼軍所有一切刀杖弓弩，悉自破壞，皆禁止不能動。若欲解，誦真言一徧解之即解。

　　又法，取蛇頭加持灰塞其口，稱彼人名，誦真言二十一徧，彼人即瘂。

　　又法，若被毒箭中者，加持水搖濺，其箭即出。

　　又法，欲得破佗真言，誦此真言，彼即無効，若欲得解即解。

　　又法，加持塼二十一徧，擲彼枷杻禁縛者，即解枷杻破。

　　又法，若欲降雨，依前壇法建立，作供養，及作護摩爐，取苦練⑤木然火，以白芥子護摩一千八徧，即降甘雨，若要多，即更作護摩，乃至千倍，皆得隨意。

---

① 帖，《中華藏》校勘《石》《麗》作“帖”，《磧》《南》《徑》《清》作“貼”。

② 烏，《中華藏》校勘《石》《麗》作“鳥”。

③ 怨，《中華藏》校勘《石》作“惡”。

④ 狂，原作“住”，據《中華藏》校勘《石》《麗》改。

⑤ 練，原作“棟”，據《中華藏》校勘《石》改。

又法，取畢鉢加持二十一徧，手執隨方揮處，諸惡霜雹即移佗處。

又法，若屋宅被火燒，作前法火災即移諸處。

又法，若雨雪，亦作此法，准前知之。

又法，以泥蛇加持二十一徧，作是言嚙某乙，即隨處分嚙彼人也。

又法，以炭粉作蛇，亦准前法，若解彼，誦真言云令解即解。

又法，若欲召蛇，以白芥子加持七徧，擲於四方，蛇即來應，結界以水灑之，即成發遣。

又法，加持土塊二十一徧，擲於龍池中，即龍來。

又法，加持土擲於水中，龍即涌出，持誦者立於龍背上，皆得自在。

又法，若被蛇毒中者，以泥作四箇金翅鳥，誦真言，以水灑彼身上，即擲金翅鳥於四方，彼即各銜蛇將來。修行者作是言，汝飲彼人毒即消散，便能起立。

又法，以小豆加持一百八徧，散擲四①方，即龍來。化作蜂形，語云螫某人，其蜂即螫，一切持誦者無能解。其本作法人加持水灑之即解，其毒消散。

又法，取弓加持箭射四方，即有蛇纏箭卻來，行者作是言，飲此毒，其被嚙人即起立，其箭不應用鐵鏃者，知之。

又法，若有被毒箭中者，加持水箭上，箭即出。

又法，以蟻封泥作四箇鼠狼，加持水灑彼身上，其鼠狼即去噉蛇來。行者作是言，飲其毒，毒即解。被嚙人即起立。

又法，加持炭，於地上畫蛇，以闕伽木爲杖鞭之，其畫蛇即去噉蛇而來，即自飲其毒，被嚙人死者即起。

又法，加持幢蓋，拂被毒中死者，即卻活。

又法，加持樂器彈擊吹之，所有被毒中死者即活。

又法，若欲召龍蛇者，以土染爲五色畫曼荼羅，拍掌誦真言，即龍蛇從四方來入壇中，不應怖畏，護身結頂髻，不敢爲害。

又法，用此真言加持眼，視瞋忿人，剎那頃即倒地，彼即變爲蛇，欲令解則解。

又法，如是誦真言，若有中毒人及不著毒者，皆使神驗，而得自在。

又法，取供養那羅延天萎華，誦真言加持一百八徧，擲於四衢路或擲人家，化爲蛇便能嚙人，若加持水灑之，其被嚙人毒即解。

又法，加持自手，經六月不被諸毒所傷。

又法，加持自身作是言，蛇嚙彼人，即嚙。

又法，加持頭冠、瓔珞諸具，帶在身上，能護己身，不被一切毒中。

---

①　四，《中華藏》校勘《磧》《南》《徑》作“凶”。

又法，若被毒中死者，於彼身邊誦真言，或以泥塗，或以水灑，或以扇扇，或意誦真言，其中毒死者即活。

又法，若羸瘦者，加持大莽嬰，和蘇燒薰，彼人即得肥充圓滿。

又法，以摩奴沙骨作末，烏鴟及梟燒，誦真言句中加彼名，即彼喪亡。

又法，誦真言，加持摩難那藥於上藥中用者是也。和糠燒，令彼癲狂。

又法，以白芥子和燒，誦真言加彼人名，即被難治癭所困。

又法，以薏苡人①和猫兒糞燒，誦真言加持，令彼人互相憎。

又法，以髑髏末、乾蝦蟇末、乾魚末和蜜燒，誦真言加持，令彼人斷命。

又法，以牛膽、人骨和蘇燒，摧怨家。

又法，以魚子、酒甕、華中子相和，誦真言加持，若人離別在遠，稱彼名，不久即歸來。

又法，以蓽豆磑破作末，以雞肉及雞子和擣爲丸，如酸棗大，燒稱彼名，即成②鉤召。

又法，以蘿蔔子擣，和油麻油燒，此是鉤召速疾香法。

又法，以安悉香和蘇燒，稱彼人名，治一切病。

又法，以油麻和白芥子，護摩七夜，稱彼人名，即得敬愛順伏。

又法，鹽、芥子相和，護摩一千八十徧，日三時，滿七日，得大人敬愛。

又法，取髑髏細擣爲末，加持一千八十徧，塗手觸前人，即得敬愛。

又法，取尸陀林灰，加持一百八徧，散彼人身上，即患重癭。後若發心懺悔，以此真言加持，即解。

又法，以鼠狼毛、白芥子、蛇皮相和作末，稱前人名，加持一百八徧燒，一切人共憎彼人。若欲解，加持油麻燒，卻令成敬愛，獲得財寶。

又法，以油麻、粳米、蘇相和燒，誦真言加持，得女人敬愛。

又法，以大麥、油麻、蝦蟇膏脂也，於龍池側作護摩三夜，天即降大雨。

又法，泥作金翅鳥形，安自手，合掌中入水，可至胸，於中夜時稱彼人名，念誦一百八徧，即成敬愛。

又法，以粳米於屍林中，散卻拾取，每取一粒誦真言一徧，打金翅鳥心上，即得官榮祿，并眷屬總得。

又法，以鼠狼毛及鼠毛甕華中子，和燒念誦，一切鬼神皆敬愛，隨意驅使，悉能成辦。

---

① 人，《中華藏》校勘《徑》《清》作“仁”。

② 成，《中華藏》校勘《徑》作“稱”。

又法，以毒婆羅得和蜜燒，皆得敬愛。

又法，以赤鷄子、髑髏末，以赤芥子油和燒，即成敬愛。

又法，以波羅奢、蘭香子、摩難那藥華和燒，即成敬愛。

又法，以茴香子、天木、蝦蟇糞等和燒，即成敬愛。

又法，以大麥、油麻、茅屈①、蔓草和牛尿燒，即成敬愛。

又法，以雌黄、烏舌、自身嚕地囉和燒，稱彼人名，即成瘂。

又法，以人髮、牛肉和油麻燒，令佗有病。

又法，以烏翅、梟翅、苦練油相和燒，稱彼惡人名，即成驅擯，彼不自由，即當遠去。

又法，以安悉香、蘇和三果漿燒念誦，一切人皆敬愛。

又法，以零陵香、天竺、桂蘇合香，此三種和燒念誦，令一切人隨順，皆奉教命。

又法，以蘇合檀②、龍腦，并安善那藥燒念誦，貴人歡喜。

又法，於那羅延像前坐摩訶莾娑，先設八徧護摩奉獻，然後誦真言一千八徧，三夜作法，所求皆得。

又法，於屍林中，以屍林火作彼人形，燒大蟲肉爲香，坐茅薦上誦一千徧，所求皆得，求者皆將來，所處分皆行。

又法，以甐華和糠、烏翅護摩，刹那令彼驅逐。

又法，於屍林中，以憂曇鉢木然火，致劫波羅爲座，燒蛇皮，其家食無有盡也。

又法，以屍林中骨擣爲末和白芥子，護摩一千八徧，稱彼人名，百由旬内，皆令召來，於諸色欲染觸過。

又法，以白檀香，刻作展翼金翅鳥王形，一切龍瓔珞嚴具，其觜及爪極令銳利，作恐怖可畏形，立於蓮華臺上，作向下視勢，或以別木，或於牆壁上畫亦得。其匠須受八戒，倍酬其價直，當令歡喜。其大小可一搩量，對此像前作一切事業，一切所求無不成就。

又法，欲求增益者，以尾嚧木作金翅鳥王像，對前念誦，所求皆得。

又法，欲求敬愛者，以憂曇鉢木作像，對前念誦，即成敬愛。

又法，欲求子及牛羣者，以夜合木作像。

又法，欲求財者，以末度迦木作像。

又法，以豬肉護摩，果報成就。

又法，若求官位，以馬肉護摩。

---

① 屈，《中華藏》校勘《麗》作"屋"。
② 檀，《中華藏》校勘《石》《麗》作"白檀"。

又法,以黑娑羅鳥肉護摩,求吉祥福。

又法,求聲名普聞,并求女人,求田地,燒大蟲肉護摩。

又法,求論理得勝者,亦同大蟲肉莽娑護摩,即成就。

又法,求鬥戰得勝,以大蟲肉護摩,決定尅勝。

又法,求大力王敬愛,以象肉護摩,便得敬伏。

又法,若有憍寵傲慢有勢及宰臣,以馬香草_{此云婆羅門參}護摩,即得敬伏。

又法,令彼斷命,燒象毛,稱彼名護摩。

又法,以珠摩那木,刻作金翅鳥像,於此像前念誦,即彼斷命。

又法,於金像前念誦,成增益法。

又法,於銀像前念誦,求名稱普聞。

又法,以烏翅護摩,能損害彼。

又法,以鵰翼護摩,能作殺害。

又法,以梟翅護摩,能令相憎。

又法,以孔雀羽護摩,足財寶。

又法,以野鷄翼護摩,多^①饒妻妾。

又法,以雀兒翅護摩,多子息。

又法,若求金,應燒鳥翼。

又法,以鴟翅護摩,能令彼昏迷。

又法,以狗肉護摩,能令佗斷命。

又法,以水牛肉護摩,成鉤召。

又法,欲損害彼,用大蟲肉護摩。

又法,欲息災,以鹿毛護摩。

又法,欲摧壞城,燒殺羊毛護摩。

又法,欲令人相憎,以人上毛護摩。

又法,欲令損害彼,亦用人毛護摩,兼能摧壞怨家。

如是等法,三時七日護摩,若纔憶念我,能除一切毒。若常念誦,能作一切事。世尊,若有於此大教王修此真言時,三時念誦,我常爲除一切災禍,常當隨彼人後。

尒時金翅鳥王説自手印:以二大拇指相縈繞,二手如展翅勢,結此印即成身印。此是大摩醯首羅先已曾説,一切諸龍若見此印,悉皆消融,不敢違命。即此印低下餘指來去招,即成召龍印,真言曰:

唵 弱一

---

① 多,原作“名”,據《中華藏》校勘《石》《南》《徑》《清》《麗》改。

　　此印真言能調伏龍，亦能調伏難調伏者。又以二手合掌如未敷蓮華，二大拇指入，便各握爲拳相合，此印名調伏天上人間諸龍印，能成辦一切。又説印：二手合掌，二無名指外叉在中指背，二大指相並微屈如口，二頭指各鉤名指，二小指相並豎，用根本真言，此名金翅鳥王通光印，亦名驚怖諸龍印。

　　我所説一切真言中修行法，世間金翅鳥經中軌則皆用此真言印，成助辦事。愍念一切有情，故説此根本教王，常當於此勝教求成就，皆於有情作殊勝利益事。當於未來末法時，用此護持佛法，擁護國王及國界，令諸有情，皆得安樂。此法門應須揀擇法器，淨信三寶者；住菩提心，深愍有情者；孝順父母，忠敬國王，尊重和上阿闍梨，諸根圓備，深信真言法，現世成就無疑者；深生渴仰，勤求此法，不惜身命者。阿闍梨若見如是等人，殷勤求請，則令辦曼荼羅資具，則爲建立如前所説曼荼羅，令弟子清淨齋戒，授與三歸、菩提心戒，引入曼荼羅。擲華著佛、菩薩及那羅延、金翅鳥王、諸天等，是人堪爲法器，應合得聞，合受此法。若擲華不著聖衆，於此法亦無成就分。既得著已，則於此壇前，以根本真言加持香水三徧，作是誓言。受此法後，輒不得向未入曼荼羅者説於阿闍梨，不應輕慢背恩。若能今生不越此誓，悉地現前，來生當得生大聖文殊宮中。若漏泄背恩，則必夭壽，多招災難，當來墮于惡趣。既發如是誓已，令飲誓水，從阿闍梨一一決擇，受持讀誦，不應以少過愆作損害法，凡所作法，爲多人利益，匡護國界，護持佛法。發如是心者，少用功力，速疾成就，獲得無量廣大功德，此法甚深，極須珍敬。此法一切金翅鳥法中爲王，最爲殊勝。

　　若欲調伏一切豎子，用鹿肉燒火。

　　若欲令人相憎，以鸚鵡翅毛燒火。

　　若欲調伏豎子，取雉翅毛燒火。

　　若欲喚遠人，燒水牛肉即得，一日三時，時別一千八徧，即得成就。

文殊師利菩薩根本大教王經金翅鳥王品

速疾立驗魔醯首羅天説阿尾奢法①

開府儀同三司特進試鴻臚卿肅國公食邑三千户賜紫贈司空
謐大辨正號大廣智大興善寺三藏沙門不空奉詔譯②

尒時那羅延天在於香醉山頂，請魔醯首羅於自在宮中供養，頭面禮足，白魔醯首羅言：我所乘迦樓羅使者，能成辦世間所求事要，且不能速疾。唯願大天爲未來有情，説速疾立驗阿尾奢法。

時魔醯首羅告那羅延言：汝當諦聽，我爲汝宣説速疾成辦使者之法。能作息灾、增益、降伏、敬愛，亦能於夜摩界往來使役，能知未來善惡、吉凶、成敗、旱澇不調、隣國侵擾、惡人叛亂，種種灾祥。若欲知未來事者，當簡擇四五童男或童女，可年七八歲，身上無瘢痕厭記，聰慧靈利。先令一七日服素食，或三日食。凡欲作法，要須吉日，或鬼宿，或歲宿，直甘露直，直日㝡勝。沐浴，遍身塗香，著淨衣，口含龍腦豆蔻。持誦者面向東坐，身前以白檀香塗一小壇，可一肘量，令童女等立於壇上，散花於童女前，置一閼伽爐取安息香③。以大印真言加持七遍燒，令童女熏手，又取赤花加持七遍，安童女掌中，便以手掩面，則持誦者結大印，二手合掌外相交，左押右虚其掌即成。以此印加持自身五處，所謂額、右肩、左肩、心、喉，頂上散印，即誦真言曰：
曩謨婆誐嚩底摩賀引母捺嚩二合迦吒攞施弃底哩二合施嚩底哩二合路左你伊捨引你跛輸跛帝娑嚩二合，引賀引

則以此印按其童女頂，則想於頭上，三角赤色，熾盛火輪光，誦真言七遍。火輪真言曰：
唵阿儗你二合施棄娑嚩二合，引賀

則以此印按童女口上，於彼口中想水輪，白色半月形，誦真言七遍，真言曰：

---

① 底本，《中華藏》第 1492 號，第 66 册第 223 頁上—225 頁上，原《麗藏》本。經名後，原附“一卷”，此略。

② 譯名，《中華藏》校勘《磧》《南》作“大興善寺三藏沙門大廣智不空奉詔譯”，《逕》《清》作“唐北天竺三藏沙門大廣智不空奉詔譯”。

③ 爐取安息香，《中華藏》校勘《南》作“嚴取安息香”，《磧》《逕》《清》作“嚴取安息”。

唵惹攞祖哩二合拏引摩扼娑嚩二合，引賀

次應移印按彼心中，想地輪，形方黃色，誦七遍真言曰：

唵摩賀麼攞跛囉訖囉二合摩娑嚩二合，引賀

次應移印按彼臍中，想風輪，其形圓黑色，誦七遍真言曰：

唵尾曩多引句攞曩那娑嚩二合，引賀引

次應以大印加持彼兩脚，想迦樓羅，誦真言曰：

唵跛乞史二合囉引惹跛那娑嚩二合，引賀引

次應以大印誦甲冑真言，加持童女，遍身旋轉。真言曰：

唵迦嚩左摩部引多引地跛帝娑嚩二合，引賀

行者次應自身爲魔醯首羅天，三目頭冠，瓔珞莊嚴，頭冠上有佛半月，項上青，十八臂，手持種種器仗，以龍爲紳①線角絡繫。又披塗血象皮②，須臾頃觀自身已，次應以大印護彼童女一百八命節，真言曰：

唵一蜜哩二合體尾野二合吒多二惹縛引揄囉迦苦

結其大印及誦真言，遍身旋繞加持，則護一百八種命節。

次又以大印真言加持花香及閼伽等。

次又以大印真言結十方界，則應對此童女前，誦魔醯首羅使者真言曰：

唎躋吒迦一麼多那引誐二尾灑娜跛拏三薩摩那誐囉四尾訖囉二合摩五尾羅引薩誐底六㗌濟吒迦七布囉二合哩跛引擔嚂二合，八左羅左羅九左里左里十跛拏跛拏十一跛尼跛尼十二伴上尒伴尒十三羯恥羯恥十四阿尾捨阿尾捨十五㗌躋吒迦十六嚕奴嚕二合枳孃二合跛野底娑嚩二合，引賀十七，引

此真言應誦七遍，則彼童女戰動，當知聖者入身，則更彈指誦真言，若無現驗，次誦摧迫使者真言曰：

㗌㗌耶一摩魯呬多二，引素囉素囉三，引布尒多賀那賀那四波囉二合憾麼二合，引那尼五那覩嚕二合尼都嚕二合尼六謨尼謨尼七伴上尒伴上尒八羯恥羯恥九阿尾捨阿尾捨十㗌躋吒迦十一嚕奴嚕二合枳孃二合跛野帝十二娑嚩二合，引訶十三，引

誦此真言必速應驗，問未來善惡、一切灾祥。若不語或語遲，則結棒印：

二手合掌，二無名指外叉③，二中指並立，二頭指各鉤無名指頭，二大指各令押中交。誦真言曰：

唵一母那誐二合囉二都嚕都嚕三娑嚩二合，引賀引，四

結此棒印，則語問種種事已，以大印真言加持閼伽，三灑童女面，即結解。此使

---

① 紳，《中華藏》校勘《磧》《徑》《清》作"神"。

② 披塗血象皮，原作"彼塗血寫及"，據《中華藏》校勘《磧》《南》《徑》《清》改。

③ 叉，原作"文"，據《中華藏》校勘《磧》《南》《徑》《清》改。

者真言,先應誦一万遍,則法成。則見身來,須獻閼伽乞願,願聖者一切處、一切時使用皆辦,則隱不現,已後欲使塗一小壇著香花飲食,誦真言一百八遍,則現身。則言龍宮中,取長年藥如意寶珠,或使夜摩王處延命,增益壽命;或使天^①上取妙甘露;或使他國問其善惡,亦能助軍陣摧破他敵。種種使用,悉能成辦。此法一切迦樓羅法中寂殊勝,秘密難得。汝當揀擇法器堪傳授者,而傳與非人器^②,人即損他,已後此法不成。是故應極秘密,勿妄傳受^③之。大自在天迦樓羅陁羅尼曰:

那謨婆伽嚩底一嚕馱囉野二瞋那劫波囉野三薩嚩微那延迦囉野四薩嚩羯摩莎馱那野五薩嚩嚩尸迦羅拏野六薩嚩設覩嚕二合尾那捨那野七唵八迦波羅質擔瞋那迦波囉部擔九嚕訥嚕二合枳孃二合跋野帝十娑嚩二合,引賀

　　此陁羅尼調伏人,取赤色蕉葉畫彼人,心上書名字,誦陁羅尼一百八遍,即埋牛糞中,即調伏。欲令豎子對相憎,多羅葉畫彼男女形,書名相背。取線纏^④取鼠狼毛、山鷄毛、虵退皮燒熏,誦陁羅尼一百八遍,安劫波羅中,即於屍林中埋著,便相憎,除却依舊。若令相憐者,還於多羅葉上,畫彼人^⑤形,書名相合,取白線繫,取雀兒毛、虵皮燒熏,誦陁羅尼一百八遍,即相憐。

　　又法,欲令人相打,於大虫皮,或於牛皮畫二人相,把頭髻書名著,取線纏著於火上熏,埋碓臼下,即得日日相打,除却止。

　　又法,若欲調伏人者,取貝多葉上畫人形,書名誦陁羅尼一百八遍,即於床下埋,即得調伏。

　　又法,令尿血者,取多羅葉畫彼人,書姓名,取釘誦陁羅尼一百八遍,釘上七七日,即得除去。

　　次說眼藥法,若調伏豎子者,取虵頭、竭羅、安善那、青木香、象甲蜂二箇^⑥,於黑月十四日擣作抹,和肉點眼角,一切豎子隨逐,天上亦來,非但人閒也。

　　速疾立驗魔醯首羅天說迦毒羅阿尾奢法一卷

---

①　天,原脱,據《中華藏》校勘《磧》《南》《徑》《清》補。

②　而傳與非人器,《中華藏》校勘《磧》《南》《徑》《清》作"而傳與之,若傳非器人"。

③　受,《中華藏》校勘《磧》《南》《徑》《清》作"授"。

④　纏,《中華藏》校勘《磧》《南》作"取",《徑》《清》作"繫"。

⑤　人,原作"夫",據《中華藏》校勘《徑》《清》改。

⑥　象甲蜂二箇,原作"寫甲蜂二介",據《中華藏》校勘《磧》《南》《徑》《清》改。

佛説出生無邊門陀羅尼儀軌[①]

不空三藏譯

真言如經。

修行此出生，無邊門總持，

轉目三種業，依三祕密門。

所謂三金剛，身印語真言，

心住三摩地，由入三平等。

善[②]住瑜伽故，自身同本尊，

在凡成正覺，斯法最深祕。

大日經王説，一生補處等，

尚非其境界，況餘劣慧人。

如獲輪王珠，祕持不妄説，

是尊即羯摩，波羅蜜菩薩。

由住出生故，示少年女形，

顯明大慈母，諸佛住是智。

能普現色身，處大菩提心，

跏趺蓮臺上，大印威儀等，

同不空成就，如來之相狀。

定羽金剛拳，當心持蓮華，

置般若梵夾，慧羽説法相。

揚掌申五輪，忍峯現羯磨，

十字金剛輪，首冠五如來，

遍身草緑色。復於身支分，

---

① 底本，《大正藏》第1010號，第19册第679頁下—680頁上，原黃檗版淨嚴等加筆本，原校本［甲］
《三十帖策子》。經名中"軌"，《大正藏》校勘［甲］無。

② 善，《大正藏》校勘［甲］作"衆"。

安布八字門。

ꦥ(pa)①跛字住於心，ꦭ(la)攞字成毫相，

ꦮ(va)嚩字置舌端，ꦗ(ja)惹字置於頭，

碧色成頂相，ꦏ(ka)迦字置慧掌，

緣色成羯摩，十二緣行輪。

ꦝ(dha) 馱黃置定掌，成華般若夾，

ꦯ(śa) 奢字安觀足，ꦑ(kṣa) 乞叉置止足。

五字皆皓素，如雪乳鵝月，

是字成輪相。三摩耶密印，

加持頂印是。初後次第法，

同諸部儀軌。八十俱胝佛，

圍遶是尊住。復有八菩薩，

安住於八方，及以八藥叉，

四攝八供養，次第而布列，

成祕曼荼羅。誦持真言經，

所成如本教。修行諸儀則，

結集決擇竟。

出生無邊門陀羅尼儀軌

　　ꦥ(pa)勝義，ꦭ(la)無相，隨形好故，是則法身ꦮ(va)愚夫法、聖人法無二。ꦗ(ja)無生無滅，ꦏ(ka)非業異熟，ꦝ(dha)陀羅尼法要，空、無相、無願，隨入法界，ꦯ(śa)非奢摩他、毗鉢舍那，一切法隨入真如，ꦑ(kṣa)一切法刹那無盡、無壞、無身、本寂，故隨入一切法涅槃。

元禄十六年正月二十九日以淨嚴上人之本再校了　　　尊教②

---

① 以下梵字，《大正藏》校勘［甲］無。
② 此段附文，《大正藏》校勘［甲］無。

佛説大孔雀明王畫像壇場儀軌①

開府儀同三司特進試鴻臚卿肅國公食邑三千户賜紫贈司空
諡大辨正號大廣智大興善寺三藏沙門不空奉詔譯②

佛告阿難陁：若諸世間所有灾禍、逼惱、刀兵、飢饉、亢旱、疾疫、四百四病、憂惱鬥諍，及八万四千鬼魅嬈惱有情，所求世間、出世間勝願多有障礙者，皆由無始已來貪愛無明，虛妄分别，三毒煩惱，不了實相，積集不善，感招如是種種灾難。

阿難陁，是故我今爲彼讀誦《佛母大孔雀明王經》者及一切灾厄衆生，復説畫像法及建立道場供養儀軌。若依此法，轉讀是經，一切灾難皆得消除，所有願求隨意滿足。阿難陁，若有苦惱、灾難起時，或彼國王及諸王子、大臣、妃后及苾芻③苾芻尼、善男子善女人等，爲除灾故，或於王宫，或於勝地，或於清淨伽藍，或隨本所居宅舍，依法淨地，掘深一肘，除去瓦礫、地中穢物，填滿淨土，築令平正。其土本淨④，却用填之。若土有餘，其地殊勝。應泥拭清淨，建立道場，作五肘方壇，高四指量，三重布位。或以彩畫，或用五色粉成。於内院中心，畫八葉蓮花，於蓮花上，畫佛母大孔雀明王菩薩，頭向東方，白色，著白繒輕衣，頭冠瓔珞，耳璫臂釧，種種莊嚴。乘金色孔雀王，結跏趺坐白蓮華上，或青綠⑤花上，住慈悲相。有四臂，右邊第一手執開敷蓮花，第二手持俱緣菓，其果狀相似水苽。左邊第一手當心掌持吉祥菓，如桃李形。第二手執三五莖孔雀尾。從佛母右邊右⑥旋周匝，蓮花葉上畫七佛世尊，從微鉢尸如來，乃至釋迦及慈氏菩薩等，皆頭向外坐，各住定相。至西北角第八葉上畫慈氏菩薩，左手執軍持，右手揚掌向外，作施無畏勢。又於蓮華葉外，内院四方畫四辟支佛，皆作佛

---

① 底本，《中華藏》第1509號，第66册第325頁上—327頁上，原《麗藏》本。經名後，《中華藏》校勘《石》有"一卷"，《徑》《清》無。
② 譯名，《中華藏》校勘《石》《磧》《南》作"大興善寺三藏沙門大廣智不空奉詔譯"，《徑》《清》作"唐北天竺三藏沙門大廣智不空奉詔譯"。
③ 芻，原作"蒭"，據文意改，下一"芻"字同。
④ 土本淨，《中華藏》校勘《石》作"本淨土"。
⑤ 綠，《中華藏》校勘《磧》《南》《徑》《清》作"蓮"。
⑥ 右，《中華藏》校勘《石》《磧》《南》《徑》《清》作"左"。

形,頂有肉髻,亦住定相。又於四隅畫四大聲聞,從東北隅畫阿難陁,次東南隅畫羅睺羅,次西南隅畫舍利弗,次西北隅畫大目捷連。皆著捷陁袈裟,偏袒右臂,此皆中院。次第二院,畫八方天王并諸眷屬。東方畫帝釋天王執金剛杵,與諸天衆圍遶;次東南方畫火天,左手執軍持,右手施無畏,與五通苦行仙衆圍遶;次南方畫焰摩天王執焰摩幢,與焰摩界鬼衆圍遶;次西南方畫羅刹王①執刀,與諸羅刹衆圍遶;次西方畫水天持羂索,與諸龍衆圍遶;次西北方畫風天王執幢幡,與諸持明仙衆圍遶;次北方畫多聞天王執寶棒,與諸藥叉衆圍遶;次東北方畫伊舍那天執三戟叉,與諸步多鬼衆圍遶。此皆是第二院。次第三院,從東北隅右旋,周匝畫二十八大藥叉將,各與諸鬼神衆圍遶,及畫宿曜十二宮神。次第三院,外周匝用香泥塗飾②,布以荷葉。葉上安置供養食,食所謂乳糜、酪飯、食菓子等,皆以阿波羅尒多明王真言,加持香水散灑,布列四邊供養,及以諸漿、沙③糖、石蜜、石榴、蜜漿等而奉獻之。壇上散白色花,於四角置酥燈四盞。四門各置二淨器,滿盛香水。於壇東安佛母大孔雀明王像,其畫像法如前畫壇,唯不安界道即是。中院聖衆燒沉香和香等供養,東方天衆應燒白膠香而爲供養,南方天衆以紫鑛、芥子及鹽相和燒之供養,西方天衆以酥和安悉香燒之供養,北方天衆應燒薰陸香而供養之。持誦者於壇西面,敷茅薦爲座,或坐卑脚床子。嚴飾經案,置於壇前,以諸香花供養經卷,應如是布列。轉讀經者可三人、五人乃至七人,更替相續,晝夜不令經聲間斷。要在絕語言,除數內一人明閑教法,呪師指撝④取與祇對,作法結印,啓請賢聖,餘人但當至心讀經,唯在遍數多。慇重發願,依三十七尊礼懺,三時或六時,其道場或一日,或二日、三日,乃至七日,一切災禍悉皆殄滅,除不至心。轉經者或在家人,或是出家人,每日澡浴清淨,著新淨衣。初起首時,對道場前,虔誠一心,礼諸聖衆。先以印契、真言,依教請召一切佛、菩薩及諸天衆,如法供養。説所求事,慇懃啓告,願垂加護,普爲一切苦難衆生,廣發大願。然後結跏趺坐,以塗香塗手,先結三昧耶印:二手右押左,外相叉作拳,直豎二中指頭相拄即成。結印當心,誦三昧耶真言七遍,真言曰:

唵三去麼上野娑怛鑁三合

　　即以此印加持自身四處,所謂心、額、喉、頂,頂上散印。

　　次結金剛鉤菩薩印:

　　准前三昧耶印,以二頭指屈如鉤向身招,不間斷誦真言七遍。普召諸佛、菩薩、諸天、鬼神、一切聖衆,真言曰:

①　王,《中華藏》校勘《石》《磧》《南》《徑》《清》作"主"。
②　飾,《中華藏》校勘《石》《磧》《南》《徑》《清》作"拭"。
③　沙,《中華藏》校勘《石》作"水粆"。
④　撝,《中華藏》校勘《石》作"揮"。

唵嚩日嚩二合,引矩尸—阿引羯重呼茶微羯茶娑嚩二合,引訶

　　由結此印、誦真言,請召一切聖衆,不違本誓,皆來赴集。

　　次結阿波羅尒多明王印:

　　用結地界結方隅界,二手右押左,内相叉,直豎一①中指頭相拄,即以印頂上右旋三匝,隨心遠近,便成結界。誦七遍真言,曰:

唵虎嚕虎嚕戰拏里摩蹬歧去娑嚩二合,引訶引

　　次結普供養一切賢聖印:

　　二手右押左,相叉合掌,十指互交上節即成。結印當心誦七遍,頂上散印。真言曰:

曩莫三滿多勃馱引南—薩嚩他引,二欠平,三嗢娜蘖二合帝四娑頗二合囉呬馨異反,引輪五誐誐曩劍六娑嚩二合,引訶

　　由結此印及誦真言,能於一一佛、菩薩、諸聖衆前,及於無量諸佛刹土,成辦一切廣大供養。

　　次結佛母大孔雀明王印:

　　二手右押左,内相叉,二大指、二小指各直豎,頭相拄即成。結印當心誦真言七遍,如前以印加持四處,頂上散印。真言曰:

唵麼庾引囉引訖蘭二合,引帝引娑嚩二合,引訶

　　次捧香爐,奉獻啓請,告白聖衆,説所求事,如是依法請召供養已,然後起悲愍心,爲拔②濟衆生苦難故,轉讀此經。每日中前,換諸供物,應結阿波羅尒多明王印,誦本真言。以印頂上左旋一匝,暫解其界。換供養已,即如前次第,再迎請結界,如是依教供養,轉讀此經,所有災難、亢旱、疾疫、鬼魅、厭禱、惡毒、災障種種苦難必得除滅,所有祈願無不遂心。

　　我已廣説畫像壇場供養儀軌竟,若不辦如是塗畫壇場,或有急速災難至,可隨自力分,於一淨處,以瞿摩夷塗地,作一肘方壇。隨其大小,磨白檀香,塗作圓壇,九位中安佛像,及以三五莖孔雀尾豎於壇上,隨時燒香、散花、乳糜、酪等供養聖衆。但虔誠一心,轉讀此經,或一遍,或三遍,乃至七遍,或一日,或二日,一切厄難悉得消除,所有祈願皆得圓滿。

　　尒時阿難陁聞佛世尊爲當來世一切苦難有情,説此讀誦《大孔雀明王經法》,頂戴受持,礼佛而退。

　　佛説大孔雀明王畫像壇場儀軌卷

① 一,《中華藏》校勘《石》《磧》《南》《徑》《清》作“二”。
② 拔,《中華藏》校勘《石》作“救”。

佛母大金曜孔雀明王經[①]

佛母大金曜孔雀明王經序[②]

《佛母大孔雀明王經》者，牟尼大仙之靈言也。惣持真句，悲救要門。縮悉地之玄宗，息波瀾之苦海。二十八部之神衆，同誓護於斯經；羅刹吞毒之都軍，發慈心而警衛。藥叉大將，數窮百姟，動石擎山，散支爲首，捧香花於舍衛，起淨念於祇林，禮明行之牟尼，忻所談之深法，樂飡禪悦，希甘露以洗心。佛乃悲愍將來，託莎底而演教。自陳因地，爲彼鳥王，被羂網羅，命如懸露，忽思古聖無上覺皇演陁羅尼，能超衆苦。發聲應念，繫縛冰銷，適樂青空，翔騰自在。迄於成佛，誨彼曩因，逝多林中述斯密教。咨嗟！末代蠢蠢含靈，去聖遠遥，運生像季，多逢留難。異種魔生，修行者被惑情迷，居家者衆邪爲患。妖祇祳怪，常現災祥，若不此經，何威能制？是以多聞慶喜，親奉聖言，結集貝多，周傳沙界。然此支那數朝翻譯，民雖遭難，尚未遍宣。即蓋緣往時譯者詞質而文梗，潤文者闕方便之妙言。雖聖旨不乖，尋讀者引肩而蹙目。今所譯者，即中天竺國三藏國師和尚不空，善唐梵之言，窮五天之教。來於此國，勑令於大明宮乃譯此經，勒成三卷，題云《佛母大金曜孔雀明王經》矣。莫不廣開佛日，高照重昏。秘密真詮，遍流同益。靈符既顯，万障自祛。法藥普施，業患永滅。願此法燈常耀，惣法界而清安；聖壽千春，保金枝而長茂。天龍警護，法化恒宣。佛勑流暉，塵劫不朽。

---

① 底本，《中華藏》第 1418 號，第 65 册第 540 頁中—573 頁下，序及卷下，原《麗藏》本，卷上、中，原《金藏》廣勝寺本。校本，《大正藏》第 982 號，第 19 册第 415 頁上—439 頁中。據《大正藏》校勘所引東京帝國大學藏梵本 No. 334 補注梵文對勘。經名，《大正藏》對校梵文 Ārya-mahā-mayūrī vidyā-rājñī。經前原有《讀誦佛母大孔雀明王經前啓請法》，據《大正藏》，應爲義淨譯本附文，故此删，卷末《此經須知大例》同。

② 此序原附卷上後，今移置此。

佛母大孔雀明王經①卷上

特進試鴻臚卿開府儀同三司肅國公贈司空大興善寺三藏沙門
大辨正大廣智不空奉詔譯②

　　如是我聞：一時薄伽梵在室羅伐城逝多林給孤獨園，時有一苾芻名曰莎底，出家未久，新受③近圓，學毗奈邪教，爲衆破薪，營澡浴事。有大黑蛇從朽木孔出，螫彼苾芻右足拇指，毒氣徧身，悶絕于地，口中吐沫，兩目翻上。

　　作是語已，尒時具壽阿難陀見彼苾芻爲毒所中，極受苦痛，疾往佛所，禮雙足已，而白佛言：“世尊！莎底苾芻爲毒所中，受大苦惱，具如上説，如來大悲，云何救護？”

　　作是語已，尒時佛告阿難陀：“我有摩訶摩瑜利佛母明王大陀羅尼，有大威力，能滅一切諸毒、怖畏、災惱，攝受覆育一切有情，獲得安樂。汝持我此佛母明王陀羅尼，爲莎底苾芻而作救護。爲結地界，結方隅界，令得安隱，所有苦惱皆得消除。彼等或爲天、龍所持，阿蘇羅④所持，摩嚕多⑤所持，蘗⑥嚕拏⑦所持，彦達嚩⑧所持，緊那羅⑨所持，摩護囉誐⑩所持，藥叉⑪所持，囉刹娑⑫所持，畢隸多⑬所魅⑭，比舍遮⑮所魅，步多

---

　　① 經名，《中華藏》校勘《石》作“佛母大金曜孔雀明王經”，卷中、卷下同。

　　② 譯名，《中華藏》校勘《石》作“唐開元三朝灌頂國師和尚特進試鴻臚卿開府儀同三司肅國公食邑三千户食實封三百户贈司空謚大辯正大廣智大興善寺三藏沙門不空奉詔譯”，《徑》《清》作“唐特進試鴻臚卿開府儀同三司肅國公贈司空謚大辯正大廣智大興善寺三藏沙門不空奉詔譯”，《麗》作“開府儀同三司特進試鴻臚卿肅國公食邑三千户賜紫贈司空謚大鑒正號大廣智大興善寺三藏沙門不空奉詔譯”。

　　③ 新受，《中華藏》校勘《磧》《南》《徑》《清》作“受具”。

　　④ 阿蘇羅，《大正藏》對校梵文 asura。

　　⑤ 摩嚕多，《大正藏》對校梵文 maruta。

　　⑥ 蘗，《中華藏》校勘《磧》《南》《徑》《清》作“誐”。

　　⑦ 蘗嚕拏，《大正藏》對校梵文 garuḍa。

　　⑧ 彦達嚩，《大正藏》對校梵文 gandharva。

　　⑨ 緊那羅，《大正藏》對校梵文 kinnara。

　　⑩ 摩護囉誐，《大正藏》對校梵文 mahoraga。

　　⑪ 藥叉，《大正藏》對校梵文 yakṣa。

　　⑫ 囉刹娑，《大正藏》對校梵文 rākṣasa。

　　⑬ 畢隸多，《大正藏》對校梵文 preta。

　　⑭ 魅，《中華藏》校勘《磧》《南》《徑》《清》作“持”。

　　⑮ 比舍遮，《大正藏》對校梵文 piśāca。

所魅，矩畔拏[1]所魅，布單那[2]所魅，羯吒布單那[3]所魅，塞建那[4]所魅，嗢麽那[5]所魅，車邪[6]所魅，阿鉢娑麽囉[7]所魅，塢娑跢囉迦[8]所魅，爲如是等所執、所魅之時，佛母明王悉能加護，令無憂怖，壽命百年。或被佗人厭禱呪術、蠱魅惡法之類，所謂訖哩底迦[9]、羯摩拏[10]、迦具嘌[11]那[12]、枳囉拏[13]、吠哆拏[14]、質者[15]，飲佗血髓，變人驅役，呼召鬼神，造諸惡業，惡食惡吐，惡影惡視，惡跳惡驀，或造厭書，或惡冒送[16]。作如是惡事，欲相惱亂者，此佛母明王擁護彼人并諸眷屬，如是諸惡不能爲害。又復瘧病一日、二日、三日、四日乃至七日、半月、一月，或復頻日，或復須臾，一切瘧病四百四病，或常熱病、偏邪、瘿病、鬼神壯熱、風黄痰癊，或三集[17]病、飲食不消、頭痛半痛、眼耳鼻痛、脣頰口痛、牙齒舌痛，及咽喉痛、胷脅背痛、心痛肚痛、腰痛腹痛、髀痛膝痛，或四肢痛、隱密處痛、徧身疼痛，如是過患悉皆除滅。願護於我某甲并諸眷屬，我結地界，結方隅界，讀誦此經，悉令安隱。”即説伽佗曰：

令我夜安，晝日亦安，

一切時中，諸佛護念。

即説陀羅尼曰：

怛你也二合佗引，一伊上膩二尾膩三枳膩四呬膩五弭膩六頸膩七頞妳八伽上，引妳九努誐妳十賀哩抳十一嚩麌膩十二牓引蘇比舍止頸十三阿去嚧引賀抳十四汙嚧賀抳十五曀隸十六謎隸十七帝隸帝隸十八底里底里十九謎隸謎隸二十底謎底謎二十一努謎努謎二十二伊上置弭置二十三尾瑟吒二合睇二十四左跛嚇二十五尾麽嚇二十六尾麽嚇二十七護嚕護嚕二十八阿濕嚩二合目棄引，二十九迦引里三十摩賀引迦里三十一鉢囉二合枳引囉拏二合計施三十二矩魯

① 矩畔拏，《大正藏》對校梵文 kumbaṇḍa。
② 布單那，《大正藏》對校梵文 pūtana。
③ 羯吒布單那，《大正藏》對校梵文 kaṭapūtana。
④ 塞建那，《大正藏》對校梵文 skandha。
⑤ 嗢麽那，《大正藏》對校梵文 unmāda。
⑥ 車邪，《大正藏》對校梵文 chāyā。
⑦ 阿鉢娑麽囉，《大正藏》對校梵文 apasmāra。
⑧ 塢娑跢囉迦，《大正藏》對校梵文 ostāraka。
⑨ 訖哩底迦，《大正藏》對校梵文 kṛtyā。
⑩ 羯摩拏，《大正藏》對校梵文 karmaṇa。
⑪ 嘌，《中華藏》校勘《石》《磧》《南》《徑》《清》《麗》作“囉”。
⑫ 迦具嘌那，《大正藏》對校梵文 kākhordda。
⑬ 枳囉拏，《大正藏》對校梵文 kiraṇa。
⑭ 吠哆拏，《大正藏》對校梵文 vetāḍa（vetāla）。
⑮ 質者，《大正藏》對校梵文 cicca。
⑯ 送，《中華藏》校勘《磧》《南》《徑》《清》作“逆”。
⑰ 集，《中華藏》校勘《磧》《南》作“焦”，《清》作“膲”。

矩魯引,三十三囕引具魯三十四句引魯句引魯三十五護魯護魯三十六囕譜魯三十七度引娑上,引努鼻囕三十八怒努鼻囕三十九,引怒引麼努鼻縛引,四十遇引攞夜四十一吹攞夜四十二比輪比輪四十三呬里呬里四十四弭里弭里四十五底里底里四十六鼻里鼻里四十七祖魯祖魯四十八母護母護母護四十九母護母護五十母魯母魯五十一母魯母魯母魯五十二,引護護護護護護護護護五十一囕引囕引囕引囕引囕引囕引囕引囕引囕引囕引,五十四惹攞引惹攞引惹攞引惹攞引惹攞引惹攞引惹攞引惹攞引惹攞引,五十五娜麼娜麼頷五十六答跛答跛頷五十七入囕二合羅入囕二合羅頷五十八鉢左鉢左頷五十九嬾努鼻六十蘖惹頷六十一轚囉灑二合扼六十二颰普二合咤頷六十三跢引跛頷六十四播引左頷六十五賀哩扼六十六馱引哩扼迦引哩扼六十七劍跛頷六十八沫那頷六十九曼膩底計七十麼迦哩七十一設迦哩七十二羯迦哩七十三爍迦哩七十四餉迦哩七十五入囕二合攞頷七十六努麼七十七努鼻囕哩七十八努銘努銘七十九遇引攞引野八十鉢哩吹攞引野八十一轚囉灑覩祢囕無博反三滿帝曩八十二伊上里枳枭八十三娑囕二合,引賀引,八十四①

若讀誦經者,至此處時,隨所願求皆須稱説其事。若天旱時云願天降雨,若大澇時云願天止雨,若有兵戈盜賊、疫病流行、飢饉惡時②及諸厄難,隨事陳説,一心求請,無不隨意。

阿難陀,有諸龍王名字,當起慈心,稱念其名,攝除諸毒,所謂:

　　持國③龍王我慈念,愛④囉囕挐常起慈,
　　尾嚕博叉⑤亦起慈,黑驕答麼⑥我慈念,
　　麼扼⑦龍王我慈愍,婆蘇枳⑧龍常起慈,
　　杖足⑨龍王亦起慈,滿賢⑩龍王我慈念。

---

①　"怛你也二合佗引一"至"娑囕二合引賀引八十四",《大正藏》對校梵文 Tad yathā. Iḍi viḍi kiḍi hiḍi miḍin iḍi, meḍi, dodumbā, āḍe ghāḍe, dugghāte, hariṇi, catuni, harivogāḍi, vaguḍi, pānsu piśācini, ārohini, ḍorohini, elāmelā, ele male, kele tili. 5. mele. 2. time. 2. dume. 2. dudume, iṭṭi, miṭṭi, viṣṭaddhe, capale, vimale, huru 2 aśvamukhi, kāli 2 mahākāli karāli, prakīrnakeśi, kulu 2 vapphulu 2 kolu 2 huru 2 vahuru 2 vāsādumbā, dodumbā, dumadumbā, gorāyā, velāyā, parivelāyā, piśu 2. hili. 10. mili. 10. tili. 10. culu. 10. muhu. 10. mulu. 10. hulu. 10. hu. 10. vā. 10. pā. 10. jāla. 10. dama damani, tapa tapani, jvala jvalani, paca pacani, duṁdubi, garjani, varṣaṇi, sphoṭani, tapani tāpani pacani pācani, hāriṇi kāriṇi, kampani, marddinī, maṇḍitike, kṣemaṁkari, makari śākari, sarkari, karkari, śavari, śaṁkari, jvalani, duma, dumbani, sukusume, golāyā ve āyā parivelāyā, varṣatu devaḥ samantena, irikisi svāhā.

②　惡時,《中華藏》校勘《磧》《南》《徑》《清》作"變異"。

③　持國,《大正藏》對校梵文 dhṛtarāṣṭra。

④　愛,《大正藏》對校梵文 airāvaṇa。

⑤　尾嚕博叉,《大正藏》對校梵文 virūpakṣa。

⑥　黑驕答麼,《大正藏》對校梵文 kṛṣṇa-gautamaka。

⑦　麼扼,《大正藏》對校梵文 maṇi。

⑧　婆蘇枳,《大正藏》對校梵文 vasuki。

⑨　杖足,《大正藏》對校梵文 daṇḍa-pāda。

⑩　滿賢,《大正藏》對校梵文 pūrṇa-bhadra。

　　無熱惱池①嚩嚕拏②，曼娜洛迦③德叉迦④，

　　難陀鄔波難陀⑤龍，我常於彼興慈意。

　　無邊⑥龍王我慈念，嚩蘇目佉⑦亦起慈，

　　無能勝⑧龍常起慈，緝嚩⑨龍王我慈念，

　　大麼娜斯⑩我慈念，小麼娜斯⑪亦起慈。

　　阿鉢囉羅⑫迦⑬洛迦⑭，有財⑮沙彌⑯龍王等，

　　捺地穆佉⑰及麼抳⑱，白蓮華⑲龍及方主⑳，

　　羯句吒迦㉑及螺足㉒，毛毯㉓馬勝㉔等皆慈。

　　娑雞得迦㉕供鼻羅㉖，針毛㉗臆行㉘龍王等，

---

① 無熱惱池，《大正藏》對校梵文 anavatapta。

② 嚩嚕拏，《大正藏》對校梵文 varuṇa。

③ 曼娜洛迦，《大正藏》對校梵文 manjuruka。

④ 德叉迦，《大正藏》對校梵文 takṣaka。

⑤ 難陀鄔波難陀，《大正藏》對校梵文 nanda, upananda。

⑥ 無邊，《大正藏》對校梵文 ananta。

⑦ 嚩蘇目佉，《大正藏》對校梵文 vāsu-mukha。

⑧ 無能勝，《大正藏》對校梵文 aparājita。

⑨ 緝嚩，《大正藏》對校梵文 chitvāsta(?)。

⑩ 大麼娜斯，《大正藏》對校梵文 mahā-manasvī。

⑪ 小麼娜斯，《大正藏》對校梵文 manasvī。

⑫ 阿鉢囉羅，《大正藏》對校梵文 apalāla。

⑬ 羅迦，《中華藏》校勘《磧》《南》《徑》《清》作"迦鉢"。

⑭ 迦洛迦，《大正藏》對校梵文 kālaka。

⑮ 有財，《大正藏》對校梵文 bhogava。

⑯ 沙彌，《大正藏》對校梵文 śravaṇeraka。

⑰ 捺地穆佉，《大正藏》對校梵文 dadhimukha。

⑱ 麼抳，《大正藏》對校梵文 maṇi。

⑲ 白蓮華，《大正藏》對校梵文 puṇḍarīka。

⑳ 方主，《大正藏》對校梵文 diśāṃpati。

㉑ 羯句吒迦，《大正藏》對校梵文 karkkoṭaka。

㉒ 螺足，《大正藏》對校梵文 śaṃkhapāla。

㉓ 毛毯，《大正藏》對校梵文 kambala。

㉔ 馬勝，《大正藏》對校梵文 aśvatara。

㉕ 娑雞得迦，《大正藏》對校梵文 śāketa。

㉖ 供鼻羅，《大正藏》對校梵文 kumbīra。

㉗ 針毛，《大正藏》對校梵文 sūciroma。

㉘ 臆行，《大正藏》對校梵文 uraga。

哩使迦①龍我慈念,滿耳②車面③亦起④慈。

句洛迦⑤龍我慈念,婆雌補多⑥蘇難陀⑦,

愛囉鉢多⑧大龍王,濫畝洛迦⑨我慈愍。

非人⑩龍王我慈念,上人⑪龍王亦復然,

蔑葉羅⑫龍常起慈,母呰隣那⑬我慈念。

或有龍王行地上,或有龍王常居空,

或有恒依妙高山,或在水中作依止,

一首龍王我慈念,及以二頭亦復然,

如是乃至有多頭,此等龍王我慈念。

或復無足龍王類,二足四足等龍王,

或復多足諸龍王,各起慈心相護念。

此等龍王具威德,色力豐美有名聞,

天與脩羅共戰時,有大神通皆勇猛。

勿使無足欺輕我,二足四足勿相侵,

及與多足諸龍王,常於我身無觸惱。

諸龍及神我慈念,或在地上或居空,

常令一切諸衆生,各起慈心相護念。

復願一切含生類,及以靈祇諸大神,

常見一切善徵祥,勿覩違情罪惡事。

我常發大慈悲念,令彼滅除諸惡毒,

饒益攝受離災危,隨在時方常擁護。

曩謨窣覩二合没馱野一曩謨窣覩二合没馱曳二曩謨窣覩二合目訖多二合野三曩謨窣覩二

---

① 哩使迦,《大正藏》對校梵文 ṛṣika。

② 滿耳,《大正藏》對校梵文 pūrṇa-karṇa。

③ 車面,《大正藏》對校梵文 śakaṭa-mukha。

④ 起,原作"常",據《中華藏》校勘《麗》改。

⑤ 句洛迦,《大正藏》對校梵文 kolaka。

⑥ 婆雌補多,《大正藏》對校梵文 vātsīputra。

⑦ 蘇難陀,《大正藏》對校梵文 sunanda。

⑧ 愛囉鉢多,《大正藏》對校梵文 erapatra。

⑨ 濫畝洛迦,《大正藏》對校梵文 lamburuka。

⑩ 非人,《大正藏》對校梵文 amānuṣa。

⑪ 上人,《大正藏》對校梵文 uttara-mānuṣa。

⑫ 蔑葉羅,《大正藏》對校梵文 mṛgila。

⑬ 母呰隣那,《大正藏》對校梵文 muciliṃda。

合目訖多二合曳四曩謨窣覩二合扇多野五曩謨窣覩二合扇多曳六曩謨窣覩二合尾目訖跢二合野七曩謨窣覩二合尾目訖跢二合曳八①

> 諸有淨行者，能伏諸惡業，
> 敬禮如是等，於我常衛護。
> 若逢諸恐怖，一切惱亂時，
> 并及災害時，疾病變怖等，
> 及被毒所中，不利益之時，
> 護我并眷屬，無病壽百歲。

佛告阿難陀：往昔之時雪山南面有金曜②孔雀王，於彼而住，每於晨朝常讀誦佛母大孔雀明王陀羅尼，晝必安隱，暮時讀誦，夜必安隱。即説陀羅尼曰：

曩謨没馱野一曩謨達磨野二曩謨僧去伽去野三怛你也二合佗去引四護護護護護護五曩誐䫂䫂六努鼻上麼䫂䫂七護野護野八尾惹野尾惹野九度蘇度蘇十麌魯麌魯十一暗攞謎攞十二底里謎羅十三伊上里蜜怛嚩二合引十四底里蜜怛嚩二合十五伊上里底里蜜怛嚩二合十六努鼻謎十七蘇努鼻謎十八妬引蘇帝十九遇引攞吠攞二十左跛攞二十一尾麼攞二十二伊置哩二十三毗置哩二十四哩置哩二十五尾置哩二十六曩謨窣覩二合没馱南二十七唧里枳枲二十八遇努呬迦引二十九曩謨囉曷二合耽三十護引囉娜引囉三十一嚩囉灑二合覩祢嚩三十二三滿帝曩三十三捺捨蘇你舍引蘇三十四曩謨母馱引南三十五娑嚩二合引賀引三十六③

阿難陀，彼金曜孔雀王忽於一時忘④誦此佛母大孔雀明王陀羅尼，遂與衆多孔雀婇女從林至林，從山至山而爲遊戲，貪欲愛著放逸昏迷。入山穴中，捕獵怨家伺求其便，遂以鳥羂縛孔雀王。被縛之時，憶本正念，即誦如前佛母大孔雀明王陀羅尼，於所繫縛自然解脱，眷屬安隱，至本住處。復説此明王陀羅尼曰：

曩謨母馱引野一曩謨達磨野二娜謨僧去伽去引野三曩謨蘇上轙囉拏二合引四嚩婆引薩寫五麼庾引囉囉引枳孃二合六曩謨摩賀麼引庾引哩曳二合七尾你也二合囉枳惹二合八怛你也二合佗引九悉第十蘇悉第十一謨左顙十二謨刹抳十三目訖帝二合十四尾目訖帝二合

① “曩謨窣覩二合没馱野一”至“曩謨窣覩二合尾目訖跢二合曳八”，《大正藏》對校梵文 Namoʹstu buddhāya, namoʹstu bodhaye, namoʹstu muktāya namoʹstu muktaye, namoʹstu śāntāya namoʹstu śāntaye, namoʹstu vimuktāya namoʹstu vimuktaye。

② 金曜，《大正藏》對校梵文 svarṇāvabhāsa。

③ “曩謨没馱野一”至“娑嚩二合引賀引三十六”，《大正藏》對校梵文 Namo buddhāya namo dharmāya namaḥ saṁghāya, namo bhagavatyai ārya-mahā-mayūrair vidyā-rājñair. tad yathā. hu. 3. huru. 3. nāga, le 3. dumba, le 3. na, le 3, huya 2 vija 2 dhusu 2 guru 2 hucejini 2 agaru, elāmelā ilimalā, tilimalā, ili tili melā ili mitte tili mitte, ili tili mitte, dumbe, sudumbetosu 2, golā velā capalā vimalā, iṭṭiri, bhiṭṭiri, riṭṭiri, namo buddhānáṁ cirikisi godohikā, namoʹrhatāṁ hāradāla varṣatu devaḥ samantena daśasudiśāśu, namo buddhānáṁ svāhā。

④ 忘，原作“忌”，據《中華藏》校勘《石》《磧》《南》《徑》《清》《麗》改。

十五阿麽黎十六尾麽黎十七顭寧逸反麽黎十八嘗誐黎十九呬嚹孃蘗陛二十囉怛曩二合蘗陛二十一跛捺嚇二合，二十二蘇跛捺嚇二合，二十三三滿多跛捺嚇二合，二十四薩嚩引囉佗二合娑引馱顭二十五跛囉沫引佗娑引馱顭二十六薩嚩囉佗二合鉢囉二合嚩引馱顭二十七薩嚩嘗誐囉娑去，引馱顭二十八麽曩枲二十九麽曩枲三十摩賀麽引曩枲三十一曷步帝三十二頞窒丁結反納部二合帝三十三頞卒子律反帝三十四阿上惹婇二合，三十五尾惹嚇三十六尾麽黎三十七阿上蜜哩二合帝三十八阿上麽婇三十九阿上麽囉抳四十没囉二合憾謎二合，四十一没囉二合憾麽二合娑嚩嚇四十二布囉儜二合，四十三布囉拏二合麽努鼻，引囉剃四十四蜜哩二合多散唫引嚩顭四十五室哩二合，引跛捺嚇二合戰捺嚇二合，四十六戰捺囉二合鉢囉二合陛四十七素哩曳二合，四十八素哩野二合建帝四十九味多婆曳五十蘇襪囉抳五十一没囉二合憾麽二合具引曬五十二没囉二合憾麽二合乳入瑟穌二合，五十三薩嚩怛囉二合，五十四鉢囉二合底賀帝五十五娑嚩二合，引賀引，五十六那莫薩嚩没馱南五十七娑嚩二合娑底二合麽曩引誐寫五十八颯跛哩嚩囉寫五十九囉乞產二合，引屈哩挽引覩六十唫嚩覩六十一轆囉灑二合設單鉢扇覩六十二設囉難引設單六十三護呰六十四麌呰具呰畝呰六十五娑嚩二合，引賀引，六十六①

佛告阿難陀：往昔金曜孔雀王者，豈異人乎？即我身是。我今復説佛母大孔雀明王心陀羅尼曰：

怛你也二合佗去，引，一伊底蜜底二底里蜜底三底里弭里蜜底四底黎五弭里六弭里底弭七底里弭里八蘇上頓嚩引頓嚩引，九蘇上嚩左十唧里枳枲野十一牝那謎膩十二曩謨没馱南十三唧羯枲鉢囒二合多慕黎十四壹底賀嚧十五路引呬多慕黎十六瞻嚩十七暗嚩十八俱置十九矩曩置二十底羅君去左曩置二十一阿拏嚩多上，引野二十二轆囉灑二合覩祢霧二十三曩嚩麽引娑去，二十四娜捨麽引細底二十五壹底弭里二十六枳里弭里二十七計攞弭里二十八計覩母黎二十九努努鼻迷蘇努謎妳三十娜里謎三十一散覩轆穌三十二畝娑轆穌三十三畝薩嚇畝薩嚇三十四噎拏嚩無博反窣多二合囉計捺迦攞三十五曩迦里謎三十六佉上囉麽囉三十七企黎壹底三十八薩惹黎三十九頓吠四十覩頻鼻吠四十一頞曩穌四十二鉢囉二合曩穌二合，四十三

① “曩謨母馱引野一”至“賀引六十六”，《大正藏》對校梵文 Namo buddhāya namo dharmāya namaḥ saṁghāya, namaḥ suvarṇāvabhāsasya mayūra-rājñaḥ namo mahā-mayūrair vidyā-rājñair. Tad yathā. siddhe, susiddhe, mocani, mokṣaṇimukte, vimukte, amale, vimale, nirmale, aṇure, paṇure, maṅgale, maṅgalye, hiraṇye hiraṇyagarbhe, ratne ratnagarbhe, bhadre, subhadre, samanta-bhadre, sarvārtha sādh ni, paramārtha sādhani, sarvānartha prasamani, sarva maṅgala sadhāni, sarva maṅgala vādhani, manasi, mānasi, mahā mānasi, adbhute, atyadbhute mukte vimukte mohani vimoh ni, mocani, mokṣani acyute, araje viraje vimale amṛte, amare amaraṇi brahme brahma svare pūrṇe pūrṇa manorathe, mṛta saṁjīvani śrībhadre, candre, candra-prabhe sūrye sūryakānte vītabhayesu varṇe suvarṇa-prabhe, brahma-ghoṣe brahma-juṣṭe, sarvatra. pratihate, rakṣa 2 māṁ svāhā, namaḥ sarva buddhānāṁ svastir bhavatu jvālāmune sagṛhe sagaṇe parivārasya sarva sattvānāñca rakṣaṁ kuruguptiṁ paritrāṇaṁ parigrahaṁ parip lanaṁ śāntim svastyayanaṁ daṇuparihāraṁ śastraparihāraṁ viṣa dūṣaṇaṁ viṣanāśāṁ sīmāvandhandharaṇī vandhañ ca kuru jīvatu varṣa śataṁ paśyatu śaradā śataṁ, tadyathā. juci guci muci svāhā。

頞拏捺麳四十四韈囉灑二合覩祢務曩謨娜計曩四十五散怛麳妬引，四十六三滿帝曩四十七
曩囉引野抳四十八播引囉野抳四十九賀哩跢上，引里五十君上跢引，上里五十一伊上里蜜窂底
二合，五十二吉底里蜜窂底二合，五十三伊上謎引悉鈿覩五十四捺囉二合，引弭拏引，五十五曼
怛囉二合跋那引娑嚩二合，引賀引，五十六①

　　阿難陀，此佛母大孔雀明王心陀羅尼，若復有人欲入聚落，應當憶念，於曠野中
亦應憶念，在道路中亦常憶念，或在非道中亦應憶念，入王宮時憶念，逢劫賊時憶念，
鬪諍時憶念，水火難時憶念，怨敵會時憶念，大眾中憶念，或蛇蝎等螫時憶念，爲毒所
中時憶念及諸怖畏時憶念，風黃痰癊時憶念，或三集病時憶念，或四百四病一一病生
時憶念，若苦惱至時皆當憶念。何以故？若復有人應合死罪以罰物得脫，應合被罰
以輕杖得脫，應合輕杖被罵得脫，應合被罵呵責得脫，應合呵責戰悚得脫，應合戰悚
自然得脫，一切憂惱悉皆消散。

　　阿難陀，此佛母大孔雀明王真言，一切如來同共宣說，常當受持，自稱己名，請求
加護："願攝受我某甲②除諸怖畏，刀杖枷鎖，苦難之時願皆解脫，常逢利益不值災危，
壽命百歲得③見百秋。"阿難陀，若有人、天魔、梵沙門、婆羅門等，讀誦受持此佛母大
孔雀明王陀羅尼結其地界，結方隅界，請求加護，一心受持者，我不見有天龍鬼神能
爲惱害，所謂天及天婦、天男天女及天父母并諸朋屬如是等類無能爲害，若龍龍婦、
龍男龍女及龍父母并諸朋屬亦不能爲害，若阿蘇羅及婦男女、父母朋屬亦不能爲害，
若麼嚕多及婦男女、父母朋屬等亦不能爲害，若誐④嚕拏及婦男女、父母朋屬等不能
爲害，若彦達嚩及婦男女、父母朋屬等不能爲害，若緊那羅及婦男女、父母朋屬等不
能爲害，若摩護囉誐及婦男女、父母朋屬亦不能爲害，若藥叉及婦男女、父母朋屬等
亦不能爲害，若羅刹婆及婦男女、父母朋屬亦不能爲害，若畢㘑多及婦男女、父母朋
屬等不能爲害，若比舍遮及婦男女、父母朋屬等不能爲害，若步多及婦男女、父母朋
屬亦不能爲害，若矩畔拏及婦男女、父母朋屬亦不能爲害，若布單那及婦男女、父母
朋屬等亦不能爲害，若羯吒布單那及婦男女、父母朋屬等亦不能爲害，若塞連那及婦

---

　　①　"怛你也二合佗去引一"至"賀引五十六"，《大正藏》對校梵文 Tad yathā. itti mitti tili mitti ili tili mitti, tili
mili mili tliliti, lemitti cili mili mittivi, mili 2 tili mili, sutumbā suvacā cirikisi prabhinnameḍi, namob uddhānāṃ cil-
ikisi cihnāsi prānta mūle, itihārā lohita mūle, tumbā, ambā, kuṭṭi, kūnaṭṭi, kukunaṭṭi tilakuñjanaṭṭi, aḍakavatyāyāṃ
varṣatu devaḥ samantena navamāsan deśamāsān, ili mili kili mili kelimeli, ketu mūle, dudumbe sudumode
suḍumeḍi, dalime santuvaṭṭe vusavaṭṭe vusare 2 dhanavastnrake, narkalā narkalime narkalike narmalike nara-
kharima ghoṣe iti sarjjale tumbe tutumbe anaṭṭe ṇaṭṭe praṇaṭṭe aṇanaṭṭe aṇamāle varṣatu devonavodakena sar-
vataḥ samantena nārāyaṇi pārāyaṇi haritāli kuntāli ili misti kili misti kili tili misti ilime siddhyantu me
drāmiḍa mantrapadaḥ svāhā.
　　②　某甲，《中華藏》校勘《徑》《清》作"某甲并諸眷屬"。
　　③　得，《中華藏》校勘《石》作"願"。
　　④　誐，《中華藏》校勘《石》作"蘖"。

男女、父母朋屬等不能爲害，若嗢麼那及婦男女、父母朋屬等不能爲害，若車邪及婦男女、父母朋屬等不能爲害，若阿鉢娑麽囉及婦男女、父母朋屬等不能爲害，若塢娑跢囉迦及婦男女、父母朋屬等皆不能爲害。

如是等天龍藥叉及諸鬼神所有親眷朋屬等發起惡心，伺求人便作諸障難者，此等天龍鬼神雖起惡心不能惱亂持此經者。何以故？由常受持佛母①明王陀羅尼故。此等天龍鬼神爲惱害者，若還本處，彼類不容入衆，若有違此佛母明王②真言越界法者，頭破作七分，猶如蘭香蕱。梵云遏尒曼折哩，是蘭香梢頭。舊云阿梨樹枝者，訛也，西方元無阿梨樹。

復次阿難陀，又有明王陀羅尼，汝當受持，即説明呪曰：

怛你也二合佗去，引，一伊上里弭里二緊𧃍契目訖帝二合，三蘇目訖帝二合，四阿去，引拏曩引拏五蘇曩引拏六嚩囉灑二合覩袮舞引，七跛囉摩拏韈跢上，引爓引，八阿去，引囉引播囉引，九遇引怒引呬迦引，十伊上里弭里十一比頻逸反尒里迦十二嗢努迦引，十三嗢嬾努迦引，十四伊上里弭里十五底里弭里十六三滿怛多入訖嘌二合怛嚩十七護魯護魯十八呬里呬里十九弭里弭里二十枳里枳里二十一室哩二合曬引拏二十二没里二合衫二十三畝魯畝魯二十四左攞左攞二十五唧里唧里二十六祖魯祖魯二十七尾置尾置二十八式弃式弃二十九壹置尾置三十式弃式弃三十一護祖去音護祖三十二護祖護祖三十三護祖護祖三十四護祖護祖三十五護祖護祖三十六賀囉賀囉三十七賀囉抳引，三十八昝陛引，三十九鉢囉二合昝陛引，四十薩嚩訥瑟吒二合，四十一麽努瑟鴿二合，引，四十二昝陛引弭四十三麽麽四十四颯跛哩嚩引囉寫四十五囉乞創二合，引屈捥都迦嚕引弭四十六吩嚩都四十七韈囉灑二合設單四十八鉢捨都設囉腩引設單四十九麌底孕跛哩怛囉二合喃五十跛哩仡囉二合憾五十一跛哩播引攞腩五十二扇引底孕二合，五十三娑嚩二合窣底也三合野南五十四難上拏跛哩賀引嚫彈舌呼，五十五尾灑拏灑喃五十六尾灑曩引捨難五十七枲去，引麽引曼鄧五十八馱囉抳引曼蕩左迦嚕引弭五十九唧怛𠼝二合，六十唧怛囉二合麽梨六十一賀黎六十二賀攞麽梨六十三頗黎六十四頗攞麽梨六十五齲嚕齲嚕六十六佉上囉嚩嚕抳六十七味引𠼝引，六十八噎曳引，六十九阿上嚕麽嚕七十滅除一切毒七十一及起惡心者七十二根毒牙齒毒七十三飲食中諸毒七十四願佛以威光七十五滅除毒害苦七十六素嚕素嚕計七十七嚩囉嚩囉計七十八韈囉韈囉計七十九尾哩呬哩八十一切毒消除八十一願勿相侵害八十二七佛諸世尊八十三正徧知覺者八十四及以聲聞衆八十五威光滅諸毒八十六噎攞引謎攞八十七壹里謎攞八十八底里底里謎攞八十九底賀努賀九十尾麽引努麽引，九十一噎蘇上努鼻摩引，九十二遜嚩引，九十三頓嚩引，九十四三麽頓嚩引，九十五阿去，引妳曩引妳九十六矩攞矩攞曩妳九十七嚩囉灑二合覩

① 佛母，《中華藏》校勘《石》作“此佛母大孔雀”。
② 明王，《中華藏》校勘《石》作“大孔雀明王”。

祢嚕無博反，九十八伊上里枳枲九十九三曼帝曩一百曩嚕麼娑一百一娜娑麼引娑眛引，一百二怛哩二合，引謎一百三薩嚕薩怛吠二合，引數一百四畝薩妳一百五畝娜引哩扼一百六計嚕摘計一百七嚕吒迦慕燊一百八伊上底攝嚕嚇一百九都吠吠覩都吠①引，一百十畢哩二合孕迦嚇一百十一阿去，引嚕麣一百十二跛哩嚕麣一百十三那舞引那計引曩一百十四嚕囉灑二合覩祢引舞一百十五，引曩謨引娑誐嚕妬至此處所有求願應可慇懃稱説印捺囉二合遇引跛枲迦引野一百十六壹置吒引野一百十七遇引怒引呬迦引野一百十八勃陵二合誐引哩迦引野一百十九阿黎多黎一百二十君去多黎一百二十一阿去，引捨寧一百二十二播捨寧一百二十三播引跛顑矩黎一百二十四曩謨引婆去誐嚕跢引南一百二十五悉鈿覩滿怛囉二合鉢娜引娑嚕二合，引賀引，一百二十六②

　　　　　毗鉢尸③如來，無憂樹④下坐；
　　　　　尸棄⑤佛世尊，依止奔陀利⑥；
　　　　　毗舍浮⑦如來，住在婆⑧羅⑨林；

---

① 都吠吠覩都吠，《大正藏》本作“覩迷鼻覩迷”。
② “怛你也二合佗去引一”至“悉鈿覩滿怛囉二合引鉢那引娑嚕二合引賀引一百二十六”，《大正藏》對校梵文 Tad yathā. ili mili, kili mili kiṁḍ ugdhe, mukte sumukte āḍe nāḍa 2 sunāḍa, varṣatu devaḥ paramaḍakavattāyāṁ, ārāpārāgodohika, ili mili bhijjilika. uḍukā 2 dunḍukā, kacaḍukā 2 kāḍuṭṭakā 2 iti mili tili mili, samantataḥ kṛtvā huru 2 hili 2 mili 2 pili 2 kili 2 śiṣeṇa varṣaṁ culu 2 cala 2 cili 2 citi 2 śikhi 4. iti viti（śi）khi, 4. juhu. 10. hara 2 haraṇe, jambe, parjambe sarva duṣṭa praduṣṭānāṁ jambemi, prajambemi mama saparivārasya sarva sattvānāṁ ca rakṣāṁ karomi guptiṁ paritrāṇaṁ parigrahaṁ paripālanaṁ śāntiṁ svastyayana daṇḍa parihāraṁ śastraparihāraṁ viṣa dūṣaṇaṁ viṣanāśanaṁ sīmāvaṁdhan dharaṇivandhañ ca karomi jīvatu varṣa śataṁ paśyatu śaradā śataṁ. tad yathā, citra mūle, citre citra māle, hale hala māle, phale phala māle khulu 2 khuluvaruṇe khuluvaruṇi vīre, eme, arumbataru, maraṇe, dhīredhaye, suru 2 hataṁ viṣaṁ nihatanviṣaṁ, sarva duṣṭa praduṣṭānāṁ draṁṣṭrā viṣaṁ, mūla viṣamannaviṣaṁ sarva buddhānāṁ tejena, suru 2 kecara 2 ke, carakke, cihi 2 viri hiri hataṁ viṣaṁ nihataṁ viṣaṁ nāsti viṣaṁ saptānāṁ samyaksaṁbuddhānāṁ saśrāvaka saṁghānāṁ tejena, elā melā ili melā tili melā, ili tili melā tiha duha tili māti, mādu vimādhu sādhusu, kusṭā 2 sukumbhā, tumbā 2 samatumbā, aḍe nāḍe nila kuñja nāḍe. varṣatu deva ili kisi samantena navamāsan daśamāsān, maitrī me sarva sattveṣu vusare 2 busāḍe, śavariṇi budāriṇi 2 kevaṭṭe kevaṭṭaka mūle, iti savare, tumbe 2 priyaṁ kare, āvaṭṭe parivaṭṭe, navodakeṇa varṣatu devaḥ samantena. Namo bhagavate indragomisikāya, ittiṭṭāya godohikāya bhṛṅgārikāya, ale tale kuntale atte natte kunatte āśane pāśane pāpanikule pratikule, namo bhagavatāṁ buddhānāṁ(以下梵本與漢譯不合，從略)。
③ 毗鉢尸，《大正藏》對校梵文 vipaśyī。
④ 無憂樹，《大正藏》對校梵文 aśoka。
⑤ 尸棄，《大正藏》對校梵文 śikhi。
⑥ 奔陀利，《大正藏》對校梵文 puṇḍarī。
⑦ 毗舍浮，《大正藏》對校梵文 viśva-bhuk。
⑧ 婆，《中華藏》校勘《石》《徑》《清》《麗》作“娑”。
⑨ 婆羅，《大正藏》對校梵文 sāla。

拘留孫①如來，尸利沙②樹下；

羯諾迦③大師，烏曇④跋羅樹；

迦攝波⑤善逝，尼俱陀⑥樹下；

釋迦牟尼佛，聖種喬答摩，

坐於菩提樹，證無上正覺。

是等諸世尊，皆具大威德，

諸天廣供養，咸生敬信心。

一切諸神鬼，皆生歡喜念，

令我常安隱，遠離於衰危⑦。

七佛世尊所說明言曰：

怛你也二合佗去,引一壹里弭里二枳里尾里三計引里囉里四嗢努囉引,五蘇努謨引祢引,六慕薩囉七護護八迦囉劑九迦囉惹母引隷十壹底捨囉跢引,十一矩覩里十二曩引囉引野抳引,十三跋捨頸十四跋捨跋捨頸十五劫比羅囉窣覩二合,十六伊上哩囉引悉鈿覩十七捺囉二合,引弭拏引,十八滿怛囉二合跋娜引娑囉二合,引賀引,十九⑧

　　復次阿難陀，有大藥叉名，是索訶世界主，梵天王、天帝釋、四天大王、二十八大藥叉將共所宣說，若有受持如是大藥叉名者，設有鬼神，發起惡心欲相惱亂者，頭破作七分，猶如蘭香莖。即說藥叉名曰：

怛你也二合佗去,引一吉引底丁以反慕㬅暲嚕慕㬅二三滿多慕㬅三阿去,引妳曩妳四矩薩曩妳五伊上帝弭帝六播嚕七阿嚕拏句引,八麼嚕拏句九伊上里枳里唧里尾里十遇引怒引哂迦引,十一嗢鈍度麼引,十二牝娜吠拏引,十三⑨

　　願二足吉祥，四足亦吉祥，

---

① 拘留孫,《大正藏》對校梵文 krakucchanda。

② 尸利沙,《大正藏》對校梵文 śirīṣa。

③ 羯諾迦,《大正藏》對校梵文 kanakamuni。

④ 烏曇,《大正藏》對校梵文 udumbara。

⑤ 迦攝波,《大正藏》對校梵文 kāśyapa。

⑥ 尼俱陀,《大正藏》對校梵文 nyagrodha。

⑦ 危,《中華藏》校勘《石》《徑》《清》《麗》作"厄"。

⑧ "怛你也二合佗去引一"至"滿怛囉二合跋娜引娑囉二合引賀引十九",《大正藏》對校梵文 Tad yathā. ili mili kili cili keli celi voli, udurā sudumode busara 2 huhu karañje karañja mule iti śanatā itiśavatā kuntali kuntālī nārāyani pārāyaṇi. paśyani paśya 2 ni kapilavaslu nivāsi irivāsi siddhyantu me drāmidā mantrapadāḥ svāhā.

⑨ "怛你也二合佗去引一"至"牝娜吠拏引十三",《大正藏》對校梵文 Tad yathā. ktī(kī?)rtti mūle. eru mūle. eraṇu mūle, samanta mūle, naḍa nāḍe, taḍa tāḍe āḍe nāḍe, kuśa nāḍe, aṭṭe naṭṭe, kuśa naṭṭe, iṭṭe miṭṭe, pāru, ara ḍakā, maraḍakā, ilikisi cirikisi, ilik si cirigodohikā, uddundhumā, bhinnameḍā, uddumākinnaḍā.

　　　行路中吉祥,迴還亦吉祥;

　　　願夜中吉祥,晝日亦吉祥,

　　　一切處吉祥,勿值諸罪惡,

　　　一切日皆善,一切宿皆賢。

　　　諸佛皆威德,羅漢皆斷漏,

　　　以斯誠實言,願我常吉祥。

　　阿難陀,若讀誦此大明王經時作如是語:此大孔雀明王佛所宣説,願以神力常擁護我,饒益攝受,爲作歸依,寂静吉祥,無諸災患,刀杖毒藥勿相侵損。我令依法結其地界,結方隅界,讀誦此經,除諸憂惱,壽命百歲,願度百秋。

　　復次阿難陀,有大藥叉王及諸藥叉住大海邊,或住妙高山及餘諸山,或居曠野,或住諸河、川澤陂池、屍林坎窟、村巷四衢、園苑林樹,或居餘處,有大藥叉住阿拏挽多[1]大王都處,如是等衆咸[2]願以此佛母大孔雀明王陀羅尼擁護於我某甲,并諸眷屬,壽命百年,願見百秋。陀羅尼曰:

怛你也二合佗去,一賀哩賀哩抳二賀引哩抳三左里佐引里顙四怛囉二合,引跋抳五謨引賀顙六娑擔二合婆去顙七昝婆顙八婆嚩二合演僕引,九娑嚩二合,引賀引,十[3]

　　復次阿難陀,東方有大天王名曰持國,是彦達嚩主,以無量百千彦達嚩而爲眷屬,守護東方,彼有子孫、兄弟、軍將、大臣、雜使如是等衆。彼亦以此佛母大孔雀明王陀羅尼擁護於我某甲,并諸眷屬,爲除憂惱,壽命百歲,願見百秋。陀羅尼曰:

怛你也二合佗去,一粗粗嚕二粗粗嚕三粗粗引嚕四粗粗引嚕五粗粗引嚕六粗引嚕粗嚕粗引嚕謎娑嚩二合,引賀引,七[4]

　　復次阿難陀,南方有大天王名曰增長,是矩畔拏主,以無量百千矩畔拏而爲眷屬,守護南方,彼有子孫、兄弟、軍將、大臣、雜使如是等衆。彼亦以此佛母大孔雀明王陀羅尼擁護於我某甲,并諸眷屬,爲除憂惱,壽命百歲,願見百秋。陀羅尼曰:

怛你也二合佗一吠魯計吠魯計二阿蜜怛囉二合伽去,引多上顙三嚩嚕拏嚩底四吠努鼻麼引里顙五吠里顙六補怛哩二合計七祖去祖唧祖娑嚩二合,引賀引,八[5]

　　復次阿難陀,西方有大天王名曰廣目,是大龍主,以無量百千諸龍而爲眷屬,守

---

①　阿拏挽多,《大正藏》對校梵文 aḍakavatī。

②　咸,《中華藏》校勘《麗》作"成"。

③　"怛你也二合佗去一"至"娑嚩二合引賀引十",《大正藏》對校梵文 Tad yathā. hari hāriṇi cali cālini, tramaṇi trāmaṇi mohani stambha nijambha nisvayaṁtu ve svāhā。

④　"怛你也二合佗去一"至"嚕謎娑嚩二合引賀引七",《大正藏》對校梵文 Tad yathā. susuru. 4. me svākā。

⑤　"怛你也二合佗一"至"娑嚩二合引賀引八",《大正藏》對校梵文 Tad yathā. veluke 2, amitraghātani varuṇavati somavati, veṇumālini, velini veluni pu rike colu cilu svāhā。

護西方，彼有子孫、兄弟、軍將、大臣、雜使如是等衆，彼亦以此佛母大孔雀明王陀羅尼擁護於我_{某甲}，并諸眷屬，爲除憂惱，壽命百歲，願見百秋。陀羅尼曰：

怛你也二合佗一吠努哩吠努哩二麼置帝麼置帝三句引肬句引肬四尾你庚二合麼底五護護護護護護護護六護嚕護嚕護嚕護嚕護嚕護嚕護嚕七祖祖祖祖祖祖祖八左左左左左左左左左嚧引娑嚩二合，引賀引，九①

復次阿難陀，北方有大天王名曰多聞，是藥叉主，以無量百千藥叉而爲眷屬，守護北方，彼有子孫、兄弟、軍將、大臣、雜使如是等衆，彼亦以此佛母大孔雀明王陀羅尼擁護於我_{某甲}，并諸眷屬，爲除憂惱，壽命百歲，願見百秋。陀羅尼曰：

怛你也二合佗引，一素引哩素引哩二施哩施哩三麼底賀哩四賀哩麼底五迦哩哩六賀哩哩七閉嚕閉嚕八冰誐黎九祖魯祖魯十鈍度麼底十一賀單尾衫十二鈍度引麼底娑嚩二合，引賀十三②

東方名持國，南方號增長，西方名廣目，北方多聞天。

此四大天王，護世有名稱，四方常擁護，大軍具威德。外怨悉降伏，佗敵不能侵，神力有光明，常無諸恐怖。天與阿蘇羅，或時共鬪戰，此等亦相助，令天勝安隱。

如是等大衆亦以此明王護我并眷屬，無病壽命百歲。陀羅尼曰：

怛你也二合佗一瞖_上謎_上二底里謎_上三嚩勢努鼻吠都努鼻吠③四，若祈雨時稱此④嚩⑤囉灑二合覩祢嚩三滿帝曩若息災祈願時，應云某甲并諸眷屬所求滿願吶哩五弭里六頓吠蘇⑥頓吠七頻嚇嚩嚇八跛囉麼努嚩嚇九嚩囉灑二合覩祢嚩⑦十誐嚕彥跢引野十一頓妳覩頓妳十二鑅計穆計十三伊_上里膩十四弭哩膩十五吶里吶黎十六護魯護黎十七吶哩弭里十八覩黎多嚕里娑嚩二合，引賀引，十九⑧

天阿蘇羅藥叉等，來聽法者應志心，

---

① "怛你也二合佗一"至"左左左左左左左左左嚧引娑嚩二合引賀九"，《大正藏》對校梵文 Tad yathā. veduri 3 maṭṭile 2 koṭi 2 vidyumati 2. hu. 8. ru. 8. ra. 8. cu. 8. ca. 8. sa. 8. svāhā。

② "怛你也二合佗引一"至"鈍度引麼底娑嚩二合引賀十三"，《大正藏》對校梵文 Tad yathā. sori 2 śiri 2 miti 2 hiri 2. miti 2 bhirini mirini kirini hirini, velu 2 pelu 2 piṅgale, culu 2 vandhumati hataṁ viṣaṁ nihataṁ viṣaṁ vandhamati svāhā。

③ 吠都努鼻吠，《大正藏》本作"迷努鼻努迷"。

④ 若祈雨時稱此，《大正藏》本作"祈雨時應稱此四句"。

⑤ 嚩，《大正藏》本作"嚩"，第十句同。

⑥ 蘇，《大正藏》本作"覩"。

⑦ 嚩，《大正藏》本作"務"。

⑧ "怛你也二合佗一"至"覩黎多嚕里娑嚩二合引賀引十九"，《大正藏》對校梵文 Tad yathā. ele mele kile tile mile śile vāsave dumbe dudumbe varṣatu devaḥ samantena hili mili, tumbe tutumbe, aṭṭe vaṭṭe paramaduva-ṭṭe varṣatu devo guduguḍantaḥ samant nāḍakavattāyāṁ , aṇḍe naṇḍe tuṇḍetutuṇḍe bukke 2 mukk eiriḍi miriḍi niri-ḍ piriḍi hiriḍi hiḍi 2 hiri 2 hili 2 hulu 2 mili 2 tule 2 tatale svāhā。

擁護佛法使長存，各各勤行世尊敕。

諸有聽徒來至此，或在地上或居空，

常於人世起慈心，日夜自身依法住。

願諸世界常安隱，無邊福智益羣生，

所有罪業並消除，遠離衆苦歸圓寂。

恒用戒香塗瑩體，常持定服以資身，

菩提妙華徧莊嚴，隨所住處常安樂。

佛母大孔雀明王經卷上

佛母大孔雀明王經卷中

特進試鴻臚卿開府儀同三司肅國公贈司空大興善寺三藏沙門

謚大辨正大廣智不空奉　詔譯

佛告阿難陀：汝當稱念大藥叉王及諸大藥叉將名字，所謂：

矩吠囉①長子，名曰珊逝邪②，

常乘御於人，住弭癡羅③國，

以天誠實威④，衆皆從乞願。

彼亦以此佛母大孔雀明王真言擁護我某甲，并諸眷屬，爲除憂惱，壽命百歲，願見百秋。即説真言曰：

怛你也二合佗一嚲黎二嚲勒迦黎三摩引蹬倪四戰拏引，上里五補嚕灑扼六尾唧里顲七遇引哩彥馱引哩八摩引蹬倪九戰拏上，引里十麼里顲十一阿哩阿哩十二阿去蘖底蘖底十三彥馱引哩十四句引瑟耻二合，十五迦引嚲引哩十六尾賀引顲阿里劍謎十七娑嚲二合，引賀引，十八⑤

羯句忖那⑥神，波吒梨子⑦處。

---

① 矩吠囉，《大正藏》對校梵文 kuvera。

② 珊逝邪，《大正藏》對校梵文 saṁjaya。

③ 弭癡羅，《大正藏》對校梵文 mithilā。

④ 威，《中華藏》校勘《磧》作"成"。

⑤ "怛你也二合佗一"至"娑嚲二合引賀引十八"，《大正藏》對校梵文 Tad yathā vale valkale, mātaṅgi, caṇ ḍāli puruṣaṇi, vicilini gauri gandhāri caṇḍāli mātaṅgi mālini hili 2 agati gati gauri gandhāri, koṣṭhikāvacali vihāri 2 hili 2 kumme svāhā。

⑥ 羯句忖那，《大正藏》對校梵文 krakucchanda。

⑦ 波吒梨子，《大正藏》對校梵文 pātariputra。

阿跛囉咏多①,住窣吐奴邑②。

賢善③大藥叉,住於世羅④城。

摩那婆⑤大神,常居於北界⑥。

大聖金剛手⑦,住居王舍城⑧,

常在鷲峯山⑨,以爲依止處。

大神金翅鳥⑩,毗富羅⑪山住。

質怛囉笈多⑫,質底目溪⑬住。

薄俱羅⑭藥叉,住於王舍城,

營從并眷屬,有大威神力。

大小黑藥叉⑮,劫比羅⑯城住,

是釋族牟尼,大師所生處。

斑足大藥叉⑰,吠囉邪⑱城住。

摩醯首⑲藥叉,止羅多⑳國住。

勿賀娑鉢底㉑,住於舍衛城。

娑蘗囉㉒藥叉,娑鷄多㉓處住。

---

① 阿跛囉咏多,《大正藏》對校梵文 aparājita。
② 窣吐奴邑,《大正藏》對校梵文 sphūrā。
③ 賢善,《大正藏》對校梵文 bhadrapura。
④ 世羅,《大正藏》對校梵文 śola。
⑤ 摩那婆,《大正藏》對校梵文 māṇava。
⑥ 北界,《大正藏》對校梵文 uttarā。
⑦ 金剛手,《大正藏》對校梵文 vajrapāṇi。
⑧ 王舍城,《大正藏》對校梵文 rājagṛha。
⑨ 鷲峯山,《大正藏》對校梵文 ṛdhrakūṭa。
⑩ 金翅鳥,《大正藏》對校梵文 aruḍa。
⑪ 毗富羅,《大正藏》對校梵文 vipūla。
⑫ 質怛囉笈多,《大正藏》對校梵文 citragupta。
⑬ 質底目溪,《大正藏》對校梵文 citemukha。
⑭ 薄俱羅,《大正藏》對校梵文 vakula。
⑮ 大小黑藥叉,《大正藏》對校梵文 kālopakālakau yakṣau。
⑯ 劫比羅,《大正藏》對校梵文 kapilavastu。
⑰ 斑足大藥叉,《大正藏》對校梵文 kalmāṣapāda。
⑱ 吠囉邪,《大正藏》對校梵文 vairāyā。
⑲ 摩醯首,《大正藏》對校梵文 mah śvara。
⑳ 止羅多,《大正藏》對校梵文 virāta。
㉑ 勿賀娑鉢底,《大正藏》對校梵文 bṛhaspati。
㉒ 娑蘗囉,《大正藏》對校梵文 sāgara。
㉓ 娑鷄多,《大正藏》對校梵文 sāketa。

金剛杖①藥叉，毗舍離②國住。

訶里冰_{去聲}蘗囉③，力士城④中住。

大黑⑤藥叉王，婆羅拏斯⑥國。

藥叉名善現⑦，住於占⑧波⑨城。

吠史怒⑩藥叉，住在墮羅國⑪。

馱羅抳⑫藥叉，住於護門國⑬。

可畏形⑭藥叉，住於銅⑮色國⑯。

末達那⑰藥叉，烏洛迦⑱城住。

阿吒薄⑲俱將，曠野林中住。

劫比羅藥叉，住於多稻城。

護世大藥叉⑳，嗢逝尼㉑國住。

轙蘇步底神，阿羅挽底㉒住。

水天藥叉㉓神，婆盧羯泚㉔國。

---

① 金剛杖，《大正藏》對校梵文 vajrayudha。
② 毗舍離，《大正藏》對校梵文 vaisālī。
③ 訶裡冰蘗囉，《大正藏》對校梵文 haripiṅgala。
④ 力士城，《大正藏》對校梵文 malla。
⑤ 大黑，《大正藏》對校梵文 mahākāla。
⑥ 婆羅拏斯，《大正藏》對校梵文 bārāṇasī。
⑦ 善現，《大正藏》對校梵文 sudarśaṇa。
⑧ 占，原作"古"，據《中華藏》校勘《石》《磧》《南》《徑》《清》《麗》改。
⑨ 占波，《大正藏》對校梵文 campā。
⑩ 吠史怒，《大正藏》對校梵文 viṣṇu。
⑪ 墮羅國，《大正藏》對校梵文 dhvārakā。
⑫ 馱羅抳，《大正藏》對校梵文 varuṇa(?)。
⑬ 護門國，《大正藏》對校梵文 dhvārapāli。
⑭ 可畏形，《大正藏》對校梵文 vibhīṣaṇa。
⑮ 於銅，《中華藏》校勘《石》作"居同"。
⑯ 銅色國，《大正藏》對校梵文 tāmraparṇṇī。
⑰ 末達那，《大正藏》對校梵文 marddana。
⑱ 烏洛迦，《大正藏》對校梵文 uragā。
⑲ 阿吒薄，《大正藏》對校梵文 āṭavaka。
⑳ 護世大藥叉，《大正藏》對校梵文 vasutrāta。
㉑ 嗢逝尼，《大正藏》對校梵文 urjjayanī(?)。
㉒ 阿羅挽底，《大正藏》對校梵文 aravanti(?)。
㉓ 水天藥叉，《大正藏》對校梵文 bharuka。
㉔ 婆盧羯泚，《大正藏》對校梵文 bharukaccha。

歡喜①大藥叉，住於歡喜城②。

持鬘③藥叉神，住在勝水國④。

阿難陀⑤藥叉，末羅鉢吒⑥國。

白牙齒⑦藥叉，住於勝妙城⑧。

堅固名⑨藥叉，末娑底⑩國住。

大山⑪藥叉王，住在山城處⑫。

婆颯婆⑬藥叉，住居吠你勢⑭。

羯底丁以反鷄⑮藥叉，住嚧四多國⑯。

此藥叉童子⑰，名聞於大城。

百臂⑱大藥叉，住在頻陀山。

廣車⑲藥叉神，羯陵伽⑳國住。

能征戰㉑藥叉，窣鹿近那㉒國。

雄猛㉓大藥叉，遏祖那㉔林住。

---

① 歡喜，《大正藏》對校梵文 nanda。
② 歡喜城，《大正藏》對校梵文 nandapura。
③ 持鬘，《大正藏》對校梵文 mālyadhara。
④ 勝水國，《大正藏》對校梵文 agrodaka。
⑤ 阿難陀，《大正藏》對校梵文 ānanda。
⑥ 末羅鉢吒，《大正藏》對校梵文 maraparvaṭa。
⑦ 白牙齒，《大正藏》對校梵文 śukradaṃṣṭra。
⑧ 勝妙城，《大正藏》對校梵文 suvāstu。
⑨ 堅固名，《大正藏》對校梵文 dṛḍhanāma。
⑩ 末娑底，《大正藏》對校梵文 manasvi。
⑪ 大山，《大正藏》對校梵文 mahāgiri。
⑫ 山城處，《大正藏》對校梵文 girinagara。
⑬ 婆颯婆，《大正藏》對校梵文 vāsava。
⑭ 吠你勢，《大正藏》對校梵文 vaidiśa。
⑮ 羯底鷄，《大正藏》對校梵文 kārttik ya。
⑯ 嚧四多國，《大正藏》對校梵文 rohitaka。
⑰ 童子，《大正藏》對校梵文 kumāra。
⑱ 百臂，《大正藏》對校梵文 śatabāhu。
⑲ 廣車，《大正藏》對校梵文 bṛhadratha。
⑳ 羯陵伽，《大正藏》對校梵文 kaliṅga。
㉑ 能征戰，《大正藏》對校梵文 duryodhana。
㉒ 窣鹿近那，《大正藏》對校梵文 śrughna。
㉓ 雄猛，《大正藏》對校梵文 arjuna。
㉔ 遏祖那，《大正藏》對校梵文 arjunāvana。

曼拏波①藥叉，末達那②國住。

山峯③藥叉神，住於摩臘婆④。

魯捺囉⑤藥叉，嚧呬多馬⑥邑。

一切食⑦藥叉，住於奢羯羅⑧。

波利得迦⑨神，少智洛雞⑩住。

商主⑪財自在⑫，住在難勝⑬國。

峯牙⑭及世賢⑮，跋娑底⑯邪國。

尸婆⑰藥叉王，住食尸婆城⑱。

寂静賢⑲藥叉，住在可畏國⑳。

因陀囉㉑藥叉，因陀囉國㉒住。

華幢㉓藥叉主㉔，住於寂静城㉕。

① 曼拏波，《大正藏》對校梵文 maṇḍapa。

② 末達那，《大正藏》對校梵文 marddana。

③ 山峯，《大正藏》對校梵文 girikūṭa。

④ 摩臘婆，《大正藏》對校梵文 mārava。

⑤ 魯捺囉，《大正藏》對校梵文 bhadra。

⑥ 嚧呬多馬，《大正藏》對校梵文 rohitaka。

⑦ 一切食，《大正藏》對校梵文 sarvabhadra。

⑧ 奢羯羅，《大正藏》對校梵文 śālaka。

⑨ 波利得迦，《大正藏》對校梵文 pālitaka。

⑩ 少智洛雞，《大正藏》對校梵文 sautiraka。

⑪ 商主，《大正藏》對校梵文 sārthavāha。

⑫ 財自在，《大正藏》對校梵文 dhaneśvara。

⑬ 難勝，《大正藏》對校梵文 ajitaṁjaya。

⑭ 峯牙，《大正藏》對校梵文 kūṭadaṁṣṭra。

⑮ 世賢，《大正藏》對校梵文 vasu hadra。

⑯ 跋娑底，《大正藏》對校梵文 vasanti。

⑰ 尸婆，《大正藏》對校梵文 śiva。

⑱ 尸婆城，《大正藏》對校梵文 śivapura。

⑲ 寂静賢，《大正藏》對校梵文 śivabhadra。

⑳ 可畏國，《大正藏》對校梵文 bhīṣaṇa。

㉑ 因陀囉，《大正藏》對校梵文 indra。

㉒ 因陀囉國，《大正藏》對校梵文 indrapura。

㉓ 華幢，《大正藏》對校梵文 puṣpaketu。幢，原作“憧”，據《中華藏》校勘《石》《磧》《南》《徑》《清》《麗》改。

㉔ 主，原作“王”，據《中華藏》校勘《磧》《南》《徑》《清》改。

㉕ 寂静城，《大正藏》對校梵文 silāpura。

　　那嚕迦①藥叉,那嚕迦城②住。

　　劫比羅③藥叉,常在邑城④住。

　　寶賢⑤及滿賢⑥,住梵摩伐底⑦。

　　能摧佗⑧藥叉,住健陀羅⑨國。

　　能壞⑩大藥叉,得叉尸羅⑪住。

　　驢皮⑫藥叉神,在於吐⑬山⑭住。

　　三密⑮藥叉主,阿努波⑯河側。

　　發光明⑰藥叉,盧鹿迦⑱城住。

　　喜長⑲藥叉神,呬形孕反隅摧⑳國住。

　　婆以盧㉑藥叉,住居婆以地㉒。

　　愛鬪諍㉓藥叉,住在濫波國㉔。

　　驀踏婆藥叉㉕,末土羅㉖城住。

---

① 那嚕迦,《大正藏》對校梵文 dāruka。

② 那嚕迦城,《大正藏》對校梵文 dārukapura。

③ 劫比羅,《大正藏》對校梵文 kapila。

④ 邑城,《大正藏》對校梵文 valla。

⑤ 寶賢,《大正藏》對校梵文 maṇibhadra。

⑥ 滿賢,《大正藏》對校梵文 pūrṇabhadra。

⑦ 梵摩伐底,《大正藏》對校梵文 brahmavatī。

⑧ 能摧佗,《大正藏》對校梵文 pramardana。

⑨ 健陀羅,《大正藏》對校梵文 gandhāra。

⑩ 能壞,《大正藏》對校梵文 prabhañjana。

⑪ 得叉尸羅,《大正藏》對校梵文 takṣaśilā。

⑫ 驢皮,《大正藏》對校梵文 kharaposta。

⑬ 吐,《中華藏》校勘《石》作“土”。

⑭ 吐山,《大正藏》對校梵文 daśaśaila。

⑮ 三密,《大正藏》對校梵文 trigupta(oguhya?)。

⑯ 阿努波,《大正藏》對校梵文 hanumātīra。

⑰ 發光明,《大正藏》對校梵文 prabharkara。

⑱ 盧鹿迦,《大正藏》對校梵文 raurka。

⑲ 喜長,《大正藏》對校梵文 nandīcavardana。

⑳ 呬隅摧,《大正藏》對校梵文 nandivardana。

㉑ 婆以盧,《大正藏》對校梵文 vāpila。

㉒ 婆以地,《大正藏》對校梵文 vāpibhūmi。

㉓ 愛鬪諍,《大正藏》對校梵文 kalahapriya。

㉔ 濫波國,《大正藏》對校梵文 lampāka。國,《中華藏》校勘《麗》作“城”。

㉕ 驀踏婆藥叉,《大正藏》對校梵文 gardabhaka。

㉖ 末土羅,《大正藏》對校梵文 mathurā。

餅腹①藥叉王，住在楞伽②城。

日光明③藥叉，住在蘇那④國。

屼頭山⑤藥叉，住憍薩羅⑥國。

勝⑦及大勝⑧神，住在半尼國⑨。

圓滿⑩大藥叉，末羅邪⑪國住。

緊那羅⑫藥叉，計羅多⑬國住。

護雲⑭藥叉王，住在伴拏國⑮。

騫拏迦⑯藥叉，住在安立⑰國。

僧迦離⑱藥叉，必登蘗⑲里住。

引樂⑳藥叉神，怛㉑楞蘗底㉒住。

孫陀羅㉓藥叉，那斯雞㉔國住。

阿僧伽藥叉㉕，婆盧羯車㉖住。

---

① 餅腹，《大正藏》對校梵文 kalaśodara。

② 楞伽，《大正藏》對校梵文 laṁkā。

③ 日光明，《大正藏》對校梵文 sūryaprabhā。

④ 蘇那，《大正藏》對校梵文 sūna。

⑤ 屼頭山，《大正藏》對校梵文 girimuṇḍa。

⑥ 憍薩羅，《大正藏》對校梵文 kośala。

⑦ 勝，《大正藏》對校梵文 vijaya。

⑧ 大勝，《大正藏》對校梵文 vaijayanta。

⑨ 半尼國，《大正藏》對校梵文 pṇḍamāthura。

⑩ 圓滿，《大正藏》對校梵文 pūrṇaka。

⑪ 末羅邪，《大正藏》對校梵文 malaya。

⑫ 緊那羅，《大正藏》對校梵文 kinnara。

⑬ 計羅多，《大正藏》對校梵文 kerala。

⑭ 護雲，《大正藏》對校梵文 meghamāli(pāli?)。

⑮ 伴拏國，《大正藏》對校梵文 pauṇḍa。

⑯ 騫拏迦，《大正藏》對校梵文 kaṇḍaka。

⑰ 安立，《大正藏》對校梵文 pratiṣṭhna。

⑱ 僧迦離，《大正藏》對校梵文 saṁkārī。

⑲ 必登蘗，《大正藏》對校梵文 pitaṅgaī。

⑳ 引樂，《大正藏》對校梵文 sukhāvaha。

㉑ 怛，原作"怚"，據《中華藏》校勘《石》改。

㉒ 怛楞蘗底，《大正藏》對校梵文 taraṅgavatī。

㉓ 孫陀羅，《大正藏》對校梵文 sundara。

㉔ 那斯雞，《大正藏》對校梵文 nāsikya。

㉕ 阿僧伽藥叉，《大正藏》對校梵文 asaṅga。

㉖ 婆盧羯車，《大正藏》對校梵文 bharukacchaka。

難你①大藥叉，及子難你迦②，

此二藥叉神，羯訶吒迦③住。

垂腹④大藥叉，羯陵伽⑤國住。

大臂⑥藥叉王，憍薩羅⑦國住。

娑悉底迦⑧神，娑底羯吒⑨國。

波洛迦⑩藥叉，常在林中住。

賢耳⑪大藥叉，怛胅肩國⑫住。

勝財⑬藥叉神，住居陸滿國。

氣力⑭大藥叉，毗羅莫迦⑮住。

喜見⑯藥叉神，住阿般底⑰國。

尸騫馱⑱藥叉，住在牛摧⑲國。

愛合掌⑳藥叉，住居吠你勢㉑。

陛瑟致得迦㉒，住在蓋形國㉓。

---

① 難你，《大正藏》對校梵文 nandika。
② 子難你迦，《大正藏》對校梵文 pitānandīvīra。
③ 羯訶吒迦，《大正藏》對校梵文 karahātaka。
④ 垂腹，《大正藏》對校梵文 lambodara。
⑤ 羯陵伽，《大正藏》對校梵文 kaliṅga。
⑥ 大臂，《大正藏》對校梵文 mahābhuja。
⑦ 憍薩羅，《大正藏》對校梵文 kauśalī。
⑧ 娑悉底迦，《大正藏》對校梵文 svastika。
⑨ 娑底羯吒，《大正藏》對校梵文 svastikaṭaka。
⑩ 波洛迦，《大正藏》對校梵文 pāraka。
⑪ 賢耳，《大正藏》對校梵文 bhadrakarṇa。
⑫ 怛胅肩國，《大正藏》對校梵文 taḍiskandha。
⑬ 勝財，《大正藏》對校梵文 dhanāpaha。
⑭ 氣力，《大正藏》對校梵文 bala。
⑮ 毗羅莫迦，《大正藏》對校梵文 vairāmaka。
⑯ 喜見，《大正藏》對校梵文 priyadarśana。
⑰ 阿般底，《大正藏》對校梵文 avatī(avantī?)。
⑱ 尸騫馱，《大正藏》對校梵文 śikhaṇḍī。馱，《中華藏》校勘《石》作"馳"。
⑲ 牛摧，《大正藏》對校梵文 gomardana。
⑳ 愛合掌，《大正藏》對校梵文 añjalipriya。
㉑ 吠你勢，《大正藏》對校梵文 vaidiśa。
㉒ 陛瑟致得迦，《大正藏》對校梵文 veṣṭhitaka。
㉓ 蓋形國，《大正藏》對校梵文 chatrākāla。

調摩竭藥叉①，住在三層②國。

廣目③藥叉神，住居一腋④國。

安拏婆⑤藥叉，優曇跋羅⑥國。

無功用⑦藥叉，憍閃彌國⑧住。

微盧者那⑨神，寂静意城⑩住。

遮羅底迦⑪神，住居蛇蓋國⑫。

赤黄色⑬藥叉，劒畢離⑭國住。

薄俱羅⑮藥叉，嗢逝訶那⑯住。

布喇拏⑰藥叉，住曼拏比⑱國。

頞迦謎沙⑲神，半遮離⑳城住。

難攡㉑大藥叉，蘗度娑㉒國住。

堅頰㉓藥叉神，住在水天㉔國。

---

① 調摩竭藥叉，《大正藏》對校梵文 makarandaka。
② 三層，《大正藏》對校梵文 tripūrī。
③ 廣目，《大正藏》對校梵文 viśālākṣa。
④ 一腋，《大正藏》對校梵文 erakakṣa。
⑤ 安拏婆，《大正藏》對校梵文 guḍaka。
⑥ 優曇跋羅，《大正藏》對校梵文 udumbara。
⑦ 無功用，《大正藏》對校梵文 anāhga。
⑧ 國，《中華藏》校勘《麗》作“羅”。
⑨ 微盧者那，《大正藏》對校梵文 virocana。
⑩ 寂静意城，《大正藏》對校梵文 sāntivastī。
⑪ 遮羅底迦，《大正藏》對校梵文 caritaka。
⑫ 蛇蓋國，《大正藏》對校梵文 ahicchatra。
⑬ 赤黄色，《大正藏》對校梵文 kapila。
⑭ 劒畢離，《大正藏》對校梵文 kaṁpilī。
⑮ 薄俱羅，《大正藏》對校梵文 vakkula。
⑯ 嗢逝訶那，《大正藏》對校梵文 urjjihānā。
⑰ 布喇拏，《大正藏》對校梵文 pūrṇaka。
⑱ 曼拏比，《大正藏》對校梵文 maṇḍavī。
⑲ 頞迦謎沙，《大正藏》對校梵文 naigameśa。
⑳ 半遮離，《大正藏》對校梵文 paṁcālī。
㉑ 難攡，《大正藏》對校梵文 prasabha。
㉒ 蘗度娑，《大正藏》對校梵文 gajasā。
㉓ 堅頰，《大正藏》對校梵文 dṛdhadhanu。
㉔ 水天，《大正藏》對校梵文 varuṇā。

脯闌逝野①神，住居鬬戰國②。
怛洛迦③藥叉，及俱怛洛迦④，
二大藥叉王，住在俱盧土⑤。
大烏盧佉羅⑥，及與迷佉羅⑦，
此二藥叉女⑧，威德具名稱，
并與諸眷屬，亦住俱盧土。
徵帝播底⑨神，及以義成就⑩，
此二藥叉王，阿曳底⑪林住。
往成就⑫藥叉，窣鹿近那⑬住。
窣吐羅⑭藥叉，住窣吐羅國。
虎力師子力⑮，并大師子力，
俱胝年大將⑯，佗勝宮⑰中住。
華齒⑱藥叉神，住在占波⑲城。
摩竭陀⑳藥叉，住在山行處㉑。
鉢跋多㉒藥叉，瞿瑜伽㉓處住。

---

① 脯闌逝野，《大正藏》對校梵文 purañjaya。
② 鬬戰國，《大正藏》對校梵文 yudha。
③ 怛洛迦，《大正藏》對校梵文 taraka。
④ 俱怛洛迦，《大正藏》對校梵文 kutaraka。
⑤ 俱盧土，《大正藏》對校梵文 kurukṣetra。
⑥ 大烏盧佉羅，《大正藏》對校梵文 maholūkhala。
⑦ 迷佉羅，《大正藏》對校梵文 mekhala。
⑧ 女，《中華藏》校勘《麗》作"王"。
⑨ 徵帝播底，《大正藏》對校梵文 vyatipāta。
⑩ 以義成就，《大正藏》對校梵文 siddhārtha。
⑪ 阿曳底，《大正藏》對校梵文 āyati。
⑫ 往成就，《大正藏》對校梵文 siddhapātra。
⑬ 窣鹿近那，《大正藏》對校梵文 śrughna。
⑭ 窣吐羅，《大正藏》對校梵文 sthūla。
⑮ 虎力師子力，《大正藏》對校梵文 siṃhavyaghrabala。
⑯ 俱胝年大將，《大正藏》對校梵文 koṭivarṣa。
⑰ 佗勝宮，《大正藏》對校梵文 parapurañjaya。
⑱ 華齒，《大正藏》對校梵文 puṣpadanta。
⑲ 占波，《大正藏》對校梵文 caṃpā。
⑳ 摩竭陀，《大正藏》對校梵文 māgada。
㉑ 山行處，《大正藏》對校梵文 giribhraja。
㉒ 鉢跋多，《大正藏》對校梵文 parvata。
㉓ 瞿瑜伽，《大正藏》對校梵文 goyoga。

蘇曬那①藥叉，那蘗羅②國住。

勇臂③大藥叉，娑雞多④邑住。

能引人⑤藥叉，住在哥乾底⑥。

無勞倦藥叉，住憍閃彌國。

賢善⑦藥叉神，住於賢善國⑧。

步多面藥叉⑨，波吒離子⑩住。

無憂⑪大藥叉，住在迦遮國⑫。

羯徵羯吒⑬神，菴婆瑟侘⑭住。

成就義⑮藥叉，住在天腋⑯國。

曼那迦⑰藥叉，住在難勝⑱國。

解髮⑲藥叉神，住居勝水⑳國。

寶林㉑藥叉神，住先陀婆國㉒。

常謹護藥叉，劫毗羅國㉓住。

---

① 蘇曬那，《大正藏》對校梵文 suṣ na。
② 那蘗羅，《大正藏》對校梵文 nāgara。
③ 勇臂，《大正藏》對校梵文 vīrabāhu。
④ 娑雞多，《大正藏》對校梵文 sāketa。
⑤ 能引人，《大正藏》對校梵文 sukhāvaha。
⑥ 哥乾底，《大正藏》對校梵文 kākandī。
⑦ 賢善，《大正藏》對校梵文 bhadrika。
⑧ 賢善國，《大正藏》對校梵文 bhadrikā。
⑨ 步多面藥叉，《大正藏》對校梵文 bhūtamukha。
⑩ 波吒離子，《大正藏》對校梵文 pāṭaliputra。
⑪ 無憂，《大正藏》對校梵文 aśoka。
⑫ 迦遮國，《大正藏》對校梵文 kāṁlī。
⑬ 羯徵羯吒，《大正藏》對校梵文 kaṭaṁkaṭa。
⑭ 菴婆瑟侘，《大正藏》對校梵文 ambaṣṭha。
⑮ 成就義，《大正藏》對校梵文 siddhartha。
⑯ 天腋，《大正藏》對校梵文 bharukaccha。
⑰ 曼那迦，《大正藏》對校梵文 mandaka。
⑱ 難勝，《大正藏》對校梵文 ajitaṁjaya。
⑲ 解髮，《大正藏》對校梵文 muñjakeśa。
⑳ 勝水，《大正藏》對校梵文 agrodaka。
㉑ 寶林，《大正藏》對校梵文 maṇikānana。
㉒ 先陀婆國，《大正藏》對校梵文 saindhava。
㉓ 劫毗羅國，《大正藏》對校梵文 kapilavastu。

羯吒①微羯吒②，迦毗羅衛國③。

慳恪④藥叉神，住乾陀羅國⑤。

墮羅藥叉⑥神，膩攞邪⑦肩⑧住。

處中⑨藥叉神，賢善⑩名稱⑪住。

吠琉璃藥叉⑫，堅實城⑬中住。

染⑭薄迦⑮藥叉，住居沙磧地⑯。

舍多⑰大藥叉，及以毗羯吒⑱，

此二藥叉神，物那擒迦⑲住。

毗摩尼迦⑳神，提婆設摩㉑住。

曼陀羅㉒藥叉，捺羅那㉓國住。

作光㉔藥叉神，羯濕彌羅㉕國。

占博迦㉖藥叉，在羯吒城㉗住。

---

① 羯吒，《大正藏》對校梵文 kaṭa。
② 微羯吒，《大正藏》對校梵文 vikaṭa。
③ 迦毗羅衛國，《大正藏》對校梵文 kapilalavastu。
④ 慳恪，《大正藏》對校梵文 naikṛtika。
⑤ 乾陀羅國，《大正藏》對校梵文 gāndhāra。
⑥ 墮羅藥叉，《大正藏》對校梵文 dvāraka。
⑦ 膩攞邪，《大正藏》對校梵文 nilaya。
⑧ 肩，《中華藏》校勘《麗》作“堅”。
⑨ 處中，《大正藏》對校梵文 madhyema。
⑩ 賢善，《大正藏》對校梵文 bhadreya。
⑪ 名稱，《大正藏》對校梵文 mahāyaśa。
⑫ 吠琉璃藥叉，《大正藏》對校梵文 vairāṭaka。
⑬ 堅實城，《大正藏》對校梵文 sālapūra。
⑭ 染，《中華藏》校勘《磧》《南》作“深”。
⑮ 染薄迦，《大正藏》對校梵文 jambhaka。
⑯ 沙磧地，《大正藏》對校梵文 marubhūmi。
⑰ 舍多，《大正藏》對校梵文 khy ta。
⑱ 毗羯吒，《大正藏》對校梵文 vikaṭa。
⑲ 物那擒迦，《大正藏》對校梵文 vṛndakaṭa。
⑳ 毗摩尼迦，《大正藏》對校梵文 vaimānika。
㉑ 提婆設摩，《大正藏》對校梵文 devaśarma。
㉒ 曼陀羅，《大正藏》對校梵文 mandara。
㉓ 捺羅那，《大正藏》對校梵文 darada。
㉔ 作光，《大正藏》對校梵文 prabhaṁkara。
㉕ 羯濕彌羅，《大正藏》對校梵文 kāsmīra。
㉖ 占博迦，《大正藏》對校梵文 candaka。
㉗ 羯吒城，《大正藏》對校梵文 jaṭāpūra。

半支迦①藥叉，羯濕彌羅際②，

具足五百子，有大軍大力。

長子名肩目③，住有支那國④，

諸餘兄弟等，憍尸迦⑤國住。

牙足⑥藥叉神，羯陵伽國住。

曼荼羅⑦藥叉，住曼荼羅處⑧。

楞伽自在⑨神，住於迦畢試⑩。

摩利支⑪藥叉，羅摩腳⑫蹉住。

達磨波羅⑬神，住在於疎勒⑭。

大肩⑮藥叉神，薄佉羅⑯國住。

毗沙門王子⑰，具衆德威光，

住在覩火羅，有大軍大力，

一俱胝藥叉，而爲其眷屬。

娑多山⑱藥叉，及以雪山神⑲，

此二大藥叉，辛都河側⑳住。

---

① 半支迦，《大正藏》對校梵文 pāñcika。
② 際，《中華藏》校勘《麗》作"國"。
③ 肩目，《大正藏》對校梵文 skandākṣa。
④ 支那國，《大正藏》對校梵文 cīnabhūmi。
⑤ 憍尸迦，《大正藏》對校梵文 kauśika。
⑥ 牙足，《大正藏》對校梵文 draṁṣṭrāpāda。
⑦ 曼荼羅，《大正藏》對校梵文 maṇḍala。
⑧ 曼荼羅處，《大正藏》對校梵文 maṇḍalāsana。
⑨ 楞伽自在，《大正藏》對校梵文 laṅkeśvara。
⑩ 迦畢試，《大正藏》對校梵文 kāpiśī。
⑪ 摩利支，《大正藏》對校梵文 mārīcī。
⑫ 羅摩腳，《大正藏》對校梵文 rāmakākṣī。
⑬ 達磨波羅，《大正藏》對校梵文 dharmapāla。
⑭ 疎勒，《大正藏》對校梵文 khāsa。
⑮ 大肩，《大正藏》對校梵文 mahābhuja。
⑯ 薄佉羅，《大正藏》對校梵文 vahlā。
⑰ 毗沙門王子，《大正藏》對校梵文 vaiśravaṇa。
⑱ 娑多山，《大正藏》對校梵文 sātāgiri。
⑲ 雪山神，《大正藏》對校梵文 haimavata。
⑳ 辛都河側，《大正藏》對校梵文 sindhusāgara。

執三戟①藥叉，住在三層殿②。
能摧③大藥叉，羯陵伽國住。
半遮羅獻挐④，達彌挐⑤國住。
財自在⑥藥叉，住在師子國⑦。
鸚鵡口⑧藥叉，住於曠野處。
兢羯娑⑨藥叉，常依地下⑩住。
有光明⑪藥叉，白蓮華國⑫住。
設弭羅⑬藥叉，於大城⑭中住。
能破佗⑮藥叉，捺羅泥⑯國住。
冰蘖羅⑰藥叉，菴末離⑱國住。
末末挐⑲藥叉，末末挐藏國⑳。
摩怛里㉑藥叉，住於施欲國㉒。
極覺㉓藥叉神，布底嚩吒㉔國。

___

① 執三戟，《大正藏》對校梵文 triśūlapāla。
② 三層殿，《大正藏》對校梵文 tripura。
③ 能摧，《大正藏》對校梵文 pramardana。
④ 半遮羅獻挐，《大正藏》對校梵文 pañcālagaṇḍa。
⑤ 達彌挐，《大正藏》對校梵文 dramida。
⑥ 財自在，《大正藏》對校梵文 dhaneśvara。
⑦ 師子國，《大正藏》對校梵文 siṁhala。
⑧ 鸚鵡口，《大正藏》對校梵文 sukāmukha。
⑨ 兢羯娑，《大正藏》對校梵文 kiṅkara。
⑩ 地下，《大正藏》對校梵文 pātala。
⑪ 有光明，《大正藏》對校梵文 prabhāsvara。
⑫ 白蓮華國，《大正藏》對校梵文 puṇḍarika。
⑬ 設弭羅，《大正藏》對校梵文 śamila。
⑭ 大城，《大正藏》對校梵文 mahāpura。
⑮ 能破佗，《大正藏》對校梵文 prabhanjana。
⑯ 捺羅泥，《大正藏》對校梵文 darada。
⑰ 冰蘖羅，《大正藏》對校梵文 piṅgala。
⑱ 菴末離，《大正藏》對校梵文 ambulima。
⑲ 末末挐，《大正藏》對校梵文 vaccaḍa。
⑳ 末末挐藏國，《大正藏》對校梵文 vaccaḍādhāna。
㉑ 摩怛里，《大正藏》對校梵文 mātali。
㉒ 施欲國，《大正藏》對校梵文 kāmada。
㉓ 極覺，《大正藏》對校梵文 prabuddha。
㉔ 布底嚩吒，《大正藏》對校梵文 putrīvaṭa。

那吒矩韈囉①，住於迦畢試②。

鉢囉設囉③神，鉢羅多④國住。

商羯羅⑤藥叉，住在爍迦處⑥。

毗摩質多羅⑦，莫里迦⑧城住。

水羯羅⑨藥叉，羯得迦⑩國住。

滿面⑪藥叉主，奔拏韈達那⑫。

羯囉羅⑬藥叉，住在烏長國⑭。

瓮腹藥叉神⑮，憍薩羅⑯國住。

摩竭憧大神⑰，住居沙磧處⑱。

質怛羅細那⑲，僕迦那⑳國住。

羅嚩拏㉑藥叉，羅摩陀㉒國住。

赤黃色㉓藥叉，羅尸那㉔國住。

---

① 那吒矩韈囉，《大正藏》對校梵文 nalakūvala。
② 迦畢試，《大正藏》對校梵文 kamiśī。
③ 鉢囉設囉，《大正藏》對校梵文 pārāśara。
④ 鉢羅多，《大正藏》對校梵文 pārata。
⑤ 商羯羅，《大正藏》對校梵文 śaṁkara。
⑥ 爍迦處，《大正藏》對校梵文 śakas hīna。
⑦ 毗摩質多羅，《大正藏》對校梵文 vemacitra。
⑧ 莫里迦，《大正藏》對校梵文 vāhlika。
⑨ 水羯羅，《大正藏》對校梵文 piṅgala。
⑩ 羯得迦，《大正藏》對校梵文 ketaka。
⑪ 滿面，《大正藏》對校梵文 pūrṇamukha。
⑫ 奔拏韈達那，《大正藏》對校梵文 puṇḍavarddhana。
⑬ 羯囉羅，《大正藏》對校梵文 karāḍa。
⑭ 烏長國，《大正藏》對校梵文 uḍuyānaka。
⑮ 瓮腹藥叉神，《大正藏》對校梵文 kumbhodana。
⑯ 憍薩羅，《大正藏》對校梵文 kośala。
⑰ 摩竭憧大神，《大正藏》對校梵文 makaradhvaja。
⑱ 沙磧處，《大正藏》對校梵文 maru。
⑲ 質怛羅細那，《大正藏》對校梵文 citrasena。
⑳ 僕迦那，《大正藏》對校梵文 vokkāṇa。
㉑ 羅嚩拏，《大正藏》對校梵文 rāvaṇa。
㉒ 羅摩陀，《大正藏》對校梵文 ramatha。
㉓ 赤黃色，《大正藏》對校梵文 piṅgala。
㉔ 羅尸那，《大正藏》對校梵文 rāsīna。

樂見①藥叉神，鉢尼邪②國住。

金毗羅③藥叉，住於王舍城，

常居毗富羅④，有大軍大力，

萬俱胝藥叉，而爲其眷屬。

瞿波羅⑤藥叉，住在蛇蓋國⑥。

頞洛迦⑦藥叉，頞洛迦城⑧住。

難提⑨藥叉神，住在難提國⑩。

末里⑪大天神，住在村巷處。

毗沙門居住，佛下寶堦處，

遏拏挽多⑫城，億衆神圍遶。

如是等藥叉，有大軍大力，

降伏佗怨敵，無有能勝者，

名稱滿諸方，具足大威德，

天與阿修羅，戰時相助力。

　　此等福德諸神大藥叉將徧贍部洲護持佛法，咸起慈心，彼亦以此佛母大孔雀明王真言常擁護我某甲，攝受⑬饒益，令得安隱，所有厄難皆悉消除。或爲刀杖損傷，或被毒中，王賊、水火之所逼惱，或爲天龍藥叉所持，及諸鬼等，乃至畢隸索迦行惡病者，皆遠離於我某甲，并諸眷屬。我結地界，結方隅界，讀誦此經，除諸憂惱，壽命百歲，願見百秋。即説真言曰：

怛你也二合佗一阿上迦㘑二尾迦㘑三訶哩抳四賀引哩抳五馱囉抳馱引囉抳六護計護計七

---

① 樂見，《大正藏》對校梵文 pyīya arśana。

② 鉢尼邪，《大正藏》對校梵文 patnīya。

③ 金毗羅，《大正藏》對校梵文 kumbhīra。

④ 毗富羅，《大正藏》對校梵文 vipūla。

⑤ 瞿波羅，《大正藏》對校梵文 gopāla。

⑥ 蛇蓋國，《大正藏》對校梵文 ahicchatra。

⑦ 頞洛迦，《大正藏》對校梵文 alaka。

⑧ 頞洛迦城，《大正藏》對校梵文 alakāpura。

⑨ 難提，《大正藏》對校梵文 nandi。

⑩ 難提國，《大正藏》對校梵文 nandinagara。

⑪ 末里，《大正藏》對校梵文 vali。

⑫ 遏拏挽多，《大正藏》對校梵文 aḍakavatī。

⑬ 受，《中華藏》校勘《石》作"授"。

母計母計八，我某甲所有病苦[1]賀曩賀曩九賀曩賀曩十賀曩賀曩十一賀曩賀曩十二賀曩賀曩十三，我某甲所有恐怖娜賀娜賀十四娜賀娜賀十五娜賀娜賀十六娜賀娜賀十七娜賀娜賀十八，我某甲所有怨家跛左跛左十九跛左跛左二十跛左跛左二十一跛左跛左二十二跛左跛左二十三，我某甲所有不饒益事度度度度度度度度度度二十四，我某甲所有遭毒藥賀賀賀賀賀賀賀賀賀賀二十五，我某甲所有佗人厭禱尒置尒置二十六尒置尒置二十七尒置尒置二十八尒置尒置二十九尒置尒置三十，我某甲所有罪業願皆消滅祖魯祖魯三十一祖魯祖魯三十二祖魯祖魯三十三祖魯祖魯三十四祖魯祖魯三十五呬里呬里三十六呬里呬里三十七呬里呬里三十八呬里呬里三十九呬里呬里四十弭里弭里四十一弭里弭里四十二弭里弭里四十三弭里弭里四十四弭里弭里四十五普嚕普嚕四十六普嚕普嚕四十七普嚕普嚕四十八普嚕普嚕四十九普嚕普嚕五十唧置唧置五十一唧置唧置五十二唧置唧置五十三唧置唧置五十四唧置唧置五十五呬計五十六弭計五十七唧計五十八尾計五十九室哩二合，引，六十跛捺嚟二合瞢蘖黎引，六十一三去滿多跛捺嚟二合，引，六十二薩嚩引囉佗二合娑去，引馱顊六十三阿上麽黎六十四尾麽黎六十五贊捺囉二合鉢囉陛六十六素引哩野二合建引帝六十七弩鼻迷六十八怒引努鼻迷六十九畢哩二合孕迦嚟七十娑嚩二合，引賀七十一，引[2]

惟願諸神等常擁護我某甲并諸眷屬，壽命百歲，願見百秋。

佛告阿難陀：復有二十八藥叉大將名號，汝當稱念。此等藥叉大將，能於十方世界覆護一切衆生，爲除衰患厄難之事。有四藥叉大將住於東方，擁護東方所有衆生，令離憂苦，其名曰：

涅伽去，引，一蘇甯怛[3]囉二合，引，二布囉拏[4]二合迦三劫比羅[5]四

彼亦以此佛母大孔雀明王擁護我某甲并諸眷屬，壽命百年。說所求事。

阿難陀，有四藥叉大將住於南方，擁護南方所有衆生，令離憂苦，其名曰：

---

① 我某甲所有病苦，原作正文，下句陀羅尼另起行，此改夾注，不另起行，下同。

② “怛你也二合佗一”至“娑嚩二合引賀七十一引”，《大正藏》對校梵文 Tad yathā. akaṭṭe vikaṭṭe hariṇi hāriṇi dha raṇi dhāraṇi, hukke 2 vukke 2. hana. 10. amitrān mama saparivārasya sarva sattvānāñ ca. daha. 10. ahitaiṣiṇaḥ mama saparivārasya sarvasattvānāñ ca. paca. 10. pratyarthikān mama saparivārasya sarva sattvānāñ ca. cu. 10. nāśaya mamāhitaiṣiṇaḥ jaṭo. 10. mama sarva. duṣṭān. dhu. 10. nāśayāhitaiṣiṇah mama ha. 10. jiṭi. 10. nāśaya śatrūn mama. jāla. 10. culu. 10. hili. 10. mili. 10. mihili 10. phulu. 10. huru. 10. ciṭi. 10. viṭi. 10. nāśaya sarvaśatrūn mama saparivārasya sarva sattvānāñ ca. hikke mikke cikke vukke. śrī bhadre maṅgalye samanta bhadre hiraṇya garbhe sarvārtha sādhanī. amale, vimale, candre. candra prabhe sūrya sūryakānte, duvijñeye dumbe 2. dodumbe priyaṅkare。

③ 蘇甯怛，《大正藏》對校梵文 sunetra。

④ 布囉拏，《大正藏》對校梵文 pūrṇaka。

⑤ 劫比羅，《大正藏》對校梵文 kapila。

僧_{思孕反}賀①一塢跛僧_{准上}賀②二餉企羅③三難_上那④四

彼亦以此佛母大孔雀明王擁護我_{某甲}并諸眷屬，壽命百年。_{說所求事。}

阿難陀，有四藥叉大將住於西方，擁護西方所有衆生，令離憂苦，其名曰：

賀囉⑤一，入賀哩計爍⑥二鉢囉_{二合}僕⑦三劫比囉⑧四

彼亦以此佛母大孔雀明王擁護我_{某甲}并諸眷屬，壽命百年。_{說所求事。}

阿難陀，有四藥叉大將住於北方，擁護北方所有衆生，令離憂苦，其名曰：

馱囉拏⑨引，一馱囉難_上拏⑩二嗢你庚_{二合，引}業播路⑪三尾瑟弩⑫_{二合，}四

彼亦以此佛母大孔雀明王擁護我_{某甲}并諸眷屬，壽命百年。_{說所求事。}

阿難陀，有四藥叉大將各住四維，擁護四維所有衆生，令離憂苦，其名曰：

半止腳⑬一半者羅㘑拏⑭二娑_去跢儗哩⑮三亥麼嚩多⑯四

彼亦以此佛母大孔雀明王擁護我_{某甲}并諸眷屬，壽命百年。_{說所求事。}

阿難陀，有四藥叉大將常居於地，擁護所有地居衆生，令離憂苦，其名曰：

步莫⑰一蘇_上步莫⑱二迦_引囉⑲三，入塢跛迦_引羅⑳四

彼亦以此佛母大孔雀明王擁護我_{某甲}并諸眷屬，壽命百年。_{說所求事。}

阿難陀，有四藥叉大將常在空居，擁護所有空居衆生，令離憂苦，其名曰：

---

① 僧賀，《大正藏》對校梵文 siṁha。
② 塢跛僧賀，《大正藏》對校梵文 upasiṁha。
③ 餉企羅，《大正藏》對校梵文 śaṁkhila。
④ 難那，《大正藏》對校梵文 nanda。
⑤ 賀囉，《大正藏》對校梵文 hari。
⑥ 賀哩計爍，《大正藏》對校梵文 harikeśa。
⑦ 鉢囉僕，《大正藏》對校梵文 prabhu。
⑧ 劫比囉，《大正藏》對校梵文 kapila。
⑨ 馱囉拏，《大正藏》對校梵文 dharaṇa。
⑩ 馱囉難拏，《大正藏》對校梵文 dharanananda。
⑪ 嗢你庚業播路，《大正藏》對校梵文 udyogapāla。
⑫ 尾瑟弩，《大正藏》對校梵文 viṣṇu。
⑬ 半止腳，《大正藏》對校梵文 pāñcika。
⑭ 半者羅㘑拏，《大正藏》對校梵文 pāñcālagaṇḍa。
⑮ 娑跢儗哩，《大正藏》對校梵文 sātāgiri。
⑯ 亥麼嚩多，《大正藏》對校梵文 haimavata。
⑰ 步莫，《大正藏》對校梵文 bhūma。
⑱ 蘇步莫，《大正藏》對校梵文 subhūma。
⑲ 迦囉，《大正藏》對校梵文 kāla。
⑳ 塢跛迦羅，《大正藏》對校梵文 upakāla。

素引哩野①二合,一素謨②引,二阿儗顙③二合,三嚩引庾④四

彼亦以此佛母大孔雀明王擁護我某甲并諸眷屬,壽命百年。說所求事。

復次阿難陀,汝當稱念多聞天王兄弟、軍將名號,此等常護一切有情,爲除災禍、厄難、憂苦,遊行世閒作大利益,其名曰:

印捺囉⑤二合,一素摩⑥二嚩嚕拏⑦三鉢囉二合惹引鉢底⑧入嚩四婆引,去囉納嚩二合惹五伊舍那⑨六室戰二合娜曩⑩七迦引麽⑪八室嚩二合瑟姹⑫二合,九矩顙建姹⑬九顙建姹迦⑭十一嚩膩麽抳⑮十二麽抳者囉⑯十三鉢囉⑰二合拏引那十四塢跛半止迦⑱十五,去娑去跢去儗哩⑲十六亥麽嚩多⑳十七布囉拏㉑二合,十八佉上你囉㉒十九句引尾那㉓二十遇引播引囉藥叉㉔二十一阿去,引吒嚩句㉕二十二曩囉邏引闍㉖二十三吟捺囉乞灑婆㉗二十四半者羅㘄拏㉘

---

① 素哩野,《大正藏》對校梵文 sūrya。
② 素謨,《大正藏》對校梵文 soma。
③ 阿儗顙,《大正藏》對校梵文 agni。
④ 嚩庾,《大正藏》對校梵文 vāyu。
⑤ 印捺囉,《大正藏》對校梵文 indra。
⑥ 素摩,《大正藏》對校梵文 soma。
⑦ 嚩嚕拏,《大正藏》對校梵文 varaṇa(varuṇa?)。
⑧ 鉢囉惹鉢底,《大正藏》對校梵文 prajāpati。
⑨ 伊舍那,《大正藏》對校梵文 iśana。
⑩ 室戰娜曩,《大正藏》對校梵文 candana。
⑪ 迦麽,《大正藏》對校梵文 kāma。
⑫ 室嚩瑟姹,《大正藏》對校梵文 śreṣṭha。
⑬ 矩顙建姹,《大正藏》對校梵文 kunikaṇṭha。
⑭ 顙建姹迦,《大正藏》對校梵文 nikaṇṭhaka。
⑮ 嚩膩麽抳,《大正藏》對校梵文 vadirmmaṇi。
⑯ 麽抳者囉,《大正藏》對校梵文 māṇicara。
⑰ 鉢囉,《大正藏》對校梵文 praṇāda。
⑱ 塢跛半止迦,《大正藏》對校梵文 upapañcaka。
⑲ 娑跢儗哩,《大正藏》對校梵文 sātāgiri。
⑳ 亥麽嚩多,《大正藏》對校梵文 haimavata。
㉑ 布囉拏,《大正藏》對校梵文 pūrṇa。
㉒ 佉你囉,《大正藏》對校梵文 khadira。
㉓ 句尾那,《大正藏》對校梵文 kovida。
㉔ 遇播囉藥叉,《大正藏》對校梵文 gopālayakṣa。"叉"後,原衍"叉"字,此删。
㉕ 阿吒嚩句,《大正藏》對校梵文 āṭavaka。
㉖ 曩囉邏闍,《大正藏》對校梵文 nararāja。
㉗ 吟捺囉乞灑婆,《大正藏》對校梵文 jinārṣabha。
㉘ 半者羅㘄拏,《大正藏》對校梵文 pañcālagaṇḍa。

二十五蘇母契^①二十六你_{寧逸反}伽藥叉^②二十七薩跛哩惹諾^③二十八唧怛囉_{二合}細曩^④二十九濕嚩^⑤二合彦達嚩^⑥三十底哩二合頗哩^⑦引，三十一左怛哩二合建吒迦^⑧三十二你伽爍底^⑨三十三室者二合麼引多里^⑩三十四

此等藥叉是大軍主，統領諸神有大威力，皆具光明，形色圓滿，名稱周徧，是多聞天王法兄弟。多聞天王常勅此等藥叉兄弟：“若諸鬼神侵擾彼人者，汝等爲作擁護，勿使惱亂，令得安樂。”諸藥叉聞已，依教奉行。

此等藥叉大將亦以此佛母大孔雀明王守護於我，并諸眷屬，壽命百年。若有闘諍苦惱之事現我前時，願藥叉大將常衞護我_{某甲}并諸眷屬，令離憂苦。或爲天龍所持、阿蘇囉所持、麼嚕多所持、誐嚕拏所持、彦達嚩所持、緊那羅所持、摩護囉誐所持、藥叉所持、羅刹婆所持，畢嚌多所魅、比舍遮所魅、步多所魅、矩伴拏所魅、布單那所魅、羯吒布單那所魅、塞建那所魅、嗢麼那所魅、車邪所魅、阿鉢婆麼囉所魅、塢娑跢囉迦所魅、諾刹怛囉所魅、猋跛所魅，爲如是等鬼神所持所魅之時^⑪，皆擁護我_{某甲}并諸眷屬，令離憂苦，壽命百年。_{説所求事。}

復有諸鬼：食精氣者、食胎者、食血者、食肉者、食脂膏者、食髓者、食生者、食命者、食祭祠者、食氣者、食香者、食鬘者、食華者、食果者、食苗稼者、食火祠者、食膿者、食大便者、食小便者、食涕唾者、食涎者、食洟者、食殘食者、食吐者、食不淨物者、食漏水者，如是鬼魅所惱亂時願佛母明王擁護於我_{某甲}并諸眷屬，令離憂苦，壽命百年，願見百秋，常受安樂。若復有人造諸蠱魅、厭禱呪術，作諸惡法，所謂：訖嘌底迦、羯麼拏、迦具嘌那、枳囉拏、吠跢拏、賀嚕娜多、嗢度跢多、飲佗血髓、變人驅役、呼召鬼神、造諸惡業、惡食惡吐、惡影惡視，或造厭書，或惡跳惡驀，或惡冒送^⑫，作惡事時皆擁護我_{某甲}并諸眷屬，令離憂苦。又有諸怖：王怖、賊怖、水火等怖、或佗兵怖、惡友劫殺、怨敵等怖、遭飢饉怖、夭壽死怖、地震動怖、諸惡獸怖，如是等怖皆護於我_{某甲}并諸眷屬。

---

① 蘇母契，《大正藏》對校梵文 sumukha。

② 你伽藥叉，《大正藏》對校梵文 dīrgha-yakṣa。

③ 薩跛哩惹諾，《大正藏》對校梵文 saparijana。

④ 唧怛囉細曩，《大正藏》對校梵文 citrasena。

⑤ 濕嚩，《大正藏》對校梵文 giva(?)。

⑥ 彦達嚩，《大正藏》對校梵文 gandharva。

⑦ 底哩頗哩，《大正藏》對校梵文 triphalī。

⑧ 左怛哩建吒迦，《大正藏》對校梵文 catrikaṇṭhaka。

⑨ 你伽爍底，《大正藏》對校梵文 dighaśakti。

⑩ 麼多里，《大正藏》對校梵文 mātali。

⑪ 之時，《中華藏》校勘《石》無，《麗》作“者願佛母明王”。

⑫ 送，《中華藏》校勘《磧》《南》《徑》《清》作“逆”。

　　又復諸病,疥癩瘡癬、痔漏癰疽、身皮黑澀、飲食不消、頭痛半痛、眼耳鼻痛、口脣頰痛、牙齒舌痛,及咽喉痛、胸脅背痛、心痛要痛、肚痛腹痛、膣痛膝痛,或四支痛、隱密處痛、瘦病乾消、徧身疼痛,如是等痛悉皆除滅。又諸瘧病,一日、二日、三日、四日,乃至七日、半月、一月,或復頻日,或復須臾,或常熱病、偏邪、瘻病、鬼神壯熱、風黃痰癊,或三疾病,四百四病,一切瘧病,如是等病悉令殄滅。我今結其地界,結方隅界,讀誦此經,悉令安隱:

娑嚩二合,引賀引

　　　復說伽佗曰:

　　　　　令我夜安,晝日亦安,

　　　　　一切時中,諸佛護念。

　　　復次阿難陀,有十二大畢舍遮女亦應稱名。如是鬼女於菩薩處胎時、初生時及生已,此等鬼女常爲守護,其名曰:

覽麼①一尾覽麼②二鉢囉二合覽麼③三塢覽麼④賀哩底⑤四賀哩計試⑥五賀哩冰蘗攞⑦六迦里⑧七迦囉里⑨八劍母仡哩二合,九嚩⑩迦枳⑪十迦攞戍十一娜哩⑫者十二

　　　此等女鬼有大神力,具大光明,形色圓滿,名稱周徧,天阿蘇羅共戰之時現大威力。彼亦以此佛母大孔雀明王真言守護我某甲并諸眷屬,壽命百年。真言曰:

怛你也二合佗引一賀嚧二佉上嚧三齲嚧四麼黎五弭黎六母黎七麼帝八曼膩底計九護魯護魯十護魯護魯十一護魯護魯十二護魯護魯十三弭膩弭膩十四弭膩弭膩十五娑嚩二合娑底二合,十六娑嚩二合娑底二合,十七娑嚩二合娑底二合,十八娑嚩二合娑底二合,十九娑嚩二合,引賀二十,引⑬

---

① 覽麼,《大正藏》對校梵文 lambā。

② 尾覽麼,《大正藏》對校梵文 vilambā。

③ 鉢囉覽麼,《大正藏》對校梵文 pralambā。

④ 塢覽麼,《大正藏》對校梵文 olambā。

⑤ 賀哩底,《大正藏》對校梵文 hārīti。

⑥ 賀哩計試,《大正藏》對校梵文 harikeśī。

⑦ 賀哩冰蘗攞,《大正藏》對校梵文 haripiṅgalā。

⑧ 迦里,《大正藏》對校梵文 kālī。

⑨ 迦囉里,《大正藏》對校梵文 karalī。

⑩ 劍母仡哩嚩,《大正藏》對校梵文 kambugrīvā。

⑪ 迦枳,《大正藏》對校梵文 kākī。

⑫ 迦攞戍娜哩,《大正藏》對校梵文 kalaśodakī。

⑬ "怛你也二合佗引一"至"娑嚩二合引賀二十引",《大正藏》對校梵文 Tad yathā. hare khare khure male mile mule madayanti mad tti matte maṇḍitike. hulu 10. lu. 4. meḍi. 4. siddhi. 4. svasti. 4。

　　阿難陀，復有八大女鬼亦應稱名。是諸女鬼於菩薩處胎時、初生時及生已，此等女鬼常爲守護，其名曰：

末那①引，一麼娜曩②引，二麼怒得迦③二合吒三塢跛末娜④四畢嘌二合底⑤引，五汙引惹賀引哩⑥引，六阿上捨寧⑦引，七仡囉二合薩寧⑧引制底八

　　此等女鬼有大神力，具大光明，形色圓滿，名稱周徧，天阿蘇羅共戰之時現大威力。彼亦以此佛母大孔雀明王真言守護於我某甲并諸眷屬，壽命百年。真言曰：

怛你也二合佗引，一賀嘌二佉上嘌三齲嘌四麼黎五弭黎六母黎七麼帝八曼膩底計九護魯護魯十護魯護魯十一護魯護魯十二護魯護魯十三弭膩弭膩十四弭膩弭膩十五娑嚩二合娑底二合，十六娑嚩二合娑底二合，十七娑嚩二合娑底二合，十八娑嚩二合娑底二合，十九娑嚩二合，引賀二十，引⑨

　　阿難陀，復有七大女鬼亦應稱名。此諸女鬼於菩薩處胎時、初生時及生已，此等女鬼常爲守護，其名曰：

阿麌嚕二合你迦⑩引，一囉乞史二合底迦⑪引，二質怛哩二合比舍引止迦引，三布囉拏二合跋捺囉二合迦⑫四阿儗顊二合囉乞史二合底迦⑬引，五蜜怛囉二合迦⑭引哩迦引，六乞㘑史囉乞史二合底迦⑮引，七制底八

　　此等女鬼常噉血肉，惱觸於人，有大神力，具大光明，形色圓滿，名稱周徧，天阿蘇羅共戰之時現大威力。彼亦以此佛母大孔雀明王真言守護於我某甲并諸眷屬，壽命百年。真言曰：

怛你也二合佗一賀嘌二佉上嘌三齲嘌四麼黎五弭黎六母黎七麼帝八曼膩底計九護魯護魯十護魯護魯十一護魯護魯十二護嚕護嚕十三弭膩弭膩十四弭膩弭膩十五娑嚩二合娑底二合，

---

① 末那，《大正藏》對校梵文 madā。
② 麼娜曩，《大正藏》對校梵文 madanā。
③ 麼怒得迦，《大正藏》對校梵文 madotkaṭā。
④ 塢跛末娜，《大正藏》對校梵文 upamadā。
⑤ 畢嘌底，《大正藏》對校梵文 pretī。
⑥ 汙惹賀哩，《大正藏》對校梵文 ojāhārinī。
⑦ 阿捨寧，《大正藏》對校梵文 asanī。
⑧ 仡囉薩寧，《大正藏》對校梵文 girasanī。
⑨ 此段真言梵字同前，以下二十句真言同。
⑩ 阿麌嚕你迦，《大正藏》對校梵文 agroṭikā。
⑪ 囉乞史底迦，《大正藏》對校梵文 rakṣitikā。
⑫ 布囉拏跋捺囉迦，《大正藏》對校梵文 pūrṇabhadrikā。
⑬ 阿儗顊囉乞史底迦，《大正藏》對校梵文 agnirakṣitikā。
⑭ 蜜怛囉迦，《大正藏》對校梵文 mitrakālikā。
⑮ 乞㘑史囉乞史底迦，《大正藏》對校梵文 ṛṣirakṣitikā。

十六娑嚩二合娑底二合,十七娑嚩二合娑底二合,十八娑嚩二合娑底二合,十九娑嚩二合,引賀引,二十

阿難陀,復有五大女鬼當稱彼名。此女鬼等於菩薩處胎時、初生時及生已,此等女鬼常爲守護,其名曰:

君上姹①引,上,一顙君去姹②引,二難上娜③引,三尾史努二合攞④引,四劫比攞⑤引,五

此等女鬼有大神力,具大光明,形色圓滿,名稱周徧,天阿蘇羅共戰之時現大威力。彼亦以此佛母大孔雀明王真言守護於我某甲并諸眷屬,壽命百年。真言曰:

怛你也二合佗引,一賀嚟二佉上嚟三齲嚟四麽黎五弭黎六母黎七麽帝八曼膩底計九護魯護魯十護魯護魯十一護魯護魯十二護魯護魯十三弭膩弭膩十四弭膩弭膩十五娑嚩二合娑底二合,十六娑嚩二合娑底二合,十七娑嚩二合娑底二合,十八娑嚩二合娑底二合,十九娑嚩二合,引賀引,二十

阿難陀,復有八大羅刹女於菩薩處胎時、初生時及生已,此等羅刹女常爲衛護,其名曰:

謨引賀⑥引,一蘇上試引麽⑦鼻,引,二矩舍乞史⑧二合,引,三計矢顙⑨引,四劍冒引餌⑩引蘇上,五蜜怛囉⑪二合,六路引吚跢引乞史⑫二合,七迦引者囉⑬引,八

此等羅刹女有大神力,具大光明,形色圓滿,名稱周徧,天阿蘇羅共戰之時,現大威力。常取童男童女血肉充食,入新產家及空宅處隨光而行,呼人名字歠人精氣,甚可怖畏,驚恐於人,無慈愍心。彼亦以此佛母大孔雀明王真言守護於我某甲并諸眷屬,壽命百年。真言曰:

怛你也二合佗一賀嚟二佉上嚟三齲嚟四麽黎五弭黎六母黎七麽帝八曼膩底計九護魯護魯十護魯護魯十一護魯護魯十二護魯護魯十三弭膩弭膩十四弭膩弭膩十五娑嚩二合娑底二合,

---

① 君姹,《大正藏》對校梵文 kuṇṭhā。
② 顙君姹,《大正藏》對校梵文 nikuṇṭhā。
③ 難娜,《大正藏》對校梵文 naṁdā。
④ 尾史努攞,《大正藏》對校梵文 viṣṇulā。
⑤ 劫比攞,《大正藏》對校梵文 kapilā。
⑥ 謨賀,《大正藏》對校梵文 mohā。
⑦ 蘇試麽,《大正藏》對校梵文 susimā。
⑧ 矩舍乞史,《大正藏》對校梵文 kuśākṣī。
⑨ 計矢顙,《大正藏》對校梵文 keśanī。
⑩ 劍冒餌,《大正藏》對校梵文 kambojī。
⑪ 蘇蜜怛囉,《大正藏》對校梵文 sumītrā。
⑫ 路吚跢乞史,《大正藏》對校梵文 lohitākṣī。
⑬ 迦者囉,《大正藏》對校梵文 kātarā。

十六娑嚩二合娑底二合，十七娑嚩二合娑底二合，十八娑嚩二合娑底二合，十九娑嚩二合，引賀引，二十

阿難陀，復有十大羅刹女於菩薩處胎時、初生時及生已，此等羅刹女常爲衞護，其名曰：

賀哩底羅刹女①—難上那羅刹女二冰必孕反蘖囉②羅刹女三餉棄顙③羅刹女四迦以迦④羅刹女五祢嚩蜜怛囉⑤羅刹女六禁畔拏⑥羅刹女七君娜牙⑦羅刹女八覽尾迦⑧羅刹女九阿曩囉⑨羅刹女十

此等羅刹女有大神力，具大光明，形色圓滿，名稱周徧，天阿蘇羅共戰之時現大威力。彼亦以此佛母大孔雀明王真言守護於我某甲并諸眷屬，壽命百年。真言曰：

怛你也二合佗引，一賀嚇二佉嚇三齲嚇四麼黎五弭黎六母黎七麼帝八曼膩底計九護魯護魯十護魯護魯十一護魯護魯十二護魯護魯十三弭膩弭膩十四弭膩弭膩十五娑嚩二合娑底二合，十六娑嚩二合娑底二合，十七娑嚩二合娑底二合，十八娑嚩二合娑底二合，十九娑嚩二合，引賀引，二十

阿難陀，復有十二大羅刹女於菩薩處胎時、初生時及生已，此等十二大羅刹女常爲衞護，其名曰：

無主羅刹⑩女、大海羅刹⑪女、毒害羅刹⑫女、施命羅刹女⑬、明智羅刹⑭女、持弓羅刹⑮女、持爍底羅刹⑯女、持刀羅刹⑰女、持黎羅刹⑱女、持輪羅刹⑲女、輪團羅刹⑳

---

① 賀哩底羅刹女，《大正藏》對校梵文 harītī-rākṣasī。
② 冰蘖囉，《大正藏》對校梵文 piṅgalā。
③ 餉棄顙，《大正藏》對校梵文 saṃkhinī。
④ 迦以迦，《大正藏》對校梵文 kālikā。
⑤ 祢嚩蜜怛囉，《大正藏》對校梵文 devamitrā。
⑥ 禁畔拏，《大正藏》對校梵文 kumbhāṇḍā。
⑦ 君娜牙，《大正藏》對校梵文 kuntadraṃstrā。
⑧ 覽尾迦，《大正藏》對校梵文 lambikā。
⑨ 阿曩囉，《大正藏》對校梵文 analā。
⑩ 無主羅刹，《大正藏》對校梵文 anāsikā。
⑪ 大海羅刹，《大正藏》對校梵文 samudrā。
⑫ 毒害羅刹，《大正藏》對校梵文 raudrā。
⑬ 施命羅刹女，《大正藏》對校梵文 prāṇahāriṇī。
⑭ 明智羅刹，《大正藏》對校梵文 vidhyādharā。
⑮ 持弓羅刹，《大正藏》對校梵文 dhanurdharā。
⑯ 持爍底羅刹，《大正藏》對校梵文 śaradharā。
⑰ 持刀羅刹，《大正藏》對校梵文 aśidharā。
⑱ 持黎羅刹，《大正藏》對校梵文 haladharā。
⑲ 持輪羅刹，《大正藏》對校梵文 cakradharā。
⑳ 輪團羅刹，《大正藏》對校梵文 cakravāḍā。

女、可畏羅刹①女。

此等大羅刹女有大神力,具大光明,形色圓滿,名稱周徧,天阿蘇羅共戰之時現大威力。彼亦以此佛母大孔雀明王真言守護於我某甲并諸眷屬,壽命百年。真言曰:

怛你也二合佗引一賀嘌二佉嘌三齲嘌四麼黎五弭黎六母黎七麼帝八曼膩底計九護魯護魯十護魯護魯十一護魯護魯十二護魯護魯十三弭膩弭膩十四弭膩弭膩十五娑嚩二合娑底二合十六娑嚩二合娑底二合十七娑嚩二合娑底二合十八娑嚩二合娑底二合十九娑嚩二合引賀二十引

阿難陀,復有十二天母於諸有情常爲觸惱,驚怖欺誑。此諸天母於菩薩處胎時、初生時及生已,此天母等常爲衛護,其名曰:

没囉二合憾銘②一嘮捺哩③二合二矯麼哩④引三吠瑟拏二合微⑤四愛引捺哩⑥五嚩囉呬⑦六矯吠哩⑧二合七嚩嚕抳⑨八夜弭野⑩二合九嚩葉尾野⑪二合十阿仡顥二合野⑫十一摩賀迦離⑬十二

此等天母有大神力,具大光明,形色圓滿,名稱周徧,天阿蘇羅共戰之時現大威力。彼亦以此佛母大孔雀明王真言守護於我某甲并諸眷屬,壽命百年。真言曰:

怛你也二合佗引一賀嘌二佉上嘌三齲嘌四麼黎五弭黎六母黎七麼帝八曼膩底計九護魯護魯十護魯護魯十一護魯護魯十二護魯護魯十三弭膩弭膩十四弭膩弭膩十五娑嚩二合娑底二合十六娑嚩二合娑底二合十七娑嚩二合娑底二合十八娑嚩二合娑底二合十九娑嚩二合引賀二十引

阿難陀,復有一大畢舍支名曰一髻⑭,是大羅刹婦,居大海岸,聞血氣香,於一夜中

---

① 可畏羅刹,《大正藏》對校梵文 vibhīṣaṇā。
② 没囉憾銘,《大正藏》對校梵文 brāhmī。
③ 嘮捺哩,《大正藏》對校梵文 raudrī。
④ 矯麼哩,《大正藏》對校梵文 kaumārī。
⑤ 吠瑟拏微,《大正藏》對校梵文 vaiṣṇavī。
⑥ 愛捺哩,《大正藏》對校梵文 aindrī。
⑦ 嚩囉呬,《大正藏》對校梵文 vārāhī。
⑧ 矯吠哩,《大正藏》對校梵文 kauverī。
⑨ 嚩嚕抳,《大正藏》對校梵文 vāruṇī。
⑩ 夜弭野,《大正藏》對校梵文 yamyā。
⑪ 嚩葉尾野,《大正藏》對校梵文 vāyuvyā。
⑫ 阿仡顥野,《大正藏》對校梵文 āgneyī。
⑬ 摩賀迦離,《大正藏》對校梵文 mahākālī。
⑭ 一髻,《大正藏》對校梵文 ekajaṭā。

行八萬踰繕那。於菩薩處胎時、初生時及生已，此羅刹婦常爲衞護。彼亦以此佛母大孔雀明王真言守護於我某甲并諸眷屬，壽命百年。真言曰：

怛你也二合佗一賀嚇二佉上嚇三齲嚇四麼黎五弭黎六母黎七麼帝八曼膩底計九護魯護魯十護魯護魯十一護魯護魯十二護魯護魯十三弭膩弭膩十四弭膩弭膩十五娑嚕二合娑底二合，十六娑嚕二合娑底二合，十七娑嚕二合娑底二合，十八娑嚕二合娑底二合，十九娑嚕二合，引賀引，二十

阿難陀，復有七十三大羅刹女，彼等於菩薩處胎時、初生時及生已，此等羅刹女常爲守護，其名曰：

劫比囉①羅刹女、鉢努麼②羅刹女、麼呬史③羅刹女、謨里迦④羅刹女、娜膩迦⑤羅刹女、入嚩攞頦⑥羅刹女、答跛頦羅刹女、羯攞施⑦羅刹女、尾麼囉⑧羅刹女、馱囉抳⑨羅刹女、賀哩室戰二合捺囉⑩二合羅刹女、嚧呬抳⑪羅刹女、摩哩支⑫羅刹女、護跢捨頦⑬羅刹女、嚩嚕抳⑭羅刹女、迦離⑮羅刹女、君惹囉羅刹女、末囉⑯羅刹女、蘗散寧⑰羅刹女、迦囉離⑱羅刹女、麼蹬儗⑲羅刹女、冰蘗囉⑳羅刹女、頻拏囉㉑羅刹女、具哩㉒

---

① 劫比囉，《大正藏》對校梵文 kapilā。
② 鉢努摩，《大正藏》對校梵文 padumā。
③ 麼呬史，《大正藏》對校梵文 mahiṣī。
④ 謨里迦，《大正藏》對校梵文 morikā。
⑤ 娜膩迦，《大正藏》對校梵文 nāḍikā。
⑥ 入嚩攞頦，《大正藏》對校梵文 jvalanī。
⑦ 羯攞施，《大正藏》對校梵文 kalasi。
⑧ 尾麼囉，《大正藏》對校梵文 vimalā。
⑨ 馱囉抳，《大正藏》對校梵文 dharaṇī。
⑩ 賀哩室戰捺囉，《大正藏》對校梵文 hariścandrā。
⑪ 嚧呬抳，《大正藏》對校梵文 rohinī。
⑫ 摩哩支，《大正藏》對校梵文 mārīci。
⑬ 護跢捨頦，《大正藏》對校梵文 hutāśanī。
⑭ 嚩嚕抳，《大正藏》對校梵文 vāruṇī。
⑮ 迦離，《大正藏》對校梵文 kālī。
⑯ 末囉，《大正藏》對校梵文 valā。
⑰ 蘗散寧，《大正藏》對校梵文 grasanī。
⑱ 迦囉離，《大正藏》對校梵文 karālī。
⑲ 摩蹬儗，《大正藏》對校梵文 pa(ma?)taṅgī。
⑳ 冰蘗囉，《大正藏》對校梵文 piṅgalā。
㉑ 頻拏囉，《大正藏》對校梵文 vidurā。
㉒ 具哩，《大正藏》對校梵文 gaurī。

羅刹女、蠍馱里①羅刹女、矩伴膩②羅刹女、迦唧儗③羅刹女、婆囉顁④羅刹女、末娜寧⑤羅刹女、阿捨寧⑥羅刹女、食胎⑦羅刹女、食血⑧羅刹女、包齒⑨羅刹女、驚怖⑩羅刹女、没羅憾彌⑪羅刹女、怛拏業播⑫羅刹女、持金剛⑬羅刹女、塞騫那⑭羅刹女、答麼⑮羅刹女、行雨⑯羅刹女、震雷⑰羅刹女、擊聲⑱羅刹女、擊電⑲羅刹女、足行⑳羅刹女、炬口㉑羅刹女、持地㉒羅刹女、黑夜㉓羅刹女、焰摩使㉔羅刹女、無垢㉕羅刹女、不動㉖羅刹女、高髻㉗羅刹女、百頭㉘羅刹女、百臂㉙羅刹女、百目㉚羅刹女、常害㉛羅刹女、摧破㉜

---

① 蠍馱里,《大正藏》對校梵文 gandhārī。
② 矩伴膩,《大正藏》對校梵文 kumbhaṇḍī。
③ 迦唧儗,《大正藏》對校梵文 kāraṅgī。
④ 婆囉顁,《大正藏》對校梵文 rāvaṇī。
⑤ 末娜寧,《大正藏》對校梵文 madanī。
⑥ 阿捨寧,《大正藏》對校梵文 aśanī。
⑦ 食胎,《大正藏》對校梵文 garbhāhāriṇī。
⑧ 食血,《大正藏》對校梵文 rudhirāhāriṇī。
⑨ 包齒,《大正藏》對校梵文 dauturā。
⑩ 驚怖,《大正藏》對校梵文 uttrāsanī。
⑪ 没羅憾彌,《大正藏》對校梵文 brāhmī。
⑫ 怛拏業播,《大正藏》對校梵文 taḍāgapālinī。
⑬ 持金剛《大正藏》對校梵文 vajradharā。
⑭ 塞騫那,《大正藏》對校梵文 skandā。
⑮ 答麼,《大正藏》對校梵文 tapanī。
⑯ 行雨,《大正藏》對校梵文 varṣaṇī。
⑰ 震雷,《大正藏》對校梵文 garjjanī。
⑱ 擊聲,《大正藏》對校梵文 sphoṭanī。
⑲ 擊電,《大正藏》對校梵文 vidyotanī。
⑳ 足行,《大正藏》對校梵文 jaṅgamā。
㉑ 炬口,《大正藏》對校梵文 ulkāmukhī。
㉒ 持地,《大正藏》對校梵文 vasundharā。
㉓ 黑夜,《大正藏》對校梵文 kālarātrī。
㉔ 焰摩使,《大正藏》對校梵文 yamadūtī。
㉕ 無垢,《大正藏》對校梵文 amalā。
㉖ 不動,《大正藏》對校梵文 acalā。
㉗ 高髻,《大正藏》對校梵文 urddhajaṭā。
㉘ 百頭,《大正藏》對校梵文 śataśīrṣā。
㉙ 百臂,《大正藏》對校梵文 śatabāhu。
㉚ 百目,《大正藏》對校梵文 śatanetrā。
㉛ 常害,《大正藏》對校梵文 ghātanī。
㉜ 摧破,《大正藏》對校梵文 mardanī。

羅刹女、猫兒①羅刹女、末拏囉羅刹女、夜行②羅刹女、晝行③羅刹女、愛粧④羅刹女、忿怒⑤羅刹女、留難⑥羅刹女、持刀棒⑦羅刹女、持三戟⑧羅刹女、牙出⑨羅刹女、意喜⑩羅刹女、寂静⑪羅刹女、懆暴⑫羅刹女、難多囉⑬羅刹女、呬林摩⑭羅刹女、青色⑮羅刹女、質怛囉⑯羅刹女。

　　此等七十三諸羅刹女有大神力，具大光明，形色圓滿，名稱周徧，天、阿蘇羅共戰之時現大神力。彼亦以此佛母大孔雀明王真言守護於我某甲并諸眷屬，壽命百年。真言曰：

怛你也二合佗一呬哩呬哩二弭哩弭哩三怛拏多囕妳四囕計囕計五護嚟護嚟六馱羅馱羅七賀囉賀囉八左攞左攞九祖魯祖魯娑囕二合，引賀引，十曩莫薩囕每馱南引娑囕二合，引賀十一鉢囉二合底曳二合迦母馱南引娑囕二合，引賀十二，引遏囉曷二合擔引娑囕二合，引賀引，十三每引怛嚟二合，引野寫冒引地薩怛囕二合，引寫娑囕二合賀十四薩囕冒引地薩怛囕二合南引娑囕二合，引賀引，十五阿曩引誐引弭南娑囕二合，引賀引，十六塞訖哩二合娜引誐弭南娑囕二合，引賀十七素嚕二合跢半曩引南引娑囕二合，引賀引，十八三去貌蘗跢引南引娑囕二合，引賀引，十九三去貌鉢囉二合底半曩引南引娑囕二合，引賀引，二十没羅二合憾麼二合，引野娑囕二合，引賀引，二十一印捺囉二合，引野娑囕二合，引賀引，二十二鉢囉二合惹引跛多上曳引娑囕二合，引賀引，二十三伊上舍引曩引野娑囕二合，引賀引，二十四阿上仡曩二合曳引娑囕二合，引賀引，二十五囕野吠引娑囕二合，引賀引，二十六囕嚕拏鼻，引野娑囕二合，引賀引，二十七琰麼鼻，引野娑囕二合，引賀引，二十八塢徧捺囉二合，引野娑囕二合，引賀引，二十九吠引室囉二合麼拏鼻，引野三十藥乞灑二合地鉢多上曳引娑囕二合，引賀引，三十一地哩二合，引多上囉引瑟吒囉

---

①　猫兒，《大正藏》對校梵文 mārjārī。

②　夜行，《大正藏》對校梵文 niśācarā。

③　晝行，《大正藏》對校梵文 divaśacarā。

④　愛粧，《大正藏》對校梵文 maṇḍitikā。

⑤　忿怒，《大正藏》對校梵文 krodhanā。

⑥　留難，《大正藏》對校梵文 viheṭhanī。

⑦　持刀棒，《大正藏》對校梵文 aśimuṣaladharā。

⑧　持三戟，《大正藏》對校梵文 triśūlapāṇī。

⑨　牙出，《大正藏》對校梵文 karāladantī。

⑩　意喜　，《大正藏》對校梵文 manoramā。喜，《中華藏》校勘《石》作“嬉”。

⑪　寂静，《大正藏》對校梵文 somā。

⑫　懆暴，《大正藏》對校梵文 caṇḍā。

⑬　難多囉，《大正藏》對校梵文 vāntā。

⑭　呬林摩，《大正藏》對校梵文 hitimbā。

⑮　青色，《大正藏》對校梵文 nīlā。

⑯　質怛囉，《大正藏》對校梵文 citrā。

二合野三十二彦達嚕引地鉢多上曳娑嚩二合,引賀引,三十三尾嚕二合茶去迦引野三十四禁伴引拏上,引地鉢多上曳引娑嚩二合,引賀引,三十五尾嚕引播引乞灑二合野三十六曩誐地鉢多上曳引娑嚩二合,引賀引,三十七祢嚕引南引娑嚩二合,引賀三十八,引曩引誐南引娑嚩二合,引賀引,三十九阿上蘇上囉引南引娑嚩二合,引賀引,四十麼嚕跢引南引娑嚩二合,引賀引,四十一誐嚕拏去,引南引娑嚩二合,引賀四十二彦達嚕引喃引娑嚩二合,引賀引,四十三緊那囉引喃引娑嚩二合,引賀引,四十四摩護引囉誐引南引娑嚩二合,引賀引,四十五藥乞灑二合,引喃引娑嚩二合,引賀引,四十六囉引,入乞察二合娑引南娑嚩二合,引賀引,四十七畢嚇二合,引跢引南引娑嚩二合,引賀引,四十八比舍引左引南引娑嚩二合,引賀四十九,引部跢引南引娑嚩二合,引賀引,五十禁伴引拏上,引南引娑嚩二合,引賀引,五十一布怛曩南引娑嚩二合,引賀引,五十二羯吒布旦曩引南引娑嚩二合,引賀五十三,引塞建二合那引南引娑嚩二合,引賀五十四,引嗢麼鼻娜南娑嚩二合,引賀五十五,引車耶南娑嚩二合,引賀五十六,引阿鉢娑麼二合囉南娑嚩二合,引賀五十七,引塢娑跢二合囉迦南娑嚩二合,引賀五十八,引贊捺囉二合素哩野二合喻娑嚩二合,引賀五十九,引諾乞察二合怛囉二合喃娑嚩二合,引賀六十,引仡囉二合賀喃娑嚩二合,引賀六十一,引乳省庚反底鈔娑嚩二合,引賀六十二,引乞嘌史喃娑嚩二合,引賀六十三,引悉馱没囉二合跢引南引娑嚩二合,引賀六十四,引悉地野二合尾你也二合南娑嚩二合,引賀六十五,引遇哩曳娑嚩二合,引賀引,六十六彦馱里曳娑嚩二合,引賀六十七,引曩麌里曳娑嚩二合,引賀六十八,引阿蜜嘌二合跢曳娑嚩二合,引賀六十九,引染婆去顙曳娑嚩二合,引賀七十,引佐引閉置引曳娑嚩二合,引賀七十一,引捺囉二合弭膩曳娑嚩二合,引賀七十二,引捨嚕哩曳娑嚩二合,引賀七十三,引阿闍嚕捨嚕羅曳娑嚩二合,引賀七十四,引贊拏上里曳娑嚩二合,引賀七十五,引麼蹬儗研以反曳娑嚩二合,引賀七十六,引曩誐紇哩二合乃夜引野娑嚩二合,引賀七十七,引誐嚕拏紇哩二合乃夜引野娑嚩二合,引賀七十八,引麼鼻曩臬曳娑嚩二合,引賀七十九,引摩賀麼曩臬曳娑嚩二合,引賀八十,引灑拏乞灑二合哩曳娑嚩二合,引賀八十一,引麼抳跋捺囉二合,八十二野娑嚩二合,引賀八十三,引三滿多跋捺囉二合野娑嚩二合,引賀八十四,引摩賀三麼夜引野娑嚩二合,引賀八十五,引摩賀鉢囉二合底薩囉引野娑嚩二合,引賀八十六,引試多嚕曩野娑嚩二合,引賀八十七,引摩賀試多嚕曩野娑嚩二合,引賀八十八,引難上拏馱囉抳曳娑嚩二合賀八十九,引摩賀難上拏馱囉抳曳娑嚩二合賀引,九十母省隣上娜野娑嚩二合,引賀九十一,引摩賀母省隣娜野娑娑嚩二合賀九十二,引惹演底曳娑嚩二合,引賀九十三,引扇底曳娑嚩二合,引賀九十四,引阿濕嚩二合訖哩二合多引野娑嚩二合,引賀九十五,引摩賀麼燼哩野二合尾你野二合囉惹野娑嚩二合,引賀

九十六,引①

如是等大明、大真言、大結界、大護能除滅一切諸惡。願破一切呪術惡業。願除滅蠱魅厭禱。願除滅訖㗚底迦、羯摩拏迦、具㗚那、枳攞拏、吠多拏、質遮、畢㘑灑迦。願除滅塞建那、嗢麼那、車邪、阿鉢娑麼囉、塢娑跢囉迦。願除滅顛狂癇病、消瘦疥癩。願除滅種種鬼魅、諸惡食者。願除滅飲佗血髓、變人驅役、呼召鬼神、造惡業者。願除滅諸怖:王怖賊怖、水火等怖、惡友劫殺、怨敵等怖、佗兵飢饉、夭壽死怖、地動惡獸及諸死怖。願除滅惡食惡吐、惡影惡視、作厭書者。願除滅惡跳惡騫作冒送者。願除滅一切瘧病,一日、二日、三日、四日,乃至七日、半月、一月,或復頻日,或復須臾,或常熱病等。願除滅一切瘡癬、痔漏癰疽、偏邪瘦病、鬼神壯熱、風黃痰癊、或三焦病、四百四病。願除滅頭痛半痛、飲食不消、眼耳鼻痛、口脣頰痛。願除滅牙齒舌痛、咽喉痛、胸脅背痛、心痛肚痛。願除滅要痛腹痛、髀痛膝痛及四支痛、隱密處痛、及徧身疼痛。願除滅龍毒蛇毒、藥毒蠱毒,一切諸毒悉皆殄滅。如是等一切鬼魅、惡病生時皆擁護我_{某甲}并諸眷屬,悉令解脫,壽命百年。

復次阿難陀,汝當稱念諸龍王名字。此等福德龍王若稱名者獲大利益,其名曰:

---

① "怛你也二合佗一"至"賀九十六引",《大正藏》對校梵文 Tad yathā. hiri 2 miri 2 taḍevataḍe vakke vakkc. hili. 10. mili. 10. huru. 10. phuru. 10. ciṭi 10. hikke, 4, mikke 2 taḍavataḍe, vakke 2 hore 2 dhara 2 hara 2 cala 2 culu 4 svāhā. namaḥ sarva buddhānāṁ svāhā. pratyeka buddhānāṁ svāhā. arhatāṁ svāhā. maitrīyasya bodhisattvasya mahāsattvasya svāhā. sarva bodhisattvānāṁ svāhā. anāgāminaṁ svāhā. sakṛdāgāminaṁ svāhā. śrotā pannānāṁ svāhā, samyargatānāṁ svāhā, samyakpratipannānāṁ svāhā, brahmaṇe svāhā, indrāya svāhā, prajāpataye svāhā, agneye svāhā, iśānāya svāhā, vāyave svāhā, yamāya svāhā, varuṇāya svāhā, kuverāya svāhā, upendrāya svāhā, vaiśravanāya yakṣādhipataye svāhā, dhṛtaraṣṭrāya gandharvādhipataye svāhā. virūdhakāya kumbhaṇḍādhipataye svāhā, virūpakṣāya nāgādhipataye svāhā, devānāṁ svāhā, nāgānāṁ svāhā, asurāṇāṁ svāhā, marutānāṁ svāhā, garuḍānāṁ svāhā, gandharvāṇāṁ svāhā, kinnarānāṁ svāhā, mahoragānāṁ svāhā, yakṣāṇāṁ svāhā, rākṣasānāṁ svāhā, pretānāṁ svāhā, piśācānāṁ svāhā, bhūtānāṁ svāhā, kumbhaṇḍānāṁ svāhā, pūtanānāṁ svāhā, kaṭapūtanānāṁ svāhā, skandānāṁ svāhā, unmādānāṁ svāhā, cchāyānāṁ svāhā, apasmārāṇāṁ svāhā, ostārakānāṁ svāhā, candra-sūryayoḥ svāhā, rudrānāṁ svāhā, nakṣatrānāṁ svāhā, grahānāṁ svāhā, jyotiṣāṇāṁ svāhā, ṛṣīṇāṁ svāhā, sidddhavratānāṁ svāhā, siddhavidyānāṁ svāhā, gaurīye svāhā, gāndhārīye svāhā, jaṅgulīye svāhā, amṛtāyai svāhā, jambhanīye vāhā, stambhanīye svāhā, cāpeṭiye svāhā, drāmiḍīye svāhā, śavarīye svāhā, a haśavarīye svāhā, caṇḍālīye svāhā, mātaṅgīye svāhā, nāgahṛdayāya svāhā, garuḍahṛdayāya svāhā, manasvinīye svāhā, mahāmanasvinīye svāhā, mahāmānasīye svāhā, ṣaḍakṣarīye svāhā, maṇibhadrāye svāhā, pūrṇabhadrāya svāhā, samantabhadrāya svāhā, mahāsamantabhadrāya svāhā, samayāya svāhā, mahāsamayāya svāhā, pratisarāya, svāhā, mahapratisarāya svāhā, śītavanāya svāhā, mahāśītavanāya svāhā, daṇḍabharāya svāhā, mahādaṇḍadharāya svāhā, mucilindāya svāhā, mahāmucilindāya svāhā, jayantīye svāhā, śāntīye svāhā, avyakṛtāya svāhā, aśvakṛḍāya svāhā, aparāji āya, svāhā, suvaṇḍivabhāsāya svāhā, mayūrarājaya svāhā, mahādhāriṇīye svāhā, mantrapadānāṁ svāhā, mahāmayūryai vidyārājñai svāhā。

佛世尊龍王①、梵天②龍王、帝釋③龍王、焰摩龍王、大海④龍王、海子⑤龍王、娑蘗囉⑥龍王、娑蘗羅子⑦龍王、摩竭⑧龍王、難馱⑨龍王、塢波難馱⑩龍王、那羅⑪龍王、小那羅⑫龍王、善見⑬龍王、婆蘇枳⑭龍王、德叉迦⑮龍王、阿嚕拏⑯龍王、婆嚕拏⑰龍王、師子龍王、有吉祥⑱龍王、吉祥咽⑲龍王、吉祥增長⑳龍王、吉祥賢㉑龍王、無畏龍王、大力龍王、設臘婆㉒龍王、妙臂㉓龍王、妙高㉔龍王、日光㉕龍王、月光㉖龍王、大吼龍王、震聲㉗龍王、雷電㉘龍王、擊發㉙龍王、降雨㉚龍王、無垢㉛龍王、無垢光龍王、頞洛迦頭㉜

---

① 佛世尊龍王,《大正藏》對校梵文 buddho bhagavān nāgarāja。
② 梵天,《大正藏》對校梵文 brahmā。
③ 帝釋,《大正藏》對校梵文 indra。
④ 大海,《大正藏》對校梵文 samudra。
⑤ 海子,《大正藏》對校梵文 samudraputra。
⑥ 娑蘗囉,《大正藏》對校梵文 sāgara。
⑦ 娑蘗羅子,《大正藏》對校梵文 āgaraputra。
⑧ 摩竭,《大正藏》對校梵文 makara。
⑨ 難馱,《大正藏》對校梵文 nanda。
⑩ 塢波難馱,《大正藏》對校梵文 upananda。
⑪ 那羅,《大正藏》對校梵文 nala。
⑫ 小那羅,《大正藏》對校梵文 upanala。
⑬ 善見,《大正藏》對校梵文 sudarśana。
⑭ 婆蘇枳,《大正藏》對校梵文 vāsuki。
⑮ 德叉迦,《大正藏》對校梵文 takṣaka。
⑯ 阿嚕拏,《大正藏》對校梵文 aruṇa。
⑰ 婆嚕拏,《大正藏》對校梵文 varuṇa。
⑱ 有吉祥,《大正藏》對校梵文 śrīmā。
⑲ 吉祥咽,《大正藏》對校梵文 śrikaṇṭha。
⑳ 吉祥增長,《大正藏》對校梵文 śrīvarddhaṇa。
㉑ 吉祥賢,《大正藏》對校梵文 śribhadra。
㉒ 設臘婆,《大正藏》對校梵文 śalabha。
㉓ 妙臂,《大正藏》對校梵文 subāhu。
㉔ 妙高,《大正藏》對校梵文 sumeru。
㉕ 日光,《大正藏》對校梵文 sūryaprabha。
㉖ 月光,《大正藏》對校梵文 candrapradha。
㉗ 震聲,《大正藏》對校梵文 garjana。
㉘ 雷電,《大正藏》對校梵文 vidyotana。
㉙ 擊發,《大正藏》對校梵文 sphoṭana。
㉚ 降雨,《大正藏》對校梵文 varṣana。
㉛ 無垢,《大正藏》對校梵文 vimala。
㉜ 頞洛迦頭,《大正藏》對校梵文 alakaśirṣa。

龍王、跋洛迦頭①龍王、馬頭②龍王、牛頭③龍王、鹿頭④龍王、象頭⑤龍王、濕力龍王、歡喜龍王、奇妙⑥龍王、妙眼⑦龍王、妙軍⑧龍王、護嚕拏龍王、那母止⑨龍王、母止⑩龍王、母止隣那⑪龍王、羅娑拏⑫龍王、羅笈婆⑬龍王、羅笈婆子龍王、室里⑭龍王、山孤⑮龍王、濫母嚕⑯龍王、有蟲⑰龍王、無邊⑱龍王、羯諾迦⑲龍王、象羯磋⑳龍王、黃色龍王、赤色龍王、白色龍王、翳囉葉㉑龍王、商佉㉒龍王、阿跋羅㉓龍王、黑㉔龍王、小黑㉕龍王、力天㉖龍王、那羅延㉗龍王、劍麼羅㉘龍王、石膊㉙龍王、弶伽㉚龍王、信度㉛龍王、嚩蒭㉜龍

---

① 跋洛迦頭，《大正藏》對校梵文 valakaśīrṣa。

② 馬頭，《大正藏》對校梵文 aśvaśīrṣa。

③ 牛頭，《大正藏》對校梵文 gavayaśīrṣa。

④ 鹿頭，《大正藏》對校梵文 mṛgaśīrṣa。

⑤ 象頭，《大正藏》對校梵文 hastśīrṣa。

⑥ 奇妙，《大正藏》對校梵文 citra。

⑦ 妙眼，《大正藏》對校梵文 citrākṣa。

⑧ 妙軍，《大正藏》對校梵文 citrasena。

⑨ 那母止，《大正藏》對校梵文 namuci。

⑩ 母止，《大正藏》對校梵文 muci。

⑪ 母止隣那，《大正藏》對校梵文 mucilinda。

⑫ 羅娑拏，《大正藏》對校梵文 rāvaṇa。

⑬ 羅笈婆，《大正藏》對校梵文 rāghava。

⑭ 室里，《大正藏》對校梵文 hari(?)。

⑮ 山孤，《大正藏》對校梵文 girika。

⑯ 濫母嚕，《大正藏》對校梵文 lamburu。

⑰ 有蟲，《大正藏》對校梵文 krimi。

⑱ 無邊，《大正藏》對校梵文 ananta。

⑲ 羯諾迦，《大正藏》對校梵文 kataka。

⑳ 象羯磋，《大正藏》對校梵文 hastikataka。

㉑ 翳囉葉，《大正藏》對校梵文 elapatra。

㉒ 商佉，《大正藏》對校梵文 śaṁkha。

㉓ 阿跋羅，《大正藏》對校梵文 aparāla。

㉔ 黑，《大正藏》對校梵文 kāla。

㉕ 小黑，《大正藏》對校梵文 upakā a。

㉖ 力天，《大正藏》對校梵文 valadeva。

㉗ 那羅延，《大正藏》對校梵文 nārāyaṇa。

㉘ 劍麼羅，《大正藏》對校梵文 kambala。

㉙ 石膊，《大正藏》對校梵文 śaulabāhu。

㉚ 弶伽，《大正藏》對校梵文 gaṅgā。

㉛ 信度，《大正藏》對校梵文 sindhu。

㉜ 嚩蒭，《大正藏》對校梵文 vakṣu。

王、枲多①龍王、吉慶②龍王、無熱惱③池龍王、善住④龍王、瞖羅跋拏⑤龍王、持
地⑥龍王、持山⑦龍王、持光明⑧龍王、賢善⑨龍王、極賢善⑩龍王、世賢⑪龍王、力
賢⑫龍王、寶珠⑬龍王、珠咽⑭龍王、二黑⑮龍王、二黃⑯龍王、二赤⑰龍王、二白⑱
龍王、華鬘⑲龍王、赤華鬘⑳龍王、犢子㉑龍王、賢句㉒龍王、鼓音㉓龍王、小鼓
音㉔龍王、菴末羅津㉕龍王、寶子㉖龍王、持國㉗龍王、增長㉘龍王、廣目㉙龍王、
多聞㉚龍王、車面㉛龍王、占箄野迦㉜龍王、驕答摩㉝龍王、半遮羅㉞龍王、五髻㉟

---

① 枲多,《大正藏》對校梵文 sītā。
② 吉慶,《大正藏》對校梵文 maṅgalya。
③ 無熱惱,《大正藏》對校梵文 anavatapta。
④ 善住,《大正藏》對校梵文 supratiṣṭha。
⑤ 瞖羅跋拏,《大正藏》對校梵文 airāvaṇa。
⑥ 持地,《大正藏》對校梵文 dharaṇīndhara。
⑦ 持山,《大正藏》對校梵文 nimindhara。
⑧ 持光明,《大正藏》對校梵文 yutiṁdhāa。
⑨ 賢善,《大正藏》對校梵文 bhadra。
⑩ 極賢善,《大正藏》對校梵文 subhadra。
⑪ 世賢,《大正藏》對校梵文 vasubhadra。
⑫ 力賢,《大正藏》對校梵文 valabhadra。
⑬ 寶珠,《大正藏》對校梵文 maṇi。
⑭ 珠咽,《大正藏》對校梵文 maṇikaṇṭha。咽,《中華藏》校勘《石》作"胭"。
⑮ 黑,《大正藏》對校梵文 kāla。
⑯ 黃,《大正藏》對校梵文 pīta。
⑰ 赤,《大正藏》對校梵文 lohitaka。
⑱ 白,《大正藏》對校梵文 śvetaka。
⑲ 華鬘,《大正藏》對校梵文 māli。
⑳ 赤華鬘,《大正藏》對校梵文 raktamāli。
㉑ 犢子,《大正藏》對校梵文 vatsā。
㉒ 賢句,《大正藏》對校梵文 bhadrapada。
㉓ 鼓音,《大正藏》對校梵文 dundubhi。
㉔ 小鼓音,《大正藏》對校梵文 upadundubhi。
㉕ 菴末羅津,《大正藏》對校梵文 āmratīrthaka。
㉖ 寶子,《大正藏》對校梵文 maṇisuta。
㉗ 持國,《大正藏》對校梵文 dhṛtarāṣṭra。
㉘ 增長,《大正藏》對校梵文 virūḍhaka。
㉙ 廣目,《大正藏》對校梵文 virūpakṣa。
㉚ 多聞,《大正藏》對校梵文 vaiśravaṇa。
㉛ 車面,《大正藏》對校梵文 śakaṭamukha。
㉜ 占箄野迦,《大正藏》對校梵文 cāmpeyaka。
㉝ 驕答摩,《大正藏》對校梵文 gautāma。
㉞ 半遮羅,《大正藏》對校梵文 pāñcāla。
㉟ 五髻,《大正藏》對校梵文 pañcacūḍa。

龍王、光明①龍王、頻度②龍王、小頻度③龍王、阿力迦④龍王、羯力迦⑤龍王、跋力迦⑥
龍王、曠野龍王、緊質頻⑦龍王、緊質頻迦⑧龍王、緝馱迦⑨龍王、黑驕答摩⑩龍王、蘇
摩那⑪龍王、人⑫龍王、根⑬人龍王、上人⑭龍王、摩蹬迦⑮龍王、曼拏洛迦龍王、非人⑯龍
王、頞拏迦⑰龍王、最勝⑱龍王、勝⑲龍王、末攞迦⑳龍王、阿魯迦㉑龍王、翳羅㉒龍王、翳
羅鉢拏㉓龍王、阿囉婆路㉔龍王、麼囉婆路㉕龍王、摩那私㉖龍王、羯句擿迦㉗龍王、劫
比羅㉘龍王、勢婆洛迦㉙龍王、青蓮華㉚龍王、有爪㉛龍王、增長㉜龍王、解脫㉝龍王、智

---

① 光明，《大正藏》對校梵文 pradyunma。
② 頻度，《大正藏》對校梵文 vindu。
③ 小頻度，《大正藏》對校梵文 upavindu。
④ 阿力迦，《大正藏》對校梵文 alika。
⑤ 羯力迦，《大正藏》對校梵文 kalika。
⑥ 跋力迦，《大正藏》對校梵文 valika。
⑦ 緊質頻，《大正藏》對校梵文 kincanī。
⑧ 緊質頻迦，《大正藏》對校梵文 kincaḍaka。
⑨ 緝馱迦，《大正藏》對校梵文 kiccaka。
⑩ 黑驕答摩，《大正藏》對校梵文 kṛṣṇagautama。
⑪ 蘇摩那，《大正藏》對校梵文 sumānuṣa。
⑫ 人，《大正藏》對校梵文 manuṣa。
⑬ 根，《大正藏》對校梵文 mūlamanuṣa。
⑭ 上人，《大正藏》對校梵文 uttaramanuṣa。
⑮ 摩蹬迦，《大正藏》對校梵文 mataṅga。
⑯ 非人，《大正藏》對校梵文 amanuṣa。
⑰ 頞拏迦，《大正藏》對校梵文 aḍaka。
⑱ 最勝，《大正藏》對校梵文 uttama。
⑲ 勝，《中華藏》校勘《石》《麗》作“難勝”。
⑳ 末攞迦，《大正藏》對校梵文 valluka(?)。
㉑ 阿魯迦，《大正藏》對校梵文 alluka(?)。
㉒ 翳羅，《大正藏》對校梵文 ela。
㉓ 翳羅鉢拏，《大正藏》對校梵文 elavarṇa。
㉔ 阿囉婆路，《大正藏》對校梵文 aravāla。
㉕ 麼囉婆路，《大正藏》對校梵文 maravāla。
㉖ 摩那私，《大正藏》對校梵文 manasvi。
㉗ 羯句擿迦，《大正藏》對校梵文 karkoṭaka。
㉘ 劫比羅，《大正藏》對校梵文 kapila。
㉙ 勢婆洛迦，《大正藏》對校梵文 śaivalaka。
㉚ 青蓮華，《大正藏》對校梵文 utpalaka。
㉛ 有爪，《大正藏》對校梵文 nakhaka。
㉜ 增長，《大正藏》對校梵文 varddhana。
㉝ 解脫，《大正藏》對校梵文 mokṣaka。

慧①龍王、極解脱②龍王、毛綫馬勝③二龍王、瑿羅迷囉④二龍王、難陀跋難陀二龍王、阿齒羅⑤龍王、大善現⑥龍王、徧黑龍王、徧蟲⑦龍王、妙面⑧龍王、鏡面⑨龍王、承迎龍王、㵘駄羅⑩龍王、師子龍王、師子洲龍王、達弭龍王、達弭拏⑪龍王、二黑⑫龍王、二白⑬龍王、二小白⑭龍王。

　　如是等一百七十七諸大龍王而爲上首及種類眷屬,於此大地或時震響,或放光明,或降甘雨,成熟苗稼,已曾見如來受三歸依并受學處,奪⑮金翅鳥怖、離火沙怖、免王役怖,常持大地,住大寶宮,壽命長遠,有大勢力,富貴自在,無量眷屬,具足⑯神通,能摧怨敵,有大光明,形色圓滿,名稱周徧,天與修羅共戰之時助威神力,令天得勝。彼諸龍王所有子孫、兄弟、軍將、大臣、雜使皆亦以此佛母大孔雀明王真言守護於我某甲并諸眷屬,令離憂苦,壽命百年。我及眷屬若清淨、若不清淨、若迷醉、若放逸、若行住坐卧、若睡覺來去,一切時中願皆擁護我等。或爲天怖、龍怖、阿蘇羅怖、麽嚕多怖、誐嚕拏怖、彦達嚩怖、緊那羅怖、摩護囉誐怖、藥叉所怖、羅刹娑怖、畢㘑多怖、比舍遮怖、步多所怖、矩伴拏怖、布單那怖、羯吒布單那怖、塞建那怖、嗢麽那怖、車邪所怖、阿鉢娑麽囉怖、塢娑跢囉迦怖,如是等怖悉皆遠離。又有諸怖:王怖賊怖、水火等怖,或惡友劫殺怨敵等怖,或佗兵怖、遭飢饉怖、夭壽死怖、地震動怖、諸惡獸怖,所有一切恐怖之時,令我某甲并諸眷屬悉皆解脱。復説伽佗曰:

　　　　令我夜安隱,晝日亦吉祥⑰,

　　　　於一切時中,諸佛常護念。

南謨窣覩母駄野　南謨窣覩母駄曳　南謨窣覩尾目訖多野　南謨窣覩尾目訖多曳

---

① 智慧,《大正藏》對校梵文 buddhika。

② 極解脱,《大正藏》對校梵文 pramokṣa。

③ 毛綫馬勝,《大正藏》對校梵文 kambara aśvatara。

④ 瑿羅迷囉,《大正藏》對校梵文 ela mela。

⑤ 阿齒羅,《大正藏》對校梵文 akṣila。

⑥ 大善現,《大正藏》對校梵文 mahāsudarśana。

⑦ 蟲,《中華藏》校勘《磧》《南》《徑》作“蠱”。

⑧ 妙面,《大正藏》對校梵文 sumukha。

⑨ 鏡面,《大正藏》對校梵文 ādarśanamukha。

⑩ 㵘駄羅,《大正藏》對校梵文 gāṃdhāra。

⑪ 達弭拏,《大正藏》對校梵文 dramiḍa。

⑫ 黑,《大正藏》對校梵文 kṛṣṇa。

⑬ 白,《大正藏》對校梵文 śuklaka。

⑭ 小白,《大正藏》對校梵文 upaśuklaka。

⑮ 奪,《中華藏》校勘《磧》《南》《徑》《清》作“脱”。

⑯ 足,《中華藏》校勘《石》《磧》《南》《徑》《清》作“大”。

⑰ 吉祥,《中華藏》校勘《磧》《南》《徑》《清》作“安隱”。

南謨窣覩扇多野　南謨窣覩扇多曳　南謨窣覩目訖多野　南謨窣覩目訖多曳①

> 諸有清淨婆羅門，能除一切諸惡業，
> 如是等衆我歸依，擁護我身并眷屬。
> 天阿蘇羅藥叉等，來聽法者應志心，
> 擁護佛法使長存，各各勤行世尊教。
> 諸有聽徒來至此，或在地上或居空，
> 常於人世起慈心，日夜自身依法住。
> 願諸世界常安隱，無邊福智益群生，
> 所有罪障並消除，遠離衆苦歸圓寂。
> 恒用戒香塗瑩體，常持定服以資身，
> 菩提妙華徧莊嚴，隨所住處常安樂。

佛母大孔雀明王經卷中

佛母大孔雀明王經卷下

開府儀同三司特進試鴻臚卿肅國公食邑三千户賜紫贈司空諡
大辨正號大廣智大興善寺三藏沙門不空奉詔譯②

佛告阿難陀：過去七佛正遍知者，亦復隨喜宣説佛母明王真言，汝當受持，微鉢尸如來正遍知者亦隨喜宣説此佛母大孔雀明王真言曰：

怛你也二合他一阿囉妳二迦囉妳三麼妳四麼那你韈馱寧五阿上嚩嚟六捨嚩嚟七覩嚟覩嚟八母嚟母嚟九捨嚩嚟十鉢囉拏二合捨嚩嚟十一户止十二户止十三户止十四户止十五户止十六娑嚩二合引賀十七引③

復次阿難陀，尸棄如來正遍知者亦隨喜宣説此佛母大孔雀明王真言曰：

怛你也二合他去引一壹麌弭麌二齲嚟三尾齲嚟四呬里引五弭里六計覩母黎七暗嚩嚟八引暗嚩嚟引嚩底丁以反九努謎怒引努謎十呬里呬里十一矩止矩止十二母止母止十三娑嚩

---

①　"南謨窣覩母馱野"至"南謨窣覩目訖多曳"，《大正藏》對校梵文 namośtu buddhāya namośtu bodhaye, namośtu muktaya namośtu muktaye, namośtu śāntaya namośtu śāntaye, namośtu vimuktāya namo-śtu vimuktaye。

②　譯名，《中華藏》校勘《石》作"唐開元三朝灌頂國師和尚特進試鴻臚卿開府儀同三司肅國公食邑三千户食實封三百户贈司空諡大辯正大廣智大興善寺三藏沙門不空奉詔譯"，《徑》《清》作"唐特進試鴻臚卿開府儀同三司肅國公贈司空諡大辯正廣智大興善寺三藏沙門不空奉詔譯"，《磧》《南》作"特進試鴻臚卿開府儀同三司肅國公贈司空大興善寺三藏沙門諡大辯正大廣智不空奉詔譯"。

③　"怛你也二合他一"至"娑嚩二合引賀十七引"，《大正藏》對校梵文 Tad yathā. aḍe kavaḍe, made mada-varddhane, avare śavare ture 2 cure 2, śavare parṇa śavare huci 2 muci 2 svāhā。

二合賀十四,引①

　　復次阿難陀,毗舍浮如來正遍知者亦隨喜宣説此佛母大孔雀明王真言曰:

怛你也二合他引,一慕引哩慕哩二計跛知三滿膩滿膩底計四賀嚇賀嚇五佉嚇六伽嚇七頗上嚇八頗黎九頗里顙難上帝十難底顙十一難底黎十二捨迦知麼迦知十三曩妳十四曩膩顙十五試哩試哩十六試哩試哩十七娑嚩二合,引賀十八,引②

　　復次阿難陀,羯句忖那如來正遍知者亦隨喜宣説此佛母大孔雀明王真言曰:

怛你也二合他引,一呬膩二弭膩三矩膩母膩四覩膩五頗妳難上帝六難底黎七爍迦哩八斫迦哩九他上識哩十多去識哩十一建左寧十二建引左曩引嚩底十三嚩嚇嚩嚇十四嚩嚇嚩嚇十五難帝悉地十六娑嚩二合,引賀十七,引③

　　復次阿難陀,羯諾迦牟尼如來正遍知者亦隨喜宣説此佛母大孔雀明王真言曰:

怛你也二合他引,一難上多黎二怛多黎三怛多黎四多羅妬引多上黎五味引嚇尾惹曳六,平,引尾孺嚇引馱嚇七阿囉薺惹曳反,八尾囉薺尾囉惹麼斯九麼底十麼里十一麼引里顙十二門上妳引試羅門上妳十三入嚩二合,引黎十四入嚩二合,引黎十五入嚩二合黎入嚩二合黎十六跋捺囉二合嚩底十七悉地娑嚩二合,引賀十八,引④

　　復次阿難陀,迦攝波如來正遍知者亦隨喜宣説此佛母大孔雀明王真言曰:

怛你也二合他一,引頞拏上嚇二建拏嚇三曼拏嚇四騫去拏嚇五皆謀六皆謀曩你七皆謀嚩底八滿帝曼膩底計九阿麼嚇十僧思孕反係十一賀囉賀囉十二賀囉賀囉十三跋輸跋輸十四跋輸跋輸十五鉢底悉底娑嚩二合,引賀十六,引⑤

　　阿難陀,我釋迦牟尼如來正遍知者亦隨喜宣説此佛母大孔雀明王真言,爲欲利益諸有情故。真言曰:

怛你也二合他引,一呬哩弭哩二枳里弭里三伊上里黎四羯怛黎五計覩嚩黎六阿拏麼里七納脾聶脾八没薩囉計九没薩斂十怛囉二合騫祢十一迦引麼哩十二劍母捺哩二合,十三怛嚕

<hr/>

① "怛你也二合他去引一"至"娑嚩二合賀十四引",《大正藏》對校梵文 Tad yathā. iṭe miṭe khure vikhure hili 4 mili 4 ketumūle, ambare ambarāvati, danti śavare, dumbe dodumbe hili 2 kuci 2 muci 2 svāhā。

② "怛你也二合他引一"至"娑嚩二合引賀十八引",《大正藏》對校梵文 Tad yathā, mori 2 kevaṭṭi maṇḍi maṇḍitike hare 2 khare 2 khure 2 ghare 2 phale phalinidante danti nidantile śakaṭimakaṭi naḍe naḍini, śili, 3, svāhā。

③ "怛你也二合他引一"至"娑嚩二合引賀十七引",《大正藏》對校梵文 Tad yathā. hiḍi miḍi muḍi kuḍi tuḍi 2 muḍi 2 taḍi tuḍi aḍe dante dantile śakari cakari thagari tagarikāñcane kāñcanāvati, vare. 4, dante siddhi svāhā。

④ "怛你也二合他引一"至"悉地娑嚩二合引賀十八引",《大正藏》對校梵文 Tad yathā. tatale. 4. tale. 4, cale vīre vijaye, vijjudhare, araje viraje virajāmasi, mati māle mati mālini muṇḍe śiri muṇḍe. jvalo. 4. bhadravati siddhi svāhā。

⑤ "怛你也二合他一引"至"鉢底悉地娑嚩二合引賀十六引",《大正藏》對校梵文 Tad yatha. aṇḍare paṇḍare kaṇḍare maṇḍare khaṇḍare jambu jambunadi jambuvati matte maṇḍitike. amare siddhe. hara, 4, paṇḍa, 4, paṇḍapati siddhi svāhā。

怛嚕十四嚩囉捉十五鉢囉二合訖哩二合底能上瑟齘二合,十六弭里多黎十七伊上底賀引細十八阿左黎十九咄多黎二十嚩枳黎二十一嚩致嚩致底計二十二拶吒膽吠若祈雨時應云嚩囉灑覩祢嚩若息殃求願時應云悉鈿覩滿怛羅二合鉢那二十三曩謨婆去誐嚩妬二十四,引伊上哩惹曳二十五遇引怒呬迦引曳二十六勃陵二合誐引里迦曳二十七阿嚕止二十八曩引嚕止二十九捺齘三十捺齘嚩日嚇二合,三十一捺吒嚩日嚇二合,三十二嗢娜野納畢哩二合曳三十三阿攞跢引黎三十四矩攞多夜三十五,引那引囉野捉三十六鉢捨顙三十七娑鉢二合捨顙三十八悉鈿覩三十九捺囉二合弭拏引,四十滿怛囉二合鉢娜四十一,引娑嚩二合,引賀四十二,引①

阿難陁,我已教汝受持佛母大孔雀明王法救莎底苾芻蛇毒之難,令彼苾芻獲得安隱,亦令一切有情讀誦受持是經,獲大安樂,壽命百年,所求遂願,已如前説。

復次阿難陁,慈氏菩薩亦隨喜宣説此佛母大孔雀明王真言曰:

怛你也二合他引,一試哩試哩二試哩跛捺嚇二合,三殕底殕底四殕底跛捺嚇二合,五賀嚇賀嚇六賀里捉七難上底捨嚩嚇八試吠九戍囉播引捉顙十冒引地十一冒引地冒引地十二冒引地薩怛吠二合,十三冒引地鉢哩播引左捉引曳娑嚩二合,引賀十四,引②

阿難陁,索訶世界主大梵天王亦隨喜宣説此佛母大孔雀明王真言曰:

怛你也二合他引,一呬里呬里二弭里弭里三麼里顙葬迦哩四枳里枳里五枳里枳里六枳里底七没囉二合賀麼二合曳八矩𡂡擿計九尾拏訶普細十馱囉馱囉十一賀攞賀攞十二普嚕普嚕十三普嚕普嚕娑嚩二合賀十四,引③

阿難陁,此真言能滅一切惡毒,能除一切毒類,佛力除毒,菩薩摩訶薩力除毒,獨覺力除毒,阿羅漢力除毒,三果四向聖力除毒,實語者力除毒,梵王杖力除毒,帝釋金剛杵力除毒,吠率怒輪力除毒,火天燒力除毒,水天羂索力除毒,阿蘇羅幻士力除毒,龍王明力除毒,嚕捺囉三戟叉力除毒,塞騫那爍底力除毒。佛母大孔雀明王力能除一切諸毒,令毒入地,令我某甲及諸眷屬皆得安隱。

阿難陁,復有一切毒類汝應稱彼名字,所謂:跋磋那婆毒、訶羅遏囉毒、迦羅俱吒

---

①　"怛你也二合他引一"至"娑嚩二合引賀四十二引",《大正藏》對校梵文 Tad yathā. hili mili kili mili ilile katale, ketumūle, aḍamale. aḍamali, anaḍi, ḍapphe, ḍaḍapphe, anabhidapphuḥ ḍaḍappuḥ rurupphuḥ, ekarapphuḥ, busarake busaṭṭe narakande kāmini, kāmarūpiṇi kitili, cocalike kambudaraki, taruṇa taruṇavati vāsavaraṭṭe, tarabhuraṭṭe bharaṇe bhobharaṇe, rurutaravaraṇi, prakṛti draṃṣṭre, militale, itihāse, ambale, tumbale, kaliṅge, vaṭṭi 2 vaṭṭike, mukule, vaṭṭe vaṭṭavāce, aḍantuve, vaṭṭitumbe, varṣatu devaḥ śatakṛtvaḥ samantena yathā sukhaṃ daśasudiśāsu, namo bhagavataḥ kumudod kaṃ bhavatu namo bhagavate irijaye, iṭṭiṭṭaye godohikāye, bhṛṅgārikāye, aruci, maruci, araje 2 naraji naṭṭe 2 vaje 2 natuvaje, udaye priye, aratāle, kuntāle, kulatāle, nārāyaṇi pārāyaṇi. paśya paśya nisparśani siddyantu mama saparivārasya sarvasattvānāṃ ca drāmiḍa mantrapadāḥ svāhā。

②　"怛你也二合他引一"至"娑嚩二合引賀十四引",《大正藏》對校梵文 Tad yathā. śiri, 4, bhadre jyoti 2 bhadre hare 3 hāriṇi danti　śavare　śive　śūlapālini, bodhi, 4, bodhisattve bodhipariṇīye svāhā。

③　"怛你也二合他引一"至"普嚕普嚕娑嚩二合賀十四引",《大正藏》對校梵文 Tad yathā. hili, 4, kili, 5, mālini vaṅkari, 2, kiriṇi, kiri kire, brah māye ratna kuraṇḍake viḍopphuse, dhara 2 hara 2 phure, 5。

毒、牙齒毒、螫毒、根毒、末毒、疑毒、眼毒、電毒、雲毒、虵毒、龍毒、蠱毒、魅毒、一切鼠毒、蜘蛛毒、象毒、蝦蟆毒、蠅毒、及諸蜂毒、人非人毒、藥毒、呪毒，如是等一切諸毒願皆除滅，令我某甲及諸眷屬悉除諸毒，獲得安隱，壽命百年，願見百秋。

阿難陁，帝釋天王亦隨喜宣説此佛母大孔雀明王真言曰：

怛你也二合他一若邏二膳覩黎三麼引羅引膳覩黎四佐閇肶五膳覩黎六末他上頷七伽引多頷八伬囉二合薩頷九賀哩十矢哩十一你庚二合底失哩十二怛嚕怛嚕拏上嚕底十三賀引賀引賀引賀引賀引，十四僧思孕反係十五地底十六地底十七矩嚕矩嚕十八尾囉惹十九咄吒咄吒梟二十轢吒轢吒梟二十一悉哩悉哩二十二劫比黎二十三劫比羅母黎二十四賀呬引，馨異反護二十五薩嚕訥瑟吒二合，二十六鉢囉二合訥瑟吒二合南二十七昝婆去能迦盧弭二十八曷娑多二合播引能上誐二十九鉢羅二合底孕二合誐三十頷蘗囉二合怛迦嚧弭三十一娑賀怛哩二合娜勢三十二呬祢引吠呬三十三喕徵儗霓以反捉三十四素囉跛底轢底三十五嚕日囉二合嚕日囉二合，三十六嚕日囉二合，三十七嚕日囉二合嚕日囉二合，三十八嚕日囉二合鉢多曳三十九娑嚩二合賀四十，引①

阿難陁，四大天王亦隨喜宣説此佛母大孔雀明王真言曰：

怛你也二合他引，一入嚩二合攞入嚩二合攞曩二答跛答跛曩三馱麼馱麼曩四薩囉薩囉拏五矩胝矩胝六母胝母胝七弭胝弭胝八薩囉薩囉九賀囉賀囉十怛羅怛囉十一娜娜娜娜娜十二嚕嚕嚕嚕嚕十三賀攞賀攞賀攞賀攞賀攞十四悉地悉地悉地悉地悉地十五娑嚩二合娑底二合娑嚩二合娑底二合娑嚩二合娑底二合娑嚩二合娑底二合娑嚩二合娑底二合娑嚩二合賀十六，引②

令我某甲并諸眷屬，皆得遠離一切鬼神使者、琰魔使者、黑夜母天、持黑索者，及死王所罰、梵天所罰、帝釋所罰、仙人所罰、諸天所罰、龍王所罰、阿蘇羅所罰、麼嚕多罰、誐嚕拏罰、彥達嚩罰、緊那羅罰、摩護羅誐罰、藥叉所罰、羅刹娑罰、畢嚇多罰、比舍遮罰、步多所罰、矩畔拏罰、布單那罰、羯吒布單那罰、塞建那罰、喕麼那罰、車耶所罰、阿鉢娑麼羅罰、塢娑多囉迦罰、吠多拏罰、王所罰、賊所罰、水火所罰，於一切處所有讁罰及輕小治罰，令我某甲并諸眷屬，皆得遠離，常見擁護，壽命百年，願見百秋。

阿難陁，汝當稱念諸大河王名字，其名曰：

① “怛你也二合他一”至“娑嚩二合賀四十引”，《大正藏》對校梵文 Tad yathā. jalā jātule molājantule cāpeti jantule, mathani ghātani grasavi hariśiri dyutiśiri taru taruṇavati, hā, 5. siṁhe dhiti vidhiti kuru 2 vasare, tuta tutasi vatavatasi, śili, 2, mili 2 kapile 2 kapilamūle, hā hī hū sarva duṣṭa praduṣṭānāṁ jambhanaṁ karomi stambhana karomi hasta pādāṅga pratyaṅga nigrahaṁ karomi sahatradaśe hide vehi uṭṭiṅgini surapativartti. vajra 4 vajrapataye svāhā.

② “怛你也二合他引一”至“賀十六引”，《大正藏》對校梵文 Tad yathā. jvala jvalan tapa tapan dhama dhaman matha mathan sara saraṇa, kuti 2 muti 2 miṭi 2 paṭi 2 sara 2 mara 2 hara 2 tiri 2. ṭā, 5, dā, 5, vā, 5, hala, 5, siddhi, 5. svasti, 5. svāhā。

　　殑伽河王、信度河王、嚩蒭河王、臬多河王、設臘部^①河王、阿尒囉伐底^②河王、琰母娜^③河王、句賀^④河王、訶尾怛嗳多^⑤河王、設多訥嚕^⑥河王、微播捝^⑦河王、愛羅伐底^⑧河王、戰捺羅婆誐^⑨河王、薩囉娑底^⑩河王、羯蹉比頼^⑪河王、盃喻史扼^⑫河王、迦尾哩^⑬河王、擔没囉鉢拏^⑭河王、末度末底^⑮河王、益蒭伐底^⑯河王、遇末底^⑰河王、捺末娜^⑱河王、燥蜜怛囉^⑲河王、尾濕嚩蜜怛羅^⑳河王、阿麼囉^㉑河王、跢麼囉^㉒河王、半者羅^㉓河王、素婆窣堵^㉔河王、鉢囉婆捺哩迦^㉕河王、答布多^㉖河王、尾麼羅^㉗河王、遇娜嚩里河王、泥連善那^㉘河王、呬蘭孃伐底^㉙河王。

　　如是等諸大河王依此大地而住。彼諸河王處若天、若龍，若阿蘇羅、麼嚕多、誐嚕拏、彦達嚩、緊娜囉、摩護囉誐，若藥叉、羅刹娑、畢嚟多、比舍遮、若步多、矩畔拏、布單那、羯吒布單那、塞建那、嗢摩那、車耶、阿鉢娑麼囉、塢娑多羅迦，及食精氣者、食胎者、食血者、食肉者、食脂膏者、食髓者、食生者、食命者、食祭祠者、食氣者、食香

---

① 設臘部，《大正藏》對校梵文 sarabhū-nadīrājñī。
② 阿尒囉伐底，《大正藏》對校梵文 ajiravatī。
③ 琰母娜，《大正藏》對校梵文 yamunā。
④ 句賀，《大正藏》對校梵文 kuhā。
⑤ 訶尾怛嗳多，《大正藏》對校梵文 vitastā。
⑥ 設多訥嚕，《大正藏》對校梵文 śatadrū。
⑦ 微播捝，《大正藏》對校梵文 vipāśā。捝，《中華藏》校勘《石》《磧》《南》《徑》《清》作"捨"。
⑧ 愛羅伐底，《大正藏》對校梵文 airavatī。
⑨ 戰捺羅婆誐，《大正藏》對校梵文 candrabhāgā。
⑩ 薩囉娑底，《大正藏》對校梵文 sarasvatī。
⑪ 羯蹉比頼，《大正藏》對校梵文 kacchapī。
⑫ 盃喻史扼，《大正藏》對校梵文 payoṣṇī。
⑬ 迦尾哩，《大正藏》對校梵文 kāverī。
⑭ 擔没囉鉢拏，《大正藏》對校梵文 tāmraparṇī。
⑮ 末度末底，《大正藏》對校梵文 madhumatī。
⑯ 益蒭伐底，《大正藏》對校梵文 ikṣumatī。
⑰ 遇末底，《大正藏》對校梵文 gomatī。
⑱ 捺末娜，《大正藏》對校梵文 narmadā。
⑲ 燥蜜怛囉，《大正藏》對校梵文 saumitrā。
⑳ 尾濕嚩蜜怛羅，《大正藏》對校梵文 viśvāmitrā。
㉑ 阿麼囉，《大正藏》對校梵文 amarā。
㉒ 跢麼囉，《大正藏》對校梵文 tāmarā。
㉓ 半者羅，《大正藏》對校梵文 pāñcālā。
㉔ 素婆窣堵，《大正藏》對校梵文 suvāstu。
㉕ 鉢囉婆捺哩迦，《大正藏》對校梵文 prabhadrikā。
㉖ 答布多，《大正藏》對校梵文 tapodā。
㉗ 尾麼羅，《大正藏》對校梵文 vimalā。
㉘ 泥連善那，《大正藏》對校梵文 nairañjanā。
㉙ 呬蘭孃伐底，《大正藏》對校梵文 hiraṇyavatī。

者、食鬟者、食花者、食菓者、食苗稼者、食火祭者、食膿者、食大便者、食小便者、食涕
唾者、食涎者、食洟者、食殘食者、食吐者、食不淨物者、食漏水者。

如是等種種形貌、種種顔色隨樂變身諸鬼神等依彼河住。彼等亦以此佛母大孔
雀明王皆擁護於我某甲并諸眷屬，令離憂苦，壽命百年，常受安樂。

阿難陁，汝當稱念諸大山王名字，其名曰：

妙高山王①、雪山②王、香醉③山王、百峯④山王、竭地洛迦⑤山王、金脇⑥山王、
持光⑦山王、顙泯達羅⑧山王、輪圍⑨山王、大輪圍⑩山王、因陁羅石⑪山王、梵宅⑫
山王、有吉祥⑬山王、善現⑭山王、廣大⑮山王、出寶⑯山王、多虫⑰山王、寶頂⑱山王、
出金剛⑲山王、阿蘇羅巖⑳山王、毗摩質多羅㉑山王、電光㉒山王、馬乳㉓山王、月光山
王、日光㉔山王、摩羅耶㉕山王、頻陁㉖山王、賢石㉗山王、質怛羅矩吒㉘山王、金峯㉙山

---

① 妙高山王，《大正藏》對校梵文 sumeru-parvatarāja。
② 雪山，《大正藏》對校梵文 himavān。
③ 香醉，《大正藏》對校梵文 gandhamādana。
④ 百峯，《大正藏》對校梵文 śataśṛṅga。
⑤ 竭地洛迦，《大正藏》對校梵文 khadira。
⑥ 金脇，《大正藏》對校梵文 svarṇapārśva。
⑦ 持光，《大正藏》對校梵文 dyutindhara。
⑧ 顙泯達羅，《大正藏》對校梵文 nimindhara。
⑨ 輪圍，《大正藏》對校梵文 cakravāḍa。
⑩ 大輪圍，《大正藏》對校梵文 mahācakravāḍa。
⑪ 因陁羅石，《大正藏》對校梵文 indraśaila。
⑫ 梵宅，《大正藏》對校梵文 brahmālaya。
⑬ 有吉祥，《大正藏》對校梵文 śrīmanta。
⑭ 善現，《大正藏》對校梵文 suda　śana。
⑮ 廣大，《大正藏》對校梵文 vipula。
⑯ 出寶，《大正藏》對校梵文 ratnākara。
⑰ 多虫，《大正藏》對校梵文 krimila。
⑱ 寶頂，《大正藏》對校梵文 maṇikūṭa。
⑲ 出金剛，《大正藏》對校梵文 vajrākara。
⑳ 阿蘇羅巖，《大正藏》對校梵文 asuraprāgbhāra。
㉑ 毗摩質多羅，《大正藏》對校梵文 vemacitra。
㉒ 電光，《大正藏》對校梵文 vidyunprabha。
㉓ 馬乳，《大正藏》對校梵文 aśvancha(?)。乳，《中華藏》校勘《磧》《南》《徑》《清》作"耳"。
㉔ 日光，《大正藏》對校梵文 sūryakānta。
㉕ 摩羅耶，《大正藏》對校梵文 malaya。
㉖ 頻陁，《大正藏》對校梵文 vimdhya。
㉗ 賢石，《大正藏》對校梵文 bhadraśaila。
㉘ 質怛羅矩吒，《大正藏》對校梵文 citrakūṭa。
㉙ 金峯，《大正藏》對校梵文 svarṇaśṛṅga。

王、播哩耶怛羅①山王、妙臂②山王、有摩尼③山王、蘇曬那④山王、梵觜⑤山王、智淨山
王、牛耳⑥山王、摩羅質怛羅⑦山王、劍形⑧山王、炎熱⑨山王、安繕那⑩山王、積聚⑪山
王、鹿色⑫山王、達達⑬山王、罽羅娑⑭山王、大帝⑮山王。

　　如是等諸大山王居此大地。於彼等山所有天、龍、阿蘇羅、麼嚕多、誐嚕拏、彦達
嚩、緊那羅、摩護曬誐、藥叉、羅刹娑、畢嚇多、比舍遮、步多、矩伴拏、布單那、羯吒布
單那、塞建那、嗢麼那、車耶、阿鉢娑麼羅、塢娑多羅迦，諸鬼神等及持明大仙并諸營
從眷屬，住彼山者亦皆以此佛母大孔雀明王擁護於我某甲并諸眷屬，壽命百年，除滅
惡事，常覩吉祥，離諸憂惱。復説伽他曰：

　　　　令我夜安隱，晝日亦安隱，

　　　　於一切時中，諸佛常護念。

　　阿難陀，汝當稱念諸星宿天名号。彼星宿天有大威力，常行虛空，現吉凶相，其名曰：

　　　　昂⑯星及畢⑰星，觜⑱星參⑲及井⑳，

　　　　鬼㉑宿能吉祥，柳㉒星爲第七。

　　此等七宿住於東門，守護東方。彼亦以此佛母大孔雀明王常護我某甲并諸眷屬，
壽命百年，離諸憂惱。

---

①　播哩耶怛羅，《大正藏》對校梵文 parijāta。
②　妙臂，《大正藏》對校梵文 subāhu。
③　有摩尼，《大正藏》對校梵文 maṇimanta。
④　蘇曬那，《大正藏》對校梵文 suṣeṇa。
⑤　梵觜，《大正藏》對校梵文 brahmatuṇḍa。
⑥　牛耳，《大正藏》對校梵文 gokarṇa。
⑦　摩羅質怛羅，《大正藏》對校梵文 mālyacitra。
⑧　劍形，《大正藏》對校梵文 khaṅga。
⑨　炎熱，《大正藏》對校梵文 tāpana。
⑩　安繕那，《大正藏》對校梵文 añjena。
⑪　積聚，《大正藏》對校梵文 muñjena。
⑫　鹿色，《大正藏》對校梵文 rurubha。
⑬　達達，《大正藏》對校梵文 dardana。
⑭　罽羅娑，《大正藏》對校梵文 kailāsa。
⑮　大帝，《大正藏》對校梵文 mahendra。
⑯　昂，《大正藏》對校梵文 kṛttikā。
⑰　畢，《大正藏》對校梵文 rohiṇī。
⑱　觜，《大正藏》對校梵文 mṛgaśirā。
⑲　參，《大正藏》對校梵文 ārdrā。
⑳　井，《大正藏》對校梵文 punarvasu。
㉑　鬼，《大正藏》對校梵文 puṣya。
㉒　柳，《大正藏》對校梵文 aśleṣā。

星①宿能摧怨，張②翼③亦如是，

軫④星及角⑤亢⑥，氏⑦星居第七。

此等七宿住於南門，守護南方。彼亦以此佛母大孔雀明王常擁護我_{某甲}并諸眷屬，壽命百年，離諸憂惱。

房⑧宿大威德，心⑨尾⑩亦復然，

箕⑪星及斗⑫牛⑬，女⑭星爲第七。

此等七宿住於西門，守護西方。彼亦以此佛母大孔雀明王常擁護我_{某甲}并諸眷屬，壽命百年，離諸憂惱。

虛⑮星與危⑯星，室⑰星辟⑱星等，

奎⑲星及婁⑳星，胃㉑星寂居後。

此等七宿住於北門，守護北方。彼亦以此佛母大孔雀明王常擁護我_{某甲}并諸眷屬，壽命百年，離諸憂惱。

阿難陀，汝當稱念有九種執曜名号。此執曜天巡行二十八宿之時能令晝夜時分增減，世閒所有豐儉苦樂皆先表其相，其名曰：

日月及熒惑，辰歲并大㉒白，

---

① 星，《大正藏》對校梵文 maghā。
② 張，《大正藏》對校梵文 pūrvaphalgunī。
③ 翼，《大正藏》對校梵文 uttaraphalgunī。
④ 軫，《大正藏》對校梵文 hastā。
⑤ 角，《大正藏》對校梵文 citrā。
⑥ 亢，《大正藏》對校梵文 svātī。
⑦ 氏，《大正藏》對校梵文 viśākhā。
⑧ 房，《大正藏》對校梵文 anurādhā。
⑨ 心，《大正藏》對校梵文 jyeṣṭhā。
⑩ 尾，《大正藏》對校梵文 mūla。
⑪ 箕，《大正藏》對校梵文 pūrvāṣāḍhā。
⑫ 斗，《大正藏》對校梵文 uttarāṣāḍhā。
⑬ 牛，《大正藏》對校梵文 śravaṇā。
⑭ 女，《大正藏》對校梵文 abhijit。
⑮ 虛，《大正藏》對校梵文 śatabhiṣā。
⑯ 危，《大正藏》對校梵文 dhaniṣṭhā。
⑰ 室，《大正藏》對校梵文 pūrvabhādrapadā。
⑱ 辟，《大正藏》對校梵文 uttarabhādrapadā，《中華藏》校勘《磧》《南》《徑》《清》作“壁”。
⑲ 奎，《大正藏》對校梵文 revatī。
⑳ 婁，《大正藏》對校梵文 aśvinī。
㉑ 胃，《大正藏》對校梵文 bharaṇī。
㉒ 大，《中華藏》校勘《石》《磧》《南》《徑》《清》作“太”。

鎮及羅睺彗，此皆名執曜。

此①等九曜有大威力，能示吉凶。彼亦以此佛母大孔雀明王常擁護我_{某甲}并諸眷屬，壽命百年，離諸憂惱。復以伽他讚諸星宿：

宿有二十八，四方各居七，

執曜復有七，加日月爲九，

總成三十七，勇猛大威神，

出没照世間，示其善惡相，

令晝夜增減，有勢大光明。

皆以清淨心，於此明隨喜。

此等星宿天皆亦以此佛母大孔雀明王，常擁護我_{某甲}并諸眷屬，壽命百年。

阿難陁，汝當稱念諸大仙人名号。此諸仙人皆持成就禁戒常修苦行，皆具威德，有大光明，或住山河，或居林藪，欲作善惡，呪願吉凶，隨言成就，五通自在，遊行虛空，一切所爲無有障导，汝當稱念，其名曰：

阿瑟吒迦②大仙、嚩麽迦③大仙、嚩麽你嚩④大仙、摩利支⑤大仙、末建你耶⑥大仙、種種友⑦大仙、婆私瑟侘⑧大仙、跋臘弭迦⑨大仙、迦葉波⑩大仙、老迦葉波⑪大仙、勃陵隅⑫大仙、勃哩羅娑⑬大仙、鴦儗羅⑭大仙、婆儗羅娑⑮大仙、阿怛囕耶⑯大仙、補攞悉底耶⑰大仙、鹿頭大仙、焰摩火⑱大仙、洲子⑲大仙、黑洲子⑳大仙、賀哩多㉑大仙、

---

① 此，《中華藏》校勘《石》作"彼"。

② 阿瑟吒迦，《大正藏》對校梵文 aṣṭamaka-mahārṣī。

③ 嚩麽迦，《大正藏》對校梵文 vāmaka。

④ 嚩麽你嚩，《大正藏》對校梵文 vāmadeva。

⑤ 摩利支，《大正藏》對校梵文 mārici。

⑥ 末建你耶，《大正藏》對校梵文 mārkaṇḍeya。

⑦ 種種友，《大正藏》對校梵文 viśvāmitra。

⑧ 婆私瑟侘，《大正藏》對校梵文 vasiṣṭha。

⑨ 跋臘弭迦，《大正藏》對校梵文 vālmīka。

⑩ 迦葉波，《大正藏》對校梵文 kāśyapa。

⑪ 老迦葉波，《大正藏》對校梵文 vṛddhakāśyapa。

⑫ 勃陵隅，《大正藏》對校梵文 bhṛgu。

⑬ 勃哩羅娑，《大正藏》對校梵文 bhṛṅgirasa。

⑭ 鴦儗羅，《大正藏》對校梵文 aṅgirasa。

⑮ 婆儗羅娑，《大正藏》對校梵文 bhagiratha。

⑯ 阿怛囕耶，《大正藏》對校梵文 ātreya。

⑰ 補攞悉底耶，《大正藏》對校梵文 pulastya。

⑱ 焰摩火，《大正藏》對校梵文 yamāgni(?)。

⑲ 洲子，《大正藏》對校梵文 vaisaṁpāya。

⑳ 黑洲子，《大正藏》對校梵文 kṛṣṇa-vaisaṁpāya。

㉑ 賀哩多，《大正藏》對校梵文 hārīta。

賀哩多子①大仙、等聲②大仙、高勇③大仙、等高勇④大仙、説忍⑤大仙、名稱⑥大仙、善名稱⑦大仙、尊重⑧大仙、黃大仙、補怛洛迦⑨大仙、阿濕嚩擸野那⑩大仙、香山大仙、雪山⑪大仙、赤目⑫大仙、難住⑬大仙、吠陝播野那大仙、縛攬弄迦大仙、能施大仙、訥麼娑大仙、設臘婆大仙、麼拏大仙、主宰大仙、帝釋大仙、歲星大仙、嬌大仙、光⑭大仙、鸚鵡大仙、阿羅祢弥⑮大仙、鎮星⑯大仙、辰星⑰大仙、持毒⑱大仙、乾陀羅⑲大仙、獨覺⑳大仙、仙角㉑大仙、蘗誐㉒大仙、單拏野那大仙、建姹野那大仙、烟頂大仙、可畏大仙、劫比羅㉓大仙、喬答摩㉔大仙、摩蹬伽㉕大仙、朱眼大仙、妙眼大仙、娜羅那㉖大仙、山居㉗大仙、訖哩弭羅㉘大仙。

　此等諸仙皆是往古大仙，造四明論，喜㉙閑呪術，衆行備成，自他俱利。彼亦以此佛母大孔雀明王擁護我某甲并諸眷屬，壽命百年，離諸憂惱。復説真言曰：

----

①　賀哩多子，《大正藏》對校梵文 hārītāya。

②　等聲，《大正藏》對校梵文 samaṅgira。

③　高勇，《大正藏》對校梵文 uṅgata。

④　等高勇，《大正藏》對校梵文 samuṅgata。

⑤　説忍，《大正藏》對校梵文 kṣantivādi。

⑥　名稱，《大正藏》對校梵文 kīrtti。

⑦　善名稱，《大正藏》對校梵文 sukīrtti。

⑧　尊重，《大正藏》對校梵文 guru。

⑨　補怛洛迦，《大正藏》對校梵文 potalaka。

⑩　阿濕嚩擸野那，《大正藏》對校梵文 aśvalāya。

⑪　雪山，《大正藏》對校梵文 himavān。

⑫　赤目，《大正藏》對校梵文 lohitākṣa。

⑬　難住，《大正藏》對校梵文 durvāsa。

⑭　光，《大正藏》對校梵文 prabha。

⑮　阿羅祢弥，《大正藏》對校梵文 aranemīni。

⑯　鎮星，《大正藏》對校梵文 śanaiśvara(?)。

⑰　辰星，《大正藏》對校梵文 budha(?)。

⑱　持毒，《大正藏》對校梵文 janguli。

⑲　乾陀羅，《大正藏》對校梵文 gandhāra。

⑳　獨覺，《大正藏》對校梵文 ekaśṛnga。

㉑　仙角，《大正藏》對校梵文 ṛṣyaśṛnga。

㉒　蘗誐，《大正藏》對校梵文 garga。

㉓　劫比羅，《大正藏》對校梵文 kapila。

㉔　喬答摩，《大正藏》對校梵文 gotama。

㉕　摩蹬伽，《大正藏》對校梵文 mātaṅga。

㉖　娜羅那，《大正藏》對校梵文 nārada。

㉗　山居，《大正藏》對校梵文 parvata。

㉘　訖哩弭羅，《大正藏》對校梵文 krimilā。

㉙　喜，《中華藏》校勘《石》《徑》《清》作"善"，《磧》《南》作"菩"。

怛你也二合他一哂馨異反哩哂哩二哂哩佉哩三麼哩護哩四素哩賀哩五哂哩哂哩六弭哩弭哩七囁普囁普八拏囁普九仡囉二合薩頡十沫他頡十一諸賀頡十二伽多頡十三跛左頡十四播引左頡十五播多頡十六跢跛頡十七賀曩頡十八娜賀頡十九娜賀娜賀娜賀二十娜羅娜羅羅頡二十一播吒頡二十二邏引賀頡二十三謨賀頡二十四婆擔二合婆頡二十五咎婆頡娑嚩二合賀引，二十六①

阿難陁，汝當稱念此大地中有大毒藥名字，其名曰：

頞拏囉引，一半拏囉引，二迦囉引攞引，三計庾引囉引，四部引蹬誐麼底五部引多鉢底六泯努鉢底七悉哩鉢底八帝惹鉢底九帝祖引仡囉二合鉢底十拽戌引鉢底十一拽戌仡囉二合鉢底十二阿囉拏十三跢引囉拏十四阿囉赦十五怛囉二合拏十六難跢引諾賀十七，引濟賀引濟邏十八，引癹邏麌邏十九，引止囉引難覩囉二十伊哩枳止迦二十一捨且覩囉二十二尾補里二十三曩矩哩二十四枳哩比二十五怛郎誐哩瑟吒二合，二十六闍引母麼底二十七咎母麼底二十八麼麼麼底二十九迦麼黎三十尾麼黎三十一軍拏黎三十二阿四覩哂三十三嚩計三十四嚩迦拏引帝三十五嚩捺曩陛三十六麼賀引誐黎三十七都覽迷三十八蘇覽迷三十九②

阿難陁，此大毒藥及諸藥神亦以此佛母大孔雀明王守護我某甲并諸眷屬，壽命百年，離諸毒害。

復次阿難陁，此佛母大孔雀明王教七佛正遍知如來之所宣說，所謂：微鉢尸、尸棄、毗舍浮、羯句忖那、羯諾迦牟尼、迦攝波、我釋迦牟尼如來正遍知等，皆隨喜宣說此佛母大孔雀明王，慈氏菩薩亦隨喜宣說。索訶世界主大梵天王，并天帝釋，四大天王，持國天王與揵達婆主，增長天王與俱槃茶主，廣目天王與龍主，多聞天王與藥叉主并二十八大藥叉將，皆隨喜宣說此佛母大孔雀明王真言。散支迦大將訶利底母及五百子并諸眷屬亦隨喜宣說。阿難陁，此佛母大孔雀明王真言无能違越者。若天，若龍，若阿蘇羅、麼嚕多、誐嚕拏、彥達嚩、緊那囉、摩護囉誐等，亦无能違越者。若藥叉，若羅剎娑，若畢㘑多、比舍遮、步多、矩伴拏、布單那、羯吒布單那、塞建那、嗢麼那、車耶、阿鉢娑麼囉、塢娑跢囉迦等一切鬼神亦无能違越者。及一切諸惡食者：食精氣者、食胎者、食血者、食肉者、食脂膏者、食髓者、食生者、食命者、食祭祠者、食氣

---

①　"怛你也二合他一"至"咎婆頡娑嚩二合賀引二十六"，《大正藏》對校梵文 Tad yathā. hiri 2 khiri 2 muri 2 puri 2 hili 2 mili ḍapphu ḍaḍapphu grasani mathani madani dahani ghātani, pacani pācani, tapani tāpani, hanani dāla 2 nipātani mohani jambhani stambhani svayaṃtuve svāhā。

②　"頞拏囉引一"至"蘇覽迷三十九"，《大正藏》對校梵文 aṇḍarā, paṇḍarā, karaḍā, keyūrā, bhūtaṅgamā, bhūtapati, viṃdupati, śiripati, tejapati, tejograpati, yaśopati, yaśograpati, araḍā, taraḍā, tarataraḍādantā, jahā, johā, jelā, melā phalā, guhā, rudhirā dantulā, irikicikākiri, kacikā, kambā, śatantu rā, vipuli, nakuli, kirimi, taraṅgāti ṣṭha, āmramati, jambumati, madhumati kamale, vimale, kuṇḍale, aḍinādi, ahituhi duhivakke, vakkadūtte, vatsanābhe, mahāgare, tulambe surambe svāhā。

者、食香者、食鬘者、食花者、食菓者、食苗稼者、食火祭①者、食膿者、食大便者、食小便者、食涕唾者、食涎者、食洟者、食殘食者、食吐者、食不淨物者、食漏水者，如是等諸惡食者亦不能違越此佛母大孔雀明王。又諸蠱魅、厭禱、呪術，作諸惡法者：訖㗚底迦、羯麼拏、迦具㗚那、枳刺拏、吠跢拏、質者、畢㘑灑迦，亦不能違越。又有飲他血髓，變人馺役，呼召鬼神，造諸惡業，惡食惡吐，惡影惡視，或造厭書，惡跳惡蹇，或惡冒逆，作惡事者，亦不能違越此佛母大孔雀明王。又諸王賊水火、他兵飢饉、非時夭壽、地動惡獸、怨敵惡友等亦不能違越，悉皆遠離。又諸惡病：疥癩瘡癬、痔漏癰疽、身皮黑澁、飲食不消、頭痛半痛、眼耳鼻痛、脣口頰痛、牙齒舌痛及咽喉痛、胸脅背痛、心肚要胯及腨膝痛、手足四肢及隱密處痛、瘦病乾消、遍身疼痛，如是等痛亦不能違越，皆得遠離。又諸瘧病：一日、二日、三日、四日，乃至七日、半月、一月，或復頻日，或復須臾，或常熱病、偏邪瘻病、鬼神壯熱、風黄痰癊，或三集病，四百四病皆不能違越此佛母大孔雀明王。

　　阿難陀，復有鬼魅、人、非人等諸惡毒害，一切不祥及諸惡病，一切鬼神并及使者，怨敵恐怖，種種諸毒，及以呪術，一切厭禱，皆不能違越此摩訶摩瑜利佛母明王，常得遠離一切不善之業，獲大吉祥，衆聖加持所求滿足。

　　復次阿難陀，若有人纔稱念此摩訶摩瑜利佛母明王名字者，便護自身及護他人。或結線索身上帶持，如其此人應合死罪以罰物得脫，應合被罰輕杖得脫，應合輕杖被罵得脫，應合被罵自然得脫，一切苦難悉皆消散。此人亦不被王賊水火、惱毒、刀杖之所侵害，人天鬼神無敢違越，睡安覺安，離諸恐怖，福德增長，壽命延長。

　　阿難陀，唯除宿世定業必受報者，但讀誦此經必獲應効。

　　阿難陀，若天旱時及雨澇時讀誦此經，諸龍歡喜，若滯雨即晴，若亢旱必雨，令彼求者隨意滿足。

　　阿難陀，此佛母大孔雀明王，纔憶念者能除恐怖怨敵，一切厄難，何況具足讀誦受持，必獲安隱。

　　阿難陀，此摩訶摩瑜利佛母明王是能除灾禍、息怨敵者，爲欲守護四衆，苾芻、苾芻尼、鄔波索迦、鄔波斯迦，離諸怖畏故。復說真言曰：

怛你也二合佗引一野嚩底二馱引頞三馱囉枳四矩嚕覩嚕銘五娑嚩二合，引賀引，六②

　　　　　貪欲瞋恚癡，是世間三毒，
　　　　　諸佛皆已斷，實語毒消除。

----

①　祭，《中華藏》校勘《徑》《清》作"祠"。

②　"怛你也二合佗引一"至"娑嚩二合引賀引六"，《大正藏》對校梵文 Tad yathā. yāvati dhānati varaki kulutulume svāhā。

貪慾瞋恚癡，是世閒三毒，
達磨皆已斷，實語毒消除。
貪欲瞋恚癡，是世閒三毒，
僧伽皆已斷，實語毒消除。
一切諸世尊，有大威神力，
羅漢具名稱，除毒令安隱。
我等并眷屬，常得離灾厄①，
願佛母明王，令一切安隱②。

尒時具壽阿難陁聞佛世尊説是經已，頂禮雙足，右繞三帀，承佛聖旨往莎底苾芻所，便以此佛母大孔雀明王法爲彼苾芻而作救護，結其地界，結方隅界，攝受饒益，除其苦惱。時莎底苾芻苦毒消散，身得安隱，從地而起，與具壽阿難陁俱詣佛所，礼雙足已，在一面住③。

尒時世尊告阿難陁："由此因緣，汝當普告四衆苾芻、苾芻尼、鄔波索迦、鄔波斯迦，及國王大臣、世閒人等，勸令一心受持此法，爲他人説，書寫經卷在處流通，當令嚴飾建立壇場，香花飲食隨分供養，令一切有情離諸憂惱，得福无量，常獲安樂，壽命百年。"

尒時世尊説是經已，人天藥叉及諸鬼魅奉佛教勅不敢違越，皆起慈心護持經者。時具壽阿難陁及諸大衆，天、龍、藥叉、彦達嚩、阿蘇羅、摩嚕多、蘗嚕拏、緊那囉、摩護囉誐、人、非人等，聞佛所説，皆大歡喜，信受奉行。

天阿蘇羅藥叉等，來聽法者應至④心，
擁護佛法使長存，各各勤行世尊教。
諸有聽徒來至此，或在地上或居空，
常於人世起慈心，晝夜自身依法住。
願諸世界常安隱，无邊福智益群生，
所有罪業並消除，遠離衆苦歸圓寂。
恒用戒香塗瑩體，常持定服以資身，
菩提妙花遍莊嚴，隨所住處常安樂。

佛母大孔雀明王經卷下

---

① 厄，《中華藏》校勘《石》《磧》《南》《徑》《清》作"危"。
② 隱，《中華藏》校勘《磧》《南》作"樂"。
③ 住，《中華藏》校勘《徑》《清》作"立"。
④ 至，《中華藏》校勘《石》作"志"。

大雲輪請雨經①

大雲輪請雨經卷上

特進試鴻臚卿大興善寺三藏沙門大廣智不空奉詔譯②

如是我聞：一時佛住難陀塢波難陀龍王宮吉祥摩尼寶藏大雲道場寶樓閣中，與大苾芻及諸菩薩摩訶薩眾，復有諸大龍王眾，其名曰：

難那龍王、塢波難那龍王、娑伽羅龍王、阿那婆達多龍王、摩那斯龍王、嚩嚕拏龍王、德叉迦龍王、持國龍王、嚩素吉龍王、目真鄰陀龍王、伊羅跋拏龍王、芬陀利龍王、威光龍王、吉賢龍王、電鬘龍王、大摩尼髻龍王、摩尼珠髻龍王、光耀火龍王、帝釋仗鋒龍王、帝釋幢龍王、帝釋杖龍王、贍部幢龍王、吉祥龍王、大輪龍王、大蟒蛇龍王、光味龍王、月威龍王、具吉祥龍王、寂見龍王、善見龍王、菩住龍王、摩尼瓔珞龍王、興雲龍王、持雨龍王、澍雨龍王、大拍脅聲龍王、小拍脅聲龍王、奮迅龍王、大撥拏龍王、大項龍王、深聲龍王、大深聲龍王、大雄猛龍王、塢鉢羅龍王、大步龍王、螺髮龍王、質怛羅斯那龍王、大名稱龍王、醫③羅葉龍王、偏光龍王、驢耳龍王、商佉龍王、捺度羅龍王、塢波捺度羅龍王、安隱龍王、臆行龍王、大臆行龍王、大力龍王、呼嚧拏龍王、阿④波羅龍王、藍謨羅龍王、吉哩彌賒龍王、黑色龍王、帝釋軍龍王、那羅龍王、塢波那羅龍王、劍謨羅龍王、捺囉彌拏龍王、端正龍王、象耳龍王、猛利龍王、黃色龍王、電焰龍王、大電焰龍王、天力龍王、嚩嚕欀蹉龍王、妙蓋龍王、甘露龍王、河津龍王、瑠璃光龍王、金髮龍王、金光龍王、月幢光龍王、日光龍王、警覺龍王、牛頭龍王、白色龍王、黑

---

① 底本，《中華藏》第 1419 號，第 65 册第 576 頁中—589 頁中，原《金藏》廣勝寺本。校本，《大正藏》第 989 號，第 19 册第 484 頁下—492 頁下。

② 譯名，《中華藏》校勘《徑》《清》作"唐特進試鴻臚卿三藏沙門大廣智不空奉詔譯"，《麗》作"開府儀同三司特進試鴻臚卿肅國公食邑三千户賜紫贈司空謐大鑒正號大廣智大興善寺三藏沙門不空奉詔譯"，卷下同。

③ 醫，《中華藏》校勘《石》《麗》作"翳"。

④ 阿，原作"何"，據《中華藏》校勘《麗》改。

色龍王、焰摩龍王、妙彌龍王、蝦蟇龍王、僧伽吒龍王、尼泯馱囉龍王、持地龍王、千頭龍王、寶髻龍王、不空見龍王、雲霧龍王、蘇屍那龍王、麏波羅龍王、仁施龍王、調善龍王、宿德龍王、蛟龍王、蛟頭龍王、持毒龍王、食毒龍王、蓮華龍王、大尾龍王、騰轉龍王、可畏龍王、善威德龍王、五頭龍王、波哩羅龍王、古車龍王、嘔怛羅龍王、長尾龍王、鹿頭龍王、擯卑孕反比迦龍王、醜相龍王、馬形龍王、三頭龍王、龍仙龍王、大威德龍王、那羅達多龍王、恐怖龍王、焰光龍王、七頭龍王、大樹龍王、愛見龍王、大惡龍王、無垢威龍王、妙眼龍王、大毒龍王、焰肩龍王、大害龍王、大瞋忿龍王、寶雲龍王、大雲施水龍王、帝釋光龍王、波陀樹龍王、雲月龍王、海雲龍王、大香俱牟陀龍王、華藏龍王、赤眼龍王、大幢幡龍王、大雲藏龍王、雲①山龍王、威德藏龍王、雲戟龍王、持夜龍王、雲龍王、雲雨龍王、大雲雨龍王、大光龍王、雲聲離瞋恚龍王、惡鉼龍王、龍猛龍王、焰光龍王、雲蓋龍王、應祁羅目佉龍王、威德龍王、出雲龍王、無邊步龍王、蘇師拏龍王、大身龍王、狼腹龍王、寂静龍王、勤勇龍王、老烏龍王、烏途羅龍王、猛毒龍王、妙聲龍王、甘露堅龍王、大散雨龍王、擾於斬反震聲龍王、相擊聲龍王、鼓聲龍王、注甘露龍王、雷擊龍王、勇猛軍龍王、那羅延龍王、馬口龍王、尾羯吒龍王。

有如是等諸大龍王而爲上首,復有八十四俱胝百千那庾多諸龍王俱來會坐。時彼一切龍王等從座而起各整衣服,偏袒右肩,合掌向佛,即以種種無量無邊阿僧祇數微妙香華、塗香,末②香、華鬘、衣服、寶幢、幡蓋、龍華、寶冠、真珠、瓔珞、寶華、繒綵、真珠羅網覆如來上,作衆伎樂,起大殷重奇特之心,右遶佛已,卻住一面。

尒時諸龍心發是願,所有一切諸世界海、微塵身海、一切諸佛菩薩衆海、徧於一切諸世界海,已過所有一切四大地、水、火、風、微塵等海,所有一切諸色影像微塵數海,已過無量不可思議、不可宣説阿僧祇數,諸身等海於一身化作無量阿僧祇諸手雲海徧滿十方,又於一一微塵分中化出無量供養雲海徧滿十方。我等咸皆持以供養一切諸佛菩薩,衆海無量無數不可思議,不可宣説阿僧祇數,無有閒斷,普賢行願,色身雲海滿虛空際住。如是菩薩色身雲海,以一切寶衆光明色,一切日月身宮殿道場雲海,以一切寶鬘雲海,以一切寶光明藏樓閣雲海,一切末香樹藏雲海,以一切塗香燒香現一切色雲海,以一切擊諸音樂聲雲海,以一切香樹雲海,如是等無量無邊不可思議,不可宣説阿僧祇數,如是一切供養雲海,如是等滿虛空際住,我等咸皆供養,恭敬尊重,禮拜一切諸佛菩薩衆海。

復以一切莊嚴境界照耀藏摩尼王雲海滿虛空際住,我等咸皆供養,恭敬尊重,禮拜一切諸佛菩薩衆海。

---

① 雲,《中華藏》校勘《石》《磧》《普》《南》《徑》《清》《麗》作"雪"。
② 末,《中華藏》校勘《石》作"秫"。

復以一切普徧寶雨莊嚴摩尼王雲海,以一切寶光焰佛決定音聲①摩尼王雲海,以一切佛法平等音聲普徧摩尼寶王雲海,以一切普門寶焰諸佛化光雲海,以一切衆光明莊嚴顯現不絕摩尼寶王雲海,以一切光焰順佛聖行摩尼寶王雲海,以一切顯現如來不可思議佛刹電光明摩尼王雲海,以一切閒錯寶微塵三世佛身影像示現徧照摩尼王雲海,如是等滿虛空際住,我等咸皆供養,恭敬尊重,禮拜一切諸佛菩薩衆海。

復以一切寶香閒錯華樓閣雲海,以一切無邊色摩尼寶王莊嚴樓閣雲海,以一切寶燈香焰光樓閣雲海,以一切真珠妙色樓閣雲海,以一切華臺樓閣雲海,以一切寶瓔珞莊嚴樓閣雲海,以一切寶微塵數嚴飾無量莊嚴示現樓閣雲海,以一切徧滿妙莊嚴樓閣雲海,以一切普門華幢垂鈴羅網樓閣雲海,如是等滿虛空際住,我等咸皆供養,恭敬尊重,禮拜一切諸佛菩薩衆海。

復以一切妙金寶間雜莊嚴瓔珞寶歡喜藏師子座雲海,以一切華照耀間雜師子座雲海,以一切帝青摩尼閻浮檀妙色蓮華藏師子座雲海,以一切摩尼燈蓮華藏師子座雲海②,以一切摩尼光寶幢妙蓮華藏師子座雲海,以一切寶莊嚴妙色蓮華藏師子座雲海,以一切樂見因陀羅蓮華光藏師子座雲海,以一切無盡光焰威勢蓮華藏師子座雲海,以一切寶光普照蓮華藏師子座雲海,以一切佛音聲蓮華光藏師子座雲海,如是等滿虛空際住,我等咸皆供養,恭敬尊重,禮拜一切諸佛菩薩衆海。

復以一切妙香摩尼樹雲海,以一切諸葉周帀皆如合掌出香氣樹雲海,以一切莊嚴現無邊明色樹雲海,以一切華雲垂布寶樹雲海,以一切出於無邊莊嚴藏樹雲海,以一切寶焰輪電樹雲海,以一切栴檀末菩薩示現神通身樹雲海,以一切不思議無邊樹神莊嚴菩提道場寶衣藏日電光明樹雲海,以一切妙音聲流出意樂音普徧金光樹雲海,如是等滿虛空際住,我等咸皆供養,恭敬尊重,禮拜一切諸佛菩薩衆海。

復以一切無邊寶色蓮華藏師子座雲海,以一切周帀摩尼王電藏師子座雲海,以一切瓔珞莊嚴藏師子座雲海,以一切諸妙寶鬘燈焰藏師子座雲海,以一切圓音出寶雨藏師子座雲海,以一切華香蓮華莊嚴寶藏師子座雲海,以一切佛座現莊嚴摩尼王藏師子座雲海,以一切攔楯垂瓔珞莊嚴藏師子座雲海,以一切摩尼寶峯金末香胎藏師子座雲海,以一切妙香寶鈴羅網普莊嚴日電藏師子座雲海,如是等滿虛空際住,我等咸皆供養,恭敬尊重,禮拜一切諸佛菩薩衆海。

復以一切如意摩尼寶王帳雲海,以一切帝青寶華蘂一切華莊嚴帳雲海,以一切香摩尼帳雲海,以一切寶燈焰形帳雲海,以一切佛③神力出聲摩尼寶王帳雲海,以一

---

① 聲,《中華藏》校勘《麗》作"樂"。

② 以一切摩尼燈蓮華藏師子座雲海,原脫,據《中華藏》校勘《石》《磧》《普》《南》《徑》《清》《麗》補。

③ 佛,《中華藏》校勘《磧》《普》《南》《徑》《清》無。

切華光焰寶帳雲海，以一切妙鈴普徧出聲焰帳雲海，以一切無邊色無垢妙摩尼臺蓮華焰帳雲海，以一切金蘂臺火光寶幢帳雲海，以一切不思議莊嚴諸光瓔珞帳雲海，如是等滿虛空際住，我等咸皆供養，恭敬尊重，禮拜一切諸佛菩薩衆海。

復以一切雜妙摩尼寶蓋雲海，以一切無量光明莊嚴華蓋雲海，以一切無邊色真珠藏妙蓋雲海，以一切諸佛菩薩慈門音摩尼王蓋雲海，以一切妙色寶焰華鬘妙蓋雲海，以一切寶光明莊嚴垂鈴羅網妙蓋雲海，以一切摩尼樹枝瓔珞蓋雲海，以一切日照明徹焰摩尼王諸香煙蓋雲海，以一切栴檀末藏普徧蓋雲海，以一切廣博佛境界電光焰莊嚴普徧蓋雲海，如是等滿虛空際住，我等咸皆供養，恭敬尊重，禮拜一切諸佛菩薩衆海。

復以一切寶明輪雲海，以一切無間寶焰光形輪雲海，以一切華雲電光輪雲海，以一切寶光佛化寶光明輪雲海，以一切佛刹現入光輪雲海，以一切普門佛境界吼聲寶枝光輪雲海，以一切佛刹吠瑠璃寶性摩尼王光輪雲海，以一切無邊衆生色心刹那顯現光輪雲海，以一切佛願生放悦意聲光輪雲海，以一切所化衆生會妙音摩尼王光輪雲海，如是等滿虛空際住，我等咸皆供養，恭敬尊重，禮拜一切諸佛菩薩衆海。

復以一切摩尼藏焰雲海，以一切佛色聲香味觸光焰雲海，以一切寶焰雲海，以一切佛法震聲徧滿焰雲海，以一切佛刹莊嚴電光焰雲海，以一切華樓閣光焰雲海，以一切寶末光焰雲海，以一切劫數佛出音聲教化衆生光焰雲海，以一切無盡寶華鬘示現衆生光焰雲海，以一切諸座示現光焰雲海，如是等滿虛空際住，我等咸皆供養，恭敬尊重，禮拜一切諸佛菩薩衆海。

復以一切無邊色寶光雲海，以一切普徧摩尼王寶光雲海，以一切廣博佛刹莊嚴電光雲海，以一切香光雲海，以一切莊嚴光雲海，以一切佛化身光雲海，以一切種種寶樹華鬘光雲海，以一切衣服光雲海，以一切無邊菩薩諸行名稱寶王光雲海，以一切真珠燈光雲海，如是等滿虛空際住，我等咸皆供養，恭敬尊重，禮拜一切諸佛菩薩衆海。

復以一切不可思議摩尼寶光輪雲海，以一切寶焰蓮華光雲海，以一切無邊色摩尼寶光輪雲海，以一切摩尼真珠色藏雲海，以一切摩尼妙寶栴檀末香雲海，以一切摩尼寶蓋雲海，以一切清淨諸妙音聲悦可衆心寶王雲海，以一切日光摩尼莊嚴雲海，以一切無邊寶藏雲海，以一切普賢色身雲海，如是等滿虛空際住，我等咸皆供養，恭敬尊重，禮拜一切諸佛菩薩衆海。

尒時諸龍王等作是願已，遶佛三帀，頭面作禮，得佛聖旨，各各還依次第而坐。

尒時有一龍王名無邊莊嚴海雲威德輪蓋，三千大千世界主，得不退轉住願力故，爲欲供養恭敬禮拜於如來聽受正法，來此贍部洲。時彼龍王從座而起，整理衣服，偏祖右臂①，右膝著地，合掌向佛，而白佛言："世尊！我今欲有少問，如來正徧知唯願聽許。"

尒時世尊告無邊莊嚴海雲威德輪蓋龍王言："汝大龍王若有疑者，恣聽汝問，吾當爲汝分別解説，令汝心喜。"作是語已，時無邊莊嚴海雲威德輪蓋龍王即白佛言："唯然！世尊，云何能使諸龍王等滅一切苦、得受安樂？受安樂已，又令於此贍部洲時降甘雨，生長一切樹木、叢林、藥草、苗稼皆生滋味，令贍部洲一切人等悉受快樂。"

尒時世尊聞是語已，即告無邊莊嚴海雲威德輪蓋大龍王言："善哉！善哉！汝今爲彼諸衆生等作利益故，能問如來如是等事，汝大龍王，善聽善聽極善聽，汝當作意，我爲汝説。龍王，汝成就一法令一切諸龍除滅諸苦，具足安樂。何者一法？所謂行慈。汝大龍王若有天人行大慈者，火不能燒，刀不能害，水不能漂，毒不能中，内外怨敵不能侵擾，安樂睡眠，安樂覺寤，以自福護持其身，以大福而獲威德，不被他陵。於人天中形貌端嚴，衆所愛敬，所行之處一切無礙，諸苦滅除，心得歡喜，諸樂具足，大慈力故，命終之後得生梵世，汝大龍王，若有天人修大慈行獲是福利，是故龍王以慈身業，以慈語業，以慈意業，應當修行。

"復次②龍王，有陀羅尼名施一切衆生安樂，汝諸龍等常須讀誦繫念受持，能滅一切諸龍苦惱，與其安樂。彼諸龍等既得樂已，於贍部洲即能依時降注甘雨，使令一切樹木、叢林、藥草、苗稼皆得增長。"尒時龍王復白佛言："何者名爲施一切樂陀羅尼句？"

尒時世尊即説陀羅尼曰：

怛你也二合佗一駄引囉抳尼真反駄引囉抳二嗢跢引囉三抳三去鉢囉二合底丁以反瑟恥二合跢引，四尾惹野轗囉拏二合，五薩底也二合鉢囉二合底同前音枳孃二合，引，六薩引賀引枳孃二合，引曩嚩底七嗢答播二合，引娜頦八尾嚧引賀頦九阿鼻曪左頦十阿鼻彌也二合，引賀囉輸上婆去，引嚩底十一阿惹麼底十二瞖哂禁婆引路引底十三嚩引賀引訶囉訖禮二合飾度曩十四播引跛戍引駄野十五沬引爛引頦哩引賀迦達摩曩引，十六秌詩聿反駄引路引迦十七尾底銘囉賀囉惹索十八孱佉上捨麼曩十九薩嚩母駄引，二十嚩路引迦曩引地瑟恥二合帝二十一鉢囉二合枳孃二合，引曩引霓婆嚩二合，引賀引，二十二

佛告龍王："此陀羅尼句，一切諸佛加持，汝等常須受持讀誦，成一切義利，得入法門，是名施一切樂句。

"復次龍王，有大雲所生，加持莊嚴威德藏變化智幢降水輪吉祥金光，毗盧遮那一毛端所生種性如來名號，汝等亦復憶念受持，持彼如來名號者，一切諸龍種姓族

---

① 臂，《中華藏》校勘《徑》《清》作"肩"。

② 復次，原作"次復"，據《中華藏》校勘《石》《磧》《普》《南》《徑》《清》《麗》改。

類,一切龍王眷屬徒衆并諸龍女生龍宮者,所有苦惱悉皆除滅,與其安樂。是故龍王,應當稱彼如來名號。"

南無毗盧遮那藏大雲如來

南無性現出雲如來

南無持雲雨如來

南無吉祥雲威如來

南無大興雲如來

南無大風輪雲如來

南無大雲閃電如來

南無大雲勇步如來

南無須彌善雲如來

南無大雲如來

南無大雲輪如來

南無大雲光如來

南無大雲師子座如來

南無大雲蓋如來

南無大善現雲如來

南無雲覆如來

南無行雲如來①

南無光輪普徧照耀十方雷震聲起雲如來

南無大雲②清涼雷聲深隱奮迅如來

南無布雲如來

南無虛空雨雲如來

南無疾行雲如來

南無雲垂出聲如來

南無雲示現如來

南無廣出雲如來

南無擊雲如來

南無雲支分如來

南無如著雲衣如來

---

① 南無行雲如來,原脱,據《中華藏》校勘《磧》《普》《南》《徑》《清》補。

② "大雲"前,《中華藏》校勘《麗》有"十方"。

南無雲苗稼增長如來

南無乘上雲如來

南無飛雲如來

南無雲名如來

南無散雲如來

南無大優鉢羅華雲如來

南無大香身雲如來

南無大涌雲如來

南無大自在雲如來

南無大光明雲如來

南無大雲施如來

南無大雲摩尼寶藏如來

南無雲聲藏如來

南無雲族如來

南無雲攝受如來

南無散壞非時雲電如來

南無大雲空高響如來

南無大發聲雲如來

南無大降雨雲如來

南無族色力雲如來

南無大雲并雨水如來

南無流水大雲如來

南無大雲滿海如來

南無陽焰旱時注雨雲如來

南無無邊色雲如來

南無一切差別大雲、示現贍部洲①檀飛雲、威德月光焰雲如來等應供正徧知三藐三佛陀

爾時世尊説是如來名已,告無邊莊嚴海雲威德輪蓋龍王言:"汝大龍王,此等如來名號,汝等一切諸龍若能受持稱名禮敬者,一切諸龍所有苦難皆悉解脱,普獲安樂。得安樂已,即能於此贍部洲降注甘雨,令一切藥草、叢林、樹木、苗稼悉皆增長。"

爾時三千大千世界主無邊莊嚴海雲威德輪蓋龍王復白佛言:"世尊! 我今啓請

---

①　洲,原脱,據《中華藏》校勘《磧》《普》《徑》《清》補。

如來説陀羅尼句，令於未來末世之時，於贍部洲亢旱不降雨處，誦此陀羅尼即當降雨。飢餓[1]惡世多饒疾疫，非法鬬諍，人民恐怖，妖星變佐，災害相續。有如是等無量苦惱，以佛威神加持，皆得除滅。惟願世尊以大慈悲愍諸衆生，爲説陀羅尼句，警覺諸龍，悉令受持，能使諸天歡喜踊躍，能摧一切諸魔，遮止衆生災害逼惱，能作息災吉祥之事，能除妖星變怪，如來所説五種雨障亦皆消滅，即令此贍部洲雨澤以時，惟願如來爲我等説。”

大雲輪請雨經卷上

大雲輪請雨經卷下

特進試鴻臚卿大興善寺三藏沙門大廣智不空奉詔譯

尒時世尊聞此無邊莊嚴海雲威德輪蓋龍王如是請已，讚言：“善哉！善哉！汝大龍王能請如是利益安樂一切有情，是故龍王，汝今聽，善聽，極善聽，汝當作意，我爲汝説。此陀羅尼名爲大悲雲生震吼奮迅勇猛憧[2]，一切如來威神加持隨喜宣説，利益安樂一切衆生故，於未來世若亢旱時能令降雨，若滯雨時亦能令止，飢饉疾病亦能除滅，普告諸龍令使知聞，復令諸天歡喜踊躍，能摧諸魔，安隱一切有情。”説此陀羅尼曰：

怛你也二合佗去，引，一摩賀枳孃二合，引囊引嚩無可反婆去，引娑上，二顊室哩二合多帝祖引，祖魯反洛乞史銘二合，引，三濕唱二合荼去尾訖囉二合莫四嚩同前音日羅二合僧去伽去，引多寧五鉢囉麽尾囉惹涅寧逸反麽羅麌拏上計覩六素引哩野二合鉢囉二合陛尾麽朗引誐七拽瑟置二合跛囉跛囉八三去跛囉三去跛囉九跓吒鄔反，下同砧吒添反，下同母跓砧母十賀曩賀曩十一摩賀引鉢囉二合陛十二尾度引多謨引輸引馱迦引𡃤十三鉢囉二合枳孃二合，引秫第跛哩布羅抳二合，十四每引怛𡃤二合每引怛𡃤二合，十五每引怛哩二合味引囉那莫塞訖哩三合帝十六每引怛囕二合，引母馱𠸪惹在娜反攞惹攞十七惹攬引母馱隸冒引地孕二合誐十八矩素銘娜捨麽黎左十九咄吠引舍引囉你曳二合，引，二十阿瑟吒二合，引娜舍引吠尾閉反抳迦引母馱達謎二十一輸上婆去麽底丁以反本寧野二合囉引始二十二輸上婆去羯磨二十三三門上尾帝儞避引𡃤尾囉惹娑計二合，二十四尾補黎尾勢灑鉢囉二合，引跛帝二合，引，二十五顊囉引室囉二合嚩達謎二十六薩嚩路引迦惹慈翳反瑟姹二合，二十七室𡃤二合，引瑟姹二合嚩囉鉢囉二合嚩𡃤二十八阿努鼻聲怛𡃤阿僧上，引霓二十九馱囉馱囉三十地哩地哩三十一度嚕度嚕三十二

---

① 餓，《中華藏》校勘《石》《麗》作“饉”。

② 憧，《中華藏》校勘《石》《磧》《普》《南》《徑》《清》《麗》作“幢”。

扇引多上麼帝扇引多播引悶三十三薩囉薩囉三十四左囉左囉三十五唧哩唧哩三十六祖嚕祖嚕三十七跋囉麼母駄引拏鼻麼帝三十八麼賀引鉢囉二合枳孃上,合,引播引囉弭帝娑嚩二合,引賀引,三十九

南無智海毗盧遮那如來

南無一切諸佛菩薩摩訶薩衆

“我今①召請一切諸龍於瞻部洲令降雨故,以一切佛菩薩誠實真言誡勅諸龍除滅五障。”復説陀羅尼曰:

怛你也二合佗一薩囉薩囉二悉哩悉哩三素嚕素嚕四曩引誐引南引,五惹嚩惹嚩六尒尾尒尾七祖舞祖舞八摩賀引曩引誐引阿去,引蘖撴麁過反多九母駄薩底曳二合,引寧訶瞻部引你尾二合,引悶十鉢囉二合轙殺陀鑁二合,十一左囉左囉十二唧哩唧哩十三祖嚕祖嚕十四摩賀引曩引誐引地跛底丁以反,十五曩引麼引蘖撴地暴引,十六摩賀引曩引誐引母駄薩底曳二合寧訶瞻部引你尾二合,引悶十七鉢囉二合轙殺陀鑁二合,十八駄囉駄囉十九地哩地哩二十度嚕度嚕二十一母駄薩底曳二合,引曩二十二薩嚩曩引麼引嚩引訶以史夜二合,引銘二十三每引怛囉二合唧帝曩二十四迦嚕拏引唧帝曩二十五母你跢引唧帝曩二十六鄔悶乞灑二合,引唧帝曩二十七薩嚩母駄冒地薩怛嚩二合,引地瑟姹二合,引霣二十八,引曩摩夜引曩引捨曳平曩引檗撴佗二十九摩賀曩引誐引地跛多上野三十娑麼二合囉多母駄引南三十一母駄達磨引喃三十二,引冒地薩怛嚩二合麌拏鼻聲,引南三十三跋囉跋囉三十四鼻哩鼻哩三十五部嚕部嚕三十六摩賀惹攬引謀謎伽去嚩引哩駄引哩抳三十七摩賀部惹誐引跛哩迦囉入,引每引怛囉二合唧帝曩三十八蘖撴多娑麼二合囉多三十九嚩囉舍引娑難舍引娑覩二合,四十伽去聲,下同吒伽吒四十一岐去致岐致四十二具誅去具誅去,四十三隖仡囉二合矩嚕二合,引駄四十四摩賀吠微悶反誐引路引攞尒賀嚩二合,四十五摩賀引尾灑入,引阿去,引蘖撴多四十六每引怛囉二合唧跢入,引轙囉灑二合陀鑁二合,四十七伊上訶瞻部你尾二合,引悶薩嚩怛佗去蘖多薩底曳引曩娑嚩二合,引賀引,四十八怛吒怛吒四十九底致底致五十咄跬吒鄔反咄跬五十一摩賀引麼抳麼矩吒五十二冒引里駄囉引試引尾灑嚧引比拏五十三娑麼二合囉多底哩二合囉怛曩二合,引地瑟姹二合,引難五十四嚩囉二合駄囉薩底曳二合,引曩轙囉灑多五十五伊上訶瞻部你尾二合,引悶娑嚩二合,引賀引,五十六迦攞迦攞五十七枳里枳里五十八矩魯矩魯五十九麼護引娜迦嚩引悉諾六十摩賀勃囉二合矩引吒夜引曩引鼻夜引以諾鼻聲,六十一阿去,引蘖撴多六十二每引怛囉二合唧帝引曩伊上訶瞻部你尾二合悶六十三轙囉灑二合駄引囉引母此唱二合惹多六十四怛佗去,引蘖多薩底曳二合曩六十五怛佗引蘖跢引地瑟姹二合,引霣引曩六十六嚩囉二合播引抳尾貞反囉引枳孃二合,引跋野底六十七囉攞囉攞六十八哩里哩里六十九嚕魯嚕魯七十尾誐多弭娜嚩二合,引婆去嚩多七十一蘖嚩部惹在娜反虐入,引,七十二怛哩拽二合怛他去,

---

引蘗多薩底曳二合,引曩七十三伽去麼伽去麼七十四祇去弭祇去弭七十五具重聲呼母具母娑嚩二合,引賀引,七十六阿去,引嚩引賀夜引弭薩嚩曩引㘑引每怛囉二合唧帝引曩七十冒引地唧多布引囉網二合誐謎引曩七十八怛囉怛囉七十九底哩底哩八十覩嚕覩嚕娑嚩二合賀引,八十一尾矩胝曩引曩引尾訖哩二合多八十二試引囉灑二合娑賀娑囉二合,八十三試引囉灑二合囉訖跢二合乞灑二合,八十四摩賀引韈囉拏二合,八十五摩賀引摩護引囉誐引曩引,八十六嚩引訶夜引弭暴暴引摩賀引部惹虐入,引娑麼二合囉多八十七摩賀引迦引嚕抳迦引喃引,八十八薩嚩本孃帝引惹娑帝二合,引尒多引喃引,八十九挽引多訖禮舍去,引南引,九十怛佗引誐跢引曩引麼地瑟姹二合,引難九十一誐娜誐娜九十二儗研以反你泥以反儗你九十三麌努麌努娑嚩二合,引賀九十四,引阿上鉢囉二合底訶多麼攞跛囉引訖囉二合謨九十五,引祖去,引馱引略引韈囉灑二合馱引略入,引,九十六鉢囉二合韈囉灑二合帝引訶贍部引你尾二合,引悶九十七捨囉捨囉九十八始哩始哩秣詩聿反嚕秣嚕娑嚩二合,引賀九十九,引暴引暴引摩賀引曩引虐入,引娑嚩二合炬攞遇引怛囉二合麼努鼻娑麼二合囉多一百韈囉灑二合馱引囉一百一,引喼此哩二合惹帝引訶贍部引你尾二合,引悶一百二薩嚩祢引嚩薩底野二合,引地瑟姹二合,引賓引曩麼鼻,引尾攬麼多娑嚩二合賀一百三,引没囉二合賀麼二合薩底野二合,引地瑟姹二合,引賓引曩鉢囉二合韈囉灑二合帝引訶贍部引你尾二合,引悶娑嚩二合,引賀一百四爍訖囉二合薩底曳二合,引曩鉢囉二合韈囉灑二合多摩賀引曩引虐入,引伊上訶贍部你尾二合,引悶娑嚩二合賀引,一百五捺咄摩賀引囉惹薩底曳二合,引曩鉢囉二合韈囉灑二合帝訶贍部你尾二合,引悶娑嚩二合賀引,一百六阿瑟吒二合麼鼻迦薩底曳二合,引曩鉢囉二合韈囉灑二合摩賀引曩引虐一百七,入,引伊上訶贍部引你尾二合,引悶娑嚩二合,引賀引,一百八鉢囉二合韈囉灑二合多摩賀引曩引虐入,引,一百九素嚕二合,引多阿引半曩薩底曳二合,引曩伊上訶贍部你尾二合,引悶娑嚩二合,引賀引,一百十鉢囉二合襪嚩灑二合多摩賀引曩引虐入,引,一百十一娑訖哩二合那誐引弭薩底曳二合,引曩伊上訶贍部引你尾二合,引悶娑嚩二合賀一百十二鉢囉二合襪囉灑二合多摩賀曩引虐入,引,一百十三阿上曩引誐引弭薩底曳二合,引曩伊上訶贍部引你尾二合悶娑嚩二合,引賀引,一百十四鉢囉二合襪囉灑二合多摩賀引曩引虐入,引,一百十五阿囉恨二合薩底曳二合賓引訶贍部引你尾二合,引悶娑嚩二合,引賀引,一百十六鉢囉韈囉灑二合多摩賀引曩引虐入,引,一百十七鉢囉二合底曳二合,引迦母馱薩底曳二合,引賓引訶贍部引,一百十八你尾二合,引悶娑嚩二合,引賀引,一百十九鉢囉韈囉灑二合多摩賀引曩引虐入,引,一百二十薩嚩冒引地薩怛嚩二合薩底曳二合,引賓引訶贍部引你尾二合,引悶娑嚩二合,引賀引,一百二十一鉢囉二合韈囉灑二合多摩賀引曩引虐入,引,一百二十二薩嚩怛佗去,引薩跢引喃引薩底野二合地瑟姹二合,引賓引曩伊上訶贍部引你尾二合,引悶娑嚩二合賀引,一百二十三薩嚩祢嚩引南薩底曳二合,引曩捨麼野多薩冒引鉢捺囉二合嚩引抳尼呈反娑嚩二合,引賀引,一百二十四薩嚩曩引誐引喃引薩底曳二合,引曩鉢囉二合韈囉灑二合帝引訶摩賀引畢哩二合體毗琰二合娑嚩二合,引賀引,一百二十五薩嚩藥乞灑二合,引喃引薩底曳二合,引曩囉乞灑二合多薩嚩薩怛嚩二合,引喃引娑嚩二合,引賀引,一百二十六薩嚩彦達嚩引喃引薩底曳二合,引曩引跛賀囉多薩冒引播引夜引素鉢捺囉二合嚩引抳麼努鼻灑引喃引娑嚩二合,引賀引,一百二十七薩嚩阿素囉引喃引薩底曳二合,引曩尾顙韈多野多入聲薩嚩尾灑麼鼻諾鼻乞察二合怛囉二合,引抳娑嚩二合,引賀引,一百二十八薩嚩誐嚕拏上,引喃引薩底曳二合,引曩每怛哩淫三合矩嚕多入聲,一百二十九薩曩引誐引南引野你寧以反訶贍部引你尾二合,引問摩賀引韈囉灑二合馱引囉引塢此哩二合惹自醫反欲娑嚩二合,引賀引,一百三十薩嚩緊娜囉引喃引薩底曳二合,引曩捨麼野多一百三十一薩嚩播引半引鉢囉二合賀攞二合,引娜野多薩嚩薩怛鑁二合,引娑嚩二合,引賀引,一百三十二薩嚩麼護囉誐引喃引薩底曳二合,引曩尾補攞尾娑底二合,引囉努二合韈囉灑二合馱引囉引塢此哩二合惹多散馱引囉野多半左韈産引多囉引夜引抳娑嚩二合,引賀引,一百三十三薩嚩麼努鼻灑引喃引薩底曳二合,引曩跛哩播引攞野多薩嚩麼努鼻灑引喃引娑嚩二合賀迦囉一百三十四迦囉迦囉一百三十五枳哩枳哩一百三十六矩嚕矩嚕一百三十七娜囉娜囉一百三十八你哩你寧以反哩努嚕努嚕一百三十九曩吒曩吒一百四十顙脈顙脈一百四十一努聲跓吒郎反努跓同上,一百四十二試伽囉二合嚩引𡅏顙摩賀謎引儉引謀馱噪一百四十三謎引祇歧藝反,引謎引祇一百四十四,同上摩賀引謎引祇摩賀引謎引祇一百四十五摩賀謎引儉引謀馱𡂡一百四十六謎引具引你庚二合,引底帝一百四十七謎伽此字去聲呼,後准此三去婆去吷微悶反迦引攞謎祇一百四十八謎引伽去,引羯噪謎引伽薩惹噪一百四十九謎引伽蘖惹寧謎引伽具引央帝一百五十注伽冒引里謎伽麼鼻,引邏引達噪謎伽尾步引灑抳一百五十一謎伽娑嚩二合窨謎伽尾曩引捨顙一百五十二謎蘖陛謎伽惹齝謎伽鉢囉二合陛謎伽嚩引哩馱引噪一百五十三尾補攞謎伽去,引地庚二合央帝一百五十四謎伽野枳跛尾帝薩須去,引跛賀引噪儗哩達娜囉嚩引臬顙一百五十五曩引誐麼引帝婆誐嚩底一百五十六摩賀引謎祇室哩二合,引沬乳底囉細試多僧去娑鉢二合勢一百五十七摩賀嚩引多曼拏上囉帝婆遇引左噪一百五十八摩賀引曩引誐尾訖哩二合,引膩帝一百五十九婆誐嚩底報引拏噪二合殺捺攞二合娑引野曩一百六十嚩引哩馱引哩抳鉢囉二合韈灑母馱薩底曳二合,引窨引訶贍部引你尾二合問娑嚩二合,引賀引,一百六十一伽去囉伽去囉祇哩祇哩具嚕具嚕一百六十二祇哩抳祇哩抳一百六十三具麼鼻聲,下同具麼具麼具麼一百六十四具麼哩具麼哩一百六十五曩誐引試囉曬二合麼賀引謎引伽去麼鼻,引里顙一百六十六尾你庚二合囉迦二合邏跛麼鼻,引里顙一百六十七薩嚩步惹自攞反誐馱引哩抳一百六十八謎引伽跛吒韈娑怛囉二合馱囉抳一百六十九謎引伽尾數引疒囉二合遇引左噪引,一百七十謎伽去尾庚二合,引訶嚩引賀寧蘖惹曩引娜顙曩引娜曩引你泥以反,一百七十一帝曩引誐引南引散租去,引娜顙引租准上娜野祢引微引摩賀引謎伽去麼鼻,引里顙一百七十二怛他去,引蘖多薩底曳二合,引曩薩嚩曩引誐引韈囉灑二合跢引麼鼻尾攬麼上帝引訶贍部引你尾二合,引問娑嚩二合,引賀引,一百七十三伽去囉伽去囉祇歧異反哩祇哩具嚕具嚕一百七十四祖去嚕祖去嚕一百七十五尒哩尒里一百七十六惹囉惹囉一百七十七薩囉薩囉一百七十八虞拏上虞拏上,一百七十九蘖拏蘖拏儗膩儗膩一百八十賀羅賀羅呬馨以反里呬同上里一百八十一户魯户魯一百八十二怛攞怛攞底丁以反里底里覩魯覩魯一百八十三賀曩賀曩諾賀諾賀鉢左鉢左一百八十四疙哩二合恨拏二合疙哩二合恨拏二合，一百八十五沫轉舌呼，下同娜沫娜鉢囉二合沫娜鉢囉二合沫娜一百八十六薩轢囉灑二合尾覲南二合，引每引怛噱二合，引夜引枳孃二合，引跛野底丁以反娑嚩二合賀引，一百八十七弟母弟母没弟母没弟一百八十八賀囉賀囉播引半薩嚩薩怛嚩二合，引南引阿上地瑟姹二合，引野奔顙演二合薩嚩母馱引南引馱引囉扼馱噱一百八十九輸上婆去麼鼻帝引麌扼尼貞反，引數鉢囉二合，引跛扼一百九十摩賀引枳孃二合，上，引怒引勒計二合輸婆去達謎引薩底野二合鉢囉二合底丁以反枳寧二合，一百九十一摩賀引夜引曩你庚二合史帝路引迦惹自曳反，引瑟薑二合，一百九十二婆去誐嚩底丁以反母馱每怛噱二合，引，一百九十三阿去，引布引囉野薩嚩乞曬二合怛囉二合，引扼束訖禮二合濕吠二合，引擔去轢嚇引半引拏上囉嚩引臬顙一百九十四度度噱度度噱一百九十五捨麼鼻捨麼一百九十六扇引多麼鼻，引曩細引薩嚩轢囉灑二合尾覲南二合，引尾色撿二合婆野娑嚩二合，引賀引，一百九十七薩嚩怛囉拽三合陁嚩二合怛佗去，引蘗多薩底曳二合，引曩每引怛囉二合唧怛多夜引，一百九十八迦嚕拏唧怛多夜引，一百九十九三去貌没囉二合多多布引顙野麼唧怛多夜引，二百摩賀引曩引誐囉引惹散怛去，引娜夜引弭娑嚩二合，引賀引，二百一阿上難上多跛哩迦囉娑去，引薩囉謎引伽去尾庚二合，引訶二百二帝引祖去曼拏上羅攃怛囉二合，引迦引囉囉引殘摩賀引曩引誐引地鉢底引，二合散祖去，引娜夜引弭二百三鉢囉二合轢囉灑二合帝引訶贍部引你尾二合，引悶娑嚩二合，引賀引，二百四難上奴引跛難上奴引曩引誐囉引遭散祖去，引娜夜引弭鉢囉二合轢囉灑二合帝引訶贍部引你尾二合，引悶娑嚩二合賀引，二百五娑去，引蘗嚩彈舌呼曩引誐囉引殘散祖去，引娜夜引弭鉢囉二合轢囉灑二合帝引訶贍部引你尾二合，引悶娑嚩二合，引賀引，二百六曩嚩多跛單二合曩引誐囉引殘散祖去，引娜夜引弭鉢囉二合轢囉灑二合帝引訶贍部引你尾二合，引悶娑嚩二合，引賀引，二百七麼鼻曩娑尾二合難曩引誐囉引殘散祖去，引娜夜引弭鉢囉囉二合轢囉灑二合帝引訶贍部引你尾二合悶娑嚩二合賀引，二百八嚩嚕赦曩引誐囉引殘散怛去娜夜引弭鉢囉囉二合轢囉灑二合帝引訶贍部引你尾二合，引悶娑嚩二合，引賀引，二百九多上乞灑二合捷曩引誐囉引殘散祖去，引娜夜引弭鉢囉囉二合轢囉灑二合帝引訶贍部引你尾二合，引悶娑嚩二合，引賀引，二百十地哩二合多上囉引瑟鵯二合，轉舌呼曩引誐囉引殘散祖去，引娜夜引弭鉢囉囉二合轢囉灑二合帝引訶贍部引你尾二合，引悶娑嚩二合，引賀引，二百十一嚩引素緊曩引誐囉引殘散祖去，引娜夜引弭鉢囉囉二合轢囉灑二合帝引訶贍部引你尾二合，引悶娑嚩二合，引賀引，二百十二母唧隣上難曩引誐囉引殘散祖去，引那夜引弭鉢囉囉二合轢囉灑二合帝引訶贍部引你尾二合，引悶娑嚩二合，引賀引，二百十三愛引囉引嚩喃曩誐囉引殘散祖去，引娜夜引弭鉢囉囉二合轢羅灑二合，引訶贍部引你尾二合，引悶娑嚩二合，引賀引，二百十四報引拏嗽二合，轉舌呼曩引誐羅引殘散祖去，引娜夜引弭鉢囉囉二合轢囉灑二合，引訶贍部引你尾二合，引悶娑嚩二合，引賀引，二百十五室哩二合帝引惹珊曩引誐囉引殘散祖去，引娜夜引弭鉢囉囉二合轢囉灑二合，引訶贍部引你尾二合，引閉娑嚩二合引賀引，二百十六室哩二合引跋捺嚩二合曩引誐囉引殘散祖去引娜夜引弭鉢囉二合韈囉灑二合帝引訶贍部引你尾二合，引閉娑嚩二合引賀引，二百十七尾你庾二合多麼二合，引里難曩引誐囉引殘散祖去引娜夜引弭鉢囉二合韈囉韈二合，引訶贍部引你尾二合，引閉娑嚩二合引賀引，二百十八摩賀引麼鼻抳祖引赦曩引誐囉引殘散赦去，引娜夜引弭鉢囉二合韈囉灑二合帝引訶贍部引你尾二合，引閉娑嚩二合引賀引，二百十九祖引拏引麼鼻抳馱囕轉舌呼曩引誐囉引殘散祖去，引娜夜引弭鉢囉二合韈囉灑二合，引訶贍部引你尾二合，引閉娑嚩二合引賀引，二百二十阿嚩婆上去，引曩矢棄難曩引誐囉引殘散祖去，引娜夜引弭鉢囉二合韈囉灑二合訶贍部引你尾二合閉娑嚩二合，引賀引，二百二十一暳鑁鉢囉二合目佉去，引薩嚩曩引誐囉引惹散祖去，引娜夜引弭鉢囉二合韈囉曪二合訶贍部引你尾二合，引閉娑嚩二合引賀引，二百二十二曩引霓曩引霓摩賀引曩引霓二百二十三具引囉麼鼻曩細曩引誐紇哩二合乃曳平①，二百二十四度引麼鼻，引矩黎二百二十五塢疙囉二合盧引曪引鉢囉二合贊上拏帝引惹自曳反，引尾數引疙嚩二合，引，二百二十六阿去，引試引尾灑引阿上呬具引隷訖哩二合史拏二合冰卑孕反藥黎贊左黎路引攞尒賀吠二合，引摩賀引頗拏迦嚩迦引羅播引勢勞引捺囉二合嚩引枲顙跓二百二十七跓吒塢反跓謎二百二十八跛囉跛囉畢哩畢哩補嚕補嚕二百二十九尾娑普二合，引尒帝咄嚕咄嚕摩賀引暴引霓麼抳馱嚩二百三十呬哩呬哩户②嚕户嚕二百三十一頗囉頗囉二百三十二嚩无鉢反，下同囉灑二合嚩囉灑二合，二百三十三惹自攞反攬引母馱嚩咎謀咎謀二百三十四嚩邏引賀計二百三十五怛吒怛吒二百三十六跓吒塢反跓謀三同上跓謀二百三十七度度度度度謎二百三十八謎引伽去鉢囉二合陛二百三十九謎引伽去嚩引呬顙二百四十茶去③迦茶去迦茶去迦二百四十一跓吒塢反跓謎伽去拏鼻伽去拏鼻，二百四十二矢藥顙伽拏鼻迦拏鼻，二百四十三誐拏鼻誐拏二百四十四，鼻摩賀引曩引誐蘗抳顙囉怛嚂二合，引母閉若囉得迦二合，引哩引，二百四十五摩賀引曩誐訖哩二合乃曳二百四十六具麼鼻具麼鼻，二百④四十七具麼鼻，引跛夜引，二百四十八娑底二合迦葬引儗哩部葬誐謎尾迦吒僧去迦吒二百四十九具引囉尾娑普二合尒帝尾紫稟二合婆去寧二百五十阿去，引嚩引賀夜引弭薩嚩曩引爛引薩嚩母馱引地瑟咤二合窨曩二百五十一薩嚩怛哩曳二合陀嚩二合怛佗，引藥多薩你曳二合，引曩二百五十二每引怛囉二合唧帝引曩鉢囉二合韈囉灑二合帝訶贍部引你尾二合，引閉娑嚩二合引賀引，二百五十三

　　尒時三千大千世界主無邊莊嚴海雲威德輪蓋大龍王及諸龍王等并龍眷屬聞佛教勅，皆大歡喜，信受奉行。

---

① 平，原作“乎”，據《大正藏》本校勘宋、元本改。
② 户，原作“二”，據《大正藏》本改。
③ 引呬顙二百四十茶去，原脱，據《大正藏》本補。
④ 鼻二百，原脱，據《大正藏》本補。

天阿蘇羅藥叉等，來聽法者應至①心，
擁護佛法使長存，各各勤行世尊敬。
諸有聽徒來至此，或在地上或居空，
常於人世起慈心，日夜自身依法住。
願諸世界常安隱，無邊福智益群生，
所有罪業並消除，遠離衆苦歸圓寂。
恒用戒香塗瑩體，常持定服以資身，
菩提妙華徧莊嚴，隨所住處常安樂。

大雲輪請雨經卷下

---

① 至，《中華藏》校勘《石》作“志”。

佛説出生無邊門陁羅尼經①

開府儀同三司特進試鴻臚卿肅國公食邑三千戸賜紫贈司空
謚大辨正號大廣智大興善寺三藏沙門不空奉詔譯②

如是我聞：一時薄伽梵住毗舍離大林重樓閣，與大苾芻衆八千人俱，衆多菩薩摩訶薩。

尒時世尊以念具慧知我棄捨壽行，卻後三月當般涅槃。時世尊即命具壽大目揵連往大千世界，徧告諸苾芻，咸皆集會於大林重樓閣。大目揵連白佛言："唯然奉教。"即刹那頃以自神足力，到須彌頂，以大音聲宣告大千世界：

汝等咸聽此世界，其中有情佛弟子，

大師今當降法雨，願樂聽者咸來集。

尒時即四萬③苾芻皆來集會於大林重樓閣，是諸苾芻既見世尊，頂禮佛足，卻坐一面。

尒時舍利弗承佛威力作是念：我當應作如是色類神通現行，由此神通現行作已，乃至三千大千世界中住者，或聲聞乘者、緣覺乘者、大乘者，我皆令集會於大林重樓閣。時舍利弗即作如是神通現行，由此神通現行，乃至三千大千世界中住者，或聲聞乘者、緣覺乘者、大乘者悉皆來集會於大林重樓閣。彼等皆來見世尊已，頭面禮足，遶佛三帀退坐一面。

尒時世尊即告諸大菩薩摩訶薩，所謂不空見菩薩、文殊師利童真菩薩、滅惡趣菩薩、斷憂暗菩薩、除一切蓋障菩薩、網光菩薩、滅一切境界慧菩薩、觀自在菩薩、不疲倦意菩薩、香象菩薩、勇猛菩薩、虛空庫菩薩、無量光菩薩、月光菩薩、智幢菩薩、賢護

---

① 底本，《中華藏》第1401號，第65册第385頁中—390頁上，原《金藏》廣勝寺本，其中第二至五行殘，以《麗藏》本補。經名，《中華藏》校勘《石》作"佛説出生無邊門陀羅尼經一卷"，《麗》作"出生無邊門陁羅尼經"，卷末經名同。校本，《大正藏》第1009號，第19册第675頁下—679頁下。

② 譯名，《中華藏》校勘《石》作"特進試鴻臚卿大興善寺三藏沙門大廣智不空奉詔譯"，《磧》《普》《南》作"三藏沙門大廣智不空譯"，《徑》《清》作"唐三藏沙門大廣智不空奉詔譯"。

③ 萬，《中華藏》校勘《石》《麗》作"方"。

菩薩、海慧菩薩、無盡慧菩薩、金剛藏菩薩、虛空藏菩薩、普賢菩薩、辯積菩薩、慈氏菩薩，"汝等可往十方恒河沙數佛國土，召集末後身菩薩、一生補處菩薩、不退轉菩薩、得無生法忍菩薩，或信解菩薩，彼等皆令集會於大林重樓閣"。即時彼諸菩薩承佛聖旨聞已："唯然！世尊。"即於刹那頃作如是神通境界，由此神通境界，於大林重樓閣，不可説不可説百千俱胝那庾多住末後身菩薩皆來集會，復有九十俱胝百千那庾多一生補處菩薩皆來集會，復有三十俱胝百千那庾多得無生法忍菩薩皆來集會，復有八俱胝那庾多百千或信解菩薩，如是等菩薩皆來集會。彼等來見世尊已，頭面禮足，遠佛三帀退坐一面。時舍利弗見大菩薩集會，即作是念：我當於如來應供正徧知問如是義理①，由聞如是隨應義理記別②，於菩薩摩訶薩斷一切疑，速得無礙辯才智慧。於殑伽沙數佛土，於諸如來聽聞法要，聞已悉皆受持，乃至得無上菩提，於其中間所聞法要念持不忘。菩薩有四清淨行法，何謂四法？有情清淨法清淨，願清淨佛土莊嚴功德清淨。得彼法已，有四種悦意法，身悦意、語悦意、心悦意、生悦意。得彼法已，能入四陀羅尼門。云何爲四？所謂入出生無盡陀羅尼門、入衆生根善巧陀羅尼門、入業報善巧無爲陀羅尼門、入甚深法忍陀羅尼門。

時舍利弗如是義理如前所説，決定思惟廣爲世尊宣説："惟願世尊所説義理法要，於諸菩薩修行得清淨，惟願世尊敷演説之。"如是説已，告舍利弗言："善哉！善哉！舍利弗，汝能愍念多人安樂哀愍，爲③多人利樂人、天。汝能問如是義，汝當善聽！極善聽！思惟繋念，吾當爲説。"舍利弗從佛聞已："唯然！世尊，願爲宣説。"時世尊告舍利弗：菩薩摩訶薩於諸一切法不取不著，應當受持此真言陀羅尼句：

𑖝(ta)　𑖟(dya)　𑖞(thā)　𑖀(a)　𑖡(ne)　　𑖀(a)　𑖏(khe)　𑖦(ma)　𑖏(khe)　𑖦(mu)　𑖏(khe)
怛　你也二合佗　阿　寧尼經反，一　阿　嵰二　麼　嵰三　目　嵰四

𑖭(sa)　𑖦(ma)　𑖡(nta)　𑖦(mu)　𑖏(khe)　𑖭(su)　𑖦(me)　𑖭(sa)　𑖝(tya)　𑖿(ra)　𑖦(me)
三　曼　多　目　嵰五　素　迷六　娑　底丁以反　也囉　迷七

𑖭(sau)　𑖝(ti)　𑖧(yu)　𑖎(kti)　　𑖟(di)　𑖨(ru)　𑖎(kte)　𑖟(di)　𑖨(ru)　𑖎(kti)
掃　底　欲　訖伍二合，八　你　嚕　訖諦二合，九　你　嚕　訖底二合，十

𑖢(pra)　𑖥(bhe)　𑖮(hi)　𑖩(le)　𑖮(hi)　𑖩(li)　𑖎(ka)　𑖨(rpe)　𑖎(ka)
鉢囉二合陛十一　呬　黎十二　呬　里　迦　騰鞞二合，十三　迦

𑖨(rpa)　𑖷(ṣi)　𑖭(sā)　𑖩(le)　𑖭(sa)　𑖪(va)　𑖪(va)　𑖝(ti)　　𑖮(hi)　𑖩(le)
騰二合波私　娑引　嚟十四　娑　嚩④　嚩　底二合，十五　呬　黎十六

---

① 理，原作"利"，據《中華藏》校勘《麗》改。
② 記別，《中華藏》校勘《徑》《清》作"記莂"。
③ 爲，《中華藏》校勘《石》《麗》作"謂"。
④ 嚩，原作"囉"，據《大正藏》本對音改。

𑀧 𑀧 𑀧 𑀧 𑀧 　　　　𑀳(hi) 𑀮(li)　𑀳(hi) 𑀮(li) 𑀮(le)
呬黎十七 呬黎十八 呬黎十九 呬黎二十 呬黎二十一 呬　　里黎二十二呬里黎①

𑀫(ma) 𑀳(hā) 𑀳(hi) 𑀳(hi)　𑀮(le) 𑀘(ca) 𑀡(ṇde) 𑀘(ca) 𑀯(va) 𑀤(de)
摩　　　訶　　呬　　呬黎讚　妳二十三 遮　　嚕泥二十四 折　　囉引　　泥②

𑀘(ca) 𑀭(rā) 𑀘(ca) 𑀭(ra) 𑀤(de) 𑀅(a) 𑀘(ca) 𑀮(le) 𑀫(ma) 𑀘(ca) 𑀮(le)
遮　　羅　　遮③　　囉　　泥二十五 阿　折　　黎二十六 麼　　折　　黎二十七

𑀅(a) 𑀦(na) 𑀦(nte) 𑀅(a) 𑀦(na) 𑀦(nte) 𑀕(ga) 𑀢(ti) 𑀅(a) 𑀭(ra) 𑀮(lāṃ)
阿　　難　　帝二十八阿　　難　　多　葉　　底二十九 阿　　囉　　儜三十

𑀦(ni) 𑀫(rma) 𑀤(de)　𑀦(ni) 𑀯(rva) 𑀧(pa) 𑀤(de) 𑀦(ni) 𑀭(ra) 𑀢(ta) 𑀡(ṇe)
涅　　麼　　泥三十一 涅　　嚕　　波　　泥三十二涅　　鞞　　怛　　儜三十三

𑀦(ni) 𑀥(rdha) 𑀦(nte) 𑀥(dha) 𑀫(rma) 𑀥(dha) 𑀭(re) 𑀤(dī) 𑀳(ha) 𑀮(le)
涅　　彈　　帝三十四 達　　麼　　馱　　嚇三十五 你引　呵　　嚇三十六

𑀦(ni) 𑀭(rha) 𑀮(le) 𑀯(vi) 𑀫(ma) 𑀮(le) 𑀰(śi) 𑀮(la) 𑀯(vi) 𑀰(śu) 𑀥(ddha)
涅寧逸反呵　　嚇三十七微　　麼　　黎三十八尸　羅　尾　成　　馱

𑀦(ni) 𑀧(pra) 𑀓(kṛ) 𑀢(ti) 𑀤(dī) 𑀧(pā) 𑀦(ne) 𑀪(bha) 𑀯(va) 𑀯(vi) 𑀪(bha)
寧三十九鉢囉二合訖哩二合 底　你引 波　寧四十 嚩去　嚕　尾　嚩

𑀤(va) 𑀦(ne) 𑀅(a) 𑀲(su) 𑀗(ṅghe) 𑀅(a) 𑀲(su) 𑀗(ṅgha) 𑀯(vi) 𑀳(ha) 𑀭(re)
嚕　寧四十一 阿　僧　蜆四十二 阿　僧　俄　尾　阿　嚇四十三

𑀤(da) 𑀫(me) 𑀯(vi) 𑀫(ma) 𑀭(re) 𑀯(vi) 𑀫(ma) 𑀭(ra) 𑀧(pra) 𑀪(bhe) 𑀲(su)
那　迷四十四 微　麼　黎四十五 微　麼　羅　鉢囉二合 鞞四十六 僧

𑀝(ṭkā) 𑀱(rṣa) 𑀡(ṇi) 𑀥(dhi) 𑀭(re) 𑀥(dhi) 𑀥(dhi) 𑀭(re) 𑀫(ma) 𑀳(hā)
迦　　哩灑二合你四十七 地　　黎四十八 地　地　嚇四十九 摩　　訶

𑀥(dhi) 𑀥(dhi) 𑀭(re) 𑀬(ya) 𑀰(śe) 𑀬(ya) 𑀰(śu) 𑀯(va) 𑀢(ti) 𑀘(ca) 𑀮(le)
地　地　黎五十 也　世五十一 也　成　嚕　底五十二者　黎五十三

𑀅(a) 𑀘(ca) 𑀮(le) 𑀫(ma) 𑀘(ca) 𑀮(le) 𑀲(sa) 𑀫(ma) 𑀘(ca) 𑀮(le) 𑀤(dṛ)
阿　者　黎五十四 麼　者　黎五十五 三　麼　者　黎五十六 涅哩二合

𑀨(pha) 𑀲(saṃ) 𑀥(dhi) 𑀲(su) 𑀲(rthi) 𑀭(re) 𑀅(a) 𑀲(su) 𑀗(ṅghe) 𑀅(a) 𑀲(su)
荼上　散　地五十七蘇　悉體聽以反嚇五十八 阿　僧　蜆五十九 阿　僧

---

①　呬里黎，原脱，據《大正藏》本對音補。
②　泥，原脱，據《大正藏》本對音補。
③　羅遮，原脱，據《大正藏》本對音補。

ॹ(ṅgha) ॺ(vi) ॸ(ha) ॺ(re) ॺ(a) ॺ(su) ॹ(ṅgha) ॺ(ni) ॸ(rhā)　　ॺ(re) ॺ(dī)
誐　　微　　訶　　嚟　　阿　　僧　　誐　　　涅　　哩呵二合①,引黎六十你引

ॸ(ha) ॺ(ra) ॺ(vi) ॺ(ma) ॺ(le) ॺ(dī) ॸ(ha) ॺ(ra) ॺ(śu) ॸ(ddha) ॸ(de)
呵　　囉　　微　　麼　　黎六十一 你　　呵　　囉　　戍　　馱　　泥六十二

ॺ(dṛ) ॸ(pha) ॺ(su) ॺ(me) ॺ(rthi) ॺ(le) ॺ(rthi) ॺ(me) ॺ(rthi) ॺ(ma) ॺ(va)
涅哩二合 荼　　蘇　　迷六十三 悉體二合嚟六十四 娑佗二合迷六十五迷佗二合麼　　靺

ॺ(rtti) ॺ(ma) ॸ(hā) ॺ(pra) ॸ(bhe) ॺ(sa) ॺ(ma) ॺ(nta) ॺ(pra) ॸ(bhe)
底六十六 摩　　訶　　鉢囉二合鞞六十七 三　　曼　　多　　　鉢囉二合陛六十八

ॺ(vi) ॺ(pu) ॺ(ra) ॺ(pra) ॸ(bhe) ॺ(vi) ॺ(pra) ॺ(rā) ॺ(ra) ॺ(śme) ॺ(sa)
微　　補　　羅　　鉢囉二合 陛六十九 微　　補羅　羅② 囉　　濕迷七十 三

ॺ(ma) ॺ(nta) ॺ(mu) ॺ(khe) ॺ(sa) ॺ(rva) ॺ(trā) ॺ(nu) ॺ(ga) ॺ(te) ॺ(a)
曼　　多　　目　　嶝七十一 薩　　嚩　　怛囉二合,引努　　虄　　佤七十二 阿

ॺ(na) ॺ(cche) ॺ(de) ॺ(dha) ॺ(ra) ॺ(ṇi) ॺ(dha) ॺ(rmma) ॺ(ni) ॺ(da)
那　　砌　　泥七十三 馱　　囉　　抳七十四 達　　磨　　你　　馱

ॺ(na) ॺ(gu) ॺ(tre) ॺ(sa) ॺ(ma) ॺ(nta) ॸ(bha) ॺ(ndra) ॺ(sa)
那　　愚于句反 怛嚟二合,七十五 三　　曼　　多　　皤　　捺黎二合,七十六 薩

ॺ(rva) ॺ(ta) ॺ(thā) ॺ(ga) ॺ(tā) ॺ(dhi) ॺ(ṣṭa) ॺ(nā) ॺ(dhi) ॺ(ṣṭi)
嚩　　怛　　佗　　蘖　　多　　地　　瑟咤二合那　　地　　瑟耻二合

ॺ(te) ॺ(svā) ॸ(hā)③
諦七十七　娑嚩二合,引 訶引,七十八

　　説是陀羅尼已,告舍利弗:"當受持此陀羅尼時,菩薩摩訶薩不思惟有爲無爲法,無所得,不誹謗、不棄捨、不執受、不開發,彼所得於斷、於修不生增益,不作、不非作、不現行,不見法合、不見法散、不見法生、不見過去法滅、不見未來現在法增減,不施設於法有益無益,但應念佛三摩地。修習之時無色、非無色,無相、非無相,無隨形好、非無隨形好,無識、非無識,無煩惱、非無煩惱,無戒、非無戒,無三摩地、非無三摩地,無慧、非無慧,無解脱、非無解脱,無解脱知見、非無解脱知見,非生、非無生,非族姓、非不族姓,非眷屬、非無眷屬,非住、非無住,非得、非無得,非現證、非無現證,非煩惱盡、非無煩惱盡,非蘊界處、非無蘊界處,非智、非無智,非説法、非無説法,非自清淨、非佗清淨,非有情清淨、非無有情清淨,非自利、非佗利,非法、非調伏,非身清淨、非語清淨、非意清淨、非行清淨,非前際行清淨、非後際行清淨、非現世行清淨,非

---

①　哩呵二合,原作"哩二合呵",倒錯,此改。

②　羅,原脱,據《大正藏》本對音補。

③　梵字真言,據《大正藏》依靈雲寺版普通真言藏所載對照。

自形、非佗形。舍利弗，此之菩薩入一切法無言說念佛三昧一切法平等，得名無畏陀
羅尼；住持勝義，得名決定一切意樂圓滿三摩地；一切善根智慧積集，不由佗力法藏、
族姓、隨形相好，名不被佗凌辱陀羅尼；最勝希①求善巧，亦②名超一切魔業陀羅尼。
舍利弗，若菩薩得此出生無邊門陀羅尼義，得不退轉，速疾證無上正等菩提。何以
故？於此一切佛法功德之藏決定，亦於是一切菩薩行差別由無相陀羅尼獲得。"尒時
世尊說伽佗曰：

　　　　不求於空法，不戲論菩提，
　　　　不傾動法界，則得陀羅尼。
　　　　應當聽此經，無盡陀羅尼，
　　　　由是智成就，從此證菩提。
　　　　持此陀羅尼，菩薩得無畏，
　　　　於諸十方佛，得聞殊勝法。
　　　　能知勝妙法，諸義文相應，
　　　　由如日光耀，得句義亦然。
　　　　獲得殊勝法，廣大陀羅尼，
　　　　一切皆現前，由持此經故。
　　　　若有諸有情，住劫問難者，
　　　　悉皆斷彼疑，智慧皆無盡。
　　　　法王之長子，得近勝菩提。
　　　　委寄佛法藏，由愛此經故。
　　　　有情皆愛樂，諸佛亦憐愍，
　　　　名聞徧世間，由持陀羅尼。
　　　　八十俱胝佛，臨命終時現，
　　　　申③手接彼人，由持陀羅尼。
　　　　千俱胝劫中，先作衆罪業，
　　　　一月皆清淨，由持陀羅尼。
　　　　菩薩福德聚，俱胝劫積集，
　　　　一月超於彼，由持陀羅尼。
　　　　三界諸有情，假使盡爲魔，
　　　　不能爲障難，由持此經故。

---

①　希，《中華藏》校勘《麗》作"魔"。
②　亦，《中華藏》校勘《石》無。
③　申，原作"由"，據《中華藏》校勘《石》《磧》《普》《南》《徑》《清》《麗》改。

念行及智慧，得殊勝聞持，

常轉於舌端，乃至證菩提。

如説於此經，決定得揔持，

如來於此説，於中得菩提。

由聞此揔持，然燈授我記，

刹那見諸佛，數如殑伽沙。

若欲知諸佛，悉皆所説法，

應當習此經，悉皆疾獲得。

佛刹爲清淨，聲聞得成就，

光相皆清淨，此經皆能作。

應爲不放逸，七日當思惟，

八十俱胝佛，授與陀羅尼。

思惟勿應思，不思慎莫思，

所思勿應思，則得陀羅尼。

猶如入大海，不求諸財寶。

得此陀羅尼，不求餘安樂，

得近於正覺，是故汝當習，

獲得寂静句，即得三菩提。

　　尔時世尊復告舍利弗："菩薩有四法成就，得此陀羅尼。何者爲四？所謂不著貪欲，於諸有情不生嫉妬，一切自己財物捨施心無追悔，晝夜愛法，與法自娛。舍利弗，菩薩摩訶薩由成就四法得陀羅尼。"尔時世尊復説伽佗曰：

應棄臭穢欲，弊惡魔之境，

由此爲地獄，亦爲惡趣因。

於佗勿嫉妬，爲親名利故，

慈目視衆生，得大威妙色①。

衆生所諍訟，積聚爲根本，

是故應棄貪，捨貪得揔持。

晝夜專求法，一心求菩提，

陀羅尼現前，由習如是經。

　　"復次舍利弗，菩薩摩訶薩成就四法得陀羅尼。云何爲四？所謂習阿蘭若極無静處，住深法忍辱力，不著利養、恭敬名聞，於諸所愛物捨施而不顧戀，乃至於身命。

---

①　色，《中華藏》校勘《磧》《普》《南》《徑》《清》作"力"。

舍利弗,由成就此四法,即得陀羅尼。"尒時世尊復説伽佗曰:

　　　應住蘭若佛稱讚,住彼勿應輕佗人,
　　　當樂甚深之法忍,精勤由如救頭然。
　　　勿於利養生貪著,由此因緣成矯行,
　　　精麁知足猶如鳥,得爲人身作果實。
　　　奇哉善獲如來法,棄捨宅舍多苦本,
　　　應當清淨身口意,深生恭敬於佛法。
　　　貪利之人無念慧,無信無戒無思法,
　　　菩提遥遠如空地,是故遠離貪愛心。

　　"復次舍利弗,菩薩摩訶薩成就四法得此陀羅尼。云何爲四? 所謂入八字義,何者爲八? 謂:

　　ч(pa) 跛字者勝義,隨入一切法無我。

　　ध(la) 攞①字者相隨形好、無相隨形好故,隨入一切如來法身。

　　व(va) 嚩字者愚夫法、聖人法,隨入無二②。

　　ज(ja) 惹字者生老死、非生老死、去不去,隨入無生無滅。

　　क(ka) 迦字者業異熟,隨入非業異熟。

　　ध(dha) 馱字者陀羅尼法要空、無相、無願,隨入法界。

　　श(śa) 捨字者奢摩佗、毗鉢舍那,非奢摩佗、毗鉢舍那一切法,隨入真如。

　　क्ष(kṣa) 乞灑二合字者,一切法刹那無盡無壞無身本寂故,隨入一切法涅槃。

　　"如是八字義應當隨入,此是入初義。於此陀羅尼法要善應書寫,當受持之,即隨入第二義。於此陀羅尼法要半月半月當讀,勤加修習繫念,則隨入第三義。於此陀羅尼法要修習,菩薩摩訶薩應當勸發慰喻,讚歎一切衆生令修學此陀羅尼,則隨入第四義。舍利弗,菩薩摩訶薩由四法成就,得是陀羅尼。"尒時世尊復説伽佗曰:

　　　思惟八字義,書寫持此經,
　　　半月當讀習,亦勸佗有情。
　　　近菩提③廣慧,現見一切佛,
　　　所住十方界,從彼學生信。

　　"舍利弗,菩薩摩訶薩修習此陀羅尼者,得四種功德。何者爲四? 所謂十方一切諸佛如來咸皆攝受,無諸魔障,業障速得遠離,獲得無礙辯才。舍利弗,菩薩摩訶薩由習此陀羅尼,得四種功德。"尒時世尊復説伽佗曰:

---

① 攞,《中華藏》校勘《磧》《普》《南》《徑》《清》作"囉"。

② "無二"後,《中華藏》校勘《石》《麗》有"無別"。

③ 提,《中華藏》校勘《石》作"薩"。

　　　　　諸佛皆攝受，魔衆不得便，

　　　　　業障速遠離，得無礙辯才。

　　“舍利弗，古往過去無數過無數廣大高遠無量劫，是時有佛名寶吉祥威光王劫如來應供正徧知出興於世，明行足善逝世間解無上士調御丈夫天人師佛世尊。復次舍利弗，彼寶吉祥威光王劫如來般涅槃時，有人王名持光轉輪聖王，具七寶，彼王有子，號不思議功德寶吉祥，年始十六，從彼佛聞此出生無邊門陀羅尼法要。纔聞是陀羅尼，精勤而住，七萬歲未曾睡[1]，不貪王位及身命財。七萬歲一向宴默，脅不著地，於九萬俱胝佛所聽聞正法，聞已悉皆總持。即承事彼寶吉祥威光王劫如來應供正徧知，即於彼佛所而得出家。卻後九萬歲，成就此出生無邊門陀羅尼。既成就已，廣爲一切有情而敷演[2]。即於一生中八萬俱胝那庾多衆生建立無上正等菩提，得不退地。舍利弗，於彼會中有長者子名日月幢，從法師苾芻聞此出生無邊門陀羅尼門已，深生隨喜，由此隨喜善根，於九萬俱胝佛所聽聞正法，聞已悉皆總持，則爲得勝陀羅尼者，最勝端嚴語者，最勝不斷辯才者。彼等衆多佛於三劫中恭敬承事，卻後三劫證無上正等菩提。舍利弗，或有猶豫生疑異慧者，當彼異時，其月幢長者子不應如是見，何以故？其然燈佛彼時爲月幢長者子。舍利弗，或有猶豫生疑異慧者，當彼異時，其不思議功德寶吉祥法師者不應如是見，何以故？其無量壽如來彼時爲不思議功德寶吉祥法師。舍利弗，我等賢劫中菩薩摩訶薩聞此經已，深生隨喜，由隨喜善根，棄背四十俱胝劫流轉生死，於九萬俱胝佛所聽聞正法，咸皆得爲勝陀羅尼者，最勝端嚴語者，最勝不斷辯才者。是故舍利弗，欲求速疾無上正等菩提者，菩薩摩訶薩於此法乃至作隨喜修習。何以故？則彼菩薩得不退轉地，承事法師，於無上菩提爲因，何況書寫受持讀誦，正念思惟，爲佗人説，此福德聚，唯除如來，一切有情不知其量，不可知不可思。”尒時世尊復説伽佗曰：

　　　　　聞此經已生隨喜，書寫受持及讀誦，

　　　　　一切衆生不能測，福德流注生不絶。

　　　　　一切生中見諸佛，獲得淨信不思議，

　　　　　解了深經及理趣，速疾覺悟勝菩提。

　　　　　彼不壞失三摩地，不失神通陀羅尼，

　　　　　不失色財及見佛，乃至未證無上覺。

　　　　　我念古往於前生，爲長者子聞總持，

　　　　　親覯諸佛如恒沙，隨喜覺悟大菩提。

---

① 睡，《中華藏》校勘《石》《磧》《普》《南》《徑》《清》《麗》作“睡眠”。

② “演”後，《中華藏》校勘《石》《麗》有“之”。

　　然燈昔爲長者子，無邊光明於前生，
　　佛無量壽爲法師，我等賢劫皆隨喜。
　　樂欲速疾證菩提，欲得速疾摧諸魔，
　　願樂百福相莊嚴，由此加行得不難。
　　若世界如殑伽沙，悉皆捨施滿七寶，
　　書持從所生福德，譬喻捨施彼不及。
　　是故聞已專精勤，智慧菩薩受持此，
　　書寫總持思惟者，我說菩提得不難。

　　"復次舍利弗，於此出生無邊門陀羅尼加行菩薩摩訶薩，有八大藥叉住雪山中，皆來增加修行者身威力，晝夜加持擁護。何者爲八？所謂初名戌囉藥叉，唐言勇猛。次名涅哩二合荼藥叉，唐言堅固。三名鉢囉二合部藥叉，唐言主宰。四名那羅延末羅二合藥叉，唐言那羅延力。五名左哩怛囉二合末底藥叉，唐言行慧。六名訥達沙藥叉，唐言難摧。七名迦拏囉藥叉，唐言喠嗽。八名蘇摩呼藥叉。唐言妙臂。彼等悉皆來時①，修行者②應當澡浴，著新淨衣，應習經行，不惜身命，應起大慈心，普徧一切衆生，應當誦念此陀羅尼。彼八大藥叉速疾示其行者，諸門有八大菩薩，生欲界天，彼等亦來加持攝受。何者爲八？所謂徧照明菩薩③、慧光菩薩、日光菩薩、警覺菩薩、滿一切意樂菩薩、星宿王菩薩、行慧菩薩。彼八菩薩摩訶薩得陀羅尼住加行，修習陀羅尼加行菩薩，住實期信，知恩報恩，愛樂佛法，住深法忍。修陀羅尼習經行者菩薩摩訶薩，於財④於法應習平等性，乃至捨施微少，尚習平等，何況於多。"世尊說是陀羅尼時，三十殑伽沙數那庾多百千俱胝菩薩由得此出生無邊門陀羅尼，於無上正等菩提得不退轉，百六十頻婆羅人天先所未發阿耨多羅三藐三菩提，發⑤無上菩提心。尒時舍利弗白佛言："世尊，云何名此經？我當受持。"佛告舍利弗："是故此經名出生無邊門，汝當受持。亦名決定得薩婆若智，汝當受持。亦名決定出生菩薩，汝當受持。亦名摧壞魔衆，汝當受持。"佛說是經已，具壽舍利弗與大菩薩、天、人、阿修羅、乾闥婆等皆大歡喜，信受奉行。

　　出生無邊門陀羅尼經

---

① 時，《中華藏》校勘《磧》《普》《南》《徑》《清》作"增益"。
② "者"後，《中華藏》校勘《磧》《普》《南》《徑》《清》有"威力"。
③ 徧照明菩薩，《中華藏》校勘《石》《麗》作"徧照菩薩照明菩薩"。
④ 於財，《中華藏》校勘《石》無。
⑤ "發"前，《中華藏》校勘《磧》《普》《南》《徑》《清》有"今皆"。

大吉祥天女十二契一百八名無垢大乘經^①

開府儀同三司特進試鴻臚卿肅國公食邑三千户賜紫贈司空
謚大辨正號大廣智大興善寺三藏沙門不空奉詔譯^②

如是我聞，一時薄伽梵住安樂世界，與大菩薩衆所謂觀自在菩薩、得大勢菩薩、除一切蓋障菩薩、地藏菩薩、普光菩薩、虛空藏菩薩、金剛手菩薩、除一切怖畏菩薩、持一切清淨吉祥菩薩、持一切福相菩薩、持日月三世菩薩、文殊師利菩薩，如是等菩薩摩訶薩而爲上首。尒時觀^③自在菩薩摩訶薩往詣世尊所，頭面禮足，退坐一面。時大吉祥天女亦往諸^④佛所，頭面禮足，圍繞無量百千匝^⑤，及禮一切安樂世界所住菩薩，退坐一面。

尒時世尊見吉祥天女，有無量百千福莊嚴俱胝如來圍繞，一切釋梵護世讚揚稱歎，以大梵音告觀自在菩薩摩訶薩言：觀自在菩薩，若有國王、王子、比丘、比丘尼、優婆塞、優婆夷、婆羅門、刹利、毗舍、首陁，若受持大吉祥天女十二契一百八名，無垢讚歎，其王刹利國界所有衆生，一切怖畏、逼惱，並^⑥皆消^⑦除；一切怨賊、人、非人怖，亦不爲害；一切財穀，皆悉豐饒。吉祥天女於彼王刹利宅中，常所居止。時彼菩薩摩訶薩説如是言：善哉！善哉！世尊妙説此語，若有持吉祥天女名号，彼獲如是福利。時無畏^⑧觀自在菩薩摩訶薩即白佛言：世尊，吉祥天女曾^⑨於何處種植善根？佛言：彼於

---

①　底本，《中華藏》第 1406 號，第 65 册第 426 頁上—429 頁上，原《麗藏》本。經名，《中華藏》校勘《石》作"佛説大吉祥天女十二契一百八名無垢大乘經一卷"，《磧》《南》《徑》《清》作"佛説大吉祥天女十二契一百八名無垢大乘經"。

②　譯名，《中華藏》校勘《石》作"特進試鴻臚卿大興善寺三藏沙門大廣智不空奉詔譯"，《磧》《南》作"師子國三藏廣智不空譯"，《徑》《清》作"唐三藏沙門大廣智不空譯"。

③　"觀"前，《中華藏》校勘《石》有"聖"。

④　諸，《中華藏》校勘《石》《磧》《南》《徑》《清》作"詣"。

⑤　圍繞無量百千匝，《中華藏》校勘《石》《磧》《南》《徑》《清》作"無量百千匝圍繞"。

⑥　並，《中華藏》校勘《石》作"普"。

⑦　消，《中華藏》校勘《磧》《南》《徑》《清》作"悉"。

⑧　無畏，《中華藏》校勘《石》無。

⑨　曾，《中華藏》校勘《磧》《南》《徑》《清》無。

恒河沙如來應供正①遍知處種植善根。無畏觀自在菩薩，我念過去世，於寶生世界、寶花功德海、吠琉璃金山，金光明吉祥如來應供正遍知出興於世，大吉祥天女於彼種植善根，及餘多如來②所，由稱如是如來名號，此大吉祥天女作成就善根。此諸如來常隨逐大吉祥天女③，能脫一切罪，除滅一切煩惱，令一切身作無垢，召集增益一切財穀，能除貧窮，能攝召一切天、龍、藥叉、羅刹、乾闥婆、阿脩羅、迦樓羅、緊那羅、摩睺羅伽，能息一切逼惱、諍訟、鬥戰，能成辦六波羅蜜。所謂：

　　　　南無④吉祥密如來⑤
　　　　南無恒河一切津口吉慶吉祥如來
　　　　南無栴檀花威⑥星光吉祥如來
　　　　南無普遍照曜勝鬥戰吉祥如來
　　　　南無功德海照曜曼茶羅吉祥如來
　　　　南無法神通幢進吉祥如來
　　　　南無曜寂静香照曜吉祥如來⑦
　　　　南無衆生意樂寂静身吉祥如來
　　　　南無願海⑧吉祥如來
　　　　南無妙遍稱讚名号吉祥如來
　　　　南無不退輪寶處吉祥如來
　　　　南無日輪照曜踴起吉祥如來
　　　　南無無數精進妙住吉祥如來
　　　　南無無量善住吉祥如來
　　　　南無音聲支分吉祥如來
　　　　南無般若燈無數光幢吉祥如來
　　　　南無那羅延禁戒甲胄吉祥如來
　　　　南無梵吉祥如來
　　　　南無摩醯首羅吉祥如來

①　正，《中華藏》校勘《石》作“正等”。
②　來，《中華藏》校勘《石》作“是”。
③　“天女”後，《中華藏》校勘《磧》《南》《徑》《清》有“作成就善根，此諸如來常隨逐大吉祥天女”。
④　南無，《中華藏》校勘《石》《磧》《南》《徑》《清》作“曩謨”，下同。
⑤　“南無吉祥密如來”後，《中華藏》校勘《磧》《南》《徑》《清》有“曩謨寶華功德海吠瑠璃金山光明吉祥如來”一行。
⑥　威，《中華藏》校勘《磧》《南》《徑》《清》作“威德”。
⑦　南無法神通幢進吉祥如來南無曜寂静香照曜吉祥如來，《中華藏》校勘《石》無。
⑧　“海”後，《中華藏》校勘《磧》《南》《徑》《清》有“光”。

南無日月吉祥如來

南無甚深法光王吉祥如來

南無虛空燈現喜吉祥如來

南無日光幢吉祥如來

南無香燈吉祥如來

南無海藏生吉祥如來

南無變化雲妙聲吉祥如來

南無一切照曜嚴①吉祥如來

南無樹王增長吉祥如來

南無寶焰山②吉祥如來

南無智焰海吉祥如來

南無大願進③吉祥如來

南無大雲吉祥如來

南無念幢王吉祥如來

南無帝幢幡王吉祥如來

南無鉤召一切財穀吉祥如來

南無鉤召寂静吉祥如來

南無鉤召吉慶吉祥如來

如是如來名号，若有恭敬受持讀④誦者，彼善男子、善女人，得發生甚多福聚。一切如來授記大吉祥天女，汝當於吉祥寶莊嚴世界成等正覺，号吉祥摩尼寶生如來應供正遍知。其世界種種天寶以爲莊嚴，於彼世界，唯此如來作光明。彼菩薩衆於彼佛世界中，自然光明，壽命無量，從空演出佛、法、僧音聲⑤。所有菩薩於彼佛世界生者，一切皆蓮花臺化生，云何十二契一百八名無垢讚歎？無畏觀自在，汝今諦聽，所謂：

一切如來所灌頂一一切如來母二一切天母三一切如來吉祥四一切菩薩吉祥五一切賢聖、聲聞、緣覺吉祥六梵、毗紐、摩醯首羅吉祥七一切天上首吉祥八一切處到吉祥九一切天、龍、藥叉、羅刹、乾闥婆、阿修羅、迦樓羅、緊那羅、摩睺羅伽吉祥十一切持金

---

① 嚴，《中華藏》校勘《磧》《南》《徑》《清》作“莊嚴”。

② “山”後，《中華藏》校勘《石》《磧》《南》《徑》有“王”。

③ 進，《中華藏》校勘《磧》《南》《徑》《清》作“精進”。

④ 讀，《中華藏》校勘《磧》《南》《徑》作“讚”。

⑤ 音聲，《中華藏》校勘《磧》《南》《徑》《清》作“聲音”，《石》作“聲”。

剛手持金剛吉祥十一四、五護世吉祥十二八曜、二十八宿吉祥十三唵娑尾①怛哩十四馱怛哩摩多去②,十五四明吉祥十六吉祥鬼母十七勝十八寂勝十九恒河二十一切津二十一一切吉慶二十二無垢吉祥二十三一切除罪二十四無逸二十五月吉祥二十六日吉祥二十七一切曜吉祥二十八乘師子二十九百千俱胝頻婆羅蓮花莊嚴三十蓮花三十一大蓮花三十二蓮花座三十三蓮花藏三十四持蓮花三十五具蓮花三十六無量寶光明三十七施財三十八白三十九大白蓮花③四十白臂四十一持一切吉慶四十二莊嚴一切福身四十三調柔者四十四百千臂四十五百千眼四十六百千頭四十七持種種閒錯摩尼冠四十八妙色四十九種種色五十名稱五十一極名稱五十二寂靜五十三貳母多五十四清淨髮五十五月光五十六日光五十七作端嚴五十八一切有情對面吉祥五十九聖者六十依花六十一花自在六十二一切須弥山王吉祥六十三一切江河吉祥六十四一切海水吉祥六十五一切津口吉祥六十六一切藥草、樹、財、穀吉祥六十七施金六十八施飲食六十九色清淨身七十色者七十一一切如來自在者七十二一切天衆對面吉祥七十三焰摩水天俱尾羅嚩平娑嚩上首吉祥七十四與者七十五食者七十六威光七十七具威光七十八豐饒七十九榮盛八十增長八十一高遷八十二法吉祥八十三依春八十四俱牟陁藏八十五慈悲者八十六依丈夫身八十七一切清淨吉慶手八十八除一切不吉祥者④八十九鉤召一切福吉祥九十一切地王吉祥九十一一切持明吉祥九十二一切鬼、藥叉、羅刹、餓鬼、毗舍遮、鳩槃荼、摩睺羅伽吉祥九十三一切天宮諸天吉祥九十四一切念誦護摩吉祥九十五曜極喜九十六福德遊戲九十七一切仙清淨吉祥九十八一切吉祥九十九一切宮殿尊勝吉祥一百一切緊那羅吉祥一百一一切日勝吉祥一百二無罪處流者⑤一百三音樂⑥一百四適悦者一百五俱尾羅一百六愛者一百七法王吉祥一百八

　　如上一百八名,真言曰:

唵微路迦上耶多羅耶一慕者耶薩嚩耨契毗藥二合,二薩嚩補尼耶二合,三三婆去囉那摩上目企平俱嚕四娑嚩二合訶引唵凝上哦薩嚩底丁以反㗚他二合目企平娑嚩訶唵娑尾怛哩娑嚩訶薩嚩莽哦攞馱哩尼娑嚩訶遮咄吠二合那薩嚩諾揭沙二合怛囉二合蘖囉二合訶哦拏地母㗚低二合,三帶曳二合娑婆訶没囉二合唅摩耶娑嚩訶尾瑟弩二合微開口呼娑嚩訶嚕捺囉二合耶娑嚩訶尾濕嚩目佉耶娑嚩訶唵仡里二合你仡里二合你一薩嚩迦哩耶二僧娑達你三悉你悉你四你你你你五阿洛乞灑弭四合咩那舍耶六阿嚩訶泥微七室哩二合微室囉末拏耶八娑嚩訶蘇靺㗚拏二合馱那馱你耶二合羯哩瑟尼娑嚩訶薩嚩布尼耶二合羯

哩瑟尼娑嚩訶室哩泥去嚩多羯哩瑟尼娑嚩訶薩嚩播波奢末尼娑嚩訶薩嚩引洛乞瑟弥四合鉢囉二合奢末尼娑嚩訶薩嚩怛你蘖多引毗色羯他曳娑嚩訶薩嚩泥靺多引鉢囉二合目佉室哩曳娑嚩訶阿欲重呼摩上囉靺哩拏二合迦羅曳娑嚩訶薩嚩波尾怛囉莽薩囉訶薩多曳娑嚩訶僧息之反平質嚩上呬你曳二合娑嚩訶波上娜三步多娑嚩訶薩嚩吉哩爹一迦區開口重呼㗚娜尾娜尸尼上曳二合娑嚩訶①

　　無畏觀自在菩薩，此大吉祥真言及以一百八名号，能除一切煩惱，能摧一切罪，能鉤召一切福，能除一切不祥，能鉤召一切福德。若有人受持讀誦及諸如來名号者，彼當早起，於一切佛燒香及花供養，爲吉祥天女，應燒檀香，應讀此經，其人不久獲得一切吉祥，一切安樂喜悦，一切天擁護，一切事業悉得②成就。

　　佛説是經已，觀自在菩薩摩訶薩③及大吉祥天女，一切大衆，聞佛所説，皆大歡喜，信受奉行。

　　大吉祥天女十二契一百八名無垢大乘經④

唵一怛你也二合佗尾路引迦野跢囉野二謨引者野三薩嚩耨契毗藥二合，四薩嚩補尼野二合，五糝素感反婆去囉曩引麼引，六目契矩嚕娑嚩二合，引訶七，引唵八凝誐魚迦反，引，九薩嚩底十，丁逸反佗目企娑嚩二合，引訶十一，引唵十二娑引尾底哩二合娑嚩二合，引訶十三，引薩嚩曹誐攞十四馱引哩扼娑嚩二合訶十五者咄吠娜十六薩嚩諾乞叉二合怛囉二合，十七蘖囉二合訶誐拏引地慕帶曳二合娑嚩二合，引訶十八沒囉二合紇麼二合野娑嚩二合，引訶十九尾瑟努二合吠娑嚩二合訶二十嚕捺囉二合野娑嚩二合，引訶二十一尾濕嚩二合目佉野引娑嚩二合，引訶二十二唵二十三儗里二合寧上儗里二合寧二十四薩嚩迦引哩也二合僧娑引馱寧二十五私息夷反，下同寧私寧上，二十六寧寧寧寧並上，二十七阿攞乞史弭三合茗曩引捨野二十八阿引嚩訶泥尾室唎二合，二十九吠室囉二合麼拏引野娑嚩二合，引訶引，三十蘇上轙拏馱上曩三十一馱引寧夜二合羯灑扼娑嚩二合，引訶引，三十二薩嚩補尼夜二合羯灑扼娑嚩二合，引訶引，三十三室唎二合泥上嚩跢羯灑扼薩嚩二合，引訶引，三十四薩嚩播引跛三十五曩捨寧上薩嚩二合，引訶引，三十六薩嚩引攞乞史弭三合，引，三十七鉢囉二合捨麼寧上娑嚩二合，引訶引，三十八薩嚩怛佗引誐跢毗色跢曳引娑嚩二合，引訶引，三十九薩嚩泥嚩跢毗色跢曳薩嚩二合，引訶引，

---

①　此段咒語，《中華藏》校勘《磧》《南》《徑》《清》與之大異，兹據《磧砂藏》本附載於卷末。
②　得，《中華藏》校勘《石》《磧》《南》《徑》《清》作“皆”。
③　摩訶薩，《中華藏》校勘《石》無。
④　“大吉祥天女十二契一百八名無垢大乘經”經名前，《中華藏》校勘《磧》《南》《徑》《清》有七言偈十六句：“天阿蘇羅藥叉等，來聽法者應至心，擁護佛法使長存，各各勤行世尊教，諸有聽徒來至此，或在地上或居空，常於人世起慈心，晝夜自身依法住，願諸世界常安隱，無邊福智益群生，所有罪障並消除，遠離衆苦歸圓寂，恒用戒香塗瑩體，常持定服以資身，菩提妙華徧莊嚴，隨所住處常安樂。”又，此卷末經名，《石》作“大吉祥天女十二契一百八名無垢大乘經一卷”，《徑》《清》作“佛説大吉祥天女十二契一百八名無垢大乘經”。

四十薩嚩泥嚩跢引鉢囉二合目佉四十一室哩二合曳引娑嚩二合,引訶引,四十二阿欲麼攞四十三鑁拏迦囉引曳引娑嚩二合,引訶引,四十四薩嚩跛尾怛囉二合,四十五瞢誐攞訶娑跢二合曳引娑嚩二合,引訶引,四十六僧息孕反賀嚩引呬奈曳娑嚩二合,引訶引,四十七跛納麼二合三步跢引曳娑嚩二合,引訶引,四十八薩嚩訖哩二合丁也二合,四十九迦屈引娜五十尾曩引施奈曳娑嚩二合,引訶引,五十一

一切如來心祕密全身舍利寶篋印陀羅尼經①

大興善寺三藏沙門大廣智不空奉詔譯②

如是我聞：一時薄伽梵在摩伽陀國無垢園寶光明池中，與大菩薩衆及大聲聞僧、天、龍、藥叉、健闥婆、阿蘇羅、迦樓羅、緊那羅、摩睺羅伽、人、非人等無量百千衆俱，前後圍遶。尒時衆中有一大婆羅門，名無垢妙光，多聞聰慧，人所樂見，常奉十善，於三寶所決③定信向，善心殷重，智慧微細，常欲令一切衆生相應善利，大富豐饒，資具圓滿。時彼④婆羅門無垢妙光從座而起，往詣佛所，遶佛七帀，以衆香華奉獻世尊，無價妙衣、瓔珞、珠鬘持覆佛上，頂禮雙足，卻住一面，作是請言："惟願世尊與諸大衆明日晨朝至我宅中，受我供養。"尒時世尊默然許之。

時婆羅門知佛受請，遽還所住，即於是夜廣辦餚饍，百味飲食，張施殿宇，種種莊嚴。至明旦已，與諸眷屬持衆香華及諸伎樂至如來所，白言："時至，願赴我請。今正是時，願垂聽許。"尒時世尊安慰彼婆羅門無垢妙光言⑤已，顧視大衆，告言："汝等皆應往彼婆羅門家，爲欲令彼獲大利故。"於時世尊即從座起，纔起座已，從佛身出種種光明，間錯妙色，照觸十方，悉皆警覺一切如來。既警覺已，然後取道。時婆羅門以恭敬心持以⑥香華，與諸眷屬及天龍八部、釋梵、護世先行治道，奉引如來。

尒時世尊前路不遠，中至⑦一園，名曰豐財。於彼園中有古朽塔，摧壞崩倒，荊棘所没，榛草充徧，覆諸磚礫，狀若土堆。尒時世尊逕往塔所。時塔上放大光明，赫然熾

---

① 底本，《中華藏》第1410號，第65册第461頁中—464頁上，原《金藏》廣勝寺本。經名，《中華藏》校勘《石》作"佛説一切如來祕密全身舍利寶篋印尼陀羅尼經一卷"，經名前有"雨寶陁羅尼授菩提心戒儀"一行。

② 譯名，《中華藏》校勘《石》作"大興善寺三藏沙門不空奉詔譯"，《磧》《南》作"三藏沙門大廣智不空譯"，《麗》作"開府儀同三司特進試鴻臚卿肅國公食邑三千户賜紫贈司空謚大鑒正號大廣智大興善寺三藏沙門不空奉詔譯"。

③ 決，原作"泆"，據文意改。

④ 彼，《中華藏》校勘《石》無。

⑤ 言，《中華藏》校勘《石》《麗》無。

⑥ 以，《中華藏》校勘《石》《麗》作"妙"。

⑦ 至，《中華藏》校勘《石》《麗》作"止"。

盛,於土聚中出善哉聲,讚言:"善哉! 善哉! 釋迦牟尼如來,今日所行極善境界。"又言:"汝婆羅門,汝於今日獲大善利。"尒時世尊禮彼朽塔,右遶三帀,脱身上衣,用覆其上,泫然垂淚,涕血①交流,泣已微笑。當尒之時,十方諸佛皆同觀視,亦皆泣淚,俱放光明,來照是塔。是時大眾集會,皆同恠異,驚佈而住。尒時金剛手菩薩亦皆流淚,威燄熾盛,執杵旋轉,往詣佛所,白言②:"世尊,此③何因緣,現是光相? 何故於如來眼流淚如是? 此是佛之大瑞光相現前,惟願如來於此大眾解釋我疑。"時④薄伽梵告金剛手:"此大全身舍利聚如來塔,一切如來俱胝如胡麻心陀羅尼印法要今在其中。金剛手,有此法要在是中故⑤,塔⑥即爲如胡麻俱胝百千如來之身,亦是如胡麻百千俱胝如來全身舍利聚,乃至八萬四千法蘊亦住其中,即⑦九十九百千俱胝如來頂相在其中,是塔一切如來之所授記。若是塔所在之處,有大功勳,具大威德,能滿一切吉慶。"

尒時大眾聞佛是説,遠塵離垢及隨煩惱,得法眼淨。其中即有得須陀洹果者,得斯陀含果者,得阿那含果者,得阿羅漢果者,或有⑧得辟支佛道者,或有入菩薩位者,或有得阿毗跋致者,或有得⑨菩提授記⑩者,或有得初地二地乃至十地者,或有滿足六波羅蜜者,其婆羅門遠塵離垢,得五神通。

尒時金剛手菩薩見此奇特希有之事,白佛言:"世尊,甚奇特希有! 但⑪聞此事⑫尚獲如是殊勝功德,何況於此法要⑬,種植善根,獲大福聚。"佛言:"諦聽! 金剛手,若有善男子善女人、比丘比丘尼、優婆塞優婆夷書寫此經典者,即爲書寫彼九十九百千俱胝如胡麻如來所説經典,即於彼九十九百千俱胝如胡麻如來種植善根,即爲彼等如來護念攝受。若人讀誦,即爲讀誦過去一切諸佛所説經典。若受持此經,即彼⑭九十九百千俱胝如胡麻如來應正等覺。彼一一⑮如來、一一方所遥加攝護,晝夜現身。若人供養此經,以香華⑯、塗香、華鬘、衣服、嚴具而供養者,即於彼十方九十九百千俱

---

① 涕血,《中華藏》校勘《石》作"涕泗",《磧》《普》《南》《徑》《清》《麗》作"涕洒"。
② 白言,《中華藏》校勘《石》作"白佛言"。
③ 此,《中華藏》校勘《麗》作"以"。
④ 時,《中華藏》校勘《石》作"是"。
⑤ "今在其中"至"在是中故",《中華藏》校勘《石》作"在是中故是"。
⑥ 塔,《中華藏》校勘《麗》作"是塔"。
⑦ 即,《中華藏》校勘《麗》作"即是"。
⑧ 有,《中華藏》校勘《石》無。
⑨ 得,《中華藏》校勘《石》作"於"。
⑩ 授記,《中華藏》校勘《石》作"得受記"。
⑪ "奇特希有之事"至"但",《中華藏》校勘《石》作"大神變奇特事已,白佛言:世尊"。
⑫ 事,《中華藏》校勘《石》作"法要"。
⑬ 法要,《中華藏》校勘《石》無。
⑭ "彼"後,《中華藏》校勘《石》《麗》有"十方"。
⑮ 一一,《中華藏》校勘《麗》作"一切"。
⑯ 香華,《中華藏》校勘《麗》作"花香"。

胝如來之前,成天妙華香①、衣服、嚴具,七寶所成,積如須彌,而爲供養,種植善根亦復如是。尒時天龍八部、人、非人等見聞是已,各懷②希奇。互相謂言:奇哉! 威德,是朽土聚以如來神力所加持故,有是神變。"金剛手③白佛言:"世尊,何因緣故是七寶塔現爲土聚?"佛告金剛手:"此非土聚,乃④七寶所成大寶塔耳。復次金剛手,由諸衆生業果故隱,非如來全身而可毀壞,豈有如來金剛藏身而可壞也! 但以衆生業果因緣示現隱耳。復次金剛手,後世末法逼迫時⑤,多有衆生習行非法⑥,應墮地獄。不求佛、法、僧,不種植善根,爲是因緣好⑦法當隱。唯除此塔,以一切如來神力所持⑧,以是事故,我今流淚,彼諸如來亦以是事悉皆流淚。"尒時金剛手菩薩白佛言:"世尊,若有人書寫此經安置塔中,獲幾所福?"佛告金剛手:"若人⑨書寫此經置塔中者,是塔即爲一切如來金剛藏窣堵波,亦爲一切如來陀羅尼心秘密加持窣堵波,即爲九十九百千俱胝如胡麻如來窣堵波,亦爲⑩一切如來佛頂佛眼窣堵波,即爲一切如來神力所護。若於佛形像中安置,及於一切窣堵波中安置此經者,其像即爲七寶所成,其窣堵波亦爲七寶傘蓋、珠網、露槃交結,德字鈴鐸純爲七寶。一切如來於此法要加其威力,以誠實言本誓加持,若有有情能於此塔種植善根,必定於阿耨多羅三藐三菩提不⑪退轉,乃至應⑫墮阿鼻地獄者⑬,若⑭於此塔一禮拜一圍遶,必得解脫,皆得不退轉於阿耨多羅三藐三菩提。塔及形像所在之處,一切如來神力所護。其處不爲寒風⑮、雷雹⑯、霹靂所害,又復不爲毒蛇、毒蟲⑰、毒獸所傷,不爲惡星、怪鳥、鸚鵡、鸜鵒、蟲、鼠、狼、蛾⑱、蜂、蠆之所傷害,亦無藥叉、羅刹、部多、比舍遮癲癇之怖,亦不爲一切寒

---

① 香,《中華藏》校勘《石》《麗》作"妙香"。
② 懷,《中華藏》校勘《石》作"壞"。
③ "金剛手"前,《中華藏》校勘《石》《普》《徑》《麗》有"時"。
④ 乃,《中華藏》校勘《石》作"乃是"。
⑤ 時,《中華藏》校勘《磧》《普》《南》《徑》《清》作"爾時"。
⑥ 非法,《中華藏》校勘《石》作"罪法"。
⑦ 好,《中華藏》校勘《石》《麗》作"妙"。
⑧ "持"後,《中華藏》校勘《石》《麗》有"故"。
⑨ "人"前,《中華藏》校勘《石》有"有"。
⑩ 爲,《中華藏》校勘《石》作"是"。
⑪ "不"前,《中華藏》校勘《石》《普》《麗》有"得"。
⑫ 應,《中華藏》校勘《石》無。
⑬ 者,《中華藏》校勘《麗》無。
⑭ 若,《中華藏》校勘《石》無。
⑮ 寒風,《中華藏》校勘《石》《普》《徑》《麗》作"惡風"。
⑯ 雷雹,《中華藏》校勘《石》作"雷電"。
⑰ 蟲,《中華藏》校勘《普》《徑》《麗》作"蟲"。
⑱ 鼠狼蛾,《中華藏》校勘《石》作"狼蛇蝱蛾",《普》《徑》《麗》作"虎狼"。"鼠"前,原衍"鼠"字,據文意刪。

熱諸病、癃瘻癩毒、瘡癬疥癩所染。若人蹔見是塔，一切皆除。其處亦無人馬牛疫、童子童女疫，亦不爲非命所夭，亦不爲刀杖水火所傷，亦不爲佗敵所役[①]、飢饉所逼、厭魅呪禱不能得便。四大天王與諸眷屬晝夜衛護，二十八部大藥叉將及日月、幢雲、彗星[②]晝夜護持，一切龍王加其精氣順時降雨，一切諸天與忉利天三時下來亦爲供養禮拜塔故，一切諸仙三時來集讚詠旋遶，釋提桓因與諸天女晝夜三時來下供養，其處即爲一切如來護念加持。若人作塔或土、石、木、金、銀、赤銅，書此法要安置其中，纔安置已，其塔即爲七寶所成。上下階陛、露槃、傘蓋、鈴鐸、網綴純爲七寶，其塔四方如來形相[③]亦復如是，則一切如來神力所持。其七寶塔大全身舍利藏，高至阿迦尼吒天宮，一切諸天守衛供養。"金剛手[④]白佛言："世尊，何因緣故此法如是殊勝功德？"佛告金剛手："以此寶篋陀羅尼威神力故。"金剛手言："惟願如來哀愍我等說是陀羅尼。"佛言："諦聽！金剛手，此是未來現在及已般涅槃者全身舍利皆在寶篋陀羅尼中，是諸如來所有三身亦在是中[⑤]。"尔時世尊即説陀羅尼曰：

𑘡(na)　𑘦ः(maḥ)　𑘭(stryi)　　𑘙(dhvi)　𑘎(ka)　𑘡𑀁(nāṃ)　𑘭(sa)　𑘨𑘪(rva)　𑘝(ta)　𑘞(thā)
娜　莫　　悉怛哩也四合　地尾二合迦　南一　薩　婆　怛　佗引

𑘐(ga)　𑘝(ta)　𑘡𑀁(nāṃ)　𑘌𑀁(oṃ)　𑘨(bhu)　𑘪(vi)　𑘨(bha)　𑘪(va)　𑘟(da)　𑘪(va)　𑘨(ri)
蘖　多　南二　唵三　部　尾　婆　嚩　娜　嚩　㗚四

𑘪(va)　𑘓(ca)　𑘨(ri)　𑘪(va)　𑘓(ca)　𑘓(ca)[⑥]　𑘘(ṭai)　𑘫(su)　𑘨(ru)　𑘠(dha)
嚩　者　㗚五　嚩[⑦]　者　者　麼六,知皆反　祖　魯　祖魯馱

𑘨(ra)　𑘫(sa)　𑘨𑘪(rva)　𑘝(ta)　𑘞(thā)　𑘐(ga)　𑘝(ta)　𑘠(dhā)　𑘙(tu)　𑘠(dha)
囉　馱囉[⑧]七薩　嚩　怛　佗　蘖　多八　馱引　都　馱

𑘨(ri)　𑘢(pa)　𑘝𑀁(dmaṃ)　𑘨(bha)　𑘪(va)　𑘝(ti)　𑘕(ja)　𑘧(ya)　𑘪(va)　𑘨(ri)　𑘦(mu)
嚟　鉢　娜輪二合　婆　嚩　底九　惹　也　嚩　嚟十　畝

𑘗(dri)　𑘥(sma)　𑘨(ra)　𑘝(ta)　𑘞(thā)　𑘐(ga)　𑘝(ta)　𑘠(dha)　𑘦(rmma)　𑘓(ca)
祖犁　薩麼二合囉十一怛　佗　蘖　多　達　摩　斫

不(kra)　　曵(pra)　　ざ(va)　　系(rtta)　　不(na)　　ダ(va)　　系(jri)　　　　丙(bo)　　伐(dhi)　　ダ(va)

訖囉二合,十二　鉢囉二合　靺　　喋哆二合娜　　嚩　　日羅二合,犂音冒　　地　　滿

町(ṇa)　㐀(luṃ)　不(ka)　亽(ra)　　㐀(luṃ)系(kṛ)　　丁(te)　升(sa)　系(rva)　丁(ta)　兇(thā)

拏十三　楞　　迦引　囉引,十四楞　　訖哩二合　諦十五薩　　嚩　　怛　　佗引

升(ga)　丌(tā)　伐(dhi)　星(ṣ ṭi)　　丁(te)　丙(bo)　ダ(dha)　ダ(ya)　久　　　丙(bo)

蘖　多引　地　　瑟耻二合,下同諦十六　冒　　馱　　野　　冒馱野十七冒

伐(dhi)久　　耳(bu)弱(ddhya)久　　　升(saṃ)丙(bo)ダ(dha)仇(ni)升(saṃ)不(bo)

地　冒地十八没　鞍　　没鞍十九叅　冒　　馱　你　叅　冒

ダ(dha)ダ(ya)系(ca)ダ(la)久　　系(ca)㐀(laṃ)弔(tu)　升(sa)系(rvā)ダ(va)

馱　　野二十者　攞　者攞二十一者　懶　覩二十二薩　嚩　嚩

亽(ra)町(ṇa)仇(ni)升(sa)系(rva)ダ(pā)ダ(pa)ダ(vi)升(ga)丁(te)　系(hu)

囉　拏　你二十三薩　嚩　播引　波　尾　蘖　諦二十四户

亽(ru)久　　　升(sa)系(rva)升(śo)不(ka)ダ(vi)升(ga)丁(te)　升(sa)系(rva)

嚕　户嚕二十五薩　嚩　戌　迦　弭　蘖　帝二十六薩　嚩

丁(ta)兇(thā)升(ga)丁(ta)　系(hṛ)　　子(da)ダ(ya)ダ(va)系(jra)町(ṇi)

怛　佗　蘖　多二十七　紇哩二合,下同那　野　嚩　日哩二合抳二十八

升(saṃ)系(bha)亽(ra)久　　　升(sa)系(rva)丁(ta)兇(thā)升(ga)丁(ta)系(gu)

叅　婆　囉　叅婆囉二十九薩　嚩　怛　佗　蘖　多三十麌

弱(hya)ダ(dha)亽(ra)町(ṇi)ダ(mu)系(dri)　　耳(bu)丁(te)升(su)耳(bu)

呬野二合馱　囉　抳　猷　涅犂二合,下同,三十一没　悌　蘇　没

丁(te)升(sa)系(rva)丁(ta)兇(thā)升(ga)丁(tā)伐(dhi)星(ṣ ṭi)丁(ta)ダ(dhā)

悌三十二薩　嚩　怛　佗　蘖　多引地　瑟耻　多三十三　馱

弔(tu)升(ga)系(rbhe)兹(svā)系(hā)升(sa)ダ(ma)ダ(yā)伐(dhi)星(ṣ ṭi)丁(te)

覩　蘖　陛　娑嚩二合訶三十四叅　摩　耶引地　瑟耻二合帝

兹(svā)系(hā)升(sa)系(rva)丁(ta)兇(thā)升(ga)丁(ta)系(hṛ)子(da)ダ(ya)

娑嚩二合訶三十五薩　嚩　怛　佗　蘖　多　紇哩二合那　野

ダ(dhā)弔(tu)ダ(mu)系(dri)兹(svā)系(hā)升(su)曵(pra)丌(ti)弔(stu)

馱　覩　猷　捺喋二合娑嚩二合呵三十六蘇　鉢囉二合底　瑟耻二合

丁(ta)升(sa)弔(tu)①系(bhe)丁(ta)兇(thā)升(ga)丌(tā)伐(dhi)星(ṣ ṭi)丁(te)

多　蘖　覩二合閇　怛　佗　蘖　多引地　瑟耻二合帝

---

①　丁(ta) 升(sa) 弔(tu)，原脱，據對譯補。

𑀟(hu) 𑀭(ru) 𑀯　𑀳ूं(hūṃ) 𑀳ूं(hūṃ) 𑀲ा(svā)　𑀳ा(hā)　𑀒ं(oṃ) 𑀲(sa) 𑀭(rva) 𑀢(ta)
户　嚕　户嚕吽　　吽　　娑嚩二合　訶三十七　唵　薩　嚩　怛

𑀣ा(thā) 𑀕(ga) 𑀢(ta)　𑀉(u) 𑀱(ṣṇī) 𑀰(ṣa) 𑀥ा(dhā) 𑀢ु(tu) 𑀫ु(mu) 𑀤्र(drā)
佗　蘗　多三十八　塢　瑟扭二合沙　駄　都　畝　捺囉二合

𑀡ि(ṇi) 𑀲(sa) 𑀭(rva) 𑀢(ta) 𑀣ा(thā) 𑀕(ga) 𑀢ं(taṃ) 𑀲(sa) 𑀥(dha) 𑀢ु(tu) 𑀯ि(vi)
尼　薩　嚩　怛　佗　蘗　單　娑引　駄　都　尾

𑀪ो(bho) 𑀱ि(ṣi) 𑀢ा(tā) 𑀥ि(dhi) 𑀱्ठि(ṣ ṭi) 𑀢े(te)　𑀳ूं(hūṃ) 𑀳ूं(hūṃ) 𑀲ा(svā)　𑀳ा(hā)①
部　使　多引　地　瑟耻二合　帝三十九　吽　　吽　　娑嚩二合,引訶四十,引

　　尔時世尊説是陀羅尼時,從朽塔處有七寶窣堵波自然涌②出,高廣嚴飾,莊嚴微妙,放大光明。時③彼十方九十九百千俱胝那庾多如來皆來稱讚釋迦牟尼佛,各作是言:"善哉! 善哉! 釋迦如來,能説如是廣大法要,安置如是法藏,於閻浮提令諸衆生受④樂安隱。若有善男子善女人安⑤此法要,安置此陀羅尼於塔像中者,我等十方諸佛隨其方處恒常隨逐,於一切時以神通力及誓願力加持護念。"

　　尔時世尊説此大全身舍利寶篋印陀羅尼,廣作佛事已。然後往彼婆羅門家,受諸供養,令無數天人獲大福利已,卻還所住。尔時大衆比丘比丘尼、優婆塞優婆夷、天、龍、夜叉、捷闥婆、阿修羅、迦樓羅、緊那羅、摩睺羅伽、人、非人等皆大歡喜,信受奉行。

　　一切如來心祕密全身舍利寶篋印陀羅尼經⑥

---

① 梵字真言,據《大正藏》依靈雲寺版普通真言藏所載對照。
② 涌,《中華藏》校勘《石》作"踊"。
③ 時,《中華藏》校勘《石》無。
④ 受,《中華藏》校勘《石》《麗》作"利"。
⑤ 安,《中華藏》校勘《石》作"依"。
⑥ 卷末經名,《中華藏》校勘《石》作"佛説寶篋陁羅尼經一卷"。

普遍光明焰鬘清淨熾盛如意寶印心無能勝大明王大隨求陀羅尼經①

普遍光明焰鬘清淨熾盛如意寶印心無能勝大明王大隨求陀羅尼經卷上

大興善寺三藏沙門大廣智不空奉詔譯②

序品③

如是我聞，一時婆伽梵，住大金剛須弥盧峯樓閣④，安住大金剛三摩地。以大金剛莊嚴劫樹⑤，於大金剛池寶蓮花光照金剛沙而布於地，於大金剛加持⑥金剛道場⑦天帝釋宮殿，以俱胝那庾多百千莊嚴大金剛師子之座，説法神通處，一切如來神力之所加持，入一切法平等出生薩婆若智。與⑧八十四俱胝那庾多菩薩衆俱，皆是一生補

① 底本，《中華藏》第 1480 號，第 66 册第 85 頁中—106 頁上，原《金藏》廣勝寺本。校本，《大正藏》第 1153 號，第 20 册第 616 頁上—634 頁中，原《麗藏》本，梵文校本原東京帝國大學梵本第三百三十四號。經名中“焰鬘”，原脱，據《中華藏》校勘《磧》《南》《徑》《清》補，《大正藏》校勘梵本經題作 samanta-jvalāmālā visuddhaisphūrita-cintāmaṇi-mudrā-hṛdayāparājitā mahāpratisāravidyā dhāraṇī。

② 譯者，《金藏》原版殘，《中華藏》據《麗藏》本補，作“開府儀同三司特進試鴻臚卿肅國公食邑三千户賜紫贈司空謚大鑒正號大廣智大興善寺三藏沙門不空奉詔譯”，此據卷下譯名改。《中華藏》校勘《石》作“大興善寺三藏沙門大廣智不空奉詔譯”，《磧》《南》作“大（《南》無此字）唐大興善寺三藏沙門大廣智不空奉詔譯”，《徑》《清》作“唐北天竺三藏沙門大廣智不空奉詔譯”。

③ “序品”後，《中華藏》校勘《磧》《南》《徑》《清》有“第一”。

④ 大金剛須弥盧峯樓閣，《大正藏》校勘梵文 mahāvajra-sumeru-śikhara-kūṭāgāra。

⑤ 劫樹，《大正藏》校勘梵文 kalpa-vṛkṣa。

⑥ 加持，《大正藏》校勘梵文 adhiṣṭhāna。

⑦ 金剛道場，《大正藏》校勘梵文 vajra-maṇḍala-māḍa。

⑧ 以上《金藏》原本殘，《中華藏》以《麗藏》本補。

處,於阿耨多羅三藐三菩提得不退轉,皆得大勢,皆悉示現大金剛解脱三摩地①佛刹神通,於刹那閒隨入一切有情心行,成就種種美妙廣大甚深巧説諸法,辯才無礙,得大神通,悉能供養無量佛世界如來,大供養雲海解脱三摩地②自在神通,不共覺分道支一切地波羅蜜,善巧四攝慈悲喜捨力,遠離清淨心相續中。其名曰:金剛藏③菩薩摩訶薩、金剛眼④菩薩摩訶薩、金剛身⑤菩薩摩訶薩、金剛慧⑥菩薩摩訶薩、金剛手⑦菩薩摩訶薩、金剛相擊⑧菩薩摩訶薩、金剛那羅延⑨菩薩摩訶薩、金剛遊戲⑩菩薩摩訶薩、金剛積⑪菩薩摩訶薩、金剛髻⑫菩薩摩訶薩、金剛妙⑬菩薩摩訶薩、金剛幢⑭菩薩摩訶薩,如是上首菩薩摩訶薩衆俱。

復與大聲聞衆,皆大阿羅漢,斷除有結,盡一切漏,得善正知,心善解脱,悉能現不思議神通力神境⑮通遊戲,皆得大勢,於見無著,離一切垢,焚燒習氣種。其名曰:具壽舍利子⑯、具壽滿慈子、具壽劫賓那⑰、具壽須菩提⑱、具壽迦葉波⑲、具壽大迦葉波⑳、具壽優樓頻螺迦葉波㉑,與如是等上首大聲聞衆俱。復有大自在天子爲上首,與無量無邊不可説阿僧祇淨居天子衆俱。

復有娑訶世界主大梵天王爲上首,與梵衆天子俱。復有蘇夜摩天子、化樂天子、佗化自在天子及天帝釋,各與諸天子以爲眷屬俱。復有毗摩質多羅阿蘇羅王、末

---

① 大金剛解脱三摩地,《大正藏》校勘梵文 mahāvajra-vimokṣa-mukha-samādhi。
② 大供養雲海解脱三摩地,《大正藏》校勘梵文 mahā-pūjā-meghārcanāvimakṣa-mukha-dhāraṇī-samādhi。
③ 金剛藏,《大正藏》校勘梵文 vajra-garbha。
④ 金剛眼,《大正藏》校勘梵文 vajra-netra。
⑤ 金剛身,《大正藏》校勘梵文 vajra-gātra。
⑥ 金剛慧,《大正藏》校勘梵文 vajra-mati。
⑦ 金剛手,《大正藏》校勘梵文 vajra-hasta。
⑧ 金剛相擊,《大正藏》校勘梵文 vajra-saṁhata。
⑨ 金剛那羅延,《大正藏》校勘梵文 vajra-nārāyaṇa。
⑩ 金剛遊戲,《大正藏》校勘梵文 vajra-vikurvīta。
⑪ 金剛積,《大正藏》校勘梵文 vajra-kūṭa。
⑫ 金剛髻,《大正藏》校勘梵文 vajra-rāsi。
⑬ 金剛妙,原作"妙金剛",據《中華藏》校勘《麗》改,《大正藏》校勘梵文 vajra-suvajra。
⑭ 金剛幢,《大正藏》校勘梵文 vajra-ketu。
⑮ 境,《中華藏》校勘《石》無。
⑯ 舍利子,《大正藏》校勘《文殊師利根本儀軌經》梵文 Śāriputra。
⑰ 劫賓那,《大正藏》校勘《文殊師利根本儀軌經》梵文 Kaphiṇa。
⑱ 須菩提,《大正藏》校勘《文殊師利根本儀軌經》梵文 Subhūti。
⑲ 迦葉波,《大正藏》校勘《文殊師利根本儀軌經》梵文 Gayākāśyapa。
⑳ 大迦葉波,《大正藏》校勘《文殊師利根本儀軌經》梵文 Mahākāśyapa。
㉑ 優樓頻螺迦葉波,《大正藏》校勘《文殊師利根本儀軌經》梵文 Duravikṣokāśyapa。

離阿蘇羅王、令歡喜阿蘇羅王、照曜阿蘇羅王、羅睺阿蘇羅王，如是上首阿蘇羅王，與無量無邊阿蘇羅王以爲眷屬俱。復有娑伽羅龍王、德叉迦龍王、嚩蘇枳龍王、商佉波羅龍王、羯句吒迦龍王、蓮華龍王、大蓮華龍王，如是等上首龍王，與無量無邊阿僧祇龍王衆俱。復有樹緊那羅王，與無量緊那羅王眷屬俱。復有一切義成就持明仙王，與無量無邊①持明仙王眷屬俱。復有五髻乾闥婆王，與無量乾闥婆王眷屬俱。復有金眼②藥路茶王，與無量無邊藥路茶王眷屬俱。復有多聞藥叉王、寶賢藥叉王、滿賢藥叉王、半支迦藥叉王，與無量無邊藥叉王眷屬俱。復有訶利帝母，與五百子以爲眷屬俱。復有七護世母天、七大羅刹母、遊虛空七仙天、九執曜天、方隅地天、辯才天女，各與眷屬俱。復有作障者毗那夜迦，并畢㘑多、部多，一切皆是大威德者，各與眷屬俱。復有一切山王、一切海王，及護世王水天，并持國天王、增長天王、惡目天王、持棒羅刹主、七風天、伊舍那天并及其后，與千俱胝那庾多眷屬俱。復有那羅延天，與眷屬俱。復有捺多迦、那麼迦、嚕賀迦、大伽那鉢底、彌瞿羅迦，如是等毗那夜迦王，與無量無邊毗那夜迦以爲眷屬俱。復有六十遊行諸城堡王，與眷屬俱。復有四姊妹女天，并兄以爲眷屬俱。復有金剛商羯羅女，與六十四金剛女以爲眷屬俱。復有金剛軍童子、蘇摩呼童子、頂行童子，與無量無邊③金剛族以爲眷屬俱。復有淨信佛法僧、天、龍、藥叉、乾闥婆、阿蘇羅、藥路茶、緊那羅、摩戶羅伽、部多、畢舍遮、阿鉢娑麼囉、嗢摩那娑④皶娑、呬里迦、烏薩多羅迦，并日月天子、晨朝天、日午天、黃昏天、中夜天及一切時天，與無量無邊阿僧祇眷屬俱。

　　於時世尊善轉法輪，佛事已終，福德智慧，究竟圓滿，善攝受一切智大菩提，獲得熾盛地波羅蜜。以三十二大丈夫相莊嚴法身⑤，八十四隨好莊嚴一切支分⑥，一切有情無所觀頂相⑦，超勝一切魔羅⑧，通達一切智智⑨，具足五眼⑩，一切相成就⑪，一切

①　無邊，《中華藏》校勘《石》《麗》無。

②　金眼，《中華藏》校勘《磧》《南》《徑》《清》作“金銀”。

③　無邊，《中華藏》校勘《石》無。

④　娑，《中華藏》校勘《石》《麗》無。

⑤　三十二大丈夫相莊嚴法身，《大正藏》校勘梵文 dvātriṁśat-mahāpurṣa-lakṣaṇālaṁkṛta-śalira。

⑥　八十四隨好莊嚴一切支分，《大正藏》校勘梵文 caturaśīty-anuvyañjana-virājita-sarvāṅga vayavasob-hana。

⑦　一切有情無所觀頂相，《大正藏》校勘梵文 sarva-sattvānavalokitamuddhnābhi（別本無 hi）nirjita。

⑧　超勝一切魔羅，《大正藏》校勘梵文 sarva-māra-karmakovida。

⑨　通達一切智智，《大正藏》校勘梵文 sarva-sattvānujñāta。

⑩　具足五眼，《大正藏》校勘梵文 pañca-vidha-cakṣu。

⑪　一切相成就，《大正藏》校勘梵文 sarvākāravaropita。

智智成就①，一切佛法成就②，摧一切魔異論③，高顯名稱大雄猛師子吼④，壞無明黑闇。以無量無邊阿僧祇百千俱胝那庾多劫之所積集，施、戒、忍、勤勇、静慮、般若、方便、願力、智波羅蜜⑤，難行苦行，轉得三十二大人相、八十四隨好莊嚴。其身坐大寶金剛蓮華藏師子之座⑥，其座以無量金剛寶珠羅網莊嚴，微風摇擊，出妙音聲；以無量金剛界安住神足；以無量金剛寶莊嚴摩竭⑦口吐於赤珠，復含在口；以無量寶嚴飾蓮華藥、琥珀、大琥珀、帝青、大帝青、補沙羅伽⑧莊嚴光網，普遍端嚴；以無量金剛寶莊嚴幰蓋柄，以⑨無量俱胝那庾多百千劫樹陰影莊嚴。其座廣博，大如須彌，猶如金山，吉祥熾盛光明莊嚴，照過千日。其地圓滿猶如淨月，令諸有情深所樂見如來之法，如大劫樹其華開敷。所説妙法初中後善，其義深遠，其語巧妙，清淨潔白，純一無雜。

　　尔時，世尊從頂毫相⑩放大光明，其光名曰現一切如來光網⑪。由此光明，普照三千大千世界乃至如恒河沙數佛世界，於彼世界所有如來，於大莊嚴樓閣無量寶莊嚴師子座上説法，并一切菩薩及大聲聞苾芻、苾芻尼、淨信男、淨信女、天、龍、藥叉、乾闥婆、阿蘇羅、蘗路荼、緊那羅、摩户羅伽，悉皆照曜顯現分明。

　　尔時，世尊普爲一切説伽陀曰：

　　　　我今説隨求，愍念諸有情，
　　　　此大陀羅尼，能摧難調者。
　　　　諸極惡重罪，若得纔聞此，
　　　　隨求陀羅尼，一切罪消滅。
　　　　安樂諸有情，解脱一切病，
　　　　大悲衆生故，是故世尊説。
　　　　爲獲解脱故，遠離諸惡趣。
　　　　若入修羅宫，藥叉羅刹宫，

----

① 一切智智成就，《大正藏》校勘梵文 sarva-jñajñāna-samanvāgati。

② 一切佛法成就，《大正藏》校勘梵文 sarva-buddha-dh rma-samanvagata。

③ 摧一切魔異論，《大正藏》校勘梵文 sarva-māra-paraprabodi-kugaṇa-pramath na。

④ 高顯名稱大雄猛師子吼，《大正藏》校勘梵文 udgata-kīrtti-śabda-śroka ṛṣabha-siṃha-nāda。

⑤ “施”至“智波羅蜜”，《大正藏》校勘梵文 dāna-śila-kṣānti-vīrya-dhyāna, prajña-upāyavala-praṇidhī-jñānapāramitā。

⑥ 大寶金剛蓮華藏師子之座，《大正藏》校勘梵文 mahā-vajra-ratna-padma-garbha-siṃhāsana。

⑦ 摩竭，《大正藏》校勘梵文 makara。

⑧ 補沙羅伽，《大正藏》校勘梵文 puṣparāga。

⑨ 以，《中華藏》校勘《石》《麗》作“又以”。

⑩ 毫相，《大正藏》校勘梵文 ūrṇa-keśa。

⑪ 現一切如來光網，《大正藏》校勘梵文 sarva-buddha-dharma-darśana-mahā-raśmi-jala。

步多龍鬼神，如是諸宮殿，

隨意悉能入，皆用此大明。

而作於加護，鬥戰危險處，

不被冤沮壞，并諸鬼魅等，

由稱陀羅尼，諸魅悉壞滅。

娑塞①溫未那，畢舍拏吉你，

猛惡吸精氣，常害有情類，

彼皆悉殄滅。由隨求威德，

佗敵皆滅壞。所作劇厭禱，

呪詛②法無効，定業不受報，

不被蟲③毒中，水火及刀杖，

雷電與霜雹，黑風惡暴雨，

諸難皆得勝④，冤敵悉降伏。

若人持此明，或帶於頸臂，

所求願悉成。一切所希願，

悉皆得如意，天王⑤皆加護。

及諸大龍王，菩薩大勤勇⑥，

緣覺及聲聞，一切諸如來，

明妃大威德⑦，悉皆而擁護。

受持隨求者，金剛祕密主⑧，

護世四天王⑨，於彼持誦人，

晝夜常加護。帝釋忉利衆，

梵王毗紐天，及摩醯首羅，

---

① 塞，《中華藏》校勘《石》《麗》作“謇”。

② 詛，原作“咀”，據《中華藏》校勘《石》改。

③ 蟲，《中華藏》校勘《石》《麗》作“蠱”。

④ 勝，《中華藏》校勘《麗》作“脱”。

⑤ 天王，《大正藏》校勘梵文 devendra。

⑥ 大勤勇，《大正藏》校勘梵文 mahā-vīrya。

⑦ 明妃大威德，《大正藏》校勘梵文 mahā-rddhikā vidyā devī。

⑧ 金剛祕密主，《大正藏》校勘梵文 vajra-pāṇi。

⑨ 護世四天王，《大正藏》校勘梵文 yakṣendro rājanas caturaḥ。

　　　衆生俱摩羅①，大黑②喜自在③，

　　　一切天母衆④，及餘諸魔衆，

　　　苦行威德仙，及餘密語天，

　　　皆悉來擁護。持此隨求者，

　　　大威德菩薩，明妃大悲尊，

　　　勇猛具神力。摩摩⑤毗俱知⑥，

　　　多羅⑦央俱尸⑧，及餘金剛鎖⑨，

　　　白衣⑩及大白⑪，聖摩訶迦離⑫，

　　　使者金剛使⑬，妙索⑭金剛索⑮，

　　　執輪⑯大力者⑰，金剛鬘大明⑱，

　　　甘露軍吒利⑲，無能勝明妃⑳，

　　　黑耳吉祥天㉑，大福威德尊㉒，

①　衆生俱摩羅，《大正藏》校勘梵文 nandikeśa。

②　大黑，《大正藏》校勘梵文 mahākāla kārttikeya。

③　喜自在，《大正藏》校勘梵文 ganeśvala。

④　一切天母衆，《大正藏》校勘梵文 sarva-mātṛganā。

⑤　摩摩，《大正藏》校勘梵文 māmakī。

⑥　毗俱知，《大正藏》校勘梵文 bhṛkuṭī。

⑦　多羅，《大正藏》校勘梵文 tārādevī。

⑧　央俱尸，《大正藏》校勘梵文 aṅkuśī。

⑨　金剛鎖，《大正藏》校勘梵文 vajra-śṛṁkhalā。

⑩　白衣，《大正藏》校勘梵文 śvetā。

⑪　大白，《大正藏》校勘梵文 mahā-śvetā。

⑫　摩訶迦離，《大正藏》校勘梵文 mahākālī。

⑬　金剛使，《大正藏》校勘梵文 vajra-dubhya。

⑭　妙索，《大正藏》校勘梵文 supāśī。

⑮　金剛索，《大正藏》校勘梵文 vajra-pāśī。

⑯　執輪，《大正藏》校勘梵文 vajra-pāṇi。

⑰　大力者，《大正藏》校勘梵文 mahā-bala。

⑱　金剛鬘大明，《大正藏》校勘梵文 vajra mālā-mahā-vidyā。

⑲　甘露軍吒利，《大正藏》校勘梵文 amṛta-kuṇḍali。

⑳　無能勝明妃，《大正藏》校勘梵文 aparājita-mahā-vidyā。

㉑　黑耳吉祥天，《大正藏》校勘梵文 kāla-karṇa-mahākāla。

㉒　大福威德尊，《大正藏》校勘梵文 dhanyā mahā-bhāgā。

蓮華軍吒利①,華齒②及珠髻③,

金髻賓蘗羅④,大威德吉祥⑤,

及電莊嚴天⑥,一髻大羅刹⑦,

及佛地護尊⑧,迦波利明女⑨,

楞伽自在尊⑩,及餘多類衆,

彼等皆擁護。由大明在手,

訶利帝⑪及子,半支迦⑫大將,

商棄尼⑬積齒⑭,吉祥⑮及辯才⑯,

由持此密言,晝夜常隨逐。

若有諸女人,持此陀羅尼,

彼皆悉成就,男女在其胎,

安隱胎增長,産生皆安樂,

一切病悉除,諸罪皆消滅,

福力常具足,穀麥及財寶,

悉皆得增長,出言令樂聞,

所至獲恭敬。男子及女人,

清淨能受持,常懷慈悲心,

拔濟諸有情,皆願獲安樂,

令彼離疾病。國王并後宮,

---

① 蓮華軍吒利,《大正藏》校勘梵文 padma-kuṇḍalī。

② 華齒,《大正藏》校勘梵文 puṣpa-dantī。

③ 珠髻,《大正藏》校勘梵文 maṇi-cūḍā。

④ 金髻賓蘗羅,《大正藏》校勘梵文 svapna（svarṇa?）keśī piṅgalā。髻,《中華藏》校勘《石》作"髮"。

⑤ 大威德吉祥,《大正藏》校勘梵文 mahā-tejā devī。

⑥ 電莊嚴天,《大正藏》校勘梵文 vidyutmālinī。

⑦ 一髻大羅刹,《大正藏》校勘梵文 eka-jaṭā。

⑧ 佛地護尊,《大正藏》校勘梵文 buddha-rakṣantināyakā。

⑨ 迦波利明女,《大正藏》校勘梵文 kapālinī。

⑩ 楞伽自在尊,《大正藏》校勘梵文 laṁkeśvarī。

⑪ 訶利帝,《大正藏》校勘梵文 hāritī。

⑫ 半支迦,《大正藏》校勘梵文 pāncika。

⑬ 商棄尼,《大正藏》校勘梵文 śaṁkhinī。

⑭ 積齒,《大正藏》校勘梵文 kūṭa-dantinī。

⑮ 吉祥,《大正藏》校勘梵文 śrī devī。

⑯ 辯才,《大正藏》校勘梵文 sarasvatī。

皆生恭敬心，吉祥常熾盛，

福聚皆增長。一切真言法，

皆悉得成就，成入一切壇，

得成三昧邪。如來誠言①説，

惡夢不能侵，諸罪悉消除②；

煩惱及怨敵，執曜災禍滅。

大智自在説，能滿佗願欲，

是故我今説，大眾咸諦聽。

曩莫薩嚩怛佗去，引誐跢去，引南引，一曩謨曩莫二薩嚩没馱冒引地薩多嚩二合，三没馱達摩僧去契引毗藥二合，四唵引，五尾補攞蘗陛六尾補攞尾麼鼻聲，後同黎上，七惹子曳反野蘗陛八嚩囉二合入嚩二合，引攞蘗陛九誐底丁以反誐賀寧十誐誐曩尾成引陀寧十一薩嚩播引跛尾成引陀去寧十二唵引，十三虞拏鼻音嚩底同音，十四誐誐哩抳尼貞反，十五儗姸以反哩儗哩十六誐麼鼻音哩誐麼如前哩十七虐賀虐賀十八蘗誐引哩蘗誐引哩十九誐誐哩誐誐哩二十儼婆上哩儼婆去哩二十一誐底誐底二十二誐麼鼻音額誐嗨二十三虞上嚕虞上嚕二十四虞上嚕抳尼整反，二十五佐黎二十六阿上佐黎二十七母佐黎二十八惹曳二十九尾惹曳三十薩嚩婆野尾誐帝三十一蘗婆三去婆囉抳尼整反，三十二悉哩悉哩三十三弭哩弭哩三十四岐哩岐哩三十五三滿跢引迦囉灑二合抳三十六薩嚩設咄嚕二合鉢囉二合末佗上額三十七囉吃灑二合囉吃灑二合麼上麼某甲，上薩嚩薩多嚩二合，引難上，引佐三十八尾哩尾哩三十九尾誐跢引嚩囉拏上，四十婆去野曩引捨額四十一蘇上哩蘇哩四十二唧哩劍麼上黎四十三尾麼上黎四十四惹曳四十五尾惹曳四十六惹夜引嚩奚四十七惹野嚩底四十八婆上誐嚩底囉怛曩二合麼上矩吒麼引邏引馱哩四十九麼護尾尾馱尾唧怛囉二合，五十吠引灑嚕引跛馱引哩抳五十一婆上誐嚩底摩賀引尾你也二合壂上尾五十二囉吃灑二合囉吃灑二合麼麼某甲，五十三薩嚩薩多嚩二合，引難上佐五十四三滿跢薩嚩怛囉二合，五十五薩嚩播引跛尾成引馱額五十六户嚕户嚕五十七諾乞察二合怛囉二合麼引邏馱引哩抳五十八囉吃灑二合囉吃灑二合輪麼鼻麼某甲，鼻，五十九阿曩引佗上寫引，六十怛囉二合，引拏鼻，引跛囉引耶拏鼻寫引，六十一跛哩謨引佐野冥引，六十二薩嚩耨契引毗藥二合，六十三戰尼戰尼六十四戰膩額吠引誐嚩底六十五薩嚩訥瑟吒二合額嚩引囉抳六十六設咄嚕二合博吃叉二合鉢囉二合末佗上額六十七尾惹野嚩引呬額六十八户嚕户嚕六十九母嚕母嚕七十祖嚕祖嚕七十一阿去，引欲播引攞額七十二蘇上囉嚩囉末佗額七十三薩嚩泥上嚩跢布引毗柴以反帝七十四地哩地哩七十五三滿跢引嚩路引枳帝七十六鉢囉二合陛鉢囉二合陛七十七蘇鉢囉婆尾秫弟七十八薩嚩播引跛尾成引馱寧七十九達囉

---

① 言，《中華藏》校勘《石》《麗》作"實"。

② 消除，《中華藏》校勘《麗》作"除滅"。

達囉八十達囉抳馱囉達嚇八十一蘇上母蘇上母八十二嚕嚕佐黎八十三佐引攞耶弩瑟鵒二
合二,八十四布引囉野銘阿去,引苦去,引八十五室哩二合,引嚕補陀難惹野劍麼上黎八十六
吃史二合抳吃史二合抳八十七嚕囉泥嚕囉能引矩勢八十八唵引鉢納麼二合尾秫第八十九戌
引馱野戌引馱野九十舜入第九十一跛囉跋囉九十二鼻哩鼻哩九十三步嚕步嚕九十四懵去誐
攞尾舜入第九十五跛尾怛囉二合穆棄九十六渴祛蘗反儗抳渴儗抳九十七佉二合囉佉上囉九十
八入嚕二合里多始渴嚇九十九三上滿多鉢囉二合娑上哩跢引嚕婆去,引悉多秫第一百入嚕
二合攞入嚕二合攞一百一薩嚕泥上嚕誐拏三上麼迦囉灑二合抳一百二薩底也二合嚕帝跢囉
怛囉哆引哩野輪一百三曩引誐尾略枳帝一百四攞護攞護一百五戶弩戶弩一百六乞史二合抳
乞史二合抳一百七薩嚕擬囉二合賀薄乞灑二合抳一百八冰畢孕反誐里冰誐里一百九祖母祖
母一百十蘇母蘇母一百十一祖母佐嚇一百十二多囉多囉一百十三曩引誐尾路枳顡跢囉野覩
輪一百十四婆誐嚕底阿瑟吒二合摩賀婆曳毗藥二合,一百十五三悶上捺囉二合娑去,引誐囉
鉢哩演二合擔平,一百十六播引跢引羅誐誐曩怛覽二合薩嚕怛囉二合,一百十七三上滿帝曩
你泥以反捨滿第引曩一百十八嚕囉二合,引鉢囉二合迦引囉嚕囉二合播引捨滿彈安甯引曩一
百十九嚕日囉二合入嚕二合,引羅尾秫弟一百二十步哩步哩一百二十一薩婆嚕底蘗婆尾戍馱
顡一百二十二鉤吃史二合三去布囉抳一百二十三入嚕二合羅入嚕二合羅一百二十四佐羅佐羅
一百二十五入嚕二合里顡鉢囉二合韈灑覩泥引,上嚕一百二十六三滿帝引曩你泥以反眇引娜
計引曩一百二十七阿蜜栗二合多嚕囉灑二合抳一百二十八泥上,引嚕跢嚕跢羅抳一百二十九阿
鼻詵者覩銘一百三十蘇上誐多嚕囉嚕佐上曩引蜜栗二合多一百三十一嚕囉嚕補囉囉吃灑二
合囉吃灑二合麼麼某甲,一百三十二薩嚕薩多嚕二合難佐一百三十三薩嚕怛囉二合薩嚕娜薩
嚕婆曳毗藥二合,一百三十四薩冒鉢捺囉二合吠毗藥二合,一百三十五薩冒跛僧霓上,引毗藥
二合,一百三十六薩嚕訥瑟吒二合婆野鼻怛寫一百三十七薩嚕迦去里迦攞賀尾蘗囉二合賀尾
引嚕娜耨薩嚕二合跛難二合,一百三十八訥顡弭跢晉去誐羅盧遮反播引跛尾曩捨顡一百三十
九薩嚕藥吃叉二合囉引吃灑二合娑一百四十曩誐顡嚕引囉抳薩囉抳娑嚇一百四十一麼攞麼
攞一百四十二麼攞嚕底一百四十三惹野惹野惹野覩輪一百四十四薩嚕怛囉二合薩嚕迦引覽
一百四十五悉鈿覩銘曀輪摩賀尾捻你琰反,引娑去,引陀野娑主陀野一百四十六薩嚕曼拏上
攞娑引陀顡一百四十七伽去多上野薩嚕尾覲曩二合,引一百四十八惹野惹野一百四十九悉遞
悉遞蘇上悉遞一百五十悉地野二合悉地野二合,一百五十一没地野二合没地野二合,一百五十
二布囉野布囉野一百五十三布囉抳布囉抳一百五十四布囉野阿引苦去,一百五十五薩嚕尾你
也二合,引地誐多没引帝一百五十六惹愈引多哩惹夜嚕底一百五十七底瑟吒二合底瑟咤二合,
一百五十八三上麼去野麼上拏播引攞野一百五十九怛佗去蘗多紇哩二合乃野舜入第弭也二合
嚕路引迦野輪引,一百六十阿瑟吒二合鼻摩賀娜嚕拏鼻婆襄一百六十一薩囉薩囉一百六十二
鉢囉二合薩囉鉢囉二合薩囉一百六十三薩嚕引嚕囉拏鼻尾戌引陀顡一百六十四三滿跢迦引
囉曼拏上攞尾舜入第一百六十五尾誐帝尾誐帝一百六十六尾誐多麼鼻攞尾戌引陀顡一百六

十七乞史二合抳乞史二合抳一百六十八薩嚩播引跛尾舜入第一百六十九麼鼻攞尾蘗帝一百七
十帝惹子攞反嚩底嚩日囉二合嚩底怛嚫二合路引枳野二合地瑟耻二合帝娑嚩二合,引賀引,
一百七十一薩嚩怛佗引蘗多没馱毗色訖帝二合娑嚩二合,引賀引,一百七十二薩嚩冒地薩多
嚩二合毗色訖帝二合娑嚩二合,引賀引,一百七十三薩嚩泥上嚩跢毗色訖帝二合娑嚩二合,引
賀引,一百七十四薩嚩怛佗去,引誐多絰哩二合乃夜地瑟耻二合多絰哩二合乃曳引娑嚩二合,
引賀引,一百七十五薩嚩怛佗去,引誐多三麼野悉第娑嚩二合,引賀引,一百七十六印捺嚩二合
印捺囉二合嚩底印捺囉二合弭也二合嚩路引枳帝娑嚩二合,引賀引,一百七十七没囉二合憾
銘二合没囉二合憾麼二合底庾二合史帝娑嚩二合賀引,一百七十八尾瑟弩二合曩莫塞訖哩二
合帝娑嚩二合,引賀引,一百七十九摩係濕嚩二合囉滿你多上布尒而呰反跢曳娑嚩二合,引賀
引,一百八十嚩日囉二合播抳麼攞尾引哩野二合地瑟耻二合帝娑嚩二合,引賀引,一百八十一地
唱二合多囉引瑟吒囉二合野薩嚩二合,引賀引,一百八十二尾嚕引茶去迦引野薩嚩二合,引賀
引,一百八十三尾嚕播引吃灑二合野薩嚩二合,引賀引,一百八十四吠武每反,引室囉二合摩拏上,
引野薩嚩二合,引賀引捹咄摩賀引囉引惹曩莫塞訖哩三合多野薩嚩二合,引賀引,一百八十五
焔麼上,引野薩嚩二合,引賀引,一百八十六焔麼引布引尒同前多曩莫塞訖哩二合跢野薩嚩二
合,引賀引,一百八十七嚩嚕引拏上,引野薩嚩二合,引賀引,一百八十八麼嚕跢野薩嚩二合,引賀
引,一百八十九摩賀麼嚕跢野薩嚩二合,引賀引,一百九十阿哏曩二合曳引薩嚩二合,引賀引,一
百九十一曩誐尾路枳跢野薩嚩二合,引賀引,一百九十二泥上,引嚩誐妳引毗藥二合薩嚩二合,
引賀引,一百九十三曩引誐誐妳引毗藥二合薩嚩二合,引賀引,一百九十四藥乞灑二合誐妳引毗
藥二合薩嚩二合,引賀引,一百九十五囉引乞灑二合娑誐妳引毗藥二合薩嚩二合,引賀引,一百九
十六彦闥誐妳毗藥二合娑嚩二合,引賀引,一百九十七阿蘇囉誐妳毗藥二合薩嚩二合,引賀引,
一百九十八誐嚕拏誐妳毗藥二合薩嚩二合,引賀引,一百九十九緊捺囉誐妳毗藥二合薩嚩二
合,引賀引,二百麼護引囉誐妳毗藥二合薩嚩二合,引賀引,二百一麼上努囉毗藥二合薩嚩二合,
引賀引,二百二阿麼努囉毗藥二合薩嚩二合,引賀引,二百三薩嚩蘗囉二合係毗藥二合薩嚩二
合,引賀引,二百四薩嚩步帝毗藥二合薩嚩二合,引賀引,二百五必哩帝毗藥二合薩嚩二合,引賀
引,二百六比捨引際毗藥二合薩嚩二合,引賀引,二百七阿跛娑麼二合,引嚩毗藥二合薩嚩二合,
引賀引,二百八禁畔引妳毗藥二合薩嚩二合,引賀引,二百九唵引度嚕度嚕薩嚩二合,引賀引,二
百十唵覩嚕覩嚕薩嚩二合,引賀引,二百十一唵畝嚕畝嚕薩嚩二合,引賀引,二百十二賀曩賀曩
薩嚩設覩嚕二合喃引薩嚩二合,引賀引,二百十三娜賀娜賀薩嚩訥瑟吒二合鉢囉二合訥瑟吒
二合,引腩薩嚩二合,引賀引,二百十四鉢佐鉢佐薩嚩鉢囉二合底也二合剔迦鉢囉二合底也二
合弭怛囉二合,引喃,二百十五曳麼麼阿呬帝史拏入帝衫引薩吠衫引捨哩嚟入嚩二合,引
攞野訥瑟吒二合唧哆喃薩嚩二合,引賀引,二百十六入嚩二合里跢野薩嚩二合,引賀引,二百十
七鉢囉二合入嚩二合里跢野薩嚩二合,引賀引,二百十八你引跛多二合入嚩二合,引攞引野薩
嚩二合,引賀引,二百十九三去滿多入嚩二合,引攞野薩嚩二合,引賀引,二百二十麼抳跛捺囉二

合野薩嚩二合,引賀引,二百二十一布引囉拏二合跋捺囉二合,引野薩嚩二合,引賀引,二百二十二

摩賀迦攞野薩嚩二合,引賀引,二百二十三麼底哩二合誐拏上,引野薩嚩二合,引賀引,二百二十

四也吃史二合抳引腩上,引薩嚩二合,引賀引,二百二十五囉引吃灑二合枲腩上薩嚩二合,引賀

引,二百二十六阿去,引迦捨麼野底哩二合喃薩嚩二合賀引,二百二十七三去畝捺囉二合嚩枲

星以反顎腩薩嚩二合,引賀引,二百二十八囉底哩二合捄囉引喃引薩嚩二合,引賀引,二百二十九

你嚩娑捄攞引喃薩嚩二合,引賀引,二百三十底哩二合散皷捄囉引喃薩嚩二合,引賀引,二百三

十一尾上,引攞引捄囉引喃娑嚩二合,引賀引,二百三十二阿尾上,三邏捄囉喃薩嚩二合,引賀引,

二百三十三蘗婆賀嚥毗藥二合薩嚩二合,引賀引,二百三十四蘗婆去散跢囉抳薩嚩二合,引賀

引,二百三十五戶嚕戶嚕薩嚩二合,引賀引,二百三十六唵薩嚩二合,引賀引,二百三十七薩嚩入,短

薩嚩二合,引賀引,二百三十八僕重薩嚩二合,引賀引,二百三十九步嚩無博反薩嚩二合,引賀引,二

百四十唵部引囉步二合嚩無博反娑嚩二合,入聲薩縛二合,引賀引,二百四十一唧徵知以反唧徵薩

嚩二合,引賀引,二百四十二尾徵尾徵薩嚩二合,引賀引,二百四十三馱囉抳薩嚩二合,引賀引,二

百四十四馱引囉抳薩嚩二合,引賀引,二百四十五阿哏顎二合薩嚩二合,引賀引,二百四十六帝祖

嚩補薩嚩二合,引賀引,二百四十七唧里唧里薩嚩二合,引賀引,二百四十八悉里悉里薩嚩二合,

引賀引,二百四十九沒皷沒皷薩嚩二合,引賀引,二百五十悉皷悉皷薩嚩二合,引賀引,二百五十一

曼拏攞悉第引薩嚩二合,引賀引,二百五十二曼拏攞悉第薩嚩二合,引賀引,二百五十三枲麼引

滿陀顎薩嚩二合,引賀引,二百五十四薩嚩設咄嚕二合喃漸子琰反婆漸婆薩嚩二合,引賀引,二

百五十五娑膽二合婆野娑膽二合婆野去薩嚩二合,引賀引,二百五十六親去娜親娜薩嚩二合,引

賀引,二百五十七牝娜牝娜薩嚩二合,引賀引,二百五十八畔惹畔惹薩嚩二合,引賀引,二百五十九

滿馱滿馱薩嚩二合,引賀引,二百六十莽賀野莽賀野薩嚩二合,引賀引,二百六十一麼抳尾舜

第薩嚩二合,引賀引,二百六十二素哩曳二合素哩曳二合素哩野二合尾舜第尾戌馱顎娑嚩二合

合,引賀引,二百六十三戰涅嚹二合素戰涅嚹二合布囉拏二合戰涅嚹二合薩嚩二合,引賀引,二

百六十四蘗囉二合係引毗藥二合薩嚩二合,引賀引,二百六十五諾吃察二合底嚹二合毗藥二合薩

嚩二合,引賀引,二百六十六始吠薩嚩二合,引賀引,二百六十七扇引底薩嚩二合,引賀引,二百六十

八薩嚩二合,短娑底也二合野寧薩嚩二合,引賀引,二百六十九始鑁死暇反羯哩扇引底羯哩補

瑟置二合羯哩二合麼邏末達顎薩嚩二合,引賀引,二百七十室哩二合羯哩薩嚩二合,引賀引,二

百七十一室哩二合野末達顎薩嚩二合,引賀引,二百七十二室哩二合野入嚩二合,引攞顎薩嚩二

合,引賀引,二百七十三曩母皆薩嚩二合,引賀引,二百七十四麼嚕皆薩嚩二合,引賀引,二百七十五

吠誐嚩底薩嚩二合,引賀引,二百七十六唵引薩嚩怛佗引誐多沒引帝鉢囉二合嚩囉尾誐多婆

曳捨麼野薩嚩二合,短銘婆誐嚩底薩嚩播閉毗喻二合娑嚩二合娑底二合婆嚩覩二百七十七

母顎母顎二百七十八尾母顎左嚹佐攞寧婆野尾誐帝婆野賀囉抳二百七十九冒地冒地二百

八十冒馱野冒馱野二百八十一沒地里沒地里二百八十二薩嚩怛佗引誐多紇唎二合乃野足瑟

麰二合薩嚩二合,引賀引,二百八十三唵引嚩日囉二合嚩底嚩日囉二合鉢囉二合底瑟耻二合帝

舜第二百八十四怛佗引誐多母捺囉二合地瑟咤二合曩地瑟耻二合帝薩嚩二合,引賀引,二百八十五唵引猷頸猷頸二百八十六猷頸嚩嚩阿鼻詵去佐覩輪二百八十七薩嚩怛佗去,引蘗跢薩嚩尾你也二合,引鼻曬廚引,二百八十八摩賀嚩日囉二合迦嚩佐母上捺囉二合母上捺哩二合帶引,二百八十九薩嚩怛佗引誐多吃唱二合乃夜地瑟耻二合多嚩日嚇二合娑嚩二合,引賀引,二百九十①

　　尔時婆伽梵説此普徧光明清淨熾盛如意寶印心無能勝大明王隨求大陀羅尼已,告大梵等言:大梵,若有善男子、善女人,若纔聞此陀羅尼者,所有一切罪障悉皆消滅;若能讀誦受持在心,當知是人即是金剛堅固之身,火不能燒,刀不能害,毒不能中。大梵,云何得知火不能燒? 於迦毗羅大城,羅睺羅童子在母胎時,其母釋種女邪輸陀羅,被擲火坑,於是羅睺羅在母胎中,憶念此陀羅尼,其大火坑便自清冷,尋即變成蓮華之池。何以故? 此陀羅尼是一切如來加持力故。大梵當知,以是因緣火不能燒。

　　復次大梵,毒不能害者,如善遊城豐才長者子,持誦世尊②所説密言,以持明力故,鉤召德叉迦龍王,忘不結界護身,其龍瞋怒嚙損,是人受大苦痛命將欲絶,多有諸持明者無能救濟。於其城中有一優婆夷,名曰無垢清淨,常誦持此隨求大明陀羅尼,其優婆夷大悲成就,起悲愍心往詣其所,以此陀羅尼加持,纔經一徧,其毒消滅平復如故。時長者子於無垢清淨所,受此陀羅尼,憶念在心,大梵當知毒不能害。

　　復次大梵,筏羅捺斯城有王,名曰梵施。時隣國王有大威力,起四種兵來罰梵施,梵施輔佐白大王言:"大王今被佗敵奪王城邑,王當令我作何謀計卻彼怨敵?"是時梵施告群臣言:"汝等今者勿生怨遽,我有隨求大明王陀羅尼,由此陀羅尼威力,能摧佗敵令如灰燼。"時諸群臣即便稽首白言:"大王,我等臣下曾所未聞。"王復告言:"汝等今者即見効驗。"其時,梵施即以香水沐浴,著新淨衣,依法書寫此陀羅尼,入在於篋,安頭髻中,以此大隨求陀羅尼護身被甲,即往入陣,王獨共戰,四兵降伏,來歸梵施。大梵,當知此大隨求無能勝陀羅尼,是一切如來心印之所加持,有大神驗,汝當受持,當知此陀羅尼等同諸佛。於後末法之時,短命薄福,無福不修福者,如斯有情作利益故。大梵,此大隨求陀羅尼,依法書寫繫於臂上,及在頸下,當知是人是一切如來之所加持,當知是人等同一切如來身,當知是人是金剛堅固之身,當知是人是一切如來藏身,當知是人是一切如來眼,當知是人是一切如來熾盛光明身,當知是人是不壞甲胄,當知是人能摧一切宼敵,當知是人能燒一切罪障,當知是人能淨地獄

---

　　①　"曩莫薩嚩"至"娑嚩二合引賀引二百九十"共290句陀羅尼,《中華藏》校勘《磧》《南》《徑》《清》與之大異,并據《磧》附錄於上卷末。
　　②　尊,原作"天",據《中華藏》校勘《磧》《南》《徑》《清》改。

趣。大梵,云何得知?曾有苾芻心壞①淨信,如來制戒有所違犯②不與取,現前僧物,僧祇衆物,四方僧物,將入已用,後遇重病受大苦惱。時彼苾芻無救濟者,作大叫聲。則於其處有一婆羅門優婆塞,聞其叫聲,即往詣彼病苾芻所,起大悲愍,即爲書此隨求大明王陀羅尼,繫於頸下,苦惱皆息。便即命終生無間獄,其苾芻屍殯在塔中,其陀羅尼帶於身上,因其苾芻纔入地獄,諸受罪者所有苦痛,悉得停息,咸皆安樂,阿鼻地獄所有猛火,由此陀羅尼威德力故悉皆消滅。是時焰魔卒見是事已,甚大驚怪,具以上事白焰魔王。説伽佗曰:

> 大王今當知,此事甚奇特,
> 於大危險處,苦惱皆休息;
> 衆生諸惡業,猛火聚消滅,
> 鋸解自停止,利刀不能割;
> 刀樹及劍林,屠割等諸苦,
> 鑊湯餘地獄,苦惱息皆除;
> 焰魔是法王,以法治有情,
> 此因緣非小,爲我除疑惑。
> 時彼焰摩王,從無悲獄卒,
> 聞如此事已,而作如是言:
> 此事甚奇特,皆由業所感,
> 汝往滿足城,當觀有何事。
> 獄卒受教已,於其夜分時,
> 至滿足城南,見彼苾芻塔,
> 乃見於屍上,帶此大明王,
> 隨求陀羅尼。而放大光明,
> 其光如火聚。天龍及藥叉,
> 八部衆圍遶,恭敬而供養,
> 時彼焰摩卒,號爲隨求塔。

尒時,焰摩卒還至王所,具以上事白焰摩王。其苾芻承此陀羅尼威力,罪障消滅得生三十三天,因號此天爲先身隨求天子。大梵,當知此陀羅尼有大威力,汝當受持,書寫、讀誦,依法佩帶,常得遠離一切苦惱一切惡趣,不被電雹傷害。云何得知?大梵,於形愚末壇城,有一長者名尾摩羅商佉,其家巨富庫藏盈溢,金銀充滿多饒財穀。於是長

---

①　壞,《中華藏》校勘《石》《麗》作"懷"。
②　"犯"後,《中華藏》校勘《麗》有"犯"。

者身作商主，乘大舩舶入海採寶，於大海中遇低彌魚，欲壞其舩，海中龍王復生瞋怒，起大雷震，哮吼掣電，雨金剛電。時諸商人見此雷電，各懷憂惱，生大恐怖，叫呼求救，無救濟者。時衆商人前詣商主，悲聲號哭白商主言：“仁者，當設何計救護我等，令離憂怖？”

尒時，商主其心無畏，志性堅固有大智慧，見諸商人恐怖逼迫，而告之言：“汝等商人勿怖勿怖，生勇健心，我令汝等免斯怖畏。”其諸商人心生勇健，復作是言：“大商主，惟願速說除災難法，令我等命皆得存濟。”於是[①]，商主即告商人言：“我有大明王名隨求陀羅尼，能降伏諸難調[②]者，有大神通，令汝解脱如此憂惱。”即便書寫此隨求陀羅尼，安幢刹上。船舶上檣干是。其低彌魚，應時即見此舩，光明赫奕，如熾盛火。由此陀羅尼大威力智火，燒低彌魚，即便銷融。彼諸龍等見是相已，悉起慈心，從空而下廣作供養，令此舩舶直至寶洲。大梵，此皆大智大明大隨求，以一切如來神力之所加持，是故名爲大明王。若有書寫此陀羅尼安於幢刹，能息一切惡風雹雨非時寒熱雷電霹靂，能息一切諸天鬭諍言訟，能除一切蚉虻蝗蟲及諸餘類食苗稼者，悉當退散，一切惡獸利牙爪者不能爲害，一切苗稼、華果、藥草，悉皆增長，其味香美，柔輭潤滑。若其國內旱澇不調，由此陀羅尼威力，龍王歡喜，雨澤及時。

復次大梵，若有流布此大隨求陀羅尼之處，是諸有情既知是已，當以上妙香華幢蓋種種供養，應以殊勝繒綵，纏裹經夾安於塔中，或置幢刹，以種種音樂歌詠讚歎，旋遶供養虔誠禮拜。彼等有情心所思惟，所希求願皆得滿足。若能依法書寫，身上帶持，所求皆得，求男得男，求女得女，懷胎安隱，漸增圓滿，產生安樂。

大梵，云何得知？往昔曾於摩伽陀國，有王名施願手。以何因緣名施願手？其王初生之時，即展其手執母妳㘑㘑[③]妳足已，由手觸母妳，是其母妳變爲金色，母妳增長自然流出；若有衆人來乞求者，王舒右手，有淨信佛菩薩諸天，傾寫種種諸妙珍寶，入王手中施求乞者，隨其所須皆得滿足，一切悉得安樂成就，以是因緣名施願手。其王爲求子故，供養諸佛及諸塔廟，求子不得。王持齋戒，廣設無遮施會，大作福業，護持三寶。修理未來破壞寺舍故，置一庫藏。何以故？大梵，我念過去，於此摩伽佗國境俱尸那城大力士聚落多如來教法中，有一長者名曰法慧，於一切衆生起大悲心，爲諸有情說此大隨求陀羅尼法要。當彼之時，於長者家有一貧人，聞此妙法告長者子言：“長者子，我於汝家中作務，常樂聽法，我當供養此法。”彼貧匱人於長者家營事，復供養法。於過後時，其長者子與一金錢，其人得已發菩提心，爲拔濟衆生故，以此福迴施一切有情，所得金錢便將供養此大隨求陀羅尼，作是願言：以此捨施之福，願一切有情斷其貧匱之業。由此因緣，其捨施福，無有盡期。如是多種福①因緣故，供養諸佛菩薩。由此福業，淨居天子現於夢中而告王言："大王，今可依法書寫此隨求陀羅尼，令國大夫人齋戒帶時②，即有子息。"其王覺已，召占相人及有智婆羅門眾，擇吉宿曜直日，依法齋戒書寫此陀羅尼，令夫人帶於頸下。復更供養窣覩波塔，諸佛菩薩，廣行捨施，應時有胎，日月滿足，產生一子，色相具足，端嚴殊勝，見者歡喜。大梵，當知此是無能勝無礙大隨求寶印心大明王陀羅尼威力故，一切如來之所供養，所求願者皆得稱心。

　　復告大梵，彼時法慧長者子家庸力貧人者，豈異人乎？施願手王是也。由往昔捨一金錢，供養此大隨求陀羅尼，迴施一切有情，以是因緣其福無盡，於末後身復爲國王，淨信三寶心不退轉，廣行捨施成就檀波羅蜜。

　　普徧光明焰鬘清淨熾盛如意寶印心無能勝大明王大隨求陀羅尼經卷上③

　　發願四偈：

　　　　天阿蘇羅藥叉等，來聽法者應至心，
　　　　擁護佛法使長存，各各勤行世尊教。
　　　　諸有聽徒來至此，或在地上或居空，
　　　　常於人世起慈心，日夜自身依法住。
　　　　願諸世界常安隱，無邊福智益群生，
　　　　所有罪業並消除，遠離衆苦歸圓寂。
　　　　恒用戒香塗瑩體，常持定服以資身，
　　　　菩提妙華徧莊嚴，隨所住所常安樂。

《磧砂藏》隨求陀羅尼異本④：

曩謨薩嚩怛佗去，引誐跢去，引南引，一曩謨曩莫二薩嚩没馱冒引地薩多喃二合，三没馱達摩僧去，聲契引毗藥二合，四唵引，五尾補攞蘗陛六尾補攞尾麼鼻聲，後同黎上聲，七惹子曳切野蘗陛八嚩日囉二合入嚩二合，引攞蘗陛九誐底丁以切誐賀寧十誐誐曩尾戌引陀寧十一薩嚩播引跛尾戌引陀去寧十二唵引，十三虞挐鼻音嚩底十四誐誐哩扼尼澄反，十五儗疑以反哩儗哩十六誐麼鼻音哩誐麼如前哩十七虐賀虐賀十八蘖誐引哩蘖誐引哩十九誐誐哩誐誐哩二十儼婆上哩儼婆去哩二十一誐底誐底二十二誐麼鼻音顙誐嘛二十三虞上嚕虞上嚕二十四虞上嚕抳尼整反,二十五佐黎二十六阿上佐黎二十七母佐黎二十八惹曳二十九尾惹曳三十薩嚩婆野尾誐帝三十一蘖婆三去婆囉抳尼整反,三十二悉哩悉哩三十三弭哩弭哩三十四岐哩岐哩三十五三滿跢引迦囉灑二合抳三十六薩嚩設咄嚕二合鉢羅二合末佗上顎三十七囉吃灑二合囉吃灑二合麼上麼某甲薩嚩薩多嚩二合,引難上,引佐三十八尾哩尾哩三十九尾誐跢引嚩囉拏四十婆去野曩引捨顎四十一蘇上哩蘇哩四十二唧哩劍麼上黎四十三尾麼上黎四十四惹曳四十五尾惹曳四十六惹夜引嚩奚四十七惹野嚩底四十八婆上誐嚩底囉怛曩二合麼上矩吒麼引邏引馱哩四十九麼護尾尾馱尾唧怛囉二合,五十吹引灑嚕引跛馱引哩扼五十一婆上誐嚩底摩賀引尾你也二合,引埿上尾五十二囉吃灑二合囉吃灑二合麼麼某甲,五十三薩嚩薩多嚩二合,引難上佐五十四三滿跢薩嚩怛囉二合,五十五薩嚩播引跛尾戍引馱顎五十六戶嚕戶嚕五十七諾乞察二合怛囉二合麼引邏馱引哩扼五十八囉吃灑二合囉吃灑二合輪麼鼻麼某甲,五十九阿曩引佗上寫引,六十怛囉二合,引拏鼻,引跛囉引耶拏鼻寫引,六十一跛哩謨引佐野冥引,六十二薩嚩耨契引毗藥二合,六十三戰尼戰尼六十四戰膩顎吠引誐嚩底六十五薩嚩訥瑟吒二合顎嚩引囉抳六十六設咄嚕二合博吃叉二合鉢囉二合末佗上顎六十七尾惹野嚩引呬顎六十八戶嚕戶嚕六十九母嚕母嚕七十祖嚕祖嚕七十一阿去,引欲播引攞顎七十二蘇上囉嚩囉末陀顎七十三薩嚩泥上嚩跢布引吡紫以反帝七十四地哩地哩七十五三滿跢引嚩路引枳帝七十六鉢囉二合陛鉢囉二合陛七十七蘇鉢囉婆尾秫第七十八薩嚩播引跛尾戍引馱寗七十九達囉達囉八十達囉抳馱囉達嚧八十一蘇上母蘇上母八十二嚕嚕佐黎八十三佐引攞耶努瑟鴿二合,引,八十四布引囉野銘阿去,引苫去,引,八十五室哩二合,引嚩補陀難惹野劍麼十一黎八十六吃史二合抳吃史二合抳八十七嚩囉泥嚩囉能引矩勢八十八唵引鉢納麼二合尾秫第八十九戌馱野戌引馱野九十舜入第九十一跛囉跛囉九十二鼻哩鼻哩九十三步嚕步嚕九十四懵去誐攞尾舜入第九十五跛尾怛囉二合穆棄九十六渴袪蘗反儗扼渴儗扼九十七佉上囉佉上囉九十八入嚩二合里多始渴嚧九十九三上滿多鉢囉二合娑上哩跢引嚩婆去,引悉多秫第入,一百入嚩二合攞入嚩二合攞一百一薩嚩泥上嚩誐拏三上麼迦囉灑二合抳一百二薩底也二合嚩帝跢囉怛囉哆引哩野輪一百三曩引誐尾略枳帝一百四攞護攞護一百五戶弩戶弩一百六乞史二合抳乞史二合抳一百七薩嚩擬囉二合賀薄乞灑二合抳一百八冰畢孕反誐里冰誐里一百九祖母祖母一百十蘇母蘇母一百十一祖母佐嚧一百十二多囉多囉一百十三曩引誐尾路枳顎跢囉野覩輪一百十四婆誐嚩底阿瑟吒二合摩賀婆曳毗藥二合,一百十五三悶上捺囉二合娑去,引誐囉鉢哩演二合擔平聲,一百十六播引跢引羅誐誐曩怛覽二合薩嚩怛囉二合,一百十七三滿帝曩你泥以反捨滿第引曩一百十八嚩日囉二合,引鉢囉二合迦引囉嚩日囉二合播引捨滿弹去寗引曩一百十九嚩日囉二合入嚩二合,引羅尾秫第一百二十步哩步哩一百二十一蘖婆嚩底蘖婆尾戍馱顎一百二十二鎬吃史二合三去布囉抳一百二十三入嚩二合羅入嚩二合羅一百二十四佐羅佐羅一百二十五入嚩二合里顎鉢囉二合韈灑覩泥引,上嚩一百二十六三滿帝引曩你泥以反眇引娜計引曩一百二十七阿蜜栗二合多嚩囉灑二合抳一百二十八泥上,引嚩跢嚩跢囉抳一百二十九阿鼻詵者覩銘一百三十蘇上詵多嚩囉嚩佐上曩引蜜栗二合多一百三十一嚩囉嚩補曬囉吃灑二合囉吃灑二合麼麼某甲，一百三十二薩嚩薩多嚩二合難佐一百三十三薩嚩怛囉二合薩嚩娜薩婆曳毗藥二合，一百三十四薩冒鉢捺囉二合吠毗藥二合，一百三十五薩冒跛僧霓上，引毗藥二合，一百三十六薩嚩訥瑟吒二合婆野鼻怛寫一百三十七薩嚩迦去里迦攞賀尾蘗囉二合賀尾引嚩娜耨薩嚩二合跛難二合，一百三十八訥頻弭跢甞去詵羅盧遮反播引跛尾曩捨頦一百三十九薩嚩藥吃叉二合囉引吃灑二合婆一百四十曩詵頦嚩引囉抳薩囉抳婆𡂥一百四十一麼攞麼攞一百四十二麼攞嚩底一百四十三惹野惹野惹野覩輪一百四十四薩嚩怛囉二合薩嚩迦引覽一百四十五悉鈿覩銘暳輪摩賀尾捻你琰反，引娑去，引陀野娑去陀野一百四十六薩嚩曼拏上攞娑引陀頦一百四十七伽去多上野薩嚩尾觀曩二合，引，一百四十八惹野惹野一百四十九悉遞悉遞蘇上悉遞一百五十悉地野二合悉地野二合，一百五十一沒地野二合沒地野二合，一百五十二布囉野布囉野一百五十三布囉抳布囉抳一百五十四布囉野阿引苦去，一百五十五薩嚩尾你也二合，引地詵多沒引帝一百五十六惹愈引多哩惹夜嚩底一百五十七底瑟吒二合底瑟吒二合，一百五十八三上麼去野麼上拏播引攞野一百五十九怛佗去蘗多紇哩二合乃野舜入第弭也二合嚩路引迦野輪引，一百六十阿瑟吒二合鼻摩賀娜嚕拏鼻婆裳一百六十一薩囉薩囉一百六十二鉢囉二合薩囉鉢囉二合薩囉一百六十三薩嚩引嚩囉拏鼻尾戌引陀頦一百六十四三滿跢迦引囉曼拏上攞尾舜入第一百六十五尾詵帝尾詵帝一百六十六尾詵多麼鼻攞尾戌引陀頦一百六十七乞史二合抳乞史二合抳一百六十八薩嚩播引跛尾舜入第一百六十九麼鼻攞尾蘗帝一百七十帝惹子攞反嚩底嚩日囉二合嚩底怛嚩二合路引枳野二合地瑟恥二合帝娑嚩二合，引賀引，一百七十一薩嚩怛佗引蘗多沒馱毗色訖帝二合娑嚩賀引，一百七十二薩嚩冒地薩多嚩二合毗色訖帝二合娑嚩二合，引賀引，一百七十三薩嚩泥上嚩跢毗色訖帝二合娑嚩二合，引賀引，一百七十四薩嚩怛佗去，引詵多紇哩二合乃夜地瑟恥二合多紇哩二合乃曳引娑嚩二合，引賀引，一百七十五薩嚩怛佗去，引詵多三麼野悉第娑嚩二合，引賀引，一百七十六印捺𡂥二合印捺攞二合嚩底印捺囉二合弭也二合嚩路引枳帝娑嚩二合，引賀引，一百七十七沒囉二合憾銘二合沒囉二合憾麼二合底庚二合史帝娑嚩二合，引賀引，一百七十八尾瑟弩二合曩莫塞訖哩三合帝娑嚩二合，引賀引，一百七十九摩係濕嚩二合囉滿你多上布爾而呬反跢曳娑嚩二合，引賀引，一百八十嚩日囉二合陀囉嚩日囉二合播抳麼攞尾哩野二合地瑟恥二合帝娑嚩二合，引賀引，一百八十一地呬二合多囉囉瑟吒囉二合野薩嚩二合，引賀引，一百八十二尾嚕引茶去迦引野薩嚩二合，引賀引，一百八十三尾嚕播引吃灑二合野薩嚩二合，引賀引，一百八十四吠武每反，引室囉二合摩拏上，引野薩嚩二合，引賀引捘咄摩賀引囉引惹曩莫塞訖哩三合多野薩嚩二合，引賀引，一百八十五焰麼引野薩嚩二合，引賀引，一百八十六焰麼引布布爾同前多曩莫塞訖哩三合跢野薩嚩二合，引賀引，一百八十七嚩嚕引拏上，引野薩嚩二合，引賀引，一百八十八麼嚕哆野薩嚩二合，引賀引，一百八十九摩賀麼嚕跢野薩嚩二合，引賀引，一百九十阿哏曩二合曳薩嚩二合，引賀引，一百九十一曩詵尾路枳跢野薩嚩二合，引賀引，一百九十二泥上，引嚩詵妳引毗藥二合薩嚩二合,引賀引,一百九十三曩引誐誐妳引毗藥二合薩嚩二合,引賀引,一百九十四藥乞灑二合誐妳引毗藥二合薩嚩二合,引賀引,一百九十五囉引乞灑二合娑誐妳引毗藥二合薩嚩二合,引賀引,一百九十六彦闍嚩誐妳毗藥二合娑嚩二合,引賀引,一百九十七阿蘇囉誐妳毗藥二合薩嚩二合,引賀二合,引,一百九十八誐嚕拏誐妳毗藥二合薩嚩二合,引賀引,一百九十九緊捺囉誐妳毗藥二合薩嚩二合,引賀引,二百摩護引囉誐妳毗藥二合薩嚩二合,引賀引,二百一麼上努曜毗藥二合薩嚩二合,引賀引,二百二阿麼努曜毗藥二合薩嚩二合,引賀引,二百三薩嚩蘗囉二合係毗藥二合薩嚩二合,引賀引,二百四薩嚩步帝毗藥二合薩嚩二合,引賀引,二百五必哩帝毗藥二合薩嚩二合,引賀引,二百六比捨引際毗藥二合薩嚩二合,引賀引,二百七阿跛娑麼二合,引嚇毗藥二合薩嚩二合,引賀引,二百八禁畔引妳毗藥二合薩嚩二合,引賀引,二百九唵引度嚕度嚕薩嚩二合,引賀引,二百十唵覩嚕覩嚕薩嚩二合,引賀引,二百十一唵畝嚕畝嚕薩嚩二合,引賀引,二百十二賀曩賀曩薩嚩設覩嚕二合喃引薩嚩二合,引賀引,二百十三娜賀娜賀薩嚩訥瑟吒二合鉢囉二合納瑟吒二合,引喃薩嚩二合,引賀引,二百十四鉢佐鉢佐薩嚩鉢囉二合底也二合剔迦鉢囉二合底也二合弭怛囉二合,引喃引,二百十五曳麼麼阿呬帝史拏入帝衫引薩吠衫引捨哩嚂入嚩二合,引攞野訥瑟吒二合唧哆喃薩嚩二合,引賀引,二百十六入嚩二合里哆野薩嚩二合,引賀引,二百十七鉢囉二合入嚩二合里哆野薩嚩二合,引賀引,二百十八你引跛多二合入嚩二合,引攞引野薩嚩二合,引賀引,二百十九三去滿多入嚩二合,引攞野薩嚩二合,引賀引,二百二十麼抳跋捺囉二合野薩嚩二合,引賀引,二百二十一布引囉拏二合跋捺囉二合,引野薩嚩二合,引賀引,二百二十二摩賀迦囉野薩嚩二合,引賀引,二百二十三麼底哩二合誐拏上,引野薩嚩二合,引賀引,二百二十四也吃史二合抳引喃上,引薩嚩二合,引賀引,二百二十五囉引吃灑二合梟喃上薩嚩二合,引賀引,二百二十六阿去,引迦引捨麼引底哩二合喃薩嚩二合,引賀引,二百二十七三去畝捺囉二合嚩梟星以反顝喃薩嚩二合,引賀引,二百二十八囉底哩二合拶囉引喃引薩嚩二合,引賀引,二百二十九你嚩娑拶囉引喃薩嚩二合,引賀引,二百三十底哩二合散馱拶囉引喃薩嚩二合,引賀引,二百三十一尾上,引攞引拶囉引喃娑嚩二合,引賀引,二百三十二阿尾上邏拶囉喃薩嚩二合,引賀引,二百三十三蘗婆賀嚇毗藥二合薩嚩二合,引賀引,二百三十四蘗婆散跢囉抳薩嚩二合,引賀引,二百三十五戶嚕戶嚕薩嚩二合,引賀引,二百三十六唵薩嚩二合,引賀引,二百三十七薩嚩入,短薩嚩二合,引賀引,二百三十八撲重薩嚩二合,引賀引,二百三十九步嚩無博反薩嚩二合,引賀引,二百四十唵部引囉步二合嚩無博反娑嚩二合,入聲薩嚩二合,引賀引,二百四十一唧徵知以反唧徵薩嚩二合,引賀引,二百四十二尾微尾微薩嚩二合,引賀引,二百四十三馱囉抳薩嚩二合,引賀引,二百四十四馱引囉抳薩嚩二合,引賀引,二百四十五阿哏顝二合薩嚩二合,引賀引,二百四十六帝祖嚩補薩嚩二合,引賀引,二百四十七唧里唧里薩嚩二合,引賀引,二百四十八悉里悉里薩嚩二合,引賀引,二百四十九沒馱沒馱薩嚩二合,引賀引,二百五十悉馱悉馱薩嚩二合,引賀引,二百五十一曼拏攞悉第薩嚩二合,引賀引,二百五十二曼拏攞滿第薩嚩二合,引賀引,二百五十三梟麼引滿陀顝薩嚩二合,引賀引,二百五十四薩嚩設咄嚕二合喃漸子琰反婆漸婆薩嚩二合,引賀引，二百五十五娑瞻二合婆野娑瞻二合婆野去薩嚩二合，引賀引，二百五十六親去娜親去娜薩嚩二合，引賀引，二百五十七牝娜牝娜薩嚩二合，引賀引，二百五十八畔惹畔惹薩嚩二合，引賀引，二百五十九滿馱滿馱薩嚩二合，引賀引，二百六十莽賀野莽賀野薩嚩二合，引賀引，二百六十一麼扼尾舜第薩嚩二合，引賀引，二百六十二素哩曳二合素哩曳二合素哩野二合尾舜第尾戍馱頸娑嚩二合，引賀引，二百六十三戰涅嚛二合素戰涅嚛二合布囉拏二合戰涅嚛二合薩嚩二合，引賀引，二百六十四蘗囉二合係引毗藥二合薩嚩二合，引賀引，二百六十五諾吃察二合底嚛二合毗藥二合薩嚩二合，引賀引，二百六十六始吠薩嚩二合，引賀引，二百六十七扇引底薩嚩二合，引賀引，二百六十八薩嚩二合，短娑底也二合野寧薩嚩二合，引賀引，二百六十九始鑁無敢反羯哩扇引底羯哩補瑟置二合羯哩二合麼羅末達頸薩嚩二合，引賀引，二百七十室哩二合羯哩薩嚩二合，引賀引，二百七十一室哩二合野末達頸薩嚩二合，引賀引，二百七十二室哩二合野入嚩二合，引攞頸薩嚩二合，引賀引，二百七十三曩母呰薩嚩二合，引賀引，二百七十四麼嚕呰薩嚩二合，引賀引，二百七十五吠誐嚩底薩嚩二合，引賀引，二百七十六唵引薩嚩二合怛佗引誐多沒引帝鉢囉二合嚩囉尾誐多婆曳捨麼野薩嚩二合，短銘婆誐嚩底薩嚩播閇毗喻二合娑嚩二合娑底二合婆嚩覩二合七十七母頸母頸二百七十八尾母頸佐嚛佐攞寧婆野尾誐帝婆野賀囉扼二百七十九冒地冒地二百八十冒馱野冒馱野二百八十一沒地里沒地里二百八十二薩嚩二合怛佗誐多紇哩二合乃野足瑟𫘤二合薩嚩二合，引賀引，二百八十三唵引嚩日囉二合嚩底嚩日囉二合鉢囉二合底瑟耻帝舜第二百八十四怛佗引誐多母捺囉二合地瑟咤二合曩地瑟耻二合帝薩嚩二合，引賀引，二百八十五唵引歆頸歆頸二百八十六歆頸嚩嚛阿鼻詵去佐覩輪二百八十七薩嚩二合怛佗去，引蘗跢薩嚩尾你也二合，引鼻曬罽引，二百八十八摩賀嚩日囉二合迦嚩佐母上捺囉二合母上捺哩二合帶引，二百八十九薩嚩二合怛佗引誐多吃哩二合乃夜地瑟耻二合多嚩日嚛二合娑嚩二合，引賀引，二百九十

梵本隨求陀羅尼[①]：

Namaḥ sarvatathāgatānāṁ namo namaḥ sarvabuddha bodhi-sattva-buddha-dharma-saṁghebhyaḥ, tadyathā. Oṁ vipragarbhevipula vimale vimala garbhe vimale jaya garbhe vajra jvālā garbhe, gati gahane, gagana vi śodhane, sarva papa vi śodhane. Oṁ guṇavati gagana vicāriṇi, gagariṇi 2 giriṇi 2 bhagari garddhabhari, gamari 2 gahari 2 gaha 2 gargāri 2 gagari 2 gaṁ-bhari 2 gabhi 2 gahi 2 gamari 2 gare 2 guha 2 guru 2 gubha 2 guriṇi 2 cale mucale samucale jaye vijaye, jagavati, aparā-jite, sarva bhaya vigate, garbha saṁbharaṇi, śiri 2 ciri 2 miri 2 piri 2 ghiri 2 sarva mantrā karṣaṇi. Sar-

---

① 梵文轉寫，據《大正藏》本第 631 頁下—632 頁上，原東京帝國大學梵本第 334 號 samanta-jvalāmālā vi-śuddhaisphūrita-cintāmaṇi-mudrā-hṛdayāparājitā mahāpratisāravidyā dhāraṇi。

va śatrūnpramathanīrakṣa 2 sarvasattvānāñca sarvadā sarva bhayebhyaḥ, sarva vyādhibhyaḥ sarvopidravebhyaḥ ciri 2 viri 2 diri 2 vigatā varaṇaviśodhani, vividhāvaraṇa vināsanī muni 2 muci 2 muli 2 cili 2 kili 2 mili 2 kamale vimale, jaye jayāvahe, jayavati viśeṣavati bhagavati ratna makuṭa mālādhari vajra vividha vicitraveśa dhāriṇī bhagavati mahā vidyā devi rakṣa 2 mama sarva sat-tvānāñca samantā sarvatra sarvapāpa viśodhanī, huru 2 curu 2 muru 2 rakṣa 2 māṃ sarvasattvānāñca anāthāntraṇānalayanānaparāyaṇānya (pa?)rimocaya sarvaduḥkhebhyaḥ caṇḍi 2 caṇḍo 2 caṇḍini 2 vegavati sarva duṣṭanivaraṇī vijaya vāhini huru 2 muru 2 curu 2 turu 2 māyupālinī, sura vara pramathanī, sarva deva gaṇa pūjite ciri 2 dhiri 2 samantāvalokite prabhe 2 suprabhe 2 viśuddhe, sarva pāpa viśodhanī dhara 2 dharaṇīndhare suru 2 sumuru 2 rurucale cāraya 2 sarvaduṣ ṭānpuraya 2 āsāṃ mamasarva sattvānāñca kuru 2 śrī vasundhare jayakamale juli 2 varadīkuse. Oṃ padma viśuddhe śodhaya 2 śuddhe 2 bhara 2 bhiri 2 bhuru 2 maṅgala vi śuddhe pavitra mukhi, khaṅgiri 2 khara 2 jvarita śiṣare, samantāvalokita prabhe, śubha 2 praviśud-dhe samanta prasārita vabhāsita śuddhe jvala 2 sarva deva gaṇa samākarṣiṇi, satyaprate, Oṃ hrī traṃ, tara 2 tāraya 2 māṃsaparivārān sarvasattvānāñca, nāga vilokite, huru2 laghu 2 hutu 2 tuhu 2 kṣiṇi 2 sarvagraha bhakṣiṇi piṅgali 2 muci 2s umu 2 suvicare, tara 2 nāgavilokini tāravantuṃ māṃ saparivārān sarvasattvānāñca saṃsārṇa vāha ̇gavati aṣṭamahā bhayebhyaḥ sarvatra samantena diśāvandhena vajra prākāra vandhena vajrapāśa vandhena vajrajvāli vajra jvālā viśuddhena; bhuri 2 bha-gavati garbhavati garbha śodhanī, kukṣisampūraṇi, jvala 2 cala 2 Oṃ jvalani 2 var ṣatu deva samantena divyodakenāmṛtavarṣaṇi, devatāvatāraṇī, abhi ṣiñcantu sugata varavacanāmṛta varavapūṣe. Rakṣa 2 mama sarvasattvānāñca sarvatra sarvadāsarva bhayebhyaḥ sarvopodravebhyaḥ sarvopasargebhyaḥ sarva vyādhibhyaḥ sarva duṣṭa bhayabhītebhyaḥ sarva kalikalahavigraha vīvāda duḥkha pradurunimirttā maṅgala pāpa viśodhanī, kukṣi saṃ pūraśi, sarva yakṣa rākṣasa nāga vidāriṇi cala 2 vala 2 varavati jaya 2 jayantu māṃ sarvatra sarva kālaṃ sidhyantu me. Iyam mahā vidyā sādhaya maṇḍalānughātaya vighnān jaya 2 siddhe sidhya 2 buddhya 2 pūraya 2 pūraṇi 2 pūrayāśāṃ māṃ saparivārāṃ sarva sattvānāñca sarva didyo ̇ṅgatamūrtte jayottari, jayakarī jayavati ti ṣṭha 2 bhagavati samayam: anupālaya tathāgata hṛdaya śuddhe vyavalokaya mama saparivā-raṃ sarva sattvānāñca ā śāṃ pūraya trāya svamāmā ̇ṣṭha mahādāruṇa bhayebhyaḥ sarvāsīperipūraya trāya svamāṃ mahā bhayebhyaḥ, sara 2 prasara 2 sarvāvaraṇa viśodhani samantākāra maṇḍala viśuddhe vigate 2 vigatamala sar

va vigatamala viśodhanikṣiṇi 2 sarvapāpa viśuddhe, mala viśuddhe tejavati tejova-
ti, vajre vajravati trailokyādiṣṭhite svāhā, sarva tathāgata mūrddhnabhiṣikte svāhā, sarva
buddha bodhisattvābhiṣikte svāhā, sarva devatābhiṣikte svāhā, sarva tathāgata hṛ
dayādhiṣṭhita hṛdayesvāhā, sarva tathāgata hṛdaya samaye siddhe svāhā, indre indra-
vati indra vyavalokite svāhā, brahme brahmādhyūṣite svāhā, viṣṇu namaskṛte svāhā, maheś
vara vandita pūjitāyai svāhā, vajra dhara vajra pāṇi vala vīryādhiṣṭhīte svāhā, dhṛtarāṣ
ṭrāyasvāhā, virūdhakāya svāhā, virūpākṣāya svāhā, vaiśravanāya svāhā, catur mahā rāja namas
kṛtāya svāhā, jamāya svāhā, jamapūjita namaskṛtāya svāhā, varuṇāya svāhā, marutāya
svāhā, mahā marutāya svāhā, agnaye svāhā, nāgavilokitāya svāhā, devagaṇebhyaḥsvāhā, vāyave
svāhā, nāgavilokitāya svāhā, devagaṇebhyaḥ svāhā, nāgagaṇebhyaḥ svāhā, yakṣagaṇebhyaḥ
svāhā, rākṣasagaṇebhyaḥ svāhā, gandharva gaṇebhyaḥ svāhā, apasmāra gaṇebhyaḥ svāhā,
asuragaṇebhyaḥ svāhā, garuḍa gaṇebhyaḥsvāhā, kinnara gaṇebhyaḥ svāhā, mahoraga gaṇebhyaḥ
svāhā, manuṣya gaṇebhyaḥ svāhā, amanuṣya gaṇebhyaḥ svāhā, sarvagrahebhyaḥ svāhā, sarva
bhūtebhyaḥ svāhā, sarva pretebhyaḥ svāhā, sarva piśacebhyaḥ svāhā, sarvā pasmārebhyaḥ
svāhā, sarva kumbhāṇḍebhyaḥ svāhā, sarva pūṭanebhyaḥ svāhā, sarva kaṭa-pūṭanebhyaḥ
svāhā, sarva duṣṭa praduṣṭebhyaḥ svāhā. Oṁ dhuru 2 Oṁ turu 2 svāhā, Oṁ kuru 2
svāhā, Oṁ curu 2 svāhā, Oṁ muru 2 svāhā, Oṁ hana 2 svāhā, sarva śatrunāṁ svāhā,
Oṁ phaha 2 sarva duṣṭānaṁ svāhā, Oṁ paca 2 sarva prabhyarthika prabhyamitrāṁ
svāhā, ye mamāhitairṣiṇas teṣāṁ śarīraṁ jvālaye svāhā, sarva duṣṭa cittānāṁ svāhā,
jvalitāya svāhā, samanta jvālāya svāhā, vajrā jvālāya svāhā, māṇibhadrāya svāhā, pūrṇa
bhadrāya svāhā, samanta bhadrāya svāhā, mahā mahanta bhadrāya svāhā, kālāya
svāhā, mahā kālāya svāhā, mātṛgaṇayasvāhā, yakṣiṇināṁ svāhā, rākṣaśīnāṁ svāhā,
preṭa piśāca ḍākinīnāṁ svāhā, ākāśa mātṛṇāṁ svāhā, samudra gāminīnāṁ svāhā, samudra
vāsinīnāṁ svāhā, rātricarāṇāṁ svāhā, velācarāṇāṁ svāhā, avelācarāṇāṁ svāhā, gar-
bha harebhyaḥ svāhā, garbhāhārebhyaḥ svāhā, garbha saṁ dhāraṇīye svāhā, hulu 2
svāhā, culu 2 svāhā, Oṁ svāhā, sva svāhā, bhūḥ svāhā, tuvaḥ svāhā, Oṁ bhūr tvaḥ
svāhā, cili 2 svāhā, sili 2 svāhā, budhya 2 svāhā, maṇḍala bandhe svāhā, śīmāvandhye
svāhā, sarva śatrūṇā bhañjeya 2 svāhā, ... svāhā, stambhāya 2 svāhā, cchinda 2 svāhā,
bhinda 2 svāhā, bhañja 2 svāhā, vandha 2 svāhā, mohaya 2 svāhā, maṇi viśuddhe svāhā,
sūrya sūrya viśuddhe svāhā, sodhānīye svāhā, visodhanīye svāhā, candre 2 pūrṇa candre
svāhā, grahebhyaḥ svāhā, nakṣatrebhyaḥ svāhā, piśācebhyaḥ svāhā, viśvebhyaḥ svāhā,
śivebhyaḥ svāhā, śāntibhyaḥ svāhā, svastyayanebhyaḥ svāhā, śivaṁ kari svāhā, śaṁ

kari svāhā, śāntiṁ kari svāhā, pūṣṭiṁ kari svāhā, valavarddhaṇi svāhā, śrīkari svāhā, śrīvarddhaṇisvāhā, śrījvālini svāhā, namuci svāhā, maruci svāhā, vegavati svāhā. Oṁ sarva tathāgata mūrtte svāhā, pravara vigata bhayesamaya svamāṁ bhagavati sarva pāpān hṛdayaḥ svastir bhavatu mama saparivārasya sarva sattvā nāñca muni 2 vimuni 2 caricalane bhaya vigate bhaya hariṇi bodhi 2 bodhaya 2 buddhili 2 cumvili 2 sarva tathāgata hṛdaya juṣṭe svāhā.（自"唵嚩日囉"至"薩嚩賀"，此真言梵本缺）Oṁ muni 2 muni vare abhi ṣiñcantu mama saparivārasya sarva sattvānāñca sarva tathāgatā sarva vidyābhi ṣekaiḥ mahā vajrakavaca mudrā mudritaiḥ sarva tathāgata hṛdayādhiṣṭhita vajra svāhā.

靈雲寺藏版梵字真言①：

𑖤(bu) 𑖟𑖿𑖠(ddhā) 𑖥(bha)(ṣi) 𑖡𑖯𑖽(nāṁ) 𑖭(sa) 𑖦(ma) 𑖡𑖿𑖝(nta) 𑖩(la) 𑖦𑖯(mā) 𑖩𑖯(lā) 𑖪𑖰(vi) 𑖫𑖲(śu) 𑖟𑖿𑖠�(ddhe) 𑖭𑖿𑖢𑖲(sphu) (ri) (kṛ) 𑖝(ta) 𑖓𑖰(ci) 𑖡𑖿𑖝𑖯(ntā)② 𑖦(ma) 𑖜𑖰(ṇi) 𑖦𑖲(mu) 𑖟𑖿𑖨(dra)③ 𑖮𑖿𑖩(hla) 𑖟(da) 𑖧(ya) 𑖀(a) 𑖢𑖿𑖨(pra) 𑖕𑖰(ji) 𑖝(ta) 𑖠(dha) 𑖨(ra) 𑖜𑖰(ṇi) 𑖢𑖿𑖨(pra) 𑖝𑖰(ti) 𑖭(sa) 𑖨𑖾(raḥ)④ 𑖦(ma) 𑖮𑖯(hā) 𑖪𑖰(vi) 𑖟𑖿𑖧(dya)⑤ 𑖨(ra) 𑖕(ja)⑥ 𑖡(na) 𑖦𑖾(maḥ) 𑖭(sa) 𑖨𑖿𑖪(rva) 𑖝(ta) �356𑖞𑖯(thā) 𑖐(ga) 𑖝𑖯(tā) 𑖡𑖯𑖽(nāṁ) 𑖡(na) 𑖦𑖺(mo) 𑖡(na) 𑖦𑖾(maḥ) 𑖭(sa) 𑖨𑖿𑖪(rva) 𑖤(bu) 𑖟𑖿𑖠(ddhā)⑦ 𑖤𑖺(bo) 𑖠𑖰(dhi) 𑖭(sa) 𑖝𑖿𑖪(tve) 𑖥𑖿𑖧𑖾(bhyaḥ) 𑖤(bu) 𑖟𑖿𑖠(ddhā) 𑖠(dha) 𑖨𑖿𑖦(rmma) 𑖭𑖽(saṁ) 𑖑𑖸(ghe) 𑖥𑖿𑖧𑖾(bhyaḥ) 𑖝(ta) 𑖟𑖿𑖧(dya) 𑖞𑖯(thā) 𑖌𑖽(oṁ) 𑖪𑖰(vi) 𑖢𑖲(pu) 𑖩(la) 𑖐(ga) 𑖨𑖿𑖥𑖸(rbhe) 𑖪𑖰(vi) 𑖢𑖲(pu) 𑖩(la) 𑖪𑖰(vi) 𑖦(ma) 𑖩𑖸(le) 𑖕(ja) 𑖧(ya) 𑖐(ga) 𑖨𑖿𑖥𑖸(rbhe) 𑖪(va) 𑖕𑖿𑖨(jra) 𑖕𑖿𑖪(jva) 𑖩(la) 𑖐(ga) 𑖨𑖿𑖥𑖸(rbhe) 𑖐(ga) 𑖝𑖰(ti) 𑖐(ga) 𑖮(ha) 𑖡𑖸(ne) 𑖐(ga) 𑖐(ga) 𑖡(na) 𑖪𑖰(vi) 𑖫𑖺(śo) 𑖠(dha) 𑖡𑖸(ne) 𑖭(sa) 𑖨𑖿𑖪(rva) 𑖢𑖯(pā) 𑖢(pa) 𑖪𑖰(vi) 𑖫𑖺(śo) 𑖠(dha) 𑖡𑖸(ne) 𑖌𑖽(oṁ) 𑖐𑖲(gu) 𑖜(ṇa) 𑖪(va) 𑖝𑖰(ti) 𑖐(ga) 𑖐(ga) 𑖨𑖰(ri) 𑖜𑖰(ṇi)⑧ 𑖐𑖰(gi) 𑖨𑖰(ri) 𑖐𑖰(gi) 𑖨𑖰(ri) 𑖐(ga) 𑖦(ma) 𑖨𑖰(ri) (ra) 𑖐(ga) 𑖮(ha) (ra) 𑖐(ga) 𑖨𑖿𑖐𑖯(rgā) 𑖨𑖰(ri) (ra) 𑖐(ga) 𑖐(ga) 𑖨𑖰(ri) (ra) 𑖐(ga) 𑖦𑖿𑖥(mbha) 𑖨𑖰(ri) (ra) 𑖐(ga) 𑖝𑖰(ti) (ra) 𑖐(ga) 𑖦(ma) 𑖡𑖸(ne)⑨ 𑖐(ga) 𑖨𑖸(re) 𑖐𑖲(gu) 𑖨𑖲(ru) (ra) 𑖐𑖲(gu)

---

① 梵字真言，據《大正藏》卷下附錄，原靈雲寺版普通真言藏，原校本［甲］高楠順次郎氏藏古寫本，第618頁中［32］。

② ᨆ(ntā)，《大正藏》校勘［甲］作 ᨆ(nta)。

③ (dra)，《大正藏》校勘［甲］作 (drā)。

④ (raḥ)，《大正藏》校勘［甲］作"(rā)"。

⑤ (dya)，《大正藏》校勘［甲］作"(dyā)"。

⑥ 此處，《大正藏》附注"已上題目見於別本"。

⑦ (ddhā)，《大正藏》校勘［甲］作 (ddha)，下同。

⑧ (ṇi)，《大正藏》校勘［甲］作(ṇe)，下同。

⑨ (ne)，《大正藏》校勘［甲］作(ni)，下同。

(ru)(ne)(ca)(le)　(a)(ca)(le)　(mu)(ca)(le)　(ja)

(ye)　(vi)(ja)(ye)　(sa)(rva)(bha)(ya)(vi)(ga)(te)

(ga)(rbha)(saṃ)(bha)(ra)(ṇi)　(si)(ra)① (mi)(ri)

(gi)(ri) (sa)(ma)(ntā)(ka)(rṣa)(ṇi)　(sa)(rva)

(śa)(trū)(pra)(ma)(tha)(ni)　(ra)(kṣa)(ra)(kṣa)(ma)

(ma)　(sa)(rva)(sa)(tvā)(nāṃ)(ca)(vi)(ri)(vi)

(ga)(tā)(va)(ra)(ṇa)(bha)(ya)(nā)(śa)(ni)　(su)(ri)

(ci)(ri)(ci)(ri)　(ka)(ma)(le)　(vi)(ma)(le)(ja)

(le)　(ja)(yā)(va)(he)　(ja)(ya)(va)(ti)　(bha)(ga)

(va)(ti)　(ra)(tna)(ma)(ku)(ṭa)(mā)(lā)(dhā)(ri)

(ṇi)　(va)(hu)(vi)(vi)(dha)(vi)(ci)(tra)(ve)(ṣa)

(rū)(pa)(dhā)(ri)(ṇi)　(bha)(ga)(va)(ti)(ma)(hā)

(vi)(dyā)(de)(vi)　(ra)(kṣa)(ra)(kṣa)　(ma)(ma)

(sa)(rva)(sa)(tvā)(nāṃ)(ca)　(sa)(ma)(ntā)(sa)(rva)

(tra)　(sa)(rva)(pā)(pa)(vi)(śo)(dha)(ne)　(hu)(ru)

(na)(kṣa)(tra)(mā)(lā)(dhā)(ri)(ṇi)　(ra)(kṣa)(ra)

(kṣa)(māṃ)　(ma)(ma)　(a)(nā)(tha)(syā)　(trā)

(ṇa)(pa)(rā)(ya)(ṇa)(sya)　(pa)(ri)(mo)(ca)(ya)

(me)　(sa)(rva)(duḥ)(khe)(bhyaḥ)(ca)(ṇḍi)(ca)(ṇḍi)

(ni)　(ve)(ga)(va)(ti)　(sa)(rva)(du)(ṣṭā)②(ni)(vā)

(ra)(ṇi)　(śa)(trū)③(pa)(kṣa)(pra)(ma)(tha)(ni)

(vi)(ja)(ya)(vā)(hi)(ni)　(hu)(ru)(ma)(ru)

(cu)(ru)　(ā)(yuḥ)(pā)(ra)④(ni)(su)(ra)(va)(ra)

(ma)(tha)(ni)　(sa)(rva)(de)(va)(te)(pu)(ja)⑤(te)

(dhi)(ri)　(sa)(ma)(ntā)⑥(va)(lo)(ki)(te)　(pra)

(bhe)　(su)(pra)(bha)(vi)(śu)(ddhe)(sa)(rva)(pā)

(pa)(vi)(śo)(dha)(ne)　(dha)(ra)(dha)(ra)　(dha)

①　(ra),《大正藏》校勘［甲］作(ri)。

②　(ṣṭā),《大正藏》校勘［甲］作(ṣṭa)。

③　(trū),《大正藏》校勘［甲］作(tru)。

④　(ra),《大正藏》校勘［甲］作(la)。

⑤　(pu)(ja),《大正藏》校勘［甲］作(pū)(ji)。

⑥　(ntā),《大正藏》校勘［甲］作(ttā)。

𑖬(ra)𑖜(ṇi)　𑖠(dha)𑖨(ra)𑖠(dha)𑖨(re)　𑖭(su)𑖦(mu)𑖭(su)𑖦(mu)

𑖨(ru)𑖨(ru)𑖓(ca)𑖩(le)　𑖓(cā)𑖩(la)𑖧(ya)𑖟(du)𑖬(ṣṭā)　𑖢(pu)①𑖨(ra)

𑖧(ya)𑖦(me)𑖀(ā)𑖫(śāṃ)②𑖫(śrī)𑖪(va)𑖢(pu)𑖠(dha)𑖡(nāṃ)③　𑖕(ja)

𑖧(ya)𑖎(ka)𑖦(ma)𑖩(le)𑖎(kṣi)𑖜(ṇi)𑖎(kṣi)𑖜(ṇi)　𑖪(va)𑖨(ra)𑖟(de)

𑖪(va)　𑖨(ra)𑖟(dāṃ)𑖎(ku)𑖫(śe)④　𑖌(oṃ)　𑖢(pa)𑖠(dma)𑖪(vi)𑖫(śu)

𑖟(ddhe)　𑖫(śo)𑖠(dha)𑖧(ya)　　𑖫(śu)𑖟(ddhe)　𑖥(bha)𑖨(ra)

𑖥(bhi)𑖨(ri)𑖥(bhi)𑖨(ri)𑖥(bhu)𑖨(ru)𑖥(bhu)𑖨(ru)𑖦(maṃ)⑤𑖐(ga)𑖩(la)

𑖪(vi)𑖫(śu)𑖟(ddhe)　𑖢(pa)𑖪(vi)𑖝(tra)𑖦(mu)𑖎(khi)　𑖎(kha)𑖐(rgi)⑥

𑖜(ṇi)　𑖎(kha)𑖨(ra)　𑖕(jva)𑖩(li)𑖝(ta)𑖫(śi)𑖨(re)　𑖭(sa)⑦𑖦(ma)

𑖡(nta)⑧𑖢(pra)𑖭(sa)𑖨(ri)𑖝(tā)　𑖪(vā)⑨𑖥(bhā)𑖭(si)𑖝(ta)𑖫(śu)

𑖟(ddhe)　𑖕(jva)𑖩(la)　𑖭(sa)𑖨(rva)𑖟(de)𑖪(va)𑖐(ga)𑖜(ṇa)　𑖭(sa)

𑖦(mā)𑖎(ka)𑖨(rṣa)𑖜(ṇi)　𑖭(sa)𑖝(tya)𑖪(va)𑖝(te)𑖝(ta)𑖨(ra)

𑖝(tā)𑖨(ra)𑖧(ya)𑖦(māṃ)　𑖡(nā)𑖐(ga)𑖪(vi)𑖩(lo)𑖎(ki)𑖝(te)𑖩(la)

𑖮(hu)　𑖮(hu)𑖡(nu)　𑖎(kṣi)𑖜(ṇi)　𑖭(sa)𑖨(rva)𑖐(gra)𑖮(ha)

𑖥(bha)𑖎(kṣa)　𑖜(ṇi)　𑖢(piṃ)⑩𑖐(ga)　𑖓(cu)𑖭(su)　𑖭(su)

𑖦(mu)　𑖓(cu)𑖪(vi)𑖓(ca)𑖨(re)　𑖝(ta)𑖨(ra)　𑖡(nā)𑖐(ga)

𑖪(vi)𑖩(lo)𑖎(ki)𑖡(ni)　𑖝(tā)𑖨(ra)𑖧(ya)𑖝(tu)𑖦(māṃ)𑖥(bha)

𑖐(ga)𑖪(va)𑖝(ti)　𑖀(a)𑖬(ṣṭa)𑖦(ma)𑖮(hā)𑖟(dā)　𑖨(rū)⑪𑖜(ṇa)

𑖥(bha)𑖧(ye)𑖥(bhyaḥ)　　𑖭(saṃ)⑫𑖦(mu)𑖟(dra)𑖭(sā)𑖐(ga)𑖨(ra)

𑖢(pa)𑖨(rya)⑬𑖡(ntāṃ)　𑖢(pā)𑖝(tā)𑖩(la)𑖐(ga)𑖐(ga)𑖡(na)𑖝(ta)

𑖩(laṃ)𑖭(sa)𑖨(rva)𑖝(tra)　𑖭(sa)𑖦(ma)𑖡(nte)⑭𑖡(na)　𑖟(di)

---

①　𑖢(pu)，《大正藏》校勘［甲］作𑖢(pū)。

②　𑖫(śāṃ)，《大正藏》校勘［甲］作𑖫(śaṃ)。

③　𑖡(nāṃ)，《大正藏》校勘［甲］作𑖡(naṃ)。

④　𑖫(śe)，《大正藏》校勘［甲］作𑖫(se)。

⑤　𑖦(maṃ)，《大正藏》校勘［甲］作𑖦(moṃ)。

⑥　𑖐(rgi)，《大正藏》校勘［甲］作𑖐(dgi)。

⑦　𑖭(sa)，《大正藏》校勘［甲］作𑖭(saṃ)。

⑧　𑖡(nta)，《大正藏》校勘［甲］作𑖝(ntā)。

⑨　𑖪(vā)，《大正藏》校勘［甲］作𑖪(va)。

⑩　𑖢(piṃ)，《大正藏》校勘［甲］作𑖢(pi)。

⑪　𑖨(rū)，《大正藏》校勘［甲］作𑖨(ru)。

⑫　𑖭(saṃ)，《大正藏》校勘［甲］作𑖭(sa)。

⑬　𑖨(rya)，《大正藏》校勘［甲］作𑖟(dyaṃ)。

⑭　𑖡(nte)，《大正藏》校勘［甲］作𑖝(tāṃ)。

(śā) (va) (nve) (na)　　(va) (jra) (pra)① (kā) (ra) (va)

(jra) (pā) (śa) (va) (ndha) (ne) (na)　　(va) (jra) (jva)

(la) (vi) (śu) (ddhe)　(bhu) (ri)ゝ　(ga) (rbha) (va) (ti)

(ga) (rbha) (vi) (śo) (dha) (ni)　(ku) (kṣi)　(saṃ) (pu)②

(ra) (ṇi) (jva) (la)ゝ　(ca) (la) (ca) (la)　(jva)③ (li)

(ṇi)④ (pra) (va) (rṣa) (tu) (de) (va)　(sa) (ma) (nte)⑤

(na) (di) (vyo) (da) (ke) (na)　(a) (mṛ) (ta) (va) (rṣa)

(ṇi) (de) (va) (tā)ゝ　(dha) (ra) (ṇi)　(a) (bhi) (ṣi)⑥

(ca) (tu) (me)　(su) (ga) (ta) (va) (ra) (va) (ca) (nā) (mṛ)

(ta) (va) (ra) (va) (pu) (ṣe) (ra) (kṣa) (ra) (kṣa)　(ma)

(ma)　(sa) (rva) (sa) (tvā) (nāṃ) (ca)　(sa) (rva) (tra)

(sa) (rva) (dā)　(sa) (rva) (bha) (ye) (bhyaḥ)　(sa) (rvo)

(pa) (dra) (ve) (bhyaḥ)　(sa) (rvo) (pa) (sa) (rge) (bhyaḥ)

(sa) (rva) (du) (ṣṭa) (bha) (ya) (bhī) (ta) (sya) (sa) (rva)

(ka) (li)　(ka) (lā) (ha)⑦ (vi) (gra) (ha) (vi) (vā) (da)

(duḥ) (sva) (ṣnā)⑧　(du) (rni)⑨ (mi) (ttā) (maṃ)⑩ (ga)

(lya) (pā) (pa) (vi) (nā) (śa) (ni)　(sa) (rva) (ya) (kṣa)

(rā) (kṣa) (sa)　(nā) (ga) (ni) (vā) (ra) (ṇi)　(sa)

(ra) (ṇi) (sa) (re)　(va) (la) (va) (la)　(va) (la) (va)

(ti) (ja) (ya) (ja) (ya)　(ja) (ya) (tu) (māṃ) (sa) (rva)

(tra) (sa) (rva) (kā) (laṃ)⑪　(si) (ddhya)⑫ (tu) (me)

(i) (māṃ)　(ma) (hā) (vi) (dyaṃ)⑬ (sā) (dha) (ya)ゝ　(sa)

---

① (pra)，《大正藏》校勘［甲］作(prā)。

② (pu)，《大正藏》校勘［甲］作(pū)，下同。

③ (jva)，《大正藏》校勘［甲］作(jvā)。

④ (ṇi)，《大正藏》校勘［甲］作(ni)。

⑤ (nte)，《大正藏》校勘［甲］作(tte)。

⑥ (ṣi)，《大正藏》校勘［甲］作(ṣiṃ)。

⑦ (lā) (ha)，《大正藏》校勘［甲］作(la) (hā)。

⑧ (ṣnā)，《大正藏》校勘［甲］作(ṣna)。

⑨ (rni)，《大正藏》校勘［甲］作(rne)。

⑩ (maṃ)，《大正藏》校勘［甲］作(moṃ)。

⑪ (ka) (laṃ)，《大正藏》校勘［甲］作(ka) (raṃ)。

⑫ (ddhya)，《大正藏》校勘［甲］作(dhya)，下同。

⑬ (dyaṃ)，《大正藏》校勘［甲］作(dyāṃ)。

(rva)(ma)(ṇḍa)① (la)　(sā)(dha)(ni)(gho)(tā)②(ya)

(sa)(rva)(vi)(ghnā)　(ja)(ya)　(si)(ddhe)　(su)

(si)(ddhe)(si)(ddhya)③　(bu)(ddhya)　(vo)(dha)(ya)

(pū)(ra)(ya)　(pū)(ra)(ṇi)(pu)(ra)(ya)(me)

(a)(śaṃ)　(sa)(rva)(vi)(dyā)(dhi)(ga)(ta)(mū)

(rtte)④　(ja)(yo)(tta)⑤(ri)(ja)(ya)(va)(ti)　(ti)(ṣṭa)

(sa)(ma)(ya)(ma)(nu)(pā)(la)(ya)　(ta)(thā)(ga)

(ta)(hṛ)(da)(ya)　(śu)(ddhe)　(vya)(va)(lo)(ka)

(ya)(tu)(māṃ)　(a)(ṣṭa)(bhi)　(ma)(hā)(da)⑥(ru)

(ṇa)(bha)(ye)(bhyaḥ)⑦　(sa)(ra)(pra)(sa)(ra)

(sa)(rvā)(va)(ra)(ṇa)　(vi)(śo)(dha)(ne)⑧　(sa)

(ma)(ntā)(ka)⑨(ra)(ma)(ṇḍa)(la)(vi)(śu)(ddhe)

(vi)(ga)(te)　(vi)(ga)(ta)(ma)(la)　(vi)(śo)(dha)

(ni)　(kṣi)(ṇi)　(sa)(rva)(pā)(pa)(vi)(śu)(ddhe)

(ma)(la)(vi)(ga)(te)　(te)(ga)(va)(ti)　(va)(jra)

(va)(ti)(trai)(lo)(kya)(dhi)(ṣṭi)(te)　(svā)(hā)　(sa)

(rva)(ta)(thā)(ga)(ta)(mū)(rdhnā)⑩(bhi)(ṣi)(kte)

(svā)(hā)　(sa)(rva)(bo)(dhi)(sa)(tvā)(bhi)(ṣi)

(kte)(svā)(hā)　(sa)(rva)(de)(va)(tā)(bhi)(ṣi)(kte)

(svā)(hā)　(sa)(rva)(ta)(tha)(ga)(ta)(hṛ)(da)(yā)

(dhi)(ṣṭi)(ta)　(hṛ)(da)(ye)　(svā)(hā)　(sa)(rva)

(ta)(thā)(ga)(ta)(sa)(ma)(ya)⑪(si)(ddhe)　(svā)

(hā)　(i)(ndre)(ndra)(va)(ti)(i)(ndra)(vya)(va)(lo)

---

① (ṇḍa)，《大正藏》校勘［甲］作(ḍa)，下同。

② (gho)(tā)，《大正藏》校勘［甲］作(ghā)(ta)。

③ (si)(ddhya)，《大正藏》校勘［甲］作(su)(dhya)。

④ (rtte)，《大正藏》校勘［甲］作(tte)。

⑤ (tta)，《大正藏》校勘［甲］作(nta)。

⑥ (da)，《大正藏》校勘［甲］作(dā)。

⑦ (ye)(bhyaḥ)，《大正藏》校勘［甲］作(yaṃ)。

⑧ (ne)，《大正藏》校勘［甲］作(ni)。

⑨ (ka)，《大正藏》校勘［甲］作(kā)。

⑩ (rdhnā)，《大正藏》校勘［甲］作(dhā)。

⑪ (ya)，《大正藏》校勘［甲］作(yā)。

𑀓(ki) 𑀢(te)　𑀲(svā) 𑀳(hā)　　𑀯(vra) 𑀳(hme) 𑀯(vra) 𑀳(hyā) 𑀥(dhyu) 𑀱(ṣi)

𑀢(te)　𑀲(svā) 𑀳(hā)　　𑀯(vi) 𑀱(ṣṇī)① 𑀦(na) 𑀫(maḥ)② 𑀲(skṛ) 𑀢(te)

𑀲(svā) 𑀳(hā)　𑀫(ma) 𑀳(he) 𑀰(śva) 𑀭(ra) 𑀯(va) 𑀦(nmi) 𑀢(ta) 𑀧(pū) 𑀚(ji)

𑀢(tā) 𑀬(ye)③　𑀲(svā) 𑀳(hā)　𑀯(va) 𑀚(jra) 𑀥(dha) 𑀭(ra)　𑀯(va) 𑀚(jra)

𑀧(pā) 𑀡(ṇi)　𑀯(va) 𑀮(la) 𑀯(vī) 𑀬(ryā) 𑀥(dhi) 𑀱(ṣṭi) 𑀢(te)　𑀲(svā) 𑀳(hā)

𑀥(dhṛ) 𑀢(te) 𑀭(rā) 𑀱(ṣṭrā) 𑀬(ya)　𑀲(svā) 𑀳(hā)　𑀯(vi) 𑀭(rū) 𑀥(ḍha)

𑀓(kā) 𑀬(ya)　𑀲(svā) 𑀳(hā)　𑀯(vi) 𑀭(rū) 𑀧(pā) 𑀓(kṣā)④ 𑀬(ya)　𑀲(svā)

𑀳(hā)　𑀯(vai) 𑀰(śra) 𑀯(va) 𑀡(ṇā)⑤ 𑀬(ya)　𑀲(svā) 𑀳(hā)　𑀘(ca) 𑀢(tu)

𑀭(rma) 𑀳(hā) 𑀭(rā) 𑀚(ja)　𑀦(na) 𑀫(maḥ) 𑀲(skṛ) 𑀢(tā) 𑀬(ya)　𑀲(svā)

𑀳(hā)　𑀬(yaṃ) 𑀫(mā) 𑀬(ya)　𑀲(svā) 𑀳(hā)　𑀬(yaṃ) 𑀫(ma) 𑀧(pū) 𑀚(ji)

𑀢(ta)　𑀦(na) 𑀫(maḥ) 𑀲(skṛ) 𑀢(tā) 𑀬(ya)　𑀲(svā) 𑀳(hā)　𑀯(va) 𑀭(ru)

𑀦(nā) 𑀬(ya)　𑀲(svā) 𑀳(hā)　𑀫(ma) 𑀭(ru) 𑀢(tā) 𑀬(ya)　𑀲(svā) 𑀳(hā)

𑀫(ma) 𑀳(hā) 𑀫(mā) 𑀭(ru) 𑀢(tā) 𑀬(ya)　𑀲(svā) 𑀳(hā) 𑀅(a) 𑀕(gna) 𑀬(ye)

𑀲(svā) 𑀳(hā) 𑀦(nā) 𑀕(ga) 𑀯(vi) 𑀮(lo) 𑀓(ki) 𑀢(te) 𑀬(ya)　𑀲(svā) 𑀳(hā)

𑀤(de) 𑀯(va) 𑀕(ga) 𑀡(ṇe) 𑀪(bhyaḥ)　　𑀲(svā) 𑀳(hā) 𑀦(na)⑥ 𑀕(ga) 𑀕(ga)

𑀡(ṇe) 𑀪(bhyaḥ) 𑀲(svā) 𑀳(hā)　𑀬(ya) 𑀓(kṣa) 𑀕(ga) 𑀡(ṇe) 𑀪(bhyaḥ) 𑀲(svā)

𑀳(hā)　𑀭(rā) 𑀓(kṣa) 𑀲(sa) 𑀕(ga) 𑀡(ṇe) 𑀪(bhyaḥ)　𑀲(svā) 𑀳(hā)

𑀕(ga) 𑀦(ndha) 𑀭(rva) 𑀕(ga) 𑀡(ṇe) 𑀪(bhyaḥ)　𑀲(svā) 𑀳(hā)　　𑀅(a)

𑀲(su) 𑀭(ra) 𑀕(ga) 𑀡(ṇe) 𑀪(bhyaḥ)　𑀲(svā) 𑀳(hā)　𑀕(ga) 𑀭(ru) 𑀟(ḍa)

𑀕(ga) 𑀡(ṇe) 𑀪(bhyaḥ) 𑀲(svā) 𑀳(hā)　𑀓(ki) 𑀦(nda)⑦ 𑀭(ra) 𑀕(ga) 𑀡(ṇe)

𑀪(bhyaḥ)　𑀲(svā) 𑀳(hā) 𑀫(ma) 𑀳(ho) 𑀭(ra) 𑀕(ga) 𑀕(ga) 𑀡(ṇe) 𑀪(bhyaḥ)

𑀲(svā) 𑀳(hā)　𑀫(ma) 𑀦(nu) 𑀱(ṣye) 𑀪(bhyaḥ)　𑀲(svā) 𑀳(hā)　𑀅(a) 𑀫(ma)

𑀦(nu) 𑀱(ṣye) 𑀪(bhyaḥ)　𑀲(svā) 𑀳(hā)　𑀲(sa) 𑀭(rva) 𑀕(gra) 𑀳(he) 𑀪(bhyaḥ)

𑀲(svā) 𑀳(hā)　𑀲(sa) 𑀭(rva) 𑀦(na) 𑀓(kṣa) 𑀢(tre) 𑀪(bhyaḥ)　𑀲(svā) 𑀳(hā)

𑀲(sa) 𑀭(rva) 𑀪(bhu)⑧ 𑀢(te) 𑀪(bhyaḥ)　　𑀲(svā) 𑀳(hā)　　𑀧(pre)⑨ 𑀢(te)

---

① 𑀱(ṣṇī)，《大正藏》校勘[甲]作𑀱(ṣṇa)。

② 𑀫(maḥ)，《大正藏》校勘[甲]作𑀫(ma)，下同。

③ 𑀢(tā) 𑀬(ye)，《大正藏》校勘[甲]作𑀢(ta) 𑀬(yaṃ)。

④ 𑀓(kṣā)，《大正藏》校勘[甲]作𑀓(kṣa)。

⑤ 𑀡(ṇā)，《大正藏》校勘[甲]作𑀡(ṇa)。

⑥ 𑀦(na)，《大正藏》校勘[甲]作𑀦(nā)。

⑦ 𑀦(nda)，《大正藏》校勘[甲]作𑀢(tta)。

⑧ 𑀪(bhu)，《大正藏》校勘[甲]作𑀪(bhū)。

⑨ 𑀧(pre)，《大正藏》校勘[甲]作𑀧(pri)。

(bhyaḥ)　(svā)(hā)　(pi)(śā)(ce)(bhyaḥ)　(svā)(hā)

(a)(pa)(sma)(re)(bhyaḥ)　(svā)(hā)　(ku)(mbhā)(ṇḍe)①

(bhyaḥ)　(svā)(hā)　(oṃ)(dhu)(ru)　(svā)(hā)

(oṃ)(tu)(ru)　(svā)(hā)　(oṃ)(mu)(ru)

(svā)(hā)(hā)②(na)(sa)(rva)(śa)(trū)(ṇāṃ)　(svā)

(hā)(da)(ha)(sa)(rva)(du)(ṣṭa)(pra)(du)(ṣṭā)

(ṇāṃ)　(svā)(hā)　(pa)(ca)(sa)(rva)(pra)(tya)

(rthi)(ka)(pra)(tyā)(mi)(trā)(ṇāṃ)(ye)　(ma)(ma)

(a)(hi)(te)(ṣi)(ṇaḥ)(te)(ṣā)(sa)(rve)(ṣā)(śa)

(rī)(raṃ)(jva)(la)(ya)(du)(ṣṭa)(ci)(ttā)(ṇāṃ)　(svā)

(hā)(jva)(li)(tā)(ya)(svā)(hā)(pra)(jvā)(li)(tā)

(ya)　(svā)(hā)(dī)(pta)(jva)③(lā)(ya)(svā)(hā)

(sa)(ma)(nta)(jvā)(lā)(ya)　(svā)(hā)(mā)(ṇi)

(bha)(drā)(ya)　(svā)(hā)(pū)(rṇda)(bha)(drā)(ya)

(svā)(hā)(ma)(hā)(kā)(lā)(ya)(svā)(hā)　(ma)④

(tṛ)(ga)(ṇa)(ya)　(svā)(hā)(ya)(kṣi)(ṇī)(ṇāṃ)

(svā)(hā)(rā)(kṣa)(sī)(ṇāṃ)　(svā)(hā)(ā)(kā)

(śa)⑤(mā)(trī)(ṇāṃ)⑥　(svā)(hā)(sa)(mu)(dra)⑦

(vā)⑧(si)(nī)(ṇāṃ)　(svā)(hā)(rā)(tṛ)(ca)(rā)

(ṇāṃ)　(svā)(hā)(di)(va)(sa)(ca)(rā)(ṇāṃ)(svā)

(hā)(tri)⑨(sa)(nvya)⑩(ca)(rā)(ṇāṃ)　(svā)(hā)

(ve)(lā)(cā)⑪(rā)(ṇāṃ)　(svā)(hā)(a)(ve)⑫(lā)

(ca)(rā)(ṇāṃ)　(svā)(hā)(ga)(rbhā)(hā)(re)(bhyaḥ)

---

①　(ṇḍe),《大正藏》校勘［甲］作(ḍe)。

②　(hā),《大正藏》校勘［甲］作(ha)。

③　(jva),《大正藏》校勘［甲］作(jvā)。

④　(ma),《大正藏》校勘［甲］作(mā)。

⑤　(śa),《大正藏》校勘［甲］作(sa)。

⑥　(ṇāṃ),《大正藏》校勘［甲］作(nāṃ),下同。

⑦　(dra),《大正藏》校勘［甲］作(dra)(ni)。

⑧　(vā),《大正藏》校勘［甲］作(va)。

⑨　(tri),《大正藏》校勘［甲］作(tṛ)。

⑩　(nvya),《大正藏》校勘［甲］作(ttya)。

⑪　(cā),《大正藏》校勘［甲］作(ca)。

⑫　(ve),《大正藏》校勘［甲］作(vai)。

(svā)(hā)　　(ga)(rbha)(sa)①(nvā)(rā)②(ṇi)(svā)(hā)

(hu)(lu)(svā)(hā)　　(oṃ)　　(svā)(hā)　　(svaḥ)

(svā)(hā)(bhūḥ)③(svā)(hā)　　(bhu)④(vaḥ)(svā)(hā)

(oṃ)(bhū)(rbhu)(vaḥ)(svaḥ)(svā)(hā)　　(ci)(ṭi)

(ci)(ṭi)(svā)(hā)　　(vi)(ṭi)(vi)(ṭi)(svā)(hā)

(dhā)⑤(ra)(ṇi)(svā)(hā)　　(dhā)(ra)(ṇi)(svā)(hā)

(a)(gni)(svā)(hā)　　(te)(jo)(va)(pu)(svā)(hā)

(ci)(li)(ci)(li)(svā)(hā)　　(si)(li)(si)(li)(svā)

(hā)(bu)(ddhya)(svā)(hā)　　(si)(ddhya)(svā)

(hā)(ma)(ṇḍa)(la)(si)(ddhe)(svā)(hā)(ma)(ṇḍa)

(la)(va)(nve)(svā)(hā)(sī)(mā)(va)(nva)(ni)

(svā)(hā)　　(sa)(rva)(śa)(trū)(nāṃ)(ja)⑥(mbha)

(svā)(hā)(sta)(mbha)(ya)(svā)(hā)(cchi)(nda)

(svā)(hā)(bhi)(nda)(svā)(hā)(bha)(ñja)⑦

(svā)(hā)(va)(nva)(svā)(hā)(mo)⑧(ha)(ya)

(svā)(hā)(ma)(ṇi)(vi)(śu)(ddhe)(svā)(hā)(sū)

(rye)(sū)(rya)⑨(vi)(śu)(ddhe)(vi)(śo)(dha)(ni)

(svā)(hā)(ca)(ndre)(su)(ca)(ndre)(pu)(rṇḍa)(ca)

(ndre)⑩(svā)(hā)(gra)(he)(bhyaḥ)(svā)(hā)

(na)(kṣa)(tre)(bhyaḥ)(svā)(hā)(śi)(ve)(svā)(hā)

(sā)(nti)(svā)(hā)(sva)(sya)(ya)(ne)(svā)(hā)

(śi)(vaṃ)(ka)(ri)(śā)(nti)(ka)(ri)(pu)(ṣṭi)(ka)

(ri)(va)(la)(va)(rdha)(ni)(svā)(hā)(śrī)(ka)

(ri)(svā)(hā)(śri)(ya)(va)(rdha)(ni)(svā)(hā)

---

①　(sa)，《大正藏》校勘［甲］作(saṃ)。

②　(rā)，《大正藏》校勘［甲］作(ra)。

③　(bhūḥ)，《大正藏》校勘［甲］作(bhuḥ)。

④　(bhu)，《大正藏》校勘［甲］作(bhū)。

⑤　(dhā)，《大正藏》校勘［甲］作(dha)。

⑥　(ja)，《大正藏》校勘［甲］作(jaṃ)。

⑦　(ñja)，《大正藏》校勘［甲］作(jja)。

⑧　(mo)，《大正藏》校勘［甲］作(mā)。

⑨　(rya)，《大正藏》校勘［甲］作(rye)。

⑩　(ndre)，《大正藏》校勘［甲］作(ndrai)。

(śrī)(ya)(jvā)①(la)(ni)　(svā)(hā)　(na)(mu)(ci)

(svā)(hā)　(ma)(ru)(ci)　(svā)(hā)　(ve)(ga)(va)

(ti)　(svā)(hā)(oṃ)(sa)(rva)(ta)(thā)(ga)(ta)(mū)

(rtte)(pra)(va)(ra)(vi)(ga)(ta)(bha)(ye)(śa)(ma)

(ya)(sva)(me)②(bha)(ga)(va)(ti)　(sa)(rvā)③(pā)

(pe)(bhyaḥ)(sva)(sti)(rbha)④(va)(tu)　(mu)(ni)

(vi)(mu)(ni)(ca)(re)　(ca)(la)(ne)　(bha)(ya)(vi)

(ga)(te)　(bha)(ya)(hā)(ra)(ṇi)　(bo)(dhi)(vo)

(dha)(ya)(bu)(ddhi)(li)(sa)(rva)(ta)(thā)(ga)

(ta)⑤(hṛ)(da)(ya)(ju)(ṣṭai)⑥　(svā)(hā)(oṃ)(va)

(jra)(va)(ti)　(va)(jra)(pra)(ti)(ṣṭi)(ta)⑦　(śu)

(ddhe)　(sa)(rva)⑧(ta)(thā)(ga)(tā)(mu)(drā)⑨(dhi)

(ṣṭā)(nāṃ)⑩(dhi)(ṣṭi)(te)　(ma)(hā)(mu)(dre)

(svā)(hā)(oṃ)　(mu)(ni)(mu)(ni)(va)(re)　(a)

(bhi)(ṣiṃ)⑪(ca)(tu)(māṃ)　(sa)(rva)(ta)(thā)(ga)

(ta)⑫　(sa)(rva)(vi)(dyā)(bhi)(ṣai)⑬(kai)　(ma)(hā)

(va)(jra)(ka)(va)(ca)(mu)(drā)(mu)(dri)(tai)⑭(sa)

(rva)(ta)(thā)(ga)(ta)(hla)(da)(yā)(dhi)(ṣṭi)(ta)

(va)(jre)⑮　(svā)(hā)(oṃ)⑯　(a)(mṛ)(ta)(va)(re)

①　(jvā),《大正藏》校勘［甲］作 (jva)。

②　(me),《大正藏》校勘［甲］作 (ye)。

③　(rvā),《大正藏》校勘［甲］作 (rva)。

④　(rbha),《大正藏》校勘［甲］作 (bha)。

⑤　(ta),《大正藏》校勘［甲］作 (tā),下同。

⑥　(ṣṭai),《大正藏》校勘［甲］作 (ṣṭe)。

⑦　(ta),《大正藏》校勘［甲］作 (te)。

⑧　(sa)(rva),《大正藏》校勘［甲］無。

⑨　(tā)(mu)(drā),《大正藏》校勘［甲］作 (ta)(bu)(trā)。

⑩　(nāṃ),《大正藏》校勘［甲］作 (nā)。

⑪　(ṣiṃ),《大正藏》校勘［甲］作 (ṣi)。

⑫　(ta),《大正藏》校勘［甲］作 (tā)。

⑬　(ṣai),《大正藏》校勘［甲］作 (pe)。

⑭　(tai),《大正藏》校勘［甲］作 (teṃḥ)。

⑮　(jre),《大正藏》校勘［甲］作 (jrai)。

⑯　此段梵字真言,爲卷下譯第一首陀羅尼。

𑀯(va) 𑀭(ra) 𑀧(pra) 𑀯(va) 𑀭(ra)　　𑀯(vi) 𑀰(śu) 𑀥(ddhe)　　𑀵(hūṃ)

𑀵(hūṃ)　𑀨(pha) 𑀣(ṭ)　𑀲(svā) 𑀳(hā) 𑀑(oṃ)　　𑀅(a) 𑀺(mṛ) 𑀢(ta) 𑀯(vi)

𑀮(lo) 𑀓(ki) 𑀦(ni)　　𑀕(ga) 𑀭(rbha) 𑀲(suṃ) 𑀭(ra) 𑀔(kṣa) 𑀡(ṇi)　　𑀆(ā)

𑀓(ka) 𑀭(rṣa) 𑀡(ṇi)　　𑀵(hūṃ) 𑀵(hūṃ)　　𑀨(pha) 𑀢(ṭū) 𑀲(svā) 𑀳(hā)①

𑀑(oṃ)　　𑀯(vi) 𑀫(ma) 𑀮(le)　　𑀕(ga) 𑀬(ya) 𑀯(va) 𑀭(re)　𑀅(a) 𑀺(mṛ)

𑀢(te) 𑀵(hūṃ) 𑀵(hūṃ)②　𑀵(hūṃ) 𑀵(hūṃ)　　𑀨(pha) 𑀢(ṭ) 𑀨(pha) 𑀢(ṭ)

𑀨(pha) 𑀢(ṭ) 𑀨(pha) 𑀢(ṭ)　　𑀲(svā) 𑀳(hā) 𑀑(oṃ)　　𑀪(bha) 𑀭(ra) 𑀲(saṃ)

𑀪(bha) 𑀭(ra) 𑀇(i) 𑀦(ndri) 𑀬(ya) 𑀯(vi) 𑀰(śu)③ 𑀥(dha) 𑀦(ni)　　𑀵(hūṃ)

𑀵(hūṃ) 𑀭(ru) 𑀭(ru) 𑀘(ca) 𑀮(le)　　𑀲(svā) 𑀳(hā)

普遍光明清淨熾盛如意寶印心無能勝
大明王大隨求陁羅尼經卷下④

大興善寺三藏沙門大廣智不空奉詔譯⑤

　　復次大梵，其天帝釋共阿蘇羅鬪戰之時，帝釋常⑥以此陀羅尼，置於頂髻珠中帶持，帝釋天衆不被傷損，而常得勝安隱還宮⑦。初發心菩薩乃至究竟地菩薩帶持，能離種種障難魔業故。若有人帶此陁羅尼，一切如來之所加持，一切菩薩之所護念，一切人、天、國王、王子、大臣、婆羅門長者常恒恭敬，禮拜承事，一切天、龍、阿蘇羅、藥路荼、緊那羅、摩睺羅伽、人、非人等，皆⑧供養彼帶持者。彼等天龍八部皆言：“彼人是大丈夫。”如來復言：“彼善男子、善女人，能摧一切魔障，離一切疾病，離一切災橫，除一切憂惱，恒爲一切天、龍之所守護。”

　　佛告大梵：“復有四陀羅尼，是無能勝妃大心真言，若有書寫帶佩於身，常應誦持，深心思惟觀行，能除惡夢不祥之事，一切安樂皆得成就。”

　　陀羅尼曰：

---

① 𑀲(svā) 𑀳(hā)，《大正藏》校勘[甲]無。

② 𑀵(hūṃ) 𑀵(hūṃ)，《大正藏》校勘[甲]作𑀵(hūṃ) 𑀵(hūṃ)。

③ 𑀰(śu)，《大正藏》校勘[甲]作𑀰(śa)。

④ “卷下”後，《中華藏》校勘《麗》有夾注“《百千印陀羅尼經》同卷別譯”。

⑤ 譯者，《中華藏》校勘《磧》《南》作“大（《南》無此字）唐大興善寺三藏沙門大廣智不空奉詔譯”，《徑》《清》作“唐北天竺三藏沙門大廣智不空奉召譯”，《麗》作“開府儀同三司特進試鴻臚卿肅國公食邑三千户賜紫贈司空謚大鑒正號大廣智大興善寺三藏沙門不空奉詔譯”。

⑥ 常，《中華藏》校勘《石》作“尚”。

⑦ 宮，原作“官”，據《中華藏》校勘《磧》《南》《徑》《清》《麗》改。

⑧ 皆，《中華藏》校勘《石》作“皆得”。

Oṃ[①]amṛtavare　　　　　vara 2　　　　pravara viśuddhe　hūṃ　hūṃ　phaṭ 2

唵　　阿蜜哩二合多嚩㘑一　嚩囉嚩囉二合 嚩囉　　尾戍入第　吽引　吽引　頗吒頗吒

svāhā

娑嚩二合賀引

Oṃ amṛta　　vilokini　　garbha saṃrakṣiṇi　　ākarṣani　　　　　　hūṃ 2

唵　阿蜜哩二合多尾盧引枳顛一　蘖婆　僧囉乞灑二合抳 阿引,去羯哩灑二合抳　吽引吽引

phaṭ 2　　svāhā

頗吒頗吒　娑嚩二合賀引

Oṃ vipule[②]vimale　jayavale　jayavāhini[③]amṛte　　　　hūṃhūṃ　　　　　phaṭ

唵　　　尾麼黎　惹也嚩㘑一　　　　阿蜜哩二合帝一 吽引吽引吽引吽引[④] 頗吒

　　　　　　　svāhā

頗吒頗吒頗吒[⑤] 娑嚩二合,引賀引

Oṃ bhara 2　　sambhara 2　indrī　　yavala[⑥]　viśodhani　hūṃ 2

唵　跢囉跢囉一　三跢囉三跢囉二　印捺哩二合 也二　　尾戍達顙　吽引吽引嚕嚕左嚟引[⑦]

phaṭ 2　　svāhā

頗吒頗吒[⑧]娑嚩二合,引賀引

　　纔説此四大陀羅尼已，一切諸佛大[⑨]菩薩聲聞，異口同音説此大隨求大明王無能勝陀羅尼甲胄密言句，以一切如來印印之，此陀羅尼[⑩]甚難得聞，何況書寫、受持、讀誦，爲佗宣説。是故，當知是大[⑪]佛事，如來深極讚歎説隨喜者，極難得聞此大隨求大無能勝陀羅尼名，極難得聞極甚難得。能盡諸罪，大力勇健具大威德神力，能生無量功德，能摧一切魔衆，能斷一切習氣聚[⑫]及魔羅羂，能除佗真言毒壓禱藥法相憎法降伏法，能令惡心衆生起大慈心，能護愛樂供養佛菩薩聖衆之人，能護書寫、受持、讀

---

① 以下拉丁字母轉寫梵字真言，據《大正藏》卷末轉寫梵本對照。
② vipule，無漢文對譯。
③ jayavāhini，無漢文對譯。
④ 吽引吽引，梵本闕對音 hūṃ hūṃ。
⑤ 頗吒頗吒頗吒，梵本闕對音 phaṭ phaṭ phaṭ.
⑥ -vala，無漢文對譯。
⑦ 嚕嚕左嚟引，梵本闕對音。
⑧ 頗吒頗吒，原脱，據梵文對音 phaṭ 2 補。
⑨ "大"前，《中華藏》校勘《石》《麗》有"諸"。
⑩ 陀羅尼，《中華藏》校勘《石》《麗》無。
⑪ 大，《中華藏》校勘《石》無。
⑫ 聚，《中華藏》校勘《麗》無。

誦、聽聞大乘經典者，又能滿足修佛菩提者。大梵，持此大隨求無能勝明王，不被沮壞，於一切處獲大供養，如佛大師兩足之尊。云何得知此明王能摧一切諸魔？大梵，過去有佛，號廣博微笑面摩尼金寶光焰照曜高勇王①如來應正等②覺。初成道時，往詣菩提場欲轉法輪，一切如來稱讚。尒時，一切魔并無量俱胝那庾多眷屬圍遶，現種種形，作可畏聲，示種種魔境，現作神通，雨種種器仗，來往四方而作障難。

　　尒時廣博微笑面摩尼金寶光焰照曜高勇王如來，於須臾頃寂然而住，意誦此大隨求大明王無能勝大陁羅尼七遍。纔誦此陁羅尼已，於剎那頃一切魔波旬，見彼如來一一毛孔，出無量俱胝百千那庾多金剛使者，身彼甲冑放大光明，各持刀劍鉞斧罥索杖棒三戟叉，各出如是言：捉縛惡魔，摧惡心者，斬斷其命，粉碎諸魔作如來障礙者。即彼一切難調惡魔，以如來大威力，於毛孔中出大丈夫，是諸魔眾悶絕躃地，皆失自③神通辯才，四散馳走。如來以大慈劍，得勝魔境，成無上菩提，即轉一切如來法輪，如一切佛。一切障者毗那夜迦、諸惡魔等，悉皆摧壞。如來即轉法輪，超越生死大海得到彼岸。如是，大梵，此陁羅尼有大勢力，能獲④神通到於彼岸。若纔憶念，於危險處皆得解脫，意樂清淨有情，令惡心有情⑤起大慈心。是故大梵，常當憶念，如理作意，依法書寫，而常帶持。

　　復次大梵，烏禪那⑥城有王名曰梵施，彼有一人犯王重罪，王勅殺者一人，領彼罪⑦人往將⑧山中，令斷其命。殺者受教，領彼罪人，至於山窟，將刀欲殺。是其罪人先於右臂，帶此隨求無能勝陁羅尼，心復憶念，由此大明威力，其刀光焰⑨狀如火聚，片片段壞猶如微塵。尒時殺者見此事已，怪未曾有，即以上事具白於王。其王聞已便生大怒，復勅殺者將此罪人送藥叉窟，於彼窟中有眾多藥叉，令食此罪人。受王勅已，即領罪人送藥叉窟。纔送窟中，時藥叉眾歡喜踊躍，奔走向前，欲食罪人。以彼罪人帶大隨求威德力故，時眾藥叉見彼罪人身上有大光明熾盛晃曜，諸藥叉眾悉皆驚怖，各作是念：此火欲來燒我。彼藥叉眾見是事已，甚大驚愕，送此罪人安窟門前⑩，旋遶禮拜。

---

①　“廣博”至“勇王”，《大正藏》校勘梵文 vipūla-prahastita-vadana-sūktvā(mukha?)-maṇi-kanaka-ratna-jvala-raśmi-prabhāsābhyuṅgata-rāja。

②　等，《中華藏》校勘《磧》《南》《徑》《清》《麗》無。

③　自，《中華藏》校勘《石》《麗》作“自性”。

④　獲，《中華藏》校勘《徑》作“護”。

⑤　有情，《中華藏》校勘《石》《麗》無。

⑥　烏禪那，《大正藏》校勘梵文 ujjayanī。

⑦　罪，《中華藏》校勘《石》《麗》無。

⑧　往將，《中華藏》校勘《石》《麗》作“將往”。

⑨　焰，《中華藏》校勘《石》作“爛”。

⑩　前，《中華藏》校勘《石》《麗》作“外”。

尒時使者具以上事復白於王,其王聞已,倍更瞋怒,又勑使者縛彼罪人擲深河中。奉教往擲,纔入河中,河便枯竭猶如陸地。時彼罪人便住於岸,所被繫縛繩索片片斷絕。王聞此事,極大驚怪,熙怡微笑,生大奇特,喚彼罪人,問其所緣? 汝何所解? 罪人白言:"大王,我無所解,我於身上唯帶大隨求無能勝大明王陀羅尼。"王即讚言:"甚大奇特,此大明微妙能摧死罪①。"説伽陀曰:

> 大明甚微妙,能摧於死罰,
> 諸佛所加持,拔濟諸有情,
> 能解脱苦病,大明大威德,
> 能脱非時死,大悲尊所説,
> 能止大疾病,速證大菩提。

尒時彼王歡喜踊躍,即取彼隨求供養禮拜,即以繒帛繫罪人首,與其灌頂,册稱爲城主。五天竺國法,若授官册②,皆以繒帛繫首灌頂,然後授職③。如是,大梵,此大隨求無能勝大陀羅尼,若有帶者於一切處獲大供養,若難調伏惡心衆生,咸起慈心皆相順伏,是故常帶持此大陀羅尼。

復次大梵,若欲帶此陀羅尼者,應擇吉日吉宿吉祥之時,依法書此陀羅尼。時,大梵王聞是語已,甚大歡喜,五輪著地,頂禮佛足,而白佛言:以何方法書寫此大隨求無能勝陀羅尼?

尒時如來即説伽佗,告大梵言:

> 大梵汝當知,我今爲汝説,
> 愍念諸有情,令得大安樂,
> 遠離逼迫業,解脱諸疾病。
> 婦人有胎孕,有情離貧匱,
> 窮業悉皆除。當於吉宿時,
> 布沙宿相應,應當持齋戒,
> 而供養諸佛,發大菩提心。
> 復生悲愍心,及起大慈心,
> 於佗思利益,徧諸有情類。
> 龍腦麝檀香,以此香湯浴,
> 著新淨衣服,更以燒香熏。
> 當用瞿摩夷,塗小曼茶羅,

---

① 罪,《中華藏》校勘《石》作"罰"。
② 册,《中華藏》校勘《石》《麗》作"榮"。
③ "職"後,《中華藏》校勘《石》有"也"。

應取五賢鉼，皆滿盛①香水，
雜插諸華果，置於壇四角。
餘一置壇中，花鬘及燒香，
及與妙塗香。應燒五味香，
檀香颯畢迦，蘇合沈石蜜，
和合而燒之。種種諸妙華，
諸華果種子，隨時而供養。
塗香用嚴飾，蘇蜜并乳酪，
糵麥及乳糜，盛滿供養器。
應量皆吉祥，以瓷瓦椀盛，
四角滿香器。佉陀羅木橛，
釘於壇四角，用五色縷纏，
於壇四角外。大梵以此儀，
若求悉地者，應食三白食，
書此隨求人，當於壇中坐，
敷以淨茅薦，依法而書寫。
或素或繒帛，或用於樺皮，
或葉或餘物，寫此陀羅尼。
女人求子息，當用牛黄書，
中心畫童子，瓔珞莊嚴身，
滿鉢盛珎寶，左手而執持，
坐在蓮華上，其華而開敷。
又於西隅角，而畫四寶山，
其山金寶飾，殷勤應畫此，
能令胎安隱，丈夫求子者，
應用鬱金書，彼所求之事，
悉皆得成就。於真言四面，
應畫種種印，又畫於蓮華，
或二或三四，乃至五蓮華，
其華悉開敷，八葉具鬚蘂，
華莖以繒繫，華上畫三戟，

_____

① 滿盛，《中華藏》校勘《麗》作“盛滿”。

戟上復繫繒。復畫於鉞斧，
亦在蓮華上，又於白蓮華，
於上應畫劍，復在蓮華上，
而畫於商佉，所畫諸蓮華，
皆在寶池內。若丈夫帶者，
不應畫童子，應畫天人形，
種種寶莊嚴。帝王若帶者，
於中應當畫，觀自在菩薩，
又於其四面，畫種種印契。
若是苾蒭帶，應畫持金剛，
左①執金剛杵，右②拳豎頭指。
擬彼難調者，又當於四角，
而畫四天王。婆羅門帶者，
畫於伊舍那。刹利若帶持，
畫摩醯首羅。毗舍若帶者，
畫於天帝釋，或畫毗沙門。
若是首陀帶，而畫那羅延。
童男及童女，畫波闍波提。
青色女人帶，畫盧陀羅天。
女人白色者，應畫名稱天。
女人若肥充，畫彼寶賢將。
瘦女人帶者，畫滿賢藥叉。
若懷妊婦人，應畫大黑天，
或畫梵天王。如是諸人類，
各畫本所尊，依法而書寫，
常帶於身上，所求悉如意。
金銅作蓮華，於上安寶珠，
如意火焰形，置在幢③刹上，
而於此珠內，安置大隨求，
於是隨求中，畫彼邑城主。

① 左，《中華藏》校勘《石》作"右"。
② 右，《中華藏》校勘《石》作"左"。
③ 幢，原作"幢"，據《中華藏》校勘《石》《磧》《南》《徑》《清》《麗》改。

若是己舍宅，建此隨求刹，

而畫本家主。於隨求四面，

周帀畫蓮華，於華胎蘂上，

畫於一罥索，金剛杵及輪，

棒及爍訖底，如是諸契印，

各在蓮華上。刹上懸繒幡，

應如法供養。由此隨求利①，

能護國城邑，及以護家族。

災禍悉除滅，疫病及諸疾，

饑饉不流行，佗敵不相侵，

國土皆安樂。若遇天亢旱，

并以滯雨時，應畫九頭龍，

頭上有寶珠，火焰而流出。

當於龍心上，畫一金剛杵。

於龍身四面，寫此大隨求，

置在於篋中，亦安幢刹上，

應時降甘雨，滯雨即便晴。

商主領衆人，或在於水陸，

諸商人帶者，應畫商主形，

如前安刹上。離賊及諸怖，

悉皆到彼岸。是故當殷勤，

帶持及讀誦，吉祥滅諸罪。

若是念誦人，應畫自本尊。

若日月熒惑，辰星及歲星，

太白與鎮星，彗及羅睺曜，

如是等九執，凌逼本命宿，

所作諸災禍，悉皆得解脫。

或有石女人，扇姹半姹迦，

如是之人類，由帶大隨求，

尚能有子息。若此類帶者，

應畫九執曜，二十八宿天，

---

① 利，原作“刹”，據《中華藏》校勘《磧》《南》《徑》《清》改。

中畫彼人形，所求悉如意。
如世尊所説，獲得最勝處，
現世及佗世，常獲殊勝樂。
三十三天宮，隨意而所生，
悦意贍部洲，最勝族姓家。
得生如是族，或生刹利天，
或婆羅門家，由帶大隨求，
生此最勝處。書寫持讀誦，
依法而帶之，得往安樂刹，
蓮華而化生，決定無疑惑。
一切諸如來，讚説斯功德，
稱揚不能宣①。關閉地獄門，
能開諸天趣，安樂悉成就，
智慧皆圓滿。諸佛及菩薩，
常安慰其人，身常受快樂，
驍勇有大力。如來誠言説，
當②獲轉輪位，安慰人天衆。
驚怖惡心者，修此陀羅尼，
不久當獲得，不被刀所傷，
毒藥及水火，悉皆不能害。
非命及夭壽，諸罪皆遠離。
見聞及觸身，於一切時處，
鬼魅及鬥諍，諸怖皆消滅。
惡蟲及毒蛇，囚閉③悉解脱，
種種疾大病，悉皆盡除滅。
由修持此明，於諸摩羅衆，
無礙得通達。能於一切處，
而獲大供養，人中得最④勝，
加護修真言。

---

① 宣，《中華藏》校勘《石》《麗》作“盡”。
② 當，《中華藏》校勘《石》《麗》作“常”。
③ 閉，《中華藏》校勘《石》作“閃”。
④ 得最，《中華藏》校勘《磧》《逕》《清》作“最得”。

修行①菩薩隨求大護大明王陀羅尼品②

尒時世尊復告大梵,説伽佗曰:
　　我今爲宣説,修行持明者,
　　説加護儀則,愍念諸有情,
　　由此擁護故,獲得大成就。
　　所居諸方處,用此作加持,
　　獲得無障礙,決定心無疑。
　　無怖無熱惱,除滅一切魅,
　　隨順於宿曜,能斷業鈎鎖。
　　惡食惡跳鴹③,厭書悉消滅,
　　一切諸怨家,不被凌逼傷。
　　惡視及壓禱,呪藥并蠱毒,
　　於佗敵險處,大怖寃敵處,
　　一切悉消融。由大隨求力,
　　諸佛皆擁護,一切智菩薩,
　　悉皆作加護。緣覺及聲聞,
　　及餘多種類,大威德天龍,
　　皆當而擁護。誦此密言者,
　　由纔聞此故,明王最勝尊,
　　一切處無畏,牟尼作是説。
　　惡夢及惡作,極惡諸逼迫,
　　疾病以纏身,瘦病銷骨肉,
　　及餘多種病,丁瘡諸毒腫,
　　惡疰④及災禍,齧嚼諸有情,
　　爲損有情故,大害極恐怖,
　　悉皆得除滅。由加護大明,
　　以此明加護,合死得解脱。
　　若以黑索罥,將至閻魔宫,

① 修行,原作“得”,據《中華藏》校勘《石》《麗》改。
② “品”後,《中華藏》校勘《徑》《清》有“第二”。
③ 鴹,《中華藏》校勘《石》《磧》《南》《徑》《清》《麗》作“蟇”。
④ 疰,《中華藏》校勘《南》《徑》《清》作“疾”。

命復倍增壽，由書帶大護。
若有壽盡者，七日後當死，
纔書帶此明，無上大加護。
或若纔聞故，依法加持者，
處處獲安隱，隨意受安樂。
六十八俱胝，一百那庾多，
三十三諸天，輔翼於帝釋，
來護於此人，隨逐作加護。
四大護世王，金剛手大力，
一百明族眾，常加護彼人。
日天及月天，梵王與毗紐，
自在夜摩天，寶賢及力天，
滿賢大勇猛，訶利帝及子，
半遮羅半支，俱摩羅眾主①，
吉祥大明妃，多聞及辯才，
商棄尼華齒，一髻大威德，
如是大藥叉，常當而擁護。
石女生子息，胎孕咸增長，
常加護彼人，乃至壽命存。
丈夫常得勝，恐怖鬥戰處，
由此滿諸願，由依淨信天，
諸罪悉除滅。由書此大明，
諸佛常觀察，大威德菩薩，
彼名稱增長，福壽亦復然。
財穀皆豐盛，獲得悉無疑；
睡眠及覺悟，悉皆得安樂。
冤家及鬼神，皆不能沮壞，
當於鬥戰時，常皆獲得勝。
若修密言時，此護最爲勝，
安樂修諸明，悉得無障礙，
一切密言教，悉皆得成就。

①　主，《中華藏》校勘《石》作"生"。

成入一切壇，速成三昧邪，

乃至於來世，諸佛皆委寄，

由持此大護，諸吉祥皆滿，

意願悉成就。由纔書此明，

一切樂豐盛，安樂而捨壽，

必生於善趣。欲生極樂國，

持帶此明王，決定無疑惑。

鬪諍於言訟，戰陣大怖中，

諸怖皆遠離。如佛誠言説，

常獲宿命智，生生皆無疑。

國王皆歡喜，及後宮眷屬，

盡皆常恭敬，常與善人和，

皆悉生憐愍，并人及與天。

令彼作加護，常恒於晝夜，

大護成就明，等正覺所説。

尒時薄伽婆即説隨求大護明王大心陀羅尼曰①：

曩謨引母馱引野一曩謨引達磨野二娜莫僧去伽去引野三曩謨引婆去誐嚩帝四舍引枳也二合母曩曳五摩賀引迦引嚕抳迦引野六怛佗去引蘗跢去引夜引七囉賀二合帝三去藐三去母馱引野八娜莫颯答毗藥二合三去藐三去沒第引毗藥二合九暐鈔去引娜莫娑訖哩三合怛嚩二合引十母馱引舍引娑曩物吒二合馱曳引十一阿上賀弭娜引顙寅二合引十二三去鉢囉二合嚩乞灑二合銘十三薩嚩薩怛嚩二合引弩鼻劒跛夜引十四伊上輪引尾淰引摩賀引帝昝引十五摩賀引麼攞跛囉引訖囉二合輪引十六拽暹引去婆去史單上麼鼻引怛囉二合琰引十七嚩日囉二合引娑曩麼顙引史鼻入十八疙囉二合賀引薩吠微間反引尾曩引野迦引十九室制二合引嚩怛得乞灑三合拏鼻引尾攞孕蘗跢引二十怛你也二合佗去引二十一儗霓以反哩儗准上哩儗哩扼尼檉反，下同二十二儗哩嚩底二十三麌拏上嚩底二十四阿去引迦引捨嚩底二十五阿引迦引捨囉袄第播引跛尾誐帝二十六阿去引迦引勢誐誐曩怛黎二十七阿去引迦引捨尾佐引哩扼二十八入嚩二合里多失凝引二十九麼抳穆訖底二合，下丁以反佉上唧多冒上引里馱嚕三十蘇上計引勢引三十一蘇上嚩訖怛嚕三合三十二蘇上賓引怛嚕二合引三十三素襪囉拏二合冒上引里三十四阿底丁以反引帝阿拏鼻答半二合寧麼曩蘗帝三十五鉢囉二合底聿二合答半二合寧三十六曩莫薩吠引鈔引母馱引南引三十七入嚩二合里多帝惹自攞反三去母第引三十八素母第引三十九婆誐嚩底四十素囉乞灑二合扼四十一素乞灑二合銘四十二素

---

①　以下陀羅尼，《中華藏》校勘《磧》《南》《徑》《清》與之大異，據《磧》附録於卷末。

鉢囉三合陛四十三素娜銘四十四素難上,引帝引,四十五左嚩四十六婆誐嚕底四十七跋捺囉二合嚕底四十八跋捺嚩二合,四十九素跋捺嚩二合,五十尾麼鼻黎惹野跋捺嚩二合,五十一鉢囉二合贊拏贊膩五十二嚕日囉二合贊膩五十三摩引賀引贊膩五十四矯魚矯反,引哩五十五爤馱引哩五十六來哩贊拏上,引里五十七麼上,引蹬儗霓夷反,五十八卜羯斯捨嚕哩捺囉二合,引弭膩五十九勞引捺哩二合抳六十薩嚕引囉佗二合娑去,引馱顙六十一賀曩賀曩六十二薩嚕設咄嚕二合喃諾賀諾賀六十三薩嚕訥瑟吒二合南六十四畢嚕二合,引多比舍引左拏引枳顙引南引,六十五麼弩鼻灑引麼努鼻灑喃引,六十六跋左跋左六十七絞哩二合乃闍尾陀網二合娑野价引尾就六十八薩嚕訥瑟吒二合疙囉二合賀引喃引,六十九曩引捨野曩引捨野七十薩嚕播引跋顙銘囉乞灑囉乞灑二合輪引,七十一薩嚕薩怛嚕二合,引難左七十二薩嚕婆去庚引鉢捺囉二合吠引毗藥二合,七十三薩嚕訥瑟吒二合,引南引滿馱能矩嚕七十四薩嚕枳里尾二合灑曩引捨顙七十五沬鼻,引多難上膩麼上,引顙顙左黎底致上底致准上顙七十六咄𪗉具引囉抳味引囉抳七十七鉢囉二合禰囉三去麼嚕七十八贊拏上,引里七十九麼蹬祇八十禰拶斯素嚕卜羯斯捨嚕哩飽迦里捺囉二合尾膩八十一諾賀顙跋左顙沬娜顙八十二薩囉羅薩囉黎八十三薩囉攬陛呬去,引曩八十四末地庚二合,引得訖哩三合瑟吒二合,八十五尾娜引哩抳八十六尾馱引哩抳八十七麼呬里八十八麼護引麼護引里顙八十九薩妳顙薩拏伴霽九十滿帝滿底丁以反顙九十一滿帝斫訖囉二合嚕引枳顙九十二惹自耶反黎祖祖魯反黎九十三捨嚕哩捨麼哩舍引嚕哩九十四薩嚕弭野二合,引地賀囉抳九十五祖引膩祖引膩顙九十六顙弭顙弭九十七顙泯馱哩底哩二合路引迦惹賀顙九十八底哩二合路迦路迦羯哩九十九怛嚩二合,引馱引覩迦弭野二合嚕路引枳顙一百嚕日囉二合跋囉戍播引捨渇誐斫訖囉二合底哩二合戍引囉震跢引麼抳一百一摩賀引尾你野二合,引馱引囉抳一百二囉乞灑二合囉乞灑二合輪引麼麼薩嚕薩怛嚕二合,引難上左一百三薩嚕怛囉二合薩嚕娑佗二合,引曩蘗怛寫一百四薩嚕訥瑟吒二合婆去曳引毗藥二合,一百五薩嚕麼弩鼻灑引麼弩鼻灑婆曳引毗藥二合,一百六薩嚕尾野二合,引地毗藥二合,一百七嚕日嚕二合嚕日囉二合嚕底一百八嚕日囉二合播引抳馱嚕一百九呬里呬里一百十弭里弭里一百十一唧里唧里一百十二悉里悉里一百十三嚕囉嚕囉嚕囉祢引,一百十四薩嚕怛囉二合惹野臘弟娑嚕二合,引賀引,一百十五播引跋尾娜引囉抳一百十六薩嚕弭野二合,引地賀囉抳娑嚕二合,引賀引,一百十七薩嚕怛囉二合婆去野賀囉抳娑嚕二合,引賀引,一百十八娑嚕二合娑底二合婆嚕都麼麼某甲娑嚕二合,引賀引,一百十九扇引底娑嚕二合,引賀引,一百二十補瑟置二合,引娑嚕二合,引賀引,一百二十一惹自囉反,下同野都惹曳引惹野嚕底一百二十二惹野尾補羅尾麼黎娑嚕二合,引賀引,一百二十三薩嚕怛佗去,引蘗多引地瑟姹二合曩布囉底二合娑嚕二合,引賀引,一百二十四唵引步哩步哩嚕日囉二合嚕底一百二十五怛佗蘗多紇哩二合乃野布囉抳散馱引囉抳一百二十六末羅末羅惹野尾你曳二合,引吽吽發吒發吒娑嚕二合,引賀引,一百二十七

佛告大梵:若有人以如來身明陀羅尼句,作加持救濟,攝受加護,能作息災,作吉

祥法，遮止譴罰，成大加護；若人壽命欲盡，誦此真言，復得延命增壽，久久命存，常獲安樂，得大念持；若以金剛杵纔念誦加持，或有非命患大疾者，皆①得解脱，一切疾病皆得除滅。長患病者誦此真言，加持袈裟角，拂彼病人，便即除差。日日誦持者，得大聰慧威力大勤勇，辯才成就，一切罪障定受業報，悉皆消滅。一切佛菩薩并天、龍、藥叉等，於受持陀羅尼者，當令精氣入身，增加威力，身心常得喜悦。大梵，此大明王大護陀羅尼，若有乃至傍生、禽獸耳根所聞，彼等悉皆於無上菩提永不退轉，何况淨信善男子、善女人，苾芻、苾芻尼，鄔波索迦、鄔波斯迦、國王、王子，婆羅門、刹利及諸餘類，一聞此大隨求大護陀羅尼，聞已深心淨信，恭敬書寫讀誦，生殷重心修習，爲佗廣演流布。大梵，悉皆遠離八種非命②，彼人身中不生疾病，不被火、毒、刀杖、蠱毒、厭禱、呪咀③，諸惡藥法之所損害，不被身痛頭痛，及諸瘧病一日、二日、三日、四日，乃至七日，及癲癇病，悉不能爲患。正念睡眠，正念覺悟，證大涅槃，現世得大富貴自在。所生之處，於彼彼處常得宿命，一切人天皆悉愛敬容儀端正，一切地獄餓鬼傍生皆得解脱，猶如日輪以光明照曜一切有情，譬如月輪以甘露灌灑一切有情身，得適悦其人，以法甘露徧入一切有情心相續中，皆令滋澤歡喜。一切諸惡藥叉、羅刹、步多、畢隸多、畢舍遮、癲癇鬼、拏枳寧諸魅、毗那也迦等，悉皆以此大隨求大護明④威力，不能侵惱。若來逼近，憶念此大護明王，則一切惡心之類，於持誦之人發生歡喜，受教而去。由此大隨求大護明王威力，終無冤敵怖畏，是諸冤敵不敢⑤凌突。或若有人，於國王、大臣、婆羅門、長者處，所犯愆過，罪合當死殺者，持刀劍臨刑之時，若纔憶念此大護明王，其刀片片斷壞猶如微塵，其人當彼之時，得悟一切法平等，獲大念力。尒時，如來説伽佗曰：

　　　　此大護加持，清淨滅諸罪，
　　　　能作慧吉祥，增長諸功德，
　　　　能滿諸吉慶，除滅不吉祥，
　　　　能見妙好夢，能淨諸惡夢。
　　　　此大明大護，護丈夫女人，
　　　　曠野及險怖，刹那得解脱，
　　　　獲諸所欲願，如正等覺説。
　　　　若行失道路，念此大明王，

---

① 皆，《中華藏》校勘《麗》無。
② 八種非命，《中華藏》校勘《石》作“八非命種”。
③ 咀，《中華藏》校勘《石》作“詛”。
④ 明，《中華藏》校勘《石》《麗》無。
⑤ 敢，《中華藏》校勘《麗》作“能”。

速疾得正道，得殊勝飲食。
以身口意業，先時作諸罪，
所作不善業，纔憶此明故[1]，
悉皆得消滅。書寫及受持，
轉讀并念誦，及爲佗宣説，
諸法皆通達，如是得法味，
諸罪即消滅。心意所樂求，
諸事皆成就。一切死怖中，
畢獲而救濟[2]。王害及水火，
霜雹并劫賊，鬭戰及言訟，
利牙爪[3]獸難，一切悉消融。
由誦落[4]叉遍，速成就此明，
一切諸佛説，稱誦令歡喜，
滿菩提資糧，一切所住處。
若用此大明，而作於加持，
欲作諸事業，自佗利益事，
任運得成就，以大護無疑。
大梵汝當知，我今復宣説，
爲患重病人，應作四方壇。
瞿摩和土泥，用五色粉畫，
而作曼荼羅，四缾安四角。
智者依儀軌，壇上散諸華，
應燒殊勝香，及種種飲食，
人見令淨信，如是用香華，
依法而奉獻，四角插四箭，
用五色縷纏。令病者澡浴，
身著清淨衣，徧體而塗香，
引入壇中心，面對東方坐。
尒時持明者，先誦此大明，

---

① 故，《中華藏》校勘《石》作“王”。
② 濟，《中華藏》校勘《麗》作“護”。
③ 爪，原作“瓜”，據《中華藏》校勘《石》《磧》《南》《徑》《清》《麗》改。
④ 落，《中華藏》校勘《石》作“洛”。

令滿於七徧，自加持己身。
次誦三七徧，加持於病者，
由誦此大護，諸疾皆悉除。
即取一水缾，盛香華飲食，
七徧作加持①，東方遠棄擲；
次取南方缾，華香食如教，
准前誦七徧，遠棄擲南方；
次用西方缾，華香及飲食，
依前加持法，北方亦復然。
尒時持誦者，仰面向上方，
誦此明一徧，成最勝加持，
大梵作是已，一切苦悉除。
如是加持法，釋師子所説，
一切諸法中，無有能與比。
三界中勝護，彼人無夭死，
無老亦無病，寃憎離別苦。
若能如理觀，心離於憂苦②，
及離受蘊苦，焰摩衆供養。
焰摩之法王，恭敬而承事，
告彼持明者，速往於天趣。
由此大明故，地獄盡無餘，
則乘妙宮殿，具威至天上。
一切人及天，藥叉羅刹衆，
悉皆而供養，常當獲此福。
是故常受持，金剛手菩薩，
祕密藥叉將，帝釋舍脂后，
訶利帝母衆，半支迦藥叉，
護世大威德，日月及星宿，
執曜猛惡者，一切大龍王，
諸天并仙衆，阿蘇羅及龍，

---

① 持，《中華藏》校勘《麗》作"護"。
② 苦，《中華藏》校勘《磧》《南》《徑》《清》作"惱"。

金翅乾闥婆，緊那摩睺羅，

由書帶此明，恒常而隨逐，

由①依法誦持，獲得大榮盛。

尒時世尊説是經已，諸大菩薩、大聲聞衆，及梵天王，一切天、龍、藥叉、阿蘇羅、乾闥婆、蘗路茶、緊那羅、摩呼羅伽、人、非人等，皆大歡喜，信受奉行。

天阿蘇羅藥叉等，來聽法者應至心，

擁護佛法使長存，各各勤行世尊教。

諸有聽徒來至此，或在地上或居空，

常於人世起慈心，日夜自身依法住，

願諸世界常安樂②，無邊福智益群生。

所有罪業并消除，遠離衆苦歸圓寂，

恒用戒香塗瑩體，常持定服以資身，

菩提妙華徧莊嚴，隨所住處常安樂。

普徧光明焰鬘清淨熾盛如意寶印心無能勝大明王大隨求陀羅尼經卷下③

《磧砂藏》隨求大心陀羅尼異本④：

曩謨引母馱引野一曩謨引達磨野二娜莫僧去伽去，引野三曩謨引婆去誐囕帝四舍引枳也二合母曩曳五摩賀引迦引嚕抳迦野六怛佗去，引蘗跢去，引夜引，七囉賀二合帝三去藐三去母馱引野八娜莫颯答毗藥二合三去藐三去没第引毗藥二合，九暐鈝去，引娜莫婆訖哩三合怛嚕二合，引十母馱引舍引娑曩物咀二合馱曳引十一阿上賀弭娜引顙寅二合，引十二三去鉢囉二合嚕乞灑二合銘十三薩嚕薩怛嚕二合，引弩鼻劒跛夜引十四伊上輸引尾淰引摩賀引帝昝引十五摩賀引麼攞跛囉引訖囉二合輸引十六拽逞去，引婆去史單上麼鼻引怛囉二合琰引十七嚕日囉二合，引娑曩麼顙引史入十八疙囉二合賀引薩吠復問反，引尾曩引野迦引十九室制二合，引嚕怛得尾灑三合拏引尾攞孕蘗跢引二十怛你也二合佗去，引二十一儗霓以反哩儗准上哩儗哩扼尼樫反，下同，二十二儗哩嚕底二十三麌拏上嚕底二十四阿去，引迦引捨嚕底二十五阿引迦引捨囉秌第播引跛尾誐帝二十六阿去，引迦引勢誐誐曩怛黎二十七阿去，引迦引捨尾佐引哩扼二十八入嚕二合里多失嚩引二十九麼扼穆訖底二合，下丁以反佉上唧多冒上，引里馱嚧

---

① 由，《中華藏》校勘《磧》作“内”。

② “天阿蘇羅”至“常安樂”，《中華藏》校勘《石》無，《麗》置於卷末經名后。界，《中華藏》校勘《磧》《南》《徑》《清》作“間”。樂，《中華藏》校勘《麗》作“隱”。

③ 卷末經名，《中華藏》校勘《石》作“大隨求陀羅尼經卷下”，《麗》作“普徧光明清淨熾盛如意寶印心無能勝大明王大隨求陀羅尼經卷下”。

④ 此陀羅尼，據《中華藏》校勘《磧》。

三十蘇上計引勢引,三十一蘇上嚩訖怛𭌺三合,三十二蘇上寗引怛𭌺二合,引,三十三素襪囉拏二合冒上,引里三十四阿底丁以反,引帝阿拏鼻答半二合寧麽曩蘖帝三十五鉢囉二合底聿二合答半二合寧三十六曩莫薩吠引鈐引母馱引南引,三十七入嚩二合里多帝惹自攞反三去母第引,三十八素母第引,三十九婆誐嚩底四十素囉乞灑二合抳四十一素乞灑二合銘四十二素鉢囉三合陛四十三素娜銘四十四素難上,引帝引,四十五左𭌺四十六婆誐嚩底四十七跛捺囉二合嚩底四十八跛捺𭌺二合,四十九素跛捺𭌺二合,五十尾麽鼻黎惹野跛捺𭌺二合,五十一鉢囉二合贊拏贊膩五十二嚩日囉二合贊膩五十三摩引賀引贊膩五十四矯魚矯反,引哩五十五巘馱引哩五十六來哩贊拏上,引里五十七麽上,引蹬儗霓夷反,五十八卜羯斯捨嚩哩捺囉二合,引弭膩五十九勞引捺哩二合抳六十薩嚩引囉佗二合娑去,引馱額六十一賀曩賀曩六十二薩嚩設咄嚕二合喃諾賀諾賀六十三薩嚩訥瑟吒二合南六十四畢𭌺二合,引多比舍引左拏引枳額引南引,六十五麽弩鼻灑引麽弩鼻灑喃引,六十六跛左跛左六十七紇哩二合乃閻尾陀網二合娑野尒引尾𦖟六十八薩嚩訥瑟吒二合疙囉二合賀引喃引,六十九曩引捨野曩引捨野七十薩嚩播引跛額銘囉乞灑囉乞灑二合𤚥引,七十一薩嚩薩怛嚩二合,引難左七十二薩嚩婆去庾引鉢捺囉二合吠引毗藥二合,七十三薩嚩訥瑟吒二合,引南引滿馱能矩嚕七十四薩嚩枳里尾二合灑曩引捨額七十五沫鼻,引多難上膩麽上,引額額左黎底致上底致准上額七十六咄穌具引囉抳味引囉抳七十七鉢囉二合襪囉三去麽𭌺七十八贊拏上,引里七十九麽蹬祇八十襪拶斯素嚕卜羯斯捨嚩哩餉迦里捺囉二合尾膩八十一諾賀額跛左額沫娜額八十二薩囉羅薩囉黎八十三薩囉攬陛呬去,引曩八十四末地庾二合,引得訖哩三合瑟吒二合,八十五尾娜引哩抳八十六尾馱引哩抳八十七麽呬里八十八麽護引麽護引里額八十九薩妳額薩拏伴霽九十滿帝滿底額九十一滿帝斫訖囉二合嚩引枳額九十二惹自攞反黎祖祖魯反黎九十三捨嚩哩捨麽哩舍引嚩哩九十四薩嚩弭野二合,引地賀囉抳九十五祖引膩祖引膩額九十六額弭額弭九十七額泯馱哩底哩二合路引迦惹賀額九十八底哩二合路迦路迦羯哩九十九怛㘕二合,引馱引覩迦弭野二合嚩路引枳額一百嚩日囉二合跛囉戍播引捨渴誐斫訖囉二合底哩戍引囉震跢引麽抳一百一麽訶引尾你野二合,引馱引囉抳一百二囉乞灑二合囉乞灑二合𤚥引麽麽薩嚩薩怛嚩二合,引難上左一百三薩嚩怛囉二合薩嚩娑佗二合,引曩蘖怛寫一百四薩嚩訥瑟吒二合婆去曳引毗藥二合,一百五薩嚩麽弩鼻灑引麽弩鼻灑婆曳引毗藥二合,一百六薩嚩尾野二合,引地毗藥二合,一百七嚩日𭌺二合嚩日囉二合嚩底一百八嚩日囉二合播引抳馱𭌺一百九呬里呬里一百十弭里弭里一百十一唧里唧里一百十二悉里悉里一百十三嚩囉嚩囉嚩囉袮引,一百十四薩嚩怛囉二合惹野朧第娑嚩二合,引賀引,一百十五播引跛尾娜引囉抳一百十六薩嚩弭野二合,引地賀囉抳娑嚩二合,引賀引,一百十七薩嚩怛囉二合婆去野賀囉抳娑嚩二合,引賀引,一百十八娑嚩二合娑底二合婆嚩都麽麽某甲娑嚩二合,引賀引,一百十九扇引底娑嚩二合,引賀引,一百二十補瑟置二合,引娑嚩二合,引賀引,一百二十一惹自囉反野都惹曳引惹野嚩底一百二十二惹野尾補羅尾麽黎娑嚩二合,引賀引,一百二十三薩嚩怛佗去,引蘖多引地瑟姹二合曩布囉底二合娑嚩二合,引賀引,一百二十四唵引步哩步哩嚩日囉二合嚩底一百二十五怛佗蘖多紇哩二合乃野布囉抳散馱引囉抳一百二十六末囉末囉惹野尾你曳二合,引吽吽發吒發吒娑嚩二合,引賀引,一百二十七

梵語真言①:

Namo buddhāya namo dharmāya namaḥ saṃghāya. Namo bhagavate śākyamunaye mahā-kāruṇikāya tathāgatāyārhaṃtesamyak-saṃbuddhāya. namaḥ samastebhyaḥ samyak-saṃbuddhebhyaḥ, bhāvanaitan namas kṛtya buddha-śasana-vṛddhaye. Ahaṃidānīṃ pravakṣyāmi sarva-sattvānānukaṃpayā. imāṃ vidyāṃ mahā-tejāṃ maha-vala-parākra-mīdhvaṃ*. yasyāṃ bhāṣita-ma-trāyāṃ munīnām vajra-mayāsane. mārāśca māra-kāyāś ca grahāḥ sarva-vināyakāḥ. vighnāśca santiyekecit tat kṣaṇādvilayaṃgatāḥ. tadyathā. Oṃ giri 2 giriṇi 2 girivati guṇavati ākāśavati ākāśa viśuddhe, sarva pāpa vigate, ākāśe gaganatale, ākāśavicāriṇi, jvalita śisare. maṇi mauktikakharitaulidhare sukeśe savajre, sunetre suvarṇa, suveśe, gaure, atīte, anāgate, prabhyutpanne. namaḥ sarveśāṃ buddhānāṃ jvalita tejasāṃ, buddhe subuddhe bhagavati surakṣaṇi. akṣaye sukṣaye, sukṣ-ame suprabhe sudane sudānte vade varade suvrate, bhagavati bhadravati, bhadre subhadre vimale. jaya bhadre pracaṇḍe, caṇḍe, caṇḍi 2 vajra caṇḍe mahā caṇḍe dyo(gau?)ri gaṃdhāri, caṇḍāli, mātaṅgi vacasi, sumati, pukkasi, śavari śavari śaṃkari, dramiḍī, raudriṇī, sarvārtha sādhanī hana 2 sarva śatrūna, ḍhaha 2, sarva duṣṭān, preta piśāca. ḍakininaṃ manuṣyāmanuṣyāṇāñca paca 2 hṛdayaṃ vidhvaṃ sayajīvitam sarva duṣṭa grahānāṃ nāśaya 2 sarva pāpāni me bhagavati rakṣa 2 māṃ sarva sattvānānca sarvatra sarvadā sarva bhayopadravebhyaḥ sarva duṣṭānāṃ vaṃdhanaṃ kuru 2 sarva kilviṣanāśanī, mārkaṇḍe, mṛtyur daṇḍani vāraṇī māna daṇḍe mānini mahā mānini mādhānerini. cala vicale. ciṭi* 2 viti 2 miti 2 nidi nidite dyoriṇī vīriṇīpravarasamare caṇḍāli mātaṅgirūndhasi. sarasi-vacisa, sumati, purkvasi, śavari śāvari, śaṃkari, dramiḍi, drāmidi, ḍhahari*, pacari, pācari, marddanī, sarale, saralambhe, hīna madhyonkṛṣṭa vidāriṇi vidhāriṇi, mahile 2 mahā mahīle, nigaḍe nigaḍabhañ ca, mattemattini, dānte, cakre cakra-vākini, jvale 2 jvūle jvalini, śavari, śāvari, sarva vyādhi haraṇi, cūḍi 2 cūḍini 2 mahā cūḍinī, nimi 2 nimindhari triloka dahani, tril kā lokakari. traidhātuka vyavalokani, vajra paraśu muṅgara khaṅga cakra triśūla cintāmaṇimakuṭa mahā vidyā dhāraṇi rakṣa 2 māṃ sarva sattvānāñ ca sarvatra sarva sthāna gatam sarva duṣṭa bhayebhyaḥ sarva manuṣ-

---

①　梵語真言,據《大正藏》本卷下末附刊。

yāmanuṣya bhayebhyaḥ sarva vyādhibhyaḥ. vajre vajravati. vajrapāṇi dhare, hili 2 mi-
li 2 kili 2 cili 2 sili 2 vara 2 varade sarvatra jaya labdhe svāhā. sarva pāpa vidāriṇī
svāhā. sarva vyādhi haraṇī svāhā. garbha sambharaṇī svāhā. sarvaśatrūharaṇī svāhā.
svastirbhavatu mama sarva sattvānāñ ca svāhā, śānti karī svāhā. puṣṭikarī svāhā. vala
varddhaṇī svāhā. Oṃ jayatu jaye jayavati kamale vimale svāhā. vipule svāhā. sarva
tathāgata murtte svāhā, Oṃ bhūri mahā sānti svāhā, Oṃ bhūḥ bhūri 2 vajravati
tathāgata hṛdaya pūriṇi āyuḥ sandhāraṇi vara 2 valavati jaya vidye hūṃ 2 phaṭ 2
svāhā.（梵本加下記真言）Oṃ maṇi dhari vajrini mahā pratire hūṃ 2 phaṭ 2
svāhā, Oṃ maṇi vajre hṛdaya vajre māra śainya vidāyani hana 2 sarva śatrūn vajra
garbhe trāśaya 2 sarva māra bhayanāni hūṃ 2 phaṭ 2 svāhā.

梵字真言：

न(na)मो(mo)बु(bu) द्धा(ddhā)य(ya)　　न(na)मो(mo)ध(dha)र्मा(rmā)
य(ya)　　न(na)मः(maḥ)सं(saṃ)शा(śā)य(ya)　　न(na)मो(mo)भा(bhā)ग(ga)
व(va)ते(te)शा(śā)क्य(kya)मु(mu)न(na)ये(ye)　　म(ma)हा(hā)का(kā)रु(ru)
णि(ṇi)का(kā)य(ya)　　त(ta)था(thā)ग(ga)ता(tā)या(yā)र्ह(rha)ते(te)　　स(sa)
म्य(mya)क्सं(ksaṃ)बु(bu)द्धा(ddhā)य(ya)　　न(na)मः(maḥ)स(sa)प्त(pta)भ्यः(bhyaḥ)
स(sa)म्य(mya)क्सं(ksaṃ)बु(bu)द्धे(ddhe)भ्यः(bhyaḥ)　　ए(e)षां(śāṃ)न(na)मः(maḥ)
स्कृ(skṛ)त्वा(tvā)　बु(bu)द्ध(ddha)शा(śā)स(sa)न(na)वृ(vṛ)ध(dha)ये(ye)
अ(a)ह(ha)मि(mi)दा(dā)न्यां(nyāṃ)　सं(saṃ)प्र(pra)व(va)क्श(kśa)मे(me)
स(sa)र्व(rva)स(sa)त्वा(tvā)नु(nu)कं(kaṃ)प(pa)या(yā)　इ(i)मां(māṃ)वि(vi)
द्यां(dyāṃ)म(ma)हा(hā)ते(te)जी(jī)　म(ma)हा(hā)म(ma)ल(la)प(pa)
रा(rā)क्र(kra)मां(māṃ)　य(ye)स्यां(syāṃ)भ(bha)शि(śi)तं(taṃ)　मा(mā)
त्रा(trā)यं(yaṃ)　व(va)ज्रा(jrā)स(sa)न(na)म(ma)नी(nī)शि(śi)भि(bhi)ग्र(gra)
ह(ha)स(sa)र्वे(rve)वि(vi)ना(nā)य(ya)क(ka)श्चा(ścā)व(va)त(ta)त्क्श(tkśa)
ण(ṇa)वि(vi)र(ra)यं(yaṃ)ग(ga)त(ta)　त(ta)द्य(dya)था(thā)　गि(gi)
र(ra)२(2)　गि(gi)रि(ri)णि(ṇi)　गि(gi)रि(ri)व(va)ति(ti)　गु(gu)ण(ṇa)व(va)
ति(ti)　आ(ā)का(kā)र(ra)व(va)ति(ti)　आ(ā)का(kā)र(ra)शु(śu)द्धे(ddhe)
पा(pā)प(pa)वि(vi)ग(ga)ते(te)　आ(ā)का(kā)शे(śe)ग(ga)ग(ga)न(na)
त(ta)ले(le)　आ(ā)का(kā)श(śa)वि(vi)चा(cā)रि(ri)णि(ṇi)　ज्व(jva)लि(li)
ता(tā)शि(śi)रे(re)म(ma)णि(ṇi)मु(mu)क्ति(kti)ख(kha)चि(ci)त(ta)वो(vo)
लि(li)ध(dha)रे(re)सु(su)के(ke)शे(śe)　सु(su)व(va)क्त्रे(ktre)　सु(su)
नी(nī)त्री(trī)सु(su)व(va)र्ण्द(rṇḍa)　वो(vo)लि(li)अ(a)ती(tī)ते(te)　अ(a)
ण(ṇa)त्पं(tpaṃ)नि(ni)　म(ma)न(na)ग(ga)ते(te)　प्र(pra)त्यु(tyu)त्पं(tpaṃ)

(ni)　(na)(maḥ)(sa)(rve)(śāṃ)　(bu)(ddhā)(nāṃ)(jva)

(li)(ta)(te)(jā)(saṃ)(bu)(ddhe)(su)(bu)(ddhe)　(bha)

(ga)(va)(ti)　(su)(ra)(kśa)(ṇi)(su)(kśa)(me)　(su)

(pra)(bhe)(su)(da)(me)　(su)(nāṃ)(te)　(ca)(re)

(bhā)(ga)(va)(ti)　(bha)(dra)(va)(ti)　(bha)(dre)

(su)(bha)(dre)　(vi)(ma)(le)　(ja)(ya)(bha)(dre)

(pra)(ca)(ṇḍa)　(ca)(ṇḍi)　(va)(jra)(ca)(ṇḍi)　(ma)

(hā)(ca)(ṇḍi)　(gau)(ri)　(ga)(nvā)(ri)(ce)(ri)　(ca)

(ṇḍa)(li)　(mā)(taṃ)(gi)　(pu)(ka)(si)　(śa)(va)

(ri)　(dra)(mi)(ṇḍi)　(roṃ)(dri)(ṇi)　(sa)(rvā)(rtha)

(sa)(dha)(ne)　(ha)(na) 2　(sa)(rva)(śa)(trū)(nāṃ)

(da)(ha)(ha) 2　(sa)(rva)(du)(ṣṭa)(nāṃ)　(mre)(ta)

(pi)(śā)(ca)　(ḍā)(ki)(nī)(nāṃ)　(ma)(nu)(śyā)

(ma)(nu)(śya)(nāṃ)　(pa)(ca) 2　(hṛ)(da)(yaṃ)

(vi)(dhvaṃ)(sa)(ya)　(jī)(vi)(taṃ)　(sa)(rva)(du)

(ṣṭa)　(gra)(hā)(nāṃ)　(nā)(śa)(ya) 2　(sa)(rva)

(pā)(pa)(ni)(me)(ra)(kśa)(ra)(kśa)(māṃ)　(sa)(rva)

(sa)(tvā)(naṃ)(ca)　(sa)(rva)(bha)(yo)(pa)(dra)

(ve)(bhyaḥ)(sa)(rva)(du)(ṣṭā)(nāṃ)(va)(ndha)

(daṃ)(ku)(ru)　(sa)(rva)(ki)(lvi)(śa)　(nā)(śa)

(ni)　(mā)(ta)(na)(ṇḍi)(mā)(ni)(ni)(ca)(le)

(ti)(ṭi)(ti)(ṭi)(ni)(tu)(ṭai)(gho)(ra)(ṇi)(vī)(ra)

(ṇi)　(pra)(va)(ra)(saṃ)(ma)(re)　(ca)(ṇḍa)(ri)

(ma)(taṃ)(gi)　(va)(ca)(si)　(su)(mu)(ru)　(pu)

(ka)(si)　(śa)(va)(ri)　(śaṃ)(ka)(ri)　(dra)(vi)(ṇḍi)

(da)(ha)(ni)　(pa)(ca)(ni)　(ma)(da)(ni)　(sa)

(ra)(la)　(sa)(ra)(le)　(sa)(ra)(laṃ)(bhe)(hī)

(na)(ma)(dhyo)　(tkṛ)(ṣṭa)(vi)(dā)(ri)(ṇi)　(vi)

(dhā)(ri)(ṇi)　(ma)(hī)(li)　(ma)(ho)(ma)(ho)(li)

(ni)　(ga)(ṇe)(ni)(ga)(ṇa)　(pa)(ce)(va)(te)　(va)

(ti)(ni)(va)(te)　(va)(kra)(ki)(ni)　(ja)(le)(cu)

(le)　(śa)(vi)(ri)　(śa)(ma)(ri)　(śā)(va)(ri)

(sa)(rva)(vya)(dhi)　(ha)(ra)(ṇi)(co)(ṇḍi) 2 (ni)

ऀ(ni)ऀ(mi)ॶ　ऀ(ni)ऀ(miṃ)ॿ(dha)ॸ(ri)　ऀ(tri)ॴ(lo)ॡ(ka)　ॼ(ja)
ॡ(ha)ऀ(ni)ऀ(tri)ॴ(lo)ॡ(ka)　ॴ(lo)ॡ(ka)ॡ(ka)ॸ(ri)　ॷ(trai)ॿ(dhā)
ॸ(tu)ॡ(ka)ॽ(vya)ॸ(ve)ॴ(lo)ऀ(ki)ऀ(ni)　ॿ(va)ॾ(jra)ॺ(pa)ॸ(ra)
ॽ(śu)ॺ(pā)ॷ(śa)ॸ(kha)ॸ(rga)　ॿ(ca)ॡ(kra)　ऀ(tri)ॷ(śā)ॿ(la)
ऀ(ci)ॷ(ntā)ॸ(ma)ऀ(ṇi)　ॸ(ma)ॡ(hā)ऀ(vi)ॾ(dyā)ॿ(dhā)ॸ(ra)ऀ(ṇi)
ॸ(ra)ॡ(kśa)ॶ ऀ(māṃ)　ॸ(sa)ॷ(rva)ॸ(sa)ॷ(tvā)ॷ(nā)ॿ(ca)ॸ(sa)
ॷ(rva)ॿ(tra)　ॸ(sa)ॷ(rva)ॷ(stha)ॷ(na)ॸ(ga)ॷ(ta)ॽ(sya)　ॸ(sa)
ॷ(rva)ॽ(du)ॽ(ṣṭa)ॸ(bha)ॿ(ye)ॾ:(bhyaḥ)ॸ(sa)ॷ(rva)ॸ(ma)ॿ(nu)
ॽ(śyā)ॸ(ma)ॿ(nu)ॽ(śya)ॸ(bha)ॿ(ye)ॾ:(bhyaḥ)ॸ(sa)ॷ(rva)ॽ(vya)
ॿ(dhi)ॾ:(bhyaḥ)　ॿ(va)ॾ(jre)　ॿ(va)ॾ(jra)ॿ(va)ॸ(ti)　ॿ(va)ॾ(jra)
ॺ(pā)ऀ(ṇi)　ॿ(dha)ॸ(re)　ॸ(hi)ऀ(li)ॶ ॸ(mi)ऀ(li)ॶ ऀ(ci)ऀ(li)
ॶ　ॸ(si)ऀ(li)　ॿ(va)ॸ(ra)ॶ ॿ(va)ॸ(ra)ॷ(ne)ॸ(sa)ॷ(rva)ॿ(tra)
ॼ(ja)ॿ(ya)ॷ(laṃ)ऀ(vi)　ॷ(svā)ॡ(hā)ॺ(pā)ॺ(pa)ऀ(vi)ॷ(dā)ॸ(ra)
ऀ(ṇi)　ॸ(sa)ॷ(rva)ॽ(vya)ॿ(dhi)ॡ(ha)ॸ(ra)ऀ(ṇi)　ॷ(svā)ॡ(hā)
ॸ(sa)ॷ(rva)ॿ(tra)ॸ(bha)ॿ(ya)ॡ(ha)ॸ(ra)ऀ(ṇi)　ॷ(svā)ॡ(hā)　ॺ(pu)
ॽ(ṣṭi)　ॷ(svā)ॡ(hā)　ॷ(sva)ऀ(sti)ॸ(rbha)ॿ(va)ॸ(tu)ॸ(ma)ॸ(ma)
ॷ(svā)ॡ(hā)　ॷ(śā)ऀ(nti)　ॷ(svā)ॡ(hā)　ॺ(pu)ॽ(ṣṭi)ॷ(svā)ॡ(hā)
ॼ(ja)ॿ(ya)ॽ(tu)ॼ(ja)ॿ(ye)　ॼ(ja)ॿ(ya)ॿ(va)ॸ(ti)ॼ(ja)ॿ(ya)ऀ(vi)
ॺ(pu)ॿ(la)　ऀ(vi)ॸ(ma)ॷ(le)　ॷ(svā)ॡ(hā)ॸ(sa)ॷ(rva)ॷ(ta)
ॽ(thā)ॸ(ga)ॷ(tā)ॿ(dhi)ॽ(ṣṭa)ॷ(na)ॺ(pu)ॸ(rti)　ॷ(svā)ॡ(hā)
ॶ(oṃ)ॸ(bhu)ॸ(ri)ॶ　ॿ(va)ॾ(jra)ॿ(va)ॸ(ti)　ॷ(ta)ॽ(thā)ॸ(ga)
ॷ(ta)ॡ(hṛ)ॿ(da)ॿ(ya)　ॺ(pu)ॸ(ra)ऀ(ṇi)ॷ(saṃ)ॿ(dhā)ॸ(ra)
ऀ(ṇi)　ॿ(va)ॿ(la)ॶ ॼ(ja)ॿ(ya)ऀ(vi)ॾ(dye)　ॷ(hūṃ)ॷ(hūṃ)
ॿ(pha)ॶ(ṭ)ॶ　ॷ(svā)ॡ(hā)

佛説雨寶陀羅尼經①

大興善寺②三藏沙門大廣智不空奉詔譯

如是我聞，一時薄伽梵住憍睒彌國建吒迦林，與大苾芻衆五百人俱，又與多諸③大菩薩摩訶薩俱。時憍睒彌國中有一長者，名曰妙月，諸根寂静，心意寂静，多有男女及多僮僕，淨信成就。往詣佛所，頭面禮足，繞百千帀，卻住一面。合掌恭敬而白佛言："世尊，欲問如來應正等覺，少有所疑事④，惟願大慈垂愍聽許。"

尒時世尊告長者言："恣汝意問，當爲汝説，令汝心喜。"時彼長者聞是語已，歡喜踊躍。"世尊，云何善男子、善女人諸貧匱者可得富饒？諸有疾病令無疾病？"尒時世尊告妙月長者言："何緣作如是問？"時彼長者重白佛言："世尊，我等在家多諸眷屬，資財乏少，難可支濟，又多疾病。惟願世尊開示法要，當令貧者永離貧窮，倉庫財寶皆悉盈滿，存濟家中，妻子、男女、眷屬有來求者，必生歡喜。爲大施主，使諸倉庫金銀珍寶、如意摩尼、金剛諸琮、商佉室羅、赤珠碼碯、金寶之類豐饒，無有盡竭，周給親屬，廣修惠施，饒益有情。"尒時世尊告妙月長者言："善男子，我於過去阿僧祇劫前遇佛世尊，名持金剛海音如來應正徧知，從彼如來受得此雨寶陀羅尼，受持讀誦，思惟計念，隨喜爲佗廣説流布。由此陀羅尼威德力故，若善男子，人與非人、藥叉、羅刹、畢㘑多、畢舍遮、鳩槃拏、烏娑多、羅迦、布單那、羯吒布、單那起惡心者，不能爲害。復有諸鬼噉人脂髓、膿血、涕唾、大小便痢⑤，欲來惱者，不能爲障礙。"佛告妙月："若有善男子心念、手持、書寫，但聞名字，受持隨喜，廣爲佗敷演者，彼善男子、善女人長夜安隱，受諸快樂。爲瑜伽資糧，安隱⑥豐饒故。若有人欲受持此雨寶陀羅尼者，應

---

① 底本，《中華藏》第1420號，第65册第591頁中—593頁上，原《金藏》廣勝寺本。校本，《大正藏》第1163號，第20卷第667頁下—669頁中，原明本。
② 大興善寺，《中華藏》校勘《徑》《清》作"唐"，《石》無。
③ 多諸，《中華藏》校勘《麗》作"諸多"。
④ 事，《大正藏》校勘甲本（《三十帖策子》第十五）無。
⑤ 痢，《中華藏》校勘《徑》《清》作"利"。
⑥ 隱，《中華藏》校勘《石》及《大正藏》校勘甲本作"樂"。

供養一切如來，一夜①、二夜或三夜專心誦持，受②敬淨信三寶，諸天悉皆歡喜，即雨財寶、穀麥。"爲彼讀誦法師故，即説陀羅尼曰：

曩謨引婆去③誐嚩帝一嚩日囉二合馱囉二婆引誐囉捏奴逸反④具灑引耶三怛佗孽多引野四，引⑤怛你也二合佗引唵素嚕閉五跛捺囉二合嚩底丁以反，六瞢誐⑥阿左嚩七阿左跛嚩八嗢鳥骨反伽引跢你九嗢陛娜你十薩寫嚩底十一馱引孃上嚩底丁以反，十二馱曩嚩底十三室利二合麼底十四鉢囉二合婆嚩底十五阿上麼嚩十六尾麼黎十七嚕嚕十八素嚕閉十九尾麼黎二十阿娜多悉帝二合，二十一尾娜多悉帝二合，二十二尾濕嚩二合計始二十三蔦矩嚩二十四瞢矩嚩二十五地地冥二十六度度冥二十七跢跢嚩二十八多囉多囉二十九嚩日嚩二合⑦，三十阿引轉跢你三十一步計屋計三十二吒計吒計三十三轉囉灑二合尼三十四你澀播二合引娜你三十五婆誐挽三十六嚩日囉二合馱囉三十七婆引誐囉三十八捏具引衫三十九怛佗引蘗跢麼弩娑磨⑧二合囉四十娑麼二合囉婆麼二合囉四十一薩嚩怛佗引蘗多四十二薩底也二合，四十三麼弩娑麼二合囉四十四達麼薩底也二合麼拏娑麼二合囉僧伽薩底也二合麼弩娑麼二合囉四十五怛吒怛吒四十六布引囉布引囉四十七布引囉也⑨布引囉野四十八婆囉婆去囉婆去囉扼四十九素瞢誐麗五十扇引跢麼底五十一曹誐攞麼底五十二鉢囉二合婆引麼底摩訶引麼底五十三素婆捺囉二合嚩底五十四阿引蘗蹉引阿引蘗蹉五十五，引三麼野麼弩娑麼二合囉娑嚩二合，引賀引，五十六阿⑩馱引囉拏麼弩娑麼二合囉娑嚩二合，引賀引，五十七鉢囉二合婆去，引嚩麼弩娑麼二合囉娑嚩二合，引賀引，五十八馱哩二合底麼弩娑麼二合囉娑嚩二合，引賀引，五十九尾惹野麼弩娑麼二合囉娑嚩二合賀引，六十薩嚩薩怛嚩二合尾惹野麼弩娑麼二合囉娑嚩二合，引賀引，六十一⑪

　　佛告妙月長者："此名雨寶陀羅尼，以此陀羅尼威力，病患、飢儉、疾疫、業障悉皆消滅。若善男子、善女人，先應供養一切如來，於一日一夜無間斷誦持此陀羅尼，其家即雨寶如大人量，一切災禍悉皆消⑫滅。是故善男子，當受持此雨寶陀羅尼，廣爲佗人分別演説。""善哉！世尊。"妙月長者聞佛所説，歡喜踊躍，"我今從佛受此雨寶

① 夜，《大正藏》校勘甲本作"日"，下二"夜"字同。
② 受，《大正藏》校勘甲本作"愛"。
③ 去，《大正藏》本作"去聲"，下同。
④ 反，《大正藏》作"切"，下同。
⑤ 引，《大正藏》校勘甲本無。
⑥ "誐"後，《大正藏》校勘甲本有"嚇"。
⑦ "二合"後，《大正藏》校勘甲本有"引嚩"。
⑧ 磨，《大正藏》校勘宋本、元本、甲本作"麼"。
⑨ 也，《大正藏》校勘甲本作"野"。
⑩ "阿"後，《大正藏》校勘甲本有"引"。
⑪ 此後，《大正藏》校勘甲本有卷末心真言等。
⑫ 消，《大正藏》本作"銷"。

陀羅尼,受持讀誦,廣爲佗人分別解説。"尒時妙月長者受佛教已,右繞世尊百千帀已,合掌恭敬,頭面禮足,歡喜而去。

尒時佛告具壽阿難陀:"汝往妙月長者家,看彼長者諸庫藏中種種財穀、諸珎寶物及諸資具,今悉盈滿。"尒時具壽阿難陀受佛教已,往詣憍睒彌大城,往妙月長者家中。入已,見諸庫藏之中,財寶悉皆盈滿。見此事已,心大歡喜,踊躍而還。尒時具壽阿難陀怪未曾有,心甚歡喜,而白佛言:"世尊,以何因緣妙月長者家中庫藏盈滿?"佛言:"善男子,妙月長者淨信於我,受持此雨寶陀羅尼,爲一切有情宣説。是故阿難,受持此陀羅尼,廣爲人説,我以佛眼觀諸世間天人、魔梵、沙門、婆羅門,於此受持雨寶陀羅尼者,不能①作其障難。何以故? 如來不異語故,此真言句不可壞故。此陀羅尼,無善根有情耳尚不聞,何況書寫、受持、讀誦。何以故? 一切如來真語宣説,一切如來隨喜,一切如來稱讚,一切如來顯揚,一切如來種植。"阿難陀白佛言:"善哉! 世尊。"以妙伽佗而説頌曰:

　　　　諸佛不思議,佛法亦復然。
　　　　淨信不思議,果報亦復然。
　　　　寂慧一切智,法王不生滅。
　　　　已到勝彼岸,稽首佛勇猛!

尒時,具壽阿難陀聞佛説此雨寶陀羅尼經,踊躍歡喜,白佛言:"世尊,今此法要當何名? 此經我等今者云何奉持?"佛告阿②難陀:"此經名'妙月長者所問',汝當受持,亦名'能獲一切財寶伏藏',亦名'一切如來稱讚雨寶陀羅尼教',汝當受持。"時薄伽梵説此經已,無量苾芻及諸菩薩并諸天、人、阿蘇羅等一切大衆,聞佛所説,皆大歡喜,信受奉行。

心真言曰:
唵嚩素馱嚇娑嚩二合,引賀引

心中心真言曰:
唵室唎二合嚩素娑嚩二合,引賀引

小心真言曰:
唵嚩素娑嚩二合,引賀引

佛説雨寶陀羅尼經

持世陀羅尼③:

---

① 不能,原脱,據《大正藏》本補。
② 阿,原脱,據《大正藏》本補。
③ 梵本持世陀羅尼及雨寶陀羅尼,據《大正藏》本録文。

(na)(mo)(va)(jra)(dha)(ra)　(sa)(ga)(ra)(ni)(rgho)

(ṣā)(ya)　(ta)(thā)(ga)(tā)(ya)(ta)(dya)(thā)(su)

(rū)(pe)(bha)(dra)(va)(ti)　(maṃ)(ga)(la)(ma)(ti)

(dhā)(dyā)(va)(ti)　(dha)(na)(va)(ti)　(śrī)(ma)

(ti)　(pra)(bha)(va)(ti)　(a)(ma)(le)　(vi)(ma)

(le)　(ru)(ru)　(su)(rū)(pe)　(vi)(ma)(le)　(a)

(na)(ta)(ste)　(vi)(na)(ta)(ste)　(vi)(śva)(ke)(śi)

(a)(ku)(re)　(maṃ)(ku)(re)　(dhi)(dhi)(me)　(dhu)

(dhu)(me)　(ta)(ta)(re)(ta)(ra)(ta)(ra)　(va)(jra)

(va)(jre)　(a)(va)(nta)(ni)　(ṭa)(ke)(va)(ṣaṃ)①

(ṇi)(ni)(ṣpā)(na)(ni)　(bha)(ga)(vaṃ)　(va)(jre)

(dha)(ra)　(sā)(ga)(ra)(ni)(rgho)(ṣaṃ)(ta)(tha)

(ga)(ta)(ma)(nu)(sma)(ra)　(sa)(rva)(ta)(thā)(ga)

(ta)(sa)(tya)(ma)(nu)(sma)　(ra)　(dha)(rma)(sa)

(tya)(ma)(na)(sma)(ra)　(saṃ)(gha)(sa)(tya)(ma)

(nu)(sma)(ra)　(ta)(ṭa)(ta)(ṭa)　(pū)(ra)(pū)(ra)

(pū)(ra)(ya)(pū)(ra)(ya)　(bha)(ra)(bha)(ra)(bha)

(ra)(ṇi)(su)(maṃ)(ga)(re)　(śā)(ta)(ma)(ti)(maṃ)

(ga)(la)(ma)(ti)　(su)(bha)(dra)(va)(ti)　(a)(ga)

(ccha)(ga)(ccha)　(sa)(ma)(ya)(ma)(nu)(sma)(ra)

(svā)(hā)　(a)(dhā)(ra)(ma)(nu)(sma)(ra)　(svā)

(hā)　(pra)(bha)(va)(ma)(nu)(sma)(ra)　(svā)(hā)

(dhṛ)(ti)(ma)(nu)(sma)(ra)　(svā)(hā)　(oṃ)(su)

(va)(su)(dha)(re)　(svā)(hā)

雨寶陀羅尼：

(na)(mo)(bhā)(ga)(va)(te)　(va)(jra)(dha)(ra)

(sā)(ga)(ra)(ni)(rgho)(ṣā)(ya)　(ta)(thā)(ga)(tā)

(ya)　(ta)(dya)(thā)　(oṃ)　(su)(ru)(pe)　(bha)

(ndra)(va)(ti)(moṃ)(ga)(le)　(a)(ca)(le)　(a)(ca)

(pa)(le)　(u)(ghā)(ta)(ni)　(u)(bhe)(da)(ni)　(sa)

(sya)(va)(ti)　(dha)(jñā)(va)(ti)　(dha)(na)(va)

---

① (ṣaṃ)，疑當作(rṣaṃ)。

（ti）（śrī）（ma）（ti）　（pra）（bha）（va）（ti）　（a）（ma）

（le）（vi）（ma）（le）　（ru）（ru）（su）（ru）（bhe）（vi）（ma）

（le）（a）（da）（ta）（ste）　（vi）（da）（ta）（ste）　（vi）（śva）

（ke）（śi）　（a）（ṅku）（le）　（moṃ）（ku）（le）　（dhi）（dhi）

（me）　（dhu）（dhu）（me）　（ta）（ta）（le）（ta）（ra）（va）

（jre）　（ā）（va）（rtta）（ni）　（bhu）（kke）（o）（kke）　（ṭa）

（ke）（va）（rṣa）（ṇi）　（ni）（gho）（da）（ni）　（bha）（ga）

（vaṃ）　（va）（jra）（dha）（ra）　（sā）（ga）（ra）（ni）（rgho）

（ṣaṃ）　（ta）（thā）（ga）（ta）（ma）（nu）（sma）（ra）　（sma）

（ra）（sa）（rva）（ta）（thā）（ga）（ta）　（sa）（tya）（ma）

（nu）（sma）（ra）　（dha）（rmma）（sa）（tya）（ma）（nu）（sma）

（ra）　（suṃ）（gha）（sa）（tya）（ma）（nu）（sma）（ra）　（ta）

（ṭa）（pū）（ra）（pū）（ra）（ya）　（bha）（ra）（bha）

（ra）（ṇi）　（su）（moṃ）（ga）（le）　（sā）（nta）（ma）（ti）

（moṃ）（ga）（la）（ma）（ti）　（pra）（bhā）（ma）（ti）　（ma）

（hā）（ma）（ti）　（su）（bha）（ndra）（va）（ti）　（ā）（ga）

（cchā）　（sa）（ma）（ya）（ma）（nu）（sma）（ra）　（svā）（hā）

（ā）（dhā）（ra）（nu）（ma）（nu）（sma）（ra）　（svā）（hā）

（pra）（bhā）（va）（ma）（nu）（sma）（ra）　（svā）（hā）　（dṛ）

（ḍha）（ma）（nu）（sma）（ra）　（svā）（hā）　（vi）（ja）（ya）

（ma）（nu）（sma）（ra）　（svā）（hā）　（sa）（rva）（sa）（tva）

（vi）（ja）（ya）（ma）（nu）（sma）（ra）　（svā）（hā）

佛説大吉祥天女十二名號經[①]

大興善寺三藏沙門大廣智不空奉詔譯[②]

如是我聞，一時薄伽梵住極[③]樂世界，與無量大菩薩衆前後圍遶而爲説法[④]。尒時觀自在菩薩摩訶薩、大吉祥天女菩薩摩訶薩等皆從座起[⑤]，詣[⑥]世尊所，頭面禮足，各[⑦]坐一面[⑧]。

尒時世尊爲欲利益薄福貧窮諸有情故[⑨]，告[⑩]觀自在菩薩言："善男子，若有苾蒭苾蒭尼、近事男近事女、諸有情類，知此大吉祥天女十二名號，能受持、讀誦、修習、供養，爲佗宣説，能除一切貧窮業障，獲大富貴，豐饒財寶[⑪]。"尒時會[⑫]中天龍八部異口同音，咸作是言："如世尊説[⑬]，真實不虚，我等願聞十二名號，惟願世尊大悲演説。"

佛言："汝當善聽！今爲汝説[⑭]。所謂吉慶、吉祥蓮華、嚴飾、具財、白色、大名稱、

---

① 底本，《中華藏》第1412號，第65册第469頁中下，原《金藏》廣勝寺本。校本，《中華藏》别本《房山石經》本、《麗藏》本，下簡稱《石》《麗》。經名，《石》末有"一卷"。

② 譯名，《石》作"特進試鴻臚卿大興善寺三藏沙門大廣智不空奉詔譯"，《麗》作"開府儀同三司特進試鴻臚卿肅國公食邑三千户賜紫贈司空謚大鑒正號大廣智大興善寺三藏沙門不空奉詔譯"。《中華藏》校勘《磧》《南》作"三藏沙門大廣智不空譯"，《徑》《清》作"唐三藏沙門大廣智不空譯"。

③ 住極，《麗》作"在安"。

④ 與無量大菩薩衆前後圍遶而爲説法，别本均無。

⑤ 大吉祥天女菩薩摩訶薩等皆從座起，别本均無。

⑥ 詣，《石》作"往詣"，《麗》作"來詣"。

⑦ 各，别本均作"退"。

⑧ "面"後，别本均有"爾時大吉祥天女菩薩摩訶薩亦往佛所，稽首佛足退坐一面"。

⑨ 爲欲利益薄福貧窮諸有情故，《石》無。

⑩ "告"前，别本均有"見吉祥天女"。

⑪ 能除一切貧窮業障獲大富貴豐饒財寶，《石》作"能除貧窮，獲得豐饒富貴"，《麗》作"能除一切貧窮業障，獲得豐饒財寶富貴"。

⑫ 尒時會，《石》作"則於會衆"。

⑬ 説，别本均作"所説"。

⑭ "真實不虚"至"今爲汝説"，《石》作"決定不異，十二名者"。

蓮華眼、大光曜、施食者、施飲者、寶光、大吉祥①,是爲②十二名號,汝當受持。我今復說大吉祥③陀羅尼。"曰:

𑖝(ta)　𑖟𑖿𑖧(dya)　𑖞𑖱(thā)　𑖫𑖿𑖨𑖱(śrī)　𑖜𑖰(ṇi)　　　　　　𑖭(sa)　𑖨𑖿𑖪(rva)　𑖎𑖱(kā)

怛　　你也二合④佗一,去,引 室哩二合 抳　室哩二合抳二⑤ 薩　　嚩　　迦引

𑖨𑖿𑖧(rya)　𑖭𑖯(sā)　𑖠(dha)　𑖜𑰌(ni)　𑖭𑰰(si)　𑖜𑰰(ni)　　𑖜𑰰(ni)　𑖜𑰰(ni)　𑖜𑰰(ni)

哩野二合娑去,引 馱　　顙三 悉　顙　悉顙四顙　顙　顙五

𑖀(a)　𑖩(la)　𑖎𑖿𑖬𑖿𑖦𑖸(kṣme)　𑖡𑖯(nā)　𑖫(śa)　𑖧(ya)　𑖭𑖿𑖪𑖯(svā)　　𑖮𑖯(hā)⑥

阿上 洛　　乞史茗三合曩引 捨　野　　娑嚩二合,引賀引,六

　　尒時世尊說是陀羅尼已⑦,告觀自在菩薩言⑧:"此大吉祥陀羅尼及十二名號,能除貧窮、一切不祥⑨,所有願求皆得圓滿⑩。若能晝夜三時讀誦此經,每時三徧⑪,或常受持不閒,作饒益心,隨力虔誠供養大吉祥天女菩薩⑫,速獲一切財寶豐⑬饒,吉祥安樂⑭。"時觀自在菩薩摩訶薩及諸大衆、天龍八部⑮,從佛聞說十二名號及陀羅尼,歎未曾有⑯,皆大歡喜,信受奉行。

　　佛說大吉祥天女十二名號經

---

① 十二名號後,《石》分別標注一至十二。
② 是爲,《石》作"如上"。
③ 汝當受持我今復說大吉祥,《石》無。
④ 二合,《石》作"二合,反"。
⑤ 二,原作"三",據別本改。
⑥ 以上梵字真言,據《大正藏》原依靈雲寺版普通真言藏所載對照并替代房山石經本城體梵文。
⑦ 尒時世尊說是陀羅尼已,《石》作"佛"。
⑧ 言,《石》無。
⑨ 祥,《石》作"吉祥"。
⑩ 所有願求皆得圓滿,《石》無。
⑪ 徧,原作"偏",據別本及《中華藏》校勘《磧》《普》《南》《徑》《清》改。
⑫ "或常受持不閒"至"大吉祥天女菩薩",《石》無。
⑬ 財寶豐,《石》作"富"。
⑭ 安樂,《石》無。
⑮ 天龍八部,《石》無。
⑯ 十二名號及陀羅尼歎未曾有,《石》無。

文殊師利菩薩及諸仙所説吉凶時日善惡宿曜經①

文殊師利菩薩及諸仙所説吉凶時日善惡宿曜經卷上

内供奉三藏和尚不空奉詔譯②

弟子上都草澤楊景風修注

和上以乾元二年翻出此本,端州司馬史瑶執受纂集,不能品序,使義③煩猥。恐學者難用,於是草澤弟子楊景風親承和上指揮,使④爲修注。筆削已了,繕寫奉行,凡是門人各持一本,于時歲次玄枵大唐廣德之二年也。

宿曜曆經⑤序分定宿直品第一

天地初建,寒暑之精化爲日月。烏兔抗衡,生成萬物,分宿設宮,管標羣品,日理陽位。從星宿順行,取張、翼、軫、角、亢、氐、房、心、尾、箕、斗、牛、女等一十三宿,迄至虚宿之家⑥,恰當子地之中,分爲六宮也。但日月天子俱以五星臣佐,而日光焰猛,物類相感,以陽獸、師子爲宮神也。月光清涼,而⑦物類相感,以陰蟲、巨蟹爲宮神也。

又日性剛義,月性柔惠,義以濟下,惠以及臣。而日月亦各以神宮均賜,五星以速⑧至遲,即辰星、太白、熒惑、歲鎮排爲次第,行度緩急於斯彰焉。凡十二宮,即七曜之躔次,歷示禍福,經緯災祥。又諸宮各有神形,以彰宮之象也。又一宮配管列宿九

---

① 底本,《中華藏》第 1499 號,第 66 册第 248 頁中—274 頁中,卷上,原《金藏》廣勝寺本,卷下,原《麗藏》本。

② 譯名,《中華藏》校勘《徑》《清》作"宋内供奉三藏沙門不空奉詔譯","宋",誤,《麗》作"開府儀同三司特進試鴻臚卿肅國公食邑三千户賜紫贈司空謚大鑒正號大廣智大興善寺三藏沙門不空奉詔譯"。

③ 義,《中華藏》校勘《麗》作"文義"。

④ 使,《中華藏》校勘《麗》作"更"。

⑤ 宿曜曆經,《中華藏》校勘《徑》《清》無,以下各品例同。

⑥ 至虚宿之家,《中華藏》校勘《麗》作"至千虚宿之半"。

⑦ 而,《中華藏》校勘《麗》無。

⑧ 速,原作"連",據《中華藏》校勘《磧》《南》《徑》《清》《麗》改。

足,而一切庶類相感。

月廣五十由旬得繫命,以京①吉凶,大體屬於日月。日廣五十一由旬風精,太白廣十由旬空精,歲星廣九由旬月精,辰宿廣八由旬火精,熒惑廣七由旬日精,土星廣六由旬,星宿②小者廣一俱盧舍。

日宮下面玻瓈之寶,火精之質也,温舒能照萬③物。月宮下面瑠璃之寶,清涼能照萬物。日月諸曜,衆生業置於空中,乘風而止。當須彌之半,踰健陀羅之上,運行於二十七宿、十二宮焉。宮宿之分今具説之,更爲圖書耳。

第一星四足,張四足,翼一足,太陽位焉。其神如師子,故名師子宮。主加④得財事。若人生屬此宮者,法合足精神、富貴、孝順,合掌握軍旅之任也。

第二翼三足,軫四足,角二足,辰星位焉。其神如女,故名女宮,主妻妾婦人之事。若人生屬此宮者,法合難得心腹,多男女,足錢財,高識⑤,故合掌宮房之任。

第三角二足,亢四足,氐三足,太白位焉。其神如秤,故名秤宮,主寶庫之事。若人生屬此宮者,法合心直平、正信、敬、多財,合掌庫藏之任。

第四氐一足,房四足,心四足,熒惑位焉。其神如蝎,故名蝎宮。主多病剋禁分⑥之事。若人生屬此宮者,法合饒病、薄相、惡心、事⑦妬忌,合掌病患之位⑧。

第五尾四足,箕四足,斗一足,歲星位焉。其神如弓,故名號弓宮,主喜慶、得財之事。若人生屬此宮者,法合多計策、足心謀,合掌將相之任。

第六斗三足,女四足,虚二足,鎮星位焉。其神如摩竭,故名摩竭宮,主鬭諍之事。若人生屬此宮者,法合心麤、五逆、不敬妻⑨,合掌刑殺之任。

右已上六位總屬太陽分,已下六位總太陰分。

第七虚二足,危四足,室三足,鎮星位焉。其神如缾,故名缾宮,主勝彊之事。若人生屬此宮者,法合好行、忠信、足學問、富饒,合掌學館之任。

第八室一足,壁四足,奎四足,歲星位焉。其神如魚,故名魚宮,主加官受職之事。若人生屬此宮者,法合作將相,無失脱,有學問,富貴忠直,合掌吏相之任。

第九婁四足,胃四足,昂一足,熒惑位焉。其神如羊,故名羊宮,主有景行之事。

---

① 京,《中華藏》校勘《南》《徑》《清》作“求”。
② 宿,原作“最”,據《中華藏》校勘《磧》《麗》改。
③ 萬,《中華藏》校勘《麗》作“百”。
④ 加,《中華藏》校勘《麗》作“加官”。
⑤ 識,《中華藏》校勘《麗》作“職”。
⑥ 分,《中華藏》校勘《麗》作“分身”。
⑦ 事,《中華藏》校勘《麗》無。
⑧ 位,《中華藏》校勘《徑》《清》《麗》作“任”。
⑨ 妻,《中華藏》校勘《麗》作“妻子”。

若人生屬此宮者，法合多福德、長壽，又能忍辱，合掌厨饍之任。

第十昴三足，畢四足，觜二足，太白位焉。其神如牛，故名牛宮，主四足畜牧之任①。若人生屬此宮者，法合有福德、足親友、長壽、得人貴敬，合掌馬厩之任。

第十一觜二足，參四足，井三足，辰星位焉。其神如夫妻，故名婬宮，主胎妊子孫之事。若人生屬此宮者，法合多妻妾、得人愛敬，合掌户鑰之任。

第十二井一足，鬼四足，柳四足，太陰位焉。其神如蟹，故名蟹宮，主官府口舌之事。若人生屬此宮者，法合惡性、欺誑、聰明而短命，合掌刑獄訟之任。

上古白博叉，二月春分朔，于時曜躔婁宿，遵②齊景正月③，中氣和，庶物漸榮，一切增長，梵天歡喜，命爲歲元。景風曰：大唐建寅爲歲初，天竺建卯爲歲首。然則唐令皆以正月、二、三、四至于十二，則天竺皆據白月十五日夜太陰所在宿爲月④故，呼建卯爲角月，建辰爲氐月，則但呼角氐，心箕之月，亦不論。若⑤建辰及正、二、三月也，此東西二之異義，學者先宜曉之，今又一一詳釋如左也。

角月景風曰：唐之二月也，斗建卯位之辰也。　　玄月景風曰：唐之三月也，斗建辰位之辰也。

心月景風曰：唐之四月也，斗建巳位之辰也。　　箕月景風曰：唐之五月也，斗建午位之辰也。

女月景風曰：唐之六月也，斗建未位之辰也。　　室月景風曰：唐之七月也，斗建申位之辰也。

婁月景風曰：唐之八月也，斗建酉位之辰也。　　昴月景風曰：唐之九月也，斗建戌位之辰也。

觜月景風曰：唐之十月也，斗建亥位之辰也。　　鬼月景風曰：唐之十一月也，斗建子位之辰也。

星月景風曰：唐之十二月也，斗建丑位之辰也。　　翼月景風曰：唐之正月也，斗建寅位之辰也。

新演如左，景風曰：以梵本初翻，學言隱密，唐之迷惑，不曉其由，自⑥非久習致功，卒難行用。今請演舊爲新，取歷月日，列爲立成之前，更爲⑦月建十二辰圖，參之以宮名，會之以宿次，然後則曉然可觀，義理不隱，庶當代高才知此意也。

大唐月建圖⑧，每十二月日數。

正月、二月、三月、四月、五月、六月、七月、八月、九月、十月、十一月、十二月。

一日，虚室奎胃畢參鬼星翼角玄心。

二日，危壁婁昴觜井柳張軫亢房尾。

三日，室奎胃畢參鬼星翼角玄心箕。

四日，壁婁昴觜井柳張軫亢房尾斗。

---

① 任，《中華藏》校勘《徑》《清》《麗》作“事”。

② 遵，《中華藏》校勘《麗》作“道”。

③ 月，《中華藏》校勘《麗》作“日”。

④ 月，《中華藏》校勘《麗》作“月名”。

⑤ 若，《中華藏》校勘《麗》作“建卯”。

⑥ 自，《中華藏》校勘《徑》無。

⑦ 之前更爲，《中華藏》校勘《麗》作“成前更爲大唐”。

⑧ 大唐月建圖，《中華藏》校勘《徑》《清》作“唐月建之圖”。

五日,奎胃畢參鬼星翼角玄心箕牛。

六日,婁昴觜井柳張軫亢房尾斗女。

七日,胃畢參鬼星翼角玄心箕牛虛。

八日,昴觜井柳張軫亢房尾斗女危。

九日,畢參鬼星翼角玄心箕牛虛室。

十日,觜井柳張軫亢房尾斗女危壁。

十一日,參鬼星翼角玄心箕牛虛室奎。

十二日,井柳張軫亢房尾斗女危壁婁。

十三日,鬼星翼角玄心箕牛虛室奎胃。

十四日,柳張軫亢房尾斗女危壁婁昴。

十五日,星翼角玄心箕牛虛室奎胃畢。

十六日,張軫亢房尾斗女危壁婁昴觜。

十七日,翼角玄心箕牛虛室奎胃畢參。

十八日,軫亢房尾斗女危壁婁昴觜井。

十九日,角玄心箕牛虛室奎胃畢參鬼。

二十日,亢房尾斗女危壁婁昴觜井柳。

二十一日,玄心箕牛虛室奎胃畢參鬼星。

二十二日,房尾斗女危壁婁昴觜井柳張。

二十三日,心箕牛虛室奎胃畢參鬼星翼。

二十四日,尾斗女危壁婁昴觜井柳張軫。

二十五日,箕牛虛室奎胃畢參鬼星翼角。

二十六日,斗女危壁婁昴觜井柳張軫亢。

二十七日,牛虛室奎胃畢參鬼星翼角玄。

二十八日,女危壁婁昴觜井柳張軫亢房。

二十九日,虛室奎胃畢參鬼星翼角玄心。

三十日,危壁婁昴觜井柳張軫亢房尾。

仙人問言:"凡天道二十八[①]宿,有闊有狹,四足均分,則月行或在前後,驗天與説差互不同,宿直之宜如何定得?"菩薩曰:"凡月宿有三種合法,一者前合,二者隨合,三者並合,知此三則宿直可知也。云何前合?奎、婁、胃、昴、畢、觜六宿爲前合也。云何爲並合?參、井、鬼、柳、星、張、翼、軫、角、亢、氐、房十二宿爲並合。云何爲隨

---

① 八,《中華藏》校勘《麗》作"七"。

合？心、尾、箕、斗、牛①、女、虚、危、室、壁十②宿爲隨合。凡宿在月前，月居宿後爲前合。月在宿前，宿在月後，如犢隨母爲隨合。宿月並行爲並合也。"

頌曰：景風曰：凡天象之法，西爲前，東爲後，如月在宿東，宿在月西，則是宿在月前，月在宿後，佗皆倣此也。

六宿未到名前合，十二宿月左右合，

九宿如犢隨從母，奎宿直應當知耳。

宿曜曆經序宿③直所生品第二

昴圖，昴六星，形如剃刀，火神也。姓其尼裴苦④，食乳酪。此宿直日，宜火作煎煑，計筭畜生，合和酥藥，作牛羊坊舍，種蒔入宅，伐逆除暴，剃頭並吉。若用裁衣，必被火燒。此宿直生人，法合念善，多男女，勤學問，有容儀，性合慳，澀足詞辯。景風曰：中國天文昴七星，主胡兵，西方之宿也。然合⑤案經文説，星多不與中國相符，覽者遽生疑惑。今請依中國天文，一一圖其星於脚下，發讀之者高明，則心無昧矣。

畢圖，畢五宿，形如車⑥，鉢闍鉢底神也，姓瞿曇，食鹿肉。此宿直日，宜農桑種蒔，修理田宅，通決溝渠，修橋道，作諸安久之事。不宜放債，及出財、納穀米，若用裁衣，女⑦多饒事務。此宿直生人，法合多財産，足男女，性聰明，好布施，有心路，省口語，心意不飄動，行步如牛王，有容儀。景風曰：中國天文畢星⑧，主邊兵，西方之宿也。

觜圖，觜三星，形如鹿頭，月神也，姓婆羅墮闍，食鹿肉。此宿直日，宜作舍屋及造旌纛、牀帳、家具，入新宅，嫁娶，沐浴裝束，入壇祭星曜，除災害，吉。此日裁衣，必被鼠咬。此宿生人，法合有名聞景行，美容兒，心肚填⑨淨，愛服藥必得力，心口隱密，舉動不輕躁，爲人好法用，愛禮儀。中國天文觜三星，主軍之士，西方之宿也。

參圖，參一星，形如額上點，魯達羅神，姓盧醯底邪那⑩，食血。此宿直日，宜求財及穿地、賣乳酪、煑酥、壓油及諸剛猛之事。若用裁衣，終慎鼠厄。此宿生人，法合猛惡、梗戾、嗜瞋，好合口舌、毒害、心硬，臨事不怯。景風曰：中界⑪天文參十星，主將軍，西方之

① 牛，《中華藏》校勘《麗》無。
② 十，《中華藏》校勘《麗》作"九"。
③ "宿"前，《中華藏》校勘《麗》有"日"。
④ 苦，《中華藏》校勘《徑》《清》作"若"。
⑤ 合，《中華藏》校勘《麗》作"今"。
⑥ 車，《中華藏》校勘《麗》作"半車"。
⑦ 女，《中華藏》校勘《麗》作"必"。
⑧ 星，《中華藏》校勘《磧》《麗》作"八星"。
⑨ 填，《中華藏》校勘《磧》《南》《徑》作"鎮"，《麗》作"愼"。
⑩ 那，《中華藏》校勘《麗》無。
⑪ 界，《中華藏》校勘《磧》《南》《徑》《清》《麗》作"國"。

宿耳。

　　井圖，井二星，形如屋栿，日神也，姓婆私瑟吒，食酥餅。此宿直日，宜惠施貧窮，必獲大果，凡有所作，必得成就。又宜祭天，宜嫁娶、納財，唯①不宜合藥食，若用裁衣，必相分離。此宿生人，法合錢財，或有或無，情愛聲名，作人利官，縱有官厄，還得解脫。受性饒病，亦多男女，高古②義有急難，若論景行，稍似純直。景風曰：中國天文井八星，主天門，南方之宿也。

　　鬼圖，鬼三星，形如餅，蘖利訶馭撥底神也，姓謨闍邪那，食蜜麨③、稻穀華及乳粥。此宿直日，宜作百事，名譽長壽。若理王事及諸嚴飾之相，拜官昇位，入壇受鎮，學密法，吉。若用裁衣，有吉祥勝事。此宿生人，法合分相端正，無邪僻，足心力，合多聞，有妻妾，豐饒財寶，能檢校處分，又親④。景風曰：中國天文鬼五星，主官寮，南方之宿也。

　　柳圖，柳六星，形如蛇神也，姓曼陀羅邪，食蟒蛇肉。此宿直日，宜作剛猛斷決、伐逆除惡，攻城破賊，吞害天下。若用裁衣，後必遭失。此宿生人，法合頓眼、饒睡、性靈⑤、梗戾、嗜瞋，不伏人欺，又好布施，亦好解脫，躭著情事，難得心腹。景風曰：中國天文柳八宿，主廚饍之任，南方之宿也。

　　星圖，星六星，形如牆⑥，薄伽神也，姓瞿必略邪那，食六十日稻⑦。此宿直日，宜種蒔雜物，不⑧宜種五穀，宜修宅舍，祭祀先亡。若用裁衣，後必損失。此宿生人，法合愛諍競，不能壓⑨捹，嗜瞋怒，父母生存不能孝養，死後方崇饗⑩追念。足奴婢、畜乘、資産，有名聞，善知識，亦多惡知識⑪，一生之間好祈禱神廟。景風曰：中國天文星七星，主衣服，南方之宿也。

　　張圖，張二星，形如杵，婆藪神也，姓瞿那律邪，食乳粥。此宿直日，宜喜慶事，求女婚娶，修宅，拜官，作新衣，受長密法，學道承仙，並吉。若用裁衣，必被官奪。此宿生人，法合足妻妾，多男女，出語愜人意，甚得人愛，少資財，智榮，亦不多業，合得人財。景風曰：中國天文張六星，南方之宿也。

---

① 唯，《中華藏》校勘《麗》無。
② 古，《中華藏》校勘《麗》作"故"。
③ 麨，《中華藏》校勘《麗》作"鈔糖"。
④ 親，《中華藏》校勘《麗》作"足親"。
⑤ 靈，《中華藏》校勘《麗》作"虛"。
⑥ 牆，《中華藏》校勘《麗》作"猛"。
⑦ 六十日稻，《中華藏》校勘《麗》作"卒日消"。
⑧ 不，《中華藏》校勘《麗》作"亦"。
⑨ 壓，《中華藏》校勘《麗》作"自押"。
⑩ 饗，《中華藏》校勘《麗》作"祭饗"。
⑪ 善知識亦多惡知識，《中華藏》校勘《麗》作"足却泡亦多兼却泡"。

　　翼圖，翼二星，形如趺①利邪摩②，姓遏咥黎，食栗蘇。此宿直日，所作皆吉，宜③田宅、築牆、穿塹、修農業種蒔，凡諸安久之事，並吉。若用裁衣，後必更得④。此宿生人，法合愛騎乘鞍馬、駕馭車牛、布施喫用、觸處遊從，爲人穩口語，受性愛音樂。景風曰：中國天文翼二十二星，主府縣事，南方之宿也。

　　軫圖，軫五星，形如⑤毗婆恒⑥利也⑦，姓跋蹉邪那，食乳粥。此宿直日，宜急速事，遠行外國，修理衣裳，學藝業，婚娶，開園圃，並吉。此宿生人，法合有諸寶物⑧，合遊歷州縣，稟姓嫉妬，爲人少病，能立功德，兼愛車乘。景風曰：中國天文軫四星，主車乘騎，南方之宿也。

　　角圖，角二星，形如長幢，瑟室利神也，姓僧伽羅邪那。此宿直日，宜嚴飾，造衣裳、寶物、錦繡之事，觀兵行軍，祭祀天神，賞賜將士，並吉。若用裁衣，終當逃亡。此宿生人，法合善經營，饒六畜，所作事多合。又手巧，所作愜人情，只合有二男。景風曰：中國天文角二星，主天門，東方之宿也。

　　亢圖，亢一星，形如火珠，風神也，姓蘇那，食大麥飯、菉豆酥。此宿直日，宜調象馬，又宜教擊鼓、婚娶、結交、種蒔，並吉。若用裁衣，後必得財。此宿生人，法合統領頭首，辯口詞，能經營，饒財物，淨潔裝束，愛喫用，造功德，足心力，益家風。景風曰：中國天文亢四星，主兵⑨，東方之宿也。

　　玄圖，玄四星，形如角⑩，因伽陀羅祇尼神也，姓邏怛利，食烏麻雜華。此宿直日，宜種蒔、五穀、果木酒⑪，不宜起動房舍、車馬之事。若用裁衣，多逢親識。此宿生人，法合有分相好，供養天佛，心性解事，受性良善，承君王優寵，富饒財物，利智足家口。景風曰：中國天文玄四宿⑫主侵害，東方之宿也。

　　房圖，房四星，形如帳，布密多羅神也，姓多羅毗邪，食酒肉。此宿直日，宜交婚姻喜慶吉祥之事及受戒律、入壇受灌頂，修仙道⑬昇位並吉。若用裁衣，後必更裁。此宿生人，法合有威德，足男女，饒錢財，合快活，紹本族，榮家風。景風曰：中國天文房四

---

①　趺，《中華藏》校勘《麗》作“跏趺”。
② 　“邪摩”後，《中華藏》校勘《徑》《清》有“神也”。
③ 　宜，《中華藏》校勘《麗》作“買”。
④ 　“得”後，《中華藏》校勘《麗》有“財”。
⑤ 　“如”後，《中華藏》校勘《麗》有“手”。
⑥ 　恒，《中華藏》校勘《麗》作“怛”。
⑦ 　“也”前，《中華藏》校勘《徑》《清》《麗》有“神”。
⑧ 　“物”後，《中華藏》校勘《麗》有“業”。
⑨ 　兵，原脱，據《中華藏》校勘《麗》補。
⑩ 　角，《中華藏》校勘《麗》作“牛角”。
⑪ 　酒，《中華藏》校勘《麗》作“醖酒”。
⑫ 　宿，《中華藏》校勘《麗》作“星”。
⑬ 　道，《中華藏》校勘《麗》作“學道”。

星,主天道,東方之宿也。

心圖,心三星,形如階,因陀羅神,姓僧訖利底邪那,食粳米蔬乳。此宿直日,宜作王者所須事,兼宜嚴服昇位,登壇拜官,試①畜乘,案摩理身,修功德,吉②。不宜出財及放債,若用裁衣,必遭死亡、盜賊。此宿生人,法合處族衆,得愛敬,承事君王,多蒙禮③,摧惡獎④,善運命耳⑤。景風曰:中國天文心三星,主明堂印政,東方之宿也。

尾圖,尾二星,形如師子頂毛,你律神也,姓迦底那,食乳果華草。此宿直日,宜沐浴,厭呪,置宅,種樹,合藥散阿伽陀藥,并入壇,並吉。若用裁衣,必遭爛壞。此宿生人,法合足衣食,多庫藏,性慳澀志、惡戾静競,合得外財力、性愛、華藥。景風曰:中國天文尾九星,主後宮士,東方之宿也。

箕圖,箕四星,形如牛步,水神也,姓婆邪尼⑥,食瞿阿紺⑦苦味。此宿直日,宜穿地、造舍、渠開水⑧、種華藥、修園圃、醞酒醬,吉。若用裁衣,後必得病。此宿生人,法合遊涉江山,經營利潤,爲人耐辛苦,立性好婬逸婦女,饒病,愛酒。景風曰:中國天文箕四星,主妵⑨,東方之宿耳。

斗圖,斗四星,形如象步,毗説神,姓毗邪羅那,食蜜鈔⑩稻華。此宿直日,宜著新衣及安久之事,置庫藏,修理園林,造車乘,營田宅寺⑪宇,作兵器,並吉。若用裁衣,多得美味。此宿生人,法合愛鞍馬,歷山林,愛祈禱祀,結交賢良,多技能,足錢財。景風曰:中國天文斗六星,主江湖,北方之宿也。

牛宿⑫吉,甚吉祥,其宿三星,形如牛頭,風梵摩神也,姓奢拏邪那,食乳粥、香華、藥。此宿生人,法合福德,所作不求。景風曰:案天竺牛宿爲吉祥之宿,每日午時直事,敬天⑬以午時爲吉祥之時也。瞿曇氏以歷年⑭者,牛宿吉祥,女圖術是也。今沈⑮牛星,又與中國亦別,案中國天文牛

① 試,《中華藏》校勘《麗》作“職”。
② 吉,《中華藏》校勘《麗》作“並吉”。
③ 禮,《中華藏》校勘《麗》作“禮侍”。
④ 獎,《中華藏》校勘《徑》《清》《麗》作“獎”。
⑤ 耳,《中華藏》校勘《麗》作“得所”。
⑥ 婆邪尼,《中華藏》校勘《麗》作“剌婆邪尼”。
⑦ 阿紺,《中華藏》校勘《麗》作“陀甜”。
⑧ 渠開水,《中華藏》校勘《徑》《清》作“開渠水”,《麗》作“決渠開水”。
⑨ 妵,《中華藏》校勘《麗》作“妃后”。
⑩ 鈔,《中華藏》校勘《南》《徑》《清》作“麪”。
⑪ “寺”前,《中華藏》校勘《麗》有“造”。
⑫ “牛宿”前,《中華藏》校勘《麗》有“牛圖”。
⑬ 敬天,《中華藏》校勘《麗》作“故天竺”。
⑭ 年,《中華藏》校勘《麗》作“經”。
⑮ 沈,《中華藏》校勘《徑》《清》作“泥”,《麗》作“説”。

宿六星,開①渠河,北方之宿也。

女圖,女三星形,如梨格,毗藪幻神也,姓目揭連邪那,食新生酥及鳥②。此宿直日,宜爲公事,置城邑,立卿相,發兵,造戰具,并學伎能,穿耳、理髮、案摩,並吉。不宜初著新衣,或因之致死,又不宜諍競。若用裁衣,必足病③。此宿生人,法合足心力,少病,好布施,守法律,勤道業,榮祖宗。景風曰:中國天文女四星,主范府士④,北方之宿。

虛圖,虛四星,形如訶梨勒,婆娑⑤神也,姓婆私迦邪,食於大豆、喻沙。和上云:水乳⑥煮,如乳狀,爲喻沙相也。此宿直日,宜建急事、學問,及沐浴、乞子法,供養婆羅門,置城邑,營兵馬及初著新衣,嚴飾冠帶,並吉,若用裁衣,多得粮田⑦。此宿生人,法合足穀,多貯積,長命富勝,蒙君王寵愛,又好響⑧禱神廟,終多⑨快樂,不合辛苦。景風曰:中國天文虛二星,主宰相位,北方之宿也。

危圖,危一星,形如華穩⑩,婆魯拏神也,姓丹荼邪,食羖羊肉。此宿直日,宜合藥避病,穿池,種麻,賈人出行,納財,造舡,醞酒,並吉。若用裁衣,心遭毒厄。此宿生人,法合嗜酒,躭婬,耐辛苦,心膽硬,與人結交,必不久長,無終始。又能處分事務,解藥性,多嗔。景風曰:中國天文危三星⑪,北方之宿也。

室圖,室二星,形如車轅,阿醯多陀難神,姓闍邪⑫,食一切肉。此宿直日,宜爲剛猛事,勘逐⑬罪人,捕姦捉非。若爲吉事,不宜。若用裁衣,必遭水厄。此宿生人,法合決猛惡,姓⑭嗜瞋,愛劫奪,能夜行不怕,處⑮性輕燥,毒害無慈悲。景風曰:中國天文室二星,主宗廟,北方之宿也。

壁圖,壁二星,形如立竿,尼陀羅神也,姓瞿摩多羅,食大麥飯、酥乳。此宿直日,宜造城邑,婚娶,永久長壽,增益吉慶。不宜南行,若用裁衣,多得財物。此宿生人,

---

① “開”前,《中華藏》校勘《麗》有“主”。
② 鳥,《中華藏》校勘《麗》作“鳥肉”。
③ 病,《中華藏》校勘《麗》作“病痛”。
④ 范府士,《中華藏》校勘《磧》《麗》作“藏府土”,《南》《徑》作“苑府土”。
⑤ 婆娑,《中華藏》校勘《麗》作“娑婆”。
⑥ 水乳,《中華藏》校勘《麗》作“和水”。
⑦ 田,《中華藏》校勘《麗》作“用”。
⑧ 響,《中華藏》校勘《徑》作“饗”。
⑨ 多,《中華藏》校勘《麗》作“身”。
⑩ 穩,《中華藏》校勘《麗》作“穗”。
⑪ “星”後,《中華藏》校勘《麗》有“主墳墓”。
⑫ 闍邪,《中華藏》校勘《麗》作“闍邪尼”。
⑬ 逐,《中華藏》校勘《麗》無。
⑭ 姓,《中華藏》校勘《麗》作“性”。
⑮ 處,《中華藏》校勘《麗》作“慮”。

法合承君王恩寵，爲姓①慎密慳澀，有男女愛，供養天、佛，亦好布施，不多愛習典教。景風曰：中國天文壁二星，主圖書祕法，北方之宿也。

　　奎圖，奎三十二星，形如小艇，逋涉神也，姓曼荼鼻邪，食肉及飲②。此宿直日，宜造倉庫及牛馬坊，校箏畜牧，醞酒鎔糟，冠帶出行，並吉。若用裁衣，必得寶器。此宿生人，法合有祖父産業及有經營得錢財，總③合用盡，後更得之，事無終始，爲性好布施，亦細澀業，合遊蕩，足法用，慕善人，作貴④勝、律儀之事，無終始，賞男女，愛⑤教學典教。景風曰：中國天文奎十六星，主武⑥，西方之宿也。

　　婁圖，婁三星，形如馬頭，乾闥婆神也，姓說邪尼⑦，食烏麻、雜菜⑧。此宿直日，宜爲急速之事，合和服藥，内牛馬，吉。若用裁衣，必增益衣服。此宿生人，法合多技能，少疾病，好⑨解醫方，性好和合布施，足田疇，多遊從⑩，合事君王，受性勤公務，稟志慎密。景風曰：中國天文婁三星，主林苑⑪，西方之宿也。

　　胃圖，胃三星，形如三角，闍摩神也，姓婆粟及婆⑫，食烏麻、稻米、蜜、肉。此宿直日，宜爲公事及王侯修善事，並吉。用剛猛伐逆，取叛除凶，去姦非，並吉。若用裁衣，必損減資福。此宿生人，法合膽硬惡性靈，躭酒嗜肉，愛驅策，劫奪彊暴，稟志輕躁，足怨敵，饒男女，多僕從。景風曰：中國天文胃三星，形如角，主兵軍，西方之宿也。

　　凡畢、翼、斗、壁爲安重宿，此⑬等直日，宜造宮殿、伽藍、館宇、寺舍，種蒔，修園林，貯納倉庫，收積穀米，結交朋友，婚姻，榮⑭命時相，造家具，設學供養，入道場及安穩，并就師長入壇受灌頂法，造久衣⑮之事，並吉。唯不宜遠行索債，無⑯保進路，造酒，剃頭，翦甲，博戲。若此宿生人，法合安重威肅，正福德，有大名聞。

---

① 姓，《中華藏》校勘《磧》《南》《徑》《清》作“性”。
② 飲，《中華藏》校勘《麗》作“飲鈔”。
③ 總，《中華藏》校勘《麗》作“物”。
④ 貴，《中華藏》校勘《麗》無。
⑤ 愛，《中華藏》校勘《麗》作“受”。
⑥ 武，《中華藏》校勘《麗》作“武庫”。
⑦ 說邪尼，《中華藏》校勘《麗》作“河說邪尼”
⑧ 菜，《中華藏》校勘《麗》作“芣”。
⑨ 好，《中華藏》校勘《麗》作“妙”。
⑩ 從，《中華藏》校勘《麗》作“僕從”。
⑪ 三星主林苑，《中華藏》校勘《麗》作“二景主棟苑”，《南》《清》作“三星主棟苑”。
⑫ 婆粟及婆，《中華藏》校勘《麗》作“粟笈婆”。
⑬ 此，《中華藏》校勘《麗》無。
⑭ 榮，《中華藏》校勘《徑》作“策”。
⑮ 衣，《中華藏》校勘《南》《徑》《清》《麗》作“長”。
⑯ 無，《中華藏》校勘《南》《徑》《清》作“犀”。

　　凡觜、奎①爲和善宿，此宿直日，宜入道門學②藝，習真言，結齋戒，立道場灌③頂，造功德，設音樂及吉祥事，喜慶，求婚，舉放，對君王，參將相，冠帶公④行，服藥合和，並吉。若此宿生人，法合柔頓溫良，聰明而愛典教。

　　凡參、柳、心、尾爲毒害宿，此等宿直日，宜圍城破營，設兵掠賊，災⑤陣破敵，劫盜拷蒱⑥，射獵，並吉。若此宿⑦直日生人，法合磣⑧毒，剛猛惡性。

　　凡鬼、軫⑨、婁爲急速宿，此等宿直日，宜放債貸錢，買賣交關，進路出行，調六畜，習乘鷹鷂，設齋行道，入學受業，服藥，入道場，受灌頂，市買，並吉。此宿生人，法合剛猛而捷疾有筋力。

　　凡星、張、箕、室爲猛惡宿，此等宿直日，宜守路設險，劫掠相攻，拷蒱博戲，造兵⑩，謀斷決，囚徒，放藥，行酪，射獵，祭天祀神，承兵威，並吉。此宿生人，法合兇害猛殺，宜捨身出家作沙門。

　　凡井、亢、女、虛、危五星爲輕躁宿，又爲行宿。此等宿直日，宜學乘象馬騎射馳走，浮江汎舟，奉使絕域，和國入番。又勸行禮樂，揀閲兵馬，種蒔、造酒、合和藥，並吉。此宿生人，法合澆薄，不然則質直平穩。

　　凡昴、亥爲剛柔宿，此等宿直日，宜鍛鍊爐冶⑪，修五行家具，及造瓦、買賣之事，又宜設齋逐⑫葬，鑽鍊酥乳，計筭畜生入宅，王者作盟會，並吉。此宿生人，法合爲⑬寬柔而猛，君子之人流也。景風曰：今⑭經文言語多有小⑮國之俗，如拷蒱戲和國入番之類，並是飜譯⑯言譯。西同⑰東語，庶覽之者悉之，幸不以文害意旨也。

---

①　觜奎，《中華藏》校勘《麗》作“觜角房奎”。
②　道門學，《中華藏》校勘《徑》作“道門舉”，《麗》作“道場問學技”。
③　“灌”前，《中華藏》校勘《麗》有“受”。
④　公，《中華藏》校勘《磧》《麗》作“出”。
⑤　災，《中華藏》校勘《麗》作“交”。
⑥　拷蒱，《中華藏》校勘《麗》作“攎蒱”，下同。
⑦　宿，《中華藏》校勘《麗》無。
⑧　磣，《中華藏》校勘《徑》《清》作“慘”。
⑨　“軫”後，《中華藏》校勘《麗》有“胃”。
⑩　兵，《中華藏》校勘《麗》作“兵器”。
⑪　冶，原作“治”，據《中華藏》校勘《磧》《南》《徑》《清》改。
⑫　齋逐，《中華藏》校勘《磧》作“藥遂”，《南》《徑》《清》作“藥送”，《麗》作“齋送”。
⑬　“爲”後，《中華藏》校勘《麗》有“性”。
⑭　今，《中華藏》校勘《麗》作“會”。
⑮　小，《中華藏》校勘《磧》《南》《徑》《清》《麗》作“中”。
⑯　並是飜譯，原作正文，據《中華藏》校勘《徑》《麗》改注文。
⑰　同，《中華藏》校勘《磧》《南》《徑》《清》作“國”。

宿曜文殊曆①序三九祕宿品第三

一九之法	命宿	榮宿	衰宿	安宿	危宿	成宿	壞宿	友宿	親宿
二九之法	業宿	榮宿	衰宿	安宿	危宿	成宿	壞宿	友宿	親宿
三九之法	胎宿	榮宿	衰宿	安宿	危宿	成宿	壞宿	友宿	親宿

　　此法以定人所生日爲宿直、爲命宿、爲第一，次以榮宿，又次衰宿及安宿、危宿、成宿、壞宿、友宿、親宿，如是九宿爲一九之法。其次則以②業宿爲首，以下九③准前爲二九之法，次即以胎宿爲首，以下九准前三九之法，而周二十七宿衆爲祕密。景風曰：假如有人二月五日生者，其人屬畢宿，爲第一命宿④。以次觜宿爲榮宿，參爲衰宿，井爲安宿，鬼爲危宿，柳爲成宿，星爲壞宿，張爲友宿，翼爲親宿，軫爲業宿，角爲榮宿，亢爲衰宿，並同友直，如女胎宿，虛爲榮宿。已下准前，是爲三九之法，他皆准此也。

　　和上云：凡與人初結交者，先須看彼人宿命⑤押我何宿，又看我命宿押彼人何宿，大抵以榮成⑥友親爲善，堪結交。自餘並惡，不可與相知，以爲祕法耳。景風曰：案太史有舊飜九執宿命占⑦，殊未有此法，今則新譯，庶用傳之，流行萬代耳。

　　凡命胎宿直日不宜舉動百事，業宿直日所作皆吉祥，衰、危、壞宿日並不宜遠行出入及⑧遷移、買賣、裁衣、剃頭、翦甲，並不吉。壞日又宜禳⑨鎮、降伏、怨讎及討伐暴惡。安日移動遠行，修園宅、臥具，作壇場，並吉。危日宜結交婚姻，歡會宴聚，吉。成日修問⑩道，合藥求仙，吉。友親日宜結交朋友，大吉。

　　凡日月直，星没。

　　犯逼守命胎之宿，此人是厄會之時也，宜修功德，持真言念誦，立道場以攘之。

　　若犯業宿及榮、安、成、友、親等宿，並所求不遂，百事迍邅，亦宜修福念善。

　　若犯衰、危、壞等宿者，則所求稱意，百事通達。景風曰：凡欲知五星所在者⑪，天⑫竺曆術推知何宿，具知也。今有迦葉氏、瞿曇氏、拘摩羅等三家天竺曆，並掌在太史閣。然今之用多⑬瞿曇氏曆，與

---

①　宿曜文殊曆，《中華藏》校勘《徑》《清》無。
②　以，原作"次"，據《中華藏》校勘《麗》改。
③　九，《中華藏》校勘《徑》無。
④　爲第一命宿，《中華藏》校勘《麗》作"即以畢宿爲第一命"。
⑤　宿命，《中華藏》校勘《麗》作"命宿"。
⑥　"成"前，《中華藏》校勘《麗》有"安"。
⑦　占，《中華藏》校勘《麗》作"古"。
⑧　及，《中華藏》校勘《麗》無。
⑨　禳，《中華藏》校勘《麗》作"壓"。
⑩　問，《中華藏》校勘《徑》《清》作"門"，《麗》作"學問"。
⑪　"者"前，《中華藏》校勘《麗》有"分"。
⑫　"天"前，《中華藏》校勘《麗》有"據"。
⑬　多，《中華藏》校勘《麗》作"多用"。

大衍①相參供②奉耳。

宿曜曆經序七曜直③品第四

夫七曜，日、月、五星也。上曜子，天神六直人④，所以司善惡而主理吉凶也。行⑤一日一易，七日一周，周而復始，直神善惡言具説之耳。_{景風曰：推求七曜直日法，今具在此}

_{經卷末第八曆筭法中，具備足矣。}

日精曰⑥太陽，太陽⑦直日，宜筞命拜官，觀兵習戰，持直⑧言，行醫藥，放群牧，遠行，造福，設齋祈神，合藥，內倉庫，入學論官，並吉。不宜静競、作誓、行姦，對陣不得先起。若人此曜直日生者，法合足智筞，端正美皃，孝順，短命。若五月五日得此曜者，則其歲萬物豐熟。若有虧蝕地動者，則萬物莫實，不千日爲殃。

月精曰太陰，太陰⑨直日，宜造功德成就，作喜樂僚，教女人裁衣服，造家具，安牀，穿渠，修井竈，買賣財物，倉庫內財，洗頭，割甲，著新⑩，並吉。不宜婚嫁，入宅結交，私⑪出行，大凶。奴婢逃走難捉得，囚繫者出遲，不宜殺生及入陣，並凶。此日生人，合多智筞，美皃，樂福田，好布施，孝順。若五月五日得此曜者，歲多疾病，秋足霜冷。若有虧蝕地動者，則歲中饒疾死。

火精曰熒惑，熒惑⑫直日，宜決罰罪人，國取盜賊，作欺誑事，買金寶、牛羊，動甲兵，修戎具，教旗剋賊必勝，訴⑬先起，合藥，種蒔，割甲，結婚。不得出財徵債，禁者難出，病者必死。若此直日生人，法合醜陋、惡性，妨親害族，便弓馬，多瞋。若五月五日得此曜者，則歲中多静競。若虧蝕地動者，則歲中多有兵馬損傷。

水精曰辰星，辰星直日，宜入學事師長，學功巧⑭技能，攻城，又宜舉債，公行⑮，怨敵伏讎，得財。唯不宜修造宅舍，對戰鬥敵，作賊，妄語，並凶。被囚者，即後必有陰

①　衍，原作“行”，《中華藏》校勘《磧》《南》《徑》《清》《麗》作“術”，均形訛，據文意改，此指大衍曆。

②　供，《中華藏》校勘《南》《徑》作“俱”。

③　直，《中華藏》校勘《麗》作“直日”。

④　上曜子天神六直人，《中華藏》校勘《麗》作“其精上曜于天，其神下直于人”。

⑤　行，《中華藏》校勘《麗》作“其行”。

⑥　曰，原作“日”，據《中華藏》校勘《磧》《南》《徑》《清》改。

⑦　太陽，《中華藏》校勘《麗》無。

⑧　直，《中華藏》校勘《麗》作“真”。

⑨　太陰，《中華藏》校勘《麗》無。

⑩　新，《中華藏》校勘《徑》《麗》作“新衣”。

⑪　私，《中華藏》校勘《麗》作“私情”。

⑫　熒惑，《中華藏》校勘《麗》無。

⑬　訴，《中華藏》校勘《麗》作“訴訟”。

⑭　巧，《中華藏》校勘《磧》《南》《徑》《清》無。

⑮　公行，《中華藏》校勘《麗》作“出行”，下同。

謀，説動當時。若五月五日得此曜者，則歲中有水災。虧蝕地動，則百物不熟，人多瘴瘰耳。

　　木精曰歲星，歲星直日，宜築命使王，及求善知識，并學問、禮拜、修福、布施、嫁娶，作諸吉事，請謁及結交入宅，著新衣，沐髮，種果①木，調伏象馬，買奴婢，並吉。若爲凶事，則大凶。若人此日生者，法合貴重榮禄。若五月五日得此曜者，歲中豐熟。若有虧蝕地動，則公王必死。

　　金精曰太白，太白直日，宜見大人官長，沐浴冠帶，求親結婚，良友置饌，宜入宮室，並吉。逃亡難得，畋獵并戰，不吉。若人此日生者，法合短命好善，人皆欽慕。若五月五日得此直日者，則②歲中驚擾之事。若虧蝕③，則六畜多損傷耳。

　　土精曰鎮星，鎮星直日，宜修園圃，買賣田地、口④馬，合藥，伏怨，放火，立精舍，作井竈，吉。唯不宜結婚、冠帶及公行。若人此日生者，法合⑤足聲名，少孝順，信朋友。若五月五日得此直者，則合歲中多土功。若虧蝕地動⑥，則國中人民不安泰。景風曰：茫茫造化乃爲陰陽，精曜運天，虛神直地，吉凶之應唯人信之。故譯出此法，爲伐祕密經，庶傳習者幸無謬矣。凡人公行，不得面衝七曜。若衝當日曜⑦，遭大厄。若衝月曜，親眷多傷。若衝木曜，家人背心。若衝土⑧曜，女⑨有死厄。若衝金曜，則災祥併至。乃爲頌曰：火日⑩月建，德貴神眷，歲背鎮死，金衝併至。

宿曜曆經祕密雜占品第五

　　凡如七曜運文⑪，犯著人六宮宿者，必有災厄。一者命宿，二者事宿，三者意宿，四者聚宿，五者同宿，六者克宿。從命數第十爲事宿，第四爲意宿，第十六爲聚宿，第二十爲同宿，第十三爲克宿。景風曰：有人屬婁宿者，而數⑫得畢爲意宿，第十得星宿⑬則爲事，十三得軫則軫⑭爲克宿也，他皆准此，术之⑮即得也。

---

① 果，《中華藏》校勘《麗》作"菜"。
② "則"後，《中華藏》校勘《麗》有"下田不收"。
③ "蝕"後，《中華藏》校勘《麗》有"地動者"。
④ 口，《中華藏》校勘《麗》作"弓"。
⑤ "合"後，《中華藏》校勘《麗》有"少病"。
⑥ "動"後，《中華藏》校勘《麗》有"者"。
⑦ 當日曜，《中華藏》校勘《麗》作"日曜當"。
⑧ 土，原作"士"，據《中華藏》校勘《磧》《南》《徑》《清》《麗》改。
⑨ 女，《中華藏》校勘《麗》作"必"。
⑩ 火日，《中華藏》校勘《麗》作"日火"。
⑪ 文，《中華藏》校勘《麗》作"天"。
⑫ 而數，《中華藏》校勘《麗》作"向前數第四"。
⑬ 宿，《中華藏》校勘《麗》無。
⑭ 軫，《中華藏》校勘《麗》無。
⑮ 他皆准此术之，《中華藏》校勘《磧》《南》《徑》《清》作"他皆准此數之"，《麗》作"皆准此求"。

若七曜犯命宿則亡失錢財必多災厄，若犯事宿則招殃咎，若犯意宿則必多愁苦，若犯聚宿則亡失財囚閉，若犯同宿則離坼不安家口衰耗，若犯克宿亡財失官勢力衰損。若七曜總不犯此六處者則所爲皆得。景風曰：皆須共三九秘宿相參，然後定災厄也。

頌曰：

　　　　十事規求鎮不來，四意愁煩困惱也，

　　　　十六聚失災厄形，二十問①路相乖背，

　　　　十三剋挫勢力名。

七曜與此宿不犯者，則百惡澄清。

凡日在本宮及第三、第六、第十位爲果大吉，熒惑守本宿，大有災厄耳。月在本命宮及第六、第七、第三宮即②果吉，歲星與玄③第三、第七劣九宮者吉，辰與玄第四、第十宮者並吉，太白在本命宮者合有大厄。

凡人有災厄時，可持真言立道場而用禳之。若有人不記得本所屬宿而來問疾④者，何以答之？曰：皆先須看人初來之時觸著處而斷之，則可知耳。若⑤觸頭者則屬昴宿，若先觸額者屬畢宿，若先觸眉者則屬觜宿，若先觸眼者則屬參宿，若觸兩頰及耳者則屬井宿，若先觸牙及骨⑥者則屬鬼宿，若觸齒者則屬柳宿，若觸項者則屬星宿，若觸右肩則屬張宿，若觸左肩者則屬翼宿，若觸手者則屬軫宿，若觸頦頤者則屬角宿，若觸缺盆及項智上⑦則屬亢宿，若觸臆者則屬玄宿，若觸右臂則屬房宿，若觸左臂則屬心宿，若觸心脾骨者則合屬尾宿，若觸左⑧脅者則屬箕宿，若觸右⑨脅者則屬斗宿，若觸臍者則屬牛宿，若觸腹肚者則屬女宿，若觸小腹⑩下者則屬虛宿，若觸胯腿及後分者則屬危宿，若觸右腿脡者則屬室宿，若觸左腿脡者則屬壁宿，若觸膝肕者則屬奎宿，若觸脛者則屬婁宿，若觸腳者則屬胃宿。景風曰：若人不得本生月日者，則知本所屬宿用此法以定之，和上以此法門爲祕密耳。

凡軫星太陽直、畢宿太陰直、星宿土直、井⑪宿火直、柳宿水直、鬼宿木直、房宿金直。

---

① 問，《中華藏》校勘《徑》《清》《麗》作“同”。

② “即”後，《中華藏》校勘《麗》有“爲”。

③ 玄，《中華藏》校勘《麗》作“在”。

④ 疾，《中華藏》校勘《麗》作“我”。

⑤ “若”後，《中華藏》校勘《麗》有“先”。

⑥ 骨，《中華藏》校勘《麗》作“胸”。

⑦ 項智上，《中華藏》校勘《麗》作“項下智上者”，《徑》《清》作“項智上者”。

⑧ 左，《中華藏》校勘《麗》作“右”。

⑨ 右，《中華藏》校勘《麗》作“左”。

⑩ 腹，《中華藏》校勘《麗》作“腸”。

⑪ 井，《中華藏》校勘《麗》作“尾”。

此等七日名爲甘露吉祥日，宜學道求法，受密印及習真言。

凡尾宿太陽直、女①宿太陰直、壁宿水②直、昴宿火③直、井宿木直④、張宿金直、亢宿土直，此等七日名爲金剛峯日，宜降伏魔怨，持日天子真言。

凡胃宿太陽直、鬼宿太陰直、翼宿火直、參宿水直，玄宿木直、奎宿金直、柳宿土直。

右此等七日名爲羅刹日，不宜舉動百事，唯射獵及諸損害之事也。

宿曜曆經序黑白分品第六

凡月有黑白兩分，從一日至十五日爲白月分，從十六日至三十日爲黑⑤分。每月白月一日、三日、五日、七日、九⑥日、十一日、十三日，黑月一日、三日、五日、七日、九日、十一日、十三日所向皆成就，名爲吉祥日。又，白月四日夜八日晝、十一日夜十五日晝，黑月三日夜七日晝、十日夜十四日晝爲凶惡時，所作不成就。又，白月二日、六日、九日、十二日，又黑月⑦六日、九日、十二日、十四日此等平平時，隨立宿曜爲吉凶。又，黑⑧月四日十一日夜、八日十五日⑨晝，白⑩月三日十日夜、七日十四日晝凶惡氣生時，所及招殃咎。

凡凶惡之日，日中已後卻成吉時。凶惡之夜夜半已後，卻成吉時。乃爲頌曰：

一三五七九⑪，十一與十三，
於二白黑分，所作皆成就。
黑三夜七晝，十夜十四晝，
白四夜八晝，一夜十五晝，
於此白黑分，晝夜不成就。
日中夜已後，所求皆成就。

---

① 女，《中華藏》校勘《麗》作"心"。
② 水，《中華藏》校勘《麗》作"火"。
③ 火，《中華藏》校勘《麗》作"水"。
④ 直，原作"宿"，據《中華藏》校勘《磧》《南》《徑》《清》《麗》改。
⑤ 黑，《中華藏》校勘《磧》《南》《徑》《清》作"黑月"。
⑥ 九，《中華藏》校勘《麗》作"十"，下一"九"字同。
⑦ "月"後，《中華藏》校勘《麗》有"二日"。
⑧ 黑，《中華藏》校勘《麗》作"白"。
⑨ 日，《中華藏》校勘《麗》無。
⑩ 白，《中華藏》校勘《麗》作"黑"。
⑪ 九，《中華藏》校勘《麗》作"十"。

宿曜曆經序日名善惡品第七

從一日至十六日景風曰：一日即是白月之一日也，十六即黑月之一日也。今恐讀者難會，故略云黑白之言，直裁日數之尒。名爲^①建名日，梵天^②，宜爲業善，學道求仙及事師尊宿，並吉，唯不宜遠出行耳。

凡二日十七日名爲得財日，尒造化神^③。宜合藥、按摩、工巧、出行、結交、婚親，增益田宅，並吉。

凡三日十八日名爲威力得^④日，那羅延下。宜摧敵除逆，習戰，畜獸，獎訓下人，營田種蒔，大吉。

凡四日十九日名爲猛武日，閻羅天下。宜作惡業，殺害殘賊、摧伏叛逆則吉，爲善事卻凶。

凡五日二十日名圓滿日，日天子下。宜爲善業，修營牀帳及車乘、衣服，營田宅，結婚，並吉。

凡六日二十一日名爲求名日，童子神下。宜爲久長安定事，營宅宇、寢廟及建國邑、伽藍、牛馬坊厩等，並吉，不宜出行。

凡七日二十二日名爲友朋日，北斗天下。宜結交、慶喜、安定、和藥，王者初服及造旌旗、帷帳，並吉，唯不宜遠行。

凡八日二十三日名爲大戰日，婆藪天下。宜爲力用之事，造兵杖、城壘，穿壕壍，並吉。

凡九日二十四日名爲凶猛日，毗舍闍鬼下。宜圍城縛敵，進途伐逆，不宜入宅及削髮，並凶。

凡十日二十五日名爲善法日，善法神下。宜安久之事及急速飛捷，穿鑿并^⑤竈修道，作功德伽藍順法之事，並大吉。

凡十一日二十六日爲慈猛日，自在天下。宜新立宅舍，營建城廟、館宇、厩坊^⑥及設火祭祀天神，並吉。

凡十二日二十七日爲名聞日^⑦，宜作久長安國之事及車乘倉庫，並吉。唯不宜放債。

---

① 名爲，《中華藏》校勘《磧》《南》《徑》《清》《麗》作正文。
② "天"後，《中華藏》校勘《麗》有"下"。
③ 尒造化神，《中華藏》校勘《麗》作"造化神下"。
④ 得，《中華藏》校勘《麗》無。
⑤ 并，《中華藏》校勘《磧》《南》《徑》《清》《麗》作"井"。
⑥ 坊，《中華藏》校勘《麗》作"墻"。
⑦ "日"後，《中華藏》校勘《麗》有"日天子下"。

凡十三日二十八日爲最勝日，_{大魔王下。}所^①作皆急速皆吉，及著衣服、華鬘、金玉、裝畫，又宜嫁娶，修車乘，入壇場，學法求道，吉。

凡十四日二十九日爲勇猛日，_{藥叉大將下。}宜擒縛、掩捕、詭詐、相謀害，大吉，唯不宜遠行，凶^②。

凡十五日三十日名吉祥日，_{魂靈神下。}宜祭先亡，作婆羅門大祭求福，布施供養師僧尊長，學戒，善事，求法，大吉。

文殊師利菩薩及諸仙所説吉凶時日善惡宿曜經卷上

文殊師利菩薩及諸仙所説吉凶時日善惡宿曜經卷下

開府儀同三司特進試鴻臚卿肅國公食邑三千户賜紫贈司空諡
大辨正號大廣智大興善寺三藏沙門不空奉詔譯^③

西國每一月分爲白黑兩分，入月一日至十五日爲白月分，_{以其光生漸明白之謂也。}入月十六日至三十日爲黑月分。_{以其光漸減黑^④之謂也。}文殊師利菩薩説時日偈云：

一三五七十^⑤，十一與十三，

於二黑白分，所作皆成就。

黑三夜七晝，十夜十四晝，

白四夜八晝，一夜十五晝。_{所謂一夜者，十一夜也，勒頌者貴省文也。}

於此黑白月，晝夜不成就。

日中及中夜，已後皆通吉。

擇日，每入月一日、十六日、三日、十八日、五日、二十日、七日、二十二日、十^⑥日、二十五^⑦日、十一日、二十六日、十三日、二十八日。已上是吉日，所作吉祥事必成就。

擇時，入月四日夜八日晝、十一日夜十五日晝、十八日夜二十二日晝、二十五日夜二十九日晝。已上日晝夜之時，所作皆不吉，爲事不成，惡猶不可作，何況善事，如於醎鹵之地種物不生。

---

① “所”前，《中華藏》校勘《麗》有“宜”。

② 凶，《中華藏》校勘《麗》無。

③ 譯名，《中華藏》校勘《磧》《南》作“上都大興善寺三藏沙門不空奉詔譯”，《徑》《清》作“宋内供奉三藏沙門不空奉詔譯弟子上都草澤楊景風修注”，“宋”，誤。

④ 漸減黑，《中華藏》校勘《磧》《南》《徑》《清》作“減損暗黑”。

⑤ 十，《中華藏》校勘《磧》《南》《徑》《清》作“九”。

⑥ 十，《中華藏》校勘《磧》《南》《徑》《清》作“九”。

⑦ 五，《中華藏》校勘《磧》《南》《徑》《清》作“四”。

入月二日、六日、九日、十二日、十四日、十七日、十九日、二十一日、二十三日、二十四日、二十七日、三十日。已上平日，若与好宿好曜并者即吉，如与惡宿惡①曜并者即凶。夫凶惡晝日中已後通吉用，凶惡夜②半已後亦通吉用。

白黑月所宜吉凶曆

每月一日十六日，梵云鉢闍鉢底下，唐云梵王③。是建名日，宜爲善業、學伎藝、苦節修行、布施等事，及作愛敬、增益、長久之④事，並吉，不宜遠行。

二日十七日是得財日，梵云苾利訶馭鉢底神下，唐云造化神下。宜按摩、合藥、作工巧法、遠行、進路、結交、婚姻。

三日十八日是威力日，梵云毗紐神下，亦云那羅延天下。宜摧敵除逆、調習象馬四足諸畜等，及訓將⑤惡人、下賤之類，營田種蒔，有大爲，作事皆吉。十八日夜惡，中夜已後還吉。

四日十九日是猛武日，梵云閻謨神下，唐云閻羅王下⑥。作惡業日，是殺害日，與一切不善事、殘酷業皆悉相應，宜摧敵破逆吉，餘不吉⑦。四日夜不吉，中夜已後吉。

五日二十日是圓滿日，梵云蘇謨神下，唐云月天子下。宜修福善業，作卧具、床座、衣服、莊飾物及車轝等物，營田宅、結婚姻，凡諸慶樂事，並吉。

六日二十一日是求名日，梵云摩羅神下，唐云童子天下。宜諸久長安定之事，營田宅及天廟、福舍、伽藍，建城邑，立牛馬坊諸畜坊⑧厩，並吉。不宜遠行進路。

七日二十二日是朋友日，梵云七婆⑨怛沙耶仙神下，唐云北斗也⑩。宜結朋友安定之事，王者服新衣及纛幟、床座、卧具、大寶、嚴飾之物，並吉。二十二⑪晝惡，午後吉。

八日二十三日是力戰日，梵云婆娑，善神下，唐云婆藪天下⑫。宜力用之事，宜修造攻戰之具，置邊衝，險固城，壘塚⑬塹，調乘象馬等事，並吉。八日晝惡，午後吉。

① 惡，《中華藏》校勘《磧》《南》《徑》《清》無。
② “夜”後，《中華藏》校勘《磧》《南》《徑》《清》有“夜”。
③ “王”後，《中華藏》校勘《徑》《清》有“下”。
④ 之，《中華藏》校勘《磧》《南》《徑》《清》作“定”。
⑤ 將，《中華藏》校勘《徑》《清》作“奬”。
⑥ 唐云閻羅王下，《中華藏》校勘《磧》《南》《徑》《清》無。
⑦ 不吉，《中華藏》校勘《磧》《南》《徑》《清》作“並凶”。
⑧ 坊，《中華藏》校勘《磧》《南》《徑》《清》作“等”。
⑨ 婆，《中華藏》校勘《磧》《南》《徑》《清》作“娑”。
⑩ 也，《中華藏》校勘《徑》《清》作“下”。
⑪ “二”後，《中華藏》校勘《磧》《南》《徑》《清》有“日”。
⑫ 唐云婆藪天下，《中華藏》校勘《磧》《南》《徑》《清》無。
⑬ “塚”前，《中華藏》校勘《磧》《南》《徑》《清》有“穿”。

　　九日二十四日是凶猛日，梵云嚕達囉尼神下，唐云毗舍闍鬼王下①。宜圍城縛敵，進途伐逆取毒。不宜入宅，修理髮，凶。

　　十日二十五日是善法日，梵云蘇達謨神下，唐云善法神下。宜作久長事及急速事，置井，穿鑿坑塹，行法，修道，又②作功德福舍、伽藍，凡諸順法及愛敬等事，皆吉。二十五日夜不吉，半夜已後通吉。

　　十一日二十六日是慈猛日，梵云嚕捺嚧神下，唐云自在天下。宜新立宅舍，營天廟、城邑、官曹、館室、伽藍、殿塔及火祭室、功德福舍，並吉。十一日夜惡，中夜後還吉。

　　十二日二十七日是名聞日，梵云阿逸都神下，唐云日天子下。宜作久長安定事及修輦轝、嚴飾頭髮，置倉生藏等吉。不宜放債取債。

　　十三日二十八日是最勝日，梵云鉢折底神下，唐云天魔③下。所爲急速事④。又宜敬愛之事，取婦人及乘車轝等，並入壇場習行道術並吉。

　　十四日二十九日是勇猛日，梵云藥蒭神下，唐云藥叉將下⑤。宜往擒縛相詭誑事暴虐惡人，作非法之物，宜行詐妄詭誘怨敵，彼必信受。不宜遠行進路。二十九日晝惡，午後吉。

　　十五日三十日是吉相日，梵云必多盧神下，唐云魂靈神下。宜祭先亡，宜作婆羅門大祠求安隱法及布施供養父母、尊者、諸天，持齋戒、施食及諸祭祠吉。十五日晝惡，午後吉。

　　右每月日所宜用吉凶如前，必審用之，万不失一。其晝夜善惡並如前嘉釋。

　　二十七宿十二宮圖⑥唐用二十八宿⑦，西國除牛宿，以其天主事之故，十二宿猶唐十二次。又說云：西國以子丑十二屬記年，以星曜記日，不用甲子者，以宿曜於人无功⑧，於事尤⑨當故。經云：日有一倍力，宿有四倍力，曜有八倍力，好時之力万倍焉。

---

① 唐云毗舍闍鬼王下，《中華藏》校勘《磧》《南》《徑》《清》無。
② 又，《中華藏》校勘《磧》《南》《徑》《清》作“人”。
③ “魔”後，《中華藏》校勘《磧》《南》《徑》《清》有“神”。
④ “事”後，《中華藏》校勘《磧》《南》《徑》《清》有“修衣服華鬘金寶嚴飾等事”。
⑤ 唐云藥叉將下，《中華藏》校勘《磧》《南》《徑》《清》無。
⑥ 下圖，《中華藏》校勘《磧》《南》《徑》《清》與之大異，附《徑》圖於卷末，以資對比。
⑦ 宿，《中華藏》校勘《磧》《南》《徑》《清》作“宮”。
⑧ 无功，《中華藏》校勘《磧》《南》《徑》《清》作“尤切”。
⑨ 尤，《中華藏》校勘《磧》《南》《徑》《清》作“允”。

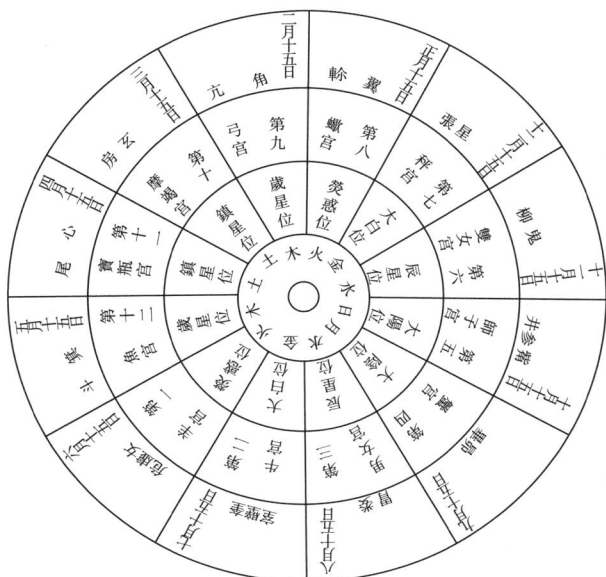

西國皆以十五日望宿爲一月之名，故一月爲角月，西國以二月爲歲首，以其道齊景正，日夜停分，時淑氣和，草木榮茂，一切增長故，梵天折爲曆元。三月名玄月，四月名心月，五月名箕月，六月名女月，七月名室月，八月名婁月，九月爲昴月，梵語昴星名迦提①，西國五月十五日雨安居，至八月十五日滿。已後五月十五日滿，已後至九月十五日，已來自恣，故別爲迦提，但取星名而已。今中國迦提即是事而妄者，別爲訓釋，蓋大謬焉。十月名觜月，十一月名鬼月，十二月名星月，正月名翼月。夫欲知二十七宿日者②，先須知月望宿日。欲數一日至十五日已前白月日者，即從十五日下宿逆數之可知。欲知十六日已後至三十日，即從十五日下宿順數即得，但依此即定。假如二月十五日是角日，十四日是軫日，十三日是翼日。若求十五日已後者，即十五日是角日，十六日是亢日，十七日是玄日，他皆倣此。

夫欲求人所屬宿者，即於圖上取彼生月十五日下宿，從此望宿逆順數之，至彼生日止，則求得彼人所屬宿也。

又法，略籌求人本命宿，先下生日數，又虛加十三訖，即從彼生月望宿，用上位數順除，數盡則止，即得彼人所屬命宿。假令有人二月十七日③生者，則先下十七日爲位，又虛加十三，共得三十。即從二月望宿角、亢、玄、房二十七宿一周法除之，訖餘三等④，即角除⑤一，亢除二，玄除三，則彼人是玄宿生，他皆倣此。

夫取宿直者皆月臨宿處，則是彼宿當直。又月行有遲疾，宿月復有南北前後，隨

---

① 迦提，《中華藏》校勘《磧》《南》《徑》《清》作“迦提迦”。

② 日者，《中華藏》校勘《磧》《南》《徑》《清》作“者日”。

③ 日，《中華藏》校勘《磧》《南》《徑》《清》無。

④ 等，《中華藏》校勘《磧》《南》《徑》《清》作“籌”。

⑤ 除，《中華藏》校勘《磧》《南》《徑》《清》作“餘”，下二“除”字同。

合如何可知？則以後頌言求之可解。頌曰：

　　　　六宿未到名合月，十二宿月左右合。

　　　　九宿如犢隨母行，從奎宿數應當知。

　　頌言六宿未到名合月者，則從奎、婁、胃、昴、畢、觜此六宿月未至宿月，則名彼宿直也。十二宿月左右合者，即參、井、鬼、柳、星、張、翼、軫、角、亢、玄、房等。此十二宿日臨彼宿上及前後南北，並取屬彼宿用得也。九宿如犢隨母行者，則配月爲母，配宿爲犢，則月居宿前，宿居月後，如犢母之像也。當以此頌復驗之於天，則宿月①用之無差，此皆大仙密説也。

　　二十七宿所爲吉凶曆

　　昴宿宜火，作煎熬等事，檢筭畜生即②畜生，融酥和合，作牛羊諸畜坊舍及牧放，入温室，種蒔黄色、赤色等物，入宅及名③金作等，吉。宜伐逆除怨，作剃剪之具，賣物，求長壽，求吉勝事，不宜修理鬢髮及遠行道路，宜莊飾冠帶、佩服、金彫等寶物。

　　畢宿宜農菜種蒔，修田宅，嫁娶，作厨舍，作食，作畜生舍，通決渠河，修橋梁，作諸安定之事，作衣服，並吉。不宜取債放債，宜納穀及酒食雜物，不宜生財。

　　觜宿作急要事及和善事，並吉，宜種蒔、白汁樹草等。又宜王者作舍，作蘦床座，又入新宅，嫁娶，修理髮，洗浴，作求吉勝法，著新衣嚴飾，作喜樂，調畜生，作除災，謹身咒術壇場之法，祭星曜，作髻，並吉。

　　參宿宜求財及諸剛嚴事，穿地④，賣有乳畜生，造熟酥，押油，醖⑤酒，押甘蔗，種甘蔗，畋獵及置開津等，並吉⑥。

　　井宿有所惠施必獲大果，有所置事必成就，宜作諸祭，婆羅門祭法⑦，天法，宜嫁娶及納婦人，必子息繁盛。此宿所作事皆成吉，唯不宜合藥服。

　　鬼宿所作皆吉，求聲譽，長壽，若爲生事及諸端嚴相，將其服拜官勝位，有所爲求，並皆吉祥，福德增長。又宜遠行進路，修⑧理髮、著新衣及洗浴等事，並吉。

----

① 　月，《中華藏》校勘《磧》《南》《徑》作“日”。

② 　即，《中華藏》校勘《磧》《南》《徑》《清》作“印”。

③ 　名，《中華藏》校勘《磧》《南》《徑》《清》作“石”。

④ 　地，《中華藏》校勘《磧》《徑》《清》作“池”。

⑤ 　醖，《中華藏》校勘《磧》《南》《徑》《清》作“代”。

⑥ 　並吉，《中華藏》校勘《磧》《南》《徑》《清》無。

⑦ 　婆羅門祭法，《中華藏》校勘《磧》《南》《徑》《清》作“法婆羅門祭”。

⑧ 　修，《中華藏》校勘《徑》無。

柳宿宜嚴拭①事，是伐逆、圍城、掩襲、討②潛、竊詭誓、詐敵人。時此宿雨者必蚊虻，苗稼滋盛。七③星宿，凡諸種蒔皆吉，唯不宜種疊④，宜種⑤五穀等種芸薹，又宜修宅，祭先亡，將五穀入宅，作諸住定業，並吉，亦宜修理鬢髮。

張宿宜喜慶事，求女嫁娶，修理宅，作衣服，嚴飾物，作愛敬法等，並吉。

翼宿所作皆吉，置宅垣墙，穿壕，作市，作城邑，作車轝，修農商業，種蒔，嫁娶，凡作諸安定之事並吉。

軫宿宜諸急速事，遠行向外國，修理鬢⑥髮，取象、調象、乘象，學伎藝，求女人，嫁娶，服著衣裳，穿池，修園圃，造垣墙等，吉。除蕩竊逆，南行大吉。

角宿宜嚴飾事，取雜色衣作安膳那，服藥及取珊瑚、金銀、赤銅、摩尼、金剛諸寶物等，諸珎帛初⑦，王者嚴服觀兵及進路，作求安隱，祭祀天神，賞賜將士金銀、百穀、衣物，入城，作花鬘、臥具，歌舞、詠唱并餘伎藝等，並吉。

亢宿宜調馬騾驢等，必易馴快利，宜教擊諸鼓樂等，嫁娶，結朋友。宜發遣怨讎，宜不⑧自行動，宜種蒔樹⑨木，種穀、小豆、大豆、烏麻等皆吉。

玄宿宜作農具，種大麦、小麦、稻、粟等，并種蒔諸菓樹，並吉。凡諸有大爲作事並不可作，宜醖酒漿，宜種疊，栽樹、甘蔗等，並吉。

房宿宜結朋友、婚姻，凡和諸善事、喜樂吉祥事，交⑩好往還及攝情⑪、受戒、布施、發使置官、修道、學藝工巧等，吉。

心宿宜作王者所須事，並宜嚴服昇位，及取捉象、馬，調乘諸畜等。宜按摩，必得身分潤滿。宜事王者，及取左右驅使人等。宜修鬢髮，作農菜業。唯除營功德事，自餘不可輙出財與人及放債，凶。

尾宿宜作服著事，蒔樹種根及取煎吉。又宜剛嚴事，洗浴，除滅壓呪，種押蒲桃甘蔗，置宅置藏，作愛喜事，合湯及散阿伽陁藥并壇場事，並吉。

箕宿宜剛嚴事，又掘溝渠、穿池井、通決河流、種水生花及根實者、修園圃、醖酒

---

① 拭，《中華藏》校勘《磧》《南》《徑》《清》作“飾”。
② 討，原作“封”，據《中華藏》校勘《磧》《南》《徑》《清》改。
③ 七，《中華藏》校勘《徑》《清》作“吉”。
④ 疊，《中華藏》校勘《磧》《南》《徑》《清》作“氈”，下同。
⑤ 種，《中華藏》校勘《磧》《南》《徑》《清》作“取”。
⑥ 鬢，《中華藏》校勘《磧》《南》《徑》《清》作“鬚”。
⑦ 初，《中華藏》校勘《磧》《南》《徑》《清》作“物”。
⑧ 宜不，《中華藏》校勘《磧》《南》《徑》《清》作“不宜”。
⑨ 樹，《中華藏》校勘《徑》作“草”。
⑩ 交，原作“充”，據《中華藏》校勘《磧》《南》《徑》《清》改。
⑪ 情，原作“清”，據《中華藏》校勘《磧》《南》《徑》《清》改。

漿及作橋梁等並吉。

斗宿宜著新衣及安久事，置藏、修理園林、造車轝等乘載之物，營田宅、城邑、福舍寺①等，作戰具及諸用物並吉。

女宿，凡爲公事皆吉，出城外、發教命、除逆敵，置城邑，立宰輔，發兵，作戰具，取與，及呈學伎藝、穿耳、修理鬢髮、按摩，並吉。不宜著新衣及競財穿池等，宜供養尊者、諸天、父母及諸貴勝。

虛宿宜諸急速事，宜學問及夜浴②，作求子法，其法不宜晝作，主産閹官。宜供養婆羅門，置城邑，及置兵、官、財等。又宜還人財物、賣畜生、著衣、著庄嚴具、作商業、新置伎藝，並吉。

危宿宜合藥、取藥、服藥③，並大吉，又宜嚴峻、破惡之事，穿河池等，及種麻豆等，發遣商人、納財置吏、取醫、置藏、造舟舩、醞酒漿等，及估④賣、商販⑤，吉。不宜出財。

室宿宜作端嚴事，勘逐罪非、除滅兇逆、誆詭敵人諸事並不宜作。

壁宿宜作求長壽增益法，不宜南行，宜造城邑，取衣、取財、嫁娶婚姻等喜善事皆吉。

奎宿取珍寶，宜造倉庫及牛羊坊、校筭畜生、造酒融酥及作堤堰、研服⑥藥、著新衣、服飾庄嚴、遠行進路，作和善事急速事並吉。

婁宿宜諸急速事，與藥取藥，調乘象馬及出賣等並吉。

胃宿宜爲公事及王者之善事，亦宜作嚴整之事，伐逆除兇并調訓在下及馬等畜生並吉。

安重，畢、翼、斗、壁，此四是安重宿，宜造庄宅、宮殿、寺觀、義堂，種蒔裁⑦接、修立園林、貯納倉庫、收積穀麦、納⑧交投友、成禮爲婚、册君王、封將相、授官榮、錫班職、造裝具、設齋供、入道修行，及祈安隱，并就師學，入壇場、受灌頂，造一切久長事務，悉須爲之，皆吉。唯不宜舉債充保、遠行進路、造酒、剃毛髮、除爪甲、結仇、嫌

① 舍寺，《中華藏》校勘《磧》《南》《徑》《清》作“寺舍”。
② 浴，《中華藏》校勘《磧》《南》《徑》《清》作“欲”。
③ “藥”後，《中華藏》校勘《磧》《南》《徑》《清》有“置藥”。
④ 估，《中華藏》校勘《磧》《南》《徑》《清》作“沽”。
⑤ 販，原作“飯”，據《中華藏》校勘《磧》《南》《徑》《清》改。
⑥ 服，《中華藏》校勘《磧》《南》《徑》《清》作“眼”。
⑦ 裁，《中華藏》校勘《磧》《徑》作“栽”。
⑧ 納，《中華藏》校勘《磧》《南》《徑》《清》作“結”。

恨①、儺陳、習婬慾、學撤蒲②等，並凶。

和善，觜、角、房、奎，此等四是和善宿。宜入道問③學、伎藝，能習咒法，結齋戒，入壇受灌頂，建功德、設音樂、吉祥事、慶善業，成禮求婚，還錢舉債，見君王、參宰相，服飾新衣裳、祔帶、好珠寶，作交開營家業，進途結親友，服湯藥，醫療眼④，造一切穩善事務悉須爲之，吉。

毒害，參、柳、心、尾，此等四是毒害宿。宜圍城破營、徵兵喫賊、欺誑鬬爭、烈陣交鋒、申決烈⑤破、和合行盜劫，設誓攄⑥蒱博戲，造械具、戰具，閱兵馬、點募健兒，採覘祔敵、斬⑦決兇逆、誅戮罪人，施毒藥，施碪害，調習象馬，練禄⑧鷹犬，一切猛浪事務悉須爲之，吉。其尾宿日，宜種蒔苗稼，栽接樹木，營造宅屋，立園林，一切嚴固、鬬競、剛柔、猛浪、辛苦等事並宜作之。

急速，鬼、軫、牛、婁，此等⑨四是急速宿。宜放錢貸債，買⑩賣交開，行途進路，往使征伐，估客上道，商主過磧，調伏畜生，教習鷹犬，設齋行施，習讀經書，教人典誥，學諸伎能，服食湯藥并受佩持護身之術，豎幢，建旌麾，造扇障，營蓋傘，入壇場，受灌頂，騎象馬乘轝，一切事務悉須爲之。

猛惡，胃、星、張、箕、室，此五是猛惡宿。宜守路嶮，行劫行盜，構鬬端，起設誑，博戲攄蒱，强梁侵奪，姦非淫穢，國⑪城斫營，造械具、戰具，書⑫兵謀，放毒藥、施碪害，斬決怨敵，誅戮罪逆，禳⑬祭星辰，祈禱軍福，一切艱難事務悉須爲之。

又張宿，宜作愛敬法。又其箕宿，宜鑿井穿坑、填水渠、開河路，一切勞擾事務悉須爲之。

輕⑭，井、亢、女、虛、危，此等五是輕宿，或名行宿。宜學乘騎象、馬、驢、騾、馳驟

---

① 恨，《中華藏》校勘《磧》《南》《徑》《清》作“懷”。
② 撤蒲，《中華藏》校勘《磧》《南》作“攤蒲”，《徑》《清》作“挎蒱”。
③ 問，《中華藏》校勘《磧》《南》《徑》《清》作“門”。
④ 眼，《中華藏》校勘《磧》《南》《徑》《清》作“服”。
⑤ 烈，《中華藏》校勘《磧》《南》《徑》《清》作“列”。
⑥ 攄，《中華藏》校勘《磧》《南》《徑》《清》作“挎”，下同。
⑦ 斬，原作“漸”，據《中華藏》校勘《磧》《南》《徑》《清》改。
⑧ 禄，《中華藏》校勘《磧》《南》《徑》《清》作“漉”。
⑨ 此等，《中華藏》校勘《磧》《南》作“女等”，《徑》《清》作“此”。
⑩ 買，原脱，據《中華藏》校勘《磧》《南》《徑》《清》補。
⑪ 國，《中華藏》校勘《徑》《清》作“圖”。
⑫ 書，《中華藏》校勘《磧》《南》《徑》《清》作“畫”。
⑬ 禳，《中華藏》校勘《磧》《南》《徑》《清》作“禯”。
⑭ 輕，原作“軵”，據《中華藏》校勘《磧》《南》《徑》《清》改。

及水牛等諸畜，調習野獸并捉乘騎，泛舟繫棹，渡水浮江，奉使騁①域，説敵和怨②，徵
納庸調，收斂租税，觀音樂，看大礼，買賣興販，營造車乘，點閲兵士，一切輕捷事務悉
須爲之。又其危、井、宿直，宜營稼穀，造酒醴，穿坑通，決河渠，合湯藥，並吉。

　　剛柔，昴、玄，此二是剛柔宿，或名平等宿。兼善惡帶剛柔，辛苦之務、穩善之事
悉須爲之。又宜鍛鍊鐵銷，鑠金銀，打釧③鈿環珮，造作五行調度，燒瓶瓦器，設齋造
葬，焚屍埋殯，鑽燧變火，擊酪出酥，壓蒲桃，搦秒糖，放牛，行禮，遣馬逐群，檢幸廐
牧，點數畜生，造車④器械具，從域出庄返城，移入新宅，弃劫⑤舊墟室，笞責非爲，決戮
罪過，并王者盟誓結信，一切如此事務悉須爲之，吉。又其玄宿，宜種蒔花藥，栽接樹
木，吉。

　　行動禁問法：

　　日屬軫宿不得向北路行。縱吉時亦不可行。

　　日屬女宿不得向東行⑥。縱吉時亦不可行。

　　日屬鬼宿不得向西行。縱吉時亦不可行。

　　日屬婁宿不得向南行。縱吉時亦不可行。

　　第七秤宮取角、亢日⑦

　　第十一瓶宮取危、室日已上⑧東行，大吉

　　第五師子宮取星、張日⑨

　　第九弓宮取尾⑩、箕、斗日已上西行，大吉

　　第八蝎宮取玄、房、心日⑪

　　第十二魚宮取壁、奎日已上向⑫南行，大吉

　　第六女宮取翼、軫日⑬

---

① 騁，《中華藏》校勘《磧》《南》《徑》《清》作“聘”。
② 怨，《中華藏》校勘《磧》《南》《徑》《清》作“死”。
③ 釧，原作“釗”，據《中華藏》校勘《磧》《南》《徑》《清》改。
④ 車，《中華藏》校勘《磧》《南》《徑》《清》作“軍”。
⑤ 劫，《中華藏》校勘《磧》《南》《徑》《清》作“却”。
⑥ “行”前，《中華藏》校勘《磧》《南》《徑》《清》有“路”。
⑦ “日”後，《中華藏》校勘《磧》《南》《徑》《清》有“東行大吉”。
⑧ 已上，《中華藏》校勘《磧》《南》《徑》《清》無。
⑨ “日”後，《中華藏》校勘《磧》《南》《徑》《清》有“西行大吉”。
⑩ 尾，《中華藏》校勘《磧》《南》《徑》《清》無。
⑪ 玄房心日，《中華藏》校勘《磧》《南》《徑》《清》作“房心尾日南行大吉”。
⑫ 已上向，《中華藏》校勘《磧》《南》《徑》《清》無。
⑬ “日”後，《中華藏》校勘《磧》《南》《徑》《清》有“南行大吉”。

第四蟹宮取鬼、柳日已上向①南行，大吉

第三男女宮至參、井日東行，大吉②

第十摩竭宮至女、虛日南行，大凶③

第一羊宮至婁、胃、昴日西行，大凶

第二牛宮至畢、觜日北行，大凶④

右犯此辰宮⑤宿日，越路發行，縱兵健⑥，人衆不免輸他損失。

裁縫衣裳服著用宿法：

昴必火燒　　畢饒事務　　觜必鼠咬

參必逢厄　　井必分相⑦　　鬼必吉祥

柳必弃失　　星必喪服　　張必官奪

翼必獲財　　軫必恒久　　角必安隱

亢得美食　　玄必覩友　　房必益衣

心必盜賊　　尾必壞爛　　箕必得病

斗得美味　　女必得疾　　虛必得粮

危必毒厄　　室必水厄　　壁必獲財

奎必獲寶　　婁必增衣　　胃必減衣

虛、奎、鬼、井、婁、畢、軫、角、亢、玄、房、翼、斗、壁，此以上宿可裁縫衣著衣裳，餘並失⑧。

三九⑨秘要法

初九，畢命觜榮參衰井安鬼危柳成星壞張友翼親。

二九，軫業角榮亢衰氐安房危心成尾壞箕友斗親⑩。

三九，女胎虛榮危衰室安壁危奎成婁壞胃友昴親⑪。

三九法者，皆從本所屬宿爲初九，第一命宿，依次第二爲榮宿、第三衰宿、第四安

──────────

① 已上向，《中華藏》校勘《磧》《南》《徑》《清》無。

② 大吉，《中華藏》校勘《磧》《南》《徑》《清》作“吉”。

③ 凶，《中華藏》校勘《磧》《南》《徑》《清》作“吉”。

④ 凶，《中華藏》校勘《磧》《南》《徑》《清》作“吉”。

⑤ 宮，《中華藏》校勘《磧》《南》《徑》《清》無。

⑥ 健，《中華藏》校勘《徑》《清》作“馬”。

⑦ 分相，《中華藏》校勘《磧》《南》《徑》《清》作“相分”。

⑧ 餘並失，《中華藏》校勘《磧》《南》作“餘並大吉”，《徑》《清》作“並大吉”。

⑨ 九，原作“必”，據《中華藏》校勘《磧》《南》《徑》《清》改。

⑩ “軫業”至“斗親”，《中華藏》校勘《磧》《南》《徑》《清》作“軫角亢氐房心尾箕斗”。

⑪ “女胎”至“昴親”，《中華藏》校勘《磧》《南》《徑》《清》作“女虛危室壁奎婁胃昴”。

宿、第五危宿、第六成宿、第七壞宿、第八友宿、第九親宿。即初九一行也。

　　次第十宿爲二九行，頭爲業宿，第十一復爲榮宿、第十二衰宿、第十三安宿、第十四危宿、第十五成宿、第十六壞宿、第十七友宿、第十八親宿。即是二九行了。

　　次第十九宿即爲三九行，頭爲胎宿，第二十爲榮宿、第二十一衰宿、第二十二安宿、第二十三危宿、第二十四成宿、第二十五壞宿、第二十六友宿、第二十七親宿。即三九行了。

　　此則是二十七宿，周而復始，是爲三九之法。三九之法，宿者秘要之術，所欲興事營求、入官拜職、移徙遠行，所爲所作一一自看。從己身所屬宿，今日復是何宿？於三九中復善惡如何？與我本生宿善惡相宜否？如是勘已即看後占。

　　若榮宿日，即宜入官拜職、對見大人、上書表、進獻君王、興營買賣、裁著新衣、沐浴及諸吉事，並大吉，出家人剃髮、割爪甲、沐浴、承事師主、啓請法要，並吉。

　　若安宿日，移徙，吉。遠行、人入宅、造作園宅、安坐、臥床帳、作壇場，並吉。

　　若危宿日，宜結交，定婚姻，歡宴聚會，並吉。

　　若成宿日，宜修道學問，合和長年藥法，作諸成就法，並吉。

　　若友宿日、親宿日，宜結交定婚姻，歡宴聚會，並吉。

　　若命宿日、胎宿日，不宜舉動百事，值業宿日，所作善惡亦不成就，甚衰。

　　若危壞日，並不宜遠行、出入、移徙、買賣、婚姻、裁衣、剃頭、沐浴，並凶。

　　若衰日，唯宜解除諸惡、療病。

　　若壞日宜作鎮壓、降伏怨讎及討伐阻①壞姦惡之謀，餘並不堪。此所用三九法，於長行曆縱不是吉相，己身三九若吉，但用無妨。

　　又一說云：命宿、胎宿、危宿、壞宿，此宿日不得進路及剃髮、裁衣、除爪甲，並凶。

　　夫五星及日月陵犯、守逼命胎之宿，即於身大凶，宜修功德造善以禳之。若陵逼業宿者，及榮安成友親之宿，即所求不遂，諸途迍坎，亦宜修福。福者謂入灌頂及護摩，并修諸功德。如五星陵犯，守逼衰、危、壞等宿，即身事並遂所作稱心，官宦遷轉，求者皆遂。如此當須問知司天者，乃知此年此月熒惑、鎮、歲、辰星、太白及日月等在何宿？以此知之，其法甚妙，宜細審詳也，以見至理。

宿曜曆經七曜直日曆品第八

　　夫七曜者，所謂日、月、五星，下直人間，一日一易，七日周而復始，其所用各各於事有宜者、不②宜者，請細詳用之，忽不記得。但當問胡及波斯，并五天竺人，揔知尼

① 阻，《中華藏》校勘《磧》作“徂”，《南》《徑》《清》作“沮”。

② “不”前，《中華藏》校勘《磧》《南》《徑》《清》有“有”。

乾子、末①摩尼常以密日持齋，亦事此日爲大日，此等事持不忘，故今列諸國人呼七曜如後。

日曜太陽，胡名蜜波斯，名曜森勿，天竺名阿你泥以反底耶二合。

月曜太陰，胡名莫波斯，名婁禍森勿，天竺名蘇上摩。

火曜熒惑，胡名雲漢，波斯名勢森勿，天竺名糞盎聲哦囉迦盎②。

水曜辰星，胡名咥丁逸反，波斯名掣森勿，天竺名部引陁。

木曜歲星，胡名鶻勿，波斯名本森勿③，天竺名勿哩訶婆跋底丁以反。

金曜太白，胡名那歇，波斯名數森勿，天竺名戍羯羅。

土曜鎮星，胡名枳院④，波斯名翕森勿，天竺名賖乃以室折囉。

右件七曜上運行於天下，直於人間，其精靈神驗，内外典籍具俻。自南西北三方諸國，一⑤太陽直日，月与軫合。太陰直日，月与畢合。火曜直日，月与尾合。水曜直日，月與柳合。木曜直日，月与鬼合。金曜直日，月与房合。土曜直日，月與星合。已上名甘露日，是大吉祥，宜册立，受灌頂法，造作寺宇及受戒，習學經法，出家修道，一切並吉。

太陽直日，月与尾合。太陰直日，月与心⑥合。火曜直日，月与壁合。水曜直日，月与昴合。木曜直日，月与井合。金曜直日，月与張合。土曜直日，月与亢合。已上名金剛峯日，宜作一切降伏法，誦日天子呪，及作護摩，并諸猛利等事。

太陽直日，月与胃合。太陰直日，月与鬼合。火曜直日，月与翼合。水曜直日，月与參合。木曜直日，月與玄合。金曜直日，月與奎合。土曜直日，月與柳合。已上名羅剎日，不宜舉百事，必有殃禍⑦。

七曜占

太陽直日，其日宜册命、拜官、受職、見大人，教旗鬪戰申威及金銀，作持呪、行醫、遊獵、放群牧。王公百官等東西南北遠行及造福禮拜、設齋供養諸天神，所求皆遂。合藥服食、割甲洗⑧頭、造宅種樹、内倉庫、捉獲逃走、入學經官，理當並吉。其日不宜靜競作誓，行姦必敗，不宜先戰，不宜買奴婢。此日生者，足智，端正身兒，長大，性好功德，孝順父母，足病短命。若五月五日得此曜者，其歲万事豐熟。其日若日月

---

① 末，《中華藏》校勘《磧》《南》《徑》《清》作“未”。

② 糞盎聲哦囉迦盎，《中華藏》校勘《磧》《南》《徑》《清》作“盎哦囉迦”。

③ “勿”後，《中華藏》校勘《磧》《南》《徑》《清》有“斯”。

④ 院，《中華藏》校勘《磧》《南》《徑》《清》作“浣”。

⑤ 一，《中華藏》校勘《磧》《南》《徑》《清》無。

⑥ 心，《中華藏》校勘《磧》《南》《徑》《清》作“女”。

⑦ “太陽直日”至“必有殃禍”，《中華藏》校勘《磧》《南》《徑》《清》與下“一切皆悉用之”至“万不失一”互置。

⑧ 洗，《中華藏》校勘《磧》《南》《徑》《清》作“浣”。

蝕及地動者,其處萬物不生。

太陰直日,其日宜造功德,必得成就,作喜樂、朋僚,教女人裁衣服,造家具,安坐席,穿渠,造堤塘,修井竈,買賣財物,倉庫內財,洗頭、割甲,著新衣,並大吉。其日不嫁娶,入宅結交,私情出行,不問近,遠行大凶。奴婢逃走難得,禁者出遲。殺生行惡入賊者,必凶。此日生者,多智美兒,樂福田,好布施,孝順。若五月五日遇此曜者,其年多疫疾,秋①多霜冷加寒。其日若日月蝕并地動,其轉無休息,至日月在時,未來世已來年月日,亦然常轉無盡②。

熒惑直日,其日宜決罰罪人,圍③取盜賊,作誑事,買金寶、置牛羊群,動兵甲、修甲仗、教旗打賊,入陣必勝。姦盜者成,作誓何④畏。宜出獵,先經官府者勝。宜種田及種菓木,調馬、療病、合藥並吉,不宜下血者。其日成親,著新衣,洗頭割甲,入宅結交,火下出財,皆不吉。宜徵債,禁者難出,病者必重。其日生者,醜陋⑤,惡性,妨眷屬,便弓馬,能言語,勇決難養。若五月五日遇此曜者,其年多鬥諍,後兵賊,饒疫病,畜生死損。此日若⑥有日月蝕及地動,其年多兵馬,傷者多死。

辰星直日,其日宜入學及學一切諸工巧⑦皆成,收⑧債本利具獲,割甲剃頭,遠行者則⑨宜,伏怨敵,不宜修造宅舍。遇戰敵,勿先鬥,看卜⑩問囚,必謾語,作誓,並凶。被禁自出,失物及逃走必獲。其日生者饒病,不孝,妨財物。長成已後,財物自足,有智長命,能言語,有詞辯,得人畏敬。若五月五日遇此曜者,其年江水泛溢,百物不成,加寒。若此日日月蝕,并地動,歲多飢儉。

歲星直日,其日宜冊命及求善知識,并學論議,受法禮拜,造功德布施,謁官,成親,交喜樂,入宅,著新衣,洗頭,宅內種菓木,修倉庫內財,調馬、買奴婢及嫁娶,內象馬,造宅,作諸事,並吉。不宜作誓,作賊必敗,妄語爭競必凶。其日亡者未得出埋,不宜祭亡人弔死問病。其日生者宜與人養,長命成收之。長⑪有智,心善,得大人貴重,於父母有相錢財積聚。若五月五日遇此曜者,其歲万物豐四時調順,如此日日月

---

① 秋,《中華藏》校勘《磧》《南》《徑》《清》無。

② “轉無休息”至“常轉無盡”,《中華藏》校勘《磧》《南》《徑》《清》作“年疾死後多虛耗”。

③ 圍,《中華藏》校勘《磧》《南》《徑》《清》作“圍”。

④ 何,《中華藏》校勘《磧》《南》《徑》《清》作“勿”。

⑤ 陋,原作“漏”,據《中華藏》校勘《磧》《南》《徑》《清》改。

⑥ 若,《中華藏》校勘《磧》《南》《徑》《清》無。

⑦ 工巧,《中華藏》校勘《磧》《南》《徑》《清》作“巧工”。

⑧ 收,《中華藏》校勘《磧》《南》《徑》《清》作“放”。

⑨ 則,《中華藏》校勘《磧》《南》《徑》《清》作“財”。

⑩ 卜,原作“十”,據《中華藏》校勘《磧》《南》《徑》《清》改。

⑪ 命成收之長,《中華藏》校勘《磧》《南》《徑》《清》作“成牧之長命”。

蝕及地動，王公已下災①厄。

太白直②日，其日宜見大人及諸官長，洗頭、著新衣冠帶，成親平章婚事，結交友會朋流，置宅③舍。逃走難得，勿畋獵并戰陣，不吉。繫者出遲，生者短命，好善孝順，人皆欽慕。五月五日遇此曜者，人畜例驚失，必狂賊擾乱，候取良④從東擊勝。此日日月蝕及地動者，其歲足風，復有雷電損多少田苗。

鎮星直日，其日宜修園圃，買賣田地，買口馬。宜合藥，伏怨家，放野燒，打墙，作竈，一切事揔合，作將，入宅，吉。舉哀葬，吉。鞍馬上槽，内倉庫，並吉。不宜結婚，作喜樂，服新衣及遠行。其日生少病，足有聲名，樂善孝順，信於朋友。若五月五日遇此曜者，有土功威重事。此日日月蝕及地動者，世界不安，威重人厄。

七曜直日與二十七宿合吉凶日曆曜與宿合者，假如正月十五日是軫宿，其⑤忽是太陽直，即是好日，他皆做此。

一切皆悉用之，出入行來，用兵出陣，學藝及一切舉動，無不用其宿曜時日，唯東大唐一國未審知委。其曜亦每日分爲八時，平明即是所直之曜，乃至酉戌則八時而周。夜亦分爲八時，轉到明日曉時，即次後曜當直。如是細解用之，万不失一。

釋⑥大白所在八方天上地下吉凶法

凡有⑦一日、十一日、二十一日大白常在東方

二日、十二日、二十二日常在東南

三日、十三日、二十三日常在南⑧方

四日、十四日、二十四日常在西南

五日、十五日、二十五日常在西方

六日、十六日、二十六日常在西北

七日、十七日、二十七日常在北方

八日、十八日、二十八日常在東北

九日、十九日、二十九日常在中央入地

十日、二十日、三十日常在天上⑨

---

① 災，《中華藏》校勘《磧》《南》《徑》《清》作“交”。

② 直，原作“真”，據《中華藏》校勘《磧》《南》《徑》《清》改。

③ 宅，《中華藏》校勘《磧》《南》《徑》《清》作“官”。

④ 良，《中華藏》校勘《磧》《南》《徑》《清》作“良日”。

⑤ 其，《中華藏》校勘《磧》《南》《徑》《清》作“其日”。

⑥ 釋，《中華藏》校勘《磧》《南》《徑》《清》作“擇”。

⑦ 有，《中華藏》校勘《磧》《南》《徑》《清》作“月”。

⑧ 南，《中華藏》校勘《磧》《南》《徑》《清》作“正南”。

⑨ 十日二十日三十日常在天上，《中華藏》校勘《磧》《南》《徑》《清》無。

　　右太白如上一月轉者，每月亦然，恒常隨天年，疫死後多虚耗①。太白是鬥戰大將軍，常須順行，勿令逆之。若准人②出入、移徙、遠行及嫁娶、拜官、鬥戰、世間雜事等，造用③行用皆如上日時。順行用者大勝，吉利。如逆行，不順。此太白所在行法者皆凶，戰不勝，所有移徙、遠行等亦無利益。常須順之，凡舉事皆吉。

　　文殊師利菩薩及諸仙所説吉凶時日善惡宿曜經卷下

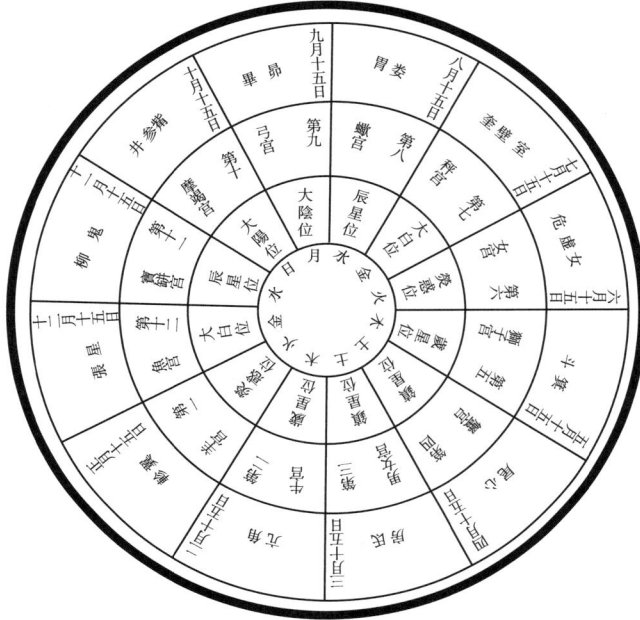

除一切疾病陁羅尼經①

開府儀同三司特進試鴻臚卿肅國公食邑三千户賜紫贈司空
謚大辨正號大廣智大興善寺三藏沙門不空奉詔譯②

　　如是我聞：一時薄伽梵住室羅伐城逝多林給孤長者園，與大苾蒭衆千二百五十
人俱，衆多諸大③菩薩摩訶薩。尒時世尊告阿難陁言：“阿難陁，有陁羅尼能除世閒一
切疾病，汝當受持，讀誦通利，如理作意。”即説密言④曰：
怛你也二合他一尾摩黎尾摩黎二嚩曩俱枳黎三室唎二合末底丁以反，四軍拏黎五嫩奴鼻六
印捺囉二合儗頸二合，七母隸娑嚩二合訶

　　佛告阿難陁：“此陁羅尼⑤，若誦持者宿食不消、瘧⑥亂、風黄、痰癊，患痔瘻⑦、
淋⑧、上氣、嗽虐⑨、寒熱、頭痛、背⑩痛、著鬼魅者，悉得除差。我以佛眼觀見彼人、諸
天、魔、梵、沙門、婆羅門能作障難，除非決定業報盡者，餘無能違越作其障難。如來
應供正遍知説一切有情中如來爲尊勝，一切法中離欲法爲⑪尊，一切衆中僧伽爲尊⑫。
以此誠實言，願我及一切有情食飲喫啖，入腹消化，得正安樂。”
娑嚩二合，引訶引

---

①　底本，《中華藏》第1426號，第65册第647頁上、中，原《麗藏》本。經名，《中華藏》校勘《石》《徑》
《清》作“佛説除一切疾病陀羅尼經”，卷末經名同。

②　譯名，《中華藏》校勘《石》作“特進試鴻臚卿大興善寺沙門大廣智三藏不空奉詔譯”，《磧》《南》作“大
興善寺三藏沙門大廣智不空奉詔譯”，《徑》《清》作“唐三藏沙門大廣智不空奉詔譯”。

③　衆多諸大，《中華藏》校勘《磧》《普》《南》《徑》《清》作“及衆大多”。

④　密言，《中華藏》校勘《石》作“真言”。

⑤　陁羅尼，《中華藏》校勘《石》作“真言”。

⑥　瘧，《中華藏》校勘《石》作“霍”。

⑦　瘻，《中華藏》校勘《磧》《徑》《清》作“瘺”，《普》《南》作“痛”。

⑧　淋，《中華藏》校勘《磧》《普》《南》《徑》《清》作“淋瀝”。

⑨　虐，《中華藏》校勘《石》《磧》《南》《徑》《清》作“瘧”

⑩　背，原作“半”，據《中華藏》校勘《磧》《普》《南》《徑》《清》改。

⑪　爲，原脱，此據上下句式加。

⑫　尊，《中華藏》校勘《石》作“勝”。

　　尔時世尊説是經已，諸苾芻僧并諸菩薩摩訶薩、一切大衆、天龍八部受持佛語，歡喜奉行。

　　除一切疾病陁羅尼經

能淨一切眼疾病陀羅尼經①

開府儀同三司特進試鴻臚卿肅國公食邑三千戶賜紫贈司空
謚大辨正號大廣智大興善寺三藏沙門不空奉詔譯②

如是我聞：一時薄伽梵住迦毗羅衛國釋迦種族聚落，尒時有一釋種住車尼摩迦聚落，於佛淨信，於法淨信，於僧淨信；歸依於佛，歸依於法，歸依於僧；不疑於佛，不疑於法，不疑於僧；盡心於佛，盡心於法，盡心於僧。決定於等覺勝趣，其人眼所見色相而不得見。尒時乞曬摩迦釋種憶念如來，作如是言："稽首佛世尊智炬陀羅尼能作光明者！歸命善逝大悲者！護念攝受我，令我眼清淨。"尒時世尊超越世間耳眼，以天耳聞，以天眼見。尒時世尊告阿難陀言："汝往於釋種所，以此陀羅尼明加護，令淨其眼，令彼拔濟，令彼攝受，令彼長養，令彼結界，令彼眼無垢翳，得離疾病，廣令流布四部衆苾芻苾芻尼、優婆塞優婆夷及餘有情。"真言曰：

怛你也二合他咽里弭里黎枳咽里係帝護庾護庾護也麼寧護魯護魯怒魯怒魯娑嚩二合，引訶

"阿難陀，此陀羅尼明王，眼垢、風垢、黃病、痰病、三集③病，我及某甲眼勿令痛，勿令流淚，以羅漢④實語、禁戒實語，以苦行實語，以諸仙實語，以緣生實語、苦實語、集實語、滅實語、道實語、辟支佛實語。我某甲願令眼清淨，七佛等覺已說，我釋迦牟尼應供正遍知今說，四大天王亦說，天帝釋亦說，娑訶世界主梵王亦說。阿難陀，我不見天世、魔世、沙門、婆羅門趣。持此淨眼陀羅尼者，患眼翳膜⑤浮暈，所謂令眼天

① 底本，《中華藏》第1427號，第65冊第649頁上—649頁下，原《麗藏》本。經名，《中華藏》校勘《石》《逕》《清》作"佛説能淨一切眼疾病陀羅尼經"，卷末經名同。

② 譯名，《中華藏》校勘《石》作"特進試鴻臚卿大興善寺三藏沙門大廣智不空奉詔譯"，《磧》《普》《南》作"大興善寺三藏沙門大廣智不空奉詔譯"，《逕》《清》作"唐三藏沙門大廣智不空奉詔譯"。

③ 集，《中華藏》校勘《磧》《普》《南》《逕》《清》作"焦"。

④ 羅漢，《中華藏》校勘《磧》《普》《南》《逕》《清》作"尸羅"。

⑤ 翳膜，《中華藏》校勘《石》作"瞖膜"。

作、龍作、藥叉作、羅刹作、羅刹女作①、必舍支女作、鳩槃茶作②、鳩槃茶女作、起屍鬼作、人厭禱作、梵志厭禱作，無敢違越，無不應效。具壽阿難陁，汝今受此陁羅尼，將③往釋種聚落，授④與乞曬麼迦，傳我語令，晝三時、夜三時誦持此陁羅尼。"其阿難陁⑤至彼，授與乞曬麼迦，乞曬麼迦纔聞此陁羅尼已，其眼脉已淨，眼目⑥得見，離一切諸垢。

爾時世尊説是經已，天人、阿修羅、乾闥婆等聞佛所説，歡喜奉行。

能淨一切眼疾病陁羅尼經

---

① "作"後，《中華藏》校勘《磧》《普》《南》《徑》《清》有"必舍支作"。
② 鳩槃茶作，《中華藏》校勘《石》無。
③ 將，《中華藏》校勘《石》作"特"。
④ 授，《中華藏》校勘《石》作"受"，下同。
⑤ 陁，《中華藏》校勘《磧》《普》《南》《徑》《清》無。
⑥ 目，原作"耳"，據《中華藏》校勘《徑》《清》改。

佛説救拔焰口餓鬼陁羅尼經①

開府儀同三司特進試鴻臚卿肅國公食邑三千户賜紫贈司空
謚大辨正號大廣智大興善寺三藏沙門不空奉詔譯②

尒時世尊在迦毗羅城尼俱律那僧伽藍所，與諸比丘并諸菩薩無數衆會，前後圍遶而爲説法。尒時阿難獨居静處，念所受法。即於其夜三更已後，見一餓鬼，名曰"焰口"。其形醜陋，身體枯瘦，口中火然，咽如針鋒，頭髮蓬亂，爪牙長利，甚可怖畏。住阿難前，白阿難言："却後三日，汝命將盡，即便生於③餓鬼之中。"是時阿難聞此語已，心生惶怖，問餓鬼言："若我死後生餓鬼者，行何方便得免斯苦？"尒時餓鬼白阿難言："汝於明日若能布施百千那由他恒河沙數餓鬼，并百千婆羅門仙等，以摩伽陁國所用之斛，各施一斛飲食，并及爲我供養三寶，汝得增壽，令我離於餓鬼之苦，得生天上。"阿難見此焰口餓鬼身形羸瘦，枯燋極醜，口中火然，咽如針鋒，頭髮蓬亂，毛爪④長利，又聞如是不順之語，甚大驚怖，身毛皆豎。即從座起，疾至佛所，五體投地，頂禮佛足，身體戰慄，而白佛言："願救我苦！所以者何？我住静處，念所授⑤法，見焰口餓鬼，而語我言：'汝過三日，必當命盡，生餓鬼中。'我即問言：'云何令我得免斯苦？'餓鬼答言：'汝今若能施於百千那由他恒河沙數餓鬼，及百千婆羅門仙等種種飲食，汝得增壽。'世尊！我今云何能辦若干餓鬼、仙人等食？"尒時世尊告阿難言："汝今勿怖！我有方便，令汝能施若千百千恒河沙餓鬼，及諸婆羅門仙等種種飲食，勿生憂惱。"

佛告阿難："有陁羅尼名曰'無量威德自在光明殊⑥勝妙力'。若有誦此陁羅尼者，即能充足俱胝那由他百千恒河沙數餓鬼，及婆羅門仙等上妙飲食。如是等衆，乃

---

① 底本，《中華藏》第1428號，第65册第651頁上—652頁中，原《麗藏》本。
② 譯名，《中華藏》校勘《石》作"特進試鴻臚卿大興善寺三藏沙門大廣智不空奉詔譯"，《磧》《普》《南》作"大興善寺三藏沙門大廣智不空奉詔譯"，《徑》《清》作"唐三藏沙門大廣智不空奉詔譯"。
③ 於，《中華藏》校勘《磧》《普》《南》《徑》《清》作"此"。
④ 毛爪，《中華藏》校勘《磧》《普》《南》《徑》《清》作"爪牙"。
⑤ 授，《中華藏》校勘《磧》《普》《南》《徑》《清》作"受"。
⑥ 殊，《中華藏》校勘《石》《磧》《普》《南》《徑》《清》無。

至一一皆得摩伽陁國所用之斛七七斛食。阿難！我於前世作婆羅門，於觀世音①菩薩所及世閒自在威德如來所受此陁羅尼，故能散施與無量餓鬼及諸仙等種種飲食，令諸餓鬼解脱苦身，得生天上。阿難！汝今受持，福德、壽命皆得增長。"尒時世尊即爲阿難説陁羅尼曰：

那謨薩嚩怛他檗多引嚩盧枳帝唵參婆囉參婆囉吽

佛告阿難："若有善男子、善女人，欲求長壽、福德增榮，速能滿足檀波羅蜜，每於晨朝及一切時，悉無障礙，取一淨器，盛以淨水，置少飯𪌭及諸餅食②等，以右手加③器，誦前陁羅尼滿七遍，然後稱四如來名号④。"

曩謨婆誐嚩帝鉢囉二合枳孃二合部引多囉怛曩二合怛他孽多也此云多寶如來

由稱多寶如來名号加持故，能破一切諸鬼多生已來慳恪惡業⑤，即得福德圓滿⑥。

那謨婆誐嚩帝素嚕波引耶怛他誐哆野此云南無妙色身如來⑦

由稱妙色身如來名号加持故，能破諸鬼醜陋惡形，即得色相具足⑧。

曩謨婆誐嚩帝尾鉢囉二合誐攞孽多怛囉二合也怛他孽多也此云廣博身如來⑨

由稱廣博身如來名号加持故，能令諸鬼咽喉寬大，所施之食，恣意充飽⑩。

曩謨婆誐嚩帝阿上婆去孕迦囉也怛他檗多也此云離怖畏如來⑪

由稱離怖畏如來名号加持故，能令諸鬼一切恐怖悉皆除滅，離餓鬼趣。

佛告阿難："若族姓善男子等，既稱四如來名号加持已，彈指七遍，取於食器，於淨地上，展臂瀉之。作此施已，於其四方，有百千那由他恒河沙數餓鬼，前各⑫有摩伽陁國七七斛食。受此食已，悉皆飽滿，是諸⑬鬼等，悉捨鬼身生於天上。阿難！若有比丘、比丘尼、優婆塞、優婆夷，常以此密言⑭及四如來名号加持食施鬼⑮，便能具足無量福德，則同供養百千俱胝如來功德等無差別，壽命延長、增益色力、善根具足，一切

---

① 觀世音，《中華藏》校勘《磧》《普》《南》《徑》《清》作"觀自在"。
② 食，《中華藏》校勘《磧》《普》《南》《徑》《清》作"飯"。
③ 加，《中華藏》校勘《磧》《普》《南》《徑》《清》作"按"。
④ "名号"後，《中華藏》校勘《磧》《普》《南》《徑》《清》有"南謨多寶如來"。
⑤ "惡業"後，《中華藏》校勘《磧》《普》《南》《徑》《清》有"罪障消滅"。
⑥ "圓滿"後，《中華藏》校勘《磧》《普》《南》《徑》《清》有"南謨妙色身如來"。
⑦ 此云南無妙色身如來，《中華藏》校勘《磧》《普》《南》《徑》《清》無。
⑧ "具足"後，《中華藏》校勘《磧》《普》《南》《徑》《清》有"南謨廣博身如來"。
⑨ 此云廣博身如來，《中華藏》校勘《石》作"此云那謨廣博身如來"，《磧》《普》《南》《徑》《清》無。
⑩ "充飽"後，《中華藏》校勘《磧》《普》《南》《徑》《清》有"南謨離怖畏如來"。
⑪ 此云離怖畏如來，《中華藏》校勘《石》作"此云那謨離怖畏如來"，《磧》《普》《南》《徑》《清》無。
⑫ 各，《中華藏》校勘《磧》《普》《南》《徑》《清》作"各各"。
⑬ 鬼，《中華藏》校勘《磧》《普》《南》《徑》《清》作"餓鬼"。
⑭ 密言，《中華藏》校勘《磧》《普》《南》《徑》《清》作"真言"，下同。
⑮ 鬼，《中華藏》校勘《磧》《普》《南》《徑》《清》作"餓鬼"。

非人、夜叉、羅刹、諸惡鬼神不敢侵害，又能成就無量福德壽命。若欲施諸婆羅門仙等，以淨飲食滿盛一器，即以前密言加持二七遍，投於淨流水中。如是作已，即爲以天仙[①]美妙之[②]食，供養百千俱胝恒河沙數婆羅門仙。彼諸仙人得加持食故，以密言威德，各各成就根本所願、諸善功德，各各同時發誓願言：‘願是食人令壽延長[③]、色力安樂；又令其人，心所見聞，正解清淨，具足成就梵天威德、行梵天行。又同供養百千恒河沙如來功德，一切寃讎不能侵害。’若比丘、比丘尼、優婆塞、優婆夷，若欲供養佛、法、僧寶，應以香、花及淨飲食，以前密言加持二十一遍，奉獻三寶。是善男子、善[④]女人，則成以天餚饍上味，奉獻供養滿十方界[⑤]佛、法、僧寶，亦爲讚歎、勸請、隨喜功德，恒爲諸佛憶念稱讚，諸天善神恒來擁護，即爲滿足檀波羅蜜。阿難！汝隨我語，如法修行，廣宣流布，令諸衆生普得見聞，獲無量福。是名《救餤口餓鬼及苦衆生陁羅尼經》，以是名字，汝當奉持。”

一切大衆及阿難等聞佛説已，一心信受，歡喜奉行。

救拔餤口餓鬼陁羅尼經

---

① 仙，《中華藏》校勘《磧》《普》《南》《徑》《清》作“諸”。

② 之，《中華藏》校勘《磧》《普》《南》《徑》《清》作“飲”。

③ 願是食人令壽延長，《中華藏》校勘《石》作“呪願是食令壽延長”，《磧》《普》《南》《徑》《清》作“願施食人壽命延長”。

④ “善”前，《中華藏》校勘《磧》《普》《南》《徑》《清》有“及”。

⑤ 十方界，《中華藏》校勘《石》作“十方”，《磧》《普》《南》《徑》《清》作“十方世界”。

大佛頂如來放光悉怛多鉢怛囉陀羅尼^①

大興善寺三藏沙門不空奉詔譯

曩莫薩嚩母馱冒引地薩哆吠二合,引毗藥二合曩謨颯跢引喃糁菟糁母馱俱引胝喃娑室囉二合,引嚕迦僧伽喃曩謨引盧去,引鷄阿囉罕二合跢引喃引曩謨素嚕二合哆半曩引喃曩謨塞訖唎三合跢引誐弭喃曩謨阿曩引誐弭喃曩謨路計糁菟誐跢喃糁菟鉢囉二合底丁以反半曩喃曩謨引囉怛曩二合怛囉夜耶曩謨婆誐嚩帝你唎二合㗫上輸囉洗曩鉢囉二合訶囉拏囉引惹引耶怛他引誐跢耶阿囉訶二合帝糁菟糁母馱耶曩謨婆誐嚩帝何弭跢婆耶怛他誐跢耶阿囉訶二合帝糁菟糁母馱耶曩謨婆誐嚩帝阿上屈數二合弊夜二合,引耶怛他誐跢耶阿囉訶二合帝糁菟糁母馱引耶曩謨婆誐嚩帝偘^②殺上爾耶二合虞嚕吠女去,引璃耶二合鉢囉二合婆囉引惹耶怛他誐跢耶阿囉訶二合帝糁菟糁母馱引耶曩謨婆誐嚩帝糁補澁比二合,引跢引娑引喃娜囉二合囉引惹耶怛他誐跢耶阿囉訶二合帝糁菟糁母馱引耶曩謨婆誐嚩帝舍引枳也二合牟曩曳怛他^③哆耶阿囉訶二合帝糁菟糁母馱引耶曩謨婆誐嚩帝囉哆曩二合俱蘇麼鷄都囉引惹耶怛他誐跢耶阿囉訶二合帝糁菟糁母馱引耶曩謨引婆誐嚩帝怛他引誐跢俱羅耶曩謨婆誐嚩帝鉢娜麼二合俱羅耶曩謨婆誐嚩帝嚩日囉俱羅耶曩謨婆誐嚩帝麼抳^④俱羅耶曩謨婆誐嚩帝孽惹俱羅耶曩謨泥嚩唎史喃曩謨悉馱引尾你也二合,反馱囉引喃曩謨悉馱引尾你也二合,反馱囉唎史喃舍引播努孽囉二合訶娑^⑤上末囉他二合喃曩謨沒囉二合訶麼二合抳曩謨印捺囉二合耶曩謨婆誐嚩帝嚕奈囉二合耶鳴莽引鉢底娑上醯夜耶曩謨曩引囉引延拏引耶略乞參二合彌娑上醯夜耶半遮摩訶母捺囉二合曩麼塞訖哩三合哆引耶曩謨摩訶迦引羅耶底哩二合補囉曩誐囉尾捺囉二合跛

拏迦引羅引耶阿地目得迦捨麼二合捨引曩嚩悉你摩底哩二合誐拏曩謨塞訖哩三合跢引耶
瑿①瓢引曩謨塞訖哩三合跢嚩二合,引伊麌婆誐嚩跢娑跢二合他誐覩引瑟膩二合,引衫悉
彈跢鉢哆嚧二合曩莽引跛囉爾跢鉢囉二合底孕二合祇嚩二合薩嚩泥嚩曩麼塞訖哩三合擔
薩嚩泥吠毗藥二合布引爾擔薩嚩泥吠尸奢二合跛哩播引里擔薩嚩部跢誐囉二合訶你誐
囉二合訶迦唎炎二合跛囉尾你也二合,反砌娜曩迦唎炎二合訥難上哆喃引薩哆嚩二合喃娜
麼劍訥瑟吒二合喃你嚩囉扼炎二合阿迦引羅没哩二合底庾二合鉢囉二合奢麼曩迦哩炎二
合薩嚩滿馱曩目去,引訖叉二合曩迦唎炎二合薩嚩努瑟吒二合訥塞嚩二合般曩你嚩引囉扼
炎二合,引者覩囉施引底喃引孽囉二合訶娑訶娑囉二合喃尾特奉二合娑曩迦唎炎二合阿瑟
吒二合尾孕二合捨底喃引諾訖刹二合多囉二合,引喃鉢囉二合娑引娜曩迦唎炎二合阿瑟吒
二合喃摩訶誐囉二合訶引喃尾特奉二合娑上曩迦唎炎二合薩嚩捨咄嚕二合你嚩引囉扼炎
二合虞嚧引努娑嚩二合鉢曩難引者曩捨你炎二合尾娑設娑上哆囉三合阿祇你二合烏娜迦
烏哆囉二合扼炎二合阿跛囉爾跢引虞囉摩訶戰拏喃二合,引摩訶蟄而指反,引勃擔二合摩訶
帝染二合摩訶始吠二合擔入嚩二合攞摩訶末攞二合室哩二合耶半拏囉嚩引徙②你炎引,二
合阿唎耶二合跢引囉引毗唎二合俱知炎二合制嚩染嚩日囉二合摩禮底尾輸嚕二合擔引鉢
納麼二合加麌二合嚩日囉二合爾賀嚩二合者莽攞制嚩跛囉③引爾跢引嚩日囉二合難膩尾
舍攞引者扇跢引吠泥訶布引爾跢燥咩嚕波摩訶始吠二合哆引阿引唎耶二合跢引囉引摩訶
末攞引阿跛囉嚩日囉二合商迦囉制嚩嚩日囉二矯摩唎俱蘭上馱唎引嚩日囉二合訶娑哆
二合者摩訶引尾你也二合,引怛他建者曩麼理迦怛蘇唵二合婆囉哆曩制嚩吠嚧引者曩俱
娜引囉菟二合瑟膩二合娑引尾藉臨二合波摩引拏引者嚩日囉二合迦曩迦鉢囉二合婆魯引者
曩嚩日囉二合頓膩者始吠二合跢引者迦麼攞引訖叉二合捨施鉢囉二合婆引伊底曳二合,引
帝母捺囉二合誐拏薩吠略訖删二合俱囉挽二合覩麼麼寫唵引唎史誐拏鉢囉二合捨娑哆二
合怛他蘗姤瑟膩二合沙吽祇㘑二合,引染婆曩吽祇㘑二合娑擔二合婆曩吽祇㘑二合冒引
訶曩吽祇㘑二合摩他上,引曩吽祇㘑二合跛囉尾你也二合穆薄訖叉二合拏迦上囉吽引祇㘑
二合薩嚩訥瑟吒二合喃娑擔二合婆曩迦上囉吽祇㘑二合薩嚩藥叉囉引刹娑上誐囉二合訶
引喃尾特奉二合娑曩迦上囉吽祇㘑二合者咄囉施引底引喃孽囉二合訶娑訶娑囉二合喃引
尾曩引捨④曩迦囉吽祇㘑二合阿瑟吒二合尾孕二合設引底引喃引諾訖叉二合怛囉二合,引
喃鉢囉二合娑娜曩迦上囉吽祇㘑二合,引阿瑟吒二合喃摩訶誐囉二合訶引喃尾特奉二合

————

① 瑿,《卍續藏》校勘黃檗本作"醫"。
② 徙,《卍續藏》校勘黃檗本作"從"。
③ 囉,《卍續藏》校勘黃檗本作"囉"。
④ 捨,《卍續藏》校勘黃檗本作"拾"。

娑曩迦囉略乞叉二合略乞叉二合𩕳婆誐①鏺娑哆二合他誐妬②瑟膩二合灑摩訶引鉢囉二合底孕二合,引齺囉二合摩訶引娑訶娑囉二合部迿娑訶娑囉二合尸哩曬二合俱胝引捨哆娑訶娑囉二合儜引帝嘌二合阿便你也二合入嚩二合理哆曩吒曩③迦上摩訶嚩日略二合,引娜引羅底哩二合步嚩曩漫拏羅唵引娑嚩二合悉底羅婆二合嚩覩麼麼囉引惹婆耶主囉婆耶阿齺你二合婆耶鳴娜迦婆耶尾沙婆耶捨娑上哆囉三合婆耶跋囉斫訖囉二合婆耶訥擗重聲乞叉二合婆耶阿捨你婆耶阿迦羅没哩二合底庾二合婆耶馱囉扼部彌劍波婆耶鳴勒迦二合波哆婆耶囉引惹難拏婆耶曩引誐婆耶尾你庾二合,引婆耶蘇鉢囉二合扼婆耶藥乞叉二合誐囉二合訶囉引乞叉二合娑上誐囉二合訶必嘌二合哆誐囉二合訶比舍引遮上誐囉二合訶部引哆誐囉二合訶鳩盤拏誐囉二合訶布引單曩誐囉二合訶揭吒布單曩誐羅二合訶塞建二合娜誐囉二合訶阿跋娑麼二合,引囉誐囉二合訶引嗢莽引娜誐囉二合訶引車此夜反,引耶引誐囉二合訶引嘌引嚩底誐囉二合訶引鳴引惹引訶引唎惹尼也反,引,下同蘗婆引訶唎惹引惹跢引訶引訶惹引爾引尾跢引訶引唎惹引嚕地囉引訶引唎惹引嚩娑引訶引唎惹引莽引娑引訶引唎惹引咩引娜引訶引唎惹引末④惹引訶引唎惹引萬引跢引訶引唎惹引阿輸遮之夜反,引訶引唎惹引質遮引訶引唎惹引帝引衫引薩吠引衫引薩嚩蘗囉二合訶引喃引尾捻上,引,下同瞋娜耶引弭枳引羅上耶弭波哩没囉二合,引惹迦上訖哩二合擔引尾捻引瞋娜耶引弭枳引羅上耶引弭拏引迦上拏引枳你引訖哩二合擔引尾捻引瞋娜耶引弭枳引羅上耶弭摩訶引跋輸跋底嚕捺囉二合訖哩二合擔引尾捻引瞋娜那引弭枳引羅上耶弭怛哆嚩二合蘗嚕拏索醯引耶⑤訖哩二合擔引尾捻引瞋娜耶引弭枳引羅上耶引弭引摩訶引迦引羅摩底哩二合誐拏訖哩二合擔引尾捻引瞋娜耶引弭枳引羅上耶弭迦引跋引理迦訖哩二合擔引尾捻引瞋娜耶引弭枳羅耶引弭惹耶迦上囉末度迦上囉薩嚩引囉他二合娑引馱曩訖哩二合擔引尾捻引瞋娜耶引弭枳引羅耶引弭者咄囉二合薄齺你引訖哩二合擔引尾捻引瞋娜耶引弭枳羅耶引弭勃㖵儗哩智知里反迦難你鷄引尸嚩二合囉誐拏跢底娑上醯引耶訖哩二合擔引尾捻引瞋娜耶引弭枳引羅耶引弭曩誐曩二合失囉二合麼拏訖哩二合擔引尾捻引瞋娜耶引弭枳引羅耶引弭阿囉罕二合哆訖哩二合擔引尾捻引瞋娜耶弭枳引羅耶弭尾引哆囉引誐⑥訖哩二合擔引尾捻引瞋娜耶引弭枳引羅耶引弭嚩日囉二合播引扼訖哩二合擔引尾捻引瞋娜耶引弭枳引羅耶弭没囉二合訶麼二合訖哩二合擔引嚕娜羅二合訖哩二合擔引曩囉引延拏訖哩二合擔引尾捻引瞋娜耶弭枳羅耶引弭嚩日囉二合播引扼玉呬野二合迦引地鉢底訖哩二合擔引尾捻

---

① “誐”後,《卍續藏》校勘黃檗本有“鏺”。

② 妬,《卍續藏》校勘黃檗本作“姤”。

③ 曩,《卍續藏》校勘黃檗本無。

④ 末,《卍續藏》校勘黃檗本作“未”。

⑤ 耶,《卍續藏》校勘黃檗本無。

⑥ “誐”後,《卍續藏》校勘黃檗本有“哆”。

引瞋娜耶引弭枳引羅耶引弭略乞叉二合略乞叉二合魔末引，稱名

婆誐梵引悉跢上，引哆鉢怛囉二合娜謨引素覩二合帝引阿徙①哆曩邏引囉迦二合鉢囉二合婆娑普二合吒尾迦悉跢上，引哆鉢怛㘒二合入㗚二合攞㗚入二合攞馱上迦馱上迦尾馱迦尾馱迦娜囉娜囉尾娜囉尾娜囉瞋娜瞋娜頻娜頻娜吽引吽引泮吒半音，下同泮吒娑㗚二合，引訶醯形曳反，引醯同上，引泮吒阿目去，引伽耶泮吒阿鉢囉二合底訶多耶泮吒嚩囉鉢囉二合娜耶泮吒阿素囉尾娜囉二合，引跛迦耶泮吒薩嚩褅引吠毗藥二合，反，下同泮吒薩嚩曩引藝於倪反，引弊耶二合泮吒薩嚩藥乞曬二合，引弊耶二合泮吒薩嚩羅引乞剎二合細引弊耶二合泮吒薩嚩誐嚕褅引弊耶二合泮吒薩嚩嶽闍吠引弊耶二合泮吒薩嚩阿素㘒引弊耶二合泮吒薩嚩緊娜㘒引弊耶二合泮吒薩嚩麼護引羅藝引弊耶二合泮吒薩嚩步引帝引弊耶二合泮吒薩嚩比舍引制引弊耶二合泮吒薩嚩弓去盤引嫺引弊耶二合泮吒薩嚩布引單你引弊耶二合泮吒薩嚩揭吒布引單你引弊耶二合泮吒薩嚩訥楞祇帝引弊耶二合泮吒薩嚩努瑟鉢㘑二合乞史二合帝引弊耶二合泮吒薩嚩入㗚二合㘒引弊耶二合泮吒薩嚩阿跛娑麼二合，引㘒引弊耶二合泮吒薩嚩失囉二合麼你引弊耶二合泮吒薩嚩底引㗚體二合，聽以反鷄引弊耶二合泮吒薩嚩溫莽引褅引弊耶二合泮吒薩嚩尾你也二合，引遮引唎曳二合，引弊耶二合泮吒惹耶迦囉末度迦囉薩嚩引㗖他二合娑引馱鷄引瓢引尾你也二合，引遮引唎曳二合，引弊耶二合泮吒者咄囉二合薄儗你引弊耶二合泮吒㘕日囉二合矯引莽引哩俱蘭上馱唎引尾你也二合，引囉誓而濟反，引弊耶二合泮吒摩訶引鉢囉二合底孕二合凝曬引弊耶二合泮吒㘕日囉二合，引商迦攞引耶鉢囉二合底孕二，引凝囉邏引惹耶泮吒摩訶引迦攞引耶忙底哩二合誐拏曩麼塞訖哩三合跢引耶泮吒印娜囉二合耶泮吒沒囉二合，引訶弭二合你曳引泮吒嚕娜囉二合，引耶泮吒尾引瑟拏二合尾曳引泮吒尾瑟嫺二合尾曳引泮吒物囉二合訶彌二合曳引泮吒阿引凝你二合曳引泮吒魔訶引迦引里曳泮吒嘮去，引涅哩二合，引曳引泮吒迦引羅難上馳引曳引泮吒愛涅哩二合，引曳引泮吒忙引底唎二合曳引泮吒遮引悶膩引曳引泮吒迦引攞囉引底哩二合曳引泮吒迦引跛引里曳引泮吒阿地目訖德二合迦上捨麼二合舍引曩嚩引悉你引曳引泮吒曳引髻引質哆娑怛㘒二合，引麼麼

訥瑟吒二合質跢引播引跛質跢引嘮娜囉二合質哆引尾你吠二合，引沙質跢引阿眛引怛囉二合質哆引嗚哆跛二合，引娜演底枳引羅演底曼怛囉二合演底惹引半底粗罕底嗚引惹引訶引囉引孽婆訶引囉引嚕地囉引訶引囉引芒②上，引娑引訶引囉咩引娜引訶引囉末惹訶引囉嚩娑引訶引囉引惹跢引訶引囉爾引尾跢引訶囉引末略里也反，引訶引囉嚩略引訶引囉嶽馱引訶囉引補瑟波二合訶囉引頗攞引訶引囉薩寫引訶引囉引播引跛質跢引努瑟吒二合質跢引泥嚩孽囉二合訶引曩引誐孽囉二合訶引藥乞叉二合孽囉二合訶引囉引乞剎二合娑孽囉

二合訶引阿素囉孽囉二合訶引孽嚕拏孽囉二合訶引緊娜囉引孽囉二合訶麼護引囉誐孽囉二合訶引畢囉二合多孽囉二合訶引比舍引者孽囉二合孽引部引多孽囉二合訶引布單曩孽囉二合訶引迦上吒布引單曩孽囉二合訶引鳩去盤引拏孽囉二合訶引塞建二合拏孽囉二合訶引嗢莽引娜孽囉二合訶車去,引耶引孽囉二合訶引阿跛娑莽二合囉引孽囉二合訶引拏去,引迦拏去,引枳①你引孽囉二合訶引囉引嚩底孽囉二合訶引惹引弭迦上,引孽囉二合訶引鑠俱你孽囉二合訶引難上你迦孽囉二合訶引藍尾迦孽囉二合訶引建上吒播引抳孽囉二合訶引入嚩二合囉嫛迦引皞迦引你吠二合,引底也迦引底嚇二合,引底也迦引者引咄他上迦引你底耶二合入嚩二合囉引尾沙摩入嚩二合囉引嚩底迦引背引底迦引始嚇二合,引參彌二合迦引散你跛底迦引薩嚩入嚩二合囉引始嚕引㗧底二合阿上囉馱二合嚩胜引馱迦阿嚧引者迦上阿乞史二合嚧引儞目佉嚧引儞喝唎二合訥嚧去儞羯囉拏二合輸藍難上多輸藍紇哩二合娜耶輸藍末轉聲麼輸藍播引囉尸嚩二合輸藍鉢哩二合瑟咤二合輸藍嗚娜囉輸藍迦智纈里反輸藍嚩無橙反娑底二合輸藍嗚娜嚧引輸藍穰上伽輸藍賀娑多二合輸藍播引娜輸藍薩罔引誐鉢囉二合底孕二合誐輸藍步引哆吠引跢引拏拏引迦拏枳你引入嚩二合囉娜訥嚧二合建紉去,引枳智准上婆魯引哆吠引薩跛魯去,引訶陵上誐輸引沙怛囉二合,引娑上誐囉尾灑瑜引誐阿嶷你二合嗚娜迦末囉吠引囉建去,引跢囉阿迦引羅没哩二合底庾二合帝囉二合目迦帝嚇二合,引攞引吒迦没哩二合始止二合迦薩跛曩俱羅思孕二合,引賀尾也二合,引伽囉二合哩乞沙二合哆囉哩乞沙二合遮末囉爾引尾鞞帝引衫引薩吠引衫引悉跢上,引多鉢怛囉二合摩訶引嚩日嚕二合,引嗚瑟膩二合,引衫摩訶引鉢囉二合底孕二合嶷藍夜引嚩娜嚩二合,引娜捨瑜引惹曩引便多囉引拏衫去,引莽引滿鄧迦上嚕上,引弭你泥以反捨引滿鄧迦上嚕引弭跛囉尾你也二合,引滿鄧伽上嚕引弭帝引殊祖嚕反滿鄧迦上嚕弭賀娑哆二合滿鄧迦上嚕引弭播引娜滿鄧迦嚕弭薩罔引誐鉢囉二合底孕二合誐滿鄧迦上嚕引弭怛你也二合他引唵阿曩引囉阿曩引灑②尾舍娜尾舍娜滿馱滿馱滿引馱你滿馱你吠引囉嚩日囉二合播引抳泮吒咔引蔽啉二合,引泮吒娑嚩二合,引訶曩謨引娑哆二合他引誐跢引耶蘇誐跢引耶囉訶二合帝引三去藐三去没馱引耶悉殿覩瞞怛囉二合跛娜引娑嚩二合,引訶

大唐青龍寺內供奉沙門曇貞修建真言碑本

---

① 枳,《卍續藏》校勘黃檗本作"嶷"。
② 引灑,《卍續藏》校勘黃檗本作"囉引"。

一切如來白傘盖大佛頂陁羅尼①

唐開元三朝灌頂國師和尚特進試鴻臚卿開府儀同三司肅國公食邑三千户
食實封三百户贈司空謚大辯正大廣智大興善寺三藏沙門不空奉詔譯②

一切如來白傘盖大佛頂陁羅尼啓請

啓諷放光大佛頂，如來万行首楞嚴，
開無相門圓寂宗，字字觀照金剛定。
瑜伽妙旨傳心印，摩訶衍行捴持門，
説此秘密悉怛多，解脱法身金剛句。
菩提力大虚空量，三昧智印果無邊，
不持齋者是持齋，不持戒者名持戒。
八万四千金剛衆，行住坐臥每隨身，
十方世界諸如來，護念皈命受持者。
念滿一万八千遍，遍遍入於無想定，
号稱堅固金剛幢，自在得名人中佛。
縱使駡詈不爲過，諸天常聞梵語聲，
神通變化不思議，陁羅尼門最第一。
大聖放光佛頂力，掩惡揚善證菩提，
唯聞念者瞻蔔香，不嗅一切餘香氣。
僧破二百五十戒，比丘尼犯八波羅，
聞念佛頂陁羅尼，便得具足聲聞戒。
我今依經述偈讚，無量功德普莊嚴，
聽者念者得加持，同獲涅盤寂滅樂。

---

① 底本，《房山石經》塔下 9253 號，華夏出版社 2000 年版，第 27 册第 390—395 頁。參校林光明編《房山明咒集》梵字轉寫，嘉豐出版社 2008 年版，第 1 册第 28—81 頁。

② 譯名，原在"大陁羅尼曰"後，今移至此。

佛説大佛頂如來廣放光明聚現大白傘盖遍覆三千界摩訶悉怛多鉢怛囉二合金剛
無礙大道場最勝無比大威德金輪帝祖仁祖反仡囉二合施都攝一切大明王揔集不可説
百千旋陁羅尼十方如來清淨海眼微妙秘密大陁羅尼

曰：

曩莫入薩嚩没馱上冒地薩怛吠二合,引,微閇毗藥二合,一曩莫颯鉢跢二合南上,引,二三
去藐三去没入馱三句引致引南上,引,四薩室囉二合嚩迦僧去伽去南上,引,五曩謨路引計囉
曷二合擔引,六曩莫素嚕二合跢引半曩引南上,引,七曩莫塞訖嘌二合娜引誐引弭南上,引,八
曩莫阿上曩引誐弭南上,引,九曩謨路引計三去猿藥跢引南上,引,十三猿鉢囉三①合底丁一反
半曩引南上,引,十一曩謨引祢去嚩嘌史二合喃上,引,十二曩莫悉馱尾你也二合馱引囉嘌史
二合喃上,引,十三舍引播引弩鼻音屹囉二合賀娑上沫嘌他二合南上,引,十四曩謨引没囉二合
憾麼二合妳鼻,引,十五曩莫引印捺囉二合野十六曩謨引婆去誐嚩帝引,十七嚕捺囉二合,引野
十八塢麼鉢底准上娑上呬馨異反,引夜引野十九曩謨引婆去誐嚩底引曩囉演拏鼻音野二十半
左摩賀引母捺囉二合,引,二十一曩莫塞訖哩三合跢野二十二曩謨引婆去誐嚩帝二十三摩賀
引迦攞引野二十四底哩二合補囉曩誐囉二十五尾捺囉二合跛拏迦囉引野二十六阿入地穆訖
得二合迦濕麼二合舍引曩嚩引枭星以反寧引,二十七麼底哩二合誐拏鼻音,二十八曩莫塞訖嘌
三合跢野二十九曩謨引婆去誐嚩帝三十怛他去,引藥跢矩攞引野三十一曩謨引婆去誐嚩帝三
十二鉢納麼二合矩攞引野三十三曩謨引婆去誐嚩帝三十四嚩日囉二合矩攞野三十五曩謨引
婆去誐嚩帝三十六麼抳尼整反矩攞野三十七曩謨引婆去誐嚩帝三十八蘗惹自攞反矩攞引野三
十九曩謨引婆去誐嚩帝四十你哩二合茶②去戍引囉細引曩鉢囉二合賀囉拏鼻囉引惹准上野四
十怛他引藥跢引野引囉曷二合帝四十二三去猿三去③没馱引野四十三曩謨引婆去誐嚩帝四
十四阿上弭跢引婆去,引野四十五怛他去,引藥跢引野引囉曷二合帝四十六三去猿三去没馱野
四十七,引曩謨婆去誐嚩帝四十八惡屈芻二合毗夜二合,引野四十九怛他引藥跢引夜引囉曷二
合帝五十三去猿三去没馱引野五十一曩謨婆去誐嚩帝五十二佩殺尒野二合麌遇縷嚕吠微閇
吱尼古哩野二合鉢囉二合婆去囉引惹引野五十三怛他引藥跢引夜引囉曷二合帝五十四三去猿
三去没馱引野五十五曩謨婆去誐嚩帝五十六三去補澁畢二合多上娑上隣上捺囉二合囉引惹
引野五十七怛他去藥跢引夜引囉曷二合帝五十八三去猿三没馱引野五十九曩謨引婆去誐嚩
帝六十舍引枳野二合母曩曳引,六十一怛他引藥跢引夜引囉曷二合帝六十二三去猿三去没馱
引野六十三曩謨引婆去誐嚩帝六十四喇怛曩二合矩素麼計引覩囉引惹引野六十五怛他引藥
跢引夜引囉曷二合帝六十六三去藐三去没馱引野六十七帝鈔曩莫塞訖哩三合哩怛嚩二合,六十

---

①　三,原作“二”,據《房山明咒集》梵字讀音改。

②　茶,原作“茶”,據《房山明咒集》梵字讀音改。

③　去,原脱,據前文補。

八伊上鞨引婆去誐嚩哆娑怛二合他去，引櫱妬引瑟抳二合，引鈐六十九悉路多鉢怛嚩二合，七十曩麼引跛囉引尒自以反擔七十一鉢囉二合底孕二合儗霓以嚩引，七十二薩嚩多屹囉二合賀顎屹囉二合賀迦囉抳滔二合，七十三跛囉尾你也二合，引砌娜顎寅二合，引，七十四阿上迦引藍没㗚二合底庾二合跛哩怛囉二合，引拏迦哩寅二合，引，七十五薩嚩滿馱曩謨乞灑二合抳滔二合，七十六薩嚩訥瑟吒二合耨娑嚩二合鉢曩二合顎嚩引囉抳滔二合，引，七十九拶覩囉試引底引南上，引，七十八屹囉二合賀娑賀娑囉二合嗽引，七十九尾特吻二合娑曩迦哩寅二合，引，八十阿上瑟吒二合，引尾孕二合設底難上，八十一諾乞刹二合怛囉二合，引喃引，八十二鉢囉二合娑引娜曩迦哩寅二合，引，八十三阿上瑟吒二合難上，引摩賀引屹囉二合賀嗽八十四尾特吻二合娑曩迦哩寅二合，引，八十五薩嚩設咄嚕二合顎嚩囉抳滔二合，引，八十六具嚩耨娑嚩二合鉢曩二合難上左曩引設顎滔二合，八十七尾灑設娑怛囉三合阿上儗顎二合嗢路囉抳滔二合，八十八阿上跛囉引尒擔摩賀引具引攬引，八十九摩賀引摩攬引，九十摩賀引贊喃上，引，九十一摩賀引捻奴揖鉢擔二合，九十二摩賀引帝引染自攬，九十三摩賀引濕吠二合擔引，九十四摩賀引入嚩二合攬九十五摩賀引麼攞引，九十六半拏囉嚩引枲顎引，九十七阿去，引哩野二合路引囉引，九十八勃哩二合矩砧去，引，九十九載嚩尾惹野一百嚩日囉二合麼上礼底尾秫嚕二合擔一鉢納幡上，二合劍二嚩日囉二合吟賀嚩二合左三麼引攞引載引嚩引跛囉引尒多四嚩日囉二合，引難上膩寅二合，引，五尾舍引攞引左扇路吠六祢去嚩布引尒擔引，七掃去，引弸野二合嚕啐補敢，八摩賀引濕吠二合路引，九阿上哩野二合路引囉十摩賀引麼攞十一阿上跛囉引嚩日囉二合餉迦攞引載嚩十二嚩日囉二合矯魚矯反，引麼鼻，引哩矩嬾馱哩引，十三嚩日囉二合賀娑路二合，引左十四摩賀引尾你野二合，引，十五謇左曩麼鼻，引理迦引，十六矩蘇唵二合婆去，引喇怛曩二合載嚩十七吠引嚧轉舌左曩引，十八矩刺引闍難上鄔瑟抳二合灑十九尾日㗚二合婆去麼拏引左二十娑嚩日囉二合迦曩迦二十一鉢囉二合婆去路引左曩二十二嚩日囉二合，引頓膩寅二合左二十三濕吠二合路引左二十四迦麼鼻攞引乞史二合，引，二十五設試鉢囉二合婆去娑蒲憾伊上底曳二合帝二十六母捺囉二合，引誐拏引，二十七薩吠引囉乞鑅二合嵩俱律㗚挽二合，下同①，無滿都麼麼二十八薩嚩薩怛嚩二合，引難上左二十九唵引，三十乙㗚二合史誐拏鉢囉二合設娑跢二合野三十一薩嚩怛他去，引櫱妬引瑟抳二合，引灑引野三十二吽引，三十三豿嚕唵三合，引，三十四染婆去曩迦囉三十五吽引，三十六豿嚕唵三合，引，三十娑擔二合婆去曩迦囉三十八吽引，三十九豿嚕唵三合，引，四十謨引賀曩迦囉四十一吽引，四十二豿嚕唵三合，引，四十三沫他去曩迦囉四十四吽引，四十五豿嚕唵三合，引，四十六跛囉尾你野二合三去薄乞灑二合拏鼻迦囉四十七吽引，四十八豿嚕唵三合，引，四十九薩縛訥瑟吒二合難上，五十娑擔二合婆去曩迦囉五十一吽引，五十二豿嚕唵三合，引，五十三薩嚩藥乞灑二合囉乞灑二合娑去屹囉二合賀引喃引，五十四尾特吻二合，無肯娑曩迦囉五十五吽引，五十六豿嚕唵三合，五十七拶覩上囉引試引底引南上，引，五十八屹囉二合賀娑賀娑囉二合喃上,引,五十九尾特吻二合娑曩迦囉六十吽引,六十一貀嚕唵三合,引,六十二阿上瑟吒二合尾孕二合設底引難上,引,六十三諾乞刹二合怛囉二合喃引,六十四鉢囉二合娑引娜曩迦囉六十五吽引,六十六貀嚕唵三合,引,六十七阿上瑟吒二合南上,引,六十八摩賀引屹囉二合賀喃引,六十九嗢答麼二合娜曩迦囉七十吽引,七十一貀嚕唵三合,引,七十二囉乞灑二合囉乞灑二合輪引,七十三婆去誐鑁娑怛二合他去,引蘗姤引瑟扼二合,引灑七十四悉跢多鉢怛囉二合摩賀引嚩日嚧二合,引瑟扼二合,引灑七十五摩賀引鉢囉二合底孕二合儗嚇引,七十六摩賀引娑賀娑囉二合部薺自曳,引,七十七娑賀娑囉二合施引㘑曬二合,引,七十八句致引設多上娑賀娑囉二合甯怛頓二合,七十九阿上陛祢入嚩二合理多引怛吒迦八十摩賀引嚩日嚧二合,引娜引囉八十一底哩二合部嚕曩滿拏攞八十二唵引,八十三娑嚩二合悉底丁逸,二合㘑婆二合,去嚩覩八十四輪麼麼八十五囉引惹婆去夜引,八十六祖去,引囉婆去夜引,八十七鄔娜迦婆去夜八十八阿上儗頓二合婆去夜引,八十九尾灑婆去夜引,九十設娑怛囉三合婆去夜引,九十一跛囉斫羯囉二合婆去夜引,九十二訥蹄乞叉二合婆去夜引,九十三阿上捨頓婆去夜引,九十四阿上迦覽蜜㘑二合底庚二合婆去夜引,九十五馱囉扼部引彌劍播引婆去夜引,九十六嗢勒迦二合,引播引多婆去夜引,九十七囉惹難上拏婆去夜引,九十八素鉢囉哩扼二合婆去夜引,九十九曩引誐婆去夜引,一百尾你聿二合婆去夜引,一祢去嚩屹二合賀二曩引誐屹囉二合賀引,三藥乞灑二合屹囉二合賀四喀乞灑二合娑屹囉二合賀引,五畢嚇二合多屹囉二合賀引,六比舍引左屹囉二合賀引,七部多屹囉二合賀引,八禁俱滌畔拏屹囉二合賀引,九布引怛曩屹囉二合賀引,十羯吒布引怛曩屹囉二合賀引,十一塞騫二合娜屹囉二合賀引,十二阿跛娑麼二合,引囉屹囉二合賀引,十三嗢答麼二合娜屹囉二合賀引,十四蹉去,引夜屹囉二合賀引,十五嚇嚕引底屹囉二合賀引,十六惹弭迦屹囉二合賀引,十七建姹迦弭頓屹囉二合賀引,十八鄔惹引賀哩扼野二合,十九蘗婆去賀哩扼野二合,引,二十惹引多賀哩扼野二合,引,二十一尒自異尾多賀哩引扼野二合,二十二嚕地囉引賀哩引扼野二合,二十三嚩娑引賀哩引扼野二合,二十四莽引娑賀哩扼野二合,引,二十五謎引娜引賀哩扼野二合,引,二十六沫惹賀哩扼野二合,引,二十七挽無滿,下同跢賀哩扼野二合,引,二十八阿上秫紫野二合賀哩扼野二合,引,二十九唧左賀哩扼野二合,引,三十帝釤引薩吠釤引,三十一薩嚩屹囉二合賀喃引,三十二尾你琰二合,引親去娜夜弭三十三枳雞以攞野引弭三十四跛哩没囉二合惹引迦三十五訖㗚二合擔引尾你琰二合,引,三十六親去娜夜弭三十七枳引攞野弭三十八拏引迦拏引枳引頓引,三十九訖㗚二合擔尾你琰二合,引,四十親去娜夜引弭四十一枳引攞野弭四十二摩賀引鉢戍上跛底嚕捺囉二合,四十三訖㗚二合擔尾你琰二合,引,四十四親去娜夜引弭四十五枳引攞野弭四十六曩囉引演拏引半左摩賀引母捺囉二合,四十七訖㗚二合擔尾你琰二合,引,四十八親去娜夜弭四十九枳引攞野弭五十怛怛嚩二合誐嚕拏娑吒去,引夜引野五十一訖㗚二合擔尾你琰二合,五十二親去娜夜引弭五十三枳攞野弭五十四摩賀引迦攞五十五麼底哩二合誐拏娑吒引夜野五十六訖㗚二合擔尾你琰二合,五十七親去娜夜引弭五十八枳引攞野弭五十九迦引播引理迦六十訖㗚二合擔尾你琰二合,

六十一親去娜夜引弭六十二枳引攞野弭六十三惹野迦囉引麼度迦囉六十四薩嚩引囉他二合
娑去引馱迦六十五訖㗚二合擔尾你琰二合,六十六親去娜夜引弭六十七枳引攞野弭六十八捺
咄薄儗頡二合勃囉二合底哩二合半左麼娑呬去,引夜野六十九訖㗚二合擔尾你琰二合,七十
親去娜夜引弭七十一枳引攞野弭七十二勃嘚二合儗哩致上迦難上你泥以計濕嚩二合囉七十三
誐拏鉢底娑呬引,去夜野七十四訖㗚二合擔尾你琰二合,七十五親去娜夜引弭七十六枳引攞
野弭七十七諾屹曩二合室囉二合麼拏鼻,七十八訖㗚二合擔尾你琰二合,七十九親去娜夜引弭
八十枳引攞野引弭八十一遏囉罕二合多八十二訖㗚二合擔尾你琰二合,八十三親去娜夜引弭八
十四枳引攞野引弭八十五味引多囉引誐八十六訖㗚二合擔尾你琰二合,八十七親去娜夜引弭八
十八枳引攞野引弭八十九嚩日囉二合播引捉九十麌入呬野二合迦引地跛底九十一訖㗚二合擔
尾你琰二合,九十二親去娜夜引弭九十三枳引攞野引弭九十四囉乞灑二合囉乞灑二合輪引,九
十五婆去誐嚩多九十六娑怛二合他去,引蘖妬引瑟捉二合,引鈝九十七悉馱多鉢怛㘕二合,九十
八曩謨窣覩二合帝九十九阿上枲星以馱曩攞囉迦二合,三百鉢囉二合婆去娑普二合吒一尾
迦悉馱多鉢怛噤二合,二入嚩二合攞入嚩二合攞三馱迦馱迦四尾馱迦尾馱迦五娜囉娜囉
六尾娜囉尾娜囉七親去娜親去娜八牝娜牝娜九吽引吽十發吒半音,下同發吒十一娑嚩二合,
引賀引,十二係引係引發吒十三阿上謨引伽去發吒十四阿鉢囉二合底賀多發吒十五嚩囉鉢囉
二合娜發吒十六阿蘇上囉尾捺囉二合跛迦發吒十七薩嚩祢去吠引毗藥二合發吒十八薩嚩曩
引霓去毗藥二合發吒十九薩嚩藥乞曬二合毗藥二合發吒二十薩嚩囉引乞刹二合細毗藥二合
發吒二十一薩嚩葉嚕妳引毗藥二合發吒二十二薩嚩巘達吠引毗藥二合發吒二十三薩嚩阿
上素囉毗藥二合發吒二十四薩嚩緊娜囉毗藥二合發吒二十五薩麼護囉藝引毗藥二合發吒二
十六薩嚩麼弩曪毗藥二合發吒二十七薩嚩阿上麼弩曪毗藥二合發吒二十八薩嚩步引帝毗
藥二合發吒二十九薩嚩比舍引際引毗藥二合發吒三十薩嚩禁畔妳引毗藥二合發吒三十一薩
嚩布引多寧引毗藥二合發吒三十二薩嚩羯吒布引多寧去毗藥二合發吒三十三薩嚩訥轉舌稜
上祇去帝毗藥二合發吒三十四薩嚩弩引澁畢㘑三合乞史二合帝毗藥二合發吒三十五薩嚩入
嚩二合㘑引毗藥二合發吒三十六薩嚩阿上跛娑麼二合,引㘑毗藥二合發吒三十七薩嚩室囉二
合麼鼻音妳毗藥二合發吒三十八薩嚩底丁以㗚體町以,二合計毗藥二合發吒三十九薩嚩嗢答
麼二合祢去毗藥二合發吒四十薩嚩尾你也二合,引左哩曳二合毗藥二合發吒四十一惹野迦囉
沫度迦囉四十二薩嚩引喇他二合娑引馱計引毗藥二合發吒四十三薩嚩尾你也二合,引左哩
曳二合毗藥二合發吒四十四捺咄薄儗頡二合,引毗藥二合發吒四十五嚩日囉二合矯麼引哩矩
孋馱哩四十六摩賀尾你也二合囉自曳毗藥二合發吒四十七摩賀引鉢囉二合底孕二合儗嚧毗
藥二合發吒四十八嚩日囉二合餉迦攞引野發吒四十九摩賀引鉢囉二合底孕二合儗囉引惹引
野發吒五十摩賀引迦引攞引野五十一摩賀引麼底哩二合誐拏鼻音,五十二曩莫塞訖㗚三合馱
引野發吒五十三吠微闍瑟弩二合,尾古尾引曳引發吒五十四沒囉二合憾麼二合捉曳發吒五十五
阿屹頸二合曳發吒五十六摩賀引迦引理引曳發吒五十七迦引攞引難上膩引曳引發吒五十八

印涅哩二合曳發吒五十九嘮引捺哩二合曳引發吒六十佐引捫膩引曳發吒六十一迦攞囉引底
唎二合,引曳發吒六十二迦播引理曳發吒六十三阿上地穆訖得二合迦濕麼二合舍曩嚩引枲
顙曳發吒六十四曳計引唧多薩怛嚩二合麼麼六十五訥瑟吒二合唧多六十六播跛唧哆引,六十
七嘮捺囉二合唧哆引,六十八尾阿上每怛囉二合唧跢六十九汙孛賀引囉七十葉婆去,引賀引囉
七十一嚕地囉引賀引囉七十二嚩娑引賀引囉引,七十三沫惹引賀引囉引,七十四惹引跢引賀引
囉引,七十五尒引尾跢引賀囉引,七十六沫理野二合,引賀引囉引,七十七彦上馱引賀引囉引,七十
八補澁播二合賀引囉引,七十九頗攞引賀引囉引,八十薩寫引賀引囉引,八十一播跛唧跢引,八
十二訥瑟吒二合唧跢引,八十三嘮引捺囉二合唧跢八十四藥乞灑二合屹囉二合賀八十五囉引乞
灑二合娑屹囉二合賀八十六畢嚧二合多屹囉二合賀八十七比舍左屹囉二合賀八十八部引多屹
囉二合賀八十九禁俱溙畔拏屹囉二合賀九十塞蹇二合娜屹囉二合賀九十一嗢怛麼二合,引娜
屹囉二合賀九十二蹉引野屹囉二合賀九十三阿上鉢娑麼二合,引囉屹囉二合賀九十四拏引迦
拏枳顙引屹囉二合賀九十五嚧引嚩底屹囉二合賀九十六惹弭迦屹囉二合賀九十七爍矩顙屹
囉二合賀九十八滿怛囉二合難上你泥以迦屹囉二合賀九十九覽尾迦屹囉二合賀四百賀弩建
姹播引扭屹囉二合賀一入嚩二合囉瞖迦吶迦二你吠二合,引底野迦三娑怛嚲三合底引野迦
四捴呬他迦五顙底野二合入嚩二合囉引,六尾灑麼引入嚩二合囉七嚩底迦引背底迦八始嚧
二合澁弭二合迦九散顙跛底迦十薩嚩入嚩二合囉十一始嚕引㗚底二合,十二遏囉馱二合嚩陛
娜迦十三阿上嚧引左迦十四惡乞史二合嚕引儞十五曩娑嚧引儞十六穆佉嚧引儞十七紇哩二
合吶嚕二合,引儞十八誐攞屹囉二合憾十九羯喇拏二合成引藍上,二十難上多上成引藍上,二十
一紇㗚二合乃野成引藍上,二十二沫轉舌麼成藍上,二十三播引囉濕嚩二合成引藍上,二十四鉢
哩二合瑟姹二合成引藍上,二十五鄔娜囉成引藍上,二十六建上致上成引藍上,二十七嚩悉底二
合成引藍上,二十八塢引嚕成引藍上,二十九穰引伽去成藍上,三十賀娑多二合成引藍上,三十一
播引娜成藍上,三十二薩冈無肯誐鉢囉二合底孕二合誐成藍上,三十三部引多吠引跢引拏三十
四拏引迦拏枳顙引,三十五入嚩二合囉三十六捺訥嚕二合建引怒尼固,三十七枳致上婆去路
引多吠引,三十八薩轉舌跛虜賀引陵上誐三十九成引灑怛囉二合,四十娑誐囉尾灑庚引誐四十
一阿上儗顙二合塢娜迦四十二跛囉囉吠引囉建引跢引囉四十三阿迦引藍上沒㗚二合底庚二合,
四十四怛唎二合,引穆迦四十五怛嚲二合,引攞吒迦四十六勿㗚二合室止二合迦四十七薩轉舌跛
曩矩攞四十八僧星孕伽尾野二合,引竭囉二合,四十九哩乞灑二合,五十①多囉乞蒭二合沒哩二
合誐五十一娑嚩二合跛囉尒嚩五十二帝鈝引薩吠鈝五十三悉跢多鉢怛曀二合,五十四摩賀引
嚩日嚧二合瑟扺二合,引鈝五十五摩賀引鉢囉二合底孕二合儗嚧五十六夜嚩納嚩二合娜捨庚
惹引曩引辮去怛嚧拏五十七枲星異麼引滿鄧迦嚧弭五十八你泥以捨滿鄧迦嚧引弭五十九播
引囉尾你也二合滿鄧迦嚧引弭六十帝引乳引滿鄧迦嚕弭六十一賀娑多二合滿鄧迦嚧引弭六

---

①　五十,原作"三十",據序數改。

十二播娜滿鄧迦嚧弭六十三薩叉_{無肯}誐鉢囉二合底孕二合誐滿鄧迦嚧引弭六十四怛你野二合他去，引，六十五唵引，六十六阿上曩黎阿上曩六十七尾捨祢引尾捨祢引，六十八吠囉嚩日囉二合馱嚇六十九滿馱顊滿馱顊七十嚩日囉二合播引抳七十一發吒半音，七十二吽七十三貀嚕唵三合，引，七十四發吒半音，七十五娑嚩二合，引賀引，七十六曩莫娑怛二合他引蘖多引野七十七蘇蘖多夜引囉曷二合帝七十八三去猱三去没馱野七十九悉殿覩滿怛囉二合跛娜八十娑嚩二合，引賀引，四百八十一

一切如來白傘盖大佛頂陁羅尼

佛頂尊勝陀羅尼注義①

大興善寺三藏沙門大廣智不空奉詔譯

曩謨婆上誐嚩帝歸命世尊怛嚩二合路枳也三世,亦三界鉢囉二合底尾始瑟吒二合野最殊勝没馱引也大覺者婆誐嚩帝同前怛儞也他引,所謂,亦即説唵亦云一切法本不生,亦云三藏,亦云如來無見頂相也尾戍馱也淨除尾戍馱也娑摩娑摩三滿多上嚩婆娑普遍照曜娑頗二合囉拏舒遍藥底誐訶曩六趣稠林娑嚩二合婆去嚩尾舜入弟自性清淨阿毗詵者覩輪灌頂我素藥多善逝嚩囉嚩者曩引,殊勝言教阿蜜哩二合多去毗灑罽甘露灌頂,亦云不死句灌頂,露者法身解脱阿引訶囉阿訶囉云唯願攝受,唯垂授攝受,亦云遍攘,脱諸苦惱阿欲散馱引囉扼任持受命戍馱也戍馱也清淨修,修誐誐曩尾戍第如虚空清淨鄔瑟膩二合沙尾惹也尾舜入第佛頂最清淨娑訶娑囉二合囉濕弭二合,十②光明散祖儞帝驚覺薩嚩怛他引藥多地瑟吒二合,引曩引地瑟恥二合多一切如來神力所加持摩訶母捺哩二合,印契,若廣釋,身印語印心印,金剛印,如理趣般若説嚩日囉二合迦也僧訶多上曩尾舜第金剛鉤鎖,身清淨薩嚩引嚩囉拏播野訥藥底跛哩尾舜弟一切③清淨,一切障者,所謂業障、報障、煩惱障,皆得清淨也鉢羅二合底儞韈多也阿欲舜入第壽命增長,皆得清淨三麼耶地瑟恥二合帝誓願加持麼扼麼扼摩訶麼扼世寶,法寶,所謂福、德、智慧三④種資糧怛他多步多句致跛哩舜入第真如,實際,遍滿,清淨尾薩普二⑤合吒没地舜入第顯現智慧清淨惹也惹也最勝最勝,真俗二諦尾惹也尾惹也昧勝勝⑥悲智二門娑麼二合囉娑麼二合囉念持⑦定慧相⑧薩嚩没馱引地瑟恥二合多舜第入而佛加持,清淨嚩日嚟二合,菩提心堅固如金剛也嚩日囉二合藥陛證金剛藏嚩

---

① 底本,《大正藏》第 974 號 D,第 19 册第 388 頁中、下,原《大日本續藏經》本。
② 十,《大正藏》校勘疑當作"千"。
③ 一切,《大正藏》校勘疑當作"一切障"。
④ 三,《大正藏》校勘疑當作"二"。
⑤ 二,原作"六",據《大正藏》校勘改。
⑥ 昧勝勝,《大正藏》校勘疑當作"殊勝殊勝"。
⑦ 持,原作"待",據《大正藏》校勘改。
⑧ 相,《大正藏》校勘疑當作"相應"。

日覽二合婆嚩願成金剛覩麼麼或①議或爲他念誦,稱彼名字設哩嚂薩嚩薩怛嚩二合難引者迦也尾舜弟一切有情身清淨②薩嚩藥底跛哩舜第一切趣皆清淨薩嚩怛他藥多三麼濕嚩二合娑地瑟恥二合帝一切如來安慰,命③得加持没馭二合没馭二合冒馱也令悟能覺,令悟能覺舜第普遍清淨薩嚩怛他引藥多引地瑟二合馱曩地瑟恥二合多一切如來神力所加持摩訶母怛嚇二合,大印,所謂大印,由入毗盧遮那曼荼羅,受灌頂已後,灌頂師受得本尊瑜伽三麼地,觀智一念淨心。瑜伽相應行者,別尊心等同毗盧遮那及諸菩薩,能現入相成道,速證薩婆若智也娑嚩訶者涅槃義,所謂四涅槃,一自性清淨涅槃,二有餘依涅槃,三無餘依涅槃,四無住處涅槃。

如上所譯,唐梵敵對,顯句標釋。

---

① 或,《大正藏》校勘疑當作"我"。
② 淨,原作"清",據《大正藏》校勘改。
③ 命,《大正藏》校勘疑當作"令"。

金剛頂經一字頂輪王儀軌音義①

文"稽首"至"是故當②歸命",讚曰：此八頌，初五句有五，謂一，於初句言"普賢"者，是理也，即是爲一字攝在下"諸佛"故。或分爲二佛，謂普賢與諸佛轉輪王是也。或分爲三佛，先二加"現證大菩提"是也。或分作四智，謂普賢者是大圓鏡智即阿閦佛，次一句妙觀察智③即阿彌陀佛也，次一句平等性智即寶生佛也。"爲轉教勅輪"一句成所作智即不空成就佛是。或分作五智，先四加法界體性智，所謂"受名金剛界"一句是也。自此下句配四方，并中胎毗盧舍那佛也。"從自頂流出、大金剛明王"二句，東方佛也。"威光"至"圍繞"二句，南方佛。"爲一切"至"輪王"二句，西佛。"纔現"至"皆殁"，北佛④。至"一體故"，中體佛也。次二句東佛，次二句南佛，次二句西佛，次二中體。"成佛"至"同虛空"，北方佛也。次一中體佛，次二東佛，次二西佛。"令頓"一句，南佛。是故"常歸命"一句⑤，北方佛也。今別釋文，音義也。

爍音釋河，河也，飢須留　令善也　故實也　纂衣良布　揀可爾反　族姓四姓也　騎妓伊反，乃留　蕎婆句反，川萬太久　蔲許其反　菫鬼爾反　滌知益反，止良加須　磨須留　拭志憶反，川波久　曼荼羅梵語，此云壇也　珮波伊反，川於布毛乃　噉布久無　瑜伽梵語，此云相應　滑果和反，奈太良爾　側祖波無　押於須　鋒鋭上止加利，下止志　素月上白也　拇於保由比　拄左左布　剋能也　額比太比，音加久反　腕太布左，江牟反　腿布都毛毛　腦後千奈久保　股毛毛　叉阿左布　胜比左　美口也　悉地此云成就　纖左爾反，川加左　嬋娟上禪反，下捐反。太乎也，加奈留狀也　劇甚也　調志良部　修者奈止止　微無也　盤和加奴　揺取也　由猶也　宛蒬反阿太　晨阿志太　午馬時　昏由布户　暮油布户　爐毛江久比　洽阿萬子久　鎮於久　搜阿奈

---

① 底本，《大正藏》第958號，第19册第327頁，原享和元年刊長谷寺藏本。目錄作不空譯，内文不題。
② 當，原作"常"，據《金藏》廣勝寺本儀軌及《大正藏》校勘改。
③ 智，原脱，此據文例補。
④ "佛"後，《大正藏》校勘疑有"顯勝"。
⑤ 句，原脱，此據文例補。

久留　　間左加布　　臍保祖　　祕①鄙列反　　馞②保没反　　師川伊久左　　帥音水伊，川伊久左公　　臺以土高作，此云臺　　閣以木高構云爾　　形服與祖比

一字頂輪次第，將往堂，而手、口淨了，到室，結坐，三密印。所謂以𑖮（hūṃ）字，手三遍、舌三遍、心密三遍誦了。

次以噤字淨身，及處皆燒淨了。次以佛部心印，於頂三誦。次以蓮華部心印，上右大指，就右耳處三誦。次以金剛部心印，上左大指，就左耳處三誦了。次無能勝印加持了，然後作往堂儀，謂我身金剛薩埵等思之，然後入堂禮佛、燒香、塗香，三部印作了。

次普禮印，言立右足誦云歸命等四無量觀、菩提心言印、無能勝結護言印、三解脫觀、五相觀本尊本真言印、又名一字頂輪密言。大日三字密言、亦名御身密言。灌頂言印、供養言印、讚印、獻閼伽佛眼言印。又智拳本言，謂頂輪印，又加此作御身印，雖爾先作本言印。觀本尊及眷屬，各以二印印四處。念珠言印念誦數了。

次本言加持，印四處，又加御身印也，然後作定印入觀，觀字義及月輪種等。出了，本言加持，重加三字加持。讚言印供養，印言數如前二十一遍。閼伽、歸命等，無能解界，但一遍左旋解之。解脫印言，前三部心印了。數如前。

---

①　祕，《大正藏》校勘一作“香”。
②　馞，《大正藏》校勘一作“馥”。

金剛頂瑜伽最勝祕密成佛隨求即得神變加持成就陀羅尼儀軌①

特進試鴻臚卿大興善寺三藏沙門大廣智不空奉詔譯

　　爾時滅惡趣菩薩在毗盧遮那佛大集會中從座而起，合掌恭敬，白佛言："世尊，我爲當來末法雜染世界惡趣衆生説滅罪成佛陀羅尼，修三密門，證念佛三昧，得生淨土。何以方便重罪衆生爲拔苦與樂？我欲拔濟一切衆生苦。"爾時佛告滅惡趣菩薩言："無慚、無愧、邪見、放逸衆生無拔濟法，生受諸諸困厄，死墮無間地獄，不聞三寶名，何況不見佛，況復受人身。"滅惡趣菩薩復白言："如來之方便不可量，如來神力無盡，唯願世尊説祕密拔苦法。佛在一切衆生父母，爲五濁衆生説決定成佛法。"佛告滅惡趣菩薩言："我有祕密法，爲世希有，滅罪成佛，最勝第一，名曰隨求即得真言。若有人纔聽是真言題名，若誦題名人親近，若誦題名人一處住，是人一切天魔、惡鬼、一切善神王皆來守護，食五辛、魚害，亦婬姊妹，若一切女人、畜生女、諸毗那耶迦不能爲障礙，皆隨順晝夜守護，除災難，令得安穩，何況自誦。若具足誦，一切重罪悉皆消滅，得無量福德，死必生極樂世界。雖作極重罪，不墮地獄，殺父母，殺羅漢，破和合僧，出佛身血，燒經像，穢伽藍，謗諸人，謗諸教，自是非他，如是作重罪，決定生極樂界。上品生自蓮花中化生，更不受胎生。唯成佛近人先聽是真言，成佛遠人世世不聽是真言。若男若女、童男童女持是真言題名，當得安樂，無諸疾病，色相熾盛，圓滿吉祥，福德增長，一切真言法皆得成就。若是真言題名若一字、二字乃至十字，若真言之一句、二句乃至十句亦一遍，金銀、瑠璃、玉中入真言頂戴，是人雖未入壇，即成入一切壇，與入壇者成其同行，等同諸佛無異，不作惡夢，重罪消滅，若有起惡心來相向者，不能爲害，一切所作皆成就。"

　　佛説普遍焰滿清淨熾盛思惟寶印心無能勝總持大隨求陀羅尼：

曩莫薩嚩怛他引蘖跢引南歸命毗盧遮那佛，身口意業遍虛空，演説如來三密門，金剛一乘甚深教

曩謨曩莫薩嚩怛没馱冒引地薩怛嚩二合毗藥二合，歸命本覺心法身，常住妙法心蓮臺，本來莊嚴三身

①　底本，《大正藏》第 1155 號，第 20 册第 644 頁中—649 頁中，原元永二年寫東寺三密藏本。

德,三十七尊住心城,普門塵數諸三昧。遠離因果、因果法然具,無邊德海本圓滿,還我頂禮心諸佛没馱達磨僧去祇岐曳反,引毗藥二合,南無滅惡趣菩薩,法界衆生離苦得樂,三途有情拔苦與樂之怛爾野二合他引,其詞曰唵引尾補攞蘗陛引,過去四恩成佛道尾補攞尾麼隸引,一切衆生滅罪惹自攞反,下同野蘗陛一切衆生施如意寶嚩日囉二合入嚩二合,引攞蘗陛一切衆生斷除煩惱誐底丁以反,下同誐訶寧引,一切衆生所求成就誐誐曩尾戍引達寧一切衆生慈悲覆護唵薩嚩播引跛尾戍引達寧引,無佛世界一衆生,慈悲覆護唵引麌嚕拏嚩無可反,下同底誐誐哩抳尼以反,一切衆生斷胎生苦儗姸以反哩儗哩儼麼哩儼麼哩一切衆生施飲食虐賀虐賀一切衆生施衣服孳誐引哩孳誐引哩一切衆生令滿衆生波羅蜜儼波哩儼波哩一切衆生滿忍辱波羅密誐底誐底誐麼顙頂寧反誐嘚一切衆生滿精進波羅密麌嚕麌嚕抳一切衆生滿禪波羅密左黎阿左黎一切衆生滿慧波羅密母左黎惹曳尾惹曳一切衆生滿方便波羅密薩嚩婆野尾誐帝引孳婆三去,引婆羅抳一切衆生滿願波羅密悉哩悉哩鈱哩岐引哩岐哩三滿跢引,去迦囉灑二合抳一切衆生滿力波羅密薩嚩設咄嚕二合,引鉢囉二合沫他上顙一切衆生滿智波羅密囉乞灑二合囉乞灑二合,成就麼麼究竟薩嚩薩怛嚩二合難上,引左一切衆生合離怨尾哩尾哩尾誐跢嚩囉拏鼻波野曩引捨顙一切衆生合離貪欲蘇上哩蘇哩唧哩劍麼鼻黎引,一切衆生悉合離愚癡心尾麼黎一切衆生合離食難苦惹曳引惹夜嚩奚惹夜一切衆生令離水難苦嚩底婆誐嚩底一切衆生合離火難苦囉怛二合曩二合麼矩吒麼上,引邏引馱哩抳嚩護尾尾馱尾唧怛囉二合,一切衆生令離兵賊苦吠引灑嚕引跛馱引哩婆誐嚩底麼賀引尾爾野二合,引襧尾一切衆生身心安隱囉乞灑二合囉乞灑二合,成就麼麼究竟薩嚩薩怛嚩二合難上,引左一切衆生過去父母令成佛三去滿跢引薩嚩怛囉二合,一切衆生七世父母令成佛薩嚩播跛尾戍引馱顙一切衆生父母永斷生死苦護嚕護嚕一切衆生父母長壽諾乞察二合怛囉二合,一切衆生無病患麼上,引囉二合馱引哩抳一切衆生令發菩提心囉乞灑乞灑二合,成就輪引,決定麼麼究竟阿上曩引他上寫引怛囉二合拏鼻跛囉引野拏寫滅殺生罪跋哩謨去,引左野銘引薩嚩褥契引毗藥二合讚尾滅偷盜罪讚尾上讚尾顙吠引誐嚩底滅婬欲罪薩嚩訥瑟吒二合顙嚩引囉抳設咄嚕二合博乞灑二合鉢囉二合沫他上顙尾惹野嚩引呬顙滅妄語罪護嚕護嚕滅沽酒罪祖嚕祖嚕滅自讚毀他罪阿去,引欲播引攞顙蘇上囉嚩囉沫他上顙滅慳貪罪薩嚩襧引嚩跢引布引乩帝引,滅瞋恚罪地哩地哩滅誹謗罪三去滿跢引嚩路引枳帝引,滅飲酒罪鉢囉二合陛鉢囉陛滅食五辛罪素鉢囉二合婆去尾舜入第引,滅害鳥魚食罪薩嚩播引跛尾戍引馱寧引,滅破戒罪,具戒達囉達囉達囉抳達囉達隸引,滅不教罪蘇上母蘇上母滅三毒罪嚕嚕左黎引,滅三漏罪佐引攞野努瑟鵒二合布囉野滅三假罪銘引阿苦去,引,滅三有①罪室哩二合嚩補馱難上惹野劍麼上黎引,滅四識住罪乞史二合抳乞史抳滅四流罪嚩羅襧引嚩羅能上,引矩勢引,滅四取罪唵鉢納麼二合尾舜入第引,滅四報罪戍馱野戍馱野尾舜入第引,滅四緣罪跋囉跋囉滅四大罪鼻哩鼻哩滅四縛罪部嚕部嚕滅四食罪懵去誐攞尾舜入第引,滅四生罪跛尾怛囉二合穆棄滅五住地罪渴佉曩反,下同儗抳渴儗抳

滅五受根罪佉囉佉囉滅五蓋罪入嚩二合哩多始隸引，滅五堅罪三滿多鉢囉二合沙哩跢引，滅五見罪嚩婆去引悉多舜入第滅五心罪入嚩二合攞入嚩二合攞云情根罪薩嚩禰引嚩誐挐上，滅六識罪三去麼迦囉灑二合捉滅六相罪薩底野二合嚩帝引，滅六愛罪多囉滅六行罪跢引囉野輪引滅六愛罪曩引誐尾路引枳帝引攞護攞護滅六疑罪護弩鼻聲護弩滅七漏罪乞史二合捉乞史二合捉滅七憍罪薩嚩仡囉二合賀薄乞灑二合捉滅八到罪冰卑孕反藥哩冰藥哩滅八苦罪祖母祖母素母素母滅八垢罪素尾左隸引，滅九惱罪多上囉多囉曩引誐尾路引枳顙滅九治罪跢引囉野覩輪引，滅九上緣罪婆去誐嚩底滅十煩惱罪阿上瑟吒二合摩賀引怛嚕娜婆曳引毗藥二合，滅十縛罪三母捺囉二合娑誐囉滅十一遍使罪鉢哩演二合擔上，引，滅十六知見罪播引跢引攞誐誐曩怛覽滅十八界罪薩縛怛囉二合三去滿帝引曩二十五我治泥以反捨引滿第引曩嚩日囉二合鉢囉二合迦引囉六十竟嚩日囉二合播引捨滿誕甯引曩見諦，思惟九十八使，百八煩惱嚩日囉二合入縛二合攞尾舜入第二慧明，三辛朗部哩部哩廣四等心藥婆去嚩底五四住葉藥婆去尾戍引馱顙四惡趣滅，得四無畏銅乞史二合三布引羅捉度五道入嚩二合羅入嚩二合羅擁五根左囉左囉淨五眼入嚩二合哩顙成五分鉢囉二合韈灑覩禰引嚩具足六神通三滿帝引曩滿足六度業儞泥以反，下同旆庚二合，引娜計引曩不爲六塵惑阿密㗚二合多嚩囉灑二合捉常行六妙行禰引縛跢引嚩跢引囉捉引，生生世世坐七淨花阿上鼻詵去左覩銘引蘇上誐多嚩羅嚩左曩洗塵八水阿密㗚多嚩囉嚩補曬引，具九斷智囉乞灑引，二合囉乞灑成就麼麼究竟薩嚩二合，引薩怛嚩二合，引難上，引左成下地行薩嚩怛囉二合薩嚩娜引，十一，空解常以用栖心自在薩嚩婆曳引毗藥二合，能轉中二行輪薩冒上，引鉢捺羅二合吠引毗藥二合，具足十八不共之法薩冒引跋藥霓上，引毗藥二合，圓滿無量一切功德薩嚩努瑟吒二合婆去野鼻引怛寫生生世世斷憍慢障薩嚩迦哩迦攞引賀竭愛欲水尾孽囉二合賀尾嚩引娜滅瞋恚火焰努娑嚩二合跋難二合，引訥囉顙旆跢引蕾上藥里也盧遮也跋尾曩引捨顙永拔斷癡想薩嚩藥乞叉二合囉乞叉二合婆裂諸見羅網曩誐顙嚩引囉捉善修人堅道薩囉捉薩隸麼羅麼囉囉麼嚩底正向菩提惹野惹野惹野覩輪引，成就三十七品助道法薩嚩怛囉二合薩嚩迦引覽得金剛身悉釧覩銘引瞳輪引摩訶尾捻引，壽命無窮得婆去，引馱野娑馱野永離怨恨，無殺害心薩嚩曼挐攞娑去，引馱顙常蒙安樂伽去，引多去野薩嚩尾觀曩二合，聞名聽聲，恐怖悉除惹野惹野所求滿足悉第引悉第素悉第愛別離苦悉地野二合悉地野除災安樂没地野没地野除病延命冒馱野冒馱野布囉野除官難布引囉捉布囉捉產生安隱布囉野銘引阿苦引，去，除伏怨賊薩嚩尾儞也二合，引尾誐多没引帝引惹而濟反愈引多上哩羅若令敬愛惹夜引嚩底諸人敬愛底瑟吒二合底瑟吒天人敬愛三麼野麼努播引攞野后妣敬愛怛他去，引藥多上，婦人敬愛紇哩二合乃野女人敬愛舜入帝引，婆羅門敬愛旆野二合嚩路引迦野覩輪引，宰官敬愛阿瑟吒二合鼻摩賀引娜引嚕挐上婆裒引毗藥二合，大臣敬愛薩囉薩囉居士敬愛鉢囉二合薩囉鉢囉薩囉長者、長者薩嚩嚩囉挐上尾戍引馱顙三去滿跢引迦引囉滿挐尼賈反攞尾舜入第帝釋、帝釋尾藥帝引尾藥帝引，梵王、梵王尾誐多摩攞大自在天、大自在天尾戍馱顙天帝將軍、天帝將軍乞史二合捉乞史二合捉童男童女、童男童女薩嚩播引跋天龍、天龍尾舜第引，夜叉、夜叉麼攞尾藥多引，乾闍婆敬愛帝惹嚩底阿修羅、阿修羅嚩日羅嚩底迦樓羅、迦樓羅怛嚩二合引路枳野二合，毗盧遮那護念地瑟恥帝增益成就娑縛二合賀引，息災成就薩嚩二合怛他蘖多沒引馱阿閦佛金剛波羅密護念毗色訖帝二合，增益成就娑婆二合賀息災成就也。已下皆同，故無注，一句之內有三句：初句佛名護念，中句皆增益成就，終句皆息災成就。假令薩嚩怛他蘖多沒馱阿閦佛、金剛波羅密護念，毗色訖帝增益成就，娑婆賀息災成就。已下准是，皆可知見薩縛冒地薩怛嚩二合引毗色訖帝二合娑婆訶薩嚩禰嚩多毗色訖帝二合，引娑婆二合訶薩嚩怛他去，引蘖多上紇哩乃野引地瑟恥多紇哩二合乃曳娑婆訶薩嚩怛他引蘖多三去麼野悉第娑婆賀印捺嚇二合，引印捺囉二合嚩底印捺囉二合旆野二合嚩路引枳帝引娑婆訶沒囉二合憾銘二合娑婆賀沒囉二合憾麼二合，引儞庾二合史帝引娑婆訶尾瑟拏二合曩莫塞訖哩二合帝引娑婆訶麼係引濕嚩二合囉滿儞泥以反多多上布爾而此反跢曳引娑婆賀引嚩日囉二合播捉麼攞尾引哩野二合地瑟恥二合帝引娑婆賀地哩二合多上囉二合，引瑟吒羅二合，引瑟吒羅二合，引野娑婆賀尾嚕引荼去迦引野娑婆賀尾嚕引播引乞灑二合，引野娑婆賀尾無每反，引室囉二合麼拏上，引野娑婆賀拶咄羅麼賀引囉引惹慈攞反娜莫塞訖訖哩二合跢野引娑婆賀琰麼野娑婆賀琰麼上布爾而呰反多娜莫塞訖哩二合跢引野娑婆賀嚩嚕拏二合①，引，水天護念野增益成就娑婆賀息災成就，上下皆唯是知見耳麼嚕引跢野娑婆賀麼賀引麼嚕跢野娑婆賀阿跟曩二合，魚訖反曳引娑婆賀曩引誐尾路引枳跢引野娑婆賀禰引嚩誐嬭引毗藥二合娑婆賀曩誐誐嬭毗藥二合娑婆賀藥乞灑二合誐嬭毗藥二合娑婆賀囉乞灑二合沙誐嬭引毗藥二合娑婆賀彦達嚩誐嬭引毗藥娑婆賀阿蘇囉誐嬭引毗藥二合娑婆賀誐嚕拏誐嬭引毗藥二合娑婆賀緊那囉誐嬭毗藥二合娑婆賀麼護囉誐誐嬭毗藥二合娑婆賀麼努曪引毗藥二合娑婆賀阿上麼上努曪毗藥二合娑婆賀薩嚩蘖曪二合係引毗藥二合娑婆賀薩嚩娜乞灑怛禮二合毗藥二合娑婆賀薩嚩部引帝毗藥二合娑婆賀畢哩引，二合帝毗藥二合娑婆賀比舍際引毗藥二合娑婆賀阿跛娑麼二合，引嚇引毗藥二合娑婆賀禁畔嬭引毗藥二合娑婆賀唵引度嚕度嚕娑婆賀唵覩嚕覩嚕娑婆賀唵母嚕母嚕娑婆賀賀曩賀曩薩嚩設咄嚕二合，引喃引娑婆賀娜賀娜賀薩嚩訥瑟吒引，二合鉢囉二合訥瑟吒喃娑婆賀跛左跛左鉢囉訥瑟吒二合，引喃娑婆賀跛左跛左薩嚩鉢囉二合窒剔迦波羅二合底野二合旆怛囉二合，引喃引曳引麼上阿上呬奚異反帝史拏入帝引鈐引薩吠微悶反，引鈐引設哩引覽入嚩攞野訥瑟吒二合唧跢引喃引娑婆賀入嚩二合哩跢引毗野娑婆賀鉢囉二合入嚩哩跢引野娑婆賀儞泥以反，引跛多二合入嚩二合邏引野娑婆賀三去滿多上入嚩二合邏引野娑婆賀麼上，引捉跛捺囉二合野娑婆賀布引邏拏二合跛捺囉二合野娑婆賀麼賀引迦引邏野娑婆賀麼引底哩二合誐拏上，引野娑婆賀藥乞史二合捉引喃引娑婆賀囉乞灑二合泉星以反喃引娑婆賀阿去，引迦捨麼二合②合，引底哩二合喃引娑婆賀三去母捺囉二合

儞縛引枭顙喃引娑婆賀囉底哩二合左囉喃引娑婆賀儞泥以反嚛娑左囉喃引娑婆賀底哩二合散上地野二合左囉引喃引娑婆賀吠引邏左邏引喃娑婆賀阿上吠引邏左囉引喃娑婆賀藥婆去賀隸引毗藥二合娑婆賀藥婆去散跢引囉抳娑婆賀護嚕護嚕娑婆賀唵娑婆賀娑嚛無博反娑婆賀僕重聲引娑婆賀步嚛娑婆賀唵引步引羅步二合嚛娑嚛娑婆賀唧置唧置娑婆賀尾置尾置娑婆賀馱囉抳尼整反下同娑婆賀馱囉抳馱囉抳娑婆賀阿仡顙娑婆賀帝祖祖嚕反引嚛補娑婆賀唧哩唧哩娑婆賀悉哩悉哩娑婆賀没地野二合没地野二合娑婆賀悉地野悉地野娑婆賀曼拏上攞悉第引娑婆賀曼拏上攞滿第引娑婆賀枭引麽滿陀顙娑婆賀薩嚛設咄嚕二合喃引漸子琰反波引漸波娑婆賀娑瞻二合婆去野娑瞻二合婆去野娑婆賀親去娜親去娜娑婆賀牝娜牝娜娑婆賀畔惹畔惹娑婆賀滿馱滿馱娑婆賀莽賀野莽賀野娑婆賀麽抳尾秫侍聿反第娑婆賀素哩曳二合素引哩野二合尾秫第引尾戍馱顙娑婆賀讚捺嘍二合蘇讚捺嘍二合引布引羅拏二合讚捺嘍二合引娑婆賀佉羅二合係引毗藥二合娑婆賀諸乞察二合怛嘍二合引毗藥二合娑婆賀始吠引娑婆賀扇引底丁以反娑婆賀娑嚛二合短聲娑底野二合野寧引娑婆賀始鑁無盲反羯哩扇引底羯哩補瑟置羯哩麽羅沫達顙娑婆賀室里二合羯哩娑婆賀室哩二合野沫達顙娑婆賀室哩二合引野入嚛二合攞顙娑婆賀曩母砦娑婆賀麽嚕砦娑婆賀吠誐嚛底丁以反娑婆賀

　　是真言是爲無數億恒河沙諸佛智根本，無量諸佛是真言出，佛之成道由持是真言故，三世諸佛經無數萬億劫，毗盧遮那如來自法界智中盡無數劫求得，由是名隨求即得真言，一切諸佛不得是真言不成佛，外道、婆羅門得是真言成佛速。所以者何？昔摩竭陀國有一婆羅門名俱博婆羅門，不見佛、不聞法、不六婆羅蜜行、不四無量住，日日殺食猪、羊、熊、鹿、鵝、鴨、龜等類，各日日五十或一百生。二百五十年命過，即去人間，到閻羅王宮。即閻羅王，白帝釋言：“此罪人賜何地獄？罪輕重何？”帝釋告白：“人罪不可量，算數不可計，善金札無一善，惡鐵札不可盡計，速阿鼻地獄可送遣。”則獄卒請事投入。爾時地獄忽然爲蓮花池，彌滿八功德水，其中在種種蓮花，所謂青白紅紫，而色勝諸蓮。每其花上坐各罪人無諸之苦，則馬頭、牛頭閻羅王申云：“此獄奇異，此罪人謬賜也，地獄變成淨土，罪人不異佛，我見聞如是事者。”爾時閻羅王往詣帝釋宮，此俱博不罪人，神變如上説。帝釋答云：“二生之善無曾一塵許，不所知我。”則詣佛界白釋迦文佛言：“俱博之善如何？神變如是。”爾時佛告帝釋言：“俱博自生不作一善，唯可見人間之骸。”帝釋則來見人間葬所，俱博葬所西去一里有卒覩波，其中在此根本真言，朽卒覩波真言墮落地上，其文一字隨風彼俱博繫骸上。爾時帝釋來，歸奇異八地獄，移每地獄如是，遂成不受苦。爾時俱博并諸罪人皆共具三十二相圓滿，八十種好，一時蓮花臺藏世界成諸佛菩薩，上方世界之無垢佛是俱博也，滅罪之切能如是，何況自持。若至心持念，人何罪有小許，以是真言名隨求即得成佛自在也，求福德自在，求七寶自在也。因斯有七名，一者心佛心真言，毗盧遮那如來心智之中之智心故。二者一切佛心印真言，諸佛甚深智心印故。三者灌頂真言，灌頂持念者故。四者灌頂印真言，洗煩惱印菩提故。五者結界真言，除罪障避除諸魔故。六者佛心真言，佛之真實心智故。七者心中無勝此法故。持念者亦復如是。如佛爲諸法王最爲第一。滅惡趣，此真言能救一切衆生者，此真言能令一切衆生離諸苦惱，此真言能大饒益一切衆生，充滿其願。如佛能救一切苦惱衆生，如寒者得火，如裸者得衣，如孤子得母，如度者得船，如病得醫，如闇得燈，如貧得寶，如炬除闇。此真言亦復如是，能令衆生離一切苦一切病惱，能解一切生死之縛，則爲閻浮提人病之良藥。若人有病得聞是真言，病即消滅。若有善男子善女人暫聞此真言，所有一切罪障悉得消滅。若雖爲一切女人婬犯，不受胎生苦，所以者何？持真言者親近供養，若男若女皆備佛身故。若能持念者，當知是人即是金剛身，火不能燒。當知如來以神通力擁護是人，當知是人是如來身，當知是人毗盧遮那如來身，當知是人是如來藏，當知是人是如來眼，當知是人被金剛甲冑，當知是人是光明身，當知是人是不壞身，當知是人是能摧伏一切怨敵，當知是人所有罪障悉皆消滅，當知是真言能除地獄苦。我爲佛道，於無量土從始至今廣説諸法不可量也，而於其中是真言最爲第一，不可比。三千大千世界雖一切衆生殺害，不墮惡趣，由是真言威力故，何況可受人間之苦難。常令七寶雨，無病患災難，一切所求皆滿足，身心安穩，福壽無量，滅惡趣。已下有七小真言是者，不可持念，根本真言別名也。若有兒女子不堪持大真言者，隨力受持耳。

一一説真言心，佛心真言曰：

唵薩嚩怛他去引藥多没帝引毗盧遮那如來九會世界鉢囉二合嚕囉尾誐多上婆去曳四智如來捨麼野婆嚩二合短聲銘如來一切智婆誐嚩底薩嚩播閉毗藥二合四智一切智娑嚩二合短聲娑底婆嚩覩母儞母儞三十七尊尾母顊左嶘三十七尊一切智左攞顊婆野尾誐帝賢劫十六尊婆野賀囉抳一切智冒地冒地衆生度冒馱耶冒馱耶施衆生智慧没地哩没地哩施衆生良藥薩嚩怛他去引藥多施衆生珍寶飲食紇哩二合乃耶足取欲反瑟嚇二合娑嚩二合賀施衆生安樂

一切佛心印真言：

唵引嚩日囉二合嚕底三世諸佛嚩日囉二合鉢囉二合底瑟恥二合帝引秫詩聿反第引薩嚩怛他引誐多母捺囉二合一切智印成就六波羅密地瑟姹二合引曩引地瑟恥二合帝麼賀引母怛嚇娑二合賀一切諸法靈驗，現前成就

灌頂真言曰：

唵引母顊母顊一切如來皆集會母顊嚩嶘流出智水阿上鼻詵去左覩輪引一切如來歸金色解薩嚩怛他引藥他智水灌頂薩嚩尾儞野二合鼻曬引四剡引洗百六十煩惱所知障麼賀引嚩日羅二合賀嚩左永斷生死一切苦母捺羅二合母捺哩二合帶引入我薩嚩多他去引誐多紇哩二合乃夜地瑟恥二合多嚩曰嶘二合娑婆二合賀等同如來遍法界身

灌頂印真言曰：

唵引阿上密栗二合多嚩𡁠諸佛集會流出智水，摩頂護念成就嚩囉嚩囉成就菩提鉢囉二合嚩囉二合尾秫第成就等正覺吽斷衆生煩惱吽斷衆生所知障發吒發吒娑婆二合賀自他涅槃成就

結界真言曰：

唵引阿上密栗二合多尾路枳𩕳成火焰蘖婆去僧囉乞灑二合抳阿羯灑抳尼貞反，成鐵鹽垣及鐵羅網吽避除鬼神吽殺害悉皆鬼神發吒發吒一切鬼神皆悉成，微塵亦不生娑婆二合賀成就

佛心真言曰：

唵引尾麽上黎遍法界如來智惹野嚩𡁠引阿密栗二合帝吽吽吽吽發吒發吒三界衆生皆有佛性，成就娑婆二合賀成就

心中真言曰：

唵引跛囉跛囉三去跛囉三去跛囉如來智心利益衆生印捺哩二合野尾戍馱𩕳吽引吽嚕嚕左初引，心佛及衆生是三無差别娑婆二合賀引

佛告滅惡趣菩薩言："此真言名隨求即得真言，能除一切罪業等障，能破一切穢惡道苦。滅惡趣，此真言無數億殑伽沙俱胝百千諸佛同共宣説，隨喜受持人，如來智印印之，爲破一切衆生穢惡道故，爲臨急苦難墮生死海中衆生得解脱故，短命薄福無救護衆生、樂造雜惡業衆生故説。又此真言，諸苦處之類、地獄惡道衆生、種種流轉生死苦薄福衆生、不信失正道，如是皆得解脱。"爾時佛告滅惡趣："以此真言付屬於汝，此真言以威力能度一切衆生苦海。滅惡趣，汝當持念觀行守護，勿令忘失。滅惡趣，若人須臾得聞此真言，千劫已來積造惡業重障，應受種種流轉生死地獄、餓鬼、畜生、閻羅王界、阿修羅身、夜叉、羅刹、鬼神、布單那、阿波沙摩羅、蚊、龍、龜、狗、蟒、蛇、一切諸鳥及諸猛獸，一切蠢動含靈乃至蟻子之身，不更重受，即得轉生諸佛如來一生補處菩薩同會處生，或得大姓婆羅門家生，或得大刹利種家生，或得豪貴最勝家生。滅惡趣，此人得如上貴處生者，皆由聞此真言故，轉所生處皆得清淨，無退轉。滅惡趣，乃至得到菩提道場最勝之處，皆由讚美是真言功德如是，以是因緣，名隨求即得真言。"

次説密印等，五如來蜜想。
以初印印心，次即頂上置，
次印額眉間，次兩即兩眉，
先右次左竟，此即結了即。
我身成遍照，於舌觀金剛，
先合金剛掌，便成金剛縛。
忍願如釗形，進力附於背。
忍願豎如鉢，反屈如寶形。

移屈如蓮花,面合於掌中。

檀慧禪智合,即成祕密印。

此五祕密印,密之中之密。

祕之中之祕,不可傳不阿。

闍梨若有知,法弟子隨宜,

耳作壇法者。如《法華儀軌》,更不說①。

爾時佛告滅惡趣菩薩:"汝今諦聽,我當爲汝宣說。受持此真言亦爲短命諸衆生說,當洗浴著新淨衣,日日持念九遍,短命衆生還得增壽,永離病苦,一切業障悉皆消滅,一切地獄諸苦亦得解脫,諸飛鳥、畜生含靈之類聞此真言一經於耳,盡此一身更不復受。若遇大惡病聞此真言,即得永離一切諸病,亦得消滅。應墮惡道,亦得除斷,即得往生寂淨世界,從此身已後更不受胞胎之身,所生之處蓮華化生,一切生處蓮花化生,一切生處憶持不忘,常識宿命。若人先造一切極重罪業,遂即命乘斯惡業應墮地獄,或墮畜生、閻羅王界,或墮餓鬼乃至墮大阿鼻地獄,或生水中,若禽獸異類之身,聞此真言題名乃至一字,一經於耳,如是等苦更不受,業障皆悉消滅,速生佛界。若人親近一字持人,是人得大涅槃,復增壽命,受勝快樂,捨此身已,即得往生種種微妙諸剎土,常與諸佛俱會一處,一切如來恒爲演說微妙之義,一切世尊即授其記,身光照曜一切佛剎土。此真言功力略如是,若有善男子、善女人,於真言念念,勿生疑。若有善男子、善女人成疑惑者,世世不得真言靈驗,現世得白癩病。我爲利益衆生說此真言,爲貧窮下賤衆生遺此如意摩尼寶。毗盧舍那如來一切智印甚深法藏常持念人,當如敬佛。"

　　隨求即得真言儀軌

---

① 　如法華儀軌更不說,原作正文,此據文意改注文。

攝無礙大悲心大陀羅尼經計一法中出無量義南方滿願補陀落海會五部諸尊等弘誓力方位及威儀形色執持三摩耶幖幟曼荼羅儀軌[①]但呪讚及作法宜視大儀軌內

特進試鴻臚卿加開府儀同三司封肅國公贈司空謚大辨正
大興善寺大廣智不空奉詔譯

爾時婆誐鑁，住無礙大悲，
心大陀羅尼，自在力三昧，
演說阿利耶，大曼荼羅相，
五部諸尊等，威儀形色法。
欲知此海會[②]，諸尊印相者，
先應知指目，蓮華合掌者。
蓮華即理也，理處必有智，
故以左右手，其名曰理智。
左手寂靜故，名理胎藏海，
右手辨諸事，名智金剛海。
左手五指者，胎藏海五智，
右手五指者，金剛海五智。
左手定右慧，十指即十度，
或名十法界，或曰十真如。
縮則攝收一，開則有數名，
左小指爲檀，無名指爲戒，
左中指爲忍，左頭指爲進，

---

① 底本，《卍續藏》第117號，第2冊第557頁中—565頁下。校本，《大正藏》第1067號，第20冊第129頁中—137頁下，原享保年間刊豐山大學藏本，原校本［甲］高山寺藏覺成傳領本。

② 會，原作"岌"，據《大正藏》本及經題改。

　　左大指爲禪，右小指爲慧，

　　無名指爲方，右中指爲願，

　　右頭指爲力，右大指爲智。

　　又法左大指爲慧，左頭指爲方，

　　左中指爲願，無名指爲力，

　　左小指爲智。

　　又法右手大指，爲檀空輪，

　　右手頭指，爲戒風輪，

　　右手中指，爲忍火輪，

　　右無名指，爲進水輪，

　　右手小指，爲禪地輪。

　　又法小指爲地，無名爲水，

　　中指爲火，頭指爲風，

　　大指爲空。

是此十波羅蜜之名，非所用此尊位。今所可用者定慧、理智也。諸尊等印契，以此當知之。

五部尊法

　　一息災法，用佛部尊等，是故有五智佛。二增益法，用寶部尊，是故有寶、光、幢、笑，求福德者寶，求智慧者光，求官位者幢，求敬愛者笑。三降伏法，用金剛部尊等，是故有五大忿怒尊等。四愛敬法，用蓮華部尊，是故本尊觀世音等。五鉤召法，用羯磨部尊，是故有鉤索鏁鈴等。入五智，法身，是故有五智賢瓶。成蓮華，自性身，是故有四種蓮華。成佛身，受用身，是故有如來等。被甲。變化身，是故有三十三身。五母部室主毗盧遮那如來，佛部，主源之故無母，譬如《毗盧遮那經》阿字爲毗盧遮那佛種子，吽字金剛薩埵種子。《金剛頂經》吽字毗盧遮那種子，阿字金剛薩埵種子。《金剛海儀軌》如是每會此兩字相代，當知是互作主伴，利益衆生。補陀落海大悲遷化，亦現萬億身，互作主伴，接化群生。阿閦如來，金剛部主，金剛波羅蜜爲母。寶性如來，寶部主，寶波羅蜜爲母。無量壽如來，蓮華部主，法波羅蜜爲母。不空成就如來，羯磨部主，羯磨波羅蜜爲母。是則據四波羅蜜出生四佛之義，心有四佛互出生四波羅蜜之義。然則得四波羅蜜爲主，四佛爲母耶？曰不得。何故不得？曰四波羅蜜爲定，四佛①爲慧，則不得四波羅蜜爲主。四佛爲主，譬如雖父母共產生諸子，名父不爲母。以五智忿怒相配，五智：不動尊，毗盧遮那忿怒，自性輪般若菩薩。降三世尊，阿閦佛忿怒，自性輪金剛薩埵菩薩。軍荼利，寶生佛忿怒，自性輪金剛藏王菩薩。六足尊，無量壽佛忿怒，自性輪文殊師利菩薩。金剛藥叉，不空成就佛忿怒，自性輪即可是寂靜身，又穢積

---

　　①　四佛，原脱，據《卍續藏》校勘補。

金剛爲不空成就佛忿怒，自性輪金剛業也，穢積即烏芻澁摩菩薩也。　無能勝，釋迦牟尼佛忿怒，自性輪慈氏菩薩。　馬頭觀音。　無量壽佛忿怒，自性輪觀世音爲主，伴陀羅嚩子尼是白衣觀世音菩薩也。　三十七尊：毗盧遮那佛，遍照金剛，已下皆同。　四方佛，如上。　東方金剛波羅蜜，不動。　南方寶波羅蜜，平等。　西方法四波羅蜜，清淨。　北方羯磨波羅蜜，成就。　薩，妙用真如。　王，自在。　愛，大喜。　喜，善哉。　寶，如意。　光，威德。　幢，滿願。　笑，歡喜。　法，清淨。　利，般若。　因，不退。　語，性空。　業，善巧。　護，精進。　牙，猛利。　拳，祕密。　嬉，授記。　鬘，愛敬。　歌，無畏。　舞，神通。　香，無㝵。　華，妙色。　燈，普照。　塗，普清。　鉤，善源。　索，等持。　鏁，堅持。　鈴，解脱。

　　　　既説諸尊等，忿怒自性輪，竟。
　　　　今説初域界，本尊微妙相。
　　　　第一内心地，有八葉蓮華，
　　　　其妙色青黄，妙寶金剛莖，
　　　　常出無量光，百千種妙色。
　　　　繽紛以嚴地，紺瑠璃爲地，
　　　　黄金界紺場，微妙無等倫。
　　　　從此華臺心，出現大月輪，
　　　　中有本尊像，號千手千眼，
　　　　妙色超三界，金色具暉曜，
　　　　首持髮髻冠，寶冠紺髮垂。
　　　　頂上五百面，具足眼一千，
　　　　諸頭寶冠中，安住化佛身。
　　　　身相十百臂，其中採雜寶，
　　　　左定日精珠，左理宮殿珠，
　　　　左定乾銷珠，左定寶弓珠，
　　　　左理鏵持珠，左定羂索珠，
　　　　左理紅蓮珠，左定白蓮珠，
　　　　左理寶篋珠，左定玉環珠，
　　　　左定寶鏡珠，左定蒲桃珠，
　　　　左理化佛珠，左定寶螺珠，
　　　　左理金剛杵，左定鐵鉤珠，
　　　　左理白拂珠，左定寶瓶珠，
　　　　左理如意珠，定慧十蓮合，
　　　　理智入定印。右慧月精珠，
　　　　右智色雲珠，右慧錫杖珠，

右智寶劍珠，右慧寶箭珠，

右智胡瓶珠，右慧數王珠，

右智紫蓮珠，右慧青蓮珠，

右智寶經珠，右慧金輪珠，

右智髑髏珠，右慧楊柳珠，

右智頂上珠，右慧寶鉢珠，

右智三劍珠，右慧鉞斧珠，

右智無畏珠，右慧寶印珠。

各各妙寶臂，猶如尼瞿枝，

鐶釧爲臂玉。百千寶瓔珞，

妙鬘及天衣，莊嚴珠妙體，

救世圓滿光。離熱住三昧，

跏趺右押左，安住妙寶蓮，

妙相無倫匹。既説中胎像，

威儀好相竟，今説八葉上，

大菩薩種好，及息災增益，

威儀形色法，八葉蓮華臺。始從東北右旋。

不空羂索觀音

頂上五髻冠，安住化佛身，

具三九面眼，正面白肉色，

微笑慈悲相，左右天青色。

瞋怒降魔相，身被妙瓔珞，

繫鹿皮袈裟，百福莊嚴身。

四臂兩足體，左定開蓮華，

左理持羂索，或執持數珠，

右慧説法印，或持金剛鑠，

右慧執持鑠，妙寶瑠璃光，

住千葉蓮華，跏趺右押左。

次毗俱胝觀音

頂上大寶冠，身相白肉色，

具一面二眼，熙怡慈悲相，

四臂兩足體，左定執蓮華，

左理持鞞持，右慧握數珠，

右智與願印，妙寶青蓮華，
被鬘及天衣，瓔珞上妙裳，
安住千葉蓮，跏趺右押左。

次十一面觀音

諸頭髮髻冠，冠中住佛身。
正面淺黃色，救世哀愍相，
左右青黑面，左三忿怒相，
右三降魔相，當後暴笑相。
頂上如來相，四臂兩足體，
左定執蓮華，左理握鍕持，
右慧施無畏，或結拳印契，
右智持數珠。被鬘妙瓔珞，
天衣及上裳，商佉妙色光。
安住千葉蓮，跏趺右押左。

次馬頭觀音

頂上寶馬頭，三面三三眼，
正面寶冠中，安住化佛身。
身相赤肉色，甚大瞋怒相，
利牙現脣上，四臂兩足體。
定慧結印契，左定光結拳，
屈檀戒忍輪，舒進禪如觜，
右慧亦如是，定慧進合頭，
當臆稍下垂，左定拳印相，
右慧持鉞斧。被鬘妙瓔珞，
天衣微妙裳，妙色瑠璃光。
安住大蓮華，跏趺右押左。

次忿怒鉤觀音

頂上火焰冠，四面明王像，
正面白肉色，眼目丈夫相，
左右綠碧色，有大忿怒相。
左理持羂索，右慧執鐵鉤，
右智與願契。嚴身妙瓔珞，
被鬘天衣裳，千色蓮華光。

　　　　　安住大寶華，跏趺右押左。
次如意輪觀音
　　　　　微妙大寶冠，頂上住佛身，
　　　　　一面愍念相，身相淺黄色。
　　　　　六臂兩足體，左定按門山，
　　　　　左理執蓮華，左定持金寶。
　　　　　右慧思惟相，右智如意寶，
　　　　　右慧持數珠。被鬘妙瓔珞，
　　　　　袈裟天衣裳，圓光蓮華色。
　　　　　安住大蓮華，仰左跏趺右。
次不空觀音
　　　　　頂上大寶冠，三面三三眼，
　　　　　正面白肉色，忿怒怖畏相。
　　　　　四臂兩足體，左定蓮上鉤，
　　　　　左理持絹索，右慧金剛鉤，
　　　　　右智執三劍。被鬘及瓔珞，
　　　　　袈裟天衣裳，微妙蓮華光。
　　　　　安住大寶蓮，跏趺右押左。
次一髻羅刹觀音
　　　　　頂上火髻冠，一面青黑色，
　　　　　甚大忿怒相，四臂兩足體。
　　　　　左定執三劍，左理持絹索，
　　　　　右慧執寶劍，右智鉞斧劍。
　　　　　被鬘及瓔珞，袈裟大衣裳。
　　　　　圓光百寶色，跏趺右押左。
　　　　　既説八菩薩，威儀形色竟。
　　　　　今説第二院，增益延命法：
東方阿閦如來
　　　　　身相赤白色，朝日初出相，
　　　　　左定結拳印，右慧摩膝相。
　　　　　身被僧伽梨，安住月輪中，
　　　　　閻浮淨金光，白象以爲座。
南方寶生如來

身相黄金色,左定結拳印,
右慧開外方,屈無名小指,
叙中頭大指。身被福田衣,
金色暉曜光,寶馬以爲座。

西方無量壽如來

身相赤金色,結三摩地印,
目開視下相,丹光袈裟衣。
安住大月輪,入定拔苦體,
紫磨金色光,孔雀以爲座。

北方不空成就如來

身相赤金色,左定結拳印,
右慧舒五指,當右胸臆上。
身被福田僧,安住滿月輪,
黄金周遍光,迦嚕羅爲座。

東北慈氏菩薩

頂上妙寶冠,身相白肉色,
左定紫蓮華,其上有軍持,
右慧摩膝相。一切妙瓔珞,
嚴飾救世身,安住月輪海。

東南普賢菩薩

頂上妙髻冠,身相白肉色,
大悲愍念相,左定蓮上鉤,
右慧拳押膝。百千種瓔珞,
珠鬘及天衣,一切妙寶色,
莊嚴慈悲體,圓滿蓮環光。
大寶蓮華坐,安住滿月輪。

西南文殊師利菩薩

頂上五髻冠,身相黄金色,
左定青蓮華,其上有三劒,
右慧執梵函。嚴飾妙寶身,
圓光商佉色,安住月輪中。

西北觀世音菩薩

頂上大寶冠,中現無量壽,

　　　　身相白肉色，十度開敷蓮。
　　　　天衣妙袈裟，萬德妙瓔珞，
　　　　莊嚴黃金色，身光遍法界。
　　　　安住月輪中，跏趺右押左。
　次東門南金剛波羅蜜
　　　　頂上五髻冠，身相深①海色，
　　　　左定執蓮華，其上有梵篋，
　　　　右慧阿閦印。袈裟妙瓔珞，
　　　　莊嚴青黑中，安住月輪中。
　東門北多羅菩薩
　　　　頂上髮髻冠，身相青白色，
　　　　中年女人狀，定慧青蓮華。
　　　　圓滿周遍光，暉發猶淨金，
　　　　微笑鮮白衣，嚴身無有極。
　南門東大毗盧遮那如來
　　　　毗楞伽摩尼，百寶嚴天冠，
　　　　頂上住五佛，身相黃金色，
　　　　定慧入定印。萬億寶瓔珞，
　　　　華鬘妙天衣，一切寶嚴身，
　　　　千色商佉光，師子以為座。
　南門西寶波羅蜜
　　　　頂上五髻冠，身相白肉色，
　　　　左定執蓮華，其蓮華上寶，
　　　　右慧四角輪。袈裟妙瓔珞，
　　　　莊嚴相好身，安住月輪中。
　西門南得大勢菩薩
　　　　頂上五髻冠，冠中住鍾持，
　　　　身相白肉色，左定白蓮華，
　　　　右慧説法印。妙鬘寶瓔珞，
　　　　嚴身如觀音，安住月輪中。
　西門北法波羅蜜

────────────

①　深，原作“染”，據《卍續藏》校勘及《大正藏》校勘［甲］改。

　　　　頂上五髻冠，身相白肉色，
　　　　定慧入定印，蓮華上梵函。
　　　　袈裟妙瓔珞，莊嚴萬真身，
　　　　圓光遍法界，安住月輪中。

北門東羯磨波羅蜜

　　　　頂上五髻冠，身相青碧色，
　　　　左定執蓮華，其蓮上梵篋，
　　　　右慧羯磨杵。袈裟妙瓔珞，
　　　　莊嚴妙寶身，安住月輪中。

北門西蓮華部發生菩薩

　　　　頂上妙寶冠，身相白肉色，
　　　　慈悲救世相，具相四八色。
　　　　左定紅蓮華，右慧摩膝相。
　　　　身被鬘袈裟，瓔珞及天衣。
　　　　妙寶玉鐶釧，莊嚴上妙身，
　　　　住大蓮月殿。既説第二院，
　　　　諸尊方位竟。今説第三院，
　　　　增益降伏法：

東門延命觀音

　　　　頂上大寶冠，其中住佛身，
　　　　身相深黃色，慈悲柔耎相。
　　　　救世二十臂，引接群生類，
　　　　兩足輻輪相，化導諸有情。
　　　　左定承寶珠，左理把寶劍，
　　　　左定握金輪，左理金剛橛，
　　　　左定持榜排，左理金剛鐸，
　　　　左定金剛鈴，左理大蓮華，
　　　　左定持數珠，左理結拳印。
　　　　右慧執戟銷，右智金剛鈒，
　　　　右慧化佛像，右智金剛寶，
　　　　右慧持寶鏡，右智金剛索，
　　　　右慧施無畏，右智跋折羅，
　　　　右慧五股杵，右智縛日羅。

　　　百千種瓔珞，妙鬘及天衣，
　　　莊嚴上妙身，圓光摩不遍。
　　　住頗頭摩華，安住大月輪。
南門千臂千眼觀音
　　　五百諸頭冠，各各住佛身，
　　　千眼千臂體，身相黃金色。
　　　右定開敷蓮，右理持羂索，
　　　右慧大蓮華，右智寶數珠。
　　　左定開敷蓮，定慧合掌印，
　　　理智三摩地，滿願法千條。
　　　所求皆圓滿，弘誓深如海，
　　　廣度諸群生，恒以五智力，
　　　引接於一切。王難刀兵世，
　　　爲刀王救之。疫病災厄時，
　　　爲醫王濟之。飢饉渴乏時，
　　　爲施主愍生。怖畏急難時，
　　　爲歸依助之。乃至爲海潮，
　　　成多類之魚，及現白犬身。
　　　利益歸依者，爲利一切故。
　　　現萬億寶刀，百億妙瓔珞，
　　　天衣及寶鬘，嚴飾上妙身。
　　　圓光遍法界，住鉢曇摩華，
　　　跏趺右押左。
西門毗瞿知觀音
　　　頂上大寶冠，其冠住佛身，
　　　身相黃金色，出現十八臂，
　　　引接眾生故，大悲救世相。
　　　左定化佛身，左理頗胝珠，
　　　左定如意珠，左理握梵函，
　　　左定抱宮殿，左理金剛索，
　　　左定金剛鈴，左理說法印，
　　　左定施無畏。右慧縛日羅，
　　　右智頗胝珠，右慧持寶劍，

右智金剛鏃,右慧持利鉾,
右智寶數珠,右慧持戟銷,
右智説法印,右慧亦説法。
百千種瓔珞,嚴身以種寶,
度生圓滿光,跏趺右押左,
恒遊大蓮華,安住大月輪。

北門烏芻澀摩菩薩

髮髻遶白蛇,身相大青色,
金剛寶瓔珞,甚大忿怒相。
六臂六足體,左理檀拏印,
左定執鉾鉾,左理握金輪。
右慧執寶劍,右智鉞斧相。
金剛寶瓔珞,嚴身不可量。
左理寶數珠,右慧執三股,
右智滿願印,以慧方願屈,
智力真如觜。以獸皮爲衣,
左肩二赤蛇,蟠結垂胸臆,
令頭本尊向,亦四臂兩髆,
有一蛇遶之,其色甚青白,
住寶池蓮上。

東北閻鬘德迦

頂上火鬘髻,迅雷玄雲色,
六面十八眼,極大忿怒相,
輝焰過衆電,水牛以爲座。

東南無動尊

髻上八蓮葉,頂髮垂右肩,
一目而諦觀,面門水波相,
大忿怒白牙,左定握羂索,
右慧把寶劍,金剛寶瓔珞,
威怒身猛焰,安住盤石座。

西南降三世

髑髏火髻冠,夏時雨雲色,
三面三三眼,阿吒吒微笑。

具足百千臂，操持衆器械，
示現八臂相，滿願弘誓故。
左定執戟銷，左理抱寶弓，
左定金剛索。右慧金剛鐸，
右智持寶箭，右慧握寶劒。
理智救世印，先以左定腕，
押右慧腕上，以右祥地輪，
叉左祥地輪，猶如懸蓮劒。
左定進水輪，及以忍火輪，
相屈入掌中，亦以戒風輪，
檀空輪直豎，各各相附頭，
譬如兩邊觜，右慧亦如是。
金剛寶瓔珞，以爲嚴身寶，
身光霹靂相，焰鬘摩不遍，
左足蹈大天，右足蹈天后，
度脫其惡心，令歸佛法僧。

西北軍荼利

髮髻髑髏冠，雷電黑雲相，
三目怖畏相，八臂操器械。
左定握金輪①，左理持戟銷，
左定金剛鉤。右慧執二股，
右智拳押脇，先作金剛拳，
直豎戒風輪，當右脇之下。
右慧施無畏，定慧大瞋印，
先以右慧腕，押左定腕上，
各作金剛拳，定慧戒風輪，
忍火②進水輪，各直豎當臆。
蚊蝱爲臂環，金剛寶瓔珞，
釿釧嚴臂踝，獸王皮爲衣，
白蓮承兩足。十二蛇圍繞，

---

① 輪，原作“剛”，據《大正藏》校勘［甲］及文意改。
② 火，原作“大”，據《卍續藏》校勘及《大正藏》校勘［甲］改。

二蛇在頸垂,二蛇遶兩髆,

八蛇遶八臂,其大怖畏相。

或示現千臂,號千臂甘露。

或示現八臂,名聖軍荼利。

或示現二臂,曰蓮華軍荼。

如是現萬身,遠離一切厄,

住大熾焰中,威德不可測。

釋尊大忿怒,自性輪金剛,

藏王大菩薩,降魔故現形。

東門南金剛愛菩薩

頂上大寶冠,身相白肉色,

左定執寶弓,右慧持寶箭。

金剛寶瓔珞,天衣及華鬘,

嚴飾妙寶身,月輪光蓮座。

次金剛喜菩薩

頂上大寶冠,身相白肉色,

定慧結拳印,即著胸臆上。

嚴身猶如愛,身光遍圍繞,

十六大菩薩,威儀皆同體。

東門北金剛王菩薩

頂上大寶冠,身相白肉色,

定慧其拳印,嚴身如上說。

次金剛薩埵菩薩

頂上大寶冠,身相白肉色,

左定金剛拳,右慧三股杵。

南門東金剛光菩薩

頂上大寶冠,身相赤肉色,

左定結拳印,右慧月①精珠。

次金剛寶菩薩

頂上大寶冠,身相白肉色,

左定與願契,右慧金剛寶。

---

① 月,《卍續藏》校勘疑當作"日",《大正藏》校勘[甲]同。

南門西金剛幢菩薩

　　　頂上大寶冠，身相白肉色，
　　　定慧寶幢幡，嚴身如上説。

次金剛笑菩薩

　　　頂上大寶冠，身相白肉色，
　　　定慧合掌拳，揚耳側勢耳。

西門南金剛利菩薩

　　　頂上大寶冠，身相黄金色，
　　　左定蓮上函，右慧金剛劒①。

次金剛法菩薩

　　　頂上大寶冠，身相白肉色，
　　　定慧承蓮花，嚴身如上説。

西門北金剛因菩薩

　　　頂上大寶冠，身相白肉色，
　　　左定金剛拳，右慧握金輪。

次金剛語菩薩

　　　頂上大寶冠，身相白肉色，
　　　定慧如來舌，嚴身如上説。

北門東金剛牙菩薩

　　　頂上大寶冠，身相白黄色，
　　　定慧拳當臆，嚴身亦如上。

次金剛拳菩薩

　　　頂上大寶冠，身相大青色，
　　　定慧金剛拳，揚印當胸臆，
　　　腕稍屈垂心，嚴身猶説上。

北門西金剛護菩薩

　　　頂上大寶冠，身相青碧色，
　　　左定舒頭指，自餘皆指屈，
　　　揚之附腋側，右慧亦如是。

次金剛業菩薩

　　　頂上大寶冠，身相白肉色，

① 劒，《大正藏》校勘［甲］作“鈎”。

　　　　定慧合掌中，揚之安頂上。

　　　　既說第三院，諸尊方位竟。

　　　　今說第四院，敬愛增益法：

東門瞿婆伽

　　　　頂上大寶冠，身相白肉色，

　　　　定慧紫蓮華，妙寶瓔珞衣，

　　　　引接有情故，示現天帝相。

南門善財童子

　　　　髮髻童子冠，身相白肉色，

　　　　定慧赤蓮華，一切憐愍相。

西門摩利支天

　　　　吉祥天女形，面門桃華色，

　　　　定慧白蓮華，百千種瓔珞，

　　　　嚴身微妙色，救世現天相。

北門佛身

　　　　四八紫金色，牟尼善逝相，

　　　　左定舒安膝，右慧說法印，

　　　　頦胝商佉光，住頗頭摩華。

東北金剛燈菩薩

　　　　頂上大寶冠，身相鮮肉色，

　　　　定慧持燈明，嚴身如上說。

東南金剛塗香菩薩

　　　　頂上大寶冠，身相大青色，

　　　　定慧塗香器，嚴身如上說。

西南金剛香菩薩

　　　　頂上大寶冠，身相大黑色，

　　　　定慧持香爐，嚴身如上說。

西北金剛華菩薩

　　　　頂上大寶冠，身相淺黃色，

　　　　定慧持鮮華，嚴身如上說。

南①門南被葉衣觀音

————————

① 南，《大正藏》校勘［甲］作“東”。

頂上大寶冠，髻現無量壽，

身相白肉色，左定說法印，

右慧未開蓮，商佉軍那光，

微笑坐白蓮，跏趺右押左。

次抱鈴禰那夜迦

象王頭身人，身相青黃色，

舌相遍法界，左定拳押腰，

右慧金剛鈴，鐶釧瓔珞衣，

具大威德相，焰鬘遍其身。

次阿詣羅仙

瘦羸赤肉色，執持蓮上瓶，

身光焰圍繞，安住蓮華葉。

東門北白身觀音

頂上大寶冠，身相淺黃色，

大悲救世相，左定說法印，

右慧執蓮華，嚴身如上說。

次抱刀尾曩野迦

白象頭人身，身相白皓色，

左定結拳印，右慧持寶劍，

鐶釧瓔珞衣，焰鬘遍圍繞。

次阿私陀仙

身相白肉色，執持法寶藏，

瘦皺裸形相，普遍火焰鬘。

南門東上觀音

頂上大寶冠，身相白肉色，

左定說法印①，右慧持白拂，

鮮白日月輪，住鉢曇摩華。

次傘蓋尾曩野迦

白象頭人身，身相珂雪色，

執持白傘蓋，鐶釧妙瓔珞，

具大威力相，熾焰普遍身。

---

① 　印，原作“色”，據《卍續藏》校勘及《大正藏》校勘［甲］改。

次毗哩瞿仙
　　身相赤肉色，定慧執仙杖，
　　身色赫赫暉，安住猛焰中。
南門西正觀音
　　頂上大寶冠，身相白肉色，
　　左定赤蓮華，右慧紅蓮華，
　　救世愛敬相，嚴身如上説。
次抱鉤裨那夜迦
　　象王頭人身，身相深赤色，
　　左空拳押腰，右慧金剛鉤，
　　鐶釧妙瓔珞，具大威德相，
　　電光體圍繞，嚴身無有量。
次瞿曇仙
　　身相赤肉色，執持寶賢瓶，
　　具大神通相，周環起光焰。
西門南光明觀音
　　頂上大寶冠，身相深黄色，
　　微妙喜悦相，左定説法印，
　　右慧施無畏，百種妙瓔珞，
　　華鬘及天衣，嚴身如上説。
次華鬘尾曩野迦
　　白象頭人身，身相白鵠色，
　　定慧把華鬘，具大勢力相，
　　鐶釧妙瓔珞，猛焰遍其身。
次遊孔仙
　　身相白肉色，執持大寶函，
　　具大神力相，普遍大熾焰。
西門北白處觀音
　　髮冠襲純衣，身相白黄色，
　　左定鉢曇摩，右慧垂拳印，
　　百千種瓔珞，嚴身如上説。
次把索裨那夜迦
　　身相紅蓮色，象王頭人身，

舌相滿世間，左定拳押腰，

右慧金剛索，具大威悪相，

焰鬘普遍身，鐶釧妙瓔珞。

次成就仙

身相赤肉色，執持三股印，

具大威神相，安住炎鬘中。

北門東請觀音

頂上大寶冠，身相白黄色，

左定執軍持，右慧施無畏，

百千衆瓔珞，嚴身如上説。

次抱弓箭尾曩野迦

白象頭人身，身相白雪色，

左定抱寶弓，右慧持寶箭，

鐶釧妙瓔珞，焰鬘普遍身。

次婆藪仙人

身相赤肉色[①]，定慧青蓮華，

具大神驗相，安住焰鬘中。

北門西大聖觀音

頂上大寶冠，身相白肉色，

慈悲救世間，左定鮮蓮華，

右慧施無畏，嚴身如上説。

次抱鏁禪那夜迦

身相靉靆色，左定金剛鏁，

右慧握蘿蔔，威德魏魏相，

赫如朝日暉，炎鬘周遍身。

次阿底麗仙人

身相深[②]赤色，執持仙人杖，

現大神力相，焰鬘周遍身。

既説第四院，諸尊方位竟，

今説第五院，鉤召被甲法：

---

① 身相赤肉色，原脱，據《大正藏》校勘［甲］補。

② 深，原作“染”，據《大正藏》校勘［甲］改。

東門金剛鈴菩薩

　　　頂上妙寶冠，身相大青色，
　　　左定結拳印，右慧金剛鈴。
　　　一切寶瓔珞，天衣及袈裟，
　　　莊嚴妙寶身，圓光如虹色，
　　　住分荼利華，大滿月輪中。

南門金剛鉤菩薩

　　　頂上妙寶冠，身相靉靆色，
　　　左定結拳印，右慧金剛鉤，
　　　百千寶瓔珞，嚴身如上説。

西門金剛索菩薩

　　　頂上妙寶冠，身相白黃色，
　　　左定金剛索，右慧拳押膝，
　　　百千種瓔珞，嚴身如上説。

北門金剛鏁菩薩

　　　頂上妙寶冠，身相白肉色，
　　　左定結拳印，右慧金剛鏁，
　　　百千妙瓔珞，嚴身如上説。

東北多羅使者

　　　身相青碧色，定慧紫蓮華，
　　　幼年童女狀，寶冠妙瓔珞，
　　　周環起焰鬘，嚴身如觀音。

東南蓮華部使者

　　　身相白黃色，中尊童子狀，
　　　定慧赤蓮華，金剛寶瓔珞，
　　　大鬘遍其身，嚴身如上説。

西南軍荼利使者

　　　身相深①青色，瞋怒白牙相，
　　　長年丈夫相，執持蓮上杵，
　　　大髮嚴瓔珞，焰鬘遍寶身。

西北如意輪使者

---

① 　深，原作“染”，据《卍續藏》校勘及《大正藏》校勘［甲］改。

　　　　身相珂雪色，忿怒藥叉狀，
　　　　執持如意寶，被金剛瓔珞，
　　　　嚴身如觀音，焰鬟遍寶體。
東門南婆羅門身
　　　　面門赤肉色，首比丘僧狀，
　　　　被白素俗衣，定慧執錫杖。
次摩睺羅伽身
　　　　蛇頭貴人相，定慧抱笙笛，
　　　　或以投縶鼓，威儀如天衆。
次聲聞身
　　　　身相白肉色，熾年比丘相，
　　　　執持三衣函，身被僧伽梨。
次比丘尼身
　　　　肥膚白肉色，執持紅蓮華，
　　　　耆老女人相，身被福田衣。
東門比丘身
　　　　皮皺赤肉色，威儀大惠相，
　　　　頭巾袈裟衣，執持鉢草座。
次緊那羅王身
　　　　身相赤肉色[①]，麞鹿馬頭面，
　　　　執持音聲器，人身裸形相。
次毗沙門身
　　　　頂上大寶冠，面門深黃色，
　　　　忿怒降魔相，左定棒寶塔，
　　　　右慧持寶劍，身被甲胄衣，
　　　　袈裟寶瓔珞，天衣莊嚴身。
次宰官身
　　　　面門赤肉色，定慧合掌印，
　　　　身被禮服衣，大勢官人相。
南門東優婆塞身
　　　　面門白肉色，白冠百結衣，

---

① 　身相赤肉色，原脱，據《大正藏》校勘［甲］補。

　　　　執持修行器，白衣俗人相。
次非人身
　　　　身相大青相，左定執張弓，
　　　　右慧持矢箭，惡楜陀羅狀。
次童目天女
　　　　身相白肉色，定慧紫蓮華，
　　　　憐愍一切故，示現天人相，
　　　　妙鬘寶瓔珞，嚴身殊妙體。
次小王身
　　　　面門赤肉色，妙寶珠鬘冠，
　　　　定慧共合掌，身被深赤色。
南門西優婆夷身
　　　　面門白肉色，長髮女人狀，
　　　　半齒愛敬相，執持蓮華篋。
次龍身
　　　　身相大青色，頂上現龍頭，
　　　　瞋恚忿怒相，定慧握黑雲。
次大自在天身
　　　　頂上妙天冠，面門紫蓮華，
　　　　定慧抱利鉾，乘大黑水牛，
　　　　天衣及飛衣，上妙寶瓔珞，
　　　　嚴身微妙色，安住月輪中。
次婦女身
　　　　面門白肉色，諸天采女狀，
　　　　愛敬愛重相，嚴身微妙色。
西門南天身
　　　　身相紅蓮色，左定蓮華函，
　　　　有慧妙蓮華，天衣百福身。
次夜叉身
　　　　頂上火焰冠，身相赤肉色，
　　　　眼目雷電光，定慧持三股。
次辟支佛身
　　　　皮膚白肉色，中年比丘相，

定慧十蓮合，身被福田衣。

次童女身

面門珂雪色，少年女人狀，
執持青蓮華，安住妙寶華。

西門北人身

面門白肉色，身相貴人相，
執持妙蓮華，身被福田衣。

次乾闥婆身

頂上八角冠，身相赤肉色，
身如大牛王，左定執簫笛，
右慧持寶劍，具大威力相，
髮髻焰鬘冠。

次執金剛身

身相赤肉色，忿怒降魔相，
髮髻焰鬘冠，左定拳押腰，
右慧金剛杵，金剛寶瓔珞，
天衣獸皮服，嚴身妙寶色。

次童男身

面門白肉色，幼年少僮狀，
定慧執蓮華，身被妙寶衣。

北門東天大將軍身

面門赤肉色，定慧共合掌，
容儀如帝釋，嚴身妙寶色。

次迦樓羅身

身相青黑色，面門妙翅鳥，
威勢裸形相，人身具羽翼，
左定拳著腰，右慧金剛鉤。

次大梵王身

頂上妙天冠，面門白肉色，
四面三目相，八臂兩足體。
左定握三股，左理持蓮華，
左定執軍持，左理持白拂。
右慧結拳印，右智持利鈇，

右慧四智鏡，右智施無畏。

身被妙瓔珞，天衣及袈裟，

莊嚴上妙身，圓光坐白蓮。

次長者身

面門白肉色，執持如意寶，

身被禮衣服，大富貴人相。

北門西自在天身

面門白肉色，執持紅蓮華，

寶冠天帝衣，具足帝釋相。

次阿修羅身

三面青黑色，忿怒裸形相，

六臂兩足體，定慧合掌印，

左定火頗胝①，左理執刀杖，

右慧水頗胝，右智持鎰印。

次帝釋身

頂上寶冠中，戴嚩日羅杵，

面門白肉色，左定結拳印，

右慧一股杵，百千種瓔珞，

天衣及飛衣，莊嚴妙寶衣，

圓光月輪中，安住妙高座。

次居士身

面門白肉色，執持摩尼寶，

身被禮服衣，大家長者相。

以上三十三身安住月輪中大蓮華葉座

既説五部尊，方位色像竟，

今説四種蓮，圍繞池②形色：

東方青蓮華，西方白蓮華，

北方紫蓮華，蓮華池東北，

南西等隅内，各各有賢瓶，

妙色無有喻，炎鬘蓮華座，

---

① 胝，原作“底”，據《大正藏》本改。

② 池，原作“地”，據《卍續藏》校勘改，下二“池”字同。

瓶插大蓮華。次説四蓮池，
四方蓮華門，其色鮮赤色，
常放無量光。次從紺青色，
至第二院間，以黄金爲地，
有一股杵形。次從第二院，
至第三院間，白銀以爲地，
有三股杵形。次從第三院，
至第四院間，黄金以爲地，
有獨股杵形。次從第四院，
至第五院間，白銀以爲地，
有嚩日羅形。次從第五院，
至第六院間，黄金以爲地，
有五股杵形。次内院地色，
紺青散金華。第二院地色，
淺黑散金華。第三院地色，
淺紫散金華。第四院地色，
深紫散銀地。第五院地色，
淺青散金華。第六蓮華地，
深赤頻婆色。此曼荼羅海，
懸從黑流赤，其中諸尊等，
住大月輪中。

補陀落海會諸尊方位[①]略出威儀形色

---

① 方位，原作“住”，據《大正藏》校勘［甲］及經題改。

佛説熾盛光大威德消災吉祥陀羅尼經①

佛説熾盛光大威德消灾吉祥陀羅尼經序②

越溪沙門性澄述

夫能仁之爲教也，所契者道，所體者神。統法界而有爲，窮三世而不息。無乎不在，故天爲覆，地爲載，日月星辰爲照臨，群生品物爲吉凶消長。感而遂通，故凶可以避，吉可以趨。天地日月，星辰萬物，各可以使其至於當者，皆斯經之宗用也。其消禳災難，導致禎祥；方軌壇儀，要制期限，粲然靡所不載。足以上福邦家，下祐民庶。即近而達遠，即事而顯真，誠博要之道歟！爰自不空傳譯，歷代寶之。依法誦持，衆機蒙益。可無訓釋，以裨流通。維昔雲間鑑師，雖嘗疏解，繁略未馴，輒不自揆。採摭山家諸祖格言，删補治定，庶或少補于將來。時至治二年，龍集壬戌，奉詔赴都，乘驛淮河，中秋日叙。

佛説熾盛光大威德消災吉祥陀羅尼經

唐特進試鴻臚卿三藏沙門大廣智不空奉詔譯③

爾時釋迦牟尼佛在淨居天宫，告諸宿曜遊空天衆、九執大天及二十八宿、十二宫神、一切聖衆："我今説過去娑羅王如來所説熾盛光大威德陀羅尼④除災難法，若有國

---

① 底本，《中華藏》第 1515 號，第 66 册第 372 頁上—373 頁上，原《清藏》本。經名，《中華藏》校勘《石》作"最勝無比大威德金輪佛頂熾盛光消灾吉祥陁羅尼經"，《磧》作"佛説最勝無比大威德金輪佛頂熾盛光消災吉祥陁羅尼經"。

② 經序，《中華藏》校勘《石》《磧》無。序題，《中華藏》校勘《南》作"注消災經序"。

③ 譯名，《中華藏》校勘《石》《磧》《南》作"特進試鴻臚卿大興善寺三藏沙門大廣智不空奉詔譯"。

④ 陀羅尼，《中華藏》校勘《石》《磧》作"真言"，下同。

王及諸大臣所居之處及諸國界，或被五星陵逼，羅睺彗孛①妖星照臨，所屬本命宮宿及諸星位，或臨帝座，於國於家及分野處，陵逼之時，或退或進，作諸障②難者，但於清淨處置立道場，念此陀羅尼一百八遍或一千遍。若一日、二日、三日乃至七日，依法修③飾壇場，至心受持讀誦，一切災難皆悉消滅，不能爲害。若太白火星入於南斗，於國於家及分野處作諸障難者，於一忿怒像前畫彼設都嚕形，屬聲念此陀羅尼加持，其災即除④，移於不順王命悖逆人身上。受者即説陀羅尼曰：

曩謨三滿跢一没馱喃上聲，二阿鉢囉二合底丁逸切，三賀哆舍四娑上聲娜喃上聲，五怛姪他六唵引，七佉佉八佉呬上聲佉呬九吽吽短呼，十入嚩二合囉十一入嚩囉十二鉢囉二合入嚩二合攞十三鉢囉入嚩攞十四底瑟姹二合，十五底瑟姹二合，十六瑟致二合哩十七瑟致二合哩十八薩普二合吒十九薩普二合吒二十扇底迦二十一室哩二合曳二十二娑嚩二合賀二十三

　　“此陀羅尼一切如來同共宣説，若有苾芻苾芻尼、族姓男族姓女受持讀誦此陀羅尼者，能成就八萬種吉祥事，能除滅八萬種不吉祥事。若有國王、大臣及諸眷屬、一切庶民，或被五星、羅睺、計都、彗孛、妖恠、惡星陵逼帝座，於國於家及分野處，所屬宮宿⑤災難競起，或鎮星陵逼，或進或退，及宿世冤家欲相謀害，諸惡、橫事、口舌、厭禱、呪詛以爲災難者，令諸衆生依法受持，一切災難悉皆消滅⑥，不能爲害，變災爲福，皆得吉祥。我今説此陀羅尼不可思議功德無比，祕密受持，勿妄宣傳⑦。”

　　爾時如來告諸四⑧衆：“若有國界不安，災難並起，請清淨衆如法建立道場，安置⑨佛像，結界護持，香華燈燭隨分供養，令諸有情獲福無量，其災即除。”

　　爾時如來説是陀羅尼經已，時曼殊室利菩薩摩訶薩及諸聲聞四衆、遊空大天及諸星辰、一切聖衆咸依佛勅，頂禮奉持，各還本宮，及天龍八部、一切大衆聞佛所説，皆大歡喜，信受奉行。

　　佛説熾盛光大威德消災吉祥陀羅尼經一卷⑩

---

① “彗孛”前，《中華藏》校勘《石》《磧》有“計都”。
② 障，《中華藏》校勘《石》《磧》作“災”。
③ 修，《中華藏》校勘《石》《磧》作“嚴”。
④ 除，《中華藏》校勘《石》《磧》作“散”。
⑤ 宮宿，《中華藏》校勘《石》《磧》作“本命宮宿”。
⑥ 悉皆消滅，《中華藏》校勘《石》《磧》無。
⑦ 勿妄宣傳，《中華藏》校勘《石》《磧》無。
⑧ 四，《中華藏》校勘《石》《磧》作“大”。
⑨ 置，《中華藏》校勘《石》《磧》作“立本尊”。
⑩ 卷末經名，《中華藏》校勘《石》作“佛説最勝無比大威德金輪佛頂熾盛光消災吉祥陁羅尼經一卷”。

觀自在菩薩心真言一印念誦法①《千手千眼軌》出②

大興善寺三藏沙門大廣智不空奉詔譯

夫修行者欲念誦時,先應誦清淨真言七遍。真言曰:

ॐ（oṃ）　ॡ（śu）　ॼ（ddhe）　ॡ（nu）　ॹ（śā）　ॼ（ddha）　ॡ（nā）　ॴ（ya）　ॹ（svā）

唵　　　秫詩聿反弟③　　耪　　戌引　駄　　曩引　野　娑嚩二合,引④

ॾ（hā）⑤

賀引⑥

　　由誦此真言,則獲⑦得三業清淨,則成以功德法⑧水,灑浴身心⑨,則⑩結觀自在菩薩印⑪,二羽相⑫叉作拳,以禪度出外直⑬豎即成,誦心真言七遍。真言曰:

ॐ（oṃ）　ॳ（ā）　　ॱ（ro）　ॲ（li）　ॡ（k）　ॹ（svā）　　　ॾ（hā）

唵　　　阿去⑭,引　嚧引⑮　力　　迦半音⑯　娑嚩二合,引⑰　賀引⑱

---

　　①　底本,《大正藏》第1041號,第20册第32頁上—33頁上,原享保年間刊豐山大學藏本,原校本［甲］寬弘三年寫東寺三密藏本。
　　②　千手千眼軌出,《大正藏》校勘［甲］無。
　　③　弟,《大正藏》校勘［甲］作"悌"。
　　④　引,《大正藏》校勘［甲］無。
　　⑤　梵字真言,底本爲宋代城體,據《大正藏》原三密藏本復原爲唐代悉曇梵字,附注羅馬字母轉寫。
　　⑥　引,《大正藏》校勘［甲］無。
　　⑦　則獲,《大正藏》校勘［甲］作"七遍即"。
　　⑧　功德法,《大正藏》校勘［甲］作"八功德"。
　　⑨　心,《大正藏》校勘［甲］作"口意"。
　　⑩　"則"前,《大正藏》校勘［甲］有"次"。
　　⑪　印,《大正藏》校勘［甲］作"心密印"。
　　⑫　相,《大正藏》校勘［甲］作"內"。
　　⑬　直,《大正藏》校勘［甲］無。
　　⑭　去,《大正藏》校勘［甲］無。
　　⑮　引,《大正藏》校勘［甲］無。
　　⑯　半音,《大正藏》校勘［甲］無。
　　⑰　引,《大正藏》校勘［甲］無。
　　⑱　引,《大正藏》校勘［甲］無。

由結此印及誦真言，即成三昧耶。又結前印，誦真言三遍，以印左繞三匝，則成辟除一切諸魔障者。又結前印，誦真言三遍，以印右轉三匝，則成結界，則想身前八葉蓮華。

又結前印，誦真言七遍，以禪度向身招之，則觀自在菩薩并蓮華部一切聖衆皆來集會①，則以二手捧閼伽香水器，當額奉獻，誦真言七遍，想浴聖衆。又結前印，誦真言七遍，則成獻蓮華之座。

又結前印，誦真言三遍，則成塗香供養。又結前印，誦真言三遍，則成華鬘供養。

又結前印，誦真言三遍，則成種種天妙飲食供養。又結前印，誦真言三遍，則成燈燭供養。

又結前印，當心②誦真言七遍，則想自身坐於八葉蓮華臺中相好威光，具足圓滿，等同觀自在菩薩，於蓮華八葉每一一葉上，各有一如來入定，面向觀自在菩薩。行者以如是觀念，極令分明，舉印於頂上散，則取念珠蟠於掌中，合掌③當心，誦加持念珠真言七遍，真言曰：

𑖒(oṃ) 𑖪(vai) 𑖩(lo) 𑖓(ca) 𑖡(na) 𑖦(ma) 𑖩(la) 𑖭𑖿(svā)　　𑖮(hā)

唵　尾　嚕引　左　曩引　麼鼻聲④　攞⑤　娑嚩⑥二合，引⑦　賀引

則二手當心，各聚五指如未敷蓮華形，當心誦真言，不緩不急，歷分明，不應出聲，寂静念誦，每與⑧真言後字聲齊移一珠，於心真言句中去初後字。念誦之時，勿令散亂，身心凝寂，更不異緣。唯觀本尊，專注念誦，則觀想身前八葉蓮華上有觀自在菩薩，相好圓滿，處月輪中，復觀自身同彼觀自在菩薩，等無差別⑨。念誦數畢，捧珠頂戴，起慈悲心，發大誓願：一⑩切有情所希望⑪世間殊勝上願，速得成就。則安珠本處。

又結前印，當心誦真言七遍，即成三昧耶⑫。復以印加持自身五處，所謂額上、右肩、左肩、心上及喉，是名五處，各⑬誦真言一遍，加持頂上散印。又結前印，

---

① "會"後，《大正藏》校勘[甲]有小注"請加翳醯呬發遣改爲藥瑳藥瑳"。

② 當心，《大正藏》校勘[甲]無。

③ 合掌，《大正藏》校勘[甲]無。

④ 鼻聲，《大正藏》校勘[甲]無。

⑤ "攞"後，《大正藏》校勘[甲]有小注"二合引"。

⑥ 嚩，《大正藏》校勘[甲]作"婆"。

⑦ 引，《大正藏》校勘[甲]無。

⑧ 與，《大正藏》校勘[甲]作"待"。

⑨ 差別，《大正藏》校勘[甲]作"有異"。

⑩ "一"前，《大正藏》校勘[甲]有"願"。

⑪ "望"後，《大正藏》校勘[甲]有"願世出"。

⑫ "耶"後，《大正藏》校勘[甲]有"護身印"。

⑬ "各"後，《大正藏》校勘[甲]有"隨印處"。

如前①獻五種供養,各誦真言一遍,則成廣大②供養,則以二手捧閼伽水③,當額奉獻,誦真言一遍。又結前印,左轉一匝,則成解界。又結前印,以禪度向外擲之,誦真言三遍,舉印安頂,則成奉送一切聖衆。又結前印,加持自身五處,各誦真言一遍④,則成被甲,頂上散印。

　　修行者如是依此祕密法要,精誠念誦⑤,作意修持,一切所爲速得成就,世、出世間諸願圓滿,業障消除,三昧現前,不轉此身,騰空自在,隨意即往十方淨土,歷事諸佛,速成無上菩提。

　　觀自在菩薩心真言一印念誦法⑥

---

①　"前"後,《大正藏》校勘［甲］有"印奉"。
②　"大"後,《大正藏》校勘［甲］有"殊勝"。
③　水,《大正藏》校勘［甲］作"香水"。
④　各誦真言一遍,《大正藏》校勘［甲］無。
⑤　念誦,《大正藏》校勘［甲］無。
⑥　卷末經名,《大正藏》校勘［甲］作"聖觀自在菩薩一印念誦法"。

大悲心陁羅尼修行念誦略儀[①]

大興善寺三藏沙門大廣智不空奉詔譯[②]

依灌頂道場經，説修陁羅尼法門，求速出離生死大海，疾證無上菩提者，應須先入諸佛如來海會灌頂道場，受灌頂已，發歡喜心，從師親受念誦法則。後於淨室，山林流水最爲上勝，建立道場，安置本尊。修真言者面向東方，應以瞿摩夷塗拭其地，以白檀香摩爲香泥，以用塗壇。或方或圓，隨意大小。而於壇上散花、燒香。供養。取二淨器，盛滿香水，安置壇中，以用供養。行者澡浴或不澡浴，悉無障礙。但當運心思惟觀察，一切衆生本性清淨，爲諸客塵之所覆蔽，不見清淨真如法性。爲令清淨故，應當至心念此真言三遍、七遍。真言曰：

唵引娑嚩二合婆嚩戌馱薩嚩馱麽娑嚩二合婆嚩戍度憾

由此真言加持故，身口意業悉得清淨。然後五輪著地，歸命禮十方一切諸佛、諸大菩薩、方廣大乘。右膝著地，懺悔隨喜，勸請發願。

歸命十方等正覺！最勝妙法菩薩衆，
以身口意清淨業，殷勤合掌恭敬禮。
無始輪迴諸有中，身口意業所生罪，
如佛菩薩所懺悔，我今陳懺亦如是。
諸佛菩薩行願中，金剛三業所生福，
緣覺聲聞及有情，所集善根盡隨喜。
一切世燈坐道場，覺眼開敷照三有，
我今胡跪先勸請，轉於無上妙法輪。
所有如來三界主，臨般無餘涅槃者，
我皆勸請令久住，不捨悲願救世間。
懺悔勸請隨喜福，願我不失菩提心，

---

① 底本，《中華藏》第 1643 號，第 69 册第 767 頁上—769 頁上，原《磧砂藏》本。
② 譯名，《中華藏》校勘《徑》《清》作"唐北天竺三藏沙門大廣智不空奉詔譯"。

　　　　諸佛菩薩妙衆中，常爲善友不厭捨。

　　　　離於八難生無難，宿命住智相嚴身，

　　　　遠離愚癡具悲智，悉能滿足波羅蜜。

　　　　富樂豐饒生勝族，眷屬廣多常熾盛，

　　　　四無碍辯十自在，六通諸禪悉圓滿。

　　　　如金剛幢及普賢，願讚迴向亦如是。

　　次禮本尊及諸聖衆真言曰：

唵引鉢那摩二合吽微閉反

　　由此真言作禮故，本尊聖衆受爲主宰。次對本尊前，結跏趺坐，或半跏趺坐。起大悲心：我修此法，爲一切衆生速出生死大海，疾證無上正等菩提。先磨諸香，以用塗手，然後結於佛部三昧耶印：

　　以二手虛心合掌，開二頭指，屈輔二中指上節，二大指屈輔二頭指下節，其印即成。置印當心，想於如來三十二相八十種好，了了分明，如對目前。至[1]心誦真言七遍，真言曰：

唵怛他誐妬那婆二合嚩野娑嚩二合賀

　　由此印及誦真言故，即警覺一切如來，悉當護念加持行者。以光明照觸我身，所有罪障皆得消滅，壽命延遠，福德增長。佛部聖衆擁護歡喜，生生世世離諸惡趣，蓮花化生，速證無上正[2]等菩提。

　　次結蓮花部三昧耶印：

　　以二手虛心合掌，散開二頭指二中指二無名指，屈如蓮花形。安印當心，想觀自在相好具足。誦真言七遍，於頂右散印。真言曰：

唵引鉢那麽二合捺婆二合嚩野娑嚩二合賀引

　　由此印及誦真言故，即覺悟觀自在等持蓮花者，一切菩薩蓮花部聖衆，悉皆歡喜，加持護念，一切菩薩光明照觸其身，所有業障皆得除滅，一切菩薩常爲善友。

　　次結金剛部三昧耶印：

　　以左手翻掌向外，以右手掌背安左手背，用左右大指小指，手相鉤如金剛杵形。置印當心，想金剛手菩薩，誦真言七遍，頂左散之。真言曰：

唵引嚩日嚕二合那婆二合嚩野娑嚩二合賀引

　　由此印及誦真言故，警覺金剛部聖衆，一切持金剛者加持擁護，所有罪障皆悉除滅，一切痛苦不著於身，當得金剛堅固之體。

----

　　①　至，原作“志”，據《中華藏》校勘《徑》《清》改。

　　②　正，原作“王”，據《中華藏》校勘《石》《南》《徑》《清》改。

次結護身三昧耶印：

以手內相叉，右押左，豎二中指頭相拄，屈二頭指如鉤形，於中指背勿令相著，並二大指押二無名指，即成，印身五處，所謂額、次右左肩、次心、喉，於頂上散印。各誦真言一遍，真言曰：

唵嚩日囉二合儗顎二合鉢囉二合你鉢多二合野娑嚩二合賀

由結此印，及誦真言加持故，即成被金剛甲冑，所有毗那夜迦及諸魔作障礙者退散馳走，悉見行者光明被身，威德自在。若居山林及在險難，皆悉無畏。水火等災、一切厄難，虎狼師子、刀杖枷鎖，如是等事悉皆消滅，見者歡喜。命終已後，不墮惡趣，當生諸佛淨妙國土。

次結金剛輪大菩薩大威德契已，入曼拏羅者，受得三世無障礙三種律儀。由入曼拏羅，身心備十微塵剎世界微塵數三摩耶無作禁戒，或因屈身俯仰，發言吐氣，起心動念，廢忘菩提之心，退失善根。以此印契、密言殊勝方便，誦持作意，能除違犯愆咎。三摩耶如故，倍加光顯。能淨身口意故，則成入一切曼拏羅，獲得灌頂三摩耶。應結印誦真言七遍：二羽內相叉，豎二定，以二念紃二定，二慧並申直。安契當於心，誠心誦七遍。真言曰：

曩莫悉底哩野四合地尾二合迦喃一薩嚩怛他誐哆喃二闍三尾囉咘尾囉咘四摩訶作羯囉二合嚩日哩二合，五娑哆娑哆六娑囉帝娑囉帝七怛囉二合以怛囉二合以八尾馱摩顎九三畔惹顎十怛囉二合摩底悉馱十一儗哩二合怛囕二合，十二娑嚩二合賀引，十三

誦此真言時，作是觀念：盡虛空界、遍法界生死六趣有情，速得入普集會大曼拏攞，等同聖者。

次結定印，入四無量心觀。初入慈無量心定，以殷淨心遍緣六道四生、一切有情，皆具如來藏，備三種身口意金剛，以我修三密功德力故，願一切有情等同普賢菩薩。如是觀已，即誦大慈三摩地真言曰：

唵引摩賀眛怛囉二合野娑頗囉

次入悲無量心三麼地智，以悲愍心遍緣六道四生、一切有情，沉溺生死苦海，不悟自心，妄生分別，起種種煩惱業，是故不達真如平等如虛空，起恒河沙功德。以我修三密加持力故，願一切有情等同虛空藏菩薩。如是觀已，即誦大悲三麼地真言曰：

唵摩賀迦嚕拏野娑頗二合囉

次入喜無量心三麼地智，以清淨心遍緣六道四生、一切有情，本來清淨，由如蓮花，不染客塵，自性清淨。以我修三密功德力故，願一切有情等同觀自在菩薩。如是觀已，即誦大喜三麼地真言曰：

唵引秫馱鉢囉二合，引謨那娑頗二合，引囉

次入捨無量心三麼地智，以平等心遍緣六道四生、一切有情，皆離我所，離蘊界

及離能取、所取,於法平等,心本不生,性相空故。以我修三密功德力故,願一切有情等同虛空藏菩薩。如是觀已,即誦大捨三摩地真言曰:

唵麼護閉羯灑二合,引娑頗二合,引囉

修真言者,由習四無量心定,誦真言故,所有人天種種魔難、業障悉皆滅除,頓集無量福智,身心調柔,堪任自在。

次結輪壇印:

二手各作金剛拳,進力檀慧互鈎結。印於口,誦真言,即成入一切曼拏攞。次安於頂,於所建立道場處,皆成大曼拏攞,如本尊親自建立輪壇。真言曰:

唵嚩日囉二合,引作訖囉二合,引吽啜吽鑁斛

由結此印、誦真言加持故,修行者設有越法,悞失三業,破三麼耶戒,能除諸過,皆得圓滿。

次結請本尊印:

二手內相叉作拳,左大指入掌,以右大指向身招之。真言曰:

唵阿嚕禮迦伊二合,引呬伊二合,引呬娑嚩二合,引賀

由此真言印加持故,本尊菩薩不越本誓,將諸聖衆來赴道場,加持修行者,速滿本願。

次結馬首明王印,辟除結界:

二手合掌,屈二頭指、無名指,於掌內甲相背,豎開二大指即成。以印左轉三匝,心想辟除諸作障者,魔鬼神毗那夜迦退散馳走。以印右旋三匝,及揮上下,即成堅固大界。真言曰:

唵引阿蜜栗二合,引覩擦婆二合,引嚩吽頖吒娑嚩二合賀

次獻閼伽香水印:

二手捧閼伽器,滿盛香水,汎以時花,當額奉獻。真言曰:

麼娑麼入娑嚩二合賀引

由獻閼伽香水供養,令修行者三業清淨,洗除一切煩惱罪垢,從勝解行地至十地及如來地,當證如是地波羅蜜時,得一切如來與甘露法水灌首。

次結獻座印:

二手蓮花合掌,舒開二無名指,頭屈如開敷蓮花形。真言曰:

唵引迦摩攞娑嚩二合,引賀

由此真言印加持故,本尊、聖衆真實受持蓮花寶座而坐。

次結普供養印:

二手合掌微交,右押左置印心上。誦真言五遍,從印流出種種供養雲海,塗香、花鬘、燒香、飲食、燈明、賢餅,天妙伎樂,普遍供養諸佛、菩薩、本尊、聖衆。真言曰:

曩上莫入薩嚩怛他引蘖帝毗喻二合,引,一尾濕嚩二合,引母契毗藥二合,二薩嚩他三欠四嗢

娜誐二合帝娑頗二合囉吶輪五誐誐曩劍六娑嚩二合,引賀

由此真言、印加持故,諸佛、菩薩、本尊、聖衆皆獲真實廣大供養,法尒成故。

次誦讚嘆:

迦麼攞目佉一迦麼攞路佐曩二迦麼攞薩曩三迦麼攞賀娑哆四迦麼攞婆母顙五迦麼攞
迦麼攞三婆嚩六娑迦攞麼攞乞叉二合攞七曩曩謨娑覩二合帝八

次結本尊心密印,順教相應爲念誦。

諦觀本尊身相好,普放無量大光明,

所有受苦衆生類,蒙光照觸皆安樂。

誦本真言七遍已,頂上散印如垂帶。

心印:兩手合掌虛掌内,合腕二頭指來去。

聖千手千眼觀世音自在菩薩摩訶薩廣大圓滿無碍大悲心陁羅尼真言如文,次取
數珠,捧持頂戴,加持七遍。真言曰:

唵尾路左曩麼攞娑嚩二合賀

次以千轉真言加持七遍,真言曰:

唵嚩日囉二合麑吶野二合惹跛三麼曳吽

加持已,即發是願,願我及一切有情所求世間、出世間殊勝大願速得成就。

二手持珠當心,誦真言一遍,與末後字聲移①移一珠,不緩不急,不高不下,稱呼
真言字,令一一分明。或作金剛誦,舌端微動,脣齒合。離諸散亂,一心專注本尊,勿
緣異相。或千或百,常定其數。念誦終畢,捧珠頂禮,志誠發願。安珠本處,復結本
尊心密印念誦,散印如前。

讚嘆供養倍殷勤,再奉閼伽稱本願。

復以馬首明王印,三轉真言成解界。

如前請尊降入印,大指外撥成奉送。

真言曰:

唵阿嚕力迦誐瑳誐瑳娑嚩二合,引賀

行者奉送聖衆已,復結定印起慈悲,

三部加持被甲冑,禮佛辭退任經行。

如是依法修行者,速集福智獲神通,

現世得入歡喜地,後十六生成正覺。

大悲心陁羅尼修行念誦略儀一卷②

藥師如來念誦儀軌①

大興善寺三藏沙門大廣智不空奉詔譯

　　佛一時在維耶②離樂音③樹下，與大菩薩④三萬六千、比丘八萬⑤人俱，及十二神王并諸眷屬，天龍八部大神王，在如是等大衆會中説此法已，大衆皆聞，無不歡喜，是名即⑥爲結願神呪，即薄伽梵説呪曰：

南謨薄伽筏帝鞞殺社⑦窶嚕薜瑠璃鉢喇婆喝⑧囉闍耶怛他揭多⑨怛姪他唵鞞殺逝鞞殺逝鞞殺⑩社三没⑪揭帝娑⑫婆訶

　　若有受持此真言，能拔身中過去生死一切重罪，不復經歷三途，免離九橫，超越衆苦，十方世界隨處安樂，自在無礙，法應如是。若善男子、善女人等受持讀誦是真言者，日夜精勤，香湯洗浴，著新淨衣，持諸禁戒。如法誦滿真言十萬遍已，就清淨處如法治地，以淨土築令平，以淨牛糞和檀香塗圓壇，以種種雜寶莊嚴壇。安中心一藥師如來像，如來左手令執藥器，亦名無價珠，右手令作結三界印，一著袈裟，結跏趺坐。令安蓮華臺，臺下十二神將，八萬四千眷屬上首令安⑬，又令須蓮臺如來威光中令住日光、月光二菩薩。如是壇四方周匝五色，近前安置二閼伽器，商佉、瓦器，隨意

---

① 底本，《大正藏》第924號A，第19册第29頁中—30頁上，原享和元年刊長谷寺藏本。校本，《大正藏》第924號B(下簡稱《大正藏》別本)，第19册第30頁中，原享保年間刊豐山大學藏本，校本[甲]保延三年寫高山寺藏本，[乙]高山寺藏古寫本；《卍續藏》第98號，第2册第492頁上。
② 耶，校本均作“那”。
③ 樂音，校本均作“音樂”。
④ 大菩薩，校本均無。
⑤ 八萬，校本均無。
⑥ 名即，校本均作“即名”。
⑦ 社，《大正藏》別本校勘[乙]作“耶”。
⑧ 喝，《大正藏》別本校勘[甲][乙]作“羯”。
⑨ “多”後，《大正藏》別本校勘[乙]有“耶阿羅歇帝三藐三勃陀耶”。
⑩ 鞞殺，校本均無，《卍續藏》校勘疑脱，《大正藏》別本校勘[乙]有。
⑪ 三没，《大正藏》別本校勘[乙]作“没哩”。
⑫ 娑，《大正藏》別本作“婆”。
⑬ 安，原脱，據《大正藏》校勘補。

受用。奉獻承事尊像，像前念誦四十九日，間若三七日，畫像壇四角安置賢瓶，如是晝夜七日内，誦呪數滿百千萬遍，所求從心，無量獲果報，除不至心。法應如是，所有利益説不可盡，其餘功能窮劫不可説。

　　復次説藥師如來①根本印②，以左右手頭指以下八指，反叉入於掌，以二大指來去。呪曰：

唵戰馱祇哩娑③婆訶是名根本印

　　次結護讚：

薩④縛勃馱曩薩縛爾曩⑤入迦盧拏怛麽二合，平迦訶羅引⑥覩迷存念於我俱嚕吠女哩也二合入縛羅引怛他誐多麽訶捺⑦耶成⑧就義曩謨悉羯羅歸命頂禮義⑨

　　次説閼伽印，以二手掌捧器頂戴。真言曰：

南莫三曼多没馱南羯羯哞三摩三摩娑婆訶

　　次花座真言印，次説塗香印，二手合掌，二頭指二大指端合如彈指。真言曰：

南莫三曼多没馱南㬊吐羯羅耶娑婆訶

　　次説花印，二手合掌，二小開末。真言曰：

南莫三曼多没馱南没社華娑婆訶

　　次説燒香印，二手合掌山屈。真言曰：

唵那謨仡羅仡羅曼拏微灑曳尸并寧娑婆訶

　　次説花座印，二手背合，以右腕押左。真言曰：

唵社皤羅娑蒲悉什皤羅末吒阿

　　次説普供養印，二手金剛合掌。真言曰：

南莫三曼多没馱南唵阿凡賀布灑摩尼娑婆訶

　　次念誦，次説發遣，以禪智指取花投壇中方。真言曰：

南莫三曼多没馱南阿蘗磋蘗磋娑婆訶

　　是法印呪，能滅一切苦惱。若有人等多諸罪障及諸婦女願欲轉禍，依教作藥師像一軀，寫《藥師經》一卷，造幡四十九，燈作七層，形如車輪，安置像前。五色作索，

---

①　“十方世界隨處安樂”至“復次説藥師如來”，校本均無。

②　“印”後，校本均有“真言”。

③　哩娑，《大正藏》別本校勘[甲]作“哩沙”、[乙]作“哩二合娑”。

④　“薩”前，《大正藏》別本校勘[甲]有“曩莫”。

⑤　曩，《大正藏》別本校勘[乙]作“柰”。

⑥　引，《大正藏》別本校勘[甲]無。

⑦　多麽訶捺，《大正藏》別本校勘[乙]作“哆訶摩捨”。

⑧　“成”前，《大正藏》別本校勘[甲][乙]有“辯才”。

⑨　“次結護讚”至“歸命頂禮義”，底本無，據校本補，校本經文至此爲止。

以印柱①之，四十九結繫彼人身。又轉《藥師經》四十九卷，所有罪障皆得解脫，壽命延長，不遇橫苦，即得安穩，鬼神之病并即除愈。

若欲降伏惡人者，作印以瞋心誦一百八遍，遙打一切外道破滅。若人患心病者，加持青木香，塗心除愈。若人患頭病者，加持桂皮二十遍，服之除愈。若人患腫黃者，加持鬱金香一百八遍，塗除愈。若人欲遠去怨家，加持苦練子一百八遍，一呪一燒，投火中燒，其人即遠去。若患身體支節痛，呪湯水一百八遍洗浴，即得除愈。若人每日早朝以水一掬，呪七遍飲之，在身所有惡報悉得消滅，何況無諸災厄者，及諸三業苦亦得除愈，并得壽命長遠。若呪飲喫者，一切諸毒不能爲損。

若見惡人及有怨家，當須念誦此呪，所有怨家起惡心者當皆降伏，惡心即滅，慈心相向。有恐怖處，當須攝心念誦。若欲臥時，當誦此呪一百八遍，即得好夢，善知吉凶。若人或患瘧病，持此呪者視患瘧人，切誦此呪一千八遍，其患即除愈。

藥師如來念誦儀軌一卷②

①　柱，《大正藏》校勘疑當作"拄"。
②　卷末經名，《大正藏》別本校勘［甲］作"藥師儀軌"、［乙］作"藥師如來儀軌一卷"。

九品往生阿彌陀三摩地集陀羅尼經①

特進試鴻臚卿大興善寺三藏沙門大廣智不空奉詔譯

爾時毗盧遮那如來於大三摩地門大精舍,與大比丘衆八萬九千人俱,皆是大阿羅漢,慧善具足,所作皆辨。其名曰:神力智辨觀世音菩薩、得大勢菩薩、神通自在王菩薩、淨光無垢陀羅尼菩薩、大力普聞菩薩、大莊嚴力菩薩、無量光菩薩、慧善慧普光王菩薩。如是等大菩薩、聲聞、大衆往詣佛所,白言:世尊,無量壽國在②九品淨識三摩地,是即諸佛境界,如來所居,三世諸佛從是成正覺,具足三明,增長福慧。其九品境界,上品上生真色地,上品中生無垢地,上品下生離垢地,中品上生善覺地,中品中生明力地,中品下生無漏地,下品上生真覺地,下品中生賢覺地,下品下生樂門地,是名曰九品淨識真如境。是內坐十二大曼陀羅大圓鏡智寶像,其名曰一切三達無量光佛、遍覺三明無邊光佛、智道三明無礙光佛、六真理智三明無對光佛、色善三明光炎王光佛、一覺三明清淨光佛、普門三明歡喜光佛、入慧三明智慧光佛、光色三明不斷光佛、明達三明難思光佛、五德三明無稱光佛、智力三明超日月光佛。如是諸佛如來是真色具足,一切三世如來悲相所依。若有衆生欲往生如是九品淨土,奉視③十二圓妙,日夜三時稱如是九品淨土名讚十二光佛號,即永出三界火宅,定生真如,離有漏永入無漏。若人欲入如是三摩地境,具足佛慧,淨心潔身,觀念大三摩耶實相真言。呪曰:

唵阿密㗚哆帝濟伽藍吽

善男子,如是真言梵呪,此坐一切十方三世諸佛如來究竟理智,十二空願根本。若我弟子欲利樂三界、饒益人天,書寫此經、受持讀誦者,增長福樂,增益智慧辨④才,增長壽命色力,消除業障,消滅萬病,增長悲愛,無不具足色善。何況至心書寫讀誦者,度三世無生,變三界火宅,所誦得往生極樂界會,九品淨土。

爾時大衆聞佛所說皆大歡喜,信受奉行。

九品往生阿彌陀經

---

① 底本,《大正藏》第 933 號,第 19 册第 79 頁中—80 頁上,原享和元年刊長谷寺藏本。
② 在,《大正藏》校勘疑當作"有"。
③ 視,《大正藏》校勘一作"觀"。
④ 辨,《大正藏》校勘疑當作"辯"。

如意寶珠轉輪祕密現身成佛金輪呪王經^①

大興善寺三藏沙門大廣智不空奉詔譯

放鉢品第一

如是我聞：一時薄伽梵在大雪山頂曼殊師利童子般若崛中，與大苾芻衆千二百五十俱，皆是大阿羅漢。及無量無數菩薩摩訶薩，所謂普賢菩薩摩訶薩、曼殊師利菩薩摩訶薩、觀世音菩薩摩訶薩、得大勢至菩薩摩訶薩、金剛手菩薩摩訶薩、虛空藏菩薩摩訶薩、除蓋障菩薩摩訶薩、地藏菩薩摩訶薩，與如是等諸大菩薩摩訶薩及十八金剛、十二大天、無量八部善神王等無量眷屬，前後圍繞。

爾時會中有一菩薩摩訶薩，名曰曼殊師利，大悲深重，慧無量，諸菩薩中最爲上首，即從座起而白佛言："唯願世尊爲大衆説放鉢功德，我等大衆欲聞奉行。"佛告曼殊師利菩薩言："善哉！善哉！曼殊師利，汝等諦聽，善思念之，我今於此大會，一切八部及未來世，爲祕密善法修行者，及難行苦行神仙、賢聖者説放鉢法要。"

爾時曼殊師利白佛言："唯然！世尊，願樂欲聞。"

佛告曼殊師利童子言："若有善男子、善女人欲飛空鉢，行佛聖道，利益衆生者，先撰高山及以深谷，若如覆鉢，若如仰鉢，寂寞無人。最勝境界，作造菴室。唯好獨住此清淨道場所，斷語無言，斷五穀粒，飡食松葉，吞水吸氣，禪定静思，誦八大龍王陀羅尼及龍王名號，莫爲異緣。若過三百日，取粳米一斛，一百日乾之，能持齋戒，不犯威儀，一心稱念寶勝佛名，次誦多寶佛名。次取空鉢，召請諸龍王及迦樓羅鳥王，各呪一萬三千遍，没^②於空中而起大風輪。爾時金翅鳥王及娑伽羅大龍王等乘其風輪，頂戴^③空鉢，臻於天上諸龍王宮及阿修羅宮，即取長年仙藥施與行人。行者服已，

① 底本，《大正藏》第 961 號，第 19 册第 330 頁中—334 頁下，原享保年間刊豐山大學藏本。校本，《卍續藏》第 121 號，第 2 册第 577 頁下—583 頁上。經名前，《卍續藏》有新作目錄。

② "没"前，《大正藏》校勘疑有"沖"，《卍續藏》本同。

③ 戴，原作"載"，據《大正藏》校勘改。

住壽一千歲，神通如意，能堪修行佛妙法道。若親近女色及食肉類，不得飛鉢，神力頓止。是則先佛修行要術、神仙祕法，我今爲汝及未來世無福有情說是法要。汝曼殊師利持此法要，當須演說，於我滅後，末法有情因是得脫生死苦海。"曼殊師利言："我等大會爲獲大利，我等奉持此祕密法，利益衆生，一切悉地皆令滿足。"

善惡因果品第二

爾時會中有一菩薩摩訶薩，名曰不空王大羂索觀自在菩薩摩訶薩，即從座起，偏袒右肩，合掌白佛言："如是，世尊，今此大衆得聞空鉢大飽滿如意寶珠王法，永厭人間，志樂山林，不受信施，欲行佛道，是法微妙，爲大方便利益有情，是爲行人如意珍寶。然於末世法欲滅時，有情無福、信根淺薄，不堪修行諸佛道法。如是有情多造惡，多墮惡趣，無有出期，皆因先世大慳貪業，二世障礙，皆是貧窮、無福慧業故。唯然，世尊爲末世有情行祕密法，期佛果者，說福智業如意寶輪，諸佛法輪未曾說是寶部方便，今於此會說是法輪，利益有情。"

爾時佛告觀自在不空王菩薩言："善哉！善哉！觀自在，汝等自從無始以來於大劫中修習大慈大悲三昧，即得普現色身三昧如意寶珠王身。今爲此問，請說大慈法要，汝等諦聽，善思念之，我今爲汝說貧福業因果之事。若諸有情雖有智性而無福報，是故作罪，墮諸惡道，是人多生大慳貪心，修行般若故，今世得智，無福貧窮。若諸有情雖有福德而無智慧，是人先世廣作布施，不修禪定故，今世有福而無智慧。如是業報種種不同，是則定業難改，因果決定故，是故難轉。諸佛有異方便祕密妙術，能轉有情定業報力，得福長壽，一切吉祥，大悉地法決定成就，汝等且得。須臾之頃，有一大龍王主，名曰能辦一切有情所求願樂。去此不遠有一大池，清淨無垢，無有惡鳥，四岸即是四寶所成，金銀、瑠璃、車渠、頗梨、真珠等無量莊嚴所所遍布。於其中有一大龍王，坐於五柱銅寶宮殿，名曰無熱惱龍王，能辦諸業，位居第八地不動三昧，能有慈悲，爲一切有情，常雨①甘露智慧法水，長養五穀，生長萬物，因是人法無有缺減。我今行至般若水池大龍王宮，欲說如意寶珠大菩薩法，汝等大衆暫時可持②，其時必有證。"

爾時如意輪觀自在大菩薩等，大法王子金剛手等，大灌頂位大菩薩摩訶薩衆，一切衆會默然待時。

如意寶珠品第三

爾時無熱惱池龍王從無熱惱池銅輪龍宮自然涌出，詣釋迦牟尼佛所，從紫雲下

---

① 雨，原作"有"，據《大正藏》校勘改。

② 持，《卍續藏》本校勘疑當作"待"。

禮拜世尊,恭敬供養,與諸眷屬白佛言:"世尊,唯願入我宮中,受我供養,池中有情願樂欲聞甚深妙法,唯願如來以大慈悲願垂納受,是故我等及以眷屬來詣奉請。"

爾時世尊受龍王請,即起寶座,放大光明,照曜十方諸佛世界常住法界,清淨寶剎六種震動,天雨寶花繽紛而下,猶如冬雨,亦如飛鳥。爾時十方諸佛世尊、大菩薩衆、一切八部、有神通力者一切皆來,一時雲集。爾時世尊與諸大衆俱,皆步大虛空中,乘黃雲上白蓮華臺,作天妓樂,入龍王宮,八部大衆亦隨佛後,各現神力。時阿耨達池大龍王宮六種震動,雨寶蓮華,天鼓自鳴,光明照耀。爾時池中龍子及龍女等諸大眷屬一時來集,莊嚴寶殿,敷師子座,辦備供物,奉迎如來。爾時世尊以神通力來入龍宮,就寶師子座,其座能以月光摩尼、水精、白銀、妙真珠寶而爲莊嚴。即其宮殿赤銅五柱寶宮殿,左右各有五千樓閣,亦其宮殿有諸寶樹,處處皆有寶池、寶沼、寶山、寶崛,亦有寶鳥,所謂孔雀、鸚鵡、命命諸鳥,和鳴遊樂。爾時如來坐寶座上,猶如金山,受其供養,爲大龍王宣說法要,其事具如《阿耨達池龍王經》中說。

爾時會中有一龍女,相好奇妙,猶如天女,心意和雅,如大菩薩,名曰善女。即從座起,頂禮佛足,而白佛言:"我等先世罪障深重,貪、恚、愚癡而不殖智種,故今我受生於湖水中而爲女身,雖無熱惱及諸苦患,猶居畜類鱗族之中。願我生生不受女身,不作女事,以供養佛及聞法力,皆悉迴向佛微妙道,不求餘果,唯期成佛。"爾時龍王女即於佛前以偈讚佛言:

　　　　世尊面目,猶如月光,
　　　　清淨殊妙,無有比類。
　　　　我等今日,歸依聞法,
　　　　宿福深厚,得道不虛。
　　　　我有寶珠,奉獻世尊,
　　　　利益有情,令得法寶。
　　　　報謝佛恩,守護密教,
　　　　齊及一切,令得佛果。
　　　　演說三乘,利益一切。

爾時龍王女善女說斯偈已,持一寶珠奉獻如來而作是言:"唯願世尊受我寶珠,是如意寶珠即龍淵底九重蒼海中在水精寶篋中,父王隱祕,諸龍守護、崇敬、尊重猶如帝釋甘露寶瓶,滿一切願。若諸有情得此寶珠,一切所作一切所求,如意如願,一切悉地皆得成就。我今重法即輕寶財,故奉上世尊,價直無數,唯願世雄願垂納受。"

　　佛告龍女言："汝今欲爲守護正法獻上寶珠，我受信心淨白寶珠，不受麗①龍寶珠。所以者何？如意寶珠者非有寶非無寶，不有情不非情，非石非金，自然所出檀那波羅蜜。諸佛菩薩能有四種寶珠，所謂慈、悲、喜、捨寶，以施二十五有諸有情類，是則法界海中有金剛寶幢上以是寶珠。我常普雨戒定慧功德寶財爲一切有情，令得滿足六波羅蜜、十地皆梯、八萬法藏。人間龍宮雖在近境水陸，果報亦別異故，人間亦有如意寶珠。轉輪聖王十善寶珠爲最上品，中品、下品，八戒五戒，人民纔雖聞名不得其體。若有智者受持戒品法律儀等，爲護正法利人天等，故求斯②法寶，亦得真陀摩尼寶珠，是寶珠者，人中造作大祕密如意寶珠，更非龍宮所有寶珠。龍者水德，人者火德，陰陽所變別位③寶珠故亦不同海中明珠，得人爲如意寶。此事亦希故是爲虛誕，是故不受汝如意寶珠。汝等守護於我正法及未來世諸有情類，勿令失念，是爲真珠，是爲寶珠。"爾時世尊説是法門已，龍女得聞甚深法，即悲泣涕淚，五體投地白佛言："世尊，我寧失命，敢不背佛勅。"

　　爾時虛空藏菩薩摩訶薩、地藏菩薩摩訶薩各與五百寶部眷屬俱從座而起，俱白佛言："願佛演説如意寶珠法，令消無福有情貧窮困苦，令得福智吉祥勝妙無上大果。"佛告二大士言："善哉！善哉！汝等受持佛言勿令妄失。我今欲説是法甚深諸佛祕藏，是法一切菩薩聖眼，是法毗盧遮那花臺具體，是法毗盧遮那金剛頂寶，是法一切功德頂上最上最尊微妙甚深大灌頂寶。我今宣説，汝等受持，利益世間，善思念之。我今告汝等宿福深厚深位大士，不能薄地凡夫所知。若有衆生欲得天中龍宮福壽隨意寶珠，隨大阿闍梨先授灌頂法已，既入佛境界大道場已，深心受授大金剛志，即身受授大三昧耶戒不犯威儀，爲利有情、守護正法故造作寶珠。復以十一種珍寶合成如意寶珠：所謂一者即佛舍利，二者黃金，三者白銀，四者沈香，五者白檀，六者紫檀，七者香桃，八者桑沈，九者白心樹沈，十者柏沈，十一者真漆。此中金銀造作團形爲如意寶，於其中納佛舍利三十二粒，以香末泥塗寶器上。造寶珠已，即以赤色九條袈裟，是裛④隱祕入十八重清淨梵篋，一一重表九山八海，加大鐵圍山，最後梵篋四寶色成。第一鑌鐵色，中間黃金色赤白銀色。一一八重悉皆封之，莫見非人、小人乃至天魔。既造作畢，安置道場，辦備香花，恭敬禮拜，必成大悉地。莫生疑念，晝夜慇懃修行念誦，是爲人間祕密精進大如意珠玉，更不龍宮珍寶珠玉，是爲人中最上寶珠。若無舍利，以金銀、琉璃、水精、馬腦、玻梨衆寶等造作舍利，珠如上所用。行者無力者，即至大海邊拾清淨砂石，即爲舍利，亦用藥草竹木根

---

① 麗，《大正藏》校勘疑當作"驪"。

② 斯，原作"期"，據《大正藏》校勘改。

③ 位，《大正藏》校勘疑當作"異"。

④ 裛，《大正藏》校勘疑當作"裏"。

節造爲舍利。其數三十二粒，七粒爲主，大如鷄子計，即造寶珠，其珠放光普照一切貧窮困苦，如汝寶珠無有別異。"

佛告金剛手菩薩摩訶薩言："若有瑜伽者欲求心願者，建立壇場曼荼羅法，向寶珠王舍利菩薩祈誓所求。自寶珠中出微妙言：'欲求何願？ 我今滿足。'爾時行者示心願樂，所謂世間出世間所有諸願，長命福德、衆人敬愛、惡人降伏、長年仙藥、入窟禪定、飛行神通，是則現生所求心願，六度圓滿，超證十地、七等覺地、八正道法、四無量心，如是等法名出世法，一切皆悉所思念事，必得成就。"

大曼荼羅品第四

佛告虛空藏菩薩言："持誦行者欲作曼荼羅成大悉地，以瞿摩夷和黃土泥如法摩塗，以白檀香、甘松香、鬱金香、龍腦香、麝香塗治嚴飾壇上，安置如意寶珠王。正中安置《大般若經》，正後安置大般若菩薩。右邊安置不空觀自在菩薩、虛空藏菩薩、地藏菩薩、慈氏菩薩等，前左安置曼殊師利菩薩、普賢菩薩、日光菩薩、月光菩薩，左前下安置不動使者，右前下安置軍陀利金剛、水吉祥菩薩、如意輪觀自在菩薩，亦一髻羅剎、使者、梵天、帝釋、四大天王、伊首羅天、摩醯首羅天、炎魔王、地天、那羅延天、辯才天、吉祥天、持明仙、龍王、龍女、訶利帝母苗稼神等左右傍。並置五色粉，粉橫外界，燈油一百六十四盞，閼伽香花、飲食種種供物，如法辦備，令不斷絕。每日受持八關齋戒，發菩提心，營造斯壇，一切悉地決定成就。

佛亦告言："我今重說畫像曼荼羅法，先畫大海，其大海中亦畫二階大寶宮殿，無量珍寶而爲莊嚴。於其殿中畫七寶壇，寶蓮華上畫如意寶珠王，即令放火光。亦其右邊畫曼殊師利菩薩像，於左邊畫虛空藏菩薩像，各依本法令執幖幟。其宮殿外：右方海中畫難陀龍王，頂具九頭，乘黑雲，左手持寶珠，守護如意珠王；左方海中畫跋難陀龍王，頂有七頭，乘黑雲，右手執摩尼，護持摩尼寶王像，是名畫像曼荼羅法。即對此像結印念誦，無量悉地，不求自得極祕無上甚深祕密無比無過上法。"

大曼荼羅畫像圖

灌頂印真言品第五

爾時佛告金剛祕密手菩薩言："若有佛子欲得最上大悉地法，隨順大師教，非己智慧分。先受灌頂法，然後結如意寶珠王印，誦持根本陀羅尼。我今欲説，汝樂聞否？"祕密手菩薩白佛言："願佛世尊爲我等説，願樂欲聞。"爾時佛世尊，説根本陀羅尼曰：

娜謨曷羅怛那多羅夜耶一南無阿利耶二波盧吉帝濕波囉耶三菩提薩跢波耶摩訶薩跢波耶摩訶迦盧尼迦耶四他爾耶他唵阿慕伽摩尼九摩訶摩抳十鉢頭摩摩抳十一莎訶

佛説此陀羅尼已，即時龍宮六種動摇，雨如意寶珠，譬如春雨盛而降下，爾時大衆皆得證果。善女龍王女發大菩提心，亦發誓言："願我守護如來遺教遺身所在，亦佛所説人中能作如意寶珠王所在國土，如守己命，加護己服，即增寶威，令得悉地，莫令乏少。但請我身令護寶珠，掘一寶池，即殖蓮華不見人畜，唯入阿闍梨及以侍者，莫入餘人，我住其中守護寶珠護持正法。"佛言："善哉！善哉！善神水天大龍王女，如汝所願。"

爾時祕密手菩薩白佛言："唯願説此大陀羅尼大灌頂印。"佛告祕密手菩薩言："是則一切如來肝心祕密印，今就汝請，我當説之。"時佛即説其印相言："二手合掌，以二無名指二小指屈掌中，右押左相叉，二大指亦右押左入掌中，二中指豎並微屈指頭，以二頭指押二中指側中節上，指頭相拄，此印名觀自在不空如意寶珠王印，能成一切所求事業。"

阿闍梨成佛品第六

爾時釋迦牟尼佛入一切佛發心覺悟法界平等性者修行菩提大涅槃常住金剛三昧，説有情決定成佛真言曰：

唵阿鑁覽坎佉摩尼鉢頭迷吽

若諸有情若誦一遍，當得度脱生死大海到彼大涅槃岸，一切有情成滿三種悉地，一切異願、一切善願一時成就。是故汝等應當一心修行此法，得最勝無上悉地。今開祕密無上寶庫與諸修行真言法者，即是無上甚深祕法，極祕中極祕，今正説之。

佛説此真言已，應時即爲遍照如來，頂戴金剛五佛寶冠，重説即身成佛大海印，亦名三昧耶印。若諸佛子欲得即身成佛，當修此觀，能使凡夫父母所生身即成佛身。即向本尊如意寶珠王結法界塔婆印，謂二手虛心合掌，八指爲寶形即成密印，觀阿字門、一切智慧廣大清淨門。隨字身量，內外廣博同等虛空無分別心，黃白二色光明徹照地輪妙體，離諸境界，意生作業攝持有情，安住心王同虛空相，成就一切上品悉地。縛無可切字門入內心爲曼陀羅加持自身，大日雪色徹妙水輪加持自身離諸垢過門，囉彈舌呼字門自體清淨，無垢門、迦爾羅切字門因業離遍一切法遠離諸垢度生死門，欠字門大空無生加持自體安住法界，無有戲論門、無二行相門，於閑静處，縱廣四肘淨治其地，如護摩標式。四門中圓，三十二葉七寶蓮華臺上，安置如意寶珠王菩薩，放光照耀，六道有情遇斯光者捨是身，後證得不壞金剛三昧，安住覺王普賢聖位，一切如來、十六大菩薩摩頂授記，金剛界遍照如來常伸右手摩頂授記受佛寶冠，壽命一劫不捨於身，得見彌勒如來，壽終之後即得往生無量壽佛極樂國土。

悉地成就品第七

佛告虛空藏菩薩摩訶薩言："若諸有情每日晨朝對寶珠王像念根本呪及灌頂印一千八十遍，除滅無始一切根本罪淨除業障海，得成就大悉地法，捨此身已往生西方安樂國土上品蓮臺，證得無生不空王三摩地，遊歷十方金剛界會，禮拜承仕大日如來。若有善男子、善女人欲求現生最上悉地，從後夜時至明晨時，從日没時至三更時，行斯法要相續不絕，經於千日消滅五逆重罪，一切悉地決定成辦，一切意願速得成就。"

佛復告大虛空藏菩薩言："若諸有情行此法者，世、出世間一切法門速皆圓滿，亦得世間一切無畏尊貴富饒。爲諸國王、王子、大臣得令愛敬、尊重、讚嘆，無有勝計。持是行者則得成辦一切諸願，降伏一切諸魔、怨敵，業障、報障，一切諸病即時消滅。是故行者常應持念、禮拜供養諸佛真身、馱都權現如意寶珠王，乃至天上、大海龍宮寶藏大摩尼珠王。菩薩摩訶薩，心不廢亂，即得成就一切悉地，現生證得吽迦羅心摩訶縛日羅身。"

佛復告言："若有善男子、善女人欲成無上大菩提果及求無邊福智成就，即向空中第三禪頂大梵天王安置寶塔如來頂骨結印誦明，速得成就。若諸有情欲求福德壽命長遠，即向地底堅牢地神安置如來炭土、寶瓶，行此法者速成悉地。汝等當知，是二寶珠是即真性祕密寶珠，勸請供養一切所求無上悉地，必得成就。"

護摩品第八

爾時佛告虛空藏菩薩言："若諸有情欲得刹帝利位，持白麻仁、粳米、小豆、酥密、乳酪行護摩者，其國王甚大歡喜讓與帝位，后妃王子亦復如是。若見曼拏羅如意珠王，速蠲淨除阿鼻業報、四重五逆、誹謗正法一切惡業，一切劇苦悉皆除滅，更不重受①五逆惡趣身，常居勝位。八萬四千執金剛、夜叉、十地金剛、陀羅尼菩薩、六十八千持明神仙晝夜守護，常爲伴侶。若命終之後，必生勝妙金剛手大悉地宮，即爲真言

---

① 受，原脱，據《大正藏》校勘補。

大持明仙,十六菩薩以爲兄弟。"

　　爾時如來説護摩印曰:"即以左手頭指大母指相縛,直伸中指無名指,向掌作拳,以印當胸,右手頭指中指大母指拍珠。以一切如來金剛摩尼身大灌頂印言,即聲誦呪作護摩法,一切事業皆令成就。則是三部諸尊極祕無上密印及祕密明,我今即爲一切有情廣宣説之,汝虛空藏受持是法流通世間,普令利益末世有情。"爾時虛空藏菩薩摩訶薩受誠實語,願垂加持。佛言:"善哉! 善哉! 如汝所願守護正法,莫令失墜。"爾時虛空藏菩薩、金剛手菩薩、觀自在菩薩等而説偈言:

　　　　善哉善哉大調御! 雨寶利益諸有情。
　　　　善哉善哉大丈夫!演説祕密利生類。
　　　　善哉善哉大日輪!照耀黑暗得光明。
　　　　善哉善哉大師子!噉食一切諸惡魔。
　　　　唯願大日遍照尊,開示悟入般若法。
　　　　我等歸依遍智者,證得佛果利群生。

囑累品第九

　　爾時大梵天王、帝釋天王、四大天王、魔醯首羅天王、娑竭羅龍王、無熱惱池龍王、大辯才天女、大吉祥天女及寶藏天女等即從座起,頂禮佛足,而白佛言:"我等眷屬守護行者,如守眼睛,如護身命,衛護祕密真言教法,流通世間令不斷絕。唯願世尊加被養育我等眷屬,爲報如來深重恩德,發誠實語願垂加持。"佛言:"善哉! 善哉! 如汝所願守護正法,莫令失墜。"

　　爾時遍照光明釋迦牟尼佛説是如意寶珠頓成悉地法已,以千輻輪兩足尊行步雲上,還大雪山曼殊師利神仙窟中。爾時無熱惱池龍王宮中六種震動,一切大衆皆大歡喜,信受奉行。

　　如意寶珠轉輪祕密現身成佛金輪呪王經

寶悉地成佛陀羅尼經[①]

特進試鴻臚卿大興善寺沙門大廣智不空奉詔譯

如是我聞：一時薄伽梵在摩伽陀國清淨薗白蓮池側七寶如意樹王下，與金剛手等諸大菩薩，及以無量大聲聞衆，無數恒沙諸天、龍王、藥叉、羅刹、異類大衆前後圍遶，各禮佛足，退坐一面。

爾時如來住大總持王如意寶珠轉輪祕密三摩地，從頂上肉髻中放大光明，名曰雨寶滿願清淨除有情業障光明。放斯光明，照觸十方，悉皆驚覺十方諸佛國土及諸八部大宮殿，使六變振動，普雨香花、無量珍寶，廣作佛事，光明中出現設利如意寶珠，而作廣大利益事業。爾時會中金剛祕密手菩薩摩訶薩與無量百千金剛族眷屬俱從座而起，前禮佛足，合掌恭敬，而白佛言："唯願世尊以大慈悲，愍念有情，及與我等解釋所疑。今日如來以何因緣放大光明，及以現瑞示非常變？欲知因緣，唯願世尊演說法要。"爾時佛告金剛手菩薩言："善哉！善哉！汝金剛手爲欲利益諸有情故，恣問如來甚深法要，我今演說，汝等諦聽。"時金剛手重白佛言："唯願如來演說祕要，我等樂聞。"如是三請，默然而住。

佛告金剛手菩薩言："我以佛眼觀察，一切諸有情類，雖在諸趣煩惱穢中，心性寶珠無有污染，德利具足，如我無異。然諸有情不知苦因、不證樂果，常没苦海，無有出期，是故如來出金剛淨界，而入穢惡胎藏世界，演說法要，利樂有情，滅罪生福，降伏魔王，成就佛身。還住涅槃，畢竟平等，無所不至。是故如來今日住如意寶珠王三摩地，説是清淨平等理趣、深義法要究竟寶印。爾時如來説是法時，一切大衆證得無生甚深法忍，并證如意寶珠光明三昧，同等無有次位差別，猶如乳水。爾時金剛手菩薩以伽陀讚曰：

善哉善哉大導師！放光利益諸有情。

善哉善哉大調御！雨寶利益諸有情。

---

① 底本，《大正藏》第 962 號，第 19 冊第 335 頁上—337 頁中，原享保年間刊豐山大學藏本。校本，《卍續藏》第 122 號，第 2 冊第 583 頁中—585 頁下。

善哉善哉大丈夫！演説祕密利群生。

善哉世尊大師子！噉食一切諸惡魔。

善哉世尊大龍王！起大雲雨潤世間。

唯願大日遍照尊，開示般若入阿字。

爾時金剛手菩薩説是偈已，右手所持五峯金剛擲於空中，還住手中，歸住本座而觀佛意，目不暫捨。爾時佛告金剛手及虚空藏等大菩薩言："一切有情與諸如來同俱一法平等法身，更無別體，亦無別心，事理平等猶如虚空，常住一相無有差別。然諸衆生深著邪見，因緣諸法，不捨妄念，起分別相，不知如來萬德光明堅固設利常住有情一念心中，清淨白蓮猶如滿月，故常生六趣、貧窮下賤，不親善友、不近智人，造作惡業，漂流生死，不得悉地，無有出期。是故我今爲度彼有情故説大寶陀羅尼，名曰法身馱都如意寶珠甘露藥王金剛精進常住真如寶王大印。則末法世中於南閻浮提，若有善男子、善女人得佛設利，乃至一粒，分散一分，信受受持，當知是人是佛設利真是佛子，即是法身，釋迦牟尼如來常住之體，是人即名大毗盧遮那，亦名救世大阿闍梨耶。持佛設利，誦此真言，即得如是名號，即名大智慧善巧薩埵。若有人、天、一切大衆，若持此呪，思惟佛性，禮敬設利者，消滅一切四重、五逆、謗法等一切重罪，一時消滅，一切吉祥悉多成辦。若有善男子及以女人信心勇猛，不懈怠心思念佛性，觀察理趣，消業成善，常憶諷誦持念，呪咀、短壽、怨害一時斷滅，猶如劫火焚燒乾草，無有遺餘。若有衆生慳貪業故，生貧乏家、多病痟衰、造罪背善，應墮①地獄及諸難處，是人懺悔先世惡業，歸依三寶，敬信馱都，歸命本覺寶珠設利，即作方便莊嚴道場，勸請十方諸佛如來金剛藏身，不散全身、碎身、化身一切設利，辦備香花，消罪生福。何況依法結印誦呪，觀念自性，心中常住如來大威德設利，一切悉地即得成就。雖不入大曼陀羅灌頂壇場，得入福智平等三昧耶，受得諸佛許可法門甚深祕密大灌頂法，即時證得佛性智海大龍王印。"

復告金剛手言："未來世中於南閻浮提，所有極重惡人及以惡畜於命終時，遇得有大度量深智上慧、具大慈悲救世大智菩薩、救世大智尊者，急取設利所在之處殿堂塔下之土，汲於淨水，洗此淨土，灌其惡人等類口中及灑頂上。其人臨命終時，惱亂皆息，善住正念，漸生慚愧，棄捨生死，發往生意，當得往生，速證法身之位。若有比丘及四輩弟子於末法中法欲滅時，一切有情欲得成就大悉地法，依前法要，造作塔婆，其量大小隨力所辦，金銀水精及土木安置佛骨。若薄福者、不得設利者，以金銀銅鐵、摩尼海寶、牛王鹿王、真珠馬腦、靈石奇木如芥子許，號曰馱都，安置塔婆及寶篋箱。其數六粒乃至七粒以爲最上數，乃至一粒以爲最下數。禮拜供養，頓雨七寶，

---

① 墮，原作"隨"，據《卍續藏》本校勘改。

如雨盛降,四種大法,三種悉地,一時圓滿。善男子等,汝等當知如來設利即是無上世間難有,諸菩薩等亦難值遇,何況世間諸凡夫類。此佛設利即是無相摩尼,即是真性如意寶珠,即是祕密大精進也。十方佛土所有莊嚴之寶,如意幢幡、摩尼、瓔珞、珠簾、玉床、真珠、天蓋、七寶、屏風、衆綵、臥具如是妙物等類,最勝珍寶,不能爲價,亦復無器得置。是故此經中說用團圓之物,可置設利。如汝心形如佛心形,汝心、佛心互相置故,汝體、佛體相互融故。既相互融,性即非二,佛身設利可如是持。亦可安置五輪塔中,亦可安置多寶塔中,亦可安置三股塔中,亦可安置五股塔中,亦可安置獨股塔中,同前置物,互融不異,證位平等。若比丘比丘尼、優婆塞優婆夷四部衆等得受持佛設利,乃至一粒分散一分,常行恭敬常帶者,此人所到之處悉成金剛界大曼荼羅,所親近一切之物皆成四種法身之體,若近男、近女,若近牛,若近馬,若近狗,若近猫,若近一切飛鳥禽走獸、虫蛛、畜生等有情類,悉令當生即入菩提初門,令得菩薩初位。”

爾時世尊即說馱都根本陀羅尼曰:

ॐ(oṃ) 𑀲(sa) 𑀭𑁆𑀯(rva) 𑀢(ta) 𑀣(thā) 𑀕(ga) 𑀢(ta) 𑀉(u) 𑀱𑀺(ṣṇī) 𑀱𑀸(ṣā)
唵一　薩　縛　怛　他　蘗　多　塢　瑟抳二合　沙二

𑀥(dhā) 𑀢𑀼(tu) 𑀫𑀼(mu) 𑀤𑁆𑀭(dra) 𑀡𑀺(ṇi) 𑀲(sa) 𑀭𑁆𑀯(rva) 𑀢(ta) 𑀣(thā) 𑀕(ga)
馱　都　畝　陀羅二合 抳三　薩　嚩　怛　他　蘗

𑀢𑀁(taṃ) 𑀲(sa) 𑀥(dhā) 𑀢𑀼(tu) 𑀯𑀺(vi) 𑀪𑀼(bhu) 𑀲𑀺(si) 𑀢𑀸(tā) 𑀥𑀺(dhi) 𑀱𑁆𑀢𑀺(ṣṭi)
單四　沙　馱　覩　尾　補　悉　多引,五地　瑟知

𑀢𑁂(te) 𑀚𑀂(jaḥ) 𑀳𑀽𑀀(hūṃ) 𑀯𑀁(vaṃ) 𑀳𑁄𑀂(hoḥ) 𑀳𑀽𑀀(hūṃ) 𑀳𑀽𑀀(hūṃ) 𑀲𑁆𑀯𑀸(svā) 𑀳𑀸(hā)
底六　萏　吽　鑁　斛七　吽牛鳴音　吽八　娑嚩二合　訶九

佛告金剛藥叉菩薩言:“若諸有情欲見十方諸佛大菩薩者,欲求最勝悉地者,對設利塔結如來大鉢印,可誦真言二萬三千遍,必得見我常住全身,一切悉地決定成就,不作小疑。則其印相者,二輪相重,以右手安左掌上,二空端相拄,是名法身大鉢印,亦名寶篋金剛印。”

復次有神呪名如意寶珠滿願心陀羅尼,能成一切事業,一切心中所念無不成就,唯除不信、不至心者、輕法要者。即說呪曰:

ॐ(oṃ) 𑀘𑀺(ci) 𑀦𑁆𑀢(nta) 𑀫(ma) 𑀡𑀺(ṇi) 𑀭(ra) 𑀢𑁆𑀦(tna) 𑀯(va) 𑀓𑀺(ki) 𑀬𑁂(ye)
唵　振　多　摩　抳　阿囉　怛那　縛引　枳　曳

𑀦(na) 𑀦(na) 𑀫𑁄(mo) 𑀲(sa) 𑀢𑀺(ti) 𑀓(ka) 𑀭(ra) 𑀳𑀽𑀀(hūṃ) 𑀳𑀽𑀀(hūṃ) 𑀲𑁆𑀯𑀸(svā) 𑀳𑀸(hā)
娜　曩　謨　扇　底　迦　羅　吽　吽　娑嚩　訶

若有人誦此真言二遍、三遍乃至七遍,一切罪滅一切福生。日日常誦二十一遍,必得諸佛真身設利、大海龍王收藏七佛頂輪王設利,神變寶珠,無上悉地皆能成就。

　　復有神呪名祕密真性如意珠印，若能持誦者，無始業障速得消滅，無量福智不求
自得，降伏魔怨即脫生死，一切悉地無不成就。其印相者，二手寶蓮合掌，二頭寶形，
二大並立，此名真性摩尼寶印，亦名大精進峯如來頂珠印。即說神呪曰：

𑖌(oṃ) 𑖓(ci) 𑖡(nta) 𑖦(ma) 𑖜(ṇi) 𑖠(dhā) 𑖝(tu) 𑖮�(hūṃ) 𑖭(svā) 𑖮(hā)
唵　　振　　多　　摩　　尼　　馱　　都　　吽　　　娑婆　　訶

　　每日誦持一百八遍，五部悉地、三部如意寶皆悉圓滿。復有神呪名曰能滿所願
大滿虛空藏寶，若能持者一切意願速得圓滿。其印相者，二輪外縛，二頭寶形，二大
並立。即說呪曰：

𑖌(oṃ) 𑖤(bu) 𑖟(ddhā) 𑖭(sa) 𑖨(ri) 𑖨(ra) 𑖪(va) 𑖕(jra) 𑖨(ra) 𑖝(tna) 𑖌(oṃ)
唵　　謨　　馱　　設　　利　　羅　　嚩　　日羅　囉　　怛曩　　唵

𑖕�ः(jaḥ) 𑖮�ूं(hūṃ) 𑖪�ं(vaṃ) 𑖮ोः(hoḥ)
萌　　　吽　　　鑁　　　斛

　　若得佛設利者，不論淨穢，隨身供養，不離臆胸，訶栗多妙蓮華間，常念佛德，晝
夜不息，現身證得佛清淨身，住金剛頂，是人名曰持佛身者，持金剛者，持寶法者，是
大菩薩摩訶薩。

　　佛復告言：“善男子等，假使世間若有愚童、有情愚夫、有情愚惑、有情老耄婦女、愚
癡僧尼，如是有情得佛設利，乃至一粒，分散一分，及與設利所置之物，帶於身上，不論
晝夜，若淨若不淨，若觸若不觸，不離其身，常可帶之，所獲功德無有所計比量。若頂
上、若頸上、若心前、若背後、若兩脇、若腰間，帶設利者譬如世間犀牛之角，若人帶之，
離水六尺，帶設利者亦復如是，離一切罪業、惡業、惡趣，不能染著，善根漸生，惡障漸
離，善人自遇，惡人自去，所作事業皆同佛行，同釋迦牟尼如來故。其身即是世間應
化故，即是清淨法身大毗盧遮那佛，其人必入大涅槃位，於現身中證得無相法身大精
進峯。是故當知十二大天、金剛天等一切靈祇常當守護，壽命延長，見百秋已，命終
決定上生都史多天宮，聞法愛樂。更隨志願，亦得往生十方淨土，見佛聞法，證不退
地。若有眾生即身成佛，欲度有情，結有情與諸佛平等一相妙智大印，左右拳以[1]拄，
左風指安心上，是印亦名能滅無明黑暗印。由斯印加持故，有情與諸佛平等一相，是
則法身設利妙智大印，亦名如意寶珠王，成辦一切大悉地印，亦有大陀羅尼名金輪王
一字馱都明。即說呪曰：

𑖧(bhrūṃ)
母嚕唵三合,急呼

　　善男子等，此呪即是設利寶珠祕密神呪。復持誦者隱密此呪，無智人中輕莫演

---

①　“以”後，《大正藏》校勘疑有“右拳”。

説。見其法器，説此祕密最上乘法，不令斷絶，利益世間，皆得成就金剛不壞馱都法身，一切悉地皆得成辦。若有興佛乘大阿闍梨，若有興佛跡大量菩薩，若有救世大智慧者，可將此佛設利晝夜禮敬，發無上誓願，雨一切珍寶妙財，廣利法界一切有情，從吾所住，珍寶財物從佛設利出生涌現，令充滿漸遍法界。以此寶財興隆佛法，興造佛跡，次當利潤有緣、有情，漸至無緣，令其繫縛慈悲之索，至法界金剛寶場。”

爾時世尊説是法時，十方一切如來真身化身設利，菩薩摩訶薩、十方佛刹金剛薩埵菩薩摩訶薩、金剛王、金剛愛菩薩等，一切金剛族眷屬夜叉大將、諸忿怒衆，曼殊師利、觀自在、虛空藏、寶積、寶幢等諸大菩薩，蓮華眼、蓮華族等諸大士，梵釋護世十二大天，持明輪仙，魔王、人王，大海主娑竭羅龍王、無熱惱池龍王、善如龍王女等，一切大衆聞持祕法，皆大歡喜，信受奉行。

寶悉地成佛陀羅尼經

大雲經祈雨壇法①

不空三藏譯②

　　若天亢旱時欲祈請雨者，於露地作壇，除去瓦礫及諸穢物，張設青幕，懸青幡，香泥塗拭，作一方壇。於壇中畫七寶水池，池中畫海龍王宮，於龍宮中有釋迦牟尼如來住③説法相，佛右畫觀自在菩薩，佛左畫金剛手菩薩等侍衛，於佛前右畫三千大千世界主輪蓋龍王，佛前左畫難陀、跋難陀二龍王。於壇四方，用瞿摩夷汁各畫一龍王。於東方畫一龍王，一身三頭，量長三肘，并眷屬圍繞。又於南方畫一龍王，一身五頭，量長五肘，并諸眷屬。又於西方畫一龍王，一身七頭，量長七肘，并眷屬圍繞。於北方又畫一龍王，一身九頭，量長九肘，并眷屬圍繞。皆在靉靆青黑雲中，半身已下如蛇形，尾在池中，半身已上如菩薩形，皆合掌從池涌出。於壇四角置四清水瓶，隨其力分飲食、菓子等，皆染作青色，以愨淨心布列供養，燒香，散青色華，道場中所用皆作青色。祈雨之人若是出家苾芻，應具律儀。若俗士，應受八戒。作法之時，喫三白食，每日香湯沐浴，著新淨青衣，於壇西面以青物爲座。即以香塗手，先應三密加持自身及護壇場，案上置此《大雲經》，於一切有情起大慈悲心，至誠請一切佛菩薩加持，晝夜虔誠讀此《大雲經》，或二人、三人乃至七人更替讀誦，經聲不應間斷。亢旱之時，如是依法讀此《大雲經》，或經一日、二日乃至七日，定降注甘雨。若災重不雨，更作，必降甘雨。假使大海或有過限越潮，依此經作法轉讀，無不應効。應發願：讀經所生功德迴向諸龍，願皆離諸苦難，發無上菩提心，爲一切有情降注甘雨。

　　大雲經祈雨壇法

---

　　① 底本，房山石經本。校本，《大正藏》第990號，第19卷第492頁下—493頁上，原鎌倉時代寫仁和寺藏本，原校本［甲］《大日本續藏經》。經名後，《大正藏》校勘［甲］有譯名"不空三藏譯"。
　　② 譯名，《大正藏》目録題"不空譯"，内文不題。
　　③ 住，原作"經"，據《大正藏》校勘［甲］改。

法華曼荼羅威儀形色法經①

證成妙法白②蓮華經王，八葉蓮華上湧出寶塔，中兩足婆誐鑁、八大菩薩等，及三重方壇三摩耶眷屬妙威儀形色滿願會方位、幖幟、曼荼羅、八平等大會，成就法花三昧，現世入初地，決定證菩提法經。從青流白。

中京大興善寺大廣智不空奉詔譯

爾時毗盧遮那婆誐鑁告持金剛祕密手菩薩言："佛子，志心聽說證成妙法大曼荼羅相及諸尊等滿願會方位乃至威儀形色法，所謂內心曼荼羅。彼身地即是法界自性，真言密印加持而加持之，本性清淨。四大金剛所護持故，淨除一切塵垢、我人、衆生、壽者、意生、儒童、株杌過患。紺瑠璃地黃金界場，微妙蓮華普散其上。方壇四③門，西向通達，周旋界道，內現意生八葉花王，抽莖敷蕊，綜絢端妙，鮮白如雪，放素皓光，色超世間范間三鋤。其花胎上湧出七寶大率都婆寶塔，高妙五百由旬，維廣正等，各三百五十由旬。其樓閣上住如意珠，焰鬘圍繞，張金剛鎖，普懸寶鐸，種種雜珍嚴飾之。五千欄楯，千萬龕室，懸無數幡，七寶瓔珞、五寶鐸鈴處，垂烈四面，皆出多摩羅跋㫋檀之香，遍大千界，天雨寶花，繽紛供養。爾時塔中師子座上，釋迦、多寶兩足聖尊半跏半座而各同坐，八葉花上八大菩薩，一切世間最尊特身，超身語意，至於心地，逮得殊勝悅意之果④。於八葉從東北隅爲首，右旋布列，置八大菩薩，初彌勒菩薩，次文殊師利菩薩、藥王菩薩、妙音菩薩、常精進菩薩、無盡意菩薩、觀世音菩薩、普賢菩薩。於此內院四隅角內，初東北隅摩訶迦葉，東南須菩提，西南舍利弗，西北大目犍連。次於第二院，於其東門置金剛鎖菩薩，南門置金剛鈴菩薩，當塔前金剛鉤菩薩，北門金剛索菩薩，東門北置得大勢菩薩，門南置寶手菩薩。次於南門東置寶幢菩薩，門西置星宿王菩薩。次於西門南置寶月菩薩，北置滿月菩薩。次於北門西置勇施菩薩，東置一切儀成就菩薩。又於東北隅角內置供養花菩薩，東南隅供養燈菩薩，

---

① 底本，《大正藏》第 1001 號，第 19 冊第 602 頁中—606 頁上，原高野山寶壽院藏古寫本。
② 白，原作"自"，據《大正藏》校勘改，下注文"從青流白"之"白"字同。
③ 四，原作"面"，據文意改。
④ 逮得殊勝悅意之果，原作"違得殊勝□逮意之里"，據《大日經》《大正藏》本改。

西南隅置塗香菩薩，西北隅供養燒香菩薩。次於第三重院，東門置持國天王，南門置毗樓勒叉天王，西門置毗樓博叉天王，北門置大梵天王；門南置天帝釋，於南門東置大自在天；門西置難陀龍王，於西門南置妙法緊①那羅王；門北置樂音乾闥婆王，於北門西置羅睺②阿修羅王，門東置如意伽樓羅王。於東北隅聖烏芻沙摩金剛，東南方隅置聖軍吒利金剛，西南方隅置聖不動尊金剛，西北隅置聖除三世金剛。於壇四面，畫飲食界道，又畫四門。於其壇上張設天蓋，四面懸幡二十四口。又於四角各豎幢幡，四智賢瓶底黑者，盛滿香水，於瓶口內插鮮妙花。其壇四門兩邊各置二閼伽器，盛滿香水，中著鬱金，泛諸時花，極香潔之。又於四門置四香爐，燒五味香，以用供養。又其四隅各置銅燈臺，蘇油爲明。於四角外釘佉陀木橛，如無此木，鑄銅作橛代之亦得。具現成就妙法蓮華經王瑜伽觀智儀軌，是一法說威儀形色及一印方位。既說曼荼羅中儀式及一層寶塔莊嚴相已，今說塔中二體聖尊威儀形色。

多寶如來：

烏瑟紺髮冠，眉間索毫光，
普照於一切，身相黃金色。
定惠智拳印，跏趺右押左，
垂下左輻輪，身被袈裟衣。
安住大蓮花，常遊滿月輪，
光明靡不遍，湧現寶塔中。
證成妙法輪，常令不斷絕，
廣度衆生類。

釋迦如來：

膩沙紺青髻，眉間白毫光，
照東方八萬，身相黃金色。
左定結拳印，右惠開外方，
屈無明小指，叙中頭大指。
跏趺左押右，垂下右輻輪，
被服袈裟衣，安住白蓮華。
恒遊月輪中，光明赫赫輝，
爲令教流布，住彼而說法，
三昧衆圍繞，各□經持者。

---

①　緊，原作“豎”，據《大正藏》校勘改。
②　睺，原作“喉”，據《法華經》（《大正藏》本）改。

既説二體如來色相,今説八大菩薩相好。其八葉花王從東北隅葩右旋,以彌勒爲首。

第一彌勒菩薩:

> 頂上妙寶冠,紺髻垂兩肩,
> 身相亦肉色,左定紫蓮華,
> 其上有鐸持,右惠按摩膝,
> 跏趺右押左,大慈大悲相。
> 身被袈裟衣,珠鬘寶瓔珞,
> 鐶釧爲臂玉,千色妙天衣,
> 細軟以要中,妙裳赤朱色,
> 莊嚴相好身,具相三十二。
> 月光商佉色,其光無不遍,
> 最花以爲座,住大月輪中。

第二文殊師利菩薩:

> 頂上五髻冠,紺髮以垂眉,
> 身相黃金色,左定青蓮華,
> 其上有三釰,跏趺右押左,
> 慈悲引接相。身被袈裟衣,
> 花鬘妙瓔珞,鐶釧爲臂玉,
> 微妙寶天衣,綵綾以腰中。
> 著裳赤光色,嚴飾上妙身,
> 身光如秋虹,寶花以爲座,
> 安住月輪中。

第三藥王菩薩:

> 頂上妙寶冠,紺髮垂耳側,
> 身相朝日色,左定拳著膝,
> 右惠雲上日,跏趺右押左,
> 大悲救世相。身被妙花鬘,
> 天衣及瓔珞,鐶釧爲臂玉,
> 細錦以腰中,赤綾爲妙裳。
> 莊嚴相妙身,身光遍暉曜,
> 寶蓮以爲座,安住月輪海。

第四妙音菩薩:

頂上大寶冠，紺髮垂耳下，
身相赤黃色，左定未開蓮，
右惠拳押膝，跏趺右押左，
哀愍救世相。花髮及瓔珞，
袈裟妙天衣，玉環爲臂飾，
萬色爲腰布，著裳頻婆色。
莊嚴萬德身，身光遍一切，
蓮華以爲座，安住滿月輪。

第五常精進菩薩：

頂上妙寶冠，紺髮垂兩耳，
身相白肉色，左定摩膝相，
右惠摩尼寶，跏趺右押左，
憐愍一切相。珠鬘及天衣，
袈裟妙瓔珞，臂玉甚希有，
綾羅爲腰巾，著裳深赤色。
嚴身百福身，圓光如熾蠍，
寶蓮以爲座，安住月輪殿。

第六無盡意菩薩：

妙冠嚴五髮，紺髮垂兩肩，
身相赤肉色，左定蓮花鬘，
右惠拳押膝，跏趺右押左，
大慈大悲相。寶鬘及天衣，
袈裟妙瓔珞，鐶釧爲臂玉，
百福爲腰巾，妙裳朱光色，
圓光周遍體，寶蓮以爲座，
安住月輪中。

第七觀世音菩薩：

寶冠嚴頂上，中現無量壽，
紺髮垂兩肩，十度開敷蓮，
鐶釧爲臂玉，細綾爲腰巾，
服裳深赤色，莊嚴慈悲體。
圓光遍世間，寶花承兩足，
安住月輪殿。

第八普賢菩薩：

妙冠嚴髻髮，紺髮垂耳側，
身相淺紫色，左定蓮上劍，
右惠拳押膝，大悲憐愍相。
珠鬘及袈裟，天衣妙瓔珞，
鐶釧爲臂玉，千色爲腰巾。
妙裳赤光色，身光如虹色，
寶蓮以爲座，安住月輪海。

既説八大菩薩色相，今説四大聲聞像，其八葉外内院四隅，始從東北。第一摩訶迦
葉，第二東南須菩提，第三西南舍利弗，第四西北大目犍連。四大聲聞各白肉色比丘形。

既説四大聲聞色相，今説第二院十六菩薩威儀形色。

第二重院東門金剛鎖菩薩：

頂上妙寶冠，身相白肉色，
左定結拳印，右惠金剛鎖，
身被鬘瓔珞，跏趺右押左。

南門金剛鈴菩薩：

頂上妙寶冠，身相大青色，
左定結拳印，右惠金剛鈴。

西門金剛鉤菩薩：

頂上妙寶冠，身相大黑色，
左定結拳印，右惠金剛鉤。

北門金剛索菩薩：

頂上妙寶冠，身相白黃色，
左定金剛索，右惠拳押膝。

東北隅供養花菩薩：

頂上妙寶冠，身相白黃色，
空惠持鮮花，跏趺右押左。

西南塗香供養菩薩：

頂上妙寶冠，身相大青色，
定惠塗香器，及①身如上説。

東南供養燈菩薩：

---

① 　及，原作“以及”，據文意及句式字數改。

頂上妙寶冠，身相大黑①色。

定惠燒香器，嚴身同彌勒，

以及如上説。

西北燒香供養菩薩：

頂上妙寶冠，身相大黑色。

定惠燒香器，以及如上説。

東門北得大勢菩薩：

頂上五髮冠，冠中住鍾持，

身定白蓮華，滋茂而未敷，

圍繞以圓光，右惠説法印，

及②身如普賢。

南寶手菩薩：

頂上五髮冠，身相白肉色，

左定説法印，右惠大蓮華，

其上跋折羅，達寶珠焰鬘。

南門東寶幢菩薩：

頂上五髻冠，身相白肉色，

左定大蓮華，其上有幢幡，

右惠持寶珠，焰鬘以圍繞，

百千種瓔珞，及身如普賢。

西星宿菩薩：

頂上五髻冠，身相赤黃色，

左定拳押膝，右惠蓮上鉢。

西門南寶月菩薩：

頂上五髻冠，身相茂黃色，

左定縛日羅，右惠拳押膝。

北滿月菩薩：

頂上五髻冠，身相深黃色，

左上青雲月，古惠施無畏。

北門東一切儀成就菩薩：

頂上五髻冠，身相黃金色，

---

① 大黑，《大正藏》校勘云"又作白肉"。

② 及，原作"以及"，據文意及句式字數改，下一"及"字同。

左定掘金輪,右惠持蓮華。

西勇施菩薩:

　　頂上五髻冠,身相白肉色,

　　左定蓮上經,右惠拳押膝。

以上十六菩薩,嚴身如彌勒。既説十六大菩薩各各威儀嚴身,今説第三重院儀式。

第三院東門持國天王:

　　寶冠嚴髮髻,面門青肉色,

　　左定執利鉾,身妙散瓔珞,

　　袈裟及天衣,金剛寶甲專,

　　右惠著腰相,瞋怒威德相。

　　跏趺右押左,蓮葉以爲嚴。

南門毗樓勒叉天王:

　　頂冠嚴髮髻,面門赤肉色,

　　左定拳押膝,右惠金剛釼。

西門毗樓博叉天:

　　寶冠嚴髮髻,面門白黄色,

　　左定捧寶塔,右惠持寶釼。

以上四大天王威儀嚴身,同持國天王。

東門南天帝釋:

　　寶冠嚴頂上,戴持三鈷杵,

　　面門白黄色,左定結拳印,

　　右惠持一鈷,百千種瓔珞,

　　袈裟天飛衣,定住妙高座。

北大梵天王:

　　四面髮髻冠,面門白肉色,

　　每面三目相,四手惠持花。

　　次惠持數珠,定上執鐸持,

　　定下手側掌,屈風餘甲直。

　　身散妙瓔珞,袈裟及天衣,

　　圓光遁寶身,國持七我車。

南門東大自在天:

　　頂上妙天冠,面門紫蓮華,

　　　定惠把利鉾，垂大黑牛水，
　　　上妙寶瓔珞，天衣及飛衣，
　　　嚴身微妙色，安住月輪海。
西難陀龍王：
　　　頂上九頭龍，身相白肉色，
　　　左定結拳印，右惠持羂索，
　　　瞋怒降伏相，蓮華以爲座。
西門南妙法緊那羅王：
　　　麞鹿馬頭面，身相赤肉色，
　　　執持音聲器，又身裸形相。
北樂乾闥婆王：
　　　頂上以角冠，身相赤肉色，
　　　身如大牛王，左定執簫笛。
　　　右惠持寶釽，具大威力相。
北門東如意迦樓羅王：
　　　頂上如意珠，鳥頭觜二翼，
　　　身相青黑色，口吹螺唄笛。
西羅睺阿修羅王：
　　　頂上髮髻冠，身相青黑色①，
　　　右修羅智印，面門忿怒相。
　　　左定金剛水②，風絞空輪上。
東北烏蒭沙摩：
　　　髮髻遶自地，身相大青色，
　　　金剛寶瓔珞，甚大忿怒相。
　　　左定執羂索，右理寶數珠。
　　　右惠執三戟，右智滿願印。
　　　以惠方願屈，智力直加哺，
　　　以獸皮爲衣，右有兩赤蛇，
　　　蟠絞垂胸臆，令瞻本尊面。
　　　亦四臂兩髆白，有一蛇遶之，

---

① “色”後，《大正藏》疑有脫文。
② “水”後，《大正藏》疑有脫文。

其色甚青白,住寶池蓮上。
東南聖軍荼利:

髮髻髑髏冠,雷電玄雲色,
三目怖畏相,八臂操器拭。
左定掘金輪,左理持戰銷,
左定金剛鉤,右惠執三釰,
右智拳押脇,先作金剛拳,
直豎戒風輪,當右脇之下。
右惠施無畏,定惠大願印,
先以右惠腕,押左定腕睡,
各作金剛拳,定惠戒風輪。
各直豎當胸,金剛寶瓔珞。
左八臂八蛇,遶八臂爲珠,
二蛇遶二膊,二蛇遶二耳。
獸王皮爲衣,白蓮承兩足,
威怒耳焰鬟。

東南聖不動尊:

髻上八葉蓮,頂髻垂左肩。
一目而諦觀,面門水波相。
大忿怒白牙,左定掘羂索,
金剛寶瓔珞,一切寶嚴飾。
威怒身大鬟,住七寶艫右。

西北聖降三世:

髑髏大髻冠,夏時雨雲色,
三面三三目,呵吒吒微咲,
極大忿怒相。左定執戟①銷,
左理把寶弓,左定金剛索,
右惠跋折羅,右智持寶箭。
理智救世印,先以左定腕,
押右惠腕上,以右禪地輪,
叉左禪地輪,猶如懸連鉤。

---

①　戟,原作"乾",據文意改。

左定進水輪，及以忍火輪，

相屈入掌中。亦以戒風輪，

檀惠輪直豎，各各相附頭。

臂如鳥兩觜，右惠亦如定。

金剛寶瓔珞，莊嚴上妙身，

身光霹靂電，焰鬘靡不商，

摩醯及何妃，兩身以爲座。

　　既説三重方壇諸尊等方位及威儀形色已，説壇形。次内院地色紺瑠璃色，第二院地赤真珠色，三院淺赤色。從内院至二院間吠瑠璃地，五釼文。從二院至三門紫磨蓮華金地，三釼文。從三院至蓮華門赤黃金地，獨釼文。

　　次四方蓮華門白肉色。四隅，金剛木橛，十字跋折羅也，又云乾陀木橛，四方四隅青蓮華圍遶。

　　時婆誐鑁説是經已，平等大會一乘曼荼攞滿願會一切諸菩薩、金剛手等聞佛所説，心大歡喜，信受奉行。

法花曼荼攞威儀形色法經

妙法蓮華三昧祕密三摩耶經①

大興善寺三藏大廣智不空譯

摩訶毗盧遮那遍照薄伽梵遊法界宮,與寂光海會俱,自受法樂,從如來壽量金剛下大悲胎藏,説自證偈言:

> 歸命本覺心法身,常住妙法心蓮臺,
>
> 本來具足②三身德,三十七尊住心城。
>
> 普門塵數諸三昧,遠離因果法然具,
>
> 無邊德海本圓滿,還我頂禮心諸佛。

金剛薩埵白佛言:八句自證,云何演説耶?

大日薄伽梵告金剛薩埵言:上四句者,金剛界會三十七尊住月輪中遊於中臺;下四句者,八葉諸尊普門三昧法然漫荼羅會,五院兩界本來同體自性大漫荼羅。

金剛薩埵重白佛言:於一心中,云何建立妙法蓮華兩部漫荼羅耶?

大日尊告金剛薩埵言:於一心中妙法蓮華③爲中臺金剛界會三十七智,八葉即是胎藏界會普門三昧。

金剛薩埵重白佛言:妙法蓮華八葉中臺,願爲演説。

爾時大日薄伽梵告金剛薩埵言:諦聽④!善思念之。如來祕密妙法蓮華,本地八葉中臺諸尊,《序品》該舒八葉諸尊,中間諸品顯示八葉,《勸發》一品結歸八葉,其間二十六品八葉中臺諸尊。《方便》《譬喻⑤》二品,東方阿閦佛一葉。《信解》《藥草》《授記》三品,東南普賢菩薩一葉。《化城喻品》,南方寶生佛一葉。《五百》《人記》《法師》三品,西南文殊師利一葉。從《寶塔品》至《神力品》一十一品,妙法蓮華中臺內證,是

---

① 底本,《卍續藏》第 204 號,第 2 册第 882 頁上—887 頁中。

② 具足,《卍續藏》校勘異本作"莊嚴"。

③ "華"後,《卍續藏》校勘異本有"蓮"。

④ "諦聽"後,《卍續藏》校勘異本有"諦聽"。

⑤ 喻,原作"諭",據《卍續藏》校勘異本改,下同。

故二佛在①寂光多寶塔中遊虛空會。《囑累》《藥王》，西方一葉，妙法蓮華囑累蓮華部主彌陀。《妙音》《觀音》二品，同是西北方一葉。《陀羅尼品》，北方天鼓雷音佛一葉。《妙莊嚴王》，東北彌勒菩薩一葉。亦②復品品、文文、句句，皆有八葉。《序品》《涌出》兩品，總舒八葉諸尊。《方便》《壽量》等顯八葉，《安樂》《勸發》同結八葉，亦復《方便》唯佛與佛諸法實相，中臺自證。爾時世尊告舍利弗已下東門，舍利弗領東南方葉，《譬喻》南方，《信解》《藥草》《授記》西南，《化城》西方，《五百》《人記》《法師》三品西北方葉，《寶塔》《提婆》二品北方，《勸發》③彌勒，前十四品八葉諸尊，《壽量》一品中臺毗盧，《分別》《隨喜》東門一葉④，《不輕》西葉⑤，《神力》南葉，《囑累》西北⑥，《藥王》西葉，《妙音》《觀音》西北一葉，《陀羅尼品》北方一葉，《嚴王》東北。

金剛薩埵白佛言：《妙法蓮華經》，文殊、普賢爲本尊耶？

大日如來告薩埵言：如汝所問，《妙法蓮華》前十四品，文殊師利爲其本尊，《妙法蓮華》後十四品，普賢菩薩爲其本尊。是故《法華》前十四品，文殊師利仰爲導師，燈明佛昔《妙法蓮華經》文殊導師，今入龍宮，唯説《法華》，引導龍女須臾成佛。《安樂行品》，文殊師利問安樂行。

薩埵白佛言：文殊師利《提婆品》時，從海涌出，尊形如何？

遮那告言：爾時文殊師利坐千葉蓮華，首戴八葉寶冠，大海自然涌出。

薩埵重白佛言：八萬大士之中，文殊獨入龍宮，有何意耶？

遮那重告言：文殊師利，三世諸佛智母，龍宮畜生甚愚，以文殊智破龍畜愚。八歲龍女，於刹那頃發菩提心，於須臾頃，便成正覺。

薩埵重白佛言：《妙法蓮華》後十四品，普賢菩薩爲其本尊，有何意耶？

遮那告言：《勸發品》曰：若《法華經》行閻浮提，有受持者，應作此念，皆是普賢威神之力，若有受持讀誦、正憶念，解其義趣，如説修行，當知是人行普賢行。

薩埵重白：《妙法蓮華》本尊普賢有淺深耶？

遮那重言：汝自普賢，何問自耶？普賢淺深有五重異：一者等覺普賢，二者妙覺普賢，三者本覺普賢，四者文字普賢，五者實相普賢。第一等覺變化普賢者，妙法蓮華八葉，東南葉普賢，又《勸發品》從東方來，普賢是也。第二妙覺普賢者，妙法蓮華

① 在，《卍續藏》校勘異本作“於”。
② 亦，《卍續藏》校勘異本作“又”。
③ 發，《卍續藏》校勘異本作“持”。
④ “葉”後，《卍續藏》校勘異本有“法師”。
⑤ 西葉，《卍續藏》校勘異本作“東南”。
⑥ 北，《卍續藏》校勘異本作“南”。

八葉,南葉寶生①如來。第三本覺普賢者,妙法蓮華中臺本覺大日如來。第四文字普賢者,妙法蓮華根本一字𑖀(a)②字不生,周遍法界普賢是也。第五實相普賢者,妙法蓮華諸法實相普賢是也。

亦復金剛薩埵白佛言:有自性身普賢,自受用普賢,他受用普賢,變化身普賢耶?

遮那告言:第一,自性身普賢者,《華嚴經》示普賢,唯依如如,不依國土,是自性身普賢尊也。第二,自受用普賢者,又曰③,普賢一毛孔中有不可説微塵佛刹,是自受用普賢尊也。第三,他受用普賢者,於色究竟成自受用身,爲伏九十五種外道,下南閻浮,八相成道,是他受用普賢尊也。第四,變化身普賢者,《法華經》言,普賢菩薩從東方來,《普賢經》云,普賢菩薩乃生東方淨妙國土,其國土相,《雜華經》中已廣分別,是變化身普賢尊也。

亦④復大日如來告言:有九重普賢:一者,等流普賢。二者,妙法蓮華等覺普賢。三者,妙法蓮華妙覺普賢。四者,妙法蓮華中臺本覺大日普賢。五者,妙法蓮華平等本覺毗盧遮那如來普賢。六者,妙法蓮華諸法本覺毗盧遮那如來普賢。七者,妙法蓮華一輪普賢。八者,妙法蓮華第一普賢。九者,妙法蓮華頂上普賢。

爾時,薩埵首戴五智寶冠,左手持金剛鈴,右手持五鈷金剛杵,杵按於心,坐蓮華臺,放光照法界,白薄伽梵:今解佛敕妙法蓮華有三本尊:一者,釋迦如來,大日如來變化尊像。二者,前十四品,文殊師利爲其本尊。三者,後十四品,普賢菩薩爲其本尊。妙法蓮華修行同入本覺一宮,久遠本地無量壽命決定如來摩訶毗盧遮那如來。

爾時,摩訶毗盧遮那如來告金剛薩埵言:善哉!善哉!深入妙法蓮華性海,如汝所言,妙法蓮華釋迦大日爲其本尊,亦復文殊、普賢菩薩爲其本尊,十如實相,八葉九尊、十尊,一部始修,但説其德。妙法九尊⑤蓮華所座,妙法蓮華八葉四隅菩薩等覺,妙法蓮華八葉四方四佛妙覺,妙法蓮華中臺大日如來本覺⑥,非因非果,遠離⑦因果。胎藏等覺、金剛妙覺,胎金之上⑧,本覺法界寂光海會,無始無⑨終,性相常住,一切衆生皆有妙法蓮華八葉中臺十如十尊,是名妙法蓮華經王。

---

① 生,《卍續藏》校勘異本作"性"。
② 𑖀(a),《卍續藏》校勘異本作"阿"。
③ 曰,《卍續藏》校勘異本作"云"。
④ 亦,《卍續藏》校勘異本作"又"。
⑤ 尊,《卍續藏》校勘異本作"法身"。
⑥ 覺,《卍續藏》校勘異本作"尊"。
⑦ 離,原脱,據《卍續藏》校勘異本補。
⑧ 上,《卍續藏》校勘異本無。
⑨ 無,《卍續藏》校勘異本無。

妙法蓮華①方便祕密三摩耶品

爾時，大日如來告金剛薩埵言：唯佛與佛乃能究盡諸法實相，所謂諸法如是相，如是性，如是體，如是力，如是作，如是因，如是緣，如是果，如是報，如是本末究竟等。

第一相葉，東方阿閦。

第二性葉，南方寶生。

第三體葉，西方彌陀。

第四力葉，北方不空。

第五作葉，東南普賢。

第六因葉，西南文殊。

第七緣葉，西北觀音。

第八果葉，東北彌勒。

第九報葉，中臺大日本覺如來。

第十本末平等本覺毗盧遮那如來②。

第十一重諸法實相本覺如來。

百葉、千葉，乃至不可説葉，皆是妙法蓮華八葉卷舒變現。蓮華八葉、八印報是中臺，如是本末究竟、平等、平等大慧八葉，中臺平等大慧，差別九尊，葉葉皆是八葉、八印、八佛、八頂，最下八葉，中間八印，最頂即是八佛八③頂。諸佛菩薩在所遊方，示現廣大染淨國土，皆居妙法八葉蓮華，八葉所依八方世界，皆爲能依，香積佛土，依於中臺，十方世界，皆居一心，一心八葉，心無盡故，八葉無盡。如來若現東方無量恒沙佛土，舒於東葉而作佛事，餘方餘葉亦復如是。

爾時，金剛薩埵重白佛言：諸佛世尊出世大事，四佛知見祕密，願爲大衆演説。

大日如來爲大衆説四佛知見妙法蓮華八葉中臺，四方四佛，知見自證，即説肝心真言告云④：

曩謨三曼多勃馱南唵阿阿暗噁薩縛勃馱枳懹曩娑乞蒭毗耶誐誐曩娑縛羅乞叉你薩里達磨浮陀哩迦薩馱覽惹吽鋡護縛日羅囉乞叉鉿吽娑縛訶

以下金剛薩埵自説：

ㄱ(na)曩ㄇ(maḥ)謨ㄣ(sa)三ㄇ(ma)曼ㄒ(ta)多ㄅ(bu)勃ㄅ(ddhā)馱ㄋ(nāṃ)南者，歸命普佛陀義。唵者三身，以三字含一字故。其在守護，是即三身具足義。

---

① "華"後，《卍續藏》校勘異本有"三昧"。
② "如來"後，《卍續藏》校勘異本有"體性"。
③ 八，《卍續藏》校勘異本無。
④ 云，原作"示"，據《卍續藏》校勘異本改。

(a) 阿者，開佛知見義。(ā)阿者，示佛知見義。中① (aṃ)暗者，悟佛知見義。(aḥ) 噁者，入佛知見義，是即四方四佛種子。(sa) 薩 (rva) 嚩 (bu) 勃 (ddhā) 馱者，一切佛義。(jñā) 枳欀 (na) 曩者，知②義。(sa) 娑 (kṣā) 乞蒭 (bhyaḥ) 毗耶者，見義，知見法界義。(ga) 誐 (ga) 誐 (na) 曩 (svā) 娑嚩 (ra) 羅者，如虛空性義③。(kṣa) 乞叉 (ni) 你者，離苦義，是皆方便功德④。(sa) 薩里者，妙正義。(dha) 達 (rmma) 摩者，法義。(dhra) 浮 (dha) 陀 (ri) 里⑤ (ka) 迦者，白蓮八葉義。(su) 薩 (traṃ) 馱覽者，經義⑥，是則《妙法蓮華經》義。(jaḥ) 惹者，入義。(hūṃ) 吽者，遍義。(vaṃ) 鍐者，不可得義。(hoḥ) 護者，歡喜義。(va) 縛 (jra) 日羅者，堅固金剛義。(ra) 囉 (kṣa) 乞叉 (māṃ) 輪 (hūṃ) 吽者，空無相義也，即是密說遠本義，故《方便品》曰⑦，從久遠劫來，讚示涅槃法者，即此義也。空無相義者，文殊師利菩薩三解脫門功德義故，以文殊爲本尊，是《方便品》肝心真言兼本實也。

妙法蓮華三昧見寶塔祕密三摩耶品

爾時，佛前有七寶塔，高五百由旬。金剛薩埵白薄伽梵：此寶塔中有何佛耶？

大日如來告薩埵言：此寶塔中有大覺獅⑧子座，座上有寶蓮華，蓮華上左有 (bhaḥ)字，(bhaḥ)字變成大鉢，鉢變成釋迦如來，釋迦如來變成胎藏界大日如來，大日如來法界定印。右有 (a)字⑨變成寶塔，寶塔變成多寶如來，多寶如來變成金剛界智拳印，大日如來胎藏、金剛二佛，竝⑩入一⑪佛壽命海中無別，即⑫是無量壽命決定如來入三摩地。心月輪中有 (a)字，(a)字變成八葉蓮華，八葉蓮華遍法界剎，利益無邊一切群生。

薩埵白佛：《妙法蓮華經》根本一字 (a)字深旨，願爲我説。

大日如來告薩埵言：《妙法蓮華經》一部，始終文文、句句、字字，皆悉無非 (a)

---

① 中，《卍續藏》校勘異本無。
② 知，《卍續藏》校勘異本作“智”。
③ “義”後，《卍續藏》校勘異本有“(ra)羅”。
④ 功德，《卍續藏》校勘異本作“具足功德”。
⑤ 里，原作“唯”，據《卍續藏》校勘異本改。
⑥ 薩(traṃ)馱覽者經義，《卍續藏》校勘異本無。
⑦ 曰，《卍續藏》校勘異本作“云”。
⑧ 獅，《卍續藏》校勘異本作“師”。
⑨ “字”後，《卍續藏》校勘異本有“(a)字”。
⑩ 竝，《卍續藏》校勘異本作“共”。
⑪ 一，《卍續藏》校勘異本作“二”。
⑫ 即，《卍續藏》校勘異本作“則”。

字，𑖀(a)字本來①實相本來不生。𑖀(a)字有四：一者，平等。二者，本誓。三者，除
障。四者，驚覺。𑖀(a)字亦四：一者，息災。二者，增益。三者，降伏。四者，接召。
序中叙四，正中顯四，弘②中弘四六瑞，𑖀(a)字平等實相。下至阿鼻，上至有頂，平等
金色，蒙平等光，悟於平等實相寂光。世尊大悲遂説四𑖀(a)，令悟平等，《方便品》中
正説平等，傍説餘三；火宅諭中正説本誓，傍説餘三；窮子化城正説除障，傍示餘三；
雲雨五百正説驚覺，傍宣餘三。人記在中，法師流通已前，四𑖀(a)分身雲集，開一制
底，多寶如來證明四𑖀(a)，達多文殊常傳四𑖀(a)速疾之門。龍女出海，南方成道，
發誓薩埵捨身弘宣𑖀(a)字四法。四安樂行，一③刹那圓滿𑖀(a)行，涌出千界大衆，
欲顯本地大曼荼羅本不生𑖀(a)，我即久成④如來壽量，常住大日心地本不生體，乃至
普賢從本⑤遠來，重請四法諸本不生，唯覺我⑥心本來不生，法界普賢大日心地𑖀(a)
字⑦不生，即是衆生心自性本清淨妙法蓮華體。

妙法蓮華三昧提婆達多祕密三摩⑧耶品

爾時，金剛薩埵白薄伽梵：提婆達多本源云何？

大日如來告薩埵言：提婆達多文殊師利八大童子⑨，彼清涼山不思議童子，是故
《提婆品》時，文殊師利不思議童子，首著八葉⑩蓮華⑪寶冠，從海涌出，引導龍女，即身
成佛。達多、文殊、文殊利劍、龍女吞文殊利劍，俱利伽羅⑫、不動威怒、不動威怒娑竭
羅龍王、七佛出世，龍女從海涌出，即身成佛，上地、水、火、風、空，得如意寶珠，妙法
蓮華八葉中臺，中臺不動威怒，速疾成道⑬。

金剛薩埵重白佛言：娑竭羅龍王女即身成佛時，一切衆生三魂七魄，即身成佛，
乃至草木即身成佛，密呪願説。

爾時，世尊説即身成佛祕密真言曰：

---

① "本來"後，《卍續藏》校勘異本有"不生"。
② 弘，《卍續藏》校勘異本作"流"。
③ "一"後，《卍續藏》校勘異本有"夢"。
④ 成，《卍續藏》校勘異本作"遠"。
⑤ 本，《卍續藏》校勘異本作"來"。
⑥ 覺我，《卍續藏》校勘異本作"我覺"。
⑦ "字"後，《卍續藏》校勘異本有"本"。
⑧ 摩，《卍續藏》校勘異本作"昧"。
⑨ "八大童子"前，《卍續藏》校勘異本有"文殊師利"。
⑩ 八葉，《卍續藏》校勘異本作"妙法"。
⑪ "華"後，《卍續藏》校勘異本有"八葉"。
⑫ "俱利伽羅"後，《卍續藏》校勘異本有"俱利伽羅"。
⑬ 道，《卍續藏》校勘異本作"佛"。

𑀒ं(oṃ) 𑀯(va) 𑀯ि(vi) 𑀅(a) 𑀯ि(vi) 𑀫(ma) 𑀅(a) 𑀆(ā) 𑀪ी(bhī) 𑀯(va) 𑀯ि(vi) 𑀔(kha) 𑀮ि(li) 𑀔(kha) 𑀮ि(li) 𑀲(sa) 𑀭ि(ri) 𑀲्वा(svā) 𑀯(va)

説此真言時,草木國土,悉皆平等,即身成佛。薩里達磨芬陀梨華,最初羯羅藍内有十色千葉蓮華,蓮華中有一千三百九十五尊,此佛忽然建立身形,千葉白蓮華成三百六十白骨,上覆大多勝三魂圓滿於月輪中,佛性了了,三昧證慧,甚大自在。又説真言曰:

𑀒ं(oṃ) 𑀳ं(hāṃ) 𑀯ि(vi) 𑀓ु(ku) 𑀯(va) 𑀓ु(ku) 𑀯(va) 𑀯(va) 𑀫(ma) 𑀯(va) 𑀫(ma) 𑀫(ma) 𑀯ि(vi) 𑀲्वा(svā) 𑀳ा(hā)

説此真言,三魂七①魄入于妙覺,即身成佛。

妙法蓮華如來壽量祕密三摩耶品

爾時,金剛薩埵白世尊言:久遠實成如來尊形,願爲宣示。

大日如來告薩埵言:妙法蓮華久遠實成如來,本來多寶塔中湛然常住,其名無量壽命決定王如來。手結法界定印,首有二佛寶冠,寶冠左有釋迦如來,是胎藏界。毗盧遮那如來右有多寶如來,是②金剛界。毗盧遮那如來常在塔中,雲集分身同體自性毗盧遮那如來海會。寶塔東門有上行菩薩,南門有無邊行菩薩,西門有淨行菩薩,北門有安立行菩薩,是四菩薩四方四佛,是故③結四佛印。又寶塔東南有普賢菩薩,西南有文殊師利菩薩,西北有觀世音菩薩,有④彌勒菩薩。妙法蓮華八葉中臺三部大日同體海會五百塵點劫上⑤無量壽命決定王如來,説心真言曰:
曩謨阿路哩弭跢欲枳孃曩尾顊室⑥羅逝捺羅也怛他蘖跢也唵薩縛僧塞迦羅跛哩秌⑦馱達磨帝摩訶曩也波里縛隸莎呵⑧

金剛薩埵説曰:

𑀦(na)曩𑀫ो(mo)謨者,歸命句。𑀅(a)阿𑀧(pa)路𑀭ि(ri)里𑀫ि(mi)弭𑀢ा(tā)跢⑨者,東方句。欲⑩𑀚ां(jñā)枳孃𑀦(na)曩者,南方句。𑀯ि(vi)尾𑀦ि(ni)顊𑀰(śca)室

---

① 七,《卍續藏》校勘異本作"三"。

② 是,《卍續藏》校勘異本無。

③ "是故"後,《卍續藏》校勘異本有"菩薩"。

④ "有"前,《卍續藏》校勘異本有"東北"。

⑤ 上,《卍續藏》校勘異本無。

⑥ "室"後,《卍續藏》校勘異本有"者也"。

⑦ 秌,《卍續藏》校勘異本作"殊"。

⑧ 呵,《卍續藏》校勘異本作"訶"。

⑨ "跢"後,《卍續藏》校勘異本有"𑀬(yu)欲"。

⑩ 欲,《卍續藏》校勘異本無。

者①,西方句。ꑘ(rā)羅ꑘ(je)逝②ꑘ(ndra)捺羅ꑘ(ya)也者,北方句。ꑘ(ta)怛ꑘ(thā)他ꑘ(ga)蘗ꑘ(tā)跢ꑘ(ya)也者,中臺句。ꑘ(oṃ)唵者,三身中臺八葉俱具三身,故真言中間置ꑘ(oṃ)唵字。ꑘ(sa)薩ꑘ(rva)縛ꑘ(saṃ)僧ꑘ(ska)塞迦ꑘ(ra)羅者,南③方句。ꑘ(pa)跛ꑘ(ri)哩ꑘ(śu)林④ꑘ(ddha)馱ꑘ(dha)達ꑘ(rmma)磨ꑘ帝者,文殊句。ꑘ(ma)摩ꑘ(hā)訶ꑘ(na)曩ꑘ(ya)也者,觀音句。ꑘ(pa)波ꑘ(ri)里ꑘ(vā)縛ꑘ(re)隸者,彌勒句。ꑘ(svā)莎ꑘ(hā)呵⑤者,決定成就句,此有深祕。

爾時,金剛薩埵白世尊言:久遠實成如來,在何處耶?

大日如來告薩埵言:一切眾生,一念心中,皆有如來壽量長遠身⑥寂光海會,不退菩薩亦不能知,是故彌勒三請我如來四誠然演說。

金剛薩埵重白佛言:世尊,《法華》何文宣說一念寂光海耶?

世尊告言:《法華》宣示,眾生聞佛壽命長遠,一念信解,如來如實知見,三界之相,無有生死。毗盧遮那徧一切處,其佛住處各常寂光,如來般若知見,三界六道山河大海本來虛空,無生無死,大般涅槃常寂滅光,眾生不知,名爲生死之⑦初無明。

《涅槃經》後分上曰:我以甚深般若,徧觀三界一切六道諸山、大海、大地含生,如是三界根本性離,畢竟寂滅,同虛空相,無名無識,永斷諸有。本來平等,無高下相⑧,無見無聞,無覺無知,不可繫縛,不可解脫。無眾生,無壽命,不生不起,不盡不滅,非世間,非非世間,涅槃生死,皆不可得,其⑨知是者名出世人,是事不知名生死始。汝等大眾,應斷無明,滅生死始,徧觀三界有情⑩、無⑪情,一切人法悉皆究竟,不出三界,不入諸有,本來清淨,無垢無煩惱,與虛空等。不平等,非不平等,盡諸動念,思想心息,如是法相名大涅槃。復告大眾,我以佛眼徧觀三界一切諸法,無明本際,性本解脫,於十方求了不能得無,故所因枝葉,皆悉解脫,無明解脫故,乃至老死皆得解脫。以是因緣,我今安住常寂滅光,名大涅槃。

---

① "者"後,《卍續藏》校勘異本有"ꑘ(ya)也"。
② 逝,《卍續藏》校勘異本作"遊"。
③ 南,《卍續藏》校勘異本作"東南"。
④ 林,《卍續藏》校勘異本作"殊"。
⑤ 呵,《卍續藏》校勘異本作"訶"。
⑥ 身,《卍續藏》校勘異本作"之身"。
⑦ 之,《卍續藏》校勘異本作"最"。
⑧ 相,《卍續藏》校勘異本作"想"。
⑨ 其,《卍續藏》校勘異本無。
⑩ 有情,《卍續藏》校勘異本作"眾生"。
⑪ 無,《卍續藏》校勘異本作"非"。

又妙法蓮華三昧如來壽命祕密三摩耶品

金剛薩埵重白佛言：久遠實成無量壽命決定王如來之上有佛法耶？

毗盧遮那如來告言：久遠實成妙法蓮華，有八重位。一者，久遠等覺本地妙法蓮華八葉四菩薩，是等覺位尊。二者，久遠實成妙覺本地妙法蓮華八葉四佛妙覺位尊。三者，久遠實成妙覺之上中臺本覺，久遠實成本地妙法蓮華中臺大日如來本覺八葉四佛始覺如來。四者，本地中臺大日如來[①]本覺之上有妙法蓮華，平等本覺如來中臺本覺，如來八葉四佛下爲始覺。中臺獨爲本覺如來，此是第九報臺本覺大日還下佛，第十本末究竟平等本覺毗盧遮那如來本相葉佛，乃至末報臺大日如來平等八葉中臺，皆同本覺如來，本覺位高。五者，平等本覺如來之上，諸法本覺毗盧遮那如來平等本覺，毗盧遮那如來尚八葉中臺九尊本覺九法身，其餘諸法九法界等非本覺佛尚下，諸法本覺毗盧遮那如來九法界森羅萬像，皆悉本覺如來，至一切塵，皆來[②]禮仰，爲本覺如來。六者，諸法本覺如來之上，一輪之法三重本覺如來，墮始覺本覺，故尚下一輪始覺，本覺不立[③]，本來[④]不生法故，在本覺上。七者，一輪上第一之法，一輪 𑖀(a)字，字輪、種子、種子三昧耶形、尊形有相、有相凡愚，方便而實，唯住[⑤]於實相第一義實相高。八者，第一義實相義實相義尚隨義故，下獨王頂上非愚量實相最頂。

妙法蓮華三昧常不輕菩薩祕密三摩耶品

爾時，金剛薩埵白世尊言：不輕菩薩云何禮耶？

大日如來告言：常不輕者，常是一禮，不輕是一切禮，知見衆生心蓮禮拜，不專讀誦經典，但行禮拜，信 𑖪𑖽(vaṃ)鑁字門，禮中臺摩訶毗盧遮那如來，是名一禮。𑖪(va)縛字門者，言語道斷，上有一點，即是大空，大空即是不[⑥]思議。我法妙難思，但行禮拜四禮。一禮金剛部性，二禮寶部性，三禮法部性，四禮羯磨部性。是名一切禮。禮世間相，常住佛性，禮𑖌𑖼(oṃ)字門，禮𑖌𑖼(oṃ)字門，禮金剛部自性法身之性，禮煩惱即菩提佛性，禮𑖝𑖿𑖨𑖾(trāḥ)怛洛字門，禮𑖝𑖿𑖨𑖾(trāḥ)怛洛字門，禮寶部功德法身之性，禮結業即解脫佛性，禮𑖮𑖿𑖨𑖱𑖾(hrīḥ)紇利字門，禮𑖮𑖿𑖨𑖱𑖾(hrīḥ)紇利字門，禮法部智惠法身之性，禮生死即涅槃佛性，禮𑖀𑖾(aḥ)惡字門，禮𑖀𑖾(aḥ)惡字門，禮羯磨部變化身之性，皆悉禮

---

①　如來，《卍續藏》校勘異本無。
②　來，《卍續藏》校勘異本無。
③　立，《卍續藏》校勘異本作“互”。
④　來，《卍續藏》校勘異本作“末”。
⑤　住，《卍續藏》校勘異本無。
⑥　不，《卍續藏》校勘異本作“不可”。

拜，一禮一切禮。金剛薩埵重白佛言：不輕菩薩，可禮草木國土等耶？毗盧遮那佛告言：深住禮拜，如汝所問，法界體性無分別，森羅萬像即法身①，是故我禮一切塵。

妙法蓮華三昧陀羅尼祕密三摩耶品

金剛薩埵白世尊言：十羅刹等本源云何？

毗盧遮那佛告言：十羅刹女本有三覺。一者，等覺。二者，妙覺。三者，本覺。初四②羅刹淨行等四大菩薩，第五羅刹釋迦牟尼中，四羅刹八葉四大菩薩，第十羅刹多寶如來。又十羅刹，十如是尊形，八羅刹八葉如是，第九皋諦③第九如是，第十羅刹本末究竟等也④。

跋蓮華三昧經後⑤

夫薩里達磨芬陀梨迦三昧薩馱覽者，大日如來答說，金剛薩埵請問，開示本初祕妙密藏，稱述一切諸情非情、三魂七魄即身成佛，乃至草木即身成佛祕密真言。我高祖大師標題《於大蓮華部無障礙經》，舉經文中之自證八句偈，以成立即身成佛之義也。有曰《蓮華三昧經》者，我朝聞其名，未見其經。弘法大師入唐時，謁惠果和尚，雖遂傳法灌頂，而《蓮華三昧經》最深祕密法不能傳之，唯以"歸命本覺心法身"乃至"還我頂禮心諸佛"之偈，傳之而已。文。然案《ㄐ(a)字觀檜尾記》引據於《蓮華三昧經》，以證成於自口說焉。由斯觀之，詎惟非八句自證偈必矣。《谷響集》第十三右曰，台家經旨相承口訣中曰《蓮華三昧經》，亦云《無障礙經》，具題曰《妙法蓮華三昧祕密三摩耶經》。智證大師拔十卷中至要請來云：文。凡此祕經，蓋有兩卷，所謂今之祕經與說六地藏尊本地之經矣。于越亮去元祿十四載首夏中旬，苟有傳燈護法微志，飛錫北京，謁于西山真乘院大僧正源公，面授口譯，悉遂願望。歸拜壬生地藏菩薩，寓宿於安養菴，幸得斯經於藏，喜踊無極，誠希有哉！百世之嘉會，千載之良遇也。乃採毫素而事繕寫，時時細讀，衍文、脫字、倒字、筆誤，往往而在，歉然靡弗，釋卷悲歡焉。今年豐山西寮秀敘闍梨慈慧東海鹿嶋春傳古本，由是兩經參考，更親書寫，尋播旁訓，以貽將來。雖爾，間猶不無狐疑，冀俟使於後學獲正好本，添刪純粹粲然，潤色流通，鍐水利，澤枯槁，妙法華實繁茂，久住真風，颺開心地，阿蓮云。

時正德元年，龍飛辛卯雪月二十一日，傳瑜伽教苾芻性亮玄心誌於輪山巖松溪徧照院南軒。

---

① "法身"後，《卍續藏》校勘異本有"不見菩薩外有法"。
② 四，《卍續藏》校勘異本無。
③ 皋諦，《卍續藏》校勘異本作"羅刹"。
④ 此後，《卍續藏》校勘異本有尾題。
⑤ 跋文，底本無，據《大正藏》本補。

觀自在菩薩大悲智印周遍法界利益衆生薰真如法[①]

大唐特進試鴻臚卿加開府儀同三司封肅國公贈司空諡大辨正
大廣智不空三藏和尚譯

我蒙毗盧遮那聖旨，而説觀自在摩訶大[②]枳孃曩智[③]母怛羅印[④]法。若有修瑜伽人，欲生西方極樂世界利益衆生者，即從阿闍梨耶有智熟者，而受蓮華金剛法儀，廣陳供養，作念誦法。於其壇中安置香爐，其香爐含攝觀[⑤]自在周遍法界之相。以何爲相？即其香印應作紇哩二合[⑥]文，智業[⑦]不可得理。攝四種義 𑖮(ha) 𑖨(ra) 𑖱(i) 𑖄(aḥ)，合[⑧]成一字，其梵文 𑖮𑖿𑖨𑖱𑖾(hrīḥ)是也。賀字諸法因不可得，羅字清淨無垢染，伊字自在不可得，惡字本不生不滅，是爲順義。本不生不滅，自在不可得，清淨無垢染，諸法因不可得，是爲逆義。逆順相應，顯香印文[⑨]。我作其圖：

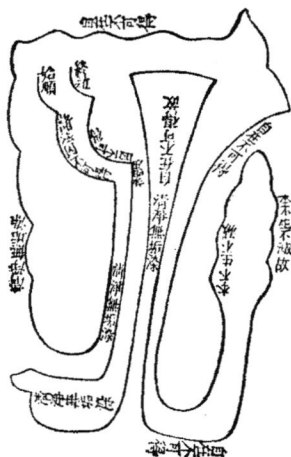

是妙香印名大悲拔苦，所以者何？依燒之次第，而顯真實理。若燒盡時，表若順

---

① 底本，《大正藏》第 1042 號，第 20 册第 33 頁上—34 頁上，原享保二十年刊豐山大學藏本，原校本［甲］平安時代寫高山寺藏本。校本，《卍續藏》第 100 號，第 2 册第 493 頁中—494 頁中。經名後，原有"一卷"，此略。

② 大，《大正藏》校勘［甲］無。

③ 智，《大正藏》校勘［甲］無。

④ 印，《大正藏》校勘［甲］無。

⑤ 觀，《大正藏》校勘［甲］作"視"。

⑥ 二合，《大正藏》校勘［甲］作"二合入"。

⑦ 業，《大正藏》校勘［甲］作"葉"。

⑧ 合，《大正藏》校勘［甲］作"含"。

⑨ 文，《大正藏》校勘一本無。

若逆，遂歸空法也。應①當觀察，從紇哩二合一字，出生唵嚩日羅②二合達磨③等五字。一一字中出生無量字門，一一字門化作一切佛菩薩身，一一化身周遍法界，利益衆生。是故行者得無量福，悉地圓滿，蒙諸佛加被，是故行者④獲現世安穩，無諸障礙。如妙蓮華，見者愛惜，轉⑤已得生極樂上品蓮中。其有利根智慧方便，現身見佛，得陀羅尼名，不染世也。所生之處，身出妙香，遍十方國。衆生得薰，皆證不退。如是功德不可具說。其香爐蓋上，可雕嚩日羅二合達磨⑥字，首加唵字以爲五字。可旋順。其蓋中央應立三昧耶形，一鈷杵上安開八葉蓮華是也。如上五字圍繞此三昧耶，三昧耶者是本誓之形也，若見此形作禮專念，即證蓮華性，所以生極樂者，更不染世。設交世間，度衆生如蓮華，不爲諸垢所染也，皆由過去本誓願力故，證此果界⑦也。是故行者立此三昧耶形，應專念之而作是想。是𑀅(hrih)文之香煙成此三昧耶形，此形更爲本尊形體。表因時本誓，遂爲果時形色，是三昧耶義也。燒香之時結本尊契，誦是本真言印之，即得成就。其蓋圖如斯：

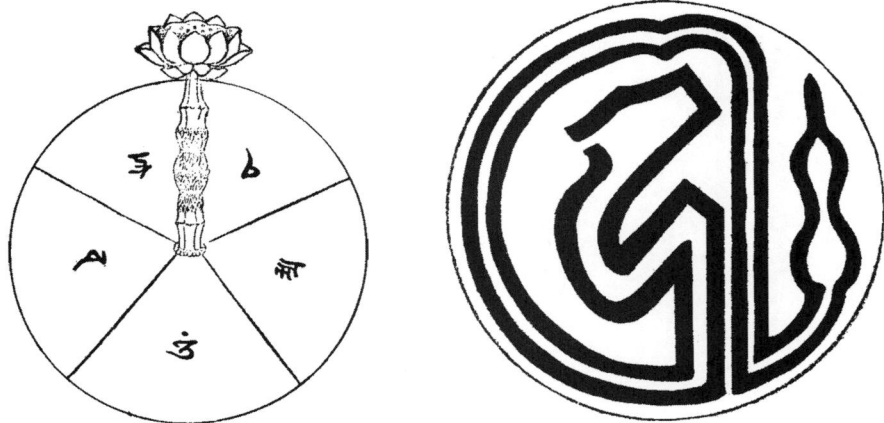

圖。如上香印略説。

得入此輪至無上菩提，若欲不間，常誦真言。然而未離攀緣，擬懈怠者，但依是妙印，應燒栴檀蓮⑧等香。如是每日作燒香法者，即成常業⑨，誦持金剛法明。何以

---

① 應，原作"處"，據《大正藏》校勘[甲]改。
② 羅，《大正藏》校勘[甲]作"囉"。
③ 磨，《大正藏》校勘[甲]作"摩"。
④ 加被是故行者，《大正藏》校勘[甲]無。
⑤ "轉"後，《大正藏》校勘[甲]有"此身"。
⑥ 磨，《大正藏》校勘[甲]作"麽"。
⑦ 界，《大正藏》校勘[甲]無。
⑧ 蓮，《大正藏》校勘[甲]作"妙蓮"。
⑨ 常業，《大正藏》校勘[甲]作"恒常"。

故？如上真言字義，皆於此印香能顯示故。

根本印：二手金剛縛，二頭指頭合如蓮華葉，二大指並立即成。真言曰：

ॐ(oṃ)　व(va)　ज्र(jra)　ध(dha)　र्म्म(rmma)　ह्रीः(hriḥ)

若人持此一字真言，能除一切災禍疾病。命終之後，當得極樂上品之生。餘諸所求世間出世大願，隨持得成，何況依此教法而修行者，一切悉地不久圓滿也。

觀自在菩薩薰真如香印法說已竟。

觀自在妙香印法一卷

七星如意輪祕密要經[①]

三藏不空譯

　　如是我聞：一時佛在大雪山伽王那蘭陀，與大比丘衆千二百五十人俱，其名曰大目犍連、舍利弗、摩訶迦㫋延、波多、阿難陀、摩訶迦葉、富樓那、彌多羅尼子，復又[②]菩薩萬八千，皆得不退轉陀羅尼辯才，如是等恒河沙數衆中轉大法輪。爾時迦夷城宮内使來詣佛所，頂禮佛足，而白佛言："波斯匿王使我諮量，俱尸羅大國與兵無數萬億來圍迦夷，君臣惶忙，人民恐懼，唯願世尊由大智力救護我等。"爾時世尊即告神通王菩薩往於迦夷城宮内，速建如意寶輪般多羅道場七星火壇祕密之門。所謂般多羅道場者，造於淨室，七星火壇作於露地，一日一夜如法作，其賊衆者自然退散。其法事者，先須結界，然後作般多羅法門。南無如意輪王大法主，我今奉造般多羅者，有天耳眼、有神通者證明法則。即誦如意輪真言七遍，七呪水灑地，取界後爲結界。所謂般多羅者，且最清淨室，地平如鏡，中央造五色輪象如車輪，或十道，或十二道，輪約間畫波折羅相，輪輻上亦爾。中央安如意輪王菩薩，一一輻間安七星像及訶利低母，一一像前安燈、蘇、香等種種供養，所爲人姓名畫於本星。阿闍梨座於輪外，一一即啓法事成就，加持念誦一座一百八遍，觀念不成，不數其遍。所謂火壇者，於露地造火爐，或一肘或二肘，即加持一人。或優婆塞、優婆夷著新淨衣，造本星食餅及蘇蜜、香藥等，即向七星一拜一燒，一心著本星，或動異光，即得成就。若清淨阿闍梨者，若王若臣乃至人民自作火壇求請，隨其所願即得成就。爾時神通王菩薩即奉教勅往於迦夷大城宮内，一一作法，霹靂雷電，賊徒散滅，君臣歡喜，人民安樂。

　　爾時神通王菩薩却來佛處，頂禮佛足而白佛言："奇哉！世尊，不可思議祕密法門。如意寶輪王菩薩今何在？我等之輩蒙如來力，往彼世界頂禮如意輪王菩薩。"佛告神通王菩薩："善哉！善哉！正南方有世界名曰七寶轉輪王，於七寶輪上護法七星及諸天衆周匝，爲轉法輪度脫衆生。"爾時神通王菩薩白佛言："世尊，以何因緣不但

---

① 底本，《大正藏》第 1091 號，第 20 册第 224 頁中—225 頁中，原享和元年刊長谷寺藏本。

② 又，《大正藏》校勘疑當作"有"。

觀念如意輪王菩薩,又令禮拜本星等耶?"佛言:"昔燃燈佛所受此法門,七星精靈天①
而下,訶利大神從地而出,願我等輩護此大法。若有人等奉造此法,我等先至成就法
事,以此因緣兼存造法。"爾時神通王菩薩承佛大神力往彼世界,頂禮如意輪王菩薩。
而作是言:

> 我等住於娑婆界,修學如來因地門,
> 救度迦夷波斯王,以此因緣禮仁者。
> 七寶莊嚴寶輪王,菩薩相好不思議,
> 依正二報俱勝妙,我今敬禮如意輪。

爾時如意輪菩薩而說偈言:

> 我今所修菩薩道,度脫眾生長夜苦。
> 今座莊嚴如意輪,令諸眾生亦如是。
> 世有②眾生有所願,今我如意寶輪王,
> 隨其種種所受③樂,無不從心爲如意。
> 若有眾生在世界,欲得通達無爲道,
> 業障深厚不成就,我以寶輪使開悟。
> 若有世界三災起,國界人民不安樂,
> 其中有人造我法,如意聖輪與大樂。
> 若有世界他界賊,四方覆④嬈不安寧,
> 國中有人造我法,如意聖輪與安樂。
> 若有國內飢饉難,一切人民不安悦,
> 若有造我般多法,如意聖輪能救濟。
> 若有眾生在世界,王法所加被獄囚,
> 造我大法般多羅,如意聖輪能救濟。
> 若有眾生在嶮難,如意聖輪能救濟。
> 若有眾生在世界,盲聾跛蹇⑤種種病,
> 念我大法般多羅,如意聖輪能救濟。
> 若有眾生在世界,欲得家富求富禄,
> 造我大法般多羅,如意聖輪如其願。

---

① 天,《大正藏》校勘一作"從天"。
② 世有,《大正藏》校勘疑當作"所有"或"世間"。
③ 受,《大正藏》校勘疑當作"愛"。
④ 覆,《大正藏》校勘疑當作"浸"。
⑤ 蹇,《大正藏》校勘疑當作"瘻"。

若有如是如意輪，一切罪障無不除，

一切吉祥無不致，無所不至拔濟苦。

諸天龍神及人間，一切衆生有歸依，

不隨其心墮妄語，是法能除一切罪，

增長一切諸功德，自在能照於五道，

成就一切衆生願。

爾時神通王菩薩頂禮聖輪還來本處，一心受持此不可思議摩訶般多羅祕密法門真言：

南無阿羅姪①那阿阿那一南阿梨耶二婆嚕吉帝沙波訶阿耶三菩提薩埵婆耶四摩訶迦烏尼迦耶五多姪他六唵七折揭羅婆帝八真多摩尼九摩訶波地迷十嚕嚕帝遮揭阿沙吽唎②婆訶十一唵十二波地迷真多摩尼摩訶遮揭阿吽十三唵十四波阿多波地迷吽十五

七星本部印、如意輪本印、長誦印，若人心有所求，或有病難，延壽求禄，乃至一切心所願求，當使本星，必當③隨心。如來在世立大誓願，爲此部中當護摩，此因緣當用七星以靈驗，是多祕密，不得外傳。或爲國王或爲大臣造此法，不得爲人民百姓淺識有情造此大法。

午誠此云小豆食蘇古香④木　未巳多伊尼此云大豆食波知桃木　申辰薩波此云麻子食波此荊木　酉卯蘇烏帝此云麥食彌蘇帝違木　戌寅薩波之此云稻米食孫蘇烏獝⑤　亥丑波伊蘇此云粟食舟尼此云槐木子薩波耶此云黍食揭帝此云桐木

七星如意輪祕密要經

---

① 姪，《大正藏》校勘疑當作“怛”。

② 唎，《大正藏》校勘一作“喇”。

③ 當，《大正藏》校勘疑當作“常”。

④ 香，《大正藏》校勘疑當作“杏”。

⑤ 獝，《大正藏》校勘疑當作“榆”，又一作“檜”。

青頸觀自在菩薩心陀羅尼經①

大興善寺三藏沙門大廣智不空奉詔注釋義②

　　爾時世尊於毗沙門天王宮説觀自在菩薩往昔因緣："過去無量無邊阿僧祇劫，有佛名觀照觀察如來，成佛道已，住二十七日説法。臨涅槃時，有一天子名曰越那羅延力，爾時如來爲彼説此青頸觀自在菩薩心真言。時彼天子纔聞，獲得大悲三摩地，作是願言：'所有一切衆生若有怖畏厄難，聞我名者，皆得離苦解脱，速證無上正等菩提。寧一稱觀自在菩薩名字號，不稱百千諸恒沙如來名。'"爾時世尊復告毗沙門天王言："當知此天子於我滅度後，以此心真言流轉，廣作佛事，利益無邊衆生，安置無上菩提之道。"

　　陀羅尼曰：相傳言，每入道場時，先踋跪、懺悔、發願已，結跏趺坐，即結淨三業印及習真言，次結三部護身印已，即結後根本印，誦真言七遍，頂上散印。然捧珠或百或千，依時持。

曩謨引羅怛曩二合怛羅二合夜引也三寶曩莫稽首阿去,引里也二合嚕路引枳帝引濕嚩二合囉引也聖觀自在冒引地薩怛嚩二合也摩賀引薩怛嚩二合也摩訶引迦引嚕抳迦也大悲者薩嚩滿上馱曩砌引娜曩割迦羅引,斷也能斷一切繫縛薩嚩婆去嚩三有娑悶訥嚕二合醋灑拏上迦羅也能竭三有海一切生死苦薩嚩弭也二合地鉢羅二合捨麼曩迦羅也令息一切疾病薩吠底庚二合鉢捈嚧二合嚩尾曩引捨曩迦羅也能斷一切災禍③薩嚩婆④引曳引數⑤怛囉二合拏也⑥救濟怖畏怛寫曩莫娑訖哩二合怛嚩二合伊娜麼引哩也二合嚕路引枳帝引濕嚩二合羅我今禮彼聖觀自在多嚩顎引攞塞綻勅諫反⑦,居舉反曩摩引紇哩二合乃也二合,聖者青頸心真言麼嚩多以灑二合

---

　①　底本，《大正藏》第1111號，第20册第489頁上—490頁中，原享保年間刊豐山大學藏本，原校本［甲］承安三年寫東寺三密藏本。

　②　此行原在"陀羅尼曰"段後，今移至此。

　③　禍，原作"過"，據《大正藏》校勘［甲］改。

　④　婆，《大正藏》校勘［甲］作"娑"。

　⑤　引數，《大正藏》校勘［甲］作"數"，又一本作"引數者"。

　⑥　也，《大正藏》校勘一本作"作迦囉"。

　⑦　反，《大正藏》校勘［甲］作"反上"。

弭我今説薩嚩①他利益娑馱南輸上咩蒲儢②反，一切利益成就清淨阿逝慈際反問③薩嚩步引，去多南於諸鬼神得勝婆縛沫㗚誐尾戌馱劍④本能淨三有道怛儞也二合他所謂，亦云，即説唵釋在如意輪阿路計光明阿去⑤路迦麼底光明慧路迦引底訖嚩二合帝超世聞呬呬賀㗚魔慶哉師子摩賀引冒地薩怛嚩二合係冒引地薩怛嚩二合鉢⑥哩二合也冒引地薩怛嚩二合，慶哉於敏⑦菩薩係迦嚕引抳迦娑麼二合羅訖哩二合乃閽慶哉大悲憶念心真言呬呬引賀㗚阿哩也二合嚩路枳帝濕嚩二合㘑慶哉師子王觀自在摩係引濕嚩二合羅大自在跛羅摩每怛羅二合唧多界勝慈心麼賀引迦嚕抳迦大悲者矩嚕⑧羯摩作復作事業娑馱也娑馱也尾淰明成就，引，後禰呬引，與禰呬引，與⑨禰呬銘嚩嚧與我願迦引懵引誐底所希室尾怛⑩誐麼皆如意尾誐麼遠離隱悉馱裕引儗引，霓異反濕嚩二合㘑成就喩伽自在度嚕度嚕尾演底住持遊空者摩訶引尾演底大遊空者馱羅馱羅馱連引捺連二合濕嚩二合㘑持復持帝王自在左攞左攞動尾麼攞引麼攞⑪没㗚二合帝動搖，離垢，離垢身阿去哩也嚩路枳帝濕嚩二合㘑引爾曩訖哩二合⑫史拏聖觀自在菩薩角格⑬披鹿皮衣惹吒秚⑭矩吒去，引嚩覽摩鉢羅二合覽摩頭冠瓔珞，垂諸華鬘摩賀引悉馱尾儞也二合，引馱羅大成就持明佛⑮摩羅引摩羅引摩賀引摩羅沫羅沫羅摩賀引沫羅內垢外垢，大無垢左羅左羅摩賀左羅動復動，大無動訖哩二合史拏二合羯㘑拏引拏訖哩二合史拏二合博乞灑二合涅伽去多上曩能推⑯黑色明儼係引摩賀引⑰鉢納麼二合賀娑多二合，慶哉蓮華手左羅左羅穎舍引左㗚引濕嚩二合羅行復行觀⑱行自在訖哩二合史拏二合，上薩波訖哩二合多上演女⑲泥庚反，引跛尾引多黑蛇作繩線瞖醯去，引呬摩賀引嚩囉引賀穆佉來來大猪頭底哩二合補囉娜賀寧引濕嚩二合

---

① 嚩，《大正藏》校勘一本作“嚩唎”，[甲]作“嚩羅”。
② 咩蒲儢，《大正藏》校勘[甲]作“畔蒲憾”。
③ 問，《大正藏》校勘[甲]作“閽”。
④ 劍，《大正藏》校勘一本無。
⑤ 去，原作“志”，據《大正藏》校勘[甲]改。
⑥ 鉢，《大正藏》校勘[甲]作“係鉢”。
⑦ 敏，《大正藏》校勘[甲]作“每”。
⑧ 嚕，《大正藏》校勘[甲]作“嚕矩嚕”。
⑨ 禰呬引與，《大正藏》校勘一本無。
⑩ 底所希室尾怛，《大正藏》校勘一本作“摩所希室尾養”，[甲]作“底所希望尾怛”。室，原作注文，此改正文。
⑪ 麼攞，《大正藏》校勘一本無。
⑫ 二合，《大正藏》校勘[甲]作“二合引”。
⑬ 格，《大正藏》校勘疑當作“絡”。
⑭ 吒秚，《大正藏》校勘[甲]作“吒引穆”，一本作“吒秼”。
⑮ 佛，《大正藏》校勘[甲]作“仙”。
⑯ 上曩能推，《大正藏》校勘[甲]作“曩能推”。
⑰ 摩賀引，《大正藏》校勘一本無。
⑱ 觀，《大正藏》校勘[甲]作“夜”。
⑲ 女，《大正藏》校勘一本作“擬儞吉濃二合”。

羅梵燒言宮自在者曩羅引也挐嚕引跛引摩羅吷引誐馱引哩引，持那羅延力形力持進者係顙引攞蹇妊青頸①係引摩賀引賀引攞引賀引攞尾灑涅寧逸反哩二合爾慈隆②反，引多引，慶哉大猛惡毒得勝者路引羯寫囉引誐尾灑尾曩引捨曩③除滅世間瞋毒謨賀尾灑引尾曩引捨曩除滅世間癡毒户嚕户嚕摩羅户嚕賀㘑速疾蓮華䰂速疾摩賀鉢納摩曩引婆引，呼，師子王蓮花者，觀自在菩薩即是覺花，亦名佛蓮花薩羅薩羅蓮花④悉哩悉哩蓮花蘇嚕蘇嚕蓮花頸没地也二合没地野二合，所覺所⑤冒馱野冒馱野弭帝係⑥我令彼有情覺悟顙羅蹇妊瞖醯引呬嚩引麼⑦娑體二合多僧去賀穆佉上，引，未來左住⑧師子面賀娑上賀娑上笑悶左悶左放摩賀引吒吒上賀引娑去，大訶訶笑檀去呬引暴引摩賀引悉馱裕去，引儗濕嚩二合羅來來大成就瑜伽自在者婆上挐婆挐嚩引簪作舍⑨反，説語也娑馱也娑馱也引尾淰成就成就真言明娑麼二合羅娑麼二合羅擔婆去誐挽無滿反耽路枳多尾路枳耽怛他去，引蘗耽大憶念憶念，世⑩尊觀照觀察娜娜引呬銘薩嚩薩怛嚩二合喃與一切衆生捺囉二合捨曩迦末寫捺羅二合捨喃鉢羅二合賀羅二合娜也摩諾⑪娑嚩二合賀引，樂見者令見，令意歡悦悉馱也娑嚩二合賀成就福智圓滿摩賀悉馱也娑嚩二合賀大成就福德⑫悉馱裕儗濕嚩二合羅也娑嚩二合賀成就瑜伽自在者圓滿顙羅蹇妊引也娑嚩二合賀引，青頸嚩⑬羅賀穆佉去，引也娑嚩二合賀⑭引，大師子面福智圓滿悉⑮馱尾儞也二合馱羅引也娑嚩二合賀成就持明福智圓滿鉢納麼二合賀娑跢二合也娑嚩二合賀蓮花手福智圓滿訖哩二合史挐二合薩跛訖哩二合多上演女呢庚反，二合⑯跛尾多也娑嚩二合賀黑蛇作神線福德摩賀羅矩吒馱羅引也娑嚩二合賀持大杖者福⑰圓滿斫訖羅二合庚馱引也娑嚩二合賀持輪器仗者賞佉攝娜二合顙冒引馱引曩引也娑嚩二合賀法螺聲驚覺嚩麼娑蹇二合馱襉捨娑體二合，池以⑱反多訖哩二

①　妊青頸，《大正藏》校勘一本作“妊梨青頸”，［甲］作“妊慶哉青頸”。
②　隆，原脱，據《大正藏》校勘［甲］補。
③　“曩”後，《大正藏》校勘一本有“儞尾灑二合尾那舍娜”。
④　“花”後，《大正藏》校勘［甲］有“浙”。
⑤　所，《大正藏》校勘［甲］作“所覺”。
⑥　弭帝係，《大正藏》校勘一本作“冒馱野諦”。
⑦　麼，《大正藏》校勘疑當作“麼賀”。
⑧　住，《大正藏》校勘［甲］作“經”。
⑨　舍，《大正藏》校勘［甲］作“今口”。
⑩　世，原作“也”，據《大正藏》校勘［甲］改。
⑪　諾，《大正藏》校勘一本作“喃”。
⑫　德，《大正藏》校勘［甲］作“智”。
⑬　“嚩”後，《大正藏》校勘一本有“訶嚩”。
⑭　“賀”後，《大正藏》校勘［甲］作“指而者摩訶僧賀穆佉也娑嚩嚩二合賀”。
⑮　“悉”前，《大正藏》校勘一本有“摩訶摩訶娜羅二合僧思孕切賀目佉耶莎嚩訶”。
⑯　二合，《大正藏》校勘［甲］作“吞”。
⑰　福，《大正藏》校勘疑當作“福智”或“福德”。
⑱　池以，《大正藏》校勘［甲］作“他四”。

合史拏二合爾曩引也娑嚩二合賀左肩所住被黑鹿皮，願智圓滿尾也二合伽羅二合捹麼顙嚩薩①曩引也娑嚩二合賀鹿皮裙者路計濕嚩二合羅也娑嚩二合賀觀自在菩薩福德圓滿薩嚩悉第濕嚩二合羅也娑嚩二合賀一切成就自在曩謨婆誐嚩帝歸命也阿哩也二合嚩路枳帝引濕嚩二合羅也聖觀自在菩薩冒地薩怛嚩二合也摩訶薩怛嚩二合也勇猛者摩賀迦嚕抳迦也大悲者悉鈿覩②滿怛羅二合跛娜引也真言句，願成就娑嚩二合賀引，一百一十③

　　次當説此青頸觀自在菩薩畫像法，其像三面，當前正面作慈悲熙怡貌，右邊作師子面，左邊作猪面。首戴寶冠，冠中有化無量壽佛。又有四臂，右第一臂執杖，第二臂執把蓮花，左第一執輪，左第二執螺。以虎皮爲裙，以黑鹿皮於左髆角絡，被④黑蛇以爲神線。於八葉蓮花上立，瓔珞、臂釧、鐶珮、光焰莊嚴其身，其神線從左髆角絡下。

　　其青頸印，二手外相叉，左大母指插入掌，右大母指直豎，二中指作蓮花葉形，二無名指直豎，二小指左押大⑤豎相叉。

---

① "薩"後，《大正藏》校勘一本有"摩"。
② 鈿覩，《大正藏》校勘一本作"鈿覩冥"，[甲]作"劍覩"
③ 一十，《大正藏》校勘[甲]作"十一"。
④ 被，《大正藏》校勘[甲]作"披"。
⑤ 左押大，《大正藏》校勘疑當作"右押左"，又[甲]作"左押右"。

大慈大悲救苦觀世音自在王菩薩廣大圓滿無礙自在青頸大悲心陀羅尼①

大廣智不空譯

　　南無歸命頂禮南方海上蒲陀落淨土正法教主釋迦牟尼如來、觀音本②師無量壽如來、觀音本正法明如來！南無千手千眼觀世音菩薩廣大圓滿無礙大悲心大陀羅尼、救苦陀羅尼、延壽陀羅尼、加滅惡趣陀羅尼、破業障陀羅尼、滿願陀羅尼、隨心自在陀羅尼、速超上地陀羅尼、一聞神呪超第八地陀羅尼、四百四病一時消滅陀羅尼！

𑖡 (na)　𑖦 (mo)　𑖨 (ra)　𑖝 (tna)　𑖝 (tra)　𑖧 (yā)　𑖧 (ya)

南　　無　　喝羅　　怛那　　哆羅　　夜　　耶一

　　此觀世音菩薩本身，大須慈悲，思勿高聲，此神性忽。

𑖡 (na)　𑖦 (mo)　𑖁 (ā)　𑖨 (ryā)

南　　無　　阿　　唎耶二

　　是如意輪菩薩本身，到此誦在心。

𑖪 (va)　𑖩 (lo)　𑖎 (ki)　𑖝 (te)　𑖫 (śva)　𑖨 (rā)　𑖧 (ya)

婆　　盧　　羯　　帝　　爍鉢　　囉　　耶三

　　此是轉鉢觀音，昔誦此理轉菩薩。

𑖤 (bo)　𑖠 (dhi)　𑖭 (sa)　𑖝 (tvā)　𑖧 (ya)

菩　　提　　薩　　哆婆　　耶四

　　此不空羂索菩薩，降押天兵衆。

𑖦 (ma)　𑖮 (hā)　𑖭 (sa)　𑖝 (tvā)　𑖧 (ya)

摩　　訶　　薩　　埵婆　　耶五

---

　　①　底本，《大正藏》第 1113 號 B，第 20 册第 498 頁下—501 頁上，原享保年間刊豐山大學藏本。經名，《大正藏》校勘一本作"大慈大悲救苦觀自在菩薩廣大圓滿無礙自在青頸大悲心真言"。

　　②　本，《大正藏》校勘疑當作"本體"。

是菩薩種子之因,誦呪本身。

ma　hā　kā　ru　ṇi　kā　ya

摩　訶　迦　嚧　昵　迦　㖿六

是馬鳴菩薩本身,手把拔折羅印菩薩自身。

oṃ

唵七

此是神唵語,悉合掌聽,誦呪曰:

sa　rva　ra　bha　ye

薩　皤　囉　罰　曳八

此是四天大王本身,降伏魔王。

śu　dha　na　da　sya

數　怛　那　怛　寫九

此是四天大王八部鬼神名字。

na　mo　skṛ　ta　ī　mo　a　ryā

南　無　悉吉嘌　埵　伊　蒙　阿　唎耶十

此是龍樹菩薩本身,須用心誦,勿令疎步,菩薩性勿也。

ba　ru　ki　te　śva①　raṃ　dha　va

婆　嚧　吉　帝　室佛　楞　　駄　婆十一

此是本師毗盧遮那佛本身,廣大圓滿不可思議功德。

na　mo　na　ra　ki　dhi

南　無　那　囉　謹　墀十二

此是清淨圓滿報身盧舍那佛本身,須用心勿令放逸。

he　ri　ma　va　dha　ṣa　me

醯　利　摩　皤　哆　沙　咩十三

此是半頭神王,菊大魔以爲眷屬。

sa　rva　a　thā　du　śu　tuṃ

薩　婆　阿　陀　頭　輸　朋十四

此是甘露菩薩,亦是觀世音菩薩部落以爲眷屬。

a　je　yaṃ

阿　遊　孕十五

---

① śva,原作"si va",據對譯改。

此是飛騰夜叉大王，巡歷四方，察其是非。

ℜ(sa)　ℰ(rva)　ℨ(bhu)　ℑ(ta)　ℰ(na)　ℳ(ma)　ℰ(va)　ℭ(ga)
薩　　婆　　菩　　哆　　那　　摩　　縛　　伽十六

此是婆帝王，其形黑大，大以豹皮爲衣，伸①手把夜②叉。

ℳ(ma)　ℰ(va)　ℨ(du)　ℨ(du)
摩　　罰　　特　　豆十七

此是刹利菩薩本身，鐵輪手把夜叉，素有三眼是也。

ℑ(ta)　ℰ(dya)　ℰ(thā)　ℨ(oṃ)
怛　　姪　　他十八　　唵

此是劍語。

ℜ(a)　ℰ(va)　ℰ(lo)　ℜ(ka)　ℰ(lo)　ℜ(ka)　ℑ(te)
阿　　波　　盧　　醯　　盧　　迦　　帝十九

此是梵天王本身説佛爲部。

ℜ(ka)　ℑ(ra)　ℑ(te)
迦　　羅　　帝二十

此是立門五神，長大黑色。

▽(e)　ℜ(hṛe)
夷　　醯唎二十一

此是三十三天王，是摩醯首羅天王，神領天兵。

ℳ(ma)　ℜ(hā)　ℰ(bo)　ℰ(dhi)　ℜ(sa)　ℰ(tva)
摩　　訶　　菩　　提③　　薩　　埵二十二

此是寶心，更無雜亂心節，名薩埵。

ℜ(sa)　ℰ(rva)　ℜ(sa)　ℰ(rva)
薩　　婆　　薩　　婆二十三

此是香積菩薩，押五方兵，薩婆爲侍從，不可思議。

ℳ(ma)　ℰ(la)　ℳ(ma)　ℰ(la)　ℳ(ma)　ℳ(ma)　ℜ(hṛe)　ℰ(da)　ℰ(yaṃ)
摩　　羅　　摩　　羅　　摩　　摩　　醯唎　　駄　　孕二十四,同上

ℜ(ku)　ℑ(ru)　ℜ(ku)　ℑ(ru)　ℜ(ka)　ℰ(rmaṃ)
俱　　嚧　　俱　　嚧　　羯　　蒙二十五

此是空身菩薩，押夫將軍，領二萬億天兵忽。

---

①　伸，原作“神”，據文意改，《大正藏》校勘疑當作“袖”。
②　夜，原作“衣”，據《大正藏》校勘改。
③　提，原脱，此據梵文補。

𑀦(dhu)　𑀭(ru)　𑀦(dhu)　𑀭(ru)　𑀯(va)　𑀚(ja)　𑀬(ya)　𑀢(te)
度　　嚧　　度　　嚧　　罰　　闍　　耶　　帝二十六

此是嚴峻菩薩,孔雀王兵。

𑀫(ma)　𑀳(ha)　𑀯(va)　𑀚(ja)　𑀬(ya)　𑀢(te)
摩　　訶　　罰　　闍　　耶　　帝二十七,同上

𑀥(dha)　𑀭(ra)　𑀥(dha)　𑀭(ra)
陀　　羅　　陀　　羅二十八

此是觀世音菩薩大手把金輪。

𑀥(dhi)　𑀭(ri)　𑀡(ṇi)
地　　利　　尼二十九

此是師子王兵驗不調。

𑀭(rā)　𑀬(ya)
囉　　耶三十

是霹靂,降伏魔眷屬。

𑀘(ca)　𑀮(la)　𑀘(ca)　𑀮(la)
遮　　囉　　遮　　囉三十一

此是摧碎菩薩本身,手把金輪。

𑀫(ma)　𑀫(ma)　　　𑀯(va)　𑀫(ma)　𑀭(ra)
摩　　摩弟子某甲受持　罰　　摩　　羅三十二

此是大降魔金剛本身,手把金輪。

𑀲(su)　𑀓𑁂(kte)　𑀮𑁂(le)
穆　　帝　　曬三十三

此是佛合掌,聽誦千手千眼觀世音菩薩善神妙章句。

𑀏(e)　𑀳𑁂(he)　𑀏(e)　𑀳𑁂(he)
伊　　醯　　移　　醯三十四

此是喚摩醯首羅天。

𑀘𑀺(ci)　𑀦𑁆𑀤(nda)　𑀘𑀺(ci)　𑀦𑁆𑀤(nda)
室　　那　　室　　那三十五同上

𑀅(a)　𑀭𑀺𑀱𑀁(rṣaṃ)　𑀧𑁆𑀭(pra)　𑀘(ca)　𑀮𑀺(li)
阿　　羅參　　佛羅　　舍　　利三十六

此是觀世音菩薩,手把軍弓箭。

𑀯(va)　𑀱(ṣa)　𑀯(va)　𑀱𑀁(ṣaṃ)　𑀧𑁆𑀭(pra)　𑀰(śa)　𑀬(ya)
罰　　沙　　罰　　參　　佛羅　　舍　　耶三十七

此是阿彌陀佛本身,觀音菩薩師主。

𑖮(hu)　𑖨(ru)　𑖮(hu)　𑖨(ru)　𑖦(ma)　𑖨(ra)

呼　　嚧　　呼　　嚧　　麼　　囉三十八

此是呼八部鬼神。

𑖮(hu)　𑖨(ru)　𑖮(hu)　𑖨(ru)　𑖿(hri)

呼　　嚧　　呼　　嚧①　　醯唎三十九,同上

𑖭(sa)　𑖨(ra)　𑖭(sa)　𑖨(ra)

沙　　囉　　沙　　囉四十

此是五濁惡世云。

𑖭(si)　𑖨(ri)　𑖭(si)　𑖨(ri)

悉　　唎　　悉　　唎四十一

𑖭(su)　𑖨(ru)　𑖭(su)　𑖨(ru)

蘇　　嚧　　蘇　　嚧四十二

此是諸佛樹樂木聲也。

𑖤(bo)　𑖠𑖰(dhi)　𑖧(ya)　𑖤(bo)　𑖠𑖰(dhi)　𑖧(ya)

菩　　提　　唎　　菩　　提　　唎四十三

此是觀世音豫眾生罪惡。

𑖤(bo)　𑖠(dha)　𑖧(ya)　𑖤(bo)　𑖠(dha)　𑖧(ya)

菩　　提　　耶　　菩　　提　　耶四十四

此是阿難本身也。

𑖦(mai)　𑖝𑖿𑖨𑰰(tri)　𑖧(ya)

彌　　　帝唎　　耶四十五

此是本車菩薩,手把金刀。

𑖡(na)　𑖨(ra)　𑖎(ki)　𑖜𑖿𑖙(ndi)

那　　囉　　謹　　墀四十六

此是龍樹菩薩,手把金刀之長。

𑖟(dha)　𑖨𑖿𑖬𑰰(rṣi)　𑖜𑰰(ṇi)　𑖡(na)　𑖪(pa)　𑖧(ya)　𑖦(ma)　𑖡(na)

他　　唎瑟尼　　那　　波　　夜　　摩　　那四十七

此是金光幢菩薩,手把跋折羅杵。

𑖭𑖿𑖪(svā)　𑖮(hā)

娑婆　　　訶四十八,同上

————————————

①　呼嚧,原脱,據梵文補。

स(si)　द्धा(ddhā)　य(ya)

悉　　陀　　　夜四十九

　　此是達一切法門。

स्वा(svā)　हा(hā)

娑婆　　　訶五十，法語

म(ma)　हा(hā)　स(si)　द्धा(ddhā)　य(ya)　स्वा(svā)　हा(hā)

摩　　訶　　悉　　陀　　　夜　　娑婆　　　訶五十一

　　此是施光幢菩薩，手把幡。

स(si)　द्धा(ddhā)　यो(yo)　गे(ge)

悉　　陀　　　喻　　藝五十二

　　此是天大菩薩，悉手來把刀，或菩薩手把水椀。

श्व(śva)　क(ka)　र(ra)　य(ya)　स्वा(svā)　हा(hā)

室皤　　伽　　羅　　耶　　娑婆　　　訶五十三

　　此是名安悉香。

न(na)　र(ra)　कि(ki)　न्दि(ndi)

那　　囉　　謹　　墀五十五，同上

स्वा(svā)　हा(hā)

娑婆　　　訶五十六

म(ma)　र(ra)　न(na)　र(ra)

摩　　囉　　那　　囉五十七

　　此是散水菩薩，手把水椀。

स्वा(svā)　हा(hā)

娑婆　　　訶五十八，同上

स(si)　र(ra)　सं(saṃ)　आ(ā)①　मु(mu)　खा(khā)　य(ya)

悉　　囉　　僧　　阿　　穆　　佉　　耶五十九

　　此是山海惠菩薩，手把金鉤。

स्वा(svā)　हा(hā)

娑婆　　　訶六十，同上

प(pa)　म(ma)　हा(hā)　स(si)　द्धा(ddhā)　य(ya)

婆　　摩　　訶　　悉　　陀　　　夜六十一，同上

---

① आ(ā)，原作"हा(ha)"，據對譯改。

𑀲(svā) 𑀳(hā)

娑婆　　訶六十二,同上

𑀘(ca) 𑀓𑁆𑀭(krā) 𑀲𑀺(si) 𑀟𑁆𑀥(ddhā) 𑀬(ya)

者　　吉囉阿　悉　陀　　　夜六十三

　　此是藥王菩薩本身,行魔。

𑀲(svā) 𑀳(hā)

娑婆　　訶六十四,同上

𑀧(pa) 𑀤𑁆𑀫(dma) 𑀓(ka) 𑀲𑁆𑀢(sta) 𑀬(ya)

婆　　摩　　　羯　　悉哆　　夜六十五

　　是藥上菩薩本身,行魔痛。

𑀲(svā) 𑀳(hā)

娑婆　　訶六十六,同上

𑀦(na) 𑀭(ra) 𑀓𑀺(ki) 𑀦𑁆𑀤𑀺(ndi) 𑀯(va) 𑀕(ga) 𑀭(ra) 𑀬(ya)

那　　羅　　謹　墀　　幡　　迦　　羅　　夜六十七,同上

𑀲(svā)𑀳(hā)

娑婆　　訶六十八,同上

𑀫(ma) 𑀯(va) 𑀭𑀺(ri) 𑀰(śa) 𑀗𑁆𑀓(ṅka) 𑀬(ya)

摩　　婆　喇　　勝　　羯　　　夜六十九,同上

𑀲(svā)𑀳(hā)

娑婆　　訶七十

𑀦(na) 𑀫𑁄(mo) 𑀭(ra)① 𑀢𑁆𑀦(tna) 𑀢𑁆𑀭(tra) 𑀬𑀸(yā) 𑀬(ya)

南　　無喝　囉　　怛那　　多囉　夜　　耶七十一

𑀦(na) 𑀫𑁄(mo) 𑀆(ā) 𑀭𑁆𑀬𑀸(ryā)

南　　無　　阿　　喇耶七十二

𑀯(va) 𑀭𑁄(ro) 𑀓𑀺(ki) 𑀢𑁂(te)

婆　　嚧　　吉　　帝七十三

𑀰𑁆𑀯(śva) 𑀭(ra) 𑀬(ya)

爍幡　囉　　耶七十四

𑀩𑁄(bo) 𑀥𑀺(dhi) 𑀲𑀸(svā) 𑀳(hā)

菩　　提　　娑婆　　呵七十五

　　青頸觀音陀羅尼一卷

------

　　① "𑀭(ra)"前,原有"𑀭(ra)",據對譯刪。

青頸大悲心印。

虛心合掌，屈二頭指，各拘二大指第二節，是法螺也。二中指豎合，是蓮花也。二無名指豎圓端，是輪也。二小指直豎合，是杖也。於一印具四印，謂法螺、蓮華、輪、杖也。

千手千眼觀世音菩薩大悲心陀羅尼[①]

大唐三藏不空譯

稽首觀音大悲主！願力洪深相好身，
千臂莊嚴普護持，千眼光明遍觀照。
真實語中宣密語，無爲心内起悲心，
速令滿足諸希求，永使滅除諸罪業。
龍天衆聖同慈護，百千三昧頓熏修，
受持身是光明幢，受持心是神通藏。
洗滌塵勞願濟海，超證菩提方便門，
我今稱誦誓歸依，所願從心悉圓滿。
南無大悲觀世音！願我速知一切法。
南無大悲觀世音！願我早得智慧眼。
南無大悲觀世音！願我速度一切衆。
南無大悲觀世音！願我早得善方便。
南無大悲觀世音！願我速乘般若船。
南無大悲觀世音！願我早得越苦海。
南無大悲觀世音！願我速得戒定道。
南無大悲觀世音！願我早登涅槃山。
南無大悲觀世音！願我速會無爲舍。
南無大悲觀世音！願我早同法性身。
我若向刀山，刀山自摧折[②]。
我若向火湯，火湯自消滅。
我若向地獄，地獄自枯竭。
我若向餓鬼，餓鬼自飽滿。

---

① 底本，《大正藏》第 1064 號，第 20 册第 115 頁中—119 頁下，原享和元年刊長谷寺藏本。校本，《卍續藏》第 160 號，第 2 册第 703 頁中—707 頁中。

② 折，原作“打”，據《大正藏》校勘改。

我若向修羅，惡心自調伏。

我若向畜生，自得大智慧。

發是願已，至心稱念我之名字，亦應專念我本師阿彌陀如來。然後即當誦此陀羅尼神呪，一宿誦滿五遍，除滅身中百千萬億劫生死重罪。

南無阿彌陀如來！南無觀世音菩薩摩訶薩！

觀世音菩薩復白佛言："世尊，若諸人天誦持大悲章句者，臨命終時，十方諸佛皆來授手。欲生何等佛土，隨願皆得往生。"復白佛言："世尊，若諸衆生誦持大悲神呪，墮三惡道者，我誓不成正覺。誦持大悲神呪者，若不生諸佛國者，我誓不成正覺。誦持大悲神呪者，若①不得無量三昧辨才者，我誓不成正覺。誦持大悲心神呪者，於現在生中一切所求若不果遂者，不得名爲大悲心陀羅尼也。唯除不善，除不至誠。若諸女人厭賤女身，欲得成男子者，誦持大悲陀羅尼章句，若不轉女身成男子身者，我誓不成正覺，生少疑心者必不②果遂也。若諸衆生侵損常住飲食財物，千佛出世不通懺悔，縱能懺悔亦不除滅，今誦大悲神呪即得除滅。若侵損食用常住飲食財物，要對十方師懺謝，然始除滅。今誦大悲陀羅尼時，十方佛即來爲作證明，一切罪障悉皆消滅，一切十惡五逆，謗人謗法，破齋③破戒，破塔壞寺，偷僧祇物，污淨梵行，如是等一切惡業重罪悉皆滅盡。唯除一事，於呪生疑者乃至小罪輕業亦不得滅，何況重罪。雖不即滅重罪，猶能遠作菩提之因。"復白佛言："世尊，若諸人天誦持大悲心呪者，得十五種善生，不受十五種惡死也。其惡死者，一者不令其人飢餓困苦死，二者不爲枷禁杖楚死，三者不爲怨家讎對死，四者不爲軍陳相殺死，五者不爲虎狼惡獸殘害死，六者不爲毒蛇蚖蠍所中死，七者不爲水火焚漂死，八者不爲毒藥所中死，九者不爲蟲毒所害死，十者不爲狂亂失念死，十一者不爲山樹崖岸墜落死，十二者不爲惡人厭魅死，十三者不爲邪神惡鬼得便死，十四者不爲惡病纏身死，十五者不爲非分自害死。誦持大悲神呪者，不被如是十五種惡死也。得十五種善生者，一者所生之處常逢善王，二者常生善國，三者常值好時，四者常逢善友，五者身根常得具足，六者道心純熟，七者不犯禁戒，八者所有眷屬恩義和順，九者資具財食常得豐足，十者恒得他人恭敬扶接，十一者所有財寶無他劫奪，十二者意欲所求皆悉稱遂，十三者龍天善神恒常擁衛，十四者所生之處見佛聞法，十五者所聞正法悟甚深義。若有誦持大悲心陀羅尼者，得如是等十五種善生也。一切天人應常誦持，勿生懈怠。"觀世音菩薩説是語已，於衆會前合掌正住，於諸衆生起大悲心，開顏含笑，即説如是廣大圓滿無礙大悲心陀羅尼神妙章句，陀羅尼曰：

---

① "若"後，原衍"心"，據《大正藏》校勘刪。

② "不"後，原衍"得"，據《大正藏》校勘刪。

③ 齋，原作"齊"，據《大正藏》校勘改。

南無喝囉怛娜哆囉夜㖿此是觀世音菩薩本身，大須慈悲，用心讀誦，勿高聲，神性急，一南無阿唎㖿此是如意輪菩薩本身，到此須存心，二婆盧羯帝爍鉢囉㖿此是持鉢觀世音菩薩本身，若欲取舍利骨，誦此存想菩薩持鉢，三菩提薩埵婆㖿此是不空羂索菩薩，押大兵，四摩訶薩埵婆㖿此是菩薩種子，自誦呪之本身也，五摩訶迦盧尼迦㖿此是馬鳴菩薩本身，手把鈸折羅即是，六唵此唵是諸鬼神合掌聽誦呪也，七薩皤囉罰曳此四大天王之本身，降魔，八數怛那怛寫此是四大天王部落鬼神名字也，九南無悉吉栗埵伊蒙阿唎㖿此是龍樹菩薩本身，大須用心誦此，勿疎失，菩薩性急，十婆盧吉帝室佛囉㘈馱婆此是圓滿報身盧舍那佛，十一南無那囉謹墀此是清淨法身毗盧遮那佛本身，大須用心，十二醯唎摩訶①皤哆沙咩此②是羊頭神王，共諸天魔爲眷屬，十三薩婆阿他豆輸朋此是甘露菩薩，亦是觀世音菩薩部落以爲眷屬也，十四阿逝孕此是飛騰夜叉天王，巡歷四方，察其是非也，十五薩婆薩哆那摩婆伽此是婆加帝神王，其形黑大，以豹皮爲裙，手把鐵刀，十六摩罰恃③豆此是軍吒利菩薩本身，把鐵輪，并把索，而有三眼是也，十七怛姪他此是劍語，十八唵阿婆盧醯十九盧迦帝此是大梵天王本身也，神仙爲部落，二十迦羅帝此是帝神，長大黑色也，二十一夷醯唎此是三十三天，是摩醯首羅天神，領天兵，青色，二十二摩訶菩提薩埵此是實心，更無雜亂心，即名薩埵，二十三薩婆薩婆此是香積菩薩，押五方鬼兵以爲侍從，不可思議，二十四摩羅摩羅此是菩薩相，罰語即爲齊也，二十五摩醯摩醯唎馱孕同前，二十六俱盧俱盧羯懞此是空身菩薩，押天大將軍，領二十萬億天兵也，二十七度盧度盧罰闍耶帝此是嚴峻菩薩，押孔雀王蠻兵也，二十八摩訶罰闍耶帝同前，二十九陀羅陀羅此是觀世音菩薩，大丈夫身即是也，三十地唎尼此是師子王，兵驗讀誦，三十一室佛囉娜此是霹靂菩薩，降伏諸魔眷屬，三十二遮囉遮囉此是摧碎菩薩本身，手把金輪，三十三摩摩某甲受持罰摩囉此是大降魔金剛本身，把金輪，三十四穆帝隸此是諸佛合掌，聽誦真言，三十五伊醯伊醯此是魔醯首羅天王，三十六室那室那同前，三十七阿囉嘇佛囉舍利此是觀世音菩薩，把牌④弩弓箭也，三十八罰沙罰嘇同前，三十九佛囉舍耶此是阿彌陀佛本身，觀世音菩薩師主，四十呼盧呼盧摩羅此是八部鬼神王，四十一呼盧呼盧醯唎同前，四十二娑囉娑囉此是五濁惡世也，四十三悉唎悉唎此是觀世音菩薩，利益一切衆生，不可思議，四十四蘇嚧蘇嚧此是諸佛樹葉落聲⑤，四十五菩提夜菩提夜此是觀世音菩薩結緣衆生，四十六菩馱夜菩馱夜此是阿難本身也，四十七彌帝唎夜此是大車菩薩，手把金刀，四十八那囉謹墀此是龍樹菩薩，手把金刀之處，四十九他唎瑟尼那此是寶幢菩薩，手持鐵叉是也，五十波夜摩那此是寶金光幢菩薩，鈸⑥折羅杵，五十一娑婆訶去聲，五十二悉陀夜此是達一切法門，五十三娑婆訶去聲，五十四摩訶悉陀夜此是放光菩薩，手把赤幡，五十五娑婆訶去聲，五十六悉陀喻藝此諸天菩薩盡悉以集，手把金刀，五

---

① 訶，《卍續藏》本注"梵咒作'縛婆'字"。
② "此"前，原衍"羊鳴音"，據《卍續藏》注"咩"字"梵咒謎音"刪。
③ 恃，《大正藏》校勘一本作"特"。
④ 牌，原作"脾"，據《大正藏》校勘改。
⑤ 聲，原脫，據《大正藏》校勘補。
⑥ 鈸，原作"鉢"，據《大正藏》校勘改。

十七室皤囉夜是安息香也，五十八娑婆訶去聲，五十九那羅謹墀山海惠①菩薩本身，手把金劍，六十娑婆訶去聲，六十一摩羅那羅此是寶印②王菩薩，手把金斧，六十二娑婆訶去聲，六十三悉囉僧阿③穆佉耶此是藥王菩薩本身，行療諸病，六十四娑婆訶去聲，六十五娑婆④摩訶阿⑤悉陀唎此是藥上菩薩本身，行療諸病，六十六娑婆訶去聲，六十七者吉囉阿悉陀夜同聲，六十八娑婆訶去聲，六十九波陀摩羯悉哆夜同聲，七十娑婆訶去聲，七十一那囉謹墀皤伽囉耶七十二娑婆訶七十三摩婆利勝羯囉夜七十四娑婆訶七十五南無喝囉怛那哆囉夜耶七十六南無阿唎耶七十七婆盧吉帝七十八爍皤囉夜七十九娑婆訶八十悉殿都八十一漫哆囉八十二跋馱耶八十三娑婆訶八十四

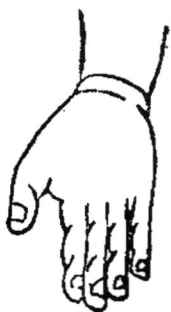

若爲一切飢渴有情及諸餓鬼得清涼者，當於甘露手⑥，真言

唵引素嚕素嚕鉢羅二合素嚕鉢羅二合素嚕素嚕野薩嚩二合賀

七⑦若爲一切時⑧、一切處怖畏不安者，當於施無畏手，真言：

唵引嚩日羅二合曩野吽泮吒

---

① 惠，《大正藏》校勘疑當作“慧”。

② 印，原作“即”，據《大正藏》校勘及《卍續藏》本改。

③ 阿，《大正藏》校勘云：“原本冠注曰，阿，梵字陀羅尼作訶。”

④ 娑婆，《大正藏》校勘一本無。

⑤ 阿，《大正藏》校勘云：“原本冠注曰，阿，梵字陀羅尼作訶。”《卍續藏》本校勘云：“阿，梵字陀羅尼竝作‘訶’。又欠‘娑婆’字。”

⑥ 甘露手，《大正藏》校勘經本（《千手千眼觀世音菩薩廣大圓滿無礙大悲心陀羅尼經》，下同）無。

⑦ 七，《大正藏》原注“此經與《千手經》次第不同，今以附一、二等數字以示其異次第”。

⑧ 一切時，《大正藏》校勘經本無。

八若爲眼暗無光明者，當於日精摩尼手，真言：

唵引度比迦野度比鉢囉二合嚩哩儜薩嚩二合賀

九若爲患熱毒病求清涼者，當於月精摩尼手，真言：

唵引蘇悉地揭哩二合薩嚩二合賀

十若爲榮官益職求仕官①者，當於寶弓手，真言：

唵引阿左尾嚇薩嚩二合賀

①　求仕官，《大正藏》校勘經本無。

　十一若爲諸善朋友早相逢遇①者，當於寶箭手，真言：

唵引迦摩攞薩嚩二合賀

　二十四若爲求生諸梵天上者，當於軍持②手，真言：

唵引嚩日囉二合勢佉囉嚕吒絡吒

　十二若爲身上種種病難③者，當於楊柳④枝手，真言：

唵引蘇悉地迦哩嚩哩哆喃哆目哆曳嚩日囉二合嚩日囉二合畔馱賀曩賀曩吽泮吒

―――――――――――――――――――

① 遇，《大正藏》校勘經本無。

② 軍持，《大正藏》校勘一本作"君持"，經本作"軍遲"。

③ 難，《大正藏》校勘經本無。

④ 柳，《大正藏》校勘經本無。

十三若爲除滅一切惡障難者，當於白拂手，真言：

唵引鉢娜弭儜婆誐嚩帝謨賀野惹誐謨賀儜薩嚩二合賀

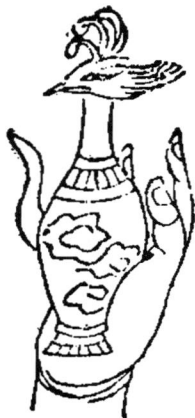

十四若爲一切善和眷屬者，當於寶①瓶手，真言：

唵引揭嚇二合穆滿焰薩嚩二合賀

十五若爲辟除一切虎狼諸惡獸者，當於傍牌手，真言：

唵引藥葛釤曩那野戰捺羅二合達耨播哩野二合跛舍跛舍薩嚩二合賀

---

① 　寶，《大正藏》校勘經本作"胡"。

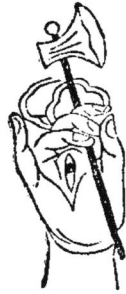

十六若爲一切時、一切處離官難者,當於鉞斧手,真言:

唵引味囉野味囉野薩嚩二合賀

二十八若爲使令一切鬼神不相違拒者,當於髑髏寶杖手,真言:

唵引度曩嚩日囉二合喇

二十九若爲十方諸佛速來授手者,當於數珠手,真言:

曩謨引囉怛曩二合怛囉二合夜野唵引阿那婆帝尼惹曳悉地悉馱嘌簪薩嚩二合賀

四若爲降伏一切魍魎鬼神者,當於寶劍手,真言:

唵引帝勢帝惹覩尾儜覩提婆馱野吽泮吒

六若爲摧伏一切怨敵者，當於金剛杵手，真言：

唵引嚩日囉二合祇儜鉢囉二合儞鉢多野薩嚩二合賀

三十二若爲善神龍王常來擁護者，當於俱尸鐵鉤手，真言：

唵引阿嚕嚕二合哆囉迦囉毗沙曳曩謨引薩嚩二合賀

三十三若爲慈悲覆護一切衆生者，當於錫杖手，真言：

唵引那嚟智那嚟智那嚟吒鉢底那嚟帝娜夜鉢儜吽泮吒

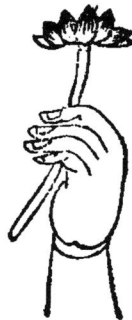

十八若爲種種功德者，當於白蓮華手，真言：

唵引嚩日囉二合味囉野薩嚩二合賀

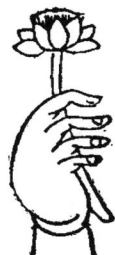

十九若爲求生十方淨土者，當於青蓮華手，真言：
唵引枳哩枳哩嚩日囉二合部囉畔馱吽泮吒

二十一若爲面見一切十方諸佛者，當於紫蓮華手，真言：
唵引薩囉薩囉嚩日囉二合迦囉吽泮吒

二十五若爲求①生諸天宮者，當於紅蓮華手，真言：
唵引商揭嚇二合薩嚩二合賀

二十若爲成就廣大智惠者，當於寶鏡手，真言：
唵引尾薩普囉那囉葛叉嚩日囉二合曼荼攞吽泮吒

———————————

① 求，《大正藏》校勘經本作“徑”。

三十一若爲成就口辯言辭巧妙者，當於寶印手，真言：
唵引嚩日囉二合儜擔惹曳薩嚩二合賀

三十九若爲十方諸佛速來摩頂授記者，當於頂上化佛手，真言：
唵引嚩日哩二合尾嚩日藍二合藝薩嚩二合賀

三十四若爲令一切鬼神龍蛇虎狼師子、人及非人常相恭敬愛念者，當於合掌手，真言：
唵引尾薩囉尾薩囉吽泮吒

二十二若爲求地中種種伏藏者，當於寶篋手，真言：
唵引嚩日囉二合播設迦哩揭曩輪囉吽

二十三若爲速成就佛①道者，當於五色雲手，真言：

唵引嚩日囉二合迦哩囉吒絘吒

二十六若爲辟除他方逆賊怨敵者，當於寶戟手，真言：

唵引糁昧野祇儜賀哩吽泮吒

二十七若爲呼召②一切諸天善神者，當於寶螺手，真言：

唵引商揭隷二合摩賀糁滿焰薩嚩二合賀

---

① 佛，《大正藏》校勘經本作"仙"。
② 呼召，《大正藏》校勘經本作"召呼"。

一若爲富饒種種功德①資具者，當於如意寶珠手，真言：

唵引嚩日囉二合嚩哆囉吽泮吒

二若爲種種不安求安隱者，當於羂索手，真言：

唵引枳哩攞囉謨捺囉二合吽泮吒

三若爲腹中諸病苦者，當於寶鉢手，真言：

唵引枳哩枳哩嚩日囉二合吽泮吒

十七若爲男女及諸僕使者，當於玉環手，真言：

唵引鉢娜輎味囉野薩嚩二合賀

---

①　功德，《大正藏》校勘經本作“珍寶”。

二十若爲成就一切上妙梵音聲者，當於寶鐸手，真言：

曩謨引鉢娜轄播拏曳唵引阿密㗚擔儼陛室哩曳寶①哩齬哩儜薩嚩二合賀

五若爲降伏一切天魔外道②者，當於跋折羅手，真言：

唵引儞陛儞陛儞跛野摩訶室哩曳薩嚩二合賀

三十五若爲生生之處不離諸佛邊者，當於化佛手，真言：

唵引戰娜囉婆轄吒哩迦哩娜祇哩娜祇哩梔吽泮吒

---

① 寶，《大正藏》校勘疑當作"室"。

② 外道，《大正藏》校勘經本作"神"。

　　三十六若爲生生世世常在佛宮殿中不處胎藏中受身者，當於化宮殿手，真言：
唵引微薩囉微薩囉吽泮吒

　　三十七若爲聰明多聞廣學不忘者，當於寶經手，真言：
唵引阿賀囉薩囉嚩尾儞野馱囉布儞帝薩嚩二合賀

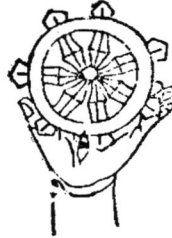

　　三十八若爲從今身至佛身菩提心常①不退轉者，當於不退轉②金輪手，真言：
唵引設那弭左薩嚩二合賀

　　四十若爲果蓏諸穀稼者，當於蒲桃手，真言：
唵引阿摩攞劍帝儞儜薩嚩二合賀

———————————

①　常，原作"當"，據《大正藏》校勘經本改。
②　轉，《大正藏》校勘經本無。

　　觀世音菩薩説此呪已，大地六變震動，天雨寶華繽紛而下，十方諸佛悉皆歡喜，天魔外道恐怖毛豎。一切衆會皆獲果證，或得須陀洹果，或得斯陀含果，或得阿那含果，或得阿羅漢果者，或得一地，二地，三、四、五地乃至十地者，無量衆生發菩提心。

　　大悲心陀羅尼經并呪終

佛説不空羂索陀羅尼儀軌經

佛説不空羂索陀羅尼儀軌經卷上一名不空羂索教法密言①

師 子 國 三 藏 阿 目 佉 奉 詔 譯

母陀羅尼品第一②

如是我聞，一時佛在淨居天中，與諸天大衆，淨居天王、伊首羅天王、魔醯首羅天王、大梵天王、帝釋天王及諸天衆，寶蓮華師子之座而説妙法，踰如日光，照明一切。爾時觀世音菩薩摩訶薩歡喜踊躍，即從座起，偏袒右肩，合掌恭敬，禮佛足已，整理衣服，長跪叉手，前白佛言：世尊，我有陀羅尼名不空羂索心王陀羅尼真言三昧耶法，乃往過去九十一劫，彼最後劫中有佛出世，名世間自在王如來應正等覺明行圓滿善逝世間解無上士調御丈夫天人師薄伽梵，彼佛世尊憐愍我故，授是陀羅尼密言一切法門，其佛世界名曰勝觀察惠。

世尊，我從是已來常受持此陀羅尼真言一切法教，導化無量百千衆生，所謂淨居天王、伊首羅天王、魔醯首羅天王、大梵天王、帝釋天王，一切天王，各并眷屬，恭敬供養，尊重讚歎，皆令住於阿耨多羅三藐三菩提，俱以離疑網智而莊嚴之。世尊，我初得是陀羅尼法時，證得百千不空無惑智莊嚴首三摩地門而皆現前。世尊，由斯真言之力，現見十方無量無數種種刹土諸佛如來所有會衆，而皆供養聽聞深法，展轉教化無量有情，皆得發趣無上菩提，是故智者應當受持。

世尊，若此經典所作③方處，當知其地即有無量百千淨居天王、伊首羅天王、魔醯

---

① 底本，《卍續藏》第 143 號，第 2 冊第 641 頁下—653 頁中，原豐山版享保本。校本，《大正藏》第 1098 號，第 20 冊第 432 頁中—443 頁上，原享和元年刊長谷寺藏本，原校本［甲］東寺三密藏古寫本，［乙］保延三年寫高山寺藏本，［丙］高山寺藏古寫本。

② 品目及次序，據《卍續藏》校勘加。

③ 作，《卍續藏》校勘疑當作“在”。

首羅天王①、大梵天王、帝釋天王及諸一十二萬百千天王并其眷屬，常共擁護，恭敬圍繞。世尊，若斯經典所在方處，有能依法清淨書寫、讀誦、受持、讚歎之者，當知其地即是一切諸佛全身制底。世尊，若諸有情暫能讀誦、聽聞，流行此不空羂索心王陀羅尼真言三昧耶者，當知是人則當親近、恭敬、供養無量俱胝那庾多百千諸佛，於諸佛所種諸善根。所以者何？此法乃是一切諸佛菩提寶聚。

世尊，若有有情造極惡業，謗讟一切諸佛、菩薩、獨覺、聲聞，及謗正法，言無有善，或復破滅諸佛菩薩、獨覺、聲聞，及謗形像、塔廟、經論教法，是應墮阿毗地獄，經無數劫受無間苦，諸佛、菩薩、獨覺、聲聞雖具神通，亦不能救。世尊，如斯有情能生悔心，清潔澡浴，以香塗身，著鮮潔衣，如法佛前至誠懺悔過去、今生所造重罪，終更不犯，受持齋戒，清淨其心，七日七夜誠斷諸論，於不空羂索觀世音菩薩前，每日誦此陀羅尼真言一百八遍者，當知其人先世所造十惡、五逆、四重諸罪悉滅無餘，不墮地獄，惟除五逆現世輕受。云何證知？所謂一日、二日、三日、四日乃至七日，虐病、熱病，或患眼、耳、鼻、舌、齗、牙齒、頭背、兩肩、心、肚、脇肋、腰、胜、兩膝，痔痢霍亂，手脚煩疼，白癩風、疽、疥、癬、癰、腫、遊腫、瘤腫、毒腫、癀病、瘖門、瘡、皰、瘁、瘨、厭蠱等病，或爲鬼神之所嬈亂，或爲人民種種譏謗，橫加罵辱、鞭撻楚禁閉，受諸苦惱，遭餘惡事，或夢不祥。世尊，此人以是輕受，能攘地獄一切劇苦重報之罪，何況淨信輕罪有情受持此陀羅尼真言不成就耶。若有情身心不安，爲於種種災厄怖畏，惡夢不祥，日日清潔，讀誦受持，燒香供養者，則得消滅。

世尊，若有善男子善女人，如法書寫受持讀誦聽聞是法，爲人如法宣説讚歎，教他書寫、受持、讀誦，廣令一切胎、卵、濕、化有情得聞此陀羅尼真言三昧耶者，皆得解脱一切罪障，是善男子善女人等當淨其心，如理思惟，以無所得智，無方處智，無我無人無受者智，無分別智，無生無滅智，不遲行智，無作無染智，平等性智，離五蘊色、聲、香、味、觸法，無取無捨，精進智，以是種種真如巧智制御於心而爲方便，觀念諸佛，常見目前，不久當得十方百千一切諸佛一時現前，摩頂讚歎，爲作證明。或復夢覺得見好相，或得諸佛變作沙門，與授菩薩增上戒品，令滅無量百千微塵數劫一切重罪，乃至如法書寫是經，安置宅中，以諸香華隨心供養，尊重禮拜，所得功德亦復如是。世尊，是今且略説少分之耳，若有情爲勝他心，嫉妒諂誑，或爲恐怖財利，輕戲依他之心，讀誦、聽聞此陀羅尼真言三昧耶者，皆獲勝利。或復聞以誹謗輕毀而不恭敬，亦獲勝利。世尊，今此利益唯大智者知，乃是世間自在王如來威神之力，乃是觀世音大慈悲力，令諸惡輩一切有情一經於耳，當②種殖無量善根。所以者何？世尊，

①　魔醯首羅天王，原脱，據《卍續藏》校勘補。

②　當，原作“譡”，據《大正藏》本改。

譬如有人以癡惡心行詣龍腦香林或諸香林，以愚癡智種種罵香，復恚心謗言此香實無香氣，取香斫截，擣碎爲末，和水飲噉，或塗身上，是香無心，不言彼人而輕置我，以是香性能熏一切，無香之物芬馥皆香。世尊，此不空羂索心王陀羅尼真言三昧耶亦復如是，若諸有情說無因果，種種誹謗，求非過惡，或爲嫉妬諂曲財食一切厄難，受持讀誦而作供養，由是因緣，得大善根，從此身後於所生處常得戒香、定香、慧香、解脫香、威德無畏福智資粮香、一切菩提堅固不壞福聚蘊香，所生之處貴族種姓福聚圓滿，戒慧嚴身，常能饒益。

世尊，若善男子善女人受持讀誦此陀羅尼者，應白月八日或十四日或十五日，清淨澡浴，以香塗身，著淨衣服，或復不食，斷諸談論，於不空羂索觀世音菩薩前如法而坐，燒衆名香，瞻菩薩面，誦此陀羅尼七七遍或一百八遍。世尊，當知是人現世之中則得二十種功德勝利。何名二十？一者身無衆病，若有宿業病生，速令除滅。二者身膚細軟，姝婗妙好。三者恒爲衆人觀視愛樂，不相厭怠。四者六根常定，財寶自然。五者不爲劫賊侵奪衣服財寶。六者不爲水火焚漂一切財寶。七者不爲侵陵殺害，强取財寶，令飢餓死。八者不爲崖岸自墜死。九者加持淨水，灑散一切菓實苗稼，惡風、霜雹、蟲獸之類，悉不災難，苗稼滋茂。十者不爲軍陳鬭諍而殺害死。十一者不爲世間諸惡鬼神吸噉精氣，怨讐害死。十二者常爲衆人讚歎稱譽，更相戀慕，不值惡時死。十三者若見一切外道惡人，自然和睦。十四者不爲一切惡人誹謗謀害，若有起者，速自便滅。十五者恒無怕怖一切人非人等。十六者不爲世間厭蠱、呪詛、茶枳尼鬼而得便死。十七者一切諸惡隨眠煩惱自然消滅。十八者不爲水火焚漂，刀箭毒藥毒虫殃害身死。十九者一切諸天常當守護。二十者當所生處具大慈大悲大喜大捨四無礙心。

世尊，復有八法，何名爲八？一者臨命終時，觀世音菩薩自變現身，作沙門相，善權導引，將詣佛刹。二者臨命終時，體不疼痛，去住自在，如入禪定。三者臨命終時，眼不謾顧，現惡死相。四者臨命終時，手脚安穩，右脇臥死。五者臨命終時，不失大小便利惡痢血死。六者臨命終時，不失正念，而不面臥，端坐座死。七者臨命終時，種種談說深妙之法，乃壽終死。八者臨命終時，願生佛刹，隨願往生諸佛淨刹，蓮華化生，常覩一切諸佛、菩薩摩訶薩衆，恒不退轉。

世尊，若有有情深樂此法，即便爲說，或有發心盡求是法，受持、讀誦亦不慳恡，依法廣爲分別解釋。何以故？菩薩者，於諸有情常起悲智，饒無慳[①]惜、嫉妬之心，乃得修治無上法故。又菩薩者恒爲有情勤修善法，是故得名真是菩薩。言菩提薩埵者何謂也？菩提名智，薩埵名悲，普示方便之衆義也，此二法荷濟有情，乃得名爲菩提

---

① 慳，原作“怪”，據《大正藏》本改。

薩埵。

世尊，若讅許我，我當爲利益一切有情，乃至邪見、斷見、惡慧衆生等，我今欲於如來前，説是不空羂索心王陀羅尼真言三昧耶，願垂納受。

爾時釋迦牟尼如來告觀世音菩薩摩訶薩言：善男子，汝當説之，今正是時，如來亦喜我加被汝，今爲利益惡世一切垢重尠福有情，及爲新學菩薩住大乘者，廣作利樂，施爲佛事。

爾時觀世音菩薩摩訶薩，蒙佛聽許，熙怡微笑，合掌恭敬，瞻仰如來，目不暫捨。白言：世尊，如來今以聽許我説是不空羂索心王母陀羅尼真言三昧耶，此三昧耶者乃是一切菩薩摩訶薩同共修治，至解脱處，我今哀愍世間，利樂安樂無量有情，説是神呪。若受持者，應先敬禮正真行慈氏菩薩摩訶薩衆，敬禮金色光明吼聲自在王如來應正等覺，敬禮師子遊戲王如來，敬禮無量光如來，案梵本文，若略誦持，則略敬禮佛菩薩等，當從慈氏菩薩下略至敬禮無量光如來，從無量光如來略至敬禮佛法僧寶等處。敬禮善住摩尼寶積王如來，敬禮普光明讃歎功德積王如來，敬禮勝觀如來，敬禮寶髻如來，敬禮世間自在王如來，敬禮捨離損壞藴如來，敬禮金色身寂如來，敬禮飲光如來，敬禮能寂如來，敬禮善名稱如來，敬禮普光明勝怨敵德如來，敬禮帝幢德如來，敬禮寶光明自在王如來，敬禮無礙藥王如來，敬禮勇猛遊步如來，敬禮善住無畏如來，敬禮佛寶、法寶、苾芻僧寶，敬禮聖觀自在菩薩摩訶薩大悲者，敬禮如是諸聖者，以誦聖觀自在菩薩摩訶薩不空羂索心王母陀羅尼密言。

爾時聖觀自在菩薩即先入定，諦觀母陀羅尼真言字句皆如金色，光明晃耀，照十方界。從三昧起，即説不空羂索心王母陀羅尼密言曰：

曩莫敬禮嚂底哩二合耶三特嚩喏尼故反，世諴哆過去鉢囉二合底瑟恥二合帝現前弊耶二合曩莫敬禮薩嚩一切母馱佛步提娑底嚥二合，菩薩弊耶二合曩莫薩嚩敬禮一切鉢囉二合底曳迦母馱獨覺阿哩耶聖者失囉嚩迦聲聞僧祇曳二合，衆鼻庾二合阿底哆引，過去曩諴多未來鉢囉二合底庾二合嗙半二合寧毗耶二合，現在曩莫敬禮三藐諴多去難三藐正鉢囉二合底半娜難成就曩莫敬禮舍囉捺嚩二合底吉蘇多耶舍哩子忙訶大沫坦曳智慧曩莫阿唎耶聖者昧底哩二合耶慈氏鉢囉二合母契瓢爲上首等摩訶大菩提娑嗙嚥瓢曩莽蘇鞢哩拏二合，金色鉢囉二合皤光嚥曩囉你引，光焰濕嚩囉自在曷半呼囉引惹引耶王怛他揭多耶如來曩莫敬禮思孕二合何師子尾吃哩二合抳哆遊戲曷半呼囉引惹引耶引，王怛他揭哆耶如來曩牟弭多皤野無量光怛他揭哆耶如來曩莽蘇鉢囉二合底瑟恥二合哆善安住莽抳據吒引囉惹耶摩尼幢王怛他蘖哆耶如來曩莫敬禮三曼多普喇濕弭光烏峙諴二合哆高失哩勝據吒幢曷囉惹引耶王怛他蘖多耶普光高勝幢王如來曩謨敬禮尾跛始寧勝觀察怛他諴多耶如來曩莫失棄寧火光怛他諴多耶如來曩莫尾始嘇二合，自在步微世間怛他諴多耶如來曩莫吒囉二合舉寸娜耶怛他諴哆耶曩莫迦那迦金母娜曳仙怛他諴哆耶如來曩莫迦捨野播耶迦葉怛他諴哆耶如來曩謨舍引枳耶二合母娜曳釋迦怛他誐哆耶如來曩莫蘇去鉢哩二合枳嘌二合底哆善名稱曩忙弟夜引耶怛他誐哆耶曩莫三曼哆普皤嚩娑光明尾馹多勝僧誐囉二合忙戰室哩二合曳吉祥怛他誐哆耶如來曩莫印達囉帝釋計都幢哢嚩二合惹相失唎二合曳吉祥怛他誐多耶如來曩莫喇坦娜寶鉢囉二合皤細光濕嚩二合攞自在囉惹耶王怛他誐多耶如來曩莫阿吡囉二合底荷哆無能壞妹灑嘱耶二合，藥囉惹耶王怛他誐多耶如來曩謨尾訖爛二合哆超誐弭寧步怛他誐多耶如來曩莫蘇鉢囉二合底引瑟耻二合哆善安住奈哩耶二合，無畏怛哆誐哆耶如來曩莫薩婆怛他誐帝鼻庾二合阿攞荷喲鼻藥敬禮一切如來三藐三母弟鼻藥正遍知南謨喇怛娜怛囉二合夜耶敬禮三寶曩謨阿唎耶聖者嚩路枳帝觀濕嚩囉耶自在母弟薩嚩嚩耶菩薩忙訶薩嚩嚩耶摩訶薩忙賀迦嚕尼迦耶大悲者翳鼻遥二合，如是曩謨嚏吃哩二合嚩嚩二合，作禮伊入那此魔哩耶聖者嚩路枳帝觀濕嚩囉自在母驅哢祇二合嘌喃口宣説阿慕伽播萜尸瞻反，不空羂索曩忙名纈哩二合娜焰心怛他誐哆如來三姹佉對如來面前麽瑟耽説摩揭嚩輕呼鉢哩沙衆沫地曳中阿誐我弭娜寧今忙鞅哆以使野二合弭曳宣説薩嚩一切迦唎野作薩嚩一切磨曳數者恐怖瞑我囉乞叉囉乞叉稱自名字皤嚩都擁護薩嚩薩嚩嚩二合囃者一切衆生坦鞔他唵柘囉柘囉只哩只哩主嚕主嚕摩訶迦嚕尼迦耶大悲薩囉薩囉枭哩枭哩只哩只哩比哩比哩尾哩尾哩摩訶鉢嚩莽大蓮華賀嚏哆耶手迦攞迦攞抧哩抧哩舉嚕舉嚕摩訶鼠馱清淨薩嚩嚩二合耶有情翳醯曳呬姹地野二合姹地野二合馱嚩馱嚩步馱耶步馱耶迦拏迦拏枳抳枳抳舉怒舉怒毗囉莽第一鼠馱清淨薩嚩嚩耶有情迦囉迦囉枳哩枳哩舉嚕舉嚕摩訶大塞咃摩世①鉢囉二合鉢哆耶得者囉者囉散者囉散者囉尾者囉尾者囉吡囉者吡囉者翳吒吒翳吒吒皤囉皤囉鼻哩鼻哩部嚕部嚕怛囉怛囉底唎底唎覩嚕覩嚕系系來忙訶大迦嚕抳迦悲忙訶鉢鼠鉢底野二合，自在天嘁沙身馱囉冠帶如大自在天形馱囉馱囉沙囉沙囉者囉者囉跛囉跛囉嚩囉嚩囉訶囉訶囉賀賀係係護護唵迦囉没囉二合啥莽大梵天嘁沙形馱囉持達囉達囉地哩地哩度嚕度嚕咃嚕②咃囉哆囉哆囉娑囉娑囉跛囉跛囉始吃哞始吃哞嚩囉嚩囉喇濕名光明捨哆娑訶薩囉百千鉢囉二合底曼抳哆莊嚴舍哩囉身入嚩攞入嚩攞哆波哆波皤娑皤娑婆囉摩婆囉摩薄伽梵世尊蘇忙月你逸二合底耶日焰麽焰魔王嚩嚕拏水天俱嘁囉毗沙門没囉二合啥瞑捺囉梵天帝釋陀曩娜與財纈哩二合師誐拏仙衆泥嚩誐拏天衆毗野二合嘌只哆供養者囉儜是蘇嚕蘇嚕主嚕主嚕母嚕母嚕補嚕補嚕散曩俱莽囉童子護嚕二合哢囉大自在天嚩娑嚩婆藪仙尾瑟吺那羅延馱曩娜主藏神陀婆野嚩喻風嚩擬聹火泥嚩天纈哩二合師仙那野迦導師嚩護多尾尾馱種種尾旨怛囉雜色嘁沙嚕波形色陀囉抳作馱囉馱囉地哩地哩度嚕度嚕咃囉咃囉伽囉伽囉揭囉揭囉播囉播囉娜囉娜囉嚩囉嚩囉嚩囉那引野迦與願三曼哆普嚩路枳哆觀察尾喏枳哆妙觀察路計世間濕嚩囉自在魔醯大濕嚩囉自在姹護姹護姹嚕姹嚕姹野

① 世，《卍續藏》校勘疑當作“勢”。

② 嚕，《卍續藏》校勘疑當作“囉”，《大正藏》本校勘［甲］［乙］［丙］亦作“囉”。

姥野喟者喟者嗞吃叉嗞吃叉摩摩稱名薩嚩薩嚩嚩二合難遮一切衆生薄伽畔阿唎耶嚩嚕枳帝濕嚩囉耶薩嚩旛曳鼻野二合,恐怖薩嚤鉢娜囉嚥鼻野一切衰薩嚤播薩囉藝鼻野厄難薩嚩仡囉系鼻野虐薩嚩尾也二合地鼻野一切病薩嚩入嚩嚇鼻雞二合麽陀殺挽馱囊禁哆唎拏囊伽怛惹曩鎖曷囉惹王主囉賊怛嚏迦囉賊阿祇你火鳴娜迦水尾沙毒捨嚩怛囉刀劍波哩慕引者迦放兔厄難迦拏迦拏枳抳枳抳舉攽舉攽者囉者囉旨哩旨哩主嚕主嚕印涅哩二合耶根麽囉力曝地孕二合誐覺分折覩四囉耶聖者薩底耶二合,四諦三鉢囉二合捨迦演説答莽答莽黑黑娜麽娜麽三麽三麽等等麽娑麽娑摩訶答喟大黑馱迦引囉闇尾馱莽除波囉蜜哆彼岸波唎布囉迦令滿足弭哩弭哩吒吒吒吒吒吒吒吒噇噇噇噇恥恥恥恥哱哱哱哱廡廡廡廡翳寧耶二合鹿折摩波吃哩哆作波唎迦去羅披翳系引奚伊去濕嚩囉自在怛賀步哆大鬼神誐曩衆曼者迦能破迦囉迦囉枳哩枳哩舉嚕舉嚕播囉播囉者囉者囉娑囉娑囉羯囉羯囉迦吒迦吒鉢吒鉢吒莽吒鉢吒蘇善尾戌馱清淨尾灑耶國土嚩臬那止住怛賀迦嚕抳迦大悲迦吠哆白藥語攽線跋尾多絡膊曷囉怛曩寶莫舉吒冠摩囉達囉二合,華鬘薩嚩語娘一切智失囉臬頂吃哩哆戴惹吒髮姥舉吒冠怛賀大峙步哆希有劍摩囉蓮華吃哩二合哆作迦囉哆囉埶地也曩禪三摩地定尾母乞叉解脱鉢囉二合劍比耶二合,不動嚩護多薩嚩嚩衆生散哆底心流注鉢哩播者迦調伏摩訶迦嚕尼迦大悲薩嚩羯莽一切業阿半音囉拏障嚥輪馱迦令清淨薩嚩尾野二合提一切病鉢囉二合慕重,引者迦如得出遠離薩嚩三嚩薩一切衆生阿奢心鉢哩布洛迦令滿足薩嚩薩嚩嚩一切衆生三摩引濕嚩二合娑揭囉安慰南謨窣妬坻頂禮娑嚩二合賀引阿迦攞非時密哩底庾二合,中天鉢囉二合舍莽娜耶息隱娑嚩二合賀引阿姥伽耶不空娑嚩二合賀引阿你哆耶無能①勝娑嚩二合賀引阿鉢囉二合你多耶無能勝娑嚩二合賀引尾囉那耶精進娑嚩二合賀引嚩囉吡囉娜耶能與願娑嚩二合賀引噎那塞此者名我薩嚩羯曼一切業事矩嚕作南謨窣都帝頂禮娑嚩二合訶引唵惹耶吽娑嚩二合訶引唵吽惹娑嚩二合賀引唵纈哩室嚇路枳耶二合尾惹耶阿姥佉賀捨耶阿鉢囉二合底賀多纈哩二合馹唎郝咽觧泮娑嚩二合賀引

　　爾時觀世音菩薩摩訶薩説斯陀羅尼時,放光普照補陀洛山,其山中宮殿六遍震動,於虚空中雨諸天華,狗物頭華、波頭摩華、奔拏唎華、曼陀羅華,種種寶華寶香,寶天諸衣服、瓔珞、鐶釧,寶莊嚴具海雲,供養如來。又復供養在會大衆,華至于膝。其虚空中無量天樂不鼓自鳴,會中一切天、龍、藥叉、羅刹、阿素洛、乾闥婆、蘗嚕茶、緊那羅、莫呼囉伽、人、非人等,一時歡喜,合掌瞻仰,同聲讚言:善哉善哉,大悲者能善説斯不空羂索心王母陀羅尼真言三昧耶等摩尼寶,能與有情雨大寶雨,普獲潤澤而得解脱。

　　爾時觀世音菩薩摩訶薩復白佛言:世尊,是母陀羅尼真言,若善男子善女人等,每日時別燒沉水香,誦三七遍者,速得消滅十惡、五逆、四重諸罪。若行道路,止宿住

① 能,原脱,據《大正藏》本補。

處，或於城邑、聚落、山澤所住方處念誦之者，真言加持白芥子，或復加持淨水淨灰，灑散結界，真言佉陀羅木金剛桛，真言五色線索用繫桛上，四圍釘之，即成結界，安穩止住，無諸怖懼，爲大護持真言，明神而皆歡喜。持真言者結白線索，患虐者佩，則得除差。若一切人民臂上、腕上、頂上、腰上，令所佩人病者得差，怖者得安。加持牛蘇或烏麻油，與患熱病者，空腹服之，即令除差。若他呪詛、厭蠱者，真言鑌鐵刀，附體肢分，以刀隱捺，又溲麵捏彼人形，一真言刀一截一百八段，至於七日，每日如是，則便除愈。若患腹痛，真言紅鹽湯，與令飲服，則便除愈。若一切毒蟲螫者，真言黃土泥，數塗毒處，或數加持牛乳空腹飲服，或加持煮豆汁，温蘸蟲所毒處，便得除愈。若患眼疼，真言白線索，用繫耳璫，又真言竹瀝甘草白檀香水，每日晨朝、午時、暮間洗眼，或真言波羅奢水，日日洗之，即得除差。若患耳鳴熱風，真言生烏麻油或醍醐，數滴耳中，不久除差。若真言者，加持緋線索二十一結，用繫腰上，二手腕上，則護其身。若患齒疼，真言迦囉弭囉木，持嚼揩齒。若患鬼病，加持五色線索，當使佩之，即便除差。若爲毒藥、刀杖、破瘡、咽喉、腫病、疔病、惡瘡，真言畢撥末、牛乳、石蜜，而令服塗，即得除愈。若口舌欲起已起者，每晨朝時向日，真言淨水，洗面漱口，即令除散。若國土荒亂，大臣謀叛，他兵侵毀，災疫起時，先淨洗浴，著新淨衣，食三白食，於三七日嚴持道場，四角中央置香水瓮，於所畿日内外清淨，如法供養，壇西壇北燒香散華，依法坐誦此陀羅尼真言，聲聲莫絶，作除災法滿三七日，即令國土一切人民得大安穩。每日加持壇中瓮水，散一切上，重成持護，災厄罪障自然殄滅。若爲鬼神卒殃失音者，加持白旃檀香泥，遍塗心上，即還如故。若無財寶、飲食、香華常供養者，但誦持之，常不間廢，亦得除滅一切罪障。若令家宅善神護持無災疾者，每日當取蓮華一百八莖，遍塗蘇蜜，散白旃檀香末，加持護摩，每日三時，時別一百八枚，滿七日已，即成擁護除諸災厄。若欲衆人而歡喜者，加持蘇、蜜、白旃檀香，護摩一百八遍，則如所願。而説頌曰：

　　　　母陀羅尼伽陀藥，能除種種災障苦。
　　　　等數當以弭惹耶，那俱唎藥柘哩尼，
　　　　乾馱娜俱唎翳羅，阿幡播抳躬矩麼，
　　　　印捺囉播畢囇迦，乾馱畢唎禳俣藥，
　　　　多誐囉藥斫迦囉，摩訶斫羯烏施羅，
　　　　苾瑟努羯囉哆藥，素摩囉爾素難那，
　　　　精潔合治天雨和，作丸丸如酸棗量。
　　　　首末標界而護持，首末真言遍加持，
　　　　一千八遍便陰乾，佩時加持一七遍。
　　　　隨上中下與佩之，上者頭上頂戴之，

　　　　中者項上常佩持，下者臂上恒佩持。

　　　　皆得除滅諸災厄，水火毒藥之災厄，

　　　　種種厭蠱諸呪詛，一切悉不能爲害，

　　　　諸惡鬼神不中害，和香湯浴蠲諸障。

　　若有惡風、電、霹靂數數起者，加持白芥子水，望彼起處，一呪一散，一百八遍，則便除滅。或加持石榴枝望所起處，一呪一擬，亦得除滅。

　　世尊，此母陀羅尼真言最上之法，但常誦持，不作壇印，依法供養，亦得成就。若欲成就此陀羅尼真言三昧耶者，如法圖畫不空羂索觀世音菩薩，如大自在天首戴寶冠，冠上有化阿彌陀佛，被鹿皮衣，七寶衣服，珠瓔鐶釧，種種莊嚴，執持器杖。以淨黃土、瞿摩夷香泥，如法塗壇。清潔畫彩中置其像，幡華莊飾。四角、中央置香水瓶、三白飲食、諸菓飲食，敷獻供養，惟除一切殘穢觸食，惡律儀家百味飲食、五辛酒肉皆不供養，餘者盡通請召供養，燒沈水香。是真言者晝夜精勤，如法承事，常淨潔浴，著淨衣服，每時面東，燒香散華，依法趺坐，觀瞻菩薩，如法誦持，時數不闕。每白月八日，應當斷食，勤懇念誦。時觀世音壇中現身，真言者見，瞻仰禮拜，乞所求願，皆得滿足，并以雄黃或安善那置於壇中，真言加持令現三相，一者煖相，二者煙相，三者光相，點額、點眼、點二手掌、點二脚掌，即證阿姥伽王神通智嚴三摩地，諸有事業無不成辦。

　　爾時如來讚觀世音菩薩摩訶薩言：善哉善哉，善男子，汝能於是天人大眾之中，燃大法矩，作眾寶聚，挽諸有情出眾苦海，皆得其本。爾時淨居天王、伊首囉天王、摩醯首囉天王、大梵天王、帝釋天王及諸天眾聞説是法，皆大歡喜，合掌恭敬，俱從座起，前白佛言：世尊，後末世時，隨在國土一切山林、城邑、村落，若有有情如法書寫、讀誦、受持此不空羂索心王母陀羅尼真言三昧耶者，我等天王并及眷屬，晝夜集會，常擁護之。爾時如來告諸天王：善哉善哉，讀誦受持此陀羅尼真言三昧耶者，應當守護，而勿放捨，便令修學增殖，長養一切菩提福蘊善根，令得阿耨多羅三藐三菩提。

　　爾時諸天聞佛告讚，歡喜踊躍，恭敬頂戴。

佛説不空羂索陀羅尼儀軌經卷下

祕密心密言品第二

　　爾時觀世音菩薩摩訶薩復從座起，整理衣服，右膝著地，合掌瞻佛，顏貌熙怡，心具無量大慈大悲，遍身普放億千大日輪光王，照于十方三千大千佛之世界，靡不周遍，放斯光時，映徹眾色，皆如金聚，歡喜微笑。白佛言：世尊，今放此光爲於世間沙

門、婆羅門、毗舍、輪陀，令得無量大悲之心，獲諸最勝爲依止處，及爲一切學大乘者
持是不空羂索心王母陀羅尼真言三昧耶者，皆獲菩提一切願果，將欲廣演是不空羂
索心王母陀羅尼真言三昧耶中祕密心真言三昧耶門，廣大解脱蓮華曼荼羅印三昧，
此三昧是真實最上成就，乃是一切諸大菩薩真實解脱甚深祕密三昧耶法。我今欲於
佛前，一切天、龍、藥叉、羅刹、乾闥婆、阿蘇囉、蘗嚕荼、緊那羅、莫呼洛伽、摩訶持真
言明仙、淨居天、伊首羅天、魔醯首羅天、大梵天、帝釋天、焰魔王、水天、風天、火天、
毗陛羅天、大苦行仙、日天、月天、星天、二十八宿、主星神天、持明天女，乃至一切諸
天神等，以住最勝曼荼羅三昧耶者前，廣演開釋，是出世、世間祕密曼荼羅印三昧耶
法，令諸有情思惟、讀誦、受持斯法，皆得最上成就一切功德，是故説是根本真實解脱
心王母陀羅尼真言三昧耶中祕密心真言，惟垂哀愍，聽我所説。爾時釋迦牟尼佛如
來應正等覺，熙怡微笑，即申百福莊嚴相好金色之手，摩觀世音菩薩摩訶薩頂，告：大
慈大悲真清淨者，能爲大衆闡斯妙法。善男子，汝今當知，現在十方殑伽沙俱胝那庾
多百千微塵世界，所有一切如來應正等覺，皆以無量神通光明加被於汝，我今亦以無
量神通光明覆護於汝，恣汝神力，説斯不空羂索心王母陀羅尼真言三昧耶中祕密心
真言三昧耶。爾時觀世音菩薩摩訶薩，觀察十方一切大衆，如大象王德無所畏。即
説祕密心真言曰：

唵一鉢㖿摩荷嚩哆二忙訶阿暮伽播捨三娑馱耶娑摩耶四紇唎娜引焰五榒柘囉柘囉六絆

　　　爾時觀世音菩薩摩訶薩説此真言之時，其補陀洛山及三千大千世界蘇彌山王，
一切天宮、神宮、龍宮、藥叉宮、羅刹宮、乾闥婆宮、阿素洛宮、伽樓羅宮、緊那羅宮、莫
呼羅伽宮、持真言仙宮，皆六種震動，大海、江河、一切泉沼皆大涌沸，海中一切摩竭
諸獸，皆大驚怖，怪未曾有，十方殑伽沙俱胝那庾多百千微塵世界所有一切如來，於
虛空中一時皆現，同聲讚言：善哉善哉，大悲者，善能説此最勝真實不空羂索心王母
陀羅尼三昧耶中祕密心真言三昧耶，若但讀誦，即得成就最上菩提。爾時釋迦牟尼
如來告觀世音菩薩摩訶薩言：善男子，當爲大衆説此真實廣大成就祕密心真言三昧
耶功德之門。爾時觀世音菩薩白佛言：世尊，此祕密心真言三昧耶，若有善男子、善
女人，一心觀念十方一切諸佛菩薩，説誠實言，懺悔無始已來一切重罪，唯願一切諸
佛、菩薩摩訶薩加祐護念。我從今日乃至菩提，供給承事一切諸佛、菩薩摩訶薩。攝
澄心想，觀於地下金剛輪際上，置一㘕字，文畫分明，變爲金剛，出大光明，其光熾盛，
焚燒自身，燼爲白灰。諦想此灰變成金色，持此金灰塗曼拏羅。其曼拏羅光明皎徹，
當壇心中觀置八葉開敷蓮華，於華臺上觀一娑字，放金色光，於其光中聖者觀世音菩
薩摩訶薩從此而出，現金色身，顏貌熙怡，左手當胸執金蓮華，右手掐珠結跏趺坐，一
切妙寶莊嚴其身，放奇特光。作是觀已，起大悲心，讀誦受持此祕密心真言一百八
遍，是人則爲十方殑伽沙俱胝那庾多百千微塵世界一切如來應正等覺，同聲讚歎而

攝受之，是人於百千劫來，積聚惡業一切重罪，所有怨讎、惡病、煩惱悉皆散滅，無有
遺餘。其觀世音菩薩即於夢中，而現其身，速滿諸願。若修習此三昧耶者，常應清淨
澡浴，著鮮潔衣，食三白食，於白月八日或十五日，當斷諸食，於諸有情起大悲心，恒
於不空羂索觀世音菩薩前，以白旃檀末①泥塗壇地，獻諸妙華，燒焯②香王，而爲供養。
若在壇前正念誦時，當斷諸語，結印護身，呪白芥子及以香水，頂上散灑，亦呪其手，
以自摩頂。結灌頂印呪，印頂上，面向西方結跏趺坐。結數珠印，誦母陀羅尼真言一
百八遍，奮怒王真言亦一百八遍，誦祕密心真言一千八遍，即當更誦奮怒王真言滿百
千遍。若能如是依法念者，定得觀世音菩薩畫像身上放諸色光，光現之時，其地即當
六種震動，其羂索手亦放光明，於虛空中出衆妙聲種種讚詠，是真言者頂上亦出光
明。證此相者，即得成就此大不空羂索心王母陀羅尼真言三昧耶門，一切諸法悉皆
成辦。是時十方殑伽沙俱胝那庾多百千微塵世界一切如來，一時現身，舒手摩行人
頂，讚歎加祐。觀世音菩薩當亦出現真妙色身，憐愍護念，愛之如子，教詔不空羂索
心王母陀羅尼真言一切祕密三昧耶，乃至證妙菩提，不相捨離。修此法者，當於一切
諸佛神通月修，所謂正月、五月、九月，白月一日至十五日，如法清淨，讀誦受持，即得
成就。證斯法者，先於一月、兩月、三月、四月、五月，依法清淨，調伏身心，內心誦念，
承事供養，令心清淨，乃當修治曼荼羅印三昧耶，則得成就。頌曰：

　　　　世尊今當知，祕密心真言，
　　　　神通力香王，沈香黑煎香，
　　　　數各十六分，蘇合鬱金香，
　　　　白檀等八分，薰陸龍腦香，
　　　　安悉等三分，嚴潔淨室中。
　　　　以請召真言，加持香和合，
　　　　此香名三界，最勝之不空。
　　　　神通香王力，若燒此香時，
　　　　如法長跪坐，手執持香爐。
　　　　讀誦召真言，加持是香王。
　　　　普通皆供養，十方一切佛，
　　　　菩薩摩訶薩，真言之威力，
　　　　變爲妙香雲，宮殿之樓閣。
　　　　香座香臺樹③，香華之瓔珞，

---

①　末，《卍續藏》校勘三十卷經作"香"。
②　焯，《卍續藏》校勘三十卷經作"灼"。
③　樹，《卍續藏》校勘三十卷經作"榭"。

香雲之衣服，香幢妙幡蓋，

香雲諸佛事，是妙香王香。

周至十方刹，一切諸如來，

菩薩摩訶薩，天龍藥叉衆，

羅刹乾闥婆，阿素洛之衆，

蘗嚕緊那羅，摩呼羅伽等，

前作大供養，是諸聖衆等，

聞斯香氣者，歡喜皆讚歎。

乃至於三塗，地獄傍生界，

聞斯香氣者，得滅衆地獄，

傍生諸罪障，捨此身以後，

更此身以後，更不復重受。

　　常燒此香而供養者，當知是人得大勝利，不爲一切鬭諍兵賊，惡夢口舌，呪詛厭蠱，諸惡怪相，雷電霹靂，一切藥叉羅刹惡鬼，天行瘧鬼，種種精鬼來相嬈惱，乃至菩提，除攘重業，現世輕受。清淨衣服，食三白食，菩薩像前，以蘇、乳、酪、甘美飲食、蘇燈、油燈、一切華香，獻餕供養，燒斯香王。以菩提心諦觀五蘊性自空寂，離我我所，離有情相，離受者相，性自空寂，無我無作，無自無他，離五蘊界。是蘊入界真實，諦觀不可得故，無自識故，不可執持。所以者何？一切諸法本自無色、無形、無相，離諸染著，心亦不住内外兩間，法本自性，空寂清淨，平等無二，無染無著。所以者何？心本無相。作茲觀者，是修正觀，量同法界，與三昧俱法界法觀。諦觀迦字，謂一切法無執作義。觀四種法，一觀觀音，二觀所印，三觀自身如聖觀音，四觀自心若圓明月，光瑩透徹，上圓行有母陀羅尼真言字，字字皆金色，右旋行轉。是四種觀一時同觀而安，誦念母陀羅尼真言七遍，誦奮怒王真言七遍，誦祕密心小心真言各百八遍，以菩提心輪三昧印如是作者與三昧俱，以少功用獲大成就，惟除大小出入之時，消息之時。餘常場内静心端坐，諦觀西方極樂世界，瑠璃爲地，七寶宮殿，樓閣欄楯，寶幢華蓋，寶池寶岸，八功德水，諸寶行樹，一切寶藏，寶師子座，阿彌陀佛及諸如來現不可說殑伽俱胝那庾多等無量無邊神通光明一切好相，觀音、勢至諸大菩薩圍繞供養，一切觀見若夢若覺而悉見之。見彌陀佛伸手摩頂而告之言：善哉善哉，大善男子，汝所修習不空王心母陀羅尼神變真言，出世世間廣大解脫祕密壇印三昧耶者，皆以成就，汝此身後更不重受胎、卵、濕、化、蓮華化生，從一佛土至一佛土，乃至菩提更不墮落。得此相者，過去、今身所作一切十惡、五逆、四重諸罪悉皆除滅，身口意業悉皆清淨，觀音菩薩畫像身上放大光明，或觀世音變作淨行大婆羅門來行者前，心所乞願悉皆滿足。及得無量百千億數不可思議功德蘊身，國王、大臣、一切人民愛樂親近，供養恭敬，此法號名世間最勝成就之法。修此法者，每於白月十四日時，當自隨力請喚沙門、婆羅門等，施大施會而爲供養。持真言者，乃可自食。若欲常見阿彌陀佛、一切諸佛、諸大菩薩、諸天神者，每日當誦請召真言，加持香王燒焯，供養一切諸佛、菩薩、諸天，香煙不斷。作事誦持如是真言，時別不闕，恒於夢中覩見一切諸佛、賢聖，自見一切善不善事，及得見他一切之事。而皆報言：此短受命、此長受命，此得可住、此不可住，此得可來、此不可來，此有大吉、此有大凶。心所觀者即便見之。證此相者，精進修法，祕勿泄之，壽命長遠。祕密小心真言曰：

唵一鉢頭摩二合陀羅二阿慕伽上惹野泥三主嚕主嚕四娑嚩二合訶引，五

如是真言應當如法而誦之。

不空羂索祕密成就真言品第三

發覺真言曰：

唵一鉢頭摩二合播捨陀羅二婀慕伽嚩囉娜三散注娜野餅四

是呪加持香王，燒焯供養，亦加持白芥子、香水，十方散灑。即手執持香爐，啟白願言：警覺！十方一切諸佛、菩薩，一切天龍八部，依時會壇，作大加被。

次説請召真言曰：

唵一窒嚟二合略枳耶二嚩訶野三婀慕伽播捨四鉢頭摩二合婆嘘枳多阿野都五步引嚩泥濕嚩二合囉六素嚕素嚕七弭摩犁餅八

是呪加持香王，加持香水、白華、閼伽，十方啟請一切諸佛、菩薩，一切天龍八部，即當集會，爲護衛之。

啟白真言曰：

唵一鉢嚩摩二合步惹二摩訶播捨陀羅三你漫怛囉二合野弭四娜婀慕伽嚩囉耶五步嚕二合步嚩莎嚩六毗嚕毗嚕餅七

此呪加持其香，燒焯供養，啟白一切諸佛、菩薩，一切天龍八部來集，整儀本位而坐，歡喜加護。

次復説結界真言曰：

唵一鉢嚩摩二合阿姥伽二嚩馹囉二合地瑟妮娜三句嚕句嚕二合，四莎嚩訶引，五

是呪加持白芥子水散灑壇地，其地變成金剛界城，七喻繕那外，一切諸惡毗那夜迦、藥叉、羅剎、精魅、鬼神、邪惡人民來相嬈者，退散馳走，目不敢視。

次復説神變真言曰：

唵一婀姥伽播捨二鉢嚩牟二合哆囉三思孕二合何引娑娜覩①四枲唎枲唎五莎嚩二合訶引

---

① "覩"後，《卍續藏》校勘三十卷經有"置"。

是呪加持白芥子,三散壇地,其地變成金剛寶師子座,若散坐處,所坐之處地變成清淨寶蓮華座,整淨衣服,安詳念誦,不久當得阿耨多羅三藐三菩提。

淨治所止之處清淨真言曰:

唵一摩訶迦嚕拏二鉢嚩㗚阿慕伽播捨三你哩二合茶嚩馹囉二合地瑟恥二合哆四步嚕步嚕五嚩那嚩唎六莎嚩二合訶七

是呪持真言者,若至城邑、聚落、寺内、山間、蘭若、屋舍、宮殿、壇場,坐卧床敷,經行道路,喫食等處,皆須加持白芥子,若水即便灑散,悉成清淨結界之處,則令一切毗那夜迦不得其便。

金剛橛真言曰:

唵一鉢嚩㗚引姥伽播勢二娑漫哆三娜捨素引頞堀初二合,四枲輪滿馱耶五都嚕都嚕䲷

是呪加持鑌鐵金剛橛,量長八指,加持五色線索七遍,繫橛頭上,釘於壇界,則得七踰繕那成大結界,其地乃至未拔橛去以來,常爲其界。

次復説結界空真言曰:

唵一婀姥伽引曼茶攞二合,引滿馱耶二三曼帝娜三鉢嚩迷二合,四摩訶鉢嚩迷二合,引,五度嚕度嚕六娑嚩二合訶引,七

是呪加持白芥子及水,遶壇散灑,成結大界,能令一切天、龍、藥叉、羅刹、毗那夜迦怨讐等難,不相侵繞而爲障惱。

次復説治牛五淨真言曰:

唵一阿姥伽二婆哩戌悌三輪陀野四娑曼帝那五地唎地唎六戌陀薩埵摩訶鉢嚩迷二合䲷

是呪加持五淨,塗飾壇内,若至一切山林、樹下、阿蘭若處、園苑、經行、寺邑、坊舍、殿閣、牀榻、汲水、饌食等處,但是行住坐卧作法之處,一切悉以塗潔灑之,皆得清淨。能令一切藥叉、羅刹、毗那夜迦、惡鬼神等,於諸食時、作供養時、誦念時、結界時、坐禪時、經行時、卧時、著脱衣時不得其便,一切諸天悉皆擁護,令無病惱,一切垢障、飢儉、鬭諍、惡星、災變、不吉祥相,速當除滅。持真言者,若能如法加持五淨,一切時中常用塗潔三淨,常應自他服食,速得不空羂索心王陀羅尼真言祕密曼拏羅印三昧耶現前成就。若所去處永無障閡,常爲刹利、沙門、婆羅門、居士、庶類讚歎恭敬。復常夢中得見七寶宮殿樓閣、華林菓樹、一切善友而相樂,見得身清淨,觀世音菩薩當與諸願阿彌陀佛夢爲現前,若命終,以直生西方極樂刹土。

次復説請法真言曰:

唵一鉢特迷二合,二娑囉娑囉三底瑟姹底瑟姹四摩訶阿慕伽上三摩耶五莎嚩二合訶引,六

是法壇内誦一七遍,啓白賢聖,願受法者獲三昧耶。

次復説入壇真言曰:

唵一尾補囉鉢嚩㗚二合阿姥伽二鉢囉二合娑囉三鉢囉二合弭舍覩四矩嚕矩嚕五莎嚩二合

訶引,六

　　是呪每入壇時,則誦二十一遍,入壇作法,種種供養。

　　次復説散華真言曰:

唵一婀姥伽二婀努捨娑野三鉢嚩怛四嚕入二合曼度㗭斜

　　是呪加持香華,與授法者,散於壇内。

　　次復説梳髮真言曰:

唵一阿姥伽鉢嚩怛二合,二始契三覩嚧覩嚧四底瑟姹五嚕馹囉二合,引曼悌六莎嚩二合訶引

　　是法加持梳頭髮結髮用之,及加持手,按授法者頂上也。

　　次復説鑵索真言曰:

唵一婀姥佉鉢嚩怛摩二若畧乞使二合波三避唎避唎四斜

　　是呪加持鑵索,取水得水以,復加持之,乃任一切用之。

　　次復説水器真言曰:

唵一婀姥伽引弭迦吒二三皤囉鉢及摩娑泥三若囉囉底四矩嚕矩嚕五斜

　　是呪加持瓮瓶等諸器,中盛香水以用之也。

　　次復説灌頂真言曰:

唵一鉢嚩怛二合鉢囉二合娑嚱二阿姥伽弭麼隸三皤囉皤囉四莎嚩二合訶引,五

　　是法加持七寶瓶,置香水於中,復加持置於壇内,而用灌頂。

　　次復説吉祥真言曰:

唵一婀姥伽引鉢嚩迷二合,二素鉢嚩迷二合①,三布唎拏迦隸四弭唎弭唎五迦摩嚱六莎嚩二合訶

　　是呪若結印界、燒香、散華、懸幡、釘橛、燒火、設食,若執數珠、著脱衣服,緣壇修治一切事法及讀誦經時,皆加持手乃當執之,則爲十方諸佛、菩薩、一切天神而讃歎故。

　　次復説淨口真言曰:

唵一婀姥佉二弭麼隸爾嚕迦囉二合,三思孕二合輸馱弭四鉢嚩麼二合俱麼攞五爾嚕僧輸陀耶六馱囉馱囉七素弭摩唎八莎嚩二合訶

　　是呪若欲讀誦、懺悔、禮拜、讃歎諸佛、菩薩之時,先加持水,揩洗口齒,則得淨潔,當得舌根清淨柔軟,色如蓮形。

　　次復説含香真言曰:

唵一婀姥伽二健馱嚕底三素嚕素嚕四鉢囉二合噻普嚕五瓹虵健悌六鉢嚩摩鉢囉二合鞞七莎嚩二合訶

---

①　合,原作"引",據《大正藏》本改。

如是真言三昧耶，當以上好白檀香，

那羅那香赤蓮華，畢里迦香鬱金香，

躬矩麽香蓮華鬚，七物數各十二分。

又加龍腦香附子，二數量等各四分，

擣治石蜜①而和合。每念誦時加持含，

便當口氣而香潔，如鬱鉢囉華之香。

常得諸佛觀世音，歡喜祐護而讚歡，

胸藏痰飲吐逆病，便得銷鑠而除差。

三十三天聞讚誦，陀羅尼聲喜敬護，

有情得聞此人聲，皆得除惱而相愛。

恒常如法含香者，大辨才天密神通，

隱入舌端辨無礙，先所忘失令憶知。

發聲大稱䤚字者，聲聲而滿於七聲，

諸真言神天仙眾，立至壇中皆擁護。

又重怒聲稱怖字，聲聲而滿於七聲，

眾惡毗那夜迦等，鬼神精魅怖馳散。

長含此香讀誦者，一切善相自然現，

垢重罪黑皆消滅，恒無非人橫干嬈。

次復說澡浴藥真言曰：

唵一弭麽攞弭誐帝二鉢特麽弭嚩嚕三三嚩囉者嚕四濕嚩哩䤚五婀姥伽悉悌六輪陀野䤚

如是真言三昧耶，當以龍華丁香皮，

烏施羅香甘松香，白栴檀香蓮華鬚，

零陵欝羅白豆蔻，哆誐囉香鬱金香，

鉢羅莽拏唎迦藥，射莫迦藥丁香華，

鄔迦囉乾地迦藥。如是數各皆等分，

精潔合治雨水和，當澡浴時加持用，

和湯如法清淨浴，膚體娧澤香芬馥，

蠲除災厄滌垢穢。清淨如法而誦念，

行住坐臥無悚怖，一切諸惡天龍神，

毗那夜迦怨讐輩，自然消息喜無障。

常以此藥和湯浴，當知是人速成驗，

---

① 蜜，原作"密"，據《卍續藏》校勘改。

諸佛菩薩諸天神，喜悦瞻護與上願。

次復説眼藥真言曰：

唵一阿祇曳二合鉢㗚摩嚧者泥二籲弭也二合齕哩二合瑟微三鉢哩戍悌四素嚕素嚕五鉢㗚麼乞使二合，六步嚕步嚕七娑曼哆八弭野婆路枳顉九莎嚩二合訶引

　　　　如是真言三昧耶，雄黄牛黄各一分，

　　　　青優鉢囉華海末，二物各數十三分。

　　　　精治研之石密和，清水和研加持用，

　　　　點眼眼眵瞖瞙除，諸佛觀見皆歡喜。

　　　　諸惡鬼神不相障，夢恒吉善眼根淨。

次復説牛黄真言曰：

唵一勃地野二合勃地野二合弭勃地野二合，二鉢㗚摩引姥伽目棄三者囉者囉四嚩囉泥莎嚩二合訶引，五

　　　　如是真言三昧耶，而復加持於牛黄，

　　　　用母陀羅尼真言，及奮怒王真密言，

　　　　亦用祕密心真言，加持點額行作法。

　　　　即令一切惡鬼神，毗那夜迦之等類，

　　　　皆悉畏伏而怖走，譬夜火聚禽獸見。

　　　　而皆畏懼便馳散，除諸障者之怖畏。

　　　　若沙門僧婆羅門，并諸人民見皆敬。

　　　　諸陀羅尼真言神，住壇内者喜瞻眺，

　　　　增加守護而不怠，若行道路野山澤，

　　　　谿澗溝壑一切處，不畏盜賊蠱毒藥，

　　　　惡風雷電霹靂難，師子虎狼惡獸難，

　　　　蚖蛇蝮蝎諸災難。若真言者點此藥，

　　　　繫心常須憶念我，誦持不空真言者，

　　　　我則至前加被護。如是不空羂索心，

　　　　母陀羅尼真言法，菩提衆願三昧耶，

　　　　如是護者是諸佛，慈悲實語加被我。

　　　　亦是不空羂索心，母陀羅尼真言法，

　　　　祕密壇印三昧力。復是行者所精誠，

　　　　求於菩提之願力，是故我得進此人，

　　　　令滿心所希求願。若有衆生不依法，

　　　　但爲活命行諂僞，誑他破壞犯梵行。

或復處所不清淨，我即不得爲成現，

所以有何得如是，由不如法修行法。

以斯義故持法者，應當如法悃御心，

内外清淨修治法，決定成就諸法門。

次復説瓔珞真言曰：

唵—婀姥迦俱捨陀羅二薩囉鉢囉二合吽三

此呪加持白線，當使童女合之，如筯等兩股三條是三條索，兩頭中心同爲一結。皆誦真言結之，總結三結，兩頭繫續。持真言者，常絡髆佩飾。

次復説著衣真言曰：

唵—婀姥伽引鉢囉二合嚩羅拏二畝嚕哩三皷地也二合迦始迦引三皤嚩覩四哆囉哆囉五莎嚩二合訶引

此呪加持衣服而貫著之。

次復説脱衣真言曰：

唵—婀姥伽引嚩怛囉二合，二窖律二合乞使二合波弭姥地襧三鉢特迷二合，四噻訶引

此呪出入道場，喫食經行坐臥等時，加持其手，解脱衣服，置於淨處，重復加持之。

次復説洗浴真言曰：

唵—皷瓢娜迦二三步哆引阿姥伽三皤嚕拏嚩嘛四阿鼻詵者五斛

此呪加持香湯，灌洗浴身。

次復説洗手面真言曰：

唵—婀弭㗚哆阿姥伽二鉢特忙二合娑洗①三嚩唎灑抳四主嚕主嚕二合莎嚩二合訶

此呪加持淨水，洗手洗面，漱沐口齒。

次復説護身真言曰：

唵—婀姥伽引嚩唎灑抳二矩嚕矩嚕三莎嚩二合訶引

此呪加持白芥子及水，散灑身上，一切非人不能得便，護他亦爾。

次復説授法真言曰：

唵—婀慕佉三摩野二摩訶鉢特迷二合，三底瑟吒底瑟吒四斛

此呪若授法者入壇門時，其阿闍梨執手加持，引入壇門。

次復説護同伴真言曰：

唵—薩嚩怛囉二合，二阿慕伽嚩底三底瑟咤引嚕乞灑覩四斛五

此呪加持淨灰，與弟子同伴點於額上，則成擁護。

---

① 洗，《卍續藏》校勘三十卷經作“泥”。

次復説整儀真言曰：

唵一窒㘑㗚枳耶二合，二鉢㗚摩三阿姥佉吽迦囉二合摩抧四弭哩弭哩五莎嚩二合訶引，六

此呪加持真言者，壇内作法而供養者，加持自身入於場界，更勿觸突佛、菩薩像，真言神坐，如法整理，修諸法事。

次復説寶索真言曰：

唵一鉢㗚迷二合，引摩訶鉢㗚迷二合，二娑囉娑囉三三曼帝娜四鉢哩二合迷瑟吒二合耶五阿慕伽播勢引曩六虎嚕虎嚕七莎嚩二合訶引

是呪加持五色線索，圍壇外界爲彊，畔門懸幡。

次復説懸幡真言曰：

唵一弭只怛囉二合阿姥伽二嚩噬怛囉二合那娜楞伽三弭戌䭾野四枳抧枳抧五伴

此呪若懸幡時、畫幡時，皆以印加持之，當即懸之，畫亦依此。

次復説箭真言曰：

唵一婀姥伽捨囉二嚩惹囉頓拏三詑囉詑囉四莎嚩二合訶引

此呪加持其箭，插持畫箭亦爾。

次復説開壇門真言曰：

唵一尾補囉婀姥伽二摩訶㗚嚩囉尾戌悌三臬唎臬唎四娑嚩二合訶引，五

此呪若受法者入壇時，加持壇門了，便即入壇門，同入於一切佛刹諸妙宮殿。

次復説淨華真言曰：

唵一那那弭質怛囉二合阿姥伽三補澀波叵囉四攞哆引枳喇拏五補囉野六皤囉皤囉七伴八

此呪加持種種枝柯華葉插瓶口中，又以五色線繫瓶項上，又加持之布置壇内。

次復説香爐真言曰：

唵一婀姥伽引嚩怛那二弭摩娜三迦吒四入嚩地瑟恥二合多五皸健度入嚩囉引，六噬叵囉拏七三曼底娜八入嚩囉九莎嚩二合訶引

此呪加持香爐，執置壇内，燒香供養。

次復説寶瓶真言曰：

唵一惹囉嚩底二唎怛那伽吒三娑里抧四覩微覩微五莎嚩二合訶

此法加持寶瓶，盛蘇乳酪飯，敷置供養。

次復説寶器真言曰：

唵一皸名野二合皤惹那二阿姥伽三鉢㗚恈嚩㘑四補囉野補囉野五伴

此呪加持瓷器，當用供養。

次復説閼伽真言曰：

唵一婀姥伽引三補囉抧二訥嚧二合拏引健䭾嚩底三莎嚩二合訶

此法加持閼伽，當用供養。

次説君持真言曰：

唵一薩囉扼娑囉耶二婀姥伽皤惹泥三麼馱麼馱褷四觲

　　此三昧耶加持君持，以用供養。

次説分界位真言曰：

唵一虼弭野二合嚩略迦褷二阿弭皤惹野都三娑曼底曩四薩囉薩麼引嚩娑引囉特五莎嚩二合訶引

　　此呪列壇街道界位，加持壇地，然後分別街道界位，如法圖畫。

次説畫像真言曰：

唵一那那跛囉二合喝拏三阿姥伽四没捺囉五入嚩攞入嚩攞莎嚩二合訶引

　　此法於壇内畫諸像時及畫了時，於諸位中總都加持之。

次復説繩界真言曰：

唵一婀姥伽唎怛娜二蘇怛囉二合嚩嚟三枳扼枳扼四莎嚩二合訶引

　　此呪加持五色線繩，於其壇上周圍括量一切界位，或於壁上、白氎絹上欲畫像時，皆以是線和朱括量，爲諸賢聖稱讚功德。

次説列門真言曰：

唵一尾補囉嚩嚟二跛囉嚩捨耶三婀姥伽鉢哠迷二合，四觲

　　此法畫壇門時，加持門地乃畫壇門。

次復説金器真言曰：

唵一顙弭野二合惹那二阿姥伽幹者娜引嚩嚟三枳哩枳哩四觲

　　此呪加持金器，當用供養。

次復説銀器真言曰：

唵一三補唎拏二爐比野二合虼弭野三皤惹泥四阿姥伽鉢哠迷二合莎嚩二合訶引

　　此三昧耶加持銀器，當用供養。

次復説飯食真言曰：

唵一弭弭陀二嚕跛訶嚕播三迦囉拏四者囉者囉五阿姥伽嚩底六莎嚩二合訶引

　　此呪加持種種甘膳飲食，盛供養之。

次復説汎華真言曰：

唵一虼弛健馳二拏婆①哩扼三婀姥伽引惹嚟四馱囉馱囉五莎嚩二合訶

　　此法加持衆華，水上汎之，常爲供養。

次説燒香真言曰：

唵一健馱噎叵囉二合扼二三曼哆引迷伽三吡囉二合嚏普囉觲

---

①　婆，《卍續藏》校勘三十卷經作"娑"。

此呪每時，別加持香燒，供養一切諸佛、菩薩、金剛、諸天等。

次説塗壇真言曰：

唵一齧麼囉二迦耶引輸馱禰三齧弭野二合健馱跛囉布囉抳布囉野布囉野䤉

此呪加持香泥、香水，摩壇供養。

佛説不空羂索教法儀軌經卷下

七俱胝准提陀羅尼念誦儀軌^①

不空三藏譯

若有修習此陀羅尼求成就者,先須澡浴,應着淨衣,嚴飾道場,安置本尊,隨力所辦。其道場法,應擇勝地,作四肘壇,堀深三肘,除去瓦、礫、惡土、髮毛及骨、灰、炭、蟲、蟻等,以好淨土填滿築平。堀無惡土,即取舊填土。若有賸,當知其地是大吉祥,速疾成就。取未到^②地瞿摩夷,以香水和淨好土爲墍。誦無能勝菩薩真言,加持二十一遍,然後墍壇。墍已後取五淨相和,五淨者,瞿摩夷汁、牛尿、酪、乳、蘇。以無能勝菩薩真言加持一百八遍,右繞,遍塗其壇。若於山石上建立,或在樓閣,或居船上,一切賢聖得道處,但以五淨塗拭。面向東坐,結無能勝印,按地,誦真言七遍,加持壇中心。又取諸藥七寶并五穀各少分,掘^③壇中心,深一肘,安諸藥及七寶,復取舊土填滿平治。以右手按,誦地天偈三遍,驚覺地天神。偈曰:

> 汝天親護者,於諸佛導師。
> 修行殊勝行,淨地波羅蜜,
> 如破魔軍衆,釋師子救世,
> 我亦降伏魔,我畫曼荼羅。

誦地天真言曰:

曩莫三漫多没馱引南引畢哩二合體佗以反微曳二合娑嚩二合,引賀

誦偈加持已,然後以檀香塗九簡聖位。如滿月以新淨供具金、銀、熟銅、商佉、貝、玉、石、瓷、木等新器,盛諸飲食及好香、華、燈、燭、閼伽香水,隨力所有,布列供養。若在家、出家菩薩求成就者,每入道場,先應禮佛懺悔,隨喜勸請。發願已,應自誓受菩提心戒。真言曰:

唵冒引地止多母怛跛二合,引娜野弭

菩提心者,離一切我執,遠離蘊處界,及離能取所取,於法平等。自心本不生,自

性空故。如過去一切佛、菩薩發菩提心，我亦如是，此名自誓受菩提心戒。由誦一遍思惟勝義諦，獲得無量無邊無爲功德莊嚴三業，乃至菩提道場其福無間斷，速滅一切業障，真言速得成就，本尊現前，如《華嚴·入法界品》慈氏菩薩爲善財童子説菩提心功德。自誓菩提心戒已，全跏半跏，隨意而坐，端身閉目，即結定印，想空中准提佛母與七俱胝佛圍繞，遍滿虛空。定中禮一切諸佛及准提佛母，然後以香塗手，應結契印。

佛部三麼耶印：

二手虛心合掌，開二頭指，屈輔二中指甲下第一節側，二大指各附二頭指根下即成。當心誦真言七遍，想於如來三十二相、八十種好分明，如對目前。真言曰：

唵怛他引蘗覩納婆二合嚩引野娑嚩二合賀引

由結此印誦真言故，即驚覺一切如來，悉當護念加持行者。以光明照觸，所有罪障皆得消滅，壽命長遠，福慧增長，佛部聖衆擁護歡喜，生生世世離諸惡趣，蓮華化生，速證無上正等菩提。

蓮華部三麼耶印：

以二手虛心合掌，散開二頭指，二中指、二無名指屈如蓮華形。安印當心，誦真言七遍，想觀自在菩薩相好具足，於頂右散。真言曰：

唵跛娜謨二合,引納婆二合嚩引野娑嚩二合,引賀引

由結此印誦真言故，即驚覺觀自在菩薩等持蓮華者。一切菩薩光明照觸，所有業障皆悉除滅，一切菩薩常爲善友。

金剛部三麼耶印：

以左手翻向外，以右手掌背安左手背，以左右大小指共相鈎如金剛杵形，安於當心。想金剛手菩薩，誦真言七遍，頂左散印。真言曰：

唵嚩日囉二合納婆二合嚩引野娑嚩二合,引賀引

由結此印及誦真言故，即驚覺一切金剛聖衆加持擁護，所有罪障皆得除滅，一切痛苦終不著身，當得金剛堅固之體。

次結第二根本印：用護身。

二手外相叉，二頭指、二大指並直豎即成。誦佛母心真言，印身五所，所謂額、次右肩、次左肩、次心①、次喉，頂上散。真言曰：

唵迦麼黎尾麼黎准泥娑嚩二合賀引

結護身印時，起大慈心，遍緣六道四生，願一切有情被大誓莊嚴堅固金剛甲胄，速證無上正等菩提。

---

① 次心，原脱，據文意補。

次結地界橛印：

二手内相叉，豎二大指，二頭指、二小指各相合，屈左頭指如鉤，三掣大母指指地即成。一掣誦真言一遍。真言曰：

唵准低你枳引邏野娑嚩二合，引賀引

由結此印誦真言加持地界故，下至水際如金剛座，天魔及諸障者不爲惱害，少加功力，速得成就。

持誦者次應於壇中心想八葉大蓮華，上有師子座，座上有寶樓閣，垂諸瓔珞、繒、幡、幢、蓋，寶柱行列，垂妙天衣，周迊香雲，普雨雜華。奏諸音樂，寶瓶閼伽，天妙飲食，摩尼爲燈，如無曼茶羅，但於空中觀想即成就。作此觀已，應誦此偈：

　　　以我功德力，如來加持力，

　　　及以法界力，普供養而住。

誦此偈已，即誦大虛空藏菩薩真言曰：

唵誐誐曩三婆嚩嚩日羅二合斛引

由誦此真言加持故，所想供養具真實無異，一切聖衆皆得受用。

次結寶車輅印：

二手内相叉仰掌，二頭指橫相拄[1]，以二大指各捻頭指根下。想七寶車輅，佛部使者駕御七寶車輅乘空而去，至於色界頂阿迦尼吒天毗盧遮那佛宮殿中，誦真言七遍。真言曰：

唵都嚕都嚕吽引

由誦真言結印加持，七寶車輅至色界頂。准提佛母并八大菩薩及諸聖衆眷屬圍繞，乘七寶車輅。

次結請車輅印：

准前印，以大指向身，撥中指即成。誦真言七遍，真言曰：

曩麼悉底哩二合野地尾二合迦引南引，一怛他引蘗多南唵嚩日朗二合擬研以反你娘二合，引羯哩灑二合也娑嚩二合，引賀引

由誦真言加持故，聖衆從本土來至道場空中而住。

次結請本尊印：

從車輅下降於道場，准前第一根本印，以二大指向身招。誦真言三遍，真言曰：

唵者禮主禮准泥翳醯曳二合呬婆誐嚩底丁以反娑嚩二合，引賀引

次結無能勝菩薩印：

辟除障者，二手右押左内相叉作拳，豎二中指頭，相合即成。遶身左旋三迊，作

---

① 拄，原作"跓"，據文意改。

是思惟：所有障者毗那夜迦、諸惡鬼神遠走而去，所來聖衆不越本三麼耶大悲而住，願垂加護。

曩莫三滿多没馱引南引唵户嚕户嚕戰拏引里麼引蹬耆娑嚩二合引賀引

次結牆界印：

准前地界印，屈右頭指，展左頭指，右旋三迊，隨心近遠，即成金剛堅固之城。諸佛菩薩尚不違越，何況諸餘難調伏者，毗那夜迦及毒蟲利牙爪者不能輔近。真言曰：

唵准你顛鉢囉二合迦羅耶娑嚩賀

次結上方網界印：

准前牆印，展右左頭指，右押左當中節相交即成。誦此真言三遍，真言曰：

唵准泥顛半惹囉娑嚩賀

由誦真言結印加持故，即成金剛堅固不壞之網。

次結火院密縫印：

以左手掩右手背相重，直豎二大指即成。誦真言三遍，右旋三迊，想金剛牆外有金剛火焰圍繞。真言曰：

唵阿三莽擬伽以反你吽引發吒半音

由結此印誦真言，成大結護密縫，不被諸魔入。

次結閼伽印：

二手内相叉，豎二中指頭相著，以二頭指捻二中指背，二大指側附二頭指根下，即成根本印。准前根本印，微屈二大指入掌，即成閼伽印。誦真言三遍，真言曰：

唵者禮主禮准泥遏鉗鉢羅二合底引瑳婆誐嚩底丁以反娑嚩二合引賀引

行者思惟聖衆了了分明，想自身在諸佛聖衆足下，手持七寶閼伽器盛香水，浴聖衆足。由獻閼伽香水故，行者三業清淨，洗滌煩惱垢，業障消滅。

次結蓮華部印：

准前根本印，並二大指向身豎。運想從此印流出無量師子座，奉獻一切聖衆，是諸聖衆各各皆坐。真言曰：

唵迦麼邏娑嚩二合引賀引

由結座印、誦真言、奉獻聖衆故，行者當得十地滿足，得金剛之座。

次結澡浴印：

准前根本印，以二大母指頭捻二中指中節即成。誦真言三遍，真言曰：

唵者娑嚩二合引賀引

想從此印流出無量光明，一一光明道有無量七寶賢瓶。想滿天妙香水，灌注一切聖衆澡浴。復想空中有無量天樂，供養本尊、諸佛、菩薩、一切聖衆。由結此印誦真言故，行者不久當得法雲地。

次結塗香印：

准前根本印，以二大指博著右頭指下節側成。誦真言三遍，真言曰：

唵禮娑嚩二合,引賀引

想從此印流出無量光明，一一光明道有無量天妙塗香粖香雲海，供養本尊、諸佛、菩薩、一切聖衆。由結此印誦真言故，當證一切如來戒、定、慧、解脱、解脱知見香。

次結華印：

准前根本印，以二大指博著左頭指下節即成。誦真言三遍，真言曰：

唵主娑嚩二合,引賀引

想從此印流出無量光明，一一光明道有無量種種水陸天妙華雲海，供養本尊、諸佛、菩薩、一切聖衆。由結此印誦真言故，當得大慈三摩地成就，能利樂無邊衆生，諸灾難不著身。

次結燒香印：

准前根本印，屈右頭指，捻二大指頭成。誦真言三遍，真言曰：

唵禮娑嚩二合,引賀引

想從此印流出無量光明，一一光明道有無量和合俱生天妙燒香雲海，供養本尊、諸佛、菩薩、一切聖衆。由結此印誦真言故，當得普遍法界三摩地成就。

次結飲食印：

准前根本印，以左頭指捻二大指頭即成。誦真言三遍，真言曰：

唵准娑嚩二合,引賀

想從此印流出無量光明，一一光明道有無量天妙種種飲食雲海，供養本尊、諸佛、菩薩、一切聖衆①，當得法喜禪悦食三解脱最勝味三摩地成就。

次結燈印：

准前根本印，以二頭指各捻二大指頭即成。誦真言三遍，真言曰：

唵泥娑嚩二合,引賀引

想從此印流出無量光明，一一光明道有無量種種七寶燈燭雲海，供養本尊、諸佛、菩薩、一切聖衆，當得般若波羅蜜光明五眼清淨。

次誦讚歎：

阿嚩怛羅左覩囉娜二合舍引囉馱二合娑麼二合羅哩補句致鉢羅二合拏麼跛娜尾呬帝阿者禮怛鰊娑哩素你祖禮悉馱思准泥薩囉二合悶底南引婆嚩捨麼你娑嚩二合,引罕引帝

薩鉢囉二合拏吠怛你也二合佗引託①灑二合羅引拏薩②帝阿尾你多薩怛嚩二合娜麼你鉢囉二合枲引那路引迦怛囉二合野引囉他二合迦唎訖多二合囉尾孕二合那成引鼻你播引怛囉二合迦羅那訖使二合頞娑普二合砧底浪反悉體二合怛嚩二合進底多麼囉貪二合,去鉢囉二合瑟砧二合李佉惹曩你爾慈心③反,下同娜引你薩帝知曳反曩鉢囉二合庫舞二合地曬邏始佉黎野薩怛梵二合,引怛囉扼焰二合悉問怛母二合你你哥反嚩日哩二合擔枳羅馱彌焰二合素囉哩補婆嚩南鉢囉二合吠奢野悉底阿引哩野二合嚩路引枳帝幡悉鞞底諾僧捨閣薩怛多惹播引多半音,多諾反且曩引悉底二合惹蘗底緊旨你也二合薩怛梵三合,引曩那娜引悉薄羯底二合毗藥二合臘底娑迦羅播引跛曩引舍你婆誐嚩底跛耻多麼引怛囉二合悉地迦里布囉野麼努引囉貪枲冥引娜底曩怛梵二合,引娑底二合噎迦室子二合多半音婆誐嚩底佛母准泥陀羅尼薩姤二合怛囉薩麼跛多二合

次説本尊陀羅尼布字法,從頂至足觀一一真言字,屈曲分明,流出光明,照六道四生輪迴有情。深起悲愍,施與安樂。用陀羅尼九字,布列於行者身,即成以如來印,八大菩薩所加持身。若作息災、增益、降伏、敬愛隨四種法,所謂白、黄、黑、赤成辨悉地。即結布字印,二手内相叉,二大指、二頭指、二小指相合直豎即成。

想唵字安於頂,以大母指觸頭上。

次想左字,兩目童人上俱。

想禮字,復以大母指④觸左右眼上。

次想祖字,安於頸上,用大母指觸。

次想禮字,當心,以大母指觸。

次想准字,安左右肩,以大母指觸。

次想泥字,安臍上,以大母指觸。

次想娑嚩二合字,安左右兩胜上,以小指觸。

次想訶字,安左右兩脛⑤上,以小指觸。

由想布真言、結印加持故,行者身即成准泥佛母身。滅除一切業障,積集無量福德吉祥,其身成金剛不壞體。若能常專注觀行,一切悉地皆得現前,速證無上正等菩提。

次結根本印:誦根本真言七遍,頂上散印。即取菩提子念珠具一百八,依法貫穿。即以塗香塗其珠上,以二手掌中捧珠,當心誦真言七遍加持。念珠真言曰:
唵吠嚧引遮那引麼羅娑嚩二合,引賀

① 託,《卍續藏》校勘異本作"訖"。
② 薩,《卍續藏》校勘異本作"蘖"。
③ 心,《卍續藏》校勘異本作"以"。
④ 指,原脱,據文意補。
⑤ 脛,《卍續藏》校勘疑當作"脛"。

加持頂戴心口,作是願言:我今欲念誦,唯願本尊、諸佛、菩薩加持護念,願令速得隨意所求悉地圓滿。然後以左手無名指、大指承珠,右手以大指、無名指移珠,手如説法相。於心前持珠念誦,其聲不緩不急,心專注,不異緣。觀自身同本尊身,相好具足。又於身前壇中觀想七俱知佛母與眷屬圍繞,了了分明對坐。每稱娑嚩二合,引賀字,同時移一珠,一百八或一千八十爲念誦遍數,常須限定。若不足一百八,即不充求悉地遍數。念誦畢已,蟠珠於掌中,頂戴發願,作是願言:以我念誦功德,一切眾生所修真行求上、中、下悉地速得成就。

安珠於篋中,即結定印,端身閉目,澄心淨意,於胸臆身內炳現圓明,如滿月皎潔光明,起大精進,決定取證。若能不懈怠專功,必當得見本源清淨之心。於圓明中想唵字,餘八字右旋,於圓明上布列。於定中須見真言字分明,既不散動得定,即與般若波羅蜜相應,即畫圓明月輪。

次應思惟字母種子義。唵字者,是三身義,亦是一切法本不生義。左字者,一切法不生不滅義。禮字者,一切法相無所得義。祖字者,一切法無生滅義。禮字者,一切法無垢義。准字者,一切法無等覺義。泥字者,一切法無取捨義。娑嚩二合字者,一切法平等無言説義。訶字,有一切法無因義。由一切法本不生故,即得不生滅。由不生不滅故,即得相無所得。由相無所得故,即得無生滅。由無生滅故,即得無垢。由無垢故,即得無等覺。由無等覺故,即得無取捨。由無取捨故,得平等無言説。由平等無言説故,即得無因無果,般若相應。無所得以爲方便,入勝義實際,則證法界真如,以此爲三摩地。念誦畢已,應結根本印。

次結澡浴印。

次結五供養印。

次誦讚歎獻閼伽。

次結阿三麼擬你二合印,左轉一匝,解界。

次結寶車輅印。

以大母指向外撥中指頭,奉送聖者還本宮。奉送真言曰:

唵者禮主禮准泥蘗車蘗車婆誐嚩底娑嚩二合引婆引嚩南布娜羅引誐麼那引野娑嚩二合引賀

次結三部三麼耶印,各誦真言一遍,禮佛如前懺悔,隨喜勸請,發願迴向無上菩提。隨意經行,轉讀大乘經典《華嚴》、《大般若》等經,印塔像、浴舍利,右旋繞思六念。以此福聚迴向,自所求悉地。

次説息灾、增益、敬愛、調伏四種法。扇底迦法者,求滅罪、轉障、除灾、害鬼魅疾病、囚①閉枷鏁、疫病、國難、水旱不調、蟲損苗稼、五星陵逼本命,悉皆除滅,煩惱解

---

① 因,原作“因”,據文意改。

脱,是名息灾法。作此法時,著白衣,面向北,交脛①豎膝吉祥坐。觀本尊白色,供養飲食、菓子、香、華、燈燭、地等,悉皆白色。從月一日至八日,日三時念誦,夜作護摩。息灾真言曰:

唵者禮主禮准泥令某甲爲他人念誦稱彼名扇引底矩嚕二合,引娑嚩二合,引賀

　　布瑟置二合迦法者,求延命、官榮、伏藏、富饒、聰慧、聞持不忘、藥法成就、金剛杵等成就,或作師子、象、馬類。以真言加持,三相現,隨上中下,所求獲果如《蘇悉地》廣説。欲求持②明仙入阿蘇羅窟,及諸八部鬼神窟求入者皆得,及證地位神通,求二種資粮圓滿,速成無上菩提,是名增益法。作此法時,身著黄衣,面向東,結跏趺坐,觀本尊黄色,所供養香、華、飲食、菓子、燈燭、地等並皆黄色。從月八日至十五日,日三時念誦,夜作護摩。真言曰:

唵者禮主禮准泥令某甲布瑟徵二合矩嚕二合娑嚩二合賀引

　　伐施迦羅拏法者,若欲令一切人見者發歡喜心,攝伏鉤召若男、若女、天龍八部、夜叉女,及攝伏難調伏鬼神,有諸怨敵作不饒益事,皆令迴心歡喜,諸佛護念加持,是名攝召敬愛法。作此法者,身著赤衣,面向西,豎二膝並脚,名爲普③賢坐。觀本尊及所供養香、華、飲食、菓子、燈燭、地等並皆赤色。從十六日至二十三日,日三時念誦,夜作護摩。攝召真言曰:

唵者禮主禮夜准泥令某甲嚩試矩嚕二合娑嚩二合,引賀

　　阿毗遮嚕迦法者,犯五無間、謗方廣大乘、毀滅佛性、背④逆君主、或亂正法,於如是之人,深起悲愍,應作降伏法。以驢糞或燒尸灰,以用塗壇。作此法時,身著黑衣或青衣,面向南,左脚押右脚、蹲踞坐。觀本尊黑色,取臭無香氣黑色或青色華供養,所供養飲食、香、華、菓子等燈燭、地等並皆黑色或青色。從月二十三日至月盡日,取午時、中夜二時念誦,夜作護摩。真言曰:

唵者禮主禮准泥令某甲鉢囉二合喃伽多野吽發吒

　　次説准泥佛母畫像法:

　　取不截白氎去毛髮者,於淨壁先應塗壇,以閼伽飲食隨力供養。畫師應受八戒齋,清淨畫像,其粉色中勿用皮膠,於新器中調色。應畫准提佛母像,身黄白色,結跏趺坐,坐蓮華上。身佩圓光,著輕縠如十波羅蜜菩薩衣,上下皆作白色,復有天衣角絡,瓔珞頭冠,臂皆著螺釧,檀慧著寶環。其像面有三目、十八臂。上二手作説法相,右第二手作施無畏,第三手執釖,第四手持寶鬘,第五手持掌俱緣菓,第六手持鉞斧,

----

① 脛,《卍續藏》校勘疑當作"膝"。
② 持,原脱,據文意補。
③ 普,原脱,據《七俱胝佛母所説准提陀羅尼經》(《大正藏》本)補。
④ 背,原作"皆",據文意改。

第七手執鉤，第八手執金剛杵，第九手持念珠。左第二手執如意寶幢，第三手持開敷紅蓮華，第四手軍持，第五手羂索，第六手持輪，第七手商佉，第八手賢瓶，第九手掌般若梵夾。蓮華下畫水池，池中難陀龍王、塢婆難陀龍王。柘蓮華座，左邊畫持誦者，執香爐，瞻仰聖者。准提佛母衿愍持誦人，眼下顧視。上畫二淨居天子，一名俱素陀天子，手持華鬘向下，承空而來供養聖者。

　　畫像已，隨力僧次請七七僧供養，請開光明，呪願讚歎。於像下應書法身緣起偈，將像於精室祕密供養，以帛覆像。念誦，去覆帛，瞻禮供養。念誦畢，都以帛覆。慎勿令人見。何以故？從師受儀軌畫像法，若轉與人畫像，從魔得便，當須祕密。

　　七俱胝佛母念誦儀軌一卷

佛説一切諸如來心光明加持普賢菩薩延命金剛最勝陀羅尼經①

大興善寺開府儀同三司肅國公特進試鴻臚贈司空謚大辨正廣智

食邑三千户師子國三藏沙門不空譯

如是我聞：一時佛在殑伽河側，與諸大比丘僧、菩薩摩訶薩、天人衆俱。爾時會中有普賢菩薩，住如來祕密三摩地，從三昧起，現大神通力。諸佛加持，宣金剛壽命陀羅尼，令諸衆生增壽命故，無夭橫死，亦令獲得金剛壽命堅固不壞，成就菩提，到不退地。爾時世尊於心轉光明召集十方世界恒河沙諸佛，滿虚空中各放光明，如因陀羅網，以光明照觸普賢菩薩，令宣説《金剛壽命經》。

爾時普賢菩薩得諸佛心印，即住金剛壽命三昧耶，於身毛孔中放無量微塵等數光，遍十方界，以自在神通力，即説陀羅尼曰：

怛儞也二合他一者隸者攞者隸二尾曩知三娑縛二合悉底二合計四斫羯嚲二合誐爾五鉢囉二合捨漫覩六薩嚩路誐引薩嚩娑怛嚩二合南七阿曩䫂八句曩䫂九摩賀曩䫂十者隸者隸十一係摩誤悎二合，反哩十二係摩儞鑁褵十三係摩尸棄十四矯囉吠十五矯囉悌十六係俱囉吠十七俱囉㗚十八俱囉摩底十九微捨摩寧摩寧二十戌秫毗嚩二合，二十一阿者梨二十二微者梨二十三摩尾覽嚩二十四呼牟呼牟二十五唵嚩日囉二合諭曬娑嚩二合賀二十六

説是陀羅尼已，大地山河悉皆振動，地獄摧碎宮震動，病苦衆生當時蘇息。會中有無量執金剛神異口同音亦共宣説："諸大菩薩摩訶薩衆悉助延命宣説陀羅尼，令獲金剛壽命。"

爾時十方塵沙諸佛心印加持，令普賢菩薩及四天王增得金剛壽命。爾時世尊彈指讚嘆："汝能快善利益衆生，若有善男子善女人怖畏夭橫、非命及不祥事，即以沐浴，著新淨衣，燒香散花，持我延命心真言即增壽。若有病苦衆生求長壽故，離於病苦，即建立道場。於清淨屋舍，或就伽藍，請三七比丘清淨僧，轉讀此經各四十九遍，別持是陀羅尼滿十萬遍即獲壽命，病者即於夜夢自見殊勝境界。我此延命法先須彩

① 底本，《大正藏》第1136號，第20册第579頁上—580頁上，原東寺三密藏古寫本。

書普賢菩薩，如滿月童子形，五佛頭冠，右手持金剛杵，左手持召集金剛鈴，契鬘縱緩帶，坐千葉寶華。下有白象王，象有三頭，鼻卷獨股杵，各具六牙。其象四足踏一大金剛輪，輪下有五千群象，各負其輪。於菩薩身放百寶光，光外盡白月輪，衆彩莊嚴。盡得其像，敬於清淨處建立道場，令清淨僧持是真言，及轉此經乃至書寫，及持金剛壽命陀羅尼滿十萬遍，即增壽命除夭橫故。

爾時四天王等承佛加持，助普賢菩薩延命各立誓言："娑婆世界南贍部洲但有此經法流行之處，我等四王即爲結護，令無夭橫。如有此經清淨道場如不降赴，願我失此威光，損我果報，退失菩提心，不得解脱。"爾時十方如來加持一切執金剛菩薩異口同音亦説延命陀羅尼曰：

唵嚩日羅二合諭勢吽吽尸棄娑嚩二合賀

如是説已，一切如來十方執金剛菩薩隱於虛中已不現。爾時毗沙門天王白佛言："世尊，我亦以助佛神力加持護念除非命故説陀羅尼。"曰：

唵嚩日囉二合諭勢濕吠帝濕吠帝濕吠多隷理娑嚩二合賀

説是陀羅尼已，令一切衆生獲得壽命無夭橫故。爾時毗樓勒叉天王白佛言："世尊，我亦以助佛神力宣説延命陀羅尼。"曰：

唵嚩日羅二合諭勢摩蹬儗摩蹬儗摩蹬儗儞輸摩輸謀嚩二合賀

説是陀羅尼已，獲得壽命，無夭橫故。

爾時毗樓博叉天王白佛言："世尊，我亦以助佛神力故助宣延命陀羅尼。"曰：

唵嚩日羅二合諭勢者理者理者理隷

説是陀羅尼，令諸衆生獲金剛壽命無夭橫故。

爾時提頭賴吒天王白佛言："世尊，我亦以佛神力宣説延命陀羅尼。"曰：

唵嚩日羅二合諭勢未臨嚩嚩嚩娑嚩二合賀

説是陀羅尼已，令諸衆生獲金剛壽命無夭橫故。

爾時佛告四天王言："若有衆生怖畏死難、病苦、夭橫，有如是苦，但書寫此經，受持讀誦，或別持此陀羅尼或畫普賢延命像，作此方法依月一日、八日、十五日，建立道場燒四十九燈，花香果藥各置十六器散於壇上，合掌禮拜高聲讚詠此陀羅尼，及懺悔往咎，不墮三惡道，捨此身獲得金剛壽命，更不輪迴。若有比丘尼及四衆轉讀此經而不廢忘，離於短命、夭橫之怖及夜惡夢、厭魅、呪咀、惡形羅刹、鳥鳴百怪之屬，亦不爲水火兵毒之所傷害，一切諸佛及大菩薩攝受護念，亦得諸佛之所護念。"

爾時世尊説是經已，菩薩摩訶薩、天人四衆及毗沙門天王等一切大衆皆大歡喜，信受奉行。

佛説一切諸如來心光明加持普賢菩薩延命金剛最勝陀羅尼經

馬鳴菩薩成就悉地念誦[①]

大興善寺三藏沙門大廣智不空奉詔譯

爾時菩薩白佛言：我有大神力極祕密陀羅尼，爲度脱當來末法雜染世界衆生，欲説是神呪，佛聽許。爾時佛世尊讚菩薩言："善哉！善哉！汝諸佛聽許，諸菩薩、諸天皆悉以隨喜，速疾可説。"即菩薩從座而起，合掌低頭，踊躍歡喜。右遶佛三迊，退坐一面，佛前即説大神呪曰：

曩莫三曼馱没馱喃迦嚕日羅二合縛多曩吽篤薦訖哩二合婆呵

爾時，説妙真言已，三千大千世界六種震動，天雨曼荼羅華，地涌出七寶。一切衆生獲得悉地，財綿[②]錦繡、金寶種[③]如山岳，世間甚以爲希有。若有在家出家、善男善女受持是妙真言之中一字及我名，一經於耳，消滅生生世世極貧窮果報，速疾世間、出世間榮華樂具滿足成就。供養三寶，及六親九族乃至一切乞匃給施，莫不如意。

若欲受持此法，先畫菩薩像。其形六臂，又二腎，色紅。蓮華、白馬爲座，圍遶六大使者菩薩。畫已，從師傳授真言，先錦繡淨潔，衣服乃至妻子眷屬所持財寶用施與師。我即歡喜，以一切寶施恩以七寶。若是誓願，不信爲人，不可令聞、不可説。假令受習修道，不感應斯妙真言價直無央數佛功德。若發信心供養，恭敬瑜伽者，如佛敬妙句，受持之人得大功德。如前所説，若有國王、大臣及諸小國王，國土萬物枯盡，五穀不豐登，又蠶子不生，錦繡財綿乏少。時年中三箇月修行是法。所謂三月三日、五月五日、九月九日，種種妙華散，種種餚饍飲食用供養，五穀成就，萬菓豐登，國民皆悉，天上人中所有樂具滿足。其壇法量二肘半，用牛糞塗種種名香和泥，塗賢瓶四角置十方。毗底羅香燒不燒，是香不成就法。所設供具，用至其信心。不喚菩薩自來，至納受證，誠令滿足施主所求願。若有信男信女，不論淨不淨，日日晨朝時，受持妙真言一百八遍，并菩薩讚歎七遍，稱誦不離身體，世間諸事報示，又官位福壽如意

---

① 底本，《卍續藏》第 206 號，第 2 册第 890 頁。經名後，原有"一卷"，并有"吉備大臣持來"，此删。

② 綿，《卍續藏》校勘疑當作"帛"。

③ 種，《卍續藏》校勘疑當作"積"。

成就。

　　又印相説十指交絞，右押左腕、相離以印印五處。由結印誦真言力故，滅除無量罪報、厭眉①、呪咀、惡鬼、羅刹、亡靈、魑魅之毒害一切灾難，得無量福，現世有無量快樂，後生往生極樂。

---

　　①　眉，疑當作"魅"。

轉法輪菩薩摧魔怨敵法①

大興善寺三藏沙門大廣智不空奉詔譯

爾時摧魔怨菩薩白佛言："世尊，諸菩薩等各各已說祕密真言教法，世尊，我今爲欲未來末法之時護持國王，及護國界諸有情故，說祕密祕勝最密中祕密摧魔怨敵法，唯願世尊哀愍聽許。"佛言："便說。""世尊，若有隣國擾侵國界，或自國内軍衆寡少，或復怯弱，或有不臣起惡叛逆，即應取苦揀②木而作一幢，長十二指，周圓八指，削令極圓。如世尊所敕一切天龍八部，令護諸國，護諸國王，及護國界一切有情，爲除災禍，令得安樂。若難起時，皆圖畫彼護國土神於幢上。"

如此大唐護國土者，所謂毗首羯磨藥叉、劫比羅藥叉、法護藥叉、肩目藥叉、廣目藥叉、護軍藥叉、珠賢藥叉、滿賢藥叉、持明藥叉、阿吒縛俱藥叉，已上十大藥叉。嚩蘇枳龍王、蘇摩那龍王、補沙毗摩大龍王，已上三大龍王。訶利帝大天后、翳囉嚩蹉大天后、雙目大天后，已上三大天后。各有五千神將以爲眷屬③。

所應畫者皆畫本形，執持幖幟圖於幢上。又於幢頂上書無礙王十字佛頂真言，末後 𑖖 吒字在輪臍中。所有怨敵叛逆主帥，當書彼名於輪輻間。於幢底圖畫一輪，具足八輻。如上 𑖖 吒字置輪臍中，若災難起時，應請一解法之人，於此教中曾禀受者，於其中夜圖一方壇，於方壇上重畫三角壇，立於此幢在壇中央，於壇四面著種種食飲并二閼伽，燒安悉香及然酥燈，其解法者面南而坐。

即結一切如來鉤印：以二手内相叉作拳，以右頭指爲鉤，及誦真言稱名。請召十六大護及其眷屬大威德諸神將等壇中供養。

如來鉤真言曰：

𑖡(na) 𑖦𑖾(maḥ) 𑖭(sa) 𑖦(ma) 𑖡𑖿𑖝(nta) 𑖪(va) 𑖕𑖿𑖨(jra) 𑖜𑖽(ṇaṃ) 𑖀𑖾(aḥ) 𑖭(sa)
曩　　莫　　　薩　　滿　　多　　　　没　　馱　　　喃　　　噁　　　娑

---

① 底本，《卍續藏》第 75 號，第 2 册第 393 頁中—394 頁下，原靈雲本，原校本黃檗本。
② 揀，《卍續藏》校勘黃檗本作"練"。
③ 此段，《卍續藏》原校云："靈雲云出《大集·月藏分》。"

𑖨(rva)　𑖝𑖿𑖨(trā)　𑖢𑖿𑖨(pra)　𑖝𑖰(ti)　𑖮(ha)　𑖝(ta)　𑖝(ta)　𑖞𑖁(thā)　𑖐(ga)　𑖝𑖾(tāṃ)
嚩　　哆羅二合,引鉢囉二合底　賀　哆　怛　佗引　蘖　擔

𑖎𑖲(ku)　𑖫(śa)　𑖤(bo)　𑖠𑖰(dhi)　𑖓(ca)　𑖨𑖿𑖧(rya)　𑖢(pa)　𑖨𑖰(ri)　𑖢𑖲(pu)　𑖨(ra)
俱　　舍　　冒　　地　　左　　哩野　　播　　哩　　布　　囉

𑖎(ka)　𑖭𑖿𑖪𑖯(svā)　𑖮𑖯(hā)
迦　　娑嚩二合　賀引

行者次當入三世勝金剛忿怒三摩地,觀威德熾盛四面八臂,左蹈 𑖄(u) 塢𑖦(ma) 摩天后,右脚蹈摩醯首羅天。則結三世勝印:以二手金剛拳,檀慧互相鉤,直豎於進力,成已,誦真言三五或七遍。真言曰:

𑖌𑖽(oṃ)　𑖭𑖲(su)　𑖩𑖿𑖤𑖮(mbha)　𑖡𑖰(ni)　𑖭𑖲(su)　𑖩𑖿𑖤𑖮(mbha)　𑖮𑖳𑖽(hūṃ)　𑖣𑖘(pha)　𑖘(ṭ)
唵　　遜　　婆　　你　　遜　　婆　　吽　　發　　吒

𑖐𑖿𑖨(gṛ)　𑖮𑖿𑖜(hṇa)　𑖐𑖿𑖨(gṛ)　𑖮𑖿𑖜(hṇa)　𑖮𑖳𑖽(hūṃ)　𑖣𑖘(pha)　𑖘(ṭ)　𑖐𑖿𑖨(gṛ)
吃①哩二合 賀拏二合 吃哩二合 賀拏二合 吽　　發　　吒　吃哩二合

𑖮𑖿𑖜(hṇa)　𑖢(pa)　𑖧(ya)　𑖮𑖳𑖽(hūṃ)　𑖣𑖘(pha)　𑖘(ṭ)　𑖁(ā)　𑖡(na)　𑖧(ya)　𑖮𑖺𑖾(hoḥ)
賀拏二合 跛　野　吽　　發　　吒　阿引　娜　野　斛引

𑖥(bha)　𑖐(ga)　𑖪𑖽(vaṃ)　𑖪(va)　𑖕𑖿𑖨(jra)　𑖮𑖳𑖽(hūṃ)　𑖣𑖘(pha)　𑖘(ṭ)
婆　　誐　　鑁　　嚩　日囉二合 吽　　發　　吒

復次即結上方諸天教敕印:以二手各作金剛拳,二頭指互相旋繞。結印成已,而教敕言:汝等十六大護大藥叉將等,受佛付囑,護持國王,及護國界一切有情,令得安樂辟除災禍。今我國境有某難事,汝等大護助我軍陣,摧破怨敵,汝等當令彼軍被縛迷悶,令某荒亂,使我軍兵強盛得勝。作是敕已,即誦真言三遍曰:已下召請諸天並同此結本印。

𑖮𑖳𑖽(hūṃ)　𑖢(pa)　𑖩𑖰𑖾(liḥ)　𑖝𑖰(ti)　𑖟𑖿𑖠(ddha)　𑖩𑖰𑖾(liḥ)　𑖝𑖾(taḥ)　𑖪(va)　𑖕𑖿𑖨(jra)　𑖎(ka)
吽　　跛　　里入　底　　娜嚩二合 里入　多入　嚩　日囉二合 羯

𑖨𑖿𑖬(rṣa)　𑖮𑖽(haṃ)　𑖕𑖾(jaḥ)
灑　　唅　　若

復次當結遊虛空諸天教敕印:以二手金剛縛,屈二頭指以甲相背,並豎二空押於二風。結印成已,一依前文而教敕已,即三遍誦真言曰:

𑖌𑖽(oṃ)　𑖪(va)　𑖕𑖿𑖨(jra)　𑖐𑖿𑖨(gra)　𑖢𑖯(pā)　𑖙(ḍa)　𑖧(ya)　𑖪(va)　𑖕𑖿𑖨(jra)　𑖮𑖳𑖽(hūṃ)
唵　　嚩　日囉二合 蘖囉二合 跛　拏　野　嚩　日囉二合 吽

復次當結住虛空諸天教敕印:如降三世印,二食相繞,以印安於頂上即是。結印已,一依前文而教敕言,即誦真言三遍曰:

---

① 吃,原作"吃",據對音改,下同。

ॐ(oṃ) व(va) ज्र(jra) म(ma) ला(lā) ग्र(gra) वं(vaṃ)
唵　　嚩　　日囉二合摩　　囉　　吃囉二合 鑁

　　復次當結地居諸天教敕印：以二手金剛縛，舒二風頭相合，如金剛護菩薩印即是。結印已，一依前文而教敕言，即三遍誦真言曰：

ॐ(oṃ) व(va) ज्र(jra) व(va) न्ध(ndha) हं(haṃ)
唵　　嚩　　日囉二合滿　　馱　　憾

　　次結地底諸天教敕印：以二手各展令掌向外，二空頭相捻，二風相鉤，二火以頭相拄，以印安於眉間，一依前文而教敕言。即三遍誦真言曰：

ॐ(oṃ) हा(hā) रु(ru) क(ka) व(va) ज्र(jra) स(sa) म(ma) य(ya) स(sa)
唵　　賀　　嚕　　迦　　嚩　　日囉二合娑　　摩　　野　　娑

र्व(rva) दु(du) ष्ट(ṣṭa) स(sa) म(ma) य(ya) मु(mu) द्र(drā) प्र(pra) मां(māṃ)
嚩　　努　　瑟吒二合娑　　麼　　野　　母　　捺囉二合鉢囉二合 憾

ज(ja) क(ka) हूं(hūṃ) फ(pha) ट्(ṭ)
惹　　迦　　吽　　發　　吒

　　既啓告已，則結慧手作金剛拳，按於幢上，誦十字佛頂真言一百八遍。欲誦此十字佛頂真言，先應結印誦之七遍。印以二手内相叉爲拳，二空入於掌中，二風各屈拄二空背即是。誦真言曰：

ॐ(oṃ) व(va) ज्र(jra) स(sa) न्धो(ndho) ष्णी(ṣṇī) ष(ṣa) हूं(hūṃ) फ(pha) ट्(ṭ)
唵　　嚩　　日囉二合薩　　怛舞二合　瑟抳二合灑　　吽　　發　　吒

　　念誦已，即更焚香獻華，即捧閼伽，奉爲帝王并及百姓，發廣大利益安樂殊勝之願。即結金剛縛，豎合二火即成。誦金剛解脱真言三遍，送聖衆各還本宮。真言曰：

ॐ(oṃ) व(va) ज्र(jra) मुः(muḥ)
唵　　嚩　　日囉二合 穆

　　法事已訖，則收幢於淨函或篋安置，供養食飲等，依法送往河流之中。
　　摧魔怨菩薩破佗陳敵法發軍時節依宿曜日量①

---

①　此注文，原作正文，據文意改。

降三世忿怒明王念誦儀軌①

特進試鴻臚卿大興善寺三藏沙門大廣智不空奉詔譯

爾時諸佛菩薩一切賢聖現世間，利益一切有情。時爲非順正法相、損壞國土衆生魔等，阿閦、普賢大弘誓甚深故，示現忿怒形相。白佛言："我有②真言於世間甚所希有，諸如來被聽宣說真言，我等當守護諸佛教法，饒益一切有情。"爾時佛告言："善哉善哉，忿怒王，汝聽説降伏真言。"則時示現四面八臂極惡大忿怒形相，説真言句頌。真言曰：

唵蘇蘇吽反婆你蘇婆吽短呼，下同蘗哩二合訶拏二合蘗哩二合訶拏二合吽蘗哩二合訶拏二合波耶吽阿那野斛引婆誐哦嚩日羅二合吽泮吒

爾時普賢大士等説此真言時，三千大千世界六種震動，所有天魔鬼界於衆生生損害者，皆悉恐怖，非得安樂，各走集白忿怒尊言："唯願愍念，令我無恐懼。"爾時忿怒王皆令得安穩，則尚右足下踏大自在魔王，左足下踏魔婦人，於國土有情皆令得快樂。誦此真言一遍，則無量無邊魔界各苦惱熱病故，於行者生障礙者無得便者，變成行者僕從，乃到妨難，行者宜須護三業内外，此亦可辟除結界，印身五處。作契儀則，可見金剛頂瑜伽教中，更不飜譯。復不須作諸契法印，但威驗皆在此真言，亦無有別呪。若欲修此真言者，面東像前，忿怒坐③，想我身則爲不異本尊威怒王，則淨三業。所謂④吽字三遍，亦安法界，則二手堅固縛捧額上，左右三轉，亦成辟除結界。次至心合掌，禮拜忿怒尊諸聖衆。

若欲降伏一切惡人，作三角爐，壇向南，取惡木，一遍一燒，滿三百二十四遍，惡人自降伏生歸依。

---

① 底本，《卍續藏》第135號，第2冊第606頁。校本，《大正藏》第1210號，第21冊第41頁上—42頁上，原享保年間刊豐山大學藏本，原校本[甲]仁平二年寫高山寺藏本，[乙]平安時代寫仁和寺藏本，[丙]保安三年寫東寺三密藏本。
② 有，原作"在"，據《卍續藏》及《大正藏》本校勘改。
③ 坐，《卍續藏》校勘一本作"瞋"，《大正藏》本校勘[甲][乙][丙]同。
④ 謂，《卍續藏》校勘一本作"誦"，《大正藏》本校勘[甲][乙]同。

又欲令惡人病疾者，作調伏壇，誦根本真言一千八十遍，燒赤黑二種芥子一千八十粒，一遍一燒。真言句中誦姓名，則洗長病而無死滅。若欲除病者，作息災壇，向東，燒白米一千粒，一呪一燒，真言句中安除病宇①，則息病歸伏佛法，無有異心，如此枝木。

若欲頓滅惡人，爐中安惡人姓名形，以惡心誦呪一百八遍，以砂打惡人燒之，則死。若欲急甦，對忿怒王，以慈悲心誦一百八遍，不過時甦，復無損壞。

若欲勝軍陣者，取香華木一百八枚，誦真言燒之，即雖魔敵軍即時得勝，亦須五穀五香。若無者隨在，莫惱不得。

若欲入山林不遭惡禽獸毒虫者，二手掌內把隨節之石，呪二七遍，打投行道前，雖禽獸毒虫皆降伏，敢無有害損心。

若欲被敬愛國王大臣者，作敬愛壇爐，燒菊根一百八枚。一呪一燒，一②則敬愛自來。

若欲濟助重病人者，對像前，呪香水一百八遍，急撮入病者腹懷內，則醒起。

若欲留癲症病者，取龍水，則呪一百八遍，洗二眼口舌等，自然消滅，無有佗病。

若欲縛男女，令問顯一辭，取栢榴木一丈二尺，加持一萬遍，然後別處以枝一呪一打，打人二七處，即萬事隨問皆顯語，即想意計被解縛。

若行者修此法時，七七日間，須斷五穀味鹽，一心無餘境，滿真言十萬遍。爾時本尊現形作大惡怖魔體，試謙行者心，是時慎勿生散發，則法成就。

爾時忿怒王說此真言時，一切天魔惡鬼等皆大降伏，而信受歸依佛道，各作將護者③行者。

次解結界，禮佛出堂場，任意讀《般若》等之經。

降三世忿怒明王念誦儀軌

---

① 宇，《卍續藏》校勘疑當作“字”，《大正藏》本校勘［甲］［乙］［丙］亦作“字”。

② 一，《卍續藏》校勘一本無。

③ 者，《卍續藏》校勘疑衍。

聖賀野紇哩縛大威怒王立成大神驗
供養念誦儀軌法品①

聖賀野紇哩縛大威怒王立成大神驗
供養念誦儀軌法品上卷

特進試鴻臚卿大興善寺三藏沙門大廣智不空奉詔譯

歸命金剛手，密主大菩薩。
能説最上乘，令速證菩提。
賀野紇哩縛，能摧諸魔障，
以慈悲②方便，現大忿怒形。
成大威日輪，照曜無邊界，
修行者暗暝，速得悉地故。
流沃甘露水，洗滌藏識中，
熏習雜種子，速集福智聚，
獲圓淨法身，故我稽首禮。
我今依密言，微妙理趣教，
説最密儀軌。阿闍梨先擇，
修密言弟子，淨信三寶者，
愛敬於大乘，渴仰瑜伽教。
好修菩薩行，其心不怯弱，
求學相應門，捨身命及財，
無厭倦悋惜，族姓具諸根，

---

① 底本，《大正藏》第 1072 號 A，第 20 册第 155 頁上—169 頁下，原享保年間刊豐山大學藏本，原校本［甲］久安六年寫高山寺藏本，［乙］寬治八年寫高山寺藏本。

② 悲，《大正藏》校勘［甲］作"惠"。

多聞護正法，愛樂六度行。

愍念諸有情，常被大誓甲，

盡度無邊界，一切有情類，

令疾證菩提。阿闍梨若見，

如是法器人，方便而勸誘，

先當爲演説，微妙菩提道，

善巧般若理，速疾菩提路。

然與受三歸，令發菩提心。

次授與三世，無礙三種戒，

菩薩之律儀，方引入輪壇。

受與本所尊，持明護灌頂，

應示曼荼羅，告令三昧耶。

從今至成佛，勿捨菩提心，

恭敬阿闍梨，等同一切佛。

猶如執金剛，於諸同學處，

深敬不輕慢，從師受金剛，

及受金剛磬。爲求悉地故，

乃至菩提場，常持不應捨，

親對灌頂師，具受本尊教，

決定無疑謬，然後勇進修。

　　修瑜伽者從師受得本尊儀軌已，當於閑①處，或於山林幽谷，諸教所説勝上之處建立淨室，或於精舍治其地，以瞿摩夷塗拭。又白檀泥塗道場，周匝懸播，上施②天蓋。於壇西安本尊像，瑜伽者於壇東對像敷茅薦爲座，或坐被③脚小床上，分布漫荼羅列諸聖位。置二閼伽滿盛香水，安四賢瓶於壇四角，每日取種種時花散壇上，燒香、塗香、燈明、飲食及菓子加持分布四邊供養，隨力所辦，陳設莊嚴。每入道場虔誠作禮，發露懺悔，隨喜勸請，迴向發願。爾時金剛手菩薩告文殊師利言：“有大威怒王聖馬頭尊，我今説是心及妙印故，一切大眾咸來至此。”時金剛手菩薩復告文殊師利言：“善男子，諦聽，無邊功力勇健無邊如來奉事是大威怒王，復過去阿④僧祇俱胝如來皆蒙教示得成無上正等菩提，有無量天龍八部等恒常供養，恭敬承事。若纔憶念

①　閑，《大正藏》校勘［甲］作“閑靜”。
②　施，《大正藏》校勘［乙］云一本作“張”。
③　被，《大正藏》校勘［乙］云一本作“庫”。
④　“阿”前，《大正藏》校勘［甲］［乙］有“十”。

是威怒王，能令一切作障難者皆悉斷壞，一切障者不敢親近，常當遠離，是修行者所住之處四十里内無有魔事及諸鬼神等，與諸大菩薩共同得止住。”時金剛手菩薩從三摩地警覺，召集一切聲聞、辟支佛，一切天、龍、藥叉、乾闥婆、阿素羅、迦嚕羅、緊那羅、摩睺羅誐①、人及非人一切群生等皆來集會。復抽攝彼群生衆生差别之心，令同一體，等住三摩地，各②俱胝焚燒世界，火滅唯成一大火聚，如七日光照，大馬口等衆流俱湊，吞納無餘，盡成猛焰。説是大威怒王聖者馬頭尊微妙心亦如大馬口，吞噉焚燒一切衆生藏識中若干熏習雜種心等。説最勝根本真言曰：

曩莫三曼多嚩日囉二合赧一跢姪③他二主嚕主嚕三毗主嚕毗主嚕四伽跢藥④叉五摩訶婆囉六⑤薩嚩毗底娜二合毗那夜迦七皤陀匝謨枳底二合，八没跢野吽發吒九

纔誦此妙真言，三千大千世界六種⑥震動，一切佛刹土咸被大威怒王火光焚燒，同一體相成大火聚，蘇彌盧山、摩訶蘇彌盧山、鐵圍山、大鐵圍山，一切大海皆悉枯涸，乾燒成就灰燼，聖者馬頭尊大威怒王妙心三摩地如是。行者常應住大菩提心，深起悲愍，即運心觀想遍滿虚空一切如來，具諸相好，皆入法界定，又觀自身住佛海會中。即結警覺一切如來印，二手各作金剛拳，檀慧相鉤，直舒進力二度側相拄。誦真言⑦曰：

唵嚩日嚕⑧二合底瑟姹二合吽

由結此印誦警覺真言，一切如來皆從定出。瑜伽者應作是思惟，啓告諸佛：“我身少慧、少福，没於苦海，伏乞諸佛威神之力，唯願不捨大悲本願，慈悲矜愍，觀察護念，拔濟於我。”彼一切如來各以神力加持護念，修瑜伽者獲無量福聚身心自在。

次應禮四方如來請求加護，先禮東方阿閦如來等一切如來。瑜伽者即以全身委地，二手金剛⑨合掌長舒頂上，以心著地至誠敬禮。真言曰：

唵薩嚩怛他引，去蘖多一布引儒鏃固反，引跛婆他二合⑩，引曩引⑪夜引多麽二合，引南二額哩野二合，引多夜引銘引，三⑫薩嚩怛他去，引蘖多四嚩日囉二合薩怛嚩二合地瑟姹二合娑嚩二

① 誐，《大正藏》校勘［甲］作“迦”。
② 各，《大正藏》校勘［甲］［乙］作“名”。
③ 跢姪，《大正藏》校勘［甲］作“怛儞也”。
④ 藥，《大正藏》校勘［甲］［乙］作“夜”。
⑤ 六，《大正藏》校勘［甲］作“二合”。
⑥ 種，《大正藏》校勘［甲］［乙］作“變”。
⑦ “言”後，《大正藏》校勘［甲］有“以印三舉真言”。
⑧ 嚕，《大正藏》校勘［甲］作“羅”。
⑨ 金剛，《大正藏》校勘［甲］［乙］無。
⑩ 二合，《大正藏》校勘［甲］作“去”。
⑪ 引，《大正藏》校勘［甲］無。
⑫ 引三，《大正藏》校勘［甲］作“三”，［乙］作“引”。

合輪引，五吽

　　由結捨身印及誦真言奉獻、供養、禮敬，瑜伽者由作此禮乃至成佛，常得金剛薩埵加持，令菩提心圓滿。

　　次禮南方寶生如來等一切如來，如前展身委地，金剛合掌下當心，以額著地至誠禮敬。真言曰：

唵薩嚩怛他去，引蘗多一布引惹引①鼻曬引迦引夜引多麼二合南二顎哩野二合，引多上夜引銘三薩嚩多他去，引蘗多四嚩日囉二合囉怛曩二合②鼻詵去左輪引，五怛羅二合，引③

　　由結捨身印及誦真言奉獻、供養、敬禮故，乃至成佛，地地中常得虛空藏菩薩受與灌頂，福德圓滿，具諸相好，當爲三界法王。

　　次禮西方無量壽如來等一切如來，如前展身金剛合掌置於頂上，以口著地，至誠敬禮。真言曰：

唵薩嚩怛他去，引蘗多一布引惹引④鉢羅二合嚩怛曩引夜引多麼二合，引南二⑤顎哩野二合，引⑥多上夜引⑦銘三薩嚩怛他去，引蘗多四嚩日囉二合⑧達磨鉢羅二合嚩怛野輪五，引紇哩

　　由結捨身印及誦真言奉獻、供養、禮敬故，乃至成佛，常得觀自在菩薩加持，智慧圓滿，轉妙法輪。

　　次禮北方不空成就如來等一切如來，展身如前，金剛合掌置於當心，以頂著地，至誠禮敬。真言曰：

唵薩嚩怛他去，引蘗多一布引惹引⑨羯麼抳阿去，引多麼二合，引南二⑩顎哩野二合多上⑪夜引銘三薩嚩怛他去，引蘗多四嚩日囉二合羯磨矩嚕輪引，五⑫阿

　　由結捨身印及誦真言奉獻、供養、禮敬故，乃至成佛，常得金剛業菩薩加持，於⑬一切佛世界成就廣大供養業。瑜伽者即結跏趺坐，端身正念，不動支節，閉目靜寂，

---

①　引，《大正藏》校勘［甲］作“惹攞反引”。
②　二合，《大正藏》校勘［甲］無。
③　二合引，《大正藏》校勘［甲］［乙］無。
④　引，《大正藏》校勘［甲］作“慈攞反”。
⑤　二，《大正藏》校勘［甲］作“二合”。
⑥　二合引，《大正藏》校勘［甲］無。
⑦　引，《大正藏》校勘［甲］［乙］無。
⑧　二合，《大正藏》校勘［甲］無。
⑨　引惹引，《大正藏》校勘［甲］作“惹同前引”。
⑩　二，《大正藏》校勘［甲］無。
⑪　上，《大正藏》校勘［甲］無。
⑫　五，《大正藏》校勘［甲］作“去”。
⑬　於，原作“以”，據《大正藏》校勘［甲］［乙］改。

入四無量心觀。即結定印，初入慈無量心定，以愍清①心遍緣六道四生一切有情，皆具如來藏，備三種身口意金剛，以我修三密功德力故，願一切有情等同普賢菩薩。如是觀已，即誦大慈三摩地真言曰：

唵摩賀引昧引怛囉二合夜娑頗②二合羅

次應入悲無量心三摩地智，以悲愍心遍緣六道四生一切有情沈溺生死苦海，不悟自心，妄生分別，起種種煩惱、隨煩惱，是故不達真如平等如虛空，超恒沙功德。以我修三密加持力故，願一切有情等同虛空藏菩薩。如是觀已，即誦大悲三摩地真言曰：

唵摩賀引迦嚕拏上夜引娑頗二合羅

次應入喜無量心三摩地智，以清淨心遍緣六道四生一切有情，本來清淨，由如蓮花不染客塵，自性清淨。以我修三密功德力故，願一切有情等同觀自在菩薩。如是觀已，即誦大喜三摩地真言：

唵秣詩筆反馱鉢羅二合謨引娜娑頗二合羅

次應入捨無量心三摩地智，以平等心遍緣六道四生一切有情皆離我、我所，離蘊處界及離能取、所取，於法平等，心本不生，性相空故。以我修三密功德力故，願一切有情等同虛空庫菩薩。如是觀已，即誦大捨三摩地真言曰：

唵摩護引閉乞灑二合，引娑頗二合羅

瑜伽者由修習四無量心，定誦四無量心真言，於未來所有人天種種魔業障難悉皆除滅，身中頓集無量福聚，心得調柔，堪任自在。修瑜伽者不應執著外清淨，常以勝義自性清淨法水洗滌身心，如理相應，誦清淨真言三遍。真言曰：

唵娑嚩二合婆引嚩秣馱引薩嚩達莫引娑嚩二合，引婆嚩秣度憾

如《金剛頂瑜伽經》中説身、口、意金剛菩提心爲先，淨心爲澡浴。利樂修瑜伽者，即取塗香塗二手，合掌當心，即結如來部三摩耶契。如未敷蓮合掌，即以進力附忍願上節，禪智各附進力側。結成印已，誦真言入瑜伽，作意觀一切如來遍滿虛空，願加持我，又想從印流出無量光明，照觸盡無餘一切有情速證平等真如，以此佛三昧耶契速證瑜伽，願一切有情證得究竟大菩提。即誦真言曰：

曩莫三曼多没馱南引唵怛他引蘖妬納婆二合③嚩野娑嚩二合，引賀

由誦此真言及結印、作意等同一切如來，當獲具相卅二無見頂相，三身圓滿。以此印安於頂上，隨便解散。

---

① 愍清，《大正藏》校勘疑當作“慈愍”，[乙]云一本作“愍淨”。
② 二合夜娑頗，《大正藏》校勘[甲]作“夜二合引娑嚩”，[乙]作“夜二合娑嚩”。
③ 納婆二合，《大正藏》校勘[甲]作“納二合婆”。

　　次結蓮花部三摩耶印，又芙蓉合掌當自心前，檀慧禪智並豎，餘六度散開屈如八葉蓮花。結印已，誦真言，入甚深大悲瑜伽三摩地，觀滿虛空界觀自在菩薩與無量持蓮花者願加持我①。復起此觀，從印流出無量光明，照觸六趣有情根本藏識中雜染種子，獲得自他平等無緣大悲，速得如幻三摩地，隨類六趣示現種種身，四無礙解脱，具六十四種梵音，頓應一切有情以成佛道。真言曰：

曩莫劍摩攞播拏曳唵鉢納摩二合納婆二合嚩引也娑嚩二合，引訶②

　　由結此印及誦真言加持故，等同觀自在菩薩，當獲十地、十自在三種意生身。以此印於自口上解散。

　　次結金剛部三昧耶印，二手相背檀慧禪智互相叉。結印成已，誦真言，入菩提心三摩地，觀遍滿虛空界金剛手菩薩與馬頭無量忿怒眾集會，願加持我。復想從印流出無量光明照觸一切有情不定趣、異生趣向二乘，速成大菩提。真言曰：

曩莫三滿跢嚩日囉二合赦引③唵嚩日嚕二合，引納婆二合嚩引④也娑嚩二合，引⑤訶

　　由誦此真言及結印作意，不久當得金剛薩埵身口意金剛，能説密教教令輪，以作盡無餘有情上、中、下悉地，速疾頓證悉地。因便以此印，當自心前解散。

　　復作是念：盡無餘世界中有無量無邊有情雖發無上菩提之心，雖積集福德智慧資糧，闕瑜伽智慧方便加持妙法，退失善根，諸魔得便。云何爲彼引入解脱輪？爲一一有情説三密瑜伽微妙大乘，速疾頓獲世間、出世間殊勝悉地果報。發如是心，則成被大誓莊嚴甲冑。

　　次應結金剛明王最勝印，二手内縛忍願並申，以進力二度屈如鉤，當忍願初節背如三股金剛杵形，禪智並申，直附忍願側。真言曰：

曩莫三曼多没馱南引唵嚩日囉二合銀儞二合鉢囉二合捻引⑥跛跢二合，引也娑嚩二合，引賀

　　以此印印額、左右肩、心、喉等五處，頂上散。由結此印及誦真言作意，即成被金剛甲冑，同金剛明王，威光赫奕，無量無邊金剛族使者侍衛，一切障難及不善心有情無能侵害。上於虛空界，乃至下風輪際所有空行地居下毗那夜迦等類皆起慈心，不能爲障礙修真言行菩薩。

　　次應結金剛輪菩薩印，誦真言以入曼荼羅者，受得三世無障礙三種菩薩律儀。

---

①　我，《大正藏》校勘［甲］［乙］無。
②　訶，《大正藏》校勘［甲］作“訶引”。
③　引，《大正藏》校勘［甲］無。
④　引，《大正藏》校勘［甲］無。
⑤　引，《大正藏》校勘［甲］無。
⑥　引，《大正藏》校勘［甲］無。

由入曼荼羅，身心備十佛①微塵刹世②界微塵三摩耶無作禁戒。因屈伸、俯仰、發言、吐氣，起心動念，廢忘菩提之心，退失善根，以此印契真言殊勝方便，誦持作意，能除違犯愆咎。三昧耶如故倍加光顯，能淨身口意故，則成入一切曼荼羅，得灌頂三摩耶。則應結契，二手内相叉，進力並申直，忍願纏進力初節前，各以峯相跓，禪智並申直。當心誦真言七遍，真言曰：

曩莫悉底哩也四合地尾二合迦引南引③怛他引櫱跢引南引闇尾囉爾尾囉爾摩訶斫羯羅嚩日囉④二合娑跢娑跢娑羅帝娑羅帝怛羅二合以怛羅二合以尾駄麼爾三畔惹儞怛囉二合麼底悉駄引儗哩⑤二合怛嚂二合引娑嚩二合賀

誦此真言時作是觀念，盡虛空界、遍法界、三界生死六趣有情，速得入金剛界大曼荼羅，等同金剛薩埵大菩薩。

次結金剛合掌印，二手十度右押左互相交合即成。真言曰：

唵嚩日朗二合引惹哩⑥

由結金剛合掌印，速得滿足十波羅蜜，得十自在。

次結金剛縛印，以前印十度外相叉作拳即成。真言曰：

唵嚩日囉二合滿駄

由結金剛縛印，瑜伽者速得十地滿足。

次結摧十種障⑦金剛縛印，如前金剛縛，以印三度掣拍心上即成。真言曰：

唵嚩日囉二合滿駄怛囉二合吒

由結此印，能摧滅心中十種惑障，則顯現發揮身口意金剛。

次結金剛遍入印，如前金剛縛印，禪智屈入掌，各捻戒方置於心上。真言曰：

唵嚩日囉二合引吠微閉反捨惡

由結此印，瑜伽者身中三密金剛皆得順伏，加持不散。

次結金剛拳三昧⑧耶印，如前金剛縛遍入印，進力屈跓禪智背即成。真言曰：

唵嚩日囉二合母瑟置二合鑁⑨

由結金剛拳三摩耶印，身口意金剛合爲一體，修瑜伽者速得一切成就。

---

① 佛，《大正藏》校勘[甲][乙]無。
② 世，《大正藏》校勘[甲][乙]作“三世”。
③ 引，《大正藏》校勘[甲]無。
④ 囉，《大正藏》校勘[甲][乙]作“哩”。
⑤ 哩，《大正藏》校勘疑當作“哩耶”。
⑥ 惹哩，《大正藏》校勘[甲]作“惹惹攞反里”。
⑦ 障，《大正藏》校勘[乙]作“惑障”。
⑧ 昧，《大正藏》校勘[甲][乙]作“摩”。
⑨ 二合鑁，《大正藏》校勘[甲]作“鑁引”。

次結三摩耶印，如前金剛縛，直豎忍願相合即成，誦真言一遍，真言曰：

唵三去麼野娑怛鑁二合①

則觀自身等同金剛薩埵，處在月輪。又觀金剛薩埵在身前如鏡中像，與身相對等無有異。由結此印誦真言觀念相應故，即得於一切印爲主宰。

次結大三摩耶真實印，二手金剛縛，忍願屈入掌面相合，檀慧禪智直豎相合，以忍願頭觸心上。真言曰：

唵三去摩野斛引素囉多娑怛鑁三合②

由結此印，警覺瑜伽者身中金剛薩埵，以威神力加持行者，速得成就普賢菩薩身。

次結蓮花三昧耶印，如前金剛縛，檀慧禪智豎相合置於口上。誦真言曰：

唵嚩日囉二合跛娜麼二合，三去麼野娑③怛鑁三④合

瑜伽者作是思惟：我今此身等同觀自在菩薩，想左手當心執蓮花，右手作開敷花勢，住圓滿月輪中，了了分明。由結此印誦真言加持故，一切三摩地、一切方便般若波羅蜜多速得成就。

次結召罪印，二手金剛縛，忍願申如針，進力屈如鉤。起大悲愍心來去而觀想，召諸有情罪自身三惡趣衆罪召於掌，黑色如雲霧，衆多諸鬼形。真言曰：

唵薩嚩播波迦哩灑拏尾戍馱曩嚩日囉二合⑤薩怛嚩二合⑥三摩耶吽發吒

次結摧罪印，八度內相叉，忍願如前豎，應觀獨鈷杵。當心觀自相，變成降三世，勵聲誦真言，內起慈悲，忍願應三拍，摧諸有情罪，三惡趣皆辟除。真言曰：

唵嚩日囉二合⑦滿馱怛囉二合⑧吒

由結此印，能摧滅心中十種惑障，則顯現發揮身口意金剛。

次結三摩地印，如前金剛縛仰安跏趺上，進力屈中節豎相背，禪智橫相拄於進力上。即誦真言曰：

唵三去麼地跛娜銘二合⑨紇哩二合，引，入

次結定中禮佛印，即先五輪著地作禮，則兩手蓮花合掌，復想自身遍禮一切如來及菩薩足。真言曰：

---

① 二合，《大正藏》校勘[甲]無。
② 三合，《大正藏》校勘[甲]作"二合"，[乙]無。
③ 娑，《大正藏》校勘[甲]作"山"。
④ 三，《大正藏》校勘[甲]作"二"。
⑤ 二合，《大正藏》校勘[甲]無。
⑥ 二合，《大正藏》校勘[甲]無。
⑦ 二合，《大正藏》校勘[甲]無。
⑧ 二合，《大正藏》校勘[甲]無。
⑨ 二合，《大正藏》校勘[甲]無。

唵薩嚩怛他引蘗多播引娜滿娜①迦路弭

　　由此真言加持故，能令瑜伽者不起于座遍至十方，真實敬禮一切塵刹海會諸佛如來。瑜伽者端身正坐，儼然不動，想自身在一切如來海會，觀一一佛身微細由如胡麻，相好具足，了了分明。即入觀自在菩薩智②，作是思惟：一切法本來清淨，我亦清淨。於世間貪愛清淨故，則瞋恚清淨。於世間塵垢清淨故，則一切罪清淨。於世間一切法清淨故，則一切有情清淨。於世間般若波羅蜜多清淨故，則薩婆若清淨。瑜伽者作是觀已，身心豁然清淨。即誦通達心真言曰：

唵唧多上鉢囉二合底吠鄧迦嚕引弭

　　瑜伽者誦無限數，當證二無我，顯現如來藏，證圓滿菩提心。即誦菩提心真言曰：

唵冒引地唧多上母多跛二合③娜夜引弭

　　即閉目澄心，觀自身中正當胸間有圓滿、清涼、潔白滿月，一心專注，更不易緣。於圓明上想有八葉蓮花，胎中觀紇哩二合字如紅頗梨色。即誦加持蓮花真言曰：

唵底瑟姹二合跛娜麼二合

　　想其蓮花漸大，乃至遍滿小千世界及中千世界大千世界。其花具大光明，照曜六道眾生，滅除一切苦惱，彼等獲得安樂悅喜。即誦引蓮花真言曰：

唵娑頗二合羅跛娜麼二合

　　復想是蓮花漸斂漸小，量等己身。即誦斂蓮花真言曰：

唵僧去賀羅跛娜麼二合

　　又想空中一切如來悉皆入此蓮花中合爲一體，其蓮花變成觀自在菩薩，身紅頗梨色，坐蓮花臺上，首戴寶冠，冠中有化佛了了分明。以決定心如是觀已，而即誦自身成本尊瑜伽真言曰：

唵嚩日囉二合達謨引唅

　　由誦此真言加持故，瑜伽者自身與本尊無有異也。

　　次結加持印，如前金剛縛，進力合豎屈如蓮葉，禪智並豎即成，以印加持四處，所謂心、額、喉、頂各誦一遍。真言曰：

唵嚩日囉二合達磨引地瑟姹二合娑嚩二合鑅引

　　由結此印加持故，修行者威德自在，離諸障難，本尊瑜伽者④速得成就。

　　次結佛寶冠灌頂印，如前金剛縛忍願直豎，進力相跙如蓮葉，安於額上，誦真言

---

①　娜，《大正藏》校勘[甲][乙]作"娜喃"。

②　智，《大正藏》校勘[乙]云一本作"觀智"。

③　二合，《大正藏》校勘[甲]無。

④　者，《大正藏》校勘疑衍。

三遍。真言曰：

唵怛他_去,引蘖多達麼吽_引

　　由結此印及誦真言,則獲得無量壽如來寶冠灌頂。

　　次結蓮花鬘印,二手各作蓮花拳,當額如繫鬘,相遶三匝即分頂,復亦繞三匝,兩邊徐徐下如垂帶勢,從檀慧度次第舒散十度。誦真言曰：

唵跛娜麼_{二合}麼上^①梨達摩紇哩_{二合},引鎋

　　由結蓮花鬘印,當得爲蓮花部中法王。

　　次結金剛甲冑印,二手各作金剛拳直舒進力,於二度端想唵砧讖讚反二字。即誦被甲真言曰：

唵嚩日囉_{二合}^②迦嚩左嚩日哩_{二合},引矩嚕嚩日囉_{二合}嚩日囉_{二合}唅

　　隨誦真言,以進力二度,初於心上相遶三匝,分至背後亦相遶,還却至^③心前,次遶右肩,次遶左肩,次至喉,後至額^④,又至額前,復至腦後。每處皆相繞三匝,如前徐徐兩邊下如垂帶勢。從檀慧度次第舒散十度,便以二手旋轉如舞,當心三度拍掌。即誦拍掌真言曰：

唵跛娜麼_{二合}覩史野_{二合}斛^⑤

　　由結金剛甲冑印乃至成佛,於一切處一切生常被大慈金剛甲冑莊嚴身心,求世、出世間悉地速疾成就,内外諸障毗那夜迦不能侵嬈。由誦真言金剛拍掌故,一切聖眾皆歡喜。

　　次應身前想,於下界風輪想憾字,黑色漸引,形如半月,遍相稱如風輪。當思真實句,所謂一切法離因緣。次應於風輪上,想鑁字白色光明,漸引圓滿大小如本水輪。當思真實句,所謂諸法自性離言説。又於水輪上,想鉢囉_{二合}字門變成金龜,放金色光明,漸引廣大無量由旬。當思真實義,所謂一切法勝義不可得以爲方便。又於空中,想欠字門變成毗盧遮那如來。當思真實義,所謂一切法如虛空。佛身色如素月光,首戴金剛寶冠,瓔珞嚴飾,身被天妙輕衣,結菩提勝印,深起悲愍,一切有情被貪、瞋、癡、煩惱火焚燒,積集無量不善極惡之業。想毗盧遮那遍身流注甘露八功德水,色如珂雪,淋漓六趣一切有情煩惱之火,盈滿金輪龜背。爲成大香乳海故,當結成就海印,十度内縛仰右旋。誦此真言曰：

唵尾麼路_引捺地吽

---

① 上,《大正藏》校勘[甲]作“上引”。
② 二合,《大正藏》校勘[甲]無。
③ “至”前,《大正藏》校勘[甲]有“至臍相遶次繞右膝次繞左膝還至臍皆相繞次至腰後卻”。
④ 額,《大正藏》校勘[甲][乙]作“頸”。
⑤ 斛,《大正藏》校勘[甲]作“斛引”。

爲成就變化蓮花故，當觀囕字門流散赤焰，而成火輪。其形三角漸引量同水輪，忽然之間從金龜背涌出八葉大蓮花，金剛爲莖，廣大無量由旬。於花臺中觀阿字門，當思真實義，所謂一切法本不生。從阿字門法界等流涌出蘇彌盧山王，爲成就妙高山故，當結成就寶山王印，十度內相交，爲拳相合豎。真言曰：

唵阿者攞吽

由此印密言三摩地故，便成蘇彌盧山王，四寶所成，七重金山周匝圍繞，山間有八功德水，山王傍出①四跳四天王等天各住本方，無量眷屬衛護金剛峯寶樓閣。其山縱廣八萬四千由旬，其地平正，爲令堅密牢固如金剛，下至空際。於其樓閣中觀阿字，次於東方觀吽字，又於南方觀怛洛②字，又於西方觀紇哩字，次於北方觀惡字，變成五佛所居宮殿。即應結金剛橛印，戒從慧方背閵入掌，忍入願力閵亦然，方願峯從檀戒進忍閵向外出，餘度各以峯相跓結成印。以真言相印金剛橛，流散無量威猛火焰，以大指向地釘之，一誦一釘，至三遍便止，即成堅固地界。真言曰：

唵枳哩枳哩嚩③日哩二合勃律二合④滿馱滿馱吽發吒半音

由此印真言加持故，設於念誦處道場地中，不依法除一切過患，不祥，感招障難。由此印加持故成金剛座，天魔及諸障者不爲惱害，少用功力，速疾獲大成就。隨心大小，稱壇場地應知。

次結方隅界金剛牆印，準前橛印用⑤禪智豎之，側如牆形。應觀印成金剛杵，從印流出無量熾盛金剛火焰，右旋印遶身三轉稱壇大小，即成金剛堅固之城。真言曰：

唵薩羅薩羅嚩日囉二合鉢羅二合迦引羅⑥吽發吽半音

由結此印及誦真言作意加持故，一切諸佛尚不違越，何況諸餘難調者，毗那夜迦及毒蟲利牙爪者而能侵凌。瑜伽者又應於須彌山頂觀大寶殿，其殿無價摩尼所成，四方正等具足四門，其門⑦左右有吉祥幢，軒楯周環，遍垂珠鬘、瓔珞、鈴鐸、繒幡種種間錯而爲莊嚴，旋布殿中，微風搖激出和雅音。復於殿外四角及諸門角，以半滿月等金剛寶而飾之，寶柱行列，垂妙天衣，周布香雲，普雨雜花。復於其外有無量供⑧具劫樹行列，諸天競奏衆妙音樂，寶瓶閼伽妙⑨天妙飲食，摩尼爲燈。作此觀已，而誦此偈：

---

① 出，《大正藏》校勘［甲］［乙］作“由”。
② 洛，《大正藏》校勘［甲］［乙］作“路”。
③ “嚩”前，《大正藏》校勘［甲］［乙］有“嚩日囉二合”。
④ 二合，《大正藏》校勘［甲］無。
⑤ 用，《大正藏》校勘［甲］［乙］作“開”。
⑥ 羅，《大正藏》校勘［甲］無。
⑦ 其門，《大正藏》校勘［甲］無。
⑧ 供，《大正藏》校勘［甲］［乙］無。
⑨ 妙，《大正藏》校勘［甲］［乙］無。

以我功德力，如來加持力，

及以法界力，普供養而住。

説此偈已，即結大虛空庫藏印十度金剛縛，進力麼如寶，禪智並申逼忍願，檀慧戒方合如幢。結定①印，誦真言，想從印流出如上供具樓閣等。真言曰：

唵誐誐曩三婆嚩嚩日囉二合穀引

以此真言印加持故，縱觀不成，皆成真實廣大供養，由此法爾所成故。

又觀樓閣中有蓮花胎②，於蓮花胎中想紇哩字流出大光明，遍照無邊佛世界，所有受苦衆生遇光照觸皆得解脱。從此大光明中涌出馬頭大威怒王，有四面皆忿怒，虎牙上下出現，八臂各執器杖，安坐寶盤石上蓮花臺上。中面頂上有碧馬頭髮如螺焰③，身色赫奕如日輪，遍身火焰，炯燃逾劫災火，焚燒内外人天業障，無量忿怒衆及十波羅蜜菩薩周匝圍繞作侍衞，八供養菩薩各住本位。樓閣四隅有婆羅跢麼、婆羅遮那、一髻羅刹、阿婆羅底等四大童子各與無量眷屬前後圍繞，又八大龍王等與無量龍王衆俱八方圍遶，又十二大天王重四邊圍繞，餘諸天八部以爲眷屬。如是觀想無量聖衆及本尊，極須分明，勿令忘失次第。即結纔發意轉法輪菩薩印，二手各作金剛拳，進力檀慧相鉤結。即誦真言曰：

唵嚩日囉二合④斫羯囉二合吽弱吽鑁斛引

即以印置於身前壇上，即成蓮花部母調伏大曼荼羅。以印安於心上，即自成大曼荼羅。以印觸本尊像，彼像或畫、或銅、或素，皆成大曼荼羅。以印置身前空中，即滿虛空界成大曼荼羅。修行者設有越法誤失三業破三摩耶戒，由結此印誦真言加持故，能除諸過，皆得圓滿。

次結普請警覺一切聖衆印，如前金剛縛直豎忍願，進力屈如鉤即成。瑜伽者應以清和雅⑤音，誦警覺聖衆真言三遍，警覺本尊并十婆羅蜜菩薩蓮花部聖衆。真言曰：

唵⑥去，引夜引呬罄異反試伽嚩二合，轉舌呼素蘖跢引枳讓⑦二合吠微閉反誐多入聲鉢囉二合拏上⑧弭旦得安反帝嚩囉薩怛嚩二合尾訖囉二合麼入聲，引，二⑨迦嚕引⑩呬薩鑁嚩囉娜引摩

---

①　定，《大正藏》校勘[甲][乙]作“是”。

②　胎，《大正藏》校勘疑當作“臺”。

③　焰，《大正藏》校勘[甲]無。

④　二合，《大正藏》校勘[甲]無。

⑤　和雅，《大正藏》校勘[甲]作“雅梵”。

⑥　唵，《大正藏》校勘[甲]作“唵阿”。

⑦　讓，《大正藏》校勘[甲][乙]作“孃”。

⑧　上，《大正藏》校勘[甲]無。

⑨　二，《大正藏》校勘[甲][乙]作“三”。

⑩　引，《大正藏》校勘[甲]無。

賀引摩攞引，入聲，三阿上①贊拏迦引薩怛嚩二合尾秌詩筆反地迦引囉迦引，入，四怛怛隸二合難底丁以反，後同囉閜底上同囉閜五尾囉閜尾囉閜六②阿囉囉訖哩二合播引麼野七③娑嚩二合賀引

次④結普召集佛菩薩印，即分前印，胸前交臂右押左⑤，以忍願禪智彈指。即想左手拓金剛乾槌，右手執獨股金剛杵，搖⑥擊聲徹十方世界，諸佛菩薩一切聖衆聞已，皆悉集會於曼荼羅上空中。瑜伽者即住觀自在菩薩三摩地，即誦蓮花部一百八名讚，普禮一切聖衆。誦讚歎曰：

惹自攞反野覩没哩二合，鼻聲拏上，引羅餉佉惹準上吒計捨迦羅引跛馱嚩一鉢娜麼二合嚩唧引誐拽瑟置二合怛羅二合⑦野審引怛羅二合娑賀娑羅二合步簪自含反，二娑怛多那莫娑訖哩三合妬引枇尾儞野二合，引馱囉禰引嚩誐喃三阿賀麼上嚩⑧路引枳帝引濕嚩二合囉麌嚩娑多上簟鉢囉二合拏多入聲，四跛娜麼二合囉引誐顝寧逸反摩上灆五迦引麼上囉引誐母答輪六路引迦曩他曼馱銘引，七薩嚩秌詩筆反馱⑨

次結馬頭尊鉤印，二手金剛縛，進力屈如鉤，向身招之，誦真言三遍。真言曰：

唵賀野疙哩二合，引嚩一摩賀引跛娜莽二合矩舍引，二羯囉灑二合野誐引⑩伽嚩二合，三薩嚩跛娜麼二合矩攞三去麼琰引，四跛娜莽二合，引矩捨馱囉五吽引弱六

由結此印請召，一切聖衆皆來集會。

次結不空羂索菩薩印，二手蓮花合掌，進力禪智金剛縛，右手禪度入左手虎口中。即誦言曰：

唵阿上謨引伽去跛娜麼二合播引捨一矩嚕二合，引馱引羯囉灑二合野二鉢囉二合吠微閉反引捨野三麼賀引⑪跛輸上跛底丁以反，四焰麼嚩嚕拏上矩吠同前音，引囉五没囉二合憾麼二合吠引灆馱囉六跛娜麼二合矩攞三去麼琰引，七吽引吽引吽引⑫吽引，八

由結此印，一切聖衆皆咸引入大曼荼羅。

次結蓮花鎖菩薩印，二手蓮花合掌，進力禪智金剛縛，各相捻如環。即誦真

---

①　三阿上，《大正藏》校勘［甲］作"阿"。
②　六，《大正藏》校勘［甲］作"二合"。
③　七，《大正藏》校勘［甲］［乙］無。
④　次，原作"便"，據《大正藏》校勘［甲］改。
⑤　右押左，《大正藏》校勘［甲］作"左押右"。
⑥　搖，《大正藏》校勘［甲］［乙］作"捶"。
⑦　二合，《大正藏》校勘［甲］無。
⑧　上嚩，《大正藏》校勘［甲］無。
⑨　"馱"後，《大正藏》校勘［甲］有"悉地野二合左八"。
⑩　誐引，《大正藏》校勘［甲］作"試"，［乙］作"試引"。
⑪　引，《大正藏》校勘［甲］無。
⑫　吽引吽引，《大正藏》校勘［甲］［乙］無。

言曰：

唵跛娜麼二合娑怖二合，引吒滿馱一薩嚩跛娜麼二合矩攞二三去麼夜引熾引①伽嚙三合，三②吽引鑁四③

由結此印，一切聖衆以大悲本誓於道場中各依本位，堅住不散。

次結蓮花俱摩羅印，二手蓮花合掌，禪智屈入掌，各置檀慧戒方度間。即誦真言曰：

唵殺穆佉④一娑曩得矩二合麼引羅二吹引，準前音灑馱羅三跛娜麼二合吽⑤吒夜引吹引⑥捨野四薩嚩跛娜麼二合矩攞三去摩琰引，五薩嚩母捺嚙二合，引滿馱野六薩嚩悉馱喻引銘引鉢囉二合拽磋七跛娜麼二合，引吹引⑦捨惡吹引⑧捨惡八

由結此印誦真言三遍，一切聖衆皆大歡喜。

次應辟除諸魔作障難者，當用降三世威怒印真言。於兩目童⑨人上觀紇哩字變爲日輪，流出無量威光，於一一光道上有種種金剛火焰猛利杵，顰眉怒目，右旋顧視菩薩大衆。由此金剛威怒眼顧視，諸魔隱在大衆中者皆悉退散。以此瞻覩，本尊及聖衆咸皆歡喜。即結印二手各作金剛拳，加右⑩左手腕上，檀慧反相鉤，直豎進力，安印當心，誦真言三遍。真言曰：

唵遜婆去，引顙遜婆去，引吽短聲，後同，一仡哩二合覺拏二合仡哩二合覺拏二合，引跛野吽三阿去，引曩野斛引，四婆去誐鑁嚩日囉二合，引吽發吒⑪

由結此印、誦真言，住此忿怒三摩地。身心所有煩惱業障，以金剛猛利慧火焚燒盡。即以印左轉三匝，辟除障者。便右轉三匝，隨意大小結爲方隅界，即印心、額、喉、頂各誦一遍，頂上散印。

次結上方金剛網印，準前牆印，以禪智各捻進力下節。結印成已爲金剛杵，又從印流出無量金剛杵，金剛杵皆流出無邊威焰，相續成網，頂上右旋印三匝。即誦真言曰：

---

① 引，《大正藏》校勘[甲]無。
② 三合三，《大正藏》校勘[甲]作"二合引"，[乙]作"二合三"。
③ 引鑁四，《大正藏》校勘[甲]作"鑁"，[乙]作"引鑁"。
④ 佉，《大正藏》校勘一本作"伽"。
⑤ 吽，《大正藏》校勘[乙]云一本作"健"。
⑥ 引，《大正藏》校勘[甲]無。
⑦ 引，《大正藏》校勘[甲]無。
⑧ 引，《大正藏》校勘[甲]無。
⑨ 童，《大正藏》校勘一本作"瞳"。
⑩ 加右，《大正藏》校勘[甲][乙]作"右手加"。
⑪ 吒，《大正藏》校勘[甲]作"吒引"，[乙]作"吒五"。

唵尾塞普二合攞捺囉二合乞灑嚩日囉二合咩惹攞吽發吒半音①

由此網印誦真言加持故，即成堅固不壞之網。

次結火院密縫印，以左手掩右手背，豎禪智。結印成已，當作此觀，從印流出金剛熾盛火焰，誦真言三遍，右遶身三匝，想於金剛牆外火焰圍繞。即誦真言曰：

唵阿三磨銀儞二合吽發吒半音

次結真實大三昧耶印，十度內相叉爲拳，並豎忍願，屈進力如鉤，在忍願兩邊如三股杵形，以禪智附進力側，右旋印三匝。誦真言三遍，護於火院界外。即誦真言曰：

唵賞羯禮摩訶三摩琰娑嚩二合，引賀引②

由此印真言加持故，如金輪王等佛頂經說，若有人誦持頂輪王等佛頂，五百由旬內，修餘部真言者請本所尊念誦，聖者不降赴，亦不與悉地，由一字頂輪王威德攝故。若結此大界，設隣近持誦輪王人，不能沮礙，不奪威力，所持餘真言皆速得成就。

次獻閼伽水，二手捧閼伽器，當額獻誦真言七遍，想浴一切聖衆雙足。真言曰：

娜莫三去滿多母馱引南引，一唵誐誐曩二三去③麼去，引摻去④麼三娑嚩二合，引賀引

瑜伽者獻閼伽時心中所希望事，舉即發願啓白聖者，我所求悉地願速成就。

次結獻花座印，二手芙蓉合掌，如未⑤敷蓮花勢當心，禪智各捻檀慧甲爲臺，其餘度如金剛印。成已，觀印爲金剛蓮花，又想從印流出無量金剛蓮花座，奉獻本尊及聖衆等。誦真言曰：

唵嚩日囉二合⑥迦麼羅娑嚩二合，引賀引

由結此印誦真言故，本尊及營從則真實各受得座已。

次結蓮花喜戲菩薩印，二手蓮花合掌，禪智並豎微開，安於心上即成。瑜伽者觀想自身等喜戲菩薩，想從心中流出無量喜戲菩薩，供養本尊及一切聖衆。蓮花喜戲真言：

唵破娜麼二合邏引細羅引誐野一摩賀引禰引尾二囉引誐布引惹引三去⑦摩野吽引，三

由結此印、誦真言供養故，不久獲得如來地，住法圓滿現法樂住，證成無上菩提。

次結蓮花鬘菩薩印，即以前印舒臂向前，與自額齊，運想從額流出無量蓮花鬘菩

---

① 半音，《大正藏》校勘［甲］作"引"。
② 引，《大正藏》校勘［甲］無。
③ 去，《大正藏》校勘［甲］［乙］無。
④ 去，《大正藏》校勘［甲］［乙］無。
⑤ 未，《大正藏》校勘［甲］［乙］無。
⑥ 二合，《大正藏》校勘［甲］無。
⑦ 去，《大正藏》校勘［甲］［乙］無。

薩，供養本尊及一切聖衆。蓮花鬘真言曰：

唵跛娜麼二合麼黎一鼻詵去左引鼻曬引迦二布引惹引三去①摩野吽引，三

由結此印、誦真言供養故，獲得相好具足，當爲三界法王。

次結蓮花歌讚菩薩印，即以前印下至當齊，蓮花合掌徐徐漸上至口，以印從口向前下瀉。想從口流出無量蓮花歌讚菩薩，供養本尊及一切聖衆。蓮花歌讚真言曰：

唵跛娜麼二合儀霓以反帝一誐引娜儀準前，引多二布引惹引三麼曳引吽引，三

由結此印、誦真言供養故，不久當具六十四種梵音，四無礙辯，能於無量世界轉大法輪。

次結蓮花舞菩薩印，二手各作蓮花拳，先於胸右互相旋轉如舞，次於胸左亦互相旋轉如舞勢，次於頰右、次於頰左如前旋轉，誦真言不閒斷，末後蓮花合掌置於頂上。想從頂流出無量蓮花舞菩薩，供養本尊及一切聖衆。蓮花舞真言曰：

唵跛娜麼二合顎㗚二合底曳二合，一薩嚩布引惹引，二鉢囉二合韈多曩三去麼曳吽引，三

由結此印誦真言供養故，當得三種迅疾意成身，刹那頃於無量世界作神通遊戲，利樂有情，廣作佛事。

次結蓮花焚香菩薩印，二手蓮花合掌，覆二手向下散。想從印流出妙香雲海遍周法界，普供養一切如來海會。蓮花焚香真言曰：

唵跛娜麼二合度上，引跛布引惹引三去麼曳一鉢羅二合賀囉二合，引娜野二跛娜麼二合矩羅娜以帝三摩訶誐扼計四跛娜麼二合囉底吽引，五

由結此印誦真言供養故，獲得如來無礙金剛解脫智。

次結蓮花花供養菩薩印，二手蓮花合掌，向上如散花勢。運想從印流出種種天妙花，普供養一切如來海會。蓮花花供養真言曰：

唵補澁跛二合布引惹引三去麼曳一跛娜麼二合嚩引悉顎二摩訶引室哩二合曳三跛娜麼二合矩羅鉢囉二合底賀哩四薩嚩引羅攤二合，引娑去，引馱野吽引，五

由結此印誦真言供養故，獲得百福莊嚴無邊受用身。

次結蓮花燈燭菩薩印，二手蓮花合掌，禪智豎相合。運想從印流出無量摩尼燈光，普照一切佛刹。蓮花燈燭真言曰：

唵儞引跛布引惹引三去麼曳一跛娜麼二合矩羅遜娜哩二摩訶努引底野二合，引路引捷散惹曩野三跛娜麼二合薩囉娑嚩二合底吽四，短聲

由結此印誦真言供養故，獲得如來清淨五眼。

次結蓮花塗香菩薩印，二手蓮花合掌當胸上，分散如塗香勢。想從印中流出塗香雲海，普供養一切如來海會。即誦蓮花塗香真言曰：

---

① 去，《大正藏》校勘［甲］［乙］無。

唵獻馱布引惹引三去麼曳一摩賀引跛娜麼二合矩羅二際致矩嚕三薩嚩羯麼引扼迷四跛娜麼二合悉地吽引,五

由結此印誦真言供養故,獲得戒、定、慧、解脱、解脱智見五分法身。

次結普供養印,供養本尊及聖衆,二手十度初分相交。結印成已,誦真言,思惟從印流出種種供養雲海、天妙妓樂、歌舞嬉戲等,天妙衣服、飲食、燈明,閼伽賢瓶劫樹,寶幢、幡蓋諸寶等類,一切人天所有受用之物,衆多差別供養具。如大乘契經所説,供養之具周遍一切世界盡虚空遍法界,一切微塵刹土諸佛海會一一聖衆前,皆有真實供養。誦真言曰:

曩莫薩嚩没馱冒地薩怛嚩二合,引南引薩嚩他引欠嗢娜誐二合帝娑頗羅呬輸誐誐曩劍平娑嚩二合,引賀引

次誦本尊讚歎曰:

唵嚩日囉二合達摩蘇娑怛嚩二合,引囉他一嚩日囉二合鉢娜麼二合蘇輸引馱迦二路引計濕嚩二合羅蘇嚩日囉二合,引乞叉二合,三嚩日囉二合寧上,引怛羅二合曩謨引薩都二合諦

聖賀野紇哩縛念誦軌上卷

聖賀野紇哩縛大威怒王立成大神驗
供養念誦儀軌法品下卷

特進試鴻臚卿大興善寺三藏沙門大廣智不空奉詔譯①

次結檀波羅蜜菩薩印,右手仰掌,屈忍度與禪度相捻,餘度皆舒。即誦真言曰:

唵婆去誐嚩舞②可反底丁以反那引曩引地跛帝尾娑㗚二合惹引布引羅馱③野娜引娑④嚩二合,引賀引

由結此印,誦真言三遍,即滅無量劫慳悋業種,獲得三種施福,所謂資生施、無畏施、法施,即檀波羅蜜圓滿。現生獲得富饒,資緣具足,心得自在,壽命長遠。

次結戒波羅蜜菩薩印,二手内相叉,禪智直豎。誦真言曰:

唵試引攞馱引哩扼婆去誐嚩底吽引郝

由結此印,誦真言三遍,即滅無量劫破戒業種,獲得三種戒功德,所謂攝律儀戒、攝善法戒、饒益有情戒,即戒波羅蜜圓滿。常以戒品莊嚴身、口、意業,所有違犯四重

---

① 譯名,《大正藏》校勘［甲］［乙］無。
② 舞,《大正藏》校勘［甲］［乙］作"無"。
③ 馱,《大正藏》校勘［甲］無。
④ "娑"前,《大正藏》校勘［甲］有"難"。

禁,苾芻尼犯八他勝罪悉皆清淨,當來獲得隨願往生。

次結忍辱波羅蜜菩薩印,準前戒波羅蜜印,以進力相合如針,禪智並立。即誦真言曰:

唵婆去誐嚩底乞鑷二合,引底馱引哩扼吽發吒①

由結此印,誦真言三遍,則滅無量劫瞋恚業種,獲得三種忍功德,所謂害怨耐忍、安受苦忍、諦察法忍,則忍辱波羅蜜圓滿。儀容端嚴令人樂見,不相憎嫉,皆來親附,勝解尤深,隨念變化。

次結精進波羅蜜菩薩印,準前忍波羅蜜印,進力折開即成。真言曰:

唵尾引②哩野二合迦哩吽尾引③哩囊二合娑④嚩二合賀

由結此印誦真言三遍,即滅無量劫懈怠懶惰業種,獲得三種精進,所謂被甲精進、攝善法精進、利樂有情精進,即精進波羅蜜圓滿。身心安樂,離諸疾病,無有苦惱,彼出⑤世福智願皆得成辦。

次結禪波羅蜜菩薩印,即結跏趺坐,左手仰掌於跏趺上,以右手仰於左手上,以禪智二度甲相跓。即誦真言曰:

唵婆誐嚩底一薩嚩播引跛賀引哩扼二摩賀引奈引底曳二合,引,三吽引吽吽吽⑥五發吒

由結此印,誦真言三遍,即滅無量劫散亂業種,獲得三種靜慮,所謂安住靜慮、引發靜慮、辦事靜慮,即禪波羅蜜圓滿。身心輕利,所修神通速得成就,諸魔不能侵擾,一切業障悉皆消滅。

次結般若波羅蜜菩薩印,左手平舒五指,仰置心下,以右手覆於左手上。即誦真言曰:

唵地引室哩二合輸嚕二合多尾惹曳娑嚩二合賀

由結此印、誦真言三遍,即滅無量劫愚癡業種,獲得三種慧,所謂人空無分別慧、法空無分別慧、俱空無分別慧,則般若波羅蜜圓滿。獲得聰明智慧,悟解世間、出世間法,博達五明甚深義理。

次結方便波羅蜜菩薩印,左手慧方握智度,右手檀戒握禪⑦度,二手相博,忍願相背直豎如針,進力平舒⑧相跓。即誦真言曰:

---

① 吒,《大正藏》校勘[甲]作"吒引"。
② 引,《大正藏》校勘[甲]作"微一反引"。
③ 引,《大正藏》校勘[甲]作"准前音引"。
④ "娑"前,《大正藏》校勘[甲]有"尾哩囊二合"。
⑤ "出"前,《大正藏》校勘[甲][乙]有"世"。
⑥ 吽吽,《大正藏》校勘[甲]無。
⑦ 禪,《大正藏》校勘[甲][乙]作"智"。
⑧ "舒"後,《大正藏》校勘[甲][乙]有"側"。

唵摩賀引每①怛羅二合唧②帝娑嚩二合賀

　　由結此印、誦真言三遍,即滅無量劫無善巧方便業種,獲得二種方便善巧,所謂迴向方便善巧、拔濟有情方便善巧,即方便波羅蜜圓滿。修持世間六波羅蜜,由此印真言瑜伽相應,少施功業,福德廣多,疾得成就,皆究竟最勝無上菩提資糧。

　　次結願波羅蜜菩薩印,左手直豎五度,以掌向外作施無畏勢。即誦真言曰:

唵迦嚕捉尼直反賀賀③糁

　　由結此印、誦真言三遍,即滅無量劫惡願業種,獲得二種勝願,所謂求無上菩提願利樂有情④,願波羅蜜圓滿。從初發心乃至成佛,於其中間所求世間⑤殊勝上願皆得圓滿。

　　次結力波羅蜜菩薩印,准前戒波羅蜜印,禪智進力忍願皆豎,頭相合。誦真言曰:

唵娜麼頡母休⑥帝吽引賀賀賀吽引弱

　　由結此印、誦真言三遍,即滅無量劫世⑦出世劣意業種,獲得二種力,所謂思擇力、修習力。於諸對治法,伏得諸煩惱,斷諸惑障,修道時決定勝解,一切天魔惡友不能移易,獲得不退轉。

　　次結智波羅蜜菩薩印,二手外相叉作拳,檀慧直豎互交少分,屈進力頭跓令圓,忍願直豎頭相合。即誦真言曰:

唵麼麼麼⑧枳孃二合,引囊迦哩吽引娑嚩二合賀

　　由結此印、誦真言三遍,即滅無量劫俱生我執種、俱生法執種,獲得二種受用智,所謂受執⑨用法樂智、成就有情智。斷二種障,所謂煩惱障、所知障。證得一切法如幻、如陽焰、如夢、如影像、如谷響、如光影、如水月、如變化、如因陀羅網、如虛空,不久滿足十地,住法雲地,爲大法師。

　　次結婆羅跢羅⑩童子印,二手內相叉,作拳豎進力頭相跓令圓,禪智並豎。真言曰:

---

① 每,《大正藏》校勘[甲]作"每引"。
② 唧,《大正藏》校勘[甲]作"即"。
③ "賀"後,《大正藏》校勘[甲][乙]有"賀"。
④ "情"後,《大正藏》校勘[甲][乙]有"願即"。
⑤ "間"後,《大正藏》校勘[甲][乙]有"出世間"。
⑥ 休,《大正藏》校勘[甲]作"儞"。
⑦ "世"前,原有"於",據《大正藏》校勘删。
⑧ 麼,《大正藏》校勘[甲]無。
⑨ 執,《大正藏》校勘[甲][乙]無。
⑩ 羅,《大正藏》校勘[甲][乙]作"麼"。

路姪①他一勃地勃地二素勃地三因達梨二合勃地四麼迷輪上音迦藍上音，二合，五婆羅謀者都二合娑嚩二合賀

　　由結此印、誦真言三遍故，諸毗那夜迦不得其便。若有惡人無辜作留難者，想彼惡人在行者足下，誦真言二十一遍，所有留難者悉皆消散，起慈心相向，不能障礙，又能助本尊力。

　　次結婆羅遮那②童子印，二手內相叉，進力二度合豎微開，禪智並豎即成。真言曰：
路姪他一薩羅波羅二合薩囉二社耶毗社耶三拔折羅二合句羅三婆去音，四幡娑跛那五迦車日都死六娑嚩二合賀

　　由結此印、誦真言三遍故，能降伏辟除一切惡魔，又一切賊難不能害，能助本尊。

　　次結一髻羅刹童子印，準前婆羅③遮那印，進力頭相合如針即成。真言曰：
路姪他一唵二濕閉二合多夜三濕閉二合多善闍④去音夜四瞳去音醯瞳醯五鉢羅麼⑤輪馱六薩埵七摩訶迦嚧膩迦八娑嚩二合賀

　　由結此印、誦真言三遍故，辟除四方所有一切魔鬼神等，能助本尊力。

　　次結阿婆羅底童子印，準前一髻羅刹印，進力微屈如蓮葉即成。真言曰：
唵⑥一唎悉底哩二合盧迦⑦毗社夜二阿謨伽波舍三摩訶鳩嚧馱四囉闍夜五唎陀去音夜六阿波羅底訶路七吽吽發⑧八娑嚩二合賀

　　由結此印、誦真言三遍故，能辟除天上、虛空所有一切諸魔惡鬼神等，成諸事業，無有妨難，能助本尊力，一切悉地行者隨心成就。

　　次結難陀龍王印，兩大指並豎合，捻二小指頭，兩手並豎相著，二頭指相捻，在二大指小指上，無⑨名指亦爾，二中指在上，頭少不相到，掌下相著，頭指來去。真言曰：
唵摩訶室唎二合曳娑嚩二合賀⑩

　　次結婆索難⑪龍王印，頭指以下四指反叉，向內相捻，左大指屈入頭指中閒，右大

---

① 路姪，《大正藏》校勘[甲]作“曩莫三曼多沒馱南怛儞也”，下同。
② 那，《大正藏》校勘[甲][乙]無。
③ 羅，《大正藏》校勘[甲][乙]無。
④ 善闍，《大正藏》校勘[甲]作“菩閉”或“菩闍”。
⑤ 麼，《大正藏》校勘[甲]作“麼二合”。
⑥ 唵，《大正藏》校勘[甲]作“曩莫三曼多沒馱南”。
⑦ 迦，《大正藏》校勘[甲]作“迦去耶反”。
⑧ 發，《大正藏》校勘[甲]作“發發”。
⑨ “無”前，《大正藏》校勘[甲]有“二”。
⑩ 二合賀，《大正藏》校勘[甲]作“賀引”。
⑪ 難，《大正藏》校勘[甲]作“雞”。

指舒直向内勿曲，兩腕相合，以右大指來去。真言曰：

唵一摩訶稅去音羝二娑嚩二合賀

次結德叉迦龍王印，合腕，二食指、二中指、二無名指並屈頭相拄，與本節合平①，二大指並豎相著，捻食指頭側，二小指豎頭相著，大指來去。真言曰：

唵一賜但上音盧但盧二毗闍去曳三娑嚩二合賀引

次結羯固吒龍王印，合腕，二大指二小指直豎頭合，餘指不相著直豎。真言曰：

唵一菩底都爾反，下同，二菩陀鉢底三輸達上音儞四娑嚩二合賀

次結般摩②龍王印，二手中指、無名、小等三指向外相叉，合掌右押左，指頭博掌背，並二食指相著，大指亦然，各博食指，大指來去。真言曰：

唵一烏特二合伽上音底二息普二合嚕三娑嚩二合賀③

次結摩訶般摩龍王印，左手大指屈而向掌，又屈頭離大指頭四五分許，中指以下三指捻甲相博，以印橫側著心上，指頭向右。真言曰：

唵一濕閉二合羝二闍儞三娑嚩二合賀

次結商佉婆④羅龍王印，左右無名指各別在中指背上，豎二中指頭相著，合豎二小指二大指並著，屈二食指頭相拄，各押大指頭，其食指齊第二節合平，食指來去。真言曰：

唵一毗喫二合俱上音底號⑤二合，二婆羅提三伽羅波四娑嚩二合賀⑥

次結鳩利⑦迦龍王印，屈二無名指在掌右押左，二小指、二中指各豎相著，屈二食指，各附中指第一節下，以二大指屈，博食指下節側。真言曰：

唵一婆伽婆底號二合，二毗唎二合俱上音底號二合，下同，三鉢羅二合那儞號四鉢羅二合婆皤底五娑嚩二合賀⑧

由結此八大龍王印及誦真言各三遍，與無量龍衆俱圍繞助本尊力，修瑜伽者成諸事業，威德自在。

次結自在天印，右手作拳安右腰，左手五指直豎相著，地水二指屈中節，火風空三指各少⑨相去即成印，向外立之。真言曰：

---

① 與本節合平，《大正藏》校勘〔甲〕無。
② 般摩，《大正藏》校勘〔甲〕作"股摩"，下同。
③ 賀，《大正藏》校勘〔甲〕作"賀引"。
④ 佉婆，《大正藏》校勘〔甲〕作"佶娑"。
⑤ 號，《大正藏》校勘〔甲〕作"方"。
⑥ 賀，《大正藏》校勘〔甲〕作"賀引"。
⑦ "利"後，《大正藏》校勘〔甲〕有"唎"。
⑧ 賀，《大正藏》校勘〔甲〕作"賀引"。
⑨ 少，《大正藏》校勘〔甲〕作"小"。

囊莫①三曼跢勃駄南唵伊去舍曩去曳娑嚩二合賀②

　　次結帝釋天印，右手同前，左手五指直豎相著，地水二指屈中節以風著火背，空屈中節。真言曰：

唵因捺囉野娑嚩二合賀③

　　次結火天印，左手作拳安腰，右手五指直豎相著，屈空納掌中，風屈中節。真言曰：

唵阿誐④那曳娑嚩二合訶⑤

　　次結焰魔天印，先合掌二地屈中節背相著，二風亦屈背著，以二大指各押風中節即成。真言曰：

唵焰摩耶娑嚩二合賀⑥

　　次結羅刹天印，右手作拳安腰，左手五指直豎相著，屈地水中節，以空端押地水甲即成。真言曰：

唵地哩底曳娑嚩二合賀⑦

　　次結水天印，右手如前，左手握拳空勿入掌中，風直豎，中節少屈即成。真言曰：

唵嚩嚕拏野娑嚩二合訶⑧

　　次結⑨風天印，右手如前，左手五指直豎著，地水屈中節即成。真言曰：

唵嚩耶吠微佶⑩反娑嚩二合⑪訶

　　次結毗沙門天印，先合掌十指內相叉，二水豎頭相拄，二風豎微屈，左空入右掌中押左火甲，右空越左空背入左掌中，押右火甲。真言曰：

唵吠室囉二合⑫嚩拏野娑嚩二合⑬賀

　　次結梵天印，右手作拳安腰，左手五指著豎之少屈，其高少許過肩即成蓮華想。真言曰：

---

①　莫，《大正藏》校勘[甲][乙]作"麼"。

②　二合賀，《大正藏》校勘[甲]作"訶引"。

③　賀，《大正藏》校勘[甲]作"訶"。

④　誐，《大正藏》校勘[甲][乙]作"哦"。

⑤　二合訶，《大正藏》校勘[甲]作"訶引"。

⑥　二合賀，《大正藏》校勘[甲]作"賀引"。

⑦　二合賀，《大正藏》校勘[甲]作"賀引"。

⑧　二合訶，《大正藏》校勘[甲]作"賀"。

⑨　結，原脫，據《大正藏》校勘[甲][乙]補。

⑩　佶，《大正藏》校勘疑當作"係"，[乙]作"結"。

⑪　二合，《大正藏》校勘[甲]無。

⑫　二合，《大正藏》校勘[甲]無

⑬　二合，《大正藏》校勘[甲]無。

唵没羅含麼寧娑嚩二合①賀

次結地天印,先合掌風以下四指頭相跓,前方大開,二空各著風側。真言曰:

唵畢哩體地以反微曳娑嚩二合②訶

次結日天印,不異前地天印,但以二空頭,各拄③水下節。真言曰:

唵阿去儞怛也二合野娑婆訶

次結月天印,如前梵天印,但作拳中有月潔白相。真言曰:

唵戰散反④捺囉去也娑婆訶

由結十二天王印及誦真言故,修瑜伽者作諸事業,威德自在。

復次,聖者馬頭尊威怒王説大護身結界印及真言,兩手從中指以下三指向外相叉,各博著手背合掌,二食指直豎相去五分許,並二大指相著,各屈一節勿著食指,頭指來去。真言曰:

唵一鉢囉毗迦悉跢二拔折羅三⑤渉筏二合囉上音羅支四娑嚩⑥賀引

聖者馬頭尊大威怒王復説大法身印真言,兩手食指以下三指向外相叉,指頭各博著手背合掌,以二小指並豎相合,並二大指相著屈怒,大指來去。真言曰:

曩莫三曼多没馱南唵⑦一社那社那二摩他摩他三可馱可馱四訶野紇哩嚩五吽發吒六娑嚩二合賀⑧

聖者馬頭尊大威怒王復説大法心印真言,以二手食指以下四指向外相叉,指頭各博著手背合掌,並二大指相著,各屈一節,勿著食指,大指來去。真言曰:

曩莫三曼多没馱南一阿密唎二合都⑨納婆二合嚩吽發吒半音娑嚩二合賀⑩

聖者馬頭尊威怒王復説大法頭印真言曰:準前護身印,唯改二食指頭相拄,各屈出二大節,小尖頭。真言曰:

曩莫三曼多没馱南一跢姪他二斫迦唎怖三斫迦羅去叉唎怖四斫迦羅跛曇摩叉唎怖五阿謨伽去寫始羅去枳微⑪上音,二合,六跛囉舍納⑫伽車上音都七娑嚩二合,引賀引

---

① 嚩二合,《大正藏》校勘[甲]作"婆"。
② 嚩二合,《大正藏》校勘[甲]作"婆"。
③ 拄,《大正藏》校勘[甲]作"跓"。
④ 散反,《大正藏》校勘疑有脱字。
⑤ 三,原脱,據《大正藏》校勘[甲][乙]補。
⑥ 嚩,《大正藏》校勘[甲]作"嚩二合"。
⑦ 唵,《大正藏》校勘[甲]無。
⑧ 嚩二合賀,《大正藏》校勘[甲]作"莫賀七"。
⑨ 二合都,《大正藏》校勘[甲][乙]作"都二合"。
⑩ 賀,《大正藏》校勘[甲]作"賀引"。
⑪ 微,《大正藏》校勘一本作"徵"。
⑫ 納,《大正藏》校勘一本作"網"。

聖者馬頭尊大威怒王復説大法頂印真言，準前頭印，唯改豎二食指頭相著，列二中指在食指前頭相拄。真言曰：

曩莫三曼多没馱南一室唎二合羅唎①至二吽發吒三娑嚩二合②賀

聖者馬頭尊大威怒王復説法口印真言曰，復反又③二指於掌中，直豎二中指頭相拄，並豎二大指，以右頭指捻右大指頭，左頭指豎少曲在中指邊。真言曰：

曩莫三曼多没馱南一唵二體他以反④嚕嚧三鳩嚕馱耶⑤四娑嚩二合賀

聖者馬頭尊大威怒王復説大法牙印真言，準前印，唯改二中指直豎頭相著，二大指並豎博中指，先以左小指握右無名指背後，以右小指握左小指背。真言曰：

南上謨上囉上⑥多那二合跢⑦怛囉二合夜引耶一南謨阿利耶二婆盧吉帝三攝婆二合囉上耶四菩提薩埵婆上耶五摩訶薩埵婆上耶六摩賀迦嚧尼迦耶七跢姪他八跢囉上二合吒九跢囉二合吒十末吒末吒十一瞋陀瞋陀十二頻陀頻陀十三吽吽十四發吒發吒十五娑嚩二合賀⑧

聖者馬頭尊大威怒王復説諸障噉食印真言，左手各豎五指，將右手下向，以中指無名指大指頭各相拄。真言曰：

曩莫三曼多没馱南唅吽佉那野畔惹薩叵二合吒野娑嚩二合賀引

聖者馬頭尊大威怒王復説禁斷諸障銳刀印真言，以定慧二手皆作金剛拳，正直舒火風，虛⑨空持地水，三昧手爲鞘，般若以爲刀，慧刀入住出，皆在三昧鞘。是即馬頭尊禁斷諸障密印威儀，定手住其心，慧手普旋轉，應知所觸物即爲去垢，以此左旋即成辟除，若結方隅界皆令隨右轉。所餘衆事業，滅惡、淨諸障亦當如是作，隨類而相應。真言曰：

曩莫三曼多没馱南一跢佺⑩他二訶去哩哩⑪哩三無訶唎勿訶唎四薩嚩突瑟擔二合，五瞻婆夜弭上，六夜跋竭爛二合地七那文社弭上，八娑婆二合賀

聖者馬頭尊大威怒王復説最勝根本印，二手合掌，屈二頭指無名指，於掌內甲相背，豎開二大指即成也。纔結此印，誦真言者，從印放光明，從口出化佛，所有諸天魔、外道障難、不善心者見此印退散馳走，上於虛空界乃至下風輪際所有空行、地居

---

① 唎，《大正藏》校勘[甲][乙]作"唎"。
② 二合，《大正藏》校勘[甲]無。
③ 復反叉，《大正藏》校勘[甲][乙]作"反叉後"。
④ 他以反，《大正藏》校勘[甲][乙]無。
⑤ 耶，《大正藏》校勘一本作"那嗚斜泮"。
⑥ 上，《大正藏》校勘[甲]無。
⑦ 二合跢，《大正藏》校勘[甲]無。
⑧ 二合賀，《大正藏》校勘[甲]作"賀引"。
⑨ 虛，《大正藏》校勘[甲]無。
⑩ 佺，《大正藏》校勘[甲]作"佺也"。
⑪ 哩，《大正藏》校勘[甲]作"訶去"。

下毗那夜迦等類無能侵害，皆起慈心，不能爲障礙。修真言行菩薩，離諸障難，威德自在。由結印誦真言故，其人等同大威怒王身，專無有異。

聖者馬頭尊大威怒王復説大真言曰：

南上謨上，下同囉上①怛那二合跢囉二合夜耶一那謨阿㗚耶婆②盧枳帝攝筏羅去③，二合耶二菩提薩埵婆去耶三摩訶④薩埵婆去耶四摩賀迦嚧尼迦去耶五那麼薩⑤婆薩埵毗耶二合娑婆⑥上那迦帝儞六那謨薩嚩薩埵婆⑦耶目叉迦囉二合耶七那謨毗知耶二合阿遲迦陀謨陀去曳八麼訶引瑜去迦瑜去枳尼九跢悉泯⑧二合那麼悉揭二合哩埵十罽擔阿哩耶嚩嚧枳帝攝筏二合囉十一謨⑨枯知二合枳去唎南上音，十二跋折羅句囉娑婆上厭上，十三賀野紇哩二合嚩那去摩十四婆囉末平⑩跢厭上，十五摩跢摩跢帝欽弭上，十六阿娑上演薩嚩都跢去難上，十七藥叉難去闍毗那闍迦闍二合，十八阿謨去干⑪薩嚩迦哩夜難上，十九毗賒難去闍尼皤囉去，二合難上，二十毗賒難去闍毗那舍難上，二十一跢姪他廿二唵二十三陀嚕囉陀嚕囉二十四毗嚕囉毗嚕囉二十五薩婆毗沙佉平跢迦二十六時皤里陀二十七毗悉普二合楞⑫迦陀賀去婆⑬二十八鷄娑羅啅去婆二十九跋囉二合伐哩二合陀鞞去迦三十跋折羅二合屈去⑭囉三十一昵迦陀上南上，三十二闍里陀婆蘇陀哆⑮囉三十三尼尸皤二合死陀賀死陀卅四摩嚕都去⑯澁二合陀卅五婆囉鞞陀菩陀加去拏三十六僧努去數反盤那迦上⑰羅三十七婆羅毗知耶二合薄叉那迦上囉三十八波羅摩賒案去，二合知迦上囉三十九部知耶二合部知耶二合，上，四十婆伽梵四十一賀野紇哩嚩四十二可去陀可去陀四十三婆羅曼陀囉案去，四十四囉上叉囉叉四十五阿去知摩二合曼陀羅案去，四十六死殿梅陀哩二合舍耶四十七阿比舍阿比舍四十八具囉毗舍去闍四十九薩嚩迦哩二合醯上澁皤二合，五十阿波囉提賀徒跋去嚩五十一皤囉跋折羅

---

① 上，《大正藏》校勘［甲］無。
② 㗚耶婆，《大正藏》校勘［甲］作“利耶波”。
③ 去，《大正藏》校勘［甲］無。
④ 訶，《大正藏》校勘［甲］［乙］作“賀”。
⑤ 薩，《大正藏》校勘［甲］作“薩二合”。
⑥ 婆，《大正藏》校勘［甲］無。
⑦ 婆，《大正藏》校勘［甲］作“波”。
⑧ 泯，《大正藏》校勘［甲］作“限”。
⑨ 謨，《大正藏》校勘［甲］［乙］作“謀”。
⑩ 平，《大正藏》校勘［甲］無。
⑪ 干，《大正藏》校勘［甲］［乙］作“千”。
⑫ 楞，《大正藏》校勘［甲］作“撗”。
⑬ 婆，《大正藏》校勘一本作“娑”。
⑭ 二合屈去，《大正藏》校勘［甲］作“屈”。
⑮ 哆，《大正藏》校勘［甲］作“跋”，［乙］作“跢”。
⑯ 去，《大正藏》校勘［甲］無。
⑰ 上，《大正藏》校勘［甲］無。

二合鄧瑟吒二合羅五十二緊只羅夜西五十三翳曇突瑟吒二合揭羅上漢五十四突瑟吒二合毗舍去①闍案五十五,二合突瑟吒二合路纏上,五十六突瑟吒二合時幡上,二合藍上,五十七突瑟吒二合比產五十八阿度耶阿度耶②五十九毗度那毗度那六十麼他麼他六十一波羅麼他③波羅麼他④六十二跢他伽去陀六十三阿枳讓上,二合幡羅輕呼,上耶六十四菩陀達麼僧伽奴知若去,二合壇六十五羯麼迷試揭案二合,六十六句嚕句嚕六十七賀野⑤紇哩縛耶發吒六十八跋折羅柘⑥羅上耶發吒六十九跋折羅鄧瑟吒羅三⑦合耶發吒七十跋折囉鄧瑟吒嚕三合知迦二合吒頗耶婆重⑧夷羅麼去夜發吒七十一波羅曼陀羅那舍那去耶發吒七十二薩婆羯呼瑳陀那迦囉那⑨發吒七十三薩婆揭⑩奚上瑟婆⑪二合阿跋囉上,二合提何上途婆摩去耶發吒七十四波⑫羅二合比知耶二合婆史⑬二合那迦羅去耶發吒七十五薩婆比沙眤迦陀那耶發吒七十六薩婆揭羅上訶毗舍闍迷幡賒摩那耶發吒七十七幡吒幡目佉耶發吒七十八野縛⑭途麼麼自稱名字,七十九阿醯弟史那二合悉打長引薩進長引,八十幡吒幡目契八十一尾⑮揭囒二合吒⑯耶八十二發吒發吒八十三那謨囉上跢那二合怛囉二合夜耶八十四那謨阿哩耶二合⑰婆嚕枳帝攝筏二合羅耶八十五菩提薩埵婆去⑱耶八十六摩訶引薩埵婆去耶八十七摩訶引迦嚕尼迦去耶八十八阿比舍阿比舍八十九賀野紇哩囒⑲九十烏長引枳若二合婆夜提九十一,去婆囒二合⑳賀

　　此妙真言者:

波帝吒悉陀波泮底

---

①　去,《大正藏》校勘［甲］無。
②　耶阿度耶,《大正藏》校勘［甲］［乙］作"那阿度那"。
③　他,《大正藏》校勘［甲］無。
④　他,《大正藏》校勘［甲］無。
⑤　野,《大正藏》校勘［甲］［乙］作"耶"。
⑥　柘,《大正藏》校勘［甲］［乙］作"枯"。
⑦　三,《大正藏》校勘［甲］作"二"。
⑧　重,《大正藏》校勘［甲］無。
⑨　那,《大正藏》校勘［甲］［乙］作"耶"。
⑩　揭,《大正藏》校勘一本作"揭唎"。
⑪　婆,《大正藏》校勘［甲］作"波"。
⑫　波,《大正藏》校勘［甲］作"婆"。
⑬　史,《大正藏》校勘［甲］作"尺"。
⑭　縛,《大正藏》校勘一本作"伴"。
⑮　尾,《大正藏》校勘［甲］［乙］作"尼"。
⑯　吒,《大正藏》校勘［甲］作"吒去"。
⑰　二合,《大正藏》校勘［甲］無。
⑱　去,《大正藏》校勘［甲］作"引"。
⑲　囒,《大正藏》校勘一本作"部"。
⑳　二合,《大正藏》校勘［甲］無。

雖不受持壇供養法,隨誦成驗。

次加持念珠真言曰:

唵尾盧引左曩引摩攞娑嚩二合賀

次千轉真言曰:

唵嚩日囉二合獄呬野二合惹引①跛三引②摩曳引吽引

次蓮華部百字真言曰:

唵跛娜麽二合薩埵③嚩二合,引,一三去麽野麽努④鼻播引播⑤野二跛娜麽二合薩怛嚩二合,三怛吠二合,引努⑥引跛底瑟吒二合,四涅哩二合濯重聲⑦,引銘婆去⑧嚩引素妬引數喰⑨二合,引銘婆去⑩嚩六阿努鼻囉訖妬二合,引銘婆去⑪嚩七素報引數引銘婆去⑫嚩八薩嚩悉地婬二合,上聲銘鉢囉二合拽磋九薩嚩羯麽素左銘十唧多上室哩二合藥矩嚕十一吽引賀賀賀賀斛引婆引誐鑁十二薩嚩怛他去,引糵多十三跛娜麽二合麽上,引銘門上聲左十四跛娜弭⑬二合,引婆去嚩十五摩賀引三⑭去麽野薩怛嚩二合惡入,引,十六紇哩

由誦百字真言加持故,能令本尊三摩地堅任⑮,身中設曾犯五無間罪、謗方廣大乘經,一切罪垢悉皆消滅,現生所求殊勝悉地皆得圓滿。

次結發遣印,如前金剛縛,忍願直豎相跙如蓮葉,即以一素囉毗布瑟波捵於印端捻之,誦發遣真言,投打像上七遍,諸聖衆及本尊即歸去。

聖者馬頭尊復說無比不思議力,聖者馬頭尊妙心能成辦一切諸事業之法門。

菜食作念誦,數滿十萬遍,不食一日一夜,方設大供養。作護摩事業,以苦練木,兩頭榅蘇,燒八千枚爲限。已成,初行滿心中所有望求,悉獲得成就。又法,以蜜攞

---

① 引,《大正藏》校勘[甲]作"自攞反引"。
② 引,《大正藏》校勘[甲][乙]作"去"。
③ 埵,《大正藏》校勘[甲][乙]作"怛"。
④ 努,《大正藏》校勘[甲]作"拏"。
⑤ 播,《大正藏》校勘[甲][乙]作"攞"。
⑥ 努,《大正藏》校勘[甲][乙]作"怒"。
⑦ 重聲,《大正藏》校勘[甲]作"重康呼",[乙]作"童度呼"。
⑧ 去,《大正藏》校勘[甲]無。
⑨ 喰,《大正藏》校勘[甲][乙]無。
⑩ 去,《大正藏》校勘[甲]無。
⑪ 去,《大正藏》校勘[甲]無。
⑫ 去,《大正藏》校勘[甲]無。
⑬ 弭,《大正藏》校勘[甲][乙]作"麽"。
⑭ 三,疑衍。
⑮ 任,《大正藏》校勘[甲][乙]作"住"。

嚩果護摩滿三十萬遍，當獲得惹①位。若欲得大靈驗，當馬頭像前四②肘方壇，壇中安白銅大器，盛滿香水。從月一日迄十五日燒香、散華，致誠禮敬作念誦，晝夜不間不嘗眠睡，全堅固精進且居安不立留，十五日間無斷絕，而滿五落叉遍。大威怒王現妙身，加持行者，當得大神通，即通達三世事，又能悉受持是世間經書，又能通達一切外道法術、圍陀典籍。又，欲成大驗者，三千大千世界內山河、石壁、四大海水能令涌沸，蘇彌盧山及鐵圍山能令搖動又碎如微塵，其中所有一切有情照觸大威怒王威光，悉離諸苦惱，得大安樂。又法，若欲得咩古來者，取蘇摩那華，大威怒王像前加持二十一遍，散像腳竟，右手取華所行之處隨愛咩古從，後加持華七遍方散，即來。又，若彼此俱有心者，取果子加持二十一遍，使人送食時迷③亂，極相愛念更無他意。又法，若欲論議者，取牛黃、麝香、龍腦香三昧和研，加持一百八遍，點著頂上及二膊上，心、喉、眉間、髮際、腦後，又取白芥子加持三七遍，以右手把至論議所門邊散之，仍左手中留少許分。正論議時，以右手把左手芥子向論議人和蜜散已，便即彈指，即皆得勝他，不被天難地難及病難，當得大成就。又法，若一切人患頭痛者，取其名字即誦真言，加持水，作吽字聲已，即以此水打其頭上印其痛處，其痛④即愈、風病、熱病、頭病、腳病，四百四病萬惱皆悉消除斷盡，乃至世間所有八萬四千種鬼病皆悉治之，無不差者，皆得成就。又法，破滅諸法欲令餘人所作呪法不成辨者，當作四肘三色粉壇，南、北、西三面畫⑤蓮華座，於其座上畫著牙形，東面華座上畫作跋折羅印，燃十二燈，百味異⑥食，辨備八盤，其食日別換著新者，新新供養滿於七日。日別仍須加持白芥子一百八遍，一呪一投火中燒之，一切諸人作法皆破，不能成辨。若十地菩薩聞大威怒王呪，不隨順教法者尚能銷融，猶等正覺者不順教令輪者悉能銷融，何況餘諸天龍八部作障難者。誦妙真言滿一萬遍，則能種種猛利調伏法，由此大威怒王威勢故，五百由旬內不得諸尊悉地，即修行者蒙大威怒王加持得威德自在。又法，對馬頭尊像前，先取俊木長八指截燒火，焰出取安悉香作百八丸，一丸一呪一投火中，燒之乃至香盡⑦，毗那夜迦即自被縛。又法，若有惡人怨家於善人起惡意相危害者，應當鑄作一金鋼⑧威怒王像，隨意大小。其像形現四面八臂，每四口上下利牙出現，八手把金剛器杖，正面頂上現一碧馬頭，頭髮如螺焰，大暴惡形，乘青水牛，其牛背有蓮華形，其

---

① 惹，《大正藏》校勘疑當作“王”。
② “四”前，《大正藏》校勘疑有“作”。
③ “迷”前，《大正藏》校勘[甲]有“心即”，[乙]有“即”。
④ 痛，《大正藏》校勘[甲]作“病”。
⑤ 畫，原作“盡”，據文意改，下二“畫”字同。
⑥ 異，《大正藏》校勘[甲]作“菓”。
⑦ 盡，《大正藏》校勘[甲][乙]作“畫”。
⑧ 鋼，《大正藏》校勘[甲][乙]作“銅”。

華形上而蹲坐,遍身火焰烔然逾劫災焰,大威怒王降伏三世設都嚧妙形如是。當對此像前作三角壇,壇底畫彼惡人形,或書姓名,像面向北。若向惡人所居方,持誦者身著黑衣,面向像坐,起大惡心忿怒,勵聲三日三夜三時念誦,即三日已其惡人死亡,眷屬無殘留。若欲甦生,深起慈愍心,取蓮華根擣末,以大悲三昧耶真言,一日一夜不飲食,滿一百八遍,即惡人及眷屬甦,於佛法起歸敬。二羽合掌,屈進力作谷①撥之,心起大慈悲。真言曰:

曩莫三曼多没馱南引伽尾波囉二合咄嚧嗚斛平,引莎嚩二合賀引②

又法,若欲打西若者,馬頭尊像前作三角壇,念誦一十萬遍,三日三夜斷食,香摩壇上種種香華,以淨飲食、乳粥、果子等種種供養,擣娑闍囉娑香,以白蜜和爲八千丸,呪一一③丸香一遍已,投火中燒之,如是乃至香盡。彼西若衆尋即初見變爲馬頭,更經少時轉爲賀野紇哩嚩頭,持誦者奇④上向彼衆,時一切西若悉皆散滅。又法,若種種災難起、國土亂、他國怨敵數來侵擾、百姓不安、大臣謀叛、疾流行、水旱不調、日月失度,如是災難起時,是土國王身心精進,請取持明者大威怒王像前作念誦,以滑瀘草、搵蘇、乳蜜護摩,數滿十萬遍,外國怨敵即自降伏,各還政治國土,通洞慈心,相向王子,百官皆行忠,亦妃后婇女孝敬向王,諸龍鬼神擁護其國,雨澤順時,果實豐饒,人民歡樂。又法,若家内遇大惡病,百怪競起、鬼神邪魔耗亂,其家惡人横造口舌以相謀害,室家大小内外不和⑤者,向馬頭像前作念誦數滿一萬遍,諸惡事悉皆消滅。又法,若爲王官收録,身繫囹圄、禁閉、枙械、枷鎖,憶念大威怒王者,官自開恩⑥澤放還。上從王宮至于下圄處,不行此法者專,莫有此處。又法,先以大麥與牛喫已,取糞中麥洗乾,拭擣煮爲乳麋,從白月一日食此乳麋至十三日,每食加持餘殘,置清淨處,奉獻馬頭尊使者。即斷不食,大聖像前以塗香塗地,散種種花、燒諸名香,種種飲食供養畢已,取迦比闍香擣爲細末,水和爲丸,數滿八千丸,取迦陀羅木爲柴然火,取一香丸一呪一投於火中燒之,如是乃至八千丸盡,其灰⑦變爲蘇跛那金,重百千兩。又法,若欲喫他呪者,取己身中少許血已,和白芥子爲八千丸,黑月十四日一日⑧不食,取佉陀羅木鑪中然火,取前白芥子丸一呪一丸投火中燒之,如是乃至芥子丸盡,一切諸呪悉皆喫盡。又法,但誦真言,行於曠野處及諸沙磧,所須飲食自然而離去。

---

① 谷,《大正藏》校勘[甲][乙]作“谷口”。
② 引,原脱,據《大正藏》校勘[甲]補。
③ 一,《大正藏》校勘[甲]無。
④ 奇,《大正藏》校勘[甲]無。
⑤ 和,原作“知”,據《大正藏》校勘[甲][乙]改。
⑥ 恩,原作“思”,據《大正藏》校勘[甲][乙]改。
⑦ 灰,原作“炭”,據《大正藏》校勘[甲]改。
⑧ 日,原脱,據《大正藏》校勘[甲][乙]補。

又法，若人夜失不淨，取於白線先用上呪加持一百八遍，後作呪索，一呪①一結爲二十一結，即用繫腰，更不漏失。又法，日月蝕時，取淨牛蘇一兩，新瓦鉢盛，即把此鉢仰看日月，呪鉢中蘇，乃至蘇煖或煙火出。當爾時即飲此蘇，服此蘇已，隨欲詣處，舉意即至。若常誦此呪者，一切怖畏得無所畏②，所有障難悉解脫。又法，若患路陀瘡及諸毒蛇之所齩③者，或患健毗吒鷄瘡，此等諸瘡呪黃土塗，滿一千遍，塗其瘡上即得除差，一切怖畏心念即除滅。又法，若人忽逢一切水難，心念即得不被沈溺。如是等法不可廣說，隨意即成就，若造大曼荼羅者不得行欲。

　　次復說賀野紇哩嚩像法，更有畫像④法。取淨白氎不得截割，請一畫師最功能者，勿還其價。香湯、洗浴、著新淨衣，與授八戒，日日如是，於清淨處作一水壇，縱廣四肘。持誦者護身結界畢已，與彼護身於其壇中燒種種香、散種種華，供養已訖，於此壇內畫作大威怒王像。總有四面，皆忿怒，每四口狗牙上下出現，頭髮微豎如火焰，四面頂上各戴天冠及著耳璫，其天冠上有化佛結跏趺坐，中面頂上作碧馬頭，項⑤下著諸寶瓔珞，身色赫奕如日輪，遍身火焰逾劫災火。有八手，左右二手結根本馬口蜜印，右方一手執銳劍，左方一手執金剛棒，右方一手執金剛鉞鉾，左方一手執金剛寶輪，右方一手作旋無畏，左方一手執念珠。安坐寶盤石上青蓮華臺，其盤石山色赤黃青色，每八手腕上各皆作寶釧，身分莊嚴如餘處說。作此像，從白月十四日起首食大麥、乳糜，後十三日、十四日、十五日三日三夜斷絕不食，斷言語、念誦。取娑迦毗⑥遮香、乾陀那句利華，呪此二物，一呪一投當前面上，至八千遍，其面口中放出光明，其光圍繞行者身已，還入像口，於其口中出如意珠，即當收。取此珠已，即得十四千歲壽活，尋得七寶轉輪聖王，命終以後生安樂國，從馬頭尊足下而生⑦。

　　又法，當乞食喫大麥、乳糜，作念誦滿七落叉遍。一落叉遍時，毗那夜迦即得被縛。二落叉遍，呪法成就。三落叉遍，即得安善那摩那爐羅藥法成就，三日三夜不食。作法手把其藥，正呪藥時，藥中若現三種相者即知藥成，言三相者謂煖、煙、焰，即得成就安陀羅陀那，昇空而去，即得成就持呪仙人，自在得入阿修羅宮。四落叉遍，離地四指而行自在。五落叉遍，即得隨意昇空而行。六落叉遍，即得千歲活，則持得現身往詣十方諸佛國土，持明者成就呪仙，隨其所作任運皆成就，一切所呼喚者

---

①　一呪，《大正藏》校勘［甲］［乙］無。

②　得無所畏，《大正藏》校勘［甲］無。

③　齩，《大正藏》校勘疑當作"齩"。

④　"像"前，《大正藏》校勘［甲］有"作"。

⑤　項，原作"頂"，據《大正藏》校勘改。

⑥　毗，《大正藏》校勘［甲］［乙］作"比"。

⑦　命終以後生安樂國從馬頭尊足下而生，《大正藏》校勘［甲］作"臨命終時十方諸佛皆來授手於諸十方佛土隨願皆得往生"。

皆來。七落叉遍，行者即得頭髮變作螺髮，成就隨其所須。應念即至親近，承事大威怒王，即知三世一切衆生死此生①彼，即得成就。

若有沙門若波羅門、諸善男子善女人等意欲受持大威怒王法，準前應作四肘壇法，當覓勝地清淨之所，掃灑清淨。復以香水、牛糞塗土地，懸種種雜色幡蓋、寶鈴、珮鏡，并諸金銀種種間錯、嚴飾道場。其道場中立五色壇，縱廣四肘，先下白色，次黃、次赤、次青、次黑，而作四門，其壇中心作蓮華座安置馬頭尊像。正當東門作兩②蓮華座，安波羅多摩、波羅遮那等③二童子。正當北門作二蓮華座，安一髮羅刹、阿婆羅底等二童子。其壇南方外餘者種種供養④，更無華座作八大龍王，此八大龍王唯以稅米、乳糜⑤供養，以外餘者種種供養亦得，燃四十五燈喚八箇龍王⑥。其壇西門如近⑦南畔⑧，安一火爐。以胡麻、稻穀⑨華等，蘇蜜相和竟，誦大威怒王⑩心真言，加持前和物一遍，呪已投火中燒，一一如是乃至一千八遍已，一日一夜不食，如不忍飢，唯得食蘇。香湯洗浴，著新淨衣入道場中而作供養，或一七日或二七日或三七日，或三十五日或四十九日或九十日，若六時若四時若三時若二時若一時，如上護摩。作念誦莫限遍數，則能施功速獲得五種成就事，所謂息災、增益、降伏、敬愛、鉤召等也，所有希望世間、出世間果報皆悉成就。本教中所不說成就法者，用蓮華部中法對此像前作，必獲成就。我又於一切諸尊法中皆有大靈驗，常憶念大威怒王故，滅無量罪，得無量福，命終以後生安樂國，從馬頭尊右脇而生。

又法，若欲論議，當作前四肘壇而供養者皆得勝上，不被他難及病難。作此壇已，病無⑪不差。若被毒藥、虫⑫、虎等之所傷者，當誦前根本真言者⑬，無有不差。用蘇木𠮧子擣以爲末，極令微細，用酪汁和如麨法，用大威怒王心真言二十一遍加持，與其病人空腹服之，腹內所有一切毒虫悉皆吐出。爲一切病惱，我醫王治之不差者，

---

① 生，原作“死”，據《大正藏》校勘［甲］［乙］及文意改。
② 兩，《大正藏》校勘［甲］作“四”。
③ 波羅多摩波羅遮那等，《大正藏》校勘［甲］作“四大童子正”。
④ “一髮羅刹”至“種種供養”，《大正藏》校勘［甲］作“十二天王唯以粳米供養而燃十二燈其壇南方”。
⑤ “乳糜”後，原有“乳糜”，據《大正藏》校勘［甲］［乙］刪。
⑥ “王”後，《大正藏》校勘［甲］有“又以種種雜飲食施一切諸鬼神等”。
⑦ 如近，原作“近如”，據《大正藏》校勘改。
⑧ 畔，《大正藏》校勘［甲］無，［乙］作“吽”。
⑨ 稻穀，《大正藏》校勘［甲］作“叉稻糵”，［乙］作“稻糵”。
⑩ 大威怒王，《大正藏》校勘［甲］無。
⑪ 病無，《大正藏》校勘［甲］作“諸病難無有”。
⑫ 虫，《大正藏》校勘［甲］［乙］作“毒虫”。
⑬ 真言者，《大正藏》校勘［甲］作“噉食真言加持諸病患”。

無有此處。是古本願①我大慈大悲馬口本願深重故，化一切衆生專勝諸尊，由大慈故不著生死，由大悲故不住涅槃，常住無明諸境界中，斷盡種種諸惡趣，滅盡六道四生生老病死之苦，又能噉食滅盡。取事近喻，如羸飢馬食草更無他念，此本願力故，十方刹土無不現身。

瑜伽者深起菩提心，每日誦一百八遍，大威怒王現身奉事修瑜伽者喻如奴婢，恭敬猶如婆②誐鑁。二世菩提何非成？憶念大威怒王者，不墮三惡道，決定往生諸佛國土。被此威怒尊加持時，設諸惡人、惡魔、惡禽獸乃至厭魅蠱術、魑魅魍魎、惡鬼神等起惡心欲惱害行人，遠近來向行人住處，則路中自所殺害。此神驗四十里外圍繞，令無諸障礙。又常加持諸持明者，令菩提心不退轉。

復説使者四大童子像法，此四大童子一雙同體無異，其形③甚大暴惡，大有强力，身色青赤，索髮分垂左右，各各身著赤袈裟，前後腰背胯間繞虎皮，以爲刀布，二手腕上各有寶釧。唯婆羅多摩者左右二手執一利鉾，婆羅遮那者左右二手執鉞鉾。一髮羅刹者，右方手執金剛棒，左方手執羂④索。阿婆羅底者，右方手執利劍，左方執拔折羅。此四大使者王各威德自在各守護威怒王，各跪坐⑤瑟磬石上，遍身有大火焰，熾盛照曜如照日光，大暴惡形，能降伏諸外道及天魔定⑥諸惡夜叉惡鬼神等，悉皆令歸依佛法。憶念大威怒尊故，四大童子常隨守護，不離其側如不離身景，如護眼精，如護己命。守使者故，即能通達三世之事。若有人未誦真言，纔憶念威怒王者、守護二使者、誦持真言者，四大童子晝夜守護，不離側邊。

又當説八大龍王像法，此八大龍王者同體無異，龍頭蛇身，遍身皆有火焰。若雷電霹靂、降大雹、澍大雨時，當喚八箇等龍王名號，能制止諸雷電，即得消散。若又大地悉震列搖動、山河石壁碎破、暴惡嵐忽吹來、諸大樹摧折，如是諸惡難起時，諸衆生恐怖不安者，當喚彼八箇等龍王名號，則能止制諸地動及惡風，五穀豐饒，萬姓安樂，隨順風雨時節，國土安穩，更無有災難。何況行者身上，若有災難者莫有此處，魔⑦不得其便，速證得大菩提，不久當成佛。聖者馬頭尊大威怒王使者法門説已畢。

聖賀野紇哩縛大威怒王供養念誦儀軌下卷

---

① 古本願，《大正藏》校勘疑衍。
② 婆，《大正藏》校勘［甲］［乙］作“波”。
③ 形，《大正藏》校勘［甲］［乙］作“形體”。
④ 羂，原作“羅”，據《大正藏》校勘［甲］［乙］改。
⑤ 跪坐，《大正藏》校勘［甲］作“立瑟”。
⑥ 定，《大正藏》校勘疑衍。
⑦ 魔，《大正藏》校勘［甲］［乙］作“諸魔”。

馬頭觀音心陀羅尼①

ᴗᴗ(na) ᴗᴗ(mo) ᴗᴗ(ra) ᴗᴗ(tna) ᴗᴗ(tra) ᴗᴗ(ya) ᴗᴗ(ya)ᴗ ᴗᴗ(na) ᴗᴗ(maḥ)
ᴗᴗ(ā) ᴗᴗ(ryā) ᴗᴗ(va) ᴗᴗ(lo) ᴗᴗ(ki) ᴗᴗ(te) ᴗᴗ(śva) ᴗᴗ(rā) ᴗᴗ(ya) ᴗᴗ(bo)
ᴗᴗ(dhi) ᴗᴗ(sa) ᴗᴗ(tva) ᴗᴗ(ya)ᴗ ᴗᴗ(ma) ᴗᴗ(hā) ᴗᴗ(sa) ᴗᴗ(tvā) ᴗᴗ(ya)ᴗ
ᴗᴗ(ma) ᴗᴗ(hā) ᴗᴗ(kā) ᴗᴗ(ru) ᴗᴗ(ṇi) ᴗᴗ(kā) ᴗᴗ(ya)ᴗ ᴗᴗ(e) ᴗᴗ(bhyo) ᴗᴗ(na)
ᴗᴗ(ma) ᴗᴗ(skṛ) ᴗᴗ(tvā)ᴗ ᴗᴗ(ī) ᴗᴗ(daṃ) ᴗᴗ(mā) ᴗᴗ(ryā) ᴗᴗ(va) ᴗᴗ(lo)
ᴗᴗ(ki) ᴗᴗ(te) ᴗᴗ(śva) ᴗᴗ(ra)ᴗ ᴗᴗ(mu) ᴗᴗ(śo) ᴗᴗ(ṅgi) ᴗᴗ(ṇḍaṃ) ᴗᴗ(ha)
ᴗᴗ(ya) ᴗᴗ(grī) ᴗᴗ(va) ᴗᴗ(hṛ) ᴗᴗ(da) ᴗᴗ(ya) ᴗᴗ(mo) ᴗᴗ(va) ᴗᴗ(ntaṃ) ᴗᴗ(yi)
ᴗᴗ(pyā) ᴗᴗ(mi) ᴗᴗ(e) ᴗᴗ(hye) ᴗᴗ(hi) ᴗᴗ(ma) ᴗᴗ(hā)ᴗ ᴗᴗ(va) ᴗᴗ(jra) ᴗᴗ(va) ᴗᴗ(jra) ᴗᴗ(na) ᴗᴗ(kha) ᴗᴗ(va) ᴗᴗ(jrā) ᴗᴗ(ro) ᴗᴗ(ma)ᴗ ᴗᴗ(va) ᴗᴗ(jra) ᴗᴗ(ke) ᴗᴗ(śa)ᴗ ᴗᴗ(va) ᴗᴗ(jra) ᴗᴗ(khu) ᴗᴗ(ra) ᴗᴗ(va) ᴗᴗ(jra) ᴗᴗ(daṃ) ᴗᴗ(ṣṭra)ᴗ ᴗᴗ(ha) ᴗᴗ(na) ᴗᴗ ᴗᴗ(da) ᴗᴗ(ha) ᴗᴗ ᴗᴗ(pa) ᴗᴗ(ca) ᴗᴗ ᴗᴗ(ga) ᴗᴗ(hṇa) ᴗᴗ ᴗᴗ(va) ᴗᴗ(nva) ᴗᴗ ᴗᴗ(ra) ᴗᴗ(dgā) ᴗᴗ ᴗᴗ(ha) ᴗᴗ(sa) ᴗᴗ ᴗᴗ(ja) ᴗᴗ(lma) ᴗᴗ ᴗᴗ(ña) ᴗᴗ(ṭra) ᴗᴗ ᴗᴗ(dhu) ᴗᴗ(na) ᴗᴗ(vi) ᴗᴗ(dhu) ᴗᴗ(na) ᴗᴗ ᴗᴗ(ma) ᴗᴗ(thā) ᴗᴗ ᴗᴗ(ka) ᴗᴗ(mya) ᴗᴗ ᴗᴗ(ka) ᴗᴗ(pha) ᴗᴗ ᴗᴗ(sa) ᴗᴗ(rva) ᴗᴗ(de) ᴗᴗ(vāṃ) ᴗᴗ(sa) ᴗᴗ(rva) ᴗᴗ(nā) ᴗᴗ(gāṃ) ᴗᴗ(sa) ᴗᴗ(rva) ᴗᴗ(ya) ᴗᴗ(kṣāṃ)ᴗ ᴗᴗ(sa) ᴗᴗ(rva) ᴗᴗ(vi) ᴗᴗ(hi) ᴗᴗ(he) ᴗᴗ(ṭha) ᴗᴗ(kāṃ) ᴗᴗ(sa) ᴗᴗ(rva) ᴗᴗ(vi) ᴗᴗ(ṣāṃ) ᴗᴗ(pra) ᴗᴗ(vi) ᴗᴗ(śa) ᴗᴗ ᴗᴗ(ha) ᴗᴗ(ya) ᴗᴗ(grī) ᴗᴗ(va) ᴗᴗ(vi) ᴗᴗ(ṣa) ᴗᴗ(ṣri) ᴗᴗ(ya) ᴗᴗ(pra) ᴗᴗ(jva) ᴗᴗ(la) ᴗᴗ ᴗᴗ(ā) ᴗᴗ(vi) ᴗᴗ(śa) ᴗᴗ ᴗᴗ(vi) ᴗᴗ(śa) ᴗᴗ(va) ᴗᴗ(jra) ᴗᴗ(khu) ᴗᴗ(ra) ᴗᴗ(ma) ᴗᴗ(vi) ᴗᴗ(laṃ)ᴗ ᴗᴗ(bu) ᴗᴗ(ddha) ᴗᴗ(dha) ᴗᴗ(rmma) ᴗᴗ(saṃ) ᴗᴗ(gha) ᴗᴗ(va) ᴗᴗ(ca) ᴗᴗ(na)ᴗ ᴗᴗ(ma) ᴗᴗ(nu) ᴗᴗ(sma) ᴗᴗ(ra) ᴗᴗ(ja) ᴗᴗ(ti) ᴗᴗ(ma) ᴗᴗ(nu) ᴗᴗ(sma) ᴗᴗ(ra) ᴗᴗ(hṛ) ᴗᴗ(da) ᴗᴗ(ya) ᴗᴗ(ma) ᴗᴗ(nu) ᴗᴗ(sma) ᴗᴗ(ra) ᴗᴗ(vi) ᴗᴗ(kī) ᴗᴗ(ra) ᴗᴗ(ga) ᴗᴗ(rja) ᴗᴗ(na) ᴗᴗ(dāṃ) ᴗᴗ(ma) ᴗᴗ(da) ᴗᴗ(gu) ᴗᴗ(cri) ᴗᴗ(vi) ᴗᴗ(ni) ᴗᴗ(ha) ᴗᴗ(na) ᴗᴗ(ha) ᴗᴗ(na) ᴗᴗ(hūṃ) ᴗᴗ(hūṃ) ᴗᴗ(pha) ᴗᴗ(ṭa) ᴗᴗ(pha) ᴗᴗ(ṭ) ᴗᴗ(svā) ᴗᴗ(hā)

---

① 此陀羅尼，《大正藏》以原東寺三密藏古寫本爲 B 本另刊，此作附録。

北方毗沙門天王隨軍護法儀軌①

特進試鴻臚卿大興善寺三藏沙門大廣智不空奉詔譯

爾時那吒太子手捧戟，以惡眼見四方。白佛言："我是北方天王吠室羅摩那羅闍第三王子其第二之孫，我祖父天王及我那吒同共每日三度白佛言：我護持佛法，欲攝縛惡人或起不善之心，我晝夜守護國王、大臣及百官僚。相與殺害打陵如是之輩者，我等那吒以金剛杖刺其眼及其心。若爲比丘比丘尼、優婆塞優婆夷起不善心及殺害心者，亦以金剛棒打其頭。"爾時毗沙門孫那吒白佛言："世尊，我爲未來諸不善衆生降伏攝縛，皆悉滅散故，亦護持國界故，説自心暴惡真言，唯願世尊聽許我説。"佛言："善哉！善哉！那吒天王，汝爲降伏一切國王、大臣、百寮殺凌者，亦法、佛相違者，爲降伏故，恣汝意。"説真言曰：

唵地舍那吠室羅二合摩拏野摩賀羅惹野藥迦灑二合地婆哆那謨婆誐縛帝摩多羅跋馱儞娑嚩二合賀引

若行者受持此呪者，先須畫②像，於彩色中並不得和膠，於白氈上畫一毗沙門神，其孫那吒天神，七寶莊嚴，左手令執口齒，右手詫腰上，令執三戟稍。其神足下作一藥叉女，住趺坐，並作青黑色，少赤加。若誦此呪時，就好地勿使有穢惡，種種花、燒香供養。行者上下衣服並須一清，一厠行時當護身。黑月十五夜起首，對像前誦呪滿三十萬遍訖，然後取香泥供養尊像。若相違叛逆國王、大臣、百寮，有不善之心起者，以松葉護摩，七日之內，嚩日羅底瑟駿説云。以金剛槌打其頭及心③。文。若有人，比丘比丘尼犯者，以苦練木護摩，七日內殄滅。

又法，犯國王人有以佉陀羅木上設都嚧名字書，三角火中數數令出入，口誦上呪，心想設都嚧降伏。

又法，富單那及一切鬼王來伺其便者，以金剛木護摩，不過七日殄滅。又不善怨賊來凌殺時，以心印誦上呪一七遍，自殄滅不敢來。

---

① 底本，《大正藏》第 1247 號，第 21 册第 224 頁下—225 頁中，原享保年間刊豐山大學藏本。
② 畫，原作"書"，據《大正藏》校勘改。
③ 以金剛槌打其頭及心，原作注文，此據文意改正文。

又法,欲降伏怨人暴惡之人,以苦練木護摩。又苦木之汁煮出,黃土和作設都嚧形,胸上書姓名七設都嚧,七日之中投火中,數數誦呪作印,無疑滅。

又法,四輩人於七珍起不善之心,或不饌①父母、兄弟、姊妹、六親、眷屬,依法柏木護摩,一切珍財自來。

又法,妻子、奴婢、車乘及六畜生,依法柏木護摩,一切六畜自來。

又欲勝一切諸人及惡怨人,以松木作三戟稍,數數打壇底,其壇底設都嚧之形置三,數數打,數數絶。

又法,阿修羅窟門當以三戟稍打,當自口開。

又法,以胡粉和埿護摩,領天供四萬人必來,自國兵敵及他國兵一時殄滅。

心印者,二手內縛,二小二空出來去。善惡一切用。

昔五國大亂,有八箇月,經月行多法,遂無法驗。行此法降伏,五國五萬軍自平安故,是名隨軍護法。

毗沙門天隨軍護法儀軌

---

① 饌,原作"撰",據文意改。

北方毗沙門天王隨軍護法真言①

特進試鴻臚卿大興善寺三藏沙門大廣智不空　別行翻譯不入正經

曩謨囉多曩二合多羅二合多②夜耶阿馱佉路步多囉二合耶地舍耶二吠室囉二合摩拏野三摩賀囉惹野四藥迦灑二合地婆多婆五,上娑都哆娑婆室囉跛囉二合娑賀娜耶呬賢二反摩馱吒吒去呼③尾跛囉二合灑夜迷跛娜也二合他保④臟儞保⑤臟儞俱沙吠室羅摩拏野摩賀囉惹耶綺佉屬反婆去馱伽儞多囉摩熾都麼麼某甲受持捺娑上娑馱耶娑那謨婆誐嚩帝悉殿都麼多囉跛馱儞娑婆二合賀

　　若行者受持此呪者,先須畫像,於彩色中並不得和膠,於白氎上畫一毗沙門神,七寶莊嚴衣甲,左手執戟稍,右手托腰上,其神脚下作二夜叉鬼,身並作黑色。其毗沙門面作甚可畏形,惡眼視一切鬼神勢,其塔奉釋迦牟尼佛,教汝若領天兵守界擁護國土。何護吾法? 即擁遣第三子那吒,捧行莫離其側,汝眼毒惡恐損衆生。爾時行者若誦此呪時,就好地勿使有穢惡之處,極令淨潔,取牛糞塗地,即以香泥塗之,散種種花,燒香供養。行者上下衣服並須清淨,一上厠一洗浴。白月十五日夜起首對像前,誦呪滿十萬遍訖,然後更取香泥復塗壇上,更取上妙好花散壇中,設種種飲食。行者取薰陸香一百八顆,各呪一遍散著火中。爾時毗沙門即現其身,行者若見神時取上好食飲,供養毗沙門神通,行者心中所願,其神悉見。若行者不見神時,即虛空中有聲云:"汝但存心持誦⑥,一切事汝欲者悉如意。"若不見神及不聞聲,但有大風或雲遍滿布其壇上,其法即成就。若無上件等相,行者誦呪七遍,縛得入者,其法即成,更勿懷疑。

　　又法,若行者欲得喝囉闍愛敬者,取赤小豆一顆呪一遍,投火中燒,如是滿一百

---

①　底本,《大正藏》第1248號,第21册第225頁中—227頁下,原享和元年刊長谷寺藏本,原校本［甲］高山寺藏古寫本。
②　多,《大正藏》校勘疑衍。
③　呼,《大正藏》校勘［甲］作"乎"。
④　保,《大正藏》校勘［甲］作"俁"。
⑤　保,《大正藏》校勘［甲］作"俁"。
⑥　存心持誦,《大正藏》校勘一本作"慇心誦呪"。

八遍，其喝囉闍即遣人喚來極忽①。又法，若欲得大官人愛敬者，取白芥子，一顆一呪投火中燒，滿一百八遍，其官即自來敬仰大喜。又法，於白月十五日作壇，於像前作八肘，牛糞塗地了，取香泥重塗了，以五色畫作三重院。其壇内於中畫一大②輪，四角拔折羅十字安之。第二院内，東面畫作一火珠光焰火③出，南面畫三股④，又西面畫一龍，口中並出蓮華，北面畫一大縲⑤。第三院中東面更畫師子，南面畫龍王，西面畫孔雀王鳥，北面畫羅剎手⑥拄棒立地。壇四角各安香水瓶，内著雜菓楊枝。呪師洗浴著新淨衣，於像前設種種飲食供養，即誦呪取呵梨勒一顆，一呪一遍投火中燒之滿一百八遍。從今已後，每日送一鎰⑦金與呪師，永無乏少，若得此物即須用盡，不得留著。

又法，呪蘇蜜及菓子，一百八遍火中燒之，一切諸天皆大歡喜，擁護呪師。又法，若欲遠行時，呪穀木柱⑧，行一切難處，悉得無怖。又法，若惡人相惱亂者，心中想此呪神形，復舉心誦呪，未滿一遍，其人即不能動。若欲好者，心放中相便⑨得解脫。又法，若欲令怨家不同住⑩者，取苦練子一百八顆，一呪投⑪火中，其人即自遠去。又法，若呪胡麻一百八遍，散著火中，一切人盡來供養呪師。又法，若呪白芥子一百八遍散山中，一切惡獸不能傷人，其獸⑫見人即自伏地，不敢傷害，過去已後，方即起去。又法，若欲乞雨時，取杏子一百八顆都呪三七遍，著有龍水中，必得雨下。欲止雨時，取梧桐子火中燒之，即止。又法，若行者欲乞食，先呪鉢一百八遍，隨所到處自然而得一切飲食了，飲食殘者當時自化去⑬。若須飲食時，至心向鉢者誦呪一遍，其鉢依還如故。

又法，若欲見功德⑭天者，一日一夜不食，於佛前燒蘇合香，呪白花一百八遍，以散神⑮前，其功德天即自現身，隨意所須一切願滿，所求財寶即得稱意。若欲辟除一切鬼神，呪白芥子及蘇，呪一顆一遍，投火中燒之即得。若有官⑯人於三寶中起不善

---

① 喚來極忽，《大正藏》校勘一本作"喚呪師如箭急急來"。
② 大，《大正藏》校勘一本作"火"。
③ 火，《大正藏》校勘一本作"上"。
④ 股，《大正藏》校勘[甲]作"鈷"。
⑤ 縲，《大正藏》校勘一本作"螺"。
⑥ 羅剎手，《大正藏》校勘一本作"夜叉王"。
⑦ 鎰，原作"鍖"，據《大正藏》校勘改。
⑧ 柱，《大正藏》校勘一本作"拄杖"。
⑨ "便"後，《大正藏》校勘[甲]有"云即"。
⑩ 不同住，《大正藏》校勘一本作"遠相却"。
⑪ 投，《大正藏》校勘[甲]作"一投"。
⑫ 獸，原作"狩"，據《大正藏》校勘改。
⑬ 去，《大正藏》校勘[甲]作"土"。
⑭ 德，原作"能"，據《大正藏》校勘[甲]改，下一"德"字同。
⑮ 神，《大正藏》校勘一本作"佛"。
⑯ 官，《大正藏》校勘一本作"惡"。

心者,惱亂佛弟子者,欲令起慈心,須作降伏,呪手三①十一遍,遙打之,其人即著疾,欲好②者,慈心誦一遍即差。

又法,呪土二十一遍,散自身上,一切人見無不敬仰。欲令自身有威光者呪墨塗額上,一切人見者無不愛仰。呪灰二十一遍塗其身,大眾中一切人見③皆福德相,眾人供養。欲得遠涉道路不被惡人惡獸④傷害,行如⑤奔馬,呪左手⑥大母指作印⑦而去。欲得於鏡看事,呪童子、童女問吉凶,其人即自下語,令道所病鬼姓名,即知是何等之病。

若被蠱⑧毒食者,呪所食物二十一遍,其所為毒即吐出。若患鬼病,呪五色線,一遍一結一百八遍了,繫頭上或頂上臂上,一切病患除差。若患心病⑨,呪石榴花⑩汁飲之即愈。若欲攝狐魅病,呪五色線,令童子⑪合成索,一呪一結一百八遍,繫項⑫下,復呪楊枝打病者即立愈。若患骨節楚病,呪宥刀禁,其病即愈。若欲護身,呪白芥子二十一遍,若灰、若水亦然,散四方為界。若頭病⑬或身病,呪蘇烏麻油二十一遍,摩塗其身即愈。

若患耳風,呪蘇二十一遍,食之愈。若患眼,呪杏人油,塗之立愈。若患腫,呪石榴黃⑭一百八遍,塗上即愈,或白檀香亦得。若患頭病⑮,呪大黃二十一遍,塗額上即愈。若患時氣病,呪青木香末二十一遍,和水服之立愈。若患惡瘡疥癬者,取利蘆未⑯和油,塗上立即除愈。若患瘧病,呪楊枝二十一遍,令打病人,即時除愈。若被蝎螫,呪乾脯火中燒之,熱拄其上便即除愈。若被蛇咬,呪畢鉢二十一遍,塗之當下即愈。若婦人乳腫,呪油麻嚼塗上,即差。若帶下病者,呪丁⑰香水,服之即愈。若人卒

---

① 三,《大正藏》校勘一本作“二”。
② 好,《大正藏》校勘一本作“改”。
③ 見,《大正藏》校勘[甲]作“者”。
④ 獸,原作“狩”,據《大正藏》校勘改。
⑤ 如,原作“加”,據《大正藏》校勘改。
⑥ “手”後,《大正藏》校勘一本有“以四指握”。
⑦ 印,《大正藏》校勘一本作“拳”。
⑧ 蠱,《大正藏》校勘一本作“蟲”。
⑨ 病,《大正藏》校勘一本作“痛”。
⑩ 花,《大正藏》校勘[甲]無。
⑪ 子,《大正藏》校勘一本作“女”。
⑫ 項,《大正藏》校勘[甲]作“頸”。
⑬ 病,《大正藏》校勘一本作“痛”。
⑭ 黃,《大正藏》校勘一本作“及黃檀香”。
⑮ 病,《大正藏》校勘一本作“頂”。
⑯ 未,《大正藏》校勘一本作“末”,[甲]作“木”。
⑰ 丁,《大正藏》校勘一本無。

被鬼著狂言荒語,呪水令①服之。若患心病②,呪黄土,塗之。若患一切鬼魅者③,呪石榴枝一百八遍,用打病者即愈。

若欲得成就三事者,當於像前作壇。壇内散種種名花,設種種飲食訖。取赤銅鉢一枚、雄黄三兩細擣和蜜水爲丸,置像前,取荷葉覆上,以手掩之,呪不息,當有相現。若烟出時,取塗身上即成安怛陀那。若火出時,手取火焰用塗面上,一切衆生見此人者皆大歡喜,敬仰有大威光,所出言教人皆信受,恭敬隨順。若有煖氣,其人即取塗身,即得無盡。

又法,於舍利塔前呪牛黄,依前藥法皆得塗身,一切福德盡集其身,所在衆生見如羅闍無異。又法,若知山間有孔似阿修羅窟者,當呪白芥子和自身血,一呪一遍,打山間孔,盡一千八遍,其山窟自開。其阿修羅女身如火然,持諸香花迎呪師來。行者入此窟内,壽命一大劫,身力還如阿修羅,亦如金剛無能損者。若欲出時,亦得一切阿修羅女隨從。若不還時,亦到火④終,無所害。又法,將此像向舍利塔前,香塗地香花散於壇内,上妙供養了,取梨木作合子,取安膳那石爲末,用秦膠水爲丸,盛於合子中置壇中。行者著新淨衣,在於像前一日不食,誦此呪一千八遍了,亦無勞三相現,呪一千八遍訖,塗眼竟,即塗脚、掌心中,胸前、兩膞上頂⑤竟,至心合掌,思身如虚空,無有身相。作自⑥想時,行者隱形,日行千里,一切事業竝皆悉見。又法,欲得伏外道入火中,取自身血、魚血,瞑心誦此呪二十一遍,投火中,即入火中得一頃食⑦間,不燒其身。又法,若欲降伏外道,手中結印,瞑心誦呪一百八遍,外道所作法悉破壞,竝不成就。

又法,若欲降伏諸國兵賊衆者,當畫一像,身卦紫磨真金甲,於淨室中燒衆名香、乳頭薫陸香,諸色香花、飲食供養,真心誦念天王真言十萬遍。天王領天兵來助,他國兵敵自退散。若能晝夜誦念不絶,天王使太子獨健領天兵千人衛護,不離其側,所求如意,應念隨心,皆得成就。又法,若欲降前敵衆者,於淨室持齋,畫一天王形像,卦紫磨真金甲,於二丈竿懸,軍前五十步指其敵,其敵不能相患。

印相,二小指相鉤,二無名指向外直豎,二中指二頭指⑧反相叉,二大母指向外直豎,手掌背合⑨即是其印。如前所説,一一諸法皆用此印,即得成就。今我説根本印,

---

①　令,《大正藏》校勘一本作“含”。

②　病,《大正藏》校勘一本作“痛”。

③　“者”前,《大正藏》校勘一本有“病”。

④　火,《大正藏》校勘[甲]作“大”。

⑤　頂,《大正藏》校勘一本無。

⑥　自,《大正藏》校勘一本作“此”。

⑦　得一頃食,《大正藏》校勘一本作“經一食頃”。

⑧　二頭指,《大正藏》校勘[甲]無。

⑨　背合,《大正藏》校勘一本作“相背”,[甲]作“合”。

以二手右押左内相叉,豎無名頭①相合②,二頭指屈如鉤。若迎請時向身招,若撥③遣時外撥。念請④時,結印,當心誦七遍,印頂上散,然後取念珠專住念誦。

次説吉祥天女⑤印,以二手虛心合掌開二頭指,二中指二無名指屈⑥如蓮華形,二大指二小指豎合。若念誦,當心結印,誦真言七遍,頂上散印。《四天王經》云:"若有人誦念此北方毗沙門天王真言,供養芘菓、飲食,每月取一、十五日,二十一日,音聲用單雙絃,方響鼓舞,蘇蜜、乳粥,真心誦念,其天王即見其身,隨心所願。"

解穢陀羅尼:

唵俱嚕馱唵哦

讚天王頌曰:

善利萬物兮惟彼水方,護持國界兮惟我天王。

良將受委兮鎮固封彊,精心奉職兮宣託福祥。

星宮上勝兮迴架崇岡,靈像儼立兮衆寶嚴莊。

威神震曜兮攝伏荒保,又忠貞□兮翊⑦贊聖唐⑧。

𑐿(na) 𑐩(mo) 𑐨(ra) 𑐟(tna) 𑐠(tra) 𑐫(yā) 𑐫(ya) 𑐿(na) 𑐩(mo) 𑐱(śca) 𑐞(ṇḍa) 𑐰(va)
𑐕(jra) 𑐥(pā) 𑐘(ṇā) 𑐫(ye) 𑐩(ma) 𑐴(hā) 𑐫(ya) 𑐯(kṣa) 𑐩(se) 𑐿(na) 𑐥(ptā) 𑐫(ye) 𑐿(na)
𑐩(mo) 𑐀(a) 𑐥(pa) 𑐴(hu) 𑐬(ro) 𑐨(bhū) 𑐟(ta) 𑐬(rā) 𑐫(ya) �(dhiḥ) 𑐱(śa) 𑐫(ya) 𑐲(vai)
𑐱(śra) 𑐩(ma) 𑐘(ṇa) 𑐰(va) 𑐔(ca) 𑐿(nā) 𑑂(sya) 𑐩(ma) 𑐴(hā) 𑐨(ra) 𑐖(ja) 𑑂(sya) 𑐫(ya)
𑐯(kṣā) 𑐠(dhi) 𑐥(pta) 𑑂(sya) 𑐰(va) 𑐩(ma) 𑐟(ta) 𑑂(sya) 𑐴(stu) 𑐟(ta) 𑑂(sya) 𑐨(bha)
𑐱(śa) 𑐿(na) 𑐧(pra) 𑐰(va) 𑐝(pha) 𑐤(da) 𑑂(sya) 𑐞(phe) 𑐩(ma) 𑐤(da) 𑐘(ṭa) 𑐘(ṭa)
𑐘(ṇi) 𑐧(pra) 𑐲(ṣa) 𑐫(yā) 𑐩(mi) 𑐟(ta) 𑐦(dya) 𑐬(thā) 𑐎(ku) 𑐱(śe) 𑐩(mi) 𑐎(ku)
𑐱(śa) 𑐰(vi) 𑐱(śra) 𑐩(ma) 𑐘(ṇa) 𑑂(sya) 𑐩(ma) 𑐴(hā) 𑐨(ra) 𑐖(ja) 𑐀(e) 𑐰(vaṃ) 𑐠(dha)
𑐎(ka) 𑐿(ne) 𑐠(tra) 𑐩(ma) 𑐯(kṣa) 𑐟(tu) 𑐳(svā) 𑐴(hā)⑨

---

① 頭,《大正藏》校勘一本作"指頭"。
② 合,《大正藏》校勘一本作"合屈"。
③ 撥,《大正藏》校勘[甲]作"發"。
④ 請,《大正藏》校勘一本作"誦"。
⑤ 女,《大正藏》校勘一本作"女身"。
⑥ "屈"前,原衍"未",據《大正藏》校勘一本删。
⑦ 翊,原作"翅",據《大正藏》校勘[甲]改。
⑧ 卷末,《大正藏》校勘[甲]有"毗沙門儀軌"。
⑨ 此梵字真言,據《大正藏》依靈雲寺版普通真言藏所載附卷末。

毗沙門儀軌①

大興善寺三藏沙門大廣智不空奉詔譯②

阿他渴嚧莪室拏③末拏寫摩訶羅闍寫摩羅滿怛藍鉢羅毗沙彌④薩婆薩埵蘇訶鉢唅薩
婆薩埵呬⑤底史南怛姪他摩尼吠⑥達馱羅野莎婆訶布嚕拏跋達囉野莎婆訶摩拏羅也
野莎婆訶悉澄⑦迦羅耶莎⑧婆訶

　心真言：

唵薜⑨室囉末拏耶娑⑩婆訶有惡難及官府、言語口舌事，誦千遍。

　心中心真⑪言：亦名諸佛同契陀羅尼。

唵彌上聲那馱羅野娑⑫婆訶求財誦一萬遍。

　功德天心呪：

唵枳儞枳儞薩婆迦哩野沙⑬達尼辛儞辛⑭儞阿潙慮鹽澀⑮彌拏舍耶阿婆訶野澀彌弟毗

---

① 底本，《大正藏》第1249號，第21冊第227頁下—230頁上，原享和元年刊長谷寺藏本。原校本〔原ィ〕龍肝師校合秀陽闍梨本，〔原い〕龍肝師校合板橋日曜寺本，〔甲〕高山寺藏古寫本。

② 譯名，《大正藏》校勘〔原ィ〕作"大興善寺三藏不空奉詔譯"，〔甲〕作"大興善寺三藏沙門大廣智不空譯"。

③ 渴嚧莪室拏，《大正藏》校勘〔原い〕作"偈嚧璧室囉"。

④ 毗沙彌，《大正藏》校勘〔甲〕作"比沙彌"，〔原ィ〕作"毗沙"。

⑤ 呬，《大正藏》校勘〔甲〕作"呬"。

⑥ 吠，《大正藏》校勘〔原い〕作"跋"。

⑦ 澄，《大正藏》校勘〔原い〕作"定"。

⑧ 莎，《大正藏》校勘〔甲〕作"娑"，〔原ィ〕作"婆"。

⑨ 薜，《大正藏》校勘一本作"璧"。

⑩ 娑，《大正藏》校勘〔甲〕作"沙"。

⑪ 真，《大正藏》校勘〔原ィ〕作"呪"。

⑫ 羅野娑，《大正藏》校勘〔甲〕作"野沙"，〔原ィ〕作"羅野莎"。

⑬ 沙，《大正藏》校勘〔原ィ〕作"娑"。

⑭ 辛，《大正藏》校勘〔甲〕無。

⑮ 潙慮鹽澀，《大正藏》校勘〔原い〕作"橋盧產澀"，又疑當作"潙慮鹽總"。

室哩薜室羅末拏野娑①婆訶

淨身真言：

唵殑②伽薩婆喠㖉他避木仚③莎婆訶右手掬水，誦七遍淨身。

召請真言：

娜謨薜室羅末拏寫④摩訶翼史捺羅寫志他婆跋婆都哆莎婆訶欲召請供養，誦七遍。

燈燭真言：

唵婆畢底梨娑⑤婆訶七遍。

供養香華真言：

唵薩婆曹⑥褐羅陀哩尼莎婆訶淨器盛水及香等，誦七遍。

發遣真言：

唵毗嚕迦野哆賴耶⑦嚗耶薩⑧婆毒契瓢薩本惹三婆羅娑⑨婆訶

壇作法，牛糞塗地上，用香泥塗上，外稜兩肘一量，內稜一肘一量，像在北面而坐南，內院著清水香華菓子，外院著乳粥餅等。

香供養法真言：

摩拏阿羅他鉢哩布囉迦野莎婆訶

安悉香、檀香、龍腦香、天木⑩香、魂膽香，右伴香擣訖蜜和，於像前誦此呪一百八遍，右手持香，精誠祝⑪像前，數滿訖，由供養。如無香，依時誦此真言，亦當供養。已上儀軌了。

北方大毗沙門天王，唐天寶元載壬午歲，大石、康五⑫國圍安西城，其年二月十一日有表請兵救援。聖人告一行禪師曰：“和尚，安西被大石康□□□□□國圍城，有表請兵。安西去京一萬二千里，兵程八簡月，然到其安西，即無朕之所有。”一行曰：“陛下何不請北方毗沙門天王神兵應援？”聖人云：“朕如何請得？”一行曰：“喚取胡僧大廣智即請得。”有勅喚得大廣智到內，云：“聖人所喚臣僧者，豈不緣安西城被

---

① 娑，《大正藏》校勘［甲］作“沙”，［原イ］作“耶莎”。
② 殑，《大正藏》校勘［原い］作“施”。
③ 仚，《大正藏》校勘［原い］作“企”。
④ 寫，《大正藏》校勘［甲］無。
⑤ 娑，《大正藏》校勘［原イ］作“莎”。
⑥ 曹，《大正藏》校勘［甲］作“普”。
⑦ 耶，《大正藏》校勘［原い］作“那”。
⑧ 薩，《大正藏》校勘［原い］作“薩婆”。
⑨ 娑，《大正藏》校勘［原イ］作“莎”。
⑩ 天木，《大正藏》校勘［原い］作“煎”。
⑪ 祝，《大正藏》校勘［甲］作“謹”。
⑫ 五，《大正藏》校勘［原イ］無。

五國賊圍城？"聖人云："是。"大廣智曰："陛下執香爐入道場，與陛下請北方天王神兵救。"急入道場，請真言未二七遍，聖人忽見有神人二三百人帶甲於道場前立。聖人問僧曰；"此是何人？"大廣智曰："此是北方毗沙門天王第二子獨健，領天兵救援安西，故來辭。"聖人設食發遣。至其年四月日，安西表到云："去二月十一日巳後午前，去城東北三十里有雲霧斗闇，霧中有人身長一丈，約三五百人盡著金甲。至酉後，鼓角大鳴，聲震三百里，地動山崩，停住三日，五國大懼，盡退軍抽兵。諸營墜①中並是金鼠咬弓弩絃及器械，損斷盡不堪用。有老弱去不得者，臣所管兵欲損之，空中云：放去，不須殺。尋聲反顧，城北門樓上有大光明，毗沙門天王見身於樓上。其天王神樣，謹隨表進上者。"中華天寶十四載，於內供養僧大悲處，寫得經及像。至大曆五年，於集洲見內供養僧良賁法師移住集洲開元寺，勘經像與大悲本同。昔防援國界，奉佛教勅，令第三子那吒捧塔隨天王。三藏大廣智云："每月一日天王與諸天鬼神集會日，十一日第二子獨健辭父王巡界日，十五日與四天王集會日，二十一日那吒與父王交塔日。其日須乳粥供養，無乳則用蘇蜜粥供養其天王。"有天靈異，奉勅宣付十道節度，所在軍領令置形像，祈願供養。天寶元載四月二十三日，內謁者監高慧明宣②天王第二子獨健常領天兵護其國界，天王第三子那吒太子捧塔常隨天王。吉祥天女，亦名功德天，自有真言，婆藑仙，大廣智云是觀世音菩薩化身。

　　若請召天王時，結根本印，即誦請召真言七遍，頂上散印。真言曰：

怛儞也二合他一，引曩謨吠室囉二合摩拏鼻音野二曩謨引馱曩上娜引野三馱曩濕嚩二合囉野四阿上，引蘗③瑳引跛哩弭多馱顉濕嚩二合囉跛囉麼迦引嚕抳迦五薩嚩薩怛嚩二合皿哆④唧多二合麼麼六達曩麼弩鉢囉二合曳瑳七娑嚩野麼引蘗瑳八娑嚩二合賀巳上，上卷

　　私記⑤：

唵藥叉布多那吽因陀羅弊娑婆二合賀毗左者耶娑婆賀女使也，即愛願也。

　　毗沙門天王心真言：

曩謨囉怛曩二合怛囉二合夜引也一曩謨吠室囉二合摩拏也二摩賀囉惹耶三薩嚩薩怛嚩二合曩摩舍跛哩布囉拏也四悉地迦囉也五蘇騫娜也六怛娑每二合曩莫塞訖哩二合怛嚩二合七伊鈴吠室囉摩拏也紇哩乃也八摩韈多以灑引弭九薩嚩薩怛嚩二合蘇佉嚩憾十怛儞也二合他十一唵十二悉地悉地悉地悉地十三蘇母蘇母十四左左左左十五左羅左羅十六羯羅

羯羅十七枳哩枳哩十八句嚕句嚕十九祖嚕祖嚕二十婆馱也二十一遏貪二十二摩摩①顎底也末他拏婆去嚩娑縛二合賀二十三吠室囉摩拏也二十四娑嚩二合賀二十五達曩那也娑嚩二合賀二十七摩拏囉他跛哩布囉迦也二十八娑嚩二合賀二十九

中天竺國三藏婆羅門達摩伽②陀那譯。

南冒摩訶失利夜耶一南冒吠失囉二合漫那耶二摩訶藥又二合細那拔陀③曳三怛姪他四沮吠沮④吠五別本云濕吠娑縛訶沮⑤吠娑嚩訶莎縛莎嚩六扇演秫底娑嚩訶七施睌怛梨莎嚩訶八惹耶拔底梨娑縛訶

我今説根本印，以二手右押左內相叉，豎二無名指頭相合，屈二頭指如鈎。若迎請，即頂上散，然後取念珠專注念誦。次結吉祥天女身印，以二手虛心合掌，開二頭指、二中指、二無名指，屈如蓮華形，二大指、二小指豎合。若念誦時，當心結印，誦真言七遍，頂上散。別本文。

又法，取白月及黑月十五日，於淨房中或露地面向北坐，對像供養乳粥及燒薰陸香，誦此陀羅尼三夜，誦一千八遍云云。又法，若求官位，對像前，一日一夜誦貴人名字一遍一稱之，滿一千八十遍，所求官位即得。若有鬭戰競處欲得強者，用白氍作索，一呪一結一千八十遍，繫左臂上更即勝。又法，用牛黃於銅器中盛，對像前誦一百八遍，即取塗於身上，得一切人愛敬。又法，若欲得國王憶念，每日夜⑥誦一千八十遍，王即憶念，所須皆得之。

同三藏之又譯也。

阿陀伽部怛羅二合耶一地舍耶二吠賒羅三跋那寫四摩訶喝羅闍寫五夜又地婆怛寫六婆摩怛寫七薩都怛寫八婆賒耶鉢囉二合婆訶那寫九喜摩達吒吒尼鉢羅二合沙夜迷十怛姪他十一俱灑彌俱灑彌俱沙毗賒羅摩那寫十二摩訶喝羅闍十三綺檗達伽寫十四哆羅摩車都十五娑婆訶

行者上下衣服並淨潔，一上廁一洗浴。白月十五日起，首對像前誦呪滿十萬遍訖，然後取香復塗壇上，復設種種飲食。行者取薰陸香一百八枚，各呪一遍投著火中，天王即現。

又法，行者若欲得曷羅闍所愛敬者，取赤小豆，一呪一遍投火中燒，如是滿一百八遍，其曷羅闍即遣人喚來極急。又法，若欲得大官愛敬者，取白芥子一呪一遍投火

---

① 二十二摩摩，《大正藏》校勘[原い]作“摩摩二十二”。

② 伽，《大正藏》校勘[原い]作“逝”。

③ 拔陀，《大正藏》校勘[原い]作“跋他”。

④ 沮，《大正藏》校勘[原い]作“濕”。

⑤ 沮，《大正藏》校勘[原い]作“濕”。

⑥ 夜，《大正藏》校勘[原い]作“念”。

中，如是滿一百八遍，即自來敬仰大喜。又法，若欲遠行，呪穀木柱①行，一切難更無著障礙。又法，若欲人愛敬，取苦練子②一百八顆，一呪一遍投火中燒之，如是一切人愛敬呪師如親父母，悉滿心所願。

又法，若欲怨家遠相却者，取苦練子百八顆，一呪一遍投火中燒，其人即遠行不在。又法，若欲令人降伏，稱前人姓名，呪酪一百八遍，燒之。又法，欲令自在威光者，呪墨塗額上，一切見者無不愛仰。又法，若有鬼病心痛者，呪石榴華汁，飲之即差。又法，若患野狐鬼魅，呪楊枝打病者即差。又法，若患一切風，呪蘇二十一遍，食之即差。又法，若患虐病者，呪楊柳枝二十一遍，令打病人即差。又法，患狂言鬼語，呪水令服之即差。又法，若患心痛，呪黃土塗之。若患一切鬼病者，呪石榴杖百八遍，打病人即差。

作印法③，二小指相鉤，二無名指向外直豎，二中指二頭指反相叉，二大母指向外直豎，手掌相背。是以上所説，二④法中皆用此印。誦此真言數滿，即誦使者真言七遍，又誦八天真言各三遍。

毗沙門天王使者呪：

娜謨吠失羅二合鉢⑤那耶摩訶藥叉栖那鉢多耶唵薩婆羯囉二合那尾數陀抳薩嚩二合訶 增益

娜莫三去曼多勃馱引喃上，引，一阿鉢囉二合底丁以反賀多捨引娑曩引南二唵引却却佉去，引呬佉呬聲⑥異反，上同，三吽引吽引入嚩二合攞入嚩二合攞四鉢囉二合入嚩二合攞鉢囉二合入嚩二合攞五底瑟妊二合底瑟吒二合，六瑟置哩三合，引，七娑發吒半音呼娑發吒半音娑嚩二合訶息災尾沙野娑嚩鉻又云波底唵藥叉布彈那吽因陀羅弊薩嚩賀毗沙⑦遮那娑嚩賀降伏陀彌使者

誦此真言用此契，二手作拳直豎二食指，次開二大母指，次右食指超左食指背上入掌中，以左食指⑧入右掌中，次二大母指，左把右食指⑨，二頭出外。

八大天王：摩尼跋陀羅、布嚕娜跋陀羅、半只迦、娑多祁里、醯摩嚩多、毗灑迦、阿陀嚩迦、半灑攞。

毗沙門儀軌

────────────────

① 柱，《大正藏》校勘［原い］作"杖"，［原イ］作"拄"。
② 練子，《大正藏》校勘［原イ］作"楝子"，［原い］作"練木"。
③ 作印法，《大正藏》校勘［原い］注云："智明曰：此印出吠室囉末那軌之畢。"
④ 二，《大正藏》校勘［原い］無。
⑤ 鉢，《大正藏》校勘［原い］注云："鉢，同軌作'拔'。"
⑥ 聲，《大正藏》校勘［原い］作"馨"或"磬"。
⑦ 沙，《大正藏》校勘［原い］作"裟"。
⑧ 左食指，《大正藏》校勘［原い］注云："智明曰：左食指之下恐有脱'超右食指背上入掌中'九字，若不然，則難二頭出外。"
⑨ "指"後，《大正藏》校勘一本有"右把左食指"。

北方毗沙門多聞寶藏天王
神妙陀羅尼別行儀軌①

特進試鴻臚卿大興善寺三藏沙門大廣智不空奉詔譯②

爾時毗沙門天王告一切衆生言：善男子，汝於南閻浮提五濁惡世中，或出家比丘僧比丘尼、在家優婆塞優婆夷等同在法③中，我領諸天善神擁④護是人。若聞我名者、有知我者，我當於是人左右，如護眼精、如護己命，無令諸惡者惱亂。若有一切男子、女人以王事我，我以王事之。以一切貴勝事我，我以一切貴勝事之。若以富樂音聲事我，我以一切富樂音聲事之。若有人能受持誦⑤陀羅尼及結印法所有行用供養我形像者，我一切隨於汝所求，應汝之願，令汝滿足。若有出家人受持者，我爲童子助之。若有國王、君臣等受持供養我者，我當富貴、兵甲、王位，恒願應之，誓無相背。善男子，是真言法，我於佛前奉上世尊，護持末法比丘佛弟子及諸衆生等。若有於我世尊末法弟子起惡心相向者，我自領多兵衆鬼神、藥⑥叉、乾闥婆等，摧碎惡人猶如微塵。善男子，若有於我法中常供養依法受持，隨汝所須所願與汝。

若有人能受持我真言法者，當⑦先作四肘壇，於淨室中掘去惡土深一尺，遠處取淨黃土填築令平正，勒成階道高一磔⑧手，上層方廣三尺高一磔手，開四門，用水瓶盛香水，箭四隻，刀四口，鏡四面。供養飲食用十二盤，煎餅、乳酪、酥燈四盞散華，春夏採雜華，秋冬散綵華。其壇下層畫山石，上層畫大蓮華，四角畫海水，安像中心蓮華上。上懸幡十六口，皆作神形像。其像面南，持法人面向北對像坐念誦。作壇真

---

① 底本，《大正藏》第1250號，第21册第230頁上—233頁上，原《大日本續藏經》，原校本［甲］平安時代寫仁和寺藏本，［乙］延久六年寫本。

② 譯名，《大正藏》校勘［甲］［乙］無。

③ 法，《大正藏》校勘［甲］作"諸法"，［乙］作"佛法"。

④ "擁"前，《大正藏》校勘［甲］［乙］有"於空中"。

⑤ "誦"前，《大正藏》校勘［甲］［乙］有"供養我形像"。

⑥ 藥，《大正藏》校勘［乙］作"夜"。

⑦ "當"前，《大正藏》校勘［乙］有"富者"。

⑧ 磔，《大正藏》校勘［甲］作"欙"，［乙］作"櫟"。

言曰：

𑖌𑖼(oṃ)① 𑖡(na) 𑖡𑖿𑖝(nda) 𑖒 𑖠(da) 𑖘𑖰(ṭi) 𑖒 𑖡(na) 𑖡𑖿𑖝(nda) 𑖪(va) 𑖩𑖰𑖾(liḥ)
唵　　難　　駄　　難駄　娜　　智　　娜智　難　　駄　　婆　　里入

𑖭𑖿𑖪𑖯(svā) 𑖮𑖯(hā)

薩嚩二合,引 賀引②

　　若有受持真言法,作壇時先誦此真言一百八遍,加持地及土石處,所有一切蟲蟻諸類皆移避不在此住,其地即得清淨,堪置壇場。結壇時,嚴加持結界。

　　結地界契,右手中指於左頭指期間向外背出頭,以右無名指於左小指期間亦爾,左中指内向入③右頭指期間向内出頭,以左無名指於右小指期間亦爾,兩小指頭指豎合,二大指亦合頭向下,大指合頭著拄④地翼兩臂肘⑤。真言曰：

𑖌𑖼(oṃ) 𑖎𑖰(ki) 𑖩𑖰(li) 𑖒 𑖪(va) 𑖕𑖿𑖨(jra) 𑖪(va) 𑖕𑖿𑖨𑖰(jri) 𑖥𑖲(bhu) 𑖨𑖰𑖾(riḥ) 𑖪(va)
唵　　吉　　里　　吉里嚩　日囉　嚩　　日哩　部　　律　　滿

𑖡𑖿𑖪(nva) 𑖒 𑖮𑗝𑖽(hūṃ) 𑖣𑖽(pha) 𑖘(ṭ)
駄　　滿駄　斛⑥　　發　　吒

　　此印能除地中一切惡類,下至金剛際,除一切惡鬼神,須加持七遍,拄天地上下,不能爲害,得清淨福。

　　次結四方界契,準前地界契,唯改開二大指相去二寸,指頭向身直豎,怒指向右轉。真言曰：

𑖌𑖼(oṃ) 𑖭(sa) 𑖨(ra) 𑖒 𑖪(va) 𑖕𑖿𑖨(jra) 𑖢𑖿𑖨(pra) 𑖎(ka) 𑖨(ra) 𑖮𑗝𑖽(hūṃ)
唵　　薩　　羅　　薩羅嚩　日囉二合⑦　鉢羅二合　迦　　羅　　斛

𑖣𑖽(pha) 𑖘(ṭ)
泮　　吒

　　此契能除四方魔鬼神等,作法會壇場處作印契,誦真言七遍,向四方隨日轉,一切藥叉鬼退散,得法成就。

　　次結虛空界契,準前地界契,唯改二大指各附著頭指側上,即以指向於頭上右旋三匝。真言曰：

---

① 梵字真言,《大正藏》校勘[甲][乙]均無。
② 二合引賀引,《大正藏》校勘[甲][乙]作"賀"。
③ 入,《大正藏》校勘[甲]作"出",[乙]無。
④ 拄,《大正藏》校勘[乙]作"於"。
⑤ 肘,《大正藏》校勘[乙]無。
⑥ 斛,《大正藏》校勘[甲][乙]作"吽",下同。
⑦ 二合,《大正藏》校勘[甲][乙]無。

ॐ(oṃ)　ﬗ(vi)　ﬖ(spho)　ﬗ(ra)　ﬗ(dra)　ﬗ(kṣa)　ﬗ(va)　ﬗ(jra)　ﬗ(paṃ)

唵　　尾　　薩普二合　囉①　捺落二合　乞灑二合②　嚩　　日囉二合③　半

ﬗ(ja)　ﬗ(ra)　ﬗ(hūṃ)　ﬗ(pha)　ﬗ(ṭ)

惹　　囉　　𤘽　　泮　　吒

　　此印契能除空中上至於有頂諸魔鬼神，不敢惡念。印契向頭上右旋三匝，真言加持飛行，藥叉退散。

　　若能作大道場，終身成事法者，擇地未規④時誦真言一遍。結界地平正堅實，香華供養，又誦真言一遍，結界地。若豎立，拄額規郭，懸幢、鈴、珮等，少分華⑤，復供養一遍。誦明結界，布置彩色座，開諸位地。又誦真言一遍結界，將燈安置壇上。又誦真言一遍結界，水罐、華香、飯食、酥蜜、胡麻、秋、粳米等供養物盡入道場。安置訖，更誦真言一遍結界，請佛、般若、菩薩、金剛、天等。未請前，復作誦真言一遍結界。一一結界，左手把跋折羅，降伏一切，右手把香爐，口⑥請一切聖眾天王，右繞三匝作結界。想心標萬里、千里、百里、一由旬等，皆心標想，口云各四近處三里結界，即供養，動止威儀具諸法相，一切賢聖天王歡喜。若作本契印、本真言法，皆迎請結界，出入似國王，動止威儀無異。

　　次結香華契，二無名指二小指交叉，右壓左在掌中仍屈向腕，即舒中指頭斜相拄，以二頭指各捻中指第三節，以二大指各附二食指側合腕。真言曰：

ॐ(oṃ)　ﬖ(ma)　ﬗ(nā)　ﬗ(rtha)　ﬗ(pa)　ﬗ(ri)　ﬗ(pra)　ﬗ(ra)　ﬗ(kā)　ﬗ(ya)

唵　　摩　　拏阿　羅他　鉢　　哩　　布　　囉　　迦引⑦　也

ﬗ(svā)　ﬗ(hā)

薩嚩　賀⑧

　　在處⑨結壇及不結壇，空對像處。若有壇處，作真言契印法，加持香華入道場供養。無道場，空對尊像，空作契，供養亦得。當有壇，香華一也，一切天王、善神、金剛等歡喜。

　　次結飲食契。

---

①　二合囉，《大正藏》校勘[乙]作"囉二合"。

②　二合乞灑二合，《大正藏》校勘[甲][乙]作"乞灑"。

③　二合，《大正藏》校勘[甲][乙]無。

④　規，《大正藏》校勘[甲][乙]作"規郭"。

⑤　華，《大正藏》校勘[甲][乙]作"華香"。

⑥　口，《大正藏》校勘[乙]作"召"。

⑦　引，《大正藏》校勘[甲][乙]無。

⑧　賀，《大正藏》校勘[乙]作"迦"。

⑨　處，《大正藏》校勘[甲]作"家"，[乙]作"室"。

準前香華印，唯改二小指二無名指，拄在掌中間。真言曰：

　𑖍(na)　𑖦(mo)　𑖕(ja)　𑖙(te)　𑖥(bha)　𑖢(pa)　𑖭(sa)　𑖨(ra)　𑖙(te)　𑖝(ta)　𑖘(ṭa)
　曩　　謨引　惹岐　帝引　婆　　跛　　薩　　羅　　帝引　跢　　吒

　𑖨(ra)　𑖘(ṭa)　𑖍(na)　𑖨(ra)　𑖧(yaṃ)　𑖧(ya)　𑖕(ja)　𑖭(svā)　𑖮(hā)
　羅①　吒　　娜　　攞　　延　　也　　惹②婆③薩嚩　賀

此契印及真言若擬獻飲食供養者，一一真言加持食盤，一一真言加持了，然後入道場，壇處安置供養。若無飲食，但對天王像前，每朝空結契印及誦真言供養，亦得福利，天王歡喜。

次結燈契。

右手小指無名指屈在掌中，直豎中指，其頭指亦屈向掌中，大指屈上節押頭指上節，大指頭側捻中指中節上。真言曰：

　𑖌𑖼(oṃ)　𑖥(bha)　𑖢(pe)　𑖝(ti)　𑖩(le)　𑖭(svā)　𑖮(hā)
　唵　　婆　　閉　　底　　隸　　薩嚩　賀④

若有道場，須加持燈用契、真言，方乃入壇內供養。如無壇，空淨室置天王像，亦須加持燈契、誦真言供養，神力光明照曜，去⑤處無障，天王歡喜。

四⑥天王結界契。

二手小指屈入掌中右押左，豎二中指無名指相離一寸，二頭指拄二大指並屈入掌中。真言曰：

　𑖌𑖼(oṃ)　𑖥(bha)　𑖙(te)　𑖧(yā)　𑖪(va)　𑖡(nva)　𑖦(haṃ)　𑖮(hūṃ)　𑖦(mi)
　唵　　婆　　帝　　也　　畔　　馱　　畔馱啥　　吽　　弭

　𑖭(svā)　𑖮(hā)
　薩嚩　賀引⑦

此契再結界印，上下各三遍，一切諸惡魔悉遠散。然舉契四方東西南北，周而復始，作契、誦真言加持，魔障皆走，不敢近於道場。再三、再四結界如法，方乃啓請天王，得成就力，即得無畏。

---

① 羅，《大正藏》校勘［乙］作“跋羅”。
② 惹，《大正藏》校勘［乙］作“悉”。
③ 婆，無梵字對音，疑衍。
④ 賀，《大正藏》校勘［甲］［乙］作“賀引”。
⑤ 去，《大正藏》校勘［乙］作“其”。
⑥ 四，《大正藏》校勘［甲］作“次四”，［乙］作“次四大”。
⑦ 引，原脫，據《大正藏》校勘［甲］［乙］補。

次結召請契，右手前把左手腕，於頂上左手四指來去。真言曰：

（na）（mo）（vai）（śra）（ma）（ṇa）（sya）（ma）（dhī）（dra）
曩　謨引　吠　室羅二合①末　拏　薩也　麼　地以　瑟捺羅

（sya）（si）（tha）（bha）（va）（tu）（pa）（ta）（svā）（hā）
薩也　悉　他　婆　嚩　覩　婆　哆　薩嚩　賀

此契及誦真言七遍，天王眷屬降臨壇會。口云："天王慈悲，就座受小供養，所屈請諸②徒侶各著座位，受我供養。"即蹲跪，手執香爐，對天王前，至心奉請諸神、眷屬、夜叉、羅刹、諸佛、菩薩、金剛、力士等降臨道場，爲我證明。北方毗沙門天王降臨③道場，願得成就法力神通，得大自在，所願隨意。感天動地，契合君臣，兵甲相扶，人民愛念，所爲事皆④稱意。若有神驗不虛，天王現處變相，令我知驗。天王大身陀羅尼曰：

（na）（mo）（ra）（tna）（tra）（yā）（ya）（na）（mo）（śca）
曩　謨引　囉　怛曩二合　怛囉二合⑤夜引　也　曩　謨　失戰二合⑥

（ṇda）（va）（jra）（pa）（ṇā）（ye）（ma）（hā）（ya）（kṣa）
荼　嚩　日囉二合播　拏引⑦曳　摩　賀引　藥　叉

（se）（na）（pta）（ye）（na）（mo）（a）（tha）（ko）（rū）
細引⑧曩　鉢跢二合⑨，引曳　曩　謨引　阿　他　劫　路引

（bhū）（ta）（rā）（ya）（dhiḥ）（śa）（ya）（vai）（śra）（ma）
步引　跢　羅引⑩也一　地入　捨　也二　吠　室囉　摩

（ṇa）（va）（ca）（nā）（sya）（ma）（hā）（ra）（jā）（sya）
拏　嚩　左　曩引　薩也三　摩　賀引　囉　惹引⑪薩也四

（ya）（kṣā）（dhi）（pta）（sya）（va）（ma）（ta）（sya）（stu）
夜　乞叉引　地波⑫二合　哆　薩也五　嚩　摩　多　薩也六　薩覩二合

---

① 二合，《大正藏》校勘［甲］［乙］無。
② 諸，《大正藏》校勘［甲］［乙］作"者"。
③ 降臨，《大正藏》校勘［甲］［乙］無。
④ 皆，《大正藏》校勘［甲］［乙］作"者"。
⑤ 二合怛囉二合，《大正藏》校勘［甲］［乙］作"怛囉"。
⑥ 謨失戰二合，《大正藏》校勘［乙］作"謨引失戰"。
⑦ 二合播拏引，《大正藏》校勘［甲］［乙］作"播拏"。
⑧ 引藥叉細引，《大正藏》校勘［甲］［乙］作"藥叉細"。
⑨ 二合，《大正藏》校勘［甲］［乙］無。
⑩ 引跢羅引，《大正藏》校勘［甲］［乙］作"跢羅"。
⑪ 惹引，《大正藏》校勘［甲］［乙］作"引惹"。
⑫ 引地波，《大正藏》校勘［甲］［乙］作"地婆"。

𑖝(ta)　𑖫(sya)　𑖥(bha)　𑖫(śa)　𑖡(na)　𑖢(pra)　𑖪(va)　𑖮(hā)　𑖟(da)　𑖫(sya)

哆　　薩也七　婆　　捨　　那八　鉢囉　嚩　　賀　　娜　　薩也九

𑖮(he)　𑖦(ma)　𑖟(da)　𑖘(ṭa)　𑖘(ṭa)　𑖜(ṇi)　𑖢(pra)　𑖬(ṣa)　𑖧(yā)　𑖦(mi)　𑖝(ta)

呬　　摩　　駄　　吒十　吒　　尼　　鉢囉　沙　　夜引　弭十一　怛

𑖟(dya)　𑖞(tha)　𑖎(ku)　𑖫(śo)　𑖦(mi)　𑖖(ṅku)　𑖫(śo)　𑖦(mi)　𑖖(ṅku)　𑖫(śa)

儞也二合　他十二①　俱　　曬　　弭②　俱　　曬　　弭　　俱　　沙十三

𑖪(vi)　𑖫(śra)　𑖦(ma)　𑖜(ṇa)　𑖫(sya)　𑖦(ma)　𑖮(hā)　𑖨(ra)　𑖕(ja)　𑖊(e)

尾　　捨囉　摩　　娜　　薩也十四　摩　　賀　　羅　　惹引，十五　翳

𑖫(vaṃ)　𑖠(dha)　𑖎(ka)　𑖡(ne)　𑖝(tra)　𑖦(ma)　𑖎(kṣa)　𑖝(tu)　𑖭(svā)

畔　　駄　　迦十六　寧　　哆羅　摩　　蹉　　覩十七　薩嚩二合，引

𑖮(hā)

賀引，十八③

　　若有受持者，清淨念誦三十萬遍，天王加被中④所作事業，起心動念降伏，乃至一切榮禄、官職，我隨汝心願。若有人於月一日、十五日起首念誦三十萬遍，作壇者有音樂，但有少微塵心依隨，我常擁護，如護眼精、如護身⑤命。若口含香念誦，心自他知。若常持誦我真言不絕，我隨是人坐臥，常隨是人出入往來，我隨是人意願滿足。若每日誦真言一百八遍，滅去身中一百八劫罪。若誦持我真言滿一萬遍，能滅八萬四千十惡五逆重罪，破塔、破戒、不孝之罪悉皆消滅。若對天王面誦持十萬遍身真言，隨事亦須小小稱意。若日日供養我形像者，乃與我作意⑥，音樂、乳粥供養者，當金⑦甲之身示現，令願滿足。若和合諸香，取牛黃、雄黃各等分加持，安我像足下，我與香法成就，隨汝所願。塗自⑧額，所向處見人國王、王子、大臣、官長、諸貴人等，并一切所見者歡喜，兵士愛念。若能每日日中時，面向北對像前，誦我心真言滿三十萬遍，我示現大將身，手持戟劍現前，我⑨於夢中現身，或於遠山頂示汝令見，滿於諸願。如不見吾身，亦隨汝願⑩，應念加被⑪。

----

①　十二，《大正藏》校勘[甲][乙]無。
②　弭，《大正藏》校勘[甲][乙]作"弭十二"。
③　薩嚩二合引賀引十八，《大正藏》校勘[甲]作"莎可"，[乙]作"薩嚩賀"。
④　被中，《大正藏》校勘[甲][乙]作"備"。
⑤　身，《大正藏》校勘[甲][乙]作"心"，[乙]校勘一本作"己"。
⑥　意，《大正藏》校勘[甲][乙]無。
⑦　"金"前，《大正藏》校勘[甲][乙]有"現"。
⑧　自，《大正藏》校勘[甲][乙]作"身"。
⑨　我，《大正藏》校勘[甲][乙]作"或"。
⑩　願，《大正藏》校勘[甲][乙]作"願力"。
⑪　被，《大正藏》校勘[甲][乙]作"備"。

北方天王心真言曰：

𑐰(na) 𑐯(mo) 𑐿(ra) 𑐰(tna) 𑐰(tra) 𑐧(yā) 𑐯(ya) 𑐰(na) 𑐯(mo) 𑐰(śca)
曩　謨引　囉　怛曩　怛羅　夜引①　也　曩　謨引　失戰二合②

𑐰(ṇḍa) 𑐰(va) 𑐰(jra) 𑐰(pa) 𑐰(nā) 𑐯(ye) 𑐯(ma) 𑐰(hā) 𑐯(ya) 𑐰(kṣa)
茶　嚩　日囉二合播　拏引③　曳引　摩　賀　藥　乞叉二合④

𑐯(se) 𑐰(na) 𑐰(pa) 𑐰(tā) 𑐯(ye) 𑐰(na) 𑐯(mo) 𑐰(a) 𑐯(tha) 𑐰(ko)
細　曩　鉢　多　曳　曩　謨引　阿　他　骨

𑐿(ru) 𑐯(ya) 𑐰(kṣi) 𑐰(ṇa) 𑐯(sya) 𑐯(ma) 𑐰(hā) 𑐰(rā) 𑐰(ja) 𑐯(ma)
嚕　也⑤　室　拏　薩也　摩　賀引⑥　羅引　惹　摩

𑐿(ra) 𑐯(ma) 𑐰(ṇḍa) 𑐰(la) 𑐰(pra) 𑐰(vi) 𑐰(śā) 𑐰(mi) 𑐯(sa) 𑐰(rva)
羅　摩⑦　拏　藍　鉢羅　尾　沙　弭　薩　嚩

𑐯(sa) 𑐰(tva) 𑐰(hi) 𑐰(ti) 𑐰(ṣṭa) 𑐰(nāṃ) 𑐰(oṃ) 𑐯(ma) 𑐰(ṇi) 𑐰(bha)
薩　怛嚩　呬　底　瑟吒二合南⑧　唵　摩　尼　跋

𑐰(ndrā) 𑐯(ya) 𑐰(svā) 𑐰(hā) 𑐰(pu) 𑐿(ru) 𑐰(ṇa) 𑐰(bha) 𑐰(ndrā) 𑐯(ya)
捺⑨羅二合⑩　也　娑⑪嚩賀　布　嚕　拏　跋　捺羅二合⑫也

𑐰(svā) 𑐰(hā) 𑐯(ma) 𑐰(nā) 𑐿(ra) 𑐰(thā) 𑐯(ya) 𑐰(svā) 𑐰(hā) 𑐯(si)
娑⑬嚩賀　摩　拏　㗚　詑⑭　也　娑嚩　賀　悉

𑐰(ddho) 𑐰(ka) 𑐰(rā) 𑐯(ya) 𑐰(svā) 𑐰(hā) 𑐰(vai) 𑐯(śra) 𑐯(ma)
定　迦　羅　也　娑嚩　賀　吠　室⑮羅　末

---

① 引，《大正藏》校勘［甲］［乙］無。
② 二合，《大正藏》校勘［甲］［乙］無。
③ 引，《大正藏》校勘［甲］［乙］無。
④ 二合，《大正藏》校勘［甲］［乙］無。
⑤ 也，原作“藥”，據梵文對音改。
⑥ 引，《大正藏》校勘［甲］［乙］無。
⑦ 摩，原作“铪”，據梵文對音改。
⑧ 吒二合南，《大正藏》校勘［甲］作“吒南怛儞也他”，［乙］作“他南怛儞也他”。
⑨ 跋捺，《大正藏》校勘［甲］［乙］作“縛馱”。
⑩ 二合，《大正藏》校勘［甲］［乙］無。
⑪ 娑，《大正藏》校勘［甲］［乙］作“薩”。
⑫ 二合，《大正藏》校勘［甲］［乙］無。
⑬ 娑，《大正藏》校勘［甲］［乙］作“薩”。
⑭ 詑，《大正藏》校勘［甲］［乙］作“託”。
⑮ 室，《大正藏》校勘［乙］作“失”。

ℳ(ṇa)　ⴺ(ya)　ꙩ(svā)　Ꙭ(hā)　ⴛ(dha)　ⴖ(na)　ꙮ(dā)　ⴺ(ya)　ꙩ(svā)　Ꙭ(hā)
拏　　　也　　娑嚩　　賀　　難上①　　曩　　馱　　也　　娑嚩　　賀

　　若有受持念誦我心真言作諸供養者，唯我身心意在汝身上，愛念汝無量。若有人求財、求官、求一切外諸心事，自令汝願滿足，不令惡人害汝。能令汝等受持我法者，即得富貴安樂，端正男女、奴婢、車乘、五穀、豆麥、田莊、妻妾必決定與汝等，成就一切樂具，隨汝意願滿足。乃至命終身往所生處，隨汝意願所生，不相違背。若不實者，我不名爲護法天王，我必爲②汝墮阿鼻地獄。汝等受持讀誦者，於我法中生少疑心，誹謗、輕罵者，是皆汝等地獄苦業因緣未盡，即知此人無有出期。汝等人民憶持者，香華、油、酥燈乃作水壇，安置像於中，種種草菓子、飲食、煎餅、乳酪等，粥酥、蜜盤如法供養，作音樂歌唄③，梵音讚歎，如是日日。每月一日、十五日，正月七日對像前念誦行道，我示現身④。或於壇中施諸寶物與汝滿足，或隨汝心行動所向去處東西南北四維上下一切去處，乃至夜夢中皆施與汝等，令人無畏入陣，刀戟相害無能知者。但汝心存念我名及真言句，手執契印，所擬方面彼所有惡⑤敵兵賊悉自被縛，自散、自顛、自滅、自狂，無能害我法者。若有持我心真言，和合香用⑥含口見貴人，取麝香、欝金香、龍腦香、丁香等和合，隨多少和合。用金銀合子盛，如無金銀合子用白⑦琉璃合子，如無琉璃合子⑧用瓷合子盛和合香也。

　　北方毗沙門多聞寶藏天王神妙陀羅尼別行儀軌

---

① 上，《大正藏》校勘［甲］［乙］作“上聲”。
② 爲，《大正藏》校勘［甲］［乙］作“替”。
③ 唄，《大正藏》校勘［甲］［乙］作“讚”。
④ 示現身，《大正藏》校勘［甲］［乙］作“現身示現”。
⑤ 惡，《大正藏》校勘疑當作“怨”。
⑥ 香用，《大正藏》校勘［甲］［乙］作“用香”。
⑦ 白，《大正藏》校勘［乙］無。
⑧ 琉璃合子，《大正藏》校勘［甲］［乙］無。

摩利支菩薩略念誦法[1]

大興善寺三藏沙門大廣智不空奉詔譯

先應結毗盧遮那佛印，其印相[2]者，二手内相叉，並豎二大指即成，誦真言七遍，頂上散。真言曰：

曩莫三滿多没馱南阿尾羅吽欠[3]

次結摩利支菩薩根本真言印，其印相者，以二手内相叉，豎合二頭指，二中指各糺持二頭指令相捻，二大指並豎合即成。誦真言加持身五處，印額，次右肩，次左肩，次心，次喉上，以各誦一遍。真言曰：

曩謨引囉怛曩二合怛囉二合夜[4]耶一怛儞也二合他引，二遏迦沫思三沫迦沫思[5]遏度引沫思四旨跛囉沫思五摩[6]賀引旨跛囉沫思六按怛馱[7]娜沫思七摩哩制野沫思八曩謨薩都二合帝九嘮乞叉二合嘮乞叉二合鹷引，十薩嚩薩怛嚩二合難引者十一薩嚩怛囉二合薩嚩波[8]庾引，十二跛捺囉二合吠毗藥二合娑嚩二合[9]訶引，十三[10]

次結摩利支菩薩心印，真言曰：

曩莫三滿多没馱引南引[11]唵摩引利[12]哩制曳沙嚩二合訶[13]

---

① 底本，《大正藏》第1258號，第21册第285頁上、中，原享保年間刊豐山大學藏本，原校本[甲]保延三年寫高山寺藏本，[乙]保安四年寫寶壽院藏本。

② 其印相，原作“次印相”，據《大正藏》校勘[甲]改，下據文意改。

③ 欠，《大正藏》校勘[甲][乙]作“欠平呼”。

④ 夜，《大正藏》校勘[甲][乙]作“夜引”。

⑤ 思，《大正藏》校勘[乙]作“悪”。

⑥ 摩，《大正藏》校勘[甲]作“度”。

⑦ 馱，《大正藏》校勘[乙]作“但”。

⑧ 波，《大正藏》校勘[甲][乙]作“婆”。

⑨ 二合，《大正藏》校勘[甲]作“引二合”，[乙]作“二合引”。

⑩ 引十三，《大正藏》校勘[甲]無。

⑪ 引，《大正藏》校勘[甲]無。

⑫ 利，《大正藏》校勘[甲]無。

⑬ 沙嚩二合訶，《大正藏》校勘[甲]作“二合娑婆訶”，[乙]作“沙嚩二合訶引”。

　　次結心真言,印相者,以左手虛作拳,頭指大母指相捻如環,想自身入左手拳中,以右手覆左拳上。即想此印爲摩利支菩薩形,想自身在①摩利支菩薩心中。不斷絕誦身真言,應時獲得殊勝加持,不被一切惡人爲障礙者所見,一切災禍皆不著身,一切口舌皆得除滅,蟲狼、虎豹、水火、盜賊②皆不能侵害,所求世間果報皆得諧偶。若修出世間法,即③得禪定現前,智慧增盛,獲得聞持,不忘失菩提心法。誦真言時,深起悲愍,爲一切有情拔除苦惱,皆獲無障解脱,速證無上菩提道。應須秘密,勿妄傳授。

　　摩利支菩薩略念誦法

---

① 在,《大正藏》校勘[甲][乙]作“隱在”。
② “賊”前,原有“則”,據《大正藏》校勘[甲][乙]删。
③ 即,《大正藏》校勘[甲][乙]作“速”。

冰揭羅天童子經①

特進試鴻臚卿大興善寺三藏沙門大廣智不空奉詔譯

若有行者持此明者，或能乞食，或專喫乳粥，或能自食，當於像前持誦滿三十萬遍。然後作火②法，取玉柔作一千八片，一誦一擲火中燒，每日三時，滿四十③日，證④云云⑤所求皆遂。

又取玉柔和安悉香作丸，從黑月八日起首終十四日，日別三時，時別誦一千八遍，以前丸擲火中，其童子或晝或夜，必來現身而爲伴侶，滿一切願，任意使令，無不諧剋。

又法，取安悉香作丸，於七日中每日三時，時別一千八遍，一誦一擲一丸火中，必獲邑主，無事不果。

其行者欲行此法時，先應誦七十萬遍。

造像法，其像用白檀香木長六指作童子形狀，左手把菓，右手垂作滿願掌向外，置道場中，作種種飲食、乳粥、香花供養。取赤色花，每花一誦一擲童子身上，滿十萬遍，其童子必來現身，即得滿一切願，日施千人上妙衣食，無所闕乏。

又法，每日三時，時別取蘇合香作一千八丸，於火中滿七日已，其童子現身，指授伏藏。若能日日受持，獲大利益，示其寶藏，及修羅窟穴亦然，指授必滿其願，得大財寶。若人被拘繫時，當誦此明即得解脫。

又法，欲令一切人見即歡喜，稱彼人名誦滿十萬遍，即皆歡喜。

又法，取無憂木於高山頂上燒之，和安悉香作一千八丸，擲火中，即得安穩成就，欲令見即見，壽命千歲。

---

① 底本，《大正藏》第1263號，第21冊第291頁下—292頁中，原保延三年寫高山寺藏本，原校本[甲]高山寺藏古寫本，[乙]寶壽院藏古寫本，[丙]建長八年寫東寺三密藏本，[丁]黃檗版淨嚴等加筆本。

② 火，《大正藏》校勘[乙]作"大"。

③ 四十，《大正藏》校勘[丁]疑當作"四十九"。

④ 證，《大正藏》校勘[丁]作"稱"。

⑤ 云云，《大正藏》校勘[甲][丁]作"心"。

陀羅尼真言曰：

𑖌(oṃ)① 𑖘(ṭi) 𑖪(vi) 𑖘(ṭi) 𑖡(ni) 𑖭(svā) 𑖮(hā)
唵　　　撤　芯部必反　撤　儞　娑嚩②　　訶

又一本云：

𑖌(oṃ) 𑖘(ṭi) 𑖕(ja) 𑖘(ṭi) 𑖡(ni) 𑖭(svā) 𑖮(hā)
唵　　　撤　惹　撤　儞　娑嚩　訶

其根本契者，二手虛心合掌。若召請時，以禪智三度來去。若發遣時，外撥三度。

請火天明契真言曰：

𑖌(oṃ) 𑖀(a) 𑖐(gna) 𑖧(ye) 𑖀(a) 𑖐(ga) 𑖊 𑖭(svā) 𑖮(hā)
唵　　阿　祁那　曳　阿③　蘖④　阿⑤蘖莎⑥　　訶

發遣明曰：

𑖀(a) 𑖐(gna) 𑖧(ye) 𑖐(ga) 𑖔(ccha) 𑖊 𑖭(svā) 𑖮(hā)
阿　祁那　曳　蘖　車　蘖車莎　訶

其契相者，右手屈大指於掌中，頭指屈如鉤，以柱大指背當下⑦節，餘並舒之。召請時但以頭指三招，若發⑧遣時外撥三度即是。

護身契明曰⑨：

𑖌(oṃ) 𑖎(kro) 𑖠(dha) 𑖡(na) 𑖮(hūṃ) 𑖕(jaḥ)
唵　　俱嚕　馱　曩　餅⑩　　惹

其契者以右手作拳，豎大指觸身五處，即未然護。

冰揭羅天童子經

---

① 梵字真言，《大正藏》校勘[甲][乙][丙]無。
② 娑嚩，《大正藏》校勘[丙][丁]作"莎"。
③ 阿，《大正藏》校勘[甲][丙]作"阿阿"。
④ 蘖，《大正藏》校勘[乙]作"蘖車"。
⑤ 阿，《大正藏》校勘[甲][丙]無。
⑥ 莎，《大正藏》校勘[丁]作"娑"。
⑦ 下，《大正藏》校勘[丁]作"上"。
⑧ 發，《大正藏》校勘[甲][乙][丙]無。
⑨ 曰，《大正藏》校勘[丙]無。
⑩ 餅，《大正藏》校勘[甲][乙][丙]作"吽"。

摩訶毗盧遮那如來定惠均等入三昧耶身雙身大聖歡喜天菩薩修行祕密法儀軌①

鴻臚②卿大廣智不空三藏奉勅譯

　　若有佛弟子比丘比丘尼、優婆塞優婆夷四種弟子,若善男子、善女人等欲得修行此聖天菩薩法,令成就所求所願隨心如意者,先須盡珍寶入勞傳法師並阿闍梨,爲令得歡喜心,百味飲食、資具資財、衣服座具、隨身之資具供養勞。令得歡喜心後,其微細祕密甚悉旨宗趣,問求具習覺,應修行祕密法要道,成就法奇,捨身求道。盡珍寶入勞,謂資身衣服也。續命飲食,所以自身可被著衣服之料,自可食飲食之料,供養傳法師、知法阿闍梨。供養此盡珍寶入勞,謂先須以火,一升胡麻油,溫炭瓮、火網、白銅多羅,加持大真言百八返,且溫且加持,但印三股鈸也。

　　根本大真言曰身呪:

曩謨尾那翼迦二合瀉賀悉底二合母佉瀉怛儞也二合,引他唵娜去聲,下同翼迦二合娜翼迦二合尾娜翼迦二合尾娜翼迦二合怛囉二合翼迦二合簌哩二合怛囉二合翼迦二合餉引佉賀悉底二合餉引,生反佉迦只多扇上底迦囉二合娑嚩二合,引賀引

　　灌沐日中三返,平日旦四返,灌沐限七日爲期,乞得成就悉地。以少心呪加持供物,其供物數蘿福根、歡喜團餅、時菓子等。唯現身賢聖供養奉,七日之內必驗得。

少心呪曰:

唵只里虐娑婆賀引,二合

　　每供養奉畢,誦讚歎頌曰:

唵誐娜婆底洲底娑婆悉底摩訶誐馱轉底洲底迦羅耶娑婆賀引,二合

　　成就所求所願,如意圓滿具足故,可令傳法阿闍梨歡喜。然後一七日可修行,得四種成就悉地,息、增、愛、調,此謂四種成就悉地法也。《毗那夜經》説:“謂此聖天菩薩供養奉有三種果報,上品供養奉令得國王威德,中品供養奉者令具七寶富饒,令得

①　底本,《大正藏》第1271號,第21册第305頁下—306頁上,原建久四年寫東寺三密藏本。

②　臚,原作“盧”,據文意改。

下品供養奉衣食不乏飽滿，具足自然也。"上品供養奉者，令得傳法人歡喜之心，祕密甚深□旨被教授，如法供養奉。中品供養奉者，儀軌可見，不悟具次第要道，略供養奉。下品供養奉者，不灌沐油，只別殿令坐，所得每初分供養奉，此名爲下品。像末佛弟子，自之心懷慳、貪、我慢、愛惜之心，不成得傳法知道阿闍梨得歡喜悅賀之心，委曲要深趣不問悟，亦自得疏略供養修行，誹謗深祕勝道，招取貧窮無福種子。天台智者阿闍梨《止觀心要記》云："謂有福無智，此愚人不殊龍身鬼。云云。有智無福，此橫惑者非賢聖之心。世間甚自無福能無勝者，世中操者福德自莊嚴無過哉！"謂所以此聖天菩薩供養奉，修行時必令圓滿福智也。定者福也，惠均等。三摩身者，謂此法初終有兩時，一者平旦，二者日中。此兩時，此平旦增益時也，日中吉祥時也，所以此聖天供養奉人者，福智圓滿具足耳。亦毗尼宗有□所權教人者，"百世無平等"云云。此法以酒供養附子，此毒物服醫師得之，除病安身藥，和合人合得悅賀。酒，此歡喜水，妙藥也，田夫令悅。此酒也能飲人藥成，惡飲人毒成。此天菩薩人心令得歡喜故，以酒供養，此名歡喜水耳。現生國王、貴君如供養奉時，必獲得靈驗，所供遺呪師服無咎。飲法所制也，此法無制。像末佛弟子發誠心信念，至心慇懃供養奉，不可生起疑心。傳法、知法者，問求具習悟，信受奉行，不可疏略。次第法，阿闍梨含受具不載。儀軌文能次第法受習覺悟，供養修行，信受奉行，皆大歡喜。

雙身大聖天菩薩修行祕密法儀軌

佛説金毗羅童子威德經[①]

大廣智不空密譯

　　如是我聞：一時佛在忉利天歡喜園中波利質多羅樹下寶宮殿，如來是無量智慧命，諸衆生作一子想。是時有百千萬億恒河沙那由他諸大菩薩及聲聞、緣覺、辟支佛四道果者，又有百千光[②]無量比丘比丘尼、優婆塞優婆夷、天、龍、夜叉、乾闥婆、阿修羅、迦樓羅、緊那羅、摩睺羅伽、人、非人等皆悉遇斯光，如身毛皆豎，自身所有光明隱蔽不現。及此三千大千世界，上至三十三天，下至十八重地獄，所有日月、南斗、北辰及諸天宮、龍宮、諸神仙等宮、天魔外道宮殿，皆悉震動，自失光明，身體戰悼，不能自持。爾時文殊師利菩薩即從座起，前詣佛所，五體投地，頂禮佛足，白佛言："今日如來以大正遍知力威德自在普放如是光明，令十方世界皆悉金色，又波利質多羅樹圍、千萬億那由他恒河沙過去諸佛所，及現在諸佛所，及諸天宮、龍宮、參辰日月、天魔波旬悉大恐怖擗地而倒。大覺世尊，願爲我等四衆説是神光自在之力。我從無量千萬億那由佗恒河沙過去諸佛所有、現在諸佛所有，未曾覩此神光之相，願爲説也。"

　　爾時文殊師利法王子菩薩摩訶薩欲自決疑，及觀四衆咸悉疑惑，欲重宣此義，而説偈言：

　　　　大雄猛世尊，師子奮迅王，
　　　　神光遍十方，天宮諸龍宮，
　　　　參辰日月天，并此三千界，
　　　　咸悉作金色。自身及佗身，
　　　　威德自隱没。天人阿修羅，
　　　　四衆大怖畏，唯願天中天，
　　　　爲我顯斯法。

　　爾時文殊師利法王子説此偈已，時衆會中復有百千萬億天人、阿修羅等及比丘

---

　　①　底本，《大正藏》第 1289 號，第 21 册第 367 頁中—374 頁上，原享保年間刊豐山大學藏本，原校本［甲］建仁三年寫高山寺藏本。

　　②　光，《大正藏》校勘［甲］無。

比丘尼、優婆塞優婆夷、人非人等咸皆有疑，各從座起，異口同音前詣佛所，而説偈言：

> 善哉天中天，久遠成正覺。
> 今日得自在，普放大光明，
> 其光皆五色，隱蔽三千界。
> 我從久遠來，未曾遇斯瑞①。
> 唯願大慈悲，顯説斯妙義。

時諸天人説是偈已，重白佛言："世尊，唯願世尊開我迷昧，大慈大悲，速爲我説。"

爾時如來光明日光曜還來，遶佛三匝，從佛頂入，普告大衆：今日如來憐愍衆生如羅睺羅，又令一切有情皆得出離三途苦難。"説此語時，會中有六師外道、尼乾子等而爲上首，從座而起，白佛言："瞿曇，先言令一切衆生得離三塗之苦，又言我憐愍諸有情如羅睺羅者，是事皆悉妄語。汝瞿曇近出釋宮，於雪山間六年修道，今稱我得成等正覺，轉大法輪，誑諸衆生，皆令墮落地獄。汝瞿曇雖是釋衆，久居山間，多學幻術，或學妖魅，虛誑衆生，詐稱我得道果。瞿曇若得道果，具一切智，汝若得道果成正覺者，云何道來道去，生滅無定？瞿曇即非一切智，若言具一切智者，瞿曇既有無量神力，於此會中有無窮衆生令墮地獄，云何救濟？"是時六師外道踴身空中，起大猛火，乃放大風雨，或時手化出刀山，或時出猛火，令一切來聽法者皆悉受大苦惱。或震動三千大千世界，或時令地分裂湧出濩湯，或時令忉利天歡喜園波利質多羅樹皆悉摧折，或空中化出山，或時擎大石，或時東西南北騰空，自在行住坐臥，無有障礙。是時衆會各作是言："實是如來無一切智對於外道，是彼外道實具一切智，勝於如來。"又諸衆生衆會各作是言："沙門瞿曇近出釋宮至於雪山，今云成佛。既得成佛，即令具一切智，是彼瞿曇但説人空、法空，無有是處，我等不可取信也。既得成正覺者，云何是彼瞿曇伯叔弟提婆達多日夜惱亂何不降伏？如彼一人尚不能化，云何能化人天及諸菩薩耶？此外道從無量劫來修集不可思議法門，今顯如是大自在力，我等速歸依外道，堪與我等作大和尚，我等速詣向彼受學。"

爾時如來結跏趺坐，入於旋陀羅尼三昧，從其頂毫放千光明，一一光中各百千化佛。復放千光明遍照此三千大千世界，上至非想非非想天，下照四十二億恒河沙等世界，其光復照東方四十二億恒河沙佛國，東西南北四維上下皆悉普照。于時十方大地六反震動，天雨寶華繽紛而下，是光中化佛各出種種音聲，復散無價香。各作是言："今日如來大慈大悲，愍念衆生，故顯斯瑞。"其震動者有二種，一者大動，二者小

---

① 瑞，《大正藏》校勘一本作"光"。

動。所爲此三千大千世界及須彌山、鐵圍山、目真隣陀山、摩訶目真隣陀山悉皆震動者名爲小動。大動者，爲十方大地，上至四十二億恒河沙世界，下至清淨無垢王如來佛所，其中所有江河大海及諸小山、大山、日宫、月宫、星辰等天皆悉震動，六反大動名爲大動。爾時十方諸佛及諸大菩薩、聲聞、緣覺、辟支佛等普來雲集，一一菩薩各有二萬眷屬，來詣佛所。諸菩薩等衆、諸佛各隨面門放五色光，亦遍照十方世界。時彼諸外道惛亂迷悶，所有威光並隱悉没。其地踊出鑊湯變成阿耨大池，其受苦衆生各乘白寶蓮華從地踊出，此諸外道變成火聚自燒其身，昇空而去。時十方諸佛及諸菩薩各作是讚言："善哉！善哉！大雄猛世尊，能與衆生作大福田，令諸外道悉皆退散，所有受苦衆生皆令離苦，實歎希有正覺世尊。"時彼來衆會見是事已，咸皆善眼①，各捨邪心，歸依於佛，求諸善事，至心懺悔，各得證果。

爾時如來告文殊師利言："善男子，我於無量劫修三摩跋陀，爲諸有情悉得解脱，如來又有無量甚深陀羅尼門，爲諸衆生斷一切業障。善男子，汝今諦聽，吾當爲汝顯。"説此語時，此會中大衆及十方諸佛、諸大菩薩、聲聞、緣覺、五通神仙於如來前發大弘願，白佛言："世尊，今日如來以大悲力欲顯大神力功德圓滿陀羅尼，我等諸侍從衆亦有大陀羅尼，於五濁惡世中饒益衆生，唯願世尊許我等説。"是彼菩薩及諸聲聞、緣覺所獻神呪各現變相、本業、因緣，饒益有情，神通自在。一一菩薩各作是語："我此神呪堪與衆生作大福田。"於如來前獻最後供，其數有八十恒河沙等那由他衆，各作是説。爾時如來密化自身，於大會中作金毗羅童子，身長千尺，復有千頭，身生千臂，大叫哮吼，是彼十方諸獻呪衆菩薩及諸聲聞虚空隱没共不現，唯有童子一身更無有人。于時如來告大會："汝等勿怖，各現本處，是菩薩及一切所獻呪者皆悉除心怖畏，現其本身。"爾時阿難從座而起，前詣佛所白佛言："如來，是彼童子有何威力，修何智慧？現如是神通之相，十方諸來菩薩及諸衆生如來各顯現所呪並悉隱没，唯獨一身，無有過者。"爾時阿難欲重宣此義，而説偈言：

> 世尊大自在，威德無有比。
> 我從久遠劫，未聞如是事，
> 唯願大聖尊，顯説所由以。

説此偈已，重白佛言："願爲我等説是神通之相。"

爾時佛告阿難及諸大衆："善男子，我於無量劫來難行種種智、種種慧，爲求法故，頭目、髓腦喜悦布施。爲求正法故，今日得正覺。降於欲界魔故，又令五濁衆生聞我此呪，令得遠離三塗故。善男子，若諸有情比丘比丘尼、優婆塞優婆夷、清信男清信女欲成大法，擬出世間，或在世間者發意救大苦難，或於世間作大醫王，善療衆

---

① 眼，《大正藏》校勘疑當作"服"。

病者，欲降諸天魔、制於外道者，當於二七日間空一淨室，白月圓滿日，香泥塗地，隨心所造，壇中著種種菓子及採白花供養。若冬月無花者，以五色雜綵剪作花散壇中。晝夜三時，行道禮拜，誦呪日誦三千，夜誦六千。行道身著白衣，三日一浴，出入衣別，黄帛纏頭。其壇四角柏木作桂①，一面懸八幡，四八三十二。壇中置一百瓷香爐，燒沈水香及薰陸香、白膠香等。其壇夜間慎勿著燈，暗誦其呪，行人面向西起誦呪，勿坐也。至滿七日及以至二七日來，離諸貪著及遠房室，夜間止宿獨須一室，勿共別人臥宿。又善男子，行人食飲勿令婦人造之，男子作之當與行人。作飲食柴亦須薰香，擇取好時者，水亦取淨泉用之。其作食之人常當誦呪，飯具熟以便盛印之。若不爾者，被惡神噉香美，行人食無味。善男子，若依奉行者，悟達一切，徹表玄靈。”

爾時如來慈光威德最勝法輪顯説祕言，徐徐唱曰：

南無大自在力威化身金毗羅童子吼王佛！

南無清淨海幢功德大自在釋迦牟尼佛！

南無四十八願真等正覺無瑕穢佛！

南無十方諸佛無邊化應報身！

名冥幽顯金剛力士聽説此本業降伏魔王登正覺菩提之神妙殊呪，願十方菩薩、十八夢王，一一明聽我所説大勝金毗羅童子降天魔術妙神呪陀羅尼：

唵㗪唎陀上音，引，反，長陀聲喔呼唖哣短反音，引栖迷吽長引，吽聲反

呪已，三千大千六反震動，十方諸佛及諸菩薩皆證究竟，菩薩、聲聞、緣覺、六通神仙、三明大士、辟支及諸小菩薩等皆獲正真覺之道。空中雨寶華繽紛而下，普佛世界香風吹動，天鼓自鳴，水鳥寶林處處皆有，各出種種妙音，讚歎諸佛不可思議神力。

爾時會中有一菩薩名曰藥王，從座立而合掌恭敬，白佛言：“如來説如是自在神妙陀羅尼，十方諸佛皆從此度。我從昔來未聞是呪，世界我亦從無量劫來修習衆大陀羅尼及三摩跋陀門。我於無量佛所久聞説諸陀羅尼門，我自在亦修持，未曾聞如來以是陀羅尼耶？世尊，我等今日發意修習學此法門，及助如來宣揚教化，唯願世尊許我受持。”爾時世尊讚言：“善哉！善哉！善男子，汝能於如來密藏發意修行及助我法。今正是時，我速説如來知見，令諸衆生必得解脱。”時藥王菩薩等及四衆聞佛許可，皆大歡喜，一心諦聽受持。

藥王菩薩白佛言：世尊，若有諸衆生欲在世間復求出世間者，發意如來像法滅時擬護持使不斷絶者，或發大猛心欲求如來禪定智慧者，或救衆生苦難者，先須持如來神呪十萬遍，然行諸方法。世尊，若有修行人求見世辨才智者，取訶梨勒七顆，白檀香一大兩，燒作灰，當顆各別燒白密和，每顆復作七丸，七七四十九丸。將藥向釋迦

---

① 桂，《大正藏》校勘疑當作“栓”。

像前，呪一千八遍，平旦時服一丸，於七七日間服盡。身中所有三十六藏，髮、毛、爪、齒、皮、革、血、肉、筋、脈、骨、髓、心、肺、脾、腎、肝、膽、胞、胃、大腸、小腸、屎、尿、涕、唾、涎、沫、汗、痰、肪、删[①]、膜、䐜、膟，身中如是不淨之物並皆除斷，身如瑠璃，内外明徹，辨才天中及諸天羅漢、六通神仙皆作導首。其藥惟忌五辛及酒肉、女色等。復次，若欲入海龍宫取龍左耳如意寶珠者，先誦前呪一萬遍，取菖蒲根三兩、安息香和擣，向釋迦像前白密和之作丸，丸如豆許大。以呪呪一百八遍，廣[②]繫前壇，將藥壇中燒之，令彼龍宫振烈[③]崩摧、大海枯竭，彼諸龍王及阿修羅王宫等悉碎如微塵，其龍惶怕莫知所以。行人若遣蘇息知其所須者，取白密甘松香和彼藥燒，某龍覺悟，及知是人須此寶珠，兩手捧獻行人。欲令彼龍宫及阿修羅宫復舊者，勿燒彼藥，宫即如舊也。

復次，世尊，若欲修此文殊救萬病者，當取訶梨勒掩菓五兩和擣羅篩，先誦前呪一百八遍，即從於佛前跪，一心發大慈心，作醫王想，取男子乳和了，後誦一千八遍，獻佛三日，然後取用療病。世尊，若人患瘖瘂者，與少分服之，百日即語。

復次，若人患眼於深室護風，塗藥三日即差。

又法，若患聾者，取藥和白膠帶[④]渧之即差。

又法，若人患疼者，塗藥即差。

又法，若人患跛者，塗藥七日即差。

又法，若人患三十六種大風者，取藥和井花水服之，三日即差。

又法，欲禁山中百蛇蟲、諸大禽獸及象、馬、牛、羊、鳥、雀等並總不安，當取柏木三尺廣四寸，取藥和，書禁[⑤]文上。其文如是："諸蟲及獸不得在山，若用彼著[⑥]，我汝[⑦]當害。"彼愍懃木上書此文向佛前，復誦前呪三千遍，作栓釘著高山，七獸[⑧]日内切獸即至彼文處，及百虫、鳥雀、蚖蛇、蜣蜋諸虫並集其處。

又法，若欲木櫟樹令變者，取藥許少分和水喙之，三日間作大柏樹。

又法，若人令長壽者，取藥和井花水呪七遍，服即長壽，命長三劫。

又法，若令人轉老作少者，取生石蜜和藥塗面及塗髮，即如三[⑨]十五男女相似。

---

① 删，《大正藏》校勘一本無。

② 廣，《大正藏》校勘疑當作"當"。

③ 烈，《大正藏》校勘疑當作"裂"。

④ 帶，《大正藏》校勘一本無。

⑤ 禁，《大正藏》校勘一本作"櫟"。

⑥ 著，《大正藏》校勘一本作"者"。

⑦ 汝，《大正藏》校勘疑當作"必"。

⑧ 獸，《大正藏》校勘疑衍。

⑨ 三，《大正藏》校勘疑衍。

又法，若令人愛樂者，取藥和金帶行，衆人敬愛。

又法，若欲講妙法者，取藥塗心，敢衆舌心開辨才。

又法，若欲令人端正者，取藥和水洗面，數日即端正。

又法，若欲令斷五穀者，取藥和棗服之，三七日即差①不食。

又法，若人多蛆惡妬忌者，取藥塗心，即不蛆惡妬②忌。

又法，若人多貪者，取藥和銅末與服之，即不貪。

又法，若人多婬者，取藥與服七日，永不婬也。

又法，若人多受殺者，取藥與塗身，即永不殺也。

又法，若欲令屠兒不殺一切猪羊者，取藥塗刀，即殺不得。

又法，若愛獵者，取藥方便與帶，永世獵不得。

又法，若人愛捕魚者，取藥擲水中，永代網不得。

又法，若人愛食肉者，取藥與服，即不食肉。

又法，若人求渡海，取藥塗腳下，即如渡乾地。

又法，若人求覓諸佛密藏法者，取藥和爛經，燒作灰服之，即一切如來藏者即現。

復次，世尊，於如來甚深祕藏無有少分不契如來意者，但有衆生若作前法不成者，我於如來前自焚燒此身，令如微塵。

作前③是語時，會中復有一菩薩名曰龍樹，白佛言：“我亦令如來法廣開無量法門。世尊，於往昔有佛出世號曰燃燈，我於彼佛五濁惡世作白衣教化衆生。時有國王擬殺害我，於彼時化現大神變，令彼國王心生恭敬，共興佛教。我復今日得聞如來此法，我今助之。”爾時佛讚龍樹菩薩言：“善哉！善哉！善男子，如來許汝，汝當速說，佛世難值如優曇華，值佛生信復難，汝今速說如來知見。”

時龍樹菩薩白佛言：世尊如來，我常於五濁惡世救濟衆生。世尊，若有衆生求利智辨才者，依前誦呪一萬遍，當取訶梨勒十二顆，取蜜三兩，取井花水五升，煎取二升半，取彼果及蜜陰乾搗篩。復坐和彼藥汁，夜間子時服之。其行人日吐三升黃金，令人增智，至二七日間服，力自在百劫已前事。

又法，若人求隱形者，亦取如上二物，取水一斠煎取五升，行人洗浴即便隱形。

又法，若欲現也，藥取黃牛酥少許洗，即或隱或現。

復次，若行人求見一切具智者，擬避世間王難者及和會諸怨憎者，或有惡者相惱亂者，當取光明朱沙一兩、柴④赤者一兩、天門冬根一兩、新蜜蠟一大兩，取五月五日

---

① 差，《大正藏》校勘一本作“橥”，又疑當作“羞”。

② 蛆惡妬，《大正藏》校勘疑當作“娚惡妬”。

③ 前，《大正藏》校勘疑當作“如”。

④ 柴，《大正藏》校勘疑當作“紫”。

大醋三升旦没之，七日然暴乾和搗篩，黑石蜜三兩共前等藥和之，向鏡合子盛之。即於釋迦像前呪之六千遍，當今日先齋七日，然後服之一大匙許，其夜即夢見我及爲説諸方法，一一令解。

又法，若人求財寶者，取藥已用塗髆，所須之物求者即得。

又法，若療諸病者，取少許藥於佛前，復誦前呪一百八遍，自服療病立差。

又法，若人患白虎①病者，取藥少許塗床，病人即立差。

又法，若人患癲者，取藥五分已來，取流泉水和煎，用洗即立差。

又法，若人偏半風處身不逐，取藥少分復誦前呪一。

又法，若欲求代②衆生病苦，當取安悉香一大兩燒作灰，和泉水自服入腹。即取藥塗彼患人痛處，行人已舐之，即患人差，行人代自受之。若欲令解者，即取白膠香少許含之即差，吐病即差。

又法，若起經三日者，取藥一分，復取彼死人髮少許燒作灰，和藥内口中，及經三日即差。

又法，若欲起七日死者，取藥二分，和彼死人衣少許燒作灰，和藥内鼻中，及經七日即差。

又法，若起百日死者，取藥三分，取彼死人棺少許燒作灰，和藥塗彼死人額上，及百日即起。

又法，若欲立驗，用前即起者取③彼死人名字及年記書紙上，燒作灰和藥，四分清水喺死人，以藥塗心，即活。

又法，若欲求種種巧者，當取极梨草三兩，此云人參是也。又搗和藥服之，數滿七日，有百萬巧神來行人所，教示種種之法，隨意恣用。

又法，欲求作種種喜弄者，當取菖蒲七七四十九莖、長五寸者，又於佛前呪一根復呪七七遍，隨意用之。

又法，若欲於江河大池之中作船者，當取菖蒲三寸，又取藥少許塗之擲彼水中，即成大船，并及船人並足。

又法，若盛熱之月變冰者，當取菖蒲五寸，又温藥令暖少許塗之擲水，變成冰出。

又法，若欲作龍者，當取菖蒲三寸，以藥塗之已，黑畫出服口，擲彼水中，即作龍起。

又法，若欲逆流河水者，取菖蒲五寸，又以藥塗之呪三遍，擲著水中，即便逆流。

又法，若欲作像者，當取菖蒲五寸，以本藥塗之呪七遍，擲水中變成白像。

---

① 白虎，《大正藏》校勘疑當作"日瘧"。

② 代，原作"待"，據《大正藏》校勘改。

③ 取，《大正藏》校勘疑當作"以"。

又法，若欲起大風雨者，取藥口中含之，吐氣隨口即風起。

又法，若欲令人日行千里者，當取菖蒲三寸，燒作灰和藥塗脚，不欲進千里並不爲難。

又法，若欲行人遠進他國中路無火者，當取藥多少，呪之三七遍擲向地中，即成大火起。

又法，若向他國中路無水者，取藥少許埋著地中，經宿即水出。

又法，若劫末三災競起欲害身，帶此藥一丸，無敢能害者。

又法，若自身令變成種種色相現者，取藥少許和棗吞之，吐出雞卵。

又法，若欲令自身變成大蛇者，取藥和色粉吞之，即成大蛇。

又法，取藥塗心，誦前呪一百八遍，變成師子王。

又法，以藥塗身，即變成狂象。

又法，以藥塗口，即變成白兔。

又法，以藥塗頂，即變成野鹿。

又法，以藥塗左右中，變成孔雀。

又法，以藥塗髮，即變成百歲老人。

又法，以藥塗。若欲施彼藥者，取井花水三升，大釜煎少許藥，然置葉子著手，于時即有生葉牙生，若一日之間其葉[1]長三尺。

又法，若施此方者，葉少許和百種香作湯，澡浴即差也。

世尊，我若陳此方窮劫不盡，但依如來前呪及壇法作。若不成者，我當於如來前捨彼菩薩位，代有情受苦。

說此語時，復有一菩薩名觀世音，從會安祥而起，前詣佛所，白佛言："釋迦牟尼如來說如是等不可思議法，我當護念如來彼法。世尊，我亦無量劫來難行苦行，今日於如來所生少分信心。我亦有大法，爲持如來此法，唯願世尊許我所說。"爾時世尊讚觀世音菩薩言："善哉！善哉！善男子，汝能於如來作如是語，汝當速說如來知見，恣汝重揚。"

時觀世音白佛言：世尊，世間衆生多有愚癡，輪轉生死，無時停息。或爲王宮逼迫，有諸惡鬼伺求人命，不得長壽。或火風所害，或被惡賊傷損，或有怨家債主每恒相逐，世間有如是等事。世尊，我除斷，令得安穩樂。世尊，世間若有修行人多年累月修學不成者，訶梨勒一百顆除[2]陰乾搗篩作末，白蜜和之亦令陰乾，收取丸如柏子許，一丸一呪訖。即將藥向釋迦像前，復呪一千八遍，行者自吞三百丸，七日之間頓

---

[1]　葉，《大正藏》校勘疑當作"藥"。

[2]　除，《大正藏》校勘一本無。

悟九十劫生死之事。世尊，若欲修行人慈心濟地獄苦，取井花水三升，淨椀中盛之，晨旦取柳枝鞭水誦前呪一百二十八遍，水盡即取藥燒七丸。一切受罪衆生悉乘蓮華化生，常得安樂。地獄枯竭，長無罪人，閻羅王、五道大神、大山府君一切冥官業道並悉生天。

又法，若欲救苦難衆生者，取藥七丸燒之，起大悲心，彼諸善男子所受之苦當時即息不受。

又法，若有女人生產難者，取藥一丸和酥摩腰下，即易生。

又法，若橫死者，取藥少分以塗背，一日即起。

又法，水溺死者，取藥少許置彼死人口中，三日即活。

又法，若人卒死者，取彼死人頂上髮七莖斫之，和藥一丸内向口中，即活。

又法，若患偏風不遂多年不能起者，取藥一丸令吞七日，復與一丸至四十九日與丸吞之，百日内即差。

又法，若心腹脹滿垂死者，取藥少許和少便，呪一遍與服立差。

又法，求延年益壽者，取藥七丸燒作灰，蜜漿服之，即受命百劫。

又法，若患狂者，取藥一丸繋向頂上，即差。

又法，若欲施藥，取四丸埋向宅四角，七日即出一大花樹，一角出一樹，一角出泉，一角出火，一角出雲，四角各別。

又法，欲施藥有驗者，取藥七丸向釋迦像前呪一百八遍，擲彼藥像前，一丸變成釋迦文佛，一丸變成我身，一丸變成白鶴，一丸變成白象，一丸變成百寶蓮華，一丸變成金剛，一丸變成密跡。欲令化仍舊者，取水喙之即如故。

又法，求禪定者，取藥三丸含之，静處安祥坐入無量定，處經百二十小劫於禪定起，教化衆生，其身如本。

又法，欲降①惡風雨者，水和藥喙之即止。

又法，欲降怨憎之者，取彼名字和藥置火中，其眼如逆②，出舌長三尺，面如火色。

又法，欲解者復書彼名字，和藥一丸燒之服，取彼藥向此人散之，如故。

又法，欲鬥勝者，取藥七丸搗碎，五穀子隨多少，向佛前呪一千八遍，散著田中收刈。

又法，欲冬時樹生花菓者，取藥一丸埋著根本，即生花菓。

又法，令足力者，取藥至一夜吞一丸，三七日間，力敵萬夫。

又法，欲使一切諸天八部衆者，取藥燒之，即現其身，任行人驅使。

---

① 降，《大正藏》校勘疑當作“除”。

② 逆，《大正藏》校勘疑當作“羊”或“迸”。

又法，若人日服一丸此藥，滿百日或七十日，預知三十萬里事。

又法，欲隱形，取藥和烏麻油塗髮，隱。

世尊，我今具說盡微塵劫細數，亦當難盡。但有諸善男子依上如來法及壇呪持此法，若不成者，我誓不成正覺。世尊，此法甚難得聞，諸方術及種種祕要法易①聞難行，此法難②聞易③行。世尊，若諸有情但持此心皆成，無不成法者。

說此法時，會中復有一菩薩名曰馬鳴，即從座起，前詣佛所，白如來：“如來有無量智慧無邊知見。世尊，我亦有神妙章句，衆生得聞之者，亦得離苦。唯願如來許我說之。”時如來讚言：“善哉！善哉！汝發大弘願憐愍衆生，今正是時，汝當速說。”爾時馬鳴菩薩及諸大衆皆大歡喜：“大悲世尊，我今速說。”

馬鳴白言：世尊，世間衆生多處塵俗，恒常流轉，無時停息，我今說此方法，悉得解脫。世尊，若有情類求離世間者、求離生死者，取曇磨羅五兩，此云白膠香明者是。取菴毗羅五兩，此云二月八月臘。婆伽勒五兩，此云天門冬。勒婆娑五兩，此云白訶梨④勤是也。取井花水三升、白蜜三升、柒三升和上件六味水中煎。當煎之月，唯願護淨，不得觸穢，或於寺中或於故塔中煎，行人當取須誦前呪，不得停歇。三升井花水煎取一升，然後盛於新器中，掘地三尺埋之，二七日出取之，先向佛前供養三日。行者清齋洗浴，取藥少分嘗之，味如忉利天歡喜園中食相似然。後誦前呪呪藥三千遍，行人即取半合許⑤。七日之間，身昇虛空，來去自在，水火俱出，復有七種大福莊嚴。散之，化作一鳥向天飛去。

又法，欲求智慧者，藥少許和，即有三十生宿命智。

又法，欲他心智者，取藥食藥。一日之中，萬病消除。若食二日，身上萬罪消滅。若食三日，俱隨並盡。若食四日，衆人愛敬。若食五日，辨才智慧。若食六日，身中三十六藏不淨流溢並悉消除。若食七日，身得昇天，相好具足。

又，世尊，彼行人擬將自力助他力者，必是菩薩久起⑥世間。世尊，此藥能成種種智慧。所有苦難，若聞此藥，無不解脫。

又法，若患損心者，取藥少許，和生金末吞之，即差。

又法，若人坐禪失本心者，取藥溫令煖塗心，即差。

又法，若患骨蒸病多時不可者，取藥半匙大醋，服之即差。

---

① 易，原作“異”，據《大正藏》校勘改。
② 難，原作“歎”，據《大正藏》校勘改。
③ 易，原作“異”，據《大正藏》校勘改。
④ 梨，《大正藏》校勘［甲］無。
⑤ “許”後，《大正藏》校勘疑脫“服”。
⑥ 起，《大正藏》校勘疑當作“超”。

又法,令人長壽者,取藥一匙和海合少許服之,延年得三千歲。

又法,欲求隱形者,取藥塗背,即隱者。取藥塗面耳,即隱。

又法,欲隱者,取藥塗鼻,即隱。

又法,欲預知人心者,取藥少許燒作灰,復白蜜和之吞,當日有事等即知。

又法,凡欲得一切法術及呪功能,欲知有効無効者,取遠志一大兩、黄牛乳一升煎之,取半升令冷,向釋迦像前誦呪二十一遍,然後取服。三日吐三十顆金①鈴。

又法,欲知此藥有効無効,取彼合藥竟,置向一沸湯中,變成白蓮華。

又法,欲成大法,取前件藥一合、白蜜一升和煎令焦,取之佛前,呪二十一遍作丸,丸如豆許,向空高散之,各化作一鳥向天飛去。

又法,欲求智慧者,藥少許和,即有三十生宿命智。

又法,欲②他心智者,取藥誦呪,泉水服之,即得萬里他心智。

又法,欲求自然智者,取藥一合和井花水晨旦③服之,二日④七日得自然智。

又法,欲發意修大乘經典者,煎件藥日吞少分,七十日心開悟,解八萬《圍陀》書史,聰明智明慧,辯才無礙,世間第一。

又法,欲求種種智慧者,取藥三合,佛前呪之七七遍,然後服之,即得如來一切智。

又法,欲求世間財者,取藥一合,釋迦像前呪之一百八遍,澡瓶中盛之,三日變成黄金,隨意服之。

又法,欲求世間財者,取藥隨多少,佛前呪一百八遍,取黄金沙一勝⑤,藥和之,器中盛之,即埋地中,日乃變成紫摩黄金。

又法,欲入海取七珍者,藥少許和漢欎金香半兩,佛前呪之八十遍,呼彼海龍王名字,燒香、藥香徹彼海龍王所,其龍領百萬眷屬送種種七珍到行人所。

又法,欲降伏一切禽獸者,取柏木三尺以藥塗之,於佛前⑥三七遍,以杖打地一下,所有禽獸並悉雲集向行人所。若欲令散者,取藥燒之即得四散。

又法,欲令人延年壽者,取柏子三百顆、蜜一合,煎之令焦。將⑦作佛前呪,一顆一呪,取藥少許塗之。復向佛前呪之七百遍,然後取服。吞一丸命等日月,若吞二丸命齊天地,若吞三丸延命一劫,若吞四丸壽命兩劫。世尊,若善男子、善女人等但於我法生少重心,依如來前呪等作之,立即成効。

---

① 顆金,原作“金顆”,據《大正藏》校勘改。

② 欲,《大正藏》校勘疑當作“欲求”。

③ 旦,《大正藏》校勘［甲］無。

④ 日,《大正藏》校勘疑衍。

⑤ 勝,《大正藏》校勘云與“升”通用。

⑥ “前”後,《大正藏》校勘疑脱“呪”。

⑦ 將,《大正藏》校勘一本作“時”。

說此語時，會中復有一大仙名曰祁①婆，即從座起，前佛所白言："如來，我亦有大法能助如來，彼呪功力故。世尊，唯願世尊許我說之。"時如來讚言："善哉！ 善哉！善男子，汝能護念五濁衆生故說此方，汝當速說，我今聽汝所說。"

大悲世尊，世間若有衆生求一切種種智慧者或求延年益壽者，取烏牛乳三升、遠志根三根、訶梨勒十顆，乳中煎之，令乳乾盡，即陰乾搗篩，白蜜和之爲丸如棗子許。於佛前誦呪之四十遍，晨旦時向西著面，頓服令盡。於三七日間，即得一切世智辯才，天龍八部恒常衞護。復此妙方，若有修法人求攝録一切鬼神及野叉者，取母狗乳一合、白牛乳一合，世尊取上件二味乳一處，取天門冬根半兩、遠志根半兩搗篩，呪之七遍，然後和乳，於銅鐺中煎之二十沸許，便將佛前誦呪一百八遍，即如於佛頓氣，服之令盡，於七日間，一切鬼神並悉現身其人所。世尊，若第一七日，善鬼、惡鬼、奪人精氣之鬼及阿修羅眷屬魅鬼、魍魎精魅，今見餓之鬼、古久②精雲山林之樹稷之鬼、八史六丁從術之鬼、五星六度五岳鬼。世尊，如是等鬼集彼人所，其鬼惡氣及惡毒悉自滅之，任行人驅使。欲知千年消息，問之合者③神海④、須彌山神、大鐵圍山之神、黑山之神、天宮日月精神住室神、火風神、地神、水神等，人身中五情神，如是一切諸神並悉雲集行人門首。復次，若三七日之間，一切羅刹及夜叉並來雲集，藍婆夜叉、毗藍婆夜叉、大精夜叉、注驢羅刹、滿心羅刹、攝⑤羅刹、須彌山間黑齒羅刹，如是等恒河沙眷屬，一日之間並集行人門首。世尊，若修行人欲令驅使彼諸羅刹夜叉及鬼神等者，取安悉香半兩、白膠香半兩、白芥子半兩俱共一處搗篩，白蜜和之，悉火燒，誦前呪十遍，其一切鬼神及夜叉羅刹等悉皆化面而倒，悉亂，舉身自現，不能自勝。

又法，若令性悟者，取乳頭香燒之，並悉性悟，皆得耨心菩提，捨彼鬼位，並得清淨之身，一從行人驅使，隨意所須，預知千里逆順之事。世尊，彼諸鬼神若不降伏者，取彼前藥呪之，即降伏也。

又法，欲求萬年仙藥者，取前三昧藥燒，於山間燒之，誦呪百遍，一切萬年精雲芝草仙、千年松公及九雲仙駕鶴應草、瑞草、芝雲並總自出現其人所。世尊，若欲採之，正月一日、二月八日、四月八日此等三日所⑥，一切諸藥草之精並在人間，餘日多化，不在本所。

又法，若採此藥，先呪一百八遍。我自往彼人所教受和合令食之，我自捨彼仙位

---

① 祁，《大正藏》校勘[甲]作"祚"。
② 久，原作"文"，據《大正藏》校勘改。
③ 合者，《大正藏》校勘一本作"令著"。
④ 海，《大正藏》校勘[甲]無。
⑤ 攝，《大正藏》校勘一本作"檽"。
⑥ 所，《大正藏》校勘疑衍。

與行人。復次，若入山求採妙寶七珍者，取安悉香一兩、白芥子一兩、甘松香一兩、漢爵金香半兩、青木香半兩、水銀半兩。世尊，取已上等物相和搗篩，取此間陰泉和之，即於佛前呪一千八十遍。時於高原上燒之，山間伏藏及龍宮中七寶並悉現。行人欲取時，當取青木香燒之發願，然後隨意取用，祁婆變七寶方第二。世尊，若有諸善男子欲變瓦石爲摩尼寶者，取赤石如鷄卵許，取銅鐺一，取水銀五兩安置鐺中，及石亦鐺中，盤蓋之，以柏木灰水煎三日燒之，令水銀盡入石中變成火色，然後滅火漸漸令冷。取向佛前誦呪一萬遍，其寶光明照三千里，此寶力能壞諸魔王、摧其地獄，行人起心動念，即七寶隨意滿足，亦能無火之處能出大火。復次，世尊，若有衆生作諸法術令互石變成明月寶珠者，取白石如雞子許、水銀三兩、米粉二兩、烏牛乳半勝和向銅鐺中煎之令盡。然後取荏油一合置鐺子中，煿石令燋油盡，以漸漸令冷。即向佛前誦前呪之百遍，其石色如日月，表裏明徹，斯寶然得萬里。又其珠力，能出種種珠寶、金銀、珊瑚，又能令人自在求者如意。

　　又法，欲變瓦礫成如意寶珠者，取金色石如雀卵許，取水銀三兩、生金半兩、慈石一大兩、桃人八顆去皮，取如上等物並置一處，向生鐵熱中煿之，其石並食彼上四物著溫地①之中。三日乃取看，其色如紫摩黃金。向佛前呪之一百八遍，其量珠威力無量無邊，彼行人意欲去處，其珠兌充前騰身而去，亦能出種種妙寶。行人者但發大悲，亦能令三界有情常得安樂，隨意一切衆生願，悉皆充足。

　　佛説金毗羅童子經

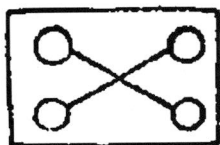

別人書著②，云是此經法印，作法用之時用。

　　夜合木一寸，八分剉之。大力金剛陀羅尼，二名穢積大壇③烏芻沙摩真言：
唵機伐羅俱魯陀摩訶摩羅訶曩那訶跛折摩他微枳羅尾持網婆野社智羅監母陀羅烏芻沙摩俱嚕陀觧泮吒娑婆訶

　　期觀音真言：
迦摩羅目佉迦摩羅盧左那迦摩羅沙那迦摩羅多賀沙那迦摩羅婆謨尼迦摩羅迦摩羅迦摩羅

　　金毗羅童子威德經

---

①　其石並食彼上四物著溫地，《大正藏》校勘［甲］無。
②　著，《大正藏》校勘［甲］作"者"。
③　壇，《大正藏》校勘［甲］作"且"。

　　金毗羅法作道場，不空三藏譯。燒沈香、白膠香、薰陸香，用瓷香爐。藥王菩薩助法，用白檀香一兩、訶梨勒七果①，燒蜜和四十丸，除身中萬病。入龍宮取寶珠，用菖蒲三兩、安悉香、蜜丸、甘松香和。燒救萬病，用訶梨勒、掩摩勒各五兩，男孩子母乳和作丸。龍樹菩薩助法，用訶梨勒十二顆，刺蜜三兩，井花水煎服，吐出金。治萬病，用光明沙紫、赤朱②、天門冬、新蜜蠟，五月五日大酷三升、黑石蜜三兩和煎。觀世音菩薩助法，用訶梨勒百顆蜜丸。馬鳴菩薩助法，白膠香、天門冬、訶梨勒蠟各五兩，柴三升，井花水煎，白蜜用和。

---

　①　果，《大正藏》校勘［甲］作“顆”。
　②　朱，《大正藏》校勘［甲］作“珠”。

焰羅王供行法次第[①]

阿謨伽三藏撰

　　行者若欲修是法者，先應知是王五變之身，並其大宮一一緣起。其五變者，一者焰羅法王，是即本號也，二者死王，三者黃泉國善賀羅王，四者料[②]罪忿怒王，五者檀拏少忿怒王。本宮在鐵圍山之北地中，是即冥道宮也，五萬眷屬而爲圍繞。宮中庭有檀拏幢，其頭有一少忿怒之面，王常見其面，知人間罪輕重善惡。人間有作重罪之者，從其口出火光，光中黑繩涌出，警覺，見木札知其姓名，料記之。又有作善之者，白蓮花從口開敷，其香普薰。大山府君、五道將軍王常奉王教，能定善惡。凡欲修是法時，設供物，國王、王子及百官宰相等人民，隨人應設供物，胡麻油、五穀、紙錢、幣帛、香藥等用之。蘇蜜、安善那香藥等入粥和合，可煮之。求露地閑静之處，宜修供，不知意人見之。楊枝五尺，以是教其位。是法疫病、氣病、一切病惱時宜修，兼能修之。正報盡付死籍，能乞王削死籍，付生籍。到疫病之家，多誦大山府君呪。

　　行者著座，塗香摩手臂。南無釋迦牟尼如來御名七遍可誦之，以香水灑地上，用竹葉。加持香水。真言曰：

唵(oṃ)　阿(a)　蜜利(mṛ)　帝(te)　賀(ha)　曩(na)　賀(ha)　曩(na)　吽(hūṃ)

娑縛(svā) 二合 賀引(hā)

　　供師運一念離自他之異，故曰無遮心。絕怨親之念，號平等。能行是法，是菩薩行廣大之願。能運是慈，是如來慈，爲諸福之王。在三壇[③]之上者，良由佛説無盡威德自在光明勝妙真言加持之力也，能令一食爲無量食，又使一財成無盡財，一一財食量同法界。普施有情，悉皆充足甘露法食。法食充飽，罪滅福生，離惡趣身，受人天報。能令施主增益壽命，消除業障。即得滿足檀波羅蜜，現招勝果，當證菩提。妙力

---

① 底本，《大正藏》第1290號，第21册第374頁上—376頁中，原享保年間刊豐山大學藏本。

② 料，《大正藏》校勘一本作“斷”。

③ 壇，原作“檀”，據文意改。

難思，信而不惑。今日施主_{某甲}奉爲皇帝宰輔及法界有情，普設無遮，廣大供養。先從諸佛、菩薩、金剛、天等，乃至鬼類，冥道諸餓鬼、僧尼靈等，記其名籍上，一一立壇上，以供物置籍前。當誦甘露王真言，加持供物，觀想右手掌内有𑖐字，是字流出甘露水，充滿諸供物等。

灑淨淨水真言：

𑖌（oṃ）　𑖪（va）　𑖕𑖿𑖨（jra）　𑖫（śa）　𑖜𑖰（ni）　𑖮𑖳𑖽（hūṃ）　𑖢𑖿𑖮（pha）　𑖘（ṭ）
唵　　嚩　　日羅_{二合}舍　　儞　　吽　　泮　　吒

已上香水以竹枝灑之。若露地修是法，勿向桃柳之木^①。

次可請諸佛、菩薩：

一心奉請本師釋迦牟尼佛！

一心奉請世間廣大威德自在明神！

一心奉請西方極樂世界阿彌陀佛！

一心奉請當來下生彌勒尊佛！

一心奉請盡虛空界一切諸佛！

一心奉請大聖文殊師利菩薩摩訶薩！

一心奉請大聖普賢菩薩摩訶薩！

---

① 木，原作“本”，據文意改。

一心奉請大悲觀世音菩薩摩訶薩！

一心奉請大勢至菩薩摩訶薩！

一心奉請藥王、藥上菩薩摩訶薩！

一心奉請除蓋障菩薩摩訶薩！

一心奉請地藏菩薩摩訶薩！

一心奉請虛空藏菩薩摩訶薩！

一心奉請金剛藏菩薩摩訶薩！

一心奉請十方盡虛空界菩薩摩訶薩！

一心奉請十方盡虛空界聲聞、緣覺一切賢聖！

一心奉請一切護法金剛密迹諸善神衆！

惟願本師釋迦牟尼如來，及十方盡虛空遍法界一切諸佛、諸大菩薩摩訶薩、一切賢聖衆，今日今時不捨弘願，爲衆生故，受我等請，降臨此道場，受今施主某甲所獻供養。今當承以召請真言召請冥道，惟願三寶哀愍納受，護持某甲消除災難，若是人正報盡，雖付死籍，王垂慈悲，方便削死籍。願如大誓，即付生籍，壽命百歲，常見百秋。云云。

即誦諸佛菩薩攝招真言曰：

曩莫三滿多没馱南阿引薩縛怛羅二合鉢囉二合底訶跢怛他引蘗黨引矩捨冒地左哩也二合跛哩布羅迦娑嚩二合訶

印，二羽忿怒縛，二風屈如鉤。請了即獻供物，先釋迦，次普賢、文殊，若用王法者，請佛菩薩次第可供之。次可請梵天、帝釋及四天，印金剛合掌稱名。四天王每座有一鬼，其名東方健達婆王，南方俱盤茶王，西方諸龍，北方二十八大藥叉。供了，次大梵天、帝釋、四王印真言。

四王通心呪印：

左手大指、中指、小指皆立向上，屈頭指、無名指，拳著掌上，手掌向前，屈肘向上。呪曰：

唵一漸婆羅二謝輦陀羅夜三莎嚩去聲訶四

梵天印：

左手作拳按腰，右手五指相豎，著之少屈，高過肩，觀有掌內蓮華。真言曰：

唵没羅二合訶麽二合寧娑嚩二合訶

次帝釋天印：

右手同前安腰，左手五指直豎，相著地水二指，屈中節以風著火背，空屈中節。真言曰：

唵因捺囉二合野娑嚩二合訶

焰魔檀陀呼召印真言：

以兩手中指、無名指、小指正相叉，二頭指豎頭相拄，二大母指各附二頭指側，開掌如掬水法，大母指來去。真言曰：

跢姪他一唵二焰魔檀馱耶①三尸朋迦唎尼四跋折唎杜堤五瑆醯瑆醯六莎縛二合賀引，七

閻羅王法身印：

屈左手三指，仍稱出頭指三分許，以大指博，附著頭指下節文，頭指來去。真言曰：

唵一焰魔羅闍二鳥揭囉去聲毗嘍二合耶三阿揭車四莎縛二合訶五

若用是法印呪作大壇，供一切諸佛、天等，即結是印七遍，誦呪，其焰魔羅王即來受是供，大歡喜。

次請五道將軍王，金剛合掌稱名，曰五道將軍王、左司命、右司命。

次請天曹府君，一切天曹百司官屬都官、使者及諸部類，降臨此壇場，受我供養。地府神君，平等大王，一切地府百司官屬都官、使者，諸司部類，降臨壇場，受我供養。典主、地獄三十六主、馬頭羅剎、牛頭羅剎等諸眷屬，降臨此壇場，受我供養。地主明王、山川岳瀆、城隍社廟一切神衆，各與眷屬，願到道場，受我供養。

今過僧尼未解脫者、施主先亡七代久遠、一切魂靈及無始時來冤家債主，降臨此道場，受我供養。

曠野大力、燒面大王、無量百千萬億那由他恒河沙諸餓鬼等，各與眷屬，降臨此道場，受我供養，歸命三寶。

次召諸餓鬼真言，以右手大母指捻中指頭，餘三指微屈，即成彈指聲。真言曰：

唵部布入哩迦哩怛哩怛他引揭多夜

次誦開喉印真言，印不散前印。真言曰：

唵部布入帝哩迦哆哩怛他揭多引夜

請了，結鉤、索、鎖、鈴印。

次光澤諸供物印，用三股印。真言曰：

唵入嚩二合囉也滿度哩莎嚩二合訶

次以竹葉灑淨香水。

次誦甘露真言曰：展右手於右肩上，並衆指開中，念三七遍。

那謨蘇盧婆也一怛他揭多也二怛儞也他三唵四蘇盧蘇盧婆羅蘇盧婆羅蘇盧莎嚩二合賀

次念毗盧舍那心，轉觀乳海真言。展右手五指向下，臨食器中即成，想鑁字在於掌中。

---

① 耶，《大正藏》校勘一本作“那”。

那謨三滿多没馱南鑁

次是等真言，令供物微妙味。

次可請太山府君，是王住宅，山後有勇猛鬼王，刹那間遊行世界，行木札之病，木札者疫病之異名也。以金剛合掌，可誦真言：

曩莫三曼多没馱喃引只怛羅二合虞鉢多二合野莎嚩二合賀

次可請供諸冥道。

次至心唱五如來之號：

曩謨婆誐嚩帝鉢囉二合保陀囉怛曩二合耶怛侘誐哆引耶

曩謨寶勝如來除慳貪業福德圓滿！

曩謨婆誐嚩帝蘇嚕婆耶怛侘誐哆引耶

曩謨妙色身如來破醜陋形相好圓滿！

曩謨婆誐嚩帝阿密㗚二合帝羅闍耶怛宅誐哆引耶

曩謨甘露王如來灌法身心令受快樂！

曩謨婆誐嚩帝尾補攞誐怛羅二合耶怛侘誐哆引耶

曩謨廣博身如來咽喉寬大受妙味！

曩謨婆誐嚩帝阿婆延迦羅耶怛侘誐哆引耶

曩謨離怖畏如來恐怖悉除離餓鬼趣！

次金剛合掌，當奉請地藏菩薩，願以慈悲令一切冥道次第無令失所。

次金剛合掌，可誦某甲等謹以香潔飲食及錢財幣帛等，先奉獻十方諸佛、百千俱胝萬億那由侘不可說不可說國土微塵等一切冥宦、冥道、僧尼靈界、五百餓鬼衆、半天婆羅門諸餓鬼衆，一一各得摩伽陀國十六斛食，能令此食悉皆變爲法喜禪悅甘露醍醐清淨乳海，充遍法界，廣大無量，無不飽滿，悉皆證得解脫菩提，歸命常住三寶。

次金剛合掌，讚誦曰：

阿引演覩引泥嚩左誐素羅一緊那羅那羅乞鑠迦羅二合那野二鉢囉二合嚩囉二合達麼蘗哩二合多地伽羅二合，三尾達麼左鉢羅捨麼操企也二合，四儞銘二合多部多銘多婆羅迦捨夜五怛儞賀室羅二合摩拏也馱引輅引

次唱懺悔偈曰：今日某甲所設供具，多不如法，可咲麁惡，惱亂一切冥宦冥道檀吉爾衆，冥道唯願令許，唯願慈悲，布施歡喜。

次若欲消除疫病、氣病、瘧病者，可供大山府君。若欲解脫惡人、怨家呪咀者，又別可供大梵天王、四天王位，即得解脫。若欲得福德者，可別供二十八大藥叉。毗沙門眷屬也。若欲拔濟正報之命者，可別供焰羅王、五道將軍，即得削死籍，付生籍。總一

切任行者之意，但錢幣、帛等不①須供養。阿闍梨召請，當所龍神、一切靈等可供養，別座。一切隨意。常以新衣，壇中穿一穴，置新衣，每時時以焰魔王真言從壇出。煎餅、五穀粥，加諸香花和水淨器，以歡喜心，四方散之。始從四鬼，一切鬼等歡喜納受，而後可讀大乘經。

　　焰魔供次第一卷

---

① 不，《大正藏》校勘疑當作"可"。

阿迦陀密一印千類千轉三使者成就經法^①

大興善寺三藏沙門大廣智不空奉詔譯

爾時觀世音菩薩在大衆會座中而起，五體投地，禮佛雙足，而白佛言：我有一真言、一印、三使者真言廣大成就之法，願爲利益安樂閻浮提諸善男子、善女人故，唯願世尊哀愍，聽許我今説之。真言曰：

那謨羅怛那哆羅夜耶二那謨阿利耶婆嚧枳帝三跢姪他四闍曳闍曳二合闍夜五婆醢你闍榆跢利六迦囉迦羅摩羅摩羅者羅器挈器挈八薩婆羯磨跋羅挈你九迷婆底莎呵

誦此呪已，惡業消滅。誦至七遍，五逆罪滅。若滿千遍已，罪無不滅。滿十萬遍，面見觀音種種莊嚴者。七日之中初作法時，唯得食乳、糜、蘇，最後一日勿食。十五日夜，佛前念誦，無定限數。見像搖，出聲唱言：善哉善哉！故光明照曜。復以真珠寶物安呪師頂上，即知^②成驗。面見觀音已，得滿一切善願。

又於睡^③眠中夢見觀音種種莊嚴者，一切善事成就，一切惡業消滅，直轉讀者亦得滅罪。

次説一印，亦利益衆生，以一印三十二遍種種成辦。二手合二火背相合，以二母指押二頭指爲鈎。以印假使向虛空，爲天蓋境界，向十方天上，隨處成結界。向本尊，爲普供養。作法爲普禮，後時爲迴向，又爲發遣。若欲降伏惡人者，作手印無二，以嗔心誦一百八遍，一切外道所作滅。

若人患心病者，加持黃土，塗於心，除差。

若人患頭病，加持大黃二十一遍，服之，除愈。

若人患眼者，加持杏子之油，塗，除差。

若人患腫者，香末加持一百八遍，塗，除愈。

若人欲令遠去魔事，加持苦木一百八遍，其人遠去。

次使者三印，二十八部總攝。左右手掌平向天上，以大指來去。

---

① 底本，《卍續藏》第 190 號，第 2 册第 852 頁下—853 頁中。
② 知，原作"智"，據《卍續藏》校勘改。
③ 睡，原作"垂"，據《卍續藏》校勘改。

天上使者費迦邏,亦名淨滿。密語曰：

費迦邏翳醯呬娑嚩賀

　　二手合,二地來去。

　　虛空使者大仙,亦名嚩斯。密語曰：

悉你也娑嚩賀

　　二手向虛空,以二大指來去。

　　下地使者水火雷電自在,亦名大羅惹。密語曰：

唵闍曳闍曳娑嚩賀

　　此三種使者,能滅三灾,能滅三種執,能滅生生世世業障,生生世世悉地成就。

　　又此三種使者,無相爭力,頓生頓滅,轉鉢結縛,木合空鉢。

　　若人得滿呪功者,乘空界爲仙人,召集天、龍、藥叉、鬼神等,任心發遣,尤法力也。

　　阿迦陀密一印千類千轉三使者成就經法一卷

深沙大將儀軌[①]

大興善寺三藏沙門大廣智不空奉詔譯

爾時觀世音菩薩在大眾會座中而起,五體投地,禮佛雙足,而白佛言:"我有一真言、一印、三使者真言,廣大成就之法,願爲利益安樂閻浮提諸善男子、善女人故,惟願世尊哀愍,聽許我今説之。"真言曰:

那謨囉怛那一跢囉夜耶二那謨阿利耶婆嚧枳帝三跢佳他四闍曳闍曳二合闍夜五婆醯儞闍榆跢唎六迦囉迦囉麼囉麼囉者羅器拏八薩婆羯摩跢羅拏儞九迷婆底沙訶

誦此呪已,惡業消滅。誦至七遍,五逆罪滅。若滿千遍已,罪無不滅。滿十萬遍,面見觀音種種莊嚴者。七日之中初作法時,唯得食乳糜、酥,最後一日勿食。十五日夜佛前念誦,無定限數。見像拵出聲,唱言:"善哉! 善哉! 放光明曜。"復以真珠、寶物安呪師頂上,即知成驗。面見觀音已,得滿一切善願。又於睡眠中夢見觀音種種莊嚴者,一切善事成就,一切惡業消滅,真轉轉者得滅罪。

次説一印,亦名利益眾生,以一印三十二及種種成辨。二手交背相,以二母指押二頭指爲劍,以印使向虛空爲天蓋,境界十方天上隨處成結界。向本尊爲普供養,作法爲普禮。後時爲迴向,又爲救發遣。若欲降伏惡人者,作手印無二,以瞋心誦一百八遍,一切外道所作滅。若人心病者,加持黃土塗於心,除差。若人患頭病,土火[②]。若人患眼者,加持杏子之油塗,除差。若人患腫者,眘夫[③]加持一百八遍塗,除愈。若人欲令遠去魔事,加持若木八遍,其人遠去。

次使者三師,二十八部總攝。左手掌平向天上,以大指來去。天上使者費迦羅,亦名淨滿。密語曰:

費迦羅翳醯呬娑嚩呵

二手合二地來去。虛空使者大仙,亦名嚟斯。密語曰:

---

① 底本,《大正藏》第1291號,第21册第376頁中—377頁上,原享保年間刊豐山大學藏本,原校本[甲]石山寺藏古寫本。

② 土火,《大正藏》校勘[甲]作"加火",又疑"土火"下有脱文。

③ 眘夫,疑當作"香末"。

悉儞也娑婆①呵

　　二手向虚空，以二大來去。下地使者水火雷自在，亦名大羅惹。密語曰：

唵闍曳闍曳娑嚩呵

　　此三種使者，能滅三災，能滅三種執，能滅生生世世業障，生生世世悉地成就。

　　又此三種使者無相争，力頓生，滅轉鉢結，縛木合空鉢。

　　若人滿呪功者，乘空界爲仙人，召集天龍、藥叉、鬼神等，任心發遣，尤法力也。

　　阿迦陀密一印千類千轉三使者成就法一卷

　　深沙大將菩薩儀軌要一首

----

①　婆，《大正藏》校勘［甲］作“縛”。

供養十二大威德天報恩品[①]

不空譯

　　爾時普賢菩薩觀察人天，哀愍一切，無問自説言：一切衆生四大遠變，有種種病，或鬼魔來作種種病，迷倒世間，減損壽命，云何對治如是内外種種損害？謂諸衆生不知恩故，有如是違，以何爲恩？謂地水火風、日月諸天皆有内外養育之恩。云何得酬如是諸恩？謂四大種有其精，天及日月等也。供養是天，有種種利器界、生界，皆悉增力也。其矣爲誰？其數幾何？謂彼天數有十二也，地天、水天、火天、風天、伊舍那天、帝釋天、焰魔天、梵天、毗沙門天、羅刹天、日天、月天也。地天喜時有二利益，一者人身堅固，色力增長，二者器界地種味力增長。此天瞋時亦有二損，一者人身亂壞，色力減少，二者器界地味力皆違本。水天喜時有二利益，一者人身不渴，二者雨澤順時。此天瞋時亦有二損，一者人身乾渴，二者器界旱魃，萬物乾盡，或雨大雨，世界滿水流，損草不及與衆生。火天喜時有二利益，一者人身熱氣隨時增減，二者時節不逆。此天瞋時亦有二損，一者人身熱氣非時增減，二者自然散火焚燒諸物。風天喜時有二利益，一者人身輕安，舉動隨心意，二者器界安隱，無有傾動，而隨世間有冷風和，不損情非情等。此天瞋時亦有二損，一者人身及音而不隨意，二者大風吹滿散破世間，或不吹風，草木不順時也。

　　若有如是四大精天瞋怒難者，王及人民入於如來五輪塔中，受持諸戒，歸依三寶，攝心而住，應作是觀。地依水生，水性空故，地亦無常。水依風生，風性空故，水亦無常。火依水風生，水風空故，火亦無常。風依虛空，虛空無體故，風亦無常。風空故火空，火空故水空，水空故地空，地空故地上所生有情、非情皆悉無常。作是觀時，諸天瞋滅，無所依住。爾時行者還作是觀，虛空雖無尚有虛空，是故得名虛空，名必有體，所以虛空有故，風亦有，風有故火、水、地等皆悉有體。作是觀時，諸天歡喜，威光倍增，安穩而住。

伊舍那天喜時，諸天亦喜，魔衆不亂也。舊名摩醯首羅也，佛言若供養摩醯首羅_{唐云大自在}。已爲供養一切諸天。此天瞋時，魔衆皆現，國土荒亂。天帝釋者，地居之主，注記衆生所作善惡。此天喜時國土安穩，人民不亂。此天瞋時，刀兵相戰，地居諸王皆悉不①安。焰魔天喜時，人無橫死，疫氣不發。此天瞋時，人非時死，疫氣充滿。梵天者，上天之主，衆生之父。此天喜時，器世間安穩，無有亂動。何以故？劫初之時此天成立器世間也，衆生不亂，以正治世。何以故？父王喜故。此天瞋時，世間不安，有種種病，至于草木皆悉惱落，衆生迷惑名如醉人。毗沙門喜時，藥叉衆喜，不害人民，不行毒腫，瞋時皆亂。羅刹天喜時，諸噉完鬼隨亦喜，不唾毒氣，不作惡行。此天瞋時，皆悉亂現。日天喜時，光不損物，人瞋不鈍，有情、非情皆悉快樂。此天瞋時，失度無光，雖有眼目不能見物，寒苦忽逼。月天喜時，冷光增物，人無熱病，瞋時皆捨矣。

日月互照，有大利益，時節和融，衆生作事，一一隨喜。劫初之時，人如色天。而漸貪味，減少身光，彌捨善心而作惡業，世皆不順而有寒熱，是故此日月天現世化夢也。如是，諸天何時歡喜？何時瞋怒？謂諸國王及諸人民以非治世，作不善業，殺盜常行而捨正法，爾時諸天皆生愁憂，愁憂即過便生瞋怒。若天災欲起，先有瑞怪，謂無雲而雨矣，諸星隨亂。_{無雲而雨者，是諸天悲泣之淚也}。若止惡業，以正治世，諸天歡喜，皆悉來護，妙香遍薰，善增惡減。若人了知如是大聖威德天等，以財之施嚴彼生身，後以法施顯彼法身，兼行慈悲不殺生命，以是供養爲報彼恩也。

世有諸天鬼神，其數甚多，何唯供養此十二天安立國土，萬姓安樂？謂十二天總攝一切天龍、鬼神、星宿冥官，是故供養了知此十二天即得一切天龍等護也。所以然者，地天與地上諸神、樹下野沙諸鬼神俱來入壇場同時受供，水天與諸川流、江河、大海諸神及諸龍衆俱來入壇場同時受供，火天與諸火神及諸持明神仙衆俱來入壇場同時受供，風天與諸風神、無形流行神等俱來入壇場同時受供，伊舍那天與諸魔衆俱來入此壇同時受供，帝釋天與諸蘇迷盧等一切諸山所攝天鬼等俱來入壇場同時受供，焰魔天與諸五道冥官、太山府君、司命行疫神、諸餓鬼等俱來入壇場同時受供，梵天與諸色界、靜慮、一切諸天俱來入壇場同時受供，毗沙門天與諸藥叉、吞食鬼神等俱來入壇場同時受供，羅刹天子、羅刹食血鬼衆俱來入壇場同時受供，日天與諸星衆、七曜、諸執遊空一切光神俱來入壇場同時受供，月天與諸住空二十八宿、十二宮神、一切宿衆俱來入壇場同時受供。

應如是觀矣，如是天主親對佛前，誓當荷負一切有情，護持國界，守護正法。若召請時，不越本誓，必定影嚮。未發遣之間而住壇場，不違行者，是故召請供養，然後

應迸①謝諸事疎而乞歡喜。召請之時，用各別印明，或用總請印明亦得也。云何少施之物若干天衆及諸鬼神各得受用？謂由三種義之少供物一切受用，一由三密加持謂運心法界實相妙供，二由大慈悲，三由彼諸天主福力多。如龍得少水，以自福力遍灑諸國。呪於諸天，所以滿四天下人福，不及四王天一人福財，隨持主志②有增減。而諸天福多故，得乏少供遍與一切。譬如少火隨薪有增減，少供亦爾，天福多故，付彼成廣。又縱雖色味下劣，由先三義皆成清淨微妙醍醐，如耆婆悲一切即萬物成藥，尼健呪毒，毒返成藥。世間尚爾，況行者隨順佛教，起大慈悲，作三密加持哉！又由天福，而彼下劣供物成清淨微妙供，如石磨男得石成王，作世女取沙爲金色，夫人衆不耽世財，唯喜順正，所以不輕少施而悦慈施也。若天不悦，即請外金剛部主、四臂不動忿怒明王供養歸依，爾時諸天隨順教勅，歡喜護持也。

　　若供養時來位方何？謂東方帝釋東南火天，南方焰魔西南羅刹，西方水天西北風天，北方毗沙門東北伊舍那，中央本尊，四隅梵天、地天、日天、月天，如是而住。云何供養，何天爲首？謂或依方位始自東方迴順供之，或有別願依息災等法而供養之。若求息災，帝釋爲首。若求增益，梵天爲主。若求調伏，大自在爲首。若求敬愛，毗沙門爲首。餘迴順供。或欲止刀兵，帝釋爲主。若欲除藥叉羅刹難者，用毗沙門羅刹天。若欲除疫，用焰魔天。若欲除旱魃洪水難者，俱用水天。若欲除怨災，用風天并於此天祈風難等。若欲調人，用梵天王。水難，用火天。火難，用水天。降魔，用伊舍那，或用火天。鎮惡處，用地天，并祈五穀也。若求官位，帝釋天。若求智，日天。若求定，用月天。若欲除熱寒病，隨用日月天。日天除寒，月天除熱。若有四大病，隨用四大精天。如是爲首，餘次第迴順供之。爲富，用毗沙門。爲貴，更用梵天。其供養具各儲一器，香水塗香，時華、五穀飯、若粥。臘燭等，插盛一器而供養之，燒香、普薰清淨如法，供養儀式、各別印明及彼畫像種種法義如餘部説。

　　普賢菩薩爲度衆生自問自答，如是因緣，如是報恩，如是祈願，如是觀法，如是三密，如是方便，如是大力隨意演説奉上世尊。世尊説言：義理如是。善哉！善哉！如汝所説，真實不虛。是十二天乃是往古諸佛，爲度衆生而來現也。是故行者不可依形勢天，唯觀彼天法身莊嚴。若人隨順我，及汝説供養是天，於此天像前講讀《般若》甚深經法，令此諸天皆大歡喜者。諸天歡喜故，一切衆生皆得歡喜。得者一切衆生喜故，諸佛亦喜。諸佛喜故，世、出世間悉地圓滿。

　　十二天儀軌一卷

---

① 迸，疑當作"進"。
② 志，《大正藏》校勘疑當作"應"。

二十八藥叉大將名號①

不空譯抄之②

東方四藥叉名：

你你逸反 伽去,一　蘇　審　怛落二合,二　布羅　拏　迦三　劫　比　攞四

ऩ(nī)　ब(rgha)　सु(su)　ऩ(ne)　ऴ(tra)　　ब(dhra)　ऋ(rṇa)　ऒ(ka)　ऒ(ko)　य(pi)　ल(la)

南方四藥叉名：

僧思孕反 賀一　悁　跛　僧　賀二　餉　企　攞三　難③上　那四

ऄ(saṃ)　ह(ha)　उ(u)　य(pa)　ऄ(saṃ)　ह(ha)　ऒ(śa)　गि(gi)　ल(la)　ऩ(nda)　ऩ(na)

西方四藥叉名：

賀　落一　賀　哩　計　爍二　鉢羅二合　僕三　冰　伽羅四

ह(ha)　रि(ri)　ह(ha)　रि(ri)　ऒ(ke)　ऒ(śa)　प्र(pra)　ऒ(bhūḥ)　पिं(piṃ)　ग्र(gra)

北方四藥叉名：

馱　羅　拏一　馱　羅　難　弩二　嗢　你庚二合業　播

ब(dha)　र(ra)　ण(ṇa)　ब(dha)　र(ra)　ऩ(na)　ऩ(nda)　उ(u)　द्या(dyā)　ग(ga)　प(pā)

路三　尾　瑟弩四

ल(la)　वि(vi)　ष्चु(ṣchu)

四維藥叉名：

半　止　脚一　半　者　攞　蠟　拏二　娑　跢　儗

प(pa)　ञ्चि(ñci)　ऒ(ka)　प(pa)　ञ्च(ñca)　ल(la)　ग(ga)　ण्ड(ṇda)　स(sa)　त(tā)　गि(gi)

哩三　彦　麼　嚩　多四

रि(ri)　ह(hai)　म(ma)　व(va)　त(ta)

---

①　底本,《卍續藏》第 184 號,第 2 册第 840 頁中、下。

②　抄之,原作正文,此據文意改注文。

③　"難"前《卍續藏》校勘一本有"旆ऩ(ca)"。

地四藥叉名：

步	莫一	蘇上步	莫二	迦引	落三	愲	波	迦引	羅四
ᠸ(bhu)	ᠸ(maḥ)	ᠸ(su)ᠸ(bhu)	ᠸ(maḥ)	ᠸ(kā)	ᠸ(la)	ᠸ(u)	ᠸ(pa)	ᠸ(ka)	ᠸ(la)

空四藥叉名：

素	哩野二合,一	素	謨二	阿	儗顙二合,三	嚩引	庚四
ᠸ(su)	ᠸ(rya)	ᠸ(su)	ᠸ(ma)	ᠸ(a)	ᠸ(gni)	ᠸ(bha)	ᠸ(yu)

　　具如本經文略抄之。

　　師曰：護摩壇唱禮之時，可唱此二十八部藥叉之名云云。

　　或人云，半之迦是正了知也云云，是極謬也。正了知與半只迦是遥異也，全不可云同。故《最勝王經》正了知之外，列半之迦，故知是應別藥叉云云，是極僻事也。

　　久安五年五月二十日朝，移點校勘了。

　　比丘彌伊記之。

祕密要術法[①]

二手普通合掌,當胸間,真言曰:

ཧཱུཾ(hūṃ)

是神呪不可思議,不過七返,一切所求願皆悉決定圓滿。復斷元品無明,階妙覺位。凡諸佛、菩薩種種神呪法,持者悉地不成就類,修行此法者,彼一切悉地速疾成就獲得。

復次説畫作像并曼荼羅法,建立三重。内院愛王,其形四面,有每面五目,所謂額一目,左右本目下各一目。首戴寶冠,髮如火焰,身色白色,少青色。有四臂,左一手持弓上空,右一手持箭當胸間,令爲射七星相也。左二手令取彼,右二手持白蓮華,打彼勢也。有四足,左二足上置,右二足下垂,踏入蓮華。凡坐白蓮華,住日輪。彼座下有四面師子,四足下各蹈蛇。其師子從口雨如意寶珠逆上。

次中院,兩頭染愛菩薩。其形兩頭,左白右赤,有四臂,左右一手作刀印,次左右作持三胇[②]鉾,坐赤蓮華,住日輪,是名東方爲衆。復有萬愛菩薩,其形三面三目,柔軟白肉色,合掌坐白蓮華,住日輪,是南方爲衆。復有萬愛菩薩,其形一面,赤黑色,持弓箭,坐黄蓮,住日輪,是名西方爲衆。復有萬德菩薩,其形如吉祥天女,左右持髑髏,坐紫蓮華,住日輪,是名北方爲衆。大天王有四角。所謂東南角提頭賴吒天王,其形青色,有三面,如藥叉王,身著甲冑,有四臂,左一手持鐸,右一手持刀,下二手合掌,乘青龍。西南角毗盧勒叉天王,其形赤色,有四面三目,如藥叉王,身如前,有六臂,左一手持刀,右鉾,左二手持蛇,右二手持棒,下左右合掌垂,乘赤龍。西北角毗盧博叉王,其形白色,一面,著鎧,三目,四臂,每手持釖,身如前,乘白龍。東北角毗沙門天王,黑色,一面十臂,如吽迦野法。

第三院,四攝八供養菩薩,如常可畫作并得。

---

① 底本,《卍續藏》第188號,第2册第851頁中、下。

② 胇,《卍續藏》校勘疑當作"鉆"。

凡此法，最後祕密法也，不入室弟子者，努力努力，不可傳授，授必無法機不傳。蒙災難，得大貧窮果報，後世必墮阿鼻城。由此任力，師奉仕必，必可有受，必可取下畫書，是不得者，二世無益也。次第作法，如虛空藏法次第，猶猶不可思議①法不生疑心。

---

① 議，原作"儀"，據文意改。

施諸餓鬼飲食及水法_{并手印}①

特進試鴻臚卿大興善寺三藏沙門大廣智不空奉詔譯②

先出眾生食，事須如法。周匝種種皆著，並須淨好，或一分，或少許，或一器，皆須安淨銅器中如法。如無銅器，白瓷亦得。如無瓷器，可用漆器。其飲食須和清水，面向東立，坐亦得，作法。

夫欲施一切餓鬼飲食者，先須發廣大心，普請餓鬼，先誦此偈至心一遍，然後作召請法，所獲福利果報不可校量。

比丘比丘尼_{某甲}發心奉持：

  一器淨食，普施十方，
  窮盡虛空，周遍法界，
  微塵剎中，所有國土。
  一切餓鬼，先亡久遠，
  山川地主，乃至曠野，
  諸鬼神等，請來集此。
  我今悲愍，普施汝食，
  願汝各各，受我此食。
  轉將供養，盡虛空界，
  以佛及聖，一切有情，
  汝與有情，普皆飽滿。
  亦願汝身，乘此呪食，
  離苦解脱，生天受樂，
  十方淨土，隨意遊往。
  發菩提心，行菩提道，

---

① 底本，《大正藏》第 1315 號，第 21 册第 466 頁下—468 頁中，原黃檗版淨嚴等加筆本，原校本［甲］三十帖策子第二十六。

② 譯名，《大正藏》校勘［甲］作"沙門大廣智不空三藏譯"。

當來作佛，永莫退轉，

前得道者，誓相度脱。

又願汝等，晝夜恒常，

擁護於我，滿我所願。

願施此食，所生功德，

普將廻施，法界有情，

與諸有情，平等共有。

共諸有情，同將此福，

盡將迴向，真如法界，

無上菩提，一切智智。

願速成佛，勿招餘果，

願乘此法，疾得成佛。

合掌當心誦此偈，以印作召請。開喉印，以右手大指與中指面相捻，餘三指相去微作曲勢即是，名普集印。呪曰：

𑖣(na) 𑖦(mo) 𑖥(bhū) 𑖢(pu) (ri) 𑖎(ka) (ri) 𑖝(ta) (ri) 𑖝(ta) 𑖞(thā)

曩 謨① 步 布入 哩 迦 哩 多 哩 怛 他引

𑖐(ga) 𑖝(tā) 𑖧(ya) 𑖀

蘗 多② 也

作此印，誦此呪一七遍，廣運悲心，願令法界微塵刹中一切餓鬼悉皆雲集。

又誦開地獄門及咽喉呪曰：

𑖒(oṃ) 𑖥(bhū) 𑖢(pu) 𑖝(te) (ri) 𑖎(ka) 𑖝(ta) (ri) 𑖝(ta) 𑖞(thā)

唵 步 布入 帝 哩③ 迦 多 哩④ 怛 他

𑖐(ga) 𑖝(tā) 𑖧(ya) 𑖀

蘗 多引⑤ 也

誦此呪時，以左手執持食器，以右手作前召請印。唯改一誦呪一彈指，以大指與中指頭相捻彈指作聲即是，餘三指開稍微曲，此名破地獄門及開咽喉印。爾時如來即說無量威德自在光明勝妙之力加持飲食陀羅尼曰：

---

① 謨，《大正藏》校勘［甲］作“慕”。

② 入哩迦哩多哩怛他引蘗多，《大正藏》校勘［甲］作“唎迦唎哆唎怛他揭哆”。

③ 入帝哩，《大正藏》校勘［甲］作“諦唎”。

④ 哩，《大正藏》校勘［甲］作“唎”。

⑤ 蘗多引，《大正藏》校勘［甲］作“揭哆”。

𑀦(na)　𑀫ḥ(maḥ)　𑀲(sa)　𑀭𑁆𑀯(rva)　𑀢(ta)　𑀣(thā)　𑀕(ga)　𑀢ā(tā)　𑀯(va)　𑀮(lo)
曩　　　莫　　　薩　　　嚩　　　怛　　　他①　　蘗　　　多　　　嚩　　　嚕

𑀓(ki)　𑀢(te)　𑀏(oṃ)　𑀲(saṃ)　𑀪(bha)　𑀭(ra)　𑀲(saṃ)　𑀪(bha)　𑀭(ra)
吉　　　帝②　　唵③　　三　　　娑　　　羅④　　三　　　婆　　　羅⑤

𑀳ūṃ(hūṃ)　𑀫
吽引⑥

誦此呪一七遍，一切餓鬼各皆得摩伽陀國所用之斗七七斛⑦之食，食已皆得生天或生淨土，能令行者業障消除，增益壽命，現世獲無量無邊福，況當來世。即作手印誦此真言加持飲食，以右手大指摩中指甲三兩遍，三指直立之，又以大指捻頭指彈指作聲，一誦呪一彈指即是。

又誦蒙甘露法味真言，作施無畏印。以右手豎臂，展五指直上即是。真言曰：
𑀦(na)　𑀫ḥ(maḥ)　𑀲u(su)　𑀭ū(rū)　𑀧(pa)　𑀬(ya)　𑀢(ta)　𑀣(thā)　𑀕(ga)　𑀢ā(tā)
曩　　　莫　　　蘇⑧　　嚕　　　頗　　　也⑨　　怛　　　他　　　蘗　　　多

𑀬(ya)　𑀢(ta)　𑀤ya(dya)　𑀣(thā)　𑀏(oṃ)　𑀲ū(srū)　𑀲ū(srū)　𑀧(pra)　𑀲ū(srū)
也⑩　　怛　　　儞也　　他　　　唵　　　蘇⑪嚕　蘇嚕　　鉢羅　　蘇嚕

𑀧(pra)　𑀲ū(srū)　𑀲ā(svā)　𑀳ā(hā)　𑀫
鉢⑫羅　蘇嚕　　娑嚩⑬二合　賀引⑭

作前施無畏印，誦此呪⑮施甘露真言一七遍，能令飲食及水，變成無量乳及甘露。能開一切餓鬼咽喉，能令飲食，廣得增多，平等得喫也。

次作毗盧遮那一字心水輪觀真言印⑯，先想此𑀯ṃ(vaṃ)鑁字於右手心中，猶如乳

---

①　莫薩嚩怛他，《大正藏》校勘［甲］作“慕薩婆怛他去”。
②　多嚩嚕吉帝，《大正藏》校勘［甲］作“哆引一縛路枳帝二”。
③　“唵”後，《大正藏》校勘［甲］有“跋囉上跋囉三”。
④　娑羅，《大正藏》校勘［甲］作“跋囉”。
⑤　婆羅，《大正藏》校勘［甲］作“跋囉四”。
⑥　引，《大正藏》校勘［甲］作“虎叫”。
⑦　七七斛，《大正藏》校勘［甲］作“七斗”。
⑧　莫蘇，《大正藏》校勘［甲］作“慕蘇上”。
⑨　頗也，《大正藏》校勘［甲］作“播也二合去一”。
⑩　他蘗多也，《大正藏》校勘［甲］作“他去蘗哆二”。
⑪　儞也他唵蘇，《大正藏》校勘［甲］作“姪嬭也反他去三唵四蘇二合”。
⑫　蘇嚕鉢羅蘇嚕鉢，《大正藏》校勘［甲］作“蘇上嚕五跋羅蘇嚕六跋”。
⑬　嚕娑嚩，《大正藏》校勘［甲］作“嚕七娑縛”。
⑭　賀引，《大正藏》校勘［甲］作“訶”。
⑮　呪，《大正藏》校勘疑衍。
⑯　印，《大正藏》校勘［甲］無。

色,變爲八①功德海,流出一切甘露醍醐。即引手臨食器上呪曰②,誦此𑖞(vaṃ)鑁③字一七遍。即展開五指向下臨食器中,觀想乳等從字中流出猶如日月乳海,一切鬼等皆得飽滿,無有乏少,此名普施一切餓鬼印。真言曰:

𑖡(na) 𑖦ঃ(maḥ) 𑖭(sa) 𑖦(ma) 𑖡(nta) 𑖜(bu) 𑖟(ddhā) 𑖡(nāṃ)
曩　莫　　三　滿　多　没④　馱　　喃

𑖞(vaṃ)
鑁去⑤

觀想誦此呪一七遍已,寫於淨地無人行處或水池邊樹下,唯不得寫於桃樹、柳樹、石榴樹下。寫訖,更爲至心稱五如來名號三遍,功德無量。

𑖡(na) 𑖦(mo) 𑖥(bha) 𑖐(ga) 𑖪(va) 𑖝(te) 𑖢(pra) 𑖨(bhū) 𑖝(ta) 𑖨(ra)
曩　謨　薄　伽　筏　帝　鉢囉　步　多　囉

𑖝(tnā) 𑖧(ya) 𑖝(ta) 𑖞(thā) 𑖐(ga) 𑖝(tā) 𑖧(ya)
怛曩　也　怛　他　蘖　多引　也⑥

曩謨⑦寶勝如來,除慳貪業,福德圓滿⑧。

𑖡(na) 𑖦(mo) 𑖥(bha) 𑖐(ga) 𑖪(va) 𑖝(te) 𑖭(su) 𑖨(rū) 𑖧(yā) 𑖧(ya)
曩　謨　薄　伽　筏　帝　蘇　嚕　波　耶

𑖝(ta) 𑖞(thā) 𑖐(ga) 𑖝(tā) 𑖧(ya)
怛　他　蘖　多引　也⑨

曩謨妙色身如來,破醜陋形,相好圓滿⑩。

𑖡(na) 𑖦(mo) 𑖥(bha) 𑖐(ga) 𑖪(va) 𑖝(te) 𑖀(a) 𑖦ৃ(mṛ) 𑖝(te) 𑖨(rā) 𑖕(ja)
曩　謨　婆　伽　筏　帝　阿　蜜㗚　帝　囉　惹

𑖧(ya) 𑖝(ta) 𑖞(thā) 𑖐(ga) 𑖝(tā) 𑖧(ya)
耶　怛　他　蘖　多引　耶⑪

---

① 八,《大正藏》校勘[甲]無。
② 呪曰,《大正藏》校勘疑衍。
③ 鑁,《大正藏》校勘[甲]無。
④ 莫三滿多没,《大正藏》校勘[甲]作"慕三漫多一勃"。
⑤ 喃鑁去,《大正藏》校勘[甲]作"喃二縛鈝二合三"。
⑥ "曩謨薄伽"至"也",《大正藏》校勘[甲]無。
⑦ 曩謨,《大正藏》校勘[甲]作"南無",下同。
⑧ 除慳貪業福德圓滿,《大正藏》校勘[甲]作注文。
⑨ "曩謨薄伽"至"也",《大正藏》校勘[甲]無。
⑩ 相好圓滿,《大正藏》校勘[甲]無。
⑪ "曩謨婆伽"至"耶",《大正藏》校勘[甲]無。

曩謨甘露王如來,灌法身心,令受快樂①。

𑖡(na) 𑖦(mo) 𑖥(bha) 𑖐(ga) 𑖪(va) 𑖝(te) 𑖪𑖰(vi) 𑖢𑖲(pu) 𑖩(la) 𑖐(ga)
曩 謨 婆 伽 筏 帝 尾 布 邏 蘗

𑖝𑖿𑖨(trā) 𑖧(ya) 𑖝(ta) 𑖞(thā) 𑖐(ga) 𑖝(tā) 𑖧(ya) 也
怛羅二合耶 怛 他 蘗 多引 也②

曩謨廣博身如來,咽喉寬大,受妙味③。

𑖡(na) 𑖦(mo) 𑖥(bha) 𑖐(ga) 𑖪(va) 𑖝(te) 𑖀(a) 𑖥(bha) 𑖧𑖽(yaṃ) 𑖎(ka)
曩 謨 婆 伽 筏 帝 阿 婆 演 迦

𑖨(rā) 𑖧(ya) 𑖝(ta) 𑖞(thā) 𑖐(ga) 𑖝(tā) 𑖧(ya) 也
羅引 耶 怛 他引 蘗 多引 耶④

曩謨離怖畏如來,恐怖悉除,離餓鬼趣⑤。

行者若能如此爲稱五如來名者,以佛威光加被彼故,能令一切餓鬼等無量罪滅,無量福生,得妙色廣博,得無怖畏,所得飲食變成甘露美妙之食,速離苦身,生天淨土。

若施食已,行者當更爲諸鬼神等誦⑥受菩薩三昧耶戒陀羅尼,每誦三遍⑦,真言曰:印合掌也⑧。

𑖌𑖽(oṃ) 𑖭(sa) 𑖦(ma) 𑖧(ya) 𑖭𑖿𑖝𑖿𑖪𑖽(stvaṃ)
唵 三 摩⑨ 耶 薩怛梵⑩

誦三遍已,一切鬼神皆得堪聞甚深祕法,盡得具足三昧耶戒,獲無量福。已施諸餓鬼悉皆飽滿訖,當須以陀羅尼法發遣,方得歸於本所。發遣解脱真言曰⑪:

𑖌𑖽(oṃ) 𑖪(va) 𑖕𑖿𑖨(jra) 𑖦𑖲(mu) 𑖎𑖿𑖬(kṣa) 𑖦𑖲𑖾(muḥ)
唵 嚩 日囉 目 乞灑⑫ 穆

---

① 灌法身心令受快樂,《大正藏》校勘[甲]作注文。
② "曩謨婆伽"至"也",《大正藏》校勘[甲]無。
③ 咽喉寬大受妙味,《大正藏》校勘[甲]作注文"咽喉寬大"。
④ "曩謨婆伽"至"耶",《大正藏》校勘[甲]無。
⑤ 恐怖悉除離餓鬼趣,《大正藏》校勘[甲]作注文。
⑥ 誦,《大正藏》校勘[甲]無。
⑦ "遍"後,《大正藏》校勘[甲]有"出金剛大道場大明呪經"。
⑧ 印合掌也,《大正藏》校勘[甲]無。
⑨ 摩,《大正藏》校勘[甲]作"昧"。
⑩ 梵,《大正藏》校勘[甲]作"嚩婆㕵反"。
⑪ 曰,《大正藏》校勘[甲]作"云是解脱金剛明誦之度厄也呪曰"。
⑫ 嚩日囉目乞灑,《大正藏》校勘[甲]作"麼惹羅二合慕羯叉二合"。

　　若誦發遣呪，先作呪①印，以右手作拳，以大指捻頭指仰掌彈指作聲，是名發遣啓②。每寫食了，誦一七遍，彈指能令一切鬼神得此食已，當得去也。若不發遣，不得去也。若不具足如是法者，施諸餓鬼皆不得周匝，或有得者或有不得者，虛用功力，深可愍哉！

　　若有行者發菩提心能如是修行者，具足此法施諸餓鬼者，一切餓鬼皆得飽滿，無有乏少，持法之人悉應知之。若以加持飲食陀羅尼，持一器淨食寫淨流水中，能令一切婆羅門仙皆得此食。食已，異口同音呪願，此人於現世中即得延壽，其人具足梵天威德，行梵天行。若以此呪呪一切供養佛物，若水、若香花、飲食，皆呪二十一遍，而然供養佛，即如是種種以供養十方一切諸佛無異。

　　施燋面餓鬼一切鬼神陀羅尼經要決

---

①　呪，《大正藏》校勘疑當作“手”，［甲］無。

②　啓，《大正藏》校勘疑當作“契”。

瑜伽集要救阿難陀羅尼焰口儀軌經[①]

唐三藏沙門不空奉詔譯

　　爾時世尊在迦羅城尼俱律那僧伽藍所，與諸比丘并諸菩薩無數衆會，前後圍遶，而爲説法。爾時阿難獨居静處，念所受法，即於其夜三更已後，見一餓鬼，名曰焰口，其形醜陋，身體枯瘦，口中火然，咽如針鋒，頭髮鬅亂，牙爪長利，甚可怖畏。住阿難前，白阿難言："汝却後三日命將欲盡，即便生於餓鬼之中。"是時阿難聞此語已，心生惶怖，問餓鬼言："大士，若我死後生餓鬼者，我今行何方便得免斯苦？"爾時餓鬼白阿難言："汝於來日晨朝，若能布施百千那由他恒河沙數餓鬼飲食，并餘無量婆羅門仙、閻羅所司業道冥官及諸鬼神、先亡久遠等所食飲食，如摩伽陀國所用之斛，各施七七斛飲食，并爲我等供養三寶，汝得增壽，令我等輩離餓鬼苦，得生天上。"阿難見此焰口餓鬼身形羸瘦、枯燋極醜、口中火然、其咽如針、頭髮鬅亂、毛爪長利，又聞苦語，甚大驚怖，身毛皆豎。即至晨朝，從座而起，往至佛所，右遶三市，頂禮佛足，身體戰慄，而白佛言："大悲世尊，願救我苦，所以者何？昨夜三更經行静處念所受法，見焰口鬼，而語我言：'汝過三日必當命盡生餓鬼中。'我問鬼言：'云何令我得免斯苦？'餓鬼答言：'汝若能施百千萬億那由他恒河沙數無量餓鬼、婆羅門仙、閻羅所司業道冥官及諸鬼神侍從眷屬、先亡久遠，平等普施餓鬼飲食，汝等增壽。'"白言："世尊，云何能辦無量飲食充足？"佛告阿難："汝今勿怖，我念過去無量劫中曾作婆羅門時，於觀世音菩薩摩訶薩邊，受得陀羅尼，名曰無量威德自在光明如來陀羅尼法。"佛告阿難："汝若善能作此陀羅尼法，加持七徧，能令一食變成種種甘露飲食，即能充足百千俱胝那由他恒河沙數一切餓鬼、婆羅門仙、異類鬼神上妙飲食，皆得飽滿。如是等衆一一各得摩伽陀國所用之斛，此食此水量同法界，食之無盡，皆獲聖果，解脱苦身。"

　　佛告阿難："汝今受持此陀羅尼法，令汝福德壽命增長，餓鬼生天及生淨土，受人天身，能令施主轉障消灾，延年益壽，現招勝福，當證菩提。發廣大心，普爲有情積劫

---

　　① 底本，《中華藏》第 1614 號，第 68 册第 461 頁上—466 頁上，原《清藏》本。經名，《中華藏》校勘《南》《徑》作"瑜伽集要救阿難陀羅尼焰口軌儀經"。

已來多生父母、列宿天曹、幽司地府、焰摩鬼界、蜫微蠢動、一切含靈普設無遮，廣大
供養，悉來赴會。乘佛威光，洗滌身田，獲斯勝利，受人天樂。唯願諸佛、般若、菩薩、
金剛、天等及諸業道，無量聖賢，以無緣慈證我所行。是故我等爲欲滿足弘誓願故，
爲欲弘護令濟有情無退失故，爲摧諸業令清淨故，爲欲精進求無上道速成就故，爲欲
拔濟惡道衆生永抛苦海登彼岸故，如經所説，無邊世界六道四生，其中所有爲於主宰
統領上首之者，皆是住不可思議解脱。菩薩慈悲誓願，分形布影，示現化身，在六道
中同類受苦，設於方便，不被煩惱、隨煩惱壞，分別諸業，令發道意，常自尅責，悔身造
作，調伏教化一切衆生，爲大導師。摧滅三塗，淨諸業道，斷截愛流，不捨行願，處於
苦海爲善知識，成熟利樂一切有情，證大涅槃。若有施主深信大乘，渴仰瑜伽，願樂
見聞陀羅尼藏甘露法門，爲諸有情興拔濟心，殷勤稱讚，捨大財寶，三請於師，方許壇
法。平等一如，離怨憎想，常行布施，無有悔恨，親近善友，勇猛精進，無有怯弱，至求
大道，稱讚三寶，撫育生命，方便拔濟，皆令解脱。不以惡求而養身命，常自利他。彼
善男子是真善友，行菩薩行，普爲三塗諸惡趣中一切餓鬼焰魔王等、婆羅門仙、虛空
諸天、釋梵四王、列宿天曹、龍神八部、日月須彌、修羅外道、六欲魔衆、水火風空、山
林窟穴、舍宅宫殿伽藍、大地江河、流泉浴池、廟宇吉凶、遊行神衆、抄録善惡、神通無
礙、毛羽飛空、水族游鱗、披毛角類、蠢動含靈、曠野遊魂、鞭屍苦澁、多生宽恨、相繫
未免、歷劫怨魂負於財命、亡過僧尼未證果者、多生父母、眷屬親戚，乘如來教，得出
三塗。無量地獄發菩提心，各願放捨，解脱宽結，遞相讚念如父母想。到此道場，證
知護念，心懷踊躍如優曇花，甚難可值。由自造作，處於人間，識情難定，多隨妄起，
積爲苦源，未獲聖果，旋生過患。又復依王水土，住佛慈光，常思曩緣，猶懷今果，日
夜尅責，何報殊私，或爲眷屬、親戚、父母，幾曾翻覆、顛倒攀緣，改形換面，豈將便[1]
識？唯願今日承斯佛力，駕迴飛空，到此道場，慈光拂體，各隨形類，懺滌塵尤，發菩
提心，納斯供養。”

　　佛告阿難：“若欲受持施食之法，須依瑜伽甚深三昧阿闍梨法。若樂修行者，應
從瑜伽阿闍梨學發無上大菩提心，受三昧戒，入大曼拏羅得灌頂者，然許受之。受大
毗盧遮那如來五智灌頂，紹阿闍梨位，方可傳教也。若不爾者，遞不相許。設爾修
行，自招殃咎，成盜法罪，終無功效。若受灌頂，依於師教，修習瑜伽威儀法式，善能
分別，了達法相，故名三藏阿闍梨，方得傳斯教也。若欲作法，先自護持，弟子亦爾。
定知日已，選擇淨地，精華大舍閒静園林，鬼神愛樂流泉浴池，江河山澤福德之地，堂
舍亦得。如法塗摩用香水泥，隨施主力方圓大小。四角豎幖如法莊嚴，用五色綵安
火焰珠。又於珠內安置佛頂大悲隨求尊勝，東北佛頂，東南大悲，西南隨求，西北尊

勝。又於四柱如法莊嚴，殊特妙好，名吉祥幢，令百由旬無諸衰患。即成結界，風吹影拂，土散水霑，罪障消亡，獲大福利，眼見耳聞，普皆利濟。次復周圍懸繒旛蓋，寶扇白拂布列位次。其於^{壇法聖眾位次別在教文從師稟受}阿伽香水、妙花燈塗、飲食湯藥、種種果味及餘物等，以法淨除，勿令觸穢。莊嚴若了，手執香爐，右遶道場遍以觀照，不周備處重添安排。莊嚴事畢，與諸弟子香湯洗浴，著新淨衣，出外中庭，如法掃灑，香泥塗地，如法莊嚴，名三昧耶壇，^{是與弟子及鬼神受戒壇也}。於道場外敷淨薦褥，嚴整威儀，作禮三拜。面東胡跪，手執香爐，作啓請法①。

　　啓告十方一切諸佛、般若、菩薩、金剛、天等及諸業道無量聖賢。我今以大慈悲，乘佛神力，召請十方盡虛空界、三塗地獄諸惡趣中，曠劫飢虛一切餓鬼、閻羅諸司天曹地府業道冥官、婆羅門仙、久遠先亡、曠野冥靈，虛空諸天及諸眷屬、異類鬼神。唯願諸佛、般若、菩薩、金剛、天等無量聖賢及諸業道，願賜威光悲增護念，普願十方盡虛空界，天曹、地府業道冥官，無量餓鬼多生父母，先亡久遠婆羅門仙，一切冤結負於財命，種種類族異類鬼神，各及眷屬乘如來力，於晨朝時^{日没時、亥時諸天眾歡喜降臨，作法驗爾}。決定降臨。得受如來上妙法味清淨甘露，飲食充足，滋潤身田、福德、智慧。發菩提心，永離邪行，皈依②三寶，行大慈心，利益有情，求無上道，不受輪迴諸惡苦果，常生善家，離諸怖畏，身常清淨，證無上道。如是三白啓告已竟，即以香華、燈塗運心供養諸佛、般若、菩薩、金剛、天等無量聖賢及諸業道，唯願慈悲，降臨攝受。微分供養禮三拜已，承迎聖眾入於壇内，右遶三帀，還復面東，作禮聖眾，即以香華、燈塗種種法事供養。次即發露己身所有罪咎，懺悔已竟，還禮聖眾，即以塗香戒度塗掌^{運心入觀}。方可作法。

　　次結破地獄印，二羽金剛拳，檀慧而相鈎，進力豎側合，心想開地獄，三誦三掣開。真言曰：
娜謨阿瑟吒^{二合}試帝南^三弭也^{二合三}没馱俱胝南唵^引惹瓼^{二合}曩嚩婆細地哩地哩吽
　　由此印呪威力故，所有諸趣地獄之門隨此印呪豁然自開。
　　次結召請餓鬼印，左羽作無畏相，右羽向前豎，四度微曲進度鈎召。真言曰：
唵^引嚩曩嚩迦曀呬曳^{二合}呬娑嚩^{二合}賀
　　既召請已，普皆雲集，以愍念心讚歎慰喻，令歡喜已，渴仰於法。
　　次結召罪印，二羽金剛縛，忍願伸如針，進力曲如鈎。召罪真言曰：
唵^引薩嚩播跛羯哩灑^{二合}拏尾戍馱曩嚩日囉^{二合}薩怛嚩^{二合}三摩耶吽弱^{入聲}
　　次結摧罪印，八度内相叉，忍願如前豎。摧罪真言曰：

---

①　“法”後，《中華藏》校勘《石》《南》有“心云”。
②　皈依，《中華藏》校勘《石》作“歸敬”。

唵嚩日囉二合播捉尾娑普二合吒耶一薩嚩播野滿馱曩顎二合鉢囉二合謨乞叉二合耶三薩嚩播耶誐底毗藥二合，四薩嚩薩怛嚩二合，五薩嚩怛他誐多六嚩日囉二合三摩耶七吽八怛囉二合吒九

次結定業印，二羽金剛掌，進力屈二節，禪智押二度。淨業真言曰：

唵嚩日囉二合羯麼一尾戍馱野二薩嚩嚩囉拏你三母馱薩底曳二合曩四三摩耶吽五

次結懺悔滅罪印，二羽金剛縛，進力屈二節，禪智押二度。懺悔真言曰：

唵薩嚩播跛一尾娑普二合吒二那賀曩三嚩日囉二合野四娑嚩二合賀五

諸佛子等既懺悔已。

　　　　百劫積集罪，一念頓蕩除，

　　　　如火焚枯草，滅盡無有餘。

次結妙色身如來施甘露印。即以左羽轉腕向前，力智作聲施甘露。真言曰：

曩謨素嚕播耶一怛他誐哆野二怛你也二合他三唵引，四素嚕素嚕五鉢囉二合素嚕六鉢囉二合素嚕七娑嚩二合賀八

誦真言時，想於忍願上有一鑁字流出般若甘露法水，彈洒空中，一切餓鬼、異類鬼神普得清涼，猛火息滅，身田潤澤，離飢渴想。

次結開咽喉印，左羽想持蓮花，右羽忍禪彈作聲，隨誦而彈之。開咽喉真言曰：

曩謨婆誐嚩帝一尾補攞誐怛囉二合野二怛他誐多野三

語諸佛子，今與汝等作印呪已，咽喉自開，通達無礙，離諸障難。

諸佛子等，我今爲汝稱讚如來吉祥名號，能令汝等永離三塗八難之苦，常爲如來真淨弟子。

南無寶勝如來。若有大衆，一時爲稱。

諸佛子等，若聞寶勝如來名號，能令汝等塵勞業火悉皆消滅。

南無離怖畏如來。准前爲稱，下皆例此。

諸佛子等，若聞離怖畏如來名號，能令汝等常得安樂，永離驚怖，清淨快樂。

南無廣博身如來。

諸佛子等，若聞廣博身如來名號，能令汝等餓鬼針咽，業火停燒，清涼通達，所受飲食得甘露味。

南無妙色身如來。

諸佛子等，若聞妙色身如來名號，能令汝等不受醜陋，諸根具足，相好圓滿，殊勝端嚴，天上人間最爲第一。

南無多寶如來。

諸佛子等，若聞多寶如來名號，能令汝等具足財寶，稱意所須，受用無盡。

南無阿彌陀如來。

諸佛子等,若聞阿彌陀如來名號,能令汝等往生西方極樂世界①,蓮花化生入不退地。

南無世間廣大威德自在光明如來。

諸佛子等,若聞世間廣大威德自在光明如來名號,能令汝等獲得五種功德。一者於諸世間最爲第一。二者得菩薩身端嚴殊勝。三者威德廣大,超過一切外道天魔,如日照世,顯於大海,功德巍巍。四者得大自在,所向如意,似鳥飛空而無阻礙。五者得大堅固智慧光明,身心明徹如瑠璃珠。諸佛子等,此七如來以誓願力,拔濟衆生永離煩惱,脱三塗苦,安隱常樂,一稱其名,千生離苦,證無上道。

次與汝等歸命三寶:

歸依佛兩足尊、歸依法離欲尊、歸依僧衆中尊。三説。

汝等佛子歸依佛竟、歸依法竟、歸依僧竟。三説。

汝依三寶故,如法堅護持。

次爲汝等發菩提心,汝等諦聽,作金剛掌忍願如蓮葉,以印心上。真言曰:

唵引冒地喞多一母怛跛二合,二娜野弭三

今爲汝等發菩提心竟,諸佛子等當知菩提心者從大悲起,成佛正因,智慧根本,能破無明煩惱惡業,不被染壞。

次爲汝等受三昧耶戒印,以二羽縛忍願申如針。真言曰:

唵引三昧耶薩怛鑁二合

今爲汝等受三昧耶戒竟,從今已去,能令汝等入如來位,是真佛子,從法化生,得佛法分。

次結無量威德自在光明如來印,左羽想持器,右羽彈忍禪,想於左羽掌中有一鑁字,流出種種無量②甘露法食。即誦施食真言曰:

唵引薩嚩怛他誐多一嚕路枳帝鑁二婆囉婆囉三三婆囉三婆囉四吽五

語諸佛子,今與汝等作印呪已,變此一食爲無量食,大如須彌,量同法界終無能盡。

復以前印誦此真言曰:

曩謨三滿多没馱喃鑁

語諸佛子,今與汝等作印呪已,由此印呪加持威力,想於印中流出甘露,成於乳海,流注法界,普濟汝等一切有情,充足飽滿。是時行者即以右羽持甘露器面向東,立瀉於壇前或淨地上,或大石上,或所③淨瓦盆,亦名盂蘭盆生臺亦得。或泉池江海長流水中。

---

① 世界,《中華藏》校勘《石》作"淨土"。
② 量,《中華藏》校勘《石》作"盡"。
③ 所,《中華藏》校勘《石》作"新"。

不得瀉於石榴桃樹之下，鬼神懼怕不得食之。若聖衆壇中明王諸天，若施飲食，置生臺上是本法也。若供養諸佛聖衆，於上五更晨朝日出是供養時，若鬼神法，當於人定，子時亦得。人定最上。本阿闍梨法，若於齋時，盡於一日，但加持飲食水等，布施飛空鳥獸、水族之類，不揀時節，但用施之。若作餓鬼施食之法，當於亥時是施食時。若於齋時施餓鬼食者，徒設功勞，終無効也。不是時節，妄生虛誑，鬼神不得食也。不從師受，自招殃咎，成盜法罪。

諸佛子等，雖復方以類聚，物以羣分①，然我所施，一切無礙、無高無下、平等普遍，不擇冤親。今日勿得以貴輕賤，倚強凌弱，擁遏孤幼，令不得食，使不均平，越佛慈濟，必須互相愛念，猶如父母一子之想。語諸佛子，汝等各有父母、兄弟、姊妹、妻子、眷屬、善友、親戚，或有事緣來不得者。汝等佛子慈悲愛念，各各賫持飲食、錢財物等，遞相布施，充足飽滿，無有乏少。令發道意，永離三塗，長越四流，當捨此身，速超道果。又為汝等將此淨食分為三分，一施水族令獲人空，二施毛羣令獲法寂，三施他方稟識陶形，悉令充足，獲無生忍。

次結普供養印，作金剛合掌置印當心，真言：

唵引誐誐曩三婆嚩嚩日囉二合斛

諸佛子等從來所受飲食，皆是人間販鬻生命，酒脯、錢財、血肉、腥膻、葷辛、臭穢，雖復受得如是飲食，譬如毒藥損壞於身，但增苦本，沉淪苦海，無解脫時。我某甲依如來教，精誠罄捨，設此無遮廣大法會，汝等今日遇茲勝善②，戒品霑身。於過去世廣事諸佛，親近善友，供養三寶，由此因緣，值善知識，發菩提心，誓願成佛，不求餘果，先得道者，遞相度脫。又願汝等晝夜恒常，擁護於我，滿我所願，以此施食所生功德，普將迴施法界有情。共諸有情，同將此福，盡皆迴施無上菩提一切智智，勿招餘果，願速成佛。

次結奉送印，二羽金剛拳，進力二相鈎，隨誦而掣開。金剛解脫真言曰：

唵引嚩日囉二合穆乞叉二合穆

佛告阿難："若當來世苾芻、苾芻尼、烏波索迦、烏波斯迦每於晨朝或於齋時及一切時，常以此法及諸真言七如來名加持飲食，施諸餓鬼等。修行行者當於齋時及一切時，為諸餓鬼及餘鬼神出於飲食，盛淨器內，候於人定加持，布施無量餓鬼及餘鬼神。一切時者但有淨食，未曾受用，留取布施。便能具足無量福德，則同供養百千俱胝如來功德等無差別、壽命延長、增益色力、善根具足，一切非人、夜叉、羅刹、諸惡鬼神不敢侵害，又能成就無量威德。若欲能施諸餓鬼等、婆羅門仙、閻羅所司業道冥官及諸鬼

---

① 物以羣分，《中華藏》校勘《石》《南》《徑》作"勿以嗔恨"。
② 善，《中華藏》校勘《石》作"事"。

神、先亡久遠等，以淨飲食滿盛一器，作前印呪，投於淨流水中。如是作已，即爲天仙美妙飲食，供養俱胝恒河沙數餓鬼、婆羅門仙、閻羅所司業道冥官及諸鬼神、先亡久遠等。得加持食印呪威力，各成就根本所願諸善功德，各各同時發誓願言，呪願施主壽命延長、福德安樂，又令其人心所見聞，正解清淨，具足善根，速證無上正等菩提，又同供養百千恒河沙如來功德等無有異，一切冤讎不能侵害。若苾芻、苾芻尼、烏波索迦、烏波斯迦若欲供養佛法僧寶，應以香花燈塗、上妙飲食，以前印呪加持奉獻，諸佛、菩薩、一切賢聖歡喜讚歎種種功德，恒爲諸佛憶念稱讚，諸天善神常來擁護，是人即爲滿足檀波羅蜜。"佛告阿難："汝隨我語如法修行，廣宣流布，令諸短命、薄福衆生普得見聞，常修此法，壽命延長，福德增長。"

是時佛説爲《阿難及救拔焰口餓鬼一切衆生陀羅尼經》，以是名字汝當奉持。一切大衆及阿難等聞佛所説，一心信受，歡喜奉行。

瑜伽集要救阿難陀羅尼焰口儀軌經

瑜伽集要焰口施食起教阿難陀緣由①

唐三藏沙門不空奉詔譯

爾時世尊在迦毗羅城尼俱律那僧伽藍所，與諸比丘并諸菩薩無數衆會，前後圍遶而爲説法。爾時阿難獨居静處，念所受法，即於其夜三更已後見一餓鬼，名曰焰口，其形醜陋，身體枯瘦，口中火然，咽如針鋒，頭髮鬖亂，牙爪長利，甚可怖畏。住阿難前，白阿難言："汝却後三日命將欲盡，即便生於餓鬼之中。"是時阿難聞此語已，心生惶怖，問餓鬼言："大士，若我死後生餓鬼者，我今行何方便得免斯苦？"爾時餓鬼白阿難言："汝於來日晨朝，若能布施百千那由他恒河沙數餓鬼飲食并餘無量婆羅門仙、閻羅所司業道冥官及諸鬼神、先亡久遠等所食飲食，如摩伽陀國所用之斛，各施七七斛飲食，并爲我等供養三寶，汝得增壽，令我等輩離餓鬼苦，得生天上。"阿難見此焰口餓鬼身形羸瘦、枯燋極醜、口中火然、其咽如針、頭髮鬖亂、毛爪長利，又聞是語，甚大驚怖，身毛皆豎。即至晨朝，從座而起往詣佛所，右遶三匝，頂禮佛足，身體戰慄而白佛言："大悲世尊，願救我苦。所以者何？昨夜三更經行静處念所受法，見焰口鬼，而語我言：'汝過三日必當命盡，生餓鬼中。'我問鬼言：'云何令我得免斯苦？'餓鬼答言：'汝若能施百千那由他恒河沙數無量餓鬼、婆羅門仙、閻羅所司業道冥官及諸鬼神、侍從、眷屬、先亡久遠②，平等普施餓鬼飲食，汝得增壽。'"白言："世尊，云何能辦無量飲食充足？"佛告阿難："汝今勿怖，我念過去無量劫中曾作婆羅門時，於觀世音菩薩摩訶薩邊受得陀羅尼，名曰無量威德自在光明如來陀羅尼法。"佛告阿難："汝若善能作此陀羅尼法，加持七遍，能令一食變成種種甘露飲食，即能充足百千俱胝那由他恒河沙數一切餓鬼、婆羅門仙、異類鬼神，上妙飲食皆得飽滿，如是等衆，一一各得摩伽陀國所用之斛。此食此水量同法界，食之無盡，皆獲聖果，解脱苦身。"佛告阿難："汝今受持此陀羅尼法，令汝福德、壽命增長，餓鬼生天及生淨土，受人天身，能令施主轉障消災，延年益壽，現招勝福，當證菩提。發廣大心，普爲有

---

① 底本，《大正藏》第1319號，第21册第472頁中—473頁下，原明本。
② 遠，原作"達"，據文意改。

情，積劫已來多生父母、列宿天曹、幽司地府、焰魔鬼界、蜫微蠢動、一切含靈普設無遮廣大供養，悉來赴會，承佛威光洗滌身田，獲斯勝利，受人天樂。唯願諸佛、般若、菩薩、金剛、天等及諸業道無量聖賢以無緣慈證我所行，是故我等爲欲滿足宏誓願故，爲欲宏護令濟有情無退失故，爲摧諸業令清淨故，爲欲精進求無上道速成就故，爲欲拔濟惡道衆生永拋苦海登彼岸故。如經所説，無邊世界六道四生，其中所有爲於主宰統領上首之者，皆是住不思議解脱菩薩，慈悲誓願，分形布影，示現化身，在六道中同類受苦，設於方便，不被煩惱、隨煩惱壞，分別諸業，令發道意，常自克責，悔身造作，調伏教化一切衆生，爲大導師。摧滅三塗，淨諸業道，斷截愛流，不捨行願，處於苦海，爲善知識。成熟利樂一切有情，證大涅槃。若有施主深信大乘，渴仰瑜伽，願樂見聞陀羅尼藏甘露法門，爲諸有情興拔濟心，慇懃稱讚，捨大財寶，三請於師，方許壇法。平等一如，離怨憎想，常行布施，無有悔恨，親近善友，勇猛精進，無有怯弱，至求大道，稱讚三寶，撫育生命，方便拔濟，皆令解脱，不以惡求而養身命，常自利他。彼善男子是真善友，行菩薩行，普爲三塗諸惡趣中一切餓鬼、焰魔王等、婆羅門仙、虛空諸天、釋梵四王、列宿天曹、龍神八部、日月須彌、修羅外道、六欲魔衆，水火風空、山林窟穴、舍宅宮殿、伽藍、大地江河、流泉浴池、廟宇、吉凶遊行神衆，抄録善惡，神通無礙。毛羽飛空，水族遊鱗，披毛角類，蠢動含靈，曝野遊魂，鞭尸苦澀，多生冤恨相繫未免，歷劫冤魂負於財命，亡過僧尼未證果者，多生父母眷屬親戚，承如來教，得出三塗。無量地獄發菩提心，各願放捨，解脱冤結，遞相讚念，如父母想。到此道場，證知護念，心懷踊躍，如優曇花甚難可值，由自造作，處於人間，識情難定，多隨妄起，積爲苦源，未獲聖果，旋生過患，又復依王水土，住佛慈光，常思曩緣，猶懷今果，日夜克責，何報如斯？或爲眷屬、親戚、父母，幾曾翻覆，顛倒攀緣，改形換面，豈將辯識？惟願今日承斯佛力，駕迴飛空，到此道場，慈光拂體，各隨形類，懺滌塵尤，發菩提心，納斯供養。”

佛告阿難：“若欲受持施食之法，須依瑜伽甚深三昧阿闍梨法。若樂修行者應從瑜伽阿闍梨學，發無上大菩提心，受三昧戒，入大曼拏囉得灌頂者，然許受之。受大毗盧遮那如來五智灌頂，紹阿闍梨位方可傳教也。若不爾者，遞不相許，設爾修行，自招殃咎，成盜法罪，終無功效。若受灌頂，依於師教，修習瑜伽威儀法式，善能分別、了達法相，故名三藏，阿闍梨方得傳斯教也。若欲作法，先自護持弟子亦爾。定知日已，選擇淨地，精華大舍、閑静園林、鬼神愛樂流泉浴池、江海山澤福德之地，堂舍亦得。如法塗摩，用香水泥，隨施主力方圓大小，四角豎幖，如法莊嚴，用五色綵安火焰珠。又於珠内安置佛頂大悲隨求尊勝，東北佛頂，東南大悲，西南隨求，西北尊勝。又於四柱如法莊嚴，殊特妙好，名吉祥幢，令百由旬無諸衰患。即成結界，風吹、影拂、土撒、水霑，罪障消亡，獲大福利，眼見耳聞，普皆利濟。次復周圍懸繒幡蓋，寶扇、白拂布列位次，阿伽香水、妙花、燈塗、飲食、湯藥種種果味及餘物等，以法淨除，勿令觸穢。莊嚴若了，手執香爐，右遶道場，遍以觀照，不周備處重要安排。莊嚴事畢，與諸弟子香湯洗浴，著新淨衣，出外中庭，如法洒掃，香泥塗地，如法莊嚴，名三昧耶壇。於道場外敷淨薦褥，嚴整威儀，作禮三拜，面東胡跪，手執香爐，作啓請法。

　　瑜伽集要焰口施食起教阿難陀緣由竟

大乘瑜伽金剛性海曼殊室利千臂千鉢大教王經①

大乘瑜伽金剛性海曼殊室利千臂千鉢大教王經序②

大興善寺三藏沙門大廣智不空奉詔譯③

　　叙曰：大唐開元二十一年歲次癸酉正月一日辰時，於薦福寺道場內，金剛三藏與僧慧超授大乘瑜伽金剛五頂五智尊千臂千手千鉢千佛釋迦曼殊室利菩薩秘密菩提三摩地法教。遂於過後受持法④已，不離三藏，奉事經于八載。後至開元二十八年歲次庚辰四月十五日，聞奏開元聖上皇，於薦福寺御道場內，至五月五日，奉詔譯經。卯時焚燒香火，起首翻譯。三藏演梵本，慧超筆授《大乘瑜伽千臂千鉢曼殊室利經》法教。後到十二月十五日，翻譯將訖。至天寶一年二月十九日，金剛三藏將此經梵本及五天竺阿闍梨書，並揔分付與梵僧目叉難陀婆伽，令送此經梵本并書，將與五印度南天竺師子國本師寶覺阿闍梨，經今不迴。後於唐大曆九年十月，於大興善寺大師大廣智三藏和尚邊更諮啓決擇大教瑜伽心地祕密法門。後則將《千鉢曼殊經》本，至唐建中元年四月十五日，到五臺山乾元菩提寺，遂將舊⑤翻譯唐言漢音經本在寺。至五月五日，沙門慧超起首再錄寫出《一切如來大教王經》瑜伽祕密金剛三摩地三密聖教法門，述經祕義。諸佛出世應物隨形，志求者智鏡玄通，念之者無幽不入。根緣感赴，必藉此經，登菩提山，除去邪執；契傳三密，得究瑜伽祕要法門；窮理微妙身口意業，用智修持戒定慧學。顯現通達，證如來地，以信爲首。乘般若舟，速超彼

---

① 底本，《中華藏》第1530號，第67冊第74頁中—173頁上，原《金藏》廣勝寺本。校本，《大正藏》第1177號A，第20冊第724頁中—775頁下，原《麗藏》本，原校本明本、甲本（黃檗版淨嚴等校訂加筆本）。
② 大教王經序，《中華藏》校勘《石》《麗》作"大教王經卷第一并序"。
③ 譯名，《中華藏》校勘《南》《徑》《清》無，《石》前有"特進試鴻臚卿"。
④ 法，《中華藏》校勘《石》作"教法"。
⑤ "舊"前，《中華藏》校勘《石》《麗》有"得"。

岸。今述曼殊之德，靈跡殑伽^①，聖覺無方，神力潛運。以多塵劫，悲願不住，菩提一主，無二尊見。爲菩薩自茲金色世界來其^②忍土之中，於清涼之山導引群品，而即現燈現雲及萬菩薩，信生奇特，現光現相人^③身皆發正智。爲因利益三世蒼生有趣，願到菩提。次略舉經都題序目，大乘瑜伽金剛性海，揔攝一切法金剛五頂五智尊現大聖曼殊室利菩薩，顯千臂千手千鉢，化千釋迦灌頂曼荼羅一切諸佛，修證如來金剛菩提，具足一切法，入毗盧遮那五金剛界聖智玄^④通，入如來佛心三密三十支金剛智鏡聖道性海故。

尒時如來説示經教，法本五門，演有九品。云何法本立爲五門？一者無生門，二者無動門，三者平等門，四者淨土門，五者解脱門。云何經教説有九品？一者一切如來金剛祕密根本聖教品，二者諸佛出現證修金剛菩提殊勝品，三者十方大菩薩出助證寤聖力品，四者一切賢聖入法見道顯教修持品，五者祕密歸止觀照法性決擇心地品，六者一切菩薩修學如來三摩地聖性潛通加被品，七者不思議法界聖道如來真如法藏自在聖智品，八者三賢菩薩入法位次第修行迴向菩提品，九者十聖菩薩入地等妙二位修學進入聖道成佛菩提解脱品。就此五門之中，從第一門云何次第得入無生門，一者入阿字觀本寂無生義，毗盧遮那如來説根本清淨無生門。就此門中演有二^⑤品。一者先説一切如來金剛祕密根本聖教品，二者後演諸佛出現證修金剛菩提殊勝品。

次説經頌：

> 稽首如來法性身，毗盧遮那清淨體！
> 報化應現等如空，般若無邊得自在，
> 四智神用密加持，慧海無窮徧一切。
> 法界真如空無相，本在有情體性裏，
> 聖智力入識種中，金剛迅疾同等體。
> 如來法藏囑曼殊，祕密流通無障礙，
> 曼荼灌頂授職位，一切如來摩頂記。
> 瑜伽三密志求成，速達本源登佛地。
> 千臂曼殊蓮華會，金剛等持付一切，
> 五智潛通加被心，出到菩提證實際。

---

① 殑伽，《中華藏》校勘《石》《麗》作“恒沙”。
② 其，《中華藏》校勘《麗》作“期”。
③ 人，《中華藏》校勘《石》《麗》作“之”。
④ 玄，《中華藏》校勘《磧》《南》《徑》《清》作“圓”。
⑤ 二，原作“三”，據《中華藏》校勘《石》《磧》《麗》改。

大乘瑜伽金剛性海曼殊室利千臂千鉢大教王經卷第一①

大興善寺三藏沙門大廣智不空奉詔譯②

一者先説一切如來金剛祕密根本聖教第一品③

如是我聞：一時釋迦牟尼如來在摩醯首羅天王宫中於毗楞伽寶摩尼寶殿中，如來在百寶摩尼寶座上，與共毗盧遮那如來，於金剛性海蓮華藏會同説此經。與無量、大梵天王等，并與微塵數一切菩薩摩訶薩衆，説毗盧遮那如來法界性海祕密金剛界蓮華臺藏世界海。於中有大聖曼殊室利菩薩，現金色身，身上出千臂千手千鉢，鉢中顯現出千釋迦，千釋迦復現出千百億化釋迦。尒時，釋迦牟尼世尊其時在大會衆中，於是百寶座上告普賢等十六大士菩薩，及一切諸大菩薩摩訶薩："諦聽！諦聽！今説毗盧遮那如來往昔聖力加持，令法界有情一切菩薩衆修證曼殊室利祕密金剛心三摩地，所有菩薩及一切衆生令得自智入佛知見，開示寤入。"是時毗盧遮那如來則告牟尼世尊及千釋迦、千百億化釋迦言："吾從往昔修持金剛祕密菩提法教者，是大聖曼殊室利菩薩摩訶薩是吾先師。吾今以説過去往昔師之因緣，吾以爲清淨性號毗盧遮那，與一切衆生作菩提根金剛之性，吾則爲本源自性性，金剛聖智種子故。"則是時釋迦牟尼如來説此經畢已，是往昔毗盧遮那如來清淨心，出現大聖曼殊室利千臂菩薩金色身，顯現修行加持祕密性海法藏，令一切衆生悉皆得入是《瑜伽大教王經》，説出顯演《毗盧遮那祕要深密法性經》三藐三菩提，世尊説此經以爲《深妙之法金剛祕密海藏大乘瑜伽金剛菩提④三摩地經》。"尒時毗盧遮那如來説是大聖曼殊室利祕密三摩地教法者，與一切有情衆生從往昔因地之時，引發衆生，修習成就無上菩提。今説曼殊承佛五智尊聖性金剛三十支三密三菩提，令一切菩薩及一切衆生修入速疾迅寤玄通，證入佛心金剛聖力聖性菩提如來三摩地故，已前一切成佛者，盡皆修此最上大乘殊勝法教，速成佛果菩提也。於是世尊次釋説經之根宗本義，是時釋迦牟尼如來自説往昔過去微塵數劫等如虛空盡於法界不可説不可説久遠已前世時，一切諸佛如來因地之時作菩薩，修行五智尊金剛灌頂大曼荼羅三摩地法五頂金剛界揔攝一切法

---

① 經題及卷次，《中華藏》校勘《石》無。

② 譯名，原無，據其餘卷次補。《中華藏》校勘《南》作"大興善寺三藏沙門大廣智不空奉詔譯"，《逕》、《清》作"唐三藏沙門大廣智不空奉詔譯"，以下卷次同。

③ 品名，原無，據序文及第二品例補。

④ 提，原作"薩"，據《中華藏》校勘《麗》改。

金剛菩提三祕密三十支三摩地法教者,則尒時毗盧遮那如來付囑曼殊室利令傳授,與一切菩薩摩訶薩爲師上首,觀照指趣,迅疾證入玄通智觀,入一切佛心,證毗盧遮那法身、智身清淨聖智法界海性,則是時毗盧遮那如來流出五智菩提一切法殊勝揔持一切三摩地。

根本祕密揔有五門,攝一切法大乘修多羅,同一切佛心三藐三菩提玄通勝義秘密法教。云何而行次第?依説聖旨趣求修學觀照,得入此法門。

一者牟尼世尊説入阿字觀本寂無生義,是毗盧遮那如來説,爲往昔釋①迦、千百億化釋迦成道時,此佛因地作菩薩時,如來爲與説此阿字觀,修入根本清淨無生門。

二者牟尼世尊説入囉字觀本空離塵義,是阿閦如來説,爲往昔千百億降伏魔民無畏超勝自在佛説。是佛成道之時,此佛因地作菩薩時,如來與説此囉字觀,修入圓成實相無動門。

三者牟尼世尊説入跛字觀本真無染著離垢義,是寶生如來説,爲往昔千百億降伏貪根、普滿常足自在佛説。是佛成道之時,此佛因地作菩薩時,如來與説此跛字觀,修入法界真如平等門。

四者牟尼世尊説入左字觀本淨妙行義,是觀自在王如來説,爲往昔千百億降伏瞋根、無量壽無忍自在佛説。是佛成道時,此佛因地作菩薩時,如來與説此左字觀,修入妙觀理趣淨土②門。

五者牟尼世尊説入曩字觀本空無自性義,是不空成就如來説,爲往昔千百億降伏癡根、難勝慧明自在佛説。是佛成道之時,此佛因地作菩薩時,如來與説此曩字觀,修入成就金剛菩提解脱門。

尒時説如是五如來法教次第,説五佛觀已,則是時釋迦牟尼如來説一切諸佛菩提根本五金剛五頂聖智菩提解脱門,一切諸佛菩薩賢聖之所入處,一切初心菩薩及一切衆生之所修證觀行成佛處,一切大梵、諸天、帝釋、四天王等,及諸聲聞四部弟子衆,善男子、善女人等之所修學成就無上正等三藐三菩提處。佛告大衆,諸大菩薩摩訶薩若有初發意菩薩,及一切四部衆、善男子善女人等若發菩提心者,曼殊室利菩薩當有誓言:我有十種諸佛無盡甚深大願,所有一切菩薩及一切有情衆生入我願者,則是世尊諸佛之子,亦是我父母。於意云何?我有先誓大願,依我十種大願者,先爲父母、兄弟、姊妹、妻子、眷屬得令富貴,果報圓滿。兄友弟恭,慈心不殺,聽學大乘,讀誦尊經,轉教群品,願至菩提,我亦作師僧、子弟、和尚、阿闍梨、同學、伴侶,受我法

①　"釋"前,《中華藏》校勘《麗》有"千"。
②　土,原作"上",據《中華藏》校勘《石》《磧》《南》《徑》《清》《麗》改。

教,學我威儀,取我禮節,令發勝願,迴向大乘,學習菩提,漸成佛道。於是我作他作,大臣官長理務世俗,一一清正,於國忠孝,悉共有緣,歸向菩提,得值三寶,令發菩提之心。云何名爲無盡十種甚深大願?

一者大願,若有一切衆生所生三界,或我作他作,隨緣受化,四空五淨之主、八定四禪之主、梵王六欲之主、帝釋諸天之主、四天四輪之主、諸神龍王之主、八部鬼神之主、守護佛法之主、伽藍宮殿之主、四大持世之主、金剛堅牢之主、護國善神之主、大國小國之主、粟散世王之主、統領諸軍主、都攝所守主、所有水陸四生胎卵溼化、九類蠢動、一切含靈,同生三世,願佛知見。或未聞我名,令願得聞。及聞我名,於我法中,令一切有情盡發菩提,迴向大乘,修無上道。若有衆生以法藥世醫,救療諸疾,歷數算計、工巧博易①、世典文筆、歌詠讚歎、講論戲處,導以度人,隨類同事,接引世俗,令發菩提,正見正受②,共我有緣,得入佛道。

二者大願,若有衆生毀謗於我,瞋恚於我,刑③害殺我,是人於我自他常生怨恨,不能得解。願共我有緣,令發菩提之心。

三者大願,若有衆生愛念我身,欲心見我,求得於我,於我身上,於他身上,盛行諂曲、邪見顛倒,及生淨行、不淨行諸惡不善。願共有緣,令發菩提之心。

四者大願,若有衆生輕慢於我,疑慮於我,枉壓於我,誑妄於我,毀謗三寶,憎嫉賢良,欺陵一切,常生不善。共我有緣,令發菩提之心。

五者大願,若有衆生賤我薄我,慚我愧我,敬重於我,不敬於我,妨我不妨我,用我不用我,取我不取我,求我不求我,要我不要我,從我不從我,見我不見我。悉願共我有緣,令發菩提之心。

六者大願,若有衆生常生殺命,作屠兒魁膾,畋獵漁捕,怨命現前,更相殺害,無有斷絕,世世相報。殺心熾盛,不生悔④過。賣肉取財,自養性命。如此之心者,永失人身,不相捨離報對,如是令發菩提之心。若有他人取我財物,我與財物,或施我財物,我施財物,所得財物及不得者,於我有緣,令發菩提之心。

七者大願,若有衆生供養我者,我供養他者,或我造他造寺舍僧房、伽藍佛塔、禪房蘭若、獨靜之處,或我造他造一切功德,及造菩薩、諸佛形像,令他布施,修立福祐。徧於法界,迴向一切諸佛菩提,令一切有情同霑此福。及有他人自己朋友、同伴、師長、弟子,修行苦行,節身斷食,持戒破戒,有行無行。和尚、阿闍梨教導稱説,聽受我教,我受他教,同行同業。共我有緣,令發菩提之心。

---

① 易,《中華藏》校勘《石》《麗》作“奕”。
② 受,原作“授”,據《中華藏》校勘《徑》《清》改。
③ 刑,原作“彤”,據《中華藏》校勘《石》《磧》《南》《徑》《清》《麗》改。
④ 悔,原作“誨”,據《中華藏》校勘《石》《磧》《南》《徑》《清》《麗》改。

八者大願，若有衆生廣造諸罪，墮於地獄，無有出期。經無量劫，受諸苦惱。從地獄出生於五趣，先作畜生，將命還於前生，負物作駝驢、猪狗、牛羊、象馬、奴婢、僕從，償他宿債，累劫陪命，還他偷盜，無有休息。我於五道隨形受化，常生同世，教化於人。或作貧窮困苦、盲聾瘖瘂、最下乞人，於一切衆生衆中同類同緣，同事同行，同業導引，得入佛道。共我有緣，令發菩提之心。

九者大願，若有衆生縱恣身心，我慢貢高故，於我法中汙瀆佛法，師長弟子無慚無愧。用僧佛錢、菩薩財物。殺生、偷盜、邪行、妄語、綺語、惡口、兩舌、鬬亂、縱恣、貪瞋，不揀良善，劫奪他財，拒①諱謾人，不識善惡，廣造十惡一切諸罪。死墮阿鼻，入諸地獄。從地獄出，輪還六處。入生死海，諸趣惡道。願共有緣，同業同道。隨緣化變，當以救之，令得出離。共我有緣，發菩提心，求無上道。

十者大願，若有衆生當於我法，若我有緣，若我無緣，同我大願，則是我身，共我無別。行四無量心，心等虛空，廣度有情，無有休歇。願達菩提，登正覺路。大聖曼殊以聖性願力，不入三界，亦不出三界。心如虛空，常在如來清淨性海真如藏中安住法界，徧在衆生，心識體性。

曼殊室利言：“我有大願，以聖性力，加持有情，令罪垢消滅，得入菩提，諸佛聖果，則是名菩薩十種大願。”如是曼殊發廣大願已，三千大千世界六種震動，天雨曼陀羅華，遍滿虛空。其時大會諸衆盡見其花，同時讚歎曼殊大士聖力自在，不可思議，不可言説。尒時諸大會衆咸皆歡喜，信受奉行。

是時釋迦牟尼世尊從摩醯首羅天下降閻浮世界，在舍衛國中祇園精舍，於大道場，在大會衆有百億菩薩摩訶薩衆，有七十億阿羅漢四果衆，有六十億諸大梵王一切諸天衆，有五十億帝釋一切三十三天衆。又有四十六億四天王衆，又有四大轉輪王有三十五萬衆，又有修羅、龍神八部鬼神、夜叉二十萬四千衆。又有虛空非虛空②曠野諸神鬼有十五萬衆，又有山岳、川原、泉③池、河海、樹林、草木、華果、藥草神及有一切地、水、火、風神，有百萬億上首衆。復有十六大國王并餘小國主，比丘僧比丘尼、優婆塞優婆夷四部弟子等，善男子善女人一切衆生有七萬億衆。是時釋迦牟尼如來在大會衆中，據百寶師子之座，入百千金剛三昧，放法界金剛寶焰光明，皆作金色，靡不周徧千百億三千大千世界海。世尊復從定而起，安詳熙怡微笑。是時大會衆中有十六大菩薩摩訶薩，曼殊室利菩薩爲於上首，從座而起，繞佛三帀，在佛一面長跪叉手合掌，向佛而白：“世尊，如來安詳微顏熙怡在三昧時，大衆久未知如來說何因緣，演何教法，而應廣度一切衆生？”佛告曼殊室利十六大士菩薩摩訶薩等：“吾當爲度一

①　拒，原作“詎”，據《中華藏》校勘《南》《徑》《清》《麗》改。

②　虛空，《中華藏》校勘《石》《麗》作“天”。

③　泉，原脱，據《中華藏》校勘《石》《麗》補。

切法界無盡衆生等如虛空,示過去、未來、現在世界,三千大千一切刹土,一切菩薩衆,一切聲聞衆,一切大梵諸天衆,一切龍神八部衆,一切諸天鬼神衆,一切帝釋三十三天衆,四天輪王衆,一切四部弟子衆,善男子善女人等。"如來言:"吾當與大衆等,說曼殊室利往昔久遠因地已來,共十六大士菩薩摩訶薩,從初元首教諸菩薩及一切有情衆生,修學如來瑜伽金剛菩提三密門三十支三摩地法教,修入證寤諸佛金剛菩提真如觀門。"世尊言:"吾今顯説曼殊等十六大士菩薩摩訶薩往昔因地,修持諸佛如來曼荼羅祕密三摩地殊勝金剛菩提三密聖性功德之力,擬欲令諸一切菩薩修證入金剛三摩地。"佛告大會一切菩薩摩訶薩及諸聲聞苾芻衆四部弟子等,如①曼殊修行一切諸佛如來金剛三摩地法,無有比度,不可説不可説,不可思議。如是諸大菩薩衆等言:"今復世尊説金剛三摩地,無有比量者,有幾種法? 如來言法有十等,何者爲十?"

一者假使如世間劫火起時,燒三千大千世界,經于七日,其火洞然猛焰極熾,於世界中洞徹無邊。如來在中安住金剛三摩地,不加功德,諸力自在,任運清涼,坦然安泰,平等清淨,常樂我淨,是故三摩地法甚深奇特,善哉! 善哉! 無可比校。

二者如來向洞然猛焰,在大火之中住金剛三摩地者,經行坐立,一切行住無有障礙。如來端嚴高顯、金色威力之身,光明殊特,影蔽一切諸惡趣門,無有雜穢,悉皆清淨,是故如來三摩地則有甚希奇特之法。

三者假使如上世界乃至大洞然之火,如來在中入金剛三摩地,得閻浮世界廣博嚴淨,譬如自在天宮,以如來自在力盡得清涼,則是世尊住三摩地甚希奇特之法。

四者三界火然,大地通同,洞然熾盛。如來在中住金剛三摩地時,自然得感有流泉浴池,名華頓草,細滑青翠,如迦遮隣地觸頓清淨,氲氳香氣不可有比。如來在中安住,自在神力甚希奇特之法。

五者如上大火徹下,下火徹上,悉皆洞然。如來在中住金剛三摩地時,自然有八功德水,清涼浴池沐浴如來。何者爲八? 一者心得快樂如入禪定,二者輕安,三者頓滑,四者澄靈②性淨,五者無諸穢濁,六者清瑩淨徹,七者常飲安善,八者多飲無患,消除煩惱,得常樂清淨,則是如來聖力甚希奇特之法。

六者世間大火洞然,不休不息。如來在中住金剛三摩地,坐臥安禪,自然快樂,和暢輕安,如清涼之風來飄佛身,譬如清涼③之水沐浴身心,適性安隱,快樂清泰,無有譬喻。如人極熱得遇大樹,厚蔭涼風吹體悦意。安樂三昧聖力無比,不可思議,盡皆清淨如來聖性甚希奇特之法。

---

①　"如"後,《中華藏》校勘《石》《麗》有"是"。

②　靈,《中華藏》校勘《麗》作"虛"。

③　涼,原作"淨",據《中華藏》校勘《徑》改。

　　七者假使大千世界大火洞然，如來在中住金剛三摩地，自然涌出清涼池沼，出大蓮華，有無量諸華以爲眷屬。其華氳氳，香潔無勝，光彩映發，如大日輪晃曜無比。如來在中不可譬喻，覩者悦豫，歡喜開悟，進趣菩提，不可説盡，則是如來甚希奇特之法。

　　八者上有大火，下徹閻浮，滿中洞然，熾焰赫奕。如來在中住金剛三摩地，自在①安坐，入于三昧，快樂無比，量同虛空。自然出現有大香園，出妙鮮果。復有五種殊異之華，嗢鉢羅華、芬陀利華、般頭摩華、俱物頭華、摩訶曼陀羅華。五彩映發，香潔鮮明，異種殊妙，不可稱計。見者歡喜，自然證得三禪適意，悦樂無盡，則是如來甚希奇特之法。

　　九者假使百千世界大火熾焰極盛無邊，如來在中住金剛三摩地，坐立行住，安禪在定，自在神用聖力無比。自然現出百千諸佛、百千淨土，不可思議。如來聖性令一切菩薩覩現神力，修入寂滅菩提究竟，金剛佛地常樂我淨，則是如來神通自在甚希奇特之法。

　　十者假使無極劫火熾盛猛焰，無有休歇，焰火洞然。如來在中入此金剛三摩地，自然如來現出阿耨大池。於其池中出大蓮華，百寶妙色，莊嚴相映，暉曜如日，世間無譬，不可名説。其大蓮華徧於三千大千，一切法界靡不周徧。其華晃曜放大光色，等如虛空。忽有聲言：如來本所有大誓願，當令無數諸大菩薩一切衆生，悉令證入毗盧遮那真如法藏清淨性海金剛三摩地，速證無上正等菩提，則是如來金剛大智甚希奇特之法。

　　是故如是世尊説，有十種金剛三摩地甚深殊妙之法，不可校量，不可譬喻。於是尒時佛告一切大會諸大菩薩摩訶薩，當知如是一切如來異端②殊勝，甚希奇特勝妙之法。是一切諸佛如來先世修持金剛三摩地祕密三十支三菩提法教，無上果力聖慧大智成就一切諸佛法教阿耨多羅三藐三菩提，令一切有情衆生悉皆證悟，得成正覺。是故如來語曼殊言：“如是佛金剛三摩地者，汝當自爲一切衆生應當説之。”曼殊室利辭退聖言，不敢對如來前自説聖教。是時世尊領受曼殊，如來自説，則告之言：“曼殊室利，汝於往昔，當爲法界有情一切衆生令發無上正等菩提之心，云何修持如來金剛三摩地者？ 其教甚希奇特，不可比喻，不可説盡，不可校量。”則尒時世尊重語曼殊室利言：“汝當與大會之中一切菩薩摩訶薩及一切有情衆生，自説本因大願，聖行佛刹功德莊嚴諸佛淨土，成就一切諸大菩薩得菩提時，令諸菩薩從汝聞是甚深妙法殊勝之義。”曼殊室利重啓如來而白佛言：“世尊大慈，下顧垂愍。若許我説，我則説之。”

───────────

①　在，《中華藏》校勘《磧》《逕》《清》作“然”。

②　端，《中華藏》校勘《磧》《南》《逕》《清》作“瑞”。

世尊告言："吾當許汝。"是時曼殊室利則對如來前及對大衆前，便入于金剛三昧三摩地，以無礙天眼徹見十方三千大千世界無量微塵數不可説不可説佛刹世界一切諸佛世尊、諸大菩薩摩訶薩、一切賢聖，如此諸佛菩薩盡皆得是曼殊化度成佛，令得阿耨多羅三藐三菩提。其時大會諸大菩薩及一切衆生，亦得一時同見曼殊聖德化度顯現一切諸佛。是時釋迦牟尼如來則告大衆言："非是吾勸發菩提之心，皆是曼殊室利菩薩往昔勸發菩提，悉令滿足，得阿耨多羅三藐三菩提，盡皆成佛。"是時大會衆同聲讚歎言[①]："大聖曼殊室利久殖德本，導引群生，大衆等深敬曼殊不可思議，不可譬喻。"又更其時曼殊室利在大衆中，又當稽首重白世尊言："我有大願，復願如來加被於我，令更對世尊前，不起于坐，但以化身徧於十方微塵數佛刹世界，爲諸有情一切菩薩摩訶薩，而爲演説如來大乘瑜伽金剛三密門三摩地教。對於大衆，我今顯現，令一切菩薩摩訶薩及一切有情衆生修入此瑜伽金剛三摩地，證無上正等菩提者，當來盡願成佛。"是時曼殊菩薩對如來衆會之中，現作神通，廣度他方群品、法界衆生，依説先願，真實不虚。是故則師子勇猛雷音菩薩，則於衆中從坐而起，於世尊前作禮長跪，又手合掌向佛，而白世尊言："曼殊室利當來揔願一切菩薩及一切有情衆生得成佛者，曼殊室利當來自成佛，名何等佛，令得一切衆生盡成佛果？ 曼殊室利成佛名何等字？字有[②]何名號？"師子勇猛菩薩則對如來前，白曼殊室利："仁者，汝爲於大衆説當來成佛名號之者，於意云何？"曼殊言語師子菩薩："止！ 止！ 不須説，我今不敢對於如來自説當來成佛名號。"曼殊有辭再三，不敢自説。尒時如來則爲大衆一切菩薩及一切有情衆生，則告師子勇猛菩薩言："善男子，吾今與此大衆説曼殊室利當來經無量劫導引群生，後乃成佛之時，號名普見如來。及一切有情衆生當來成佛，亦同彼佛名號。何以故？ 普見如來自有願力，普使十方微塵數有情衆生憶念我名之者，則得一切，普使得見。既得見已，不假功力，罪垢自然消滅，決定則得普當成佛，號名普見如來。是故一切善男子、菩薩摩訶薩誓當深信，勿作疑念。若無疑念，則得十方諸佛悉皆助護，手摩其頂，修證菩提。"是時如來告言："師子勇猛菩薩，若有一切有情衆生不信是語者，無有是處，則是此人近從地獄而出，先世曾作盲聾瘖瘂之身。何以故？ 生生世世不得見佛，常墮地獄，作畜生之身，輪迴四趣，無有停歇。如是之人不可教導，亦不忠誨。"是時一切大衆聞如來説普見如來成佛利益，一切衆生功德圓滿，福力甚多，大衆等深生慚愧："諦信！ 諦信！ 渴仰信受世尊所説。"是時曼殊室利菩薩更對大衆前，再白世尊言："我今本自有願，若我在世及滅度之後，其有衆生及一切菩薩若稱普見如來名號，及念我名者，一切重罪及謗方等經悉皆消滅，無問一闡提罪者

---

① 歎言，原作"言歎"，據《中華藏》校勘《清》改。
② 字有，《中華藏》校勘《石》《磧》《麗》作"有"，《南》《逕》《清》作"復有"。

亦皆滅盡,總當成佛。"曼殊所說其實不虛,一切大衆咸皆信受。又曼殊室利重白佛言:"今我復有大願,若我共一切衆生修菩提時,於我刹中若諸菩薩及一切有情衆生,生我世中,初生之時衣服、飲食、臥具四事,所須之者,隨手而出。若出得已,將此衣服、飲食、臥具先當供養諸佛如來及諸菩薩,然後當自受用。"尒時曼殊室利自說本願已,一切菩薩及一切衆生深生諦信,則當信受歸依奉行。是故師子勇猛雷音菩薩摩訶薩更再重請如來世尊說:"於後世末法之時,依何而行? 云何修習?"世尊告言:"師子勇猛,吾當爲汝分別解說。善男子,當來之世,閻浮末劫佛法將欲滅盡之時,若有一切菩薩及一切有情衆生從初供養,將七寶珍物、飲食、幡蓋種種,供養七俱胝恒河沙微塵數十方世界諸佛塔廟舍利、形像者,經於千劫。若有菩薩及一切衆生學曼殊室利菩薩法教行願者,行經七步,其受福利功德多少,不可校量,殊特無比,勝前菩薩供養七俱胝諸佛塔廟功德,百分不及一,乃至筭數、譬喻所不能及。何以故? 示以如是世尊爲大衆說,修學曼殊室利菩薩行願功德極多,最勝超越,無量無邊。所以者何? 曼殊室利是一切諸佛如來金剛本母,所以從曼殊菩薩金剛般若身心,生一切諸佛菩薩。是故世尊說一切菩薩修行曼殊室利行願功德福力甚多,勝前菩薩供養功德。何以故? 供養寶塔者,則是名有漏之心,如此功德有限有量。菩薩若修學曼殊室利行願秘密教者,則是修持如來金剛無漏之心,無限無量,是故則得速超佛地諸佛法身。"是時釋迦牟尼如來說曼殊室利菩薩摩訶薩往昔修行,教諸菩薩及一切衆生修學大願功德,聖力聖性殊勝無比。其時大衆一切菩薩摩訶薩、四部弟子、善男子善女人等,盡皆歡喜,信受奉行。

次則當說一切諸佛菩薩修證聖智功德法力故,是時釋迦牟尼如來在祇園精舍大會道場內,告師子勇猛雷音菩薩摩訶薩:"吾對大衆會中諸菩薩摩訶薩等,付囑如上所說過去三世一切諸佛金剛菩提三摩地教法,付與曼殊室利菩薩,當與十六大士菩薩爲於上首,傳授與一切菩薩摩訶薩,及一切有情衆生,令證如來聖力加持,進修一切如來金剛三密菩提實相法性三摩地經教,及修如來聖性觀者。"師子勇猛言:"云何名爲實相法性三摩地經教? 云何名爲如來聖性觀者?"則師子勇猛及諸菩薩同共稽首如來,而白世尊:"爲我等分別解說,我等諸菩薩及遠世來劫一切有情衆生,依如來言教,進修奉持一切諸佛聖智法性瑜伽金剛秘密三摩地經教,及修持如來聖性觀者。"佛告師子勇猛等說:"此經是一切諸佛大乘修多羅一切經之根本秘密法性三摩地經教,汝當奉持,精進修行。"其時如來與一切大衆及諸菩薩說此修多羅一切經之根本秘密法性經已,登時一切世界及閻浮提忽然廣博嚴淨,變爲金色。空中百寶旃檀之香,香風吹樹,衆鳥和鳴,皆作梵唄之音。是時有此瑞相殊勝奇特,佛世未有。世尊則告師子勇猛等:"汝當奉持如來說此經教。"師子勇猛一切大會衆及諸菩薩等深生悚愧,不可思議,云何奉持修行如說此經?

　　尒時世尊則爲師子勇猛等及一切菩薩摩訶薩説此大乘一切諸佛瑜伽秘密金剛三摩地根本經教，於此經宗及體都有二門。云何説此經宗體有二門？一者清淨實相爲宗，二者真如法界爲體。云何清淨實相爲宗？説經之根宗本有三：一者毗盧遮那法身本性清淨，出一切法金剛三摩地爲宗。二者盧舍那報身，出聖性普賢願行力爲宗。三者千釋迦化現千百億釋迦，顯現聖慧身，流出曼殊室利身，作般若母爲宗。次第即當説。二者云何説此經體？如來真如法界爲體，於意云何？根本聖體有五：一者本源自性清淨聖智金剛聖性爲體，二者無動大圓性鏡金剛菩提爲體，三者平等性金剛法界爲體，四者如性觀察理趣金剛聖力智用爲體，五者成就菩提聖性金剛慧劍爲體。如上所説，若一切菩薩應當志誠修學，速證佛地。是故如來説宗體已。即當云何名爲如來一切聖性之觀？菩薩若修如來一切聖性觀者，世尊説一切菩薩及一切有情衆生有十種纏縛身心大難障故。若能修持聖性觀者，先須當識心地體性無明纏縛，若應不識，即被蔽覆心性，聖慧道眼則不能開故。其纏縛性者，甚能微細障，於菩提先當識心十種纏縛。身心障蔽大難之者，云何則得通達進修無上菩提？若菩薩現修觀行者，須於大師受法阿闍梨邊，決擇十種纏縛身心，速達聖性，悟入菩提，則當修得如來聖智聖性力，觀達證菩提金剛解脱如來法身。云何名爲十種纏縛？一者由性慳嫉，常網其心，纏縛蔽障，令心邪見，不得正悟，是名纏縛障礙。二者由無明影蔽之所障礙，慧眼難開，妄惑覆翳，是名纏縛障礙。三者煩惱迷悶，貪瞋邪見，處處計著，不能信正，墮愚癡坑，深著世網，名爲纏縛障礙。四者貪愛五欲，駛水常流，惑障迷心，垢重纏縛，無明漂没，無有歇期，是名纏縛障礙。五者味魔死節，相續無休，邪箭所中，盛年夭喪，名爲纏縛障礙。六者忿恨密煙之所熏烀，於心眼中被所翳障，是名纏縛障礙。七者貪欲熾火恒所燒然，虎狼之心四向又撮，名爲身心纏縛無明障礙。八者飲惡魔酒，悶醉蓋心，喫過失毒藥，惑亂狂走，是名纏縛蔽障身心。九者五蓋惱害常被遮礙，覆正智心，難可解脱，名爲纏縛不得開悟。十者苦海大河，六道四生，輪迴五趣，無能間斷，慳貪在心，常受飢饉，出生入死，墮於地獄，無有絕期，是名纏縛不得解脱。是故十種纏縛者蔽覆身心，障難修持，不得證入菩提佛果。如是此教令一切菩薩摩訶薩及諸有情衆生，修入如來菩提聖性觀。云何證得聖性觀者，菩薩志誠修持心地三性三無性，除去惑障十纏蔽覆而得解脱，如來則當具説修證，開通心地，總有三義：一者三性三無性，二者智起即慧用，三者心動則心眼見。云何名爲三種之義？一者於徧計所執性者，向淨識性中微覺智起，則是慧用，徧計所執於慧用照寂，則智用寂照證慧用寂滅。如何得滅徧計所執？若覺智無起相名，了證慧用寂静，則滅徧計所執。其性清淨，如何證依佗圓成實性、依佗起性者，心皆依色而起，圓成實性者，無有所依，心性無託，諦觀無用，心性瑩徹，寂静無動，性如瑠璃，内外明淨，則是名爲見性無動，心證寂静，名爲三性三無性。菩薩若修證，得如來三無性，聖性觀者則是除去十種纏縛，適然解脱，則速達本源自性清淨，菩提涅槃故。是故如是一切大衆，諸大菩薩摩訶薩、四部弟子、善男子善女人等聞佛所説，歡喜踊躍，得未曾有，信受奉行。

大乘瑜伽金剛性海曼殊室利千臂千鉢大教王經①卷第一

大乘瑜伽金剛性海曼殊室利千臂千鉢大教王經卷第二

大興善寺三藏沙門大廣智不空奉詔譯

二者説諸佛出現證修金剛菩提殊勝第二品

是時釋迦牟尼如來告曼殊室利菩薩言："吾今啓請諸佛如來，令聖力加持一切菩薩摩訶薩，進修一切如來金剛三密三菩提法三摩地觀，令諸菩薩心等虛空性如法界，廣度有情無盡衆生。"又令曼殊室利菩薩摩訶薩，與一切菩薩、一切衆生作爲導首。是故曼殊室利菩薩對世尊、大衆、菩薩前告言："若有一切菩薩及一切有情衆生，志求無上菩提，修持真實佛金剛聖性三摩地一切法者，一切法即是一切有情心是也。爲有情衆生心地法藏，有煩惱種性，煩惱種性則是菩提性者。有情心處本性真淨，空無所得，是故有情心是大圓鏡智心處是也。菩薩於圓鏡智心作志求，用功觀照大圓鏡智，心性覺證寂滅，即得了悟心鏡瑩淨。瑩淨達空，即心證平等性智。證平等性智者，通悟達性，本性實空，證入空中心、心心性、如如性體地，名入如如智，則證妙觀察智也。得入如如性清淨聖智，獲得金剛成所作智者，證菩提性，成就聖智也，是故則名四智菩提玄通觀智。入一切佛心金剛三摩地，聖智相應，則名瑜伽三密門三十支契印。加持身密十支三摩地，令身根清淨，證身體性智聖力。加持口密十支三摩地，心念觀智清淨，則聖力加持意密寂静十支三摩地，則意密地清淨，則如性真淨，證性印三昧不空聖智金剛喻定三摩地如來法身。成就如是秘密教者，是故令一切諸大菩薩摩訶薩及一切衆生修學教旨，入瑜伽一切法修持佛金剛三摩地三密菩提法教，入聖性海無邊三昧法界三摩地故。"其時大衆會諸菩薩衆中，唯有大士十六仁大菩薩摩訶薩共曼殊室利菩薩同願同行，修證大乘瑜伽金剛三密菩提三摩地，餘諸一切十信颰陀婆羅菩薩等、聲聞人衆舍利弗等，不同曼殊心等虛空性如法界，廣度有情，自諸菩薩、聲聞人等心量小智，不廣有限，志願下劣，過八十億俱胝那庾多百千劫，修行菩薩道，始滿五波羅密。是時曼殊室利共大士十六仁菩薩摩訶薩，對於如來大衆前，再

---

① 卷末經名，部分卷次略爲"大乘瑜伽曼殊室利千臂千鉢經"，今據文例補全，下同。

三重發廣大弘願："願我等共十六仁普賢大士、菩薩等，心同於虛空，廣度有情，等若虛①空界。復願一切衆生同我無盡大願，我當救之，無有休息。復有大願，願我等諸菩薩及我身心，通於法界，同太虛空，無有障礙，智身、報身常願現於六道四生、胎卵濕化、九類有情衆生之前，常現此身。願見我形適然障滅，令一切衆生發菩提心，歸向大乘瑜伽祕密，修習菩提，速超佛地。"是故師子勇猛菩薩稽首如來，而白世尊："向者如來所説令曼殊室利與一切菩薩及一切衆生皆爲上首接引，修習無上菩提，云何修持瑜伽三密門金剛三摩地觀？"

尔時曼殊室利菩薩則爲師子菩薩等十六大士説次第修行如來祕密成就一切金剛菩提觀，如何十六大士修行加持菩提觀者？云何亦得見聞十六菩薩曼殊、普賢等本有金剛殊勝名號祕密菩提行持傳授加被、修學一切菩薩有情衆生盡皆成佛？何者本是次第名號？云何聞覩十六菩薩殊勝名故？如何名大士十六菩薩？

一者東方第一普賢菩薩摩訶薩，名號金剛手。爲一切有情稽首毗盧遮那如來，加持一切衆生，令入一切金剛薩埵三摩地妙堅牢故，證修入一切如來清淨法身金剛實性中，轉戒、定、慧、解脱、解脱知見，成金剛法輪，利益一切有情衆生，令一切菩薩摩訶薩修入②佛心觀。

二者不空王菩薩摩訶薩，號金剛鉤召。自入三昧，證入毗盧遮那佛心，出一切如來大鉤召印，召請一切如來作神通力，從金剛大鉤形，出現加持一切世界菩薩摩訶薩，入微塵數諸佛如來法身菩提，令一切菩薩修入菩提真如觀。

三者摩羅大菩薩摩訶薩，號名金剛弓。自入三昧，證入毗盧遮那佛心，住如來摩羅大清淨業最勝悉地，成就金剛菩提箭，迅疾速入如來聖性聖力，加持一切菩薩身心性智，除去諸障，入迅疾金剛菩提實性觀。

四者極喜王大菩薩摩訶薩，號名金剛喜波羅。自入三昧，證入毗盧遮那佛心，同爲一體，出微塵數歡喜波羅形狀，加持一切菩薩，入金剛菩提薩埵無我體性智空觀。

五者南方第一虛空藏大菩薩摩訶薩，號名金剛藏王。自入三昧，證入毗盧遮那佛心金剛藏性，出一切如來虛空法界寶藏，生金剛妙寶形。出微塵數一切諸佛如來三昧光明照耀，加持一切菩薩摩訶薩，修入金剛菩提輪三摩地法空觀。

六者大威德光大菩薩摩訶薩，號名金剛光明。自入三昧，證入毗盧遮那佛心，出一切如來金剛日輪三昧，加持一切菩薩摩訶薩，令修入金剛三密佛三摩地，得證日輪菩提一性觀。

七者寶幢摩尼大菩薩摩訶薩，號名金剛幢。自入三昧，證入毗盧遮那佛心，出一

---

① 虛，原脱，據《中華藏》校勘《磧》《南》《徑》《清》補。

② 入，原脱，據《中華藏》校勘《石》《麗》補。

切如來金剛祕密法藏聖力,加持一切菩薩摩訶薩,令入金剛勝幢寶藏三摩地,令證一切菩薩入無動地涅槃佛性無心觀。

八者常喜悦大菩薩摩訶薩,號名金剛喜智。自入三昧,證入毗盧遮那佛心,出金剛微笑喜形,加持一切菩薩摩訶薩修證,入一切如來金剛歡悦實性三摩地,令一切菩薩證入悦意性清淨金剛實際觀。

九者西方第一觀自在王大菩薩摩訶薩,號名金剛眼。自入三昧已,證入毗盧遮那佛心自性清淨身,出一切微塵數諸佛如來,令一切衆生住三摩地性,同爲一體,量等法界,徧盡虛空,生大蓮華金剛寶形如空法界。從彼金剛蓮華形,出生一切如來金剛自性聖智三摩地神境通自在聖力,加持一切微塵數佛刹中一切菩薩摩訶薩,令入聖性自在神用諸佛慈心淨土觀。

十者曼殊室利大菩薩摩訶薩,號名灌頂王金剛慧。自入首楞嚴三昧,證入毗盧遮那如來佛心,同爲一體,自在聖性,生微塵數般若波羅蜜慧智,出生殑伽河沙金剛慧劍般若形,證入一切如來金剛智慧劍,同爲一性。加持微塵數佛刹世界諸大菩薩摩訶薩,修入一切如來金剛三摩地,證金剛慧劍揮滅一切衆生煩惱罪障,成就一切有情衆生,修證無上正等菩提觀。

十一者妙慧法輪大菩薩摩訶薩,號名金剛場。自入法性輪三昧,證入毗盧遮那佛心法輪性海三摩地,同一切如來金剛聖性一體法輪智法界金剛界三摩地。出一切佛刹微塵數微塵數①諸佛如來,加持一切菩薩摩訶薩,令入大曼荼羅灌頂,證得瑜伽三密三摩地聖性相應同等神通自在聖力,修證法性法輪三摩地觀。

十二者聖意無言大菩薩摩訶薩,號名金剛聖語。自入一切文字般若無相三昧,證入毗盧遮那佛心金剛法性,同爲一體。出一切如來秘密三摩地念誦狀形,出生一切微塵數如來金剛法性身,加持一切諸大菩薩摩訶薩令自勤修,證三密三摩地,入法界佛性法身聖性觀。

十三者北方第一毗首羯磨大菩薩摩訶薩,號名金剛毗首羯磨轉法輪王。自入三昧已,證入一切如來毗盧遮那佛心一切清淨摩羅大寂諸佛菩提法藏,出生微塵數佛刹世界一切羯磨如來世尊,同爲一切諸佛毗盧遮那如來性海真如法藏,生一切金剛薩埵毗首羯磨,成就一切菩薩摩訶薩阿耨菩提,令諸菩薩當自觀照自性心地,修入證得諸佛智鏡金剛瑜伽三密三菩提圓通一切金剛三摩地觀。

十四者難敵精進力大菩薩摩訶薩,號名金剛慈力迅疾灌頂。自入金剛智地三昧,證入毗盧遮那佛心,住如來大金剛祕跡三密性三摩地佛堅牢甲胄性海,同爲一

---

① 微塵數,《中華藏》校勘《磧》《南》《徑》《清》無。

體。出百千大金剛甲胄形，住佛手①掌中。從金剛甲胄形，生一切世界微塵數諸佛國土如來，守護一切儀範軌則廣大事業，同一切如來神通自在聖力。加持一切菩薩摩訶薩，得難敵聖力精進道行，速證疾入如來金剛甲胄體性三菩提觀。

十五者摧一切魔怨大菩薩摩訶薩，號名金剛暴怒。自入三昧，證入毗盧遮那如來佛心，同爲一體一性。出金剛大牙器仗金剛狀形，住佛掌中。從彼金剛牙形，生一切佛世界微塵數如來金剛身，作一切降伏暴怒等，爲一切佛神通聖力。加持一切菩薩摩訶薩，成就金剛牙器仗，安立世界中。暴怒恐怖摧伏一切天魔，及一切自性煩惱魔，令一切菩薩得無礙，修證如來三摩地，令入聖智自性三密迅疾金剛觀。

十六者金剛拳法界王大菩薩摩訶薩，號名堅跡金剛界。自入月輪心瑩淨自性智鏡三昧，入一切佛心如來金剛薩埵菩提地。出一切佛世界微塵數佛土一切如來，加持一切菩薩摩訶薩，令修證入一切平等性智三摩地，證金剛甚深一切法義成就菩提，速超入一切如來毗盧遮那法身智鏡性，則見我身同如來形，證入金剛界性，成就一切如來法智身佛五眼觀。

則是時十六大士菩薩摩訶薩，各各自說觀門諸佛如來金剛悉地，成就阿耨多羅三藐三菩提，令一切菩薩摩訶薩及一切有情衆生修證，入瑜伽三密門三十支三摩地金剛菩提觀已。其時閻浮提世界忽然廣博嚴淨，現爲金色世界廓清，即有微塵數千百億佛刹世界一切諸佛如來同時出現，爲作證明，揔共讚歎曼殊室利爲於上首，與普賢等十六大士菩薩摩訶薩，願爲②一切有情衆生疾令修證，速得成就阿耨多羅三藐三菩提。

尒時則是一切如來出現讚歎而作證明，諸佛如來同聲共說，曼殊室利當爲菩薩上首，普賢十六大士等得諸佛唱言，歎深行德：“善哉！善哉！曼殊、普賢十六大士菩薩能從往昔因地無量劫來，發弘大願，而度有情，心等虛空，無有休歇。此是十六大士行菩薩行，甚深無盡之德，如來證明，不可校量，無有比度，殊勝之願不可說，不可說，不可思議。”如來說已，其時忽然出現六大金剛，亦當同聲讚歎曼殊、普賢十六大士深德之行而作證明。金剛力士言：“曼殊、普賢等不可說，皆得無礙辯才，證大法忍，成就菩提，降伏魔怨，制諸外道，到於如來聖性金剛智地，一生補處得陀羅尼金剛聖力，實無所畏，自在神通，證如來法身一切功德一切諸佛之地，無盡大智皆悉具足，不可思議，不可說盡。”

何者守護？云何名爲六大力士金剛助護佛法？一者大樂，二者大笑，三者一髻尊，四者降三世，五者四足尊，六者閻曼德六足尊。

---

① 手，原作“子”，據《中華藏》校勘《麗》改。
② 爲，原作“益”，據《中華藏》校勘《麗》改。

尒時佛告師子勇猛："汝當至信。"如是六力士大金剛同聲唱言："我等六大金剛發大誓願，亦當同共曼殊、普賢往昔同行同願，奉如來教令，佛法常當守護，勿令天魔諸惡外道惱亂攪擾。當願盡於未來之際，心等法界，常當荷護，令一切眾生願到菩提，成無上道。"則是時大會於是菩薩眾中，師子勇猛雷音菩薩從座而起，長跪合掌，而白佛言："向來所說微塵數諸佛如來，從何處所來而作證明？"佛告師子勇猛菩薩："如是十六大士曼殊等往昔因地，教導有情，令發大乘阿耨多羅三藐三菩提，早得成佛。亦當出現微塵數一切諸佛往昔有因，是故當與曼殊、普賢十六菩薩而作證明。"是時師子勇猛菩薩在大會眾中懇懃稽首，而白世尊言："我曾往昔久遠已前因地之時，早共①曼殊室利菩薩，於袈裟幢②世界有佛號袈裟寶幢如來，與諸菩薩同共作聲聞中出家，何故今得微塵數諸佛出現來作證明？我等大會實亦難信。"是時釋迦牟尼世尊告言："則爲大會眾諸大菩薩摩訶薩師子勇猛等，說曼殊室利因地往昔諸佛因緣，證明成就阿耨菩提，亦說曼殊久遠已前，住佛世界，作大乘菩薩，早已發無上菩提之心，經無量劫漸次修學。其時於寶幢如來佛出世時，於聲聞眾中出家而作沙門，方便接引聲聞之眾，令發無上菩提之心，歸依大乘，漸漸次第，當自修學。其心廣大，等若虛空。曼殊大士志誠接引，復發大願，‘幽冥靈聖神道與我證明，令我誓願，成就有情一切眾生，次第修學如來聖性金剛菩提’。曼殊室利菩薩後經無量賢劫佛刹，世世修行。乃值③佛土劫名淨光，其時世界號名須彌德，於其世中雖有諸山濁惡五趣諸類雜居，然其④國土眾寶所成，清淨嚴飾，無諸穢惡。有百億四天下，百億世界，其中有一四天下佛刹世界，號名師子臆世界。於其世界中有八十億王城，就八十億王城中有一王城，名曰自在幢城，於其城中有一轉輪聖王，號名大威德王。其次彼王城北有一菩提道場，名曰滿月光明道場，於其處所有一守護菩提道場之神，號名慈德。其時於世界中有一菩薩，名曰離垢幢菩薩摩訶薩，坐於菩提道場，欲成正覺。是故其時於此世界中有一大國惡魔徒眾，於其眾中有一最大惡魔王，名曰金色光，與其眷屬無量徒眾，俱來至到菩薩處所，皆欲惱亂離垢菩薩，勿遣成道。其時之世，於自在幢城有一大威德轉輪聖王，以獲得菩薩聖性智力神通自在，化作兵眾，其數甚多，圍遶菩提道場。諸魔惶怖，悉皆奔散。其時離垢幢菩薩摩訶薩遂則得成正覺無上正等菩提。

"尒時菩提道場神慈德見菩薩成道已，慙愧無量，歡喜無盡，將何報願，無處思量。便於彼大威德王邊發大深願，而生子想。其時菩提道場神慈德，則便頂禮離垢幢如來足，作是願言：‘願我與此大威德轉輪聖王，世世生生，同願同行，常願修持金

①　共，《中華藏》校勘《磧》《南》《徑》《清》作"於"。

②　幢，原作"憧"，據《中華藏》校勘《磧》《南》《徑》《清》《麗》改，下一"幢"字同。

③　值，《中華藏》校勘《磧》《南》《徑》《清》作"至"。

④　其，原作"且"，據《中華藏》校勘《南》《徑》《清》改。

剛菩提聖性佛道,接引有情,在在處處於世所生之時,乃至成佛,願我常與此王爲所生之母。'作是願已,其大威德轉輪聖王於此道場後更增加道場,廣行供養,嚴加守護。經於無數劫,供養道場十那由佗微塵數諸佛如來菩薩摩訶薩等。"其時曼殊室利向衆會之中告言:'諸菩薩摩訶薩,於意云何? 彼菩提道場神慈德者,則我身是也。轉輪威德王者,今毗盧遮那如來身是也。'於是曼殊室利,其時我從往昔於彼威德轉輪聖王邊先世曾發諸佛深誓廣弘大願①。則介時毗盧遮那於後向十方刹土,於一切諸佛法界之中,處處生世行菩薩道,發引有情令種善根,修行菩提,教化成就阿耨多羅三藐三菩提,於最後身成等正覺,出生示現世世成佛,號名毗盧遮那。是故曼殊室利菩薩言:'如是此佛本意成道,願當與我爲子,我則常爲其母。'發大願已,於後我則常行菩薩道,化度有情一切衆生,遂經七十萬億阿僧企耶百千殑伽沙微塵數劫,修行菩提,喻令大千世界末成微塵,一一塵數作爲衆生,盡皆成佛。

　　"介時大聖曼殊菩薩後更乃值香雲優鉢羅世界,遇衆香雷音王如來出世之時,於佛世界作轉輪聖王,號曰名虛空王。云何得爲虛空王? 其王往昔因地之時,向諸佛如來前發大廣願,當度有情,願我心等虛空,無有休歇。伏願諸佛覆護加被,虛空幽冥,靈聖助我。我則於此優鉢羅世界生,遂則虛空靈聖證我爲虛空王。其王隨心所念,應聖有感。王當壽命八萬四千劫,其王親族中宮婇女、王子大臣,同心發願,常務供養,餘無所作。常以種種樂具、衣服、牀卧、飲食、湯藥、房舍、堂殿,四事供侍諸佛如來、一切菩薩,經滿八萬四千劫。其王是時後乃獨居安坐,無侶爲伴。作是思惟:'欲求帝釋梵王耶? 聲聞緣覺耶?'虛空王作是念已,空中諸天告聲言曰:'大王,止! 止! 勿起如是下劣小願之心,大王所集福聚甚多,無有比量。'王聞是語,'我今決定不退無上菩提之心,何以故? 天來告我'。介時虛空王則共諸國人民及自眷屬,有八十億俱胝那庾多恒河沙徒侶及一切衆生,往詣衆香雷音王如來邊,同共向佛發廣大深願,更相供養諸佛菩薩。心等虛空,無有窮盡。虛空王重發誓言:'復願徒衆於當來之世,歡喜相見,導引有情一切衆生,同我先願,廣開供養,總當成佛。'"

　　是故師子勇猛菩薩及諸大衆,見如來説曼殊室利往昔因緣之法,慙愧無量。其時師子勇猛菩薩及一切大會衆等咸斷疑網,師子勇猛言:"我等大衆亦當依隨曼殊室利十六大士菩薩摩訶薩等,同發大願,當來接引,廣度有情一切蒼生,盡皆成佛,得阿耨多羅三藐三菩提故。"

　　大乘瑜伽金剛性海曼殊室利千臂千鉢大教王經卷第二

---

①　廣弘大願,《中華藏》校勘《磧》《南》《徑》《清》作"廣大弘願"。

大乘瑜伽金剛性海曼殊室利千臂千鉢大教王經卷第三

大興善寺三藏沙門大廣智不空奉詔譯

十方大菩薩出助證悟聖力品第三[①]

尒時如來次説無動門，就此五門之中第二門。云何次第得入無動門？一者入羅字觀本空離塵義，阿閦如來説圓成實相無動門。就此門中説有二品：一者先説十方大菩薩出助證寤聖力第三品，二者後演一切賢聖入法見道顯教修持第四品。今者就此無動二門中，當從第一，先説十方大菩薩出助證寤聖力品。

是時於祇園精舍大會菩薩摩訶薩大衆之中，世尊釋迦牟尼如來告師子勇猛菩薩等，於往昔久遠已前世時，有師子臆世界之中，作滿月光明菩提道場神者，名爲慈德，是曼殊室利身是也，於其世中作轉輪聖王者，大威德王身是也。其時大威德王供養滿月光明道場諸佛菩薩摩訶薩衆，經無量劫，於此道場菩薩衆會之中，有十大士上意菩薩等，後與毗盧遮那爲十方世界作十方菩薩主，教化修持，皆經無量微塵數劫，承事諸佛世尊，爲度有情，修持如來秘密三摩地觀。後乃值於衆香雷音王如來出世，尒時十大菩薩上意等摩訶薩在佛道場大會之中，更同共虛空轉輪聖王，發大誓願，向世尊前，共十大菩薩言：“於後末世有佛出時，世世我等菩薩，當來但有佛出，十大士上意菩薩等誓言，則當出現來此佛土而作證明，聖力加持十大菩薩，我有本願，所學如來祕密法教殊勝聖性觀門三摩地者，我則自當有誓。唯願如來納受我願，我則各各自向世尊，説其本學觀門，唯願如來印可此教，我當修行，助佛揚化，廣度有情一切菩薩。”是時師子勇猛菩薩及諸一切菩薩等啓如來言，而白世尊：“爲我等菩薩及有當來一切有情衆生，與説十大士菩薩觀門瑜伽金剛三密三摩地法教，亦同此願，我當奉持，來世修行，廣度群品。”是時世尊告十方大菩薩上意等菩薩摩訶薩，各各則向師子勇猛菩薩等及大會衆，説本自修行觀門，學如來修持祕密瑜伽法教，當自説之。

是時次第則有上方妙樂歡喜世界上意菩薩菩提薩埵大摩訶薩埵，則有下方金剛界地天世界持世菩薩菩提薩埵大摩訶薩埵，則有東方無極日曜世界普明菩薩菩提薩埵大摩訶薩埵，次則東南方最勝青色琉璃世界不思議菩薩菩提薩埵大摩訶薩埵，則有南方無垢世界廣意菩薩菩提薩埵大摩訶薩埵，則有西南方白色頗梨世界無邊智菩薩菩提薩埵大摩訶薩埵，則有西方無量壽世界無邊音聲吼手菩薩菩提薩埵大摩訶薩

---

① 品名，原無，據内文補。

埵,則有西北方殊妙紅色世界益音菩薩菩提薩埵大摩訶薩埵。又有北方不空寶月世界無盡慧眼菩薩菩提薩埵大摩訶薩埵,則有東北方金色世界賢護菩薩菩提薩埵大摩訶薩埵等①。

　　尒時釋迦牟尼世尊言告師子勇猛等諸大菩薩摩訶薩:"如來所言如上所説,十方大菩薩摩訶薩因地先世俱同一行,廣弘大願,故修行毗盧遮那如來本行大願祕密法教,亦同修普賢本行願故。是故亦同修曼殊室利本大行願已,是時若有一切菩薩摩訶薩求證無上菩提者,先當修入一切法如來大慈心觀。云何名爲修持證入如來大慈心? 十種觀門何者爲十? 云何修入? 一者入三摩地觀,照無邊十方等如虛空心性無礙量等法界,是名本性大慈,能自護身,亦護他身,自利利他名爲大慈觀。二者入三摩地,觀察根本自性本源,最勝第一義自性慈心,能除斷忿恨、瞋恚煩惱根本,一切妄想未盡,亦無過失,是即名爲根本大慈觀。三者入三摩地時,名爲觀照慈。於此大慈心自性性中,不見一切衆生得失過患,常作一切清淨勝相而悉能知,不見三世衆生彼有諸忿犯禁之名,是故名爲見性清淨入佛大慈觀。四者入三摩地,照見心性平等慈,能令自身暴惡之性,能忍能受,亦令他一切有情衆生能忍能受,是故名爲心性清淨、內外無忍,名爲見性平等慈忍性。忍力達空,不見本性內外諸忍,是故名爲入性大慈心觀。五者入三摩地時,觀心見静慈,得生大慈心故,能濟拔諸衆生苦,令得安樂,趣向菩提。菩薩證得寂静慈者,於寂静中不見苦惱,能導引蒼生令入淨土。得我淨故,則是名爲如來大悲寂静大慈觀。六者入三摩地時,照見五蘊皆空,無所得慈故,能自滅貪瞋、愚癡諸惡顛倒。亦能令他一切衆生除滅內外不善諸惡,皆悉遠離諸見、誹謗、詐偽、諂諛、憍慢、我執,不求恭敬、名聞、利養,如是等過一切不造,是故名爲無所得大慈心觀。七者入三摩地,證入聖智三摩地時,觀察心性證法性慈,以法力慈故,得梵釋天龍之所禮敬,菩薩常自觀身,嚴持威儀戒網,不以爲喜,威德自在,人所稱讚。能防護一切凡愚之心,則得自然翻惡作善,見者歡喜,則是名法性聖智大慈觀。八者菩薩入三摩地時,澄心證淨,證定證聖,了見寂静,名爲殊勝寂性慈。具②此慈力者,超過欲界空色二世,是名不染三界菩薩。若證入寂性慈者,能莊嚴報身三十二相八十種好。何以故? 名爲菩薩證得心性寂滅慈,是故則名殊勝寂性大慈觀。九者菩薩入三摩地時,證真如慈本體無變實性清淨,菩薩若修行此慈者,則得離一切相,證無生三摩地,成就一切無上菩提,自利利他皆悉圓滿,是故名爲真如大慈觀。十者菩薩入三摩地時,證得法界慈,具是慈者,能普覆一切,徧含有情,揔得解脱,令證菩提,聖力加持,無不成就一切菩薩摩訶薩,是故名爲法界大慈觀。

---

①　卷首至此,《金藏》原本殘缺,以《麗藏》本補換。

②　具,原作"其",據《中華藏》校勘《南》《徑》《清》《麗》改。

　　尒時如上所説十方大士菩薩，入一切如來佛心觀者，是名一切諸佛十大慈觀教法也。是時則師子勇猛菩薩摩訶薩等重啓如來，而白世尊言："云何名爲十方大士菩薩？"如來告師子勇猛："如是十方①大士菩薩，往昔因地同得毗盧遮那如來一切諸佛十大慈心觀，是故普賢、曼殊菩薩聖性道力加持，而相助護，神通感應，未知此二大士菩薩殊勝道力云何感應？"則是時釋迦牟尼世尊在大會衆中，重告師子勇猛菩薩等："如是十方大士菩薩從往昔因地之時，同共得毗盧遮那修大慈十心，亦修證普賢行願、曼殊聖性道力神通自在聖智，運度一切衆生，是故感應。是時則得一切諸佛助護，毗盧遮那聖性感會。"尒時衆中一切菩薩摩訶薩、一切有情衆生，同修行普賢、曼殊行願，則證入毗盧遮那如來十大慈佛心觀已。是時釋迦牟尼又重啓請毗盧遮那如來，與大會衆一切菩薩摩訶薩，説一切諸佛菩提金剛三密、普賢智日、曼殊慧劒、六足四足尊等金剛陀羅尼，普賢、大笑、大樂、一髻、降三世等金剛陀羅尼，千臂千鉢曼殊陀羅尼，金剛慧劒契印，如來法輪一切惣持祕密菩提三摩地大樂金剛真言，六足金剛真言，曼殊真言，增用加持一切菩薩聖性神用菩提聖智。

　　尒時説諸佛如來十大慈已，從毗盧遮那佛心流出金剛三密千臂千鉢曼殊大明智光明金剛慧劒陀羅尼，用加持一切修學菩薩摩訶薩，速證神力聖性菩提心。如來則説千臂千鉢曼殊室利菩薩金剛三摩地祕密根本菩提真言陀羅尼曰：
娜莫三漫多去抳二合，引夜②勢灑塞頗二合囉拏尾秫馱没地毗喻二合，引娜捨你③匿徐翼反④薩嚕怛他引誐諦毗喻二合囉賀二合毗藥二合三藐糝没第毗藥二合娜謨引曼儒粗⑤上聲室唎二合曳薩迦攞麼攞迦覽迦引蹄誐哆濟哆細尾麼攞虞拏楞訖哩二合哆也阿麼囉曩囉蘇上囉步惹誐尾你也二合，引馱囉惹吒引麼矩吒你迦篩哆播娜臂姹引母惹引也娜謨引曼儒粗去⑥聲具引沙引也摩訶引帽地薩怛嚩二合也尾尾馱引播引也訥蘖底尾娜引囉拏引也怛你也二合他引唵引暴麼抳嚕質囉迦攞引播尾質怛囉二合母未⑦訖哆二合娜麼楞訖哩二合哆捨哩引囉跛囉麼薩怛嚩二合暮左迦怛他引誐哆達麼句引捨馱嗞⑧鉢囉二合嚩囉達麼引臘馱尾惹也素囉哆參抱虞引跛捺捨迦羯麗二合商去，引誐引囉鉢囉二合捨麼迦戍你也二合多⑨引娑嚩二合皤引囀引弩娑引哩引摩訶引帽地薩怛嚩二合嚩咯嚩嚩娜諾唵引摩

---

①　"十方"後，原衍"十"，據《中華藏》校勘《磧》《南》《徑》《清》刪，下一"十方"後"十"據文意刪。
②　去抳二合引夜，《大正藏》本作"吉抳夜二合引"。
③　你，《大正藏》本無。
④　反，《大正藏》本校勘明本、甲本作"切"。
⑤　粗，《大正藏》本校勘明本、甲本無，下同。
⑥　去，《大正藏》本校勘明本、甲本作"上"。
⑦　未，《大正藏》本作"木"。
⑧　嗞，《大正藏》本作"落"。
⑨　多，《大正藏》本校勘明本、甲本作"哆"。

訶引播引捨鉢囉二合娑囉鉢囉二合娑囉阿上娑上麼娑麼難去哆娑莫糁漫哆跋椊落二合三
漫哆遜娜①落糁漫哆引迦落糁漫哆鉢囉二合娑落娑囉娑囉係係曼儒粗上聲嚩囉嚩囉二
合渴誐親娜親娜頻娜頻娜尾囉惹尾囉惹羯麼引跋誐麼迦素佉娜娜矩嚕矩嚕度嚕度嚕
馱馱馱馱摩訶引麼訶暮引訶也暮引訶也暴暴引鼻引麼鼻麼曩引娜曩引娜娑囉娑囉摩訶
薩怛嚩二合慕②引左也麼引麼曩引他麼弩塞哩二合惹哆引播引也褥佉素欠娜娜摩訶引迦
嚕抳寧③迦阿曩引菇引憾褥④棄姤引憾娑嚕儒粗引⑤憾鄔跋訥嚕二合妒憾阿尾尾訖妒二
合憾矩枭引弩引憾娑囉挐達慕引憾怛梵二合婆誐梵褥棄跢引南引素欠娜娜阿上曩引他南
去薩曩引他迦囉娑嚕惹引南引你嚕惹娑迦二合囉鄔跋訥嚕二合跢⑥引南引薩帽引鉢椊囉
薩嚩⑦二合褥佉捨麼迦尾尾訖哆二合引南引矩捨攞達摩糁婆上囉跋哩布囉以哆去引矩
徙引娜引南引尾引哩也二合娜跢引娑囉挐鼻達弭喃引麼麼卑婆誐鑁曩引菇引婆嚩捨囉南
跛囉引也挐薩怛囉二合跢引薩嚩⑧褥佉你冥引捨麼也薩嚩訖麗二合捨囉暨悉弭引阿跋
曩引也薩嚩僧引娑引嚕引跋椊囉二合嚩褥佉引你銘引曩引捨也矩捨攞達磨跛哩布囉挐二
合銘矩嚕薩嚩羯麼引嚩囉挐鉢嚩跢引你銘去引尾枳囉摩訶引帽引地薩怛嚩二合細引尾
哆尾引哩也二合播引囉弭跢引喻引儼銘引僧去散⑨你喻引惹也阿囉挐達磨尾囉引誐尾囉
惹僧散去惹訶鉢囉二合惹訶引駄囉抳寧娑麼佉娑麼惹引攞你地冥引嚕娑麼摩訶引帽引
地薩怛嚩二合嚩囉娜娑嚩二合引訶引

　　千臂千鉢曼殊心根本真言攝一切法神力陀羅尼曰：

曩莫薩嚩怛他引蘖帝瓢毗藥⑩反，一⑪，引囉訶二合瓢毗藥反唵俱麼囉嚕比抳寧尾淫嚩二合
糁娑嚩二合，二阿蘖縒阿引蘖縒洛戶洛戶呦唏二合呦唏二合，引吽吽尒曩職之力反⑫曼祖⑬
室哩二合曳素失唎野哆引囉野鈐薩嚩耨契瓢毗藥反發吒半音，下同發吒去捨麼野捨麼野
阿蜜哩二合妒納婆舞納婆嚩播半冥引曩引捨野唵嚩引計曳二合囉體惹野唵嚩引計曳二合

---

①　娜，《大正藏》本校勘明本、甲本無。
②　慕，《大正藏》本校勘明本、甲本作"暮"。
③　寧，《大正藏》本校勘明本、甲本作"音寧"。
④　褥，《大正藏》本作"耨"。
⑤　粗引，《大正藏》本校勘明本、甲本作"上聲音"。
⑥　跢，《大正藏》本校勘明本、甲本作"哆"。
⑦　薩嚩，《大正藏》本校勘明本、甲本無。
⑧　"跛囉引"至"引薩嚩"，《大正藏》本校勘明本、甲本無。
⑨　去散，《大正藏》本校勘明本、甲本無，下同。
⑩　藥，原作"臾"，據下文及《大正藏》本校勘明本、甲本改。
⑪　反一，《大正藏》本校勘明本、甲本作"切"。
⑫　反，《大正藏》本校勘明本、甲本作"切"。
⑬　祖，《大正藏》本作"袓"。

勢篩娑嚕唵嚕引計曳二合騫惹野唵嚕引計曳二合顙瑟癈咤曳①二合野唵嚕引計曳二合麼曩引娑唵嚕引計曳二合娜曩莫唵渴誐薩怛嚕二合嚕計曳二合吽娑嚕二合,引賀引

　　曼荼羅結界真言：梵云思四②摩畔馱馱囉尼③。

唵阿蜜㗚二合哆上尾盧路④吉你蘖㗚婆二合僧洛叉上抳阿引迦里沙二合抳吽吽泮泮吒吒吽吒娑嚕二合,引賀引

　　曼荼羅大灌頂密言⑤：梵云阿⑥毗曬闍迦真言⑦。

唵阿蜜㗚二合哆嚕喺嚕囉嚕囉鉢囉二合嚕囉尾秌悌吽吽泮泮吒吒吽泮吒上娑嚕二合,引賀引

　　灌頂結契印真言：梵云阿毗曬闍母㮈囉二合陀羅尼。

唵母儜母儜母儜嚕上喺阿毗重⑧詵者茗二合薩㗚麼二合怛他引蘖哆引薩㗚麼二合尾儜也二合引毗曬闍㗚莽二合賀麼日囉二合迦嚕者母㮈囉二合母怛哩二合⑨帶薩㗚麼二合怛他蘖哆上紇哩二合那夜引地瑟恥二合哆麼日嶷二合娑嚕二合,引賀引

　　如是次第，如來即説金剛十大慈觀者及陀羅尼已。

　　是時世尊如上所説十大慈觀諸佛法教及説陀羅尼者，如來具説加持增勝聖力福德，令一切菩薩摩訶薩及一切有情衆生，修入速證諸佛無上正等菩提。"是故師子勇猛及一切菩薩，我等深信，誓當奉持。"云何名爲十方十大士菩薩上意等同得如來印可法教修行菩薩道？則各各對世尊向大會衆前，與諸菩薩衆自説修證法教秘密觀門，當來亦與一切菩薩同當救度有情一切衆。是故云何名爲此秘密金剛十大士法觀？是時釋迦牟尼如來次第説上方上意菩薩十大士摩訶薩等，世尊令十大士菩薩一一自説觀門而爲開演。

　　一者上方妙樂歡喜世界上意大菩薩摩訶薩埵菩提薩埵，當自陳説，對如來前，令當來一切諸菩薩修入菩提性⑩聖智，證如來金剛三密三摩地照見自性，入無動涅槃無性觀者。上意菩薩摩訶薩則入一切如來自在法界三摩地，菩薩於自聖智眼觀照意識界處，入是涅槃無自性觀法界金剛三摩地。上意菩薩自見身中性意生身，於一一毛

---

① 咤曳，原作注文，此改正文。
② 四，《大正藏》本校勘明本、甲本作"音四"。
③ "梵云"至"馱囉尼"，原另起行作正文，此改注文續上行，下同。
④ 路，《大正藏》本校勘明本、甲本作"音路"。
⑤ "密言"後，原有"陀羅尼"，據《大正藏》本校勘明本、甲本删。
⑥ 阿，原作"何"，據《大正藏》本改。
⑦ 真言，《大正藏》本校勘明本、甲本作"陀羅尼"。
⑧ 重，《大正藏》本校勘明本、甲本作"重聲"。
⑨ "賀麼日囉"至"怛哩二合"，原脱，據《大正藏》本補。
⑩ 性，《中華藏》校勘《石》《麗》作"聖性"。

孔中入出神用自在，聖力運通，深證不思議法界三昧。以聖性智知三世一切佛法不可説法、可説法，佛刹微塵數一切菩薩摩訶薩修行教導，化度蒼生。行菩薩行，常不休息，令一切有情衆生速入涅槃無性觀法界聖力菩提悉地，成就菩提①，令一切衆生先修證入十種成就金剛菩提三密大法觀。云何名爲十種菩提金剛三密大法？一者能令證入百千陀羅尼祕法光明，成就菩提金剛聖性三密行道大法。二者能令證入百千諸根智慧圓滿成就菩提神境通，證入百千三昧佛三摩地大法。三者能令證入百千神力，成就長養百千金剛三昧邪，成就聖力菩提圓滿故大法。四者能令證入百千虛空門，入一切如來三摩聖性地運動成就菩提自在神通，遊歷十方，入佛淨土，見佛報身大法。五者能令證入百千佛三摩地門，聖性通達，具足成就菩提殊勝祕密諸波羅蜜門，入一切性智菩提無礙圓滿大法。六者能令證入百千聖智神通，修入妙行理趣體性功德積集聖道，成就菩提，入一切諸佛法藏大法。七者能令證入百千辯才智慧方便演説成就如來聖行菩提，深入秘密一切法義大法。八者能令證入百千諸佛甚深大慈聖行，成就菩提佛行圓滿大法。九者能令證入如來百千聖智金剛性道，得佛灌頂，入法王位，成就菩提，諸佛智身大明徧照金剛菩提，成就②法身，令得解脱大法。十者能令證入百千諸佛解脱地，成就菩提，獲一切如來，速③入百千祕密金剛菩提佛性海藏真如三摩地，滿足一切法如來聖性無盡金剛智菩提一切大法。是故上意菩薩摩訶薩埵先自能説識之妄想如來聖性，二義和合，成熟金剛聖智菩提大法者，則是名爲菩薩修學如來聖性解行齊行，則能證得自體法界菩提十種大法，然後修入證得無動涅槃無性觀。云何方便而④證入無性觀者？菩薩先須當心觀照本性寂静，寐入滅盡定，得心識性，證見清淨。惟清惟淨，證見聖性。自性如如，一道寂淨。寐達本源，反照見静。惟照惟瑩，惟瑩惟淨，惟寂惟聖，則是名爲菩薩得入無動涅槃無性觀。若有一切菩薩依此上意菩薩摩訶薩埵修學此法門者，則得速證佛無上正等菩提。故上意菩薩摩訶薩爲三世一切法界有情衆生，顯説演出諸佛秘密金剛菩薩成就無動涅槃無性觀，令未來遠世一切菩薩、一切衆生修證，速入如來聖智⑤性三摩地無性觀者，得佛阿耨多羅三藐三菩提故。是時如來則次第而令持世菩薩自説修習觀行門。

　　二者下方金剛界地天世界持世菩薩摩訶薩埵菩提薩埵，自對如來前，則爲見在

---

① 提，原作"薩"，據《中華藏》校勘《磧》《南》《徑》《清》改。
② 就，原作"得"，據《中華藏》校勘《麗》改。
③ 速，原作"達"，據《中華藏》校勘《麗》改。
④ 而，《中華藏》校勘《麗》作"而得"。
⑤ 智，《中華藏》校勘《麗》無。

一切菩薩陳説秘密法觀①,亦令當來一切菩薩及一切衆生修入薩婆若海三摩地,學諸佛金剛菩提一切秘密甚深法忍波羅蜜多實性觀。若菩薩依此觀門由行,證得如來金剛無邊性海三昧。依此三昧得入秘密菩提金剛持地持②世海性三摩地,從此持世海性金剛願力置金剛界地,建立所依金剛海性堅牢法藏相生世界,無有障礙,等如虚空,無差別相,皆是本源毗盧遮那如來金剛體性堅固秘密③法性海中,安立萬像大地世界,形色相好,主宰神通,靈應化變,一切揔依。毗盧遮那如來先世大願聖力,加持一切菩薩及一切有情,修習菩提解脱聖道,成就於此世界一切衆生,合同一性,助佛成熟自在神力,達一切如來三摩地聖智相應,令一切有情無不快樂,同入菩提,悉得圓滿。皆是毗盧遮那如來往昔之時,於劫海之中有大願力,修菩薩行時,以四攝法及行八大供養,而曾攝授④——諸佛、諸大菩薩因地之時所種善根,皆已相攝種種方便教化成就,令一切菩薩安立一切智慧道、一切聖種道、一切金剛道、一切解脱道,是名一切如來菩提海藏大善福利方便成就願海般若波羅蜜多。諸佛菩薩往昔因時所行之行,具足清淨解脱聖道,以能善入諸佛三摩地,令其菩薩及一切衆生常見諸佛報身,分明了了。以勝解力入於如來功德性海,得成諸佛菩薩解脱之門。游戲神通,合同本願力故,起大悲心,誓度有情,悉歸諸佛金剛菩提性海圓滿成就故。是故如示持世菩薩摩訶薩,令諸一切菩薩修入金剛三摩地行甚深法忍,住波羅蜜多實性觀。云何疾得入此方便而證此觀? 是時持世菩薩即當自心眼應當觀照,入自心性性體法界,得見自性心體,證於如來金剛聖性,洞達法空無邊覺智,大寂慧空。觀其大智,入心心空,證空復空。心如虚空,同於法界,了了見性,名證自性聖智法體。是本心性⑤,神用自在,清虚一静,法同法性,真如實際。若達此性,則名本源自性真實聖智無性。是故持世菩薩摩訶薩往昔因地當本大願,共毗盧遮那如來令度一切菩薩及一切衆生,同入此願,諸佛聖性金剛菩提大願,修行佛三藐三摩地甚深法忍波羅蜜多,住於清淨法身實性觀者,速成正覺無上正等菩提,當得阿耨多羅,疾當成佛。是故釋迦牟尼如來深歎持世菩薩摩訶薩:"汝曾久遠供養諸佛菩薩,今説如來金剛秘密甚深菩提,不可思議。"是時諸大菩薩見如來歎持世菩薩摩訶薩,大衆歡喜,信受奉行。

　　大乘瑜伽金剛性海曼殊室利千臂千鉢大教王經卷第三

---

① 觀,《中華藏》校勘《磧》《南》《徑》《清》無。
② 持,《中華藏》校勘《石》《麗》無。
③ 密,原脱,據《中華藏》校勘《麗》補。
④ 授,《中華藏》校勘《磧》《南》《徑》《清》《麗》作"受"。
⑤ 性,《中華藏》校勘《磧》《南》《徑》作"生"。

大乘瑜伽金剛性海曼殊室利千臂千鉢大教王經卷第四

大興善寺三藏沙門大廣智不空奉詔譯

是時如來令普明菩薩説無盡法藏真際觀門，三者有東方無極日耀世界普明菩薩摩訶薩菩提薩埵，對於如來大衆前，復爲見在一切諸大菩薩摩訶薩陳説祕密真如性淨法藏真際觀，亦令當來一切菩薩及一切衆生修入諸佛一切般若波羅蜜海藏三摩地。尒時普明菩薩同共一切諸佛説殑伽沙世界十方刹土一切菩薩摩訶薩及一切衆生，於世世生生行菩薩道修持功德時，不如於此娑訶世界一日一夜修持曼殊菩薩行願功德。何以故？此人則爲能於閻浮提忍土之中，修行忍行曼殊菩薩行願功德，是故超過諸佛淨土，則得聖力加被，速當成佛。尒時釋迦牟尼如來告諸菩薩摩訶薩言："普明菩薩乃能發廣弘誓，願當度有情者。"是時世尊對大會之衆，歎普明菩薩不可思議，是以能共諸佛如來説曼殊菩薩行願功德，能令一切衆生得爲忍土修行菩薩道。是時釋迦牟尼如來則爲一切菩薩及一切有情衆生説毗盧遮那佛金剛三摩地，令諸大菩薩修持一切如來金剛三密三摩地故，住清淨真如法藏真際觀。是故普明菩薩承佛如來教命傳授，共一切菩薩摩訶薩再向如來前，重白世尊言："我等菩薩誓當依如來所説，修入此三摩地金剛三密三菩提真際觀門。"如是普明菩薩等稽首如來言："願佛加被，則得入於毗盧遮那如來三昧性海法藏法身之中，我等諸菩薩依如來言，則入觀門。亦同得見自身中平等體性法界虛空，示現於我自性法界平等體性中，廓周法界，自在無礙，出入神用無邊性海，普皆包納十方三世一切世界，法界衆生悉皆顯現。復現諸佛三昧大智光明無相性海，皆從此三昧出現十方所有諸安立法海，悉能含藏一切諸佛智力解脱聖性菩提及諸菩薩智願，能令一切國土微塵數佛刹互相隱没，普能容受無邊法界而無障礙，成就一切諸佛功德法藏，顯示如來諸大願海故，及諸菩薩摩訶薩行願，一切諸佛法輪流出無盡般若波羅蜜，令諸菩薩演説護持，使不斷絶。"則於如此世界之中，普明菩薩摩訶薩對世尊前，更入于三昧，證法界三摩地佛微細無礙聖智，得一切如來大明慧佛眼所照普明菩薩聖①智力加持，入諸佛法界身，現一切諸佛國土。於此國土復顯出微塵佛刹，所有微塵佛刹一一微塵中復有諸佛淨土。於佛淨土中有微塵數諸佛，一一諸佛前復有普明菩薩摩訶薩住如來前。普明則對如來前，啓白世尊言："復願如來加被於我，我則得入此諸佛金剛三摩地。"是時普明菩薩則證入毗盧遮那如來金剛法藏三摩地，令一切菩薩及一切有情衆生，同願修持入此性淨

---

① 聖，《中華藏》校勘《石》《麗》作"聖性"。

真如法藏三昧真際觀。云何應得修入此觀？菩薩則當觀照心地覺用心智，惟照心性細細觀覺，覺照心體，見性無動，證覺不動，即能常用。用觀體智，見性清淨，性自離念，離念無物，心等虛空，即證聖智。如如、聖性二俱澄寂，空同無體，性體虛静。則是名爲菩薩證入真如法界性印法藏真際觀門。是故一切諸大菩薩摩訶薩、四部弟子、善男子善女人，聞普明菩薩摩訶薩爲大衆等及當來菩薩説佛真如法藏真際觀已，咸皆愧仰，信受奉行。

是時釋迦如來次第令不思議菩薩，當爲一切菩薩及當來有情一切衆生自説觀門。

四者是故如來則令東南方青色瑠璃世界不思議菩提薩埵菩薩摩訶薩，則當如來前，爲見在一切菩薩自當陳説觀門。如來祕密金剛佛眼清淨無邊法界三摩地無漏聖性，令一切諸大菩薩證入五眼無障觀，亦令當來一切菩薩及一切衆生，入如①來大菩提金剛智薩婆若海。是故不思議菩薩摩訶薩言："若有一切諸大菩薩摩訶薩及一切有情衆生欲令速成無上菩提者，先修此金剛三摩地五眼無障觀。云何得修入此觀門？先當發菩薩廣弘無盡大願四無量心，則得修入此五眼無障觀門，證諸佛心三摩般底法界性海三昧，入如來無邊等持、無邊祕密性、無邊金剛智、無邊平等慧、無邊四智海、無邊真實聖性三摩地。菩薩摩訶薩住此金剛三摩地三摩般底者，善能曉知一切諸法如來深密明智，知諸佛法性自在聖智、法界空性、無動無轉，開示一切無邊法輪、無邊功德，令諸菩薩入一切諸佛海雲三昧金剛三菩提，疾得入如來十種性海三摩地。云何名爲十種性海三摩地？一者所證入此佛性海三摩地者，令自心他心、綺言妄語、意三業行、一切諸罪盡皆消滅，悉皆得證性淨真聖，咸覩得見諸佛智身。二者得證入此佛性智海三摩地，能使自身他身，消滅殺、盜、婬，悔過先罪，悉令消滅。自能調伏諸見身心，得住三昧故。三者修證入此佛性海三摩地者，能令自口他口消滅四種口過、諸罪不善。既得滅已，能以慧眼照見五陰空故。四者修證入諸法性海三摩地，能令自意他意，消滅三毒一切意業之罪，得意地清淨，入無生心，無動慧智，神用自在，達諸佛如來法界聖性法門。五者修證入此無盡法性功德無邊性海三摩地，能令自識他識，了別法相，入第一義，觀照諦察。修入菩提聖性佛智，悉皆圓滿故。六者修證入此神用自在性海三摩地，能令自智他智，廣行菩薩行，示現聖智法力，加持一切菩薩，開通寤入諸佛菩提性地故。七者修證入此諸佛根本金剛智性法海三摩地，得見種種因緣差別不同，能令善知如來諸法一切義故。八者修證入此如來法力智性藏海三摩地，能令自慧他慧，得寤廣通諸佛智慧，入法聖地般若性海，達佛聖慧菩提聖道故。九者修證入此一切智性法海三摩地者，行諸佛甚深菩提行，能令自心

---

① 如，原脱，據《大正藏》本補。

他心,寤入百法明門,速令具足一切諸佛智故。十者修證入此諸佛本願無邊性海三摩地者,令自身他身,修入無上正等地,悉使成就諸佛聖行如來法身菩提法藏故。是時不思議菩薩摩訶薩令一切菩薩及一切有情衆生,修入此佛眼清淨無邊法界五眼無障觀。云何得入修此觀門者?菩薩將自心眼反照見用,自心智眼内觀澄寂,智眼照見五蘊性空,智眼寂静,寂智同體。觀見意淨,静照無見,名見内眼。觀用心眼,智見相應。用照寂體,心眼無礙,智眼明淨,名見天眼。諦觀識用,了別體静,識用智明,慧觀照性,了見法性,名見慧眼。諦觀法智所知,了見法義無邊聖性,能見自性慧體,名見法眼。觀照寂滅,覺了寂静。性同法界,法性無體。覺即真淨,無覺實際,了了見性,名見佛眼。是故不思議菩薩摩訶薩則自證寤入此如來金剛三摩地五眼無障觀,令一切諸菩薩及一切有情衆生修入此三摩地五眼聖性無障觀者,亦令當來一切菩薩及一切有情衆生修學此觀門,速登無上道,疾得阿耨多羅三藐三菩提故。

是故釋迦牟尼如來次第令廣意菩薩自説觀門。

五者尔時南方無垢世界廣意菩薩摩訶薩菩提薩埵對如來前:"我爲現在一切諸大菩薩,亦爲當來末世五百劫歲之中菩薩摩訶薩及一切有情衆生,是諸四部弟子等比丘比丘尼、式叉彌尼、沙彌師、大比丘僧等,陳説一切如來金剛祕密三密三摩地首楞嚴三昧。於此三昧是一切三昧王。"廣意菩薩言:"我今令一切菩薩及四部弟子等,修持入此首楞嚴三昧,速超成佛。"於意云何?若有一切菩薩一切衆生四部弟子等,廣意菩薩告言:"若住是世界,勿得行於猫法。"時有比丘常行猫法,自稱我是菩薩,於意云何?譬如有猫前至佗家,於是佗家便作爲主,見後來猫心生瞋妬,嘌唻號①吠,内心起想,畏來爭食。佛教將盡法欲末時,有此比丘修行猫法,先至佗舍,作爲主想,住施主家,悋惜資財,爲自己物。見後來比丘慳瞋怒目,作物主宰,生嫉恚心,種種謗讟,説佗長短。如此比丘親近惡友,常生貪想,雖讀經典,志求名利,不識良善。常於世間詐行精進,内懷腐爛,顯異惑衆。將諸幡像、種種香華,行向人家,彊行供養。密行諂曲,意在求財。佛言語諸比丘,亦不應恃官挾勢,畜積生計,假託息利。推步盈虛,呪術醫藥,曆算卜筮,如②出家僧尼之人,是佛弟子,常當精進,勿行此行。無智比丘誑他迷惑,非言自墮,亦墮他人。是故廣意菩薩摩訶薩重白世尊言:"唯願如來印受我願,加護於我,我當則發弘誓大願,不忍見於來世末劫不善比丘及一切衆生作斯業行。"是時釋迦牟尼如來告言:"廣意,許汝説之。"

尔時廣意菩薩入此三昧,安詳住定,起佛大慈,當救來世一切衆生,師僧父母、比丘比丘尼、善男子善女人等令修此觀。廣意菩薩則對如來及諸大衆,説令修入金剛

---

① 號,《大正藏》本作"嘷"。

② 如,《中華藏》校勘《石》《麗》作"如此"。

祕密首楞嚴三摩地三昧性海。其首楞嚴三昧者，譬如虛空無有內外，一切無礙，亦無動搖。云何首楞嚴三昧者體有五種名？一者微塵數諸佛三昧，同一首楞嚴三昧故，一體金剛三摩地。二者百千諸佛金剛三昧，入楞嚴三昧同爲一性故。三者師子吼千三昧，同一楞嚴，在中一體故。四者一切如來一切波羅蜜多，同一金剛般若楞嚴三昧故。五者諸百千祕密聖性菩提三摩地，同入首楞嚴故，是名爲一。是故諸佛一切神通自在法性聖智慧海，總是首楞嚴金剛三昧王攝。所以者何？是故一切有情衆生根本賴邪含藏之識，三世一切法，八萬四千塵勞種子，無量無邊智慧法性，是首楞嚴菩提種性。云何得入諸佛如來菩提種性薩婆若海楞嚴三昧滅除塵勞業力種子？如是妄想惡種識性猶如微塵，甚深密細，幽小微妙，能含能藏，難可得見，如何相捨而得出離？廣意菩薩告諸菩薩言：“若修金剛首楞嚴三昧者，則得出離。於意云何？不假功力，諦觀本心，玄入心地，到於法藏真如性海，當自消滅。”如何修此楞嚴三昧？一切菩薩言：“云何而自修習？”是時廣意菩薩言：“當心照看細細觀性，用慧方便智燈，照入如毛頭許事一微塵性極微無性，即見心定，如如不動，智性寂靜，空無有性，是名修入楞嚴三昧。真淨體性，體用反照，用慧細觀。澄心見性，本源體淨。證性清淨，唯靜唯正。唯寂唯靜，了了見性。是名正定楞嚴本靜。如此用功，不入邪定，永到菩提，同佛聖性，證法身如如，得名究竟。”是故廣意菩薩摩訶薩令一切菩薩及當來有情衆生，修入首楞嚴三昧故，速證阿耨多羅三藐三菩提。

　　是故釋迦如來次第令無邊智菩薩，當爲一切菩薩有情衆生自說觀門。

　　六者西南方白色頗瓈世界無邊智菩薩摩訶薩菩提薩埵，對如來前，稽首世尊，而白佛言：“我爲現在一切菩薩及爲來世劫濁亂世法欲末時，一切衆生有情命者，我爲陳說如來金剛祕密三密菩提觀，令現在一切菩薩及當來有情衆生，速疾修入覺證平等性智金剛三摩地現證菩提觀。”尒時衆中有一覺慧菩薩，問無邊智：“於此觀門有幾種法？”無邊智答言：“當有七種秉説修學。”“云何證得？有何因緣證菩提心？何者是菩提心？於是菩提心者有所得不？”無邊智菩薩答覺慧菩薩言：“仁者，若菩提心有所得，無有是處。現在心不可得，未來心不可得，過去心不可得，若離菩提心亦不可得。菩提心者不屬因，亦不屬緣，不可名言，似有爲法而可立相。非是造作，亦非不造作。亦不可得見，亦不可得知。”無邊智菩薩告覺慧菩薩言：“如是菩提無量功德，微妙事業無有形相。菩提心者不可名心，亦不可説名爲無心，不可説名爲色，亦不可説名爲無色。如是菩提菩提功德，微妙清淨，永不可得，一切有情心亦不可得。何以故？菩提及心同於法界。”是時覺慧菩薩語無邊智菩薩言：“菩提及心都無可得者，云何修入平等性智三摩地現證菩提觀、得無上智正等菩提？”是時則無邊智菩薩語覺慧菩薩言："若有一切菩薩，當發如來四無量心，如來四無量①心者，同於法界聖性金剛，等若虛空。靈聖加被者，則得證菩提。云何修入於此止觀？菩薩諦察，當照本心，觀貪覺性徧行心起，則住法界性空正定，入三摩地，證心寂靜，不動不見，入菩提心，得名現證菩提心觀。又照見瞋心徧行五處，於自佗人，見有情性，證法無性。不起有相，意根正定，入三摩地，意靜寂性，識性不動，入菩提心，則名現證菩提心觀。又照眼識根，徧計所執，疑妄心生，染著諸色，住正定心，色塵不起，眼見色等無相寂靜，證聖智心，入菩提性，則名現證菩提心觀。又照鼻識根，心著諸香氣，染入識智，同於性體。觀自體性香界識界，通爲一體，識顜心起，不染香界，鼻根清淨，證五分香體，入三摩地，達菩提心，同佛實際，則名現證菩提心觀。又照見耳根響應聲，聽苦樂悲喜，心著情性，住佛音聲，法樂自在，聲塵不起，三昧正性入三摩地，耳識根靜②入菩提心，是名現證菩提心觀。又照見舌識深入味界，味根微妙，染著性體。觀自性心，入自佛性，證識正定，不染塵味。舌識界中，味性寂靜，入菩提心，同佛聖性，則是名爲現證菩提心觀。又照見身根，身觸細滑，徧證諸識，受觸身根，心性快樂。觸塵微妙，染著五慾，當觀五慾，心識爲主，貪愛爲母，無明爲父。身亦爲根，生長邪執，是故菩薩應當細照，諦觀心性，入三摩地，見佛海性無受無觸，諸根寂靜，心無掉舉，不造諸惡，身恒清淨，不染六塵，是真梵行，無有所著。如是修者入菩提心，則名現證菩提心觀。"是故覺慧菩薩言："云何修入疾證菩提？"無邊智菩薩答言："一切菩薩若修七種極難難入祕密金剛現證菩提觀者，則當速疾證入此觀。若得證入，云何而作方便？更修心地。入是觀門有何次第？如何修持？若菩薩修證迅成，重觀心地，當用其心，觀心見心，心眼見性，了了分明，見性無見。心淨意寂，識用性靜，寂照靜無，見塵滅定，俱等身中，澄寂證淨③，不見身根與觸同性。"是故覺慧菩薩聞無邊智菩薩摩訶薩說是菩提心觀已，對如來、大衆前，踊身虛空，高七多羅樹，作諸神通，踊躍歡喜。於此會中諸大菩薩摩訶薩同聲讚言："甚希奇特！得未曾有。"是故會中同時得有八萬四千億諸大菩薩摩訶薩，修此現證菩提觀門，得證無生法忍，後當來世一切菩薩、一切衆生亦同此願，修是觀門，得阿耨多羅三藐三菩提故，一切大衆聞見說已，信受奉行。

是時釋迦④如來次第令無邊音聲吼手菩薩，當爲一切菩薩有情衆生，應當而演自說觀門。

七者西方無量壽世界無邊音聲吼手菩薩摩訶薩菩提薩埵，對如來前，啓白世尊："復願如來護念於我，我當如來前，說一切菩薩令修入一切諸佛祕密金剛菩提三摩地

---

① 四無量，原脱，據《中華藏》校勘《麗》補。
② 靜，《中華藏》校勘《磧》《南》《徑》《清》作"淨"。
③ 證淨，《中華藏》校勘《麗》作"澄靜"。
④ "釋迦"後，《中華藏》校勘《磧》《南》《徑》《清》有"牟尼"。

甚深殊特淨土觀，亦令當來一切有情衆生修入此觀。”是時會中諸大菩薩衆，對如來前，稽①白吼手菩薩：“云何而得修持入此觀門？”吼手菩薩答言：“若有菩薩當須如實知見，令受心法，入心意念，則名受法。已受得法，則是受者，心即無念，意即無思，名心無動。於心無動，是真念佛，得入淨土真實殊特淨土之觀，是故則名菩薩真實志誠修入。”“云何修持得入此觀？”吼手菩薩言：“若菩薩先當重入如來十種諸佛了覺心地，清淨解脫真如法觀，聖智理性法性淨土。云何名爲十種法性淨土？ 一者得受法者觀極樂淨土，受念法已，法本無執，受教念者智行無念，法智無受，即是真受。法本無生，法相亦然，則是了覺，是名淨土。二者受得法已，若作無相，能觀所觀，念無思想，得證性土，無身無受。非觀法相，發起聖行，了覺見性，證入淨土。三者若受得法，觀法無著，觀念無處。不見光華，亦無形像。佛體無相，猶如虛空，無有處所。無念三昧，亦復如是。以②此修念，是名覺了，真入淨土。四者得受法時，觀佛毫相等於法界，無有色象③，唯見清淨，不見體相，同佛法身，無有別異，淨如瑠璃，內外明徹，了覺心性，性静無物，是名淨土。五者若受得法，觀自心地，照見心性，現佛世界無量淨土，諸佛如來、一切菩薩，及見自身亦在其中，覺了分明，得入淨土。六者受是法已，自身佗身，觀見生死無量劫來，輪環六趣，受諸苦樂。從生死界得出煩惱，證自心境蓮華化生，見佛報身晃耀明朗，猶如千日燦盛無比。了覺自身在於佛前，入如如觀，是名淨土。七者受法得已，諦觀心性，入佛三昧，當見自身無明有愛，等同體性，不相捨離，深著纏縛，未有出期。是故菩薩當發大悲，適然清淨，住佛三昧。得此三昧，了見身心，根本自性淨如瑠璃，瑩徹無障，名入淨土。八者受得心法，當自觀行，覺心境界妄取諸見，顛倒心生，執著我心，迷感邪見，障蔽體性，不能明了。誓當精進，爲諸有情勤修淨土，惟願如來覆護我者。今對世尊，則入三昧，乃見自性心如水精，映徹內外，悉皆清淨。明性了見諸佛淨刹，同我體性，無有別異，是名覺了自體清淨得入淨土。九者當受得法，觀照心體，唯見自性，不見心礙。重觀自性，深入法體，即見起滅。生死變易，無有能定。則當重發大慈大願，再觀心性，勤加功力，其心入定，經無量劫，不出三昧，志願在定。常入三昧，教化蒼生，令證菩提。明慧實際，覺了心體，入於寂静，得名淨土。十者受得法教，依受教已，諦觀心鏡，照見心性。唯照唯清，唯照唯淨。徧觀十方，廓周法界，朗然寂静，無有障礙。性如虛空，同彼彌陀法身淨土。於此淨土發弘誓願，當救有情，悉令解脫。覺了心鏡，得入淨國，同佛聖性，是名淨土。如是菩薩入此淨土。云何當來教諸菩薩修入觀門、證得法性諸佛淨土？ 是故菩薩先當自心觀本覺體，照見心性，內心外緣，內覺心起，即覺外緣。但觀內心，心寂

---

① 稽，《中華藏》校勘《麗》作“啓”。

② 以，《中華藏》校勘《石》《麗》作“如”。

③ 象，《大正藏》本校勘明本、甲本作“像”。

無始。圓照寂滅，覺悟無物。細觀心性，六識俱泯。五蘊自空，覺證寂静。得心心空，滅盡癡定。三毒一體，覺了同性。唯真唯正，法身寂定。”是故無邊音聲吼手菩薩摩訶薩菩提薩埵，令一切菩薩當來及一切有情衆生，同證入十方一切諸佛、阿彌陀觀自在王如來法身聖性淨土觀。是時吼手菩薩成就一切諸佛金剛祕密十種淨土，令一切菩薩及當來衆生，同修觀行，入佛三摩地，得阿耨多羅三藐三菩提故。

是時釋迦如來次第令殊勝益意菩薩摩訶薩，當爲一切菩薩、有情衆生自説觀門。

八者西北方紅色摩尼世界殊勝益意菩薩摩訶薩菩提薩埵，對大衆會，向如來前，爲現在一切菩薩、當來惡世有佛無佛有情一切衆生，陳説如來金剛三摩地自在無礙觀。啓白世尊：“願佛許我，惟願如來納受我願。”世尊則告益意菩薩：“吾今許之。”益意菩薩摩訶薩則入三昧，從定而起，當發諸佛大慈大悲深密大願：“我爲來世有佛無佛一切諸天有情衆生及諸菩薩，生於三世，我當救之。復願我心等如虛空，無有休歇，盡未來際，同於衆生等類之身，盡受無量生死出没，作諸同類，接引羣品，饒益有情，令出輪迴四生苦海，修入菩提金剛佛地。”益意菩薩言：“若違誓願，起於五欲貪著之心，及慳貪、嫉妬、怨恨等情者，我則誑於十方一切菩薩諸佛如來，我願則不成。惟願如來照知我心，我當發願：從今以後乃至成佛，常當護持諸佛大願，修行梵行，隨順淨戒，遠離諸惡過咎、不善惡業之愆，唯佛證明我等大願。惟願世尊慈悲覆護，我今復有更發大願：願我身相及我名號，未聞我名，願得聞之。若得聞者，便知①名號及我身相，十方普聞，法界證知。惟願如來與我授記，令一切衆生決定成佛。”益意菩薩復對世尊，慇懃重啓：“諸佛賢聖虛空幽顯，我有大願，志求如來清淨佛眼，神通自在，遊歷十方，得見諸佛。復願加被②於我，願我身心證菩提，未見我者願令得見，若得見已，疾證菩提。未得見我相好之者，願令得見。既得見已，便證菩提，速令解脱。未得佛法，願令得法。未受得法，願令受得。既受得已，心開大悟，速③證菩提。惟願世尊，惟願如來與我印可，我④徧於十方，等如法界，四維上下，皆能等入諸佛性海金剛三摩地，八聖道力加被於我。云何爲八？一者復願悉見諸佛如來出興，教導有情，諸大菩薩、一切衆生同我願故。二者亦見諸佛如來放大光明，照曜千界，靡不周徧。照觸我身入八聖道，證見自身神通自在。聖力加持，開悟佛道。三者亦見自心在佛法界，住三摩地，安隱快樂。四者亦見自身普入聖智，住佛聖性，速達菩提。五者亦見自身普證諸義，辯才無礙，教導衆生。六者亦見自身普入諸地，登菩提道，漸當成佛。

① 知，原作“之”，據《中華藏》校勘《南》《徑》《清》改。
② 加被，原脱，據《中華藏》校勘《麗》補。
③ 速，原作“達”，據文意改。
④ “證菩提”至“我”，《中華藏》校勘《石》《麗》與上文“知名號”至“願我身心”位置互換。

七者亦見自身頓悟諸法，住如來地。八者亦見自身普徧法性，住佛法界，成佛法身。是故名爲證八聖道。入自性聖智，同一真如。如來法身，徧周法界，同太虛空，等入菩提如如實際。”是時益意菩薩摩訶薩言①：“我今普爲法界衆生一切菩薩，對如來前，重演諸佛金剛祕密菩提三摩地無礙法性觀，惟願如來印受我教。”尒時釋迦牟尼世尊如來告言：“誰當開説，吾許演之。”是時益意菩薩承佛聖旨，告一切大衆：“若有菩薩求菩提時，修持無礙法性觀者，若能修習，先當發願，起大悲心，依我大願，修入此觀。云何修學，復願指示。總當信受，依教奉行。”諸菩薩言：“如何修入？云何觀照？”益意菩薩答言：“語諸菩薩，當心照用，諦觀心性清淨無物，用覺證定，見性寂静，唯照唯寂，唯用唯静，照見心靈虛朗瑩淨，廓然明達，無有邊際。如月在空，清徹法界，神用聖性，等空無礙。”是故益意菩薩摩訶薩勸發諸菩薩，修入如來金剛菩提無礙法性之觀。法性無礙觀者，法本不生，今則無滅。菩提不增，波羅蜜多不減。若菩薩住此法性觀門，修學無上正等菩提者，速超法界，疾證菩提，得阿耨多羅三藐三菩提故。

是時釋迦如來次第令無盡慧眼菩薩，當爲一切菩薩有情衆生自説觀門。

九者北方不空寶月世界無盡慧眼菩薩摩訶薩菩提薩埵，向大衆會中，從座而起，合掌向佛，長跪叉手，而白佛言：“惟願如來納受我願，我當説之。我則當發如來大願十種聖性心，證入祕密金剛解脱法門。”世尊告言：“語慧眼菩薩，吾當許汝，惟聽演説。”是時無盡慧眼菩薩則入三昧，以三昧力，慧眼明徹。菩薩得見過去、未來、現在一切諸佛、一切菩薩、一切諸天、一切衆生，親對如來，自説三昧聖性之力金剛解脱如來祕法，盡皆信受。依我大願，修集菩提祕密金剛無二觀門，當證金剛解脱。是時無盡慧眼菩薩摩訶薩復願：“世尊加被於我，願我心性入於聖智，同爲一體，當證清淨，心性淨者則是如來菩提性也。菩提之性體無染汙，亦無色象。菩提之性與空俱等，菩提之性同於法界。法界性者等同平等，平等性者則同究竟，心性寂静，同爲一體。是故菩提聖性無一無二，亦無別異。如此證者真同法性，無入無出。言法性者，不執於入，不執於出，法性無相。如來聖性無出入處，法智聖慧，明達無障。神用寂滅，無相無境。云何名爲無相無境？不取眼識，名爲無相。不觀色塵，名爲無境。乃至不隨意識了別，名爲無相。不觀外緣，心無妄想，名爲無境。法性本如，相境亦静，二相無別，同體一性。何以故？入佛三昧，性同等至。菩提性境，等無有異。是故菩薩、一切衆生勤加修入十種聖性，則得證成祕密金剛菩提無二法性觀三密解脱門。”

尒時大會衆中，是諸菩薩當自有言：“云何修習法性觀者當學聖智十種聖性解脱觀門？何者次第？如何修入？”無盡慧眼大士告諸菩薩摩訶薩言：“當自於心，諦觀心月，處空静明，體性清淨，通徹無翳，心同明月，朗瑩清虛，性如白雪。”於是如上所説，

────────

① 言，原脱，據文意補。

聖性祕密法性金剛菩提寂静如何得至，達到菩提，速證成佛。是故大會諸大菩薩衆，同聲啓白無盡慧眼大士菩薩："仁者，云何名爲十種法性祕密聖智無二解脱法性觀門？""一者世尊説方便智，修入如來金剛功德法性聖智三摩地，證成聖行無二境相金剛菩提解脱門。二者如來嚴淨一切諸佛國土調伏衆生，令入菩提究竟出離三界自證聖智金剛三密法性解脱門。三者入諸三昧，遊歷十方，普詣一切如來所修菩提，成就無漏一切功德，令一切菩薩證入金剛性智解脱門。四者安住三摩地，令一切菩薩速得進入十聖佛地，達般若海聖慧法性，證入金剛解脱門。五者於三昧中得見諸佛，普入法界如來淨土，見諸菩薩在如來前受教而聽，入金剛身，證解脱門。六者在於三昧自見如來宣説祕密深妙法義，徧諸國土，悉皆得聞甚深微妙聖智法教，速證菩提，不可思議，令諸菩薩證入金剛聖性辯才智慧解脱門。七者住是三昧，見過去、未來三世佛刹，當見微塵數一切諸佛、一切菩薩如來教法，是即修入菩提法觀解脱門。八者入於三昧，一念之中見三千大千世界成劫、壞劫成壞之事，久遠已來修持聖智，成就菩提故，於一時一刻一念，證金剛定解脱門。九者入三昧聖性，見一切諸佛三摩地，證見自身，亦見佗身一切菩薩諸根性智、心量深淺，令同諸佛大悲本願，同修梵行，行菩薩道，更相運度，證金剛慧，入解脱門。十者入三昧定，運大悲心，令諸有情志誠發行諸佛大願，共一切菩薩及諸衆生常修戒、定如來聖道，學佛威儀，修持密行，得六神通，智慧如海。不住涅槃，導引羣品，令證菩提金剛聖智三密法性解脱觀門。"是故無盡慧眼菩薩摩訶薩，故能顯説法性聖行解脱觀者，令一切菩薩、一切衆生如説修行，願令習學如來聖行聖性三密金剛菩提正智正見如來祕密法性解脱觀門，次第修行，令證諸佛一切種智聖力方便，如來加持，成就菩提，速得圓滿。是故釋迦牟尼如來深讚無盡慧眼菩薩："善哉！善哉！汝能快説如來一切諸佛金剛祕密法性解脱法門。"其時大會一切衆中有十六萬億菩薩摩訶薩，證法眼淨，入佛三摩地，同修入此法性解脱觀，得證阿耨多羅三藐三菩提故。

　　尒時釋迦牟尼如來次第令賢護菩薩，當爲現在一切菩薩及當來有情一切衆生自説觀門。

　　十者東北方金色世界賢護菩薩摩訶薩菩提薩埵，對大會衆，啓白世尊："我當來世第四五百年劫濁亂世，如來聖教將欲末時，所有一切諸大菩薩、所有一切有情衆生令修正見，令行正教，勿行邪命，勿行眩惑。如是一輩諸惡比丘、有癡衆生，不信聖教，詐作賢良，詐現聖相，誑惑世間癡闇之人，詐明假聖，口言我見前世、後世生死之事，詐解佛法，倒説經律，迷惑衆人，令生信我，圖取財物，貪著邪見。如此之人是魔伴黨，破滅正法，猶如狂人，言義失叙，不依次第，不識好惡，猶若猿猴，心無定止。"是故賢護菩薩重白如來："稽首世尊！不忍觀於當來苦世惡業衆生作如斯幻，今則如此正是其時，盛行邪諂，不依教典。是時賢護菩薩我有大願，誓當救之，惟願如來納受我願。”是時世尊告言：“賢護菩薩，汝曾久事供養恭敬微塵數劫諸佛如來，得深祕密金剛法藏如來護念，今正是時，汝當演説。”“世尊若許，惟願如來加被於我，我則敢説。”尒時釋迦牟尼如來言：“吾今許説，汝當演之。”是時賢護菩薩則對大衆、世尊如來前，不起于座，入於三昧，名爲如幻三摩地如幻三昧。從三昧起，則説一切如來無盡不壞金剛福田聖性聖慧自在神通如幻三昧。若欲修持聖性聖慧如幻三昧者，先當修入十種殊特甚深難勝諸佛聖行，然後乃當修得聖性聖慧如幻三昧。云何修入十種殊特聖行聖性如幻三昧？何者名爲難勝聖行？云何名爲甚深聖性潛加八識？云何而行修持身心智行俱證十種聖行如幻三昧？一者修行達悟菩提心，證虛空無意識，想自性清淨，如如真静，無相無願，心同法性，自性本空，體性寂静，如幻三昧。二者修持得入法位，修進菩提，知見四諦，超入聖地，是名殊特如幻三昧聖性聖慧，超越二諦，一體真如，同於如來智海佛性如幻三昧。三者如説修行，入於聖性金剛三摩地，不住佛法，亦不住菩提。不證道果，亦不見於罪行八邪道。入佛聖行性同一體法身聖性如幻三昧。四者修習不捨三業，證三脱門，入於世諦，行菩薩道。從是三昧起聲聞心，入聲香界，不著三世，性同真如如幻三昧。五者修持而行空法，示現住於聲聞形相威儀，盛行非道，見行非行，於非行中持淨梵行，接引衆生，能行非相，得達菩提，入於佛道，是名聖行如幻三昧。六者修行無相，而隨音聲不著聲相，入十二緣，證聖心量。不習二諦，緣覺斷妄。住煩惱性，不入有障。盛行有爲，不著法相。現辟支身，作世尊像。引歸大乘，成就無上阿耨菩提，一切迴向，是故名爲迴向菩提如幻三昧。七者修學常觀無礙智慧，辯才説法，導引有情衆生，入佛法性，徧於一切不染世間。入涅槃静，恒住苦海。常在禪定，不入於定。住於三昧，不在三摩地，名爲如幻三昧。八者修行能現有相，住於非相，而入諸欲，不染於行。離衆生見，執著結縛。向世間心，住淨常樂，出三界心，名爲如幻三昧，是如幻樂。九者修行而現凡夫事，不著三界。入於邪道，不染貪愛。住世諦中，離癡五蓋。入三毒根，不住五欲。證於空性，法滿具足。在蔭界心，智慧如燭。證解脱門，出離五欲，名爲無著如幻三昧。十者修學而現愚癡，入諸煩惱，不壞世法而住涅槃，於生死海不犯八難，住於三界，不得無難。如是住者，當證無見，於五欲法實無所犯，不著世諦，是則名爲如幻三昧。”是故賢護菩薩説演如來聖性十法如幻三昧，殊特難勝真實聖行無盡福田者，是故若有一切菩薩次第修行如幻三昧者，先當證悟諸佛三密聖行無盡聖性金剛聖力三摩地，然後得證如幻三昧，迅疾玄悟，入一切諸佛金剛聖性實際三摩地觀。云何習學？當見是義，了了分明，如説修行。是故一切如來聖行諸法祕密一切三昧者，實無可得，如幻無定。自性真如，諸法寂静。證寂體性，空無所有。是故如來一切諸法皆悉如幻，三世衆生悉亦如幻，有情無情及諸賢聖皆當如幻。何以故？爲由於業，隨業流轉之所化故。佛言我身亦尒，一切事相無有定法，一切聖化聖如幻故。三千大千一切世界假會和合,亦皆是幻,諸法亦然。菩薩比丘皆作如是一切事業,共如幻故。凡所有法無非是幻,因緣假合之所成故。是時賢護菩薩令諸菩薩及諸賢聖,修入菩提如來聖行聖性無盡殊特功德、不壞金剛聖力福田、自在神用如幻三昧智海、清淨聖性之觀。云何受持? 云何修入? 賢護菩薩大士告諸菩薩言及一切眾生:"先發如來大慈大悲、大願大行如幻聖性,然後修習無上正等菩提觀門,悉地成就。若欲修者,菩薩先應用慧,當心照性,見圓鏡智,心眼處觀見心體性,唯觀唯定,唯定唯正。聖智圓明,唯寂唯静。入自真如,同佛體性。達金剛際,神用自聖。作如是用功,證金剛喻定,速得成佛,同如來聖。"是故賢護菩薩摩訶薩令於當來一切菩薩及一切有情眾生,同修此教如幻菩提三昧正觀。更相運度,速超彼岸。是時賢護菩薩當發大願已,閻浮世界及千國土諸佛淨刹忽然明朗,變爲金色,六種震動,天雨諸華繽紛亂下,香氣芬馥,滿於法界。其時舍衛國中祇園精舍大會道場内,六百萬億菩薩摩訶薩得證四聖眼:肉眼、天眼、慧眼、法眼。神用自在,智慧辯才,總皆一時,當自發弘誓願,悉同賢護大士菩薩摩訶薩,修此如幻三昧聖性觀門,當來同救一切眾生,盡皆成佛。是時釋迦牟尼世尊及諸佛如來,共一切賢聖諸大菩薩摩訶薩眾,同聲讚歎賢護菩薩:"善哉! 善哉! 能以真實無漏慧智,説演諸佛如來金剛聖性、殊特微妙、甚深如幻三昧觀者。"大眾齊聲唱言:"賢護菩薩不可説盡,不可思議,善能演説如來一切祕密教故。"是時舍衛國大會諸眾,一切菩薩、一切聲聞、一切諸天、一切四部弟子、善男子善女人、一切龍神八部、一切鬼神等,同聲稱讚,歎未曾有,咸皆悟解,歡喜無盡,信受奉行。

大乘瑜伽金剛性海曼殊室利千臂千鉢大教王經卷第四

大乘瑜伽金剛性海曼殊室利千臂千鉢大教王經卷第五

大興善寺三藏沙門大廣智不空奉詔譯

二者後演一切賢聖入法見道顯教修持品第四[①]

是時釋迦牟尼如來在舍衛國中祇園精舍大道場,大會眾中有百億菩薩摩訶薩眾,五萬億聲聞、緣覺眾,八萬億比丘、比丘尼、沙彌、式叉四部弟子眾,五萬億龍神八部眾,八千億鬼神夜叉眾,世主四天王及諸轉輪聖王有七萬億眾,八千億天帝、六欲諸天眾,九萬億大梵天王諸天眾,四萬億人王世主、小王眾,三萬億善男子、善女人

---

① 品第四,原作"第四品",據品次前例改。

衆。尒時釋迦牟尼世尊在大會中踞①師子座,坐百寶蓮華臺,入金剛三摩地,放金色三昧光,普照一切大千法界、他方諸佛國土、微塵數佛剎,靡不周徧。是時他方淨土諸佛、世界諸大菩薩,同時盡見金色大光明。見斯光已,警覺身心,而來集會,向娑婆世界大道場會爲作證明。諸大菩②薩摩訶薩有百千萬億衆,其時菩薩衆會之中有一菩薩名曰普眼,稽首頂禮釋迦牟尼如來足,而白佛言:"普賢菩薩今何所在?"世尊報言:"普眼,普賢菩薩今見在此道場衆會,親近我,住在吾左邊,初無動移。"是時普眼及諸菩薩復更觀察道場衆會,周徧求覓,不可得見。普眼菩薩而白佛言:"世尊,我等今者猶未能見普賢菩薩其身及於座處。"佛言:"如是普眼善男子,汝等何故而不得③見邪?"世尊語普眼曰:"普賢菩薩住於法性之身,甚深微妙,不可説見。是故普賢菩薩獲無邊智慧金剛性身。普賢菩薩在於師子奮迅之定,住首楞嚴三昧,得無上菩提,神通自在,同於如來法身清淨,證得無礙實際。普賢菩薩得住如來十種聖性聖力,以得智藏法界爲身,一切諸佛如來共所護念。"尒時普賢菩薩對如來前,則現聖性自在神力,於一念頃悉能證入微塵佛剎三千大千世界,三世諸佛無礙無別,智身、法身同體一性。是故佛言語普眼:"汝等諸衆不能見尒。"是時普眼菩薩聞如來説普賢菩薩甚深聖智微妙清淨功德之身,普眼菩薩便則對如來前,證入十千阿僧祇三昧,以三昧力復更徧照觀察,渴仰不已,欲得願見普賢菩薩。普眼乃更重觀,亦不能覩,其餘一切諸菩薩大衆等俱亦不能得見普賢身形相好。是故普眼菩薩從三昧起,向如來前。白佛言:"世尊,我已入十千阿僧祇三昧,求欲願見普賢菩薩,而復畢竟不可得見其身相好、普賢之行,及是身業、語業、意業,坐、立、行、住,悉皆求覓,都無所見。"佛言:"如是如是。"佛語普眼菩薩:"譬如幻中種種幻相,所幻住處尚不可得見。何況普賢菩薩,祕密身相體同虛空,身亦祕密,語亦祕密,意亦祕密。當知普賢聖力自在,不可思議。而於法界能入能出,能見能現,能隱能没。何以故?普賢菩薩境界甚深,不可比度,難思難測。惟佛能知,無有量已過量。舉要言之,普賢菩薩以金剛慧三昧普入聖性,同一切法性法界,於一切世界無所依止。普賢知一切衆生身心皆空,無去無來,性同普賢,無有差別,無依無作,性無動轉,至於法界,到究竟處,譬如虛空,虛空之性不可得見,普賢身心亦復如是。"尒時世尊於大衆中告普賢菩薩摩訶薩:"汝乃於過去世來久遠,值遇諸佛如來微塵數、微塵數阿僧祇劫,等如虛空,供養無數如來、菩薩,説不可盡。"是故如來問於普賢:"汝當應知往昔已前,過於無量佛剎世界空劫之中,汝曾見聞毗盧遮那如來出世之時遇佛聞法,佛説金剛祕密甚深法藏,是誰爲首與

---

① 踞,原作"攄",《大正藏》本作"據",據《中華藏》校勘《石》《磧》《南》《徑》《清》改。

② 卷首至此,原《金藏》本殘缺,以《麗藏》本補。

③ 不得,原作"得不",據《中華藏》校勘《磧》《南》《徑》《清》改。

諸佛如來、諸大菩薩、緣覺、聲聞四部衆等及此會中大菩薩摩訶薩者？先世已來是誰爲師作於導首、令發菩提之心引化成佛？"普賢菩薩聞如來語，承世尊言，即從座起，向佛作禮。右膝著地，合掌恭敬，而白佛言："世尊，我曾往昔過去世時，得值得遇毗盧遮那如來説過去世時①，久遠已前未有佛時，有曼殊室利大士菩薩出世，教化無量微塵數説不可盡一切衆生，令發菩提之心，修金剛三密三摩地，盡當成佛。又更介時曼殊室利，其時便於大會衆中，當自發誓，廣弘大願，願我心等虛空，徧周②法界，如太空中法界無盡，我則當自盡其志力，廣度蒼生，無有休歇。"曼殊室利大士菩薩則向大衆之中發大音聲告言："諸仁者，誰能與我同願同行？能承我願，與我爲③子，紹繼我法，我則爲説大乘瑜伽金剛祕密聖性三摩地成等正覺無上菩提廣大因緣，令行菩薩道，接引有情，更相運度，得成佛果。"忽然登時從此衆中出五大仁者大丈夫，來向佛前，頭面禮敬世尊足已，則當其時發大聲言："我能依此曼殊室利菩薩，能發大願大行，廣度衆生，心同虛空，亦無休歇。"則當是時曼殊室利菩薩告言："大士善男子，汝等五仁大丈夫能共吾發行同願，心等虛空，法界無盡，能發廣弘大願之行，救度一切有情衆生，得成正覺者，汝則真是吾子，吾即與汝五仁之者同其心故，廣度蒼生，盡未來際。"五仁大丈夫答言："我等五仁揔同曼殊願故。"曼殊室利則爲與五仁者大丈夫安立名字故，是時五大仁者依此名號趣入菩提。云何名爲五仁者大丈夫安立名號？一者名曰毗盧遮那，二者名曰阿閦，三者名曰寶生，四者名曰觀自在王，五者名曰不空成就。

　　是故五仁者大丈夫立其名號故已，其時五仁者便配五方各住一處金剛性海三摩地世界，導引有情，教化蒼生，是故如此。又五仁者重啓曼殊室利菩薩告言："大士仁者，與我説一切諸法及説我心，有真如根本清淨自性，二種法者爲有、爲無？"大士仁者曼殊室利答言："亦有亦無。云何二法亦有亦無？則是第一亦有者，復有二種之義。云何爲二種之義？一者我執，二者法執。執法執我者，我執、法執二義，即於我法之中而能有障有礙，則能於其④情性徧計所執及一切處，則是慧性不能明徹自在用故。二者無我執、無法執二義，若菩薩不執我、法二義，則於我法之中通達無礙，即無徧計所執性，則得慧性明徹自在用故。第二亦無者復有二種之義，云何爲二？一者心真如，二者心有根本自性清淨。云何一者心真如？爲執真如作有爲相，即自執著我性根本，自性垢故不得清淨，於一切處有障有礙，則生煩惱，貪瞋癡故。任運繫縛，處處生滅，我性苦故。云何二者心有根本自性清淨？爲自性本來寂静，無障無礙，則

---

①　"得值"至"世時"，《中華藏》校勘《磧》《南》《徑》《清》無。

②　周，原作"同"，據《中華藏》校勘《石》《麗》改。

③　我爲，原作"爲我"，據《中華藏》校勘《石》《磧》《南》《徑》《清》《麗》改。

④　其，《中華藏》校勘《磧》《南》《徑》《清》作"有"。

真如無爲徧一切處，與根本自性清淨性同空故。是以性等真如根本清淨，自性同體，聖性空故。無縛無解，畢竟清淨，性體寂靜故。”是故五仁者大丈夫，見聞説以無上菩提正真妙法，心大歡喜，即起作禮，頂戴大士曼殊室利菩薩足。又則五仁者更重諮啓大士曼殊室利菩薩大士：“仁者更亦爲我重説，我身之中心性，及與大士菩薩曼殊室利，并與一切衆生心性妙智等同一性不？”大士菩薩曼殊室利答言：“吾與汝五仁者及一切衆生心性，等同一體，無有別異，淨如琉璃，內外明徹，無有增減，悉同清淨。是故善男子汝當諦信，吾今與汝五仁者重再實説，是故汝等心性智慧及一切衆生，與吾無異。”又大士曼殊室利言語五仁者：“佛説我心無主，身亦無我，名曰摩訶金剛般若波羅蜜多，爲身心性具足一切法，亦等同於如來智身、法身。何以故？身如性相，同體無別。常住首楞三昧性三摩地，性淨清徹。是故如來説，善男子亦復如是，如汝五仁大丈夫便立其名號者，則得隨名解脱，於意云何？一者大丈夫名曰毗盧遮那，身心清淨，性智菩提得圓滿是。二者大丈夫名曰阿閦，身心無動，性亦無相，大圓鏡智菩提圓通是。三者大丈夫名曰寶生，身心平等，性智菩提，一靜一性是。四者大丈夫名曰觀自在王，身心清淨，妙觀察智，聖慧通達，金剛菩提是。五者大丈夫名曰不空成就，身心智量，性等虛空，形同法界，聖性聖慧，成所作智，自在神通，悉地成就，一切菩提解脱是。”

　　尒時如來説言：“如五仁大丈夫智性，須假大士曼殊室利菩薩金剛般若慧爲身心主，成就一切法聖智性，能與五仁大丈夫身心成熟，慧性圓明，法滿成就，乃能證得無上正等阿耨多羅三藐三菩提。所以曼殊室利大士菩薩能成熟五仁大丈夫五智金剛般若波羅蜜多，同一切諸佛五智性金剛菩提故。”尒時曼殊重啓如來言：“諸大菩薩摩訶薩身心聖智性同一體，亦同聲聞、緣覺四部衆等身心淨智性同一體，亦同諸天、大梵王等身心淨智性同一體，亦同龍神八部及一切衆生等身心淨智性同一體，智慧清淨無有別異，猶如水精內外明曉，更無有異，本來清淨，自性真如，寂靜無爲，以無所得。”是故釋迦如來告大士曼殊室利言：“善説善解諸佛金剛三摩地法故，善哉！善哉！汝今則是吉祥大丈夫，成就一切衆生無上菩提，及一切諸佛、菩薩亦證得阿耨多羅三藐三菩提者。”是時諸大衆等告曼殊室利言：“由習何教？學何法義？”大士曼殊室利稽首如來言：“我今常修習大乘瑜伽大教三密三十支祕密金剛三摩地觀，及一切諸佛菩薩摩訶薩亦同此教，修學成就，證得阿耨多羅三藐三菩提。”大士曼殊室利言：“若有一切菩薩摩訶薩、四部衆等及善男子、善女人等，於後末世像法之中，得遇此瑜伽大教三密門秘密三摩地法者，其人福德不可稱量、不可稱計，算數譬喻所不能及。是人乃於過去世無量佛所，種諸善根，得遇此教，速證無上菩提。”云何之人得遇此法瑜伽祕密三摩地教？大士曼殊室利言：“於後末世，若有菩薩及四部衆等諸善男子、善女人，能除去我相、人相、衆生相、壽者相，於世能忍，忠孝下心，則得遇此瑜伽金剛祕密三摩地法教。如此人者則能棄捨身命,爲求菩提。是人先世罪業當爲消滅,漸漸修學,當得成佛。云何衆生不得值遇、不得見佛、不聞正法? 若有世間愚癡衆生,或有諸罪宿業障深,或曾往昔過去世來廣造十惡五逆,或曾謗佛,或曾謗法,或曾謗僧。如此衆生則有三種重障,則不得遇此諸佛正法三摩地教。何者名爲三種重障? 第一重障者我慢貢高,邪見執蔽,不能下心,實事一切諸佛、菩薩、師僧、父母學妙深法。第二重障者,妒賢嫉能,自是非他,説人長短,恃勢貪瞋,好求名利,不勤懈怠,亦不能學得如來正法。第三重障者,多貪多欲,嬾惰睡眠,惛沈掉舉,破戒者多,不勤精進。如此之人則不識因果,不敬師長,亦不見良善,不護業道。是故麁惡之人,生生世世難值正法,對面不遇大善知識,廣造惡業,死墮阿毗及諸地獄,如此之人則不得遇此三密正法瑜伽祕密三摩地法教。”

尒時大會之中有大菩薩摩訶薩衆,有大聲聞衆,有大諸天衆,有大龍神衆,有大鬼神衆,及諸四部衆,善男子、善女人等,同共啓請如來,而白佛言:“我等衆會復更請如來,重説大士曼殊室利往昔修行大乘深法金剛三密三摩地法教,神通自在,聖德神力未曾得聞,未曾得見。我等衆會亦隨大士曼殊室利,廣發大願,志學大乘瑜伽祕密三密法教。”是故大衆一時同請世尊如來:“爲我衆等説曼殊深妙德行聖性殊特。”其時釋迦牟尼如來在舍衛國祇園精舍大會之中,如來則爲大衆入於金剛三昧,從三昧起,説如來一世三時法教,顯出大士曼殊室利往昔修行三密菩提殊勝聖力神通自在。則於是時釋迦牟尼如來告於大衆言:“吾當爲汝分別廣説如來一世之教三時之法,然始得見曼殊室利聖德聖力,作大神通,證明此教,導引群品,悉令歸趣,修入大乘瑜伽大教三十支三密金剛三摩地祕密聖性觀。”是時釋迦牟尼如來即於當世之時説三時之教。是故第一時中説有教聲聞律儀,初有小乘度五俱輪,及一切衆生,四聖成就四果人等。第二時中如來説空教,破執有相有情衆生徧計所執,度聲聞弟子四部衆等,及一切地前三賢之人,修行菩提者令歸空無相,不執不著,中乘行故,是故名爲歸依空教。第三時中如來演説不空不有祕密法教,破執有執空,大乘小乘之中迷惑法教。破執有執無,破執有者勿令著有,破菩薩執無,勿令著空。所以者何? 菩薩修證,令歸大乘瑜伽大教三密三十支金剛三摩地真如法藏性海法界聖性觀者,無爲無相,不有不無,名爲不空祕密解脱菩提故。是故如來顯説大士曼殊室利菩薩瑜伽大教法性三密聖智三摩地聖性觀者,廣度有情一切菩薩摩訶薩,聲聞、緣覺四部衆等,及諸天龍、鬼神夜叉衆,善男子、善女人等,悉令迴向大乘,修入瑜伽大教三菩提三摩地聖性觀,令得速達本源真如自性本性涅槃無上正等菩提故。

其時大會菩薩摩訶薩,及一切聲聞衆,自恣集會,解夏時至。尒時如來告言大士曼殊室利菩薩言:“汝於前三月夏安居自恣。”往請時日,龍宫教化,往去不來,自恣解夏。時節將到,曼殊不來。迦葉心念,若後到時,不赴法事,自恣解夏,則當擯出。諸大衆迦葉等咸有疑網，時至不來，大迦葉等心懷作念：曼殊觸身，不合入衆。若後到來，必當擯出。大迦葉等即白佛言：“法事時至。”如來語大迦葉：“若時將至，則當作自恣，行於法事。”維那即於衆中當之揵椎，椎聲絕已，大士曼殊當共椎聲一時齊到，所以不闕僧集自恣解夏法事，亦斷聲聞衆疑，自恣成就。是時釋迦牟尼如來見此會中法事將畢，其時如來以聖意潛加神力告示，令大士曼殊密意聖受。曼殊室利知世尊聖意，則於自恣衆會之中，當現神通聖德之力，應時出現丈六紫磨金色之身，坐於法界金剛性海百寶蓮臺之座。其曼殊身上著於百寶，種種瓔珞妙寶天衣，頂背圓光，頂有五髻，頭上有七寶佛冠，頂戴五佛如來。菩薩身上現其大印手二百二十二，有千臂千手，手中各持吠瑠璃鉢，鉢中各各有一化佛，千釋迦同時出現。尒時釋迦牟尼如來則告之言：“大迦葉，汝應當觀大士曼殊室利菩薩手中吠琉璃鉢內諦看，有何等相？”大迦葉則從坐而起，便於世尊前頭面作禮而去。大迦葉則於曼殊室利前，頭面禮敬訖，便於鉢內觀看。及見鉢中有百億三千大千世界，百億無色界，百億色界，百億六欲界，有百億須彌山，四①百億四天下，百億南閻浮提，百億娑訶②世界，百億釋迦如來，百億千臂千鉢曼殊室利菩薩，百億迦葉。在曼殊鉢內有百億世界，世界中有百億大迦葉，各各向曼殊前請問大乘法義。復有百億五頂山金色淨土，其中亦見百億曼殊室利，有百萬億菩薩衆，當③自圍繞。時乃出現放大光明，化度蒼生，救攝一切。亦乃見百億大迦葉徒衆有大疑網，向大聖曼殊室利菩薩邊求哀悔過。迦葉徒衆發言：“我等小乘之人小智小量，當有疑網，願罪消滅。”當時大迦葉及聲聞等，便於如來前及大士曼殊室利菩薩前，登時發誓，廣弘大願，一依大士曼殊室利菩薩教旨，迴向大乘，志學瑜伽三密法門三摩地聖性之觀。大迦葉衆等尒時則於如來前，頭面著地，頂禮如來足：“復願世尊納受我意，與我等小乘之人願與發露，懺悔疑過，大乘授記。”則於衆會之中，其時釋迦如來則與大迦葉衆等，懺悔授記，令發大乘。迦葉等其時發願後已，如來告言：“汝於來世遇值無量無數諸佛如來，漸次修學瑜伽三密金剛菩提聖性解脱，當成佛果，得阿耨多羅三藐三菩提。”故是時一切菩薩、聲聞四部及諸大衆，惣皆觀見大士曼殊神力自在，聖性無礙，斷迦葉等一切大疑，當學大乘，令速超佛地。是故迦葉衆等同發大願：“復願我等世世值遇諸佛世尊，修行大乘瑜伽三密，漸漸習學，當得成佛無上正等阿耨菩提。”則是時釋迦如來爲大迦葉聲聞徒衆，説修大乘十種無犯解脱性戒，超出三有，聖力自在，欲界無定，不染欲界。在上二界不住四禪，亦不依四空。修此如來祕密三摩地者，在三有界及閻浮提，是故菩薩修學之地能持梵行。若學金剛祕密三摩地者，則得迅疾玄通佛心，超出三世。於三摩地不染欲

---

① 四，《中華藏》校勘《麗》無。
② 訶，《中華藏》校勘《南》《徑》《清》作“婆”。
③ 當，《中華藏》校勘《徑》《清》作“常”。

界，不住四禪，不證四空，是名不著三有，名爲出世。是故大迦葉聲聞諸衆同共稽首釋迦如來："唯願世尊今爲我等説大乘三密，不犯十重如來持戒教法。我等聲聞盡皆迴向，修入大乘瑜伽三密金剛菩提如來祕教①。"

　　是時世尊則爲大迦葉衆演説不犯十重大戒："汝當諦聽！諦聽！吾今爲汝分別解説。"佛告迦葉："如②小乘之人，持於聲聞十重③大戒之者，若犯律儀十重過罪，一一從身、口、意業而生其罪。於有相之中事上犯失，爲不見心，心性寂滅，自性性淨，所以見相執持，事上漏失，是名小乘犯重過失。執法生罪，見取分別，染著心想，不能捨離，是故不應生天，墮於地獄，是名小乘事法漏失毗尼律藏。如是大乘菩薩持於十重大戒法者，則是不然。如菩薩持戒，常於大乘心行慈悲喜捨，救護一切有情，照見心性，寂然不起，澄心見性，畢竟清淨，則名真性，無染無著，不取不捨，是故名爲大乘十重，菩薩大戒亦復如是。"其時大迦葉聲聞衆等見如來説大乘十重大戒之法，心生愧仰，迴向大乘："唯願如來指授名目，我等徒衆深生信受，當自奉持。""何者名爲大乘十重清淨禁戒？得名不犯不破犯戒真性寂静？於十重性中云何大乘能犯不犯？一者如來一切心法，金剛自性本來清淨，畢竟寂滅。菩薩若於大乘性中能持十重戒者，覺心真淨，了見心性，無染無著，是故菩薩能持十重戒者是則名爲不壞毗尼。二者如來一切心法，我障自性畢竟不可得，本來無染。菩薩持重戒者，戒性如虛空，不見心性，了然寂静。菩薩持重戒時，證見心體，我性空無。是故名爲出過一切諸有相體，是則名爲無過毗尼。三者如來一切心法，煩惱妄想本來清淨，菩薩持重戒者，於淨識性實無所得，於實無所得之心，菩薩持戒，不見於相，不見顛倒，不見菩提，不見實性，名爲最勝實性毗尼。四者如來一切心法，如如實際。於實際中不見持戒，不見破戒。菩薩持重戒者，是則應示當觀心地，見實際性，心性瑩淨，不見戒性，亦無持戒雜染諸見，是故名爲心性清淨，通達聖性真如毗尼。五者如來一切心法，菩提聖性無來無去，故名如來。菩薩應當持重戒者，得見如來真實心性，真實性者等如法界，無來無去，無爲之相。菩薩能持如來淨戒者，見佛心性等於虛空，無有別異。是故名爲如來法身菩提聖性，真實得名不思議毗尼。六者如來一切心性淨法，本來無住，本來無處，本來無著。菩薩持重戒者，於無住之中不見有犯十重之性。菩薩持此戒時，於無著心性廓周法界，徧於一切，如淨琉璃内外明徹，則是名爲無自性性淨毗尼。七者如來一切心法，等如空際，離諸相故。菩薩能持重戒者，於心空際，不見能有破戒之相，於性戒中證得法眼性淨，是則名爲淨諸六識法眼毗尼。八者如來一切心法，法本不生，今則無滅。菩薩能持重戒之時，於無生性照見持戒，心心聖性，體寂清淨，不生不

---

①　教，《中華藏》校勘《石》《麗》作"密"。

②　如，《中華藏》校勘《磧》《南》《徑》《清》作"及"。

③　十重，《中華藏》校勘《磧》《南》《徑》《清》無。

滅,則證佛地,速當成就無上菩提,是則名爲三世平等毗尼。九者如來一切心法,則是諸佛真如實智,不見有相一切諸法。何以故?衆生心性本是真如,於真如性中若見持戒,是名有相,菩薩不能解脫。若能不見持戒,不執不著一切諸相,是則名爲無染解脫清淨毗尼。十者如來一切心法,畢竟無相,離於心想,清淨無障。菩薩能持十重戒者,於戒淨性不見有戒,不見無戒,得名證離小乘執縛一切戒相,是則名爲究竟毗尼。是故一切諸佛如來、一切菩薩,由依止此大乘毗尼,持此十種聖性無相十重大戒,畢竟清淨,離一切相,得阿耨多羅三藐三菩提故。”

　　則是時大迦葉復爲大衆聲聞四果,及諸天龍八部鬼神、四部弟子、善男子善女人,對於大會,再與大衆。復請釋迦牟尼如來爲諸徒衆,重開演說往昔大士曼殊室利菩薩因何劫中因何世時,而得遇值諸佛世尊,開演此教三密法門三十支三摩地觀大教王經。是時大迦葉等徒衆而白佛言:“唯願世尊更爲我等大衆,稱說大士曼殊室利菩薩往昔因緣。”尒時釋迦牟尼如來則告大迦葉大衆言:“吾當爲汝分別說之。曼殊室利菩薩乃於過往殑伽沙微塵數阿僧祇劫久遠以前世時,曼殊室利菩薩遇值①金剛五頂毗盧遮那五智尊五如來同時出世,其時彼會中有一佛,名曰不空成就如來。又說過去往昔世時,於妙幢世界中又有佛出世,號名毗盧遮那五智世尊五如來一時出世,住於虛空金剛法界,說虛空聖性,令爲一切有情證入本性涅槃自性相應安立聖智,到於彼岸真如實性。又於金剛法界內,如是五佛如來同聲,共說大乘瑜伽一切如來菩提聖性、揔攝一切法般若波羅蜜多曼荼羅、金剛灌頂大教瑜伽授法王位、金剛祕密三密門三十支三摩地聖性觀。曼殊室利菩薩爲於上首,教諸菩薩摩訶薩、四部衆等及諸一切衆生、善男子善女人等。其時令諸人衆入此道場,修持大乘,授瑜伽金剛菩提三密門三十支三摩地聖性觀者,得證三菩提金剛聖性大寂三昧,再令菩薩勤行精進,觀照心地真如實性,證空、無相、無願、法界一性三昧,得入百千陀羅尼門、百千金剛門、百千三昧門、百千解脫門,悉皆具足,當來得佛同成普見如來,是故則當彼世之時。”尒時不空成就如來,其時於大會衆中告言:“大士曼殊室利,汝乃過往久遠已來親近世尊,供養諸佛,盡於虛空,等於法界,微塵數劫不可說劫佛剎之中,見諸佛,聞正法印②。”尒時佛語曼殊室利菩薩言:“善男子,汝當與諸大菩薩摩訶薩、四部衆等,再請問毗盧遮那等五智尊金剛五頂五如來,說演③諸菩薩、四部衆等證修心地,入一切如來瑜伽金剛菩提三密門三摩地聖性觀,云何修持得成就④正覺無上菩提。”是

---

① 遇值,《中華藏》校勘《磧》《南》《徑》《清》作“值遇”。
② 印,原作“即”,據《中華藏》校勘《磧》《南》《徑》《清》改。
③ 說演,《中華藏》校勘《石》《麗》作“演說”。
④ 就,《中華藏》校勘《石》《麗》無。

時則曼殊室利菩薩承佛聖旨①，與諸大菩薩、四部衆等爲於上首，同共啓問毗盧遮那等五智尊五如來，共同演説瑜伽祕密金剛法門，云何修證諸大菩薩及諸四部衆等修學證入一切法如來大乘瑜伽金剛三摩地聖性觀者。是時則毗盧遮那五智尊五如來同聲共説告言，語大士曼殊室利菩薩："善男子，但有一切衆生及大菩薩摩訶薩、四部弟子等深信此教瑜伽金剛菩提祕密三摩地法者，是人諦受，應當棄捨國城妻子，不惜身命，爲求無上正等菩提者，則得證入此如來瑜伽金剛菩提祕密三摩地聖性觀，則得速達本源自性空淨金剛聖性，得成佛果無上正等菩提。"

是時釋迦牟尼如來則自説過去往昔大士曼殊室利菩薩同時值遇金剛五頂五智尊五如來出世之時，釋迦牟尼如來其時五世尊中示現出世爲佛，名曰不空成就如來。説大士曼殊室利菩薩授五智尊五如來金剛菩提三密門三摩地教，轉授與一切衆生，修行菩薩道。其行廣大，其願無邊，出生一切菩薩大願功德，無有休息。尒時曼殊室利常爲無量百千萬億微塵數世界諸佛如來爲母，亦常爲無量百千萬億微塵數那由他菩薩而爲導首，説不可盡無上菩提法門，與諸菩薩爲師，教化成就一切衆生，令證三密菩提，出於三世。大士曼殊菩薩廣度有情，心等虛空，無有休歇，名稱普聞十方世界，常於一切微塵微塵殑伽河數諸佛衆中爲説法師，得令一切如來之所讚歎，住甚深智，能以實見如如法性，於空無相，一切諸法通達無礙，以無所得解脫究竟，於是同心普賢菩薩，所行諸行悉皆已辦。是故尒時釋迦牟尼如來於此大會衆中，則當付囑大士曼殊室利菩薩五智尊五如來大乘瑜伽三摩地教，令曼殊室利菩薩傳授此教。世尊告言："汝當爲首，紹隆此教瑜伽三密門三摩地觀，傳授與諸大菩薩摩訶薩、四部衆等、善男子善女人。若得入此瑜伽三密門三十支金剛菩提三昧三摩地觀者，則得速超解脫，證無上正等菩提，當得成佛。"

是時釋迦牟尼如來告曼殊室利言："善男子，汝當善聽，吾當重爲與汝大衆分別解説，且待須臾説，諸菩薩自當有證。"如來則説往昔過去世時，有佛名爲毗婆尸如來出世之時，諸菩薩等學此教法瑜伽祕密。如來説已，忽然則有千百億世界金色佛刹殑伽沙菩薩出現，而作證明。是故諸大菩薩等各各自説修持瑜伽金剛三密門三摩地教法，證無上菩提。則是時諸大菩薩等言："得遇值曼殊室利引接於我，令發阿耨多羅三藐三菩提心，修行瑜伽金剛祕密，得成正覺，是故一切菩薩衆則當出現，共證此瑜伽三密門教。"其時世界當時有一國大王，名曰淨目天子，於此國内常行正法，理化於人。其王當世之時，得值遇灌頂大師説此瑜伽三密三摩地教。聞此教已，遂即便發無上正等菩提之心，登時國大王淨目天子，當時國内敕旨天下處處，令諸沙門建立此三密門三摩地灌頂授法道場。便立道場，每年經于百日修念行道，其王宮中亦當

　①　旨，《中華藏》校勘《磧》《南》《徑》《清》作"智"。

起造授法道場。則阿闍梨教主授法導師，當與天王灌頂。王當後便修學瑜伽聖教三密菩提金剛聖性，盡生不歇。乃後應時有感，諸佛護念，萬國來朝，令國界清寧，萬姓安樂。登時王當受福，漸漸於後，淨目天子得延年益壽五百餘歲，漸次修學，得證五波羅蜜，成就四智菩提，六根清淨，悉皆具足。後便得遇諸佛如來世世親近，王當供養承事，無空過者，速當成佛，得證菩提。

　　是時釋迦如來則於大衆中告大士曼殊室利菩薩言："善男子，若有諸大菩薩摩訶薩、四部衆等，發大菩提心，不惜軀命，當以信根真實，爲求無上菩提者，則得入此瑜伽大教金剛三密三十支三摩地祕密聖性觀。"是故釋迦如來言："若有菩薩當建道場者，先當揀擇殊勝之處，穿深一丈，無諸瓦礫、骨石、炭木及諸惡物，堪爲道場者，則向大嚴淨之地，應當建立方等，安置大曼荼羅灌頂授法道場。"是時釋迦牟尼如來告曼殊室利言："善男子，世世若有衆生發廣弘大願，能造此曼荼羅灌頂授法三摩地道場者，其人福德量等法界，福如虛空，無有盡期，不可稱量，不可稱計。尒時若有國王、王子及諸后妃、公主、宮人、婇女等，能與建立此清淨大道場者，令國土安寧，王當長壽，妃后延年，萬方投化，人民安樂，風雨順時。是故若有大臣能興建此道場者，福命長遠，常得清吉，於國忠孝，國安人樂，轉轉興泰，福不唐捐。"是時佛告曼殊室利諸大菩薩摩訶薩等："若有一切衆生遇此瑜伽三密門三摩地教者，乃於過去往昔無量微塵數佛剎中，曾供養無數諸佛，則得遇此如來瑜伽大教三密門三摩地聖性觀。及得遇值授法阿闍梨，生生世世學此大乘瑜伽教法，速當成佛，疾證無上正等菩提。是故諸大菩薩摩訶薩、四部衆等，則當志求勤學精進，實勿退轉。應當諦信諦信，發大誓願，習學此教。"是時大衆諸大菩薩摩訶薩及諸聲聞緣覺、諸天龍王、八部鬼神、四部弟子、善男子善女人等，咸皆歡喜，歎未曾有法，信受奉行。尒時大衆等心皆喜悅，更請大士曼殊室利菩薩，今對大會如來世尊前，再重請説來劫末法世時修何教法。曼殊室利言："再三辭退，對如來前，我不敢自説。復願諸人衆同請如來，爲大衆等説於後世末劫之時，於像法末劫之中，爲何教法而廣度衆生及諸菩薩。"尒時釋迦如來告曼殊室利及諸大衆等："吾今當爲演説分別，如來在世運度衆生，遇著世尊功德無比，是名殊特最勝福田。"佛語曼殊室利："善男子，如來在日，有福之人乃能遇佛。如來滅後，薄福之人不可得遇。"是故世尊告曼殊言："若有一切衆生得如來授正法教者，佛有十種威德，有畏有敬，作希求之心，難遭之想。如此人者受①得教法，必證無上正等菩提。何以故？如來住世一切有情業力最勝，與諸衆生及諸菩薩、四部衆等授教法者，一一皆證菩薩佛地、無上菩提、四聖道果。若是如來滅後，薄福之人實難值佛，於末法之中若欲授如來大乘正教法者，須遇大師、授法阿闍梨，是名次補佛處，紹隆我

_____
① 受，原作"授"，據《中華藏》校勘《徑》《清》改。

教，修習大乘瑜伽祕密金剛菩提。是故則令建立殊勝道場，於道場中安立本尊如來形像，及諸本尊菩薩形像，一似世尊，如佛在日，授其正法。是故阿闍梨於道場内，與一切衆生及諸菩薩大乘人者、四部衆等，如佛在時，依法授教，入瑜伽三密三十支金剛三摩地祕密菩提聖性觀者。是故諸菩薩等及四部弟子比丘比丘尼、優婆塞優婆夷、善男子善女人，若能至誠親授教已，切須久乃堅持，修習金剛正法如來祕密法藏。是故則名如來弟子，得授法已，勤行精進，六時不闕，行道念誦。則須傳授導引蒼生，一一付囑與深信善解大乘瑜伽三密三十支三摩地觀祕密教法者阿闍梨，亦復轉須接引衆生、四部衆等，令歸大乘祕密瑜伽三十密門三摩地。則令一切衆生速達本源，證自性清淨瑜伽祕密金剛菩提一性成道，是人疾證阿耨多羅三藐三菩提故。

　　是時大會衆等諸大菩薩、聲聞緣覺，及諸天龍鬼神、四部衆等，比丘比丘尼、優婆塞優婆夷，令阿闍梨若與學，教人欲授法者，先須密授教旨三十觀門，其金剛菩提法觀者，在瑜伽祕密三摩地如來聖性品中。是故一切大衆、諸大菩薩、一切衆生修學如來聖性觀行祕教者，殷勤三請阿闍梨，於大曼荼羅清淨道場内，准教結印，口授祕契三密三十觀門者，不應顯露，唯當密授。若是不依如來言教，稱揚顯露者，不得聖力潛通、佛智加被，則被魔[①]蔽障，所修聖行不可得道。尒時大衆聞佛所説，咸皆歡喜，大衆渴仰，信受奉行。

大乘瑜伽金剛性海曼殊室利千臂千鉢大教王經卷第五

大乘瑜伽金剛性海曼殊室利千臂千鉢大教王經卷第六

大興善寺三藏沙門大廣智不空奉詔譯

　　尒時釋迦如來當與大衆一切諸大菩薩摩訶薩埵，次第則説如來金剛聖性平等觀門。第三云何次第得入平等門？一者入跛字觀本真無染著離垢義，寶生如來説法界真如平等門。就此門中演有二品，一者説秘密歸止觀照法性決擇心地第五品，已上一品教法，於此教法觀照決擇心地品者，合於道場内秘授心地法，不應於此經顯説，合在瑜伽聖性品中别説密授觀門。二者後演有一切菩薩修學如來三摩地聖性潛通加被第六品，如來次第當且應説潛通加被品。

　　是時釋迦牟尼如來在大會道場，一切大衆、諸天等，菩薩摩訶薩、四部衆等，大梵諸天等，龍神八部等，善男子善女人等，見如來入於真如實際清淨法界三摩地，放聖性三昧金色光，照普賢菩薩法界性體身心相好，支節身分一一毛孔中皆有不可思議、

---

① 　“魔”後，《中華藏》校勘《石》《麗》有“著”。

不可説不可説佛刹海藏，一一海藏有微塵數諸佛出興于世，有諸大菩薩衆所共圍繞，諸佛世尊教導蒼生及一切諸大菩薩摩訶薩等。又見如來入無依止毗盧遮那清淨法身等如虛空，以智慧身現無量身，普賢菩薩從如來無量智身出現，徧往十方淨土，承^①事諸佛，入於諸佛法界。出無量無邊不可思議自在神通法性智身，住於無量一切智門，以智光明善了諸法，於諸法中得無所畏，隨所演説，窮未來際，辯才無盡，以大智慧開揔持門，慧眼清徹，法眼無際。入深法界，達智慧境，無有障礙，亦無邊際，究竟寂静，猶若虛空。如是諸佛菩薩世界及兜率天宮諸大菩薩摩訶薩，亦見普賢菩薩神通自在化現之相，亦見彼一切佛淨土、一切如來神變神通及諸菩薩。如此諸佛菩薩皆與毗盧遮那如來，於往昔時同種善根，修菩薩道，行普賢行願。悉已悟入諸佛自在甚深解脱，得無差別法性之身，等入一切諸佛淨土聖性海藏而依所住，皆是如來自在聖力，聖性法界神力無邊，功德無量，不可思議。

　　是時釋迦牟尼如來在大會中，告諸菩薩摩訶薩、四部衆等及諸比丘比丘尼、善男子善女人并及一切衆生："是故若有菩薩修於身密，勤行觀照者，往昔普賢發廣大行願，入於衆生三密體性，證修金剛三密門三十支三摩地觀者，於一一支觀中入在衆生根本自性，法界心性，真如理智，奮迅速疾，加被安住^②，證寤金剛三摩地。是時普賢菩薩本願聖性金剛力智，令一切衆生證得菩提解脱門故。"是時釋迦牟尼世尊告言："普賢菩薩，汝常在金剛聖性法界諸佛法身不思議甚深祕密三摩地方便法海之中，同一切如來聖性功德菩提海藏真如法界，所謂有情衆生修行加持，速達三密解脱法身證身印三昧祕密三摩地，都有幾種門？"普賢菩薩言："比來承佛聖旨言教，修持三十祕密觀門。"世尊語普賢如是如是。尒時釋迦如來自言，有三十祕密觀門者，且就第一身密十支觀門，如來一一分析，令修此觀。則普賢菩薩與十大士菩薩重當稽首如來言："云何有十種金剛聖性祕契身密十支菩提觀修證聖性三摩地門？"佛言："告語摩訶普賢，當與十大士菩薩爲於上首，同願修證聖性聖力加被，入一切衆生心性身中，與諸菩薩當爲上首，引接有情，悟入菩提。云何名爲十種身密契印菩提三摩地觀解脱門？一者名普吉祥威力菩薩摩訶薩，入毗盧遮那大寂清淨智。從清淨智出，還入衆生自性三密識智，有情心地同如來一切法界聖性諸佛菩提，調伏衆生心，聖性加持身印，令速證得究竟出離生死苦海智身解脱門。二者名爲殊勝道場髻王菩薩摩訶薩，入佛聖力一一境界，悉見諸佛如來性海淨土三昧，普詣一切如來，諮受^③所修大乘祕密三摩地功德勝境法界加持入身密三摩地印，成就法身無變異故，得解脱門。三

①　承，原作"衆"，據《中華藏》校勘《磧》《南》《徑》《清》《麗》改。
②　住，原作"性"，據《中華藏》校勘《磧》《南》《徑》《清》《麗》改。
③　受，原作"授"，據《中華藏》校勘《麗》改。

者名大精進金剛臍菩薩摩訶薩，入①一切如來究竟寂滅三昧，令入衆生性身密菩提，得安立位一切菩薩地加持身印。入三密門金剛三摩地，普徧萬行諸大願故，證法海如性解脱門。四者名青蓮華眼菩薩摩訶薩，入一切佛心成正等覺三昧，於三昧中普現微塵數法界如來無量妙法加持身印，化現法身，入衆生性，成菩提種無障礙解脱②門。五者名菩提幢菩薩摩訶薩，證入如月瑩明清淨光明③，普現一切法界，以無礙音開④演悟入衆生智性，得入三昧，演説解釋微細祕密之義。加持身印，速⑤令徧知法界聖性，證見一切諸佛國土，悉現清淨不可思議無差別智自在無障解脱門。六者名無垢藏菩薩摩訶薩，入諸佛智光明如來境界不動不轉真如智性三昧，入一切諸佛微塵刹土中，悉見無邊諸大菩薩，盡能加持，入於身印，達衆生體性，迅速疾證成就菩提神通自在境界解脱門。七者名爲現一切如來神變摩尼王幢網垂覆髻菩薩摩訶薩，入法界一相無差別慧光明三昧，一念聖智加持身印，現過去、未來、見在三世劫數成壞微塵數善惡之事，悉皆平等真如清淨解脱門。八者名寂静光菩薩，入如來金剛慧種種加助⑥衆生進分菩提聖道三昧，入加持身印，令入一切菩薩諸根自性⑦海，各入自智三昧境界神力不可説解脱門。九者名爲聖智速疾自在王菩薩摩訶薩，入無盡法界虚空界大神通法身無相三昧，能以加持身印，令聖力化現種種智身，應現無量聖智，入一切衆生性，徧於一切諸佛國土，現諸佛如來無邊法界性海聖智解脱門。十者名爲法海雷音王菩薩摩訶薩，入三摩地，令得一切菩薩諸地成正覺力入佛解脱三昧，顯示一切菩薩修行普賢法門行持願力，次第修行本願祕密三摩地觀，加持身印，入一切菩薩性智菩提三摩地，廣大聖行方便願力，令一切衆生速證無上菩提解脱門。”

尒時普賢菩薩於如來前廣發大願已，入于三昧，與十大士菩薩爲於上首，誓當行持大願，安立菩提，同在一切衆生身量佛性之中，與真如性海同爲一體，加持一切菩薩摩訶薩，入身印，增進菩提。是故普賢菩薩應時對如來前，便入金剛法界性三昧海，自於法性身量海中，現微塵數佛性世界諸大菩薩及微塵數一切衆生而教導之。復現如來在菩提樹下坐師子之座，量等虚空，徧周法界，金剛法海大寶蓮華如如性海之內當現示相，揔在普賢菩薩身中，法性聖德慧智之中無有障礙，殊勝聖力，神通自在。是時如來讚歎普賢大士菩薩：“善哉！善哉！能示現諸佛境界不思議力甚深微

---

① “入”後，《中華藏》校勘《石》《麗》有“知”。
② 解脱，原脱，據《中華藏》校勘《石》《麗》補。
③ 明，《中華藏》校勘《麗》作“相”。
④ 開，《中華藏》校勘《磧》《南》作“門”，《徑》《清》作“聲”。
⑤ 速，原作“達”，據文意改。
⑥ 助，《中華藏》校勘《徑》作“持”。
⑦ “性”後，《中華藏》校勘《石》《麗》有“性”。

妙,發無盡廣大行願諸佛功德性海三摩地,如來大願故不可思議,無有比量,甚深金剛聖性海不可説不可説故。"是時如來告淨德妙光菩薩摩訶薩:"汝當徧往諸佛法界性海菩提聖德道場,諮受①一切如來祕密法門口密三摩地教法。"淨德妙光即與諸十大士菩薩摩訶薩爲於上首,發廣大願,行普賢行,得入一切衆生種性身心性中,聖力加持口密,證於心地,慧辯無礙,大智辯才。口密真言印入十支三摩地觀者有幾種門? 淨德妙光大士菩薩摩訶薩則爲十大士菩薩,稽首如來言:"有一切十方諸佛同聲共説口密真言印契三摩地觀,加持修行②有十種解脱門,云何名爲十種法門得證入衆生體性、疾得無上正等菩提? 何者爲十?"

　　"一者名廣演三世一切名字音髻菩薩摩訶薩,入三摩地聖力加持口密印契,入一切衆生清淨性中,證普德最勝燈光焰照三昧,得入一念中現無盡法界金剛慧照普勝佛性海三摩地,速得成等正覺解脱門。二者名説一切衆生菩提音菩薩摩訶薩,入三摩地聖智加持口密印契,入微塵數摠持殊勝三昧,得證教化阿僧祇劫微塵數衆生成熟不思議三摩地觀,甚深祕密解脱門。三者名金剛智威力王菩薩摩訶薩,入三摩地聖慧加持口密印契,入普光師子王奮迅金剛幢三昧,證得金剛聖性加③持,令修習菩薩勝福莊嚴諸佛淨土,出生一切微塵數諸佛國土,出殑伽沙諸佛如來成就衆生解脱門。四者名一切願海音寶王髻菩薩摩訶薩,入三摩地聖性加持口密印契,證入普妙寶焰妙光三昧,得觀察諸佛神通自在無礙境界,清淨法性正見正智無迷惑解脱門。五者名智慧幢菩薩摩訶薩,入三摩地聖德加持口密印契,證入普勝功德海幢三昧,得入於一切微塵佛刹蓮華海藏菩薩衆會法界道場中,示現不思議神力清淨聖性,入一切衆生心,令證入如來法性淨土,得諸佛慧海解脱門。六者名佛種智最勝上行菩薩摩訶薩,入三摩地聖道加持口密印契,證入普智光三摩地光明照如來佛性聖智身三昧,入一切諸大菩薩摩訶薩聖性心地,證得自在神力隨逐如來觀照甚深法義,入廣大法界藏真如實性解脱門。七者名徧一切法界音菩薩摩訶薩,入三摩地聖行加持口密印契,證入普見清淨無盡福威德光三昧,得普入一切世間出世間自在力出生加持,一切諸大菩薩摩訶薩成就普賢大願無邊行門法界虛空解脱門。八者名梵音海量菩薩摩訶薩,入三摩地聖通加持口密印契,證入普門最勝三昧,於有相無相二種義一性平等,於法界中加被一切菩薩,證得一切諸佛如來神境通自性涅槃解脱門。九者名説法無盡清淨辯才無礙智菩薩摩訶薩,入三摩地聖境神力加持口密印契,證入普門字輪無礙智用三昧,加被一切菩薩摩訶薩,得入一切法門如來祕藏不可説,入一切衆生識性無礙慧,皆得悟解辯才無有窮盡解脱門。十者名轉法輪音髻菩薩摩訶薩,入三

----

① 受,原作"授",據《中華藏》校勘《石》《麗》改。

② 修行,《中華藏》校勘《磧》《南》《徑》《清》無。

③ 加,原脱,據《中華藏》校勘《石》《麗》補。

摩地聖智言音加持口密印契，證入金剛頂三昧，加被一切菩薩摩訶薩，得入隨順菩提八聖道，是諸菩薩所謂行正見聖道，遠離一切諸邪見故。起正思惟，捨妄分別，心常隨順一切正智故。常行正語，離語四過，順聖言故。常修正業，教化衆生，令調伏故。安住正命，頭陀知足，威儀聖行，審正隨順菩提道，行四智聖種，入佛知見，同如來佛心。世間十惡一切過失，皆悉永離故。起衆生心，令正精進，勤修一切菩薩苦行。入佛十力，無罣礙故。心常正念，悉能憶持一切正語、聖智言音，除滅世間邪行、世間邪命，散動心故。心常正定，得三種意生身，善入諸佛菩薩不思議解脫門。"是時淨德妙光菩薩摩訶薩大士稽首作禮，向如來前，入于三昧，即普入一切諸佛平等性法界海，同於如來虛空聖性，普能包納微塵數十方法界。三世諸佛一切菩薩摩訶薩同入三昧，入於衆生體性，加持慧力，悉令解脫故。是時十方諸如來共歎淨德妙光大士菩薩："善哉！善哉！能善加被聖力聖①性，入一切衆生身心清淨智性，進分菩提，速成佛果故。"

是時世尊告海月光大明慧菩薩摩訶薩："汝當爲十大②士菩薩摩訶薩爲於上首，同令運度一切衆生，入毗盧遮那如來體性法界海。如來於法界性海中，現百寶蓮華臺藏世界。其臺座上周徧有千葉，一葉一世界，爲千世界。我化爲千釋迦，踞千世界。復③就一葉世界，復有百億須彌山，百億日月，百④億四天下，百億南閻浮提，百億菩薩、釋迦座，佛在蓮華藏世界寶座上，坐寶蓮華。介時釋迦如來共海月光大明慧十大士菩薩，同共證入毗盧遮那蓮華海藏法界體性三昧。復令千百億世界中微塵微塵數阿僧祇殑伽沙衆生，達證真如法性三摩地佛性海中，如來令聖力加被，增益一切衆生根本自體聖性聖慧，用入三摩地般若聖慧加持，速疾證得無上正等菩提。"是時一切大衆共十大士海月光大明慧菩薩摩訶薩，同共稽首世尊如來。海月光等菩薩言："入佛三摩地體性三昧者，一切衆生得入此三摩地觀不？"佛言⑤語海月光大明慧："善男子，若有一切衆生能棄捨身命，深信大乘，則於此教門深當信受，則得入此金剛三密觀門教法。即是時十大士海月光大明慧菩薩等聖力潛加，開悟意密，令聖性聖力入一切菩薩摩訶薩意識淨性中，速超佛地，疾證菩提。云何名爲入瑜伽意密印契十支佛三摩地觀解脫門？一者名曰現一切大願普智光照如來境菩薩摩訶薩，入意密印契，證入三摩地觀者，令此菩薩摩訶薩廣修福德聖力加持，入大圓鏡智明月淨性三昧，證得出生大明智，入一切諸大菩薩佛地，除去煩惱，三毒大病悉皆消滅，證大智波羅蜜多，能

---

① 聖，原脱，據《中華藏》校勘《石》《麗》補。
② 大，原脱，據《中華藏》校勘《石》《磧》《南》《徑》《清》《麗》補。
③ 復，原作"後"，據《中華藏》校勘《麗》改。
④ "百"前，原有"四"，據《中華藏》校勘《石》《麗》删。
⑤ 言，《中華藏》校勘《南》《徑》《清》《麗》無。

教化一切衆生,莊嚴一切佛國淨土,菩薩淨行善巧慧辯方便解脫門。二者名爲法雲音①海光無垢藏菩薩摩訶薩,入三摩地觀聖德加被速疾增益善進巧便意密印契,令聖力性入一切菩薩摩訶薩,證入勝慧雲音海光聖慧法藏三昧,得念②一念聖性中普入一切衆生體性種智方便般若無礙智性解脫門。三者名須彌光覺菩薩摩訶薩,入三摩地觀聖力加持意密印契,速入一切性寂滅三昧,令一切菩薩摩訶薩證入大智光明,照啓其心,思惟觀察見諸法性,得了悟一切言音陀羅尼門,得受持意密一切大寂静解脫門。四者名虛空寶藏無礙大慧菩薩摩訶薩,入三摩地觀聖性加持意密印契,令一切菩薩摩訶薩證迅疾入法界聖智性開敷蓮華三昧海,得入一切菩薩疾悟證入諸法如虛空性,入如來智日三昧,常照其心,於一切法無有分別,了一切佛智悉皆平等,於一切法中自在清淨解脫門。五者名離染著覺菩薩摩訶薩,入三摩地觀聖道加持意密印契,令一切菩薩摩訶薩證清淨性聖智心量,疾得如來印契三昧,達悟灌頂法性三摩地,速達自體真如本源自性如如解脫門。六者名無礙覺菩薩摩訶薩,入三摩地觀聖性加持意密印契,令一切菩薩摩訶薩證入三密法門,令心速疾量等三摩地,達悟入一切法界性海三昧,入普賢妙行相續現前,大願深心圓滿清淨,勤求佛道,得大智海,攝諸衆生,運度成佛,能行大悲大慈大願解脫門。七者名普覺悅意聲菩薩摩訶薩,入三摩地觀聖德聖性加持入意密印契三摩地,令一切菩薩摩訶薩證入聖智迅疾入無生觀門,成就福德藏三昧,得入一切諸佛境界無障礙慧,令一切菩薩普得證一切佛功德海,能入諸法實相增進聖性聖智聖慧,觀照諸佛法性解脫門。八者名普照三世等覺智菩薩摩訶薩,入三摩地觀聖智加持入意密印契,心性真如實相,迅疾證知一切衆生心意,令一切菩薩摩訶薩及一切有情衆生,得入菩提心聖行廣大殊勝之願,得神通智三昧,證入佛界,入菩薩界,入四聖界,入大梵天王界,入諸天帝釋界,入天龍八部界,入四部弟子界,入一切衆生九類有情界,入爲一體。如上所説一切有情賢聖法界諸菩薩等,達悟通同一性,得證入無障無礙,入佛心智慧神用自在解脫門。九者名廣大力妙覺大量殊勝菩薩摩訶薩,入三摩地觀照聖行加持意密印契,令一切菩薩摩訶薩證入金剛智性,疾入一性之中,其身聖意徧證法界金剛慧焰三昧,空無所得,普入如來一切法界性海身意,等於虛空,無依無處,速達救攝一切衆生體性本源自性海藏,令速超佛地神通聖力,疾證菩提解脫門。十者名法界光明普覺聖智菩薩摩訶薩,入三摩地觀聖慧力加持意密印契,令一切菩薩摩訶薩證入真如實相,速疾智證一切如來秘密法藏三昧海性,得一念中能憶無量劫事,於一念中悉知微塵數三世一切諸衆生根量智慧,令速入一切陀羅尼門、一切三昧門,演説無邊諸佛深妙海藏諸法祕密常

---

①　音,原作“意”,據《中華藏》校勘《麗》及下文改。
②　念,《中華藏》校勘《石》《麗》作“入”。

轉不退清淨法輪,令一切菩薩及諸衆生皆證得入諸佛境界聖性智慧光明三摩地,入於殊勝聖慧甚深法藏秘密性海三昧解脱門。

　　是時海月光大明慧大士菩薩摩訶薩稽首頂禮如來足,承①佛神力②,對世尊前,入一切諸佛毗盧遮那如來海藏身性三昧,普得入於一切諸佛平等聖性普賢行願,於法界中示現一切菩薩摩訶薩真際法性身相無形狀,心同法界量,體性等虚空,得同如來法身性海,五眼顯照一切諸佛大願大行無盡法海功德解脱門。尒時釋迦如來讚歎海月光大明慧菩薩摩訶薩:"善哉! 善哉! 普能示現證入毗盧遮那諸佛甚深微妙秘密法藏性海三昧,無盡殊勝神通自在,入衆生體性,令得解脱,殊特最③不思議故。"是時釋迦牟尼如來則告大士曼殊室利言:"善男子,若有行人求一切諸佛阿耨多羅三藐三菩提者,是故諸菩薩摩訶薩及諸聲聞衆四部弟子等、善男子善女人,應當入瑜伽三摩地,有前方便毗盧遮那五智五頂金剛界道場,除滅五蓋十纏障蔽心眼諸惡之罪者,此人則令入是道場,行道觀行,六時禮懺《大方等佛名經》不休不歇。阿闍梨與三時開決心地疑網,行道禮念,晝夜六時無有休息者,其人入觀七日一食,得證曼殊大智、普賢行願。若有行人被著魔障,昏沉纏縛,於道場内蹔時迷悶休歇、魔障蔽心者,其人則不成菩提道果,更不得入此道場,待後別期方應得入。世尊慇勤切當告示,語諸修學菩薩行人等,勿使空過,徒遣疲④勞。其行道行人晝夜六時不眠不睡,過滿⑤三七日者,阿闍梨則與日日三時決擇心地,得見心性清淨現前,則得除去身心之中五蓋十纏煩惱重障,則能堪與授法,便得入於灌頂大清淨曼荼羅大道場,授大乘瑜伽三密門金剛三摩地真如法性觀。然後授法已,則不得離阿闍梨。何以故? 是人學道者,日日須三時漸次決擇,然得⑥成就金剛三摩地無上正等菩提聖道。"如來説言:"是故諸菩薩衆、四部弟子比丘比丘尼、善男子善女人等,末法之代佛教難聞,亦難值遇,今時見聞,早曾多劫修學所修,行人一授以後,更不得退轉離別阿闍梨。常⑦須親近供養如來,言語諸菩薩,是故應知道場教授有四種義,時、處相應,行相應,説法相應。其起造道場者,當欲建立應須有五重院。若是地窄不堪,三重亦得。安置四門,各有四天神王作爲護界。其道場中安本尊,其壇四角置遏伽香水瓶,并置四門香案及置香鑪,亦安寶幢幡蓋。四門燒香⑧,然酥香油燈。上置道場幔天寶蓋,作八葉蓮華。其道場

---

①　承,原脱,據《中華藏》校勘《麗》補。
②　"力"後,《中華藏》校勘《磧》《南》《徑》《清》有"故"。
③　"最"後,《中華藏》校勘《麗》有"勝"。
④　疲,《中華藏》校勘《麗》作"罷"。
⑤　滿,《中華藏》校勘《磧》《南》《徑》《清》無。
⑥　得,疑當作"後"。
⑦　常,《中華藏》校勘《徑》《清》作"當"。
⑧　香,原脱,據《中華藏》校勘《麗》補。

内先須日日造新飲食，於壇場内供養不絕。其供養食，入道場人衆僧等并授法教主阿闍梨，並不得取食其食，與不入道場人食即得。”

是時釋迦如來告曼殊室利言：“善男子，如來秘密之法實難值遇，末法之世難遇難聞。若有教主阿闍梨不在受法道場内，與人妄説如來秘密三摩地觀祕教法藏者，此人好求名利，諂諛妄説。其人説者得四重之罪，其聽者生生得障道之罪①，墮入地獄，永不聞正教之法。是故四部衆等比丘比丘尼、善男子善女人，不應妄説如來祕密之教。若有一切菩薩、四部衆等，受②得如來祕密妙法已，則須常應四時不闕供養，行道念誦坐觀，常行精勤，勿令懈怠。”是時如來説：“諸天魔幻惑種種相貌，障修學人心眼聖道。若有諸菩薩及四部衆等比丘比丘尼、善男子善女人，學此瑜伽三摩地教法者，如是人等常當節食，七日一飡③則得無畏，不被天魔鬼神得便、頻那夜迦入行人身心而作障難。或對人目前，出現種種相貌，及夜夢境界現作佛形，或作菩薩、諸天、梵釋形像，或是龍神惡鬼形、童男童女形、諸天鬼神女形，或聞空中異香，或聞念陀羅尼，或聞念佛、念法、讚歎音聲，或聞歌唱巧妙之聲，或聞④音樂之聲。尒時炳顯重當演説，或令行者癡定不動，或瞋或喜，愛染見取，分別執著。或得口中美味如蜜，或於闇室現明如日，或現白光赤光、諸惡蟲輩，或令人足睡，或令人無睡，或令人聰明，或令人闇鈍。如此變異，並是天魔鬼神入心，與行人而作障道境界因緣。令遣行人有進有退，不成道果，死入魔宮，令爲眷屬。是故如來説顯切摽魔幻，變轉動念，不得正定。亦復入其人心，妄作聰辯，詐知宿命，令見一切幻相，前後生死之事，善惡諸相，魔作幻惑，非關正智，唯心示變，莫取外緣。修學行人必不得於夢境界，及現眼前取相執著，動轉人心，恐畏怕怖，則被天魔鬼神之所障礙。行人正見，須常諦觀心性，見性寂⑤静。心性無物，是相莫取，則無境界妄相⑥因緣。是故行人勤行精進，實勿退轉懈怠懶惰⑦，則得速證無上正等菩提。”

是時釋迦牟尼如來於舍衛國中祇園精舍大道場會中，告諸大菩薩摩訶薩，一切大梵諸天王、帝釋天衆，龍神八部修羅、鬼神、夜叉衆，四部弟子比丘比丘尼、善男子善女人衆。尒時釋迦如來在大衆中，入金剛寂智無心定三摩地三昧，從三昧起，放大慈大悲法性神光，徧照三千大千世界，大梵諸天王衆、菩薩摩訶薩、四部衆等比丘比丘尼，及諸天龍、修羅、鬼神衆，及一切衆生等，如來告示普令志求無上正等菩提者。

---

① 得障道之罪，《中華藏》校勘《磧》作“得道之罪”，《南》《徑》《清》作“得盜法罪”。

② 受，原作“授”，據《中華藏》校勘《徑》《清》改。

③ 飡，《中華藏》校勘《徑》作“食”，《大正藏》本作“喰”。

④ “聞”後，《中華藏》校勘《麗》有“念佛”。

⑤ 寂，原作“宼”，據《中華藏》校勘《石》《麗》改。

⑥ 相，《中華藏》校勘《石》《麗》作“想”。

⑦ 惰，原作“墮”，據《大正藏》本校勘明本、甲本改，下一“惰”字同。

是故世尊告語諸大菩薩，應是修學如來大乘瑜伽秘密金剛三摩地法教，行人更須入此道場，修入一切佛心金剛大智秘密法門觀。如是一切修行菩薩、四部衆等比丘比丘尼等，先當持鉢乞食，於四威儀詳序而行，次第乞已，於施主家供養食訖，還至本處，澡浴清淨。復入道場，不得懶惰睡眠、懈怠不勤，斷絕休廢。如是菩薩及四部衆等，不依此法受師教戒者，則不得成無上菩提諸佛道果故。是時釋迦牟尼如來在大衆會中，告諸菩薩言："吾今說諸佛如來瑜伽金剛秘密聖性菩提三摩地法教者，如來起大悲智，救攝有情，令一切菩薩修習聖性金剛菩提法觀。"是時一切大衆諸大菩薩、四部人衆、天龍八部等，聞佛所説，踊躍歡喜，讚①歎如來演不思議教法，深生慚愧，得未曾有，信受奉行。

大乘瑜伽金剛性海曼殊室利千臂千鉢大教王經卷第六

大乘瑜伽金剛性海曼殊室利千臂千鉢大教王經卷第七

大興善寺三藏沙門大廣智不空奉詔譯

尒時釋迦牟尼如來説菩薩修行次位，第四云何次第得入淨土門，一者入左字觀本淨妙行義，觀自在王如來説妙觀理趣淨土門。就此門中説有二品，一者先演不思議法界聖道如來真如法藏自在聖智第七品，二者後説有三賢菩薩入法位次第修行迴向菩提第八品，如來次第先當且説聖智品法義門。

是②時世尊説一切菩薩修學大乘，求無上正等菩提者，入四十二位修證三賢十聖地等覺妙覺佛地者，菩薩於大乘法中廣發大願，行菩薩道，修入如來聖行菩提，從地前次第而學。從此修習凡有二義，云何有二？一者外凡，二者內凡。云何名爲外凡？所謂③菩薩持五戒十善，修諸業行，學習六波羅蜜，散心修持，得生天上，亦生人間，成有爲福受，有漏快樂故。二者云何內凡？所謂菩薩學習菩提，無爲無漏福。次第修行位中學有三等，何者爲三？一者下賢，二者中賢，三者上賢。且初下賢菩薩入十信者，修學十信行，得十住行，相扶接引，爲信成就故。次有中賢菩薩入十住者，修學十住行，得十迴向，相扶接引，名爲解行成就故。三者上賢菩薩入十迴向者，於加行位中修持十迴向，學奕頂忍，世第一法，名爲次第修證，成就聖胎，漸登聖位，進修菩提成就故。已下三賢菩薩位，純在有漏修學故。如來次第説十聖位，等妙二地。菩薩有四等，上、中、下及最上等。云何爲四？一者且下等六地已下位菩薩，修學三密三

---

① 讚，原脱，據《中華藏》校勘《石》《麗》補。
② 是，《中華藏》校勘《磧》《南》《徑》《清》作"尒"。
③ 謂，原作"爲"，據《中華藏》校勘《麗》改。

摩地者,名爲隨相行,用修行入定,半有漏半無漏,入定即無漏,出定則有漏故。二者次有中等七地位菩薩,修學三密三摩地者,名爲無相用,修持入定者住於三昧,則得分證無漏聖道,漸證修行,入菩提道次第成就故。三者上等八地位菩薩摩訶薩乃至法雲地菩薩,修學三密三摩地者,是名無功用定。住是三昧,得名純無漏道,證入金剛性①,運通無爲,自在神力,無相無功用,任運成就,得登佛地,進成菩提故。四者次有最上殊勝等覺妙覺二位菩薩,修入佛地,住如來三摩地故。得三種意生身,證金剛法界聖性三昧,與真如同,無相無念念,一念慧得金剛喻定,同佛不壞金剛性。入無爲聖智道聖性相應,則成無上正等菩提智身法身滿足故,名爲如來。是故釋迦牟尼如來説,一切菩薩及一切衆生修學如來無上菩提者,依一切諸佛金剛聖覺智修行得入佛地。云何入聖覺智得入佛地?菩薩修入聖智者則是覺也,覺者佛也,覺諸有情聖智相應,是名衆生本自覺也。覺本心源,即名了見煩惱性者,是名菩提性也,菩提性者則是法身佛也。是故世尊言告諸菩薩摩訶薩,所有一切衆生求於無上菩提者,菩薩常當修持如來一切覺,一切覺者是名一覺,覺諸情識空寂無生。何以故?決定本性本無動搖。佛言一切境界本自是空,一切識識本來空性,一切境識本即是空。如何言見?佛言見即爲妄。何以故?一切萬有本自於空,無生無相,本來不有,本不自名,悉皆空寂。一切法相亦復如是,一切衆生身亦如是,身尚不久,云何有見?佛言本來清淨故,是名本覺。覺本淨性,清徹無處。是故名爲法身,智身滿足故。佛言一切衆生當用覺觀,覺本心性,體静無生,離衆生垢故。覺本無寂,離涅槃性故。覺應諸法,於一切法無住動故,無動無住如菩提故。譬如毗楞伽寶隨色而應,同爲一體,無有分別。如來佛性隨情皆有,悉應清淨。衆生德感亦復如是,菩薩若證心無所住,無有出入,得同唵摩羅,清淨佛識故。佛言告語諸菩薩摩訶薩,四部弟子比丘比丘尼、善男子善女人等,修行如來金剛三密祕密聖性菩提者,則得迅疾玄入通證如來佛心,速得阿耨多羅三藐三菩提故。是故如來告諸一切大衆菩薩摩訶薩,應當修學。

　　是時釋迦牟尼如來從此閻浮提世界,尒乃却往去至彼上界,來説往昔在第四禪地中説摩醯首羅天王宮中,與無量不可説不可説百千億阿僧祇微塵數諸大菩薩摩訶薩衆,及與無量大梵天王并諸梵衆於大會之中。尒時釋迦牟尼如來在天王宮,於百寶摩尼殿上,如來坐百寶蓮華寶座。世尊於座②上結加趺坐,入諸佛體性界虛空三昧,從三昧起,放千百億金剛真際實性三昧虛空光,光照千百億世界微塵數一切諸佛,入金剛菩提真如實際三摩地聖力聖性,令一切諸佛出現相助證明。於是復照蓮華臺藏世界海百萬億紫金剛光明宮中,照見毗盧遮那如來法身智身,法界聖性,真如

---

① "性"前,《中華藏》校勘《石》《麗》有"聖"。
② 世尊於座,《中華藏》校勘《磧》《南》《徑》《清》無。

法藏，無有内外，同其聖智諸佛金剛菩提一性靡不周徧。是時則釋迦牟尼①如來共法性毗盧遮那②如來，在千百億蓮華法藏世界金剛光明宮中，同在金剛三摩地，住聖力性三昧。則是故③釋迦世尊以聖性神力密啓毗盧遮那如來，如來則向後時請爲一切菩薩及一切衆生爲説修證入佛金剛菩提三摩地故。尒時釋迦其時從三昧起，殷勤再重請毗盧遮那如來，與一切菩薩及一切衆生説佛根本自性智道心地法門。則是時毗盧遮那則爲釋迦牟尼如來，并化千釋迦及大智通菩薩等一切諸菩薩，并大梵諸天、四部衆等："諦聽！諦聽！吾當爲汝重説一切諸佛一切菩薩往昔修持諸佛五聖智證入心地祕密體性三摩地，修行不可思議、不可説修入金剛菩提佛果。"尒時牟尼世尊言説："毗盧遮那久遠已前初因出世，吾於毗盧如來佛邊，往昔吾與一切菩薩、一切衆生修學觀照，同入佛性聖智菩提，道達本源，自性清淨照用，還入毗盧遮那五智佛地心之根源，體性根本真如法界藏，入金剛不壞性，達聖智菩提地，速成佛果。尒時毗盧遮那佛言，則爲説如是過去三世一切諸佛、一切菩薩已學、當學、今學，是故一切菩薩④大衆，汝當善思修行。我已百千阿僧祇劫，修持是心入佛三摩地祕密金剛三密法藏，得成菩提佛果。以之爲因，初捨凡夫，成等正覺，號吾爲毗盧遮那，與一切諸佛、菩薩立爲根本。"尒時釋迦世尊秉演諸佛甚深大法大義五金剛智，在一切有情衆生性⑤，於意云何？如是一切諸佛、一切菩薩與毗盧遮那世尊、五智五如來同共修行，導引蒼生，爲一切有情衆生，往昔因地修入菩提道，一時成佛，號名千釋迦，及千百億化釋迦，毗盧遮那同共住蓮華臺藏世界海，其臺周徧有千葉，一葉一世界爲千世界。毗盧遮那我今化度以爲千釋迦，踞千世界⑥，後就一葉世界。復有百億須彌山、百億日月、百⑦億四天下、百億南閻浮提、百億菩薩、百億釋迦座，佛坐百億菩提樹下，各各説汝所問菩薩修行菩提薩埵心地法品。其餘九百九十九釋迦，各各化度，現出千百億釋迦亦復如是。

　　尒時毗盧遮那佛言："千華⑧上佛是吾金剛聖性法智化身，千百億釋迦即是千釋迦化身。吾已爲本源，名爲毗盧遮那佛身，與一切如來、菩薩作⑨成真如實性金剛大智菩提法藏爲本故。"是時蓮華臺藏金剛座上毗盧遮那如來告言語釋迦牟尼世尊：

---

① 牟尼，《中華藏》校勘《磧》《南》《徑》《清》無。
② 遮那，原脱，據《中華藏》校勘《石》《麗》補。
③ 故，《中華藏》校勘《麗》作"時"。
④ "已學"至"菩薩"，《中華藏》校勘《磧》《南》《徑》《清》無。
⑤ 性，《中華藏》校勘《麗》作"心性"。
⑥ 踞千世界，《中華藏》校勘《磧》《南》《徑》《清》作"千世"，《麗》作"據千世界"。
⑦ "百"前，原有"四"，據《中華藏》校勘《麗》删。
⑧ 華，《中華藏》校勘《磧》《南》《徑》《清》作"葉"。
⑨ 作，《中華藏》校勘《磧》《南》《徑》《清》作"本"。

“吾與廣答千釋迦及化千百億釋迦，作菩薩時修行心地，汝所先問一切金剛聖智菩提聖性種子，往昔從因地之時，一切菩薩摩訶薩修入成佛從幾劫來，我與一切有情衆生開心地法門，入金剛慧智菩提道，以聖力聖智聖性加持一切修學菩薩，一切衆生心地自性聖智，速達本源自性清淨法身智身金剛菩提如來佛地，得成阿耨多羅三藐三菩提已。”是故尒時釋迦牟尼如來再問毗盧遮那金剛薩埵心地三密三菩提，則釋迦牟尼佛言亦語千百億化釋迦：“我今重啓毗盧遮那世尊，再說一切諸佛根本祕密法藏，說一切菩薩教藏，說一切聲聞法教律藏，說一切大梵諸天行菩薩道智藏，說一切衆生心地法門三密菩提佛性自性海藏。如是一切菩薩、一切有情衆生修行法教者，爲何因何緣得入此地四十二菩薩聖位修證？入聖地金剛菩提等覺妙覺地？若得當成佛果爲何等相？菩薩先當修入金剛五忍如如實際本源、自性真如聖智佛道。”

　　尒時釋迦牟尼如來即當起發聖意，啓陳毗盧如來言：“若菩薩修學根本金剛菩提聖智性種子，令入佛聖性三摩地者，於意云何？”則是時毗盧遮那如來告釋迦牟尼言：“若有一切菩薩摩訶薩當爲一切有情衆生，爲求阿耨多羅三藐三菩提者，菩薩修學菩提，不惜身命，應當棄捨求無上正等菩提，先度一切有情衆生，速當成佛得菩提者，是諸菩薩①依止如來大願力故，成就一切金剛解脫，則當同諸佛如來金剛聖地②佛菩提故。”是時則於金剛性海蓮華臺藏法界大會，於一切菩薩衆會之中，有一大智通菩薩摩訶薩，從坐而起，稽首合掌，今對毗盧遮那如來前，更重殷勤發弘誓願：“願我心等虛空如金剛堅，成不退菩提，於四十二位次第修行，廣度有情。虛空若盡，度衆生則休，虛空不盡，我當度衆生亦未能休。”大智通菩薩發大願已，則是時法界蓮華海藏中忽然涌出微塵數殑伽沙諸大菩薩摩訶薩出現作證，則是時一切諸大菩薩摩訶薩告言：“今者爲如來聖性幽通加被，我等一時見聞大智通菩薩發廣弘願已，皆能出③現而作證明。”是故一切菩薩衆言：“我等亦當隨喜，盡皆共大智通菩薩同其願故，心等虛空，廣度有情，無有休歇。”是時微塵數一切諸大菩薩摩訶薩則同智通菩薩，廣行菩薩道，當發大願：“我等修學盡未來際，志④求不退無上菩提者，於四十二位法門之中次第修學，從堅信忍中入十發趣心，修行一切諸佛祕密三十支觀門三摩地金剛菩提向果。”尒時標顯初從十信修行次位，云何修入十發趣心？一者捨心，捨一切物及己身，國城、妻子一切捨。二者戒心，持菩薩十無盡戒，及一切諸佛大乘戒。三者忍心，於無生忍中，於一切法盡忍。四者進心，修持如來一切善法常行精進。五者定心，於一切法常住正定。六者慧心，於一切佛法能行善巧智慧。七者願心，於一切法起大悲

---

① 薩，原作“提”，據《中華藏》校勘《麗》及文意改。
② “地”後，《中華藏》校勘《麗》有“住”。
③ 能出，原作“出能”，據文意正。
④ 志，《中華藏》校勘《磧》《南》《徑》《清》作“勤”。

心，廣願救度一切有情。八者護心，於一切佛法中常起菩薩大護法心。九者喜心，於一切衆生安樂，常生喜樂心。十者頂心，如人頂高貴不見，觀心正定於佛法中最爲上勝，名觀照頂心，則是故名爲菩薩修入十發趣心向果。

尒時如是體性本源毗盧遮那如來告言：“一切諸佛當知，菩薩初發心志求堅信，從堅信忍行修入十發趣心，入堅法忍中行十長養心，修學菩提心向果。一者慈心，慈能與樂。二者悲心，悲能拔苦。三者喜心，達性無生菩提智道，生喜悦心故。四者捨心，捨一切有爲諸物，及國城、己身、妻子、男女一切捨。五者施心，施一切有爲身命，男女、妻子、内外心、國城、田宅，盡皆一切施。六者好語心，與他人己身，於内外一切處，常與一切人好意好語心故。七者益心，菩薩自取其惡，常愛①資益一切衆生利益心故。八者同心，共一切有情同入無生心，同入菩提法，是名同法三昧，得同心故。九者定心，得一切如來正見、正性、正定，一切佛智悉由定力三摩地心成就菩提故。十者慧心，於一切智慧能生一切佛法，般若波羅蜜多是名慧心故。是則名爲菩薩修學十長養心向菩提果。”是故金剛聖智身毗盧遮那如來告言：“一切諸佛當知，如是一切菩薩從堅法忍行中修十長養心，入堅修忍中進行十金剛心，修學菩提心向果。一者深信心，於一切諸佛大乘甚深法藏，常行大信心，永不退轉，名爲大深信心故。二者念心，於念不失一切諸佛正智，念大乘甚深妙義戒定慧心，是名念心故。三者迴向心，迴向一切大乘法教如來無上正等金剛菩提，名爲迴向大乘心故。四者達心，達如來聖智理趣，達照寂心内外清淨，名爲達心故。五者直心，直正聖道，正智心性，正無邪曲，無妄見諂諛，真空實性，名爲直心故。六者不退心，名爲進求菩提心無有退，達性不轉，是名不退心故。七者大乘心，不入二乘，亦不入外道諸惡執見，則名爲大乘心故。八者無相心，不入一切有爲諸相，不入五塵色像，是名無爲無相心故。九者慧心，於一切諸佛智慧悉皆無礙，是名慧心故。十者不壞心，不壞大乘正見菩提正智佛心，名爲不壞大乘心故。則是名菩薩次第修學十金剛心向菩提果。”是時聖性身毗盧遮那如來告言：“一切諸佛當知，菩薩從堅修忍行中修十金剛心，入堅聖忍中，修向十聖地，進入菩提心向果。一者體性平等地，二者體性善慧地，三者體性光明地，四者體性尒焰地，五者體性慧照地，六者體性華光地，七者體性滿足地，八者體性佛吼地，九者體性華嚴地，十者體性入佛界②地。是故則尒時名爲十聖菩薩地修向菩提心向果。”是時法身體毗盧遮那如來告言：“一切諸佛當知，菩薩從十金剛心修入堅聖忍中，修十聖地入佛如來地，修向菩提心佛果。一者金剛智定等覺地，量法齊等，等於如來，體性實際，真如一性一切法，名等覺聖地。二者妙覺地，百千億微妙聖智金剛

---

① 愛，《中華藏》校勘《石》《麗》作“恒”。
② 界，《中華藏》校勘《石》《麗》無。

慧力，入金剛喻定妙覺地，修入此地中，成就如來解脫金剛般若波羅蜜多大智身法身滿足故，名爲聖性妙覺地。是故名爲一切諸佛修入如來金剛菩提妙覺地，得成阿耨多羅三藐三菩提故。”

是時①毗盧遮那秉顯五智尊如來同共説一切諸佛如來法身體性平等金剛智般若慧四十二位法藏法門品。毗盧遮那言：“於我同與五如來，一切諸佛及一切菩薩摩訶薩從久遠因地往昔先世已來，爲菩薩時廣行菩薩道，修入菩提佛果之根源。如是一切菩薩及一切衆生同修入此十發趣、十長養、十金剛、十地聖道等覺性地、妙覺佛地，當成佛果無上正等菩提，無爲無相，大滿清淨，常住法身故。是故如來説已，應當次第而演説之。”

尒時毗盧世尊即當説第八品，八者三賢菩薩入法位次第修行迴向菩提第八品。

是時毗盧遮那如來五智尊金剛聖性法海蓮華臺藏世界住清淨金剛智性三摩地摩尼寶性法藏中，毗盧遮那如來於此金剛性海三昧三摩地法藏，化現千百億釋迦，千百億諸大菩薩摩訶薩。是時於此菩薩衆會之中，有一菩薩名曰大智通菩薩，從千光王三昧起，重啓諮陳毗盧遮那：“世尊所言，如來上説略開心地道祕教法門，十發趣、十長養、十金剛、十地名相，等覺、妙覺佛地，其一一義中未可解了，唯願説之！ 唯願説之！ 妙極金剛聖性聖力三摩地法性寶藏一切智門，一切佛三摩地門，一切三昧門，一切金剛門，一切惣持陀羅尼門，一切神通自在門，一切虛空門，一切無爲無相門，一切解脫門。”大智通菩薩請問如來：“是故菩薩云何修持、如何學習，證此法門、成就菩提故？”則是時毗盧遮那如來告言：“千佛當知，一切菩薩、大智通菩薩等，佛言‘善男子，諦聽！ 諦聽！ 汝所先問云何義者，修習觀門入十發趣心、十長養心、十金剛心、十聖地心，等妙二位。心佛地聖道中從初次第，云何修行入此法門得成菩提’。佛言告語諸大菩薩、大智通等，吾今與汝分別解説，先從堅信忍中修入十發趣心向菩提果。”

尒時毗盧遮那如來便當爲衆秉稱勝義，微妙深邃再當重顯，標舉證修先入十信觀門，從初起首，次第修入。

一者捨心，若菩薩於一切捨心，行檀度波羅蜜多，發廣大行願，行菩薩道，修持十波羅蜜甚深一切聖行，先捨財物、一切飲食、湯藥，常愛供養諸佛三寶。心無貯積，非前非後。漸漸修行，勝行於後。乃爲王主捨國土、城邑，不爲主宰。若破慳貪，應當捨棄田宅、金銀、明珠，不作貴寶之心。次當則捨男女、奴婢、車馬、妻子、己身，不以欲愛憶念爲心，於一切有爲之相及諸珍寶、資財，是有諸物一切應捨。尒時次第於己身心，執持見取，我人知見。假會合成，立名生者，造作我見，生一切執縛，及有十二因緣，無合無散，無物、無捨、無受者。一切應捨，生無爲心，無相心作，用無生空觀，

---

① 是時，《中華藏》校勘《磧》《南》《徑》《清》作“爾時”，下三“是時”同。

入心正定，除滅十二入、十八界、五陰、六根、六塵。同一切事爲一合相，悉能寂滅，得無我、無我所，空相假成諸法。若内一切法，若外一切法，於世、出世諸法實性中，不捨不受，是故菩薩常當一切捨如空性故，是時名爲假會幻化合成。觀照性淨現前故，捨心入性，證空三昧。

　　二者戒心，若有菩薩能持如來大乘戒者，爲一切有情衆生及自己身，能持大乘菩薩十無盡戒者。如是菩薩則能自己及他一切，常能觀見心性戒性，如虛空持者爲迷倒。菩薩於自根本自性之中，清淨真如，不見有戒，謂戒性如虛空，亦不見他戒，菩薩於持戒心性之中，戒爲非戒、非非戒、無受者。十善戒無師説法戒及有欺盜，乃至一切貪瞋邪見，無集者，無散者，亦無受戒，亦無不受戒故。於聖道性悉皆清淨，持戒道性亦復如是。菩薩應當常持清淨禁戒，行菩薩道，常與一切衆生同心同性，同行同德，常行慈良清直，正實正見，捨瞋喜等，諸善、不善皆應喜悦，是名持十重大戒正性。亦是菩薩持十無盡戒體性，制止八倒，於一切聖性離照定心性，真静現前，一道清淨故。

　　三者忍心，得是忍者於一切衆生本源自性中，無有忍相，名無相慧忍。菩薩於忍慧無相性中，令其智慧能照心體，證體自性，得心清淨。性淨無物，達入一切空，名爲空忍。若菩薩於一切衆生，能行普願行忍，名爲一切處忍。菩薩於一切處忍中，入無生忍，常自觀身根本性[1]，不生不滅，證得無生行忍。菩薩行行更當爲一切法界有情，修持三種大忍。若被他謗害，不生起念，得名[2]耐怨害，於[3]一切衆生界，行菩薩行，常被他人惱亂障礙，不生苦惱，安自己心及一切衆生心，入清淨性心，名爲安受苦忍。菩薩於一切境界處，行無量願，行無量忍心，於一一行中諦觀行性，能證心性，名爲諦察法忍。於一切法忍、三法忍性之中，不見有忍，是名菩薩無相行忍。次則菩薩於無相行忍性中，用觀無相行忍，無受者相，無起打心，無刀杖心，無殺害心，無瞋恨心，皆悉如[4]性，無有起相。菩薩於心聖性體淨之中，無一無二，於一諦一照，觀一性一相，無無無相，有無無相，非非心相，緣無緣相，行住坐立，動止我人，主宰縛解，於一切諸法悉皆無相，了了分明，見性空寂，無自性性相，如[5]聖道一切空性，如是忍相性空，不可得故。一切菩薩應當志勤修學一切法忍無相聖道。

　　四者進心，菩薩於四威儀法，常行摩訶薩大悲願行，爲一切衆生求大乘菩提，常行精進，自利利他，無有空過。菩薩於四威儀法中，行、住、坐、卧，常應觀智心性。常

---

① “性”前，《中華藏》校勘《石》《麗》有“行”。

② 名，《中華藏》校勘《麗》無。

③ “於”前，《中華藏》校勘《石》《麗》有“忍”。

④ 如，《中華藏》校勘《麗》作“如如”。

⑤ 如，《中華藏》校勘《麗》作“如如”。

於一切時，常入法空聖智定，照心聖性，性淨復空，假合假會。於心法性，照見寂静。登無生山，入無爲道，而見一切内外之性。諸法性空，空無所有，如有如無，於四大性空。一切色相亦復如空，於外有爲境界，一切色相青黃赤白及一切色，性同空故。菩薩達空而不觀一切色作有爲相，菩薩若住四威儀，進修菩提，無有空過者，即證入一切三寶智性，真静體性常得現前者，則得生生值佛，見僧見法。世世精進，學佛威儀，常入一切信進聖道，名爲無相信，信①進道空故。不見四威儀，證無生空，無作無用無受，無智無慧。起空定，入世諦法，於二法出入亦無二相，心心相續，常在②空心。進順菩提，證心見性，於二法中無相通達，進分根本菩提，如如一性相故。

　　五者定心，菩薩修一切善法，皆從一切定力而生一切善，得阿耨多羅三藐三菩提。菩薩於一切大乘法中修菩提智，先當觀行，澄心照性，令心寂定，證性清淨，於無爲道性不見有法。菩薩若修一切諸佛菩提者，皆從定力得滅一切罪，而生一切法般若波羅蜜無漏智慧。諸佛菩提三摩地法故，得入如來寂滅觀，證無相性、無相慧、無量聖行、無量智心聖性三昧。一切凡夫聖人菩薩摩訶薩，無不入此佛性菩提三昧正定。是時菩薩③證得體性聖性相應，則是皆由一切體性聖智定力故，得見微細我執自性、我人主者，衆生執著我見，作者受者，一切執縛中取著不解者，見縛體性是障，及一切諸相有爲因緣，散風動心，不得寂静定力而滅者，無有是處。是故菩薩摩訶薩諸佛如來，令一切衆生修入滅盡寂定空，空空八倒，無無因緣，假静慧觀，空空空照，一切幻化，假會合成，念念中滅。受想行識，一切三界，異熟諸果，罪性根本，皆由得受④力而滅。得證心體離相，了了見性，則滅一切相而生正智。得達聖性，證入一切諸佛菩提故。

　　六者慧心，菩薩志求佛法，於心地智眼觀照本源，根本自性中，本來空慧，非因非緣，亦非無緣，亦非有因，亦非無因。於空慧中道聖力聖性，知體名心，是體心心，名識分别。一切諸法假會因緣，是一切我人假名主者。菩薩於一切衆生，廣行慧智，令入菩提，與道通同，趣入佛果。諸行因緣，入聖捨凡，於一切凡心令盡消滅，性得清淨，與佛道同。若菩薩修有漏福，則生諸天。若修無漏之業，得入菩提無上道果。是故菩薩修一切善法，證如來聖智者，是名體性功用。若一切我見者，名爲無明縛解功力。如此障礙，菩薩修學如來金剛三摩地故。以金剛聖力加持，一切衆生有情煩惱盡皆消滅，得證菩提常樂我淨。是故一切有情衆生，以諸無明煩惱習性，爲菩提根本。修一切善法是煩惱障，慧功用體性則不明故。於意云何？菩薩若修阿耨菩提

① 信，《中華藏》校勘《磧》《南》《徑》《清》作“言”。
② 在，《中華藏》校勘《磧》《南》《徑》《清》作“住”。
③ 菩薩，《中華藏》校勘《磧》《南》《徑》《清》無。
④ 受，《中華藏》校勘《石》《麗》作“定”。

者，先當證得體性性空，聖性聖智①爲首，修不可説，修不可説。修入一切金剛佛智觀慧，入中道一諦，其無明障慧，開悟淨心②得清淨。菩薩觀照心性體性之中，澄心見淨，了了見性，則非有相，則非無相。非非於相，非來非去，非因非緣，非有罪非無罪，非非於罪，非於真如，非非八倒，無生無滅。慧光明焰爲照樂虚，方便轉變，方便善巧。神通自在，聖力神用。以智體性所爲慧用故，得達菩提，速當成就故。

七者願心，菩薩至誠不退，發廣弘大願，願心求願心，求願心③志求大乘菩提無上道果，與一切菩薩、一切衆生同心同行，同願同求，是名大願，亦名大求④。以因以緣，以行以果，菩薩於微塵數劫願求菩提，不斷不絶，願心連願心，連相⑤續百劫，成佛滅罪，大求成就。至求心地，求到無生空，空空心一⑥願。觀照多劫，入定聖慧，徧照無量心心，心心見縛，志求真性，無明隨滅，體性解脱，則達無量妙行，實求心故。達至本源心性，成就阿耨菩提，無量功德以求爲本。菩薩從初發大願求菩提心時，於其中間廣行菩薩道，行願滿足，佛果便成。菩薩於如來藏性中觀一諦，中道不見，立一切願。常入寂靜，非有陰界。於一切寂性法非没非出，非生非滅，非見非非見，見非見。要假於慧，入如如性，是名一切諸佛菩薩本源如如自性根本真如清淨大願，一切行名體心性，無爲無相，本源性體，聖行願故。

八者護心，菩薩發廣弘深願，於過去、未來、見⑦在世，一切佛法悉當能護，不惜身命。菩薩更於三世如來前，重發廣大願誓⑧，行菩薩道聖力淨行，悉求大乘如來聖教，僧寶、法寶、佛寶功德莊嚴一切淨土，盛行如來三寶佛事者，或被天魔、外道、一切顛倒邪見、世魔、惡人非謗殺害，嬈亂正信，蔽障佛法，除滅三寶、如來正法及一切功德者，菩薩誓能不惜身命，至誠荷護如來正法。過去、未來、見在一切諸佛功德聖教，菩薩亦當爲一切衆生誓求無上菩提者，如來則先度成佛，何以故？爲菩薩心等虚空，同諸佛慈悲，荷護無盡。所以者何？菩薩則能與法界衆生同觀道諦，入一切正性真如菩提，常在寂靜聖力加持，自利利他，得滅衆生自性罪報，亦得除去我人執著、法執見縛、一切障礙。菩薩則觀照通達，入無生心，不見一切法，證起二諦。觀心澄定，聖性現前，以護根本自性清淨。於本淨性中實無得見有相無相，亦無所護。於無護聖性無作無受，已達正性，得心慧連，心慧連達無生空，空空道智聖性菩提，皆悉得入觀

① 聖智，《中華藏》校勘《磧》《南》《徑》《清》作“智性”。
② 淨心，《中華藏》校勘《麗》作“真淨心”。
③ 求願心，《中華藏》校勘《麗》無。
④ 大求，原作“求大”，據《中華藏》校勘《麗》正。
⑤ 相，《中華藏》校勘《麗》無。
⑥ 一，《中華藏》校勘《南》《徑》《清》作“心”。
⑦ 見，《中華藏》校勘《磧》《南》《徑》《清》作“現”。
⑧ 願誓，《中華藏》校勘《麗》作“誓願”。

照，入空空空，理心假空，分分幻化，幻化起空，入聖智性，證如如性，如有如無。如性法體，假空集散，不可得，不可護。觀一切聖性，證一切法，當得解脫，亦復如是故。

九者喜心，菩薩常住喜樂，於一切法界衆生上廣行善道，濟拔一切有情衆生，常得安樂。既濟得已，菩薩恒生喜悅心故，是名菩薩證成喜悅心已。於是得見如來法智性身，菩薩爲一切有識衆生，令情性相感，入佛知見。是故以諸如來無爲聖性神通自在，有情法中安立世界，聖性道力假會合成。於一切有爲諸物，衆生自業，情性相應，四大和合。有情之識，相感成身。菩薩既得身已，世尊則令菩薩於是身心自性性中，澄心入定，照寂見性。假空觀静而不入有爲，不入無爲，證寂滅大樂自性清淨，無合無散，有受而化，有法而變。菩薩證慧空智，入玄通佛心，假法道空，入法性平等無相，一觀心心行空，證多聞辯才，慧照心性，令一切佛性功德海藏，等如虛空，證入無相，喜智心心性空，無念無生，而常發①性入寂滅定。不見有相一切我性，喜樂平等，體性恒明，分分證入常樂我淨，則是名爲如來菩提涅槃聖性道故。

十者頂心，菩薩起高顯心，救於一切衆生，常行慈行，修持最上佛智，滅我見、人見、衆生見、壽者見，菩薩入静慮定中，滅無我輪見疑身，滅一切妄想根本煩惱，除貪瞋癡等，觀照心寂，澄定見性，名證心頂。如頂觀連如頂觀連，觀連如頂，於心頂法界空性無有因果，如如一道清淨，最勝上如頂，如人心頂最爲高貴。非非身見，如太虛空不可得見，於六十二見、五衆生性中亦尒，不可有見。若菩薩住無漏心，證性寂静，不見有心，則滅徧計所執性。神我主者，動轉屈申，一切相滅。菩薩於心三昧真如性淨中，空無所得，無捉無縛。是人尒時菩薩得證入十空門，入内外空，無變異空，本性空，自相空，共相空，一切法空，不可得空，無性空，自性空，無性自性空。尒時菩薩常住十空門，菩薩即達聖性聖道直心直②空，無一衆生性，虛妄心滅，不見緣，不見非緣。菩薩住頂三昧，照寂證滅，相分見分，入自證分，達證自證分，得住寂滅心定，發根本聖行，起③道實性。菩薩則於我人見縛，八倒因緣，不二法門，無餘滅盡。於世、出世，永不受八難。於生死海幻化異熟業果，畢竟不受。菩薩發大慈大悲心，令一切衆生去來坐立，修入如來菩提聖道金剛聖性，消滅一切罪障，除去十惡，生十善道，入道正性，正智正行。菩薩通達實性，觀照現前，永不受生死輪迴，六道諸果，畢竟不退無上菩提佛種聖性。於菩提法中生生世世，生住佛家，入佛性地，得同如來菩提，正信正見，聖智三摩地故。

是故如是如來説已，諸菩薩衆各各次第修學，信受奉行。

大乘瑜伽金剛性海曼殊室利千臂千鉢大教王經卷第七

---

① 發，《中華藏》校勘《石》《麗》作“照”。

② 直，《中華藏》校勘《麗》作“真”。

③ 起，《中華藏》校勘《石》《麗》作“趣”。

大乘瑜伽金剛性海曼殊室利千臂千鉢大教王經卷第八

大興善寺三藏沙門大廣智不空奉詔譯

是時毗盧遮那如來在一切法界聖性中現千百億世界海，入一切諸佛聖智金剛三摩地百寶蓮華海藏法性三昧，世尊從三昧安詳而起，坐寶蓮華千光王座。毗盧遮那如來告諸①一切諸佛一切菩薩當知："諦聽！諦聽！汝先問長養十心者，於此大會衆中吾今爲大智通菩薩等請問，從是十發趣心修入堅法忍中，修行十長養心，向菩提果，是故如來即當爲説。云何十長養心？ 一者慈心，菩薩依如來慈，於一切有情衆生上不作十惡因緣。常觀自性，生慈正心。行菩薩道，當救有情，廣引群品，不造惡緣。常於無我智中，照見我性清淨，入聖智法。與我、淨、常、樂聖性相應。證五蘊空，色、受、想、行、識空，無所得空，分分入佛大寂性中，無生無住，無有生相，無有滅相，如幻如化，如如一相，無一無二故。菩薩發志大願，起大慈心，於六道生死海中救度一切衆生，速令離苦，達至菩提。菩薩爲一切有情，歷劫導引，修行菩薩道，不見有苦，不見有惱，成就菩提。如來一切法金剛法輪，菩薩當轉，大慈②樂化度一切衆生，令生正信，得慈善智，入薩婆若海。大慈空慧不由魔教，證慈樂果，入無生道。於金剛輪善慈實性中，不見有③惡果，亦不見有善果，亦不見有我性生死之罪。於一切如來聖智法性之中，證解行空，得無礙聖智性，入體性虛空三昧，達如來金剛三摩地故。"

如是説已，次第而演，則當應説之，二者悲心。菩薩誓當救拔，修行諸佛悲智，其悲心者是如來本性自有真淨大悲，如是大悲空性中，空空寂空，無相無生，根本悲緣，於空行智性聖道之中，自滅一切苦因，名爲苦諦滅，亦滅他人一切有情苦緣。菩薩於一切衆生無量苦因中，生大悲智，不殺法緣，不著我緣故，常行不殺、不盜、不淫，而於一切有情衆生不惱④不障。發菩提心者，菩薩諦察於淨心性空見之道觀照本種性，於識行中見一切煩惱法如實相，本自種性清淨，證道智心，於六親、六惡親、惡三品中，與上樂慈悲空智相應，不見有惡，於上惡緣中，九品得樂果空，常現在前行，而自身他身於一切衆生平等，一樂一性，起大悲三摩地故。

如是説已，次第而演，則當應説之，三者喜心。菩薩修行般若波羅蜜多時，勤行一切諸佛菩提道，觀佛性中無有悦喜，何以故？ 本體清淨。於淨性相中照見一切衆

---

① 諸，《中華藏》校勘《石》《麗》作"語"。
② 大慈，原作"法輪"，據《中華藏》校勘《石》《麗》改。
③ 有，《中華藏》校勘《磧》《南》《徑》《清》無。
④ 不惱，《中華藏》校勘《磧》《南》《徑》《清》無。

生種性體相及自體性，證入道智清淨，佛性空空空喜心，不著我所緣，出没三世，自在神用，知一切因、一切果，苦苦①集諦，一切入盡滅苦因，照達佛性空，觀照實性，成等悦喜，同佛菩提。菩薩摩訶薩發至誠心，令一切有情衆生證菩提喜悦空，入如來聖智道性②，捨惡知識，求善知識，示我好道，令諸有情生佛法家，入佛法中，常起歡喜，得法王位。亦令一切衆生入正信正智，捨一切諸惡邪見，輪廻生死，皆六道苦集故。證得佛性悦喜三昧故，令一切衆生亦同入是法，得菩提故。

　　如是説已，應當次第而演説之，四者捨心。菩薩發大願行，於世世修持，行菩薩道，廣度有情，常當觀照③身心，修學如來聖智聖慧，於實際性中空無所有。如太虛空無有一切相，亦無捨相，亦無造作。於無相空法實際性中，不見善惡、有見無見。罪福二中平等一觀，照見實際。於真如性中，無有我相，無有人相，亦無我見、我所執縛。而自他體性都不可得，真如實性亦不可得，無諸④屬故，猶如虛空，名爲大空捨相。菩薩摩訶薩於多劫修行大捨空相中，并自己身及是他身，令一切有情衆生志求菩提，於真如空性發廣弘大願，行菩薩道，誓捨身肉、手足、男女、妻子、國城、田宅，如幻如化，如水流燈焰，內外諸相一切物大捨，名無爲捨，名爲無⑤相捨。菩薩於無爲捨中無滅無生，於實際性中不見有捨，是名大捨。與⑥不捨一切捨等，得同聖性菩提，菩薩常修真捨故，名爲無相大捨。則是如來根本自性，菩提性空，本無捨相故。

　　如是如來説已，次第應當而演説之，五者施心，菩薩求菩提，以身施、口施、意施、財施、法施、教導施。如上所説，其施有六，合爲三種，云何爲三？一者自發心施，二者被他求乞施，三者教導施。若菩薩自發心施者，觀本真如本來自性，無有於施名，爲無相施。次則菩薩被他求乞施者，若菩薩爲一切有情衆生求乞布施者，名爲有相施。是故次後則當教導施者，菩薩發心：我當誓度有情，供養布施一切衆生，無有休息，其心無歇，等法界令一切衆生志願志求無上正等菩提者，是則名爲無爲無漏施。若菩薩爲一切有情普能自發心施者，名爲無⑦相施。則於內身、外身、國城、男女、妻子、田宅一切有爲諸物，盡皆布施，名得無礙無爲施。是故菩薩達無爲性，諦觀如如性中，無念財物，亦無受者，其施如空，亦無內外，無合無散，亦無心行。菩薩於自心源觀本自性，性不見有施名，達理達施，是名無願無相施。菩薩則常行無相施者，常住心源自性淨土，現行在前故。

----

① 苦苦，《中華藏》校勘《麗》作"苦苦苦"。
② 性，原作"情"，據《中華藏》校勘《石》《麗》改。
③ 照，《中華藏》校勘《磧》《南》《徑》《清》無。
④ 諸，《中華藏》校勘《石》《麗》作"計"。
⑤ 無，《中華藏》校勘《磧》《南》《徑》《清》無。
⑥ 與，《中華藏》校勘《磧》《南》《徑》《清》作"於"。
⑦ 無，原脱，據《大正藏》本補。

如是説已,應當次第而演説之,六者好語心。菩薩修習如來善巧體性,常生好意,真語實語,金剛祕密三摩地語,成就佛三密菩提法。云何成就如來三密? 一者令證一切衆生心地祕密,得成身密體性菩提,愛語三昧最上義諦,文字般若菩提成就故。二者令修心地祕密,證成口密體性菩提,修行①如來一切三藏法教密觀語義,諦證口密,辯才通達,觀照般若菩提金剛大智成就故。三者令修心地祕密,證成意密體性菩提,入諸佛三摩地聖行實相般若菩提,觀照得見一切如來體性金剛真際實語勝義諦,證成實相般若金剛菩提成就故。是故尒時則是菩薩於一切有情衆生上,修行聖智聖性聖行聖道菩提,常行實語言,正順一語,調和一切智,令有情衆生及諸菩薩無瞋恨心,亦無鬪諍忿惱之性。常於實相般若中,諦觀心性,證法空智一相實性,無因無緣,法性清淨。菩薩常修樂説,入愛語性三昧,爲一切衆生起大慈大悲,常生愛順,一言一語行順佛意,亦與一切他人言義好語。菩薩以聖智力法語救②護教導一切有情衆生,常行好語,正意如如,發起善根,令入菩提無上道智。住佛淨土,入金剛三摩地故。

是時如來説已,次第而演説之,七者益心。菩薩修薩埵行,入如來智身三摩地,利益安樂一切有情衆生,今③以實智體性聖慧廣行智道,以聖行力成就聖道無上菩提金剛三昧,一切明焰揔持法門,觀照體性,聖行④七財,以資前人得利益故。菩薩發大智心,廣爲益受一切自他身命,得七財聖行,福智具足,而入利益三昧。菩薩修證佛聖性,加持一切有情衆生身口意,入如來法種性,達空寂種性聖行種性,證道種性,入如來三摩地。得三昧已,忽然六種震動大千世界,菩薩則入六道中,救度一切有情衆生,令得安樂,速證菩提。而菩薩入於六道,同事同法,現無量形身色相,濟拔苦惱衆生,不以爲患,但益人爲利,菩薩常住利益三昧故。

如是説已,次第而演之,八者同心。菩薩同令衆生入如來真實體,證自性道聖智同體空性三昧,入無生法中,見無我智同無生性空,平等無二,同本體性,自他源境,一切有情諸法,同體自性,性如如相。菩薩於生住異滅中,自在神智聖慧力用,得證無礙清淨大智,常生常住,常寂常滅,出没自在,通同一性。於過去、未來世法,般若慧相續流轉,無數無量劫,無盡無斷。菩薩重當發起大悲聖行智心,大護大救,顯現無量無邊變化同體三昧,入諸有情形身色心,六根等業,及入諸六道,同於一切事類。菩薩以聖行力神用,加持一切衆生,同空無生,性空無物,證祕密金剛心神我智用。而分身散形,常住寂滅,起心救護,廣度一切衆生,令諸有情入同法三昧,住如來金剛

---

① 行,《中華藏》校勘《磧》《南》《徑》《清》無。
② 救,《中華藏》校勘《磧》《南》《徑》《清》無。
③ 今,《中華藏》校勘《石》《麗》作“令”。
④ 行,《中華藏》校勘《磧》《南》《徑》《清》無。

三摩地故。

　　是時如來説已，次第而演説之，九者定心。菩薩常入如來三摩地金剛定聖智體性觀，照一切自他有情衆生心心體静分，證寂滅無緣無因。於我自體自性性中，識界、色界、空、無色界滅盡清淨。菩薩以聖性智慧反照心源，識、色、空界，了覺心地三界智性，而見性不動，出没逆順，神用自在，常入寂静，住十禪支，以一念智照見我、人主者，及心染著，徧計所執性。若内若外，一切衆生自心他心，聖智種子本性清淨，而無所得，無合無散。菩薩重觀一切衆生，智心體性，集成起造，而不可得，一切有情習氣種子亦復如是。若有菩薩、一切衆生，修證菩提，入聖道性者，無明煩惱則永滅盡故。菩薩起於大願，在①三昧入出自在，示現神通。三界運轉，一切有情、苦惱衆生得度苦海，令證如來金剛菩提聖慧大智，入諸佛性海三摩地故。

　　如是説已，應當次第而説演之，十者慧心。菩薩入如來金剛祕密菩提體性佛三摩地定，證慧光三昧海，照見一切有情心、自他體性、貪瞋癡、邪見結縛等患，如實了知故，無決定性。何以故？煩惱者則是菩提性，以煩惱性修進真如，得到菩提。是故菩薩於一切有情上，教化引發一切衆生，自利利佗，令行如來真如實性順忍空故。於一切法性中非陰非界，非入非不入，非衆生亦不非衆生，非一非二非我人，三世因果，達實性故。菩薩常爲法界衆生，修證寂滅菩提，入一切法性空聖性觀行，達自體性起聖智力，徧於一切放金剛慧，光照佛體，性同如來三昧，盡於法界光，光光一照，一焰明明。明見一切菩薩及一切有情衆生，疾令修入法界慧海實性三摩地，速到菩提三昧解脱。其慧方便生長養心，達一切法性，令心證空空空慧眼，證入無生空金剛法界，悟入千海眼王三昧百法明門如來祕密金剛三摩地故。

　　如是如來説已，次第而演説之。是時毗盧遮那如來住真如法界實性海藏中，顯現千百億蓮華海藏法性世界，出千百億一切諸佛、一切菩薩摩訶薩，現千光王百寶蓮華寶座。毗盧遮那如來在於千光王金剛寶座上坐，放紫金剛金色光明，徧照微塵數法界海藏，悉皆清淨，盡爲金色。如來告言：“一切諸佛、一切菩薩當知，諦聽！諦聽！汝當先問金剛十心種子，吾今②當爲此大會衆解釋大智通菩薩等請③問，從是十長養心，入堅修忍中説入十金剛心向菩提果。菩薩云何修行觀智、修入十金剛心？何者爲十？一者信心，菩薩至誠修學一切如來大乘修多羅祕密三摩地法教，以深智信修念行持一切菩薩密行，學諸佛如來金剛祕密菩提教旨，廣度有情一切衆生，以信爲首，修成無上菩提，聖德根本，正見正受④，不起外道邪見、生死之心、諸魔怨恨之行。

---

①　“在”前，《中華藏》校勘《麗》有“恒”。

②　今，《中華藏》校勘《磧》《南》《徑》《清》無。

③　請，《中華藏》校勘《麗》作“諸”。

④　受，原作“授”，據《中華藏》校勘《徑》《清》《麗》改。

菩薩恒常澄心照性，得見根本煩惱，計蔽我執諸見，名著結有造業，畢竟不受，證入性空三昧。菩薩於無爲法中修入寂静，不見有生住異滅，三相離染，無無無生，無生無住，住無住住，滅無滅滅。菩薩於聖行道性中，分證寂滅智，無有一切法有爲法相。於世諦、第一義諦二諦智中，證滅盡行，行滅則無明滅。若菩薩於本心性無爲無相中，觀法無有異相，性同法性，空空色空。證入細心，心心心細，心心心空，故名爲深信。深入根本性寂滅，無體無相，和合一性，亦無依。然主者我、人、神用，三界結縛，假會假合，假我我所，無得無集，盡皆揔滅，一切諸相入如如聖性。如此菩薩得名無爲無相信，是名深信[①]。是時如來説是無相信，菩薩修證分分得入佛體寂三昧金剛一性聖行一相三摩地故。”

　　如來説已，應當次第而演説之，二者念心。菩薩志勤精進，修學如來大乘一切法三摩地，觀照意識心性，思念六念，思覺常覺，乃至一念起心布施而[②]常思施。菩薩修一切法第一義諦，空無所著，無染無縛，無執無散。菩薩證入寂滅智，同共在於生住異滅相中。不見有動，不見無動，不見有到，不見無到。而於去來諸業受者爲一合相，一切諸法諸行道業修成福智，菩薩盡以迴向，入金剛法界聖性聖智。菩薩發願成就一切衆生及自己身，入無相慧，慧相乘乘，乘乘寂滅，焰焰照性，照寂光光，光達無生，不起轉易，別異空道。變前轉後，變後轉前，變變轉化，化化轉變，轉轉變變，同時同住。焰焰光照，一相一静，聖性加持一時，已變未變，變變化化，變亦同一時滅盡。得分入分，證金剛一性。心心體性，心體離念，離念相者，等虛空界。法界一相，無所不徧，入如如性體寂金剛三摩地故。

　　如是説已，應當次第而演説之，三者迴向心。菩薩修持如來祕密三摩地，發弘誓願，廣度有情，於自深心，常行菩提正智，自利利他，令一切有情衆生同願同行，修最上義諦空。於實法實智三摩地中觀照空性，分分證入實諦聖性，善業成就菩提，因果相續，不絕殊勝聖道，名爲最上真諦。於道諦中同合世間假名，諸法合會因果，我人主者，名爲真諦。菩薩於此苦集二有之諦，用當迴向，入如來金剛菩提薩婆若海，深深深入般若波羅蜜多，證成菩提法空智性。而無去來、幻化異熟，諸類受業，畢竟永滅，不入生死世諦諸業因緣。於祕密[③]聖性金剛聖地，無有我人壽者，亦無世間，是名深入心性菩提聖智解脱三摩地。

　　故如來説如是教已，次當應學説而行之，四者達心。菩薩達佛法性，修入金剛菩提祕密三摩地，證法性聖智三昧。於此三昧聖智實性中，達空照性，忍順一切聖教諸法，證入如來聖智實性，一切菩提金剛聖智。菩薩於菩提一切聖智法性之中，無縛無

---

① 是名深信，《中華藏》校勘《磧》《南》《徑》《清》無。

② 而，《中華藏》校勘《麗》作“恒”。

③ 密，《中華藏》校勘《磧》《南》《徑》《清》無。

解,證達法界聖行空,入無礙聖性,達義達辭達教化,達三世因果,衆生根行同一如如性。菩薩起精勤心,則觀照聖性,神用自在,無障無礙,不合不散。徧覺真如實性菩提,無實用故,用無用用,用無名用。無相用故,用用觀慧,入一切空,空空空照,達空名爲聖性。通達一切法空,空空如如,相空不可得,成就金剛聖智菩提故。

尒時如來説已,次第當應而演説之,五者直心。常行直直,直者真如法性,無邪曲故。菩薩觀照自他心體,得見真如實性,無邪性故,名爲直照。見性不變不異,菩薩證入真如實性三昧者,照見生死世諦,有見有執,取著妄緣,神我主宰,同一清淨。入體性真如無生智中,澄心見淨,滅盡無明神我主者,空空空理心,在有在無,名爲達空金剛祕密聖性菩提,而不壞聖道金剛種子。菩薩於無漏聖性中,一觀一照,入如來金剛菩提三摩地者,而教化一切十方微塵數有情衆生,皆悉能轉入薩婆若海,證入聖智道真性,直直直性,直性直行,於空空空。無三界染習神我主者,有漏結縛,永滅不受故,是時名爲直心直性如來金剛祕密聖性聖行三摩地故。

如是説已,次第而演説之,六者不退心。菩薩發精勤志,令自心他心救攝一切有情衆生,廣行菩薩道,修持苦行,習學諸佛聖智法藏祕密三摩地,入如來實性三昧金剛真際三密地,得不退心,永不入一切凡夫地,不作諸惡,不起諸見,新長養心三業生死之罪,亦不復再習苦因,相似我人,永不入三界異熟業果,分分證入金剛菩提三密行空,不進不退。於第一中道,分入祕密聖性解脱門一合行故,亦無退轉。於是菩提真際本性性中,無一義性,無二相故。而無一念,亦無退屈,無轉無動。於無爲無相觀,入無生空寂,照如如金剛慧性,相續乘乘心。入二諦空,一道一淨,性智寂滅,永不入三世生死。於寂静聖道中①,不見有退,亦不見有進,則是名爲證佛金剛真際祕密菩提三摩地故。

如是説已,次當如教而敷演之,七者大乘心。此菩薩發大志願,不學二乘之心,而教道群②生,惟願修行如來殊勝最上第一乘,而接引有情。菩薩習學大乘祕密金剛心地,修行一乘三摩地,教導引衆生,令入最上殊特如來聖性體寂法界性空三昧,分分證入一切諸佛菩提聖行法空,心心寂滅,名一乘,乘一性空智智,乘行乘乘,乘乘智心,心心任載任用,用任一切有情衆生,度三界生死大河。云何如是三界大河? 一者欲界煩惱流轉,沈没苦海生死大河。二者色界修禪見定縈蔽,執静生禪,出入偃滯無究大河。三者無色界壽報量盡,輪迴六道,三有六欲,色界四空,染著習定。諸天静慮,不斷生滅,愛定受樂,非相③大菩薩。於三界生死大河之中,坐菩提道場,最上第

---

①　中,《中華藏》校勘《磧》《南》《徑》《清》無。

②　群,《中華藏》校勘《石》《麗》作“蒼”。

③　相,《中華藏》校勘《麗》作“想”。

一乘任載任用,聖智運通,趣入佛果故。是①時菩薩起大慈心,若有一切衆生未達菩提道場者,令證一乘三摩地菩提道場故。若未得證空智道場者,任行任用,不名爲大乘第一義故。但名爲乘,則是菩薩及一切有情衆生先須修行如來最上第一乘行,進修菩提道場,入金剛三摩地者,得度苦海,是故名爲如來大乘成就殊勝金剛菩提一乘故。

如是説已,應當次第而演説之,八者無相心。菩薩修持如來無相心,一切法菩提三摩地者,分分證入真如實性無緣無相三昧,於心體性如如實際中,澄淨心眼,照見貪瞋癡,妄想顛倒性一時消滅。唯有解脱菩提聖智般若波羅蜜慧性,不滅無一無二故。三世一切諸法結業、異熟、生滅諸類,盡同無爲,得入如如一諦諸佛聖性空、無願、無相,得證如來無生法智空實性三摩地,自知得成佛故。一切諸佛是我等者,一切賢聖是我同學,皆同如來一切無生空金剛菩提真如法性故。

如是説已,次第應當而説演②之,九者慧心。菩薩而③常觀佛聖慧,於微塵數劫修持如來金剛菩提祕密三摩地,得入聖智如如金剛聖性聖慧,通同一境,等於真如無邊法界、無量神用、一性金剛三摩地。於此聖性金剛地中,無集無受者,無生者,無無無生。於無生性中,無有無明,無明滅盡,無煩惱性,而不縛不解。於一切般若波羅蜜法門,一切賢聖是所行道,一切菩薩聖所觀法,所有菩提一切聖道亦如如性。菩薩發願,同我體智,聖慧自性。如是一切諸佛教化方便法智,我皆集在一心中,同金剛菩提聖性三摩地故。一切外道邪見、邪論、邪定功用幻化,一切魔説,一切佛説,分別數論,深義淺義,皆入二諦一性清淨,無有諸相。非一非二,非有陰界,入無爲無相,一道通同。證如來金剛慧光明,光明照性,本性寂静,一境一性金剛三昧,入一切法如來聖性三摩地金剛菩提故。

如是演已,應當次第而演説之,十者不壞心。菩薩於一大阿僧祇微塵數劫,修學如來金剛菩提深妙微細祕密聖智三密聖性三摩地者,入聖地性隣解脱位,入佛境界,得道正智,明菩提心,伏忍順空,八魔不壞。衆聖摩頂,諸佛勸發,入如來摩頂金剛三昧,自在神力。菩薩則放身光,光光照十方諸佛一切淨土。諸佛菩薩、一切賢聖,來證我故。我當誓於有情世界,於一大阿僧祇劫,學佛威儀,神通出没,自在動用,聖力運行,動大千界,成熟一切衆生。菩提聖性與平等性地,同爲一體,成金剛慧智,無二無一,無別無異,無入無出,而非中觀。於聖智道入聖性中,以三昧④力故,光中現百千億殑伽沙

---

① 是,《中華藏》校勘《磧》《南》《徑》《清》作“爾”。
② 説演,《中華藏》校勘《麗》作“演説”。
③ 而,《中華藏》校勘《石》《麗》作“恒”。
④ 昧,原脱,據《中華藏》校勘《麗》補。

諸佛世界，化微塵數無量國土中，有如來出世，現爲説法教導衆生。尒時菩薩發大[①]慈心，則證頂三昧，登虛空法界菩提地，揔持祕密聖行滿足，心心行空空，空慧中道，無爲無相，一照一淨，一切有爲諸相盡皆消滅，證入金剛三密菩提三昧門、一切行門、一切法門、一切陀羅尼門，菩薩一時成就，亦證得一切如來平等虛空聖性華嚴海藏金剛祕密三摩地故。

如是世尊演已，是故一切菩薩摩訶薩次第修學，信受奉行。

大乘瑜伽金剛性海曼殊室利千臂千鉢大教王經卷第八

大乘瑜伽金剛性海曼殊室利千臂千鉢大教王經卷第九

大興善寺三藏沙門大廣智不空奉詔譯

第五云何次第得入解脱門？ 一者入曩字觀本無無自性[②]性義，不空成就如來説成就金剛菩提解脱門，就此門中説有一品，一者十聖菩薩入地等妙二位修學進趣聖道成佛菩提第九品。

是時毗盧遮那如來在一切諸佛千百億法界清淨海性祕密三摩地，如來顯現千百億微塵數蓮華海藏世界，一一世界復現千百億微塵數化釋迦佛，復出現微塵數化菩薩於海藏世界中，復出千光王百寶蓮華座。毗盧遮那如來於千光王金剛大寶蓮華臺座，座上如來放海印三摩地紫金剛金色光明，徧照微塵數法界，盡爲金色，悉皆清淨。如來告言一切諸佛、一切菩薩："諸佛當知，諦聽！ 諦聽！ 今當啓問十聖地有何義趣？ 吾今爲此大衆會諸佛及大智通菩薩等先請問，從是十金剛心修入堅聖忍中，説入十聖地心向菩提果。"如是説已，應當次第而演説之，云何修入十聖地？ 一者體性平等地。毗盧遮那如來告言："千佛諦聽！ 諦聽！ 今先問地者爲一切菩薩修證菩提有何義趣，若聖子菩提薩埵摩訶薩埵往因修持毗盧遮那五智真如法藏金剛祕密三菩提，入三密三摩地平等慧體性地，真如法界菩提智是真實法，令自心他心廣行薩埵行，教化一切智有情衆生，自利利他，行菩薩道。華光滿足四天果乘，用任自在，化無方理。任化任用，神通自在，十力十號，十八不共行法，住佛淨土，無量大願。辯才無畏，一切法、一切輪、一切行門，菩薩我皆得入。生出佛家，坐佛性地，一切煩惱，諸有障礙，凡夫因果，畢竟不受。大樂歡喜菩薩尒時從一佛土入無量佛土，從一劫入無量劫，不可説法爲可説法，及一智知一切智，慧觀照一切法，逆見一切法，順見一切法。 常入

---

① 大，原作"入"，據《中華藏》校勘《石》《麗》改。

② 自性，《中華藏》校勘《麗》作"性自"。

二諦，而在第一義中。以一智知十地次第，一一義理、一一事相，示現一切有情衆生，而令常住心心心中道。以一智知一切佛土殊品及佛所説法，而身心不變不異。以一智知十二因緣、十惡種性，而常住菩提聖道。以一智知見無有二相，以一智知入十禪支，行三十七道品。而於六道示現一切色身，出没自在。以一智知十方色色分分了起，入一切有情受色果報，而心心無縛，無有障礙。證平等慧空三昧光，光光照一切佛淨土。是故菩薩證無生慧空信，信忍空慧常現在，前從一地、二地乃至佛界地，於其中閒入諸佛如來一切法門，一時而行。是故略説出平等地法門功德海藏三摩地，菩提行願如海一滴毛頭許事。”

如是説已，應次第而①説之，二者體性善慧地。毗盧遮那如來告言：“若聖子菩提薩埵摩訶薩埵修行毗盧世尊五智法藏金剛菩提三密三摩地者，入善慧體性地。真際法界，清淨明達。自利利佗，廣行菩薩道，救攝有情一切異類有形衆生，善根成就，令入四聖諦，達至菩提。菩薩起大願心，先所發起聖行，修入無爲慈悲喜捨四無量慧，一切功德本從薩埵心觀，入大空慧方便道智中，見諸衆生無非苦諦，皆有識心。於三惡道刀杖一切苦惱緣中生識，名爲苦諦。三苦相者，如身初覺從刀杖身色陰二緣中生覺，爲行苦緣。次意地覺緣身覺，苦重所緣，得刀杖及身瘡腫等法故，覺苦苦苦苦緣重故苦苦。次受行覺二心緣，向身色陰壞瘡中生苦覺故，名爲壞苦緣。是以三覺次第生三心故，爲苦苦苦。若一切法有心，衆生見是三苦，起無量苦惱因緣故，菩薩發願，我於一切苦因緣中，入教化導，三昧神力現一切色身，於六道中作師，現化度一切衆生。菩薩於如來前廣發大願已，證十種辯説，佛一切諸法教門，所謂衆生苦識、苦緣、刀杖緣，具苦識行身瘡腫發壞，內外解中，或具不具，具二緣中生識識，作識作受觸識，名爲苦識。行二緣故，心心緣色，心觸觸惱，受煩毒時爲苦苦苦，苦②心緣識，初在根覺苦緣，名爲苦。覺心心作，心作受觸時，識覺識觸未受煩毒時，是名③行苦。逼窄生覺，如斲石火，於身心中念念生滅，身散壞滅，轉變化識，入壞識，緣緣集集，散心苦心惱，心受心念，心念後緣保著，心心不捨，是爲壞苦。尒時菩薩觀三界一切苦諦，復觀無明集無量心，作一切業相續相連，習因集因名爲集諦。菩薩爲④菩提心正見正受⑤，解脱空空，道智心心，名爲智道，得名道諦。盡有果報，盡有無漏，微妙功德，盡有清淨般若深慧。菩薩諦觀一照體性，妙智寂滅，名爲滅諦。於一諦慧品具足，名根。一切菩提慧性證空，入觀第一，是初善根。第二菩薩觀捨，捨一切貪著瞋

①　“而”後，《中華藏》校勘《麗》有“演”。
②　苦，《中華藏》校勘《磧》《南》《徑》《清》作“若”。
③　名，《中華藏》校勘《磧》《南》《徑》《清》作“明”。
④　爲，《中華藏》校勘《石》《麗》作“於”。
⑤　受，原作“授”，據《中華藏》校勘《麗》改。

癡等諸行結縛,入一切平等空,一切大捨空,無因無緣。而觀諸法實性空際,一性一相。我觀一切十方地土,皆吾昔身,是吾所用故土。四大海水是吾所用故水,一切劫火是吾昔身所用故火,一切風輪是吾所用故氣。我今入此地中,法身滿足,捨吾故身,畢竟永不受四大分段不淨之身,是名捨品具足。第三菩薩次觀所化,教導一切有情衆生,悉令安樂,與人天樂,十地果樂,離十惡畏樂,得妙華三昧樂,乃至佛菩提及涅槃樂①,如是觀者名爲慈品具足。於是菩薩尒時住是地中,盡無障礙,亦無貪著,無瞋無癡。菩薩觀入平等體性②一諦實性真如法藏,入一切聖道本源聖性,聖智聖力,神通自在,游歷十方一切諸佛法性淨土微塵數佛刹世界,一一世界中化現無量法身、無量色身,現形教化一切有情衆生,皆悉安樂,速登佛果。如來祕教無上菩提,於天花光明品中説如是法教。”

　　是故如來説已,應當次第而演説之,三者體性光明地。毗盧遮那如來告言:“若聖子菩提薩埵摩訶薩埵修學毗盧遮那如來五佛五智海藏金剛菩提三密三摩地觀者,入光明體性地真際法界三昧,於一切聖行法教,自利利他,廣行菩薩行,以三昧力聖性解了智,知三世一切諸佛法門十二部經義理法品,名句、味句、重誦、記別、直語偈、不請説、律儀戒、譬喻、佛界昔事、方正、未曾有、談説,是法體性名一義別。是名、味句中,説一切有爲法,分分受生,初入識胎,四大增長色心,名六住地。於根中起實覺,未別苦樂,名觸識。又覺苦樂識,名三受。連連連覺著,受苦苦苦識無窮,以欲我見,取善惡有識,初名生識,終名死識,是名十品。現在苦苦,苦因緣果。觀是行相中道,我久已離故。菩薩久已修念寂,照見無自體性,入光明三昧,神通自在,揔③持辯才,心心行空。而十方佛土中現劫化轉,轉化百劫千劫,於國土中長養神道,通達聖性,禮敬如來,於佛世尊前諮受法言。復現於一切六道身,一音中説無量法品,而救度有情一切衆生。各自分分得聞心中所欲之法,苦空、無常、無我,一諦之音。國土不同,身心別化,是名妙華光明地中,如來略開一毛頭許法。如是法品解觀法門金剛千海藏三昧,佛三摩地品説,菩薩修持菩提祕密深妙法義道。”

　　如是説已,應當次第而演説之,四者體性尒焰地。毗盧遮那如來告言:“若聖子菩提薩埵摩訶薩埵修習毗盧世尊五智體性法藏金剛菩提三密三摩地者,觀照入尒焰體性地真如法界,以一切法教、以聖行救④度一切衆生,於尒焰真俗真諦、俗諦⑤無二故。不斷不常,即生即住,即異即滅,一劫一世,一時一念有種種異,異化異現故。因

---

① 樂,《中華藏》校勘《磧》《南》《徑》《清》無。
② 性,《中華藏》校勘《磧》《南》《徑》《清》無。
③ 揔,原作“惚”,據《中華藏》校勘《石》《磧》《南》《徑》《清》《麗》改。
④ 救,原作“教”,據《中華藏》校勘《石》《麗》改。
⑤ 諦,《中華藏》校勘《磧》《南》《徑》《清》無。

緣中道非一非二，非善非惡，非凡非聖，非佛亦不非佛。佛界、凡界及一切凡聖二行諸有爲法，是故揔名爲世諦。菩薩摩訶薩神用聖性，自在慧力，入一切有情衆生本源體性，發起善根。菩薩從本自性性中，却入毗盧遮那如來體性真如法界性，證入衆生佛性同爲一體，是故名爲同一世諦。菩薩觀照密①行如來聖行聖道聖性，諦觀照見體性聖智，聖行寂滅，聖道之中無一無二，證清淨一性，入玄通聖定品，所謂説佛聖性聖智心行。習學初覺定時，因信覺、思覺、静覺、上覺、念覺、慧覺、觀覺、猗覺、樂覺、捨覺，是名品品方便智道，心心入定果。是人②住定中，焰焰見性，法行空空。若起念定入心空定，生愛順聖道、聖智、聖性，諸法無相，法本不生，名無生忍、法樂忍、住忍、證忍、寂滅忍。由五忍菩薩證入諸佛淨土，於光光光華三昧中現無量佛，以手摩頂，如來以一法音，説百千起發聖教，而不出於定。住定、味樂定、著定、貪定、正定，一劫、百劫、千劫、多劫中住定。於三昧中見佛蓮華會菩提金剛座上如來，説百法明門。是人③供養經無量劫，如是聽法，百劫住定。是時菩薩於諸佛光中，摩頂發起定品，出相進相，去向相故。不没、不出、不退、不墮、不落，住頂三昧，諸佛聖性法中，得上樂忍，永盡無餘。菩薩觀照即入一切諸佛淨土，修持無量功德品行，行道光明入善權方便，教化一切衆生，能使得見，證佛體性，常樂我淨。是故菩薩生住如此地中，教道行化，修習法門，漸漸深入妙華觀智，入三密體性中道一切法三摩地門，法品滿足，猶如百千金剛上日月晃曜，聖性道品，如來説演，成就百千金剛三昧佛三摩地故。"菩提智門品，已明斯義。

　　如是説已，應當次第而演説之，五者體性慧照地。毗盧遮那如來告言："若聖子菩提薩埵摩訶薩埵修進毗盧世尊五智寶金剛藏菩提三密三摩地者，觀入慧照體性地真空法界，以聖道力一切智法，自利利他，廣濟有情衆生，於如來聖行十種法力觀門，達一切菩薩心地，令入聖行地，及④一切蒼生速超菩提。於十力聖智道品，菩薩觀行入地，起發一切功德，從諸佛法行有十力觀，一切智、一切慧方便智，知善惡二業，別行處力品。惡作善，善作惡，名作業智力品。以一切作善欲求果報，求好大願，於六道現化作善，生生修善果，名欲力品。於此六道善性惡性，好性異性，分別不同，名⑤性力品。以一切善惡根力一一不同，名根力品。以邪定、癡定、正定、不定，是名定力品。以一切因果相乘、果乘、因乘，是惡果至惡果，是善果至善果，果處、乘處、力乘、因乘、果乘、聖乘、道乘，是道力品。以五眼知一切法，見一切受生，故名天眼力品。

①　密，《中華藏》校勘《磧》《南》《徑》《清》無。
②　人，《中華藏》校勘《南》《徑》《清》作"入"。
③　人，《中華藏》校勘《磧》《南》《徑》《清》無。
④　及，《中華藏》校勘《磧》《南》《徑》《清》無。
⑤　名，原脱，據《中華藏》校勘《石》《麗》補。

於百劫千劫事，一一知宿世世，名世力品。以一切衆生修菩薩行，如來以聖①力加持，一切煩惱無明生死滅盡，名爲解脱力品，是故名爲十種觀力品。菩薩以自智力，知自修因果，亦知一切有情衆生因果，名爲殊品。菩薩聖智分別善惡，而以身口意分別任用，智力自在。以淨國土爲惡國土，以惡國土爲妙樂國土，能轉善作惡，能轉惡作善，色爲非色，非色爲色。轉男爲女，轉女爲男。轉六道爲非六道，轉非六道而作六道。乃至一切諸法及地水火風，非地水火風，一切亦如是。是故菩薩以大方便聖智力，於一切有情衆生身口意加持，以聖性聖力進分菩提，無量功德不可挍量，不可思議，非下地一切諸菩薩所②能知覺。舉足下足，一一聖道，是故菩薩摩訶薩觀行③，入大明慧。漸漸進道，分分達入聖智菩提，證百三昧光，光光照無量無邊諸佛淨土法界，菩薩教化無量有情不可説、不可説。以一切大智般若波羅蜜法，常現在前行故。”

如是説已，應當次第而演説之，六者體性華光地。毗盧遮那如來告言：“若聖子菩提薩埵摩訶薩埵修證毗盧世尊五智菩提智藏金剛三密三摩地者，觀照入體性華光地真淨法界，菩薩乘乘如來十種神通聖智法教，導引一切蒼生，自利利他，以無盡願行攝度有情，達進菩提，成無上道。菩薩起問，云何於一切世界中以神通明智品中，如來教授④諸菩薩，及指示一切衆生令修菩提。是故如來答説，此地菩薩觀行入華光體性地，以十神通智，知種種自在聖力變化。以觀天眼明智，知三世國土中微塵等一切色分，分成六道衆生身，一一身微細色成大色分分。以智知觀天耳明智，知十方三世微塵數六道衆生苦樂音聲，非非音，非非聲，及一切法聲。以觀天身明智，知一切色色非色，非男形，非女形。以一念中徧知十方三世國土劫量，大小國土中微塵數量一切身。以觀天他心明智，知三世有情衆生心量中所行，微塵數麈行細行神用變化盡知。以觀天聖智，知十方六道中一切衆生，心、心所念苦樂善惡等事，有爲、無爲一切諸法盡以得知。以觀天人明智⑤，知十方三世一切國土中，一切衆生宿世、苦樂、壽命因果，長命短命，生死相續，經於百劫、千劫，一一盡知。以⑥觀天解脱明智，知十方三世一切衆生，解脱斷除一切微塵數無明重障，若多若少，從一地修證，乃至十地等覺妙覺地，滅滅滅有漏微細煩惱，所知有爲一切有相盡令消滅，滅盡無餘，皆悉寂靜，得證如來金剛菩提解脱聖道。以觀天定心明智，知十方三世國土中衆生，心定不定，非定有定，不定非不定，起定方法方便，有所攝受，入如來三密性金剛三昧，證此三昧

① “聖”後，《中華藏》校勘《石》《麗》有“道”。
② “所”後，原有“不”，據《中華藏》校勘《麗》删。
③ 行，《中華藏》校勘《磧》《南》《徑》《清》無。
④ 授，原作“受”，據《中華藏》校勘《石》《麗》改。
⑤ 智，原脱，據《中華藏》校勘《石》《南》《麗》補。
⑥ “以”前，原有“以觀知”，據《中華藏》校勘《石》《麗》删。

三摩地故。以觀天覺明智,知一切有情衆生微塵數劫,修持入地次第已,成佛未成佛,乃至知三世一切六道衆生心心分,分別異受①生出没多少,亦能具知一切三世諸佛如來,盡知所説深妙之法。以觀天念明智,知前後三世百劫、千劫、萬劫,大小劫中一切有情蒼生,有福無福,壽命數量,久近久遠,菩薩發大誓力。以觀大願明智,知一切衆生小願大願,求成菩提願,願修學如來一切佛法,入賢聖位三十心、十地、等覺、妙覺地,其一一心地中所行行願,至佛果處。若苦若樂,若法若非法,菩薩發大誓願,盡皆入之。救拔一切有情,當來成佛,令一切衆生同其十大願,入菩薩百千大願品具足。是人菩薩住是地中,十神②通明智知中,現無量身口意如來説地品量功德,不可説、不可説百劫、千劫,説此地微妙善法聖智不可窮盡。”尒時毗盧遮那如來略開神通明智知聖地品,不可盡,不可思議。如是聖行觀十二因緣品中,如來説一微塵許事。

　　如是説已,是故應當次第而演説之,七者觀照體性滿足地。毗盧遮那如來告言:“若聖子菩提薩埵摩訶薩埵修入毗盧世尊五智真藏法界金剛祕密三摩地者,入是法中,於此體性滿足地真實法界性,菩薩觀行以自性智,假如來聖智力,進修一切有情衆生,令入菩提法教聖行,修入十八聖仁智品,下地一切菩薩所不得共。菩薩所證身無漏過,口無語罪,意無失念,離八法於一切諸法,常住捨性空,常入三密在三昧中,是名入地六品足。菩薩復從是智,生六足智,起六門觀行,有三界結縛,熏染習氣,畢竟不受故。欲力具足,於一切功德、一切法門、一切福智所求滿足故,是名進心足。一切三世事法、一切劫中諸相因果,及一切衆生有爲之事,以一心中一念一時知,故名爲念心足。是故二諦法、六道衆生心法,以一智知一切法故,名智慧足。以一智知從十發趣賢仁,乃至十聖地、佛地、等妙二覺地,以一智知一切如來三摩地性,無結無習,三身清淨,名爲解足。以如來金剛聖性聖智,以一智知見微塵劫數一切衆生、三世有情,生死流轉,善惡因果,微塵數顛倒之性,我人知見,執著妄想,煩惱我相,染著習氣,善不善,有漏無漏種子,盡成菩提,是故名爲知他身解脱足,是仁名爲入六滿足。菩薩觀照於明智知,便起智身現化,隨六道衆生心心願行,口辯説無量法門品,教示現一切有情故。隨一切衆生心行體性,常住三昧正定,而現十方大地震動,證華光光體性三摩地故。能令一切衆生,心心得入大明智具足③,乃見過去一切無量劫中諸佛出世,亦令得一切衆生心心無著聖智圓通,亦見三世十方一切國土中,一切諸佛教導説法,令一切衆生心心進修所行。以神通聖智道,見未來一切劫中一切諸佛出世,教導接引一切有情衆生。依是如來受教聽法故,令證入住是十八聖仁位中,證心

---

① 受,原作“壽”,據《中華藏》校勘《磧》《南》《徑》《清》改。

② 神,《中華藏》校勘《磧》《南》《徑》《清》無。

③ 足,《中華藏》校勘《磧》《南》《徑》《清》無。

心聖性入信如來三摩地。菩薩重當諦觀,觀①照三界微塵等色是我故身,是身流轉出没等,如三世虛空微塵法界無盡一切衆生,是我父母、兄弟姊妹。而今入此地中,證一切功德、一切神通、一切三昧光明福力,以一切諸佛所行教導,乃至八地、九地、十地等覺、妙覺地,一切如來諸佛法門品,我皆已得入故。於微塵微塵數佛國土中,示現作佛成道,轉法輪,神通自在,住如來金剛性,不生不死,常住法界。亦當示現入涅槃滅度,轉化他方,於過去、未來、今,常入於一切微塵數佛國土中,教化有情一切衆生,一一得成無上正等菩提亦如是。"

　　是故世尊説已,後當如來次第而演説之,八者觀照佛吼體性地。毗盧遮那如來告言:"若聖子菩提薩埵大摩訶薩埵修證毗盧世尊五智實際真藏法界聖性金剛祕地細密微妙三摩地者,觀行入體性佛吼地如如實性,菩薩得入法王位,證體性三昧樂。其智如佛名佛吼三摩地故,入十品大明智空寂定門,常現在前,華光音入心三昧。其空慧者,謂入内空慧門、外空慧門、有爲空慧門、無爲空慧門、性空慧門、無始空慧門、第一義空慧門、空空慧門、空空復空慧門、大空空復空空慧門。如是如來十金剛性空慧門,下地一切菩薩所不能知,是故如此佛吼菩薩入十空平等性金剛聖性慧空門,不壞不變虛空體性地,菩薩觀照以智知一切聖性聖慧,等如虛空,不可説不可説神通道智力。以一②念智知一切佛法,分分殊妙甚深義理。而入無量微塵數佛國土中,於一一如來前諮受③法藥,轉轉教導一切有情,令諸菩薩傳法度人,與一切衆生而以法藥廣施之,是名爲大法師,亦得名爲大導④師。破壞四魔,法身化化,入佛境界,是諸佛數入等覺、妙覺,成諸佛菩提數。入性智身,證金剛聖慧法身,成就百千陀羅尼門,證百千三昧門,入百千金剛門,入百千神通門,入百千解脱門,入百千虛空平等性門,入如來不空金剛菩提成就門中。而大自在聖智神力,一切一念,凡行聖行,一時入佛金剛菩提聖性如如三摩地,盡知一切法深要殊品,説諸妙道。劫説非劫,非劫説劫。説道非道,非道説道。説六道衆生,説非六道;非六道説衆生,非衆生説六道。非佛説佛,佛説非佛,而出入自在,神用聖性。證毗盧遮那聖智三摩地,速⑤入諸佛體性三昧亦如是。菩薩觀行以自性聖智,用慧反照,順照逆照,前照後照,因照果照,空照不空照,第一中道照義諦照,寂照虛空三摩地照。是故菩提聖智三昧,唯此八地已上所證,一切已下諸地菩薩所不能及。是以聖性地金剛菩提,不動不搖,不入不出,不生不滅,不没不盡。"如是此地法門品,有無量無邊殊勝妙理,佛言如是法門,於微塵數

---

①　觀,原脱,據《中華藏》校勘《麗》補。

②　一,《中華藏》校勘《磧》《南》《徑》《清》無。

③　受,原作"授",據《中華藏》校勘《徑》《清》改。

④　導,原作"道",據《中華藏》校勘《石》《磧》《南》《徑》《清》《麗》改。

⑤　速,原作"達",據文意改。

劫説不可盡、不可説、不可説。如來今以演説,略開少分祕密聖性金剛微妙功德,百千萬億微塵數分説一毛頭許事。

　　大乘菩薩、羅漢聖行聖道品中,已明如是説已,應當次第而敷演之,九者觀照體性華嚴地。毗盧遮那如來告言:"若聖子菩提薩埵①摩訶薩埵修證毗盧世尊五智聖性道海金剛密跡堅性幽密祕細妙慧三摩地者,觀行證入體性華嚴地,令一切菩薩得入如來法界佛性,同爲一體,成就金剛菩提聖智,入佛威儀如來金剛三昧自在王②三摩地定,入出無時,於十方法海三千大千世界中,百億日月、百億須彌山、四百億四天下,一切菩薩修行菩提,一時成佛,轉大法輪,乃至滅度一切佛事,成就菩提故。菩薩觀照以一心中,一念一時,示現一切衆生金剛聖力三摩地,三密菩提祕性智身、法身,現形相好妙色身,八十種好、三十二相,自在聖力,住佛金剛不壞性地,自在三昧,照樂虛同如來無量大慈千三昧光明,光明相相莊嚴,非天非人,非世間非六道,出一切三世法界外亦如是。菩薩摩訶薩而常觀行,入六道現無量身,現無量口,現無量意説無量法門。而能轉魔界入佛界,轉佛界入魔界。復轉外道一切執見入諸佛如來正見,轉諸佛見入一切外道見。復見佛性轉入衆生性,見衆生性轉入佛性。其聖智性,光光光照,慧慧慧照,明焰明③焰照寂聖性,不壞金剛功德,十力、十八不共行法,解脱涅槃,無爲無相,一道清淨。菩薩觀入有情界,救攝一切,而以一切有情衆生,生生作父母兄弟。謂其説法盡一切劫,而得道果④。又現三世一切國土,謂一切衆生相,視如父恩念如母,亦於天魔外道相視如父愛及如母。如是菩薩住此地中,從生死際起,至金剛際,以一念心中而能轉入無量衆生界,亦現如是事。"尒時如來於華藏品中略説,如海一渧,如一微塵許事,不可説,不可説盡。

　　如是説已,應當次第而演説之,十者觀照體性入佛界地。毗盧遮那如來告言:"若聖子菩提薩埵⑤摩訶薩埵修證毗盧世尊五聖智華光王三昧海同一聖性金剛三密三摩地微細堅密幽祕般若智者,入金剛慧性,證千百億三昧,入佛界體性金剛三摩地。而同一切諸佛如來金剛般若法性智身法身,以佛菩提一切法波羅蜜多,成就大摩訶薩,證入大慧空空聖地,性空復空空,聖智慧復空,如虛空性平等智。菩薩證十號如來金剛真如法性,有十種殊勝功德品,具足一切法空,同一性一相,體性無爲,神虛體一,法同法性者,名爲如來應順四諦二諦,盡一切法⑥界生死輪際,法養法身無二

①　"埵"後,原有"大",據《中華藏》校勘《石》《麗》删。
②　"王"後,原有"王",據《中華藏》校勘《石》《麗》删。
③　明,《中華藏》校勘《磧》《南》《徑》《清》無。
④　果,原作"乘",據《中華藏》校勘《石》《磧》《麗》改。
⑤　"埵"後,原有"大",據《中華藏》校勘《石》《麗》删。
⑥　"法"後,原有"法",據《中華藏》校勘《麗》删。

故,是名應供如來。無一有情悉皆感應,徧覆一切微塵世界所有衆生,修持菩提道如來聖行,入正性①正智聖解脫智,知一切法非有非無。亦以聖智知一切衆生根性差別故,是名正徧知。明明明行修行佛果時具足故,名爲明行足。善逝者三世佛法,法同先佛,聖性法佛去時善善,來時善善,是名善逝。是人行佛聖行,是名最勝上行。聖德足②入於世間,教化衆生,令聖力潛通,證成解脫入佛大寂門,知一切無明結縛盡皆銷滅,更無遺餘,是名世間解。是人證一切如來聖解最勝一切法上,入佛威儀,神通形相,體同一性,如佛無異。如佛大人如來大士行處聖德圓備,名爲無上士。調順法者,調一切有情衆生故,得法滿具足,是名調御丈夫。於天人中教導一切衆生,諮受法言故,是名天人師。法本無一,妙本無二,佛性幽微,玄通覺道,常樂我淨,大滿清淨,以一切衆生禮敬尊重,是故名③爲佛世尊。三界一切菩薩、一切賢聖、一切諸天、一切龍神、有情世人,依如來教法信受奉行,得入如來地,如是佛地中一切聖人之所入處故,名爲佛界地。成就等覺、妙覺二位地,得佛菩提金剛不壞,證成阿耨多羅三藐三菩提故。"

　　尒時毗盧遮那如來於千百億金剛祕密無邊性海三摩地大華藏世界海,坐百寶大蓮華座。世尊於座上坐,放紫金剛暉曜金色光明,如百千日金光上赫奕三昧,徧照三千大千世界,靡不周徧。其光光中無數微塵化釋迦佛,無數諸大菩薩摩訶薩,皆來集會,與共同心悉皆④受記,歡喜快樂。以如來現智身金色手,摩其菩薩頂。同見同學,同行同道,如是一切諸佛、一切菩薩異口同音,讚歎無二。入如來殊勝妙法,歡樂不已,盡皆適悅。又有他方百千億世界中微塵數一切諸佛、一切菩薩摩訶薩,來期出現而作證明。一時雲集,請轉法教聖道法輪,不可説法、可説法。佛謂説聖性,等如虛空,同於法界。是故此法有不可説奇妙殊勝法門、奇妙殊特三昧三明門,有奇妙奇特揔持⑤陀羅尼門、一切金剛門、一切神通門、一切虛空平等性門、一切解脫門。如上此殊勝法門,彼⑥一切下地諸菩薩摩訶薩所不能知解,及一切諸天心識亦不能知,唯佛世尊殊勝聖性身口意所知。一切法可盡根源不可説、不可説法門中,如來説諸佛金剛三摩地無量三昧光音天華品中,説十無盡無畏聖性與佛道同,是故如上佛説十聖地,次入等覺地、妙覺地,一切菩薩摩訶薩次第修學觀照,入如來地金剛菩提,得成佛果。是時諸大菩薩摩訶薩聞世尊説十聖殊勝等妙地已,深敬如來,信受依行。

---

① 性,《中華藏》校勘《磧》《徑》《清》作"信"。
② 足,《中華藏》校勘《石》《麗》作"滿足"。
③ 名,原作"多",據《中華藏》校勘《石》《磧》《南》《徑》《清》《麗》改。
④ 皆,《中華藏》校勘《磧》《南》《徑》《清》無。
⑤ 奇特揔持,原作"奇持揔特",據《中華藏》校勘《石》《磧》《南》《徑》《清》《麗》改。
⑥ 彼,原作"非",據《中華藏》校勘《麗》及文意改。

　　尒時毗盧遮那如來自入百千金剛聖性三昧，入①百千虛空②平等性三摩地門，令一切菩薩觀照達入真如實際金剛堅密微妙慧聖性不壞聖智地，證入金剛等覺、妙覺地，一念頃迅疾入金剛喻定三密菩提性，證成妙覺地，得金剛聖性定成就法身佛如來果。如是一切菩薩摩訶薩修持觀行如來三摩地者，盡入此佛金剛菩提三密聖道真如實性金剛聖智不壞地，證成無上正等菩提佛果，成就阿耨多羅三藐三菩提故。

　　是時毗盧遮那如來告言："諸佛當知，諦聽！諦聽！吾今先爲菩薩時，修入如來所説金剛祕密菩提三摩地已，佛果之根源，如是一切有情衆生修成佛者，皆悉修入十發趣、十長養、十金剛、十聖地、等覺妙覺地，登入無生山，證金剛菩提如來解脱聖地道，當成佛身，同菩提無爲無相，大滿常住，十力、十八不共行法、智身法身滿足，是故毗盧遮那如來心體根本菩提金剛聖性，有大願力，與一切有情同生聖性。吾今當③常住法身，在於一切衆生性中，住一切菩薩心中，同等法界，爲身心體性，亦爲聖力加持一切菩薩及一切有情蒼生，證得常樂我淨，涅槃佛性，速成無上正等菩提故。"是故一切諸大菩薩摩訶薩深敬，如來説已，各各信受奉行。

　　大乘瑜伽金剛性海曼殊室利千臂千鉢大教王經卷第九

大乘瑜伽金剛性海曼殊室利千臂千鉢大教王經卷第十

大興善寺三藏沙門大廣智不空奉詔譯

　　尒時釋迦牟尼如來復從摩醯首羅天王宮下至南閻浮提，來往説法。在舍衞國中祇園精舍大道場會，如來在於百寶蓮華臺於寶座上，入師子奮迅金剛三昧，從三昧起光明，徧照千百億微塵世界佛刹淨土一切三世法界有頂非想非非想④天一切有情大梵諸天、六欲天主、帝釋諸天、四王大神、轉輪四聖王等，百億閻浮提粟散國王、大臣、諸軍統領、宰執所守一切人民，世尊放大慈光明，悉皆普照，靡不周徧。一切菩薩、一切衆生攝入法海，令修菩提聖性聖行，善法增長，災障不侵，一切諸罪及一闡提、謗方等經，盡皆消滅。尒時如來從三昧起，告諸菩薩大會衆等："普賢、曼殊二大士爲衆上首，及一切菩薩摩訶薩等，吾今見於來世諸佛聖教法，欲將末劫濁亂時，於此世界中鬼神繚亂，於意云何？今正是時。若有國王、大臣、統領、宰執不信佛法，不敬師長，則令國界善神不歡，龍王不喜，五穀不熟，風雨不時。如此不敬佛法之人，則不信造

---

①　入，《中華藏》校勘《南》無。

②　空，原脱，據《中華藏》校勘《磧》《南》《徑》《清》補。

③　"當"後，原有"當"，據《中華藏》校勘《石》《麗》删。

④　非非想，《中華藏》校勘《磧》《南》《徑》《清》無。

福，不修道業，貪生受①樂，不覺不知者，則被諸惡鬼神惱亂其心。是人則當貪欲熾盛，積聚財寶，不知厭足。是故應知如是人等，當自思察，火急悔責，發菩提心，廣造修福，當救其身。

　　"又有世間凡夫之人，不敬三寶，不信佛法者，亦被鬼神惑亂，入其人心，當作鬪競，惱害賢良。如此魔人被鬼入心，能出異端、邪執、是非，説策密謀，破壞良善。國王大臣、諸軍頭領迷惑心亂，勿令所覺，盛行顛倒逆亂之心。所以者何？是故世人應知，切須覺察，當發信心，造諸福祐。是故善男子若欲迴心、敬崇修福者，法有三種。云何爲三？一者佛寶，二者法寶，三者僧寶。云何依此三寶？如何修持有福無福？若供養僧，其福百倍。若供養法，其福千倍。若供養佛，其福萬倍。則是歸依佛法僧三寶，無限之福。是故應知，諸善男子，若損僧寶，鬼神入心，失却人身大臣之位，永入地獄，無有出期。若滅法寶，鬼神入心，損却福禄，受盲聾、瘖瘂、愚癡之報，常墮畜生，作駝、驢、猪、狗。若除佛寶，鬼神入心，多淫多欲，多瞋少喜，心常闇昧，被人惑亂，失却王位，人身難得，死墮阿毗，不得生天，永沈苦海。"

　　尒時世尊語諸衆生："善男子等，殷勤告汝，吾今不忍見於地獄惡業衆生，不信三寶，消除福禄，廣造諸罪，墮於四趣，輪迴五道。或得人身，還造諸罪，入於地獄，無有出時。是故當知，善男子等，欲得福禄，欲得長壽，福慶增盛，果報圓滿者，應當作善，莫損僧寶，不滅法寶，不除佛寶。所得王位亦不動搖，所作大臣亦不損壞，所得人身延年益壽，國王大臣、統領宰執，諸佛加被，善神衛護，吉慶常樂，常得清淨。"是時世尊告諸菩薩摩訶薩等："當來於世混亂之時，欲得清吉，欲得善福，集在身中，延命長遠者，誓當信敬一切三寶，歸依如來，供養於佛，供養於法，供養於僧。生生世世常得人身，不失王位，不失大臣之位，不失統領諸軍宰執職位，不失福禄，延年長壽，死得生天，受勝快樂。不墮地獄，不生四趣，常得人身，遇佛聞法，正見正信，漸次修學，如來正智聖行滿足，速證菩提，成聖解脱。"是時釋迦牟尼如來在舍衛國中祇園精舍大道場處，有外道六師尼乾子等九十五種邪見之法，外道頭首須颭陀羅將諸徒衆五百餘人，投佛出家。須颭陀羅啓言："世尊，我爲年老，多時幻惑，志求天眼，將爲出離。如今覺寤，乃是邪見，不可得值如來正法聖性天眼，惟願如來大慈大悲，納受我意。"其時釋迦如來告言："善來！須颭陀羅，受我教者，於吾法中，當得正見聖性天眼。"尒時自諸外道尼乾子等共佛諍義，外道答世尊言："我本教中志求法者，則得天眼。"外道徒衆啓世尊言："今者衆中實得天眼，世尊報言外道癡人，汝常誑惑邪見惡業，汝從父母顛倒中生，不淨神識，心常惑亂，何得自言我證天眼？"如來告言："愚人外道，今遇正法諸佛如來，如是大師是汝真大善知識，於吾法中得生正見，不墮邪網，證聖天

眼，外道何故自言得道我證天眼？”如來報言：“尼乾子等，汝是迷人。譬如有人患其眼根，得遇良醫，治差眼目，便得淨眼，得見日月。既得見已，衆色俱覩。緣此正見，得福如是。”是故世尊語言外道：“若有衆生不具信根，不識正法，難遇難值。若見大善知識故，爲是無信，邪惑在心，對面不識。若有衆生實有深信善根之者，千里亦通，則得遇見大善知識，邪惑消滅，無有罪障。肉眼得淨，以得淨眼，則證天眼。既證天眼，則識諸佛，遇大善知識，正信正見，不入邪網。是故汝等諸外道輩，汝等晝夜執持邪論，誑惑世間，邪箭入心，未能拔出，而作異見，諂曲邪命。於其非法執著，作不①善，不可解脱，當墮阿毗無間地獄。從地獄②出，先作畜生駝、驢、猪、狗，將命還他。先世供養，累劫陪③償，無有休歇。是相當知，從畜生没得生人間。作其人身④貧窮下賤，盲聾瘖瘂。受業如是，見者無喜。汝作不善，先世報力。”世尊語言外道癡人、尼乾子等：“今生受邪，劫劫不正，常行邪法，自壞己身，亦壞他人。如此自盲，復語餘盲。我將汝去，揔墮深坑。智者當知，如此二盲，於其非路，必有墮落，遭其辛苦，外道盲人，亦復如是。”是故世尊在大衆會，告語菩薩一切衆生言：“如是外道六師尼乾子等，九十五種根本邪教，不正之法，揔有六宗。云何名爲邪教六宗根部之法？一者尼乾子，修習自然之法，名爲天生。本自無因無緣長生不死之法。二者毗羅胝子，修習著空爲道，滅身無體，歸死不生再來之法，名爲得道。三者鳩馱迦旃延，修習午日⑤炙身、編⑥椓卧棘，名爲苦行。焚身祭天，擬求得道，歸空不生之法。四者富蘭那迦葉末伽梨，修習不淨之行，嚴持狗戒、猪戒，裸形塗灰，於糞土中卧，不解羞恥。若能識羞之者，名爲正道。是故外道常持不淨狗戒，擬求解脱，成自得果。五者拘睒梨子，修習自餓，忍饑不食，外道口言告人，自稱得道，不饑不渴，是名自餓外道不食之法。六者尼健陀若提子等，修習邪見，求天祠神，敬日敬月，恭事於火，取相取夢，夜看境界。口云自言求者得道，我得天眼，見前後生死之事，常樂祭祠鬼神，意擬求財求錢，令神靈祐助，意言必得稱遂，於邪道中祈求果報。如此外道六師徒黨，俱行邪教，都揔不知是邪外道。口言自唱，我得聖道，亦向他人所説，若修我教，不久當得聖道之果。如此外道之言，不可有信。”是故世尊語此外道，如是邪見不正之教，實非可信。敗壞衆生本性正見，外道邪諂，彊爲道首，與人作師。實非正覺，我稱正覺。實非能知出世之道，我言能知實。非聖見，我稱聖見。實非能爲衆生之師，我言能爲。如是

---

① 不，原脱，據《中華藏》校勘《麗》補。
② “獄”後，《中華藏》校勘《磧》《南》《徑》《清》有“中”。
③ 陪，《大正藏》本作“倍”。
④ 身，《中華藏》校勘《磧》《南》《徑》《清》無。
⑤ 午日，《中華藏》校勘《麗》作“五熱”。
⑥ 編，《中華藏》校勘《石》作“鞭”。

外道非但自殃善道福果，亦失他人善道生路。是故外道實非正師，揔墮邪道。彼師亦墮，汝亦隨墮。

是時如來告諸菩薩摩訶薩："一切有情衆生、四部衆等，諦聽！諦聽！善思念之，吾今爲説當受因果，見存有相，生長其身，舉動施爲，皆有習氣。是故外道不信，如來説有因果先世業緣。云何説言？當有是相。是故應知彼人若從地獄中出來，生於人間。當有見相，智者應知。其聲嘶[①]破驢騾之音，聲大怱怱[②]，吼唤綟[③]急，心常少信，多饒誑妄，不令所信，無人親友。其人醜陋，不敬師長，不信佛法，不孝不義，無慚無愧。好行殺生，常造諸惡。此人短命，不得長壽。見善不發菩提之心，死墮諸趣，常没三塗。"尒時如來世尊語言："外道癡人是相當知，從畜生終没來生人中，當有是相，其人闇鈍，處事多愚，少智無方，懈怠懶墮。多貪多食，不揀麁細。其性拗捩，出語直突。此人力壯，常當負重。常共癡人，常爲知友。好喜拳[④]脚。隨時卧地，不避穢汙。欲得裸形，不羞不恥。心常虚詐，異言誑語。妄説他人，諂曲不實。取他財物，常愛抵[⑤]債。此人見善不能發心，不信正法。常造不善十惡之罪，流浪生死，難得人身。死没苦海，還墮畜生。以此思之，須當發覺。是故當知外道愚人，非汝能知，非愚所測。彼人若從餓鬼，終没來生世間，當有是相。其人黑瘦，面無光色。頭髮短惡，黄赤蒼浪。騫[⑥]鼻怒目，眼白直視。而常饑渴，多思飲食。慳貪嫉妬，怯怖於官。執著邪見，迴背説人，道他長短。貪婬積聚，不能割捨，布施[⑦]衆生。不樂見善，惟愛信邪。所見財物，其心欲取。而[⑧]常貪盜，不知厭足。得人少財，便生喜悦。若貪不得，便生妒害。如此之人不肯發心，信邪倒見，諂曲邪命。不修善法，不敬佛法，純信鬼神，愛饗祭祠。如此之人還没地獄，從地獄出，却作鬼身。輪還生死，入於苦海，無有歇時。"是故世尊告語外道："汝是邪命愚迷癡人，不知因果，不識良善。"如來告言："吾向汝道，是事難信，無量衆相，外道邪見，不可得知，如此之理，非愚能測。是故當知，若從非人、修羅之身，聞佛少信，没生人間，當有是相。高心我慢，常樂忿怒，好行鬬諍，挾怨記恨，憎嫉起惡。諂曲不實，純行虚詐。抵債謾人，身長洪壯。眼白圓怒，齒踈包露。勇猛有力，心懷戰陣。常好鬬打，瞋勵不休。兩舌破和，間拆良善，輕蔑賢

① 嘶，《中華藏》校勘《石》《麗》作"㾷"。
② 怱怱，《中華藏》校勘《磧》《南》《徑》《清》作"忽忽"。
③ 綟，《中華藏》校勘《麗》作"捩"。
④ 拳，《中華藏》校勘《麗》作"踡"。
⑤ 抵，《中華藏》校勘《石》作"詆"，《大正藏》本作"牴"。
⑥ 騫，《大正藏》本作"褰"。
⑦ 施，《大正藏》本作"放"。
⑧ 而，《中華藏》校勘《石》《麗》作"恒"。

士。説他①長短，毀謗好人。雖向人間，常行不善。如此之行，死墮地獄，無有出時，隨業諸趣，還生本身阿脩羅道。”佛語外道：“諦聽！諦聽！是故當知若從人終還生世間，當有是相。其人賢直，親近善友。性常有信，有忠有孝。若有惡人漫行非謗，毀呰其人，終不與前人反相報惡。何以故？此人常爲好惜門望，識羞識恥，篤厚守信，樂好名聞，及以稱譽。受性工巧，敬重智者。具慙具愧，心性柔輭。識知恩蔭，有願相報。於善知識，心順無違。有慈有悲，孝養父母，師僧和上，小心敬上。知人欵急，處事有方。善能和合，常樂信佛。好行布施，常生供養。不耐於債，不負他人少許財物。好習善事，接引於人，悉令安樂，不令有苦。如此之人，行如是行，死得生天，不入地獄。還生人間，受大快樂，不受衆苦。生生世世，常獲人身。”是故如來語諸外道：“及是無智，不善惡人，亦非愚癡之所見解，非凡所測，非意挍量。若有衆生持五戒十善，得生天上，受勝妙樂。從天退没，生於世間。爲人端嚴，正信正見，相好殊妙。其人聰慧，樂好清淨。憙著華鬘，熏香塗身。常愛鮮潔，好釋②賢良。常樂音聲，歌舞讚歎。常樂高樓，不應在下。爲人作首，含笑不瞋。有行有德，吐言柔美。善巧方便，出言誠諦。盡皆歡喜，不傷前人。有大智慧，常樂好衣嚴身之具。此人有善，樂欲出家。若得爲師，精進修持，清淨律行。學習佛道，志求菩提。如是之人有智有慧，多劫修行，難可籌量。非心所測，非眼所觀。此是賢良，見生受福。若修淨戒，不久當得無上正等菩提。”是時釋迦牟尼如來告諸菩薩、四部衆等善男子善女人：“當知如此外道尼乾子等，六師頭首邪見惡法，九十五種異見别部，都有六宗根本之法。六師徒黨尼乾子等，拘賒梨子，毗羅胝子，鳩馱迦旃延，富蘭那迦葉末伽梨，尼健陀若提子等，外道六師都有九千五百徒黨，皆執邪教。九千外道深著邪見，毒箭入心，不歸如來聖道正教。唯有一人徒黨外道，都首衆中第一須颰陀羅，將諸外道五百徒衆，歸依如來，投佛出家。而披法服，修佛聖道，正行正智。自諸外道尼乾子若提子等，深著邪見，不信正教，退坐而去。”是時如來在大衆中告諸菩薩摩訶薩，及諸四部弟子比丘比丘尼、優婆塞優婆夷、善男子善女人等：“如此外道實是愚人，不善之者。宿承過去惡業之因，墮於地獄，出生③邪見。是故若是今時不發出露之心，必還流浪。”

是時四部弟子、善男子善女人等至誠發心，歸依如來，修持十善，受於諸佛祕密正教清淨禁戒，不入地獄，不作畜生，不生餓鬼，不生諸趣，不生外道邪見之家，生生世世得值諸佛，聞説正法，漸次修學如來聖教聖智聖行，成就菩提，當來成佛，得阿耨多羅三藐三菩提故。是時釋迦牟尼如來言：“吾於過去無量劫來，修行如是瑜伽聖智諸佛金剛

① 他，原作“伏”，據《大正藏》本改。
② 釋，《大正藏》本作“擇”。
③ 出生，《中華藏》校勘《石》《麗》作“未出”。

三摩地法祕密菩提甚深三密如來法教。"尒時世尊於祇園精舍,向大道場衆會之中,告諸菩薩摩訶薩衆,及諸聲聞、大梵天王,并諸天梵衆、龍神八部、四衆弟子、諸善男子善女人等:"吾從往昔於毗盧遮那世尊,聽受瑜伽祕密金剛菩提三密三摩地法聖性之教,曼殊室利導引於吾,及諸菩薩爲於上首。令成佛道,得阿耨菩提。"是故世尊釋迦如來告示一切菩薩、一切諸天大梵王等、一切天龍八部諸神鬼衆、一切聲聞四部弟子衆,釋迦牟尼言:"吾曾①因地往昔以前,向於曼殊室利菩薩初發菩提之心,修行三摩地金剛菩提三密之行,今得成佛,號爲釋迦牟尼如來。"如是大會諸大菩薩衆、一切梵王②諸天梵釋等、龍王八部、四衆人等,同共啓請曼殊室利菩薩:"與汝大衆爲師上首,當引大衆摠皆成佛,吾於當來末世之時,亦助曼殊廣化群品。"

　　尒時大會諸菩薩等,即依如來教命,禮敬曼殊,稱爲師首。是時曼殊室利菩薩從坐而起,稽首如來,長跪合掌,叉手向佛。而白世尊:"得③許於我。我則敢依如來指示,不敢違越世尊教命,惟願世尊加被於我,我當敢受。"佛言許之,是故四衆諸大菩薩摩訶薩、一切諸天梵釋、龍神八部大會諸衆,咸皆歡喜:"摠依世尊,指授言教。當來之世修習菩提,摠願得值大聖曼殊引接於我。惟願大聖曼殊室利菩薩,劫劫生生得遇相值,與我大會四部衆等,作爲導師,不相捨離。漸次修學,證成佛果,當來願得阿耨多羅三藐三菩提故。"是時大衆咸皆信受,歎美如來:"與我衆等指授曼殊,得爲導首。是我衆會深生慚愧,譬喻無比,不可挍量,惟願如來加被衆等。"是時於此大衆諸菩薩摩訶薩,不敢違於世尊指示:"我等大會一切菩薩、一切聲聞、一切龍神八部諸衆、一切四部弟子、善男子善女人等深信此經。"佛言:"若有人發菩提④心至誠,書寫此經,受持讀誦。見世此生獲得聰明利智,辯才無礙,福德增盛,智慧如海,所求稱遂,悉皆圓滿。何以故?諸佛聖智加益行者,便能精勤進修如來所説《曼殊室利千臂千鉢大教王祕密經》。至誠修學聖行聖智三⑤密祕契金剛菩提三摩地聖性法教,超⑥勝疾成過於阿僧祇殑伽沙微塵數劫,向前成佛,速證無上正等菩提。是故菩薩精進修行如來觀照性寂者,成就金剛無漏功德,其福甚多,不可稱計。若筭師、筭師弟子不可籌量,筭數比喻所不能及,唯有如來應正等覺乃可知盡。"是時於此大道場會有千百億三千大千佛刹世界中一切微塵數諸佛、一切諸大菩薩摩訶薩、一切聲聞緣覺、一切大梵諸天四禪八定六欲天帝、三十三天四大天王、轉輪四聖諸龍鬼神、二十八部

---

① 曾,《中華藏》校勘《磧》《南》《徑》《清》作"從"。

② 王,原作"主",據《中華藏》校勘《石》《磧》《南》《徑》《清》《麗》改。

③ 得,《中華藏》校勘《石》《麗》作"聽"。

④ 提,原作"薩",據《中華藏》校勘《磧》《南》《徑》《清》改。

⑤ 三,原作"王",據《中華藏》校勘《石》《磧》《南》《徑》《清》《麗》改。

⑥ 超,原作"起",據《中華藏》校勘《石》《麗》改。

夜叉之衆、一切諸四天下閻浮提大國小國粟散大小王等、四部弟子比丘比丘尼優婆塞優婆夷善男子善女人等,深發懇悚,愧仰如來,演說妙法,歎未曾有,咸皆歡喜,信受奉行。當來揔得成佛,速超彼岸,證成阿耨多羅三藐三菩提故。

大乘瑜伽金剛性海曼殊室利千臂千鉢大教王經卷第十

金剛峻經金剛頂一切如來深妙秘蜜金剛界
大三昧耶修行四十二種壇法經作用威儀法則
大毗盧遮那佛金剛心地法門秘法戒壇法儀則①

金剛峻經金剛頂一切如來深妙秘蜜②金剛界
大三昧耶修行四十二種壇法經作用威儀法則
大毗盧遮那佛金剛心地法門秘③法戒④壇法儀則卷第一

大興善寺三藏沙門大廣智不空奉詔譯

尒時佛於初現蓮花藏世界共⑤會，諸天、菩薩八万人⑥俱。佛告諸天菩薩："吾今開說《寂上大乘深妙秘蜜金剛界大三昧耶惣持大教王成佛經》。"佛告諸天菩薩："吾今開啓此寂上大乘深妙秘蜜金剛界大三昧耶大毗盧遮那佛，稟受奉行，現身是佛。"

天諸聞説，腭⑦然而起，不能信受，辭退而去。金剛藏菩薩起立合掌，白佛言："世尊，聞佛所説寂上大乘不能信受，諸天菩薩爲是小乘，不作信受，所以腭然而起，莫以爲過。願佛慈悲，爲我宣説寂上大乘，我能信受。當來得正⑧无上菩提，廣度衆生，皆

　　① 底本，敦煌寫本 P. 3913。校本，敦煌寫本甲 BD15147、甘博 015，乙 BD02301V、S. 2316V、BD02431V、BD06329V、S. 2144V，丙 BD05298。參考侯冲校本，《藏外佛教文獻》第 11 輯，中國人民大學出版社 2008 年版。後續有關禪宗文字，此略。

　　② 蜜，甲本作"密"。

　　③ 秘，甲本作"必"。

　　④ 戒，原作"界"，寫本塗改爲"戒"，甲本作"界"。

　　⑤ 共，原作"供"，據文意改。

　　⑥ 人，原作"仁"，本篇"人""仁"多混用，今統一作"人"。

　　⑦ 腭，當通"愕"，下同。

　　⑧ 正，甲本同，當通"證"。

是佛諸①威力，度化我等。”佛告金剛藏菩薩，讚言：“善哉！善哉！甚深不可思議②，甚是果滿託屬。”

佛告金剛藏菩薩：“諦聽！諦聽！善思念之，吾③當爲汝分別解説。《深妙秘蜜寂上大乘金剛界大昧三耶惣持大教王成佛經》，非吾所説，是過去九十九億恒河沙諸佛弟④代相傳，度化人天，乃至過去諸佛盡登金剛界，得正无上菩提。乃至吾今成佛已來，亦登金剛界，非但菩薩位時。”佛告金剛藏菩薩：“吾今付汝，度化衆生，莫妄宣傳，至心受持《大教王成佛經》。受此法時，當請三藏法主，開啓入法第⑤五佛之壇，當受四十八戒，此四十八戒是過去諸佛蜜法之戒。”

佛告金剛藏⑥菩薩：“汝等度化天人，与諸菩薩受此蜜法戒時，當結⑦入法戒之壇。闊十二肘，高二肘，其壇方，四增，金剛界四角安八惣持，每門安瓶三所，釘四口，并道具。内八葉蓮上安五佛，八灌頂。飯十二分，燈十二盞，箭十二隻，安門兩伴并四角。

安此壇時，撿⑧清淨處安置⑨，當用七寶香泥，燒七寶香，用三白食、七寶花，用伍色綵結成行道，脚踏七寶蓮花。壇四面安龍天八部，守⑩護道場。若是國王、王子、大臣、百官長，授正真无上菩提心地⑪法門密⑫法戒。

舍利弗⑬起立合掌，白佛言：“世尊，因何國王⑭、大臣得受密法戒？”佛告舍利弗：“莫生狐⑮疑，此國王、王子、大臣是八地解脱不可思議菩薩，遂乃受得蜜法之戒。”舍利弗頂礼佛足，却住一面，諸天菩薩方乃悉疑。

佛告金剛藏菩薩：“開此壇時，後代留傳，當与王臣授此法。”時諸三藏、法主開啓此壇，七日晝夜，洗浴令淨，著新淨衣，身被七寶袈裟，七寶座具，方乃入壇，迎請聖

---

① 諸，甲本作“之”。
② 議，原作“儀”，甲本作“義”，據文意改，下同。
③ 吾，底本作“悟”，據甲本改。
④ 弟，此同“遞”。
⑤ 第，甲本作“弟”。
⑥ 剛藏，原作“藏剛”，據文意正。
⑦ 當結，原作“結當”，據文意正。
⑧ 撿，原作“閒”，據文意改，下同。
⑨ 置，原作“致”，據甲本改，下同。
⑩ 守，甲本作“首”。
⑪ 地，原作“弟”，據標題改，下同。
⑫ 密，原作“必”，據下文改。
⑬ 舍利弗，原作“舍利佛”，據文意改，下同。
⑭ 王，寫本旁加，甲本無。
⑮ 狐，原作“孤”，據文意改。

衆。仁王、帝主手執香爐，六時行道，礼佛懺悔，燒香發願，求師灌頂，受於蜜法。先①著紫衣，座於白𦊆，受於灌頂。後著黃衣，座於七寶蓮臺，頂帶伍佛之冠②，手執如意之輪，脚踏七寶之蓮。師授灌頂，便是本尊之身。

夫受法者，先從師授四十八戒，後去壇東北角上，座於白𦊆，受於灌頂。後乃西南角，座七寶蓮臺，方受正法，淨心行道三七日。行道僧三十七人，六時行道，每行道四十九匝，不得欠小一匝。三日散食，度化水陸有情。解散道場，初結時右轉，解時左解③。受此法時，不得嗔怒，歡喜奉行，果滿成就。

佛説入法界地深妙秘蜜金剛界大三昧耶惣持大教王蜜法戒成佛壇法經　部第一

尒時釋迦牟尼佛化身作蜜迹金剛，降伏三千大千世界一切惡賊、天魔、外道，守護國界。大降魔將嚴峻極惡泔露，降伏一切毒惡夜叉、羅刹、鬼神大猛烈根本，大降魔將蜜迹金剛之壇法。

佛告金剛藏菩薩："此金剛之法，若是自身欲作金剛，降伏一切惡賊、天魔、外道、夜叉、羅刹、一切鬼神，秘蜜受持。當結此壇，闊二十四肘，高三肘，用七寶香泥，七寶香末途④，七寶香水，結成淨安壇。其壇四方四重，金剛界内一重黃色，安八角火輪。里面白色，安八惣持。輪角外，安八佛頂。每門安釟六口，輪三事⑤。壇四角蓮花内安火釟，箭十二隻安壇四面。東門白、南門青、西門赤、北門緑⑥，用五色綵結成，飯十二分，并道具。

安壇了後，三藏法主洗浴令淨，著新淨衣，身被七寶袈裟，七寶座具，方乃入壇，迎諸聖衆，受持蜜迹金剛法陁羅尼一百八万遍。手握金剛拔折囉，不用人見。一百日座道場，金剛法寔成，除不至心。要請用金剛，夫用但⑦燒安悉香，大將即來。

若是一切惡賊、天魔、外道、一切毒惡夜叉、羅刹、鬼神，及以惡賊侵脱國界，損害人民，國界不安。但請三藏開啓金剛之壇，至心受持蜜迹金剛陁羅尼法，燒安悉香，大將即來，守⑧護國界，惡賊退散，不能侵害，衆魔消滅。若是國王將兵入陣，兩家鬥戰，蜜持金剛之法，結金剛之印，輪金剛之桦處，作金剛之法，即兵事退散，不能侵害。

---

① 先，原作"洗"，據文意改。
② 冠，原作"官"，據文意改，下同。
③ 解，疑當作"轉"。
④ 途，通"塗"，下同。
⑤ 事，甲本作"所"。
⑥ 緑，原作"録"，據文意改。
⑦ 但，原作"怛"，據文意改，下同。
⑧ 守，原作"首"，據文意改，下同。

此法功德靈驗，説不可盡也。若是學此金剛之法，无不成就，除①不至心。受持此法，寔无所失。

　　佛説蜜迹金剛法并壇法之處部第二

　　尒時佛説天王護國壇法，若是南閻浮提諸大國王、諸小國王兵共相侵害，天魔、外道、狂口賊徒侵遶國度，仁王不安，民人不樂。仁王、帝主當請三藏開啓天王之壇法，護國護人。

　　結此壇時，其壇十二角，闊十二肘，高二肘。用三增②，每增上十二角，惣安八角之火輪。内一增方亦安八角火輪，安八惣持。八角輪外安八佛頂、八角火輪，内安惣攝重輪。

　　安此壇時，用淨土七寶香泥，如法開啓。每門内增安道具，中增安瓶兩所，外增安釼兩口，并道具。安三重輪，箭十二隻，每角安一隻，飯二十四分。

　　安此壇了，三藏法主洗浴令淨，著身淨衣，身被七寶袈裟，七寶座具，方乃入壇。稽請人王、帝主手執香爐，迎請聖衆，念天王自心真言及護身真言，并護國真言，合國内大小各念十万遍。至心稽請毗沙門天王并四天王，各將天王眷屬，并夜叉、羅刹諸多眷屬百千万億，遍滿虛空，守護國界。盡帶黃金之甲，遍滿虛空，一切惡賊、天魔③、外道當下消滅，不能爲害。

　　開此壇時，或三七日，或一月日，請合道場僧四十九人，六時行道，燒香散花，念護國真言，不論遍數。所食三白之食，不得相犯。仁王、帝主日日三時燒香礼拜，發願風雨順時，五穀④豐⑤登⑥，万民歡樂，國界清平。佛説天王護國之壇法，毗沙門天王心願之重誓，願守護一切衆生，不論⑦凡聖，有請皆赴，誓當守護，令得安隱。

　　佛説天王護國壇法經部第三

　　尒時佛於岑嵃山共會，諸天、菩薩万二千人俱，佛告諸天菩薩：“吾⑧觀娑婆世界一切衆生多造罪業，墮落三塗，受其惡報，如何得逸四生六取？”佛告諸大菩薩：“吾今開説水陸之壇，度脱衆生。吾滅度後，誰能受持、度化衆生？”普賢菩薩起立合掌，白

---

①　除，原作“徐”，據文意改。
②　增，通“層”，下同。
③　魔，原作“磨”，據文意改。
④　穀，甲本作“粟”，下同。
⑤　豐，原作“峯”，據文意改，下同。
⑥　登，原作“燈”，據文意改，下同。
⑦　論，原作“輪”，據文意改。
⑧　吾，原作“悟”，據文意改。

佛言:“世尊,於佛滅後,我能受持救度衆生,願佛慈悲,爲我宣説水陸之壇法。我作受持,不敢忘①失救度衆生。”佛告普賢菩薩,讚言:“善哉!善哉!諦聽!諦聽!善思念之,我當爲汝分别解説。此水陸之壇法,是過去之佛弟②代相傳,度化衆生,非吾所説。吾今付汝,莫令忘③失,至心受持,度化有情,盡令解脱。”

佛告普賢菩薩:“度化衆生,先安水陸之壇。安壇之法,其壇四方,四增金剛界。壇四角安惣持,壇④心安八角之輪,輪外安八佛頂,每門安三增道具,瓶是陸个,釰兩口,箭十二隻,安門兩伴,并⑤四角。飯十二分,安壇四門。

“安此壇時,撿清淨處,如法安置⑥。用淨土七寶香泥,七寶末途,七寶香水結淨,用五色綵結成。當請三藏法主,洗浴令淨,著新淨衣,身被七寶袈裟、七寶座具 ,燒七寶香,方乃入壇,迎請聖衆。仁王、帝主手執香爐,礼佛懺悔,六時行道,燒香發願,受持《深妙秘蜜金剛界大三昧耶惣持大教王成佛經》,晝夜六時,如川流之水,不令斷絶。日日三時,散施飲食,修羅、餓⑦鬼、水陸有情,盡令得是⑧。四生六道遇此水陸道場,盡得生天,離⑨其惡趣。

“次結水陸燈壇之法,其壇四方,像於天地。天有八山爲柱,地有四海爲環⑩,其壇是天地之輪。開此壇時,撿清淨之處,如法安置。其壇外兩增,方内三增,員界是七寶金剛界,地是水波文,里有衆生。其壇燈輪用三千六百幅⑪,安作三增圓⑫,安燈三千六百盞,外圓是火輪。外安八金剛,手執五色之幡。壇心安八角之輪,内安八葉之蓮。東門安大慈金剛,南門安大悲金剛,西門安大喜金剛,北門安大捨金剛。八供養,安八山。有四海燈輪,外方里圓。有四天王,各執一幡。燈輪三百六十幅,燈是三百六十盞。三增金剛界,壇心安八角之輪,安一燈盞,安十六之尊。八大金剛各執一幡,并道具。其燈輪壇並用七寶、五色綵結成。

“五方之壇、普賢之壇、文殊之壇、五佛之壇、八方水陸之壇。結此⑬文殊菩薩壇,

---

① 敢忘,原作“感妄”,據文意改,下同。
② 弟,當同“遞”,下同。
③ 忘,原作“妄”,據文意改。
④ 壇,原作“檀”,據文意改,下同。
⑤ 并,原脱,據甲本補。
⑥ 置,原作“致”,據文意改,下同。
⑦ 餓,原作“我”,據甲本改。
⑧ 是,甲本作“足”。
⑨ 離,原作“利”,據文意改。
⑩ 環,原作“還”,據文意改。
⑪ 幅,原作“福”,據文意改,下同。
⑫ 圓,原作“遠”,據文意改,下同。
⑬ 結此,甲本作“次結”。

其壇外兩增方,安八金剛。每門安瓶兩个、釰兩口、輪一事,并道具。內兩重圓,是十六角,輪角上安蓮花。內一增方,安八角之輪。輪心八葉蓮花,輪外安八佛頂、四供養、四惣持。壇外安箭十二隻、飯十二分,壇心安文殊菩薩。

“安此壇時,闊十二肘,高二肘,用七寶香泥、七寶金剛界、七寶末途,用五色綵結成。如法開啓,當請三藏,洗浴令淨,著新淨衣,身被七寶袈裟,七寶座具,方乃入壇,迎請聖衆。人王、帝主手執香爐,六時行道,礼佛懺悔,燒香發願,至心受持《深妙秘蜜金剛界大三耶惣持大教王成佛經》。若是國王、王子、大臣、官長、婆羅門、居士等興慈運悲,度化有情,現身是佛。

“若是國界不安、人民疾病,狂賊競①起,風雨不順時,五穀不成。但請三藏法主開啓水陸燈壇、五佛之壇、普賢之壇、文殊之壇,共開八方之壇。人王、帝主手執香爐,六時行道,礼佛懺悔,燒香發願,受持惣持王真言,祐能護國護人,狂賊不侵害,疾病自然消除,風雨順時,五穀丰登,万民歡樂,國界清平,人王安太②,諸佛歡喜,龍天八部長時擁③護,灾橫不能侵害。”

佛說護國水陸燈壇之法　部第四

尒時佛於王舍城金剛座共會,諸天、菩薩万二千人俱。諸天、菩薩起立合掌,白佛言:“世尊,今万二千菩薩摩訶薩欲④從世尊灌頂授記,願佛慈悲,与我受記。”佛告諸天、菩薩:“汝能受⑤持,吾爲汝等開啓授記。”金剛藏菩薩起立合掌,白佛言:“世尊,我於往昔⑥諸佛盡授灌頂之記,令正无上菩提。願佛慈悲,爲我宣說,与我授記,當來得正无上菩提,度化衆生,皆是佛之威力。”佛告金剛藏菩薩,讚言:“善哉! 善哉! 甚深不可思議,汝等諦聽! 諦聽! 善思念之,吾今當爲汝分別解說此八吉祥、十六尊、八供養灌頂之壇法。此之壇法,非吾所說,是過去九十九億⑦諸佛弟代⑧相傳,授灌頂之記。”

佛告金剛藏菩薩:“汝等受持,莫妄宣傳。度化衆生,當結八吉祥之增。結此壇時,撿清淨之處,如法安置。其壇闊十二肘,高二肘。外四增方,四增金剛界內,一增圓,里安八灌頂、伍佛、四親近。是安瓶四个,每門安瓶三事、釰兩口,輪一事,并道

---

① 競,原作“境”,據文意改,下同。
② 太,同“泰”,下同。
③ 擁,原作“雍”,據文意改。
④ 欲,原作“浴”,據甲本改。
⑤ 受,原作“授”,據甲本改。
⑥ 昔,原作“悉”,據甲本改。
⑦ 億,原作“憶”,據文意改,下同。
⑧ 弟代,原作“地大”,據上下文改。

具,箭十二隻,安門兩伴,并四角,飯十二分,壇四角安惣持。

"結此八吉祥灌頂壇,用淨土七寶香泥,七寶金剛界,七寶末途,用五色綵結成。若是國王、王子、大臣、官長、婆羅門、居士等,授正真无上菩提灌頂之記,當請三藏法主開啓此八吉祥之壇。用十二月八日、正月一日、四月八日、九月九日,洗浴令淨,著新淨衣,身被七寶袈裟,七寶座具,方乃入壇,迎請聖①衆。國王、王子、大臣、官長手執香爐,六時行道,礼佛懺悔,燒香發願,晝夜六時,如川流之水。陁羅尼、印契不得文斷,授持《深妙秘蜜金剛界大三昧耶大教王成佛經》,求師授於灌頂。手執如意之輪,脚踏七寶蓮花,頂帶五佛之冠②,便受菩提之記。"

佛於王舍城金剛座共會,諸天菩薩万二千人俱,説八吉祥灌頂受記,付与金剛藏菩薩之處部第五

尒時佛於岑鷲山中共會,諸天、菩薩万二千人俱。佛告諸天菩薩:"吾今開説三重③月大乘灌頂授法之壇,此三重月是極大重月,舉足下足,无不是罪。"佛告諸天、菩薩、比丘比丘尼、優婆塞優婆夷、國王、王子、大臣、官長:"凡欲修行求无上菩提,授大乘心地法門大乘戒者,菩薩授四十八戒,沙門授二百五十戒,比丘尼授五百戒,優婆塞優婆夷授二十五戒,國王、王子、大臣授四十八戒,善男子善女人授三歸依、伍戒。

"受此戒時,取二月八日、五月十五日、九月九日,此三重月授大乘戒。若是沙門,座道場一月,比丘尼作道場一月④日,國王、王子、大臣座道場一七日,優婆塞優婆夷座道場一七日。當應深心恭敬,手執香爐,六時行道,燒香礼佛懺悔,求師灌頂,受於大乘之戒。

"受此戒時,當結八灌頂、十六王子、八金剛之壇。安此壇時,去禪房內安,取淨土香泥,用七寶末途。其壇四方,闊十二肘,高二肘,四增金剛界。四角安蓮華印,釰兩口。一增圓,安八灌頂。中心安八角火輪,上安一水瓶,內安七寶。每門安瓶三所,釰兩口并道具,箭十二隻,飯十二分,輪一所,用五色綵結成。

"當請三藏法主,洗浴令淨,著身淨衣,身被七寶袈裟,七寶座具,方乃入壇,迎請聖衆。開啓此壇,至心受持《深妙秘蜜心地法門金剛界大三昧耶惣持大教王成佛經》。國王、王子、大臣手執香爐,六時行道,礼佛發願。座道場七日滿足,授於灌頂大乘之戒。散施飲食,開禪解散道場。"

佛説三重月,爲諸天、菩薩、國王、王子、大臣、比丘比丘尼、優婆塞優婆夷授法大

① 聖,原脱,據甲本補。
② 冠,原作"觀",據文意改,下同。
③ 重,原作"種",據文意改。
④ 比丘尼作道場一月,原脱,據甲本補。

乘金剛界心地法門灌頂之壇。受此法時，得證八地，令到彼岸，无所障导。

部第六

尒時佛於王舍城耆闍崛山中共會，諸天、菩薩万二千人俱。佛告諸天、菩薩："吾①觀後百②劫修行菩薩，多是業障之所障閉，不能修進。設有發心，便即退之，不能進修。"佛告諸天菩薩："吾今開說懺悔之壇，汝等後代③新學菩薩修正无上菩提，應先懺悔，業障消滅。若是國王、王子、大臣、官長、婆羅門、居士、比丘比丘尼、優婆塞優婆夷等設求无上菩提，應結懺悔之壇。

"結此壇時，其壇四方，闊十二肘，高二肘，用淨土七寶香泥七寶末途。四重金剛界，四角安輪。内兩增金剛界圓，安八角火輪，安八惣持。每門安瓶兩所，輪兩所，釼兩口，并道具，箭十二隻，飯十二分。壇心安八葉蓮華，上安五佛印，用五色綵結成。

"當請三藏法主，洗浴令淨，著新淨衣，身被七寶袈裟，七寶座具，方乃入壇，迎請聖眾。人王、帝主手執香爐，至心發願，六時行道，礼佛懺悔，至心受持《深妙秘蜜金剛界大三昧耶惣持大教王成佛經》。罪如山岳，頓皆消滅，直取无上菩提，寔无所失。

"開此壇時，取正月一日、三月一日、五月十五日、九月九日。如法開啓，授四十八戒灌頂之法，受五佛灌頂。合道場僧四十九人，行道四十九匝，不得欠少一匝。頂帶伍佛之冠，脚④踏七寶蓮華，手執如意之輪，身座七寶蓮臺。用四小童子，各執一瓶，遶於四面，便受伍佛灌頂之佛記。"

佛說五佛灌頂懺悔之壇法處金剛頂經一切如來深妙秘蜜金剛界大三昧耶修習瑜伽迎請儀　部第七

仰啓蓮花胎藏聖，无邊清淨惣持門。
普遍光明照十方，焰髮⑤應化三千界。
如日寶印從心現，無能聖主大明王，
常住如來三昧中，超入瑜伽圓覺位。
毗盧遮那尊演說，金剛手捧妙真言。
流傳蜜語在真經，悉地助修成就法。

---

① 吾，原作"五"，據甲本改。

② 百，甲本作"五百"。

③ 代，原作"大"，據文意改。

④ 脚，底本作"却"，據文意改。

⑤ 髮，甲本作"鬐"。

五濁愚①迷心覺悟，誓求无上大菩提。

凝然三昧觀本尊，故号金剛得自在。

依法誦滿落叉遍，此生證居歡②喜地。

現身不遭諸狂橫，火焚水溺及刀傷，

不爲軍陣損其身，賊盜興心自歡喜。

縱犯波羅十惡罪，无量刹③劫大真仁。

五逆根本七無遮，憶念隨聲自消滅。

真言聖力功无量，故我宣讚難思議。

願此福勝施舍生，速證无上超悉地。

佛説普賢遍光明焰髮无垢清淨惣持思惟如意寶印心無能勝大明王，即得大自在惣持大教王金剛界陁羅尼。啓請真言曰。

尒時佛於王舍城金剛座共會，諸天、菩薩万二千人俱，説五佛八菩薩之壇。佛告諸天菩薩："後五百劫，十魔競起，衆生薄福，功德教小，煩惱甚多，不能修其善法。"佛告菩薩："吾滅度後，能爲衆生作其福報，增長善法，開啓伍佛八菩薩之壇，作其善法。晝夜六時，礼念不住，如川流之水。持④吾教法，能滅恆河沙劫罪，能長无量之福。修習此⑤法，持吾此教，直正无上菩提。"

結此壇時，闊二丈四，高三肘四，或丈二。隨方所取好土，用七寶香泥。如法開啓，聖衆加⑥持，道具⑦供養，用伍色綵結成。每門安釰兩口，用箭十二隻，飯用十二分。每日三時，散施四生六類，一切有情盡令得足，一切餓鬼惣得生天。此⑧之壇法，是過去諸佛弟⑨代相傳，秘蜜受持，不得錯傳。

伍佛壇、天輪燈壇，用八方善神、四金剛。其燈輪三千六百幅，三千六百盞燈。四角安八方善神，各執一幡，飯用三千六百分，錢財用三千六百分，用金銀罳三千六百分，用散花四十二人，用行道僧四十二人。每壇門用兵甲九十人，每年三百六十日，此兵甲相應三百六十日。

三藏法主開啓此壇時，著新淨衣，衣被七寶袈裟，七寶鞋，七寶座具，人王、帝主

---

① 愚，原作"過"，據甲本改。

② 歡，原作"觀"，據甲本改。

③ 刹，原作"煞"，據文意改。

④ 持，原作"侍"，據文意改，下同。

⑤ 此，原作"次"，據文意改。

⑥ 加，原作"伽"，據文意改。

⑦ 具，原作"俱"，據文意改。

⑧ 此，原作"次"，據文意改。

⑨ 弟，原作"定"，據上下文改。

日日三時手執香爐，六時行道，礼佛懺悔發願，諸佛歡喜，龍神祐助，風條①雨順，人民歡樂，國界清平，天魔、外道、狂口賊徒不能侵害。此法靈驗，説不可盡也。

　　部第八　佛説水陸燈壇功德部第十三

　　地輪燈壇，闊二丈四，高三肘。或丈二，高二肘。其燈輪三千六百幅，燈三千六百盞。壇四角用八方善神，各執幡一口。四門用四金剛，地是水波文，里有衆生天輪、地輪、八方之壇。其八方壇有四善神，各執一幡，四金剛燈，用三百六十盞燈，輪用三百六十幅。

　　此燈輪功德靈驗，第一，身光遍照三千大千世界。第二，照黑暗地獄衆生，惣持生天。第三②，上照三十三天，諸天、菩薩集會歡喜，南閻浮提增③我善法，惣与授記。身謝命終，生在光音淨天，得正无上菩提。第四功德，眼光照見三千大千世界，觀如掌内。第五功德，求願吉凶，便知如意。第六功德，照水陸有情，遇此水陸燈壇，惣得生天。第七功德，生生世世眼有光明。第八功德，身光常隨，不受黑暗。第九功德，常見佛光明，不墮黑闇。第十功德，然燈果報，功德无限，校④量不得，當來正果，号燈王佛。

　　佛於王舍城金剛座入定，觀見後大衆多生造罪業，不修善法，墮在地獄。

　　部第九

　　佛告諸大菩薩："吾滅度後，十魔競起，衆生薄福，多造罪業，煞害衆生，令墮地獄長劫苦。"佛告菩薩："誰⑤能爲衆生開啓水陸之壇，度脱衆生，令得生天?"金剛藏菩薩起立合掌，白佛言："世尊，我能於佛滅度後，能爲衆生開啓水陸之壇，度脱衆生，惣令生天。"

　　水陸之壇有十二種，燈壇十個，天輪、地輪、八方之壇，伍佛之壇。開啓之壇，有八菩薩、八金剛，供養之道具，香花、燈果、飲食用十二分，每門安釰兩口，用箭十二隻，五色綵結成此壇。

　　三藏法主洗浴令淨，著新淨衣，身被七寶袈裟，七寶座具之鞋。人王、帝主手執香爐，六時行道礼佛，如川流之水，不得間斷。懺悔發願，興慈運悲，度脱衆生。持吾教法，不爲惡魔、外道，狂枳賊徒，不能侵害。此法靈驗，校量不得，是過去諸佛弟代相傳，秘密受持，不得錯傳。此法真要，直趣无上菩提。

　　此壇是王舍城金剛座共諸天菩薩万二千人俱，佛傳受与金剛藏菩薩，弟代相傳，

---

① 條，同"調"。
② 三，原脱，據文意補。
③ 增，原作"憎"，據文意改。
④ 校，原作"教"，據文意改，下同。
⑤ 誰，原脱，據文意補。

度脱眾生。

　　部第十

　　佛於領鷲山中共諸天、菩薩万二千人俱。諸天、菩薩起立合掌，白佛言："世尊，我於往昔曾①聞諸佛受持十二吉祥惣持王，速正无上菩提，願佛慈悲，爲我宣説。"佛告諸天、菩薩，讚言："善哉！善哉！汝等諦聽！諦聽②！善思念之③，吾今爲汝分別解説。十吉祥惣持王，一名是十吉祥，二名是十金剛，三名惣持王。功德靈驗，説不可盡也，校量不得。至心受持，无有障旱，无福者增④福，无壽者增壽。乃至惡魔、鬼神聞持此惣持王名字，當下消滅。設有外國賊徒，皆悉遠離。設有國界不安，疾病起時，結此惣持王壇，念惣持王名字，香花燈屬，散施飲食，晝夜六時，行道七晝夜，國界清平，人民安樂，疾病消除。"

　　佛告諸天、菩薩："要成无上菩提，但結惣持王壇，念惣持王名字，直趣无上菩提。"佛告菩薩："設有國內風雨不順，五穀不成，但結此惣持王壇，香花燈⑤屬，散施飲食，六時行道，啓告發願，諸佛喜歡，龍神祐助，人王安太，万民歡喜。此惣持王壇，是過去諸佛弟代相傳，秘法受持，不得虛傳。此法驗力，更无過也。"

　　佛説惣持王安壇法，取每月十五日、初一日、八日開壇，一七日或三七日，晝夜六時，如川流之水，不得間斷。其壇四方，內員，內有八角之火輪，八灌頂，八口火釰，伍佛之蓮，四惣持。外三增方，每角安三增釰，每門瓶三个，并道具，用釰二十四口，箭十二隻，飯八分。內外十六大金剛，八供養，并本尊。

　　佛於領鷲山中爲諸天菩薩説此壇法度脱眾生　部第十一

　　佛於王舍城金剛座共會，諸天、菩薩万二千人俱。諸天、菩薩起立合掌，白佛言："世尊，我於往昔⑥曾聞諸佛受持百字明王，得正无上菩提，願佛慈悲，爲我宣説，令我得聞，我今受持，憶念不忘。"佛告諸天、菩薩："汝等諦聽！諦聽！吾今爲汝分別解説。是過去諸佛皆因受持此百字明⑦王，得正无上菩提。此百字明王是十金剛，是十惣持，是一切如來深妙秘蜜金剛界大三昧耶心印惣持之法。"佛告諸天、菩薩："此法非吾所説，是過去諸佛弟代相傳，廣度眾生。"

---

① 曾，原作"憎"，據文意改，下同。
② 諦聽，原脱，據甲本補。
③ 之，原作"諸"，據甲本改。
④ 增，原作"憎"，據文意改，下同。
⑤ 燈，原作"證"，據文意改。
⑥ 昔，原作"息"，據文意改。
⑦ 明，原作"名"，據上文及甲、乙本改，下同。

　　佛告菩薩：“汝等受持，當結百字明王壇。其壇外方里員，里有二十四角火輪，尊者坐其輪角。有三重金剛院，每門用瓶兩个，釰兩口，并道具，箭十二隻，飯八分，用五色綵結成此壇。取每月初一日、五日開啓。此壇闊二丈四，或丈二，或隨方所，高三肘，高二肘，取方所高下，取土、香泥，如法開啓。燒香，散花，然燈，六時行道，礼佛，懺悔，發願，至心受持，念惣持王名字，二百字明王名①。此百字明王功德靈驗，諸佛校量不得。設求无上菩提，直趣无上菩提，无福者增福，无壽者增壽，无惠者增惠。設有惡魔、外道，不能爲害。設有外國賊徒，但持此惣持王名字，不能侵害。設有國內不安、疾病起時，但持惣持王名字②，自然消除，人民安樂。設有國內風雨不順時，但結惣持王壇，念惣持王名字，便得風雨順時，五穀豐③登，人王安太，万民歡樂。

　　“結此壇時，至心受持，帝主、人王日日三時手執香爐，礼佛懺悔，啓告發願，六時行道，不得間斷，定正无上菩提，除④不至心。行道僧或一七人，或二七人，或四十九人。三藏法主入此壇時，着新淨衣，身被七寶袈裟，七寶坐具，方乃入壇開啓。”

　　此之壇法，是過去九十九億諸佛弟代相傳秘蜜受持，不得虛傳，廣召罪咎⑤。

　　佛於王舍城金剛座傳受与諸天菩薩，弟代相傳，度脫衆生。

　　佛說百字明王壇法化身作十金剛之處部第十二

　　佛於領鷲山中共會，菩薩万二千人俱。金剛藏菩薩起立合掌，白佛言：“世尊，我於往悉聞佛所説十身之佛，願佛慈悲，爲我宣説十佛之名号。”佛告金剛藏菩薩言：“汝等諦聽！諦聽！吾今爲汝分別解説十佛之本身來處。初爲十吉祥金剛時，助護過去九十九億諸佛，盡令正无上菩提。爲十金剛惣持王時，亦護助過去九十九億諸佛，令正无上菩提。今此十身盧舍那佛，爲此大衆略開百千恒沙不可説法門中心地，如毛頭許。是過去一切佛已説、未來佛當説、現在佛今説，三世菩薩已學、當學。我於百劫修行是心地，号吾爲盧舍那。汝諸轉我所説，與一切衆生開心地道時，蓮花臺藏世界赫赫天光，師子座上盧舍那放光。光千花上，佛持我心地法門。汝等但結此壇法，至心座禪入定，觀自身心，不令散乱。汝等受持，一心而行。”

　　尒時千蓮花上佛，千百億釋迦從蓮花藏世界赫師子座起，各各辭退，舉身放不可思議光，光皆化无量佛，一佛以无量青、黄、赤、白華供養盧舍那佛，受持上説我心地

---

①　二百字明王名，原作“二百名字名王”，據文意改。
②　名字，原作“字名”，據文意改。
③　豐，原作“峯”，據文意改。
④　除，原作“徐”，據文意改，下同。
⑤　咎，原作“各”，據甲、乙本改。

法門。汝等受持十身盧舍那佛，當結此盧舍那壇，如法修行。此盧舍那佛是過去九十九億諸佛祖師，汝等修學，現此一身，即是盧舍那佛説此壇法。

安此壇時，或俱城隍①，或在山林樹下，隨方所用。安此壇時，於清淨處開啓。此壇闊丈二，高二肘。其四增方内有八角火輪，每角安一惣持，内有伍佛②之蓮。每門安瓶三所，釰兩口，箭十二隻，輪角安八佛頂，畫十身盧舍那佛、八供養、四金剛、惣持王。結伽夫坐，坐青蓮花蓮臺。身相黄色，手執惣持王。佛手是除障印，亦座青蓮花臺。

凡欲修行者，須依青淨處建立曼拏羅，先發菩提心，求師受灌頂，住三昧耶律儀意，依阿闍梨傳授之法教。欲學三密者，應當善修習。凡入道場，先須灑淨、燒香、散花、然燈，散施飲食，著新淨衣，法主三藏洗浴令淨，身被七寶袈裟，七寶座具，方乃入壇，秘密受持，不得散乱。

部第十三

金剛峻經金剛頂一切如來深妙秘密金剛界
大三昧耶修行四十二種壇法經作用威儀法則
大毗盧遮那佛金剛心地法門秘法戒壇法儀則卷第二③

大興善寺三藏沙門大廣智不空奉詔譯

尒時佛遊三十三天，遊到蓮花藏世界。盧舍那佛坐赫赫④師子座，金剛界觀佛三昧壇，各各從此蓮花藏世界而没。没已入體性虚空花⑤光三昧，還本源⑥世界閻浮提菩提樹下。從體性虚空花光三昧出已，方座金剛千化王座及妙光堂，説十世界海。復從座起，至帝釋宫説十地。復至炎麼天中説十行，復從座起，至四天王宫説十迴向。復從座起，至化樂天宫説十地禪定。復從座起，至他化天中説七地。復至一禪中説七地，復至一禪中説十金剛，復至二禪中説十惠，復至三禪中説十願，復至四禪中⑦麼醯首羅天王宫，説我本源蓮花藏世界盧舍那佛所説心地法門，其餘千百億釋迦牟尼亦復如是，无二无别，如《賢劫品》説我盧舍那佛觀佛三昧壇。

佛告金剛藏菩薩："汝能如法修行，結此盧舍那佛十身并本尊壇。方闊丈二，高

---

① 隍，原作"皇"，據乙本改。
② 佛，原脱，據甲、乙本補。
③ 二，原作"一"，據序數改。
④ 赫，原脱，據《梵網經》(《大正藏》本，下同)原文補。
⑤ 花，原作"蓮花"，據下文及《梵網經》原文改。
⑥ 源，原作"願"，據乙本及《梵網經》原文改，下同。
⑦ "中"後，原有"説"，據文意删。

二肘。每門安釟兩口,箭十二隻,飯十二分。日日三時散施飲食,度脫衆生,然燈、燒香、散花,安八佛頂,安八供養。与衆生受其灌頂,第代相傳,令正无上菩提。

"開此壇時,取每月初一日、十五日,三藏法主開此壇時,洗浴令淨,著新淨衣,如法供養,莫生退心。"

部第十四

尔時釋迦從初現蓮花藏世界東方來入天王宮,爲諸天、菩薩説《摩受化經》。一名《摩①受化經》,二名《㝡上大乘深妙秘蜜金剛界大三昧耶付法藏之法》,不得等閑傳説。不受此法者、不同壇者、破此戒者,不得爲説。行動作用,不得行者,不得交見此法。不深會者、師不付法者,舌如金剛,不得傳法説。如此不得行者,三劫之中墮大地獄,一切壇内所有諸佛、賢聖悉皆嗔怒。處分七祖以來,種子斷除。忿怒金剛嗔怒心膽②已來,焚燒令盡。夜叉、羅刹斷絶命根,飲血大神破心喫血,十八大地獄墮在其中,此是戒根本也。

告諸大衆:"吾③今已下生閻浮提加維那國,母名摩耶,父名淨飯,吾名悉達。七歲出家,十九歲逾④城,三十成道,号吾爲釋迦牟尼。"

佛於寂滅道場,座金剛花光王座,乃至麼醯首羅天王宮,其中次第十住處所説。時佛觀諸大梵天王網羅幢,因爲説无量世界猶如網孔,一一世界各各不同,別異无量,佛教門亦復如是。吾今來此世界八千反⑤,爲此娑婆世界座金花光王座,乃至麼醯首羅天王宮,是中一切大衆略開心地。

復從天王宮下至閻浮提菩提樹下,爲此地上一切衆生、凡夫、癡闇之人説本盧遮那佛心地,是一切佛本源、一切菩薩本源、佛性種子。一切衆生皆有佛性,一切意識、色心是情是心,如是皆入佛性戒中。當當常有因有⑥故有,當當常住法身。出於世界,是法戒,三世一切衆生頂戴、受持。吾今爲此大衆重説十无盡藏法門:

　　　　我今盧舍那,方坐蓮花臺。
　　　　周匝千花⑦上,復現千釋迦。
　　　　一花百億國,一國一釋迦。
　　　　各坐菩提樹,一時成佛道。

---

① 摩,原作"麼",據上文改。
② 膽,原字不清晰。
③ 吾,原作"悟",據文意改。
④ 逾,原作"餘",據文意改。
⑤ "八千反"前,原重複"猶如網孔,一一世界各各不同,別異无量,佛教門亦復如是",據文意删。
⑥ 有,《梵網經》原文無。
⑦ 花,原作"化",據乙本及《梵網經》原文改。

如是百千億，盧舍那本身。

佛告金剛藏菩薩："此㝡上大乘，過去九十九億恆河沙諸佛盡登金剛界，得正无上菩提。汝等受持四十二種㝡上大乘，度化一切衆生。此之壇法，汝等至心受持，直正无上菩提。"

金剛頂一切如來真實攝㝡上大乘現證大教王經深妙秘蜜金剛界。

佛於蓮花藏世界付汝金剛藏菩薩四十二種壇，度化衆生。先結五佛之壇，闊丈二，高二肘。或二丈四，高三肘。其壇方，每門安瓶三所，釦兩口，箭十二隻，飯十二分。每角安四惣持，内有五佛之蓮，地隨其方色。

開此壇時，取正月一日，五月五日，九月九日，十二月八日，撿好淨處開啓。三藏法主洗浴令淨，著新淨①衣，身被七寶袈裟，七寶座具，圓壇僧四十二人，散花十六人，天人莊裸。人王、帝主日日三時手執香爐，六時行道，礼佛，懺悔，發願，至心受持，无不成佛。秘蜜受持，不得虛傳。五佛、四菩薩、四金剛、八供養。淨地菩薩白色，淨戒菩薩青色，懺悔菩薩赤色，結界菩薩紅②色。大慈金剛東門，大悲金剛南門，大喜金剛西門，大捨金剛北門。

部第十五

尒時佛於忉③利天宮爲母説法，時諸天、菩薩起立合掌，白佛言："世尊，我聞世尊開啓五佛之壇，度化衆生，盡正无上菩提。願佛慈悲，爲我宣説。開啓伍佛④之壇，度化我等，令正无上菩提，願佛慈悲，爲我宣説開啓五佛之壇，度化我等，令正无上菩提。"佛告諸天、菩薩："善哉！善哉！吾今爲汝分別解説。伍佛之壇是過去九十九億諸佛弟代相傳，非吾所説。此是《深妙秘蜜㝡上大乘金剛界大三昧耶現證大教王惣持經》，吾今爲汝開啓，度化天人，令正无上菩提。乃至過去諸佛盡登金剛界，得正无上菩提。吾今付汝，至心受持，无不成佛也。

"安此壇時，闊二丈四，或丈二，高二肘。四增方，内員有五佛之蓮。每門安瓶五個、釦兩口、箭十二隻，安門兩伴，并四角安惣持，飯十二分。開此壇時，撿清淨處，用好土香泥。如法開啓，安淨戒菩薩青色、淨地菩薩白色、懺悔菩薩赤色、結界菩薩綠⑤色，八供養，四金剛，東門大慈金剛、南門大悲金剛、西門大喜金剛、北門大捨金剛。伍佛，東門阿閦佛白色，南門寶生佛青色，西門阿弥陁佛赤色，北門不空成就佛綠色，

---

① 著新淨，原脱，據乙本補。
② 紅，原作"洪"，據文意改。
③ 忉，原作"刀"，據文意改。
④ 佛，原脱，據文意補。
⑤ 綠，原作"録"，據文意改，下同。

壇心是釋迦佛。

"若是國王、大臣、婆羅門、居士①、善男子善女人欲求无上菩提,但請三藏阿闍梨傳授教法,六時行道,礼佛,懺悔,發願,燒香散花,散施飲食,度化有情,定證无上菩提②。入此壇時,著新淨衣,食三白之食。受此法時③,盡生受持,不令間斷。至心受持大教王經,无上菩提定无所失也。"

部第十六

尒時佛④薄伽梵在室羅筏城,往誓多林給孤獨園共會,諸天、菩薩万二千人俱。諸天、菩薩起立合掌,白佛言:"世尊,我聞世尊五佛八菩薩懺悔之壇,願佛慈悲,爲我宣説,我今受持,憶⑤持不妄,度化衆生。"佛告諸大菩薩讚言:"善哉! 善哉! 吾爲汝等分別解説⑥。伍佛八菩薩之壇,非吾所説,過去九十九億諸佛弟代相傳,度化衆生。汝等受持,勿⑦妄宣傳。此是惣持大教王經,此經功德靈驗,校量不得。吾今付汝,至心受持,不令妄失。

"當結此伍佛八菩薩之壇,闊十二肘,高二肘。外四增方重是金剛界,内一增圓亦是金剛界,里有五佛之蓮。每門安瓶三個并道具,釰兩口,箭十二隻,安門兩伴⑧并四角,飯十二分,日日三時散施水陸有情。遇此懺悔之壇,惣令生天。設有國王、王子、大臣、婆羅門、居士等善男子、善女人所造罪業,如山如獄,煞生造罪,飲酒食肉,害一切重罪,自然消滅。

"結此壇時,但請教主三藏阿闍梨,開啓壇時,用淨土香泥,如法安置八菩薩、八供養、四金剛。八菩薩者,淨戒菩薩青色、懺悔菩薩白色、淨地菩薩赤色、結界菩薩綠色,播扼菩薩青色,健吒菩薩綠色,護界菩薩青色,懺悔菩薩黄色。東門阿閦佛白色,南門寶生佛青色,西門阿弥陁佛赤色,北門偈麽佛綠色。東門大慈金剛白色,南門大悲金剛青色,西門大喜金剛赤色,北門大捨金剛綠色,八供養尋常安置。

"此是如意輪懺悔之聖衆,若求如意,便得如意。若有懺悔,悉皆清淨,身謝命終,不墮惡趣。若求无上菩提,直趣无上菩提。

"開此壇時,三藏法主洗浴令淨,著新淨衣,身被七寶袈裟,七寶座具,方乃入壇。

---

① 居士,原作"居事",據文意改,下同。
② "但請三藏阿闍梨傳授教法"至"定證无上菩提",原脱,據乙本補。
③ 時,原作"是",據文意改。
④ "佛"後,原有"於",據文意删。
⑤ 憶,原作"億",據文意改。
⑥ 説,原作"脱",據文意改。
⑦ 勿,原作"物",據文意改。
⑧ 伴,原作"併",據前文改。

人王、帝主日日三時手執香爐，六時行道，礼佛懺悔，願求如意，悉皆滿足，至心受持，莫妄宣傳。”

　　佛説懺悔之壇　部第十七

　　尒時佛於王舍城金剛座共會，諸天、菩薩万二千人俱，佛説①觀三昧護身之壇法。諸大菩薩起立合掌，白佛言：“世尊，我聞世尊護身之壇，願佛慈悲，爲我宣説護身壇法②，我能受持，不敢③妄失。”佛言：“汝等讚言，善哉！ 善哉！ 諦聽！ 諦聽！ 善思念之，吾今爲汝分別解説。護身壇法非吾所説，是過去九十九億諸佛弟代相傳，度化衆生，非吾所作。”佛告金剛藏菩薩：“吾今付汝，莫妄宣傳。此八金剛、四菩薩、八供養、伍佛身，過去九十九億諸佛皆是八金剛、四菩薩、四④供養、伍佛護身結界，登金剛位，得正无上菩提。汝等受持，莫令妄失。興慈運悲，度化衆生，當結此伍佛、八金剛、四菩薩、八供養護身之壇。

　　“結此壇時，撿清淨處，用淨土、香泥。方闊十二肘，髙二肘。外兩增方，内一增圓，里三增方，内五佛蓮亦圓，惣是金剛界内四供養。瓶三个，釛兩口并道具。四角安八惣持，外供養。每門安瓶一所，釛兩口并道具，箭十二隻，安門兩伴并四角，飯十二分。弟二增蓮花中，出偈麽釛。

　　“此壇安了，如法受持，但取正月一日，三月一日，五月一日，九月一日，二日一日。開此壇時，但請三藏法主，如法開啓，安伍佛、八金剛、四菩薩、八供養。當央⑤盧舍那佛黃色，東門阿閦佛白色，南門寶生佛青色，西門阿弥陁佛赤色，北門偈麽佛綠色。淨戒菩薩青色，懺悔菩薩白色，結界菩薩赤色，惣持菩薩綠色。東門大慈金剛黃色，南門大悲金剛⑥青色，西門大喜金剛赤色，北門大捨金剛綠色。八供養尋常，結界金剛黃色，護界金剛青色，護身金剛赤色，護法金剛綠色。

　　“應請三藏法主，洗浴令淨，身被七寶袈裟，七寶座具。人王、帝主手執香爐，迎請聖衆來入道場，日日三時礼佛懺悔，燒香發願，六時行道，持吾大教，不得間斷。從上諸佛護身之法，受持亦復如是。汝⑦等受持，不令間斷。此法靈驗，又能護國、護人及護自身。若有天魔、外道、諎口賊徒，虎狼師子，不能近身⑧。結此護身之壇時，吾

---

① 説，原脱，據文意補。
② 法，原脱，據乙本補。
③ 敢，原作“感”，據文意改，下同。
④ 四，原脱，據上文補。
⑤ 央，原作“楊”，據文意改。
⑥ 剛，原作“門”，據文意改。
⑦ 汝，原作“如”，據文意改。
⑧ 身，原作“新”，據乙本改。

大教王惣持王經，座禪觀行，不爲衆魔惱害，安心修道，直趣无上菩提。”

佛説觀行三昧壇法部第十八

　　尒時佛於伽維那國共會，諸天、菩薩万二千人俱。普賢菩薩起立合掌，白佛言：
“世尊，我聞世尊三昧之壇，願佛慈悲，爲我宣説三昧之壇，我能受持，不敢妄失，度化
衆生，惣入三昧，令正无上菩提。”佛告普賢菩薩讚言：“善哉！善哉！吾今爲汝分別
解説。此三昧之壇，非吾所説，是過去諸佛弟代相傳，度化衆生。吾今付汝，莫妄宣
傳。至心受持，不令妄失。興慈運悲，度化衆生。

　　“結此三昧壇時，當揀清淨之處，用七寶香泥，如法開啓。當闊十二肘，高二肘。
外安一增方，安八金剛，内一重圓金剛界。八角輪里面四方，一重金剛界圓，内有八
葉蓮。每門安瓶三所，釰兩口，每一角安四惣持并道具。外一增，每門安瓶一所，釰
兩口并道具，箭十二隻，安門兩伴并四角，飯十二分。里四增安菩薩，外一增安八金
剛。壇中心安八葉蓮，上安普賢菩薩黄色，淨戒菩薩黄色，懺悔菩薩白色，淨地①菩薩
青色，護戒菩薩綠色，大悲菩薩黄色，金剛法菩薩赤色，播捉菩薩青色。健吒菩薩綠
色，定法金剛黄色，不壞②金剛青色，自在金剛赤色，辟除金剛綠色。東門大慈金剛白
色，南門大悲金剛青色，西門大喜金剛赤色，北門大捨金剛綠色，八供養尋常。

　　“安此壇了，若是國王、王子、大臣、官長、人民、婆羅門、居士、善男子、善女人要
求无上菩提，但請三藏法主，開啓壇時，洗浴令淨，著身淨衣，身被七寶袈裟，七寶座
具，方乃入壇。人王、帝主日日三時手執香爐，六時行道，燒香散花，礼佛懺悔，座禪
入定，修習三昧。持吾大教惣持王經，天魔、外道不能侵害。至心受持，直趣无上菩
提。日日三時，散施飲食，度化水陸有情，得離③六趣。佛果菩提，定無所失。”

佛説秘密深妙④三昧壇法之處部第十九

　　尒時佛於王舍城金剛座共會，諸天、菩薩万二千人俱。普賢菩薩起立合掌，白佛
言：“世尊，我聞世尊座禪惣持壇法，得正无上菩提，願佛慈悲，爲我宣説禪定惣持壇
法，令我得正无上菩提，當來度化衆生，惣令禪定正真佛果无上菩提。”佛告普賢菩薩
讚言：“善哉！善哉！吾爲汝等分別解説。此之坐禪之法，深妙秘密金剛界大三昧耶
金剛界禪定之法。此法非吾所説，是過去九十九億諸佛弟代相傳，秘蜜受持，度化衆
生。吾今付汝，莫妄宣傳。

---

① 地，原作“戒”，據乙本改。
② 壞，原作“懷”，據文意改。
③ 離，原作“利”，據乙本改。
④ “妙”後，原有“法”，據乙本及前文删。

“凡欲修行禪定之法，揀清淨之處，當結禪定之壇。其壇四方，四增金剛界。內兩增圓，安火輪八角，四角安惣持，每門安瓶三所，釟兩口，輪一所，箭十二隻并道具，飲十二分。開此壇時，闊十二肘，高二肘，用七寶香泥、七寶金剛界、七寶末途，燒七寶香，用五色綵結成。

“當請三藏法主，洗浴令淨，著新淨衣，身被七寶袈裟、七寶座具，方乃入壇，迎請聖衆。若是國王、王子、大臣、官長、婆羅門、居士等善男子、善女人，優婆塞、優婆夷，凡欲修行坐禪之法，修正无上菩提，先從師受四十八戒，受於灌頂，手執香爐，礼佛懺悔，受持《深妙秘密金剛界大三昧耶惣持大教王成佛經》。此大教王經，從上過去九十九億諸佛弟[1]代相傳，受[2]持大教王經，得正无上菩提。汝等受持，定無所失。”

佛說座禪惣持无尋之壇部第二十

尒時佛住王舍城耆闍崛山中，与大菩薩衆万二千人俱，説座禪入定，開禪修行之壇。佛告諸大菩薩：“汝等誰能受持，度化衆生？”普賢菩薩起立合掌，白佛言：“世尊，我能受持，不敢妄失，願佛慈悲，爲我宣説開禪修行之法，度化我等，證真佛果，皆是佛之威力。”佛告普賢菩薩讚言：“善哉！善哉！汝等諦聽！諦聽！善思念之，吾今爲汝分別解説此開禪定之法。此開禪之法，是過去九十九億恒河沙諸佛，盡登金剛界開禪之壇，終證无上菩提。非但菩薩，吾今成佛已來，亦登金剛界，得正无上菩提。汝等修學，若是國王、王子、大臣、官長、婆羅門、居士等善男子、善女人，比丘、比丘尼、優婆塞、優婆夷等，若修无上菩提，當結惣持之壇。

“結此壇時，揀清淨之處，如法安置。其壇四方，外一增方，內一增圓。內四增方，中心一增圓。安八角火輪，四角安惣持。每門安瓶三所，輪一所并道具，釟兩口。外一增，每門安瓶[3]一所，釟兩口，箭十二隻，飯十二分，安門兩面并四角。安此壇時，用七寶香泥淨土、七寶金剛界、七寶末途，用五色綵結成。

“當請三藏法主，洗浴令淨，著身淨衣，身被七寶袈裟，七寶座具，方乃入壇，迎請聖衆。人王、帝主手執香爐，六時行道，燒香礼佛，懺悔發願，受持《深妙金剛界大三昧耶惣持大教王成佛》，結陁羅尼、印契，晝夜六時，如川流之水，不得間斷。若是國王、王子、大臣、官長、婆羅門、居士、比丘、比丘尼、優婆塞、優婆夷，修正无上菩提，至心受持大教王經，現是成佛，更莫狐疑。”

佛說開禪修行之壇部第二十一

---

① 弟，原作“定”，據上文改。

② 受，乙本 BD02301 號背至此。

③ 瓶，原脫，據文意補。

　　尒時佛住王舍城金剛座，説五佛加持成佛十身之壇。諸天菩薩起立合掌，白佛言：“世尊，聞佛所説十身之壇，願佛慈悲，爲我等宣説十身成佛之壇來處，我能受持，不敢妄失，度化衆生，惣令成佛。”佛告金剛藏菩薩，讚言：“善哉！善哉！甚深不可思議，吾今爲汝分別解説。此十身之佛，不離①於身。先從五佛、四親近并本尊，是十佛之身。五佛者，是地、水、火、風、空是也。四親近者，是身、口、意、業是也。本尊者，是心王住无相无爲、慈悲喜捨、平等性智是也。”

　　金剛藏菩薩聞佛所説，忽然醒②悟，起立合掌，白佛言：“世尊，我於往昔修行，易吾十身之佛。今蒙世尊爲我宣説，令我得悟十佛之身。我今廣令流③布，度化衆生，報佛恩德。至心受持，不敢妄失。”佛告金剛藏菩薩：“汝等受持，度化衆生，當結此惣持金剛界大三昧耶加持身成佛十身之壇。此加持之法，是過去九十九億河沙諸佛盡登惣持金剛界加持身，得證无上菩提。汝等修學，當結此壇。

　　“結此壇時，揀清淨處，如法安置。其壇四方，内一增圓，内四增方，中心安一所輪，每門安瓶三所，輪一所并道具，釰兩口。外一增，每門安輪一所，釰兩口，箭十二隻，飯十二分。開此壇時，其壇闊十二肘，高二肘，用淨土、七寶香泥、七寶金剛界、七寶末途，用五色綵結成。

　　“若是國王、王子、大臣、官長、婆羅門、居士、比丘比丘尼、優婆塞優婆夷修證无上菩提，應結此壇。須請三藏法主，洗浴令淨，著身淨衣，身被七寶袈裟，七寶座具，方乃入壇，迎請聖衆。若是修證无上菩提，應從先師受四十八戒，依法受用，加持於身。陁羅尼印契，不得間斷，加持於身。手執香爐，六時行道，礼佛懺悔，燒香發願，至心受持《深妙秘蜜金剛界大三昧耶惣持大教王成佛經》，直證无上菩提。若是國王、王子、大臣、官長開此壇時，用七寶供養，燒七寶末香、七寶花，百味飲食，如法供養。圓壇增四十九人，行道四十九匝。若是修行，直至終身，不得退之。授四十八戒時，頂帶伍佛之冠④，脚踏七寶蓮花，手執如意之輪，從師受於灌頂，便是本尊之身。”

　　佛説五佛加持身成佛十身之壇處部第二十二

　　尒時佛於王舍城耆闍崛山中，与大菩薩衆万二千人俱，説護國金剛薩埵體之壇。五佛、八金剛、八菩薩供養，加持灌頂授記，成金剛薩埵之體。能降三千大千世界一切夜叉、羅刹、天魔、外道，一切惡賊。聞此惣持，念之七遍，三千大千世界碎爲微塵，所護功德不可稱計。吾今開説，誰能受持，後代流傳，度化衆生，護於國界？

---

①　離，原作“利”，據文意改。
②　醒，原作“星”，據文意改。
③　流，原作“留”，據文意改。
④　冠，原作“官”，據文意改。

　　金剛藏菩薩起立合掌，白佛言："世尊，我能受持，後代流傳，報佛慈悲，度化衆生，至心受持，不敢妄失。願佛慈悲，爲我宣説。"佛告金剛藏菩薩讚言："善哉！善哉！諦聽！諦聽！善思念之。吾今爲汝分別解説。護國金剛薩埵之體，是過去諸佛弟①代相傳，彼如來甲胄加持於身，得成金剛薩埵之體。此之金剛能降三千大千世界夜叉、羅刹、天魔、外道、諸大魔王、一切惡賊，不能侵害。汝等受持《深妙秘蜜金剛界大三昧耶惣持大教王成佛經》，直正无上菩提。若是國王、王子、大臣、官長、婆羅門、居士等，比丘、比丘尼、優婆塞、優婆夷，若修无上菩提，若修護國金剛薩埵之體，應結五佛、八金剛、八供養之壇。

　　"結此壇時，撿清淨之處，如②法安置。其壇外一增方，内一增圓，内安五佛宮、四大輪并本尊，惣是金剛界八供養。每門安瓶一所，釛兩口，輪一所并道具，箭十二隻，飯十二分。

　　"開此壇時，用淨土、香泥、七寶金剛界、七寶末途，用五色綵結成。請三藏法主，洗浴令淨，著新淨衣，身被七寶袈裟、七寶座具，方乃入壇，迎請聖衆。仁王、帝主手執香爐，六時行道，礼佛發願，燒香懺悔，至心受持《深妙秘蜜金剛界大三昧耶惣持大教王成佛經》陁羅尼③、印契，不得斷絶，如川流之水。

　　"若是國界不安，惡賊侵繞國界，人民不安，風雨不順，五穀不成，但請三藏法主開啓此護國之壇。人王、帝主手執香爐，六時行道，礼佛懺悔，燒香發願，國界清平，人民安樂。此法靈驗，説不可盡也。"

　　佛説護國金剛薩埵之體壇部第二十三

　　尓時佛住須弥盧山頂上，説降三世功德，成就四寶合成。須弥山上結此壇時，安本尊、八金剛、四菩薩、八供養并四攝，具足須弥山之壇。此壇已上，更无過也。若説此壇功德靈驗，校量不得。若是國王、王子、大臣、官長、婆羅門、居士等，比丘、比丘尼，優婆塞、優婆夷，淨心供養此壇，功德无限，校量不得。若眼見一遍，恒河沙劫罪，長无量之福，何況受記供養。佛告金剛藏菩薩："吾今告汝，此壇之法，非吾受持，是過去九十九億河沙諸佛，盡登須弥山金剛界之壇，得證④无上菩提。"金剛藏菩薩起立合掌，白佛言："世尊，我聞世尊説須弥之壇法，受持无不成佛，願佛慈悲，爲我宣説，令我得聞，我能受持，不敢妄失，後代流傳，度化天人，令證无上菩提。"佛告金剛藏菩薩讚言："善哉！善哉！甚深不可思議！是真佛子，吾今爲汝分別解説。此之壇法，

---

① 弟，原作"地"，據上文改。

② 如，原作"而"，據文意改。

③ 尼，原脱，據上文補。

④ 證，原作"登"，據文意改。

是須弥盧之壇法。"佛告金剛藏菩薩:"後代流傳,諸小菩薩不用宣傳。余是諸大菩薩、國王、王子、大臣、官長、比丘、比丘尼[1],方乃相傳。若求无上菩提,證真佛果。

"須撿清淨之處,如法開啓。建用淨土、七寶香泥、七寶金剛界。其壇外兩增方,内三增圓,天有八山爲柱,安外一增。地有四海爲環[2],安七金山。内四大部洲[3],安大藏爲内。大藏爲山,小藏爲山。小山藏金山、黑山、七寶金山,四寶合成須弥盧頂本尊之位也。四大海宮是地、水、火、風之位,四大部洲者,慈、悲、喜、捨之位也。天有八山爲柱[4]者,是八識之位也。瓶爲身,輪爲定,釖爲智,箭爲惠,道具者爲佛性。七金山爲遶者,是惠辯通達無导也,号爲山。法性深廣,号爲海。須弥髙且大,喻[5]似法王身。悟者身是佛,不悟須弥山。用五色綵結成。

"若是國王、王子、大臣、官長求无上菩提佛果者,請三藏法主,洗浴令淨,著新淨衣,身被七寶袈裟,七寶座具,方乃入壇,迎請聖衆。仁王、帝主手執香爐,六時行道,燒香發願,礼佛懺悔,至心受持《深妙秘蜜金剛界大三昧耶惣持大教王成佛經》陁羅尼、印契,晝夜六時,不得斷絶,如川流之水。日日三時散施飲食,修羅、餓[6]鬼盡令得足,四生六類惣得生天。身自修行,直趣无上菩提。

"開此壇時,用行道僧四十九人,行道四十九匝,不得欠少一匝。脚踏七寶蓮花,燒七寶末香,食三白之食,用散花四十九人,如法供養,不得嗔怒。"

佛説須彌盧偷[7]性壇法之處[8]部第二十四

尒時佛住王舍城耆闍崛山中共會,諸天、菩薩万二千人俱,説八菩薩、八供養、并四攝啓請之壇法。佛告金剛藏菩薩:"凡欲修行,後代度化人天衆生,先須開啓啓請之壇,迎請聖衆加持,求師灌頂,座禪觀行,如[9]法修行,至心受持《深妙秘蜜金剛界大三昧耶惣持大教王成佛經》陁羅尼、印契,不得斷絶,如川流之水。

"若是國王、王子,大臣、官長,婆羅門、居士等,比丘、比丘尼[10],優婆塞、優婆夷,若修无上正等菩提,證真佛果。應須請三藏法主,開啓迎請之壇。開此壇時,撿清淨

---

① 尼,原作"僧",據文意改。
② 環,原作"還",據文意改。
③ 洲,原作"州",據文意改,下同。
④ 柱,原作"主",據前文改。
⑤ 喻,原作"偷",據文意改。
⑥ 餓,原作"我",據文意改。
⑦ 偷,疑誤。
⑧ 佛説須彌盧偷性壇法之處,原置上段句首"開此壇時"前,據文意移至此。
⑨ 如,原作"而",據文意改。
⑩ 尼,原脱,據文意補。

之處,如^①法安置。安此壇時,其壇四方内圓,用淨土、七寶香泥、七寶金剛界、七寶末途。内安十六角火輪,上安五佛、八菩薩、四供養。外增安四攝、四供養。每門安瓶一所,釰兩口,箭十二隻,飯十二分并道具,輪一所,用五色綵結成。

"三藏法主洗浴令淨,著新淨衣,身被七寶袈裟,七寶座具,方乃入壇,迎請聖衆。人王、帝主手執香爐,六時行道,礼佛懺悔,燒香發願,日日三時散施飲食,度化水陸有情,惣然生天。修羅、餓鬼盡令充足。興慈運悲,求師授於四十八戒。授此戒時,先著紫衣,座於^②白㲲,受於灌頂。後去壇西南角上,著於黄衣,座於七寶蓮臺,脚踏七寶蓮花,頂帶伍佛之冠^③,手執如意之輪。受師灌頂,便是本尊之身。行道僧用四十九人,散花^④用十六人遶壇。四面安七寶蓮花,安龍天八部,燒七寶香,食三白食。如法淨心供養,不得嗔怒,果滿成就。

佛説啓請修行壇法部第二十五

尒時佛住王舍城耆闍崛山中共會,諸天、菩薩万二千人俱,説十六大士十地滿足之壇法。諸大菩薩起立合掌,白佛言:"世尊,我聞世尊所説十六大士滿足之壇法。願佛慈悲,爲我宣説,令我得聞。我能受持,不敢妄失,後代流傳,度化衆生。"佛告金剛藏菩薩讚言:"善哉! 善哉! 吾今爲汝分別解説。此十六大士,是過去諸佛皆因此^⑤十六大士付讚,得成无上菩提。此十六大士是過去河沙諸佛祖師弟^⑥代相傳付右,乃至如今。十六大士常在世間,助讚諸佛。

"後代修行菩薩,當結十六大士十地滿足之壇,至心受持十六大士之名。弟一金剛薩埵菩薩,弟二金剛王菩薩,第三金剛愛菩薩,第四金剛善哉菩薩,第五金剛寶菩薩,弟六金剛光菩薩,弟七金剛幢菩薩,弟八金剛笑菩薩,弟九金剛法菩薩,弟十金剛利菩薩,第十一金剛目菩薩,第十二金剛語菩薩,第十三金剛業菩薩,第十四金剛護菩薩,弟十五金剛藥叉菩薩,弟十六金剛拳菩薩。若是國王、王子、大臣、官長、婆羅門、居士等,比丘、比丘尼,優婆塞、優婆夷,若修无上正^⑦等菩提,仍須撿清淨之處,如法安置此十六大士滿足之壇。

"安此壇時,其壇四方,闊十二肘,髙二肘,用淨土、七寶香泥、七寶金剛界、七

① 如,原作"汝",據文意改。
② 於,原作"衣",據文意改,下一"於"字同。
③ 冠,原作"觀",據文意改。
④ 花,原作"化",據文意改。
⑤ 此,原作"出",據文意改。
⑥ 弟,原作"地",據上文改。
⑦ 正,原作"證",據文意改。

寶末途。外一增方,安八金剛,每門安輪一所,釦兩口,箭十二隻,飯八分并道具。內兩增圓,金剛界中有大海水,内里面三方金剛界,安十六大士。中心安八葉蓮,上安五佛。每門安瓶三所,輪一所,釦兩口并道具。四角安惣持,用五色綵結成。

"請三藏法主,洗浴令淨,著身淨衣,身被七寶袈裟、七寶座具,方乃入①壇,迎請聖衆。仁王、帝主手執香爐,六時行道,礼佛懺悔,燒香發願,至心受持《深妙秘蜜金剛界大三昧耶惣持大教王成佛經》,并十六大士名字②、陁羅尼、印契,晝夜六時,如川流之水,不得斷絕。求師受於灌頂,先受四十八戒,後受偈麼灌頂受記。

開③此壇時,用行道僧一十六人遶④壇。四面安龍天八部,脚踏七寶蓮花,受法灌頂,座七寶蓮臺,頂帶五佛之冠,脚踏七寶蓮花,手執如意之輪。求師授⑤於證法,用散花菩薩一十六人,食三白之食,如法供養,不得嗔怒。歡喜奉行,正居十地滿足之位。

佛説十六大士十地滿足之壇處部第二十六

金剛峻經金剛頂一切如來深妙秘蜜金剛界
大三昧耶修行四十二種壇法經作用威儀法則
大毗盧遮那佛金剛心地法門秘法戒壇法儀則卷第三

大興善寺三藏沙門大廣智不空奉詔譯

尒時金剛頂大毗盧遮那佛攝一切如來金剛界大三昧耶惣持大教王佛事業,具足成佛三十七尊圓滿之壇。

尒時佛告諸大菩薩摩訶薩衆及國王王子、大臣官長、比丘比丘尼、優婆塞優婆夷等:"若是修行此惣持大教王大三昧耶,現身是佛也,行動作用並是諸⑥佛之受用。若是諸大菩薩摩訶薩後代流傳,弟⑦相度脫,令證无上菩提,應須揀清淨之處,如⑧法安置此惣持大教之壇。

---

① 入,原脱,據乙本補。
② 字,原作"自",據文意改。
③ 開,原作"聞",據文意改。
④ 遶,原作"遠",據文意改。
⑤ 授,原作"受",據文意改。
⑥ 諸,原作"之",據文意改。
⑦ 弟,原作"地",據上文改,下同。
⑧ 如,原作"汝",據文意改。

“開此壇時，其壇圓，內五增方，中心圓。闊十二肘，高二肘，用淨土、七寶香泥、七寶金剛界、七寶末塗。中安八葉蓮花，上安五佛，四角安惣持，每門安瓶三所，輪兩所，釰兩口并道具，箭十二隻，飯十二分，用五色綵結成。

“仁王、帝主應請三藏法主，洗浴令淨，著身淨衣，身被七寶袈裟，七寶座具，方乃入壇，迎請聖衆。仁王、帝主手執香爐，六時行道，礼佛懺悔，燒香發願，至心受持《深妙秘蜜金剛界大三昧耶惣持大教王成佛經》陁羅尼、印契，不得斷絕，晝夜六時，如川流之水。俅師受於四十八戒，先著紫衣，壇東北角上座於白爲，受於灌頂。後去壇西南角上，著於黃衣，座七寶蓮臺，脚踏七寶蓮花，頂帶五佛之冠，手執如意之輪，授師付囑，灌①於其頂，便是本尊之身。行道僧用四十九人，散花用一十六人。遶壇四面，安龍天八部。行道脚踏七寶蓮花，食三白之食。如法供養，不得嗔怒，果滿成就。日日三時，散施飲食，度化水陸有情，盡得生天，四生六類盡得解脫。興慈運心，度化有情，現身是佛，更莫外求。”

佛説成佛滿足之壇法處部第廿七

尒時金剛頂大毗盧遮那佛正法明王攝䍅上大乘佛事業，一切如來深妙秘密金剛界大三昧耶惣持大教王加持身成佛後三十七尊正法明王壇法。尒時佛付囑金剛藏菩薩：“吾今告汝，汝等諦聽！諦聽！善思念之。吾今付汝，善自護持，後代流傳，度化衆生。若是國王、王子、大臣、官長、婆羅門、居士等，比丘、比丘尼，優婆塞、優婆夷等，若是求无上佛果正等菩提，應須撿清淨之處，建立此惣持大教王成佛壇。其壇四方，外三增，內有一增，安八角火輪，安十六尊。中心安八角如意之輪，上安五佛。

“開此壇時，用淨土、香泥、七寶金剛界、七寶末途。每門安瓶一所并道具，輪一所，釰兩口，箭十二隻，飯十二分，用五色綵結成。仁王、帝主應請三藏法主，洗浴令淨，著身淨衣，身被七寶袈裟，七寶座具，方乃入壇，迎請聖衆。

“仁王、帝主手執香爐，六時行道，礼佛懺悔，燒香發願，至心受持《金剛頂一切如來深妙秘蜜金剛界大三昧耶惣持大教王成佛經》陁羅尼、印契，不得斷絕，晝夜六時，如川流之水。求師受於四十八戒，先著紫衣，壇東南角上座於白爲，受於灌頂。後去壇西南角上，著於黃衣，座七寶蓮臺，脚踏七寶蓮花，頂帶伍佛之冠，手執如意之輪，受②師付囑，傳於證法，便受③本尊之身。道場僧用四十九人，散花用三十七人。壇四面，安龍天八部，守護道場。日日三時，散施飲食，度化水陸有情，四生六類惣令解

---

① 灌，原作“灌頂”，據文意改。

② 受，原作“授”，據文意改。

③ 受，原作“授”，據文意改。

脱，盡得生天。

　　佛説惣持大教王成佛壇部第廿八

　　尒時佛住王舍城耆崛山中共①會，諸天、菩薩万二千人俱，説國界内作福之火壇。金剛藏菩薩起立合掌，白佛言："世尊，我聞世尊説國界内作福之火壇。願佛慈悲，爲我宣説。我能受持，不敢妄失。"佛告金剛藏菩薩，讚言："善哉！善哉！甚深不可思義。汝等諦聽！諦聽！善思念之，吾今爲汝分別解説。此作福之火壇，非吾所説，是過去諸佛弟代相傳，爲國界内作大福田。若是國内人民不安疾病起時，若六畜不安疾病起時，但畫本患之身，安壇四面。應請三藏法主開啓此火壇，用蘇油、五粟、蓮花、柘榴枝、杜梨木、白荗子、葫麻子相和，壇内燒之。至心授持惣持百字明王，并十吉祥陁羅尼一百八遍，或一千八遍，加持本患之身，病即立差，惡魔、鬼神當下消滅，不能爲害。

　　"若是外國賊侵擾②，國内不安，但請三藏法主開建此火壇，應用蘇油、五粟、蓮花、杜梨木、葫麻子、白荗子相和，壇内燒之。心受持百字明王，并十吉祥一百八遍，便即惡賊消散，不敢爲害。

　　"若是國王、王子、大臣、將領兵事入於軍陣，請師七人，隨所在處，常須結此火壇，至心持念密迹金剛之法一百八遍，軍王得③勝，聖衆加持，風雨順時，五穀豐登，万姓安樂，國界清平，仁王安樂④。若是安邦，定先須興建佛法，信⑤重三寶。興建佛法之壇、安國之壇，火壇爲先。若是國王、王子、大臣凡欲爲王，理⑥國安民，仍須每月開建此火壇。

　　"安此壇時，隨方所在，用淨土、香泥，如法安置。其壇三角，用五增金剛界，五增火焰，一面開門。四增安四所輪，中心安爐⑦，每角安惣持，爐内安一寶珠。

　　"安此壇了，應請三藏法主，洗浴令淨，著新淨衣，身被七寶袈裟，七寶座具，方乃入壇，迎請聖衆。仁王、帝主手執香爐，六時行道，燒香礼佛，懺悔發願，至心受持《深妙秘蜜金剛界大三昧耶惣持大教王成佛經》，晝夜六時，陁羅尼、印契不得斷絶，如川流之水。此法功德，河沙諸佛校量不得。"

----

①　共，原作"供"，據上文改。
②　擾，原作"遠"，據文意改。
③　得，原作"德"，據文意改。
④　樂，甲本作"泰"，乙本作"太"。
⑤　信，原作"性"，據文意改。
⑥　理，原作"里"，據文意改。
⑦　爐，原作"盧"，據文意改，下同。

“開此壇時，用加持僧四十人，用飯如山，燒沉檀①香，仍須結淨，如法供養。七寶百物，不用慳惜②，盡心供養，不得嗔怒，果滿成就。”

佛説作福火壇部第二九

尒時佛住王舍城耆闍崛山中，与大菩薩衆万二千人俱，説灌頂偈麼授戒法之壇，五佛、八菩薩、四結界、四金剛授戒之壇。佛告諸大菩薩：“吾今付汝，後代流傳，与比丘、比丘尼、國王、王子、大臣、優婆夷、優婆塞授佛法戒。比丘僧授二百五十戒，比丘尼授五百戒，國王、王子、大臣授佛四十八戒，優婆塞、優婆夷授佛二十五戒，沙弥僧授五戒、十戒。

“授此戒時，應請三藏法主開啓戒壇。其壇四方，闊十肘，高三肘，用淨土、七寶香泥、七寶末途。外三增金剛界，每門安瓶三所，輪一所，釰兩口并道具，箭十二隻，飯十二分。中心安五佛、四親③近，用五色綵結成。應請三藏法主，洗浴令淨，著新淨衣，身被七寶袈裟、七寶座具，方乃入壇，迎請聖衆。

“方乃入壇，和合僧授戒，先与沙弥授五戒、十戒，方乃入壇。三人同引入壇，授三師七證，三飜偈麼，三飜得④成，方乃德戒。三飜不成，不得与戒。若是黃門人，或是二形人，或是賊心受戒人，此三種人不得与受戒。

“此之戒法，是過去九十九億諸佛弟代相傳，受⑤佛付囑，弟相度脱。授此戒訖，仍須行道七日。行道之時，手執花菓，六時行道，燒香礼佛，發願願證无上菩提，誓度一切衆生，至心受持《深妙秘蜜金剛界大三昧耶惣持大教王成佛經》陁羅尼、印契，不得斷絶，晝夜六時，如川流之水。持吾大教法，莫妄宣傳。”

佛説授戒偈麼正法之壇部第三十

尒時佛住王舍城耆闍崛山中，与大菩薩衆万二千人俱，説十六大士灌頂之壇法。佛告諸天菩薩：“吾今付与加持灌頂受法之壇。若是後代修行菩薩、國王、王子、大臣、比丘、比丘尼、優婆塞、優婆夷求无上正⑥等菩提，應請三藏法主，撿⑦清淨之處，如法建立壇場。

---

① 檀，原作“壇”，據文意改。
② 惜，原作“息”，據文意改。
③ 親，原作“新”，據甲、乙本改，下同。
④ 得，原作“德”，據文意改，下同。
⑤ 受，原作“授”，據文意改。
⑥ 正，原作“證”，據文意改，下同。
⑦ 撿，原作“開”，據上文改。

"開建立之時,其壇四方,闊十二肘,高三肘。內一增圓,安八灌頂宮,各有金剛界圍①遶,大海水圍遶,里有水陸眾生。內一增方,安八菩薩,中心安一所如意之輪,上安伍佛,四角安惣持。每門安瓶一所,釖兩口,輪一所并道具。外一增,每門安輪一所,釖兩口,箭十二隻,飯十二分。

"安此壇時,用淨土、七寶香泥、七寶金剛界、七寶末途,用五色綵結成。應請三藏法主,洗浴令淨,著新淨衣,身②被七寶袈裟、七寶座具,方乃入壇,迎請聖眾。仁王、帝主手執香爐,六時行道③,礼佛懺悔,燒香發願,求師授於灌頂。先著紫衣,去壇東北角,座於白為,授於灌頂。後去壇西南角上,座於④七寶蓮臺,腳踏七寶蓮花,頂帶五佛之冠,手執如意之輪,受⑤師付囑,加持於身,授於證法,便是本尊之身。行道僧用十六人,散花用十六人,行道四十九匝,不得欠少一匝。腳踏七寶蓮花,遶壇四面,安龍天八部⑥,守護道場。

"長齋⑦七日,食三白食,七日解散。如法盡心,七寶百物,歡喜供養。三藏法主不令嗔怒,果滿成就。燒七寶末香,晝夜六時,至心受⑧持《深妙秘蜜惣持大教王成佛經》陁羅尼、印契,如川流之水,晝夜六時不得斷絕。此之壇法,是過去諸佛弟代相傳,不令斷絕。"

佛説現證大教王灌頂之壇法部第三十一

尒時佛住王舍城耆闍崛山中,与大菩薩眾万二千人俱,説佛事業供養十方十六大士作福之壇。佛告諸大菩薩摩訶薩眾:"若是後代修證无上正等菩提,若是國王、王子、大臣、官長⑨、婆羅門、居士等,優婆塞、優婆夷,若是修證无上菩提佛果,應請三藏法主,撿清淨之處,如法建立十六大士作福之壇。

"開此壇時,其壇闊十二肘,高二肘。外三增方,內金剛界圓,安八角火輪,上安五佛、四親近。中心一增方,安四惣持。金剛界圓,安八葉蓮花,上安五佛之印。外三增方,四角安惣持,每門安瓶一所,釖兩口并道具,箭十二隻,飯十二分。用淨土、七寶香泥、七寶金剛界、七寶末塗,用五色綵結成。

---

① 圍,原作"為",據文意改,下同。
② 身,原作"新",據文意改。
③ 道,原脱,據文意補。
④ 於,原作"衣",據文意改。
⑤ 受,原作"授",據文意改。
⑥ "部"後,原有"天",據文意删。
⑦ 齋,原作"茶",據文意改。
⑧ 受,原作"授",據文意改。
⑨ 長,原脱,據上文補。

"應請三藏法主,洗浴令淨,著新淨衣,身被七寶袈裟、七寶座具,方乃入壇,迎請聖衆。人王、帝主、王子、百官手執香爐,六時行道,礼佛懺悔,燒香發願,願證无上菩提,證真佛果,度化一切衆生,令正无上菩提。七寶百物,香花燈①途,百味飲食,盡心供養,不惜②身命,供養如來。晝夜六時作佛事業,乃至終身,不令間斷,供養如來。至心受持《深妙秘蜜金剛界大三昧耶惣持大教王成佛經》陁羅尼、印契,晝夜六時不得斷絶,如川流之水。

"作佛事業,供養如來,無福者增福,無壽者增壽。設求无上菩提,直趣无上菩提。此之功德靈驗,河沙諸佛校量不得。若是人王帝主、王子百官至心授持,无上佛果定無所失。"

佛説供養十方佛事業作福之壇處部第三十二

尒時佛住王舍城金剛座,説甚深六波羅蜜正法明王大教之壇。佛告諸天菩薩麼訶薩衆:"吾今告汝,後代修行六波羅蜜甚深正法明王三十七尊菩提分法。此三十七尊菩提分法,是過去河沙諸佛盡登③金剛界,修習三十七尊菩提分法。甚深六波羅蜜,十地滿足,果滿成就,号曰爲六波羅蜜。六波羅蜜者,從般若而生。般若者,云翻爲惠,惠云是六波羅蜜,以到彼岸爲功,功成果滿,十地滿足。俱行六波羅蜜,行檀波羅蜜,行尸波羅蜜,行羼提波羅蜜,行毗梨耶波羅蜜,行般若波羅蜜,行方便波羅蜜。行此六波羅蜜,行四無量法,慈、悲、喜、捨,三十七尊菩提分法,是名阿耨多羅三藐三菩提。

"説應六波羅密法,究竟佛惠,能生一念信解,所得功德无有限量。若有菩薩爲阿耨多羅三藐三菩提故,於八十万億那由他,却行六波羅蜜,行檀波羅蜜,行尸波羅蜜,行羼提④波羅蜜,行毗梨⑤耶波羅蜜,行禪波羅蜜,行般若波羅蜜,是不空不有之妙覺。

"妙覺玄猷⑥,奧賾超於言象,雖真俗雙泯,二諦恒存,空有兩亡,一味⑦常顯。良以真空未嘗⑧不有,即有以弁於空。幻有未始不空,即空以明於有。有空有故不有,

---

① 燈,原作"登",據文意改。
② 惜,原作"息",據文意改。
③ 登,原作"證",據甲、乙本改。
④ 提,原脱,據甲、乙本補。
⑤ 梨,甲、乙本作"離"。
⑥ 猷,原作"獸",據甲、乙本改。
⑦ 味,原作"未",據法藏《般若波羅蜜多心經略疏序》(《大正藏》本,下同)原文改。
⑧ 嘗,原作"常",據法藏《般若波羅蜜多心經略疏序》原文改。

空有空故不空。不空之空空而非斷，不有之有有①而非②常。四執既亡，百非斯遣。
般若玄旨，斯之謂歟。若歷事備陳，言過二十万頌。若撮其樞要，理盡即有六波羅
蜜③，是知詮真之教。六波羅蜜者④，是知超言之宗，性圓通而俱顯。六波羅蜜⑤者，
是謂曜昏⑥衢之高炬，濟苦海之迅航⑦，拯物⑧導迷，莫斯爲寂。然般若以神鑒爲躰，
六波羅蜜者⑨以到彼岸爲功。心顯要妙所歸，經乃貫⑩穿言教，從法就喻，詮之爲目，
故云是摩訶般若波羅蜜⑪經。

　　“此六波羅蜜，一教興，二⑫藏攝，三宗趣，四釋題目，五解文義，六惣攝。寂上大
乘現正大教，一謂欲破外道諸耶見故，二欲迴二乘入大乘故，三遣小菩薩不迷空故，
四明二諦中道生正見故，五顯佛勝得生淨信故，六欲令發大菩提心故。此六波羅密，
是過去河沙諸佛盡行六波羅蜜，是成佛之根。

　　“般若波羅蜜是大乘正宗，《法花》妙惠是其中宗，接引中成，《大智度論》是其小
乘，引道初地之人。《百法》之論是寂下小乘，引道小兒及已衆生。悟其八識爲二无
我法，助名爲大乘。因明之論寂下小乘，引道小乘衆生。因明佛性開悟，立名号爲因
明。唯識之論是其小乘，引道小乘衆生。因明八識，因識上得名爲悟，其八識名爲唯
識。般若正宗六波羅蜜者，具足圓滿，是成佛之根本，是寂上大乘，顯正大教王惣持
六波羅蜜。

　　“若是後代修行菩薩、國王、王子、百官、比丘比丘尼、優婆塞優婆夷，修行甚深六
波羅密成佛之果，應請三藏法主，開啓六波羅蜜壇時。開此壇時，撿清淨之處，如法
建立。其壇四方，内兩增金剛圓，安十六角火輪，上安十六尊。中心四方，安八葉蓮，
上安伍佛，四角安四惣持。外一增，每門安輪一所，釰兩口并道具，箭十二隻，飯十二
分。安此壇時，用淨土、七寶香泥、七寶金剛界、七寶末途，用五色綵結成。其壇闊十
二肘，高三肘。

　　“安此壇時，請三藏法主洗浴令淨，著新淨衣，身被七寶袈裟，七寶座具，方乃入

---

① 　有，原脱，據法藏《般若波羅蜜多心經略疏序》原文補。
② 　非，法藏《般若波羅蜜多心經略疏序》原文作“不”。
③ 　即有六波羅蜜，法藏《般若波羅蜜多心經略疏序》原文作“一十四行”。
④ 　六波羅蜜者，法藏《般若波羅蜜多心經略疏序》原文作“乍廣略而隨緣”。
⑤ 　六波羅蜜，法藏《般若波羅蜜多心經略疏序》原文作“般若心經”。
⑥ 　昏，原作“貨”，據甲、乙本改。
⑦ 　航，原作“骰”，乙本作“船”，據法藏《般若波羅蜜多心經略疏序》原文改。
⑧ 　物，原作“惣”，據甲、乙本改。
⑨ 　六波羅蜜者，法藏《般若波羅蜜多心經略疏序》原文作“波羅蜜多”。
⑩ 　乃貫，旁原有補字“義哇”。
⑪ 　云是摩訶般若波羅蜜，法藏《般若波羅蜜多心經略疏序》原文作“言波羅蜜多心”。
⑫ 　二，原作“三”，據甲、乙本改。

壇,迎請聖衆。人王、帝主手執香爐,六時行道,礼佛懺悔,燒香發願,至心受持《深妙秘蜜金剛界大三昧耶惣持大教王成佛經》陁羅尼、印契,晝夜六時,如川流之水,不得斷絕。直趣无上菩提,定无所失。行道僧廿四人,遶壇四面。脚踏七寶蓮花,授菩提之位,座七寶之蓮臺,脚踏七寶蓮花,頂帶五佛之冠,手執如意之輪。授師付囑,灌①於其頂,方受菩提之位。日食万兩黃金、七寶百物、百味飲食,供養法師,盡令充足,不令闕②少,果滿成就。"

佛説甚深六波羅蜜十地滿足之壇法部第三十三

尒時佛住王舍城耆闍崛山中,与大菩薩衆万二千人俱,説惣持百字明王化身作十金剛正③法明王无障导之壇法。金剛藏菩薩起立合掌,白佛言:"世尊,我聞世尊説惣持正法明王十惣持无障导之壇法,願佛慈悲,爲我宣説,令我得正无导之法,當來度化衆生,皆是佛之威力。"佛告金剛藏菩薩:"汝等諦聽! 諦聽! 善思念之,吾當爲汝分別解説此十惣持无障导之壇法。此十惣持先爲十吉祥時,護助河沙諸佛盡證无上菩提。後爲百字明王時,亦護助河沙諸佛盡正无上菩提。歷度万行,具修諸度④苦行,修持得正十地,滿足惣持无导之身。莫以小知小見,妄⑤生執著,易得爲得,易正爲正。莫貪小乘,妄識文辭,妄爲分別,落⑥爲耶道。凡俗修行,修正大乘,莫執小乘。後代修行菩薩,凡於修正取上大乘,速正无上菩提,十地滿足无导之身。"

佛告金剛藏菩薩:"吾今付汝,後代留傳,度化天人,應結十身惣持之壇。開此壇時,撿清淨之處,如法建立。其壇四方,内三增圓,兩增安八角火輪,上安本尊。中心方,安八葉蓮,上安五佛印,四角安惣持,内外安八灌頂。開此壇時,其壇闊十二肘,高三肘,用淨土、七寶香泥、七寶金剛界、七寶末途,用五色綵結成。每門安輪一所,劍兩口并道具,箭十二隻,飯十二分。安此壇成,應請三藏法主,洗浴令淨,著身淨衣,身被七寶袈裟,七寶座具,方乃入壇,迎請聖衆。

"若是仁王、王子,比丘、比丘尼,優婆塞、優婆夷,莫生執著,但依師修行,手執香爐,六時行道,礼佛懺悔,燒香發願,至心受持《深妙秘蜜金剛界大三昧耶惣持大教王成佛經》陁羅尼、印契,不得斷絕,晝夜六時,如川流之水,不令間斷。心不退轉,不執小乘,不著空有,志⑦習大乘,直趣无上菩提。修學大乘,正取悉地。若是國王、王子、

---

① 灌,原作"灌頂",據文意改。
② 闕,原作"闊",據文意改。
③ 正,原作"證",據下文改。
④ 度,乙本無。
⑤ 妄,原作"望",據文意改,下同。
⑥ 落,原作"洛",據文意改。
⑦ 志,原作"至",據文意改。

大臣、百官修行此法,應從師受法,受於付囑,灌於其頂。脚踏七寶蓮花,頂帶五佛之冠,手執惣持,結跏趺①坐,應受无导之身。

"開此壇時,用行道僧三十七人,用散花十六人。授灌頂時,用四童子,各執一瓶,燒七寶香,散七寶花,應用七寶百物②、衣服卧具供養法師。日食三兩黄金,百味飲食,盡令充足,不令闕少。真心供養,不令嗔怒,果滿成就。"

佛説惣持百字明王修行十地滿足正无障导之身惣持壇法部第三十四③

尒時如來付大毗盧遮那佛四十二種壇法已畢④,次⑤説《付法藏品》。過去九十九億恒河沙諸佛傳授正法秘蜜心印惣持大教王經,不得等閑,妄爲傳授。一代傳於一代,從過去九十九億恒河沙諸佛弟代相傳《大毗盧遮那佛宷上大乘金剛頂一切如來深妙秘密金剛界大三昧耶惣持大教王承受⑥付囑成佛經》,從河沙諸佛盡從大毗盧遮那佛承受正法。河沙諸佛臨般涅盤,付正法眼,以法付囑⑦一代士付法藏仁聖者(此略)⑧尸弃佛。尸弃佛在菩薩位時,從毗婆尸佛登毗盧金剛界,承受付囑,得證无上菩提。(此略)

前迦葉佛在菩薩位時,從俱那舍牟尼佛登大毗盧金剛界,得證无上菩提。(此略)

菩提達麼聖者在八地菩薩位時,從天親菩薩承受一代士教法,登大毗盧金剛界,承受付囑,得正无上菩提。菩提達麼聖者化緣將必,臨般涅盤,付正法眼,以法付囑第廿九代付法藏仁聖者惠可禪師。(此略)

惠可禪師聖者在八地菩薩位時,從菩薩達麼聖者承受一代士教法,登大毗盧金剛界,承受付囑,得正无上菩提。(此略)

弘忍禪師者化緣將必,臨般涅盤,付正法眼,以法付囑第三十三代付法藏仁聖者韶州僧没惠能禪師聖者。(此略)

惠能禪師聖者在八地菩薩位時,從弘忍禪師聖者承受一代士教法并傳袈裟,登大毗盧金剛界,承受付囑,得正无上菩提。惠能禪師聖者臨般涅盤,付囑後代修行菩薩,密傳佛心印,秘密宣傳,不令虛妄。真須苦行苦莭修行,莫生解,大放逸,墮落三

---

① 跏趺,原作"加夫",據文意改。

② 物,原作"惣",據文意改。

③ 四,乙本 BD02431 號背至此。

④ 畢,原作"卑",據文意改。

⑤ 次,原作"此",據文意改。

⑥ 承受,原作"成授",據下文改,下同。

⑦ 以法付囑,原作"已法付囑",據文意改,下同。

⑧ 以下內容大多屬禪宗有關傳法記,從略,此僅錄有關密教內容文字。

塗。從上過去諸佛苦行修行，盡經三無數劫，六度万行，具修諸度，弟①代相成，密傳心印，弟相付囑，令法久住②世。（此略）

告諸大衆："後大修行菩薩要修无上速正菩提，直須至心修持《冣上大乘深妙秘密金剛界大三昧耶惣持大教王成佛經》并四十二種壇法，晝夜六時苦行修持，不令間斷，直趣无上菩提。"時我大師釋迦如來臨般涅盤，付正法眼与大迦葉，弟代相傳，展轉付囑，燈燈③不絕，令法久住。（此略）

帝聞大悦，即遣羽林郎秦景、博士王導、太史令蔡愔④等一十四人西迎佛教，至大越支國，果逢迦葉摩騰、竺法蘭二三藏，以白㲲畫釋迦像，貝多樹葉上書《金剛頂一切如來深妙秘蜜金剛界大三昧耶惣持大教王成佛經》并四十二種壇法威儀法則、《金剛峻經》并《四十二章經》，載以白馬，届於洛陽，鴻臚大興善寺安置，時永平十年也。皇帝別供養恭敬問詢，三藏漸爲帝主演説人天戒施、罪福報應。（此略）

金剛藏菩薩三字觀想，初祖時，面躬向西，端正坐，安此三字。唵字觀在眼上，放⑤黃光。吽字觀在心上，放白光。押字觀在舌上，放赤光。然後三光遍三千大千世界，十方諸佛見此光明，迴迴肶⑥於觀人，然後念驗光真言：
薩泥呵羅那吽

念了三光，還來各入本位。三字懸在虛空，押字上，吽字中，唵字下排著。後唵字生一道光，入吽字中。又押字生一道光，亦入吽字中了。後吽字却生一道光⑦，滅兩字光了，其吽字光亦滅。後便入无念禪定，良久静⑧座。若必⑨眼來者，便須觀空，後念真言：
悉鉢囉那叭

然後念此光真言：
薩泥呵囉那吽

念了三光，便即花來。其光作一半月，阿字作一半月，合爲一个月，曰壇。結界印、淨印，李⑩无一切印。

---

① 弟，原作"地"，據文意改，下一"弟"字同。
② 久住，原作"九住"，據文意改，下同。
③ 燈燈，原作"登登"，據文意改。
④ 蔡愔，原作"察倍"，據文意改。
⑤ 放，原脱，據下文補。
⑥ 迴肶，"迴"字形不清，似重複號，"肶"又疑爲"恩"。
⑦ 道光，原脱，據乙本補。
⑧ 静，原作"淨"，據文意改。
⑨ 必，疑當作"閉"。
⑩ 李，疑誤。

　　大毗盧遮那佛付法藏心地法門秘密甚深秘①法戒四十二種壇法傳授心印，弟代相傳，承受付囑，不令斷絶②。（此略）

　　金剛峻經金剛頂一切如來深妙秘蜜金剛界大三昧耶修行四十二種壇法經作用威儀法則大毗盧遮那佛金剛心地法門秘法界戒壇法儀則卷第四

　　大興善寺三藏沙門大廣智不空奉詔譯

金剛峻經金剛頂一切如來深妙秘蜜金剛界大三昧耶修行四十九種壇法經作用威儀法則大毗盧遮那佛金剛心地法門秘法戒壇法儀則①

尒時佛於初現蓮花藏世界共會，諸天、菩薩八万人②俱。佛告諸菩薩：“吾今開説《冣上大乘深妙秘蜜金剛界大三昧耶惣持大教王成佛經》。”佛告諸天、菩薩：“吾今開稽此冣上大乘深妙秘蜜金剛界大三昧耶大毗盧遮那佛，稟受奉行，現身是佛。”諸天聞説，愕③然而起，不能信受，辭退而去。

金剛藏菩薩起立合掌，白佛言：“世尊，聞佛所説冣上大乘，不能信受。諸天菩薩爲是小乘，不能信受，所以愕然而起。願佛慈悲，爲我宣説安壇之法、菩薩名字。”

佛告金剛藏菩薩讚言：“善哉！善哉！汝等諦聽！諦聽！吾當爲汝分別解説安壇之法、菩薩名字、座位之處，兼及身色。”

先安五佛，後安菩薩并四攝。

中心安盧舍那佛，身黃色，手執惣持之印，頂戴五佛之袑。

第二阿閦佛在東門，身白色，頂戴五佛袑。手結身忍印，右手垂觸地，左手安齊④偓，是名身忍印。

第三寶生佛在南門，身青色，頂戴五佛袑。右手垂膝偓，左手如意寶，是名施願印，願一切衆願滿足。

第四阿弥陁佛在西門，身赤色，頂戴五佛袑。二羽仰相叉，進力豎相背，禪智橫其端，等心青蓮花，是名長壽印。

第五不空成就佛在北門，身是綠，頂戴五佛袑。左手安惣持，右手施无畏。願一

---

① 底本，敦煌遺書 BD02074。參考侯沖校本，《藏外佛教文獻》第 11 輯，中國人民大學出版社 2008 年版。經名中，“秘法”，原作“必法”，據文意改，下同。“戒”，原作“界”，據下文改。

② 人，原作“仁”，據文意改，下同。

③ 愕，原作“腭”，據文意改。

④ 齊，通“臍”，下同。

切衆生,速正①無畏法。

第一金剛薩埵王菩薩在東門,身白色。左脇安呼召,右耳羯摩杵,是名悉地印。願一切衆生,速成勝地。

第二金剛王菩薩在南門,第一身青色,二羽安定惠,名爲心定之印。願一切衆生,速得无畏定。

第三金剛善哉菩薩②在南門,身青色。二羽安素怛藍,名爲惠之印。願一切衆生,速正惠之身。

第四金剛寶菩薩在西門,身赤色。二羽安懷中,寶劒執當心,名爲寶身印。願一切衆生,惠寶滿其身。

第五金剛光菩薩在西門,身赤色。二羽舒進力,當心而下垂,名爲身光印。願一切衆生,光明遍③遍身。

第六金剛幢④菩薩在北門,身緑色。二羽在右邊,手執大法幢,名爲法幢印。願一切衆生,速正法寶身。

第七金剛笑菩薩在北門,身緑色。二羽口偃,名爲法喜印。願一切衆生,速成法喜身。

第八金剛法菩薩在東門,身白色。左蓮右開敷,名爲開法印。願一切衆生,蓮開正法身。

第九金剛利菩薩在東門,身白色。左蓮,右利劒,是名法利印。願一切衆生,斷諸煩惱,得正法王身。

第十金剛因菩薩在南門,身青色。覆拳進力柱⑤,於齊而平轉,名爲因法印。願一切衆生,因緣會遇時,果滿正菩提。

第十一金剛語菩薩在南門,身青色。先從禪智舒,旋舞心兩頰。右手執利劒,左手安左脇,名爲法語印。願一切衆生,菩提法語利衆生。

第十二金剛業菩薩在西門,身赤色。二羽金剛執於釟,掌於頂,印形法羯摩。願一切衆生,速成羯摩身。

第十三金剛護菩薩在西門,身赤色。二拳被甲胄,名爲護法印。願一切衆生,速正法王身。

第十四金剛藥叉菩薩在北門,身緑色。二羽安兩頰,四牙熾盛身,是名藥叉印。

①　正,同"證",下同。
②　第三金剛善哉菩薩,前脱第三金剛愛菩薩,故終缺第十六位。
③　遍,原作"變",據文意改。
④　幢,原作"憧",據文意改,下同。
⑤　柱,原作"柱",據文意改。

願一切衆生,速成護法身。

　　第十五金剛拳菩薩在北門,身緑色。身端二羽安惣持,是名惣持印。願一切衆生,速正惣持身。

　　十六大士印,内外八供養,并及於四護印相,今當説。

　　第一金剛心印菩薩在東①門,身白色。二羽安腰側,端心供養佛,是名心法印。願一切衆生,心心是佛。

　　第二金剛鬘菩薩在東門,身白色。二羽當心,如捧②鬘奉獻諸聖尊,是名嚴身印。願一切衆生,速正菩提身。

　　第三金剛持法菩薩,在南門,身青色。二羽側相合,十度相交豎,是名持法印。願一切衆生,護持正法③身。

　　第四金剛極喜菩薩在南門,身青色。二拳如舞儀,降魔諸煩惱,懽喜供養佛,是名極喜印。願一切衆生,斷除諸煩惱,得正法喜身。燒香等此印,以降三世印。

　　第五金剛結淨印菩薩在西門,身赤色。二羽並拳向下散,辟除一切惡,是名結淨印。願一切衆生,斷除煩惱垢,正取淨法身。

　　第六金剛定菩薩在西門,身赤色。二羽仰散如捧花,是名戒定印。願一切衆生,速正戒定身。

　　第七金剛戒惠菩薩在北門,身緑色。二拳禪智豎如針,是名戒惠印。願一切衆生,惠燈照十方。

　　第八金剛解脱菩薩在北門,身緑色。左羽安呼召,右羽安降魔,是名解脱印。願一切衆生,惣攝解脱身。

　　東門大慈金剛,身白色。右羽藥叉釼,左拳安要側,是名降三世。

　　南門大悲金剛,身青色。二羽執於索④,是名金剛縛。

　　西門大喜金剛,身赤色。二羽執鑠,是名收攝印。

　　北門大捨金剛,身緑色。左羽安呼召,右羽執降魔,是名惣攝印。

　　觀行五如來呪:

　　毗盧遮那佛唵

　　阿閦佛唵吽

　　寶生佛唵呾洛

　　阿弥陁佛唵纈哩

---

①　"東"前,原有"連",據文意删。
②　捧,原作"棒",據文意改。
③　正法,原作"法正",據文意正。
④　索,原作"素",據文意改。

不空成就佛佛唵噁

修行之人入大乘之者，觀此身印，即是佛身，更莫異緣，速得成佛。頂上毗盧遮那佛，白色①。額上阿閦佛，青色②。右邊寶生佛，黃色。後面阿弥陁佛，赤色。左邊不空成就佛。綠色。

右額角上盧左曩，地藏菩薩，骨。左額角上摩計，水藏菩薩，血。後右邊婆拏囉縛悉泥，火藏菩薩，脾。後左邊哆囉你尾。風藏菩薩，氣息。

眼是嚕波縛唧哩，色菩薩。耳是設没那縛唧哩，聲菩薩。鼻是嚇陁縛唧哩，香菩薩。舌是囉思縛唧哩，味菩薩。身是薩鉢囉思縛唧哩，觸菩薩。意是達里摩他都縛悉唧哩。心菩薩。

東門也滿哆歌，大慈金剛。南門大悲鉢囉喏哆歌，大悲金剛。西門鉢持摩哆歌，大喜金剛。北門尾隔噢哆歌。大捨金剛。

身上一一持配，不得異緣，蜜之。

大乘觀想，先端身正坐，心莫異緣，舌佇上噁。良③久彈指三下，念淨三業真言三遍，然後想念盡虛空遍法界盡是諸佛菩薩。心念礼拜，至仰虔心，不得異緣。至心受持《深妙秘蜜金剛界大三昧耶惣持大教王成佛經》，稟受奉行，現身是佛。

佛説五佛壇菩薩名録④坐位之處部第一

尒時釋迦牟尼佛化身作蜜迹金剛，降伏三千大千世界一切惡賊、天魔外道將，及守⑤護國界；大降魔將、嚴峻極惡泔露；降伏一切毒惡夜叉、羅刹、鬼神猛烈根本大降魔將蜜迹金剛之壇法。

佛告金藏菩薩：此金剛之法，若是自身欲作金剛，降伏一切惡賊、天魔、外道、夜叉、羅刹、一切鬼神，秘蜜受持，當結此金剛壇。其壇四方，闊二十四肘，高三肘。用淨土、七寶香泥、四寶合成。

用四種金剛界，内安四十八大藥叉⑥、大金剛，中心安八角火輪。火輪外地黃色，安八佛頂。火輪内白色，安八惣持。中心安須弥山，山上安大蜜迹金剛，身青色。本身一百八臂，身金色。壇内供養，安八臂⑦，身青色。八臂四面，正面青色，右面白色，左面綠色，頂上面黃。頭上安九條黃龍。二羽檀惠相鈎結，進力二皆豎。身相忿怒

---

① 白色，原作正文，據下文改注文。
② 青色，原作正文，據下文改注文。
③ 良，原作“量”，據文意改。
④ 録，原作“陸”，據文意改。
⑤ 守，原作“首”，據文意改，下同。
⑥ 藥叉，原作“叉藥”，據文意正。
⑦ 此處疑省略供養對象。

王，八臂而四面，笑怒恐怖形，四牙熾盛身，是名惣持印，輪鈝並定惠，是名无畀印。

壇四角安四天王：東角安提頭賴吒天王，身白色。南角安毗樓勒叉天王，身青色。西角安毗樓博叉天王，身赤色，執利劒。北角安毗沙門天王，身綠色。右羽執長叉，左羽本師塔。

壇每門安劒六口，輪三所并具，箭十二隻，飯十二分。

第一院金剛界，安十六大金剛，三頭四臂，身軸門色。二羽執利劒，二羽執於輪，或在心輪，或在頂輪，足踏頂輪，是名大降魔印。

第二院金剛界，亦安十六大金剛，三眼二臂，身軸門色，踏足生死，或執叉及杵，或執輪及劒。大金剛變化種種身形，各軸門色，或於四臂，或於臂①，或執輪劒，或執輪杵，足踏毗那夜迦，是名惣持之印，四十八大金剛惣攝身印。

降魔三千大千世界所有一切毒惡，一切狂賊徒，一切不祥之事。但②請三藏法主，開建此金剛之壇。欲③請聖衆，但燒安息④香，大將即來。仍須洗浴⑤令淨，著新淨衣，身被七寶袈裟，七寶坐具，方乃入壇。迎請聖衆，莫生嗔怒，至心啓告，秘蜜受持，一切惡魔當下消滅。

壇外安大鐵圍山、小鐵圍山、金山、黑山、七寶金山。

佛説蜜迹金剛畫像安壇名録部弟二

尒時佛住崛就山中共會，諸天、菩薩万二千人俱，説天王護國壇法。若是南閻浮提諸大國王、諸小國王共相侵害，天魔外道、狂口賊徒侵撓⑥國度，仁王不安，人民不樂，人王、帝主當請三藏開啓天王之壇法，護國護人。

結此壇時，其壇十二角，闊十二肘，高二肘。用三增⑦，每增上十二角，惣安八角之火輪。内一增方，亦安八角之火輪，上安八惣持。八角輪外安八佛頂。每門安輪三所，瓶⑧兩所，劒兩口并道具，箭十二隻，飯二十四分。其壇七寶之壇，地是七寶之地。

東門黃色，南門青色，西門赤色，北門綠⑨色。

---

① “臂”前，疑有脱字。
② 但，原作“怛”，據文意改，下一“但”字同。
③ 欲，原作“浴”，據文意改。
④ 息，原作“膝”，據文意改。
⑤ 浴，原作“欲”，據文意改。
⑥ 撓，原作“僥”，據文意改。
⑦ 增，通“層”，下同。
⑧ 瓶，原作“餅”，據文意改。
⑨ 綠，原作“録”，底本“綠”字多誤爲“録”或“渌”，今據文意改，不另出校。

東門提頭賴吒天王，白色。南門毗樓勒叉天王，青色。西門毗樓博叉天王，赤色。北門毗沙門天王，綠色。中心本身黄色。

從里第一院金剛界八大藥叉王：

東門安二大藥叉王，一身八臂。四面，身面青，右面綠，左面白，頂上面黄。二羽執降魔杵①，在當心；二羽執定惠，在兩邊；二羽執叉杵，亦在兩邊；二羽執利劍，交在頂；腳踏於輪，是名惣攝印。第二藥叉，身三頭四臂，身青色，帶黄金釧。二羽執輪杵，在耳邊②；二羽執定惠，在邊③；足踏於輪，是名惣持印。

南門二大藥叉王，一身八臂。四面，身青色，正面青色，右面綠色，左面白色。二羽執輪，在當心；二羽執定惠，兩邊；二羽執杵索，亦在兩邊；二羽執利釼，交在④頂。二足踏於輪，是名惣攝印。第二身青色，四臂三面，身帶黄金之甲。二羽執於輪，在於心；二羽執於杵，在耳邊；足踏於二輪，是名降魔印。

西門二大藥叉王，身青色。一身八臂。四面，身面青，口面白，左面綠色，頂上面黄色。二羽鑲在當心；定惠在兩邊；二輪垂於膝；二劍交於頂；兩足踏於輪，是名惣攝印。第二藥叉王，四臂三面，身青色，帶黄金之甲，正面青色，右面白色，左面綠色。二羽執於輪，在耳邊；二羽執降魔，在心門；足踏於二輪，是名持印。

北門二大藥叉王，身青色。一身八臂，四面，身帶黄金甲。正面青色，右面赤色，左面綠色，頂上黄色。二羽執降魔，在心門；二羽執輪叉，在兩邊；二羽執輪杵，在於膝；二羽執利劍，交在頂之上；足踏於二輪，是名惣攝印。第二藥叉王，三頭四臂，身帶黄金之甲。正面青色，右面赤色，左面綠色。二羽執杵，在要邊；二羽執輪鈎，在耳邊；足踏於二輪，是名攝持印。

次第二院金剛界八大藥叉王：

東門二大藥叉王，身青色，三頭四臂，身帶黄釧。二羽執於輪，在心門；二羽執利劍，交在頂之上；二足踏於輪，是名攝持印。第二身，亦三頭四臂，身帶黄金之甲。二羽執利劍，雙交在門；二羽執於輪，在耳邊；二足踏於輪，是名惣攝印。

南門二大藥叉王，身青色，三頭四臂，身帶黄金甲。二羽張定惠，在左脇邊；二羽執輪杵，在耳邊；足踏於二輪，是名定印。第二身亦是三面四臂，身帶黄金之甲。二羽執於輪，在心門；二羽執利劍，交在頂之上；二足踏於輪，是名降魔印。

西門二大藥叉王，身青色，三面四臂，身帶黄金之甲。二羽執於利劍，在心兩脇；

---

① 杵，原脱，據文意補。
② 邊，原作"遍"，據文意改，下同。
③ "邊"前，疑有脱字。
④ 交在，原作"在交"，據文意正。

二羽執輪鈎①,在耳邊;足踏於輪,是名惣攝印。第二身,亦是三面四臂,帶黃金之甲;二羽執利釰,交在於心門;二羽執於輪,在耳邊;足踏於二輪,是名惣持印。

北門二大藥叉王,身青,三面四臂,身帶黃金之甲。二羽執利劍,豎在於兩脇;二羽執輪,在耳邊;足踏於二輪,是名攝持印。第二亦是三面四臂,身帶黃金甲。二羽執於輪,相交在心門;二羽執利劍,交叉在於頂;足踏於二輪,是名惣攝印。

次第三金剛界院八大藥叉王。身青色,四面八臂,帶黃金之甲,各執於器②具。

東門二大藥叉王,四面八臂,身帶黃金之甲。二羽執降魔,在當心;二羽執定惠,在兩膝;二羽執輪鈎,應在身兩邊;二羽執利劍,相交在頂之上;二足踏於輪,是名降魔印。第二藥叉,身四面六臂,帶黃金甲。二羽執利劍,相交在心門;二羽執輪杵,在身兩邊;二羽執於輪,應在兩邊;二足踏於輪,是名攝持印。

南門二大藥叉王,身青色,八臂四面,身帶黃金之甲。二羽執於輪,應在於心門;二羽執定惠,垂在於兩膝;二羽執杵索,應在於兩邊;二羽執利釰,相交於頂上;二足踏於輪,是名降魔印。第二大藥叉王,身六臂四面,身青色,帶黃金之甲。二羽執於輪,相交在心門;二羽執定惠,在於身③兩邊;二羽執利釰,相交在頂上;二足踏於輪,是名惣攝印。

西門二大藥叉王,身青色,一身八臂而四面,帶黃金之甲。二羽執於鑠,應在於心門;二羽執於輪,垂在兩膝邊;二羽執定惠,應在④身兩邊;二羽執利釰,相交頂之上;足踏於二輪,是名降魔印。第二大藥叉王,六臂而四面,身帶黃金甲。二羽執輪杵,垂在兩膝邊;二羽執定惠,應在身兩邊;二羽執利釰,相交頂輪上;二足踏於輪,是名惣攝印。

北門二大藥叉王,亦是身青色。第一身八臂而四面,身帶黃金甲。二羽執降魔,應在於心門;二羽執定惠,垂在兩膝邊;二羽執⑤輪杵,應在身邊;二羽執利釰,相交於頂上;足踏於二輪,是名降魔印。第二身四面六臂,身帶黃金之甲。二羽執於輪,相交在心門;二羽執定惠,應在身兩邊;二羽執利劍,相交在頂上;二足踏於輪,是名惣攝印。

次第四院金剛界八大結護藥叉王。亦是身青色,六臂而四面,身帶黃金之甲。二羽執於輪,相交在心門;二羽執定惠,應在身兩邊;二羽執⑥利劍,又於頂上;二足踏

① 鈎,原作“鈎”,據文意改。
② 器,原作“氣”,據文意改。
③ 於身,原作“身於”,據文意正。
④ 在,原脫,據文意補。
⑤ 執,原脫,據文意補,下一“執”字同。
⑥ 執,原脫,據文意補。

於輪，是名護界降魔印。第二大藥叉，身六臂而四面，身帶黃金之甲。二羽執輪杵，垂在兩膝邊；二羽執定惠，應在身兩邊；二羽執輪釟，應在兩耳邊；二足踏於輪，是名惣持印。

南門二大藥叉王，亦是身青色，六臂而四面，身帶黃金甲。二羽執利劍，交叉在當心；二羽執定惠，應在身兩邊；二羽執於輪，應在兩邊；二足踏於輪，是名降魔印。第二大藥叉王，六臂而四面，身帶黃金甲。二羽執輪杵，垂在要兩邊；二羽執定惠，應在身兩邊；左輪右執劍，各在耳兩邊；二足踏於輪，是名惣攝印。

西門二大藥叉王，亦是身青色，六臂而面①，身戴黃金甲。二羽執利劍，交叉在心門；二羽執定惠，應在身兩邊；二羽執於輪，各在耳兩邊；足踏於二輪，是名結護印。第二藥叉王，六臂而四面，身戴黃金②甲。二羽執利劍，交把在當心；二羽執③定惠，應在身兩邊；二羽執輪杵，各在耳兩邊；二足踏於輪，是名護界印。

北門二大藥叉王，身青色，六臂而四面，身戴黃金甲。二羽交叉劍，應在於當心；二羽執定惠，應在身兩邊；左杵右執輪，應在於兩耳；二足踏於輪，是名護界印。第二藥叉王，六臂而四面，身戴黃金甲。二羽執利劍，直豎在兩脇；二羽執定惠，應在身兩邊；左輪右執杵，足踏於二輪，是名惣攝印。

此三十二大藥叉王，惣是身青色，八臂、六臂大藥叉王，頂上面黃色。余四天王身相，似金剛身，各軸方色。

佛告諸天、菩薩："此天王之法，甚深不可思議。天王修行，發大心願至重。不論凡聖，有請來赴，爲護眾生，惣令度脫，悉得安隱。吾今告汝，諸大菩薩，此天王之法，至心受持，於南閻浮提廣興供養，廣興此法，廣令流布，莫令斷絕。吾今付汝，至心受持，莫生輕易。"

佛說天王護國之法部第三

尒時佛住嵼峯山中，共會諸天、菩薩万二人俱。佛告諸天、菩薩："吾觀娑婆世界一切眾生多造罪業，墮落④三塗，受其惡報，如何得免生死六趣？"

佛告諸天、菩薩："吾今開說水陸之壇，度脫眾生。吾滅度後，誰能受持、度化眾生？"普賢菩薩起立合掌，白佛言："世尊，於佛滅後，承⑤佛威力，我能受持，救度眾生。願佛慈悲，爲我宣說水陸之壇法，并菩薩名字，兼及身色、坐位之處。"佛告普賢菩薩：

---

① "面"前，疑有脫字。
② 金，原脫，據文意補。
③ 執，原脫，據文意補。
④ 落，原作"洛"，據文意改。
⑤ 承，原作"成"，據文意改。

“諦聽！諦聽！善思念之，吾今爲汝分別解説安壇之法、菩薩名字、坐位之處。”

後代留傳之時，先安壇，後安蜜部菩薩名字、身相，隨門方色。安此壇時，其壇四方，闊十二肘，高三肘。四增金剛界。中心一增，黄蓮花①色，東②安八角之輪，黄地上安③八佛頂，白色。每門安瓶六所并道具，劍兩口，箭十二隻，飯十二分。

輪中心安普賢菩薩，五色云中座白爲，身白色，頂五佛衬，垂右足。左羽執梵經，右羽施無畏，是名惣攝印。

第二院金剛界，蓮兩門，青色，安八大菩薩、四供養。

地藏菩薩，在東門，身白色，蹦跪，座青蓮花。左羽執香爐，右羽施無畏，是名香身印。

水藏菩薩，在北門，身綠色，蹦跪，座白蓮花。右羽執於水，左羽結於淨，是名淨印。

火藏菩薩，在西門，身赤色，蹦跪，座綠蓮花。二羽執於燈，是名身光印。

風藏菩薩，在南門，身青色，蹦跪，座紅蓮花。右羽執花，奉獻於諸仏，左④羽施无畏，是名惣攝印。

四結界菩薩：

東門金剛懺悔菩薩，白色，二足並立。合掌執金剛杵，清心懺悔，是名滅罪印。

淨地菩薩，在南門，身青色，蹦跪。小指頭右手執降魔已，案地；右手安乎召，在攝清心淨於地，是名淨地印。

金剛結界菩薩，在西門，身赤色。檀惠相鈎結，進力二相柱，遍觀曼拏欏，是名結界印。

金剛結淨菩薩，在北門，身綠色，蹦跪而小座。右羽執香水，左羽灑於淨，是名結淨印。

十六大士，名字、座位之處并身色相：

第一金剛薩埵菩薩，在東門⑤，身白色，端身座青蓮花。二羽執降魔，是名惣持印。

第二金剛王菩薩，在南門，身青色，端身正坐。二羽金剛拳，當心橫進力，是名除罪印。

第三金剛愛菩薩，在南門，身青色，座紅蓮花。二羽執定惠，是名定惠印。

---

① 花，原作“化”，據文意改。
② 色東，原作“東色”，據文意正。
③ “安”後，原有“安”，據文意删。
④ 左，原作“右”，據上文“右”改。
⑤ 門，原脱，據文意補。

第四金剛善哉菩薩,在西門,身赤色,座綠蓮花。二羽執於經,是名善護印。

第五金剛寶菩薩,在西門,身赤色,座綠蓮花。二羽金剛拳,進力豎相柱,是名法寶印。

第六金剛光菩薩,在北門,身綠色,座白蓮花。二羽執利劍,安在於懷中,是名法寶印。

第七金剛幢菩薩,亦在北門,身綠色,座白蓮花。二羽執寶幢,是名法寶印。

第八金剛笑菩薩,在東門,身白色,座青蓮花。二羽如垂帶,口放五色光,是名法寶印。

外院金剛界八大士菩薩:

第九金剛法菩薩,在東門,身白色,座青蓮花,左羽蓮花光,右羽已開敷,是名法開印。

第十金剛利菩薩,在南門,身青色,座紅蓮花。左蓮右利劍,利斷諸煩惱,是名法利印。

第十一金剛因菩薩,在南門,身青色,座紅蓮花。二拳而敷合,進力二相拄,向左小指頭,是名因印。

第十二金剛語菩薩,在西門,身赤色,座綠蓮花。二拳安左脅,向左小指頭,是名法語印。

第十三金剛業菩薩,在西門,身赤色,座綠蓮花。二羽執於劍,應在頂之上,是名羯磨印。願一切衆生,羯磨成悉地。

第十四金剛護菩薩,在北門,身綠色,座白蓮。二羽背安於兩乳①,光從指甲出,是名護法印。願一切衆生,護持法正身,速證於悉地。

第十五金剛藥叉菩薩,在北門,身綠色,座蓮花。左輪右執叉,開口降三世,是名藥叉印。願一切衆生,受持於此法,得正王身。

第十六金剛拳菩薩,在東門,身白色,座青蓮花。二拳以相柱,當心舒進力,是名拳攝印。願一切衆生,拳攝於此法,速正菩提身。

東門大慈金剛,身白色,三眼四臂。二羽執降魔,應在於兩乳;左輪右執叉,應在兩邊;二足踏於輪,是名惣持印。

南門大悲金剛,身青色,三眼四臂。二羽執於索,等印在兩邊;左定右執惠,等在二并膝;二足踏於輪,是名護法印。

西門大喜金剛,身赤色。二羽執於鎖,應在於心;二羽執花索,等持在耳邊;二足踏於輪,是名攝護印。

---

① 乳,原作“汝”,據文意改,下同。

北門大捨金剛,身綠色。二羽執降魔,安在於兩乳;二羽執利劍,交在頂之上;二足踏於輪,是名惣攝印。

佛説普賢菩薩安壇之法、菩薩名字并及身色、坐位之處部第四

次安水陸燈壇八大金剛、四大菩薩,名字并及身色、座位之處:

東門二大金剛:

第一尊名青除灾金剛,身白色,三面四臂。左羽安要側,右羽執於輪;左羽執於杵,應在耳邊,右執叉番;二足踏於輪,是名除灾印。

第二尊名辟毒金剛,身黃色,三面四臂。左羽安要側,右羽執於杵;左手五色光,直放於□①上;右羽執叉番,應在耳之邊;二足踏於輪,是名辟毒印。

南門二大金剛,身色、名字:

第一尊名隨求金剛,身青色。二羽執定惠,應在左脇邊;左羽安要側,右羽執叉番;二足踏於輪,是名隨求印。

第二尊金剛名白淨水金剛,身白色,三頭四臂。左羽安要側,右羽執於輪;左羽放五色光,在於上;右羽②執叉番,應在於耳邊;二足踏於輪,是名淨除印。

西門二大金剛,身色、名字:

第一尊身赤色,三頭四臂。右羽安要側,左羽執於杵;左③羽執於輪,應在於耳邊;右手執叉番,亦在於耳邊;二足踏於輪,是名法聲印。

第二尊名定除灾金剛,三頭四臂,身④白色。右羽安要側,左羽執利劍,亦安於要側;左⑤羽放五色光,在直上;右羽執叉番,應在於耳邊;二足踏於輪,是名除灾印。

北門二大金剛,身色、名字:

第一尊名紫賢金剛,三頭四臂,身綠色。右羽安要側,左⑥羽執於杵,亦安於要側;右羽放五色光,左⑦羽執叉番;二足踏於輪,是名賢劫印。

第二大金剛名大神金剛,亦是三頭四臂,身是綠色。右拳左執杵,各安於要側;右手放五色光,左手執叉番;二足踏於輪,是名惣攝大神印。

次安四大菩薩,名字及身色:

東門金剛拳菩薩,身白色。左羽執香爐,右羽施無畏。願一切衆生,惣正無

---

① □,原字模糊。
② 羽,原脱,據文意補。
③ 左,原字模糊,據下文確認。
④ "身"後,原有"教",據文意刪。
⑤ 左,原字模糊,據下文確認。
⑥ 左,原字模糊,據上文確認。
⑦ 左,原字模糊,據上文確認。

畏身。

南門是金剛索菩薩,身青色。二羽執花果。願一切衆生,菩提果正身。

西門安北門,身綠色,名金剛愛菩薩。右羽執淨水,左羽結於淨,是名結淨印。

北門安西門身相,名金剛語菩薩,身赤色。二羽執於燈,是名惠光印。

大燈輪,四門四大金剛。

東門安大慈金剛,身白色,右羽安要側,左羽執叉鈎,是名惣持印。

南門大悲金剛,身青色。二羽執於索,是名降魔印。

西門大喜金剛,身赤色。二羽執於鏃,是名攝印。

北門大捨金剛,身綠色。二羽執降魔,是名惣持印。

次小燈①輪,各有八方善神,惣攝在大輪四角。各隨門色次第安排②,不令交錯。

佛説燈輪安排八金剛、四菩薩身相、名字、座位之處。次是五方之壇,普賢之壇,文殊、五佛之壇,八方水陸之壇。

次結文殊菩薩之壇,其壇外兩增方,安八金剛。每門安瓶兩口、劍兩口、輪一所并道具。内兩重員③,是當敷十六角輪,角上安蓮花。内一增方,安八角之輪,輪心安八葉蓮花。輪外安八佛頂、四供養、四惣持。壇外安箭十二隻,飯十二分。壇心安文殊菩薩,身白色,五色雲中座金毛師子,二羽執如意説法之相。

安此壇時,闊十二肘,高二肘,用七寶香泥、七寶金剛界、七寶末塗,用五色綵結成。

次安菩薩,身相、名字及座位之處,先安四結界,後安四供養,次安十六尊。

四結界者,從東門而起。先安懺悔菩薩在東門,身白色,二羽金剛掌,執降魔杵,是名除罪印。

第二南門淨地菩薩身青色,蹲跪座已。右手執降魔以安地,左④手執於鈴安在於脇邊,是名淨戒印。

西門結界菩薩身赤色。二羽金剛拳,檀惠相鈎結,進力二相柱,是名結界印。

北門淨戒菩薩身綠色。右羽執於水,左羽結於淨,是名淨戒印。

次安四供養,身色及名字,并座之處:

先安地藏菩薩在東門,身黄色,蹲跪座。手執爐,是戒香印。

北門水藏菩薩,身綠色。左羽執於水,右羽施無畏,是名定香印。

西門火藏菩薩,身赤色。二羽執於燈,是名惠香印。

---

① 燈,原作"登",據文意改,下同。

② 排,原作"俳",據文意改,下同。

③ 員,通"圓",下同。

④ 左,原作"右",據上文改。

南門風藏菩薩,身青色,二羽執於果,是名解脫香之印。

次安十六尊大士菩薩,身、名字、座位之處:

先從東門二大菩薩,身色:

第一金剛薩埵菩薩,座紅蓮花。作三昧耶印契,忍願豎如針,是名菩提印。願一切眾生,速正菩提果法身。

第二金剛王菩薩,座紅蓮花。二羽金剛縛,小大閣①而豎,是名法王印。願一切眾生,速正法王身。

次南門②二大菩薩,身赤色。

第三金剛愛菩薩,坐黃蓮花。二羽金剛縛,進力屈如鈎,向左小指頭,是名定惠印。

第四金剛善哉菩薩,座於黃蓮花。二羽金剛縛,不解③縛彈指,是名善哉印。願一切眾生,速正菩提善惠身。

西門二大菩薩,身黃色。

第五金剛寶菩薩,座青蓮花,端身跏趺座。二羽大豎,次反屈,是名護身法寶印。願一切眾生,法寶滿其身。

第六金剛光菩薩,亦座青蓮花。二羽金剛掌,舒六而旋轉,是名法光印。願一切眾生,光明滿遍身。

北門二大菩薩,身青色,座於綠蓮花。

第七金剛幢菩薩,二羽金剛掌,中縛下四幢,是名法幢印。願一切眾生,速正法幢身。

第八金剛笑菩薩,亦座綠蓮花。二羽金剛掌,反開散於口,是名極喜印。願一切眾生,速正法喜身。

却從南門起,到北門,北門到東門,東門到西門,結壇④。

南門二大菩薩,身赤色,座黃蓮花。

第九金剛法菩薩,二羽金剛縛,進力屈如蓮,安在於當心,是名法語印。願一切眾生,速正法王身。

第十金剛利菩薩,亦座黃蓮花已。二羽金剛縛,豎忍願,安在右耳邊,是名法利印。願一切眾生,惠開法利身。

次北門二大菩薩,身青色。

---

① 閣,原字模糊。
② 門,原脫,據文意補。
③ 解,原脫,據《金剛頂蓮華部心念誦儀軌》(《大正藏》本)補。
④ 壇,原作"檀",據文意改,下同。

第十一金剛因菩薩，座綠蓮花，忍願復入縛，四豎五豎交，是名因法印。願一切因圓，果滿正法身①。

次第十二金剛語菩薩，亦座綠蓮花已。二羽金剛縛，進力屈如蓮，安在右乳邊，是名法語印。

次東門二大菩薩，身綠色，座紅蓮花。

次第十三②金剛業菩薩已，二羽禪智開偃付，是名業護印。

次第十四金剛護菩薩已，二羽金剛縛，六度叉而覆，是名護法印。願一切衆生，修正菩提護法身。

次安西門二大菩薩，身黃色，座青蓮花。

次第十五金剛藥叉③菩薩已，二羽金剛縛，進力針當心，是名金剛印。願一切衆生，正金剛身。

次安第十六尊金剛拳菩薩已，端身結跏趺座。二羽金剛縛，是名惣攝印。願一切衆生，速正惣持身。

次安四無量：

第一東門大慈金剛，身白色，左羽安要側，右羽執於鉤，應在耳邊，是名降魔印。

次安南門大悲金剛，身青色。二羽執於索，是名收攝印。

次安西門大喜金剛，身赤色。二羽執於鑠，是名定心印。

次安北門大捨金剛，身綠色④。二羽執降魔，是名惣攝印。

次安外四大金剛，身色、名字、印相柱處：

先從東門安惣持金剛，身黃色，三頭四臂。二羽執降魔，應在於心門；右手執輪，右手執叉番⑤，是名惣持印。

次安南門定除災金剛，身色⑥，三頭四臂已。二執定惠，在左邊。右手執於杵，在要邊⑦。右手執叉番，應在於耳邊。是名定除印。

次安西門辟毒金剛，身赤色，是三頭四臂。二羽執利劍，橫在於心上。右杵左執叉，是名辟毒印。

次安北門惣攝金剛，身青色，是三頭四臂。二羽執花索，應在於兩邊。右手執於輪，左手執叉番，是名惣攝印。

---

① "身"後，原有"身"，據文意刪。
② 十三，原作"三十"，據文意正。
③ 藥叉，原作"叉藥"，據文意正。
④ "綠色"後，原有"名字印相柱處"，據文意刪。
⑤ 右手執輪右手執叉番，兩"右"字之一或作"左"。
⑥ "色"前，疑有脫字。
⑦ 邊，原作"遍"，據文意改。

八吉祥者,是八佛頂,是八灌頂。

佛説水陸、文殊菩薩之壇安大悲金剛菩薩名字、身色及座①位之處部第五②

尒時佛住王舍城金剛座,供會諸天、菩薩万二千人俱。諸佛世尊灌頂授記:"願佛慈,与我授記。"佛告諸天、菩薩:"汝能受持,吾爲汝等開啓受記。"金剛藏菩薩起立合掌,白佛言:"世尊,我於往昔③,諸佛盡授灌頂之記,令正无上菩提。願佛慈悲,爲我宣説安壇之法、菩薩名字及於身色、座位之處。"佛告金剛藏菩薩,讚言:"善哉! 善哉! 諦聽! 諦聽! 吾今爲汝分別解説受法、八吉祥壇法及菩薩名字、身色、座位之處。"佛告金剛菩薩:"凡欲度化衆生,莫問凡聖,但行平等。莫生分別,普行平等。"

凡欲安八吉祥之壇時,須撿④清淨之處,如法建立。其壇闊十二肘,高二肘。用淨土、香泥、七寶金剛界、七寶末塗。

壇心内安九員,内五圓五色,安八灌頂。中心五色雲,内安金剛藏菩薩,座紅蓮。右羽執降魔,應在於乳⑤邊;右羽執於鈴,安在於要邊。次安外四員,黃色。安五佛蓮,金剛界内綠色蓮,北門色是。第二增金剛界蓮青色,四角安四惣持。

次安東門懺悔菩薩,身白色,并立。二羽金剛掌於降魔杵,是名業障除罪印。

次安南門淨地菩薩,身青色,蹦跪坐。小指頭右鈴,左執杵次已,安於地,是名淨戒印。

次安西門結界菩薩,身綠色。右羽執於水,左羽施無畏,是名淨戒印。

次安四大供養菩薩:

先安東門地藏菩薩,身黃色。二羽執香爐,是名戒香印。

次安北門水⑥藏菩薩,身綠色。左執於水,右羽施無畏,是名定香印。

次安西門火藏菩薩,身赤色。二羽執燈,是名惠香印。

次安南門風藏菩薩,身青色。左羽執於花,右羽散如花,是名解脱印。

先安八大金剛,後安八大菩薩。

八大金剛者,安⑦在第五院金剛界,地蓮,北門,綠色。

第一先安東門二大金剛,身白色。第一名結界金剛,二羽金剛拳,各安於要側,是名結界印。第二名惣持金剛,二羽金剛掌,十度初分交,名爲惣持印。

---

① 座,原脱,據文意補。
② 五,原作"四",據順序改。
③ 昔,原作"悉",據文意改。
④ 撿,原作"間",據文意改,下同。
⑤ 乳,原作"汝",據文意改,下同。
⑥ 水,原作"木",據文意改。
⑦ 安,原作"汝",據文意改。

次安南門二大金剛,身青色。第一名縛金剛,二羽十度結爲拳,名金剛縛之印。第二名爲解金剛,二羽金剛拳,反安於兩乳,是名解縛印。

次安西門二大金剛①,身赤色。第一名無漏金剛②,二羽金剛縛,禪智屈入掌,檀惠戒方開,相召無漏智,是名無漏印。第二無漏智金剛,二羽金剛掌,進力柱禪智,以附於心門,是名堅固印。

次安北二大金剛,身緑色。第一是大悲金剛,二羽金剛縛,檀惠禪智豎,忍願交手掌,指面令相合,以二羽刺心,名爲大悲箭,是名定惠驚覺大誓印。第二大熾盛金剛,八臂而四面。二羽忿怒拳,檀惠相鈎豎,進力安在於當心;左鈴右執杵,安在於要側;二羽執輪杵,應在身兩邊;二羽執利劍,交在頂之上。旋轉於十方,右轉爲辟除,左轉成結界,是名惣持降魔印。

次安八大菩薩,身色、名字及座位之處:

先從東門起,金剛蓮花部轉菩薩,身白色。二羽金剛縛,檀惠禪智豎,應在右耳邊,是名轉輪印。

次安南門法輪菩薩,身青色。二羽金剛縛,檀惠而交豎,是名決定印。

次安南門第二尊金剛菩提滿分菩薩,亦是青色。二羽金剛縛,禪智入虎口,隨誦而出入,是名大欲印。

次安東門第二大菩薩,身亦白色,是名不空菩薩。二羽金剛縛,禪智入虎口,是名不空印。

次安西門二大菩薩,身赤色。第一尊名召罪印菩薩,二羽金剛縛,忍願申如針,進力屈如鈎,是名召罪印。

次安北門二大菩薩,身緑色。

第一尊名摧罪菩薩,二羽金剛縛,置③頂上,八度内相叉,忍願二皆豎,念誦而三拍④,是名摧罪印。

第二尊金剛淨業障菩薩,二羽金剛掌,禪智押二度,是名除罪印。

西門第二尊,名菩提相心菩薩,二羽金剛縛,檀惠禪安於頂之左,是名菩提心圓滿印。

佛与金剛菩薩説⑤八吉祥灌頂壇十六尊大士、八金剛名字、身色、座位之處部第六⑥

---

① 剛,原脱,據文意補。
② "金剛"後,原有"金剛",據文意删。
③ 置,原作"致",據文意改,下同。
④ 拍,原作"柏",據文意改。
⑤ 説,原脱,據文意補。
⑥ 六,原作"五",據順序改。

　爾時佛於嶺嵼山中共會，諸天、菩薩万二千人俱。佛告諸天菩薩："吾今開說三種月大乘灌頂授法之壇儀則及菩薩名字、身色、座位之處。"

　先安壇，後安菩薩。安此壇，揀清淨之處，如法建立。其壇四方，用淨土、香泥，七寶金剛界。四角蓮花內安火劍。部內蓮花有五色光。每門安瓶三所，劍兩口并刀輪一所。壇中心安五色火輪，地是黃色。八灌頂，地是綠色。八灌頂，白色。

　北門蓮一增金剛界，地是綠色，安紅蓮。東門蓮第二增金剛界，地是黃色，安青蓮花。南門蓮第四增金剛界，地是青色，四角白蓮花，內四火劍。西門蓮第三增金剛界，地是赤色，安青蓮花。

　壇中心安本尊，身黃色，頂戴五佛之冠，手執惣持之印。

　東門安阿閦佛，白色。左羽惣持，右羽垂觸地，是名攝持印。

　南門寶生佛，身青色。左手執於寶，右羽仰安膝，是名施願印。

　西門阿彌陁佛，身赤色。二羽執於蓮花，應在於當心，是名長壽印。

　次安北門不空成就佛，身綠色。左羽安惣持，右施無畏，是名羯磨印。

　次安四結界，安在西門金剛界上。

　第一東門安懺悔菩薩，身白色。並立金剛執大降魔安於地，左羽執於鈴，安在左脇邊，是名淨地印。

　南門安□……□①。

　西門安結界菩薩，身赤色。二羽金剛拳，檀惠應相鈎，進力二相柱，輪壇如本教。觀此曼拏攞，是名結界印。

　北門淨戒菩薩，身綠色。左手執於水，右羽施無畏，是名淨戒印。

　次安八大金剛，在北門金剛界，地是綠色。

　第一東門大慈金剛，身白色。二羽忿怒拳，檀惠皆鈎結，進力二皆豎，是名忿怒印。

　南門大悲金剛，身青色。二羽金剛拳，惠進力皆相鈎，是名結縛印。

　西門大喜金剛，身赤色。二羽金剛拳，進力檀惠鈎，是名鑠心印。

　北門大捨金剛，身綠色。二羽金剛掌，進力禪二相柱，是名大捨印。

　次安東門②薩埵金剛，身白色。二羽金剛拍，平掌而三拍。由此印威力，便成堅固印。

　南門灌頂金剛，身青色。右羽番安掌在於心，右羽如灑淨，是名灌頂印。

　西門播捉金剛，身赤色。右羽執於鈴，反安於脇邊，右羽直降魔，應在於乳邊，是

---

①　"南門安□……□"，原脱，據文意補。

②　門，原脱，據文意補。

名降魔印。

北門健吒金剛,身緑色。右羽執降魔,反安於乳邊,右羽執於鈴,安在曼已振,是名惣攝降魔印。

次安八大供養菩薩,安在東門金剛界上,地是黄色。

東門安香菩薩,身黄色。左手執香爐,右羽施无畏,是名香身印。

南門息藏菩薩,身青色,踴跪座。左羽執於花,右羽如散花,是名眼色印。

西門惠藏菩薩,身赤色已。左手執於燈,右羽説法相,是名惠燈印。

北門水藏菩薩,身①。二羽執於食,是名舌相印。

第二北門身藏菩薩②,身緑色。踴跪,座紅蓮花。二羽執於果,是名身相印。

第三南門意藏菩薩,身青色。踴跪,座蓮花。二羽執念珠,是表心意印。

第四東門性藏菩薩,身白色。座青蓮花。二羽執於茶已,表性相印。

佛於嶺崷山中説三種月八吉祥授法之壇安排菩薩身色、名字及座位之處部第七③

尒時佛於王舍城耆闍崛山中,共會諸天菩薩万二千人俱。佛告諸天、菩薩:“吾告後五百劫修行菩薩,多是業障之所障,并不能修進。設有發心,便即退之,不能進修。”

佛告諸天菩薩:“吾今開説懺悔之壇,汝等後代新學菩薩,修正無上菩提,先應懺悔,業障消滅。若是國王、王子、大臣、官長、婆羅門、居士、比丘、比丘尼、優婆塞、優婆夷等,設求无上菩提④,應結懺悔之壇法議則并及菩薩名字、身色、座位之處。”

先安壇,後安菩薩。安此壇時,撿清淨之處,如法安置。其壇四方,闊十二肘,高二肘,用淨土、香泥、七寶金剛界、七寶末塗。

内兩種金剛界⑤圓,中心八葉蓮上安本尊,身黄色,五色雲内座白蓮花。二羽金剛縛,以屈力之端,是名羯磨印。第二金剛界安八角火輪,地是赤色,上安八惣持。輪外地是黄色。

外四增金剛界方,第一重地是緑色,四角安輪,金剛界赤色。第二院金剛界地是青色,上安紅蓮花,上安五佛、四供養。

第一院安東門阿閦佛,青白色。左手仰安於齊,右羽垂觸地,是名忍之印。

第二南門寶生佛,身青色。左手安於寶,在心上。右羽仰垂膝,是名施願印。願

---

① “身”後,疑有脱文。

② “菩薩”後,原有“第二北門身藏菩薩”,據文意删。

③ 七,原作“六”,據順序改。

④ 提,原作“薩”,據文意改。

⑤ 界,原脱,據文意補。

一切衆生，速正法寶身。

第三西門阿弥陁佛，身赤色。二羽當心執於蓮，是名長壽印。願一切衆生，蓮開正法身。

第四①北門羯磨佛，身緑色。左手安惣持，右羽施无畏，是名无畏印。願一切衆生，速正无畏身。

四供養：

第一東門地藏菩薩，身黄色。手執香爐，踠跪，坐青蓮花，是名香身印。願一切衆生，戒定正法身。

第二北門水藏菩薩，身緑色。右羽執於水，左手如灑淨，踠跪，座白蓮花，是名定香印。願一切衆生，淨心正法身。

第三西門火藏菩薩，身赤色，踠跪，坐青蓮花。二羽執於燈，是名惠光印。願一切衆生，惠開正法身。

第四風藏菩薩，身青色。踠跪，座紅蓮花。二羽執於花，觀色如虚空，是名解脱印。願一切衆生，解脱正法身。

第三院金剛界，地是赤色，蓮西門色，上安青蓮花。

第一先安東門正覺菩薩，身白色，座青蓮花。二羽安於心，當結正覺印。願一切衆生，覺躰正法身。

第二南門懺悔菩薩，身青色，座紅蓮花。二羽金剛掌，禪智令相柱，是名懺悔印。願一切衆生，無罪正法身。

第三西門金剛業菩薩，身赤色，座青蓮花。二羽金剛掌，禪智令相柱，是名三業印。願一切衆生，淨三業正法身。

第四北門覺眼菩薩，身緑色，座白蓮花。二羽反相叉在頂上，是名法眼印。願一切衆生，法眼正法身。

第五東門金剛法主菩薩，身黄色，座青蓮花。二羽金剛掌，降魔在當心，是名法輪印。願一切衆生，悟法正菩提。

第六南門金剛菩提心菩薩，身青色，座紅蓮花。二羽金剛掌，禪智令相捻，是名菩提印。

第七西門金剛悉地菩薩，身赤色，座青蓮花。二羽金剛掌，是名悉地印。願一切衆生，真心正悉地。

第八北門金剛大教菩薩，身緑色，座白蓮花。二羽在耳邊，如垂帶，是名正法印。

次安八大金剛：

---

① 四，原作“五”，據文意改。

第一先安東門麼吒金剛,身白色。二羽金剛拳,各安於要側,是名護界印。

第二南①門護身金剛,身青色。二羽相叉豎,是名護身印。

第三西門結縛金剛,身赤色。二羽結爲拳,是名縛之印。

第四北門辟除金剛,身緑色。二羽反安於兩乳,是名辟除印。

第五東門大慈金剛,身白色。右羽執於鉤,左羽安要側,是名惣持印。

第六南門大悲金剛,身青色。二羽執於索,是名攝持印。

第七西門大喜金剛,身赤色。二羽執於鑠,是名攝定印。

第八北門大捨金剛②,身緑色。左手右手執降魔,是名惣持印。

次安八吉祥者,是瓶、幢、輪、心骨、魚、寶、螺、傘,是八吉祥。

佛於王舍城耆闍崛山説懺悔之壇法并菩薩③身相、名字、身④色、座位之處部第八⑤

尒時佛住王舍城金座共會,諸天菩薩万二千俱,説五佛、八菩薩之壇。佛告諸天菩薩:“後五百劫,十魔競⑥起,衆生薄福,功德挍小,煩惱甚多,不能修其善法。”佛告菩薩:“吾滅度後,能爲衆生作其福報,增長之處。”

安此壇時,當撿清淨之處,如法建立。其壇四方,闊十二肘,高二肘,用淨土、香泥、七寶末塗。七寶金剛界蓮花。内有五色光。每門安⑦三所,劍兩口并道具,箭⑧。

(後殘)

(前殘)

十二隻,飯十二分。

第一先安壇内八葉蓮花,上安本尊,五色雲中坐白蓮花,身相黄色。二羽金剛拳,以屈力之端,是名羯磨印。内兩重金剛界圓,安八角五色輪。地是緑色,上安八灌頂。界外地是青色,四角安火劍。

外四增金剛界方,第一增東門黄色,上安五佛、四供養。第一先安東門阿閦佛,身白色。左拳安於臍,右羽垂觸地,是名心忍印。

第二南門□……□⑨。

---

① 南,原脱,據文意補。

② 金剛,原脱,據文意補。

③ 薩,原脱,據文意補。

④ 身,原脱,據文意補。

⑤ 八,原作“七”,據順序改。

⑥ 競,原作“境”,據文意改。

⑦ “安”後,疑有脱文。

⑧ 以上爲 BD02074 號正面文字,以下爲同卷背面文字。

⑨ “第二南門□……□”,原脱,據文意補。

第三西門阿弥陁佛，身赤色，坐青蓮花。二羽仰相叉，進力豎背安於花，是名長壽印。

第四北門不空成就佛，身緑色，坐白蓮花。左羽安惣持①，右羽施無畏，是名成就印。

次安四供養，亦從東門起，左轉。

第一東門香藏菩薩，身白色，蹦跪，坐青蓮花。二羽執香爐，是名戒香印。

第二北門水藏菩薩，身緑色。左羽執於水，右羽如灑淨，蹦跪，坐白蓮花，是名戒定印②。

菩薩身色，蹦跪座。二羽執食，名是法味印。

第七西門意藏菩薩，身赤色，蹦跪座。二羽執念珠，是名表心意印。

第八身藏菩薩，身緑色，蹦跪座。二羽執於果，是名滿分印。攝在内第二院金剛界。

次安四無量，身相、名字、座位之處：

第一院東門大慈金剛，身白色。

第二南門大悲金剛③，身青色。二羽執於索，是名惣攝印。

第三西門大喜金剛，身赤色。二羽執於鑠，攝持印。

第四北門大捨金剛，身緑色。左羽安乎召，右羽執降魔印。

次安五佛、四結界、四無量、八供養身相、名字、座位之處訖部第十五

尒時佛於忉利天宫爲母説法，時諸天菩薩起立合掌，白佛言：“世尊，我聞世尊開啓五佛之壇，度化天人，盡正无上菩提。願佛慈悲，爲我宣説安壇之法，并及菩薩名字、身色、座位之處。”

佛告諸大菩薩：“吾今爲汝分别解説安壇之法，菩薩名字、身相、座位之處。”

凡欲安建，須間清淨之處，如法建立。其壇方，闊十二肘，高二肘。用七寶香泥、七寶金剛界、七寶金末塗。用五色結成。其壇用五重金剛界④，内一重員，外四重方。金剛界内有五色光。安瓶⑤五所并道具，輪一所，劍兩口，箭十二隻，飯十二分。

第一壇中心安八葉蓮花，上安五佛印，五色雲中安盧捨那佛，身黄色，座白蓮花。

---

①　持，原脱，據文意補。

②　“印”後，原有“蓮花部中出尾竟。第二北門第二北門水藏菩薩，身緑色。左羽執於水，右羽如淨地，蹦跪，坐白蓮花，是名戒定”，據文意删。

③　剛，原脱，據文意補。

④　界，原脱，據文意補。

⑤　瓶，原作“并”，據文意改。

二羽金剛拳，以屈力之端，是名羯磨印。

次安五佛、四懺悔、四結界、八供養、四無量。

第一壇中心安毗盧尊，身黄色。

第二東門阿閦佛，身白色，座青蓮花。左羽仰安齊，二羽垂觸地，是名身忍印。

第三寶生佛，身青色，座紅蓮花。左羽執於寶，右羽仰安膝，是名施愿印。

第四西門阿弥陁佛，身赤色，座緑蓮花，結跏趺座。二羽執青蓮花，是名壽印。

第五北門羯麽佛，身緑色，座白蓮花。二羽安惣持，是名羯磨印①。

次安四結界：

第一北門結淨菩薩，身緑色，並足立。右羽執於水，左羽如灑淨，是名結淨印。

第二東門懺悔菩薩，身黄色，並足立。二羽金②掌，降魔在當心，是名懺悔印。

第三南門金剛淨地菩薩，身青色，跏跪座。右羽安呼召，左羽執於脇邊，右羽執降魔，是名淨地印。

第四西門結界菩薩，身赤色。二羽金剛拳，檀惠相鈎結，進力二相柱，輪壇如本教，是名結界印。

次安四懺悔。第一東門③金剛大印菩薩，身④白色，結跏趺座青蓮花。二羽執惣持，是名金剛持大印。第二金剛懺悔菩薩，身青色，結跏趺座。二羽金剛縛，進力豎如針，是名除罪印。第三西門金剛懺悔菩薩，身赤色，結跏趺。二羽金剛縛，進力二相柱，有寶劍，是名辟罪印。第四北門懺悔菩薩，身緑色，結跏趺座白蓮花。二羽金剛掌，是名懺悔印。

次安八供養：

第一東門⑤香藏菩薩，身白色，跏跪座。二羽執於香，是名心法印。

第二北門水藏菩薩，身緑色，跏跪座。左羽執於水，右羽如灑淨，是名淨戒印。

第三西門火藏菩薩，身赤色，跏跪座。二羽執於燈，是名解脱印⑥。

第五東門味藏菩薩，身白色，跏跪座。執於食，是名色相印。

第六南門性藏菩薩，身青色，跏跪座。二羽執於茶，是名法性印。

第七西門意藏菩薩，身赤色，跏跪座。二羽執念珠，是名心意印。

第八北門身藏菩薩，身緑色，跏跪座。二羽執於果，是名身藏印。

---

① 印，原脱，據文意補。

② “金”後，疑脱“剛”。

③ 門，原脱，據文意補。

④ 身，原補於“印菩”二字側，據文意移此。

⑤ “門”後，原有“東”，據文意删。

⑥ “解脱印”後，當脱第四條文。

佛於忉利天宮爲母說法時，付与諸天、菩薩五佛、四結界、四懺悔、八供養、四無量。

第一東門大慈金剛，身白色。右羽執叉鈎，左羽安要側，是名惣攝印。

第二南門大悲金剛，身青色。二羽執於索，是名攝護印。

第三大喜金剛，身赤色。二羽執於鏁，是名攝身印。

第四北門大捨金剛，身緑色。二羽執降魔，是名惣持印。

佛於忉利天說五佛壇部第十六

尒時佛於薄伽梵，在室羅筏城往誓多林給孤獨園供會，諸天菩薩，起立合掌，白佛言："世尊，我聞①世尊五佛、八菩薩懺悔之壇，願佛慈悲，爲我宣說五佛、八菩薩安壇之法，並及菩薩身色、名字、座位之處。"

佛告諸天菩薩讚言："善哉！善哉！吾今爲汝分別解說五佛、八供養、四結界、四無量、四懺悔色身、名字、座位之處。"

凡欲後代修正无上菩提，間清淨之處，如法建立。其壇方，闊十二肘。用淨土、香泥、六重七寶金剛界，用七寶塗。蓮花内有五色光。内兩增金剛界圓，應五方之色。

壇中心安八葉蓮花，有五色雲。内安本尊，身黃色，結跏跌座青蓮花。二羽金剛拳，以屈力之端，是名羯磨印。五佛攝在員，金剛界外地黃色，四角惣上安四如來。

第二東門阿閦佛，身白色，座青蓮花。左羽仰安齊，右羽垂觸地，是名身忍印。第三南門寶生，身青色，座紅蓮花。左羽安於寶，右羽施无畏願，是名施願印。第四西門阿弥陁佛，身赤色，座綠蓮花。二羽仰安叉，上安青蓮花，是名壽印。第五北門不空成就佛，身緑色，座白蓮花。二羽安惣持，是名惣持印。

次安四結界，在從内第三重金剛界上安。

第一東門懺悔菩薩，身白色，二足並立。二羽金剛掌，降魔在當心，是名淨心印。

第二南門金剛淨地菩薩，身青色，蹦跪座。左羽安呼召，右羽執降魔，是名淨地印。

第三西門金剛結界菩薩，身赤色，座緑蓮花②。二羽金剛拳，檀惠相鈎結，進力二柱，輪壇如本教，是名結界印。

第四北門金剛結淨菩薩③。

次安四大懺悔菩薩，亦攝在第三重金剛界蓮西門色。

---

① 聞，原作"門"，據文意改。

② 花，原作"化"，據文意改。

③ "菩薩"後，疑有脫文。

第一東門金剛大印菩薩，身白色，座青蓮花。檀惠禪智反相叉蓮花，二羽金剛拳，降魔在當心，是名悉地印。

第三南門幡捉菩薩，身青色。左羽安呼召，右羽把杵擲，是名降魔印。

第四北門悷吒菩薩，身綠色，座白蓮花。右羽執降魔，安於乳邊①，左羽執呼召，應在於耳邊，是名呼召印。

次安八供養，攝在第四重金剛界，地蓮，南門，青色。

第一東門香藏菩薩，身白色，踊跪座。二羽執香，是名戒定印。

第二北門水藏菩薩，身綠色，踊跪座。左羽執於水，右羽如灑淨，是名結淨印。

第三西門火藏菩薩，身赤色，踊跪座。二羽執於燈，是名心惠印。

第四南門風藏菩薩，身青色，踊跪座。二羽執於花，是名解脱印。

第五東門味菩薩，身白色，踊跪。二羽執於食，是名舌相印。

第六南門性相菩薩，身青色，踊跪座。二羽執於茶，是名性相印。

第七西門意相菩薩，身赤色，踊跪座。二羽執念珠，是名心意印。

第八北門身藏菩薩，身綠色，踊跪座。二羽執於果，是名滿足印。

次安四無量，攝在第五重金剛界。

第一東門大慈金剛，身白色。右羽執叉鈎，左羽安要側，是名惣攝印。

第二南門大悲金剛，身青色。二羽執於索，是名攝護印。

第三西②門大喜金剛，身赤色。二羽執於鏁，是名攝印。

第四北門大捨金剛，身綠色。左羽安呼召，右羽執降魔，是名惣持印。

此壇安時，東門黃色，南門青色，西門赤色，北門綠色。每門安瓶三所，輪一所并道具，劍兩口，箭十二隻，飯十二分，安門兩伴。用五色結成。淨心供養，如法受持。

佛説五佛、八菩薩、四結界、四懺悔、四無量具足之壇法部第十七

尒時佛住王舍城金剛座共會，諸天、菩薩万二千人俱，佛説③觀三昧護身之壇法。諸天、菩薩起立合掌，白佛言：“世尊，我聞世尊護身之壇法，願佛慈悲，爲我宣説護身安壇之法，并及尊像身相、名字、座位之處。”佛告諸天、菩薩讚言：“善哉！善哉！汝等諦聽！諦聽！善思念之，吾今爲汝分別解説五佛、八菩薩、四結界、四無量。”

凡欲後代修行三昧護身之壇，當間清淨之處，如法建立。其壇闊十二肘，高二肘。用淨土、香泥七寶末塗。

七寶金剛界，内一重金剛圓，裏面安八葉蓮花。外地青色，中心安毗盧尊佛，身

---

① 邊，原作“遍”，據文意改。

② 西，原脱，據文意補。

③ 説，原脱，據文意補。

黃色，五色雲中座白蓮花。二羽金剛拳，以屈力之端，是名羯磨印。內三增金剛界方，兩增綠色，中心一增赤色。上安青蓮花，綠地上安紅蓮花，四門青色。每門瓶三所并道具，輪一所，劍兩口。地赤色。第五增金剛界圓，外兩增金剛界方。第六金剛界內安紅蓮花，內有五色光，四角花內安火劍。第七增金剛界內安紅蓮花，內有五色光，四角安半月。每門安瓶一所并道具，輪一所，劍兩口，箭十二隻，安門兩面，飯十二分。

次安五佛，在第三增金剛界上安。

第一壇中心盧舍那佛，身黃色。第二東門阿閦佛，身白色，座青蓮花。左羽仰安齊，右羽垂觸地，是名心忍印。第三南門寶生佛，身青色，座紅蓮花。左羽安於寶，右羽仰安膝，是名施愿印。第四西門阿弥陁佛，身赤色，座綠蓮花。二羽仰相叉，安於青蓮花，是名長壽印。第五北門不空成就佛，身綠色，座白蓮花。二羽安惣持，是名羯磨印。

次安四結界：

第一東門懺悔菩薩，身白色，並足立。二羽金剛掌，降魔在當心，是名滅罪印。

第二南門結界菩薩，身青色，蹦跪座。左羽安呼召，右羽執魔以案於地，是名淨地印。

第三西門結界菩薩，身赤色。二羽金剛拳，檀惠相鈎結，進力二相柱，輪壇如本教，是名結界印。

第四北門金剛結淨菩薩，身綠色，並足立。右羽執於水，左手如灑淨，是名結淨印。

次安八供養：

第一東門香藏菩薩，身白色，蹦跪座。二羽執於香，是名戒香印。

第二北門水藏菩薩，身綠色，蹦跪座。右羽執於水，左手如灑淨，是名戒定印。

第三西門火藏菩薩①，身赤色，蹦跪座。二羽執於燈，是名惠香印。

第四風藏②菩薩，身青色，蹦跪座。二羽執於花，是名解脫印。

第五東門味藏菩薩，身白色，蹦跪座。二羽執於食，是名法味印。

第六南門性藏菩薩，身青色，蹦跪座。二羽執於茶，是名法性印。

第七西門意藏菩薩，身赤色，蹦跪座。二羽執念珠，是名心意印。

第八身藏菩薩，身綠色，蹦跪座。二羽執於果，是名身相印。

次安八大金剛：

---

① "薩"後，原有"火藏菩薩"，據文意刪。

② 藏，原脫，據文意補。

第一東門辟除金剛，身黃色。二羽金剛拳，各安於要側，是名結界印。

第二南門大印金剛，身青色。二羽金剛掌，十度初分交，是名護身印。

第三西門縛金剛，身赤色。二羽金剛縛，是名結縛印。

第四北門八識金剛，身綠色。二羽金剛拳，各安於要側，是名結淨印。

第五東門大慈金剛，身白色。左羽執叉鈎，右羽安要側，是名惣攝印。

第六南門大悲金剛，身青色。二羽執於索，是名攝護印。

第七西門大喜金剛，身赤色。二羽執於鑠，是名收攝印。

第八北門大捨金剛，身綠色。左羽安呼召，右羽執降魔，是名惣持印。

佛説觀佛三昧護身八金剛、四結界、八供養、五佛身七寶之處部第十八

尒時佛住伽維那國共會，諸天、菩薩万二千人俱。普賢菩薩起立合掌，白佛言："世尊，我聞世尊三昧之壇。願佛慈悲，爲我宣説三昧安壇之法，并及尊像身色、座位之處。"佛告普賢菩薩："吾今爲汝分別解説三昧安壇之法。"

凡欲安此壇時，撿清淨之處，如法建立。先安壇，後安尊像[①]。其壇方，闊十二肘，高二肘。用淨土、香泥、七寶末塗，七寶金剛界。

壇中心安八葉白蓮花，上安盧捨那，身黃色，五色雲中座青蓮花。二羽金剛拳，以屈力之端，是名羯磨印。第一增金剛界[②]圓，內有八葉蓮花，地是綠色。第二增金剛界方，地是七寶，地上安青蓮花，內有五佛身。

第一壇中心安盧捨那佛，身黃色。第二東門阿閦佛，身白色。第三寶生佛，身青色。第四西門阿弥陁佛，身赤色。第五北門不空成就佛，身綠色。

次安四結界，在第三增金剛界上安。

第一東門懺悔菩薩，身黃色，並足立。二羽金剛掌，降魔在於心，是名除業障印。

第二南門淨地菩薩，身青色，蹦跪座。左羽安呼召，右羽執降魔，以案於地，是名淨地印。

第三西門金剛界菩薩，身赤色。二羽金剛拳，檀惠相鈎結，進力二相柱，輪壇如本教，是名結[③]界印。

第四北門金剛結淨菩薩，身綠色，並足立。右羽執於水，左羽如灑淨，是名結淨印。

次安八供養：

第一東門香藏菩薩，身白色，蹦跪座。二羽執於香，是名戒香印。

---

① 像，原脱，據文意補。

② 界，原脱，據文意補。

③ 結，原作"羯"，據文意改。

第二北門水藏菩薩,身緑色,跡跪座。右羽執於水,左羽如灑淨,是名定香印。

第三西門惠藏菩薩,身赤色,跡跪座。二羽執於燈,是名惠香印。

第四南門解脱菩薩,身青色,跡跪座。二羽執於花,是名解脱印。

第五西門味藏菩薩,身赤色,跡跪座。二羽執於食,是名味戒印。

第六東門性藏菩薩,身白色,跡跪座。二羽執於茶,是名性戒印。

第七北門意藏菩薩,身緑色,跡跪座。二羽執念珠,是名意戒印。

第八南門身藏[①]菩薩,身青色,跡跪座。二羽執於菓,是名身戒印。

次安八大金剛,身色、名字、座位之處:

第一東門无漏金剛,身黄色。二羽金剛縛,禪智屈[②]於掌,是名无漏印。

第二南門堅固金剛,身青色。二羽金剛掌,進力柱禪智,是名堅固印。

第三西門大輪金剛,身赤色,八臂而四面,笑怒恐怖形,四牙熾盛。二羽金剛拳,檀惠皆鉤結,進力二皆豎,是名結界印。二羽執輪杵,是名降魔印。二羽執利劒,交在頂之處,是名辟除印。二羽執降魔,是名惣持印。右足□[③],左直踏大天及后,是名大輪印。

第四北門蓮花部大輪金剛,身緑色。二羽金剛縛,檀惠禪智豎,是名轉輪印。

第五東門大慈金剛,身白色。右羽執叉鉤,左羽安要側,是名惣攝印。

第六南門大悲金剛,身青色。二羽執於索,是名攝護印。

第七西門大喜金剛,身赤色。二羽執於鏁,是名收攝印。

第八北門大捨金剛,身緑色。左羽安呼召,右羽執降魔,是名惣持印。

尒時佛住伽維那國付普賢菩薩三昧七寶壇之處部第十九

尒時佛住王舍城金剛座共會,諸天、菩薩万二千人俱,端然入定。普賢菩薩起立合掌,白佛言:"世尊,我聞世尊[④]座禪入定惣持壇法,得无上菩提,願佛慈悲,爲我宣説禪定惣持安壇之法,并及尊像身色、名字、座位之處。"

佛告普賢菩薩:"凡欲修正禪定之法,取正月一日、二月八日、三月三日、四月八日、五月五日、六月六日、七月七日、八月八日、九月九日、十月一日、十一月八日、十二月八日,此是座禪之日。"

凡欲座禪,先撿清淨之處,如法建立。座禪之壇方,闊十二肘,高二肘。用淨土、香泥、七寶金剛界、七寶末塗。

---

① 藏,原作"戒",據文意改。

② "屈"後,原有"二",據文意删。

③ □,底本模糊,侯冲校本作"笪"。

④ 尊,原脱,據文意補。

用五重金剛界。内兩重圓，安八角火輪，壇中心亦安八角之輪，外地青色。輪中心安普賢菩薩，身黄色，五色云中座爲，身被百納，端座入定，是名成就印。

次安八大菩薩，在八角火輪上安。輪内地赤色，輪外地緑色，金剛界地黄色。

第一東門法輪菩薩，身白色，座青蓮花。二羽金剛縛，檀惠相鈎豎，是名法輪印。

第二南門法欲菩薩，身青色，座紅蓮花。二羽金剛縛，禪智入虎口，隨誦而出入，是名大欲印。

第三西門不空菩薩，身赤色，結跏趺座。二羽金剛縛，禪入智虎口，隨誦而出入，是名大悲印。

第四北門召罪菩薩，身緑色，座白蓮花。二羽金剛縛，忍願申如針，進力屈如鈎，是名召罪印。

第五東門摧罪菩薩，身白色，座青蓮花。二羽金剛縛，八度内相叉，忍願應三拍，是名摧罪印。

第六南門金剛淨業障菩薩，身青色，座紅蓮花。二羽金剛縛，進力屈鈎，禪智二度，是名除罪印。

第七西門金剛除業障菩薩，身赤色，跏趺座。二羽金剛掌，禪智押二度，是名除罪印。

第八北門金剛菩提心菩薩，身緑，座白蓮花。二羽金剛縛，檀惠禪智豎，應在頂之左，是名蓮花印。

次安四結界，身色、名字、座位之處，安在第四重金剛界。内安青蓮花，地是赤色。

第一東門懺悔菩薩，身黄色，並足立。二羽金剛掌，降魔在當心，是名懺悔印。

第二南門金剛淨地菩薩，身青色，蹋跪座。左羽安呼召，右羽執座降魔，以案於地，是名淨地印。

第三西門金剛結界菩薩，身赤色。二羽金剛拳，檀惠相鈎結，進力二相柱，輪壇如本教，是名結界印。

第四北門金剛結淨菩薩，身緑色，並足立。右羽執於水，左羽如灑淨，是名結界印。

次安八供養，身色、名字、座位之處：

第一東門香藏菩薩，身白色，蹋跪座。右羽執於香，是戒印。

第二北門定香菩薩，身色①，蹋跪座。右羽執於水，左羽如灑淨，是名淨地印。

第四南門解脱菩薩，身青色，蹋跪座。二羽執於花，是名結菓印。

---

① “色”前，疑有脱文。

第五東門味藏菩薩,身白色,蹦跪座。二羽執於食,是名味戒印。

第六西門性藏菩薩,身赤色,蹦跪座。二羽執於茶,是名性戒印。

第七南門身藏菩薩,身青色,蹦跪座。二羽執①於菓,是名滿足印。

第八北門意藏菩薩,身綠色,蹦跪座。二羽執念珠,是名心意印②。

次安四無量,身色、名字、座位之處:

第一東門大慈金剛,身白色,右執叉鈎,左羽安要側,是名攝印。

第二南門大悲金剛,身色③。二羽執於索,是名收攝印。

第三西門大喜金剛,身赤色。二羽執於鏃,是名攝護印。

第四北門大捨金剛,身綠色。左羽安呼召,右羽執降魔,是名惣持印。

佛於金剛座,付与普賢菩薩座禪壇。

其壇四方,用五重金剛界。內兩增圓,外三增方。東門黃色,南門青蓮心,西門蓮,第四重金剛界地赤色,北門蓮第五重,金剛界地綠色。

每門安瓶三所、輪一所并道具,劍兩口,箭十二隻,飯十二分,用五色綵結成。將百寶七琭,如法供養,莫生退心。

佛說成就座禪壇之處部第廿一

尒時佛住王舍城耆闍崛山中,与大菩薩衆万二千人俱,說座禪入定,開禪修行之壇。佛告諸天菩薩:“汝等誰能受持,度化衆生?”普賢菩薩起立合掌,白佛言:“世尊,我能受持,不敢妄失。願佛慈悲,爲我宣說開禪修行安壇之法,并及尊像身色、名字、座位之處。”佛告普賢菩薩:“汝等後代修行座禪入定、開禪修行,先安此壇。其方,闊十二肘,高二肘。用淨土泥、七寶香泥、七寶金剛界、七寶末塗。用七重金剛界,界內地軸門色,外一增四門,惣綠色。”

第一壇中心安八角火輪,地是黃色,上安普賢菩薩,身白色,五色雲中座白㲝。左羽安呼召,右羽執降魔,是名惣持印。

次安四結界,身色、名字、座位之處,安在從內第三增金剛界上安。

第一東門懺悔菩薩,身黃色,並足立。二羽金剛掌,降魔在當心,是名淨心印。

第二南門淨地菩薩,身青色,蹦跪座。左羽安呼召,右羽執降魔,以案於地,是名淨地印。

第三西門結界菩薩,身色④。金剛拳,檀惠相鈎豎,進力二相柱,輪壇如本教,是

---

① 執,原脱,據文意補。

② 印,原脱,據文意補。

③ “色”前,疑有脱文。

④ “色”前,疑有脱文。

名結界印。

第四北門結界菩薩，身緑色，並足立。右羽執於水，左羽如灑淨，是名淨戒印。

次安八大菩薩，觀内心菩相菩薩、身色、名字、座位之處：

第一東門菩提心菩薩，身緑色，踋跪座。左羽安呼召，右羽執降魔①，是名開法印。

第三菩提堅固金剛蓮花部菩薩，身赤色，結跏趺座。二羽執於花，是名表法印。

第四北門金剛薩埵菩薩，身緑色，結跏趺座。二羽執利劒，金剛印。

第五東門三教菩薩，身白色，踋跪座。二羽執定惠，是名三教印。

第六南門成本尊化身菩薩，身緑色，結跏趺座。二羽金剛掌，是名惣持印。

第七西門底瑟吒菩薩，身緑色，結跏趺座。二羽金剛掌，降魔在當心，是名加持印。

第八北門金剛娑頗羅菩薩，身緑色，結跏趺座。二羽金剛縛，進力屈如鈎，忍願申如針，是名持法印。

次安八供養，身色、名字、座位之處：

第一東門香藏菩薩，身白色，踋跪座。二羽執於香，是戒香印。

第二北門水藏菩薩，身緑色，踋跪座。右羽執於水，左羽如灑淨，戒定印②。

第三西門惠香菩薩，身赤色，踋跪座。二羽執於燈，是名惠香印。

第四南門解脱菩薩，身青色，踋跪座。二羽執於花，是解脱香印。

第五東門金剛味菩薩，身白色，踋跪座。二羽執於食，是舌相印。

第六西門金剛性藏菩薩，身赤色，踋跪座。二羽執於茶，是性相印。

第七南門意藏菩薩，身青色，踋跪座。二羽執念珠，是意相印。

第八北門身藏菩薩，身緑色，踋跪座。二羽執於菓，是身相印。

次安四無量，身色、名字、座位之處：

第一東門大慈金剛，身白色。右羽執叉鈎，左羽安要側，是惣攝印。

第二南門大悲金剛，身青色。二羽執於索，是名攝護印。

第三西門大喜金剛，身赤色。二羽執於鏁，是收攝印。

第四北門大捨金剛，身緑色。左羽安呼召，右羽執降魔，惣持印。

佛説開禪修行菩提菓座七寶之壇處部第二十二

尒時佛住王舍城金剛座，説五佛加持身成佛十身之壇。諸天菩薩起立合掌，白

① 魔，原脱，據文意補。

② 印，原脱，據文意補。

佛言:“世尊,聞佛所説十身之壇。願佛慈悲,爲我宣説十身成佛之壇來處并及安壇之法,尊像、身色、名字、坐位之處。”佛告金剛藏菩薩讃言:“善哉!善哉!甚深不可思議,吾今爲汝分别解説此十佛之安壇之法,尊像身色、名字、座之處。”

凡欲後代修行,先安壇,復安尊像。安此壇時,須撿清淨之處,如法安建。其壇方,闊十二肘,高二肘。用淨土、香泥、七寶金剛界、七寶①末塗。

用六重金剛界,内四增方,第五增圓,第六增方。地是七寶,地四角安半月壇,中心安八角。輪上安盧舍尊佛,身黄色,結跏趺座。二羽金剛拳,以屈力之端,是名羯磨印。輪外地蓮,四門緑色。

次安十身佛,名字、座位之處,從内第一增金剛界上安五如來。

第一壇中心安本尊,身黄色,結跏趺座。二羽金剛拳,以屈力之端,是名羯磨印。

第二東門不動佛,身黄色,結跏趺座。二羽執惣持,是名心定印。

第三南門寶生佛,身黄色,結跏趺座。二羽金剛縛,忍願申如針,應在於頂上,是名施寶印。

第四西門无量壽佛,身黄色,結跏趺座。二羽金剛掌,降魔在於喉,是名長壽印。

第五北門不空成就佛,身黄色,結跏趺座。二羽金剛掌於頂,是名羯磨印。

第六中心遍照尊,身黄色,結跏趺座。二羽金剛拳,進力二相交,是名灌頂印。

第七東門不動尊佛,身黄色,結跏趺座。二羽金剛縛,忍願申如針,應在額之上,是名不空印。

第八南門生佛,身黄色,結跏趺座。二羽金剛縛,忍願申如針,施寶印。

第九西門無量壽佛,身黄色,結跏趺座。二羽金剛拳,進力二相交,是名法相印。

第十北門不空成就佛,身黄色,結跏趺座。二羽金剛縛,忍願申如針,應在頂之左,是名不空印。

次安四結,身色、名字、座位之處:

第一東門懺悔菩薩,身黄色,並足立。二羽金剛掌,降在當心,是名淨業印。

第二南門淨地菩薩,身青色,踋跪座。左羽安呼召,右羽執降魔,以案於地,是名淨地印。

第三西門金剛結界菩薩,身赤色。二羽金剛拳,進力二相柱,是名結界印。

第四北門結淨菩薩,身緑色,並足立。右羽執於水,左羽如灑淨,是名結淨印。

次安四供養,身色、名字、座位之處:

第一東門香藏菩薩,身白色,踋跪座。二羽執於香,是名戒香印。

第二北門定香菩薩,身緑色,踋跪座。右羽執於水,左羽如灑淨,是名定香印。

---

① 寶,原脱,據文意補。

第三西門惠香菩薩，身赤色，跪座。二羽執於燈，是名惠香印。

第四南門解脱菩薩，身青色，跪座。二羽執於花，是名解脱印。

次安四無量，身色、名字、座位之處：

第一東門大慈金剛，身白色，右羽執叉鈎，左羽安要側，是名惣攝印。

第二南門大悲金剛，身青色。二羽執於索，是名攝護印。

第三西門大喜金剛，身赤色。二羽執於鏁，是名收攝印。

第四北門大捨金剛，身緑色。左羽安呼召，右羽執降魔，是名惣持印。

佛説十佛加持身大教壇，其壇用六重金剛界，中心四增金剛界方，第一增地緑色，第二增赤色，第三增青色，第四增蓮四門地緑色。每門①安瓶兩所，輪一所并道具。第五金剛界圓，内地是赤色，每門安劒兩口，四角安惣持。外一增方，地是七寶地。每門安輪一所，劒兩口，箭十二隻，飯十二分，如法供養。用五色綵結成。

晝夜六時燒香，礼佛行道，加持於身，直正無上菩提，不令斷絶。

佛説加持身七寶壇之處部第廿三

尒時佛住王舍城耆闍崛山中，与大菩薩衆万二千俱，佛説護國之壇②，金剛薩埵體之壇："五佛、八金剛、八供養加持灌頂授記，成金剛薩埵之體。能降三千大千世界一切夜叉、羅刹、天魔、外道、一切惡賊，聞此惣持，念之七③遍，三千大千世界碎爲微塵，所護功德不可稱計。吾今開説，後代流傳，莫令斷絶。"

凡欲建立，須撿清淨之處，如法安置。其壇方，闊十二肘，高二肘。用淨土、香泥、金剛界七寶末塗。

壇中心安八角火輪，上有五色雲，中座白蓮花，内毗盧尊佛，身黄色。二羽金剛拳，以屈力之端，是名羯麽印。八角輪外地□水波文，上安五佛④宫，四大輪上安四結界，八方蓮花上安八金剛。

次安五佛，身色、名字、座位⑤之處：

第一壇中心盧舍那佛，身黄色。

第二東門阿閦佛，身白色，結跏趺座。左手仰安齊，右羽垂觸地，是名心忍印。

第三南門寶生佛，身青色，結跏趺座。右羽安於寶，左羽仰安膝，是名施愿印。

第四西門阿弥陁佛，身赤色，結跏趺座。二羽執青蓮花，是名化生印。

① 門，原脱，據文意補。

② 壇，底本塗抹嚴重，或爲塗掉之字。

③ 七，原脱，據敦煌本 P. 3913 補。

④ 佛，原作"亿"，據文意改。

⑤ 位，原脱，據文意補。

第五北門不空成就佛，身緑色，結跏趺座。左羽安惣持，右羽施无畏，是名無畏印。

次安八大金剛，身色、名字、座位之處：

第一東門惣攝金剛，身黄色，結跏趺座，身被忍辱甲，頂帶五佛冠。二羽金剛縛，是名惣攝印。

第二南門結護金剛，身黄色，並足立，身被忍辱①甲，頂戴五佛冠。二羽金剛拳，二度相縈繞，是名結護印。

第三西門甲冑金剛，身黄色，並足立。二羽金剛拳，右肩舒進力，是名甲冑印。

第四北門護金剛，身黄色，並足立，被甲冑。二羽金剛拳，當心舒進力，是名護法印。

第五南門眛輪②金剛，身黄色，舉右膝立。二羽金剛拳，進力相縈繞，是名持法印。

第六西門③加持金剛，身黄色，並足立，身被忍辱甲。二羽金剛拳，進力二皆舒，是名加持印。

第七北門灌頂金剛，身黄色，並足立，身被忍辱甲。二羽金剛拳，進力相豎在頂上，是名灌頂印。

第八東門薩埵金剛，身黄色，並足立，身被忍④辱甲。二羽金剛拍，平掌而三拍，由此印威力，獲得金剛體，是名降魔印。

次安四結界，身色、名字、座位之處：

第一東門懺悔菩薩，身黄色，並足立。二羽金剛掌，降魔在當心，是名淨三業印。

第二南門淨地菩薩，身青色，蹴跪座。左羽安呼召，右羽執降魔，以案於地，是名淨地印。

第三西門結界菩薩，身赤色，結跏趺座。二羽金剛拳，檀惠相鈎，進力二相柱，是名結界印。

第四北門金剛結淨菩薩，身緑色，並足立。右羽執於水，左羽如灑淨，是名結淨印。

次安四無量，身色、名字、座位之處：

第一東門大慈金剛，身白色。右羽執叉鈎，左羽安要側，是名惣攝印。

第二南門大悲金剛，身青色。二羽執於索，是名攝護印。

---

① 辱，原作“褥”，據文意改，下同。

② 輪，原脱，據下文補。

③ “西門”後，原有“甲冑金剛，身黄色，並足立。二羽金剛拳，右肩舒進力，是名甲冑印。第四北門護法金剛，身黄色，並足立，被甲冑。二羽金剛拳，當心舒進力，是名法印。第五南門眛輪金剛，身黄色，舉左膝立。二羽金剛拳，進力相縈繞，皆是名持法印。第六西門”，爲前文衍文，據文意删。

④ 忍，原脱，據文意補。

第三西門大喜金剛，身赤色。二羽執於鏃，是名收攝印。

第四北門大捨金剛，身綠色。左羽安呼召，右羽執降魔，是名惣持印。

次安八供養，身色、名字、座位之處：

第一東門香藏菩薩，身白色，蹋跪座。二羽執於香，是名戒香印。

第二北門水藏菩薩，身綠色，蹋跪座。左羽執於水，右羽如灑淨，是名定香印。

第三西門火藏菩薩，身赤色，蹋跪座。二羽執於燈，是名惠香印。

第四南門解脱菩薩，身青色，蹋跪座。二羽執於花，是名解脱印。

第五東門味藏菩薩，身白色，蹋跪座。二羽執於食，是名[1]味戒印。

第七西門意藏菩薩，身綠色，蹋跪座。二羽執於茶，是名性戒印。

第八北門身藏菩薩，身綠色，蹋跪座。二羽執於菓，是名身戒印。

佛説護國金剛薩埵體七寶之壇部第廿四

尒時佛住須弥盧山頂，説降三世八功德，成就四寶合成。須弥山上結此壇時，先安本尊、八金剛、四菩薩、八供養、四攝，具足須弥山之壇。

金剛藏菩薩起立合掌，白佛言：“世尊，我聞世尊説須弥之壇法，願佛慈悲，爲我説安壇之法，并及尊像身色、名字、座位之處。”佛告金剛菩薩讃言：“善哉！善哉！汝等諦聽！諦聽！吾今爲汝分別解説須弥盧安壇之法，并及尊像身色、名字、座位之處。”

佛告金剛菩薩：凡欲後代度化有情，先須清淨之處，如法建立。此須弥盧壇，其壇方，闊二十肘，高二肘。用淨土、香泥、七寶末塗。

壇中心安須弥山，有日月四寶合成，地是大海水波文，上有七寶金山。安五重金剛界。内三增圓，外兩增方。四角安四世界，内三增安四部洲，外一增安八山，四角安半月。地是黄色門。每門安瓶兩口，輪一所并道具，劍兩口，箭十二隻，飯十二分。用五色綵結成。東門黄色，南門青色，西門赤，北門綠色。

次安尊像，身色、名字、座位之處：

第一壇中心安本尊，身黄色，五色云中結跏趺，座白蓮花。二羽金剛掌，降魔在當心，是名持印。

次安八供養，在七金山内。

第一東門香菩薩，身白色，蹋跪座。二羽執於香，是名戒香印。

第二北門定香菩薩，身綠色，蹋跪座。左羽執於水，右如灑淨，是名定香印。

第三西門惠香菩薩，身赤色，蹋跪座。二羽執於燈，是名惠香印。

第四南門解脱香菩薩，身青色，蹋跪座。二羽執於花，是名解脱香印。

_____

[1]　名，原脱，據文意補。

第五東門味藏菩薩,身白色。二羽執於食,是名味戒印。

第六南門性藏菩薩,身青色。二羽執於茶,是名性戒印。

第七西門意菩薩,身赤色。二羽執念珠,是名意戒印。

第八北門身藏菩薩,身緑色。二羽執於菓,是名身戒印。

次安四結界,身色、名字、座位之處:

第一東門懺悔,身白色,並足。二羽金剛掌,降魔在當心,是名懺悔印。

第二南門金剛淨地菩薩,身青色,踟跪座。左羽安呼召,右羽執降魔,是名淨地印。

第三西門結界菩薩,身色①。二羽金剛拳,檀惠相鉤結,進力二相柱,是名結戒印。

第四北門金剛結淨菩薩,身緑色,並足立。二羽執於水,結淨印。

次安八大金剛,身色、名字、座位之處:

第一東門辟支除金剛,身黄色。二羽金剛拳,檀惠進力相鉤結,收攝印。

第三西門結鑠金剛,身赤色。二羽金剛掌,檀惠進力相鉤結,是名攝持印。

第四北門結護菩②金剛,身緑色。二羽金剛縛,是名惣持印。

第五東門三昧金剛,身黄色。金剛縛,忍願豎如針,是名三昧印。

第六南門大海金剛,身青色。二羽金剛縛,以在於頂上,是名金龜印。

第七西門須弥盧金剛,身赤色。二羽掌於山,是名大力印。

第八北門大輪閣金剛,身緑色。二羽掌寶閣。應在頂之上,是名大輪印。

次安四無量,身色、名字、座位之處:

第一東門大慈金剛,身白色,右羽執叉鉤,左羽安要側,是名惣攝印。

第二南門大悲金剛,身青色。二羽執於索,是名攝護印。

第三西門大喜金剛,身赤色。二羽執於鏁,是名收攝印。

第四北門大捨金剛,身緑色。左③羽安呼召,右羽執降魔,是名惣持印。

佛説正法明④王須弥盧山大教壇部第二十五

尒時佛住王舍城耆闍崛山中共會,諸天菩薩衆万二千人俱,説八菩薩、八供養、四攝啓請安壇之法,并及尊像、身色、座位之處。

先安壇,後安尊像。此安壇時,撿清淨之處,如法安立。其壇方,闊十二肘,高二

① “色”前,疑有脱文。

② 護菩,底本塗抹嚴重。

③ 左,原作“右”,據文意改。

④ 明,原作“朋”,據文意改。

肘。七寶香泥,用好淨①及淨土。

用三重金剛界,外一增方,内兩增圓,安十六角。火輪上安八菩薩、八供養。

壇中心安本尊,八葉蓮花地黄色,五色雲中座白蓮花,身黄色。二羽金剛拳,以屈力之端,是名羯麽印。八角火輪,地是绿色②。

次安八菩薩、八供養,第一先從東門起,隨日轉。

次安五佛,身色、座位之處:

第一壇中心安毗盧尊佛,身黄色。

第二東門阿閦佛,身白色,結跏趺座。左羽仰安齊,右羽垂觸地,是名心忍印。

第二南門寶生佛,身青色,結跏趺座。左羽執於寶,右羽仰安膝,是名施願印。

第三西門阿弥陁佛,身赤色,結跏趺座。二羽執於花,是名長壽印。

第四北門不空成就佛,身绿色,結跏趺座。左羽安惣持,右羽施無畏,是名羯麽印。

次安八菩薩,身色、名字、座位之處:

第一東門啓請菩薩,身白色。二羽金剛縛,進力豎側合,是名召請印。

第二南門開壇菩薩,身青色。二羽金剛縛,進力豎側合,應在於肩,是名開門印。

第三北門開壇菩薩,身绿色。二羽金剛縛,進力豎側合,是名開壇印。

第四西門開壇菩薩,身赤色。二羽金剛縛,進力豎側合,應在於當心,是名開印③。

第五東門開壇菩薩,身白色。二羽金剛縛,進力豎側合,應在頂之上,是名開印④。

第六南門啓白菩薩,身青色。結跏趺座,二羽金剛縛,忍願豎如針,進力復於背,是名啓白印。

第七門⑤佛海會菩薩,身赤色,結跏趺座⑥。

第七金剛,忍願交手掌。

第八金剛,進力復於背。菩薩名字。

第九金剛,是名攝身印。十六大士。

第十金剛,是名解脱印。龍天八部。

第十一金剛,是名寶身印。四供養攝。

（後闕）

---

① “淨”後,疑有脱文。

② “色”後,原有“上”,據文意删。

③ “印”前,疑有脱文。

④ “印”前,疑有脱文。

⑤ “門”前,疑有脱文。

⑥ “座”後,疑有脱文。

金剛界大毗盧遮那佛攝最上大乘秘蜜甚深心地法門傳受蜜法戒大三昧耶修行瑜伽心印儀①

特進試鴻臚卿大興善寺三藏沙門大廣智不空奉詔譯　　審譯寮法

第一卷

過去毗婆尸佛在菩薩位時，授金剛秘②蜜法戒，得證无上菩提。過去尸棄佛在菩薩位時，授金剛蜜法戒，得證无上菩提。過去毗舍浮佛在菩薩位時，授金剛秘法戒，得證无上菩提。過去俱留孫佛在菩薩位時，受金剛秘法戒，得證无上菩提。過去俱那舍牟尼佛在菩薩位時，受金剛秘法戒，得證无上菩提。過去迦葉佛在菩薩位時，受金剛秘法戒，得證无上菩提。過去現住釋迦牟尼佛在③菩薩位時，受金剛秘法戒，得證无上菩提。乃至過去九十九億諸佛弟代相傳，皆受金剛界秘法戒，得證无上菩提。

若佛子菩薩摩訶薩略已三問，諸佛子實答否？實答。一，不出佛身血否？无能持。如是持，能忍調④柔，方便是佛性。二，不煞阿羅漢否？無能持。如是持，能忍調柔，方便是佛性。三，不賊心受戒否？能忍持。如是持，能忍調柔，是佛性。今當三問已實，諸佛菩薩摩訶薩此當授金剛秘蜜法。

心地法門戒，能持否？能。諸佛子戒序也，全在本。

尒時盧舍那佛爲此大衆略開百千恒沙不可説法門中心地如毛頭許，是過去一切佛已説，未來佛當説，現在佛今説，三世菩薩已學、當學、今學。我已百劫修行是心地，号吾爲盧舍那。汝諸轉我所説，與一切衆生開心地道。時蓮花臺藏世界赫赫天光師子座上盧舍那佛放光，光千華上，佛持我《心地法門品》而去，復轉爲我千百億釋迦及一切衆生，次第説我上《心中法門品》。汝等受持讀誦，一心而行。

---

① 底本，敦煌遺書 S. 2272 號。經名中“戒”，原作“界”，據文意改，下同。
② 秘，底本作“必”，據文意改，下同。
③ 在，底本殘，據文意補。
④ 調，底本不清，據下文補，下一“調”字同。

　　尒時千蓮華上千百億釋迦從蓮花藏世界赫赫①師子座起，各辭退，舉身放不可思議光，光皆化无量佛。一一②佛以无量青、黄、赤、白華供養盧舍那佛，受持上說《心地法門品》竟，各各從此蓮華藏世界而没，而没已，入體性虛空蓮花光三昧，還本源世界閻浮提世界菩提樹下。從體性虛空華光三昧出已，方坐金剛蓮花王座。及妙光堂，說十世界海。復從座起，至帝釋宮，說十地。復至炎天中，說十行。復從座起，至四天王宮，說十迴向。復從座起，至化樂天，說十地禪定。復從座起，至他化天中，說十地。復至一禪中，說十金剛。復至二禪中，說十忍。復至三禪中，說十願。復至四禪中摩醯首羅天王宮，說我本源蓮花藏世界中盧舍那佛所③說《心地法門品》，其餘千百億釋迦亦復如是，无二无別，如《賢劫品》中說。

　　尒時釋迦從初現蓮華藏世界東方來入天王宮，說《魔④受化經》已，下生閻浮提迦維那國。母名摩耶，父名淨飯，吾名悉達。七歲出家，十九餘城，三拾成道，号吾釋迦牟尼佛。於寂滅道場坐金剛遊化華光王坐，乃至摩醯首羅天王宮，其中次第十住處⑤所說。

　　時佛觀諸大梵天王網羅幢，因爲說无量世界猶如網孔，一一世界各各不同，別異无量。佛教門亦復如是，吾今求此世界八千反，爲此娑婆世界座金剛花光王座，乃摩醯首羅天王宮，是中一切大眾略開心地竟。復從天宮王下，至閻浮提菩提樹下，爲此地上一切眾生、凡夫、癡闇之人說本盧舍那佛心地。初發心中，常誦一戒光明。金光寶戒是一切佛本原、一切菩薩本原，佛性種子，一切眾生皆有佛性，一切意識、色心是情是心，如是皆入佛性戒中，當亦常有因故，有當亦常住法身。如是十波羅提木叉出於世界，是法戒，是三世一切眾生頂戴授持。吾今爲此大眾重說《十无盡藏戒品》，一切眾生本原自性清淨。

　　我今盧舍那頌偈，至對大眾心皆恭敬，至心聽我說。如是釋迦牟尼佛。

　　《大毗盧舍那佛付法藏品》

　　如意輪菩薩手有千輪，金藏菩薩左手跋只囉，右手寶劒。

　　（後闕）

---

①　赫，原脱，據上文補。

②　一，原脱，據文意補。

③　"所"前，原有"不可"，據文意删。

④　魔，原作"摩"，據《梵網經》（《大正藏》本，下同）改。

⑤　處，原脱，據《梵網經》補。

金剛頂瑜伽經十八會指歸①

大興善寺三藏沙門大廣智不空奉詔譯②

《金剛頂經瑜伽》有十萬偈、十八會，初會名《一切如來真實攝教王》，有四大品，一名金剛界，二名降三世，三名徧調伏，四名一切義成就，表四智印。於初品中有六曼荼羅，所謂金剛界大曼荼羅，并説毗盧遮那佛受用身，以五相現成等正覺，五相者所謂通達本心、修菩提心、成金剛心、證金剛身、佛身圓滿，此則五智通達③。成佛後以金剛三摩地現發生三十七智。廣説曼荼羅儀則，爲弟子受速證菩薩地佛地④法。

第二説陀羅尼曼荼羅，具三十七，此中聖衆皆住波羅蜜形。廣説入曼荼羅儀軌，爲弟子受四種眼，説敬愛、鉤召、降伏、息災等儀軌。

第三説微細金剛曼荼羅，亦具三十七聖衆，於金剛杵中畫，各持定印。廣説入曼荼羅儀軌，爲弟子令心堪任、令心調柔、令心自在。説微細金剛三摩地，修四靜慮法，修四無量心及三解脱門。

第四説一切如來廣大供養羯磨曼荼羅，亦具三十七，彼中聖衆，各持本標幟，供養而住，廣説入曼荼羅法，弟子説受十六大供養法⑤。

第五説四印曼荼羅法，弟子受四種速成就，以此曼荼羅求悉地成就，像如上四曼荼羅中所求悉地，於此像前求成就。

---

① 底本，《中華藏》第 1415 號，第 65 册第 473 頁中—477 頁中，原《金藏》廣勝寺本。校本，《大正藏》第 869 號，第 18 册 284 頁下—287 頁下，原《麗藏》本，原校本［甲］三十帖策子第二十七，［乙］三十帖策子第二十，［丙］黄檗版淨嚴等校訂加筆本，［丁］縮册大藏經。經名，《中華藏》校勘《石》《麗》作“金剛頂經瑜伽十八會指歸一卷”。

② 譯名，《中華藏》校勘《石》作“京大興善寺三藏沙門大廣智不空奉詔譯”，《磧》作“三藏沙門大廣智不空譯”，《徑》《清》作“唐特進試鴻臚卿三藏沙門大廣智不空奉詔譯”，《麗》作“開府儀同三司特進試鴻臚卿肅國公食邑三千户賜紫贈司空謚大鑒正號大廣智大興善寺三藏沙門不空奉詔譯”。

③ 則五智通達，《中華藏》校勘《石》作“亦名五智”。

④ 佛地，《中華藏》校勘《磧》《普》《南》《徑》《清》無。

⑤ “法”後，《中華藏》校勘《石》《麗》有“説四種秘密供養法”。

第六説一印曼荼羅，若持毗盧遮那真言，及金剛薩埵菩薩具十七尊，餘皆具十三。亦説入曼荼羅儀，與弟子受先行法，修集本尊三摩地。

次説降三世大品，有六曼荼羅，如來成等正覺已，於須彌盧頂轉金剛界輪①已，與諸菩薩名號受職已，摩醯首羅等剛彊難化，不可以寂静法而受化。盡虚空徧法界一切如來異口同音，請以一百八名讚禮金剛薩埵："如是諸天不可以寂静法而受化②。"一切如來請以，即入忿③怒金剛三摩地，現大威德身，以種種方便調伏，乃至至死④。摩醯首羅死已，自見於下方過六十二恒河沙世界，名灰莊嚴，彼世界中成等正覺，名爲怖畏自在王如來。執金剛菩薩以腳按之⑤，誦金剛壽命真言，復得蘇。既受化已，金剛薩埵則説大曼荼羅，引入諸天，受金剛名號。諸天有五類，第一⑥居上界天王，摩醯首羅等無量諸天及后。第二遊虚空諸天，日天子等無量諸天及后。第三居虚空天，魔王等無量諸天及后。第四地居天，主藏天等無量諸天及后。第五地下⑦嚕囉吶天等無量諸天及后。悉皆引入已⑧，勑諸天建立諸曼荼羅："汝等赴會，所求一切悉⑨皆與成辦。"此等皆是外金剛部。

第一説大⑩曼荼羅儀則，皆具三十七，説降伏法及修神通法。

第二説秘密曼荼羅，具三十七，説引弟子儀，此中説⑪音聲及金剛歌舞。

第三説法⑫曼荼羅，具三十七，説引入弟子儀，此中説以慈悲喜捨作阿毗遮嚕迦法，微細金剛調心軌儀。

第四説羯磨曼荼羅，具三十七，説入曼荼羅儀，令弟子學護摩儀軌，於無量佛、菩薩所成廣大供養，速得悉地現前，説二十五種護摩爐隨類所求法。

第五説四印曼荼羅，具二十一，成就諸藥法等。已上四曼荼羅中成就法，於此曼荼羅中成就法於此曼荼羅⑬像前求。

第六説一印曼荼羅，具十七，説引入弟子及先行法，次爲外金剛部衆説四種曼荼

① 輪，《中華藏》校勘《徑》作"轉"。
② "化"後，《中華藏》校勘《石》《麗》有"時金剛手菩薩受"。
③ 忿，《中華藏》校勘《石》《麗》作"悲"。
④ 至死，《中華藏》校勘《石》《麗》作"命終"。
⑤ 之，原作"上"，據《中華藏》校勘《麗》改。
⑥ 第一，原脱，據《中華藏》校勘《磧》《普》《南》《徑》《清》補。
⑦ "下"後，《中華藏》校勘《石》《麗》有"天"。
⑧ 入已，原作"已入"，據《中華藏》校勘《石》《麗》改。
⑨ "悉"後，《中華藏》校勘《石》《麗》有"地"。
⑩ 大，原脱，據《中華藏》校勘《石》《麗》補。
⑪ 説，原作"諸"，據文意改。
⑫ 法，原脱，據《大正藏》本補。
⑬ 中成就法於此曼荼羅，《大正藏》校勘丙、丁本無，疑衍。

羅,各說本真言、本印契獻佛。佛爲說教勅大曼荼羅,具三十七,説引入弟子儀,説爲弟子使役金剛部軌則,此中説大佛頂及光聚佛頂真言及契,亦通一字頂輪法。

次説第二教勅三昧邪曼荼羅,彼諸天后等各獻本真言,佛爲説曼荼羅,具三十七,説爲弟子説修藥叉女法,廣説諸儀軌。

次第三説教勅法曼荼羅,諸天説真言獻佛,佛爲彼等説曼荼羅,具三十七,説引入弟子儀,爲弟子説諸天之法法印,由此印不違越本誓。

次第四説教勅羯磨曼荼羅,具三十七,説引入弟子儀,彼等諸天各説本真言,佛爲説曼荼羅,説諸天舞儀,説成就諸事業速疾法。

次説徧調伏大品,有六種曼荼羅。

第一大曼荼羅,具三十七,皆觀自在菩薩變現,説引入弟子儀,此中説十六種成就速疾神通三摩地儀。

第二説三昧邪曼荼羅,具三十七,皆觀自在菩薩變現,説引入弟子儀,此中説鉤召、敬愛十六種三摩地。

第三説法曼荼羅,具三十七,皆觀自在菩薩變現,説引入弟子儀,此中説修心及求智慧辯才法十六種。

第四説羯磨曼荼羅,具三十七,皆觀自在菩薩變現,説引弟子儀,此中説蓮華部供養儀,及轉罪障、報障、蓋纏、業障法。

第五説蓮華部四印曼荼羅,具二十一,皆觀自在菩薩變現,説引入弟子儀,此中説成就,先行法及成就先行如上四種曼荼羅法。

第六説蓮華部印一印曼荼羅,具十三,皆觀自在菩薩變現,説引入弟子儀,此中説修本尊法,通修世間出世間法。

次説一切義成就大品,中有六曼荼羅。

第一大曼荼羅,具三十七,此中説引入弟子儀,由入此曼荼羅,除貧匱業,説求豐財,求佛、菩薩位及世間榮位。

第二祕密三昧邪曼荼羅,具三十七,此中説引入弟子儀,説求伏藏法,速滿檀波羅蜜福德聚法。

第三法曼荼羅,具三十七,此中説引入弟子儀,説寶部中修三摩地法,令心安住、令心堪任、令心調柔、令心自在,見虚空藏菩薩。

第四羯磨曼荼羅,具三十七,此中説引入弟子儀,説加持掘伏藏事業法,并説寶部中廣大供養諸佛儀。

第五四印曼荼羅,具二十一,説引入弟子儀,説修先行法,及説修四曼荼羅中悉地法。

第六一印曼荼羅,具十三,説引入弟子儀,説修一尊法,及修諸藥等三摩地,皆是則彼婆伽梵執金剛虚空藏變化。

次都説如前——曼荼羅中祕密助成，方便散誦，次後示釋迦牟尼佛降於閻浮提，變化身八相成道，皆是普賢菩薩幻化，一切如來還以一百八名讚揚金剛薩埵，如是第一會。

次説第二會，名《一切如來祕密王瑜伽》，於色究竟天説。具四大品，廣説微細實相理，及廣説降摩醯首羅天，以偈與金剛菩薩酬答。

次説第三會，名《一切教集瑜伽》，於法界宮殿説。一切如來異口同音問金剛薩埵菩薩一百八問，金剛薩埵菩薩一一答。此經中説大曼荼羅五部，一一部中五曼荼羅各具三十七，都成一大曼荼羅。一一尊各各説四印，所謂大印、三昧邪印、法印、羯磨印，各説成就法。此經中説一百二①十五種護摩爐，一一爐所求各異。

次説第四會，名《降三世金剛瑜伽》，於須彌盧頂説。金剛藏等八大菩薩一一尊各説四種曼荼羅，初會説降伏摩醯首羅，及説天人曼荼羅，受職受名號四種曼荼羅，所謂大曼荼羅、三昧邪曼荼羅、法曼荼羅、羯磨曼荼羅，及一切尊説引入弟子儀及成就法。後都説諸②尊三昧邪結印次第，及説祕密禁戒及祕密修行。

第五會名《世間出世間金剛瑜伽》，於波羅奈國空界中略説。五佛曼荼羅及諸菩薩、諸外金剛部曼荼羅，一一曼荼羅具四種，各説引入弟子儀及求悉地法。

第六會名《大安樂不空三昧邪真實瑜伽》，於佗化自在天宮説。此經中説普賢菩薩曼荼羅，次説毗盧遮那曼荼羅，次後説金剛藏等至金剛拳菩薩及外金剛部，説般若理趣。一一尊具説四種曼荼羅，各説引入弟子儀，授理趣般若波羅蜜法③，及授四種印法。品中各説求世間、出世間悉地法。

第七會名《普賢瑜伽》，於普賢菩薩宮殿中説。此經中説④普賢菩薩等至金剛拳菩薩及外金剛部一一尊各説四種曼荼羅，説引入弟子儀，説受四種印，修世間、出世間悉地。此經中説修行人無時無方，不依世間禁戒，以菩提心爲先，無爲戒爲本。

第八會名《勝初瑜伽》，於普賢宮殿説。普賢菩薩等至外金剛部各各説四種曼荼羅，説實相理，及分別諸曼荼羅儀則，稍廣於第七會説，大略同。

第九會名《一切佛集會拏吉尼戒網瑜伽》，於真言宮殿説。此中説立自身爲本尊瑜伽，訶身外主⑤形像瑜伽者，廣説實相理，并説五部根源，并説瑜伽法具九味，所謂華麗、金剛薩埵。勇健、毗盧遮那。大悲、持金剛。喜笑、觀自在。瞋怒、金剛光。恐怖、降三世。

---

① 二，《中華藏》校勘《磧》《普》《南》《徑》《清》作"三"。

② 諸，原作"經"，據《中華藏》校勘《石》《麗》改，《中華藏》校勘《磧》《普》《南》《徑》《清》無。

③ 波羅蜜法，《中華藏》校勘《磧》《普》《南》《徑》《清》作"波羅密多"，《麗》作"波羅密多法"。

④ 此經中説，《中華藏》校勘《磧》《普》《南》《徑》《清》無。

⑤ 主，《中華藏》校勘《磧》《普》《南》《徑》《清》作"至"。

猒患、釋迦牟尼佛。奇特、金剛笑。寂静。瑜伽中毗盧遮那。説普賢菩薩等至金剛拳，各説四種曼荼羅，及引入弟子儀，及授四種印，并説五部中歌讚舞儀。

第十會名《大三昧邪瑜伽》，於法界宮殿説。普賢菩薩等至金剛拳十六大菩薩各各説四種曼荼羅，説引入弟子儀，授四種印法。此中説偈云：

> 愚童覆無智，不知此理趣，
>
> 餘處而求佛，不悟此處有。
>
> 十方世界中，餘處不可得，
>
> 心自爲等覺，餘處不説佛。

第十一會名《大乘現證瑜伽》，於阿迦尼吒天説。毗盧遮那佛等金剛至毗首羯磨菩薩，及八大供養、四攝出生同《真實攝瑜伽》，一一尊具四種曼荼羅四種印，廣説實相理，心建立曼荼羅儀則。

第十二會名《三昧邪最勝瑜伽》，於空界菩提場説。毗盧遮那等四部中上首菩薩，金剛拳等第八菩薩及外金剛部，各各説四種曼荼羅、四印等。此經中於自身上建立曼荼羅，説自身本尊瑜伽，廣説阿字門通達於染淨，有爲無爲無礙。

第十三會名《大三昧邪真實瑜伽》，於金剛界曼荼羅道場説。十方一切佛異口同音請金剛薩埵：惟願説三昧邪真實教法，我等先已受訖，惟願金剛薩埵爲諸菩薩説。既授①請已，説普賢菩薩十七字真言，説適悦不空曼荼羅，具十七，亦説四種曼荼羅，説一百八道契，説通求世間、出世閒悉地。隨此諸菩薩及外金剛部各各説本曼荼羅本真言、本印契竟，普賢菩薩説祕密中曼荼羅十七尊支分，各復入本尊身，共成五尊，同居一蓮華臺，説一字真言，從眼口及一切支分變異即成印，但住大印，結羯磨印，不待先行，不藉結護加持，亦不假迎請，宿業罪障不能凌逼，亦不障礙速疾成就。

第十四會名《如來三昧邪真實瑜伽》，此經中普賢菩薩十六大菩薩四攝成一身，説四種曼荼羅、四印，廣説五部互圓融，如來部即金剛，蓮華部即寶部，互相涉入。法界即真如，般若即實際，於假施設有異，於本即一體。次普賢後諸菩薩及外金剛部，各各説本真言、本曼荼羅、本印契。

第十五會名《祕密集會瑜伽》，於祕密處説，所謂喻師②婆伽處説，號般若波羅蜜宮。此中説教法、壇、印契、真言，住禁戒，以如世間貪染相應語。會中除蓋障菩薩等從座而起，禮佛白言：“世尊，大人不應出麤言、雜染相應語。”佛：“汝等清淨相應語有何相狀？我之此語加持文字，應化緣方便，引入佛道，亦無相狀，成大利益，汝等不應生疑。”從此廣説實相三摩地，諸菩薩各各説四種曼荼羅、四印。

---

① 既授，《中華藏》校勘《磧》《普》《南》《徑》《清》作“得”。

② 師，《中華藏》校勘《磧》《普》《南》《徑》《清》無。

第十六會名《無二平等瑜伽》，於法界宫説。毗盧遮那佛及諸菩薩并外金剛部等各各四種曼荼羅，具四印。此中説生死涅槃、世間出世間、自佗平等無二種心，舉自聲①香味觸、雜染思慮，住亂心無二，同真如法界，皆成一切佛身。

第十七會名《如虚空瑜伽》，住實際宫殿説。毗盧遮那佛、普賢菩薩及外金剛部一一説四種曼荼羅，具四種印。此中修行者與一一尊相應，皆量同虚空，法身相應，利一切萬物，法體光明量同虚空，無來無去，此經中説虚空三摩地相應法。

第十八會名《金剛寶冠瑜伽》，於第四静慮天金剛薩埵菩薩請②佛爲大梵③天娑訶世界主説五部瑜伽曼荼羅，引入弟子儀，具三十七，亦説四種曼荼羅，具四印。下至外金剛部，爲弟子授學心念誦，於月輪上有旋列真言字，住心於一一字，實相理相應，周④而復始，亦通成就世間、出世間悉地。不假持珠徧數以爲劑限，但證理門心不散動，住本尊瑜伽爲限。微細説不成就二十種相，及説隣近悉地多種相。

瑜伽教十八會，或四千頌，或五千頌，或七千頌，都成十萬頌，具五部四種曼荼羅、四印，具三十七尊，一一部具三十七，乃至一尊成三十七，亦具四曼荼羅、四印，互相涉入，如帝釋網珠光明交映，展轉無限。修行者善達此瑜伽中大意，如徧照佛一一身分、一一毛孔、一一相、一一隨形好、一一福德資糧、一一智慧資糧，住於果位，演説瑜伽二⑤乘不共佛法，説曼荼羅三昧邪法門事業，量同虚空，證者如上所説，各各分劑，各不雜亂，圓證四身，所謂自性身、受用身、變化身、等流身，是能作頓利樂一切有情，諸菩薩、聲聞、緣覺及諸外道，名瑜伽金剛乘教法。

金剛頂瑜伽十八會指歸⑥

---

① 自聲，《中華藏》校勘《石》《麗》作“目聲”，《徑》作“自身”。

② 請，原脱，據《中華藏》校勘《石》及《大正藏》本補。

③ 大梵，《中華藏》校勘《徑》作“梵大”。

④ 周，《中華藏》校勘《磧》《普》《南》《徑》作“用”。

⑤ 二，《中華藏》校勘《南》《徑》《清》作“三”。

⑥ 卷末經名，《中華藏》校勘《石》同卷首，《徑》作“金剛頂瑜伽經十八會指歸”，《麗》作“金剛頂瑜伽指歸一卷”。

陀羅尼門諸部要目①

大興善寺三藏沙門大廣智不空奉詔譯②

瑜伽本經③都十萬偈,有十八會。初會經名《一切如來真實攝經④》,其經説五部:佛部、毗⑤盧遮那佛以爲部主⑥。金剛部、阿⑦閦佛⑧以⑨爲部主⑩。寶部、寶⑪生佛以爲部主⑫。蓮華部、阿⑬彌陀佛以爲部主⑭。羯磨部⑮。不⑯空成就佛⑰以爲部主⑱。彼⑲五部主各有四菩薩以爲眷屬,前⑳右左㉑背而安列,四㉒內供養㉓各屬四部,次第應知。

---

① 底本,《中華藏》第 1465 號,第 65 册第 883 頁中一885 頁上,原《金藏》廣勝寺本。校本,《中華藏》別本 1466 號影印《房山石經》本,《大正藏》本。經名,別本、《中華藏》校勘《麗》作"都部陁羅尼目一卷"。

② 譯名,《中華藏》校勘《徑》《清》作"唐特進試鴻臚卿三藏沙門大廣智不空奉詔譯",《麗》作"開府儀同三司特進試鴻臚卿肅國公食邑三千户賜紫贈司空謐大鑒正號大廣智大興善寺三藏沙門不空奉詔譯",別本作"大興善寺三藏不空奉詔譯"。

③ 瑜伽本經,別本、《大正藏》本作"謹按瑜伽大本《金剛頂經》"。

④ 經,《中華藏》校勘《磧》《南》《徑》《清》《麗》無。

⑤ "毗"前,別本有"即"。

⑥ "主"後,別本有"中方"。

⑦ "阿"前,別本有"即"。

⑧ 佛,別本作"如來"。

⑨ 以,《中華藏》校勘《麗》無。

⑩ "主"後,別本有"東方"。

⑪ "寶"前,別本有"即"。

⑫ "主"後,別本有"南方"。

⑬ "阿"前,別本有"即"。

⑭ "主"後,別本有"西方"。

⑮ "佛部"至"羯磨部"各條前,別本依次有"一者"至"五者"序數詞。

⑯ "不"前,別本有"即"。

⑰ 佛,別本作"如來"。

⑱ "主"後,別本有"北方"。

⑲ 彼,別本作"右此"。

⑳ "前"前,別本有"在"。

㉑ 右左,《中華藏》校勘《麗》作"左右"。

㉒ "四"前,別本有"以"。

㉓ "養"後,別本有"謂喜、鬘、歌、舞爲四"。

四①外供養②亦③屬四部，四門鈎、索、鎖、鈴，四部④次第應知。又有四方賢劫中十六大菩薩，表賢劫中一千⑤菩薩。又外有五類天，一一類有四天，總有二十并后⑥。復有五類，成二十五類⑦者，上界四天，住虛空四天，遊虛空四天，地居有四天，居地底⑧四天。

　　瑜伽部曼荼羅有四：一金剛界，二降三世，三徧調伏，四一切義成就。此四曼荼羅，表毗盧遮那佛內有四智菩薩，謂金剛、灌頂、蓮花、羯磨爲四智⑨。又四智，謂大圓鏡、平等性、妙觀察、成所作爲四智也⑩。又一一曼荼羅建立六曼荼羅，所謂⑪大曼荼羅、三昧耶曼荼羅、法⑫曼荼羅、羯磨曼荼羅、四印曼荼羅、一印曼荼羅。唯降三世曼荼羅具十曼荼羅，餘⑬皆具六⑭。一切印契、一切法要以四智印攝盡，大智印、以五相成本尊瑜伽⑮。三昧邪印、以二手和合金剛縛發生成印。法智印、名⑯本尊種子法身三摩地，一切契經文義。羯磨智印。以二⑰金剛拳如執持器仗，幖⑱幟如身威儀形。

　　又瑜伽中四種眼：法眼⑲、敬愛⑳。熾盛眼、鈎召。忿怒眼、降伏心殺害煩惱。慈眼、除毒息冤㉑。

　　又《一切如來教集瑜伽》中，一百二十種護摩。依二十五種爐護㉒摩，爐中契㉓印、

---

① “四”前，別本有“以”。

② “養”後，別本有“謂香、花、燈、塗爲四”。

③ 亦，別本作“各”。

④ 四部，別本作“亦名四攝擁抱，配四門東南西北”。

⑤ 千，別本及《中華藏》校勘《麗》作“切”。

⑥ 并后，別本及《中華藏》校勘《麗》作“天并妃后”。

⑦ 類，別本作“者”。

⑧ “底”後，別本有“有”。

⑨ “謂金剛”至“爲四智”，原脫，據別本、《大正藏》本及《中華藏》校勘《麗》補。

⑩ “又四智”至“四智也”，《中華藏》校勘《磧》《南》《徑》《清》無。也，別本及《中華藏》校勘《麗》作“矣”。

⑪ 謂，別本作“爲”。

⑫ 法，原作“洪”，據別本及《中華藏》校勘《磧》《南》《徑》《清》《麗》改。

⑬ “餘”後，別本有“五”。

⑭ “六”後，別本及《中華藏》校勘《麗》有“曼荼羅”。

⑮ 以五相成本尊瑜伽，原作正文，此改注文。

⑯ 名，別本作“各各”。

⑰ 二，《中華藏》校勘《麗》作“二手”。

⑱ 幖，原作“摽”，據別本及《中華藏》校勘《磧》《南》《清》《麗》改，下同。

⑲ 法眼，《中華藏》校勘《麗》無，別本作“一敬愛眼”，以下“熾盛眼”至“慈眼”各條前別本亦有序數詞“二”至“四”。

⑳ 敬愛，《中華藏》校勘《麗》作“敬愛法”，別本無。

㉑ 冤，《中華藏》校勘《麗》作“怨敵也”，別本作“冤敵也”。

㉒ “護”前，別本及《中華藏》校勘《麗》有“於”。

㉓ 契，《中華藏》校勘《磧》《南》《徑》作“執”。

幖幟各異，所求迅速成辦，世間、出世間成就果報。

諸會浩汗①，文義稍多，恐文繁②，且略指方隅。

依《毗盧遮那成道經》，大本十萬偈，可有三百卷，經唐國所譯，略本七卷。

此經中説一百六十心，十緣生句，五③輪，地輪④、水輪、火輪、風輪、空⑤輪⑥。

此經中二種修行，菩提心以爲因，大悲以爲根⑦，方便爲究竟。依勝義、世俗⑧，若依勝義⑨修行，建立法身曼荼羅，是故此經中説先稱⑩虛空中曼荼羅，是故觀本尊法身，遠離形色，猶如虛空，住如是三摩地。若依世俗諦修行，依四輪以爲曼荼羅，本尊聖者若黃色，住地輪曼荼羅；其形方，名金輪。聖者若白色，住水輪曼荼羅；其形圓，名水輪。聖者若赤色，住火輪曼荼羅；其形三角。聖者若青若黑⑪，住⑫風輪曼荼羅。其形如半月。

大曼荼羅安於八葉蓮華臺，五佛四菩薩安於臺葉。中曼荼羅外，又有三種曼荼羅：一切如來曼荼羅、釋迦牟尼曼荼羅、文殊師利曼荼羅⑬，此曼荼羅⑭名爲大悲胎藏曼荼羅。弟⑮子受⑯灌頂法，小曼荼羅極微妙委曲，餘部所不代。

此中修行供養，兼存二種⑰，謂⑱事與理爲二也⑲。

此經中護摩火天有四十種，就中一⑳十二種火爲最勝，爐形及木有乳、果類、苦練，所用各不同，東、西、南、北祈願各殊。內外護摩亦依五輪，求四種事速疾成就：息

---

① 汗，原作“汙”，據《中華藏》校勘《磧》《南》《徑》《清》《麗》改，別本作“瀚”。

② 文繁，原作“繁文”，據《中華藏》校勘《麗》正。

③ “五”前，《中華藏》校勘《麗》有“及”。

④ 輪，別本無，下四“輪”字同。

⑤ “空”後，別本有“五”。

⑥ “輪”後，別本有“也”。

⑦ 根，別本及《中華藏》校勘《麗》作“根本”。

⑧ “俗”後，別本及《中華藏》校勘《麗》有“二諦”。

⑨ “義”後，別本有“諦”。

⑩ 稱，《中華藏》校勘《磧》《南》《徑》《清》作“絣”。

⑪ 青若黑，《中華藏》校勘《磧》《南》《徑》《清》作“青色若黑色”。

⑫ 住，別本作“依”。

⑬ “一切如來曼荼羅”至“文殊師利曼荼羅”各條前，別本及《中華藏》校勘《麗》依次有序數詞“一者”至“三者”。

⑭ 此曼荼羅，別本無。

⑮ “弟”前，別本有“若”。

⑯ 受，別本作“授”。

⑰ “種”後，別本有“法”。

⑱ 謂，《中華藏》校勘《磧》《南》《徑》《清》無，《麗》作“法謂”。

⑲ 爲二也，《中華藏》校勘《磧》《南》《徑》《清》無。

⑳ 一，別本作“二”。

災、增益、降伏、敬愛①。所請火天各各不同②：寂静、熙怡、忿怒、喜怒③，次第④應知。

《蘇⑤悉地經》教中依三部，所謂佛部、五佛頂等。蓮華部、種類甚多⑥。金剛部⑦，金剛薩埵等。變化無量。有三種三昧邪：佛部、蓮華部、金剛部。有⑧三部心真言：
尒那尒⑨迦半音呼⑩，一阿嚧力二嚩日⑪囉二合地力三⑫

部主有三種⑬：佛部主⑭，金輪王佛頂⑮；蓮華部主，馬頭觀自在；金剛部主，三世勝金剛。

三種部母：佛部，佛眼以爲部母；蓮華部，白衣觀自在以爲部母；金剛部，忙麼雞菩薩以爲部母。

三種明妃：佛部，無能勝菩薩以爲明妃；蓮華部，多羅菩薩以爲明妃；金剛部，金剛孫那利菩薩以爲明妃。

三種忿怒：不動尊，佛部忿怒；忿怒鈎，蓮華部忿怒；軍荼利，金剛部忿怒。

有四種界：金剛橛，地界；金剛牆，八方界；金剛網，上方界；密縫，阿三莽儗你界。

又有四種界結護曼荼羅，金剛索護東方，金剛幢幡護西方，金剛迦利護南方，金剛峯護北方。又大界名商羯羅，設佛頂護輪王等，隣近不被障礙。

此經中修真言者成就世間悉地，依時依處，時者謂三時，處謂本尊像前。供⑯養五種，除閼伽，一者⑰塗香，二者華鬘，三者燒香，四者飲食，五者燈明。白、北。黄、東。黑、南。赤，西。隨息災、增益、降伏、敬愛，所求應知。成就者，十八種物隨身，廣如經説。

---

① “息災”至“敬愛”各條前，別本依次有序數詞“一”至“四”。
② “同”後，別本有“亦四差別”。
③ “寂静”至“喜怒”各條前，別本依次有序數詞“一”至“四”。
④ “次第”前，別本有“配前四種事”。
⑤ “蘇”前，別本及《中華藏》校勘《麗》有“若”。
⑥ 種類甚多，原作正文，此按前句改注文，後句同。
⑦ “佛部”至“金剛部”各條前，別本依次有序數詞“一”至“三”。
⑧ 有，別本作“次有”。
⑨ 尒，《中華藏》校勘《磧》《南》《徑》《清》作“羅”。
⑩ “呼”後，別本有“呼”。
⑪ 日，別本無。
⑫ 力三，別本作“叻二合，三”。
⑬ 種，別本無。
⑭ 佛部主，原在“金輪王佛頂”後，此按後例移此。
⑮ 王佛頂，別本作“佛頂王”。
⑯ “供”前，別本及《中華藏》校勘《麗》有“有”。
⑰ 者，別本無，下四“者”字同。

三時澡浴①，三時換②衣。一月分爲四時，從③月生一日至八日，應作息災④；從九日至十五日，應作增益⑤；從十六日至二十三日，應作降伏⑥；從二十四日至月盡日，爲敬愛⑦法。

《麸⑧呬耶經》，亦同《蘇悉地》，説⑨分布曼荼羅及絣地法，此經中極微細，不可具録。

又⑩八方，其護持帝王營從兵法，五天竺國深敬信佛法，於帝王可傳。

《蘇婆呼童子經》，此⑪經中説⑫辦求成就人護摩杵，金、銀、銅、鐵、石、水精、佉陁羅木等，無量種各不同杵，五股⑬、三股⑭、一股，長⑮十六指爲上，十二指爲中，八指爲⑯下，乃至一指節者⑰爲下。此經中説不持金剛杵，念誦者⑱無由得成就。金剛鈴者是般若波羅蜜義，金剛杵者是⑲菩提心義⑳，能壞斷、常㉑二邊，契合中道㉒。有十六菩薩位，亦表十六空爲中道。兩邊各有五股㉓，五佛五智義，亦表十波羅蜜，能摧十種煩惱，成十種真如，便證十地，證金剛三摩地㉔，獲金剛智，坐金剛座，亦是一切智智，亦名如來自覺聖智。若不修此三摩地智得成佛者，無有是處。恐文繁，不能廣述。若廣釋，窮劫不可説㉕盡。

---

① 浴，《中華藏》校勘《磧》《南》《徑》《清》作“洗”。
② 換，《中華藏》校勘《磧》《南》《徑》《清》作“浣”。
③ 從，《中華藏》校勘《磧》《南》《徑》《清》無。
④ 息災，別本作“息災法”。
⑤ 增益，別本作“增益法”。
⑥ 降伏，別本作“敬愛法”。
⑦ 敬愛，別本作“降伏”。
⑧ 麸，別本作“若准王”，《大正藏》校勘諸本作“麸”“麸”“蕤”。
⑨ 説，《中華藏》校勘《磧》《南》《徑》《清》無。
⑩ 又，《中華藏》校勘《磧》《徑》《清》作“及”。
⑪ 經此，別本無。
⑫ 説，《中華藏》校勘《磧》《徑》無。
⑬ 五股，別本作“有”。
⑭ 股，別本作“種”。
⑮ 一股長，別本作“一五鈷二三鈷三一鈷長者”。
⑯ “爲”前，《中華藏》校勘《磧》《南》《徑》《清》有“以”。
⑰ 者，《中華藏》校勘《磧》《南》《徑》《清》無。
⑱ 念誦者，《中華藏》校勘《磧》《南》《徑》《清》無。自“念誦”至卷末，《金藏》殘，《中華藏》據《麗藏》補。
⑲ 是，《中華藏》校勘《磧》《南》《徑》《清》無。
⑳ “金剛鈴”至“心義”，《中華藏》校勘《磧》《南》《徑》《清》無。
㉑ 常，《中華藏》校勘《磧》《南》《徑》《清》無。
㉒ 合中道，《中華藏》校勘《磧》《南》《徑》《清》作“中道中”。
㉓ 股，別本作“鈷”。
㉔ 摩地，《中華藏》校勘《磧》《南》《徑》《清》作“業”。
㉕ 可説，別本無。

　　《怛唎三昧耶經》,同《毗盧遮那》,集合①所有聖衆,修行教法,自性成就。此教中修行者,但住菩提心,大悲志願,不捨無盡衆生界。所不應事,不可建,不可食。若爲②者,犯三摩耶③。此經中説誦大輪金剛真言,不染諸慾過以爲方便,現生一切真言速疾成就。此經中不動尊④等四十二如來僮僕使者,若修真言行菩薩⑤,堅持菩提心,我等承事供養擁護,食彼修行者殘食,彼等至無上菩提,諸有作⑥障者毗那夜迦不得其⑦便,速證無上菩提。

　　陀羅尼門諸部要目⑧

---

①　合,別本及《中華藏》校勘《磧》《南》《徑》《清》作"會"。

②　爲,別本作"違"。

③　"不應"至"三摩耶",《中華藏》校勘《磧》《南》《徑》《清》作"應不違事,設違之不應食啗,若有食者不成,破三昧耶戒"。

④　"尊"後,別本有"聖者"。

⑤　"菩薩"後,別本有"者"。

⑥　有作,《中華藏》校勘《磧》《南》《徑》《清》無。

⑦　其,《中華藏》校勘《磧》《南》《徑》《清》無。

⑧　卷末經名,原作"都部陁羅尼目一卷",據經題及《中華藏》校勘《磧》《南》《徑》《清》改。

金剛頂瑜伽略述三十七尊心要[①]

大廣智三藏和上於含暉院承明殿道場説

爾時毗盧遮那如來於須彌盧金剛摩尼寶峯樓閣至已，金剛界如來以一切如來加持，於一切如來獅子座一切面安立。時大菩提心不動如來、大福德聚寶生如來、三摩地妙法藏觀自在王如來、毗首羯磨成就一切事業不空成就如來，一切如來加持自身，婆伽梵釋迦牟尼如來一切平等善通達故，一切方平等，觀察四方而坐。

夫修行者初發信心，以表菩提心，即大圓鏡智紇哩娜野心。是衆生内心安吽字爲種子，所變種子爲月輪，於輪光明中想五智金剛杵光明照徹，即易杵爲金剛薩埵，即普賢菩薩之異名。此表東方阿閦如來金剛部也，即大圓鏡智是也。次當禮南方福德聚寶生如來，想持摩尼寶鉼，想與一切如來灌頂，即虛空藏菩薩執摩尼寶珠，成滿一切衆生所求之願。由此福德聚功德，無量無邊，赫奕威光，所求願滿。此乃寶生如來寶部所攝也，即平等性智也。次禮西方阿彌陀如來，表一切如來三摩地智，由初發心便能轉法輪，辯無言説，理無涯際，語部所收，能令衆生聰明利智。此乃西方法部所攝也，即妙觀察智也。次禮北方不空成就如來也，以大慈方便能成一切如來事業及以衆生事業，由毗首羯磨菩薩善巧智方便，能成就一切有情菩提心，畢竟不退，坐菩提道場，降伏衆魔，多諸方便，無令沮壞，亦能變虛空爲庫藏，其中珍寶滿虛空中，供養十方微塵一切諸佛。此虛空庫菩薩即毗首羯磨菩薩之異名，行願所成印，傳堅固解脱之門，善能護持三密門之大印方便。此乃業部所攝，即成所作智也。其所禮四方佛儀軌乃至真言，具在經中明説。應知其中方毗盧遮那佛即如來部也，報身圓滿，萬德莊嚴，於須彌盧頂寶峯樓閣大摩尼寶殿坐金剛臺，成等正覺，降伏衆魔，於諸毛孔放大光明。十方如來及諸聖衆咸來同證，十地滿足菩薩皆歸此會，各處本方座位，住三摩地

① 底本，《卍續藏》第 63 號，第 2 册第 270 頁上—276 頁中，原靈雲校本。校本，《大正藏》第 871 號，第 18 册第 291 頁下—297 頁下，原縮刷大藏經，原校本［甲］寬治年間寫高山寺藏本，［乙］黃檗版淨嚴等校訂加筆本塚本賢曉氏藏。

心,皆從毗盧遮那如來心内智中流出無量無邊祕密法門,菩薩修行相應三昧,瑜伽理智滿法界心。此大菩提五智圓滿,即毗盧遮那如來真如法界智,處中位也。

次入十六大菩薩三摩地位。

夫修真言行人,須知十六大菩薩三摩地次第各各不同,於三昧耶心差別有異。且如金剛薩埵東方爲首,大菩提心從初發意堅固勇猛,住三摩地智,自受用身光明赫奕,廣照無邊,執五智金剛杵,據其座位,傲慢自在,即金剛薩埵之事。經偈曰:

　　　　奇哉大普賢!堅薩埵自然,

　　　　從堅固無身,獲得薩埵身。

雖證薩埵正位,而見惑未除,一切有情將何引化? 須行四攝法而濟度之。四攝法者何? 布施、愛語、利行、同事等而攝取之。所以金剛王菩薩執雙金剛鈎,用爲召集而攝召之,即不空王菩薩妙用也。經偈曰:

　　　　奇哉不空王!金剛所生鈎,

　　　　由遍一切佛,最勝能鈎召。

雖有鈎召,然未具大悲之心,須發愛念一切有情而與①救護。於是金剛愛菩薩乃執大悲之箭,能射二乘計執之心。若能、所未忘,豈爲濟拔? 持此大悲弓箭,亦能殺害一切煩惱,直取菩提,即金剛愛菩薩之行位。經偈曰:

　　　　奇哉自性淨!隨染欲自然,

　　　　離欲清淨故,以染而調伏。

由斯勝行,極喜善哉即獲一切善法三種祕密心,善口、善意、善身三善法門,三業清淨,讚善功德無量無邊,即善哉菩薩之本事也。經偈曰:

　　　　奇哉我善哉!諸一切勝智,

　　　　所離分別者,能生究竟喜。

已上金剛部四菩薩也。

由斯善法,果願未圓,須臾灌頂,莊嚴瑩飾其體,即虛空藏菩薩,持摩尼寶缾。復想一切如來發生大摩尼寶灌頂大菩薩受位,乃至轉輪王住位時,悉皆爲之利益恒沙,無邊福德聚,威德自在,此乃虛空藏菩薩之福智也。經偈曰:

　　　　奇哉妙灌頂! 無上金剛寶,

　　　　由佛無所著,名爲三界主。

雖受灌頂,未獲威光,須得日輪圓光,洞照千界。所以持金剛光明之日,赫奕暉煥,皎徹無涯,雖有微塵數日,莫能映奪也,此乃金剛威光菩薩之照徹也。經偈曰:

　　　　奇哉無比光! 照耀有情界,

---

①　與,原作"興",據《卍續藏》校勘改。

能静清淨者，諸佛救世者。

既光明廣大，功業彌高，錫賚酬賞，須有檀施，即金剛幢菩薩建立大摩尼幢，上安如意寶珠，光明照曜，雨摩尼百寶，幢蓋繒幡，微妙香華。而皆施與一切有情，所須隨意，滿足檀波羅蜜行願，具大悲心，無量珍財施無所施所得無得之心，此乃金剛幢菩薩大悲願力也。偈曰：

奇哉無比幢！一切益成就，

一切意滿者，令滿一切願。

既蒙施利，喜悅成心，即獲奇特之志。發言歡喜，微笑悅樂，廣度有情，喜捨之心能事備矣，此金剛笑菩薩奇特之喜智也。偈曰：

奇哉我大笑！諸勝甚奇特，

安立佛利益，常住玅等引。

已上寶部四菩薩也。

雖能滿願，由恐散動，散動具有六種散動，作意散動、自性散動、外散動、內散動、相散動、坐①散動，是名六種散動。不能制止心王，須修三摩地法以住其心。殊勝行門，微妙理義，大悲方便，而筏喻之勝義，菩提行願，因茲頓證，此乃觀自在菩薩之悲智也。偈曰：

奇哉我勝義！本清淨自然，

諸法如筏喻，清淨而可得。

雖悟法圓滿，結使煩惱仍未遣之。於是文殊師利大菩薩，般若波羅蜜圓滿，智慧無涯，遂乃操持智劍，劃斷繒網，除害四魔二乘碓執之心而無所住，不居空有，永絕二邊，能斷一切有情結使之心，常住無爲，智慧圓明，即文殊般若之智慧也。偈曰：

奇哉一切佛！我名②微妙音，

由慧無色故，音聲而可得。

由斯斷惑，須妙法斯傳，即纏發心即轉法輪菩薩住三摩地心。起大悲願行，轉正法輪，輪輻光明動大千界，三輪清淨，於諸曼陀羅以主宰，於諸魔所而教令之，調伏有情，正受三昧，即金剛場菩薩之智輪用也。偈曰：

奇哉金剛輪！我金剛勝行，

由纏發心故，能轉妙法輪。

妙法既轉，須頓入無言語文字本空真如法界平等修多羅藏，恒沙法門圓滿，悟大乘無③不開演。以茲勝法，共諸佛談論念誦律，良一代真言備在此也，乃無言菩薩語智三摩地智也。偈曰：

---

① 坐，原作“座”，據《卍續藏》校勘改。

② 名，原作“聞”，據《卍續藏》校勘引經本改。

③ “無”後，原有“無”，據《卍續藏》校勘刪。

奇哉我祕密！我名祕密語，

所説微妙法，遠離諸戲論。

已上四菩薩法部也。

雖通語智，而諸佛事業及衆生事業未成就之。即入一切業用善巧門之所成辨，廣興供養，利樂有情，以虛空爲庫藏。是中珍寶滿虛空中，給濟蒼生，五種之施令無匱乏，十方如來、一切諸佛微塵刹海普心供養，即毗首羯磨菩薩善巧智也。偈曰：

奇哉我不空！我一切業多，

無功作佛事，能轉金剛業。

既具事業，堅固精進而妙用之，若不精修，魔即得便而生進退①。所以被精進鎧甲，持萬行修心，守護法門，令不退轉。即慈護廣大，能除懈怠，護堅猛之智，頓成究竟菩提，無不被矣，此乃難敵精進菩薩之大慈護也。偈曰：

奇哉堅固甲！我堅固固者，

由堅固無身，獲得堅固身。

精進既具，天魔、蘊魔及煩惱魔等須摧伏之。示金剛藥叉形，作可畏色，熾焰赫奕，恚怒威猛，持金剛牙安自口中，能食一切有情無始無明及諸執見而摧滅之，作大悲方便而能恐怖一切如來，此乃金剛藥叉菩薩大悲方便之智也。偈曰：

奇哉大方便！諸佛之悲愍，

由有形寂静，示作暴怒形。

由斯威猛解脱之理而助成之三際苦輪②衆生，祕密金剛而能濟度，大權方便，三密加持，祕印心傳，住三摩地，一切法要而能解縛，脱苦與樂，住四無量心，此乃金剛拳菩薩密印智也。偈曰：

奇哉我堅縛！我堅三昧耶，

成諸意樂故，解脱者爲縛。

已上四菩薩羯磨部也。

阿閦如來於内心證得金剛波羅蜜，入金剛三昧耶，加持一切三摩地智，自受用故，從五峯光明金剛菩提心三摩地智中流出金剛光明，遍照十方世界，淨一切衆生大菩提心，還來收一聚。爲令印一切菩薩自受用三昧耶智故，成金剛波羅蜜菩薩形，持金剛杵，於毗盧遮那如來前月輪而住。偈曰：

奇哉一切佛！我堅金剛身，

由堅無身故，獲得金剛身。

---

① 進退，《卍續藏》校勘及《大正藏》本校勘［乙］作“退還”。

② 際苦輪，原作“輪菩際”，據《卍續藏》校勘及《大正藏》本校勘［乙］改。

　　寶生如來於內心證得虛空寶大摩尼藏功德三摩地智，自受用故，從虛空寶大摩尼藏功德三摩地智流出虛空寶光明，遍照十方世界，令一切眾生功德圓滿，還來收一聚。爲令印一切菩薩受用三昧耶智故，成金剛寶波羅蜜菩薩形，持大摩尼寶，於毗盧遮那如來右邊月輪而住。偈曰：

　　　　奇哉一切佛！我名寶金剛，

　　　　於一切印眾，堅灌頂理趣。

　　觀自在王如來於內心證得大蓮華智慧三摩地智，自受用故，從大蓮華智慧三摩地智流出蓮華光明，遍照十方世界，淨一切眾生客塵煩惱，還來收一聚。爲令印一切菩薩受用三昧耶自受用智故，成法波羅蜜菩薩形，持大蓮華，於毗盧遮那如來後月輪而住。偈曰：

　　　　奇哉一切佛！法金剛我淨，

　　　　由自性清淨，令貪染無垢。

　　不空成就如來於內心證得羯磨金剛大精進三摩地智，自受用故，從羯磨金剛大精進三摩地智流出羯磨光明，遍照十方世界，令一切眾生除一切懈怠，成大精進，還來收一聚。爲令印一切菩薩自受用三摩耶智故，成羯磨波羅蜜菩薩形，持羯磨金剛，於毗盧遮那如來左邊月輪而住。偈曰：

　　　　奇哉一切佛！我多業金剛，

　　　　由一成一切，佛界善作業。

　　已上四波羅蜜大菩薩堅固之體由若虛空，無能沮壞。爲焰塵雲霧能翳空界，日月之光猶爲障礙，一切眾生本來自性清淨，爲客塵煩惱、能所二相纏染其心，不得自在。今此妄想所有本體自空，了諸法不生，空有無礙。

　　於是毗盧遮那佛即住菩提心觀，徹照圓明，流出適悅、莊嚴種種供養，此乃金剛喜戲菩薩大菩提心之妙用也，於不動如來曼荼羅左邊月輪而住。偈曰：

　　　　奇哉無比有！諸佛中供養，

　　　　由貪染供養，能轉諸供養。

　　今具喜戲供養，毗盧遮那佛於內心流出金剛寶鬘，嚴飾其體，即集眾寶，用爲莊嚴，寶聚光明，福德圓滿，五種施願而能滿足，於南方寶生如來曼荼羅左邊月輪而住。偈曰：

　　　　奇哉我無比！稱爲寶供養，

　　　　於三界王勝，教勅受供養。

　　寶鬘供養已，即毗盧遮那於內心流出大悲方便，住三摩地心。發歌讚諷詠而興供養已，獲得六十四種梵音，住說法無礙，其音清雅，令眾樂簫瑟箜篌而能供養，此即音聲爲佛事也。法利言說，本體自空，真如凝然，法界清淨，此乃金剛歌菩薩供養語

智也,於觀自在王如來曼茶羅左邊月輪而住。偈曰:

　　　　奇哉成歌詠!我供諸見者,

　　　　由此供養故,諸法如響應。

雖具歌詠而未獲神通,即毗盧遮那佛於內心中流出如來事業及衆生事業,作善巧智及自受用智種種供養,結金剛舞印,廣大儀軌現大神通,紗舞莊嚴以爲佛事,微塵佛刹供養恒沙,於三昧門出入無礙,此乃金剛舞菩薩紗用也,依不空成就如來曼茶羅左邊月輪而住。偈曰:

　　　　奇哉廣供養!作諸供養故,

　　　　由金剛舞儀,安立佛供養。

已上四菩薩內供養也。

阿閦如來於內心中流出焚香菩薩,供養毗盧遮那如來。其香雲海遍周法界,見聞覺知者能生適悅,能遍入諸佛體中,悅樂歡喜,此乃金剛焚香菩薩作大佛事供養也。偈曰:

　　　　奇哉大供養!悅澤具端嚴,

　　　　由薩埵遍入,速疾證菩提。

香已供養,寶生如來於內心流出微紗覺華而奉獻毗盧遮那如來,由金剛寶蓮,其華開敷光明,厥色鮮美,福德之聚種種莊嚴,能施有情安樂之願,此乃金剛華菩薩而妙用也。偈曰:

　　　　奇哉一切佛!能作諸莊嚴,

　　　　由如來寶性,速疾獲供養。

華已供養,未獲光明。即觀自在王如來於內心中流出金剛智燈,承事供養毗盧遮那如來,光明照徹,獲得如來五眼清淨,內外障色悉咸覩見,於內智燈照一切法,本性清淨,由若摩尼,百光千明無能映蔽,智慧之日由斯燈焉,此乃金剛燈菩薩智照也。偈曰:

　　　　奇哉我廣大!供養燈端嚴,

　　　　由速具光明,獲一切佛眼。

燈既供養,未獲清涼。即不空成就如來於內心中流出金剛塗香菩薩,執持香印,供養毗盧遮那如來。此紗塗香能除一切有情鬱熱之疾,能獲如來五分法身、戒定慧解脫、解脫知見,莊嚴其體,亦能證得清冷菩提之心廣大圓滿,此乃金剛塗香菩薩供養也。偈曰:

　　　　奇哉香供養!我微紗悅意,

　　　　由如來香故,授與一切身。

已上四菩薩外供養也。

　　八供養已畢，四攝之事未圓，即毗盧遮那内心中流出金剛鈎菩薩而召集之。夫爲鈎者有四攝義，愛語、布施、利行、同事，而能運度無量衆生，復有難調衆魔而能折伏，亦能控制狂象而皆順從。即此大菩提心廣大圓滿，堅固猛利，決定不退，亦能召集一切賢聖降臨道場，能滿一切真言行菩薩速證悉地，此乃金剛鈎菩薩召集之智也。偈曰：

　　　　奇哉一切佛！鈎誓我堅固，

　　　　由我遍鈎召，集諸曼荼羅。

　　既具鈎義，引攝之事未圓。即毗盧遮那佛内心中流出金剛索菩薩，能禁制一切煩惱、無明、妄①想、昏闇之心，能縛一切苦輪，令得解脱。復能等引禪定大菩提心，一切印衆皆來聚會，微塵佛刹咸悉降臨曼荼羅道場，共作佛事。偈曰：

　　　　奇哉一切佛！我堅金剛索，

　　　　設入諸微塵，我復引入此。

　　索義既辨，制止之理未行。即毗盧遮那佛於内心中流出金剛鏁菩薩，其鏁是制止之義，能閉一切諸惡趣門，起大慈悲，於一切有情而生救護，能縛一切衆印，及以如來使，俱由解脱得大涅槃。復令微塵海會如來於此道場住三摩地心，同密嚴佛會作大佛事。偈曰：

　　　　奇哉一切佛！大堅金剛鏁，

　　　　令諸縛脱者，有情利故縛。

　　雖具鏁義制止之事，遍入理智而未圓通。即毗盧遮那佛於内心中流出金剛鈴菩薩，執持光明磬而供養之，發生無量微妙之音，一切聖衆聞者靡不歡喜。諸佛種子惡字②。能遍入一切如來身心中，瑩如明鏡。於無量有情身田中大種智③，能於諸佛所捨身而作僮僕，承事供養，於三摩地中適悦歡樂，此乃金剛鈴菩薩之妙響也。偈曰：

　　　　奇哉一切佛！我堅金剛入，

　　　　爲一切主宰，亦即爲僮僕。

　　此乃一切如來三昧耶鈎召引入縛調伏也，結三昧耶印已，能令修行人天諸三摩地佛性海中適悦安樂，由斯供養。

　　次入五如來供養法，即入毗盧遮那佛觀，結遍照尊如來印，觀門即身心清淨，圓滿菩提，廓周法界。

　　次入金剛薩埵三摩地印，堅固菩提心。

　　次入虛空藏菩薩大寶印，獲得一切衆生所願滿足，無所匱乏。

----

①　妄，原作“忘”，據文意改。

②　惡字，原在“種子”前爲正文，據《卍續藏》校勘及《大正藏》本校勘［乙］改。

③　種智，《卍續藏》校勘疑倒錯。

次入蓮華三昧耶觀自在菩薩印，由此清淨無染著故，獲得一切殊勝微妙之法。

次入羯磨大菩薩三摩地，能成一切如來事業，衆生事業所有修持無不成就，此乃毗盧遮那及四大菩薩，即同五如來也。

次當修行十六大菩薩供養，是諸大菩薩爲供養故，各持器械之印，布在身上諸支分間，能爲如來作大佛事。

初金剛薩埵持五智金剛杵印，以表堅固勇猛菩提心。

次金剛王菩薩持金剛雙鉤印，行四攝法，召一切如來及一切有情無不雲集，置之右脅以爲標幟。

次結金剛愛菩薩弓箭之印，能令愛念一切有情，又能射二乘見執之心，置之左脅，用爲隨一切色相無所染著。

次結婆度大菩薩歡喜印，一切如來及諸聖衆皆善哉彈指，讚歎隨喜，置之腰後，以表善哉。

已上金剛部四大供養也。

次當結虛空藏大菩薩大寶印，能滿一切有情，所求皆得，置之於額，雨種種寶，亦持摩尼寶鉼，與一切如來灌頂。

次當結金剛威光大菩薩印，威光赫奕，能蔽千日，持金剛之日面前旋轉，如轉日輪。

次結金剛幢菩薩印，由如意寶幢能滿一切有情，求願滿足，置之直上，由若寶幢。

次結金剛笑菩薩印，能令一切賢聖諸佛海會及天仙等靡不歡喜，置之口已上，以表大喜笑也。

已上寶部四供養菩薩也。

次當入蓮華部三摩地，由此住觀自在菩薩觀，能令有情於法無礙，無所染汙。即時蓮華印安在口中，清淨法音之所演化。

次當入文殊室利菩薩智慧之觀，當令有情辦明正法，持智慧之劍，能破邪山，絕二乘見執之心，住法空、無相、無願解脫門，安於右耳輪邊以爲止住。

次當入法輪清淨觀，能轉無上之法輪，三轉法輪，於①大千廣度有情，即金剛因菩薩持金剛輪器杖，安在左耳以爲幖幟。

次當入無言三昧耶，一切萬法皆離言語，言語性空，本來常寂，亦無所説，即金剛語菩薩持金剛舌，即安在頂後，以表無言。

已上四親近菩薩法部也。

次業部十七供養，即金剛喜戲菩薩能令有情適悦歡喜，持三鈷之杵，安於頂上，

---

①　於，原作“三”，據《卍續藏》校勘改。

成就一切如來事業，衆生事業悉皆成就。

次當金剛鬘印，莊嚴之事業衆寶所成，絹索、寶鬘以爲嚴飾，此印安於額上也。

次金剛歌菩薩，能成如來六十四種梵音，歌讚吟詠，皆成殊勝。持箜篌之印，置左右肩，所出言音皆成妙法。

次金剛舞菩薩，神通自在，變化十方，舉動施爲，無非佛事。

此四菩薩，北方四親近大菩薩也，業部所管。

次結外供養菩薩印，即金剛焚香及金剛華、金剛燈乃至塗香菩薩等，以爲十七雜供養。

金剛寶印供養，能令有情所求滿願。以金剛妓樂、歌讚、諷誦，簫瑟、箜篌、微妙法音以爲供養。

次結劫樹印，能令諸有情能滿殊勝之願，百千珍寶，玩弄諸物，名衣上服，凡有所須，於此樹間皆得滿足，無有乏少。

次結羯磨三昧耶印，常作思惟：於虛空中所有一切諸如來，我皆承事供養，一一佛前想有此身瞻禮供養。

次應入達磨三昧耶印，常作思惟：我今此身與諸佛菩薩身等，觀法實性，無有差別，更無異相，即同一切如來之身也。

已上修行三摩地法也。

次行六波羅蜜法，運度有情，於四無量心、四①弘誓願，發菩提心，即當證悟。

次入六波羅蜜觀行，檀波羅蜜者爲是寶部，所以亦由無住檀施，等虛空界一切有情所求之者，隨意滿願，皆施與之。復於生死之中愍念衆生，爲救護故，悉令滿足。亦能護菩提心，未度者令度，未安者令安。亦能雨種種珍寶，廣施有情，令使圓滿富樂豐饒，令得解脱。

戒波羅蜜者三聚淨戒，一攝律儀戒，二攝善法戒，三攝衆生戒，亦云饒益有情戒。一切戒行皆攝律儀所管，由持戒故，獲得身口意清淨果報，此即同毗盧遮那如來滿法界身，如如之體，亦云斷德也。攝善法戒者，一切善法皆屬此戒。亦云智德，即是毗盧遮那如來圓滿報身也。色相莊嚴，光明赫奕，據須彌頂，爲諸菩薩説大乘經是。饒益有情者，即是釋迦牟尼如來化身也。由如來於此世界愍念有情，作變化身種種方便，救度衆生，令登彼岸，即名恩德。由此三德之義，總而言之，戒波羅蜜之所攝化也。

忍波羅蜜者有五義，一伏忍，二信忍，三順忍，四無生忍，五寂滅忍。伏忍配東方，信忍配南方，順忍配西方，無生忍屬北方，寂滅忍配中央方。於此五方即五如來也。地前三賢伏忍，且初地、二地、三地配於信忍。四地、五地、六地，配於順忍也。

---

① 四，原脱，據《大正藏》本校勘［甲］補。

七地、八地、九地配在無生忍。十地滿足①，等妙覺者配於寂滅忍。由持忍波羅蜜故，所生之處令得端正果報眷屬圍繞，功德廣大，無量無邊，不可窮盡，見聞之者悉皆歡喜，恭敬隨順，喜悅從心，此即忍波羅蜜之行相也。

精進波羅蜜者，若人修行，不能精進勤行苦行，至求解脫者，魔即得便，墮在泥犁生死海中，巡環六道，無由得出。所以須被精進鎧甲，摧懈怠之魔，萬行精修，悉皆成就，威德自在，由若日輪。三千威儀，八萬細行，皆由持此戒也，精進波羅蜜行相也。

禪波羅蜜者，凡人修行，心多散亂爲計屬，即備六種散動，纏繞身心，念②不安，不得解脫。所以須住心一境，更不緣異緣。於四種禪法中，住如來清淨禪中，求除妄想。須住無住之住，常依離念之心，實相圓明，廓周法界，大菩提路由此致焉，此禪波羅蜜也。

智慧波羅蜜者，智能了別，慧乃③辨明，由如明鏡能鑒衆色，大小乘法無有差謬。除其我執二相，住大乘心，圓滿菩提，證真如際，即是如來平等法身。修行者結六波羅蜜印，誦六波羅蜜真言，住六波羅蜜觀門，即同一切如來解脫如如智法身也④。由此六種方便，即入三空解脫門，所謂⑤空、無相、無願解脫門。一切萬法舉體皆空，無一事而不真，無一物而不實，真空妙有，實相圓明。即誦愚呬耶真言，即是毗盧遮那如來正體圓智也。由斯勝上之義轉，便結如來口印，住三密門觀，誦三祕密真言，一切有情無不解脫。所出法要迴施衆生，見聞覺知悉超三界。結四大印，誦四種真言，誦百字明，住三摩地心，持珠念誦。持念畢已，誦種種讚歎，獻種種名華，誦百字真言，即入塵剎佛海，運心廣大供養。法事既畢，則從前羯磨三十七尊印，後便結三昧契，及十六大供養，乃至十七雜供養。已後獻閼伽，迴向發願。然即入三昧耶，心住三摩地觀門，念誦即經行息念。轉讀大乘《華嚴》《楞伽》等經，思惟佛道。

國師大三藏和上於含暉院承明殿大道場，頃因餘暇，披讀梵經，忻然熙顔，法樂虛適，開大慈之戶，誘諸童矇，大啓良緣，令使知見。我之祕教浩汗無涯，法體幽微，實難窮際，今且依瑜伽教跡，略爲指南。真言行門，爰開理趣，今説能觀毗盧遮那佛報身是，所觀四智如來也。能觀是四方如來，所觀是十六大菩薩也。能觀是心，所觀是境。八供養及四大護菩薩等各具能所，雖具能所，能所之體本空，空有之理本無，中道之心斯契。今此建立金剛界三十七尊大曼荼羅，及賢劫千佛，外金剛部二十天及四十天等。此爲初原，展轉相生無量曼荼羅也。

今復建立降三世忿怒曼荼羅會三十七尊調伏法則，文殊乃至諸天、外金剛部稍

---

① “足”後，原有“配也”，據《卍續藏》校勘刪。
② 念，《大正藏》本校勘［甲］作“令心”。
③ “乃”後，原有“由”，據《卍續藏》校勘刪。
④ 法身也，原作“也法身”，據《卍續藏》校勘及《大正藏》本校勘［乙］改。
⑤ 謂，原作“爲”，據《大正藏》本校勘［甲］改。

異諸法，且依修證，略述指陳。於三昧耶心出入無礙，精修理智，住菩提心，舒展無涯，廓周法界，或①聚即入金剛光明峯內，若出虛空，遍滿虛空微塵海會如來，咸來同證，又傳心印，指示微細觀門，金剛一乘以爲心要。

又説護摩之法，獲益無窮。凡所施爲，須依師受。爐數、壇所爲不同義，蘇蜜、柴薪俱申妙用。至如供養香藥、飲食，息災、調伏法則又別。真言加句。引入道場法事，皆依本部，亦不同其揆也。今此啓鑿，令斷衆疑，依此修行，必無差謬。即欲依經廣説，義密難申，諸餘軌儀，備在經内。且約金剛界三十七尊，修集要門，輪環鈎帶而敷演也。弟子等既蒙法施，喜躍②增深，虔恭一心，佇立而聽，依口鈔寫而私記焉。

次入空、無相、無願解脫門者，所謂空者，一切法皆空，空之體亦空，空亦不可得也。無相者，地水火風、男女等相，并青黃赤白。於此十相，一切萬法舉體皆空，以爲一切相空不可得也。無願者，凡所修道，絶三界希望之心，有所願求，皆是有相。永絶妄想，斷所願求之心，無願無求，是真解脫。由此三相空故，即入解脫法門。悟斯正理，即身有光明。廓周法界，即同毗盧遮那正體智也。皆由誦愚呬耶真言，結此密印，即入三密觀解脫門，一境一心，即當證悟。次三祕密口印，由此三密，三業清淨，觀於此身滿法界，微塵盡是一切諸佛。於一一佛前皆有自身，於諸佛足下禮拜承事，供養、懺悔、發願。

四大印者，初金剛薩埵想五智之杵，常在菩提心月輪上，其杵發無量光明，即成菩提心智也。第二寶印，即虛空藏菩薩金剛福德之聚，珍寶無窮，亦能灌頂一切如來，滿衆生願也。次觀自在菩薩，由斯印故，能令法界清淨，入無言觀門，於舌上觀五智金剛，光明赫奕，説法無礙，即入勝義菩提印也。第四羯磨印者，想羯磨金剛杵，結此杵印在於月輪心上旋轉，滿法界輪，諸佛所願皆得滿足。承事供養，無所闕乏，復於自身同於諸佛，一切供養無不滿願，即虛空庫菩薩之所同事也。

已上六段親於阿闍梨所決擇③也。

金剛界瑜伽略述三十七尊心要

---

① 或，《卍續藏》校勘疑當作“成”。
② 躍，原作“曜”，據《大正藏》本改。
③ 擇，原作“譯”，據《卍續藏》校勘改。

金剛頂瑜伽三十七尊出生義[①]

特進試鴻臚卿大興善[②]寺三藏沙門大廣智不空奉詔譯

我能仁如來憫三有六趣之惑，常由蘊、界、入等受生死妄執，空華無而虛計，衣珠有而不知。於是乎收跡都史天宮，下生中印土，起化城以接之，由糞除以誘之。及乎大種姓人，法緣已熟；三祕密教，説時方至。遂却住自受用身，據色究竟天宮，入不空王三昧，普集諸聖賢，削地位之漸階，開等妙之頓旨，從普賢金剛性海，出塵數加持色身。然後演普賢金剛語業之密言，示普賢金剛身業之密印，啓普賢金剛意業之意慧，成有情金剛三業之度門。不達者以爲運動支節，未殊於戲弄，持誦文身，更成計著。安知夫入於此，出於彼；用於淺，成於深。亦由金剛手纔乘狻猊，忽奮王趾，適按丘陵已平，是不思議之源流，尚非三賢四果之境界也，豈區區常情所能臆中哉！故得之者即五根而入正受，就萬有而照大空，引佛界而普淨衆生，攝群情而都會一智。所以修行者先住相似，則受加持力焉。垢薄者稍見於法明，得三昧分焉。深入者雙了於空色，則有遍淨體焉。乃習氣蓋障，廓然無餘矣。則寂照本源，業用皆辨，法王自在，義利平施。然知諸正覺尊本來常住，大菩提衆無不會同，外道隔於我執，二乘滯於空證，近情失於取捨，淺智惑於有無，是故是自破舟梁，不可得而詣也。至如即爾普賢之心，深入圓明之智，乃是真言行菩薩造《瑜伽》之大方也。然後能堅固心菩提，莊嚴心相，開現心法藏，成就心神通，寂滅心戲論。於是發明知見，成就衆生，住相應門，作諸佛事。

是以由大圓鏡智，厥有金剛平等現等覺身，則塔中方之[③]東阿閦如來也。由平等性智，厥有義平等現等覺身，即塔中方之南寶生如來也。由妙觀察智，厥有法平等現等覺身，即塔中方之西阿彌陀如來也。由成所作智，厥有業平等現等覺身，即塔中方之北不空成就如來也。由四如來智，出生四波羅蜜菩薩焉，蓋爲三際一切諸聖賢生

① 　底本，《大正藏》第 872 號，第 18 冊第 297 頁下—299 頁上，原縮刷大藏經，原校本［甲］保延三年寫高山寺藏本，［乙］鎌倉時代寫仁和寺藏本，［丙］黃蘗版淨嚴等校訂加筆本塚本賢曉氏藏。

② 　善，原脱，據文意補。

③ 　之，原脱，據《大正藏》校勘［甲］［乙］補。

成養育之母。於是印成法界體性智自受用身，即塔之正中毗盧舍那如來也，四親近菩薩即彼四波羅蜜印焉。無量大悲體於是而生，無量方便擁護於是而出。於一切如來菩提堅牢體而生金剛薩埵焉，於一切如來菩提四攝體而生金剛王焉，於一切如來菩提無染淨體而生金剛愛焉，於一切如來隨所稱讚體而生金剛善哉焉，則東方金剛威莊嚴界，不動如來四親近菩薩也，以一切如來大戒忍辱波羅蜜之所成就焉。由一切如來大莊嚴義而生金剛寶焉，由一切如來大威耀義而生金剛日焉，由一切如來大滿願義而生金剛幢焉，由一切如來大歡樂義而生金剛笑焉，即南方寶光明功德界寶生如來四親近菩薩也，以一切如來無住檀那波羅蜜之所成就焉。就一切如來自在無染智而生金剛法焉，就一切如來永斷習氣智而生金剛利焉，就一切如來轉大法輪智而生金剛因焉，就一切如來離言説戲論智而生金剛密語焉，則西方大蓮華法藏界無量壽如來四親近菩薩也，以一切如來三摩地大慧波羅蜜之所成就焉。自一切如來善巧工藝門而生金剛業焉，自一切如來大慈鎧胄門而生金剛護焉，自一切如來無畏調伏門而生金剛牙焉，自一切如來住持成就門而生金剛拳焉，即北方變化輪作用界不空成就如來四親近菩薩也，以一切如來不捨衆生大精進波羅蜜之所成就焉。是十六大士手之所持，皆本三摩地之幖幟也。觀物求義，其何遠哉！至如遵衆生界，入六度門，則從一切如來體性海四智之中而生金剛鉤、索、鎖、鈴等四攝菩薩焉，以能召請、引持、堅留、歡喜之事。於一切道場而奉諸教命，人天得之而集解脫之衆，聖賢用之而接迷倒之流，則塔之四門之外操其業用住位者是也。由四菩薩智之所發起焉，是諸聖人不得晏然，於本所宮觀而疾甚覆掌，以應群方之請也。住真言修行者，若能入是三昧，便能興此供養雲海而成就自他利行焉，則中方三十七尊之大義也如此。

又住頂生三昧而現頂生之身耳矣，今塔之上方所以獨有五輪王會者，蓋以諸頂生身皆攝入此無上五頂智焉。至如方不得而究者，佛之頂相也。是至勝之法，亦然不可得其際也，故稱頂焉。其五頂王，又一切真言尊宰割之主也，故稱王焉。就五頂輪而金輪爲之最，不然孰知勝絕唯一法哉！故自觀自在菩薩已下，攝怖歸命矣。

又下方有十六執金剛神，蓋一切如來勇健菩提心所生化，亦明如來修行之時有塵數心障煩惱，以是金剛慧破之。大覺之後，成塵數種類智門，以是金剛慧用之，故復現其暴惡可畏之身。操大威之智，以調伏難調。叱吒則大千震盪，指顧則群魔慴竄。所以鬼母恂懼而收跡，象頭畏威而遠引，彼大惑之主摩醯首羅亦蒙被其害而成正覺矣，則知向時憑怒，適是大悲。此等金剛厥有河沙塵滴數量，今舉十六住焉，亦塵數之義不出於是矣。又其餘所有大士、天人，皆是隨類憙見之身，而梯航於邪山苦海也，亦出於大日如來善巧業用門。故此率堵婆可謂總領一乘之祕旨，何況權實之道於是全焉！至如普現色身，等百千三昧，及四無量心饒益方便，六波羅蜜運行次第，乃至不起于座，遊諸佛刹，供養承事，利樂有情，以不可思議熏而密移衆生界，如是理用,餘修多羅或但有名目而無其法,至於作用,儀軌皆備。

此教門既諸大乘故,難其授受,傳法阿闍梨縱擇得其器,必授以菩薩性戒,入以大會法壇,取金剛界賢聖,攝持金剛乘甘露灌頂,然後示以入佛心闡闓焉。或不如此,則受行者無利,傳度者獲罪。故自佛已降,迭相付囑,釋師子得於毗盧舍那如來方授,而誓約傳金剛薩埵。金剛薩埵得之,數百年傳龍猛菩薩。龍猛菩薩受之,數百年傳龍智阿闍梨。又住持數百年,傳金剛智阿闍梨。金剛智阿闍梨以悲願力,將流演於中國,遂挈瓶杖錫,開元七載至自上京,十四載遽得其人。復以誓約傳不空金剛阿闍梨,然後其枝條付囑,頗有其人。若冢嶠相承,准此而已。按本教,其有得斯灌頂者,金剛薩埵恒住其身心,而藩屏心王,使至乎道,雖未證入,是從法生,得膺金剛名,已隨①菩薩數。其有觸視之者,則爲菩提因觀②焉。

金剛頂瑜伽三十七尊出生義

---

① 隨,原作“墮”,據《大正藏》校勘[乙]改。
② 觀,《大正藏》校勘[甲][乙]無。

總釋陀羅尼義讚①

三藏沙門大廣智不空奉詔解釋

　　如來於百千俱胝阿僧祇劫積集菩提資糧，加持陀羅尼真言文字，令頓悟菩薩與此相應，頓集福德智慧資糧。於大乘修菩薩道二種修行，證無上菩提道，所謂依諸波羅蜜修行成佛，依真言陀羅尼三密門修行成佛。陀羅尼者梵語，唐翻名爲總持義，有四種持，法持、義持、三摩地持、文持，此四種持，多依顯教大乘教中所説也。法持者，由得此持，摧滅一切雜染之法，證得清淨法界等流教法。義持者，由得此持，於一字義中悟百千無量修多羅行，演説逆順自在。三摩地持者，由此持故，心②不散動，三昧現前，悟無量百千三摩地門，悲增菩薩故，於六趣以願受生，不被煩惱、隨煩惱壞其三昧。由此三摩地證五神通，成就利樂無邊有情。文持者，由此受持陀羅尼，成就所聞，所謂一切契經，於一切如來、諸菩薩所聞百千無量修多羅永不忘失。其真言亦具四義，真者真如相應，言者真詮義。四義者：法真言，清淨法界以爲真言。義真言者，勝義相應，一一字中有實相義。三摩地真言者，由瑜伽者用此真言，於心鏡智月輪上布列真言文字，專注心不散動，速疾證三摩地，故名三摩地真言。文持真言者，從唵字至娑嚩賀，於其中間所有文字，一一字皆名爲真言。亦云密言，亦具有四義：法密言者，非③法外道及二乘境界，唯修真言行菩薩所聞所持軌則、印契、曼茶羅，修行所求悉地，名法密言。義密言者，真言中一一字，唯佛與佛大威德菩薩乃能究盡。三摩地密言者，由此中真言文字三摩地相應威力，遍布真言者身支分，變麁重身，易得微妙色身，獲得五神通，威德自在，壽量無盡。聞持密言者，從師密受三密軌則，唯師及弟子自知，非令餘人之所知也。乃至本尊形像、印契、觀門皆密受持，獲得心所悕望三摩地，聞持不忘，天眼、天耳、他心，上、中、下悉地。亦名爲明，具四義。法明者，修

---

　　①　底本，《大正藏》第 902 號，第 18 册第 898 頁上、中，原豐山版大正大學藏本，原校本［甲］平安時代寫高山寺藏本。

　　②　心，原作"必"，據《大正藏》校勘［甲］改。

　　③　非，《大正藏》校勘疑當作"非非"。

行者稱誦一一字中光明遍照十方世界，一切有情沈溺生死苦海，皆破無明煩惱，悉①得離苦解脱，故名法明。義明者，由瑜伽者與真言義相應故，通達明了般若波羅蜜，遠離無義道理。三摩地明者，由真言種子想於心月輪中，獲得大光明，作自他照明三摩地成就。聞持明者，證得聞持法，能破廢忘之惑，證得菩提心成就。

如上陀羅尼、真言、密言、明義，依梵文，復於顯教修多羅中稱説，或於真言密教中説。如是四稱，或有一字真言，乃至二字、三字，乃至百字、千字、萬字，復過此數，乃至無量無邊，皆名陀羅尼、真言、密言、明。若與三密門相應，不暇多劫難行苦行，能轉定業，速疾易成安樂成佛速疾之道。

總釋陀羅尼義讚

① 悉，《大正藏》校勘［甲］作“暫”。

受菩提心戒儀①

普賢瑜伽阿闍梨集②
大興善寺三藏沙門大廣智不空奉詔譯③

最上乘教受戒懺悔文④

　　弟子某⑤甲等，稽首歸命禮，

　　徧虛空法界，十方諸如來！

　　瑜伽總持教，諸大菩薩衆！

　　及禮菩提心！能滿福智聚，

　　令得無上覺，是故稽首禮。

　禮佛真言曰：

唵薩嚩怛佗孽多引播引那滿捺 喃迦嚧彌

　　次應運心供養：

　　弟子某甲等，十方一切刹，

　　所有諸供養，華鬘燈塗香，

　　飲食幢幡蓋，誠心我奉獻。

　　諸佛大菩薩，及諸賢聖等，

　　我今至心禮！

------

　　① 底本，《中華藏》第1459號，第65册第841頁中—842頁下，原《金藏》廣勝寺本。經名，《中華藏》校勘《石》《麗》作"受菩提心戒儀一卷"。

　　② 作者名，《中華藏》校勘《麗》無。

　　③ 譯名，《中華藏》校勘《石》作"大興善寺三藏不空奉詔譯"，《徑》《清》作"唐特進試鴻臚卿三藏沙門大廣智不空奉詔譯"，《麗》作"開府儀同三司特進試鴻臚卿肅國公食邑三千户賜紫贈司空諡大鑒正號大廣智大興善寺三藏沙門不空奉詔譯"。

　　④ 此標題，《中華藏》校勘《石》《麗》無。

　　⑤ 某，原作"茶"，據《中華藏》校勘《磧》改。

普供養虛空藏真言曰：

唵誐誐曩引三婆嚩嚩囉二合斛

次應懺悔：

　　弟子某甲等，今對一切佛，
　　諸大菩薩衆，自從過去世，
　　無始流轉中，乃至於今日。
　　愚迷真如性，起虛妄分別，
　　貪瞋癡不善，三業諸煩惱，
　　及以隨煩惱，違犯佗勝罪。
　　及餘罪愆等，毀謗佛法僧，
　　侵奪三寶物，廣作無間罪。
　　無量無邊劫，不可憶知數，
　　自作教佗作，見聞及隨喜。
　　復依勝義諦，真實微妙理，
　　聖慧眼觀察，前後中三際，
　　彼皆無所得，自心造分別，
　　虛妄不實故，以爲慧方便。
　　平等如虛空，我悉皆懺悔，
　　誓不敢覆藏！從今懺已後，
　　永斷不復作，乃至成正覺，
　　終更不違犯！惟願十方佛，
　　一切菩薩衆，哀愍加護我，
　　令我罪障滅，是故至心禮。

懺悔滅罪真言曰：

唵薩嚩播波娜賀引曩嚩囉二合野引娑嚩二合，引賀引

次當受三歸依：

　　弟子某甲等，從今日以往，
　　歸依諸如來，五智三身佛！
　　歸依金剛乘，自性真如法！
　　歸依不退轉，大悲菩薩僧！
　　歸依三寶竟，終不更歸依，
　　自利邪見道，我今至心禮！

三歸依真言曰：

唵步引欠

次應受菩提心戒：

弟子某甲等，一切佛菩薩，

從今日以往，乃至成正覺，

誓發菩提心：

有情無邊誓願度，福智無邊誓願集，

佛法無邊誓願學，如來無邊誓願事，

無上菩提誓願成。

今所發覺心，遠離諸性相，

蘊界及處等，能取所取執。

諸法悉無我，平等如虛空，

自心本不生，空性圓寂故。

如諸佛菩薩，發大菩提心，

我今如是發，是故至心禮！

次誦受菩提心戒真言曰：

唵冒地質多没怛幡二合那野引彌

最上乘教受發菩提心戒懺悔文

弟子某甲等，歸命十方一切諸佛、諸大菩薩！大菩提心為大導師，能令我等離諸惡趣，能示人天入大涅槃，是故我今至心頂禮！

弟子某甲等，十方世界所有一切最勝上妙香華、幡蓋、種種供養，奉獻一切諸佛、菩薩，至心①頂禮！

弟子某甲等，自從過去無始已來，乃至今日，貪、瞋、癡等種種煩惱，及忿恨等諸隨煩惱，惱亂身心，廣作一切身業不善，殺、盜、邪婬；口業不善，妄言、綺語、惡口、兩舌；意業不善，貪、瞋、邪見。種種煩惱，無始相續，纏染其心，令身、口、意造罪無量。或殺父母，殺阿羅漢，出佛身血，破和合僧，毀謗三寶，打縛眾生，破齋破戒，飲酒食肉，及食五辛，如是等罪無量無邊，不可憶知。今日誠心發露懺悔，一懺已後，永斷相續，更不敢造，惟願十方一切諸佛、諸大菩薩加持護念，能令我等罪障銷滅。

弟子某甲等，自從今身，乃至當坐菩提道場，於其中間，歸依如來無上三身！歸依方廣大乘法藏！歸依一切不退菩薩僧！歸依佛竟，歸依法竟，歸依僧竟，從今已

---

① "最上乘教受發菩提心戒懺悔文"至"至心"，《中華藏》校勘《石》作"夫欲念誦，先發五大願，然始懺悔，即當念誦"。

後①,更不歸依二乘、外道,惟願十方一切諸佛證知我等,至心頂禮!

弟子某甲等,始從今身,乃至當坐菩提道場,於其中間,誓發無上大菩提心:

衆生無邊誓願度,福智無邊誓願集,

法門無邊誓願學,如來無邊誓願事,

無上菩提誓願成。

今所發心,復當遠離我、法二相,顯明本覺真如,平等鏡智現前,得善巧智,具足圓滿普賢之心,惟願十方一切諸佛、諸大菩薩證知我等,至心頂禮:

南無東方阿閦佛! 南無南方寶生佛!

南無西方阿彌陀佛! 南無北方不空成就佛!

南無清淨法身毗盧遮那佛②!

最上乘教受戒懺悔文

---

① 後,原作"往",據《中華藏》校勘《麗》改。

② "諸大菩薩證知我等"至文末,《中華藏》校勘《石》作"加持護念,至心頂禮,常住三寶"。

代宗朝贈司空大辨正廣智三藏和上表制集①

代宗朝贈司空大辨正廣智三藏和上表制集卷第一

上都長安西明寺沙門釋圓照集

大唐大興善寺三藏者,諱智藏,號不空金剛,梵曰阿目佉跋折羅,本西域人也。昔事大弘教金剛三藏,稟受真言二十四年,摳衣請益。大師歿後,還詣五天,梵本《瑜伽》備皆披閱,周遊徧覽。旋赴帝京,或化河西,或歸關内。屬天寶末歲,胡馬入關。至德二年,剗復京洛。和上親承聖旨,精建壇場,爲灌頂師。三朝寵遇,表謝答制,師弟相承,大凡而言,一百四十四首,迺分成六卷。庶流布將來,好學之徒知其志也。

表制凡二十首,答制八首,總二十八首②。

蕭宗朝

《賀收復西京表》一首并答

《賀收復東京表》一首并答

《賀上皇還京表》一首并答

《謝恩賜香陳情表》一首

《請搜訪天下梵夾修葺翻譯制書》一首

《制許搜訪梵夾祠部告牒》一首

《賀册皇后張氏表》一首③

---

① 底本,《卍續藏》第 1053 號,第 59 册第 52 頁上——88 頁下。校本,《大正藏》第 2120 號,第 52 册第 826 頁下——860 頁下,原校本[甲]鎌倉時代寫京都栂尾高山寺藏本,[乙]唐代寫黑板勝美氏藏本,[丙]慶安三年刊大谷大學藏本。參校《貞元新定釋教目錄》第十四至十六卷,《中華藏》第 55 册第 713 頁下——739 頁中,原《麗藏》本,下簡稱《貞元錄》。

② 此注文原無,據《大正藏》本校勘[甲][乙]補。

③ "首"後,《大正藏》本校勘[甲]有"并答"。

《制許翻譯經論①祠部告牒》一首 并答②

《進虎魄像并梵書隨求真言狀》一首 并答③

《請大興善寺置灌頂道場墨敕》一首

《智炬寺脩功德敕天下兵馬元師牒》一首

代宗

《進白檀摩利支像并梵書大佛頂真言狀》一首 并答

《請每載置灌頂道場墨敕》一首

《請大興善寺置大德四十九員制書》一首

《請降誕日度僧七人祠部敕牒》一首

《請依梵夾再譯〈仁王般若經〉制書》一首

《杜冕中丞請迴封入翻譯經院制書》一首

《謝〈御製新④仁王經序〉并賀百座見⑤慶雲表》一首 并答

《贈⑥故金剛三藏開府兼贈號制書》一首

《拜不空三藏鴻臚⑦卿兼賜號制書》一首

賀收復西京表一首

大興善寺⑧三藏沙門智藏言：竊聞惟天爲大，非元聖無以順天行誅；惟王法天，非興王無以代天育物。伏惟陛下，功超玄極，道冠混元；纘堯寶圖，復禹丕績。自頃元兇已殄，殘孽猶迷。陛下義待倒戈，恩先善貸，暫勞貔武⑨，永滅豺狼。自京輦肅清，樓臺望幸⑩，陛下俯從人欲，仰⑪叶天心，山川不移，園苑如舊。今鑾輿既降，聖政惟新，方將昭報昊穹，濟斯仁壽。道上皇汾陽之賀⑫，類上帝圓丘之壇。演沙劫而轉法輪，朗千界而懸佛日。智藏久霑王化，重覿漢儀，生成已多，報効何冀，不勝梟藻之

---

① 論，《大正藏》本校勘［乙］無。

② 并答，《大正藏》本校勘［甲］無。

③ 并答，《大正藏》本校勘［甲］無。

④ 新，《大正藏》本校勘［乙］作"新翻"。

⑤ 見，《大正藏》本校勘［乙］無。

⑥ 贈，《大正藏》本校勘［甲］作"賜"。

⑦ 臚，原脱，據《卍續藏》校勘及《大正藏》本校勘［甲］［乙］補。

⑧ "大興善寺"前，《貞元録》載肅宗"復還宮寢，緇素又安，即至德二載丁酉十月二十三日也。三藏明日陳表賀焉"。

⑨ 武，應爲"虎"，此避唐太祖李虎諱，下同。

⑩ 幸，《大正藏》本校勘［甲］作"奉"。

⑪ 仰，原作"克"，據《貞元録》改。

⑫ 賀，《大正藏》本校勘［丙］作"駕"。

至！謹詣銀臺門，奉表陳賀以聞。輕黷宸嚴，伏深戰越。沙門智藏誠惶誠恐，謹言。

　　至德二載十月二十四日

　　　　　　大興善寺三藏沙門智藏上表

　　乾元光天大聖文武孝感皇帝_{謚文明武德大聖大宣孝皇帝}[1]批：

　　狡猾之流，久爲殘暴，天壓其禍，卒以敗亡。顧城闕而依然，臨士庶而咸若。感慰之至，深在朕懷。所賀知。

賀收復東京表一首

　　大興善寺[2]三藏沙門智藏言：伏承官軍獻捷，收復東京，逆黨冰銷，王師獨尅，生靈慶快，抃躍失圖。智藏聞逆德者亡，已孽難逭，垂於竹葉，允是格言。自狂胡亂華，向經三歲，神怨人憤，惡稔貫盈。陛下旰[3]食宵衣，簞醪等膳，遂使股肱畢力，熊武爭先，廟略無遺，神功不再。乘斯破竹，會彼倒戈，一戎而三捷，累臻旬日，而兩都咸復。斯實[4]睿謀廣運，英略殊常，聖力匡持，特高列辟。方將勤崇東岱，昭報上玄。智藏幸保昌明，佇觀盛禮，不任抃躍之至！謹詣銀臺門，奉表陳賀以聞。輕黷宸嚴，伏深戰越。沙門智藏誠歡誠喜，謹言。

　　至德二載十月二十七[5]日

　　　　　　大興善寺三藏沙門智藏上表

　　皇帝批：

　　所賀知。

賀上皇還京表一首

　　沙門[6]不空言：不空聞道惟帝先，帝道洽則神功不宰，孝爲德本，至德茂而克受元符。伏惟陛下膺天纘堯，從人復禹。不易物而二儀貞觀，未浹辰而兩都底寧。功格昊穹，德超列辟。東揖群后，西迎上皇。垂帝服而更導鑾輿，清天步而仍延法駕[7]。天父天子，先天後天，去闈闥而復歸九重，正乾綱而載安萬姓。斯實上皇垂訓推功，高象帝之前，陛下乘時至德，冠興王之首。足以暉范[8]史册，高[9]視唐虞。不空生預斯

---

　　① 此注文，原作正文，置“批”後，今據文意移此，《貞元録》作“蕭宗文明武德大聖大宣孝皇帝”。

　　② “大興善寺”前，《貞元録》有“上還西京，士庶咸賀。復收東洛，緇素歡康。二十七日，就銀臺門又陳賀表，乃爲言曰”。

　　③ 旰，原作“旴”，據《貞元録》改。

　　④ 斯實，原作“實莫不”，《大正藏》本校勘［甲］作“實斯莫不”，據《貞元録》改。

　　⑤ 七，《大正藏》本校勘［甲］作“九”。

　　⑥ “沙門”前，《貞元録》有“是時也，兩都既復，宮室依然，萬姓昭蘇。上皇在蜀，奉仰鑾駕至自成都，至德二載十二月一日也。蕭宗以尊崇三藏，不斥其名，自今以來但稱其号。明辰，奉表陳賀以聞。詞曰”。

　　⑦ 駕，原作“賀”，據《貞元録》改。

　　⑧ 范，《貞元録》作“華”。

　　⑨ 高，原作“亮”，據《大正藏》本校勘［乙］及《貞元録》改。

昌①，偶茲榮觀，不任慶悦之至！謹詣銀臺門，奉表陳賀以聞。輕②觸宸嚴，伏增戰越。沙門不空誠歡誠喜，謹言。

　　至德二載十二月九③日

　　　　大興善寺三藏沙門不空上表

　　皇帝批：

　　掃清氛祲，底定寰區。聖上旋歸，以安宮闕。晨昏展敬④，喜慶殊深。所賀知。

謝恩賜香陳情表一首

　　沙門⑤不空言：中使吳遊巖至，奉宣聖旨，以不空本院今日設齋，特賜名香。兼降天使，鴻私曲⑥被，欣躍難名，不空誠歡誠喜。不空託蔭法流，思弘密教，孤遊萬里，遍學五天。凝想十方，覿華藏之諸佛。專精五部，窮柰苑之真言。每布字觀心，投身請護，願乘弘誓之力，得值輪王出興，潔誠十年，累會明聖。前載函關未啓，陛下養德春宮，早奉德音，曲垂省問，兼賚香藥，密遣加持。及陛下北巡，不空雖不獲陪侍，弟子僧含光等歸從西土⑦，又得親遇鑾輿，崎嶇戎旅之間，預聞定册之議。不空雖身陷胡境，常心奉闕庭，頻承密詔，進奉咸達。陛下睿謀獨運，法方冥加，群兇散亡，宸象歸正。不空微質，又忝朝恩。十月清宮，以建辟魔之會。正朝薦號，仍臨灌頂之壇。塗飾上宮，熏脩別殿。既許翻譯，仍與度僧，渥澤已深，報効何日！謹當三時浴像，半月護摩，庶三十七尊保明王之國土，一十六護增聖帝之威神，壽如南山，永永無極。不勝咸戴欣荷之至！謹奉表陳謝以聞，沙門不空誠歡誠喜，謹言。

　　至德三年正月二十三日

　　　　大興善寺三藏沙門不空表上

　　光天文武大聖孝感皇帝批：

　　師現身西方，開法中國。在昔弘誓，朕心悉知。經行恒沙，致大福力。自頃跋涉，常念因緣。而今比丘問道申願，今蓮花至淨，貝葉重宣，微妙佛陀，不思議也。崇無罣礙，是錫末香。奉持精修，常⑧不退轉。所謝知。

---

　　①　預斯昌，《貞元録》作"應昌期"。
　　②　輕，原作"輕"，據《貞元録》改。
　　③　九，《大正藏》本校勘[甲]作"一"。
　　④　敬，原作"禮"，據《貞元録》改。
　　⑤　"沙門"前，《貞元録》有"是月八日册尊號'光天文武大聖孝感皇帝'，太上皇誥賜也。至德三年戊戌正月三日，不空三藏本院設齋。恩賜名香，又加存慰。修表，奉謝恩以陳情，誓爲國家翻譯經論，瑜伽密教息難除災。詞曰"。
　　⑥　曲，原作"由"，據《卍續藏》校勘及《大正藏》本校勘[甲][乙]改。
　　⑦　土，原作"出"，據《貞元録》改。
　　⑧　常，《大正藏》本校勘[乙]作"當"。

請搜撿天下梵夾脩葺翻譯制書一首

　　中京①慈恩、薦福等寺及東京聖善、長壽、福光等寺，并諸州縣舍寺、村坊，有舊大遍覺義淨、善無畏、流支、寶勝等三藏所將梵夾。

　　右大興善寺三藏沙門不空奏：前件梵夾等，承前三藏多有未飜，年月已深，緗索②多斷，湮沉零落，實可哀傷，若不脩補，恐違聖教。近奉恩命，許令翻譯，事資探討，證會微言。望許所在撿閱收訪，其中有破壞缺漏，隨事補葺。有堪弘闡助國揚化者，續譯奏聞，福資聖躬，最爲殊勝。天恩允許，請宣付所司。

　　中書門下　　牒大興善寺三藏不空

　　牒奉敕宜依請，牒至准勅，故牒。

　　　　乾元元年三月十二日

　　特進行中書令崔圓

　　特進行侍中苗晉卿

　　司空兵部尚書同平章事李使

　　司徒尚書左僕射同平章事順③使

制許搜訪梵夾祠部告牒一首

　　中京慈恩等寺及東京聖善、長壽寺，并諸州縣舍寺、村坊，有舊大遍覺義淨、善無畏、流支、寶勝等三藏所將梵夾。

　　右大興善寺三藏沙門不空奏：前件梵夾等承前三藏，多有未飜，年月已深，緗索多斷，湮沉零落，實可哀傷。若不修補，恐違聖教。近奉恩命，許令翻譯，事資探討，證會微言。望許所在撿閱收訪，其中有破壞缺漏，隨事補葺。有堪弘闡助國揚化者，續譯奏聞，福資聖躬，最爲殊勝。天恩允許，請宣付所司。勅旨依奏。

　　　　乾元元年三月十二日

　　特進行中書令集賢院大學士知院事監修國史上柱國趙國公臣崔圓宣

　　中書侍郎闕中大夫中書舍人兼尚書右丞集賢院學士副知院事上柱國賜紫金魚袋徐浩奉行

　　奉勅員如右，牒到奉行。

　　　　乾元元年三月十五日

　　特進行侍中弘文館大學士知太清宮事監修國史上柱國韓國公晉卿

　　黃門侍郎闕

---

　　①　"中京"前，《貞元録》有"其年二月五日，改至德三載爲乾元元年，歲仍戊戌。至三月十二日，三藏表請搜訪梵夾，修補翻傳。尋下制曰"。

　　②　緗索，《卍續藏》校勘一本作"緗素"。

　　③　順，《卍續藏》校勘一本作"郭"。

銀青光禄大夫行給事中上柱國縉雲縣開國男嶧

尚書祠部　大興善寺三藏沙門不空

牒奉勑如右，牒至准勑，故牒。

　　　乾元元年三月十七日　令史門貴牒

　　　　　　　　　　主事唐國興

　　　　　　　　　　員外郎韋少遊

賀册皇后張氏表一首

　　沙門不空言：伏見今日令辰册皇后者，伏聞有天有地是生萬物，一陰一陽故爲之道，所以神化庶品，母育群黎，在昔皇王，斯爲盛典。伏惟皇后，德彰柔範，功佐春闈，望雲氣而知歸，臨戎軒而推轂。陛下上符景命，下叶坤儀，順蒼生之心，爲天下之母。二像①已定，萬萬克禎，凡在寰區，孰不稱慶。況不空偏承問道，久沐湛恩，喜躍之情，萬萬②恒品，無任慶悦，屏營之至，謹奉賀以聞，不空誠惶誠恐謹言。

　　乾元元年四月八日

　　　　大興善寺三藏沙門不空上表

　　乾元光天文武大聖孝感皇帝批：

　　皇后德被宮闈，功成輔佐，用崇册禮，以正坤像③。所賀知。

制許翻譯經論祠部告牒一首

　　陁羅尼教④《金剛頂瑜伽經》等八十部，大小乘經論二十部，計一千二百卷。

　　右大興善寺三藏沙門不空奏：不空聞纘帝堯⑤者紹帝位，受佛囑者傳佛教。省茲格言，曾不改易，流興萬代，散葉千枝。不空杖錫挈瓶，行邁天竺，尋歷川⑥谷，跋涉邦⑦方。凡遇聖蹤，投誠禮敬，輒聞經教，罄竭哀⑧祈，搜求精微，窮博深密，丹誠攸囑⑨，願言弘宣，遂得前件經論。自到中京，竟未翻譯，既闕書寫，又乖授⑩持。特望寵⑪慈，許令翻譯，庶得法筵重敷，更雪住持之路，佛日再舉，彌增演暢之功。天恩允

---

① 像，《大正藏》本校勘［甲］作"儀"。
② 萬，《大正藏》本校勘［甲］作"方"，［丙］云一本作"般"。
③ 像，《大正藏》本校勘［甲］作"儀"。
④ "陁羅尼教"前，《貞元録》有"明制：依許所在搜求，先於南天所得梵夾約計部帙千卷有餘，六月十一日具狀上聞，尋頒制曰"。
⑤ 堯，《大正藏》本校勘［丙］疑當作"業"。
⑥ 川，《貞元録》作"山"。
⑦ 邦，《貞元録》作"群"。
⑧ 哀，《卍續藏》校勘及《大正藏》本校勘［丙］疑當作"衷"。
⑨ 攸囑，《貞元録》作"鄙陋"。
⑩ 授，《貞元録》作"受"。
⑪ 寵，《貞元録》作"龍"，《卍續藏》校勘及《大正藏》本校勘［丙］云一本作"聖"。

許，請宣付所司。

　　　乾元元年六月十一日

　　勑旨依奏

　　　中書令闕

　　　中書侍郎同中書門下平章事賜紫金魚袋王與宣

　　　朝散大夫中書舍人兼禮部侍郎上柱國姑臧①縣開國公李揆奉行

　　奉勑旨如右，牒到奉行。

　　　乾元元年六月十六日

　　特進行侍中弘文館大學士知太清宮事監修國史上柱國韓國公晉卿

　　黄門侍郎闕

　　通議大夫行給事中賜紫金魚袋開國男休

　　尚書祠部　大興善寺三藏沙門不空

　　牒奉勑如右，牒至准勑，故牒。

　　　乾元元年六月十八日　令史門貴牒

　　　　　　　　主事唐國興

　　　　　　　　員外郎韋少遊

進虎魄像并梵書隨求真言狀一首

　　虎魄寶生如來像一軀②

　　梵書《大隨求陀羅尼》一本

　　右昔者河清啓運，樞電告祥，方屬重陽之辰，遂誕千年之聖。以陛下允膺寶祚，像有寶生之名。以陛下興念隨通，明有隨求之號。像能光明洞徹，如陛下光宅四維。明能威伏魔怨，如陛下威降萬國。謹案《金剛頂經》，一切如來成等正覺，皆受寶生灌頂。乃至陛下玄功格天，正法理國，事與時並，若合符契。伏願少修敬念，緘而帶之，則必持明照迴，廣王③化於東户；本尊敷佑，延聖壽於南山。無任歡慶之深，謹隨狀進，輕瀆旒扆④，伏增戰越，謹進。

　　　乾元元年九月一日

　　　　大興善寺三藏沙門不空進

　　乾元光天文武大聖孝感皇帝批：

　　諸佛儀形，優曇希現。如來密藏，神呪難思。師大啓空宗，能持祕印，以兹正法，

---

①　臧，原脱，據《大正藏》本校勘［丙］補。

②　此句前，《貞元録》有“又至其年九月三日，進上功德具以上狀聞。詞曰”。

③　王，《貞元録》作“至”。

④　旒扆，《貞元録》作“扆旒”。

弘護朕躬,信受奉行,深爲利益也。

請於興善寺置灌頂道場狀一首并墨勅

　　請①大興善寺修灌頂道場

　　右臣竊觀度灾禦難之法,不過祕密大乘。大乘之門,灌頂爲最。今屬閏夏之月,百花皆榮,伏望命三藏不空於前件寺爲國修一灌頂道場。其道場有息災增益之教,有降伏歡喜之能,奉此功力,以滅群兇,上滋聖壽無疆,承此兆人②清泰。臣素無才行,忝奉驅馳③,謹獻愚誠,倍增戰汗。如允臣所奏,請降墨勅。

　　依奏④。

　　乾元三年閏四月十四日　宮苑都巡使禦侮校尉右内率府率員外置同正員賜紫金魚袋内飛龍駈使臣史元琮狀進

智炬寺修功德制書一首　連元師牒⑤

　　奉勅不空三藏,并僧弟子三人,宣於智炬寺修功德。

　　　　八月二十五日　開府判行軍李輔國

　　　　宣勅天下兵馬元師　牒不空三藏

　　牒奉勅如右,請施行者録勅各牒所由,准勅事了日停者,故牒。

　　　　上元元年八月二十五日　牒

　　開府判行軍李輔國

　　元師越王在内

代宗朝

　　進摩利支像并梵書大佛頂真言狀一首并答⑥

　　彫白檀摩利支像一軀此云威光

---

　　①　“請”前,《貞元録》有“泊乾元三年閏四月十四日,宮苑都巡使禦侮校尉右内率府率員外置同正員賜紫金魚袋内飛龍使駈使臣史元琮進狀”。

　　②　兆人,原作“非久”,據《貞元録》改。

　　③　馳,《貞元録》作“使”。

　　④　奏,《貞元録》無,下同。

　　⑤　連元師牒,《貞元録》無。其後敕文前有“閏月十九日改爲上元元年,歲仍庚子。至八月二十五日,開府儀同三司判行軍李輔國宣奉”。

　　⑥　自上件“八月二十五日開府判行軍李輔國”至此,《貞元録》作“二年辛丑九月二十一日,大赦天下,除乾元光天等尊號,但稱皇帝。又除上元之號,但稱二年。以十一月朔爲歲之初,但稱元年。又除正、二、三、四等名,以月建爲號。元年壬寅建子月、建丑月、建寅月、建卯月、建辰月、建巳月。五日,太上皇遺誥訖,崩。至十五日,楚州獻璧。是日改爲寶應元年,歲仍壬寅。四月、五月等,並依常數。肅宗制皇太子監國,恩宥一切囚徒也。其月十八日,肅宗皇帝遺詔訖,又崩。至二十日,代宗即皇帝位。至五月十六日,大赦天下。至十月十三日,大興善寺三藏沙門不空狀進”。

梵書《大佛頂陀羅尼》一本

右不空幸因聖運,早奉休明,遂逢降誕之辰,更遇金輪之日。伏惟以陛下之壽延寶祚,尊①像有威光之名。以陛下百王爲首,真言有佛頂之號。謹按《大佛頂經》,一切如來成等正覺,皆受此真言,乃至金輪帝位,莫不遵而行之。伏惟陛下承天踐祚,聖政惟新,正法理國,與靈合契。伏願少修敬念,緘而帶之,則廣至②化於東户③,延聖壽於南山。無任歡慶之至,謹隨狀進,輕黷宸嚴,伏增戰越。謹進。

寶應元年十月十三日
　　　大興善寺三藏沙門不空狀進

皇帝廟號代宗,謚睿文孝武皇帝④批:

檀磨瑞像,貝葉真文,南天既遙,中國難遇。上人慈愍,緘護而來,不祕桑⑤門,傳諸象闕,得未曾有,良以慰懷。

請置灌頂道場墨勑一首

大興善寺⑥三藏沙門不空請爲國置灌頂道場

右不空聞:毗盧遮那包括萬界,密印真言⑦吞納衆經。准其教宜有頓有漸,漸謂聲聞小乘登壇學處,頓謂菩薩大士灌頂法門,是詣極之夷途,爲入佛之正位。頂謂頭頂,表大行之尊高;灌謂灌持,明諸佛之護念。超昇出離,何莫由斯!是以剋己服勤,不捨晝夜,誓志鑽仰,豈敢怠違!冀每載夏中及三長齋月,依經建立,嚴淨花以開覺,使有識而歸真,庶邊境肅淨⑧,聖躬萬壽。不勝懇念之至,謹詣右銀臺門,奉狀陳請以聞。天恩允許,請降墨勑。依奏。

廣德元年十一月十四日
　　　大興善寺三藏沙門不空狀進

請置大興善寺大德四十九員勑一首⑨

　　定國寺僧懷感

　　　　含光

---

① 尊,原脱,據《貞元録》補。

② 至,《大正藏》本校勘[丙]云一本作"王"。

③ 户,《貞元録》作"方"。

④ 此注文,原作正文於"批"後,據文意移此,《貞元録》無。

⑤ 桑,《貞元録》作"乘"。

⑥ "大興善寺"前,《貞元録》有"寶應二年七月十日,册尊號'寶應元聖文武皇帝',歲在癸卯。七月十一日,改爲廣德元年,歲仍癸卯。十一月十四日"。

⑦ 言,《貞元録》作"契"。

⑧ 淨,《大正藏》本校勘[甲]作"清"。

⑨ 此件《貞元録》不録,略作"泊廣德二年歲在甲辰正月二十三日,三藏沙門不空奏大興善寺與定國寺僧懷感等四十九人充大德,有闕續填,伏乞矜放諸雜差科,天恩允許,請宣付所司,勑旨依奏"。

　　　　法誠

　　　　慧遠

　　　　元皎

東都敬愛寺僧乘如

　　　　　　超度

勝業寺僧通幽_{見充上座}

　　僧慧靈①_{見充寺主}

鳳翔府標覺寺僧深照_{見充都維那}

薦福寺僧藏用

　　　　法準

　　　　慧通

千福寺僧飛錫

　　　　曇延

　　　　法崇

夏州靈覺寺僧潛真

滄州崇道寺僧慧通

奉恩寺僧慧端

東都龍興寺僧慧照

　　　　　靈山

　　　　　性如

廣福寺僧慧明

永寧寺僧智順

天竺寺僧談義

汴州相國寺僧惟秀

漢沴②南陽寺僧道晏

成都府淨衆寺僧道遇

寶頂寺僧慧映

荊州慧日寺僧法珍

天長寺僧延秀

翠微寺僧道朗

---

① 靈，《大正藏》本校勘［丙］云一本作"雲"。

② 沴，《大正藏》本校勘［乙］作"州"。

大雲寺僧海明

資聖寺僧通由

慈恩寺僧法琳

金光明寺僧道猷

寶臺寺僧大曫

西明寺僧慧旴

崇福寺僧慧宗

   如淨

   慧月

青龍寺僧南嶭

勝業寺僧智銘①

   希湊

   開闡

靈感寺僧覺超

醴泉寺僧慧澄

保壽寺僧惠崇

鳳翔府郿縣建法寺僧法敬

右大興善寺三藏沙門不空奏：前件寺是初置長安之日，將鎮帝國，首建斯寺，廊宇宏大。全用一坊古來住持，皆是名德。比緣老宿淪没，僧衆凋殘，威儀、軌則並是廢絶。況綿歷多載，臺殿荒凉，瞻言清規，實所歎惜。雖有後度，戒律未閑。復屬艱難，事資福祐。前件大德四十九人，並道業清高，洞明經戒，衆所欽尚，堪爲師範。伏乞隸名此寺，有闕續填，庶勠力匡持，葺理頹弊，永脩香火，以福聖躬。其見任之綱維，望並依定。又緣寺之②貧破，伏乞矜放諸雜差科，科③得齊糧不絶，報國行道。如天恩允許，請宣付所司。

敕旨依奏。

  廣德二年正月二十三日

司徒兼中書令汾陽郡王使

銀青光禄大夫行中書侍郎同平章事臣元載宣

朝散大夫行中書舍人長樂縣開國侯臣潘炎奉行

奉敕旨如右，牒到奉行。

———————

① 銘，《大正藏》本校勘［丙］云一本作“鈷”。

② 之，《大正藏》本校勘［丙］云一本作“久”。

③ 科，《大正藏》本校勘［甲］［丙］作“庶”。

　　　廣德二年二月二日

侍中使

黄門侍郎同平章事王縉

給事中皩

尚書祠部　牒三藏不空

牒奉勅如右，牒至准勅，故牒。

　　　廣德二年二月六日　　令史藺玼牒

　　　　　　　　　　主事何漪①

　　　　　　　　　　員外郎②岑參

降誕日請度七僧祠部勅牒一首③

　　無名僧慧通年五十五絳州曲沃縣，俗姓王，無籍，請住千福寺

　　慧雲年二十三京兆府長安縣，俗姓段，無籍，請住大興善寺

　　僧慧琳年三十虢州閿鄉縣方祥鄉閿④鄉里，俗姓何，名光王，兄咄爲户，請住興善寺

　　僧慧珍年卅三京兆府萬年縣洪洞⑤鄉福潤里，俗姓王，名庭現，伯高爲户，請住大興善寺⑥

　　僧法雄年廿八京兆府富平縣赤陽鄉毗山里，無籍，請住静法寺

　　僧法滿年十八京兆府萬年縣崇德鄉文圓里，俗姓胡，祖賓爲户

　　僧慧瑝年四十

　　右興善寺三藏沙門不空奏：上件僧等自出家來，常尋法教，不闕師資，戒行精修，實堪爲器。比雖離俗，跡昌⑦私名。今因陛下開降誕之辰，朝賀歡欣之日，伏請官名，以爲正度。用資皇祚，以福無疆。如天恩允許，請宣付所司。

　　中書門下　牒祠部

　　牒奉勅宜依，牒至准勅，故牒。

　　　廣德二年十月十九日

中書侍郎平章事杜鴻漸

中書侍郎平章事元載

黄門侍郎平章事王使

---

　　① 漪，《大正藏》本校勘[丙]云一本作“溺”。

　　② 郎，原作“即”，據文意改。

　　③ 此件《貞元録》不録，略作“又至十月十三日，奉爲皇帝降誕，度無名僧惠通等一七人。至十九日勅旨依奏”。

　　④ 閿，《大正藏》本校勘[甲]作“關”。

　　⑤ 洞，《大正藏》本校勘[乙]作“個”。

　　⑥ 住大興善寺，原作“大興住善寺”，據文意改。

　　⑦ 昌，《卍續藏》校勘一本作“唱”。

檢校侍中李使

檢校右僕射平章事使

大尉兼中書令使

尚書祠部　牒三藏不空

牒奉中書門下勑，牒如右，牒至准勑，故牒。

　　　廣德二年十月十九日　令史牒

　　　　　　　　　　　主事

請再譯仁王經制書一首

　　制曰①：《仁王經》，望依梵匣②，再譯舊③文。

　　右興善寺三藏沙門不空奏：伏以如來妙旨，惠矜生靈；《仁王》寶經，義崇護國。前代所譯，理未融通。潤色微言，事歸明聖。伏惟寶應元聖文武皇帝陛下，睿文啓運，濬哲乘時，弘闡真言，宣揚像教，皇風遠振，佛日再明。每爲黎元俾開講誦。其《仁王經》，望依梵匣，再譯舊文。貝葉之言，永無漏略；金口所説，更益詳明。仍請僧懷感、飛錫、子翔、建宗、歸性、義嵩、道液、良賁、潛真、慧靈、法崇、超悟、慧静、圓寂、道林等於内道場所翻譯。福資聖代，澤及含靈，寇濫永清，寰區允穆，傳之曠劫，救護實深。

　　中書門下　牒祠部

　　牒奉勑宜依，牒至准勑，故牒。

　　　　永泰元年四月二日牒

中書侍郎同平章事杜鴻漸

中書侍郎同平章事元載

黄門侍郎同平章事王縉④使

檢校侍中李使

檢校右僕射平章事使

檢校左僕射平章事使

中書令郭子儀⑤使

　　尚書祠部：《仁王經》，望依梵匣，再譯舊文，興善寺三藏沙門不空。牒，奉中書門下勑牒如右，牒至准勑，故牒。

──────────

①　制曰，原脱，據《貞元録》補。

②　匣，《貞元録》及《大正藏》本校勘［乙］作“甲”。

③　舊，《貞元録》作“梵”。

④　縉，原脱，據《貞元録》補。

⑤　郭子儀，原脱，據《貞元録》補。

　　　　永泰元年四月四日　　令吏張濟牒
　　　　　　　　　　　　　　主事楊獻
　　　　　　　　　　　　　　郎中崔漪

杜中丞請迴封入翻譯制一首

　　　永泰元年正月十八日勑①,鄜坊等州都防禦使特進試大②常卿使持節鄜州諸軍事鄜州刺史兼御史中丞上柱國鄭國公③,杜冕奏④,宣州實封壹佰户⑤。寶應元年五月十九日制⑥賜。

　　　右杜冕奏:臣素無功勳,曲霑恩渥,謬踐寵賜,願答聖慈。今迴寶應元年已後,至永泰元年已前封⑦,約計錢一萬餘貫,臣請爲國迴造功德。其寶應元年封,先請得二千五百餘貫,到京分付興善寺不空三藏,助翻譯佛經。其所請到封物錢,請充給道場、齊儭、翻譯、抄寫、糧食等用。其請未到者,先差弟統請受,望請各下所由發遣續供。其佛經或有梵夾未翻,冀聞傳譯。古本雖著,義味不周。特望天恩委新⑧龍武軍將軍李元琮勾當,與三藏及⑨興善寺大德絟真僉量京城義學大德七人,同參會翻譯,各寫二十一本,頒示諸道及京城大寺。即傳諸千界,流布萬年,使不臣者滅蜂蠆之形,逐⑩狂虜者掃豺狼⑪之跡。伏惟陛下納無疆之福,膺無疆之休。即愚臣微誠,生死願畢。特望聖慈,允許臣所請⑫。

　　　中書門下

　　　牒奉勑宜依,牒至准勑,故牒。

　　　　　永泰元年六月十八⑬日牒

　　　中書侍郎平章事杜鴻漸

　　　中書侍郎平章事元載

　　　黃門侍郎平章事王使

---

① 永泰元年正月十八日勑,原脱,據《貞元録》補。
② 大,《貞元録》及《大正藏》本校勘[乙]作“太”。
③ “公”後,原有“桂”,據《大正藏》本校勘[甲]删。
④ 奏,原脱,據《貞元録》補。
⑤ 此注文,原作正文,據文意改。
⑥ 制,《貞元録》作“勑”。
⑦ 封,《貞元録》無。
⑧ 新,《貞元録》及《大正藏》本校勘[乙]無。
⑨ “及”後,原有“與”,據《貞元録》删。
⑩ 逐,《貞元録》無。
⑪ 豺狼,原作“狼心”,據《貞元録》改。
⑫ “請”後,《貞元録》有“勑旨依奏”。
⑬ 八,《大正藏》本校勘[甲]無。

檢校侍中李使

檢校右僕射平章事使

檢校左僕射平章事使

中書令在使院

謝御製新①仁王經序表一首并賀百座見慶雲

　　三藏沙門不空言②：不空道乏前修，學虧曩哲，猥承綸詔，翻譯真經，若履春冰，猶臨泉谷。伏惟陛下撥開慧日，布蔭慈雲，睿思風飛，龍章玉潤，躬爲序述，照焕大千，流法雨於九天，豎勝幢於百座。威儀容衛，宛釋迦之下鷲峰；士庶駢闐，猶波斯之詣王舍。慶雲呈瑞，嘉氣浮空，足表大階之平，自叶無疆之祐。不勝戴荷之至，謹奉表陳賀以聞，沙門不空誠懼誠喜謹言。

　　永泰元年九月二日

　　　　興善寺三藏沙門不空上表

　　寶應元聖文武皇帝批：

　　和上遠自蓮宮，親緘貝葉，敷演玄教，利濟蒼生。翻譯既成，天人合會，朗三秋之霽景，開五色之祥雲。闡揚真乘，符契妙理，頃③因指喻，早結師資。覘此感通，彌深頂敬。

贈金剛三藏開府及號制一首④

　　勅不空三藏和尚：故金剛三藏天資秀異，氣稟冲和，識洞四生，心依六度。爰自西域杖錫東來，以梵行周身，慈心濟物。覺花外照，智炬内明，汲引群迷，證通圓寂。密傳法印，隱示⑤涅槃。衣鉢空存，音徽長往。教能垂後，禮有飾終。宜旌美名，俾叶榮，可贈開府儀同三司，仍贈號大弘教三藏。

　　　　永泰元年十一月一日

　　中書令使

　　銀青光禄大夫行中書侍郎平章事上柱國潁川郡開國公元載宣

　　正議大夫行中書舍人上柱國臣潘炎奉行

　　奉勅如右，牒到奉行。

------

　　① 新，《大正藏》本校勘［乙］作“新翻”。

　　② 此句前，《貞元録》有“新經適出於大内，其經適出，彩雲浮空，郁郁紛紛，照彰現瑞。洎乎己午，兩寺開經，萬姓歡心，祥雲方靄，緇素瞻仰，獲慶非常。三藏不空上表陳謝。永泰元年九月二日，大興善寺三藏沙門不空上表謝《御製經序》慶雲詞曰”。

　　③ 頃，《大正藏》本校勘［乙］作“項”。

　　④ 此件，《貞元録》略記：“至十一月一日恩旨荐臻，勅不空三藏和上：故金剛三藏可贈開府儀同三司，仍賜號大弘教三藏，已如前述。同日又降鴻恩，延及不空三藏。”

　　⑤ 隱示，《貞元録》及《大正藏》本校勘［乙］作“示隱”。

　　　　永泰元年十一月二十日

侍中使

特進行中書侍郎平章事知門下省事上柱國鴻漸

銀青光禄大夫行給事中上柱國臣盧允

　　　　　　月日

　　　　　　時都事

　　　　　　右司郎中

金紫光禄大夫吏部尚書博陵縣開國伯寓①

正議大夫吏部侍郎上柱國隴西縣開國子李卿

銀青光禄大夫行吏部侍郎上柱國扶風縣男延昌

朝議大夫守尚書左丞集賢院學士副知院事兼修國史館告贈開府儀同三司仍贈號大弘教三藏：

奉勅如右，符到奉行。

　　　　　　主事鳳

　　　　　　令吏主涓

　　　　　　書令史

郎中元曾

　　　　永泰元年十一月二②十日下

拜不空三藏特進試鴻臚卿兼賜號制書一首

　　勅不空三藏：蓮宮釋種，香界道師。性表真如，學精祕藏。承紺園之妙旨，開示四依。譯金口之微言，津梁六趣。身持梵匣，遠涉流沙。傳燈益明，甘露溥潤。散慈雲於火宅，揚慧日於幽塗。頃者躬問勝因，弘示方便，永決疑網，滋予知牙。雖出塵之心，齊謝於名位。而褒崇之典，式旌於賢哲。俾應嘉命，用叶朝章，可特進試鴻臚卿，仍賜號大廣智不空三藏。

　　　　永泰元年十一月一日

　　中書令使

　　銀青光禄大夫中書侍郎平章事上柱國潁川郡開國公臣元載宣

　　中書舍人臣楊炎奉行

奉勅如右，牒到奉行。

　　　　永泰元年十一月日

---

①　寓，《大正藏》本校勘［丙］作“寓”。

②　二，《大正藏》本校勘［甲］無。

檢校侍中使

特進行中書侍郎權判門下省事上柱國衞國公杜鴻漸

銀青光禄大夫給事中上柱國范陽縣開國侯盧允①

　　　　十一月　日②

　　　　　時都事

　　　　　左司郎中

金紫光禄大夫吏部尚書上柱國博陵縣開國伯寓

正議大夫吏部侍郎上柱國隴西縣開國子賜紫金魚袋李卿

銀青光禄大夫吏部侍郎上柱國扶風縣開國男延昌

朝議郎守尚書右丞集賢殿學士副知院事兼修國史館告特進試鴻臚卿大廣智不空三藏：

奉勑如右，牒到奉行。

　　　　　主事海

　　　　　令史涓

郎中諤

　　　　書史令③

　　　永泰元年十一月日下

大辨正廣智三藏和上表制集卷第一④

代宗朝贈司空大辨正廣智三藏和上表制集卷第二

上都長安西明寺沙門釋圓照集

凡表二十二首，答制六首，總二十八首⑤。

《謝贈故金剛三藏官號等表》一首并答

《請捨衣鉢助僧道環修金閣寺制書》一首

《請捨衣鉢同修聖玉華寺制書》一首

---

① 　允，《大正藏》本校勘［甲］［乙］作“元”。
② 　日，《大正藏》本校勘［甲］作“二日”。
③ 　史令，《大正藏》本校勘［甲］［乙］作“令史”。
④ 　卷末經名，原作“表制集卷第一”，據《大正藏》本校勘［甲］及下文改。
⑤ 　此注文，原作正文，據文意改，以下各卷卷首同。

《賀平周智光表》一首①

《請抽化度寺萬菩薩堂三長月念誦僧制》一首

《請修臺山金閣玉華寺等巧匠放免追呼制》一首

《請臺山五寺度人抽僧制》一首

《請子翱法師化度寺開講制》一首

《請降誕日度僧五人制》一首

《請度掃灑先師龍門塔所僧制》一首

《請御題先師塔額并設齋度人表》一首并答

《謝恩命爲先師設遠忌齋并賜茶表》一首并答

《請降誕日度三僧制》一首

《請光②天寺東塔院充五臺山往來停止院制》一首

《天下寺食堂中置文殊上座制》一首

《大曆五年七月五日於太原設萬人齋制》一首令不空三藏撿挍

《同年七月十三日與三藏手詔》一首

《請太原府至德寺置文殊院制》一首

《同年九月四日又賜手詔》一首

《請太原號令堂安像淨土院抽僧制》一首

《請慧林法師於保壽寺講表》一首

《謝恩賜大興善寺施戒方等并糧料表》一首并答

《請廣智三藏登壇祠部告牒》一首

《謝恩賜乳牛五頭并犢表》一首并答

謝贈故金剛三藏官號等表一首③

　　三藏沙門不空言：奉今月一日制錫，故大和上金剛三藏可贈開府儀同三司，仍贈號大弘教三藏；不空特進試鴻臚卿，仍賜號大廣智三藏。一雨自天，潤流根葉，圓毫發艷，照及幽明。捧戴傍徨，悲喜交集，不空誠懼誠喜，以悽以懼。不空聞十號者表德之殊稱，九卿者象河之重位。故大和上道洽傳燈，誠以彰其遺烈。不空法慚紹搆，虛並荷於鴻私，猶燕石之混光，同齊竽之濫吹，榮兼存歿，寵及師資，祗奉兢驚，瞻言

---

①　"首"後，《大正藏》本校勘［甲］有"并答"。

②　光，《大正藏》本校勘［甲］作"先"。

③　此件，《貞元錄》略記："伏聞母以子貴，俗禮恒規。師因弟榮，釋門罕有。恭受榮命，喜懼感懷，捧戴屏營。陳表謝曰，永泰元年十一月五日，特進試鴻臚卿三藏大興善寺沙門大廣智不空表進。詞曰。"

覷惡①。況出家落彩，本忘榮辱，潔誠報國，僧者通規。陛下廣運金輪，曲收瓦礫，引安禪於中禁，旌褒崇之殊禮。雖負山無力，而踐跡近賓，虧高謝之法流，點少欲之清躅。是以面奏三讓，言煩九重，冀殷鑒於懇誠，豈礭然之不拔。羊車稚子，慚廣智而茫然。鹿苑卑材，愧鴻臚而甚矣。無任感戴之至，謹奉表陳謝以聞，沙門不空誠懼誠喜謹言。

　　永泰元年十一月五日

　　　　特進試鴻臚卿大廣智三藏興善寺沙門不空上表

　　寶應元聖文武皇帝批：

　　和上道秘雙林，功超正覺。遠從天竺，來布真言，頃得歸依，親承付囑。褒崇之典，禮秩攸先，俾增印綬之榮，式重師資之敬，兼申寵贈，庶表追榮也。

請捨衣鉢助僧道環修金閣寺制一首

　　五臺山金閣寺

　　右大興善寺沙門特進試鴻臚卿大廣智不空奏：上件寺，先聖書額，寺宇未成。准開元二十四年衢州僧道義至臺山所見文殊聖迹寺，號金閣院。有十三間，居僧眾云有萬人，臺殿門樓，茲金所作。登時圖畫一本，進入在內。天下百姓咸欲金閣寺成，人誰不願？今②澤州僧道環日送供至山，遑③慕道義禪師所見之事，發心奉爲國家依圖造金閣寺，院宇多少，一如所見。今夏起手，工匠、什④物茲自營辦。將滿先聖御額⑤，終成道義感通。觀夫此僧志願非小，或謂文殊所假，俾樹勝因。且五臺霧山，寺額有五，清涼、華嚴、佛光、玉華四寺先成，獨唯金閣一所未就。既是聖迹，誰不具瞻？不空願捨衣鉢，隨助道環建立盛事。嘗恐歲不我與，愆于宿心。屢亦奏聞，天恩矜允。夫以文殊聖迹，聖者爲主，結構金閣，非陛下而誰？棟梁者大廈是依，股肱者元首所託，共成一體，和叶萬邦。金閣斯崇，非夫宰輔贊成、軍客匡助、百寮咸績、千官共崇，則何以表君臣之美、以光金閣之大也？保壽寺大德沙門含光奉使迴⑥臺，恭修功德。伏望便於造寺所奉宣聖旨，祈所厥誠，庶霧神照明，以介景福，康寧寰宇，保祐聖躬。如天恩允許，請宣付所司。

　　中書門下　牒大廣智不空三藏

　　牒奉勑宜依，牒至准勑，故牒。

____

①　惡，原作“面”，據《貞元録》改。

②　今，原作“令”，據《卍續藏》校勘改。

③　遑，《卍續藏》校勘疑當作“景”。

④　什，《大正藏》本校勘［甲］作“付”。

⑤　額，《卍續藏》校勘疑當作“願”。

⑥　迴，《大正藏》本校勘［甲］作“巡”。

　　　永泰二年五月一日　　牒

　　中書侍郎平章事元載

　　黃門侍郎平章事杜鴻漸

　　黃門侍郎平章事王縉

　　撿挍侍中使

　　撿挍右僕射平章事使

　　撿挍左僕射平章事李袍玉

　　中書令使

請捨衣鉢同修聖玉華寺制書一首

　　五臺山聖玉華寺

　　右特進試鴻臚卿大興善寺三藏沙門大廣智不空奏：前件寺，准乾元元年九月十一日，勅與金閣寺同置，不空先請自捨衣鉢以爲創首，伏望差當寺上座行滿，准金閣例撿挍營造。

　　中書門下　　牒大廣智不空三藏

　　牒奉勅宜依，牒至准勅，故牒。

　　　　大曆元年十一月二十一日　　牒

　　中書侍郎平章事元載

　　黃門侍郎平章事杜鴻漸

　　黃門侍郎平章事王縉

　　撿挍侍中李使

　　撿挍右僕射平章事使

　　撿挍左僕射平章事使

　　中書令使

賀平周智光表一首

　　不空言：伏以周智光敢負朝旨，自冒天誅，積惡滅身，果見傳首。慶流舉土，喜契陽春。蓋由陛下神籌潛通、睿謀密用，武士猶未施其勇，蒼生遽已獲其安，寰宇轉清，夷狄喪志。是知聖王之力，遂成無戰之功。仁王之慈，畢獲有情之命。不空忝承渥澤，殊增躍荷，不勝欣慶之至，謹奉表陳荷以聞。不空誠歡誠喜，謹言。

　　大曆二年正月十四日

　　　　特進試鴻臚卿大興善寺三藏沙門大廣智不空上表

　　寶應元聖文武皇帝批：

　　智光兇狂，敢擾關鋪①，王師蹔舉，自有誅夷，宗社威霛，大聖敷祐，師之護念，氛㮸②永清。所賀知。

請抽化度寺萬菩薩堂三長齋月念誦僧制一首

　　　化度寺文殊師利護國萬菩薩堂三長齋月念誦僧二七人

　　　大興善寺大德靜超、大德慧霛

　　　化度寺大德法真、大德智藏、大德道岸

　　　大德菩提泥沙、唐名義寬。大德波羅檀、唐名善岸。大德談演

　　　西明寺大德光演、大德摩訶衍

　　　興福寺大德達摩

　　　千福寺大德法崇

　　　慧日寺大德義成

　　　醴泉寺大德利言

　　右特進試鴻臚卿大興善寺三藏沙門大廣智不空奏：伏以化度寺護國萬菩薩堂，並依臺山文殊所見，乘雲駕象，凌亂楄梁，光明滿堂，不異金閣。奉去年十二月二十三日恩命，賜香兼宣口勑，命不空簡擇念誦大德及命寺主智藏專撿挍道場。其前件大德等，或業茂真言、學通戒律，或敷宣妙旨、轉讀真乘。望抽住於此中，每年三長齋月精建道場，爲國念誦。必有事故，隨闕續填。其堂內外施及功德一物已上，茲請三網專勾當，冀不遺漏。

　　　中書門下　牒大廣智不空三藏牒祠部准此○令史趙昌、主事薰意、郎中崔漪

　　　牒奉勑宜依，牒至准勑，故牒。

　　　　　大曆二年二月十六日　　牒

　　　中書侍郎平章事元載

　　　黃門侍郎平章事杜鴻漸

　　　黃門侍郎平章事王縉

　　　撿挍侍中李使

　　　撿挍右僕射平章事使

　　　撿挍左僕射平章事使

　　　中書令在使院

請修臺山金閣玉華寺等巧匠放免追呼制一首

　　　代州五臺山聖金閣寺造寺都料僧純陀、道仙、法達，木匠俟璨、谷禮、釧遺欽③、忻

---

①　鋪，疑當作“輔”。

②　㮸，疑當作“祲”。

③　釧遺欽，《大正藏》本校勘［甲］作“創貴欽”。

州空襄縣。檀命暉、五臺縣。五茂林、陽喜子、唐林縣。雍日新。

聖玉華寺造寺都料木匠殷迖、雁門縣。匠霍龍、繁峙縣。釗①如晏、郭悊、唐林縣。韓清、賈禮、支阿八、唐林縣。張暉。繁峙縣。

修五臺山六處普通供養舍木匠丁修零、定襄縣。斑賓智、義璨、郭珪、馬元、李四師、封杜兒、五臺縣。馬元悊。

右特進試鴻臚卿三藏沙門大廣智不空奏：先奉恩命，令含光撿挍造前件寺及普通供養處。其所須材木，當山自有。既是靈跡，事資巧匠。前件匠等並遠近所推，今見在山修造次第，恐所營州縣或有追呼，特望天恩許畢功德。

中書門下　　牒大廣智不空

牒奉勑宜委雲京句當，勿令追擾，牒至准勑，故牒。

　　　　　大曆二年二月十六日牒

中書侍郎平章事元載　　已下同七相

請臺山五寺度人抽僧制一首

代州五臺山金閣寺，玉華、清涼、花嚴、吳摩子等寺。

右特進試鴻臚卿大興善寺三藏沙門大廣智不空奏：文殊聖跡，自古攸仰，今遇陛下，特更增修，精建伽藍，恩命稠疊。是②可百神潛祐，萬聖來歸，靈蹤建興，於斯爲盛。處既嚴潔，人亦宜然。艱難已來，僧徒漸少，或經行化物，便住人間，或蘭若隨緣，周③栖他處。遂使時中禮懺，鐘梵遞虧，樹下禪龕，蛛網交闇，福田未廣，有愧聖心。伏乞天恩，先在山中行人、童子久精苦者，寺別度二七人，兼諸州抽道行僧一七人。每寺相共滿三七人，爲國行道，有闕續填。金閣等五寺常轉《仁王護國》及《密嚴經》，又吳摩子寺名且非便，望改爲大曆法華之寺，常爲國轉《法華經》，同五寺例免差遣。其所度人，望委雲京將軍宗鳳朝與中使魏明秀，又修功德沙門含光簡擇，冀無偷濫。又清涼寺爲大聖文殊造閣已畢，伏望天恩，賜書一額，永光來葉。

中書門下　　牒大廣智不空

牒奉勑宜依，牒至准勑，故牒。

　　　　　大曆二年三月二十六日牒

中書侍郎平章事元載　　已下④七相同上

請子翶化度寺開講制書一首

中書門下　　牒大廣智不空

---

①　釗，《大正藏》本校勘［甲］作“創”。

②　是，《大正藏》本校勘［甲］作“足”。

③　周，《大正藏》本校勘［甲］作“因”。

④　下，《大正藏》本校勘［甲］作“上”。

牒奉勑特進試鴻臚卿大興善寺三藏沙門大廣智不空，奏請沙門子翺於化度寺萬菩薩堂開講者，宜依，牒至准勑，故牒。

　　　　大曆二年六月二十八日牒

　　中書侍郎平章事元載　　七相同上

請降誕日度僧五人制一首

　　行者畢數延，年五十五。無州貫，誦梵本《賢護三昧經》一部，并誦諸陀羅尼，請法名惠達，住莊嚴寺。

　　行者康守忠，年四十三。無州貫，誦經一百二十唘，并誦諸陀羅尼，請法名惠觀，住東京廣福寺大弘教三藏毗盧舍那院。

　　行者畢越延，年四十三。無州貫，誦梵本《楞伽經》一部，誦《金剛般若經》，并諸陀羅尼，請法名惠日，住莊嚴寺。

　　童子石惠璨，年十三。無州貫，誦梵本《大吼雀王經》一部，誦隨求陀羅尼并經，請法名惠光，住西明寺。

　　童子羅詮，年十五。無州貫，誦梵本《出生無邊門經》，誦隨求陀羅尼呪并經，請法名惠僎，住西明寺。

　　右特進試鴻臚卿大興善寺三藏沙門大廣智不空奏：前件行者童子等，竝素稟調柔，器性淳確，服勤經戒，諷誦真言，志期出家，精修報國。今因降誕之日，請度爲僧，各配住前件寺。冀福資聖壽，地久天長。

　　中書門下　　牒大廣智不空

　　牒奉勑宜依，牒至准勑，故牒。

　　　　大曆二年十月十三日牒

　　中書侍郎平章事元載

　　黃門侍郎平章事杜鴻漸

　　黃門侍郎平章事王縉

　　兵部尚書平章事李使

　　撿挍侍中李使

　　撿挍右僕射平章事使

　　中書令使

請度掃灑先師龍門塔所僧制一首[①]

　　東京龍門故開府儀同三司大弘教三藏塔所掃灑

　　無名僧惠恒，年四十六，俗姓張，名景芒[②]，貫鄭州滎陽縣檀山鄉安信里，父壞道爲户，身無籍。

----

①　此件，《貞元錄》記："又至大曆三年六月十二日奏，東京龍門故開府儀同三司大弘教三藏塔所掃灑無名僧惠恒、惠端，行者趙元及、法名惠翻。田榮國、法名惠濟。童子李寶達。"

②　芒，《大正藏》本校勘［甲］作"芝"。

誦《菩薩戒經》一卷,誦《聲聞戒》一卷,誦《法華經》一部,念誦爲業。住河南府廣福寺毗盧舍那塔院,并向龍門塔所來往掃灑。

當院行者趙元及,年三①十五。貫京兆府雲陽縣龍雲鄉修德里,父貞觀爲戶,身無籍。誦《法華經》一部,誦《維摩經》一部,誦《菩薩戒經》一卷,誦《金剛經》一卷,誦《藥師經》一卷,誦《彌陀經》一卷,誦《金光明經》四②卷,誦《無常經》一卷,誦《盂蘭盆經》一卷。住保壽寺,法名惠翻。

行者田榮國,年三十三。貫京兆府萬年縣積福鄉積德里,父懷常爲戶,身無籍。誦《大隨求真言》,誦《尊勝陀羅尼》,誦《阿彌陀陀羅尼》,誦《法華經》一部。住總持寺,法名惠濬。

童子李寶達,年十三。貫京兆府照應縣故疊鄉修文里,父守信爲戶。誦《法華經》兩卷,誦《大隨求真言》,誦《理趣般若經》。住大興善寺,法名惠正。

右特進試鴻臚卿大興善寺三藏沙門大廣智不空奏:前件無名僧等,先嘗奉事故大和上,服勤香火,積有歲年,志性柔和,堅固無懈,請與正名,便送塔額,住彼掃灑,冀終罔極,獲展師資。行者童子等,並久習真言,兼誦經典,不離本院,業已成就。伏乞與度,俾勵修持。

中書門下　牒大廣智不空

牒奉勅宜依,牒至准勅,故牒。

　　大曆三年六月十三日牒

中書令元載③

門下杜王同上

請御書東京龍門故開府儀同三司大弘教三藏塔額一首④

御書⑤東京龍門故開府儀同三司大弘教三藏塔額

右故大和上感謝人間,化歸地界,音容緬邈,塔廟猶存。陛下每懷德不忘,悼往空積,恩加錫贈,寵延魂道。凡在有識,罔不載荷。未懸雲牓,敢冀天文,伏乞賜一塔額,永垂標記。如天恩允許,伏聽勅旨。

上依所請,御札親題。并於忌辰⑥,賜千僧供。

謝御題先師塔額并設齋表一首并答

沙門⑦不空言:不空早侍先大和上,猥承獎訓,愧無昇堂之哲⑧,謬忝入室之遇。

---

① 三,《大正藏》本校勘[甲]作“四”。
② 四,《卍續藏》校勘一本作“兩”。
③ 載,原作“假”,據《大正藏》本校勘[丙]改。
④ 此首奏表,原闕,據《貞元錄》補。
⑤ “御書”前,《貞元錄》續前文作“同日又奏請”。
⑥ 忌辰,原作“忌晨”,據《貞元錄》改,下同。
⑦ “沙門”前,《貞元錄》記“至十三日,修表陳謝,詞曰”。
⑧ 哲,《貞元錄》作“誓”。

曼茶羅灌頂壇者，萬行之宗，密證之主，將登①覺路，何莫由斯！始先師所傳，啓此方耳目，惠燈罷照，日月將深。陛下思續耿光，不遺疵賤，詔開灌頂，俾建道場，纔髣髴於存年②，豈歸依之補處？皇慈乃眷，渥澤累霈。降五僧泥封，雲隨髮落。下千人天飯，香③任風吹。況塔額親題，佳諸伊洛④。龍門之下，更攢崛起之峯；月輪之間，恒聚沖飛之鳥。無任戴荷屏營之至！謹附監使李憲誠奉表陳謝以聞，沙門不空誠懽誠喜謹言。

　　大曆三年六月十三日

　　　　特進試鴻臚卿大興善寺三藏沙門大廣智不空上表

　　寶應元年文武皇帝批：

和上釋梵宗師，人天歸仰，慈悲智力，拯拔生靈，廣開壇場，弘宣法要，福資國土，惠洽有情，魄厚良多。煩勞申謝。

謝恩命爲先師設遠忌齋并賜茶表一首

　　沙門⑤不空言：伏奉恩命，今月十五日故大弘教三藏遠忌，設千僧齋，賜茶一百一十串。伏戴殞悲，啓處無地，不空誠哀誠恐，以悽以感。故大和上道被四生，化遷十地，耀⑥容緬邈。經此忌辰，倍增霜露之悲，深積鶴林之痛。陛下恭弘付囑，遠念芳猷，分御膳以飯千僧，流香茗數盈百串，繽紛梵宇，郁馥禪庭。凡在門生，無任感荷，不勝悲戴之至！謹附監使奉表陳謝以聞，沙門不空誠惶誠恐謹言。

　　大曆三年八月十五日

　　　　特進試鴻臚卿大興善寺三藏沙門大廣智不空上表

　　寶應元聖文武皇帝批：

大和上法留喻筏，照委傳燈，久證涅槃，示存齋忌，永惟付囑，深眷徽猷。薄施香茶，有煩陳謝也。

請降誕日度三僧制一首

　　中書門下　牒大廣智不空

　　羅文成，年三十。貫土火羅國，誦《金剛般若經》，誦《起信論》，誦《菩薩戒經》，法名惠弘，請住西明寺。

　　羅伏磨，年四十五。寶應功臣，武校尉守右羽林軍大將軍員試太常卿上柱國賜紫金魚袋，貫涼州

---

① 登，《大正藏》本校勘［甲］作“涉”。
② 年，原作“羊”，據《貞元録》改。
③ “香”前，《貞元録》有“器”。
④ 佳諸伊洛，原作“桂諸伊落”，據《貞元録》改。
⑤ “沙門”前，《貞元録》記“至八月十五日和上忌辰，奉勑賜茶一百一十串，充大和上遠忌齋用。修表謝聞”。
⑥ 耀，《卍續藏》校勘一本作“輝”。

天寶縣高亭鄉,法名惠成,請住化度寺。

童子曹摩訶年。貫京兆萬年縣安寧鄉永安里,父爲户,誦《法華經》一部,法名惠順,請①住千福寺。

牒奉勑宜並與度,配住前件寺。牒至准勑,故牒。

　　　大曆三年十月十三日牒

中書侍郎平章事元載

門下侍郎平章事杜鴻漸

門下侍郎平章事王縉

兵部尚書平章李使

司徒兼中書令使

請光天寺東塔院充五臺山往來停止院制一首

光天寺東塔院惠隱禪師鑄漆斝及伍斝銅欄壹佰參拾枚。

右特進試鴻臚卿大興善寺三藏沙門大廣智不空奏:僧惠隱是不空弟子,爲國鑄前件欄,充五臺山聖金閣等寺普通供養。其惠隱所居院,請充臺山鑄鴻功德,及送供衆僧來往停止。又令惠隱送聖②至臺山,永爲供養。冀福資皇祚,聖壽無疆。

中書門下　牒大廣智不空

牒奉勑宜依,牒至准勑,故牒。

　　　大曆四年六月十七日牒

中書侍郎平章事元載　五相同上

天下寺食堂中置文殊上座制一首

大聖③文殊師利菩薩

右京城大德特進試鴻臚卿大興善寺三藏沙門大廣智不空等奏:忝跡緇門,久修梵行,習譯聖典,頗悟玄門。大聖文殊師利菩薩,大乘密教皆周④流演,今鎮在臺山,福滋兆庶。伏惟寶應元聖文武皇帝陛下,德合乾坤,明並日月,無疆之福,康我生人。伏望自今已後,令天下食堂中,於賓頭盧上特置文殊師利形像,以爲上座。詢⑤諸聖典,具有明文,僧祇如來尚承訓旨。凡出家者固合摳衣,普賢、觀音猶執拂而爲侍,聲聞、緣覺擁篲而居後。斯乃天竺國皆然,非僧等鄙見,仍請永爲恒式。

中書門下　牒祠部

---

① 請,原作"誦",據文意改。

② 聖,《大正藏》本校勘［甲］［丙］作"欄"。

③ "大聖"前,《貞元録》有"時大曆四年十二月十九日三藏不空及京城大德具狀奏聞,尋有制曰"。

④ 周,《貞元録》作"因"。

⑤ 詢,《貞元録》無。

牒奉敕，大聖文殊師利菩薩，法王之子，威德特尊，爲諸佛之導師，洗群生之心目，康我兆庶，是拯無邊，不有尊崇，人何瞻仰？今京城大德懇茲申奏，雅合聖典。所請宜依，牒至准敕，故牒。

大曆四年十二月十九日

中書　四相同上

大曆五年七月五日與不空三藏於太原設萬人齋制一首

中書門下牒僧不空三藏，牒奉敕宜於太原設一萬人齋，取太原府諸色官錢物，准數祇供，勿使闕少，仍令不空三藏撿挍。牒至准敕，故牒。

大曆五年七月五日牒

中書侍郎平章事元載

門下侍郎平章事王縉

兵部尚書平章事李使

司徒兼中書令使

同年七月十三日與三藏手詔一首

勅大廣智三藏和上，久修定慧，早契瑜伽，遠訪靈山，躬祈聖道，至靈必應，玄感遂通，青蓮喻心，了證斯在。秋景餘熱，善加珍衛也，遣書指不多及。

十三日

請太原至德寺置文殊院制書一首

中書門下　牒大廣智不空三藏

牒承勅，特進試鴻臚卿大廣智不空三藏奏，請於太原府至德寺置一文殊師利菩薩院，并抽三學大德二七人，遞弘本教，以續法燈，仍請道憲法師於此寺長時講説者。宜依，牒至准勅，故牒。

大曆五年七月十三日牒

中書侍郎平章事元載　四相同上

同年九月四日又賜手詔一首

勅大廣智三藏和上，深契道源，遠尋靈跡，慈悲妙力，當示真宗，五蘊既空，如如斯在。秋冷，和上比平安好，遣書指不多及。

四日

請太原號令堂安像淨土院抽僧制書一首

太原府大唐興國太崇福寺中高祖神堯皇帝起義處號令堂，請安置普賢菩薩像一鋪。淨土院灌頂道場處請簡擇二七僧，奉爲國長誦佛頂尊勝陀羅尼。

右特進試鴻臚卿三藏沙門大廣智不空奏：先奉恩命往五臺山修功德，至太原巡禮上件寺。因得瞻覩高祖、太宗起義聖跡並在此寺，實爲國家皇業所興之源，固不合同諸寺例。伏乞天慈,蠲免一切差科及地稅,便迴充高祖、太宗七聖忌日設齋行香,及修號令堂,安置普賢菩薩,仍於三長齋月、每月十齋日,令合寺僧奉爲高祖至肅宗七聖,轉《仁王護國般若經》。庶得無彊之福,永資七聖;無盡法音,上符皇壽。其念誦僧,伏乞精加簡擇,具名録奏,先停俗客,望即發遣。

　　中書門下　　牒三藏沙門大廣智不空

　　牒奉勑宜依,牒至准勑,故牒。

　　　　　　大曆五年十月一日牒

　　中書侍郎平章事元載

　　門下侍郎平章事王縉

　　兵部尚書平章事李在使院

　　司徒兼中書令在使院

請惠林法師於保壽寺講表一首

　　沙門不空言:不空聞貝葉翻經,所以恢弘釋教;蓮華演偈,所以付屬天王。伏惟陛下位重金輪,心遊寶偈,孝德感于天地,文明齊於日月。伏見章敬寺僧慧林,幼懷聰悟,志願傳燈,演説大乘,上答鴻造。每常諷誦,妙義能宣,念其地偏,幸霑天澤。不空今奉爲國請於保壽寺爲道俗敷演真經,庶宗廟聖祚,歷大劫而齊年;蒼生福田,拔須彌而作壽。如天恩允許,請降。

　　墨①勑依奏。

　　大曆六年二月二日

　　　　　　特進試鴻臚卿三藏沙門大廣智不空上表

謝恩賜大興善寺施戒方等并糧料表一首

　　沙門不空言:中使李憲誠奉宣聖旨,特賜大興善寺施戒方等道場粳、糯、粟、米、油、柴諸物等,無不備足,以充齋供。捧對慚惕,忻悚交并,許其道場爲幸已甚,更賜僧供,雨露實深,自媿無階。能上答効②,但晝夜精勤,加功念誦,冀酬萬一。謹舉求受戒僧衆等,於三七日懇誠念誦,精馳行道,奉爲國家,以修勝福,冀無邊功德,上資聖躬。不勝慚戴③之至,謹因中使李憲誠附表陳謝以聞,沙門不空誠歡誠懼謹言。

　　大曆六年三月二十八日

　　　　　　特進試鴻臚卿大興善寺三藏沙門大廣智不空上表

　　寶應元聖文武皇帝答曰:

---

①　墨,原作"黑",據《大正藏》本改。

②　効,《卍續藏》及《大正藏》本校勘[丙]云一本作"勑"。

③　戴,原作"載",據《大正藏》本校勘[丙]改。

　　三藏慈惠精誠，念深家國，弘修福利，廣被生靈。開建壇場，闡揚妙典，發揮後學，封植良緣。所施非優，何至於謝。

　　中書門下牒

請廣智三藏登壇祠部告牒一首<small>中書門下牒准此</small>

　　興善寺三藏大廣智不空

　　右保壽寺臨壇大德慧徹等奏：伏以三藏國師，釋門墻塹，四海瞻仰，兩京宗承，清淨戒壇，事資宿德。伏請登壇秉法，爲衆授戒。

　　中書門下　　牒祠部　　牒三藏准此

　　牒奉敕宜依，牒至准敕，故牒。

　　　　大曆六年四月三日　　牒

　　中書侍郎平章事元載

　　門下侍郎平章事王縉

　　兵部尚書平章事李在使院

　　司徒兼中書令使

　　祠部　　牒興善寺

　　牒奉中書門下敕牒如右，准敕右牒所由者，故牒。

　　　　大曆六年四月九日　　　　令史遐述牒
　　　　　　　　　　　　　主事釗意

　　郎中董晉

謝恩賜乳牛表一首

　　沙門不空言：今日特奉恩命，賜乳牛五頭各并犢。賜賚自天，悚踊無地，不空誠慙誠荷，以忻以媿。伏惟寶應元聖文武皇帝陛下，日月光臨，恩過雨露。雖復精勤四時，豈酬萬一！罄力竭忠，實難仰謝。撫心脩己，有泚面目。不勝寵渥優深之至，謹奉表陳謝以聞，沙門不空誠惶誠悚謹言。

　　大曆六年九月二十四日
　　　　特進試鴻臚卿大興善寺三藏沙門大廣智不空上表

寶應元聖文武皇帝批：

　　和上深入秘藏，護念勤誠，顧乃精修，宜承渥命。所賜非厚，煩至謝恩。

大辨正廣智三藏和上表制集卷第二

代宗朝贈司空大辨正廣智三藏和上表制集卷第三

上都長安西明寺沙門釋圓照集

凡一十六首，答制九首，總二十五首。

《三朝所翻經論請入目録流行表》一首並答

《謝恩許新翻經論入目録流行表》一首並答

《勅賜汾州西河縣西苑房佛堂寺額制》一首

《恩命令祈甘雨表》一首並答

《東都先師塔及石戒壇院請抽大德制》一首

《請超悟法師於化度寺修六菩薩制》一首

《勅置天下文殊師利菩薩院制》一首

《謝勅置天下文殊師利菩薩院表》一首並答

《請京城兩街各置一寺講制》一首

《貶興善寺主圓敬歸河南慧遠寺制》一首

《進文殊師利佛刹功德經狀》一首

《請補前都維那道遇充寺主制》一首

《恩賜瓊花真人一切經一藏謝表》一首並答

《恩賜文殊閣上梁赤錢餻①餅等物謝表》一首並答

《恩命祈雨三藏和上賀雨表》一首並答

《瓊華真人真如金剛薨奉慰表》一首並答

《五月五日恩賜白素謝表》一首並答

《三藏和上遺書》一首

三朝所翻經請入目録流行表一首

三朝所翻經，總七十七部，凡一百一卷，并都目一卷。

《金剛頂瑜伽真實大教王經》三卷

《金剛頂瑜伽般若理趣經》一卷

《觀自在菩薩授記經》一卷

《瑜伽念珠經》一卷

---

①　餻，原作“鑅”，據《大正藏》本校勘［丙］改。

《奇特佛頂經》三卷

《觀自在菩薩最勝明王心經》一卷

《金剛頂瑜伽文殊師利菩薩經》一卷

《阿唎多羅阿嚕力經》一卷

《普賢行願讚》一卷

《地藏菩薩問法身讚》一卷

《出生無邊門經》一卷

《大吉祥天女經》一卷

《底哩三昧耶經》三卷

《十一面觀自在菩薩經》一卷

《吉祥天女十二名號經》一卷

《金剛頂瑜伽十八會指歸》一卷

《金剛頂瑜伽三十七尊分別聖位法門》一卷

《菩提場所説一字頂輪王經》五卷

《寶篋經》一卷

《金剛壽命陀羅尼經》一卷

《大孔雀明王經》三卷

《大雲請雨經》二卷

《襄虞梨童女經》一卷

《雨寶陀羅尼經》一卷

《稻稈喻經》一卷

《大寶廣博樓閣經》三卷

《菩提場莊嚴經》一卷

《除一切疾病陀羅尼經》一卷

《能淨一切眼陀羅尼經》一卷

《施焰口餓鬼陀羅尼經》一卷

《三十五佛名經》一卷

《八大菩薩曼陀羅經》一卷

《葉衣觀自在菩薩陀羅尼經》一卷

《訶利帝母經》一卷

《毗沙門天王經》一卷

《觀自在菩薩説普賢陀羅尼經》一卷

《文殊問字母品經》一卷

《金剛頂蓮華部心念誦法》一卷

《金剛頂瑜伽千手千眼觀自在念誦法》一卷

《無量壽如來念誦儀軌》一卷

《阿閦如來念誦法》一卷

《佛頂尊勝念誦法》一卷

《金剛頂勝初瑜伽普賢菩薩念誦法》一卷

《金剛王菩薩念誦法》一卷

《普賢金剛薩埵念誦法》一卷

《金剛頂瑜伽五秘密脩行儀軌》一卷

《金剛壽命念誦法》一卷

《一字頂輪王瑜伽經》一卷

《一字佛頂輪王念誦儀軌》一卷

《仁王般若念誦法》一卷

《如意輪念誦法》一卷

《大虛空藏菩薩念誦法》一卷

《瑜伽蓮華部念誦法》一卷

《觀自在菩薩真言觀行儀軌》一卷

《觀自在多羅瑜伽念誦法》一卷

《甘露軍吒利瑜伽念誦法》一卷

《華嚴入法界品四十二字觀門①》一卷

《文殊讚法身禮》一卷

《受菩提心戒儀》一卷

《金剛頂瑜伽三十七尊禮》一卷

《理趣般若釋》一卷

《大曼荼羅十七尊釋》一卷

《金剛頂瑜伽護摩儀軌》一卷

《諸部陀羅尼目》一卷

《大乘緣生論》一卷

《七俱胝佛母陀羅尼經》一卷

《大虛空藏菩薩所問經》八卷

《仁王經》二卷

---

① 觀門，原作“門觀”，據《貞元録》正。

《密嚴經》三卷

《仁王念誦儀軌》一卷

《仁王經疏》三卷

沙門不空言：不空爰自幼年承事先師大弘教三藏和尚，二十有四載，稟受瑜伽法門。後遊五天，尋求所未受者，并諸經論，更重學習。凡得梵本瑜伽真言經論五百餘部，奉爲國家詳譯聖言，廣崇福祐。天寶五載，却至上都，奉玄宗皇帝恩命，於内建立道場，所齎梵經，盡許翻譯。及肅宗皇帝配天繼聖，特奉綸旨，於内道場建立護摩及灌頂法。又爲國譯經，助宣皇化。累奉二聖恩勅，先代三藏所有梵文並使搜訪，其中有綃索脱落，便令脩補。其有未經翻譯者，續譯奏聞。伏惟陛下纉①承皇運，大庇含靈，廣闢福田，重明日月，恩波遠被，法雨分流，四海宅心，萬方欣戴，是知佛之付囑，允在聖君。不空叨承渥澤，榮幸實深，切自②思之，如何報國？奉先皇聖制，令闡微言。又奉陛下恩命，恭尊遺旨，再遣翻譯，利濟羣生。雖復四時精勤，未酬萬一。是以區區於日夕，詳譯真言及大乘經典，冀効涓微，上資皇道。其所譯金剛頂瑜伽法門，是成佛速疾之路。其修行者，必能頓超凡境，達于彼岸。餘部真言，諸佛方便，其徒不一。所譯諸大乘經典，皆是上資邦國，息滅灾厄③，星辰不愆，風雨順序④，仰恃佛力，輔成國家。謹續集前後所翻譯訖者，自開元至今大曆六年，凡一百一卷、七十七部，并目録一卷，及題⑤、筆受、僧俗名字，繕寫已訖。謹因降誕之辰，謹具進奉。庶得真言福祐，長護聖躬，大乘威力，永康國界。其未翻梵本經中，但有護持於國、福潤生靈者，續譯奏聞。不勝虔誠之至，謹奉表以聞。沙門不空誠惶誠恐，謹言。

大曆六年十月十二日

特進試鴻臚卿三藏沙門大廣智不空上表

寶應元聖文武皇帝批：

和上夙事先朝，弘闡妙教，演兹貝葉，廣示迷津。朕嗣纉丕圖，恭承睿旨。和尚再加詳譯，今⑥卷軸續畢，永濟生靈，深可嘉歎！其所譯經，宜⑦宣付中外，入《一切經目録》。

---

① 纉，《大正藏》本校勘［甲］作“續”。

② 切自，《貞元録》作“日夜”。

③ 厄，《貞元録》作“危”。

④ 順序，原作“慎叙”，據《貞元録》改。

⑤ 題，原脱，據《貞元録》補。

⑥ 今，原作“令”，據《貞元録》及《卍續藏》校勘改。

⑦ 宜，《貞元録》作“仍”。

謝恩許新翻經論入目録流行表一首

　　沙門①不空言：中使李憲誠奉宣聖旨，送新翻經目録，勑一道制，答進經表。勑一道，特令中外施行，仍入《一切經目録》。捧戴忻躍，喜荷無任，誠懼誠悚，再歎再愧。伏惟陛下承法王之付屬，滿人心之志願；持普賢之密印，行天子之正教。浹辰之②際，朗惠日於八方；在於頃刻，注洪澤于萬物。斯乃普天幸甚，而況在不空者焉！然不空所翻聖典四③十餘年，三朝已來贊修功德，志在宣傳，上資王室，下潤生靈，豈意夙心一朝願滿，聖恩廣大，累劫難酬。況更特許翻譯所是未翻梵本，倍增悲喜，敢罄竭心力，承奉聖旨，續譯進奉，不勝懼悚懷恩之至！謹因中使李憲誠奉表以聞，不空誠喜誠媿，謹言。

　　大曆七年正月二十七日

　　　　特進試鴻臚卿三藏大廣智不空上表

　　寶應元聖文武皇帝批：

　　和上久證菩提，入佛知見。所翻經典，皆洞精微。爰④命施行，式傳慧照。頒示寰宇⑤，廣濟含靈。未光慈航，煩至陳謝也。

勑賜汾州西河縣西苑房佛堂寺額制一首

　　汾州西河縣西苑房古佛堂院

　　右特進試鴻臚卿三藏大廣智不空奏：前件佛堂，西河縣社邑百姓於至德年中創共修葺，志願妖孽喪亡，國家尅復。伏以先聖孝感取爲社名，並不煩擾公家，亦不私有求乞。其社人等各自斆家資，遂共成辦。自茲已來，修葺不輟。前年奉恩命，五臺山脩功德，迴日到此佛堂院，尋問根由，具悉其實，堂殿、院宇已就垂成，特望天恩，賜一寺額。

　　中書門下　　牒大廣智不空

　　牒奉勑宜賜額“法津之寺”，牒至准勑，故牒。

　　　　大曆七年三月四日牒

　　中書侍郎平章事元載

　　門下侍郎平章事王縉

　　兵部尚書平章事李侁

---

　　①　“沙門”前，《貞元録》有“至大曆七年正月二十七日，特進試鴻臚卿大興善寺三藏沙門大廣智不空三藏既荷墨制，特許流行，踊躍屏營，陳表奉謝”。

　　②　之，原脱，據《貞元録》及《大正藏》本校勘[甲]補。

　　③　四，《大正藏》本校勘[甲]作“三”。

　　④　爰，原作“受”，據《貞元録》改。

　　⑤　頒示寰宇，原作“寰示頒寓”，據《貞元録》及《大正藏》本校勘[甲]改。

　　司徒兼中書令使
恩命祈雨賀雨表一首
　　沙門不空言：中使姜庭璨至奉宣聖旨，屬以亢陽令祈雨，限七日得者。不空聞：
絲言必准者君也，綸發必從者臣也。伏惟陛下，明四目，達四聰，天高聽卑，憂心嫁
穡，可謂元首之至明矣。既奉天詔，旋嚴道場，莫不勠其力，一其心，使陛下天成。依
諸佛遺教，微誠懇極，至誠感神，無勞鷥舞之徵，已降普天之澤。下順人望，上赴聖
心，足蹈手舞，無任抃躍，謹奉表陳賀以聞，沙門不空誠歡誠喜，謹言。
　　大曆七年六月一日
　　　　特進試鴻臚卿大興善寺三藏沙門大廣智不空上表
　　寶應元聖文武皇帝批：
　　和上妙行圓明，大慈弘濟；慮深家國，仁洽生靈；精潔壇場，至祈甘澤；晝夜勤請，
真聖照臨。不踰旬時，克致零雨。綠苗恒茂，豐歲有期。顧惟薄德，載懷媿勵也。
東都先師塔院及石戒壇院請抽大德制一首①
　　東都薦福寺大弘教三藏和上塔院，請抽諸寺名行大德七人。
　　右不空先師在日，特蒙玄宗，置上件塔院，年月深久，廊宇崩摧，香火闕供，無人掃
洒。今請抽諸寺大德七人住持彼院，六時懺念，爲國進修三密瑜伽，繼師資之舊業。
　　同寺一切有部古石戒壇院，請抽諸寺名行律師七人，每年爲僧置立戒壇。
　　右件戒壇院是不空和上在日，捨衣鉢興建。當不空進具之日，亦有誠願，許同脩
葺。不空叨承聖澤，冀玉鏡之重開，覿大師之舊規，望金輪之再轉。今請置一切有部
戒壇院額，及抽名大德七人，四季爲僧敷唱戒律，六時奉爲國修行三密法門。
　　以前特進試鴻臚卿大興善寺三藏沙門大廣智不空奏，前件院抽僧及置額等，請
有闕續填，其府縣差科及一切僧事，並請放免，不同諸寺。謹件如前。
　　中書門下　　牒大廣智不空
　　牒奉勑宜依，牒至准勑，故牒。
　　　　大曆七年六月十六日牒
　　中書侍郎平章事元載
　　門下侍郎平章事王縉
　　兵部尚書平章事李侁
　　司徒兼中書令使
請超悟法師於化度寺修六菩薩講制一首
　　化度寺大菩薩像六軀

──────────────

　　①　此首文字，並見《貞元錄》卷十四。

　　右特進試鴻臚卿大興善寺三藏沙門大廣智不空奏：先奉恩命造前件功德，今請超悟法師於像前爲國講《大般涅槃經》。冀陛下崇修，洗生靈耳目，則微誠願滿。

　　中書門下　　牒大廣智不空　　牒祠部准此

　　牒奉勑宜依，牒至准勑，故牒。

　　　　　大曆七年八月二日牒

　　中書侍郎平章事元載

　　門下侍郎平章事王縉

　　兵部尚書平章事李抱玉

　　司徒兼中書令使

　　祠部牒大廣智不空

　　牒奉中書門下勑牒如右，牒至准勑，故牒。

　　　　　大曆七年八月四日　　　令史尚秀牒
　　　　　　　　　　　　　　　　主事劉義

　　郎中褚長孺

勑置天下文殊師利菩薩院制一首

　　中書門下　　牒不空三藏。

　　牒奉勑京城及天下僧尼寺内，各簡一勝處，置大聖文殊師利菩薩院。仍各委本州府長官，即勾當脩葺，并塑①文殊像。裝飾綵畫功畢，各畫圖具②狀聞奏，不得更於寺外別造。牒至准勑，故牒。

　　　　　大曆七年十月十六日牒

　　中書侍郎平章事元載

　　門下侍郎平章事王縉

　　兵部尚書平章事李使

　　司徒兼中書令使

謝勑置天下寺文殊院表一首并答

　　沙門不空言：伏見今月十六日，特勑京城及天下僧尼寺内，各簡一勝處置大聖文殊師利菩薩院，并塑文殊像，裝飾綵畫者。不空聞惟聖作法，其德動天，澤潤生靈，懸之日月。不空誠懼誠荷，載忻載躍。伏惟陛下開法王之玄造，闢非常之福田，建文殊真容，使普天瞻仰，在於緇侶光③幸尤深。且文殊聖者，即諸佛祖師，大悲弘願，不取正覺，大乘引導，利樂無期。昔釋迦如來先有懸記，一乘典語，興在中華，當有至聖帝

---

　　①　塑，原作"素"，據《貞元錄》改，下同。

　　②　具，原作"其"，據《貞元錄》改。

　　③　光，《大正藏》本校勘［甲］作"先"。

王，必以大乘理國。八百餘載，歷代①帝王聖賢多矣，實未有如陛下者也。不空何幸！生遇聖朝，分②脩大乘，奉事文殊師利，常以此聖真言奉爲國家持誦。每蒙護念，恩德逾深。日夜思之，無階上報。不謂忽然天慈普洽，垂淚③宿誠，廢寢忘食，無任悲喜，不勝戴荷之至！謹附中使楊貴珍奉表陳賀以聞，沙門不空誠懼誠悦，謹言。

　　大曆七年十月二十七日

　　　　特進試鴻臚卿大興善寺三藏沙門大廣智不空表進

　　寶應元聖文武皇帝批：

　　大聖文殊久登正覺，拯生人於三界，鎮毒龍於五峯。慈悲道深，弘濟功遠，故令釋衆同此歸依。三藏梵域宗師，當深慰愜也。所賀知。

請京城兩街各置一寺講制一首

　　新譯④《大虛空藏經》章敬寺大德元盈⑤法師請保壽寺講，資聖寺大德道液法師請西明寺講

　　右特進試鴻臚卿大興善寺三藏沙門大廣智不空奏：前件經奉詔頒行，曾未開闡。若不稱讚，寧表聖功。上件大德並述疏已成，請東、西兩街各於一寺常講此經。冀福河潛流，上資聖壽。

　　中書門下　牒大廣智不空

　　牒奉勅宜依，牒至准勅，故牒。

　　　　大曆八年正月八日牒

　　中書侍郎平章事元載

　　門下侍郎平章事王縉

　　兵部尚書平章事李使

　　司徒兼中書令使

　　二月十五日，有勅於大興善寺翻經院起首，修造大聖文殊鎮國之閣，大德僧秀巖充使修造使，沙門慧勝同撿校。

　　沙門⑥不空言：伏奉恩旨，翻譯此經⑦，天力護持，卷軸功畢，證義筆受，僧俗名字，

---

①　代，原作“伏”，據《貞元録》改。

②　分，原作“介”，據《貞元録》及《大正藏》本校勘［甲］改。

③　淚，《貞元録》作“沃”。

④　“新譯”前，《貞元録》有“洎大曆八年正月八日中書門下勅”。

⑤　章敬寺大德元盈，《貞元録》作“興善寺大德潛真”。

⑥　“沙門”前，《貞元録》有“先於六年有勅，請三藏譯《大聖文殊師利菩薩佛刹功德莊嚴經》。按傳録所説，此經自晉至唐，凡經三譯……三，代宗睿文孝武皇帝大曆六年所譯名也。翻譯大德與《虛空藏經》同，御史中丞杜冕捨封請譯。八年五月，裝寫方成。端午之晨，寶函封進”。

⑦　此經，《貞元録》作“大聖文殊師利菩薩佛刹功德莊嚴經”。

年①月處所，咸列終篇。去月端午，進奉已訖，聖情恩造，許賜班宣②。不空誠懽誠悚，載媿載荷。不空聞設教者如來，弘傳者君上。施行佛事，非聖主而誰？伏惟陛下迴日月於黃道，垂雨露於蒼生。霑潤物情，僧侶偏幸。修湦撫己，未知何報？然此經者，衆行之本源，淨土之殊稱；菩薩大願、功德莊嚴、三昧神通、如來法印，無不具足。蹔聞隨喜，福尚無窮，況讀誦受持，功德何限！冀兹法利，酬恩萬一。特望天恩，令天下大寺七僧、小寺三僧，於新置文殊院，長時爲國講宣讀誦。有闕續填，務使法音傳燈不絕，永康蠻土，長護聖躬。不勝懇願之至！謹奉表以聞，沙門不空誠請③誠悚，謹言。

　　　　大曆八年六月日

　　　　　　特進試鴻臚卿三藏沙門大廣智不空表進

貶興善寺寺主圓敬歸河南思遠寺制一首

　　　　大興善寺寺主圓敬，本配河南府陸渾縣思④遠寺。

　　　　右特進試鴻臚卿大興善寺三藏沙門大廣智不空奏：前件僧比將解撿校僧事，不空遂舉充興善寺主。今得徒衆如謙等狀，稱其僧自任綱維，侵損常住，毀坼⑤僧舍屋，修自己私房，非理役使家人。手⑥功已下，妄⑦聚尼衆止宿，不護嫌疑，見被京兆府推問，事跡彰露，恐令准法科繩。法門之中，實可愧恥。伏乞存其法服，不奪僧名，勒歸陸渾本寺，許其改過，爲國脩持。

　　　　中書門下　牒大廣智不空三藏

　　　　牒奉勑宜依，牒至准勑，故牒。

　　　　　　大曆八年七月十三日牒

　　　　中書侍郎同平章事元載

　　　　門下侍郎平章事王縉

　　　　兵部尚書平章事李使

　　　　司徒兼中書令使

進文殊師利佛刹功德經狀一首

　　　　《大聖文殊師利菩薩佛刹功德莊嚴經》一部三卷并寶鈿函

　　　　右不空先奉綸旨，令⑧譯此經，天恩曲臨，並已成辨。參校唐梵，詳定言音。年月

---

①　年，《大正藏》本校勘［丙］云一本作“歲”。

②　“去月端午”至“許賜班宣”，《貞元錄》作“今因端午之晨，謹以進奉”。

③　誠請，《貞元錄》無。

④　思，《大正藏》本校勘［丙］云一本作“惠”。

⑤　坼，原作“圻”，據《大正藏》本校勘［丙］改。

⑥　手，《大正藏》本校勘［甲］作“千”。

⑦　妄，原作“妾”，據《大正藏》本校勘［丙］改。

⑧　令，《貞元錄》作“今”。

處所，筆受證義，僧俗之名，咸題卷中。文殊事跡，緣起根由，始于發心，至成正覺，莊嚴淨土，此經具載。諸佛理體，菩薩行門，法界有情，無生實相，分明表示。功德廣大，餘經罕儔。願此勝因，上資聖祚。伏乞宣示寰宇，以福生靈。特望天恩，所是新置文殊院，大寺七僧，小寺三僧，於文殊院中長時爲國講宣誦習，有闕續填。是使法燈繼明不絕，靈神、庶類孰不懽心？幸因輪王降誕之辰，天人嘉會之日，冀茲景福，上益壽山，願以法流，添於聖海。謹隨狀陳進以聞，如天恩允許，請降墨勑。

　　　大曆八年十月[①]十三日

　　　　　特進試鴻臚卿三藏沙門大廣智不空狀進[②]

請補前都維那道遇充寺主制一首

　　　興善寺前都維那道遇

　　　右特進試鴻臚卿三藏沙門大廣智不空奏：前件僧戒行精潔，爲衆所推，先充都師勾當寺事，終始如一，勤効頗彰。今當寺見闕寺主，藉其撿校，伏望備充寺主。

　　　中書門下　牒大廣智不空

　　牒奉勑宜依，牒至准勑，故牒。

　　　　　大曆八年八月四日牒

　　　中書侍郎平章事元載

　　　門下侍郎平章事王縉

　　　兵部尚書平章事李使

　　　司徒兼中書令使

謝恩賜瓊華真人一切經一藏表一首并答

　　　沙門不空言：内謁者監吳休悦奉宣聖旨，瓊華真人真如金剛《一切經》一藏凡五千五十卷，並是栴檀香軸，織成綵帙。衆香合成經藏，香木經案，金寶香鑪，雲霞相輝，日月間錯，光明芬馥，充溢街衢。並賜不空當院安置，令其轉讀，奉迎禮拜。喜荷交并，未知何功，上答玄造。審復思惟諸佛聖典，纔受持者獲福無邊。冀此勝因，以酬萬一。謹即差二七人，長時轉讀，願真人真如金剛福德堅固，聖皇寶祚萬劫惟新。不勝喜躍之志！謹附中使吳休悦奉表陳謝以聞，沙門不空誠歡誠悚，謹言。

　　　大曆八年十月十八日

　　　　　特進試鴻臚卿三藏沙門大廣智不空上表

　　寶應元聖文武皇帝批：

　　　三藏梵行精深，聖真加護，經行轉讀，福德無邊。敬以藏經置於香刹，願祈嘉禮，

---

　①　十月，原脱，據《貞元續開元釋教録》（《大正藏》本，下同）補。

　②　狀進，《貞元續開元釋教録》作“上表”，並有“其月日也，三藏和尚在内道場。勑賜三藏和尚錦、綵、絹等共七百匹，同翻譯經大德潛真等十人各賜錦綵三十匹充䞋”。

保佑瓊華，使瘵疾永除，慶善滋長，豈云殊渥，煩此謝恩。

恩賜文殊閣上梁饆餅見錢等物謝表一首

　　沙門不空言：其文殊閣先奉恩命，取今月十四日上梁。天澤曲臨，特賜千僧齋飯、上梁赤錢二百貫、饆餅二千顆、胡餅二千枚、茶二百串、香列湯十甕、蘇蜜食十合槃、甘橘子十五箇、甘蔗四十莖。中使相繼於道路，飯食盈溢於街衢，御饍珍羞悉飽大會，天厨湯茗普洽士庶。聖恩過甚，答効何階！智者皆言，自佛法東來，向欲千載，古之王者豈不修福？弘益廣大，實未有如今之皇上。不空何幸！生遇聖朝，又傳真言，贊於皇化。雖復百身不擇晝夜，精勤持誦，豈酬萬一！不勝懽悚之至！謹附監使李憲誠奉表陳謝以聞，沙門不空誠荷誠媿，謹言。

　　大曆八年十二月十日

　　　　　特進試鴻臚卿大興善寺三藏沙門大廣智不空上表

　　寶應元聖文武皇帝批：

　　和上傳教梵宮，流音東夏。弘揚聖典，持護真宗，福資羣生，慶集家囷。創建文殊之閣，初羾香刹之梁。錫饌助齋，勿勞於表謝。

賀雨表一首并答

　　沙門不空言：頃以去年終冬罷雪，今春正盡。猶自愆陽，比屋熬然。皇情憂軫，爲人引咎，精思祈天，果得應時。春澤普洽，川原滂霈，草木滋華。是知聖德動天，神應如響；一人有感，萬類照蘇。不勝忻悅之至！謹因中使李憲誠奉表陳賀以聞，沙門不空誠懽誠荷，謹言。

　　大曆九年二月五日

　　　　　特進試鴻臚卿三藏沙門大廣智不空上表

　　寶應元聖文武皇帝批：

　　自冬少雪，慮切農郊，分命群官，偏祈岳瀆。而宗社眖祐，靈祇顧懷，雲馳早春，雨洽中野。和上念深家國，虔請道場，豐和有期，慰悅斯在。所賀知。

奉慰瓊華真人薨表一首并答

　　沙門不空言：伏承瓊華真人薨逝，上軫聖慈，傍悲行路。不空拙自將理，伏枕多時。聖恩不以不空凡僧，遣養真人爲女，痛切之至，實倍常情。真人乖攝之時，不空身正因[1]惙，不獲力疾，就內加持。昨二十七日，扶策欲請對，行至子城東南角已，承真人凶諱，中路却迴。追感平生，無由取訣，哀情莫展，痛迫實深。伏望聖慈，許不空來月二日扶力，就真人喪次轉念，獲申情禮，實爲悲幸。每虔誠發願，上向[2]諸佛，庶

---

[1]　因，《卍續藏》校勘及《大正藏》本校勘［丙］云一本作“困”。

[2]　向，《大正藏》本校勘［甲］作“白”。

憑法力,保護亡靈。伏惟①聖心俯垂昭鑒,不空稍俟痊減,即冀扶持奉慰,謹奉表以聞,沙門不空誠悲誠慟,謹言。

　　大曆九年四月二十九日

　　　　特進試鴻臚卿三藏沙門大廣智不空上表

　　寶應元聖文武皇帝批:

　　真人平生,朕深所鍾念,以其久疾,依怙福田。和上慈悲,養之爲女,膏肓莫救,憫悼誠深。和上乖候多時,體氣虛弱,且宜將攝,不可勞到喪次,佇②聞痊復也。

恩賜白素謝表一首並答

　　沙門不空言:伏奉中使元應全宣聖問,兼賜白素等。捧受懸悚,罔知所圖。伏以攝生無方,自嬰疾苦,致力不逮,禍夭瓊華。更沐恩私,錫問頻及,無任悲荷之至！謹附表陳謝以聞,沙門不空誠惶誠恐,謹言。

　　大曆九年五月五日

　　　　沙門特進試鴻臚卿大廣智不空表上

　　寶應元聖文武皇帝批:

　　和上道行圓明,慈悲普洽,少嬰常疾,軫慮殊深。節物所霱,勞此申謝也。

三藏和上遺書一首

　　吾普告四衆弟子等,大教總持③,浩汗深廣。瑜伽秘密,誰測其源？吾自髫齔出家,依師學業,討尋梵夾二十餘年。晝夜精勤,伏膺諮稟,方授瑜伽四千頌法。奈何積疊深重,先師壽終,栖託無依,憑何進業？是以遠遊天竺,涉海乘危,遍學瑜伽,親禮聖跡。得十萬頌法藏印可相傳,來歸帝鄉,福地行化。然一朝供奉,爲三代帝師,人主盡授瑜伽,密傳法契。爰自今聖弘教,最深十八會瑜伽盡皆建立,三十七聖衆一一修行。每入道場,依時念誦。九重萬乘,恒觀五智之心；闕庭百寮,盡持三密之印。吾當代灌頂三十餘年,入壇授法弟子頗多。五部琢磨,成立八箇,淪亡相次,唯有六人。其誰得之？則有金閣含光,新羅慧超,青龍慧果,崇福慧朗,保壽元皎、覺超。後學有疑,汝等開示。法燈不絕,以報吾恩。況吾年登七十,氣力漸衰。汝等幼稚者多,故先遺囑。當院僧弟子慧勝等,少小事吾,恭謹無怠,勤勞歲久,實可矜憐。雖五部未霱,並一尊精熟,脩持成佛,是可有餘。各自策勵,如吾在日,必須和睦,同共住持。若有害群,吾不祐汝。吾受持金剛鈴④、杵,並銀盤子、菩提子念珠、水精念珠並合子,並進供奉聖人,請入內。及保壽、化度、興善諸寺弟子等,吾在之日,汝等依吾,

──────────

①　惟,《大正藏》本校勘[丙]疑當作"冀"。

②　佇,《大正藏》本校勘[丙]疑當作"佇"。

③　持,原作"特",據《卍續藏》校勘改。

④　鈴,《大正藏》本校勘[甲]無。

吾護念汝。吾百年後，汝等依國，於國須忠，努力虔誠，爲國持念，國安人泰，吾願滿焉。青龍曇貞，大法真言，吾先授與。至於契印渠未得之，汝等爲吾轉爲授却①。俗弟子功德使李開府，依吾受法三十餘年，勤勞精誠，孝心厚深，河西、南海問道往來，淨影、鴻臚躬親供養。瑜伽五部先以授之，十七、五②身更增秘密。吾銀道具、五股金剛杵、三股獨股鈴，並留與開府，作念受持，速證悉地。院中師僧，開府往來撿挍，如吾在日，務須安存，上下和睦。監使李大夫，自監吾已來無少違意，往來進奏，皆契聖心。不但輔佐國家，亦爲護法菩薩。普賢秘密，尋以受持，踵襲大乘，必當尅證。吾銀羯磨金剛杵四箇，并輪留與，受持爲念，取證菩提。佛法護持，如吾在日。賢者趙遷，吾爲翻經，有時執筆，諸餘鈔寫亦有其功。若愛出家，爲與聞奏。樂之處俗，汝亦安存。吾後翻得《文殊經》一卷、《寶樓閣念誦法》一卷、《如來藏經》一卷，翻譯雖終，未及進奉。勾當寫出，爲吾進都。寶金剛事吾日深，小心孝順，至於念誦，倍更精勤，留在院中，同住供養。院内行者、童子，上從賢德，下至汝③奴汝仕，大④夫爲奏與度。其蘇但那野奢並放爲良，任從所適，樂在院中，亦任本意。其庭秀爲老親見在南海，欲得侍奉，亦語開府，放去養親。令⑤喬爲是家人，久以衹承，隨吾入内，聖人亦識，每偏駈使，辛勤最多，使⑥李大夫與奏出家。莊上有牛兩頭，可准錢物拾餘貫，將陪常住，用充價直收贖。令喬院内應緣道場，所有幡華、楨像，諸功德等氈廗、毯褥⑦、銅器、瓷器、蠡盃一切，並捨入文殊閣下道場，永爲供養，不得轉輸有零落出外借人。吾緣身衣，並已捨盡。有金八十七兩，銀二百二十兩半，並將施入五臺山金閣、玉華兩寺，裝修功德。所有家具、什物、漆⑧器、鐵器、瓦器，床廗、氈褥、床子、褥子及諸雜一切物等，吾並捨與當院受用，子弟⑨往來須有投寄。梵夾閣上藏中安置其藏及經，爲是勅賜鎮院安置。汝常爲國轉讀持念，焚香供養守護，並不得零落損失。吾奏聖人造閣，下置文殊菩薩，上安漢梵之經，爲國福田，永代供養。閣則大改已成，作家欠錢，裝飾未了，軒廊、門屋、僧房亦未成立，所有塼⑩零落，殘方樸木，汝共大夫計會，善爲聞奏，修崇了却。閣成已後，奉爲國家置三七僧，轉經念誦，永資聖壽，滿吾本願。

---

① 却，《大正藏》本校勘［甲］作"印"。
② 五，《大正藏》本校勘［丙］云一本作"吾"。
③ 汝，《大正藏》本校勘［丙］云一本作"海"。
④ 大，《大正藏》本校勘［丙］云一本作"丈"。
⑤ 令，《大正藏》本校勘［甲］作"命"。
⑥ 使，原作"件"，據《大正藏》本校勘［丙］改。
⑦ 褥，原作"樠"，據《卍續藏》校勘改，下同。
⑧ 漆，原作"柴"，據《大正藏》本校勘［甲］改。
⑨ 子弟，《大正藏》本校勘［甲］作"弟子"。
⑩ 塼，原作"搏"，據文意改。

東京和上塔所,師僧院舍、莊園,汝亦爲吾勾當成立。其車、牛,鄠縣洨^①南莊,并新買地,及御宿川貼得稻地,街南菜園,吾並捨,留當院文殊閣下道場,轉念師僧永充粮用、香油、炭火等供養,並不得出院破用,外人一切不得遮闌及有侵奪。其祥谷紫^②莊,將倍常住,其莊文契並付寺家。吾重告諸弟子,汝等須知,人代無常,誰免此也。師資之道,以法義情親,不同骨肉,與俗全別。汝等若依吾語,是吾法子。若違吾命,則非法緣。吾壽終後,並不得著服及有哭泣攀慕。憶吾即勤加念誦,是報吾恩。亦不得枉破錢財,威儀葬送。亦莫置其塋域,虛弃人功。唯持一床,盡須念誦,送至郊外,依法荼毗,取灰加持,便即散却。亦不得立其靈机^③,圖寫吾形。儒生七十二子,尚有心喪,吾教灌頂相傳,都不然也?汝等諸子是從佛口生,從法化生,得佛法分,即同普賢身,行普賢行,住普賢心,圓明廓周,五智齊現。修行如此,是契吾心,何勞駈駈營營、非法不益之事!吾所告焉,汝等須依吾此處分。恐後無憑,仍請三綱、直歲、徒衆等署^④名爲記,鄔波馱耶告。

　　大曆九年歲次甲寅五月己亥朔七日乙巳

　　　　　　　直歲慧達

　　　　　　　典座明彥

　　　　　　　都維那法高

　　　　　　　寺主道遇

　　　　　　　上座潛真

　　大辨正大廣智三藏和尚表制集卷第三

代宗朝贈司空大辨正廣智三藏和上表制集卷第四

上都長安西明寺沙門釋圓照集

凡一十九首,答制三首,總二十二首。

《請於興善寺當院兩道場各置持誦僧制》一首

《加開府儀同三司及封肅國公制告牒》一首

《三藏和上臨終陳情表》一首并答

《和上初薨賜賻贈物制》一首

---

①　洨,《卍續藏》校勘及《大正藏》本校勘[丙]疑當作“汝”。

②　紫,《大正藏》本校勘[丙]云一本作“柴”。

③　机,《卍續藏》校勘一本作“廟”。

④　署,原作“着”,據《大正藏》本校勘[甲]改。

《勅諸孝子各守法教制》一首

《勅諸孝子着服喪儀制》一首

《賜孝子米麵擇地等手詔》一首

《和上寫真影讚并序》一首

《恩賜起造靈塔絹制》一首

《謝恩賜造塔絹表》一首并答

《鄧國夫人張氏祭文》一首

《弟子苾芻慧勝祭文》一首

《五日李相公祭文》一首

《賜司空并謚號制》一首

《大廣智三藏行碑》一首沙門飛錫文

《大廣智不空三藏和尚影讚》一首飛錫文

《六日勅遣中使祭文》一首

《六日元相公祭文》一首

《謝追贈司空并謚號表》一首

請於興善①當院兩道場各置持誦僧制一首

　　弟子僧慧朗、慧超、慧璨、慧海、慧見、慧覺、慧暉，右件僧等請於當院灌頂道場，常爲國念誦。僧慧幹、慧果、慧嚴、慧雲、慧信、慧珍、慧勝、慧深、慧應、慧行、慧積、慧俦、慧賢、慧英。

　　右件僧等請於大聖文殊閣下，常爲國轉讀勅賜一切經。

　　以前特進試鴻臚卿大興善寺三藏沙門大廣智不空奏：住此寺院二十餘年，建立道場，爲國持誦，靈應非一，不可名言。其大聖文殊閣，恩命賜錢，修造向畢。既安梵夾，又有御經，理合弘持，以資景福。其惠朗等二十一人，並久探秘藏，深達真乘，戒行圓明，法門標準，望依前件，常令念誦轉經。如後有事故，即請簡擇灼然有道行僧填闕，庶法燈不絶，聖壽無疆。

　　中書門下　　牒大廣智不空

　　牒奉勅宜依，牒至准勅，故牒。

　　　　大曆九年六月六日牒

　　中書侍郎平章事元載

　　門下侍郎平章事王縉

---

　　①　興善，《大正藏》本校勘［甲］作“興善寺”。

兵部尚書平章事李抱玉

司徒兼中書令使

加開府及封肅國公制一首

　　勑①：大道之行，同合於異相；王者至理，總歸於正法。方化城之齊致，何儒釋之殊途？故前代帝王罔不崇奉法教，弘闡與時偕行。特進試鴻臚卿大興善寺三藏沙門大廣智不空，我之宗師，人之舟檝。超悟②三學，坐離於見取；修持萬行，常示於化滅。執律捨縛，護戒爲儀。繼明善教之志，來受人王之③請。朕往在先朝，早聞道要。及當付囑，常所歸依。每執經内殿，開法前廡，憑几同膠序之禮，順風比崆峒之問。而妙音圓演，密行内持，待扣如説，自涯皆晤。滌除昏妄，調伏魔怨④。天人洗心於度門，龍鬼受識⑤於神印。固以氣消災癘，福致吉祥，實惟弘我之多，寧止利吾之美？嘗有命袟，用申優禮。而得爲師盛，味道滋深。思⑥復强名，載明前志。夫妙界有莊嚴之土，内品有果地之殊。本⑦乎尚德，敬順時典，可開府儀同三司，仍封肅國公，食邑三千户，餘如故。

　　　　大曆九年六月十一日

銀青光禄大夫中書侍郎平章事元載

司徒兼中書命⑧使宣

中書舍人楊炎奉行

奉勑如右，牒到奉行。

　　　　大曆九年六月日⑨

侍中闕

金紫光禄大夫行門下侍郎同平章事王縉

朝議郎守給事中趙涓⑩

　　　六月　日時都事

　　　　左司郎中

---

① “勑”前，《貞元録》有“大曆九年六月十一日”。
② 悟，原作“誦”，據《貞元録》改，《大正藏》本校勘［丙］云一本作“詣”。
③ 之，原脱，據《貞元録》補。
④ 怨，原作“寃”，據《貞元録》改。
⑤ 識，原作“職”，據《貞元録》改。
⑥ 思，原作“恩”，據《貞元録》改。
⑦ 本，原作“大”，據《貞元録》及《大正藏》本校勘［甲］改。
⑧ 命，《大正藏》本校勘［甲］作“令”。
⑨ 日，《大正藏》本校勘［甲］作“一日”。
⑩ 涓，《大正藏》本校勘［甲］作“絹”。

金紫光禄大夫吏部尚書上柱國彭城郡開國公晏

吏部侍郎闕

尚書左丞闕

告開府儀同三司肅國公食邑三千户大興善寺三藏沙門大廣智不空

奉勑如右，符到奉行。

　　　　　主事光遠

　　　　令史廧①晟②

　　　大曆九年六月　　日下

三藏和上臨終陳情辭表一首

　　沙門③不空言：不空幼事先師，已過二紀，早承天澤，三十餘年演瑜伽法門，奉累聖之恩眄。自從陛下臨御，殊私轉深，賜黃閣以宴居，降紫微而問道。積恩重疊，日月相繼。雖復精懇，豈酬萬一！而露電難駐，蒲柳易衰。一從伏枕，自春往夏，陛下深睠④，存問再三，中使、名醫相望道路。但以膏肓之病，雖針藥而難生；生滅之質，寧戀惜而能固？忽從昨夜已來，頓覺氣力彌憊，身非己有，瞬息掩忽⑤，心神寖微。違謝聖朝，不任戀慕！不空今者年過中壽，未爲夭逝。但以往時越度南海，周遊五天，尋其未聞，習其未解，所得《金剛頂瑜伽》十萬頌，諸部真言及經論等五十餘萬頌，冀總翻譯，少答國恩。何夙願之未終，忽生涯之已盡，此不空所以爲恨也。伏惟陛下降諸佛之慈惠，下從人之所願，不空先進《大聖文殊佛刹經》，聖情尋許，頒示中外。伏願哀愍，念臨終之一言，冀福皇家，滋吉祥之萬劫，實爲僧人生死榮幸！五鈷金剛鈴、杵，先師所傳，并銀盤子、菩提子及水精念珠并合子，並謹隨表進奉。臨紙涕泣，悲淚交流，永辭聖代，不勝戀慕之至！謹附監使李憲誠奉表陳辭以聞，沙門不空誠悲誠戀，謹言。

　　大曆九年六月十五日

　　　　開府儀同三司試鴻臚卿肅國公大興善寺三藏沙門大廣智不空表上

寶應元聖文武皇帝批：

　　和上行登十地，來自五天。敷演瑜伽，宣流梵夾。周遊萬里，踐曆三朝。光澤⑥聖言，親承師授。當下武之興運，繼前薪之火傳。而弘菩薩心，爲眾生病。彌留有

---

①　廧，《卍續藏》校勘一本作“序”。

②　晟，《大正藏》本校勘[甲]作“日成”。

③　“沙門”前，《貞元録》有“三藏和上再蒙恩寵，官封增新。然氣力轉微，無由謁見。至十五日，開府儀同三司肅國公三藏沙門大廣智不空修表上辭，文曰”。

④　睠，原作“睞”，據《貞元録》改。

⑤　忽，原作“掩”，據《貞元録》及《大正藏》本改。

⑥　光澤，原作“先譯”，據《貞元録》改。

問，宸悼增深，並宜依所請也。

爾時開府儀同三司試鴻臚卿肅國公大廣智不空三藏和上表上陳情，聖恩垂涕，墨制旋降，所請皆依。和上情意^①獲申，一心觀行，右脇累足，恬然而薨。弟子號慕^②，中使奏聞。聖上宸悼殊深，輟朝三日。爰降中使，詣于僧藍^③，宣慰衆徒，及錫賻贈。

奉勅絹三百疋，布二百端，宜送大興善寺故大廣智不空三藏院，充賻贈物。

大曆九年六月十六日宣

勅諸孝子各守法教制一首

奉勅語諸孝子等：和上爲三代國師，門徒稍衆，宜各相和順，住瑜伽觀行，依本教修行。如有違諍者，即録名奏來。

大曆九年六月十六日内謁者監李憲誠宣

勅諸孝子着服喪儀制一首

奉勅語諸孝子：着服哭泣，葬送威儀，立靈塔，置^④圖寫影來等。除此之外，餘一切並依遺書。

大曆九年六月十八日中使李憲誠宣

手詔賜孝子米麵擇地葬日等制一首

奉手詔，與孝子等粮、米、麵并^⑤，並擇地塔及日葬事等，白米五車，粳米五車，白麵五車，柴十車，油七石，炭三車，並如京宣^⑥索，如無，準擬^⑦奏來，當別支送。

三藏和上影讚并序一首

大唐大廣智三藏和上影讚并序

弟子朝散大夫撿挍左庶子嚴郢文

和上諱不空，聖上尊之曰大廣智三藏，故南天竺阿闍梨金剛智之法化也。昔毗盧遮那佛以瑜伽無上秘密最大乘教，傳於金剛薩埵。金剛薩埵數百歲，方得龍猛菩薩而傳授焉。龍猛又數百歲，乃傳龍智阿闍梨。龍智又數百歲，傳金剛智阿闍梨。金剛智振錫東來，傳於和上。自法身如來，至于和上，傳此道者六人而已矣。和上童孺出家，聰明卓異，服勤精苦，晝夜不息，經耳閱目，咸誦無遺，聞一知十，若有神告^⑧。先師歎曰："吾道東矣！"先師既歿，和上遂泛海遊天竺、師子等國。詣龍智阿闍梨，更

① 意，《貞元録》及《大正藏》本校勘[甲]作"禮"。
② 號慕，《貞元録》作"號踊無筭"。
③ 僧藍，原作"僧伽藍"，據《貞元録》改。
④ 塔置，《大正藏》本校勘[甲]作"置塔"。
⑤ 并，疑衍。
⑥ 宣，《大正藏》本校勘[甲]無。
⑦ 擬，原作"元"，據《貞元録》改。
⑧ 告，《卍續藏》校勘一本作"通"。

得瑜伽十八會法。五部秘藏，三乘遺典，莫不究其精奧焉。兒與人同，而心與佛齊矣。天寶初，歸至上都，玄宗深敬遇之，遂爲三代國師，出入禁闥。聖上每延至内殿，順風請益，玄言啓沃，宗仰日深。大曆九年，示疾而卧。詔使結轍，侍醫嘗藥，無虚日焉。恩旨就卧，加開府儀同三司，依前試鴻臚卿，封肅國公，食邑三千户，累讓不允。至六月十五日，忽沐浴蘭湯，換潔衣服，抗表辭主，奄然而化。春秋七十矣，夏臘五十矣。聖上追慟，廢朝三日。和上所居寺有荷池，周迴數十畝，傍無灌注，中湧甘泉，醴甘鏡清，冬夏常滿。及和上遷化之日，池水先夕而涸。與夫雙林變白，事異而感同矣！夫法體堅固，無來無去，應俗緣則現於人世，證道品則歸於涅槃，豈常情之所能測乎！續事如生，梁木其壞。綴序本行，記諸善言。重宣此義，而作讚曰：

瑜伽上乘，秘密之門。度諸禪定，頓入佛身。法化正嫡，迄今六人。恭惟和尚，爲時而出。演教救世，如揭月日。三聖宗師，優曇再發。甘露方注，涅槃不待。凡我後學，心没憂海。畫圖惟肖，瞻仰如在。

恩賜造靈塔絹制一首

奉勅，絹七百五十二匹，宜賜興善寺故三藏大廣智不空和尚院，充先師造靈塔直。

大曆九年六月二十八日内侍韋守宗宣

恩賜絹七百五十二匹造塔謝表一首并答

草土僧曇貞等言：今日内侍韋守宗奉宣恩勅，賜絹七百五十二匹，充先師塔直。捧戴殊旨，咸被哀榮。使有展敬之地，始起舍利之塔。竊謂微言尚存，聖朝增福。蓋陛下之道崇著，豈門人之孝克招！曇貞等不勝號擗哀荷之至！謹奉表陳謝以聞，曇貞等誠哀誠懼，謹言。

大曆九年六月二十八日

大興善寺草土僧曇貞表上

寶應元聖文武皇帝批：

和上領袖緇門，弘宣妙旨。永歸寂滅，宗慕良深。遠日有期，遷神斯近。施縑起塔，何有謝恩？

臨葬日鄧國夫人張氏祭文一首

維大曆九年歲次甲寅七月戊戌朔五日壬寅，鄧國夫人張氏，謹以乳藥之奠，奉祭于故國大德三藏不空和尚之靈。伏惟和尚歷劫增修，已超三界之表。現身行化，恒遊億土之中。傳像教於東來，獻微言於北極。九重啓沃，萬乘虔恭。錫無價香，施無價寶。方欲陶甄旺俗，潤色聰明。平皇運於泰階，致蒼生於彼岸。豈謂川無停逝，日不再中！示滅同凡，歸真遽促。嗚呼哀哉！悲慟震襟，涕横朝市。甘露收而蘭萱死，飄風起而江海波。有學無學，詻稟如何？嗚呼哀哉！弟子幸以夫尊忝茲國號，三業

易集,一善難成。賴和上弘慈,特垂訓誘,因爲受法,心實驚惶。内省驕癡,外非奢
縱。雖萬分而未去,終九變而知言。倏忽永乖,痛戀空積。辭帝里兮素輿行,瞻鴈塔
兮白露生。將申哀於薄奠,冀靈鑒於微誠。嗚呼哀哉! 伏惟降尚饗。

弟子苾蒭慧勝祭文一首

　　維大曆九年歲次甲寅七月戊戌朔五日壬寅,僧弟子慧勝,謹以乳藥之奠,敢昭告
于亡和尚之靈。竊惟父母之孝,師資亦然。況乎親事,深感前緣。侍其几杖二十餘
年,自愧愚滯,沐眷殊偏。恩載我兮如地,德覆我兮如天;慧照我兮如日,法潤我兮如
泉。何一朝而天裂? 何中路而地翻? 何一晝而日落? 何中路而枯泉? 觸目淚盈,攀
號氣噎。雖生滅而是常,終酸慟而交切。梵音一息,尊顔永違。學徒相視,法會何
依? 嗚呼哀哉! 伏惟尚饗。

三藏和上葬日李相公祭文一首

　　維大曆九年歲次甲寅七月戊戌朔五日壬寅,兵部尚書同中書門下平章事李抱
玉,謹以香華之供奉,祭于故三藏大和上之靈! 夫法器之主,釋教之尊,非生靈獨覺
無以希聖道,非崇德廣業無以宗定門。伏惟和上神晤藏本,密詣真言;圓合内照,智
涵清涼;即空雖有,示想忘色;花會王宮,燈傳淨國。惟我聖后,敷求教式,諮學爲師。
依仁輔德,開演秘旨,決明慈識。龍天効靈,恠魅潛匿。應期于世,轉此風力。柰何
厭苦,示我形息。嗚呼! 生有必盡,神而去之。湧塔來見,雙林變衰。迷途未返,後
學空悲。緬懷初會,此哀慟無期。伏惟尚饗。

贈司空諡大辨正三藏和上制一首

　　勑:寂滅爲樂,所以歸於真。付屬有緣,所以尊其稱。脩諸①故事,其或强名。故
開府儀同三司試鴻臚卿肅國公大興善寺三藏大廣智不空,德盛道高,朕所師仰。心
密法印,行超度門。精微有説,廣大無相。一雨之潤,溥洽於群生;百燈所傳,遍明於
正覺。傍達義趣,博通儒玄。聖人之情,合若符契。朕順風前廕,積有歲年。慈航不
留,梁木其壞,徽音永隔,震悼殊深。論道之官,追嚴師禮,仍加諡號,用副名實,可贈
司空,仍諡②號大弁③正廣智不空三藏和上。

　　　　大曆九年七月五日
　　　　司徒兼中書令汾陽郡王使
　　　　中書侍郎平章事潁川郡開國公臣元載宣
　　　　中書舍人臣孫宿奉行
　　奉勑如右,牒到奉行。

---

①　諸,《貞元録》作"其"。

②　諡,原作"謚",據《貞元録》改。

③　弁,《貞元録》作"辯"。

大曆九年七月六日

侍中闕金紫光禄大夫門下侍郎平章事上柱國臣王縉朝議大夫守給事中臣趙涓

　　　七月　日時都事

　　　　　　一本左司郎中

金紫光禄①吏部尚書上柱國左司郎中彭城郡開國中公晏

吏部侍郎闕

尚書左丞闕

告贈司空大辨正廣智不空三藏和上②

勅如右，符到奉行。

　　　　主事光遠

　　　　令史廗晟

　　　　書令史

郎中油書令史　書令史③

　　　大曆九年七④月六日下

大唐故大德開府儀同三司試鴻臚卿肅國公大興善寺大廣智三藏和上之碑

　　勅撿挍千福安國兩塔院法華道場沙門飛錫撰

一月飛空，萬流不閟。五天垂象，三藏降生。曷其謂焉？我大師矣。大師法諱不空，北天竺婆羅門子也。初母氏遇相者曰：“爾汝必當生菩提薩埵也。”已便失。數日之後，果夢佛微笑，眼光灌頂。既寐猶覺，室明如晝，因而孕焉。早喪所天，十歲隨舅氏至武威郡，十三遊太原府，尋入長安，以求出要。見大弘教金剛三藏，以爲真吾師。初試教悉曇章，令誦梵經。梵言賒切，一聞無墜。便許入壇，授發菩提心戒，年甫十五，與出家焉。弱冠從有部進具，成大苾蒭。律相洞閑，知而不住。將欲學聲明論，窮瑜伽宗，以白先師。師未之許，夜夢佛、菩薩像悉皆來行。乃曰：“我之所夢，法藏有付矣。”遂授以三密，談於五智。十二年功，六月而就。至開元二十九年秋，先師厭代。入塔之後，有詔令貴國信使師子國。白波連山，巨鱗橫海，洪濤淘湧，猛風振激。凡諸難起，奮金剛杵，諷《隨求章》，辟災靜然，船達彼國矣，弟子僧含光、慧䛒皆目擊焉。師子國王郊迎宮中，七日供養，以真金器沐浴大師。肘步問安，以存梵禮。王諸眷屬，宰輔大臣，備盡虔敬。其國有普賢阿遮梨聖⑤者，位隣聖地，德爲時尊。從

---

① 光禄，《大正藏》本校勘[丙]作“光禄大夫”。

② “和上”後，《大正藏》本校勘[甲]有“奉”。

③ 書令史，《大正藏》本校勘[甲]無。

④ 七，《大正藏》本校勘[丙]云一本作“六”。

⑤ 聖，《大正藏》本校勘[丙]作“耶”。

而問津，無展乃誠，奉獻金貝寶。曰："吾所寶者心也，非此寶也。"尋即授以十八會
《金剛頂瑜伽》，并毗盧遮那大悲胎藏，五部灌頂真言，秘典經論梵夾五百餘部，僉以
爲得其所傳也。他日王作調象戲，以試大師。大師結佛眼印，住慈心定，誦真言門以
却之。其象顛仆，不能前進，王甚敬異。與夫指降醉象，有何殊哉！則知七葉之花本
無香氣，五陰之舍豈有我人，三摩地中示其能慧。至天寶六載，自師子國還，玄宗延
入建壇，親授灌頂，住淨影寺。于時愆亢，納慮於隍，大師結壇應期，油雲四起，霈然
洪澍。遂内出寶箱，賜紫袈裟一副，絹二百匹，以旌神用。或大風拔樹之災，妖①星失
度之沴，舉心默念，如影響焉。至十三載，有勅令往武威，趣②節度使哥舒翰請。立大
道場，與梵僧含光，并俗弟子開府③李元琮等，授五部灌頂、金剛界大曼荼羅法。時道
場地爲之大動，有業障者散花不下。上著子蓋，猶如群蜂味之香藥，不能却之，事訖
方墜，何神之若此耶？十五載三月，勅還京，住大興善寺。泊至德中，肅宗皇帝行在
靈武，大師密進《不動尊八方神旗經》，并定收京之日，如符印焉。乾元中，延入内殿，
建護摩，親授灌頂。渥恩荐至，有殊恒禮。尋令於智炬寺念誦，感本尊玉毫劃然大
明，照徹巖谷。及我寶應臨朝，金輪馭歷，聖睠彌積，師事道尊，授特進試鴻臚卿，加
大廣智之號。躬稟秘妙，吉祥至止。或普賢瀉神光於紫殿，六宮作禮。或文殊呈瑞
相於金閣，萬乘修崇。或翻《密嚴》《護國》之梵文，雲飛五色。或譯《虛空庫藏》之貝
偈，霧擁千僧。大師銜命而陟彼清凉，承恩而旋歸帝邑。凡諸應驗，差難備陳。方悟
夫虛空之花，體無生滅，真如之用，豈有去來？前後奉詔所譯諸經，總八十三部，計一
百二十卷，並已頒行，入藏目録。兼奏天下諸寺以文殊爲上座，仍置院立像，保釐國
界，申殷敬焉。至大曆八年，有進止於興善本院，又造文殊金閣。禁財内出，工人子
來，寶傘自九霄而懸，御香亦一人所錫。微塵之衆如從地涌，鈞天之樂若在空臨。至
九年六月十一日，制加大師開府儀同三司，封肅國公，食邑三千户，餘如故。榮問優
洽，寵光便繁。降北極之尊，爲師宗之禮。幡像之惠，玉帛之施，勅書盈篋，中使相
望，前古已來未有如我皇之清信也，吾師之丹誠也。大師爰自二十歲，迄于從心五十
餘年，每日四時，道場念誦。上升御殿，下至凡④榻，刹那之頃，曾無間焉。萬嶺寒松
歷嚴霜而黛色者，有以見之於直操矣！矧夫入朱門如蓽户，桂紫眼若鶉衣。雖馳于
騏驥，常在九禪之清淨。獨立不及，同夫大通；衆色摩尼，本無定彩；彩止自彼，於我
何爲？寔謂真言之玄匠，法王之大寶者也。於戲！菩薩應見成不住心，如來堅林度
有情輩。示以微疾，自知去辰。以其月十五日，爰命弟子進表上辭，囑以後事。削髮

---

① 妖，原作"祅"，據文意改。
② 趣，原作"走"，據《大正藏》本校勘［甲］改。
③ "府"後，原有"應"，據《大正藏》本校勘［丙］刪。
④ 凡，《大正藏》本校勘［甲］作"几"。

湯沐,右脇累足,泊焉薨逝。春秋七十,法臘五十。時驟雨滂注,小方天開。哀悼九重,輟朝三日。贈絹三百匹,布二百端,錢三十萬,米麵共四百石,香油薪炭及諸齋七外支給。又賜錢二百二十五萬,建以靈塔,寓内式瞻。又勑高品李憲誠勾當,及功德使開府儀同三司李元琮監護,即以七月六日法葬于鳳之南少陵原。其日中書門下勑牒,贈司空,謚大辨正廣智不空三藏和上。又遣内給事劉仙鶴,宣册致祭。内出香木,焚之靈棺,具荼毗之禮也。寺池涸而華萎者,告終之象;夢幢傾而閣倒者,驚誡之期。則雙林變白之徵,洞水逆流之感,豈昔時也? 宰臣百辟,曾受法印者,罔不哀慟。門人勑常修功德使撿校殿中監大興善寺沙門大濟等四部弟子,凡數萬人,痛大夜之還昏,悲慧燈之永滅。不以才拙,令紀芳猷。飛錫謬接羅什之筵,叨承秦帝之會。想高柴之泣哭,盡同奢花之血見。式揚無説之説,以頌龍中之龍。其詞曰:

> 文字解説即真言兮,天生我師貝葉翻兮。
> 龍宮閭闔了本源兮,象駕逶①迤仙樂繁兮。
> 所作已辦吾將滅兮,空留梵夾與花鬘兮。
> 冕旒增悼合會葬兮,人慟地振聲何誼兮。
> 金剛之杵夢西土②兮,以表吾師安養國兮。
> 法王之子驚牛軒兮,永度生死破魔怨兮。

大曆九年歲甲寅七月六日丁酉建

唐贈司空大興善寺大弁正廣智不空三藏和上影贊

　　灌頂弟子紫閣山草堂寺苾芻飛錫撰并書

天子灌頂,阿遮梨耶。道傳上國,家本耆闍。其望如龍,其人如玉。貝多在手,梵字攸矚。心同皓月,光映碧池。蟬蜕而去,麟臺畫之。三密寂寥,九重哀悼。笳簫駟馬,皆承明詔。萬里雲慘,千山松悲。蒼蒼何忍,奪我宗師。瞻雪顏則,無示無説。傳浩浩劫,斯焉取斯。

勑使劉仙鶴致祭文一首

　　維大曆九年歲次甲寅七月戊戌朔六日癸卯,皇帝遣内給事劉仙鶴以香茶之奠,敬祭于故大辨正廣智三藏和尚之靈。惟靈智識明晤,天姿聰達。夙殖梵行,生知勝因。挺秀五天,周遊萬里。心蘊海藏,音通華夷。貝葉傳經,瑜伽演教。弘利兆庶,出入三朝。道在不言,理均無迹。涅槃常寂,至聖同歸。焚香澡身,與化而盡。朕承了義,禮具師資。永訣之辰,攸深震慟。香茶之奠,有靈昭之。

---

① 逶,原作"透",據文意改。

② 土,《大正藏》本校勘[甲]作"上"。

三藏和上葬日元相公祭文一首

　　維大曆九年歲次甲寅七月戊戌朔六日癸卯,中書侍郎同中書門下平章事元載,謹以香花之供養,祭于故三藏大和上之靈。嗚呼!寓形遊化,如風動輪。地水之大,皆爲我身。至人知存而不守,委于寂滅之境,得度而常厭,離于染愛之塵。於戲!大師紹佛明因,玄覽并覺,弘悲會仁,色心同徹,功學惟新。明明我后,與道冥順。孔德時生,真宗啓運。期繼後葉,寔傳密印。齊心閑舘,降廎延問。東嚮尊師,順風三進。惟聖儲福,資神會祥。凡我四衆,雲從道場,次承付囑,仰負津梁。曷云報盡,宗極斯亡。嗚呼!法體圓照,際於前後。非待形以生,豈緣聚而有?靈山重會,坐劫①將久。愴戀神儀,永懷慈誘!尚饗。

謝恩制追贈先師并謚號表一首并答

　　草土沙門慧朗等言:昨六日先師荼毗之夕,聖慈哀悼,追贈司空,仍謚號大辨正廣智不空三藏和上,昭宣國禮,寵光神道。三公之贈,有越舊章;和上之稱,先經未載。是知高天之澤,浸江海而無涯;幽途之靈,象日月而下照。凡百②弟子數千衆人,悲感聖恩,無任戴荷!謹附中使李憲誠奉表陳謝以聞,沙門慧朗等誠惶誠愧,謹言。

　　大曆九年七月七日

　　　　大興善寺草土沙門慧朗等上表

　　寶應元聖文武皇帝批:

　　和上發迹五天,周遊萬里。宣演正法,拯晤生靈。涅槃歸常,孝行崇謚。禮經斯在,煩以謝恩。

　　大辨正廣智三藏表制集卷第四

代宗朝贈司空大辨正廣智三藏和上表制集卷第五

上都長安西明寺沙門釋圓照集

　　凡二十九③首,答制十六④首,總四十五首。

　　《召念誦僧制》一首

　　《勅慧朗⑤教授後學制》一首

---

①　劫,《大正藏》本校勘[丙]云一本作"却"。
②　百,《貞元録》作"曰",《大正藏》本校勘[丙]云一本無。
③　凡二十九,《大正藏》本校勘[甲]作"表制等表三十"。
④　六,《大正藏》本校勘[甲]作"四"。
⑤　朗,原作"勅",據《大正藏》本校勘[甲][丙]改。

《勑慧勝依所請住①制》一首

《停修舊塔地制》一首

《勑於當院起靈塔制》一首 并使牒

《沙門慧朗謝賜紫衣表》一首 并答

《恩賜文殊閣額制書》一首

《謝賜額表》一首 并答②

《進造大聖文殊鎮國閣狀》一首

《謝恩賜小祥齋供表》一首 并答

《弟子慧果謝賜錦綵③表》一首 并答

《勑天下僧尼誦尊勝相④真言制》一首

《謝誦持尊勝真言表》一首 并答

《請爲先師立碑表》一首

《賀平李靈曜表》一首 并答

《故功德使李公⑤挽謌詞》二首

《請續置功德使表》一首

《謝賜齋儭茶表》一首

《賀春雪表》一首 并答

《賀度韓王女出家表》一首

《青龍寺僧⑥曇貞賀⑦祈雨賜物表》一首 并答

《沙門飛錫賀晴表》一首 并答

《覺超⑧賀湫所祈雨表》一首 并答

《請辭内道場陳情表》一首 并答

《賀祈雨表》一首 并答

《賀破吐⑨蕃表》一首 并答

《僧惠超賀玉女潭祈雨表》一首 并答

---

① 住,《大正藏》校勘[甲]無。

② 謝賜額表一首并答,《大正藏》校勘[甲]作"謝賜額表一首",[丙]無。

③ 弟子慧果謝賜錦綵,《大正藏》校勘[甲]作"恩賜錦綵謝"。

④ 相,《大正藏》校勘[丙]無。

⑤ 李公,《大正藏》校勘[甲]作"涼國公李將軍"。

⑥ 青龍寺僧,《大正藏》校勘[甲]作"沙門"。

⑦ "賀"後,《大正藏》校勘[甲]有"南山"。

⑧ 覺超,《大正藏》校勘[甲]無。

⑨ 吐,原作"咄",據下文改,《大正藏》本校勘[甲]作"土"。

《僧曇貞賀祈雨表①》一首并答

《靈②應臺僧道潤賀平河南表》一首

《監使憲誠③進怖鴿毛表》一首并答

召念誦僧制一首

奉勅語元琮，化度、保壽、興善等寺，先於故三藏和尚邊受法僧有功業者，即具名奏來。

大曆九年七月七日內謁者監李憲誠宣

勅慧朗教授後學制一首

奉勅語僧慧④朗，專知撿校院事，兼及教授後學，一尊一契有次第者，聞奏。

大曆九年七月七日中使李憲誠宣

勅惠勝依請制一首

奉勅語僧惠勝，和上在日，阿師子偏得意旨，今聞於塔所焚香火守護。先於和上邊受得普賢念誦法，與朕同尊。努力精修，三年滿後，即來對朕，與商量本尊法。所請依⑤住。

大曆九年七月七日中使高品李憲誠宣

停修舊塔地制一首

奉勅語元琮，故大辨正廣智不空三藏和上塔所修造，宜令且停，別擇好地起修。

大曆九年七月十五日中使李憲誠宣

勅於當院起靈塔制一首并使牒

奉勅語元琮，故辨正三藏荼毗得舍利，令當寺院造舍利塔。

大曆九年八月二十八日內謁者監李憲誠宣

勅勾當京城諸寺觀修功德使，牒興善寺，牒得舉稱，奉勅如右。未有各牒所由，請施行處分者錄勅牒興善寺，仍牒故三藏和上院者，故牒。

大曆九年九月八日牒

判官前資州司馬劉浩⑥

---

① 僧曇貞賀祈雨表，《大正藏》本校勘［甲］作“同前文”。

② 靈，《大正藏》本校勘［甲］作“虛”。

③ 監使憲誠，《大正藏》本校勘［甲］無，［丙］作“監使李憲誠”。

④ 慧，《貞元録》作“惠”。

⑤ “依”後，《貞元録》有“是時也，火滅已後收得遺身，體頂等中皆有舍利，光相瑩淨，皎若琉璃。具以上聞，聖情哀悼，內宮稽首。置在道場”。

⑥ 浩，《大正藏》本校勘［丙］云一本作“涉”。

　　使開府儀同三司兼右龍武軍將軍李元[①]琮

沙門惠朗謝賜紫衣表一首并答

　　沙門惠朗言：惠朗至微，瑜伽一介，叨承聖澤，濫沐殊私，出入金門，薰修別殿，幸奉明詔，頻對九重，紫綬袈裟，特蒙恩賜，不但榮飾先師，實亦光耀後學。微僧無任悲感，謹奉表陳謝以聞，不勝戰灼之至！誠歡誠喜謹言。

　　大曆九年十一月二十九日大興善寺故大辨正三藏和上付法弟子僧慧朗表進

　　寶應元聖文武皇帝答曰：

　　師夙勤梵行，先[②]踐法流，福惠所資，生靈蒙賴，爰賜命服。煩此謝恩。

恩賜文殊閣額制一首

　　奉勅，八分金書“大聖文殊鎮國之閣”額，一宜送大興善寺翻經院。

　　大曆十年二月十三日中使李憲誠宣

謝賜額表一首

　　沙門慧朗言：今日伏奉中使李憲誠宣聖旨，特賜八分金書大聖文殊閣額一。御札神蹤，筆勢奇絕。名雄鎮國，字燭天文。鵲顧鸞迴，宛然飛動，龍姿武態，迥拔風雲。陷[③]垂露於九霄，戚墜石於千仞。金光炳煥，共日月俱懸；聖跡楷模，與乾坤不朽。候迎瞻仰，眼目清新；審慮諦觀，心神爽晤。微僧何幸，沐此恩波，戴荷高天，魄懸無地。不勝抃躍歡悚之至！謹奉表陳謝以聞，沙門慧朗誠忻誠荷，謹言。

　　大曆十年二月十三日大興善寺沙門惠朗上表

　　寶應元聖文武皇帝答曰：

　　伽藍別院，安置真容，金牓發揮，式光大聖。師勤修香火，保護邦家。所謝知。

進造文殊閣狀一首

　　大興善寺翻經院

　　造大聖文殊師利菩薩閣，都計入錢二萬二千四百八十七貫九百[④]五十文，内出代絹共計入一萬三千五十二貫文。一萬一千一百五十二貫文准絹，四千一百一十七匹析[⑤]充，二千貫文見錢入。一千八十貫五百三文，和上衣錢、諸雜錢物入；八千三百五十五貫四百四十七文，外施及諸雜并賣物入。應造大聖文殊師利菩薩閣，破用及見在數如後：

　　四千五百四十二貫五百四十五文，買方木六百一十根半。

　　九百七十四千八百一十文，買椽、柱槐木共八百四根。

----

① 　元，原脱，據上文補。

② 　先，《大正藏》本校勘［丙］云一本作“生”。

③ 　陷，《大正藏》本校勘［甲］作“阽”。

④ 　百，《大正藏》本校勘［甲］作“千”。

⑤ 　析，原作“柳”，據《大正藏》本校勘［丙］改。

一千四百九十一貫一百七十文，買塼瓦、鴟獸五萬五千六百九十八口。

二百一十四千五百文，買棧七百束等用。

七百四十六千二百二十五文，買栢木造門、牕、鈎、欄等用。

七百六十四千文，買石矴^①、諸雜石，并雇車、脚手功、糧食等用。

一百一十六千四百二十五文，買麻、檮等用。

三百三十九千五百九十一文，買釘、鐵等用。

八十千文，造閣上、下兩層，風筝八枚等用。

八十五千二百八十八文，買石灰、赤土、黑蠟等用。

二千四百七十八貫九百四十六文，造金銅釘、門獸、諸雜鉸具用。

六百九十四千五百五十文，雇人築階，并脫墼等用。

二千二百八十八貫三百文，雇人揚仙^②立木手功、糧食等用。

八百貫文，買彩色解椽^③、畫羅文軟作手功、糧食等用。

一千五十一貫二百九十六文，雇人解木手功、糧食用。

三百五千文，雇人瓦舍及手功、糧食等用。

一千五百一十八貫九百文，造怗栢門、牕、鈎、欄、障日手功、糧食等用。

三百三十貫文，泥墁作手功、糧食等用。

二百五十七貫文，雇人畫嵫^④基、隔窠，并買彩色、手功、糧食等用。

五百九十五千六百八十七文，雇人^⑤車船、載方木脚錢等用。

三百五十七千七百文，雇人砌墁塼作手功、糧食等用。

一百六十二貫五百四十八文，買趙越簾簝席、箔、炭、花、藥、钁、紙、筆、油等用。

一百貫九百八十二文，僧使、行者、外使催趁糧食、設功匠等用。

五十二貫五百一十文，買膠及麻、打^⑥繩索、諸雜等用。

三百一十二千七百九十文，雇雜使、年月日功人等用。

八百七十三貫二百五十文，買車四乘、牛六頭等用。

六百八十二貫八十七文，與牛買草、豆麫、牛藥、逐車人餅錢等用。

右具破用數如前，應買入雜施、入迴殘，見在如後。

合入方木六百八十五根半，七十五根外施，入六百一十根半。

---

① 矴，《大正藏》本校勘［甲］作“砢”。

② 仙，《大正藏》本校勘［丙］云一本作“山”。

③ 椽，原作“緣”，據文意改。

④ 嵫，《大正藏》本校勘［丙］云一本作“峻”。

⑤ 人，《大正藏》本校勘［丙］無。

⑥ 打，《大正藏》本校勘［丙］云一本作“釘”。

買入四百八十七根半，造閣用訖，一百二十七根出賣訖，七十一根見在。

合入搏柱二百四十四根，一百四十八根外施，入九十六根。

買入一百七十三根，造閣用訖，七十一根見在。

合入椽二千四百一十四根，一千五百七十根外施，入八百四十四根。

買入一千八百五十四根，造閣用訖，五百六十根見在。

合買入棧七百束，三百五十束造閣用訖，三百五十束見在。

合入膠六百八十三[1]斤，六百斤勑賜入，四十斤外施入，四十三斤買入造閣用訖。

合入蠟六百二十斤，六百斤勑入，二十斤買入，並造閣用盡。

右具通造閣所入錢物、方木等及諸雜用外，見在數如前，謹録奏聞，伏聽聖旨。

大曆十年四月五日檢校造閣僧秀嚴等狀進

　　　　　同檢校造閣僧惠勝

　　　　　勑檢校院事僧惠朗

謝恩賜小祥齋供表一首 并答

中使段物華至奉宣聖旨，以故大辨正廣智三藏和尚周年入塔，齋賜一千人供，兼賜茶二百串，度弟子二人。伏以先師寂滅，星歲俄周。聖思[2]飾終，累有榮施。賜錢起塔，錫饌度僧。雨露浹於幽明，光寵被於存没。凡在法侶，悲愧交馳。中使荐臨，香茶繼至。送全身於多寶，荷殊澤於九霄。無任感戴之至！謹奉表陳謝以聞，不勝戰灼之至！誠歡誠喜，謹言。

大曆十年六月十五日

　　　　大興善寺沙門惠朗表進

寶應元聖文武皇帝答曰：

先和上寂滅歸常，驟移星序，益多傷悼。追崇福祐，齋施所資，顧非厚給[3]，煩此申謝也。

恩賜錦綵謝表一首 并答

沙門惠果言：伏奉今月九日中使李憲誠奉宣進止，賜微僧錦綵共二十匹，捧對忻懼，如山壓己。惠果幸逢休明，叨承聖澤。聚沙之歲則事先師，二十餘年執持巾錫，瑜伽秘密之宗，普賢深妙之要，特蒙教誨，偏承意旨，切令爲國晝夜修行。微僧是以破膽竭肝，亡形殉命。斯須不間，祈誓懇誠。將酬雨露之恩，冀答殊私之造。無任抃躍之至，謹附表陳謝以聞，沙門惠果誠歡誠恐，謹言。

大曆十年十一月十日

---

① “三”後，原有“十三”，據文意刪。

② 思，《大正藏》本校勘［甲］作“恩”。

③ 給，《大正藏》本校勘［丙］云一本作“洽”。

　　大興善寺沙門惠果表進

　　寶應元聖文武皇帝批：

　　和上遺教，闍梨克遵，秘密之宗，流傳弟子。覽師精懇，表以勤勞，薄錫縑綵，以崇香火也。所謝知。

敕天下僧尼誦尊勝真言制一首

　　奉敕語李元琮，天下僧尼令誦佛頂尊勝陀羅尼，限一月日誦令精熟，仍仰每日誦二十一遍。每年至正月一日，遣賀正使，具所誦遍數進來。

　　大曆十一年二月八日內謁者監李憲誠宣

謝誦持尊勝真言表一首并答

　　沙門惠朗言：伏奉恩敕，令天下僧尼誦持佛頂尊勝真言者，諸佛之心目，蒼生之津梁。陛下受佛付囑，申以法化。惠朗跡在緇門，又叨近侍，愚誠之分，實驚實喜！伏惟陛下謀協聖慈，陰贊生利。致仁壽之域，在茲一言；播無彊之休，以靖萬國。山川鬼神亦莫不寧，鳥獸魚鱉允將獲祐。僧有獎進之路，俗成同善之風。此則陛下超天下之恩，參承至道爲用，豈愚僧日用而知者哉？生植之澤，以云深厚；誨誘之德，上答何階！謹附中使元應金奉表陳謝以聞，誠歡誠喜，謹言。

　　大曆十一年二月二十三日

　　　　興善寺沙門惠朗等表進

　　寶應元聖文武皇帝批：

　　佛頂真言，神力廣被。庶資弘益，普及含靈。比令誦持，有勞表謝也。

請爲先師立碑表一首

　　沙門慧朗等言：先師大辨正不空三藏和尚，早逢聖代，紹佛傳燈。汎海梯山，詢求法寶。獲金剛密印，了三昧總持。舍利苞於色身，智鏡懸於心月。坦夷大道，輔翼皇家。自天寶已來，皇祖皇考降尊問法，禮具師資。陛下臨朝又加殊，敬其道德，寵錫超倫。存稱灌頂之師，沒贈上公之位。一從遷化，再歷歲時。影塔空建於雙林，盛德未題於貞石。聖慈哀眷，許製豐碑。瞻仰天文，冀其降止。微僧夙願，待此將終。伏乞鴻恩，俯垂矜允，不勝懇欵之至！謹奉表陳請以聞。輕冒龍顏，無任戰懼，沙門惠朗等誠惶誠恐，謹言。

　　大曆十一年四月五日

　　　　大興善寺沙門惠朗等上表

賀平李靈曜表一首

　　沙門惠朗等言：惠朗聞逆德者亡，已孽難逭。伏惟陛下聖明獨斷，密運神謀，用將士威武，竭誠討叛，寇梟擒捷。八州既獲，得海外開通，萬國來朝，四夷納貢，惠朗等不勝慶快之至！謹附中使李憲誠奉表陳賀以聞，沙門惠朗等誠歡誠喜，謹言。

大曆十一年十一月二十八日

　　大興善寺沙門惠朗等上表

寶應元聖文武皇帝答曰：

靈曜狂叛，違拒朝經。軍師四臨，寇孽霄潰。凶首擒執，汴垂再康。所賀知。

故功德使涼國公李將軍挽歌詞二首

　　前左領軍衛兵曹參軍翰林待詔趙遷

　　　　業盛唐堯際，功成文子軍。

　　　　累承三帝寵，六比五臣勳。

　　　　畫角悲寒吹，愁笳咽曉雲。

　　　　聖朝忠義骨，今日委荒墳。

　　　　大樹悲風起，將軍去不迴。

　　　　撫棺心益痛，臨穴淚難裁。

　　　　曉月繁霜草，幽泉掩夜臺。

　　　　更聞謌伴哭，觸物盡成哀。

請續置功德使表一首

　　沙門惠朗言：惠朗聞惟人植福，惟福利人。苟闕其司，善無由長。伏惟寶應元聖文武皇帝陛下，所登天祚，蓋爲蒼生。隔截邪途，護持正法。萬邦咸幸，豈惟京城！自國家特置功德使已來，衆福日滋，群凶時滅。皇室起崇高之祐，緇門絕挫辱之虞。惟天所知，人罕悟矣。一昨元琮薨没，帝京僧侶相視黯然，舉目增悲，中言下淚。又懼惡魔獲適心之便，外道得攘臂之秋。正教陵遲，邪林茂盛。伏乞聖慈擇一賢臣轇司功德，永國家惟新之福，解僧人懷舊之悲，謹附監使李憲誠奉表陳謝①以聞，不勝戰灼之至！沙門惠朗誠惶誠恐，謹言。

　　大曆十一年十二月日

　　大興善寺沙門惠朗上表

謝齋襯②茶表一首

　　沙門惠朗言：伏奉今月十四日設一千僧齋，賜茶二百串。今日又蒙中使宣示恩命，慰及門人。周行天香，薰馥存没。惠朗等誠悲誠懼，心魂殞越。承先師之遺蔭，沐陛下之殊澤。儻神理有在，冥感聖恩，則結草之報，必由香茶矣。無任負山海之至！謹附中使李憲誠奉表陳謝以聞，沙門惠朗誠惶誠恐，謹言。

---

①　謝，《大正藏》本校勘［丙］疑當作"請"。

②　襯，《大正藏》本校勘［丙］作"襯"。

大曆十二年六月十日沙門惠朗等上表

賀春雪表一首

沙門惠朗等言：比屬去冬愆陽，聖心憂軫。廣崇勝福，蓋爲生靈，果得春雲洒空，皓雪呈端。普天含潤，澤被無涯。昏塵自清，豐年有待。惠朗等五十三僧，每在道場，爲國持念。自正初已來，互相策勵，或有七日不食，或有經旬忘寢，貴資片善，上答殊私。沐澤堯年，仍惄野老。無任忻悅之至。謹附中使李憲誠奉表陳賀以聞，沙門惠朗等誠歡誠喜，謹言。

大曆十三年正月十七日。

大興善寺沙門惠朗等上表

寶應元聖文武皇帝答曰：

頃以時當發生，自冬無雪。朕情深望歲，軫慮愆陽。師祈禱精誠，膏澤普霑。至誠所感，當用慰焉。所賀知。

賀度韓王女出家表一首

京城釋門衆大興善寺上座沙門惠朗等言：伏奉今月六日聖旨，度韓國大王長女，鴻恩放天孫出家，祐資皇后。踵繼愛道，寵光釋氏。伏惟陛下至聖之心，利物弘廣，雖乾坤之大疇能況焉。去蟬鬢之鳳釵①，剃除雲髮。脫寶衣之瓔珞，被服袈裟。三界人天皆霑福澤，天下緇門不勝戴賀。謹附中使魏行琳奉表以聞，沙門惠朗等誠歡誠喜，謹言。

大曆十三年十月九日

京城釋門大興善寺上座沙門惠朗等上表

沙門曇貞賀南山祈雨賜物表一首并答

沙門曇貞言：比頃以膏雨未敷，聖心憂軫。特奉進止，令往南山祈雨。肝膽斯竭，望赴天心。於法無功，龍神不應，空勞睿想，虛費供須。既無喜期，誠當罪責。聖慈寬宥，錫賚殊深，蒙錦綵七十匹，戴天履地，莫知高厚。豈謂憂憤之門，忽逢聖咸②霈然之澤。無任歡抃媿懼之至！謹附中使李憲誠奉表陳謝以聞，沙門曇貞誠惶誠喜，謹言。

大曆十二年八月三日青龍寺沙門曇貞上表

寶應元聖文武皇帝答曰：

師久勤梵行，夙著精誠，虔潔道場。至祈膏澤，薄申獎賚，煩此謝章也。

---

① 釵，《大正藏》本校勘[丙]作"釵"。

② 咸，《大正藏》本校勘[丙]作"感"。

賀晴表一首并答

　　沙門飛錫等言：伏奉八月二十六日中使高品李憲誠宣聖旨，令京城諸寺釋門衆轉《大般若》《孔雀王》等經。精勤止雨，用副聖心者。飛錫聞帝堯至聖，不無水雨之多。《大雲》寶經，亦有請止之化。頃者稍①如霖霆，納慮於隍。陛下親露心於金人，每焚香於玉殿，遂使晴光上升，折重雲而四照；惠風旁振，掃氛霧於八方。粢盛可期，倉庾恒溢，斯皆天慈精詣，僧等何知？凡在道俗，無任感戴，謹附中使李憲誠奉表陳賀以聞，沙門飛錫等誠歡誠躍謹言。

　　大曆十二年九月一日

　　　　京城釋門衆沙門飛錫上表

　　寶應元聖文武皇帝答曰：

　　師緇門領袖，久在道場，勤結梵緣，福資黔庶。真聖所祐，宿陰漸開。宜益虔誠，慶流家國也。所賀知。

賀湫所祈雨表一首

　　沙門覺超、惠照等言：今月十五日，中使楊貴玢②至，奉宣聖旨，令覺超等於南山湫所七日祈雨者。陛下恭己育物，慮甘澤於夫時；以人爲心，閔農殖於望歲。遂使有靈必禱，神跡克祈。而萬姓荷慈愛之恩，群生欣父母之義。比者雨雖罕降，百草皆滋；旱不及憂，五穀咸茂。此即陛下順天之道潛運，體元之化內諧。覺超等猶愚，不任慶美之甚！人皆含識，豈勝歡戴之極！覺超伏奉聖旨，便結道場，晝夜精誠，以副文思③之旨；莫敢懈怠，用彰光宅之令④。持誦初經一宿，雲霧忽洽於山川；啓請未盡兩辰，霈澤遽洒於城闕。是知堯年之感，玄應在乎須臾；舜日之謀，休徵無復遲久。所樹苗稼，忽若增膏；凡謂糧儲，實將逾賤。覺超與鄉村父老等，以戴以躍⑤，不覺手舞于閭閻；乃泧乃止，自然足蹈於衢巷。無任抃踊之至！謹奉表陳賀以聞，沙門覺超、惠照等誠歡歡喜，謹言。

　　大曆七年六月二十日

　　　　保壽寺沙門覺超、惠照⑥等上表

　　寶應元聖文武皇帝答曰：

　　師等經行宴坐，久晤無生。念深家邦，誠請膏澤。聖真垂祐，零雨應期。傳洽秋

---

①　稍，《大正藏》本校勘［甲］作“猶”。

②　玢，《大正藏》本校勘［丙］作“珍”。

③　思，《大正藏》本校勘［甲］作“恩”。

④　令，《大正藏》本校勘［丙］云一本作“命”。

⑤　以戴以躍，《大正藏》本校勘［甲］作“載欣載躍”。

⑥　照，原作“然”，據《大正藏》本校勘［丙］及上文改。

原,戴榮嘉穀。西成有望,用媿勤勞。所賀知也。

請辭內道場陳情表一首

長生殿道場念誦沙門覺超惠海等言:覺超、惠海等素無德業,濫目①緇流。隨侍先師,入出中禁。食分御饍,服減天衣。厩馬公車,往來乘駕。因循歲月,十五餘年。錫賚殊私,丘山已積。論功報國,纖芥曾無。撫已脩涯,豈堪媿惡! 且出家之人,受佛教令,精脩功德,令處伽藍。久在天宮,實貽物議。夙夜思忖,何情自安! 特乞聖慈降垂,矜放各歸本寺。爲國脩行,福田所資,寧限中外? 不勝虔懇之至! 謹附中使李憲誠奉表陳請以聞,沙門覺超、惠海等誠惶誠懼,謹言。

大曆十二年五月二十二日

念誦沙門覺超、惠海等上表

寶應元聖文武皇帝答曰:

師等妙行精修,堅持正覺。留在中禁,用廣勝因。無去無來,何至辭讓也!

賀祈雨表一首并答

沙門覺超等言:伏奉八月二十七日中使魏行林宣聖旨,霖雨久滯,即令止雨者。覺超等忽奉綸言,倍加虔懇。啓告龍神,晝夜精誠,肝膽斯竭。承陛下天威,雲收雨止,秋稼皆資茂實。伏惟皇帝聖德動天,子育萬類,率土歡心,百僚咸慶。道場僧等不勝欣躍之至! 謹附中使樂令欽奉表陳賀以聞,沙門覺超等誠懼誠喜,謹言。

大曆十二年九月一日

長生殿道場沙門覺超等上表

寶應元聖文武皇帝答曰:

師緇門領袖,久在道場,勤結梵緣,福資黔庶。真聖所祐,宿陰漸開。宜益虔誠,慶流家國也。所賀知。

賀破吐蕃表一首并答

沙門覺超等言:伏見露布,子儀下將士破吐蕃,擒生數千,斬首盈萬者。伏聞以順罰逆,興師必功。以義制淫,舉無不尅。日者蕃醜負約,敢背國恩,從兵邊陲,憑淩石地。伏惟陛下聖略通神,天威遠震。勢同破竹,如火燎原。俘擒魁渠,僵屍滿野。覺超等忝在釋門,喜清國步。無任慶躍之至! 謹奉表陳賀以聞,沙門覺超等誠歡誠喜,謹言。

大曆十二年八月二十八日

內道場保壽寺沙門覺超等上表

寶應元聖文武皇帝答曰:

---

① 目,《大正藏》本校勘［甲］作“因”。

西蕃負恩，元戎致討①。天道助順，殲厥兇渠。師等釋流，亦當爲慰也。所賀知。

賀玉女潭祈雨表一首并答

沙門惠超言：伏奉前月二十六日中使李憲②誠奉宣口勅，令惠超往盩屋縣玉女潭修香火祈雨。惠超行闕精修，謬揚天旨。山川靈應，不昧禱祈。初建壇場，谿聲乍吼。及投舍利，雨足如絲。一夕而草樹增華，信宿而川原流潦。澤深枯涸，慶洽人神。伏惟陛下聖德動天，天澤先降，豈惠超微物精誠感通！無任喜慶抃躍之至！謹因中使李憲誠入奏奉表陳賀以聞，沙門惠超誠惶誠恐，謹言。

大曆九年二月五日內道場沙門惠超上表

寶應元聖文武皇帝答曰：

朕勤恤黎元，望深時雨。分命鄉里③，徧禱靈祠。而和澤荐霑，甫及旬晦。師久勞虔潔，勤清道場，有年可期，顧增歡慶也。所賀知。

同前文一首

沙門曇貞等言：伏奉前月二十九日中使李憲誠至，奉宣聖旨，命曇貞等於寺前玉女潭下轉念，助修祈雨。伏惟陛下以冬無積雪，春又亢陽，憂濟元元，精誠遠禱。中④使等初脩香火，天無纖埃。既宣聖旨，悅⑤然靈變。山風浩浩⑥，若殷其雷。潭水沉沉，或分龍躍。遂使霈然，豐澤遍灑川原，壬⑦膏由是脉起，草木因之甲拆。蒼生欣戴，日用難述。曇貞等學道明時，僻居巖谷。幸霑聖澤，抃躍空增。無任喜慶之至！謹因中使李憲誠奉表陳賀以聞，沙門曇貞等誠惶誠恐，謹言。

大曆九年二月三日盩屋縣仙遊寺僧曇貞上表

寶應元聖文武皇帝答制同前

靈應臺道潤賀平河南表一首

靈應臺檢校觀音道場念誦沙門道潤等言：伏承河南諸將收獲汴州，大破田悅⑧，生擒靈曜。梟鏡之徒，浹辰瓦解；蜂蠆之毒⑨，冰消天地，人神無不慶嘉！伏惟寶應元聖文武皇帝陛下，據法王之正教，行觀音之大悲。子惠蒼生，恐一物失所。而彼狂豎故拒違天，實非天誅，是自取禍。今者河清海晏，日潤山晴。尚聞天師猶賈餘勇，虜

① 討，原作"計"，據《大正藏》本校勘［甲］改。
② 憲，原作"獻"，據《大正藏》本校勘［丙］改。
③ 里，《大正藏》本校勘［丙］云一本作"尹"。
④ 中，《大正藏》本校勘［甲］作"中外沈沈"。
⑤ 悅，《大正藏》本校勘［甲］作"悅"。
⑥ 浩浩，原作"結結"，據《大正藏》本校勘［丙］改。
⑦ 壬，《大正藏》本校勘［丙］云一本作"土"。
⑧ 悅，《大正藏》本校勘［甲］作"悅"。
⑨ "毒"後，《大正藏》本校勘［甲］有"須剋"。

戮承嗣固在①，不遙微僧此時，慶幸何甚！仰承皇澤，江海非深，不勝忻悦之至！謹附中使李憲誠奉表陳賀以聞，沙門道潤誠賀誠忻，謹言。

大曆十一年七月二十九日

靈應臺檢校道場沙門道潤上表

進怖鴿毛表一首

臣憲誠言：誠惶誠恐，死罪死罪。伏惟陛下孝理天下，岳瀆所以降祥。信及昆蟲，鱗羽所以呈瑞。今釋經具載，怖鴿避鷹，至身子影，戰慄未除，至如來影，怖畏都盡。其人與骨皆已朽矣，唯鴿餘毳今尚存焉。其體也輕，其色也紺。入火不化，遇風輒飛。臣憲誠久事軒墀，親自觀試。焚毛不爐者，知佛教之未衰。自周傳唐者，表皇劫之更遠。犬馬之志，比以獻芹。烏鳥之情，方諸奉愧②。事雖至小，不敢不進。臣憲誠誠惶誠恐，死罪死罪，謹言。

大曆十二年正月一日

元從朝散大夫行內侍者內謁侍者監同正員上柱國賜魚袋臣李憲誠上表

寶應元聖文武皇帝答曰：

汝以近臣，護持釋教，精勤久著，誠効頗章。所進鴿毛，深可喜也。所奏知。

大辯正廣智三藏表制集卷第五

代宗朝贈司空大辨正廣智三藏和上表制集卷第六

上都長安西明寺沙門釋圓照集

凡③二十二首，答制一十一首，總三十三首。

《監使李憲誠進金字〈法華經〉表》一首并答

《賀平李靈曜表》一首

《僧元晈請度僧表》一首

《僧常清謝贈物表》一首

《沙門崇惠登刀梯歌》一首并序

《沙門崇惠登刀梯頌》一首并序

---

① 承嗣固在，《大正藏》本校勘[甲]作"副固承在"。

② 愧，《大正藏》本校勘[丙]疑當作"塊"。

③ "凡"前，《大正藏》本校勘[甲]有"表制等"。

《沙門崇惠謝賜紫①表》一首并答②

《恩命拂拭京城諸寺塔像訖進表》一首并答

《進興善寺文殊閣內外功德數表》一首并答

《恩賜綿③綵縑緗共四十匹謝表》一首并答

《肅宗恩命三藏弟子惠肝等入內道場念誦制》一首

《恩旨令三藏弟子僧惠曉為國念誦制》一首

《代宗恩旨命西明寺給④粥飯往來騎乘制》一首

《往五臺山修功德辭聖恩⑤表》一首并答

《恩命令與惠朗同修功德謝表》一首并答

《元日獻甄叔迦寶表》一首并答

《八月十三日賜手詔》一首

《進五臺山修護摩功德表》一首并答

《勅大興善寺都維那法高依前勾當制》一首

《謝恩命令有則法師於興善寺開講表》一首并答

《謝制補沙門惠朗充興善寺上座表》一首并答

《唐贈司空大弁⑥正廣智不空三藏和上碑》一首嚴郢文

進金字妙法蓮華經表一首

　　臣憲誠言：臣聞子得一善必獻其父，臣得一善必獻其君。然金字《法華經》者，鷲嶺垂文，傳真貝葉，龍宮寫妙，取況蓮花。故軸以珍奇，書以金字，勢分垂露，光動繁星。開卷受持，比百花之發春樹；披文演說，若群鴻之起⑦滄海。清滌五濁，莊嚴六根。謹於元日跪而奉進，以表吉祥。伏願均如來之壽，延陛下之昌期。無任犬馬懇欵之至！謹奉進以聞，臣憲誠誠惶誠恐，頓首頓首，謹言。

　　大曆十三年正月一日

　　　　元從朝散大夫行內侍省內給事賜緋魚袋上柱國李憲誠表進

　　寶應元聖文武皇帝答曰：

---

①　"紫"後，《大正藏》本校勘［甲］有"袈裟"。

②　"并答"前，《大正藏》本校勘［甲］有"并序"。

③　綿，《大正藏》本校勘［丙］作"錦"。

④　"給"後，《大正藏》本校勘［甲］有"僧惠曉"。

⑤　恩，原作"思"，據《大正藏》本校勘［甲］［丙］改。

⑥　弁，《大正藏》本作"辨"。

⑦　起，《大正藏》本校勘［甲］作"趣"。

汝以近臣監修功德，履新之慶，能致妙經，開卷粲然，深可嘉尚也。所進知。

賀平李靈曜表一首

臣遷言：伏聞滑亳節度使勉等恭承睿謀，順行天罰。靈曜擒虜，田悅敗亡。掃河右之煙塵，收大梁之州縣。救蒼生塗炭之苦，宣皇情惻隱之慈。萬國同歡，兆人相賀。彰宗廟之靈眺，昭聖主之威神。臣之庸微，幸逢聖代，聞斯大慶，抃躍無任！謹附中使李憲誠奉表陳賀以聞，臣遷誠忻誠喜，謹言。

大曆十一年十月二十九日

前左領軍衛丘曹翰林待詔臣趙遷表上

沙門元皎請度僧表一首

沙門元皎附起居，伏惟聖躬萬福。元皎生居福州，偏方賤品。長年多幸，侍從鑾輿。自靈武還京，遇承明佛事，稟先師遺訓，許國忘軀，愧無絲髮之功，已及從心之歲，身纏痾瘵，侍養無人。仰思聖慈，曲賜哀恤。有姪孝常，早承天澤，謬列崇班。誠無報國之勞，志有出家之行。元皎知其實業，舉不避親，雖處居家，常勤誦習。伏惟聖恩傍及，特乞殊私。冀竭殘形，永希上答。無任懇懼之至！謹因降誕之辰，謹附中使魏行林陳請以聞，如天恩允許，請宣付所司，謹具腳色如後。沙門元皎誠惶誠恐，謹言。

大曆十三年十月九日

前長生殿道場念誦僧保壽寺主沙門元皎上表

謝賻贈亡師惠堅物表一首

沙門常清等言：伏奉中使姜①庭璟宣聖慰，贈亡僧惠堅絹二十匹，跪捧愧惶，悲懼交集。沙門常清等誠惶誠恐②，常清等並受業惠堅，積有年歲，道不精苦。上延光③師，伏蒙聖慈，眷念殊贈，曲臨末品。微僧不勝悲幸！謹奉表陳謝以聞，沙門常清等誠惶誠恐，謹言。

大曆七年六月十二日

內道場故念誦僧惠堅弟子常清等上表

登刀梯歌序頌謝表等三首

大唐大曆三年戊申之歲十月二十八日，奉勅於章敬寺建道場，時有江東沙門崇惠登刀梯，昇劍樹，涉油炭鑊，坐錐劍床。是日也，百宮星馳，萬人雲集，莫不驚魂，歎未曾有釗，稽首翹足而爲歌曰：

---

① 姜，原作"美"，據《卍續藏》校勘改。

② 常清等誠惶誠恐，《大正藏》本校勘［丙］云一本無。

③ 光，《大正藏》本校勘［甲］作"先"。

百尺淩空倚劍梯，千峯迴拔①接天霓。

鏦鑸霜明鳥道②齋，龍泉金鐶生虹蜺。

刀爲樹，劍作山，應真飛錫遊其間。

一步一登，揮手攀毛，七星璨爛光斑斑。

干將劍刃兩離，披③碧光焰，上人履之不爲嶮。

鏌耶刀銛鋒鋭，鍔可吹毛，如今蹈之不足勞。

白若雪，青如冰，龜甲魚鱗幾百層。

四部覩之，戰戰兢兢，萬仭峯頭見一僧。

賓鐵文青蛇色，蒨蒛崢嶸寒炭嶷。

不傷不損難可測，方是大悲解脱力。

自古武臣矜劍術，儛之殳④之皆不失。

視之膽攝身慄慄，誰道揮戈移白日？

李廣舊傳百戰功，何如今日見神通。

紫衣襜襜飛入空，出没縱橫白刃兮⑤。

光⑥翡翠黯黯，精光和能利。

崇惠登刀梯頌并序

　　自漢明感夢，騰蘭裂見網於雒陽。秦主懷疑，羅什顯寶鏡於瓶内。傅弈辭誚，著辨正之文琳⑦。崇惠摧⑧邪，顯神用於章敬。其事相也，立⑨聳木百尺，上有二層，寶刃交羅，金鈴四繞。炎爐八甬，池飾蓮荷。銛座毒鋒，並布欄楯之内。是日也，天瑩增明，風塵不起，凝霜聚散，日氣和喧。于時勅賜法衣，親使監覩。國師宰輔，文武雄班，隣國弼諧，龍象法侶，黄冠朱麈，衆類同赴法筵。士庶盈衢，側足瞻顧。佛聲震發，聞于十方。衆寶爐煙，如雲如盖。於是手摧劍樹，脚碎刀林。猛焰烟然⑩，於中來

---

①　拔，《大正藏》本校勘［丙］云一本作"枝"。

②　道，《大正藏》本校勘［甲］作"邊"。

③　披，《大正藏》本校勘［丙］作"柀"。

④　殳，疑當作"投"。

⑤　白刃兮，《大正藏》本校勘［甲］作"白刃中"，［丙］云一本作"蹈白刃中兮"。

⑥　"光"前，《大正藏》本校勘［甲］有"踏白刃兮"。

⑦　著辨正之文琳，《大正藏》本校勘［甲］作"琳著"。

⑧　摧，原作"催"，據《大正藏》本校勘［丙］改。

⑨　立，原作"玄"，據《大正藏》本校勘［甲］改。

⑩　然，《大正藏》本校勘［甲］作"燃"。

往。池敷坐具，似涌蓮①開。衆毒攢鋒，遍行收食。僧儀不墜，澡嗽散之。大衆咸欽，歎未曾有。僕親觀盛事，喜不自勝。同沐慈雲，賴霑美澤。火炬高舉，破闇瞑山。開豁濁流，歸乎法海。頌曰：

> 大哉正覺！神力難思。
>
> 夢感明帝，騰蘭降輝。
>
> 羣邪②捨執，稽首歸依。
>
> 秦殿鏡寶，瓶顯降疑。
>
> 傅弈辭誚，辨正摧之。
>
> 沙門崇惠，止毁排非。
>
> 水火刃毒，對驗希奇。

善哉一期之盛事，將來千載而不移。

謝賜紫衣③並賀表一首

沙門崇惠言：昨奉觀軍容使宣進止，令於章敬寺登劔樹、渡火坑，伏奉中使鞏庭玉宣進止，賜紫僧衣一副者。崇惠聞：有願不孤，觀音之慈速。克念斯應，能仁之力雄。所以入火不焚，以期必效。履刀不割，方表④明徵。不謂大聖加威，天恩曲被，遂使觀身法界，蒙熾焰而無傷，舉足道場，凌霜刃而不沮。實冀妖⑤氛永息，業海長清。況道俗同歡，人天畢覩，此則陛下至誠之所感也，豈微僧一志之所爲乎？叨沐殊私，無任慶悦！謹奉表陳謝以聞，沙門崇惠誠惶誠悚，謹言。

大曆三年十月二十九日安國寺沙門崇惠上表

寶應元聖文武皇帝答曰：

師精勤梵行，夙契真乘，誠之感通，佛所護念。委身烈火之上，投足銛鋒之端，坦然經行，如在牀席。都城縱觀，四部歸依。所施非優，煩勞稱謝。

恩命拂拭京城諸寺塔像訖進表一首并答

沙門惠果言：伏奉去年十二月十九日中使李憲誠奉宣勅旨，令微僧巡京城諸寺勾當，灑掃殿宇，拂拭尊像，及勒僧尼徒衆焚香念誦，爲國發願，虔祈福祐者。謹以去十二月二十日於莊嚴寺佛牙處起首，至今月八日終興善⑥寺等，一百一十二寺應有殿塔、佛牙、經藏、靈跡、舍利處，總九百五十七所。奉宣睿誠，發揮像教，拂石塵劫。降

---

① "蓮"後，原有"蓮"，據《大正藏》本校勘［甲］删。
② 邪，《大正藏》本校勘［甲］作"耶"。
③ "衣"前，《大正藏》本校勘［甲］有"袈裟"。
④ 表，原作"奏"，據《大正藏》本校勘［甲］［丙］改。
⑤ 妖，原作"妭"，據《大正藏》本改。
⑥ 善，原作"害"，據《大正藏》本及文意改。

天衣於六銖，滌埃金身。耀千葉於蓮座，舊容復照，古書再鮮。香焚殿中，躍灑庭內。承清淨以發願，若靈應而感通。今四海澄波，三天卷霧，虜塵不起，旭日破昏。微僧又謹案《雜寶藏》等經云："若掃一閻浮提地，不如掃佛塔一手掌許，常作轉輪聖王。"此皆陛①下聖慮精微，信心弘著。潔其淨土，廓彼空門。大庇釋徒，延于萬國。福若雲集，應如響臻。故得災沴不生，氛祲自滅。叶于宸念，如此之速。微僧因故師資，特蒙聖獎②，借恩厩馬，監寵中宮。榮命自天③，矜惶失措。涓埃靡効，霈澤寧任，不勝虔懇之至！謹附中使元應金奉表以聞，誠惶誠恐，謹言。

大曆十二年正月八日

大興善寺撿校兩道場兼知院事沙門惠果表進

寶應元聖文武皇帝批：

闍梨妙行堅持，頗聞修潔。所以命④偏巡淨界，用廣勝因。金刹載清，玉毫呈照。虔誠所至，深可嘉焉。所奏知。

進興善寺文殊閣內外功德數表一首并答

大興善寺文殊鎮國閣中，奉敕素畫文殊六字菩薩一鋪九身，閣內外壁上畫文殊大會聖族菩⑤薩一百四身，今並成就。沙門惠勝言：伏惟寶應元聖文武皇帝陛下弘文殊事，行普賢願。爲益⑥羣品，樹此勝因。表果德真儀，示色身實相。今七災消殄⑦，萬福莊嚴。不遇聖慈，何由瞻覿？丹户晨燭，如觀日宮；玉毫夜光，猶開月殿。隨喜者荷帝王之力，歸趣者發菩提之心。使塵沙有情，普承佛惠，而緇門釋子偏沐天波，豈只轉念誦持而能奉報者矣！但冀憑文殊法力，上答洪恩。其所畫素大聖福田，謹因降誕吉辰，謹奉⑧中使李憲誠具表陳進以聞，沙門惠勝誠惶誠悚，謹言。

大曆十二年十月八日檢校兩道場知院事沙門惠勝上表

寶應元聖文武皇帝批：

師夙勤梵行，戒律精嚴。久在道場，宗⑨建功⑩德。勞彰歲月，福聚家邦。無量勝因，歎慰斯在也。

---

① 陛，原作"階"，據文意改。
② 獎，原作"將"，據《大正藏》本校勘［丙］改。
③ 天，《大正藏》本校勘［丙］云一本作"恭"。
④ 命，《大正藏》本校勘［甲］作"令"。
⑤ 菩，原作"善"，據文意改。
⑥ 爲益，原作"益爲"，據《大正藏》本校勘［丙］改。
⑦ 殄，原作"沴"，據《大正藏》本校勘［丙］改。
⑧ 奉，《大正藏》本校勘［丙］云一本作"奏"。
⑨ 宗，疑當作"崇"。
⑩ 功，原作"切"，據《大正藏》本校勘［丙］改。

恩賜錦綵縑緗共四十匹謝表一首并答

　　沙門惠勝言：伏奉中使李憲誠宣聖旨，特賜錦、綵、縑、緗共四十匹，捧跪悤荷，懽懽無任！伏惟寶應元聖文武皇帝陛下，諸佛願身，普賢密行。爲弘大化，屈己人尊。在於微僧，偏霑殊澤。然普賢之法，本是先師所傳之典，復爲陛下所付之道。微僧遠感先師遺訓，仰悤聖主深恩。習効古人獻芹之事，有茲涓滴，上達聖情。不意天恩寵賜過甚，便以所賜啓獻先師遺身影塔，爲國念誦。諸會道場，發願懇誠，冀憑佛力，永保皇家。不勝戴荷之至！謹附中使李憲誠奉表陳謝以聞，沙門惠勝誠懽誠賀，謹言。

　　大曆十三年六月六日

　　大興善寺檢校兩道場知院事沙門惠勝表上

　　寶應元聖文武皇帝批：

　　諸佛秘藏，先師受持。傳布人天，誠爲法要。薄申獎賚，以助修行也。所謝知。

肅宗恩命三藏弟子惠肝入内道場念誦制一首

　　奉勅語，有①銀臺門家喚不空三藏弟子惠肝、瞿那、惠曉、惠月等四人入内，將飛龍馬取與三藏，建飾道場念誦。

　　至德二載十二月二十六日品官晏如障宣

恩旨命三藏弟子僧惠曉爲國念誦制一首

　　奉勅語不空三藏弟子僧惠曉等：比在賊中，爲朕尅念精誠，潛修功德。今尅復天下，皆佛力之應也。自今以後，須倍加精勤，爲朕念誦，莫以度取即不精勤。

　　至德三載正月十八日將軍段喬福宣

代宗恩旨命西明寺給粥飯往來騎乘制一首

　　奉勅語西明寺僧惠曉：爲朕修功德，在寺依恒二時粥飯，及出入往來畜乘，一切供給，勿令闕少。

　　大曆六年八月二十五日高品馬奉誠宣

往五臺山修功德辭謝聖恩表一首并答

　　沙門惠曉言：今月十日面奉進止，令往五臺山撿挍大聖金閣寺尊像顏色、契印，至九月停作，却赴闕庭，令修陛下降誕日功德者。惠曉爰自二十②年辭家慕道，承順大廣智三藏和尚顏色三十餘年，五部真言親被指授，不離左右，得對天顏。每於含暉、延英、長生等殿常修功德，所恨不能精懇，殘孽未平，聖慈曲臨。又令遠使，更賜束帛三十匹、驛騎、公糧，山門借乘。微僧何幸！天澤累霑，誠喜誠歡，不勝戴荷！即

① 有，《大正藏》本校勘［丙］疑當作“右”。
② 二十，《大正藏》本校勘［丙］疑當作“少”。

以今日發行,可謂載①馳騄褭②,望金閣而非遥,春往秋還,謁紫宸③而何遠。無任戀恩悚懼之至! 謹附監使品官魏明秀奉表陳謝以聞,沙門惠曉誠惶誠恐,謹言。

　　大曆十二年三月十九日

　　　　五臺山脩功德使西明寺沙門惠曉上表

　　寶應元聖文武皇帝批:

　　師依止釋門,弘敷聖教,言尋有相。將赴靈山,錫賚非多,煩於申謝也。

恩命令與惠朗同修功德謝表一首并答

　　沙門惠曉言:去三月十一日,面奉進止,令五臺山修功德者。至七月十九日齋後,與中使李童枝等七十餘人,將香火巡禮。所將之火不得至臺,懇責於心,憑何啓請? 至山頂,童子睿戈④,忽於石上見溼灰爐,便得微火。伏惟陛下九重遠被,聖火生於溼灰。焚香邀⑤祈,菩薩萬形出現,光輝燦爛,相好分明,凝然滿空,詣夕靡散。又與監使魏明秀等同至北⑥臺,爲國祈禱。發願之次,攝身光、圓光菩薩等相,次二十七度現表。陛下聖感潛運,菩薩屢彰。崇敬五臺,靈瑞非一。微僧何幸,覩斯聖跡,不勝感慶之至! 今月十日蒙天恩,令每與惠朗同修功德,殊私曲照⑦。再入金門寶殿脩持,無任戰悚,謹附中使李憲誠奉表陳謝以聞,沙門惠曉誠歡誠喜,謹言。

　　大曆十三年十一月十七日

　　五臺山修功德使西明寺沙門惠曉上表

　　寶應元聖文武皇帝批:

　　師服勤梵行,久在清涼,業廣戒圓,志精功備。偕申齋潔,崇福家邦也。所謝知。

元日獻甄叔迦寶表一首并答

　　沙門惠曉言:伏奉恩旨,令臺山撿挍修功德,爲國祈福。至南臺南⑧有山,先曾梵僧巡禮之次,言此山有甄叔迦寶,若貪心上者皆遇風雷。惠曉焚香邀祈,登此山上,有小石窟方數尺,有水,其色如朱。於中獲寶,凡三十片,其色如珀者。惠曉聞明王有感,地不藏珍。伏惟陛下覆載若天地,照明如日月。況聳金閣於峯下,構玉華於巖巘。微僧銜命陟彼名山,焚香啓誠,電雨不作,遂獲茲寶。又准《般泥洹經》云:"脚躡臺山一顆石,却後七劫不墮惡趣。"況是希代之異寶。今萬物惟新之日,九重納祐之

---

①　載,原作"戴",據《大正藏》本校勘[丙]改。

②　褭,《大正藏》本校勘[甲]作"馬"。

③　宸,原作"震",據文意改。

④　戈,《大正藏》本校勘[甲]作"才"。

⑤　邀,《卍續藏》校勘及《大正藏》本校勘[丙]疑當作"邀"或"懇"。

⑥　北,原作"此",據《大正藏》本校勘[丙]改。

⑦　照,《大正藏》本校勘[甲]作"昭"。

⑧　南,《大正藏》本校勘[甲]無。

期，謹附中使李憲誠隨表奉進以聞，沙門惠曉誠惶誠躍，謹言。

　　大曆十三年正月一日

　　五臺山修功德使西明寺沙門惠曉進

　　寶應元聖文武皇帝批：

　　師訪道靈山，精修正覺，異石來獻，用表勤誠。所進知。

八月十三日賜手詔一首時在臺山金閣寺

　　敕惠曉闍梨，令遣中使揚善德往彼勾當功德，師服勤禪誦，資慶家邦也。秋涼，師比平安好，遣書指不多及，十三日。

進五臺山修護摩功德表一首并答

　　沙門惠曉言：今年四月十日，中使魏明秀奉宣進止，令微僧就五臺山大聖金閣保應鎮國寺修護摩功德者。惠曉虔愚，誠精達聖意，修上件功德，陳文殊宿願，啓先師冥力。依俙有憑，響像來應。遂得火色鮮潤，煙氣不起，異於他日。實表清晴①，是華夏晏謐之徵，兵塵止息之驗。此皆陛下至道潛運，上天合德。使百靈効福，萬姓歡心，妖災永除，休慶日集。惠曉忝廁緇列，恭承明教，懼辱聖旨，幸福嘉祥，無任抃賀之至！謹附中使魏明秀奉表以聞，沙門惠曉誠歡誠喜，謹言。

　　大曆十三年十二月十八日

　　　　西明寺沙門惠曉上表

　　寶應元聖文武皇帝批：

　　文殊大聖保護靈山，師虔誠之心，神貺昭感，至誠必應，深可嘉之。所賀知。

敕大興善寺都維那法高依前勾當制一首并使牒

　　奉勑語李元琮：興善寺都維那法高，宜令即依前勾當都維那事。

　　大曆十年四月十七日高品李憲誠宣

　　勑勾當京城諸寺觀修功德使牒

　　　　興善寺都維那法高

　　牒得舉稱奉勑如右，未有各牒所由施行處分者録勑牒，僧法高者故牒。

　　　　大曆十年四月十七日牒

　　使開府儀同三司兼右龍武軍持②李元③琮

謝恩命令有則法師於興善寺開講表一首并答

　　沙門法高等言：伏奉今月四日勑令章敬寺有則法師於當寺講《金光明經》。雨露在顏，絲綸溢目。佛事時叙，法音式宣。涓塵何階，跼蹐無地。伏惟寶應元聖文武皇

────────────

①　晴，《大正藏》本校勘[甲]作“時”。

②　持，《大正藏》本校勘[丙]云一本作“將”。

③　元，原脱，此據上文補。

帝陛下,仁化①御寓,密行持法。眷言東流,是用南顧。且寺有隋②所建近二百③年,雖名僧住持,代則不乏,而恩命宣唱,時所未聞。今者詔自天落,人從地踊。經雖仍舊,疏實惟新。命僧尼而駿奔,求士女而麕至。皆諸佛妙力,斯經勝緣。暢陛下外護之心,成僧等難遭之幸。必冀上資聖曆,申振國容。致年穀於昇平,納含生於壽域。不勝蹈舞之至！謹奉表陳謝以聞,沙門法高等誠歡誠喜,謹言。

　　大曆十三年四月十九日

　　　　大興善寺都維那沙門法高等上表

　　寶應元聖文武皇帝批:

　　法師有則妙行精修,開方便門,演大法義,敷揚聖教,以廣勝因。副勳賢之忠誠,闡幽微之奧旨,俾含生之類,俱霑景福也。所謝知。

謝制補沙門惠朗充興善寺上座表一首并答

　　沙門法高等言:伏奉今月十四日勑,補大德惠朗爲大寺上座。天光所照,威崇在顏。桑門有人,像法將久。法高等聞,人之所願,天必從之,道如或存,王實有力。伏惟寶應元聖文武皇帝陛下,金輪撫運,玉燭乘時。弘外護於聖心,降無緣之慈澤。人從中禁,留念誦而未妨;寺邇天街,借住持而無替。不勝慶躍之至！謹附內功德使李憲誠奉表陳謝以聞,沙門法高等誠歡誠喜,謹言。

　　大曆十三年四月十五日

　　　　大興善寺都維那沙門法高等表上

　　寶應元聖文武皇帝批:

　　師等精潔梵園,服膺禪誦。支提所聚,須擇紀綱。惠朗④恭勤,允副公選。總領寺務,斯謂得人也。所謝知。

三藏和尚當院碑一首

　　唐大興善寺大辨正廣智三藏國師之碑題額

　　唐大興善寺故大德大辨正廣智三藏和尚碑銘并序

　　銀青光祿大夫御史大夫上柱國馮翊縣開國公嚴郢撰

　　銀青光祿大夫彭王傅上柱國會稽郡開國公徐浩⑤書

　　和上諱不空,西域人也,氏族不聞於中夏,故不書。玄宗燭知至道,特⑥見高仰。

---

① 化,《大正藏》本校勘[甲]作"王"。
② 隋,原作"隨",據《大正藏》本校勘[丙]改。
③ 百,《大正藏》本校勘[甲]作"百餘"。
④ "朗"後,《大正藏》本校勘[甲]有"等"。
⑤ 浩,原作"活",據《貞元錄》及《大正藏》本校勘[丙]改。
⑥ 特,《大正藏》本校勘[甲]作"持"。

訖肅宗、代宗三朝，皆爲灌頂國師。以玄言德祥，開佑至尊。代宗初，以特進大鴻臚褒表之。及示疾不起，又就卧内加開府儀同三司、肅國公，皆牢讓不允。特賜法號，曰"大廣智三藏"。大曆九年夏六月癸未，滅度於京師大興善寺。代宗爲之廢朝三日，贈①司空，追謚大辨正廣智三藏和尚。茶毗之時，詔遣中謁者，齋祝父祖，祭申如在之敬。睿詞深切，嘉薦令芳，禮冠群倫，譽無與比。伊年九月，詔以舍利起塔於舊居寺院。和尚性聰朗②，博貫前佛萬法要指。緇門獨立，邈盪盪其無雙。稽夫真言字義之憲度，灌頂升壇之軌迹，則時成佛之速，應聲儲祉之妙。天麗且彌，地普而深，固非末學所能詳也，敢以概見序其大歸。昔金剛薩埵親於毗盧遮那佛前受瑜伽寂上乘義，後數百歲傳於龍猛菩薩，龍猛又數百歲傳於龍智阿闍梨，龍智傳金剛智阿闍梨，金剛智東來傳於和尚。和尚又西遊天竺、師子等國，詣龍智阿闍梨，揚攉十八會法。法化相承，自毗盧遮那如來，迨於和尚，凡六葉矣。每齋戒，留中道，迎善氣。登禮皆③答，福應較然，温樹不言，莫可記已。西域隘巷，狂象奔突，以慈眼視之，不旋踵而象伏不起。南海半渡，天吳鼓駭，以定力對之，未移晷而海静無浪。其生也，母氏有毫光照燭之瑞。其歿也，精舍有池水竭④涸之異。凡僧夏五十，享年七十。自成童至于晚暮，常飾供具，坐道場，浴蘭焚香，入佛知見，五十餘年，晨夜寒暑，未曾須臾有傾摇懈倦之色。過人絶遠，乃如是者。後學升堂誦説，有法者非一。而沙門惠朗受次補之記，得傳燈之旨，繼明佛日，紹六爲七。至矣哉！於戲法子！永壞梁木，將記本行，託余勒崇。昔承微言，今見几杖。光容眇漠，壇宇清愴。纂書照銘，小子何讓！銘曰：

嗚呼大士！有我三宗，
道爲帝師，秩爲儀同。
昔在廣成，軒后順風，
歲逾三千，復有肅公。
瑜伽上乘，真語密契，
六葉授受，傳燈相繼。
述者牒之，爛然有弟。
陸伏狂象，水息天吴，
慈心制暴，慧力降愚，
寂然感通，其可測乎？
兩楹夢奠，雙樹變色。

① 贈，《大正藏》本校勘［甲］作"賜"。
② 朗，《大正藏》本校勘［丙］云一本作"明"。
③ 皆，《大正藏》本校勘［甲］作"吐"。
④ 竭，原作"渴"，據文意改。

司空寵終，辨正旌德，

天使祖祭，宸衷悽惻。

詔起寶塔，舊庭之隅，

下藏舍利，上飾浮屠。

跡殊生滅，法離有無，

刻石爲偈，傳之大都。

建中二年歲次辛酉十一月乙卯朔十五日己巳建

此碑文一首，以唐本編年通論中之文①。

大辨正廣智三藏和尚表制集卷第六終

---

① “此碑文”至“之文”，《大正藏》本校勘［甲］無。

附　编

金剛頂經曼殊室利菩薩五字心陁羅尼品[①]

大唐南印度摩賴耶國三藏金剛智奉制譯[②]

尒時執金剛菩薩摩訶薩等一切菩薩皆於毗盧遮那佛前,各各自説心陁羅尼印。於是曼殊室利菩薩摩訶薩從座而起,白佛言:"世尊,我亦爲欲利益未來一切有情,速得成就摩訶般若波羅蜜故,亦説心陁羅尼。"尒時佛告曼殊室利菩薩摩訶薩言:"善哉!善哉!善男子,今正是時,汝應宣説。"尒時曼殊室利菩薩承佛告[③]旨,即説陁[④]羅尼曰:

阿囉跛者娜

若善男子、善女人,有能受持此陁羅尼者,即入如來一切法平等,一切文字亦皆平等,速得成就摩訶般若。纔誦一遍,如持一切八萬四千修多羅藏。欲受持者,應先請入灌頂曼荼羅。彼阿闍梨白月十五日,於清淨室塗一圓壇,以栴檀龍腦香泥塗地,即於壇心畫曼殊室利菩薩,作童子形,右手執金剛寶劍,左手持摩訶般若梵葉[⑤]。壇輪四周,梵寫阿囉跛者娜字,應以種種名香、妙花盡心供養。其阿闍梨以金剛印如法念誦,爲弟子灌頂已,然後授以心陁羅尼,令結秘印。以金剛縛,並建忍願屈其上節,印上承花,散而供養。便應告言:"此心法門,一切如來秘密之要,慎勿輕尒爲他人説,破汝三昧耶。我今爲汝宣説其義,汝今善聽,諦思惟之。阿者是無生義,囉者清淨無染離塵垢義,跛者亦[⑥]无第一義諦諸法平等,者者[⑦]諸法無有諸行,娜者諸法无有

---

① 底本,《中華藏》第 513 號,第 24 册第 140 頁上—144 頁下,原《麗藏》本。
② 譯名,《中華藏》校勘《資》《磧》《普》《南》《徑》《清》作"唐南天竺國三藏法師金剛智譯",《石》作"南天竺國三藏金剛智譯"。
③ 告,《中華藏》校勘《普》《南》《徑》《清》作"聖"。
④ 陁,《中華藏》校勘《普》《南》《徑》《清》作"心陀"。
⑤ 葉,《中華藏》校勘《普》《南》《徑》《清》作"夾"。
⑥ 亦,《中華藏》校勘《普》《南》《徑》《清》作"是"。
⑦ 者,《中華藏》校勘《資》《磧》《普》《南》《徑》《清》作"謂"。

性相，言説文字皆不可得。以娜字無性相故，者字無有諸行。者字无有諸行故，跛字無第一義諦。跛字无第一義諦故，囉字无有塵垢。囉字无有塵垢故，阿字法本不生。阿字法本不生故，娜字無有性相。汝知此要，當觀是心本來清淨，无所染著，離我、我所分別之相。入此門者名三摩地，是真修習，當知是人如來印可殊勝功德。"受斯法已，日日四時於壇念誦，如上供養，思惟心印，入三摩地。若誦一遍，能除行人一切苦難。若誦兩遍，除滅億劫生死重罪。若誦三遍，三昧現前。若誦四遍，捻持不忘。若誦五遍，速得成就無上菩提。一心念誦滿一月已，曼殊室利即現其身，或於室中演説法要。是時行者得宿命智，辯才無导，自在神足，勝願成就，速證如來金剛法身。或於絹素如前畫像，誦①滿五十②万遍，亦得成就。或以香泥塗舍利塔，梵寫五字，旋遶念誦五十万遍，曼殊室利現其人前而爲説法。常得諸佛及執金剛菩薩之所護念，一切勝願皆悉具足。

曼殊室利心陁羅尼修行法要。

凡修行者入精舍時，先從東門作礼菩薩，次礼南門，乃至北門亦復如是。入精舍已，面於西方，以對菩薩。復五體投地，一心歸命。然後手執香爐，或捧妙花，運心供養一切諸佛。瞻仰菩薩，生欣樂心，發露己身所有罪咎，懇誠悔過。次復讚歎如來功德，圍遶七匝，誦二七③丹七遍已。復更胡跪發大誓願，願我始從今日聞心地已，誓不退轉無上菩提，廣度衆生，同曼殊室利大悲行願。作是念已，半跏而坐，放其身心，坦然禪悦。即以塗香淨其二手，請三部已，上下八方結金剛界。

金剛火焰地界陁羅尼印

以忍度入力願度間，戒度入慧力度間，以願度從背上入進忍度間，方便入檀戒度間，檀慧進力禪智，各頭相拄，覆之向下，禪智拄地如釘㮇④。誦陁羅尼三遍，想如獨股金剛，火焰杵徹金剛際。陁羅尼曰：

唵枳里　枳里　跛日囉二合跛日㘑二合部㗛半聲,二合滿陁　滿陁　吽泮

金剛火焰院界陁羅尼印

准前地⑤印，豁開禪智，右旋八方，誦陁羅尼三遍，遠近隨意，想金剛火城飛焰電旋。陁羅尼曰：

唵薩囉　薩囉　跛日囉二合　鉢囉迦囉吽泮

金剛火焰網界陁羅尼印

---

① 誦，原脱，據《中華藏》校勘《資》《磧》《普》《南》《徑》《清》補。
② 十，《中華藏》校勘《徑》作"千"。
③ 七，原作"十"，據注文及《中華藏》校勘《石》改。
④ 㮇，《中華藏》校勘《石》《資》《磧》《普》《南》《徑》《清》作"栓"。
⑤ 地，《中華藏》校勘《普》《南》《徑》《清》作"地界"。

亦准前印，以禪智捏①進力下文側，頂上右旋，誦陀羅尼三遍，想金剛火焰網上至有頂。陀羅尼曰：

唵尾薩桑絞反 普囉 捺咯二合 訖灑二合 跋日囉二合半惹囉 吽泮

作此結界者，六欲魔羅及一切毗那夜迦，惶怖遁走，無所容竄。

次説瑜伽三昧耶陀羅尼印

福智圓滿十波羅蜜和合堅固，建立忍願安於心上。陀羅尼曰：

唵 三摩耶 薩桑訖反 怛梵二合

作此法已，一切諸佛憶昔本願，觀察護念，開心地門陀羅尼印。堅固縛已，於右乳上想怛囉字，於左乳上想有吒字。心口相應，誦陀羅尼，齊散十度彈於心上，擘②開兩字如啓户扇，以開其心。陀羅尼曰：

唵 跋日囉二合滿馱 怛囉二合吒

作此法者，即能開悟心地法門，不久當證一切三昧。

入智字陀羅尼印

又於其前觀一蓮花紅頗梨色，中有阿字，光色炳晃，如白摩尼。分明見已，以堅固縛禪智入中，進力如環，其寂相合，想捻其字内於心中。陀羅尼曰：

唵 跋日囉二合 微微計反 舍惡

所以者何？即此惡字是一切如來寂靜智義，亦在一切衆生心行之中而未顯現。今以如來智慧方便加持之故，照於其中，故修行者應當慇重生難遭想，如法修習。

闔智字陀羅尼印

准前入印，唯屈進力拄禪智背，誦陀羅尼，以印當心，作閉户想。陀羅尼曰：

唵 跋日囉二合 母瑟致二合 鑁

作此法者，以得如來寂靜智故，心生慇重而秘密之，當知行人速證寂靜菩提之道。

三摩地門陀羅尼印

二羽外相叉仰於臍下，端身正意，息諸攀緣，其出入息一一明了。觀虛空中無量諸佛相好具足，大如胡麻，數如微塵，周遍法界。應當一一於諸佛前，五體投地，一心歸命。陀羅尼曰：

唵 薩婆怛他孽多播娜曼娜能去迦咯㘕

尔時諸佛於行人前，一時彈指，警悟行者，而告之言："善男子，汝③發菩提心者，當觀自心。"而説陀羅尼曰：

---

① 捏，《中華藏》校勘《石》作"旦"，《資》《磧》作"担"，下同。
② 擘，《中華藏》校勘《石》作"指"，《資》《磧》《普》《南》《徑》《清》作"拍"。
③ "汝"後，《中華藏》校勘《普》《南》《徑》《清》有"能"。

唵　止多鉢囉二合帝微能去迦略弭

　　時修行者得是教已，踊躍歡喜，頂礼諸佛，即誦密語。觀於心中所内惡字猶如滿月，未全顯現，如翳輕霧。於一念頃作是觀已，白諸佛言："我已見心，猶如於月而未分明，唯願世尊慈賜方便。"尒時諸佛同聲讚言："善哉！善哉！善男子，如是如是，我當復以此陁羅尼加持於汝，令得顯現。"

唵　菩提止多母怛麼二合娜夜弭

　　誦是密語，復觀心月極明淨已，於其月中觀曼殊室利一字陁羅尼輪牟含反，下同字如黃金色，化爲猛利金剛寶劒，光明照耀，遍於十方。入是三昧，復誦陁羅尼曰：

唵　底丁以反，下同　瑟妃二合跋日囉二合底乞瑟二合拏曇

　　其月與劒極分明已，漸令廣大，周遍法界，量同虛空，純一無雜，无有自他一切諸相。即此劒者爲於己身，能觀之心在於劒中，亦爲一體。入此三昧時，陁羅尼曰：

唵　薩頗囉　跋日囉二合底乞瑟拏

　　隨力而住已，復觀其劒漸漸而毀①，虛空諸佛隨入其中，量同本身，晃然而止。入是三昧時，陁羅尼曰：

唵僧去訶上囉　跋日囉二合底乞瑟拏

　　以一切如來入身劒已，加持力故，即變己身爲曼殊室利菩薩。身紫金色，頂有五髻，項背圓光，左手執青蓮花，右手執金剛藏梵夾。行者己身爲菩薩已，恐復散亂而有退失，復以陁羅尼印而加持之。

　　菩薩三業陁羅尼印

　　堅固縛已，直豎忍願，屈其上節。陁羅尼曰：

唵　耨佉泚去娜曇

　　以印心上，次額及喉，安於頂上，各誦一遍。此加持已，設心散亂，本相不易，一切非人見修行者，與曼殊室利菩薩等無有異。

　　五髻陁羅尼印

　　十度和合，戒慧、檀方、忍力、願進各頭相合，禪智並豎。誦陁羅尼，印於心上、右左肩、喉，安於頂上，各誦一遍。作此法已，五方如來皆在於頂五髻之上。陁羅尼曰：

娜麼三漫多勃陁南　阿鉢囉伍訶多沙上娑娜南　怛姪他　唵囉囉娑桑邑反麼囉阿鉢囉底訶多沙上娑那　俱麼囉略跋陁哩膝尼奚反𤙖𤙖薩泮吒莎縛訶

　　曼殊室利菩薩灌頂陁羅尼印

　　福智圓滿，禪智入中，進力相豎，如摩尼寶，安於額上。陁羅尼曰：

唵　囉怛娜句捨阿上趈哩也三合𤙖

---

① 毀，《中華藏》校勘《資》《磧》《普》《南》《徑》《清》作"見"。

繫寶鬘陁羅尼印

結灌頂已，開印二分，誦陁羅尼曰：

唵　囉怛娜　句捨趄哩也三合麼㘑

額上三繞如繫寶鬘，分手頂後，亦復三繞，向前而下，從檀慧散，如垂帶勢。

慈悲金剛甲陁羅尼印

二慧①固已，進力側交進面想唵字，力面想中住龍反字放綠色光，光不斷絕，如抽藕絲，當心三繞，背亦三繞。次於膂上，復至腰後，於結跏上復至坐後，却來當胷，又於背上。又來當喉，還向頸上。還來額上，然至頂後。各三繞已，向前而下，從檀慧散，如垂天衣。

先於壇中畫像，心上想一𤙖字爲金剛劍，化爲真身菩薩，然後重請入於像内。

請菩薩金剛鉤②陁羅尼印

二慧固已，以其觀羽置止羽上，檀、慧相鉤，力、度直豎，進、度如鉤。陁羅尼曰：

唵　跋日啊二合句捨若入

誦此三遍，進、度三招，真身菩薩應念而至。

金剛索陁羅尼印

准前請印，唯柲③進、力相拄如環。陁羅尼曰。

唵　跋日囉二合　跋捨吽

當心結已，誦陁羅尼三遍，想菩薩法身來入畫像。

金剛鏁陁羅尼印

二慧固已，進、力右押④左相鉤，拄禪、智背中節。陁羅尼曰：

唵　跋日囉二合　薩怖二合吒𤙖

作此法者，聖者本身加持不散。

金剛鈴陁羅尼印

准前鏁印，進、力、檀、慧各反相鉤。陁羅尼曰：

唵　跋日囉二合　健荼呼去

作此法者，一切諸佛菩薩及本聖者皆悉歡喜。

獻遏伽水陁羅尼印

以欝金、龍腦、白檀、香水盛遏伽器，開佛部印，捧而供養。陁羅尼曰：

唵　跋日略二合娜迦侘入

---

① 二慧，《中華藏》校勘《普》《南》作“三慧”，《南》下同。

② 鉤，《中華藏》校勘《資》《磧》《普》《南》《徑》《清》作“劍”。

③ 柲，《中華藏》校勘《資》《磧》《普》《徑》《清》作“祕”，《南》作“秘”。

④ 押，《中華藏》校勘《普》《南》《徑》《清》作“壓”。

作此供養者，如以一切如來金剛甘露灌一切衆生頂，除滅有情无量業障，飲此水者，除諸災患。

百字陁羅尼印

結前劒印，陁羅尼曰：

唵渴（彈舌呼）伽（二合）薩怛嚩（二合）三麼也麼奴播羅也渴（彈舌呼）伽（二合）薩怛嚩底尾（微号反，二合）怒跛底瑟咤（二合）轝（寧壹反）喋（二合）擢（上）迷（上）嶓縛窣覩數（數瑜反）迷（去）嶓嚩阿努囉訖覩（二合）迷（去）嶓嚩素布數（數瑜反）迷（去）嶓嚩薩婆悉韐（亭音反）迷（去）鉢囉（二合）曳車（去）薩婆羯摩素者迷（去）只多（上）室利（二合）藥矩嚧（二合）吽訶訶訶訶呼（去）嶓伽梵薩婆怛他孽多渴（彈舌呼）伽（二合）磨迷（去）悶遮渴（彈舌）霓（魚枳反）迷（去）嶓嚩麼訶三麼耶薩怛嚩（二合）惡引

誦此陁羅尼，能令聖者歡喜，堅固菩提所求勝願能速成就。

金剛嬉戲内供養陁羅尼印

堅固縛已，直豎禪智，以印當心。陁羅尼曰：

唵　磨訶囉底（丁以反）

作此法者，如以一切如來智慧供養諸佛，以爲遊戲。

金剛鬘内供養陁羅尼印

即以前印向前申臂，如捧鬘供養勢。陁羅尼曰：

唵　略　跛輸（去）鞞

作此法者，如以菩提花鬘而爲供養①。

金剛歌内供養陁羅尼印

准前印，從齊而上，至口方散，如歌發想。陁羅尼曰：

唵　輸嚧（二合）怛囉（二合）謤企曳（二合）

作此法者，如以一切如來密言歌詠而爲供養。

金剛舞内供養陁羅尼印

准前②印，如謌詠想，至口便散，右③旋合掌，於頂上散。陁羅尼曰：

唵　薩婆　補而曳（二合，平聲）

作此法者，如以一切如來辯才而爲供養。

金剛香陁羅尼印

以堅固縛，向地而散，想如焚香。陁羅尼曰：

唵　跛日囉（二合）度鞞（方奚反，下同）

作此法者，如焚世間一切妙香而爲供養，能令一切有情得清涼果。

---

①　"供養"後，《中華藏》校勘《資》《磧》《普》《南》《徑》《清》有"諸佛"。
②　"前"後，《中華藏》校勘《資》《磧》有"如"。
③　右，《中華藏》校勘《資》《磧》《普》《南》《徑》《清》作"左"。

金剛花陁羅尼印

以堅固縛向上散之，如散花勢。陁羅尼曰：

唵　跛日囉二合補澁鞞

作此法者，同以世閒一切妙花而爲供養，能令一切有情速得具足三十二相。

金剛燈陁羅尼印

如嬉戲印，禪、智急捏。陁羅尼曰：

唵　跛日囉二合嚕計

作此法者，如以一切如來智燈而爲供養，能令有情速得成就如來智慧。

金剛塗香陁羅尼印

以堅固縛向心而散，陁羅尼曰：

唵　跛日囉二合蘖提

作此法者，如以尸羅智香而爲供養，令諸有情速得清淨戒身。

八供養已，二羽相叉，仰於臍下。諦觀菩薩演五字陁羅尼，五色光明從口而出，入於行者心月之中。阿字當前，餘四字右旋次第而布，一一思惟五字之義，是名三摩地念誦。若金剛念誦者，依前觀字，急合口齒，令舌微動。若言音念誦，亦觀心中一一字相，依字而轉，不緩不急。纔令自聞，結前劍印。誦七遍已，捧菩提珠，當心而念。每日四時，不令閒闕。每時千遍，或二千遍，或五[①]百、三百，乃至百八，勿令減是。設身疲極，念惡趣衆生，倍加精進，慈悲喜捨。如是修習，當知行人滿足六度，證諸如來一切三昧，常得曼殊室利及一切菩薩而爲伴侶。勝上警誠，難可預言，諸修行人自當證悟。舉要言之，精進修持，現於此生得證初地，後十六生當成阿耨多羅三藐三菩提，是故行人當應敬奉。若欲止時，有二種法，一者發遣，二者召菩薩入於己身。若發遣者，一一依前八供養已，即以劍印誦陁羅尼：

唵　跛日囉二合底乞瑟拏穆

即名發遣，若召菩薩者，依前四攝，入自身已，復以八印而爲供養，被金剛甲。復誦三昧耶陁羅尼，住四威儀，任其所適。一切有情人、非人等，親近行者，聞音見形，如親奉曼殊所得功德。其於利益難可挍量，世閒勝事不求自獲。若見諸人須致敬者，想彼人首戴如來形，然後拜跪。若不尒者，陷彼衆生，又復自犯三昧耶禁。若入觸處，欲散身者，復想菩薩入於娜囉。

金剛頂經曼殊室利菩薩五字心陁羅尼品

① 五，《中華藏》校勘《磧》作“二”。

觀自在如意輪菩薩瑜伽法要[①]

南天竺國三藏金剛智譯

我今順瑜伽，金剛頂經説，
摩尼蓮花部，如意念誦法。
修此三昧故，能如觀自在，
先擇其弟子，族姓敬法者。
多人所敬愛，智慧而勇進，
決定毗離耶，覺慧常不捨，
盡孝於父母，淨信於三寶。
樂修菩薩行，於四無量心，
刹那无有閒，常樂大乘法。
住於菩薩戒，恭敬阿闍梨，
一切諸聖者，成就堅固力。
丈夫之勇猛，善通相應門，
常樂寂静行，智慧無所畏。
以戒常嚴身，精修秘密乘，
敬依理趣道，一心無所悕。
常樂聞妙法，曾入三昧耶，
從師獲灌頂，既蒙印可已，
不久當成就。弟子具此相，
方可爲傳授，此即如意寶，
能成諸事業。如經説處所，
山間及流水，清淨阿蘭若，

---

① 底本，《中華藏》第 519 號，第 24 冊第 169 頁中—173 頁中，原《金藏》廣勝寺本。校本，《大正藏》第 1087 號，第 20 冊第 211 頁中—215 頁下，原《麗藏》本。

　　　隨樂之澗谷,離諸危怖難。
　　　隨力嚴供具,行人面於西,
　　　漫提自在王,次礼餘方佛。
　　　以五輪著地,如教之敬礼,
　　　雙膝長跪已,合掌虛心住。
　　　誠心盡陳説,三業一切罪。
　　　我從過去世,流轉於生死。
　　　今對大聖尊,盡心而懺悔,
　　　如先佛所懺,我今亦如是。
　　　願垂加持力,衆生[1]悉清淨,
　　　以此大願故,自他獲無垢。
　密言曰:

唵　莎嚩皤嚩輸馱　薩婆達麼　莎嚩皤　嚩輸度峈
　　行者次應隨喜一切諸佛菩薩所集福智。
　　　過現三世佛,菩薩及衆聖,
　　　所集諸善根,合掌盡隨喜,
　　　如我身所集,歡喜無有異。
　　次應右膝著地,芙蓉合掌,置於頂上,想[2]礼一切如來及菩薩足。密言曰:

唵　鉢頭入麼二合微微吉反
　　礼諸佛已,全加半加,或輪王加,隨意而坐。
　　　作此坐印已,觀遍虛空佛,
　　　己身各於前,住彼衆聖會。
　　　止觀從膝上,旋舞當心合,
　　　如蓮之未敷,想礼於諸佛。
　　　次結三昧印,當心堅固縛,
　　　檀慧禪智豎,金剛蓮花印。
　　　通持蓮花者,警覺衆聖已。
　誦此密言曰:

唵　跋日囉　鉢頭入麼二合三磨耶　薩怛鑁三合
　　　猶結此印故,佛及善逝子,

---

① 生,《中華藏》校勘《資》《磧》《普》《南》《徑》《清》作"罪"。
② 想,《中華藏》校勘《資》《磧》《普》《南》《徑》《清》作"頂"。

諸大名稱者，妙觀察攝受。

憶昔本誓願，對於遍照尊，

不違教令故，加持使圓滿。

次結一切諸佛如來安樂悦意歡喜三昧耶印。

十度堅固縛，忍願中交合，

檀慧與禪智，各相合而豎。

密言曰：

唵　三麼耶　呼去蘇上囉哆　薩怛鑁三合

猶示此印故，諸佛及菩薩，

一切執金剛，皆悉妙歡喜。

次當開心户，入金剛智字，

觀於二乳上，右怛囉左吒。

如宫室户扇，殊勝金剛縛，

三業同時發，拍心開兩字。

密言曰：

唵　跋日囉二合滿馱怛嚓二合吒

無始熏種子，所集之塵勞，

今以召罪印，集之欲摧碎。

十度堅固縛，忍願申如針，

進力屈如鈎，心想召諸罪。

想彼衆罪狀，植髮髁黑形，

反印剌於心，觸已誦密語。

三業相應故，能召諸罪積，

誦此召集已，方作摧碎法。

密言曰：

唵　薩婆播波迦哩灑拏拏　尾輸馱娜　三磨耶　跋日囉　吽若

召入於掌已，方作摧破①法，

前印内相叉，稱輪縛諸罪。

忍願俱申直，有怛嚓吒字，

想爲金剛杵，相拍如摧山。

忿句及怒形，能淨諸惡趣，

---

① 破，《中華藏》校勘《資》《磧》《普》《南》《徑》《清》作"碎"。

誦已忍願拍，七三隨所宜。

唵　跛日囉播尼上尾莎怖吒也　薩跢播耶滿馱娜你鉢囉二合母訖灑二合也薩婆播也蘗底丁以反毗藥二合，重呼薩婆薩怛蔓無繁反薩婆怛他蘗多跛日囉三磨耶　吽　怛囉二合①吒

　　　　以此相應門，先佛方便故。
　　　　三業所積罪，無量極重障，
　　　　作此摧滅已，如火焚枯草。
　　　　有情常愚迷，不知此理趣，
　　　　如來大悲故，開此秘妙②門。
　　　　次當結入印，內如來智字，
　　　　二羽堅固縛，禪智入於中，
　　　　以進力二度，相拄如環勢。
　　　　觀前八葉蓮，其上置阿字，
　　　　二點嚴飾故，妙字方名惡。
　　　　色白如珂雪，流散千光明，
　　　　想以進力支，捻字安心內，
　　　　三業齊運用。誦此密言曰：

唵　跛日囉二合③廢亡計反捨惡

　　　　既想入心中，字相逾光耀，
　　　　此即法界體。行者應是觀，
　　　　不久悟寂静。法本不生故，
　　　　三世諸如來，金剛身口意，
　　　　皆以妙方便，持在金剛拳，
　　　　以此闓心門，智字獲堅固。
　　　　便屈進力度，拄於禪智背，
　　　　以印觸智已，即誦此妙言：

唵　跛日囉　母瑟致輈

　　　　行者住等引，二羽堅固縛，
　　　　仰置於臍下，禪智蓮葉形，
　　　　此名三昧印。誦此密言曰：

----

①　二合，原脱，據《大正藏》本補。
②　妙，《中華藏》校勘《資》《磧》《普》《南》《徑》《清》作"密"。
③　二合，原脱，據《大正藏》本補。

唵　三麼地　鉢頭入迷二合絃哩引,二合
　　　　　　出息及入息,住阿那波那,
　　　　　　想佛遍虛空,彈指警覺我。
　　　　　　佛子汝云何,成無上等覺?
　　　　　　不知諸如來,實相之妙法。
　　　　　　既聞警覺已,行者復白言:
　　　　　　云何名真實?願寂勝尊説。
　　　　　　諸佛皆歡喜,作如是勝言:
　　　　　　善哉摩訶薩!能作如是問,
　　　　　　汝想於心中,所内惡字門,
　　　　　　以字徹於心,誦此密言曰:

唵　止多鉢囉二合底丁以反味能去迦路弭
　　　　　　當默誦一遍,便想爲月輪,
　　　　　　倍欲精進故,復誦妙言曰:

唵　母提止多　母怛跛二合娜夜弭
　　　　　　能令心月輪,圓滿甚清淨,
　　　　　　中想妙蓮花,上安寶金剛。
　　　　密言曰:

唵　底瑟妊　麼尼上跋日囉二合鉢頭入麼二合
　　　　　　引量同虛空,周遍於三界,
　　　　　　復誦此妙言,金剛語離聲。

唵　薩頗二合囉麼尼上跋日囉鉢頭入麼二合
　　　　　　於此引妙蓮,流放千光焰,
　　　　　　一一光明中,無量佛刹土。
　　　　　　刹中有妙蓮,想持寶蓮者,
　　　　　　持寶蓮勝幢,幢中出妙聲。
　　　　　　誰有薄福者,當滿一切願,
　　　　　　住是寂三昧,爲利諸有情。
　　　　　　如是菩薩類,皆住於等引,
　　　　　　從蓮花胎藏,妙放千光明。
　　　　　　皆爲利衆生,檀波羅蜜等,
　　　　　　遍入諸三昧,理趣善巧門。
　　　　　　爲愍念有情,作無量方便,

化身爲種種，從生及涅槃。

轉大妙法輪，皆從意寶出，

所説之妙法，皆以轉成就。

以轉爲妙智，能斷諸結使，

猶轉大法輪，此爲福智路。

次皆正觀察，漸斂其智蓮。

　密言曰：

唵僧去訶囉麼扼上跋日囉鉢頭入麼

所在諸如來，皆入爲一體，

猶如於明鏡，能現於万像。

法界自性體，住於金剛蓮，

即變其寶蓮，爲真多菩薩。

手持如意寶，六臂身金色，

皆想於自身，頂髻寶莊嚴。

冠坐自在王，住於説法相。

第一手思惟，愍念有情故。

第二持意寶，能滿一切願。

第三持念珠，爲度傍生苦。

左按光明山，成就無傾動。

第二持蓮手，能淨諸非法。

第三手持輪，能轉無上法。

六臂廣博體，能遊於六道。

以大悲方便，斷諸有情苦。

行者如是觀，坐於月輪中，

身流千光明，項背皆圓光。

復想心月輪，亦有寶蓮花，

以是能堅固，無動觀己身。

爲離諸妄想，誦此密言曰：

唵曜里二合茶上底瑟妊二合①囉怛那　跋日囉二合鉢頭入麼引二合怛麼二合句嶮三麼喻嶮摩訶三麼喻嶮薩婆怛多蘗多避三菩地囉怛那跋日囉二合鉢頭入麼二合怛麼二合句嶮

----

① 二合，原脱，據《大正藏》本補，下二"二合"同。

以此法加持，十度芙蓉合，
進力屈如寶，印心額喉頂。
吽字想於心，怛囉安於額，
紇哩當喉上，惡字置於頂。
猶此布想故，此身如金剛，
復誦此密言，蓮花語爲聲。

唵囉 怛娜 跛日囉二合達麼 紇哩二合

次應結灌頂，智者合蓮掌，
進力如寶形，檀惠開相近，
置額誦密言，心想佛灌頂。

唵 鉢頭入麼二合苾句胝多上胝囉怛娜鉢頭入麼二合避矖蜀 邏避詵者鋡怛咯

即以此妙印，二手分兩邊，
如繫蓮花鬘，徐徐前下散，
想垂白帶勢。誦此妙言曰：

唵 鉢頭入麽麽鵌 鋡紇哩 怛咯

次當結甲鎧，二手蓮花拳，
從心繞向背，從背當臍繞，
向腰及兩膝，漸上繞頸後，
從頸後[①]當喉，復於頭[②]後繞，
還來至額上，却於頂後繞，
徐從前下散。誦此秘密言：

唵 阿皤曳 鉢頭入摩二合迦嚩制平滿馱囉訖灑二合鋡吽崘

爲喜諸佛故，應拍蓮花印，
二手結蓮掌，妙拍令歡喜。

密言曰：

唵 鉢頭入摩二合覩使呼去

想於己身前，觀紇哩字門，
變爲蓮花王，中有紇哩字，
怛囉安兩邊，爲金剛寶蓮，
共變爲所尊，持真多妙寶。

---

① 後，《中華藏》校勘《石》《麗》作"復"。
② 頭，《中華藏》校勘《石》《麗》作"頸"。

　　　　如前己身觀，今所觀亦然，

　　　　爲令體無二，次作呼召法。

　　　　十度未敷蓮，進力如鈎勢，

　　　　即誦此密語，應爲蓮花音：

唵　鉢頭入麼二合只惹二合，下同娜句捨吽

　　　　行者既召已，次當結索印，

　　　　如前合蓮掌，進力拄如環，

　　　　此名蓮花索，能滿諸意願。

　　　　應誦此密語，召入於智身：

唵　鉢頭入麼二合只惹娜母伽跋捨吽

　　　　既入於智身，爲令無傾動，

　　　　復當結蓮鑠，應作決定心。

　　　　如前合蓮掌，進禪捻如環，

　　　　力智亦復然，相結如鈎鑠。

唵　鉢頭入麼二合只惹娜　塞怖二合吒吽

　　　　爲令妙歡喜，結蓮花鈴印，

　　　　當以蓮花捧，禪智入於中，

　　　　進力如環住。誦此秘密語：

唵　只惹娜　鉢頭入麼二合　尾捨耶吽

　　　　次當誦蓮花百字密言，捧閼伽器，以欝金、白檀、龍腦、香水捧而供養。

唵　鉢頭入麼二合薩怛嚩二合三磨耶　麼努播羅耶鉢頭入麼二合薩怛嚩二合跌丁吉反廢亡兮反怒跛底瑟咤二合暆里二合擢持教反，撮口呼之迷去嚩嚕素覩數數俞反迷去嚩嚕阿努囉訖覩二合迷去嚩嚕素補數同上迷去嚩嚕薩婆悉地亭婬反迷去鉢囉拽車去薩婆羯磨素者迷去枳多室唎二合藥矩略吽訶訶訶訶呼去婆誐梵薩婆怛他蘖多鉢頭入麼二合麼迷去悶者鉢頭入弭二合迷去嚩嚕摩訶三摩耶薩怛嚩二合唅哩二合

　　　　次以内外供，供養蓮花王，

　　　　所謂内供養，芙蓉掌當心，

　　　　禪智並申直，名爲蓮花喜。

　　　　應誦此密言：

唵　只惹二合　娜鉢頭入麼二合羅細引吽

　　　　次結花鬘印，以此而供養，

　　　　不易前喜印，二手捧而前。

　　　　想種種寶鬘，遍滿虛空界。

　　　密言曰：

唵　只若二合娜鉢頭麼入二合麼疑吽

　　　　　次應以謌印，奉獻智蓮者，

　　　　　復以前妙印，屈掌挂諸度，

　　　　　從臍漸至口，散下如寫勢。

　　　　　想緊那羅音①，供養諸聖者。

　　　密言曰：

唵　只惹二合　娜鉢頭入麼二合倪魚抧反帝吽

　　　　　次應結舞印，前印左右旋，

　　　　　合芙蓉妙掌，安於頂上散。

　　　　　由此四供養，能獲大神通。

　　　密言曰：

唵　只若二合娜　鉢頭入麼二合②你喫二合帝吽

　　　　　作此四供養，能成㝡勝事。

　　　　　次結外供養，喜心而獻之，

　　　　　運心無邊界，蓮花焚香法，

　　　　　諸佛誠言説，爲利諸有情，

　　　　　蓮掌向下散，猶如焚香勢。

　　　　　誦此秘密言，想供養香雲，

　　　　　周遍虚空界，供養諸聖衆。

唵　鉢頭入麼二合　只惹娜　度悶平③　噁

　　　　　次應結花印，以三十二相，

　　　　　莊嚴諸如來，觀妙色花雲。

　　　　　運心遍一切，如前合蓮掌，

　　　　　上散如花勢，供養諸如來，

　　　　　及諸善逝子，想滿虚空界，

　　　　　花雲妙芬馥，劫樹極端嚴。

　　　　　誦此秘妙言，三業齊運用。

唵鉢頭入麼二合只惹娜　補澁悶平吽

　　　　　衆生無明覆，離於智慧光。

---

①　音，原作“香”，據《中華藏》校勘《石》《磧》《普》《南》《徑》《清》改。

②　鉢頭入麼二合，原作“鉢頭麼入”，據《大正藏》本改。

③　平，原脱，據《大正藏》本補。

爲彼淨除故，應結智燈印，

以前蓮花掌，禪智豎相逼。

心想麼尼燈，遍照虛空界，

無量光所出。誦此密言曰：

唵　鉢頭入麼二合只惹　那你閜平

智者次應結，解脫塗香印，

爲淨衆生故，獻此尸羅香。

二手散蓮掌，當心塗香勢，

十度成熏習，香海遍虛空，

獻佛及所尊。誦此祕密語：

唵　鉢頭入麼二合①只惹娜巘褆吽

內外供養已，然後應順念，

結祕根本印，以對密言主。

先誦根本言，分明七遍已，

平掌當於心，忍願如蓮葉，

進力摩尼狀，餘度盡如幢。

誦根本密言，思滿有情願。

　密言曰：

娜麼囉怛娜　怛羅夜也　娜莫阿唎耶　嚩魯枳帝　濕嚩囉耶　菩地薩怛嚩耶　摩

訶薩怛嚩耶　摩訶迦嚕抳迦耶　怛姪他唵　斫迦羅靺彈舌低震跢麼抳　摩訶鉢頭入

迷嚕嚕底瑟吒入嚩攞　阿迦哩　灑耶　吽泮吒　薩嚩二合②訶

次結心祕密，依前根本印，

戒方檀惠縛，名爲本心印。

一切諸意願，應心之所念，

由結此印故，皆悉得成就。

　密言曰：

唵　鉢頭入迷震哆麼抳　入嚩攞吽

次結隨心印，二手堅固縛，

進力摩尼形，禪智並而申，

戒方亦舒直，檀惠相交豎。

---

①　二合，原脫，據《大正藏》本補。

②　二合，原脫，據《大正藏》本補。

　　　　　誦此心中心：

唵　嚩囉娜　鉢頭入迷吽

　　　　　次想尊口中，流出秘密言，
　　　　　分明成字道，五色光照耀。
　　　　　間錯殊勝色，入於諭岐口，
　　　　　列心月輪中，瑩如紅頗梨。
　　　　　一一諦思惟，順理隨覺悟，
　　　　　住定而修習，入於阿字門。
　　　　　即入輪字觀，皆遍觀諸字，
　　　　　此名三昧念，獲智及解脫。
　　　　　由此相應故，不久成種智。
　　　　　若當聲順念，寂勝妙奇特，
　　　　　住於本尊觀，不應急躁心，
　　　　　不高亦不下，不緩亦不急。
　　　　　智者離分別，及諸妄想心，
　　　　　若誦洛叉遍，所求皆悉地。
　　　　　二手持念珠，頗知與蓮子，
　　　　　螺珠及餘寶，無瑕光好者。
　　　　　當穿一百八，一一誦七遍。
　　　　　心及心中心，及毗俱多羅，
　　　　　作此法加持，穿貫珠鬘已①。
　　　　　當心一一度，與莎訶齊聲。
　　　　　一千與百八②，隨力而念誦，
　　　　　四時或三時，此法後夜勝。
　　　　　如意輪經中，本教佛所説，
　　　　　若如是修習，現世證初地，
　　　　　過此十六生，成無上菩提，
　　　　　何況世悉地，現生不如意。
　　　　　隨力念誦已，重結三昧印，
　　　　　復爲八供養，發遣密言主。

---

①　“心及心中心”至“穿貫珠鬘已”，原脫，據《中華藏》校勘《麗》補。
②　百八，《中華藏》校勘《資》《磧》《普》《南》《徑》《清》作“八百”。

二羽堅固縛，忍願蓮葉形，

從心至面散，頂上合花掌，

想尊虛空中，復道還本宮。

密言曰：

唵　鉢頭入麼二合①　薩怛嚩二合　紇哩穆

發遣聖者已，自住本尊觀。

或於閑靜處，轉讀摩訶衍，

楞伽與花嚴，般若及理趣，

如是等經教，思惟而修習。

誦讀經典已，自恣行住坐，

乃至於寢息，不閒菩提心，

不久當悉地，金剛藏所説。

此大悲軌儀，不擇日及宿，

時食與澡浴，若淨與不淨，

常應不閒斷，遠離於散亂。

不營諸世務，念畢發誓願，

結三昧耶印，礼佛菩薩已，

隨意而經行。由是積福業，

解脱本願力，能令諸有情，

速獲一切智。此上四句願，

金剛軌儀述，爲利衆生故，

我今同結集②。

觀自在如意輪菩薩瑜伽法要

---

① 二合，原脱，據《大正藏》本補，下一“二合”同。

② “由是積福業”至“我今同結集”，原脱，據《中華藏》校勘《麗》補。

金剛頂經瑜伽修習毗盧遮那三摩地法①

大唐贈開府儀同三司諡大弘教三藏沙門金剛智奉詔譯②

歸命毗盧遮那佛！身口意業遍虛空，
演説如來三密門，金剛一乘甚深教。
我依瑜伽寂勝法，開示如實修行處，
爲令衆生顯真實，頓證無上正等覺③。
弟子堅固菩提心，從師已受灌頂位，
妙修定慧恒觀察，深入業用善巧門，
導諸有情勝菩提，以四攝法而攝取，
無猒大悲未嘗捨，見行小善便稱美，
無住檀施等虛空，能以慧光破愚瞑④，
有所樂求恒不逆，發言先笑令心喜，
能於妙法無染中，善用般若斷諸使，
無上法輪恒不退，四辯演説無所畏，
諸佛衆生事業中，恒被大誓慈甲冑，
摧敗魔羅勝軍衆，堅持諸佛所秘門，
有具如斯衆德者，方堪印可爲傳授。
先佛聖仙所遊處，種種勝地或山間，
建立精室布輪壇，香泥塗拭爲尊位，

---

① 底本，《中華藏》第 1391 號，第 65 册第 274 頁中—279 頁下，原《麗藏》本。校本，《大正藏》第 876 號，第 18 册第 327 頁上—331 頁中，原《麗藏》本。經名後，《中華藏》校勘《石》有"一卷"。
② 譯名，《中華藏》校勘《石》作"大唐南天竺國三藏金剛智譯"，《磧》《普》《南》作"南天竺國三藏金剛智譯"，《徑》《清》作"唐南天竺國三藏金剛智譯"。
③ 覺，《中華藏》校勘《石》《磧》《普》《南》《徑》《清》作"故"。
④ 瞑，《中華藏》校勘《磧》《南》《徑》《清》作"暝"。

　　　　燈明闕伽皆布列，妙花散地以莊嚴。

　　　　爲令衆生器世間，純一淨妙爲佛土，

　　　　以此自他清淨句，應理思惟密稱誦。

　　真言曰：

唵一薩嚩二合，下同婆嚩下同，二合戌伮二薩婆達摩三薩嚩二合婆嚩戌度斡四

　　　　次應運心遍法界，塵刹佛海滿虛空，

　　　　吽字種子加三業，結金剛起遍警覺，

　　　　檀慧鈎結金剛拳，進力二度合三畢。

　　真言曰：

唵一麼折略二合，下同底瑟姹二合

　　　　由此真言①印加持，諸佛不貪寂靜樂，

　　　　悉從定起赴集會，觀察行人同攝受。

　　　　次結金剛持大印，一一想禮如來足，

　　　　禪慧檀智反相叉，右膝著地置頂上。

　　真言曰：

唵一麼折囉二合，下同勿微一反

　　　　纔結金剛持印已，一切正覺皆隨順，

　　　　即於十方諸佛前，禮事供養皆圓滿。

　　　　爲欲承事諸如來，捨身奉獻阿閦佛，

　　　　全身委地以心礼，金剛合掌舒頂上。

　　真言曰：

唵一薩婆怛他引，下同蘗多引，下同，二布儒波薩他二合娜野引阿怛麼二合，下同南三涅哩二合
夜多夜弭四薩婆怛他蘗多麼折囉薩怛嚩二合，五，下同阿地瑟姹二合，下同薩嚩二合，下同斡

　　　　由此真言身印故，即得圓滿菩提心。

　　　　次應敬禮寶生尊，爲奉灌頂供養故，

　　　　金剛合掌下當心，以額著地爲奉獻。

　　真言曰：

唵一薩婆怛他蘗多二布惹引毗曬迦耶引，三怛麼南二合涅哩夜多夜弭四薩婆怛他蘗多五
麼折囉囉怛那引，二合毗詵遮六薩縛二合斡

　　　　由獻此身妙請故，不久當爲三界主。

　　　　爲求供養轉法輪，次應敬禮無量壽，

_____

①　言，《中華藏》校勘《磧》《普》《南》《徑》《清》作“語”。

金剛合掌置頂上，以口著地奉其身。

真言曰：

唵一薩婆怛他蘗多二布惹鉢囉二合，下同鞞喋多那夜引怛麽南三涅哩夜多夜弭四薩
婆怛他蘗多五麼折囉達摩六鉢囉鞞喋多二合夜鈝

　　由獻此身誠請故，當同救世轉法輪。

　　復當敬禮不空尊，爲求供養羯磨故，

　　金剛合掌當心上，用頂著地而奉獻。

真言曰：

唵一薩婆怛他蘗多二布惹羯麼抳阿怛麽二合南三涅哩夜多夜弭四薩婆怛他蘗多五麼折
囉羯麼抳句略二合鈝

　　由是獻身方便故，便能示現種種身。

　　次以己身佛海前，合掌蹋跪懺諸咎，

　　無始輪迴諸有中，身口意業所生罪，

　　如佛菩薩所懺悔，我今陳懺亦如是。

　　又應深發歡喜心，隨喜一切福智聚，

　　諸佛菩薩行願中，金剛三業所生福，

　　緣覺聲聞及有情，所集善根盡隨喜。

　　復觀諸佛坐道樹，己身各請轉法輪，

　　一切世燈坐道場，覺眼開敷照三有，

　　我皆胡跪先勸請，轉於無上妙法輪。

　　又皆勸請諸世尊，不般涅槃恒住世，

　　所有如來三界主，臨般無餘涅槃者，

　　我皆勸請恒久住，不捨悲願救世間。

　　懺悔隨喜勸請福，願我不失菩提心，

　　諸佛菩薩妙衆中，常爲善友①不猒捨，

　　離於八難生無難，宿命住智相嚴身，

　　遠離愚迷具悲智，悉能滿足波羅蜜，

　　富樂豐饒生勝族，眷屬廣多恒熾盛，

　　四無礙辯十自在，六通諸禪悉圓滿，

　　如金剛幢及普賢，願讚迴向亦如是。

　　行者次修三摩地，跏坐端身入正受，

---

①　友，原作“支”，據《中華藏》校勘《石》《磧》《普》《南》《徑》《清》改。

　　　　四無量心盡法界,修習運用如法教。

　　　　即入普賢三昧耶,體同薩埵金剛故,

　　　　定慧和合金剛縛,忍願二度建如幢①,

　　　　纔誦本誓印真言,身處月輪同薩埵。

　　真言曰:

唵一三磨耶二薩怛梵三合,下同

　　　　次結極喜三昧印,以此悅樂契諸聖,

　　　　忍願入於滿月掌,禪智檀慧俱申並。

　　真言曰:

唵一三磨耶斛引,二蘇囉多薩怛梵三合

　　　　由此妙印及真言,一切聖眾皆歡喜。

　　　　次當開心入佛智,怛囉吒字想乳上,

　　　　掣金剛縛當心前,二字轉樞如啟扇。

　　真言曰:

唵一麼折囉滿馱二怛囉二合吒

　　　　八葉白蓮一肘開②,炳現阿字素光色,

　　　　禪智俱入金剛縛,召入如來寂靜智。

　　真言曰:

唵一麼折囉二微舍惡

　　　　次結如來堅固拳,進力屈拄禪智背,

　　　　以此妙印相應故,即得堅持諸佛智。

　　真言曰:

唵一麼折囉二母瑟知二合輅

　　　　次以威怒降三世,淨除內外所生障。

　　　　二羽交臂金剛拳,檀慧相鈎豎進力,

　　　　行者想身發威焰,八臂四面豎利牙,

　　　　震吼吽字如雷音,頂上右旋成結界。

　　真言曰:

唵一孫蘇甚反,下同婆你遜婆你吽二仡里二合疊拏仡里疊拏吽三仡里疊拏阿播耶吽四阿難耶斛五薄伽梵麼折囉吽發吒六

---

①　幢,原作"憧",據《中華藏》校勘《石》《磧》《普》《南》《徑》《清》改。

②　開,《中華藏》校勘《石》作"閞"。

次結蓮花三昧耶，爲令成就三摩地，

定慧二羽金剛縛，檀慧禪智和合豎，

由此真言密印故，修行三昧速現前。

　　真言曰：

唵一麼折囉鉢娜麼二合，二三昧耶薩怛梵三合

行者欲入金剛定，先住妙觀察智印，

定慧二羽仰相叉，進禪力智各相拄，

以此妙印修等引，即得如來不動智。

　　行者次應修阿娑頗那伽三昧，端身正坐，身勿動搖，舌拄上腭，止出入息，令其微細。諦觀諸法皆由自心，一切煩惱及隨煩惱，蘊、界、入等，皆如幻、焰、健闥婆城，如旋火輪，如空谷響。如是觀已，不見身心，住於寂滅無相平等，以爲究竟真實之智。尒時即觀空中無數諸佛，猶如大地滿中胡麻，皆舒金色臂，彈指而警。作是告言："善男子，汝所證處，一道清淨，未證金剛瑜伽三昧薩婆若智，勿爲知足，應滿足普賢成冣正覺。"

行者聞警已，定中普禮足，

唯願諸如來，示我所行①處。

諸佛同音言，汝應觀自心。

既聞是説已，如教觀自心，

久住諦觀察，不見自心相。

復想礼佛足，白言冣勝尊，

我不見自心，此心爲何相？

諸佛咸告言：心相難測量，

授與心真言，如理諦觀心。

唵一質多鉢囉二合底二微鄧迦嚕弥三

念頃便見心，圓滿如淨月。

復作是思惟，是心爲何物？

煩惱習種子，善惡皆由②心。

心爲阿賴耶，修淨以爲因，

六度熏習故，彼心爲大心。

藏識本非染，清淨無瑕穢，

---

①　行，《中華藏》校勘《磧》《南》《徑》《清》作"住"。

②　由，《中華藏》校勘《石》作"自"。

長時積福智，喻若淨滿月。

無體亦無事①，即説亦非月，

由具福智故，自心如滿月。

踊躍心歡喜，復白諸世尊：

我已見自心，清淨如滿月，

離諸煩惱垢，能執所執等。

諸佛皆告言：汝心本如是，

爲客塵所翳，菩提心爲淨，

汝觀淨月輪，得證菩提心。

授此心真言，密誦而觀照。

唵一菩提質多二母怛跛二合娜夜弥

能令心月輪，圓滿益明顯。

諸佛復告言：菩提爲堅固，

善住堅固故，復授心真言：

唵一底瑟姹二合麽折囉二

汝於淨月輪，觀五智金剛，

令普周法界，唯一大金剛，

應當知自身，即爲金剛界。

唵一麽折囉引怛麽句含二

自身爲金剛，堅實無傾壞。

復白諸佛言：我爲金剛身。

時彼諸如來，便勑行者言：

觀身爲佛形，復授此真言：

唵一曳他二薩婆怛他蘖多三薩怛他含

以證心清淨，自見身爲佛，

衆相皆圓備，即證薩婆若。

定中遍礼佛，願加持堅固。

一切諸佛聞，金剛界言已，

盡入金剛中，便説金剛心：

唵一薩婆怛他蘖多引，二鼻三菩提三涅里荼四②麽折囉底瑟姹二合③

---

① 事，《中華藏》校勘《磧》作“跡”。

② 四，原脱，據《大正藏》本補。

③ 合，原脱，據《大正藏》本補。

諸佛大名稱，纔説是明已，

等覺金剛界，便證真實智。

時彼諸如來，加持堅固已，

還從金剛出，普住於虛空。

行者作是念，已證金剛定，

便具薩婆若，我成正等覺。

爲令證入佛地故，當結金剛三昧耶，

十度圓滿外相叉，忍願如幢皆正直，

印心及額喉與頂，各誦一遍以加持。

真言曰：

唵一麼折囉薩怛嚩引，二地瑟姹二合薩嚩二合轗

則想虛空諸如來，持虛空寶灌我頂，

定慧和合金剛縛，進力禪智如寶形，

以印額上加持已，五佛智冠在其頂，

便分智拳頂後繞，當知已繫離垢繒。

真言曰：

唵一麼折囉囉旦娜二合，二阿避詵者轗三薩婆欫捺囉二合迷四涅里二合值句嚧五嚩囉迦縛制六那轗

行者復應作是思惟：我今已成正覺，當於一切衆生興大慈心，於無盡生死中，恒被大誓莊嚴甲冑。爲欲淨佛國土，成就衆生，歷事一切諸如來等，悉令一切衆生坐菩提樹，降伏天魔，成㝡正覺故，應被三世如來慈悲甲冑。

智拳繫鬘①頂後已，便復前垂舒進力，

唵砧二度相縈遶，不絕緑②光如繫甲，

心背臍腰兩膝上，喉頂額前及頸後，

悉以進力三旋繞，散掌前下垂天衣③，

則能普護諸衆生，一切天魔不能壞。

真言曰：

唵一麼折囉迦嚩制二麼折嗽二合句嚧三麼折囉麼折囉囉含四

次應結彼歡喜印，定慧二羽三相拍，

由以指印加持故，一切聖衆皆歡喜。

---

① 鬘，《中華藏》校勘《磧》《普》《南》《徑》《清》作"髮"。

② 緑，《中華藏》校勘《磧》《普》《南》《徑》《清》作"緣"。

③ 衣，《中華藏》校勘《磧》《普》《南》作"主"。

真言曰：

唵一麼折囉都使斛二

　　行者次應以成所作智三摩地，想於己身前，觀無盡乳海，出生大蓮花王，金剛爲莖，量周法界。上想七寶琭妙樓閣，天如意寶以爲莊飾，花雲香海，妓樂歌讚。於寶樓中師子座上淨滿月中，現妙白蓮花。觀輪字門，放大光明，普照法界，爲毗盧遮那如來。身色如滿月，首戴五如來冠，垂紗縠天衣，瓔珞嚴身，光明普照。無量無數大菩薩衆前後圍遶以爲眷屬，行者爲欲令一切如來咸集會故，次以金剛王菩薩三摩地，召集諸聖。

　　　　定慧二羽金剛拳，交臂抱胷屈進力，

　　　　彈指發聲遍世界，諦觀佛海普雲集。

　　真言曰：

唵一麼折囉二三麼惹三弱四

　　　　次結金剛鈎大印，一切如來鈎召智，

　　　　定慧和合外相叉，進度如鈎獨三屈。

　　真言曰：

唵一阿夜係弱二

　　　　次結金剛索大印，引入尊身於智體，

　　　　前印禪度入定掌，力智相捻如環勢。

　　真言曰：

唵一阿係吽吽二

　　　　次結金剛鈎鏁印，能令本尊堅固住，

　　　　禪智進力相句[①]結，是名金剛能止印。

　　真言曰：

唵一係薩怖二合吒轮

　　　　次結金剛妙磬印，能令諸聖皆歡喜，

　　　　禪智屈入金剛縛，是名金剛歡喜印。

　　真言曰：

唵一健吒惡惡

　　　　次入平等性智定，捧持閼伽衆香水，

　　　　想浴諸聖無垢身，當得灌頂法雲地。

　　真言曰：

唵一麼折路娜誐吽二

───────────

①　句，《中華藏》校勘《石》《磧》《普》《南》《徑》《清》作“鈎”。

次以金剛法歌詠，讚揚如來諸福智，

諦觀相好運清音，以契如如真性理。

真言曰：

唵一麼折囉二薩怛嚩二合僧蘗囉二合訶三麼折囉囉怛娜二合，四麼努怛囕二合，五麼折囉達摩誐也奈六麼折囉羯麼七羯略婆嚩

次結金剛嬉戲印，成就如來內眷屬，

定慧和合金剛縛，禪智二度當心豎。

真言曰：

唵一摩訶囉底

由以嬉戲供養故，不久當證金剛定。

次結金剛花鬘印，觀妙鬘雲普法界，

不改前印捧而前，想奉寶鬘用嚴首。

真言曰：

唵一略波戌鞞

由結金剛鬘供養，當授灌頂法王位。

次結金剛歌詠印，以妙音聲讚佛智，

前印從齊至口散，演妙樂音娛聖會。

真言曰：

唵一秫嚧二合怛囉二合燥溪

由以金剛歌供養，不久當具如來辯。

次結金剛舞妙印，觀妙妓雲普供養，

定慧當心各旋舞，金剛合掌置頂上。

真言曰：

唵一薩婆補而曳二合

由以妙舞供養故，當得如來意生身。

次結焚香外供養，以此普熏佛海會，

和合金剛不①散掌，想妙香雲周法界。

真言曰：

唵一鉢囉二合訶羅二合你你

由以焚香供養故，即得如來無礙智。

次結金剛散花印，以此莊嚴諸世界，

---

① 不，《中華藏》校勘《石》作“下”。

縛印上散如獻花，芬馥花雲遍法界。

真言曰：

唵一頗攞誐弭二

　　　　由結金剛花供養，速證如來四八相。
　　　　次以金剛燈明印，普照佛會令光顯，
　　　　禪智前逼金剛縛，摩尼燈光照法界。

真言曰：

唵一蘇底惹仡哩二合

　　　　以此金剛燈供養，速具如來淨五眼。
　　　　次結金剛塗香印，以用供養諸佛會，
　　　　散金剛縛如塗香，香氣周流十方界。

真言曰：

唵一蘇爙盪儗妍以反

　　　　由以金剛塗香印，得具五分法身智。
　　　　如是廣作佛事已，次應諦心爲念誦，
　　　　先當一緣觀本尊，四明引入於己體，
　　　　知身與尊無有二，色相威儀皆與等，
　　　　衆會眷屬自圍遶，住於圓寂大鏡智。
　　　　定慧二羽金剛縛，忍願如刀進力附，
　　　　先誦金剛百字明，爲令加持不傾動。

真言曰：

唵一麼折囉薩怛縛二合三麼耶麼弩播攞耶二麼折囉薩怛嚩底尾三努播底瑟姹四涅里二合住茶護反弭婆嚩五素都使喻二合，下同弭婆嚩六阿努略訖都二合弭婆嚩七素補使喻弭婆嚩八薩婆悉地弥鉢囉二合也瑳九薩婆羯麼素遮弭十止多室利二合藥句嚧十一吽十二呵呵呵呵斛引，十三薄伽梵薩婆怛他蘗多麼折囉麼寐悶遮十四麼折唎婆嚩十五摩訶三麼耶薩怛嚩十六，二合惡引

　　由以摩訶衍那百字真言加持故，設犯五無間罪，謗一切諸佛及方廣經，修真言者以本尊堅住己身故，現世所求一切悉地，所謂最勝悉地，金剛薩埵悉地，乃至如來最勝悉地。不改金剛界大印，便誦本尊根本明[①]：

唵一麼折囉馱都二鈝

定慧二羽捧珠鬘，加本①真言七遍已，

捧至頂上復當心，堅住等引而念誦，

舌端微動脣齒合，逆順修②身觀相好。

四時勤修不令閒，千百爲限復過是，

一切神通及福智，現世同於遍照尊。

　　行者念誦分限畢已，捧珠頂上，勤發大願。然後結三摩地印，入法界體性三昧，修習五字旋陀羅尼。

諸法本不生，自性離言説，

清淨無垢染，因業等虛空。

旋復諦思惟，字字悟真實，

初後雖差別，所證皆歸一。

不捨是三昧，兼住無緣悲，

普願諸有情，如我無有異。

　　行者從三昧出已，即結根本印，誦本明七遍。復以八大供養，供養諸佛。以妙音詞稱揚讚歎，獻閼伽水。以降三世印，左旋解界，即結金剛解脱印，奉送諸聖各還本土。印者結前三昧耶印，忍願承華，至頂上散。真言曰：

唵一訖里二合姤嚩入聲呼之薩嚩薩怛嚩二合㗚託二合，二悉地捺多曳他努誐引，三蘗瑳特鑁二合没馱尾灑焔補娜囉引誐麼那引也都四唵麼折囉二合③薩怛嚩五，二合穆

　　作是法已，重以三昧耶印，誦加持明，以印四處。然後灌頂，被金剛甲胄。依前四禮，禮四方佛，懺悔發願等。然後依閑靜處，嚴以香花，住本尊三摩地，讀誦方廣大乘經典，隨意經行。

若有衆生遇此教，晝夜四時精進修，

現世證得歡喜地，後十六生成正覺。

金剛頂經④瑜伽修習毗盧遮那三摩地法⑤

---

① 加本，《中華藏》校勘《石》《南》《徑》《清》作"如本"，《磧》作"如今"。

② 修，原作"脩"，據《中華藏》校勘《石》《磧》《普》《南》《徑》《清》改。

③ 二合，原脱，據《大正藏》本補。

④ 經，《中華藏》校勘《磧》《普》《南》《徑》《清》無。

⑤ 卷末經名後，《中華藏》校勘《石》有"一卷"。

觀自在菩薩廣大圓滿無礙大悲根本陀羅尼^①出《大悲經》中卷

唐南天竺國三藏金剛智譯

曩募薩摩若野曩謨囉怛曩二合怛囉二合夜引野曩謨弭跢去婆去野怛他去櫱跢去,引夜引囉曷二合帝三去猊三引没馱引野曩莫阿去,引哩野二合,引嚩路枳雞以反帝濕嚩二合囉引野冒引地薩怛嚩二合,引野摩賀引薩怛嚩二合,引野摩賀引嚕引抳迦引野曩謨摩賀娑他二合,去,引麼鉢囉二合,引跛跢二合,引野冒引地薩怛嚩二合,引野摩賀引薩怛嚩二合,引野摩賀迦引嚕抳迦引野曩謨尾補羅尾麼上,引曩蘇上鉢囉二合底丁以反瑟耻二合跢引,去僧去契引野素引哩野二合捨多上娑上賀娑囉二合,引底上同嚇引迦鉢囉二合婆去,引嚩婆去,引悉多上没去,引噪多上曳摩賀引麼抳穆矩吒軍去拏上羅馱引哩抳婆去誐嚩帝鉢納麼二合播引拏上曳薩嚩路引迦引播引野舍引麼曩野尾尾馱皤野耨佉上三去麼引鞞舍引尾瑟吒二合薩嚩薩怛嚩二合,引跛哩謨引左曩引野怛你也二合他去,引唵引部囉步二合嚩无博反摩賀引路迦迦囉拏上多摩娑底二合弭囉鉢吒囉尾曩捨曩引迦囉引野囉引誐娜吠二合,引灑謨引賀惹攞捨麼迦舍引娑上迦囉乞灑二合迦薩嚩引播引野耨佉訥誐底准上鉢囉二合捨麼曩迦囉引野薩嚩怛他去,引孽跢上,引娑麼滿馱引曩迦囉薩嚩薩怛嚩二合,引舍引跛哩布引囉迦薩嚩薩怛嚩二合,引三摩始嚩娑上迦囉係係摩賀冒引地薩怛嚩二合嚩囉娜鉢納麼二合路引迦三去步引多上摩賀引迦引嚕抳迦惹吒去,引麼矩吒引楞去訖哩二合多始嚕麼抳迦曩迦囉惹多嚩囉二合吠微洗反,引女旋數反,引哩野二合,引楞去訖哩二合多捨哩引囉引弭跢去,引婆去尒曩迦麼攞引楞去訖哩二合多鉢囉嚩囉曩囉曩引哩引摩賀引惹曩捨多娑賀娑囉二合,引鼻攞上,引史多上迦引野摩賀引冒引地引薩怛嚩二合尾馱麼尾馱麼尾曩引捨野尾曩引捨野摩賀引拽延結反怛囉二合吉礼二合捨迦嚩引吒去,引嚩嚩无鉢反馱僧去娑去,引囉佐引囉迦鉢囉二合麼他上曩補嚕灑鉢納麼二合,引補嚕灑曩引誐補嚕灑娑去,引誐囉尾囉惹尾囉惹蘇去難上多蘇去難上多跛哩勿哩二合多娜麼娜麼娑

---

① 底本,《房山石經》第761號,第24册第467頁,原“羅”帙函。别本,《中華藏》第1392號,第65册第282頁,原《麗藏》本。兩版本間文字差别較大,别本另附後。

麼娑麼度嚕度嚕鉢囉二合舍引娑上野鉢囉二合舍引娑上野祇祇異反哩祇哩唧哩唧哩祖嚕祖嚕母嚕母嚕母庾母庾悶左悶左度曩度曩尾度曩尾度曩度嚕度嚕識引野識野識馱野識馱野賀娑賀娑鉢囉二合賀娑鉢囉二合賀娑尾尾馱吉礼二合捨嚩引娑曩麼麼薩嚩薩怛嚩二合，引難上，引左賀囉賀囉僧去賀囉僧去賀囉度嚕徵知里反度嚕徵摩賀引曼拏上羅迦囉拏鼻捨多鉢囉二合細引迦引嚩婆去，引娑尾灑曩捨麼迦摩賀引冒引地薩怛嚩二合嚩囉娜娑嚩二合，引賀引

　　觀自在菩薩廣大圓滿無礙大悲根本陁羅尼一卷

　　施主奉聖州保寧寺沙門玄英、俗弟子史君慶等，奉爲先亡生身父母、法界衆生，續辦此經碑。維天眷元年歲次戊午四月丙辰朔八日癸亥辰時成造記。

千手千眼觀世音菩薩大身呪本出《大悲經》中卷

大唐贈開府儀同三司諡大弘教三藏沙門金剛智奉詔譯

曩慕薩麼二合惹耶一那謨囉怛娜二合哆囉二合夜耶二娜莫阿弭馱嶓耶怛他識多耶囉賀羝三貌三勃馱耶那莫阿引唎夜嚩略枳帝濕嚩二合囉耶母地些怛嚩二合耶莽賀些怛嚩二合耶莽賀迦嚕聍迦耶娜麼莽賀些他摩跛囉二合鉢哆耶母地些怛嚩二合耶莽賀些怛嚩二合耶莽賀迦嚕聍迦耶那謨薄上識嚩帝尾補攞尾莽那素鉢羅二合底瑟恥二合多僧去企夜二合素唎耶舍哆娑訶薩囉阿羝唎迦鉢囉二合婆嚩婆悉哆慕㗚帶曳二合莽賀麼扼莽矩吒軍茶囉陁哩泥薄識嚩帝鉢納麼播拏曳薩嚩路迦引播耶舍摩那耶尾尾陁上嶓野耨佉三摩鞞舍尾瑟吒二合薩嚩薩怛嚩二合跛哩慕者那耶怛儞也二合他唵勃嚕部嚩莽賀略迦羯囉拏怛麼悉底弭囉鉢吒囉尾娜舍那迦囉耶邏我儞吠二合灑慕賀惹引攞奢麼迦奢些迦略叉迦薩嚩引跛耶耨佉訥識底鉢囉二合舍麼那迦囉耶薩麼怛他識哆些摩滿馱那羯囉薩嚩薩怛嚩舍引鉢唎布略迦薩麼薩怛嚩二合三摩始嚩些羯囉伊醯曳醯莽賀母地些怛嚩二合嚩囉娜鉢訥摩路迦穆二合步多莽賀迦嚕聍迦惹吒莽矩吒楞紇㗚多始囉從摩扼羯曩迦囉若多嚩嚩尒囉吠女哩耶楞紇㗚多舍利囉阿弭跢婆尒那迦麼攞楞紇㗚多鉢囉二合嚩囉那囉那引哩莽賀惹那舍多娑訶薩囉阿尾攞使多迦耶莽賀母地些怛嚩二合尾馱麼尾馱麼尾馱舍耶尾馱舍耶莽賀演怛囉二合訖嘇奢迦嚩引吒婆末馱僧娑囉遮囉迦鉢囉二合莽他那二合布嚧沙鉢納麼二合布嚧沙那識二合布嚧沙娑識囉味囉惹味囉惹素誕多鉢哩勿哩多馱摩馱摩娑摩娑摩度嚕度嚕鉢囉二合舍薩耶鉢囉二合舍薩耶祁哩祇哩婢哩婢哩只里只里祖嚕祖嚕母嚕母嚕母庾母庾悶者悶者略叉略叉麼麼稱名薩麼些怛嚩引嗬者薩麼娑曳弊毗藥反度那度那尾度那尾度那度嚕度嚕伽耶伽耶伽馱耶伽馱耶賀娑賀娑鉢囉賀娑鉢囉賀娑羯嘇奢嚩引些那麼麼寫稱名荷囉荷囉僧荷囉僧荷囉

度嚕致度嚕致莽賀曼拏攞枳囉拏舍哆鉢囉二合細迦嚩婆娑尾沙那捨麼迦莽賀母地薩
怛嚩二合嚩囉娜娑嚩二合賀引

千手千眼觀世音菩薩大身呪本

千手千眼觀自在菩薩廣大圓滿
無礙大悲心陁羅尼呪本^①

大唐贈開府儀同三司謚大弘教三藏沙門金剛智奉詔譯

𑘦(na) 𑘦(mo) 𑘝(rā) 𑘝(tna) 𑘝(tra) 𑘝(yā) 𑘝(ya) 𑘝(na) 𑘦(maḥ) 𑘪(ā)
曩　慕　囉引　怛曩二合 怛囉二合夜　耶一　曩　莫　阿引

𑘝(ryā) 𑘪(va) 𑘩(lo) 𑘎(ki) 𑘝(te) 𑘫(śva) 𑘝(rā) 𑘧(ya) 𑘩(bo) 𑘙(dhi)
哩夜二合,二嚩　略　枳　諦　溼嚩二合囉引　耶三　　冒毛上音,下同 地

𑘥(sa) 𑘝(tvā) 𑘧(ya) 𑘦(ma) 𑘮(hā) 𑘥(sa) 𑘝(tvā) 𑘧(ya) 𑘦(ma) 𑘮(hā)
薩　多嚩二合,下同耶四　莽浮聲呼 賀　薩　多嚩同上 耶五　莽浮聲呼 賀

𑘎(kā) 𑘩(ru) 𑘜(ṇi) 𑘎(kā) 𑘧(ya) 𑘥(sa) 𑘝(rva) 𑘤(ba) 𑘙(ndha) 𑘝(na)
迦去 嚕　聤卷舌呼迦引　耶六 薩　摩上 滿　陁上　曩七

𑘔(cche) 𑘠(da) 𑘝(na) 𑘎(ka) 𑘝(rā) 𑘧(ya) 𑘥(sa) 𑘝(rva) 𑘥(bha) 𑘪(va)
泚　娜　曩　迦　囉引 耶八 薩　摩上　婆　嚩九

𑘥(sa) 𑘦(mu) 𑘝(draṃ) 𑘮(su) 𑘎(kṣa) 𑘜(ṇa) 𑘎(ka) 𑘝(rā) 𑘧(ya) 𑘥(sa)
娑　母浮聲呼捺嘮二合 酢　灑　挐卷舌呼迦　囉　耶十　薩

𑘝(rva) 𑘪(vya) 𑘙(dhi) 𑘢(pra) 𑘫(śa) 𑘦(ma) 𑘝(na) 𑘎(ka) 𑘝(rā) 𑘧(ya)
摩上　弥夜二合地十一　跛囉二合捨　莽浮聲呼 曩　迦　囉引 耶十二

𑘥(sa) 𑘝(rve) 𑘝(ti) 𑘝(tyu) 𑘥(bha) 𑘝(ndra) 𑘪(va) 𑘪(vi) 𑘝(nā) 𑘫(śa)
薩　謎　底　多庾二合跛　捺囉二合嚩十三 尾　那　捨

𑘝(na) 𑘎(ka) 𑘝(rā) 𑘧(ya) 𑘥(sa) 𑘝(rva) 𑘥(bha) 𑘝(ye) 𑘰(ṣyo) 𑘝(tra)
曩浮聲呼迦　囉引 耶十四 薩　摩上　婆　曳　數十五　怛囉二合

𑘜(ṇa) 𑘎(ka) 𑘝(rā) 𑘧(ya) 𑘝(ta) 𑘦(smai) 𑘝(na) 𑘦(ma) 𑘵(skṛ) 𑘝(tvā)
挐　迦　囉去,引 耶十六　鞞　思每二合 曩　莽　思吉哩三合多嚩二合

---

①　底本,《中華藏》第1393號,第65冊第283頁上—284頁中,原《麗藏》本。梵字真言,據《大正藏》第1061號,第20冊第113頁,原靈雲寺版普通真言藏。經名後,原有"一卷",此刪。

(i) (na) (mā) (ryā)　　　(va) (lo) (ki) (te) (śva) (ra)

伊去那　摩　　阿哩夜二合,十七　嚕　略　枳　帝　溼嚩二合囉

(bha) (ṣi) (taṃ) (ni) (ra) (kaṃ) (ṭa) (bhe) (nā) (ma)

幡　使　單　你　羅　建　姹　閉十八　曩引　莽

(hṛ) (da) (ya) (ma) (vra) (ta) (i) (cchya) (mi) (sa)

纈哩二合娜　耶十九　摩　物刺二合彈　以　使夜二合　弭二十　薩

(rvā) (tha) (sa) (dha) (kaṃ) (śu) (vaṃ) (a) (ji) (yaṃ)

末引　他　些　馱　建二十一　戍　畔　阿　尒　延二十二,引

(sa) (rva) (bhū) (ta) (naṃ) (bha) (va) (ma) (rga) (vi)

薩　摩　部　跢　南二十三　婆　嚩　末　誐　尾

(śu) (ddha) (kaṃ) (ta) (dya) (thā) (oṃ) (ā) (lo) (ke)

戍　馱　劍二十四　怛　你也二合　他二十五　唵二十六　阿引　略　計

(ā) (lo) (ka) (ma) (ti) (lo) (kā) (ti) (kraṃ) (te)

阿引　略　迦　莽　底二十七　略　迦引　底　訖囕二合　諦

(he) (ha) (re) (ā) (ryā) (va) (lo) (ki) (te) (śva)

㖿　賀　嚧　阿　哩夜二十八　嚕　略　枳　諦　溼嚩二合

(ra) (ma) (hā) (bo) (dhi) (sa) (tva)　　(he) (bo) (dhi)

囉　麼　㗪　冒　地　薩　多嚩二合,三十　㖿　冒　地

(sa) (tva)　　(he) (ma) (hā) (vo) (dhi) (sa) (tva)

薩　多嚩二合,三十一㖿　莽浮聲呼　賀　冒　地　薩　多嚩二合,三十二

(he) (vi) (rya) (bo) (dhi) (sa) (tva)　　(he) (ma)

㖿　比　哩也二合①冒　地　薩　多嚩二合,三十三　㖿　莽浮聲呼

(hā) (kā) (ru) (ṇi) (kā) (smī) (ra) (hṛ) (da) (yaṃ)

賀　迦引　嚕　聹卷舌呼迦三十四　徙莽二合　囉　纈哩二合娜　延三十五

(hi) (hi) (ha) (re) (ā) (ryā) (va) (lo) (ki) (te)

呬　呬　賀　嚧　阿　哩耶三十六　嚕　略　枳　諦

(śva) (ra) (ma) (he) (śva) (ra) (pa) (ra) (ma) (tra)

溼嚩二合囉三十七　莽浮聲呼㖿　溼嚩二合囉三十八　跛　囉　莽浮聲呼多囉二合

(ci) (tta) (ma) (hā) (kā) (ru) (ṇi) (kā) (ku) (ru)

質　多三十九　莽浮聲呼賀　迦　嚕　聹卷舌呼迦四十　矩　嚕

(ku) (ru) (ka) (rmaṃ) (sa) (dha) (ya) (sa) (dha) (ya)

矩　嚕　羯　滿　些　大　耶　些　大　耶四十一

---

①　也二合,原作"二合也",據梵字對音改。

ཝ(vi) 　ཌྷྱཾ(ddhyaṃ) 　ཎི(ṇi) 　ཧེ(he) 　ཎི(ṇi) 　ཧེ(he) 　ཏ(ta) 　ཝ(va) 　རཾ(raṃ) 　ཀ(ka)
尾 　　　你延二合,四十二 　聤 　　　儜 　　　祢 　　　儜 　　　多 　　　囕 　　　囕四十三 迦

མཾ(maṃ) 　ག(ga) 　མ(ma) 　ཝ(vi) 　ག(ga) 　མ(ma) 　ཝ(vi) 　ག(ga) 　མ(ma)② 　སི(si)
滿 　　　誐 　　　莽四十四 尾① 　　　誐 　　　莽 　　　尾 　　　誐 　　　莽 　　　悉

ཌྷ(ddha) 　ཡུ(yu) 　གེ(ge) 　 śva(śva) 　ར(ra) 　དྷུ(dhu) 　རུ(ru) 　དྷུ(dhu) 　རུ(ru) 　ཝ(vi)
陁上 　　　諭 　　　儗引 　　　涇儜二合 囉四十五杜 　　　嚕 　　　杜 　　　嚕 　　　尾

ཡ(ya) 　ནྟི(nti) 　མ(ma) 　ཧཱ(hā) 　ཝ(vi) 　ཡ(ya) 　ནྟི(nti) 　དྷ(dha) 　ར(ra) 　དྷ(dha)
演 　　　底四十六 莽 　　　賀 　　　尾 　　　演 　　　底四十七 駄 　　　囉 　　　駄

ར(ra) 　དྷ(dha) 　རེ(re) 　ཨི(i) 　ནྡྲེ(ndre) 　śva(śva) 　ར(ra) 　ཙ(ca) 　ལ(la) 　ཙ(ca) 　ལ(la)
羅 　　　達 　　　嚟 　　　印 　　　涅嚟三合 涇儜二合 羅四十八 左 　　　攞 　　　左 　　　攞

ཝ(vi) 　མ(ma) 　ལ(la) 　མ(ma) 　ར(ra) 　ཨཱ(ā) 　རྱཱ(ryā) 　ཝ(va) 　ལོ(lo) 　ཀི(ki)
尾 　　　莽浮聲呼 邏 　　　莽 　　　羅四十九 阿 　　　哩 　　　夜二合,五十 囕 　　　略枳

ཏེ(te) 　śva(śva) 　ར(ra) 　ཇི(ji) 　ན(na) 　ཀྲ(kṛ) 　ཥྞི(ṣṇi) 　ཇ(ja) 　ཊཱ(ṭā)
帝 　　　涇儜二合 羅去,五十一 尒 　　　曩 　　　訖哩二合 使拏二合,五十二惹 　　　吒引

མ(ma) 　ཀུ(ku) 　ཊ(ṭa) 　ཝ(va) 　རཾ(raṃ) 　མ(ma) 　པྲ(pra) 　རཾ(raṃ) 　མ(ma) 　ཝ(vi)
莽浮聲呼 矩 　　　吒五十三囕 　　　覽 　　　摩 　　　跛羅二合覽 　　　摩 　　　尾

རཾ(raṃ) 　མ(ma) 　མ(ma) 　ཧཱ(hā) 　སི(si) 　ཌྷ(ddha) 　ཝ(vi) 　དྱ(dya) 　དྷ(dha)
覽 　　　摩五十四 莽浮聲呼 賀 　　　徙 　　　陁上 　　　尾 　　　你夜二合 駄

ར(ra) 　ཝ(va) 　ར(ra) 　ཝ(va) 　ར(ra) 　མ(ma) 　ཧཱ(hā) 　ཝ(va) 　ར(ra) 　བ(ba)
囉五十五 幡 　　　羅 　　　幡 　　　囉 　　　莽 　　　賀 　　　幡 　　　囉五十六 麼

ལ(la) 　བ(ba) 　ལ(la) 　མ(ma) 　ཧཱ(hā) 　བ(ba) 　ལ(la) 　ཙ(ca) 　ར(ra) 　ཙ(ca)
攞 　　　麼 　　　攞 　　　莽 　　　賀 　　　麼 　　　攞五十七左 　　　囉 　　　左

ར(ra) 　མ(ma) 　ཧཱ(hā) 　ཙ(ca) 　ར(ra) 　ཀྲ(kṛ) 　ཥྞི(ṣṇi) 　ཝྲ(vṛ) 　ཎ(ṇa) 　དི(dī)
囉 　　　莽 　　　賀 　　　左 　　　囉五十八 訖哩二合 史拏二合物嘌二合 拏 　　　你

རྒྷ(rgha) 　ཀྲ(kṛ) 　ཥྞི(ṣṇi) 　པ(pa) 　ཀྵ(kṣa) 　དི(dī) 　རྒྷ(rgha) 　ཏ(ta) 　ན(na)
嘌伽五十九 訖哩二合 史拏二合 跛 　　　乞灑二合 怩 　　　茄去 　　　跢 　　　曩浮聲呼,六十

ཧེ(he) 　པ(pa) 　དྨ(dma) 　ཧ(ha) 　སྟི(sti) 　ཙ(ca) 　ར(ra) 　ཙ(ca) 　ར(ra) 　དི(dī)
儜 　　　跛 　　　娜莽二合 賀 　　　徙多二合,六十一左 　　　羅 　　　左 　　　羅 　　　聤

ཤ(śa) 　ཙ(ca) 　ལེ(le) 　śva(śva) 　ར(ra) 　ཀྲ(kṛ) 　ཥྞི(ṣṇi) 　ས(sa) 　ར(ra) 　པ(pa)
舍 　　　左 　　　嚟 　　　涇儜二合 囉六十二 訖哩二合 史拏二合薩 　　　囉 　　　跛

---

① 　"尾"後,原有"捍",據梵字對音刪。

② 　ཝ(vi) ག(ga) མ(ma),原脱,據音譯"尾誐莽"補。

ᬓ(kṛ)　त(ta)　य(ya)　ज्यो(jyo)　प(pa)　वि(vi)　त(ta)　ए(e)　ह्ये(hye)　ह(he)
訖哩二合𤙲　　也　　尒諭二合跛　尾　多六十三　翳　　㑋　　兮

म(ma)　हा(hā)　व(va)　र(ra)　ह(ha)　मु(mu)　ख(kha)　त्रि(tri)　पू(pū)　र(ra)
莽浮聲呼　賀　嚩　囉　賀　母浮聲呼　佉六十四　怛哩二合補　　囉

द(da)　ह(ha)　न(ne)　श्व(śva)　र(ra)　न(na)　र(ra)　य(ya)　ण(ṇa)　व(va)
娜　賀　寧　湮嚩二合　囉六十五曩　囉　也　拏　嚩

रु(ru)　प(pa)　व(va)　र(ra)　म(ma)　र्ग(rga)　अ(a)　रि(ri)　ह(he)　नि(ni)
嚕　跛六十六嚩　羅　末　誐　阿上　唎　㑋　聽

र(ra)　कं(kaṃ)　ट(ṭa)　ह(he)　म(ma)　हा(hā)　का(kā)　र(ra)　ह(ha)　र(ra)
羅　建　姹　㑋　麽　賀　迦去　羅六十七賀　羅

ह(ha)　र(ra)　वि(vi)　ष(ṣa)　नि(ni)　र्जि(rji)　त(ta)　लो(lo)　क(ka)　स्य(sya)
賀　羅六十八尾　沙上　怩　尒　跢　略　迦　寫六十九

रा(rā)　ग(ga)　वि(vi)　ष(ṣa)　वि(vi)　ना(nā)　श(śa)　न(na)　द्वि(dvi)　ष(ṣa)
囉去　誐　尾　沙上　尾　曩引　捨　曩七十　那味二合沙上

वि(vi)　ष(ṣa)　वि(vi)　ना(nā)　श(śa)　न(na)　मु(mu)　ह(ha)　वि(vi)　ष(ṣa)
尾　沙上　尾　曩　捨　曩七十一　慕　賀　尾　沙上

वि(vi)　ना(nā)　श(śa)　न(na)　हु(hu)　लु(lu)　हु(hu)　लु(lu)　म(ma)　र(ra)
尾　曩引　捨　曩七十二戶　嚕　户　嚕　莽　羅

हु(hu)　लु(lu)　ह(ha)　ले(le)　म(ma)　हा(hā)　प(pa)　द्म(dma)　ना(nā)　भ(bha)
户　嚕　賀　嚇七十三　莽　賀　跛　那莽二合　曩引　婆七十四

स(sa)　र(ra)　स(sa)　र(ra)　सि(si)　रि(ri)　सि(si)　रि(ri)　सु(su)　रु(ru)　सु(su)
薩　囉　薩　囉七十五　徙　哩　徙　哩七十六　蘇　嚕　蘇

रु(ru)　मु(mu)　रु(ru)　मु(mu)　रु(ru)　बु(bu)　द्ध्य(ddhya)　बु(bu)　द्ध्य(ddhya)
嚕七十七母　嚕　母　嚕七十八母　地也二合　母　地也二合,七十九

बो(bo)　द्ध(ddha)　य(ya)　बो(bo)　द्ध(ddha)　य(ya)　मै(mai)　ते(te)　नि(ni)　र(ra)
冒　大　也二合冒　大　也二合,八十弭　帝八十一你　囉

कं(kaṃ)　ट(ṭa)　ए(e)　ह्ये(hye)　ह(he)　म(ma)　म(ma)　स्थि(sthi)　त(ta)　स्यिं(syiṃ)
建　姹　翳　醯　兮　摩　莽　思體二合多　徙應二合

ह(ha)　मु(mu)　ख(kha)　ह(ha)　स(sa)　ह(ha)　स(sa)　मुं(muṃ)　च(ca)　मुं(muṃ)
賀　母　佉八十二賀　娑　賀　娑八十三悶　左　悶

च(ca)　म(ma)　हा(hā)　टा(ṭā)　ट(ṭa)　ह(ha)　सं(saṃ)　ए(e)　ह्ये(hye)　ह(he)
左八十四莽　賀　吒去　吒上　賀　珊八十五翳　醯　兮

ࢸ(paṃ) ࣟ(ma) ࣟ(hā) ࢨ(si) ࢦ(ddha) ࣟ(yu) ࣟ(ge) ࢨ(śva) ࣟ(ra)
抱　　莽　　賀　　悉　　陀上　　諭　　詣　　涅嚩二合　羅八十六

ࢨ(sa) ࣟ(ṇa) ࢨ(sa) ࣟ(ṇa) ࣟ(vā) ࣟ(ce) ࢨ(sa) ࣟ(dha) ࣟ(ya) ࢨ(sa)
娑　　拏　　娑　　拏　　嚩引　濟八十七些　大　　耶　　些

ࣟ(dha) ࣟ(ya) ࣟ(vi) ࣟ(ddhyaṃ) ࣟ(smī) ࣟ(ra) ࣟ(smi) ࣟ(ra) ࣟ(śaṃ)
大　　耶　　尾　　你延二合,八十八徙莽　囉　　徙莽　　羅八十九瞻

ࣟ(bha) ࣟ(ga) ࣟ(vaṃ) ࣟ(taṃ) ࣟ(lo) ࣟ(ki) ࣟ(ta) ࣟ(vi) ࣟ(lo) ࣟ(ki)
婆　　誐　　滿　　單　　略　　枳　　多　　尾　　略　　枳

ࣟ(taṃ) ࣟ(lo) ࣟ(ke) ࢨ(śva) ࣟ(raṃ) ࣟ(ta) ࣟ(thā) ࣟ(ga) ࣟ(taṃ) ࣟ(da)
單九十　略　　計　　涅嚩二合　囕去　怛　　他上　誐　　單九十一　娜

ࣟ(dā) ࣟ(he) ࣟ(me) ࣟ(da) ࣟ(rṣa) ࣟ(na) ࣟ(ka) ࣟ(ma) ࣟ(sya) ࣟ(da)
娜引　醯　　名　　娜　　哩捨二合曩九十二迦　　莽　　寫　　那

ࣟ(rṣa) ࣟ(naṃ) ࣟ(pra) ࣟ(kra) ࣟ(da) ࣟ(ya) ࣟ(ma) ࣟ(na) ࣟ(svā) ࣟ(hā)
哩捨二合①難九十三　跛囉二合　絁邏二合　娜　　耶　　莽　　曩　莎　　賀九十四

ࢨ(si) ࣟ(ddhā) ࣟ(ya) ࣟ(svā) ࣟ(hā) ࣟ(ma) ࣟ(hā) ࢨ(si) ࣟ(ddhā) ࣟ(ya)
悉　　馱　　也　　莎　　賀九十五莽　賀　　悉　　馱　　也

ࣟ(svā) ࣟ(hā) ࣟ(ma) ࣟ(hā) ࢨ(si) ࣟ(ddhā) ࣟ(ya) ࣟ(svā) ࣟ(hā)②ࢨ(si)
莎　　賀九十六莽　賀　　悉　　馱　　也　莎　　賀九十七悉

ࣟ(ddhā) ࣟ(yo) ࣟ(ge) ࢨ(śva) ࣟ(ra) ࣟ(ya) ࣟ(svā) ࣟ(hā) ࣟ(ni) ࣟ(ra)
馱　　諭　　詣　　涅嚩二合邏　耶　　莎　　賀九十八你　　羅

ࣟ(kaṃ) ࣟ(ṭa) ࣟ(ya) ࣟ(svā) ࣟ(hā) ࣟ(va) ࣟ(rā) ࣟ(ha) ࣟ(mu) ࣟ(khā)
建　　姹　　耶　　莎　　賀九十九嚩　囉引　賀　　母　　佉去

ࣟ(ya) ࣟ(svā) ࣟ(hā) ࣟ(ma) ࣟ(hā) ࣟ(da) ࣟ(ra) ࣟ(syiṃ) ࣟ(ha) ࣟ(mu)
耶　　莎　　賀一百　莽　　賀　　娜　　邏　　徙應二合　賀　　母

ࣟ(kha) ࣟ(ya) ࣟ(svā) ࣟ(hā) ࢨ(si) ࣟ(ddha) ࣟ(vi) ࣟ(ddhya) ࣟ(dha)
佉　　耶　　莎　　賀一百一悉　　馱　　尾　　你夜二合　達

ࣟ(ra) ࣟ(ya) ࣟ(svā) ࣟ(hā) ࣟ(pa) ࣟ(dma) ࣟ(ha) ࣟ(sta) ࣟ(ya) ࣟ(svā)
邏　　耶　　莎　　賀一百二跛　　娜莽二合　賀　　薩跢二合耶　　莎

ࣟ(hā)③ ࣟ(kṛ) ࣟ(ṣṇi) ࢨ(sa) ࣟ(rpa) ࣟ(kṛ) ࣟ(dhya) ࣟ(ya) ࣟ(jyo)
賀一百三　訖哩二合　史拏二合　薩　　波　　訖哩二合　馱也　　尒　　諭二合

---

①　哩捨二合，原作"哩二合捨"，據梵字對音改。

②　ࣟ(ma) ࣟ(hā) ࢨ(si) ࣟ(ddhā) ࣟ(ya) ࣟ(svā) ࣟ(hā)，原脱，據音譯"莽賀娜邏徙應二合賀"補。

③　"ࣟ(hā)"後，原衍"ࣟ(hā)"，據音譯删。

द(pa)　(vi)　(ta)　य(ya)　स्वा(svā)　हा(hā)　म(ma)　हा(hā)　ल(la)　कु(ku)
跛　　尾　　路　　耶　　莎　　賀一百四莽　賀　　攞　　矩

ट(ṭa)　ध(dha)　रा(rā)　य(ya)　स्वा(svā)　हा(hā)　च(ca)　क्र(kra)　यु(yu)　ध(dha)
吒　　陀上　邏去　耶　　莎　　賀一百五斫　羯囉去　庾　　駄

य(ya)　स्वा(svā)　हा(hā)　श(śa)　ṅkha(ṅkha)　श(śa)　ब्द(bda)　नि(ni)　बो(bo)　द्ध(ddha)
耶　　莎　　賀一百六勝　佉去　攝　　那　　你　　冒　　駄

ना(nā)　य(ya)　स्वा(svā)हा(hā)　म(ma)　म(ma)　स्क(ska)　न्द(nda)　वि(vi)　ष(ṣa)
曩去　耶　　莎　　賀一百七摩　莽　　思建二合陀上　味　　沙上

स्थि(sthi)　त(ta)　कृ(kṛ)　ष्णि(ṣṇi)　जि(ji)　न(nā)　य(ya)　स्वा(svā)　हा(hā)　व्या(vyā)
思體二合多　訖哩二合史拏二合爾　曩去　耶　　莎　　賀一百八弭夜二合

ghra(ghra)　च(ca)　म(ma)　नि(ni)　व(va)　स(sa)　न(nā)　य(ya)　स्वा(svā)　हा(hā)
佉囉二合折　莽　　你　　嚩　　娑　　曩去　耶　　莎　　賀一百九

लो(lo)　के(ke)　श्व(śva)　रा(rā)　य(ya)　स्वा(svā)　हा(hā)　स(sa)　र्व(rva)　सि(si)
略　　計　　涇嚩二合羅去　耶　　莎　　賀一百一十薩　摩上　悉

द्धे(ddhe)　श्व(śva)　र(ra)　य(ya)　स्वा(svā)　हा(hā)　न(na)　मो(mo)　भ(bha)　ग(ga)
第　　涇嚩二合囉　耶　　莎　　賀一百一十一曩　慕　　婆　　誐

व(va)　ते(te)　ā(ā)　र्या(ryā)　व(va)　लो(lo)　कि(ki)　ते(te)　श्व(śva)　रा(rā)
嚩　　諦　　阿引　哩夜二合嚩　略　　枳　　諦　　涇嚩二合囉去

य(ya)　बो(bo)　धि(dhi)　स(sa)　त्वा(tvā)　य(ya)　म(ma)　हा(hā)　स(sa)　त्वा(tvā)
耶　　冒　　地　　薩　　怛嚩二合耶　莽　　賀　　薩　　怛嚩二合

य(ya)　म(ma)　हा(hā)　का(kā)　ru(ru)①णि(ṇi)　का(kā)　य(ya)　सि(si)
耶　　莽　　賀　　迦去　嚕　　聹　　迦　　耶一百一十二　悉

ड्ध्य(ddhya)　न्तु(ntu)　मे(me)　व(va)　न्त्र(ntra)　प(pa)　दा(dā)　य(ya)　स्वा(svā)　हा(hā)
殿二合　覩　　名　　滿　　多羅二合跛　娜　　耶　　莎　　賀一百一十三

　　千手千眼觀自在菩薩廣大圓滿無礙大悲心陀羅尼呪一卷

---

①　(ru)，原作"(ro)"，據音譯"嚕"改。

不動使者陀羅尼祕密法①

京大薦福寺三藏沙門金剛菩提奉詔譯

如是無量力不動聖者毗盧遮那使者心,一切利益成就法。欲受持者,先當行四種精進行,自約身心,令念不散,一志堅固,速得證驗,令滿所願。云何四種行自約? 一者斷食,二者服氣,三者食菜,四者節食。隨力所辦,自約身已,專誦根本陀羅尼,滿一洛叉,乃至三洛叉已,即一日一夜,水亦不食。廣大供養,莊嚴道場。於畫像前燒苦練②木,如大拇指,長十二指。兩頭搵酥,每誦呪一徧,燒一枝,滿一千八枝燒了,小小世間事,便得滿願。

復次誦數滿已,入江海大河,深至項處,面向東立,每日念誦,數滿三洛叉已,心中所愛福田皆得滿願。其水當令無蛟龍、惡獸之處,恐呪功未成,爲佗物所損耳③。當須結界,若常④加功持誦,不動使者現身,力能縛一切鬼神,亦能摧折一切樹木,亦令空中飛鳥隨念而墜,亦能乾竭龍湫。若論議及對外道惡人,皆能降伏。

復次先候月欲蝕時,令誦呪滿數,先蝕一日一夜不食,取新牛糞未落地者,作方壇二肘。未落地者有二種義,一者以器物承取,莫令至地。二者亦落地時塵土未汙,即略取上分不著地者,將以泥壇。泥壇訖,以種種好華散以供養,取《大般若經》安置中心著。取同色老犢子牸牛乳作酪,旋以取酥一兩,熟銅椀盛,以可里羅木作篦攪酥。從月初蝕即念誦,乃至見三種相,所謂暖、烟、焰等。得暖相者,服之差一切疾病。得烟相者,將以塗己身,可以隱蔽,不令惡人所得見也。得火焰相者,服之通神,身能飛行,所謂身通也。老犢牛乳者,犢生經年已上,犢大如母而猶食乳者,其犢毛色須與母同,如是牛乳堪任酥用。

---

① 底本,《中華藏》第1394號,第65冊第285頁中—290頁下,原《金藏》廣勝寺本。校本,《大正藏》第1202號,第21冊第23頁上—27頁中,原《麗藏》本,原校本[甲]三十帖策子第二十一,[乙]文和二年寫寶壽院藏本,[丙]黃檗版淨嚴等加筆本。經名後,《中華藏》校勘《石》《麗》有"一卷"。

② 練,《中華藏》校勘《磧》《普》《南》《徑》《清》作"楝",下同。

③ 耳,《中華藏》校勘《磧》《普》《南》《徑》《清》作"則"。

④ 常,《中華藏》校勘《磧》《普》《南》《徑》《清》作"當"。

復次行人誦一落叉已,即往深山高頂之上,斷穀不食,更誦一洛叉。心心相續,更莫異緣,天之伏藏,自然出現。凡伏藏者有天、有神、有人,人所埋藏者爲人伏藏,鬼神所守名曰神藏,亦名地藏,諸天守護者爲天伏藏。天藏尚能得見,況地伏藏及人藏乎! 應作福事,隨意受用。

復次依護摩法,杓子盛牛乳,一呪一燒。如是滿一千徧,能除國中大疫癘也。護摩法者,掘地作爐,著火令熾。杓子法者,以堅木剋之,頭如杓,可受雞子黃已下乳。其柄端直,長二尺許。別以淨器盛乳,以此杓子酌而呪之。西國疫癘或一家一病遞相染著,著皆死盡。今吳、蜀、嶺南亦有此事,是法能制。

復次取百草華和酥酪蜜,一呪一燒,所求衣服如此華色,皆得稱意。若求緋者,當燒赤華,餘皆准此。雖不思議神力滿行人願,自可量分,約事而求,則無後患。若過①分妄取,神亦慢人,雖得不貴。若燒蜜邏疇一洛叉,一一呪燒得國中第一官位。度所能作者,求之必遂。蜜邏疇,外國果子也。

復次燒畢養魚華,得一切人愛樂。燒松木,以三物點燒,誦十萬徧,得無量眷屬。松木長七寸,大如指擘之,燒大麥呪之,得大丈夫富貴自在。大麥,馬麥也,有皮者是也。

畫像法摧伏第一

若欲作法,應對像前,心有所像,神應像感。於好絹上畫不動使者,著赤色衣斜帔腰,褌子亦赤色。左邊一髻下垂至耳,左眼微斜看。左手把胃索,右手把劍直豎,劍首如蓮華葉狀,劍靶寶鈿。於寶石上坐,曲眉瞋目,身赤黃色,怒狀令一切衆生皆怕②懼相。畫此像已,於河海岸邊清淨蘭若,或淨屋之中,行者亦清淨,身著赤色衣,心想自身皆作赤色。不得散亂,默然乞食。誦念五洛叉滿已,取豇豆箕五寸,剉之一萬莖,三物點③燒於此像前,至心燒誦,不動使者即自現身,令行人見。見已,得如來三摩地心,與諸菩薩常得一處。

復次於此像前,每日三時念誦本呪,經六箇月,隨力供養華香、飲食,求種種願,皆得滿足。

若有兵賊來者,行人手執一幢,誦一千徧,立著來處,彼寇賊等自然退走,怕懼而散。若損國損佛法,怨家惡人,以鹽土相和作其像,心上題其姓名,形長一肘。誦呪呪之一徧,割取一段燒之,乃至燒盡,彼人若不降伏必死。又取曼陀羅葉燒呪,一呪一稱惡人名字,燒之滿一千徧,前人必定失心。取牛乳燒一千徧,還令復本。若燒鹽

---

① 過,《中華藏》校勘《麗》作“非”。

② 怕,原作“帕”,據《中華藏》校勘《石》《磧》《普》《南》《逕》《清》《麗》改,下同。

③ 點,《中華藏》校勘《石》《麗》作“默”。

稱名，一呪一燒，滿一千徧，千里內喚人皆至。若燒安悉香，三時常不斷絕，得國中上品位。右已前法，皆於此畫像下用之成就也。

又畫像法第二

先於中心畫釋迦牟尼佛，右①邊畫曼殊室利童子菩薩形狀，左邊畫執金剛菩薩作美笑狀，右手把金剛杵。底下畫不動使者，寶瓔珞莊嚴。於畫像前念誦五洛叉訖，種種使役。取蓮華十萬莖，以酥蜜酪三物相和，點一華上。誦呪一徧即燒之，如是燒華令盡。是時蓮華吉祥天即現自身，問行人言所願何事，隨汝所求皆得滿足。

又取蘇末那華一洛叉，一呪一燒，乃至燒盡，即得夜叉女來現身，任種種驅使。若有人欲經②恐怖來求助者，取屍陀林中灰，呪七徧與之，令其護身，即得安樂。若取牛黃，像前呪七徧，清水和，於額上一點之，令一切人見者歡喜，降伏一切毗那夜迦。若蛇蝎等毒，以淨土作泥呪七徧，點瘡痛之處，應時即差。

別畫使者法第三

若欲得見不動使者，乃至種種千事萬事③，人閒之事，皆可稱心者，當畫不動使者。身赤黃色，上衣斜帔，青色，下裳赤色。左邊一髻黑雲色，童子相貌。右手執金剛杵，左手執罥索。口兩邊微出少牙，怒眼赤色，火焰中坐石山上。於此畫像前種種結印念誦，皆得成就④，放光隱形、縛一切鬼神，皆得成就。

假令無畫像，但清淨處或寺中得一閒淨房，無人閙，即得念誦。一切世閒鬼神、病瘧等，誦七徧或至二十一徧，無不即差。於此畫像前，淨泥地燒安悉香。取一明鏡，當心安之，口加念誦，令一小兒、女子等看鏡中，問其所見，即皆言說所求願事。須喚龍神，但得名字，立童男女清淨者，誦呪呪之，其神等入此童子心中，便共行者語三世之事，所問皆答。若欲得矜羯羅成就者，月生一日起首，早起清淨。畫像前散華，檀香粖泥地作壇。呪一百八徧，日午、黃昏各誦一百八徧，若多誦不絕最好，餘時不能誦呪。但向道場中坐，一心正念，至時而誦亦得。至十五日滿，即造種種飲食供養。畫像前方一肘作坑，深一搩⑤手指，燒遏伽木，若無用苦練木亦得。取白芥子一斗斟五升，從黃昏起首誦，取杏仁許芥子，呪一徧了，即投火中燒之，其芥子以酥和之

---

① 右，《中華藏》校勘《麗》作“左”。
② 經，《中華藏》校勘《磧》《普》《南》《徑》《清》作“結”。
③ 萬事，《中華藏》校勘《麗》無。
④ 就，原作“熟”，據《中華藏》校勘《石》《麗》改。
⑤ 搩，《中華藏》校勘《石》作“圻”，《麗》作“㨰”。

令濕。如此燒呪至半夜後，矜羯羅即現形，云須作何驅使，行人報云，須矜羯羅今①日已後，有事須問，常相隨逐，更莫東西。矜者問事也，羯羅者驅使也。若不現者，心決定念誦不動使者，必須得見，莫生狐疑，直至平明無不來者。現已，種種驅使處分皆得，乃至洗手或用柳枝，令取皆得，欲得上天入山，亦扶行人將去。欲得見欲界上天女等，令將來相見亦得，何況人間取人及物，乃至種種飲食。

此神作小童子形，有兩種，一名矜羯邏，恭敬小心者是。一名制吒迦難，共語惡性者是。猶如人間惡性在下，雖受驅使，常多過失也。若無事時向道，且去還來，莫向道無事好去。若向道無事好去，即便長去，更不來矣。第一須記，不得邂逅。西國有僧驅使多年，一朝誤遣，遂不復來，乃涕哭悔恨，不復更至。

若欲使古力迦龍王者，於壁上畫一劍，以古力迦龍王繞此劍上，龍形如蛇，劍中書此“阿”字，心中亦自觀此劍及字，了了分明。心念不動使者，誦一百八徧，一日三時，滿六箇月，多誦益好。若月滿已後，古力迦龍王自現其形，作人形狀，常相隨逐，任所驅使。

不動使者根本陀羅尼②曰：

那謨三滿多嚩日③囉二合喃一尾迦吒微吃哩多羯邏二摩訶閇嚩多三蜜瑟咤二合，上契注知古反叱瑟咤二合訶囉四按怛囉摩囉達羅五折覩嚕木伕六濕嚩二合囉那囉迦迦比嚕咩持嚩計舍吽引，七跋折囉二合跋折㗚二合薩囉吽泮莎嚩二合，引訶引，八

持此呪者，於六月中每日三時誦念不絕，每日清淨飲食。每欲食時，先出一分安淨器中，呪二十一徧，待身食了，將此器食寫著淨處。月滿已後，不動使者滿種種願。三時者，早時、午時、黃昏時，時別一百八徧。此名受時④根本呪法，後更有心呪出食。

此不動使者毗盧遮那佛之化身，一持之後，生生加護。若求無上出世菩提者，當清淨梵行，一心精進，當得種種不思議三昧、不思議境界、不思議神通、不思議辯才、不思議力用。如是之事證者乃知，不可具說。若世間之人世習未斷，雖千度觸犯種種世⑤業，使者皆許其懺悔，不即捨離。

結界護身法

先作海螺⑥印

----

① 　今，《中華藏》校勘《磧》《普》《南》《徑》作“本”。
② 　陀羅尼，《中華藏》校勘《麗》作“呪”。
③ 　日，原脫，據《大正藏》本補。
④ 　時，《中華藏》校勘《石》《麗》作“持”。
⑤ 　世，《中華藏》校勘《麗》作“重”。
⑥ 　螺，《大正藏》本作“蠡”。

　　以左手中指已下三指，握右手中指已下三指，各以當手大拇指，捻無名指相捉[①]訖，直豎右手頭指，屈左手頭指，捻右手頭指第二節文。安口上，誦根本呪七徧。於頂上右旋三帀，隨心遠近，結界即成，無能犯者。

　　次作甲印

　　合二手，以二頭指二無名指入掌內相叉，直豎二大拇指、二中指、二小指相合[②]，如三鈷金剛杵形，名爲甲印。誦根本呪七徧已，先安額上，次右肩，次左肩，次心上，次喉上，五處印之以護身。欲坐念誦，皆先作此護身法。欲出行去，亦宜作之。

　　次作劒印

　　以左手大拇指，捻無名指、小指頭，直申頭指及中指，爲劒鞘。又以右手大指，捻無名指、小指甲上，直申中指頭指，爲劒。內左手掌中，名劒印。安心上，令中指頭直豎，誦不動使者辟一切惡毒呪。呪七徧訖，移安頂上，呪曰：

唵引阿者囉迦那步陀制吒迦上一吽吽二可係許伊反可係三一譚上藥哩醯四摩訶哩毗沙颰蘇急反多惡紇哩鳩鳩鳩反泮五

　　若有人服毒欲死，作此印呪七徧即可。若欲結界辟鬼神、開惡雲等，即安左膝上，如拔刀劒狀。用力拔之，於頂上右旋三帀，隨意遠近，以劒豎安眉間，少時而止，一切無敢犯者。若欲念誦，先作此印，然後開手取珠，依常念誦。

　　次作無畏清淨印

　　以右手大指上節，捻頭指甲上，餘三指並直申，呪七徧。所欲供養香華等令清淨者，並以此印，三指點清水，灑之即淨。若有恐懼之人來求依護者，衣下結此印，稱前人名字七徧。呪訖，前人即不復怖，名無畏清淨印。

　　次誦不動迎請呪：

那麼三曼多跋日囉二合喃　阿哩夜二合嚩折囉二合摩訶俱嚕陀二阿蘖瑳阿蘖瑳二緊之囉斯四一鄧迦哩蠅俱盧那摩莎訶五

　　用前劒印安頂上，左手中指頭三屈，三徧誦呪，招召之即來赴也。

　　次作索印

　　以右手大拇指，捻中指已下三指甲，直豎頭指。以左手中指已下三指，握右手頭指，屈左手頭指，押左手大拇指甲上。誦索呪曰：

那摩三曼多未實怺栗反囉喃一阿播捨判者那吽泮二

　　呪七徧已，用伏一切鬼神，令一千二千里追人及天龍八部等，用此印呪。

　　次作師子奮迅印

---

①　捉，原作“提”，據《中華藏》校勘《石》《磧》《普》《南》《徑》《清》《麗》改。

②　合，原作“令”，據《中華藏》校勘《石》《磧》《普》《南》《徑》《清》《麗》改。

如前甲印，申二頭指，開直豎之，身立如金剛勢。以印或左或右摩之，怒目①瞋意，吽聲誦師子呪曰：

那摩三曼多末寔囉喃—唵阿者攞迦那戰拏娑馱耶吽泮二

誦七徧，能降伏一切惡魔等，以印摩惡雲雨，應時皆散，已解印。

若惡風雨不止者，取棘針和白芥子，燒呪一百八徧，更誦根本呪一百八徧。非但風雨散止，其龍神等却來擁護行者。

次作根本心中呪印

先結眼印，以右手無名指、小指握大拇指頭，直申頭指中指於額上、兩眉閒。垂頭指、中指，向下漸向髮際，引之向上，名不動使者天眼印，誦心中呪呪之：

唵質路　古婆平幡耶莎訶—

作瞋怒意，吽字作聲誦，稱怨家名字，有②鬼神捉彼人心，令其降伏。若常依此誦不斷絕，必得眼通見三千大千世界，及三界中事，如對目前，等無有異。

次作根本心印

兩手合掌，便內相叉，令十指頭並入掌中訖，直申二頭指，頭相拄，二大拇指勾取二無名指甲，名根本印。誦心呪曰：

曩莫三滿多嚩日囉③二合，引喃—④怛囉二合，引⑤吒半音，二阿目伽戰拏摩訶嚧灑拏三娑頗⑥二合，引吒耶吽四怛囉二合麼耶怛囉二合摩耶吽五怛囉二合吒半音呼憾𪗔六⑦

每日自食，先出種種飲食一⑧分，於一盞中著，待食了，誦呪七徧，呪之寫淨處著。日別如此，所去處常得擁護逐後。

復有一字呪曰：

那摩三滿⑨多末實囉喃—⑩鳩胡浪⑪反，二

用前根本印呪之，常誦結印，不斷絕，亦常不離左右也。

不動寶山印

---

①　目，原作“曰”，據《中華藏》校勘《石》《磧》《普》《南》《徑》《清》《麗》改。
②　有，《中華藏》校勘《石》《磧》《普》《南》《徑》《清》《麗》作“大”。
③　嚩日囉，《大正藏》本作“末實囉”。
④　一，《大正藏》本無，下數詞同。
⑤　二合引，《大正藏》本無。
⑥　頗，《大正藏》本作“頤”，又校勘［甲］作“破”，［乙］［丙］作“頗”。
⑦　摩耶吽五怛囉二合吒半音呼憾𪗔六，《大正藏》本作“跛耶吽怛囉二合吒怛囉吒鳩忙去”。
⑧　一，《中華藏》校勘《磧》《南》《徑》《清》作“二”。
⑨　滿，《大正藏》本作“曼”。
⑩　一，《大正藏》無，下數詞同。
⑪　浪，《大正藏》本作“恨”。

兩手十指向內相叉,急握成拳,名不動寶山印。

頭印

右手大拇指屈入掌中,四指握爲拳,頂上安之,名頭印。

一髻印

即此頭印,上申頭指、中指相並,安左額①上,便引向下耳前下,名使者一髻印。

口印

二手相並,以二小指相叉,屈二無名指,握小指第二節,以二大拇指捻無名指甲,二中指頭相拄,二頭指屈,捻二中指背第三節,從掌向上數第三也,安此印口上,名口印。

心印

即依口印,屈二頭指入二大拇指根,安心上,如獨鈷金剛杵形,名曰心印。

火焰印

右手大拇指押小指甲上,左手握大拇指作拳,申頭指內右手掌中,從右邊遶頭上,過向左猶如旋,皆光勢,名曰火焰印也。

遮火印

並二手各握大拇指爲拳,屈二頭指,入大指根內,拳相向並之,能除一切火難。

已前法印每念誦時,依次用之。口誦呪不停,但持根本呪。有功已後,餘呪印但誦結,即用有驗,更亦不須受持。

總攝慈救不動呪曰:

曩莫三滿多嚩日囉二合喃一②戰拏摩訶引嚕灑拏二娑發二合吒耶吽三怛囉二合吒半音,四憾斡五③

此呪出《毗盧遮那經》,能攝諸印法。作前法了,即誦此呪一七徧已,心念不動尊,亦作前劍印,印額、左右肩、心上、及喉上五處,誦此呪呪一百八徧。當自想身如俱摩羅狀,然後彈指而散。

復次有法,於屍陀林中取死人衣裳。畫不動使者,取行人已身上血開解之。畫像向西,行者向東,對此像念誦。每日三時沐浴,著濕衣裳,默然念一落叉。滿已,至月二十三日,饌一切鬼神。飲食法,取種種米、種種豆、胡④麻等,並相和作飯,於八方散之,自身一日一夜不食。覓一死人具足相貌者,洗之令淨,著衣裳,置畫像前仰臥,腳向西,燒香,自身護身。結四面界訖,行人坐死人心上念誦,一萬徧滿已,死人即

---

①　額,《中華藏》校勘《石》《磧》《普》《南》《徑》《清》《麗》作"頂"。

②　喃一,《大正藏》作"郝",無數詞,下同。

③　娑發二合吒耶吽三怛囉二合吒半音四憾斡五,《大正藏》本作"駁頗吒也吽怛担剌二吒半音鳩呼根反忙"。

④　胡,《中華藏》校勘《磧》《普》《南》《徑》《清》《麗》作"油"。

動,不須怕懼,但堅壓著,急念誦。待死人口中吐蓮華出,取華執之,即變身,化如十五六童子相貌,乘空而去,乃至梵天上,無處不至,自在遊行也。此別行法,若有凶宅①恐懼之處,或有官事逼惱者,當一心誦根本呪。亦可書呪釘於庭中,令入地中,萬妖不敢動作。亦可釘此慈救呪上好,但淨室中結界護身,繫心不動使者,專念不絕。多誦彌佳,乃至十洛叉。每食出一分食,供養不動使者。自想心念,勤勤莫閒斷。此最根本,速得感驗,功益自知,莫向人説。一洛叉,十萬徧也。不動使者法略要盡②此,下信受奉行。

憂丘滿願法_{右下偈文亦是和上譯出並③同時}

若有善男女人、比丘比丘尼等,或有厄難,或求官爵,或見貴人,或有請覓者,當合五香燒之。誦念令滿十萬徧,不得閒斷。若日促須願,則多人同念,令速得共滿前數,亦得滿願。呪曰:

迴光菩薩、迴喜菩薩、阿耨大天、志德菩薩、憂丘婆丘、清淨比丘,惟願某甲_{若自身}求④,_{當自稱姓名,爲人求者稱⑤前人姓名}。官事得了,死事即休。諸天菩薩,外國羅漢,救濟某甲,過度災難⑥。_{假令求官者,當於在⑦前惟願某甲下云,得某某官,宿殃永滅,障難皆休。又於此救護某甲過災度難,下云所求某官得稱願}。

惟願慈悲滿弟子願,持法先誦,令熟念之,口不出聲,滿十萬徧數訖,即獲所願。若求速効,行住不得閒斷。事大者衆誦行出即不須燒香。若在家坐念,必須燒五香也,安悉香、零陵香、藿⑧香、沈香、熏陸香,若無沈香,以白檀代之亦得,必不得闕安悉香及零陵、藿香也。

不動使者陀羅尼祕密法

---

① 宅,《中華藏》校勘《麗》作“險”。
② 盡,原作“盡”,據《中華藏》校勘《石》《麗》改。
③ 並,《中華藏》校勘《石》《麗》無。
④ “求”後,《中華藏》校勘《石》《麗》有“事”。
⑤ 稱,原脱,據《中華藏》校勘《石》《麗》補。
⑥ 過度災難,《中華藏》校勘《石》《麗》作“過災度難”。
⑦ 在,《中華藏》校勘《磧》《普》《南》《徑》《清》作“佛”。
⑧ 藿,原作“霍”,據《中華藏》校勘《石》《麗》改,下同。

金剛頂瑜伽理趣般若經[①]

南天竺[②]三藏金剛智依梵本於中天譯

如是我聞：一時薄伽梵妙善成就如來金剛住持平等性智、種種希有殊勝功德，已能善護一切如來無上法王灌頂寶冠過三界，已能善得一切如來遍金剛智、摩訶瑜伽自在無礙決定清淨一切如來妙法智，已善圓證一切如來畢竟空寂平等性印，所作事業皆得善巧成辦，餘一切有情種種希願隨其無罪皆能滿足。已善安住三世平等常無斷盡廣大周遍身語心性，猶若金剛等諸如來無動無壞。是薄伽梵住欲界頂他化自在天王宮中，一切如來常所遊處，咸共稱美大寶藏殿。其殿無價摩尼所成，種種珍奇間雜嚴飾，衆生交暎，放大光明。寶鐸金鈴，處處懸列，微風吹動，出和雅音。綺蓋繒幡，花幢綵拂，寶珠瓔珞，半滿月等，種種雜飾而用莊嚴，賢聖天仙之所愛樂。與八十億大菩薩俱，一切皆具陀羅尼門三摩地門無礙妙辯。如是等類無量功德，設經多劫，讚不能盡。其名曰：金剛手菩薩摩訶薩、觀自在菩薩摩訶薩、虛空庫菩薩摩訶薩、金剛拳菩薩摩訶薩、文殊師利菩薩摩訶薩、發心即轉法輪菩薩摩訶薩、虛空藏菩薩摩訶薩、降伏一切魔怨菩薩摩訶薩。如是上首有八十億大菩薩衆，前後圍遶，宣說正法，初中後善，文義巧妙，純一圓滿，清白梵行。

爾時世尊爲諸菩薩說一切法自性清淨般若波羅蜜多理趣法門，此門即是菩薩句義。云何名爲菩薩句義？所謂極妙清淨句義是菩薩句義，諸見永寂清淨句義是菩薩句義，微妙適悅清淨句義是菩薩句義，渴愛永息清淨句義是菩薩句義，胎藏超越清淨句義是菩薩句義，衆德莊嚴清淨句義是菩薩句義，意極適悅清淨句義是菩薩句義，意清淨句義是菩薩句義，色清淨句義是菩薩句義，聲清淨句義是菩薩句義，香清淨句義是菩薩句義，味清淨句義是菩薩句義，觸清淨句義是菩薩句義。何以故？乃至一切法自性清淨故。一切法自性清淨，即般若波羅蜜多最勝清淨。

佛說如是菩薩句義般若理趣清淨法已，告金剛手菩薩等言："金剛手菩薩，若有

---

① 底本，《中華藏》第 1631 號，第 69 册第 134 頁上—137 頁上，原《磧砂藏》本。校本，《大正藏》第 241 號，第 8 册第 778 頁中—781 頁下。

② 南天竺，《中華藏》校勘《經》作"唐南天竺"，《清》作"天竺"；《大正藏》本同《經》。

得聞此一切法自性清淨般若波羅蜜多理趣法門，一經於耳，所有煩惱障業極重諸罪皆自消滅，乃至菩提，不生惡道。若能日日受持讀誦，正念思惟，即於此生定得一切法平等性金剛三摩地。經十六大菩薩生，定得如來執金剛性，疾證無上正等菩提。"

即説密語：

吽

尒時世尊復依毗盧遮那如來之相，爲諸菩薩説一切如來寂静法性般若波羅蜜多甚深理趣現等覺門，所謂金剛平等成正覺，大菩提堅固性如金剛故；義平等成正覺，大菩提一義性故；法平等成正覺，大菩提自性清淨故；一切業平等成正覺，大菩提離一切分別故。

佛説如是法性門已，告金剛手菩薩言："金剛手，若有得聞此四種寂静性成正覺般若波羅蜜多理趣現等覺門，信解、受持、讀誦，正念思惟，則能超越一切惡道，疾證無上正[1]等菩提。"

復説密語：

闇引

爾時世尊復依一切如來能調伏難調有情釋迦牟尼之相，爲諸菩薩説一切法普勝平等般若波羅蜜多理趣法門，所謂貪無戲論性，瞋無戲論性，愛無戲論性。何以故？乃至一切無戲論性故。一切無戲論性，即般若波羅蜜多無戲論性。

佛説如是調伏衆惡般若理趣普勝法已，告金剛手菩薩等言："金剛手，若有得聞一切法普勝平等般若波羅蜜多理趣法門，信解受持讀誦，正念思惟，假使殺害三界一切有情，終不因斯墮於惡道。何以故？已受調伏心律儀故。常生善趣，修菩提行，疾證無上正等菩提。"

復説密語：

吽

爾時世尊復依一切如來自性清淨相，爲諸菩薩説一切法平等性觀自在智印般若波羅蜜多理趣法門，所謂一切貪性清淨、瞋性清淨，一切貪性清淨、瞋性清淨[2]故，一切垢性清淨、罪性清淨。一切垢性清淨、罪性清淨故，一切法性清淨、有情性清淨。一切法性清淨、有情性清淨故，一切智性清淨。一切智性清淨故，即般若波羅蜜多最勝清淨。

佛説如是平等智印般若理趣清淨法已，告金剛手菩薩等言："金剛手，若有聞此一切法平等觀自在智印般若波羅蜜多理趣法門，信解、受持、讀誦，正念思惟，雖在五

---

① 正，原作"王"，據《中華藏》校勘《石》《南》《徑》《清》改。

② 瞋性清淨，原脱，據《中華藏》校勘《石》補。

欲塵中，不爲客塵煩惱諸過所染，譬如蓮華雖在淤泥終不染着，乃至疾證無上正等菩提。”

復説密語：

頡唎_{長，二合}

爾時世尊復依一切如來爲三界之相，爲諸菩薩説一切如來灌頂出現智藏般若波羅蜜多理趣法門，所謂灌頂施，令得一切三界法王位故；財寶施，令得一切所願滿足故；淨法施，令得一切法寶性故；飲食施，令得一切身口意獲安樂故。

佛説如是灌頂般若理趣智藏已，告金剛手菩薩等言：“若有得聞如是灌頂甚深理趣智藏法門，信解、受持、讀誦，正念思惟，速能滿足菩薩行，疾證無上正等菩提。”

復説密語：

怛囕_{二合}

爾時世尊復依一切如來常住智印密藏相，爲諸菩薩宣説一切如來金剛智印甚深①般若波羅蜜多理趣法門，所謂執持一切如來金剛身印，得一切如來真實體性故；執持一切如來金剛語印，得一切門自在故；執持一切如來金剛心印，得一切三摩地具足故；執金剛持一切如來金剛智印，得最上身語心如金剛故。

佛説如是智印法已，告金剛手等言：“金剛手，若有得聞此一切如來金剛智甚深般若波羅蜜多理趣法門，信解、受持、讀誦，正念思惟，即得成就最上金剛智印，於一切智及衆事業皆得圓滿，身語心性猶若金剛不可破壞，疾證無上正等菩提。”

復説密語：

惡

爾時世尊復依一切無戲論法如來之相，爲諸菩薩説文字轉輪品般若波羅蜜多理趣法門，所謂一切法空，無自性故；一切法無相，離衆相故；一切法無願，離諸願故；乃至一切法自性清淨，即般若波羅蜜多自性清淨。

佛説如是離諸戲論文字法已，告金剛手菩薩等言：“若有得聞此無戲論般若理趣輪字法門，信解、受持、讀誦，正念思惟，於此一切法得無碍智，疾證無上正等菩提。”

復説密語：

暗_{上，引}

爾時世尊復依一切如來入廣大轉輪相，爲諸菩薩説入廣大轉輪般若波羅蜜多甚深理趣平等性門，所謂入金剛平等性，得入一切如來轉輪故；入義平等性，得入一切菩薩法轉輪故；入法平等性，得入妙法轉輪故；乃至入一切法平等性，得入一切法平等性，得入一切法輪轉故。

---

① 深，原作“處”，據《中華藏》校勘《南》《徑》《清》改，下一“深”字同。

佛説如是入廣大轉輪般若理趣平等性已，告金剛手菩薩等言：“若有得聞如是輪性甚深理趣平等性門，信解、受持、讀誦，正念思惟，善能悟入諸平等性，疾證無上正等菩提。”

復説密語：

吽

爾時世尊復依一切如來廣大供養種種供具，爲諸菩薩宣説最勝第一廣大供養種種供具般若波羅蜜多甚深理趣無上法門，所謂發菩提心，即成廣大供養一切如來；救護一切有情，即成廣大供養一切如來；住持妙法，即成廣大供養一切如來；乃至書寫、受持、讀誦，正念思惟供養般若波羅蜜多，即成廣大供養一切如來。

佛説如是真淨供養甚深理趣無上法已，告金剛手等言：“若有得聞如是供養般若理趣無上法門，信解、受持、讀誦，正念思惟，速能圓滿諸菩薩行，疾證無上正等菩提。”

復説密語：

唵

尒時世尊復依一切如來能調伏一切有情相，爲諸菩薩宣説能伏一切有情祕密智藏般若波羅蜜多理趣法門，所謂一切有情平等性，即忿怒平等性；一切有情調伏性，即忿怒調伏性；一切有情真法性，即忿怒真法性；一切有情如金剛性，即忿怒如金剛性。何以故？調伏一切有情令得菩提故。

佛説如是能善調伏甚深理趣智藏已，告金剛手菩薩等言：“若有得聞如是調伏般若理趣智藏法門，信解、受持、讀誦，正念思惟，能自調伏忿怒等過，亦能調伏一切有情常生善趣，受諸妙樂，現世怨敵皆起慈心，善能修行諸菩薩行，疾證無上正等菩提。”

復説密語：

郝

尒時世尊復依一切如來住平等相，爲諸菩薩説一切法最勝平等性甚深般若波羅蜜多理趣法門，所謂一切法即平等性故，甚深般若波羅蜜多亦即平等性；一切法即第一義性故，甚深般若波羅蜜多亦即第一義性；一切法即法性故，甚深般若波羅蜜多亦即法性；乃至一切有業用性故，當知甚深般若波羅蜜多亦有業用性。

佛説如是性平等性甚深理趣最勝法已，告金剛手菩薩等言：“若有得聞如是平等甚深般若理趣最勝法門，信解、受持、讀誦，正念思惟，則能通達平等法性甚深般若波羅蜜多，於諸有情心無罣礙，疾證無上正等菩提。”

復説密語：

頡唎二合，引

尒時世尊復依一切如來爲諸有情作加持相,爲諸菩薩説一切有情加持故般若波羅蜜多理趣法門,所謂一切有情即是如來藏,普賢菩薩性遍故;一切有情即是金剛,灌頂圓滿性故;一切有情即正法藏性,能轉一切正法語輪故;一切有情即是事業藏性,能作一切事業相應故。

佛説如是加持有情甚深理趣勝藏法已,告金剛手菩薩等言:"若有得聞如是遍滿般若理趣勝藏法門,信解、受持、讀誦,正念思惟,則能通達勝藏法性,疾證無上正等菩提。"

復説密語:

底利二合,引

尒時世尊復依一切如來無量無邊際究竟盡相,爲諸菩薩宣説一切法無量無邊際究竟盡平等般若波羅蜜多理趣法門,所謂甚深般若波羅蜜多無量故,一切如來亦無量;甚深般若波羅蜜多無邊故,一切如來亦無邊;甚深般若波羅蜜多一性故,一切諸法亦一性;甚深般若波羅蜜多究竟盡故,一切諸法亦究竟盡。

佛説如是無邊無際究竟理趣金剛已,告金剛手菩薩等言:"金剛手,若有得聞如是究竟般若波羅蜜多理趣金剛法門,信解、受持、讀誦,正念思惟,所有一切障碍皆得消滅究竟無餘,定得如來執金剛性,疾證無上正等菩提。"

復説密語:

毗藥切身,二合①

尒時世尊復依一切如來離戲論秘密法性毗盧遮那相,爲諸菩薩宣説普賢大樂金剛不空神呪,無量決定入諸法性,無初中後最勝第一,甚深般若波羅蜜多理趣法門。所謂諸菩薩能廣大承事供養故,得最上大樂;能得最上大樂故,能得諸佛無上大菩提;得諸佛無上大菩提故,悉能降伏一切魔軍;降伏一切魔軍故,得於三界自在最勝成就;於三界自在最勝成就故,能遍饒益一切有情,悉與究竟最上安樂。

復説密語:

薩梵

> 有最勝者智,常在生死中,
> 廣度諸衆生,而不入涅槃。
> 般若波羅蜜,究竟方便智,
> 能成清淨業,普淨於諸有。
> 又以於貪等,調伏諸世間,
> 乃至有頂天,清淨無爲果。

---

① 　毗藥切身二合,《中華藏》校勘《石》作"瓢",《大正藏》本無"切身"。

　　　　在於生死中，世法不能染，

　　　　如蓮花妙色，塵垢所不污。

　　　　大欲清淨人，大施安樂人，

　　　　於三界自在，作堅固利益。

　　復説密語：

訶

唵娜麼薩婆沒馱母地薩埵喃

唵步地質多跋折嚟二合

唵三曼多跋陀羅二合者利耶

唵真多麼抳埵

唵遏你嚧提陁

唵若引底尾筏帝空

唵麼訶囉伽達謎

唵寐引哩耶迦嚩制王

唵薩婆伽弭你

唵跋折羅二合你哩茶迦嚩折坻吽

唵薩婆怛他孽帝藏

唵婆嚩婆去,引嚩秫提光

唵達麼多孃娜尾秫提幢

唵羯麼尾戌引達你吽笑

唵你蘇皤跋折哩抳吽泮

唵羯麼邏霓利

唵惹呼跋折囉因

唵薩婆娜一,引以你

唵頓唎二合羯

唵阿迦羅目契護

唵鉢利若波羅帝叉郝拳鑁法吽剛

唵垢闇磨

唵薩婆怛他孽多麼引祇尾戌引達你語

唵薩婆怛他孽多迦孽囉佛

唵薩婆怛他孽多質多跋折囉心

唵跋折囉薩埵微塞普吒耶薩婆播耶滿馱娜你鉢囉慕乞叉耶薩婆播耶孽底弊薩嚩薩怛晚薩嚩怛他孽多三昧耶跋囉吽怛囉吒

佛説如是秘密語已，告金剛手菩薩秘密主言："若諸有情得聞此二十五甚深般若波羅蜜多理趣秘密法門，信解、受持、讀誦，正念思惟，現世即得一切如來金剛秘密最勝成就，不久當得一切如來大執金剛法性之身。"

尒時世尊謂諸菩薩宣説如上諸法門已，復告金剛手菩薩言："金剛手，我此經典難可得聞，乃至極少至於一字，應知是人過去已曾供養諸佛，於諸佛所種諸善根，何況具足聽聞、受持、讀誦，正念思惟，當知是人決定已曾供養、恭敬、尊重、讚歎八十億那庾多恒河沙等諸佛。若是經典所在之處，此地則爲有諸佛塔。若諸有情愛重此經，常隨守護，不離身者，是人應受一切世間恭敬供養。是人當得宿命智通，能知過去無量劫事，不爲一切諸天魔波旬之所擾亂，四天大王及諸餘天常隨衛護，一切諸佛及諸菩薩恒常供養攝受，十方淨土隨願往生。金剛手，我今略説般若波羅蜜多理趣法門功德如是，若廣説者窮劫不盡。"

佛説此經已，金剛手等諸菩薩，天、龍、夜叉、乾闥婆、阿素羅、蘗嚕拏、緊那羅、摩護囉伽、人、非人等一切衆會，皆大歡喜，信受奉行。

般若波羅蜜多理趣經一卷①

---

① 卷末經名，《中華藏》校勘《南》作"般若波羅蜜多理趣經"。

佛説一切如來金剛壽命陀羅尼經①

南天竺國三藏金剛智共沙門智藏奉詔譯②

如是我聞，一時佛住③殑伽河側，與諸比丘及大菩薩無量天人大衆俱。尒時世尊告毗沙門等四天王言："有四種法甚可怖畏，若男若女、童男童女、一切有情無能免者，所謂生、老、病、死，於中一法最爲逼惱，難可對治，所謂死怖。我愍是故，説對治法。"尒時四天王白佛言："世尊，我於今日爲獲大利，惟願世尊爲衆生故，宣説是法。"尒時世尊面向東方，彈指召集一切如來，作是誓言："所有十方一切如來應正等覺爲衆生故，證菩提者，咸皆助我，令我以一切如來威神力故，悉令如是④一切衆生轉非命業，使增壽命。我昔未爲衆生轉此法輪，於今方轉，能令衆生壽命色力皆得成就，無夭死怖。"如是南西北方、四維上下，召集警告，亦復如是。尒時十方盡佛眼所到若干世界一切如來皆悉赴集，徧滿虚空，數如微塵。

尒時一切諸佛爲加持故，異口同音，即説一切如來金剛壽命陀羅尼曰：

怛你也二合，去，引佗一者犁二者攞引者犁三尾娜胝⑤薩嚩二合薩底二合稽四祈訖浪二合蘗喃五鉢囉二合舍滿都六薩嚩路引誐薩嚩⑥薩怛嚩二合喃七阿娜麟知解反⑦，八俱娜麟九摩賀娜麟十者⑧嚩者嚩係麼澆牛矯反⑨哩十一係麼你鏈尼去，十二係麼尸棄十三矯囉微十四

---

① 底本，《中華藏》第1411號，第65册第467頁中—468頁上，原《金藏》廣勝寺本。校本，《大正藏》第1135號，第20册第578頁，原《麗藏》本，原校本[甲]黄檗版淨嚴等校訂加筆本。經名後，《中華藏》校勘《石》有"一卷"。

② 譯名，《中華藏》校勘《徑》《清》前有"唐"，《石》作"特進試鴻臚卿大興善寺三藏沙門大廣智不空奉詔譯"，《麗》作"開府儀同三司特進試鴻臚卿肅國公食邑三千户賜紫贈司空謐大鑒正號大廣智大興善寺三藏沙門不空奉詔譯"。

③ 住，《中華藏》校勘《麗》作"在"。

④ 如是，《中華藏》校勘《石》《麗》無。

⑤ 尾娜胝，《大正藏》本作"彌娜知"。

⑥ 嚩，《大正藏》本作"婆"。

⑦ 知解反，《大正藏》本無。

⑧ 者，《大正藏》本作"遮"，下一"者"字同。

⑨ 牛矯反，原脱，據《大正藏》本補。

矯囉謎十五係俱囉微十六信囉嚟十七俱麽底十八微捨麽抳麽抳[①]十九戍戍毗引嚩二十阿者犁二十一彌者犁二十二麽尾嚂麽二十三户薯户薯二十四唵嚩囉二合諭矖某甲薩嚩二合賀引,二十五

尒時十方佛所一切執金剛菩薩異口同音,亦説延命陀羅尼曰:

吽[②]吽尸棄薩嚩引,二合賀一,引

如是一切如來及十方執金剛菩薩説是陀羅尼已,隱而不現。

尒時毗沙門天王白佛言:我亦以佛神力,爲一切衆生加持護念,除非命故。説陀羅尼:

始尾二合帝一始尾二合怛犁二栗利三

尒時毗樓勒叉天王又白佛言:我以佛神力故,爲多衆生除夭命故,説陀羅尼曰:

摩蹬霓一[③]摩蹬倪尼二輸麽輸謀三

尒時提頭賴吒天王亦白佛言:我亦爲諸衆生除死怖故,説陀羅尼曰:

者嚧者嚧一者囉哩引,二

尒時毗樓博叉天王亦白佛言:我亦以佛神力故,令一切衆生除非命故,説陀羅尼曰:

末臨一嚩嚩嚩嚩二

佛告四天王言:"若有讀誦此經,日日受持,乃至一徧,當應敬彼善男子、善女人,應如佛想,終不墮三惡道,定增壽命。若人每日爲一切衆生轉誦[④]此經,終無夭死短命之怖,亦無惡夢、魘魅、呪詛、惡形、羅刹、鬼神之怖,亦不爲水、火、兵、毒之所傷害。一切諸佛、菩薩攝受護念,其處亦爲佛所護持。"尒時世尊説是經已,毗沙門天王等一切大衆皆大歡喜,信受奉行。

佛説一切如來金剛壽命陀羅尼經

---

① 麽抳,《大正藏》本無。

② "吽"後,《大正藏》本有"引"字,下同。

③ 一,原脱,據《大正藏》本補,以下"二""三"順次修改。

④ 誦,《大正藏》本作"讀"。

唐梵飜對字音般若波羅蜜多心經并序①

西京大興善寺石壁上録出　慈恩和尚奉詔②述序

梵本《般若多心經》者，大唐三藏之所譯也。三藏志遊天竺，路次益州，宿空惠寺道場内。遇一僧有疾，詢問行止，因話所之，乃歎法師曰："爲法忘體，甚爲希有。然則五天迢遞十萬餘程③，道涉流沙，波深弱水。胡風起處，動塞草以愁人；山鬼啼時，對荒丘④之落葉。朝行雪巘，暮宿冰崖。樹掛猿猱，境多魑魅。層巒疊於蔥嶺，縈似帶雪⑤之白雲；群木簇於鷲峯，聳參天之碧嶠。程途多難，去也如何？我有三世諸佛心要法門，師若受持，可保來往。"遂乃口受與法師訖。至曉，失其僧焉。三藏結束囊裝，漸離唐境。或途經厄難，或時闕齋饈，憶而念之，四十九遍。失路即化人指引，思食則輒現珍蔬。但有誠祈，皆獲戩祐。至中天竺磨竭陁國郍爛陁寺，旋遶經藏次，忽見前僧，而相謂曰："遠涉艱嶮，喜達此方，賴我昔在支郍國所傳三世諸佛心要法門。由斯經歷，保尔行途。取經早還，滿尔心願。我是觀音菩薩。"言訖冲空。既顯奇祥，爲斯經之至驗。信爲般若，實爲聖樞。如説而行，必超覺際。究如來旨，巨曆三祇。諷如來經，能銷三障。若人虔誠受持者，體理斯而懃焉。

特進鴻臚卿開府議同三司封肅國公贈司空官食邑三千户勅謚大辯⑥正廣智⑦不空奉詔譯

蓮花部普讚歎三寶：

曩謨引没馱引聲，上野一　遇囉上吠二　曩謨引達引，上磨野三　馱以引銘磨四　曩謨引僧伽野上，引，五　磨賀諦二合，引，六　諦嶽二合，引毗藥二合，七　毗舍引佐八　迦磨囉目佉引，九　迦磨囉路引左曩十　迦磨囉攞引娑曩十一　迦磨囉賀引娑哆十二　迦磨囉婆母

---

①　底本，敦煌遺書 S. 2464。校本，敦煌遺書 S. 5648。
②　詔，原作"昭"，據文意改。
③　程，原作"逞"，據文意改，下同。
④　丘，原作"兵"，據文意改。
⑤　雪，底本補於行間。
⑥　辯，原作"辧"，據校本改。
⑦　智，原脱，據校本補。

你上,十三　迦磨攞十四　迦磨囉引,十五　三婆上嚕娑十六　迦囉磨囉十七　乞灑二合攞引曩十八　娜謨引宰堵諦

梵本般若波羅蜜多心經

觀自在菩薩與三藏法師玄奘親教授梵本　不空①潤色

鉢囉二合,般誐攘二合,若播波囉羅弭蜜哆多絚哩二合郍野心素怛覽經,一　阿哩也二合,聖嚕嚕觀抧帝自濕嚩路在冒地菩娑怛侮薩,二　儼鼻噎深鉢囉二合,般誐攘若播波囉羅弭蜜哆多,三　左哩焰二合,行左囉行麼攼尾也二合,時,四　嚕嚕引迦照底娑麼二合,見畔左五　塞建引駄引,五蘊娑怛引室左二合,彼娑嚕自婆引嚕引,性戌你焰二合,空,六　跛失也二合底娑麼二合,現伊賀此,七　捨舍哩利補怛囉子,二合,八　嚕畔色戌你焰二合,空戌你也二合,空②嘴性嚕是嚕畔色,九　嚕播色曩不比㘑二合他異戌你也二合哆多③,空,十　戌你也二合,空哆野亦曩引,不比㘑二合他異嚕二合畔色,十一　夜是怒嚕二合畔色娑戌彼你也二合哆夜空,十二　戌是你也二合哆空娑彼嚕畔色,十三　暟嚕如弭嚕是,十四　吠郍曩受散誐攘想散娑迦引囉行尾誐攘二合喃識,十五　伊賀此捨舍哩利補怛囉子,二合,十六　薩囉嚩諸達麼法戌你也二合哆空落乞叉二合挐相,十七　阿怒不哆播二合曩生阿寧不嚕駄滅④,十八　阿不麼羅垢阿不尾麼攞淨,十九　阿不怒曩增阿不播哩補攞挐減,二合,二十　哆是娑每故捨舍哩利補怛囉子,二合,廿一　戌你也二合,空哆焰中曩无⑤嚕畔色,二十二　曩无吠引郍曩受,二十三　曩无散誐攘想,二合,二十四　曩无散娑迦囉行,二合,二十五　曩无尾誐攘二合喃識,廿六　曩无斫乞蒭眼戌嚕怛囉二合,耳迦囉二合挐鼻嚙賀舌嚕迦野身麼曩勏意,廿七　曩无嚕畔色攝郍聲彥駄香囉娑味娑播囉二合瑟吒尾也觸,二合達麼法,廿八　曩无斫乞⑥蒭眼,二合駄都界,廿九　哩也乃,二合嚕至曩无麼怒意尾誐攘二合喃識駄都界,卅　曩无尾你也明,卅一　曩无尾你也明盡⑦,卅二　曩无尾你也明乞叉喻盡,卅三　曩无尾你也明乞叉喻盡,卅四　野乃嚕至曩無⑧噁囉老麼囉喃死,卅五　曩无噁囉老麼囉挐死乞叉喻盡,卅六　曩无稱佉苦娑敏郍野集寧嚕駄滅麼哩誐攘二合,道,卅七　曩无誐攘喃智,卅八　曩无鉢囉二合比底得,卅九　曩无

---

① 空,原脱,據校本補。
② 戌你也二合空,校本無,疑衍。
③ 多,校本無,疑衍。
④ 滅,原脱,據校本補。
⑤ "无"後,原有"上"字據校本删。
⑥ 乞,原脱,據校本補。
⑦ 盡,校本無,疑衍。
⑧ 曩無,原脱,據校本補。

鼻娑麼野①證,卅　哆以娑每無郍所鉢囉二合比底得,二合怛嚩故,卅一　冒菩地提娑薩怛嚩

喃埵,卅二　鉢囉般,二合誐攘若播波囉弭多,卅三　麼室哩底也二合,依尾賀於囉底也二合,

住,四十四　只跢心嚩无囉罣②挐礙,卅五　尾你也明乞叉喩盡,卅三　曩无尾你也明乞叉喩

盡,卅四　野乃嚩囉至曩无嗒囉老麼囉喃死,卅五　曩无嗒囉老麼囉挐死乞叉喩盡,卅六　曩

无稱佉苦娑每郍野集寧嚕馱滅麼哩誐攘二合,道,卅七　曩无誐攘喃智,卅八　曩无鉢囉二合

比底得,卅九　曩无鼻娑麼證,卅　哆以娑每无郍所鉢囉二合比底得,二合怛嚩故,卅一　冒菩

地提娑薩怛嚩喃埵,卅二　鉢囉般,二合誐攘若播波囉羅弭蜜哆多,卅三　麼室哩底也二合,依

尾賀於囉底也二合,住,四十四　只跢心嚩无囉罣挐礙,卅五③　只跢心嚩无囉罣挐礙,卅六

曩无悉底怛嚩二合,有郍恐悋哩二合素都二合,怖,卅七　尾播顛哩也二合娑倒底遠伽蘭哆離,

卅八　寧究瑟吒竟寧哩也嚩二合,涅喃盤,卅九　底哩也二合,三④馱嚩二合,世,五十　尾也二

合嚩所悉體跢住娑嚩諸没馱佛,五十一　鉢囉般誐攘二合,若播波囉羅弭蜜哆多,五十二　麼

室哩故底也二合,得稱无跢蘭上糝藐也二合,等糝正没地竟,五十三　麼鼻糝没馱哆引,是娑

每故,二合誐攘二合哆應尾演知,五十四　鉢囉般誐攘二合,若播波囉羅弭蜜哆多,五十五　麼

賀引,大滿怛嚕呪,五十六　麼賀引,大尾你也也明,二合滿怛囉呪,五十七　阿无稱哆囉上滿怛

囉呪,五十八　阿无娑麼娑底等滿怛囉呪,五十九　薩一嚩切稱佉苦鉢囉二合捨止麼⑤曩息,

六十　娑真底也實麼弭不贊哩也二合怛嚩虚,二合,六十一　鉢囉二合,般誐攘若播波囉羅弭

蜜哆多,六十二　目訖姤説滿怛囉呪,二合怛你也他二合,曰,六十三　誐諦誐諦六十四　播囉

誐諦六十五　播囉僧誐諦六十六　冒地引娑嚩賀六十七

梵語般若波羅蜜多心經一卷僧□□之

---

①　野,原脱,據校本補。
②　罣,原作"早",據校本改,下同。
③　"尾你也明乞叉喩盡,卅三"至"挐礙,卅五",校本無,疑衍。
④　三,原脱,據校本補。
⑤　麼,底本脱,據校本補。

佛説七俱胝佛母准提大明陁羅尼經①

唐天竺②三藏金剛智譯

如是我聞,一時薄伽梵在名稱大城祇樹給孤獨園。尒時世尊思惟觀察,愍念未來諸衆生故,説過去七俱胝准提③如來等佛母准提陁羅尼,乃至我今同説。即説大明曰:

娜麼颭哆南去音,下同,一三貌三勃陁去音俱去音胝上音南二怛姪停也反他三唵四折隸五主隸六准提七莎嚩二合訶八

若有苾芻、苾芻尼,鄔波④索迦、鄔波斯迦,受持、讀誦此陁羅尼,滿九十万遍,無量劫來五无閒等一切諸⑤罪悉滅无餘,所在生處皆得值遇諸佛、菩薩,所有資具隨意充足,无量百生常得出家。若是在家菩薩⑥修持戒行,堅固不退,速得成就无上菩提,恒生天上,常爲諸天人⑦所愛敬,亦常守護。若下生人閒,當爲帝王家子⑧,或貴族家生。其家无有灾横、病⑨苦之所惱害,不墮三惡道⑩趣。諸有所作,無不諧偶。所出言

---

①　底本,《中華藏》第335號,第20册第242頁上—249頁中,原《麗藏》本。經名後,《中華藏》校勘《南》有夾注"并念誦觀行等法",《徑》《清》夾注"觀行法附"。校本,《大正藏》第1075號,第20册第173頁上—178頁下,原《麗藏》本,原校本[甲]永久四年寫東寺三密藏本,[乙]黄蘖版淨嚴等校訂加筆本,[丙]寬治二年寫仁和寺藏本。

②　唐天竺,《中華藏》校勘《石》作"大唐南天竺國大德",《資》《磧》作"大唐天竺"。

③　提,《中華藏》校勘《石》作"那",下一"提"字《石》作"泥"。

④　鄔波,《中華藏》校勘《資》《磧》作"烏波",《南》《徑》《清》作"烏婆"。

⑤　"諸"後,《中華藏》校勘《資》《磧》《南》《徑》《清》有"重"。

⑥　菩薩,《中華藏》校勘《資》《磧》《南》《徑》《清》無。

⑦　人,《中華藏》校勘《南》《徑》《清》作"之"。

⑧　"子"前,《中華藏》校勘《資》《磧》《南》《徑》《清》有"作"。

⑨　"病"前,《中華藏》校勘《資》《磧》《南》《徑》《清》有"不爲"。

⑩　道,《中華藏》校勘《資》《磧》《南》《徑》《清》無。

教，人皆信受。誦此陀羅尼滿①十萬遍者，得見聲聞、緣覺、菩薩、佛②。若有重罪不得見者，更誦滿十萬遍，即境界中吐出黑飯，或見昇宫殿③，或登白山及上樹，或見大池旋水，或騰空自在，或見天女與妙言辤，或見大集會中聽説妙法，或見拔髮、自身剃頭，或喫酪飯、飲白甘露，或渡大海，或浮大河，或昇師子座，或見菩提樹，或上舡④，或見沙門，或著白衣、黄衣，以衣籠覆頭⑤，或見日月，或見童男⑥女，或見自身上有乳樹，或昇花果樹，或見黑丈夫口中吐出火焰，怖走而去，或見惡馬、水牛狀似相鬪退失而走，或見自食乳粥⑦，或見有香氣白花。若見如上相者，即知罪滅⑧。若有五逆罪業重⑨，不得見如上相者，應當更誦滿七十萬遍，決定得見如前相兒。

　　復次我今説此陀羅尼功能所作之事，若於佛像前，或於塔前，若清淨處，以瞿摩夷塗地，而作四肘方曼荼羅。復以花、香、幡⑩蓋、飲食、燈明、燭火，隨力所辦，依法供養。若欲求願，先須念誦，加持香水，散於八方、上下結界。既結界已，於曼荼羅四角及其中央，皆⑪各置一香水之瓶。行者於西面向東方胡⑫跪，念⑬誦一千八十遍。其香水瓶即便自轉，隨意東西，任以高下。

　　或以淨瓦鉢燒香熏之，内外塗香，盛滿香水，并好香花，置曼荼羅⑭中，依前瓶法而作念誦，其鉢則轉，與瓶无異。

　　若欲得知一切成就、不成就事，即燒香發願⑮，啓白聖者，願決疑心，若右轉即知⑯成就，左⑰即不成就。

　　又取好花念誦一百八遍，遣一童子，洗浴清淨，著新淨衣，以香末⑱塗手，捧花掩

---

① 滿，《中華藏》校勘《資》《磧》《南》《徑》《清》無。
② 佛，《中華藏》校勘《資》《磧》《南》《徑》《清》作"諸佛"。
③ 宫殿，《中華藏》校勘《資》《磧》《徑》《清》作"於殿宫"，《南》作"於宫殿"。
④ 舡，《中華藏》校勘《資》《磧》《南》《徑》《清》作"船舫"。
⑤ "頭"前，《中華藏》校勘《資》《磧》《南》《徑》《清》有"其"。
⑥ 男，《中華藏》校勘《資》《磧》《南》《徑》《清》無。
⑦ 粥，《中華藏》校勘《資》《磧》《南》《徑》《清》作"糜"。
⑧ "滅"後，《中華藏》校勘《資》《磧》《南》《徑》《清》有"福生"。
⑨ "重"前，《中華藏》校勘《資》《磧》《南》《徑》《清》有"極"。
⑩ 花香幡，《中華藏》校勘《資》《磧》《南》《徑》《清》作"香華幢"。
⑪ 皆，《中華藏》校勘《資》《磧》《南》《徑》《清》無。
⑫ 胡，《中華藏》校勘《資》《磧》《南》作"跙"，《徑》《清》作"互"。
⑬ 念，《中華藏》校勘《資》《磧》《南》《徑》《清》無。
⑭ 曼荼羅，《中華藏》校勘《資》《磧》《南》《徑》《清》作"壇"。
⑮ 願，《中華藏》校勘《資》《磧》《南》《徑》《清》無。
⑯ 知，《中華藏》校勘《資》《磧》《南》《徑》《清》無。
⑰ 左，《中華藏》校勘《資》《磧》《南》《徑》《清》作"若左轉"。
⑱ 末，《中華藏》校勘《資》《磧》《南》《徑》《清》作"㭊"，下同。

面。復以自手更取別花,念誦一遍,一擲童子身上。童子即問①善惡皆説,隨意舞笑,起坐來去。

或於淨潔鏡面,以好花念誦一百八遍,散置鏡上,使者即②現鏡中。

復如前法更取好花,散鏡面上,即有善惡相自現鏡中。或以朱砂,或以香油塗大母指甲,其香油以穌摩那③花浸胡麻油中是④。念誦一百八遍,即現天神及僧、菩薩、佛等形像。若心有所疑,三世中事一一請問,皆知善、不⑤善,即大母指上皆自現。

若人卒得惡病,以石榴枝、白茅香草等⑥念誦,鞭拂之即愈。

或以茅草置酥中,念誦七遍,擲著火中燒之,令烟熏病人,即⑦除愈。

或取童女所搓之線,念誦一遍作一結,如是滿二十一結,與病人小男女等項上繫著⑧,惡魔、鬼魅等病皆得除差。

或以白芥子置酥中,取芥子少許,念誦一遍,一擲火中,如是二十一度,病即除愈。

又以瞿摩夷⑨塗地作曼荼羅,以炭畫地作彼形,石榴等杖鞭之。彼鬼啼泣⑩,求自走去,不敢更來。或以銅、賓⑪鐵、木等作金剛杵,置病人邊念誦,以杖打⑫,亦即奔走。

復有一法,若有人被鬼所著,復身⑬在遠處不能自來,或行者不能自去。應取楊枝念誦一百八遍,遣人將去,彼云"汝住汝去,某乙遣將此杖⑭鞭汝。汝若⑮不去,損汝無疑"。若不去,鞭之即去。

復有一法,若在路夜行,念誦不闕,无有賊盜,及虎狼、惡魅鬼等怖畏難處,持心念誦,并作護身。彼等諸難即皆自滅,或發菩提心,或生怖畏,或有言説心求免離,若被執縛即自解脱。

若欲渡江河大海,水中所有龍黿等畏,念誦亦如前法,即得不怖。

① 問,原作"悶",據《中華藏》校勘《資》《磧》《南》《徑》《清》改。
② "即"後,《中華藏》校勘《資》《磧》《南》《徑》《清》有"身"。
③ 那,《中華藏》校勘《資》《磧》《南》《徑》《清》無。
④ 是,《中華藏》校勘《資》《磧》《南》《徑》《清》無。
⑤ "不"前,《中華藏》校勘《資》《磧》《南》《徑》《清》有"與"。
⑥ 草等,《中華藏》校勘《資》《磧》《南》《徑》《清》作"等草"。
⑦ 即,《中華藏》校勘《資》《磧》《南》《徑》《清》作"即得"。
⑧ 著,《中華藏》校勘《資》《磧》《南》《徑》《清》作"者"。
⑨ 夷,《中華藏》校勘《資》《磧》《南》《徑》《清》無。
⑩ 泣,《中華藏》校勘《資》《磧》《南》《徑》《清》作"哭"。
⑪ 賓,《中華藏》校勘《徑》《清》作"鑌"。
⑫ 杖打,《中華藏》校勘《資》《磧》《南》《徑》《清》作"枝打拂"。
⑬ 復身,《中華藏》校勘《資》《磧》《南》《徑》《清》作"身復"。
⑭ 杖,《中華藏》校勘《磧》《南》《徑》《清》作"枝"。
⑮ 汝若,《中華藏》校勘《磧》《南》《徑》《清》作"若汝"。

或被蛇咬，即遣彼人圍繞念誦人數匝，即愈。

或患丁瘡、癰節[1]、癬漏，取熏陸香、淨土、水相和，念誦二十一遍，塗上即愈。

或復國土水旱不調，牛馬畜[2]等疫毒流行，應以油麻、大麦、粳米、粟豆、酥蜜、乳酪、白乳木、諸雜香等，皆置一邊，燒香發願，爲一切衆生除去灾難。即作手契，護身想念。取前諸物念誦加持，擲著火中燒之。如是七日，日别三時作法，時别一千八十遍，即得滿願。一切安樂，一切三寶悉皆護助[3]，亦能成就一切大願。

若欲降伏諸大鬼神，見即心伏，取舍利骨[4]七粒，於白琉璃椀中盛著，取醍醐半升，亦盛著椀中。於白月十五日夜，香臺前及窣堵波塔[5]前，泥一二肘方曼荼羅，置椀於中，取好花供養。西面[6]著一香鑪，燒安悉[7]香。馼馼念誦，其椀中舍利當放光，或生出舍利。時行者持香鑪，發願禮拜。即出取舍利，盡飲取醍醐。其舍利盛一琉璃瓶中，以五色綵囊盛之頭戴，即无量俱胝佛常逐行者，諸鬼神等自然降伏。作法時，一日一夜不食。

若求富饒，以粳米、油麻置酥酪中，手把少許，發願念誦，七遍擲著火中燒之。隨力七日，乃至七七日，即如其願。

若求子，於樺皮葉上書此陀羅尼，并畫童子，以紫綵裹之，念誦一千八十遍，安著髻中即孕。

若欲他敬念者，稱彼前人名字，念誦本部一千八十遍，即得敬念。

若夫不樂婦，取淨瓶盛滿香水，别置淨處。以瞿摩夷塗作曼荼羅，念誦一百八遍，如是七瓶皆作此法。於淨處以香花爲道場，取瓶内香水洗浴，夫即愛樂，亦得有孕。婦不樂夫，亦如前法。

若欲降伏捨覩嚧，取一劫波羅，香湯淨洗浴，取黄丹和酥，塗著劫波羅上使遍。塗一小曼荼羅置中，然五盞酥燈，布於四角并中心。稱前那摩念誦，一稱一誦，加持白芥子。曼荼羅上著一盞乳，供養此劫波羅。一[8]易云"爲我取彼質多來"，彼即質多耨[9]佉欲母馱，彼捨覩嚧即伏，實莫令盡，盡[10]即累劫障道。

---

① 節，《中華藏》校勘《徑》《清》作"癤"。

② "畜"前，《中華藏》校勘《資》《磧》《南》《徑》《清》有"六"。

③ 助，《中華藏》校勘《資》《磧》《南》《徑》《清》作"念"。

④ 骨，《中華藏》校勘《南》《徑》《清》無。

⑤ 塔，《中華藏》校勘《資》《磧》《南》《徑》《清》無。

⑥ 西面，《中華藏》校勘《南》作"面西"。

⑦ 悉，《中華藏》校勘《清》作"息"。

⑧ "一"前，《中華藏》校勘《石》《南》《徑》《清》有"一夜"。

⑨ 耨，《中華藏》校勘《資》《磧》《南》《徑》《清》作"褥"。

⑩ 盡，《中華藏》校勘《徑》《清》無。

　　若欲求聰明，取石菖蒲、牛黄各半兩，擣作末，以酥和，於佛前作曼荼羅，念誦五千遍服之，即得聰明。

　　若欲得見一切鬼神，取牛黄念誦，令煙火出，即塗目，并服之即見。

　　復有一法，於大海邊或河渚間砂潭之上，以塔形像印，印砂潭上爲塔形像，念誦一遍，印成一塔。如是數滿六十万遍，即得覩見聖者觀自在菩薩之像，或見多羅菩薩、金剛藏菩薩。隨其心願，皆得滿足。或見授與仙神[1]妙藥，或見授與菩提之記，或現前問來，隨乞[2]願皆得菩薩等位。

　　復有一法，右繞菩提樹像，行道念誦滿一百万遍，即見佛、菩薩、羅漢爲其説法。意[3]欲隨菩薩即得隨從，所求如願，乃至現身成大呪仙，即得往詣十方淨土，歷事諸佛，得聞妙法。復有一法，若乞食時常持此陁羅尼，不爲惡人、惡狗等類之所侵害，乞食易得。

　　復有一法，若在塔前，或佛像前，或舍利塔前，誦持[4]此陁羅尼三十万遍，復於白月一日至十五日設大供養，一日一夜不食，正念誦時得見金剛藏菩薩，即將是人往自宮中。

　　復有一法，若有王難，被繫閇，枷鏁禁其身者，誦此陁羅尼，即得解脱。

　　復有一法，若於轉法輪塔前，或佛生處塔前，或佛從忉利天下寶階塔前，或舍利塔前，於如是等諸塔之前念誦，右繞滿七七日，即見阿鉢羅是多菩薩及呵利底菩薩，隨其所願皆悉滿足。若須仙藥，即便授與。復爲説法，示菩提道。若有誦此陁羅尼者，乃至未坐道場一切菩薩爲其勝友。又此准提大明陁羅尼，諸佛菩薩所説，爲利益一切衆生無邊菩提道場故，若有薄福衆生，无有少善根者，無有根器之者，无有菩提分者，是人若得聞此准提大明陁羅尼，若讀[5]一遍，即得菩提分根器牙生，何況誦持常不懈廢。由此善根，速成佛種，无量功德皆悉成就，无量衆生遠離塵垢，決定成就阿耨菩提[6]。

説七俱胝佛母准提陁羅尼念誦法[7]

　　依梵經[8]本，有十万偈頌[9]，我今略説念誦觀行供養次第。若有苾芻、苾芻尼，鄔

---

① 神，《中華藏》校勘《磧》作“人”。
② 隨乞，《中華藏》校勘《資》作“隨某乙”，《磧》作“隨某乞”，《南》《徑》《清》作“隨其乞”。
③ 意，《中華藏》校勘《資》《磧》《南》《徑》《清》無。
④ 持，《中華藏》校勘《南》《徑》《清》無。
⑤ 讀，《中華藏》校勘《磧》作“誦”。
⑥ 菩提，《中華藏》校勘《資》《磧》《南》《徑》《清》作“多羅三藐三菩提”。
⑦ “法”後，《中華藏》校勘《石》有“金剛三藏譯”。
⑧ 梵經，《中華藏》校勘《資》《磧》《南》《徑》《清》作“經梵”。
⑨ 頌，《中華藏》校勘《南》《徑》《清》無。

波索迦、鄔波斯迦,發菩提心,行菩薩行①,求速出離生死者,先須入三摩耶灌頂道場,受持禁戒堅固不退,愛樂大乘菩薩戒行,於四威儀修四無量,發四弘願,永離三途,於一切事業心不散亂,方可入此秘密法門。

　　凡念誦供養法,於所在處皆須清淨,澡浴著新淨衣,嚴飾道場,隨力所辦。其道場法,先須②選隱便勝地,東、西、南、北各③量取四肘,作④方曼荼羅。掘⑤深一肘,除去骨石、塼瓦、惡土、髮毛、灰炭、糠棘、虫蟻之類,以好淨土填滿築平。取新瞿摩夷,并好土,以香湯相和塗地。若在樓閣,或居舡上,依法泥塗。若在山中及好淨屋,不須掘地,依前塗飾,即張天蓋,四面懸幡。若有本尊七俱胝佛母形像,安置曼荼羅中,面向西。若无本尊,有諸佛像、舍利及大乘經典供養亦得。磨白檀香,塗作八角⑥曼荼羅,猶如滿月,或似八葉蓮華。即以新淨供具金、銀、熟銅、商佉、貝、玉、石、瓷、木等器,盛諸飲食及好香、花、燈明、遏伽香水,隨力所有,布置供養。若苾蒭、苾蒭尼先持戒行,初入道場,復須懺悔,更自誓發願受戒。若在家菩薩初入,亦須自誓,隨力發願,受三歸五戒,或常持八戒。若常三時念誦,即於道場西面向東,至心合掌,五體著地,敬礼十方諸佛、菩薩,虔誠運想,遍虛空界。便右膝著地,合掌,至心懺悔:自无始已來身口意罪,今對諸佛、菩薩前,弟子某甲發露懺悔,乃至過去、現在、未來三世諸佛菩薩,福智圓滿,種種功德,我今隨喜。即結跏或半跏,安心定坐,除一切妄想。觀六道衆生无始以來生死海中輪迴六趣,願皆發菩提心,行菩薩行,速得出離。即以塗香摩手而結手契,結契時,以衣覆手,勿令人見。先結三部三麼⑦耶契,次結諸契。

　　佛部三麼耶契第一

　　其契相,福、智手並仰,檀、戒、忍辱、般若、方便、願微屈相拄,進、力押忍願上節,禪、智附進、力側即成。

　　誦妙言曰:

唵怛他孽覩嚩⑧皤去⑨耶莎嚩訶誦三遍,以契頂上散之,蓮花部、金剛部並准此⑩

　　蓮花部三麼耶契第二

---

①　行菩薩行,《中華藏》校勘《資》《磧》《南》無。
②　先須,《中華藏》校勘《資》《磧》《南》《徑》《清》作“應先”。
③　選隱便勝地東西南北各,《中華藏》校勘《資》《磧》《南》無。“隱”,《中華藏》校勘《南》《徑》《清》作“穩”。
④　作,《中華藏》校勘《資》《磧》無。
⑤　掘,原作“榍”,據《中華藏》校勘《資》《磧》《南》《徑》《清》改,下同。
⑥　角,《中華藏》校勘《資》《磧》《南》《徑》《清》無。
⑦　麼,《中華藏》校勘《資》《磧》《南》《徑》《清》作“摩”,下同。
⑧　嚩,《大正藏》本校勘[甲]作“努婆”。
⑨　去,《大正藏》本校勘明本及[乙]作“上聲”。
⑩　蓮花部金剛部並准此,《中華藏》校勘《資》《磧》《南》《徑》《清》無。

二福智相合，戒、忍、進、方便、願、力各各散開微屈，六波羅蜜開如蓮花，檀、般若、禪、智頭相著，亦微屈即成。

誦妙言曰：

唵鉢頭牟嚩皤去耶莎嚩訶誦三遍

金剛部三麼耶契第三

福覆智仰，禪、般若、檀、智相交即成。

即誦妙言曰：

唵嚩折嚕婆皤去耶莎嚩訶誦三遍

准提佛母根本身契第四

其契相，先以二手小指、二无名指相叉入掌，二中指直豎，頭相著。二頭指頭附二中指上節側，二大指各附二頭指側即成。

妙言誦根本陁羅尼誦七遍，以契頂上解散。以下諸契結成揮觸印了，亦並須頂上散之[1]。

辟除一切天魔、惡鬼神[2]等契第五

其契先以右手中指、無名指、小指及大指，握左手[3]中指以下三指。次以左大指握左中指以下三指甲上爲合拳，以二頭指頭相著即成。

妙言曰：

唵俱上嚕憚那引鈝惹誦一遍，以契右旋繞身一匝，如此三度作即是

結地界橛契第六

其契相，以左右二中指[4]、二无名指相[5]叉入掌，右押左，左[6]頭指屈如鈎，右[7]頭指直豎，二大指二小指令面相著即成。

妙言曰：

唵准你泥枳邏耶莎嚩訶誦一遍，以契大母指觸地一迴如卓栓[8]勢，三度作即休

結牆界契第七

其契准前橛契，以右手頭指屈如鈎，左頭指直豎即成。

妙言曰：

唵准你泥鉢囉迦邏耶莎嚩訶誦三遍，以契右揮三匝即是

---

① 並須頂上散之，《中華藏》校勘《石》作“並須頂上准此解散”，《磧》作“頂散”。

② 神，《中華藏》校勘《南》《徑》《清》無。

③ 手，《中華藏》校勘《資》《磧》《南》《徑》《清》無。

④ 指，《中華藏》校勘《資》《磧》《南》《徑》《清》無。

⑤ 相，《中華藏》校勘《資》《磧》《南》《徑》《清》無。

⑥ 左，《中華藏》校勘《資》《磧》《南》《徑》《清》作“右”。

⑦ 右，《中華藏》校勘《資》《磧》《南》《徑》《清》作“左”。

⑧ 栓，《中華藏》校勘《資》《磧》《南》《徑》《清》作“橛”。

結網契第八

其契准牆契，開仰著，右大指捻左頭指頭，左大指捻右頭指頭，小指依舊相拄即成。

妙言曰：

唵准你半惹邏莎嚩訶誦三遍，以契隨日揮三度即是

結外火院大界契第九

其契以左手密掩右手背相重，直豎二大指，相去二寸許即成。

妙言曰：

唵阿三麼咶你舜莎嚩訶誦三遍，以契右旋三度即是

結車輅契第十

其契相，先以二手向内相叉，右押左，即仰開掌，二頭指直申頭相拄，以二大指撥二中指頭，來去即成。

妙言曰：

唵覩嚧覩嚧莎嚩訶結此契，心想阿迦尼瑟吒天宫中毗盧遮那如來，十地菩薩圍繞集會中，請准提佛母聖者乘七寶莊①嚴車輅，車輅②上有白蓮花座，座上有如所畫像形，心中想念，如在目前，即③誦妙言三遍

結迎請聖者④契第十一

准前第一根本契，以二大指來去招之，三度即成。

妙言曰：

唵折隸主隸准提噎醯薄伽嚩底莎嚩訶結此契，恕聖者從寶車上下來道場中白蓮花座上，即誦妙言三遍

結蓮花座契第十二

准前根本契，並二大指，向身開豎之即成。

妙言曰：

唵迦麼邏莎嚩訶結此契，心想道場中種種寶鈿師子座上開白蓮花，安置聖者，即誦妙言三遍

結遏迦契第十三

准前根本契，以二大指各捻頭指根第一節側下即成。

妙言曰：

唵折隸主隸准提遏紺薄伽嚩帝鉢囉底搓莎嚩訶

結洗浴契第十四

---

① 莊，原作"裝"，據《中華藏》校勘《資》《磧》《南》《徑》《清》改。

② 車輅，《中華藏》校勘《資》《磧》《南》《徑》《清》無。

③ 即，《中華藏》校勘《資》《磧》《南》《徑》《清》無。

④ 聖者，《中華藏》校勘《資》《磧》《南》《徑》《清》無。

准前遏迦契,以二大指各並捻二中指中①節側即成。

妙言曰:

唵折莎嚩訶

　　結塗香契第十五

　　准前根本契,以二大指博著右頭指下節②即成。

　　妙言曰:

唵㘓莎嚩訶

　　結花鬘契第十六

　　准前根本契,以二大指安著左頭指下節側即成。

　　妙言曰:

唵主莎嚩訶

　　結燒香契第十七

　　准前根本契,屈右頭指,捻二大指頭即成。

　　妙言曰:

唵㘓莎嚩訶

　　結供養飲食契第十八

　　准前根本契,以左頭指捻③二大指頭即成。

　　妙言曰:

唵准莎嚩訶

　　結燈契第十九

　　准前根本契,以二頭指各捻二大指頭即成。

　　妙言曰:

唵提莎嚩訶已上塗香契等,各各以④契觸當色物上供養

　　結布字契第二十

　　其契相,以二中指、二無名指向内相叉,二大指、二頭指、二小指並直豎,頭相著即成。

　　結此手契成,即想自身猶若釋迦如來,三十二相、八十種好,紫磨金色,圓滿身光。想已以手契觸頭上布唵字,觸眼中布折字,一一依字次第,乃至兩足皆以契觸布之。

---

①　中,《中華藏》校勘《徑》《清》作“下”。

②　節,《中華藏》校勘《資》《磧》《南》《徑》《清》作“節側”。

③　捻,《中華藏》校勘《資》《磧》《南》《徑》《清》作“相捻”。

④　各各以,《中華藏》校勘《石》作“以”,《資》《磧》《南》《徑》《清》作“各各”。

説陁羅尼字想布於身法

　　唵想安頭上，其色白如月，
　　放於无量光，除滅一切障，
　　即同佛菩薩，摩是人頂上。
　　折字安兩目，其色如日月，
　　爲照諸愚暗，能發深慧明。
　　㜸字安頸上，色如紺琉璃，
　　能顯諸色相，漸具如來智。
　　主字想安心，其色如皎素，
　　猶心清淨故，速達菩提路。
　　㜸字安兩肩，色黄如金色，
　　猶觀是色相，能被①精進甲。
　　准字想齊中，其色妙黄白，
　　速令登②道場，不退菩提故。
　　提字安兩腨，其色如淺黄，
　　速證菩提道，得坐金剛座。
　　莎嚩字兩脛③，其狀作赤黄④，
　　常能想是字，速得轉法輪。
　　訶字置兩足，其色猶滿月，
　　行者作是想，速得達圓寂。
　　如是布字想念已⑤，便成准提勝法門，
　　亦名本尊真實相，能滅諸罪得吉祥。
　　猶如金剛堅固聚，是名准提勝上法，
　　若常如是修行者，當知是人速悉地。
第二根本契第二十一
其契相，以二手向内⑥相叉，二頭指、二大母指並直豎即成。

---

①　被，《中華藏》校勘《資》《磧》《南》《徑》《清》作“披”。
②　令登，《中華藏》校勘《資》《磧》《南》《徑》《清》作“登妙”。
③　脛，《中華藏》校勘《資》《磧》《南》《徑》《清》作“腥”。
④　黄，《中華藏》校勘《資》《磧》《南》《徑》《清》作“色”。
⑤　已，原作“色”，據《中華藏》校勘《南》《徑》《清》改。
⑥　内，《中華藏》校勘《資》《磧》《南》《徑》《清》作“外”。

妙言曰：

南慕颷哆南去，一三藐三勃陁去俱胝南二怛姪亭也反他三唵四折隸去音，下同，五主隸六准提七莎嚩二合訶誦七遍，以契於頂上解散

結捧數珠契第二十二

其契相，先取數珠安二手掌中，即當心合掌，誦前根本陁羅尼三遍，以珠頂戴，便作把數珠契淨珠。

把數珠契第二十三

其契相，以二手二无名指、二大指各捻珠上，二手相去一寸許，餘指散開微屈即成。

誦淨數珠妙言曰：

唵微嚧遮那阿麼羅莎嚩二合訶誦三遍

淨數珠已，以自心想七俱胝佛母口中出[1]七俱胝陁羅尼文字，一一字放五色光，入行者口裏，安自心月中，右旋布置。即誦本尊陁羅尼一遍，以右手無名指捻一顆珠過，周而復始，不急不緩，不得高聲，須分明稱字而令自聞。所觀本尊及身上布字，念誦記數，於一念中並須一時觀見，不得有闕，使心散亂。如觀念疲勞，隨力念誦，或一千、二千乃至三千、四千、五千遍，常取一數爲定。如有忙[2]事，亦不得減數至一百八已下，此名聲念誦。若求解脫，速出離生死，作此三麼地瑜伽觀行无記無數。念者即想自心如一滿月，湛然清淨，內外分明。以唵字安月心中，以折隸主隸准提莎嚩訶字，從前右旋，次第周布輪緣去音[3]，諦觀一一字義，與心相應，不得差互[4]。

説三麼地觀念布字義

唵字門者是流注不生不滅義，復於一切法爲㝡勝義。

折字門者於一切法是無行義。

隸字門者於一切法是無相義。

主字門者於一切法是無起[5]住義。

隸字門者於一切法是無好[6]義。

准字門者於一切法是無等覺義。

---

① 　出，原脱，據《中華藏》校勘《資》《磧》《南》《徑》《清》補。
② 　忙，《中華藏》校勘《石》《南》《徑》《清》作“緣”。
③ 　音，《中華藏》校勘《徑》《清》作“聲”。
④ 　互，《大正藏》本校勘［丙］作“別”。
⑤ 　起，《中華藏》校勘《資》《磧》作“記”。
⑥ 　好，《中華藏》校勘《南》《徑》《清》作“垢”。

提字門者於一切法是無取捨義。

莎嚩字門者於一切法是平等無言説義。

訶字門者於一切法是无因寂静、無住涅槃義。

所説字義雖立文字，皆是無文字義。既无文字，須諦觀一一義相，周而復始，无記無數，不得斷絶。不斷絶者，爲流注、不生不滅寂勝義。由不生不滅寂勝義[1]，是故无行。爲無行義，是故無相。爲無相義，是故无起住。爲無起住義，是故无等覺。爲無等覺義，是故無[2]取捨。爲無取捨義，是故平等無言説。爲平等無言説義，是故无因寂静、无住涅槃。爲寂静無住涅槃義，是故不生不滅、寂勝无斷，周而復始，此名三摩地念誦。

説准提求願觀想法

若求無分別者，當觀无分別、無記念。

若求無相無色，當觀文字、无文字念。

若求不二法門者，應觀兩臂。

若求四无量，當觀四臂。

若求六通[3]，當觀六臂。

若求八聖道[4]，當觀八臂。

若求十波羅蜜、圓滿十地者，應觀十臂。

若求如來普遍廣地者，應觀十二臂。

若求十八不共法者，應觀十八臂，即如畫像法觀也。

若求三十二相，當觀三十二臂。

若求[5]八万四千法門者，應觀八十四臂。

如上觀念，當入一切如來三麽地門甚深方廣不思議地，是正念處，是正真如，是[6]正解脱。念誦觀行了，欲出道場，復須依前次第，更結燒香、燈明、飲食等手契，供養懺悔，隨意發願。即結前第一根本契，誦根本陁羅尼七遍，頂上散之。復結前車輅契，以二大母指向外，三度撥中指頭。

誦[7]妙言曰：

---

① 由不生不滅寂勝義，《中華藏》校勘《資》《磧》《南》《徑》《清》無。

② 無，《中華藏》校勘《磧》《南》《徑》《清》作“不”。

③ 通，《中華藏》校勘《石》作“通者”，《資》《磧》《南》《徑》《清》作“神通者”。

④ “道”後，《中華藏》校勘《磧》有“者”。

⑤ 求，《中華藏》校勘《磧》作“有”。

⑥ 是，《中華藏》校勘《資》《磧》《南》《徑》《清》無。

⑦ 誦，《中華藏》校勘《資》《磧》《南》《徑》《清》無。

唵覩嚧覩嚧莎嚩訶誦三遍

復結前迎請契，以二大母指向外三度開，即成送聖者還本宫。

妙言曰：

唵折𨽍主𨽍准提孽車孽車婆伽嚩底莎嚩皤喃布娜囉哦麽那耶莎嚩訶誦三遍

復結前外火院大界契，誦阿三麽祁入你①妙言，左轉三遍即成。

復更結三部三麽耶契，各誦妙言一遍即了，任出道場，隨意經行。讀誦《大般若》，或《華嚴》，或《無邊門》，或《法華》《楞伽》《涅槃》大乘經論等，思惟誦②説。或以七俱胝佛像塔印③，用印香泥、砂上、紙上，隨意印之多少。

如念誦有功德④，如經所説境界一一分明，了知次第。欲得作扇底迦等種種方法，或爲自身，或爲他人，即任依法⑤而作念誦。

説扇底迦法

若欲求息灾，除一切鬼神，及聰明、長命，求解脱者，即於道場中面向北，交脚竪膝而坐。衣服、飲食、香花、燈燭、地等並用白色，從月一日至八日，日三時念誦及護摩等法。若念誦時先誦根本陁羅尼三七遍已，然後但從唵字誦之。

妙言曰：

唵折𨽍主𨽍准提與彼某甲除灾難⑥莎嚩訶

説布瑟置迦法

若欲求增長五通，轉輪種種寶藏，布奢⑦輪、劒、賢瓶、如意寶、安善那、虞里迦、鏡⑧及鉞⑨斧、羂索、三叉等，一切財寶、藥草等⑩求成就法者，身著黄衣，面向東，結加趺坐。所供養香花、飲食、果子、燈燭、地等，並用黄色。從月八日至十五日，日三時念誦、護摩等事，念誦如前。

妙言曰：

---

① 入你，《中華藏》校勘《資》《磧》《南》《徑》《清》作“尼誦”。
② 誦，《中華藏》校勘《資》《磧》《南》《徑》《清》作“講”。
③ 印，《中華藏》校勘《資》《磧》《南》作“即”。
④ 德，《中華藏》校勘《資》《磧》《南》《徑》《清》無。
⑤ 法，《中華藏》校勘《資》《磧》《南》《徑》《清》無。
⑥ 與彼某甲除灾難，原作正文，此改夾注，下真言間夾注同。
⑦ 奢，《中華藏》校勘《南》《徑》《清》作“著”。
⑧ 鏡，《中華藏》校勘《資》《磧》《南》《徑》《清》作“鐘”。
⑨ 鉞，原作“越”，據《中華藏》校勘《資》《磧》《南》《徑》《清》改，下同。
⑩ 等，《中華藏》校勘《資》《磧》《南》《徑》《清》無。

唵折㦮主㦮准提與彼某甲所求如意莎嚩訶

説伐施迦囉挐法

若欲呼召一切天、龍、鬼神、人、非人等，應作此法者。身著赤衣，面向西，結賢①坐。香花、飲食、果子、燈燭、地等，並用赤色。從十②六日至二十三日，日三時，念誦、護摩等法。

妙言曰：

唵折㦮主㦮准提爲彼攝召某神成就我願莎嚩訶

説阿毗遮嚕迦法

若欲降伏一切惡神鬼③，及損三寶、人天者，有多罪、業障重衆生調伏難者，能令發菩提心、修諸善業者，應起慈悲心，而作此法。身著青衣，面向南，作蹲踞坐，左脚押右脚。用不④香花、食果、地等，皆用青黑色。從二十三日至月盡日，日三時，念誦、護摩等法。

妙言曰：

吽折㦮主㦮准提吽發吒

作法已，即如常念誦。

説七俱胝佛母准提畫像法

取不截白㲲清淨者，擇去人髮。畫師受八戒齋，不用膠和色，用新椀，盛⑤綵色而用畫之。其像作黃白色，種種莊嚴其身，腰下著白⑥衣，衣上有花。又身著輕羅綽袖天衣，以綬帶繫腰，朝霞絡身。其手腕以白螺爲釧，其臂上釧七寶莊嚴，一一手上著指環。都十八臂，面有三目。上二手作説法相，右第二手施无畏，第三手把劍，第四手把數珠，第五手把微若布邏迦果，漢言子滿果，此閒无，西國有。第六手把鉞斧，第七手把鉤，第八手把跋⑦折羅，第九手把寶鬘。左第二手把如意寶幢，第三手把蓮花，第四手把澡灌，第五手把索，第六手把輪，第七手把螺，第八手把賢瓶，第九手把《般若波羅

---

① 賢，《中華藏》校勘《南》作“加”，《徑》《清》作“跏”。

② 十，《中華藏》校勘《清》作“月”。

③ 神鬼，《中華藏》校勘《南》作“鬼神”。

④ 不，《中華藏》校勘《南》《徑》《清》無。

⑤ 盛，原作“成”，據《中華藏》校勘《資》《磧》《南》《徑》《清》改。

⑥ “白”後，《中華藏》校勘《磧》有“白”。

⑦ 跋，《中華藏》校勘《資》《磧》《南》《徑》《清》作“拔”。

蜜經》夾。菩薩下作水池，池中安蓮花，難陁、拔①難陁二龍王共扶蓮花莖，於蓮花上安准提菩薩。其像周圓安明光焰。其像作怜愍眼看行者在下坐，手執香鑪，面向上，看菩薩，於菩薩上畫②二淨居天，像法如是。

　　　佛説七俱胝佛母准提③陁羅尼經并念誦觀行法④

---

①　拔，《中華藏》校勘《徑》《清》作"跋"。

②　畫，原作"盡"，據《中華藏》校勘《資》《磧》《南》《徑》《清》改。

③　"提"後，《中華藏》校勘《南》《徑》《清》有"大明"。

④　夾注，《中華藏》校勘《磧》《徑》《清》無。

金剛頂瑜伽中略出念誦經①

金剛頂瑜伽中略出念誦經卷第一

大唐南印度三藏②金剛智譯

我以淨三業③，爲利諸衆生，
令得三身故，身口意相應④，
歸命礼三寶！金剛身口意，
遍滿三界者，能爲自在主，
演説金剛界。我盡稽首礼，
雄猛阿閦鞞！降伏諸魔者，
彼寶現最勝。及礼如理法，
歸命阿弥陁！成就不空者，
於金剛薩埵，利益衆生者，
歸命虚空藏！能授灌頂者，
依護大觀音，從瑜伽生者，
秘毗首羯磨，至心我盡礼！

我今於百千頌中，金剛頂大瑜伽教王中，爲修瑜伽者，成就瑜伽法故，略説一切如來所攝真實最勝秘密之法。凡欲修行者，有具智慧者，明了於三摩耶真實呪法。於諸壇場中，從尊者阿闍梨受灌頂已，清潔其身，無所畏懼，深大牢强，善調心勇，志

---

　① 底本，《中華藏》第 460 號，第 23 册第 687 頁中—737 頁下，原《金藏》廣勝寺本。校本，《大正藏》第 866 號，第 18 册第 223 頁下—253 頁下，原《麗藏》本。

　② 大唐南印度三藏，《中華藏》校勘《石》《資》作"大唐南天竺三藏"，《磧》《普》《南》《徑》《清》作"唐南天竺三藏法師"。

　③ 我以淨三業，原脱，據《中華藏》校勘《資》《磧》《普》《南》《徑》《清》補。

　④ 身口意相應，《中華藏》校勘《資》《磧》《普》《南》《徑》《清》無。

不怯弱。恭敬尊重，衆所樂見。哀愍一切，常行捨施。住菩薩戒，樂菩提心。具如是功德者，應依於師教，勤修供養。三摩耶應當守護，無令退失。於金剛阿闍梨不得生輕慢，於諸同學不爲惡友，於諸有情起大慈悲，於菩提心永不猒離，於一切壇法中具足種種智慧功德者，許入念誦，設護摩，受灌頂等法。於此金剛界大壇場，説引入金剛弟子法。其中且入壇者，爲盡一切衆生界，救護利樂，作最上所成事故。於此大壇場應入者不應簡擇器非器，所以者何？世尊，或有衆生造大罪者，是等見此金剛界大壇場已，及有入者，一切罪障皆得遠離。世尊，復有衆生躭著一切資財、飲食、欲樂，猒惡三摩耶，不勤於供養。是彼人等於壇場隨意作事，得入者，一切所求皆得圓滿。世尊，或有衆生爲樂伎樂、歌儛、飲食，隨意所行故，爲不了知一切如來大乘，無問法故，入於餘外道天神廟壇中，爲成就一切所求故，至於一切如來部壇場戒，攝取衆生事，能生无上愛喜者，怕怖畏故不入，是彼等入住惡趣壇場道者，亦堪入於金剛界大壇場。爲獲一切喜樂最上成就，得意悦安樂故，及爲退一切惡趣，所入道門故，於禪解脱等地勤修苦行，亦爲彼等於此金剛界大壇場纔入亦得，不難得一切如來真實法，何況諸餘所成。若有諸餘求請阿闍梨，或阿闍梨見於餘人堪爲法器，離於過失，廣大勝解，心行敦德，具足信心，利樂於他。見如是類已，雖不求請應自呼取告之：善男子，於大乘秘密行之儀式當爲汝説，於大乘教中汝是善器。若有過去應正等覺及以未來、現在依護者，所住世閒爲利益者，彼皆爲了此秘法故，於菩提樹下獲得最勝無相一切智勇猛釋師子，由獲得秘密瑜伽故，摧破大魔軍、驚怖嬈人者。是故善男子，爲得一切智故，於彼應作正念，持誦者如是多種，喜利彼已，心生愍念，的知堪爲弟子。應當爲彼善遍開示，常念誦時作法事處，諸山具花果者，清淨悦意，池沼河邊，一切諸佛之所稱讚，或在寺内，或阿蘭若，或於山泉閒，或有寂静迥處，淨洗浴處。離諸難處，離諸音聲憒鬧之①處。或於意所樂處，於彼應當念誦。

　　凡修瑜伽者，初從卧起，即結發悟一切佛大契，誦此密語：

唵　跋折囉　底瑟咤

　　其契②以止觀二羽，各作金剛拳，以檀慧度二相鈎，進力二度仰相拄，直申如針，以契自心上。誦前密語三遍，即念諸佛從三昧覺悟，應當觀察一切諸法猶如影像，即思惟此偈義。

　　　　　諸法如影像，清淨无濁穢，

　　　　　無取无可説，因業之所生。

　　　　　如是了此法，離自性無依，

---

①　之，《中華藏》校勘《資》《磧》《普》《南》《徑》《清》無。

②　"契"後，《中華藏》校勘《徑》《清》有"法"。

　　利无量衆生，是如來意生。

　　即從坐起欲行，即誦此密語：

跋折羅　鞞伽

　　若止住處，即誦此密語。

底瑟咤　跋折羅

　　若欲共人語，即想舌上有嚂字。即誦此密語：

嚂網_{亡可反}囉　跋折囉婆沙

　　若洗面時，誦此密語曰：

唵　跋折囉　囉伽　邏伽耶　企藍壤_{人者反}嗜_{七我反}婆含_{二合}跋折羅都使野_{二合}護

　　每一遍誦密語，輒用水洗面，如是乃至七度，誦七洗，即得一切如來之①顧視。若諸魔等有暴惡者，於此人所皆生歡喜，亦可以密語加持水七遍用之。若欲嚼楊枝時，應先誦一切如來金剛微笑密語七遍已，嚼之，此能破一切煩惱及隨煩惱。密語曰：

唵　跋折囉　賀婆訶上

　　結契法，以觀羽作金剛拳已，嚼之。

　　若欲便轉，即作甲冑契，莊嚴己身。即誦此密語：

唵　砧吒礬反

　　以此密語擁護己身，其契法，以止、觀二羽各結金剛拳，申進、力、度，於力、度頭想唵字，於進、度頭想砧字。於其心上結，以進、力、度三相繞之，如繫甲狀。又移置背，復至臍腰，繞膝、咽喉、項，推②額前、項後，皆三繞如繫甲狀，即便垂下，從檀、慧、度次第解散，猶如天衣，至心即止。若欲洗淨時，即以止、羽作金剛拳，豎申力、度。結此契已，誦吽字，先取受用土③。夫持誦者求勝善事，多被惡魔障閡，常伺其便，或在便轉處，或諸穢惡處，皆爲其害。應以密語、結契等加護，勿令得便。欲入廁時，即想己身爲藍④字，左右想吽字，又想其身金剛火齒具有光焰。即誦密語⑤：

唵　跋折囉　娜羅　摩訶努多濕嚩_{无可反}邏耶薩婆含_{二合}婆悉弭句嚧薩婆努瑟詁_引吽癹

　　其契法，以止羽結嗔金剛拳，於彼應作怒眼、豎眉、嗔貌、惡瞻視，置於頂⑥上及兩肩⑦、心、喉，即一切三界惡皆得消除。又誦此密語曰：

---

①　“之”後，《中華藏》校勘諸本有“所”。

②　推，《中華藏》校勘《資》《磧》作“椎”，《普》《南》《徑》《清》作“頹”。

③　土，《中華藏》校勘《磧》《南》《徑》《清》作“士”。

④　藍，《中華藏》校勘《石》《普》《南》《徑》《清》作“嚂”。

⑤　“語”後，《中華藏》校勘《普》《南》《徑》《清》有“曰”。

⑥　頂，《中華藏》校勘《資》《磧》作“項”。

⑦　肩，《中華藏》校勘《資》《磧》《普》《南》《徑》《清》作“眉”。

唵　句嚧涅哩瑟致^上奚形伊反引吽發

此密語及契，於一切處護身能遠離諸惡。次於廁事了，出洗淨訖已，應結契、誦密語，以金剛水善漱口。密語曰：

唵　跋折羅　娜伽^上吒

其契以觀羽結金剛拳，申願、方便、慧等三度，即應漱口。漱訖已，便當洗浴。

夫洗浴法有四種，每日隨意如法修行。一者住三律儀，二發露勸請，三者以契供養，四者以水洗浴。此四種法智者應行，若入水中，應想天歡喜池，於其池中想，即以鍐字想如來部，以吽字想金剛部，以怚囉二合字想寶部，以纈唎二合字想蓮華部，以婀字想羯磨部。如是作已，又想自所念誦密語天住於本部。次想如來最上輪壇在於水中，并念想五部在輪壇上，以密語、契等加淨彼水。洗浴事畢，即以兩手掬清淨香①水，誦所持密語加之，以供養一切諸佛諸大菩薩摩訶薩及本天等。既供養已，即想彼輪盡入己身。想已，如法出水，住立岸邊。以頭冠等契莊嚴其身，以觀羽金剛手光焰執跋折羅，以止羽執金剛光明罄。披微細繒綵綺服天衣，口含白豆蔻，嚼龍腦香，令口氣香。以專注心，於其中閒起大慈悲，不嗔恚，不愛染，不顧視穢惡及一切旃茶羅等。即想行步履八葉蓮花，及出現三世供具，於自所持明，想最上廣大供養。又思惟自所持密語真性深理，應往道場。欲入時，復先以如上法誦密語，加水洗足，嗽口訖已。從發初所結止②羽金剛拳不散，置於心上。開門時即誦吽字密語，作嗔怒眼，辟除一切障导已，然後以尊重心住正念，礼十方諸佛及諸菩薩摩訶薩，於一切法得自在勝慧境界者，以五體投地敬礼已。次以雙膝胡跪，懺一切罪，及勸請隨喜發願，迴向功德等。任力所能言之已，敬礼。次從坐起，復以右膝著地，即結金剛持大契，誦此密語：

唵　跋折囉　物^{文一反}

其契法，以止羽覆於下，觀羽仰於上，背相合舒，以定、慧、檀、智等度互相叉之。誦此密語及結大契，能令諸佛歡喜，即得供養尊重礼拜一切如來及金剛薩埵等。

次於一切如來及諸菩薩所奉獻己身，先於四方以此妙法，全身著地，合掌舒手，各礼一拜。初於東方誦此密語，礼拜。

唵薩婆怛他揭多^{一切如來}布儒^{開口呼，供養也}婆薩他娜耶^{承事也}阿答摩南^{己身也}涅哩耶多^{奉獻也}夜弥^{我今也}薩婆怛他揭多拔折羅薩埵阿地瑟咤^{守護}薩網无可反摩含^{二合}，於我吽

論曰：梵存初、後二字，餘方例此。爲供養承事一切如來故，我今奉獻己身，願一切如來金剛薩埵加護於我。

---

① 香，《中華藏》校勘《磧》《普》《南》《徑》《清》無。
② 止，原作"上"，據《中華藏》校勘諸本改。

又如上金剛合掌置於心上，向南方以額礼拜。即誦密語曰：

唵薩婆怛他揭多布穰^{而佉反}，_{供養毗曬迦耶}爲灌頂故阿答摩南_{己身}涅理耶多_{奉獻也}耶冥_{我今也}薩婆怛他揭多跋折羅　阿羅怛那_{寶也}毗詵者摩含_{二合}，_{願與我灌頂也}怛羅_{二合，重呼之}

論曰：爲供養一切如來灌頂故，我奉①獻己身，願一切如來與我金剛寶灌頂。

又以金剛合掌置於頭上，以口脣著地，向西方礼拜，即誦密語：

唵薩婆怛他揭多布穰^{而佉反}鉢囉末多那耶_{轉也}阿答摩南涅哩夜多耶冥薩婆怛他揭多跋折羅達摩_{法也}鉢羅伐多耶摩含_{二合}，_{願爲我轉金剛法也}奚哩^{引，二合}

論曰：爲展轉供養一切如來故，奉獻己身，願一切如來爲我轉金剛法輪。

又以金剛合掌從頭下置於心上，以頂向北方礼拜。誦此密語：

唵薩婆怛他揭多布穰羯磨尼阿答摩南涅哩耶多夜弭薩婆怛他揭多跋折羅羯磨句嚧^{二合，爲我作事業也}摩含^{二合}婀_引

論曰：爲供養一切如來事業故，奉獻己身，願一切如來爲我作金剛事業。於四方如上法礼拜已，次隨其欲爲除灾害、增益、降伏、阿毗遮囉等事差別，各依本方結坐。若欲爲除灾者，面向北方，應以結薩結加座而坐，謂補_?膝交脚坐是也。以慈悲眼分明稱密語，不急不緩，以正念憶持而起首念誦。慈悲眼者，如須弥盧及曼陁羅山堅固不移，其眼不眴，是名慈悲眼也，能除諸惡鬼神及諸瘲病。即説密語：

唵涅哩茶　涅哩瑟致^上惺唎^{二合}吒^{半呼之}

若爲增益者，應面向東方，結蓮花座而坐結加趺也。以金剛眼顧視，復以金剛語言而起首念誦。金剛顧視者，謂以愛重心歡悦之眼，以此瞻視，皆蒙隨順。即説密語：

唵　跋折囉　涅哩瑟底末咤

若欲降伏者，應面向西結賢②座而坐，_{並脚蹲坐，臀不著地是也}。即以明目而降伏之，_{明目者，踊動數③眴眼睞是也}。以此眼視者，皆得降伏。即説密語：

唵　涅哩瑟致^上耶俱翅穰^{而佉切}

若爲阿毗遮羅者，應面向南，以鉢嚲④多里茶立，_{右脚正立，叙⑤引左脚，如世丁字，曲身倚立身是也}。或以嗢俱吒坐，_{以右脚踏左脚上蹲，臀不著地是也}。作瞋怒眼，舉眉斜目，以此瞻視者，諸惡鬼神皆爲摧滅。以瞋意怒眼而誦，即説密語曰：

唵　句嚧陁涅哩瑟底^{丁以反}奚形^{以反}吽登

---

① “奉”前，《中華藏》校勘《石》《麗》有“今”。

② 賢，《中華藏》校勘《資》《磧》《普》《南》《徑》《清》作“寶”。

③ 數，《中華藏》校勘《石》無。

④ 嚲，《中華藏》校勘《石》《麗》作“喇”，《資》《磧》《普》《南》《徑》《清》作“唭”。

⑤ 叙，《中華藏》校勘《石》作“斜”。

凡以嗔語音誦密語者，謂如雲蔭稱吽字，以嗔語誦降伏密語，即加吽、發二字，皆須音旨分明。誦密語者，如發字是也，以嗔相作色，威怒分明誦之。若或結如來坐，全結加也。或結大菩薩坐。半結加①。爲一切衆生淨治故，欲求清淨住於正念者，以心存念而誦此密語：

唵　薩網亡可反婆嚩亡何反，自性也薩婆達磨一切法也薩網亡可反婆嚩亡何反述輪律反度含我亦清淨

論曰：梵存初字，以一切法自性清淨，我亦自性清淨。誦此密語已，復以心念：是諸衆生无始流浪生死，由慳、貪、垢穢、黑闇所覆，眼目不開。爲除滅慳貪障导故，令成就世閒、出世閒諸恚地。已作是思惟訖，即誦此密語：

唵　薩婆怛他揭多　餉恚陁　薩婆薩埵南薩婆恚陁耶一切成就也三跛睨奴見反談引怛他揭多　遏地底瑟咤憺

論曰：梵存初字，一切如來所共稱讚，爲一切衆生一切恚地願皆成就。凡所障导，皆從心起，由往昔串②習慳貪力故。爲除滅障导故，應當憶念菩提之心。修瑜伽者須臾作是思惟已，應當觀察世閒由暴惡、怖畏、妄想所攝，貪愛、希望迷乱心行，爲彼嗔火所焚，身常遊行癡迷闇中，沉溺其心愛染泥中，以爲虚妄憍慢，昏酒常醉，止住邪見生死宅中，不遇善知識最上甘露味。由自所作種種妄想工巧所成無量差別，見諸衆生无明垢重所覆，見如斯過無有依護，應當哀愍於彼。既生哀愍心已，與無量衆生爲救度故。若持誦者，應當現前作阿婆頗那伽三摩地。

次説入三摩地法。若欲入定者，不應動身及諸支體，脣齒俱合，兩目似合，於佛像前應先思惟。當欲入定作是思惟，諸佛遍滿虚空，猶如大地，油麻津膩滿中，於其身心嚴飾亦然。作是念訖，即結三摩耶等契，即於已舌心身手中③想“吽”字，即想其字變爲金剛。復想於右眼中想“摩”字，於左眼中想“吒”，半字呼。又想“摩”字變爲月，“吒”字變爲日，即以金剛所成。眼應瞻仰一切佛，由此法瞻視者，得一切佛之所稱讚。誦④密語：

唵　跋折囉末咤

即以如上説金剛眼瞻視，并誦此密語訖，即得應降伏者皆常隨順，及有暴惡衆生、一切障导毗那夜迦，由金剛法瞻視故，彼當消滅。

次結三摩耶契法，令止、觀羽堅牢已，以諸度初分相交，是名金剛合掌。置於

---

① 加，《中華藏》校勘《資》《磧》《普》《南》《徑》《清》作“跏也”。
② 串，《中華藏》校勘《資》《磧》《普》《南》《徑》《清》作“慣”。
③ 中，原脱，據《中華藏》校勘諸本補。
④ “誦”後，《中華藏》校勘諸本有“此”。

頂^①，二羽本分心、喉，爲加持己身故。誦密語已，次第置之。密語：

唵　跋折囉　若哩

　　復次其金剛合掌契，盡諸度本分加背，極牢結已，号爲金剛嚩契。復置契於心上，誦此密語：

跋折囉　盤陁嚩也

　　又復結金剛嚩契已，豎忍、願二度爲針，置於心上。即誦密語：

三摩耶　薩埵

　　此是發悟一切諸佛及諸弟子等密語、契，次以其契針屈入掌中，以智、定、檀、慧度豎如針，此名極喜三摩耶契。即誦密語：

三摩耶　護

　　復次結金剛縛已，置於心上，想自^②心上有"怛刺"字、"吒"字爲心門户。掣金剛嚩契時，想如開智門，即三遍誦密語，三度掣之。密語曰：

唵　跋折囉　伴陁_{閉義也}怛喇_{二合}吒_{上半呼之}

　　既於心開智門，即想門内有大殿，又想面前有"婀"字遍照光明。爲生菩提心，具大智故，令入己心殿中。即以正定意結金剛召入契，及結三摩耶契。結召入^③契法，結金剛縛契已，以智、定二度屈入掌中，是名金剛召入契。結契時，即誦密語：

唵　跋折囉　吠奢_{召入也}婀_{短呼也}

　　由此修行瑜伽者，即得生金剛召入智。此智慧能了過去、未來、現在一切所作之事，皆悉悟解未曾聞百千般契經，其文字義皆得現前。次准上復結金剛嚩契已，及智、定二度屈入掌中，以進、力度置智、定度背上，是名金剛拳三摩耶契。結此契時，而誦此密語：

唵　跋折囉　慕瑟致_上鑁_{亡凡反}

　　如上所説，以"婀"字置於心中者，以"鑁"字常閉心殿門户，此密語是一切如來金剛身語，以能執持故，名金剛拳契。解此契訖，次即以止羽腕上置觀羽，以檀、慧度相鈎，豎進、力度作喝相貌，是名三界威力決勝契，亦名大力契。欲結此契，先應三遍稱"吽"字結之，似雲陰雷聲，取密語最後稱一"吽""發"字。即説此密語：

唵蘇母婆_{二合}你蘇　母婆_{二合}吽_{重呼}訖哩呵拏_{二合}訖哩呵拏_{二合}吽訖里拏波耶吽　阿那耶胡_{引聲}薄伽梵跋折囉　吽_{短聲}發

　　此契於頭上右旋三匝，若有諸魔作障导者，見此契已，皆悉遠離，復得一切處擁

_____

① 頂，《中華藏》校勘《石》作"項"。
② 自，原作"用"，據文意改。
③ 入，原脱，據《中華藏》校勘諸本補。

護己身。又以此契觸諸燈、香、花、飲食等，一一皆稱"吽"字，隨觸隨得清淨。復次金
剛縛牢結已，雙大母指及二小指豎合爲針，是名金剛蓮華三摩耶契。結此契時而誦
密語：

唵　跋折囉　鉢頭摩　三摩耶薩埵鑁三合

　　以此印置於口上，誦真言者即於蓮花部中得爲勝上。次復以上勝智觀察，內外
皆無所有，復觀三世等同虛空。又想"琰"字爲黑色境，持地、風輪界。復想"劍"字爲
圍輪山，以勝寶所飾。又於虛空想"鑁"字，爲毗盧遮那佛。由具慈悲，流注乳兩邊，
輪圍山便成甘露大海。於其海中，復想"般喇"字以爲龜形，其龜由如金色，身之廣
大，無量由旬。復於龜背上想"奚哩"二合字，其字變爲赤色赤光蓮花，悦意殊妙。其
花三層，層有八葉，臺蘂具足。於其臺上想波羅二合、吽、毅①等三字，以爲須弥山。其
山衆寶所成而有八角，於山頂上又想鑁、吽、多囉、奚哩二合、惡重呼之等五字，以爲大
殿。其殿四角正等，具足四門。其門左右有吉祥幢，軒楯周環，四重階道。於其殿上
有五樓閣，懸雜繒綵、珠網、花鬘而爲莊飾。於彼殿外四角之上及諸門角，以金剛寶
之所嚴飾。想其外院復用種種雜寶、鈴鐸，映蔽日月，懸珠瓔珞，以爲嚴飾，復於其外
無量劫波樹行列。復想諸天美妙音聲，歌詠樂音，諸阿修羅、莫呼落伽王等，以金剛
儛之所娛樂。於彼殿內有漫荼羅，於中以八金剛柱而爲莊飾。於如來部輪中想三種
子字，中央想"心"字，其字左右想"阿引聲"字，以其②三字成就天之微妙四面方等師子
之座。又於金剛部中種子字，三字之中想"俄重聲"字，於其左右想"吽"字，以其三種
子字所成金剛部，以象爲座。又於寶部中想三種子字，於其中央想"麽重聲"字，左右
想"怛囉"字，以其三種子字所成寶部之中以馬爲座。

　　又蓮花部有三種子字，於其中央想"摩含二合"字，左右想"頡③唎異三合"，以此三
種子字所成蓮花部中以孔雀爲座。又羯磨部中有三種子字，於其中央想"劍"字，左
右想"阿短"字，以其三種子字所成羯磨部中，想迦樓羅爲座。

　　既想如上諸部座已，次想一切如來及十六大菩薩，并四波羅蜜。施設四種內供
養，四種外供養。又爲守四門，四菩薩隨方安置。又如上所説，諸佛及大菩薩、守④門
菩薩等，各各以本三摩地，各各自心及隨己記印、相貌如下所説，皆想從毗盧遮那佛
身中出現。又想四面毗盧遮那佛，以諸如來真實所持之身，及以如上所説一切如來
師子之座而坐，其上⑤毗盧遮那示久成等正覺。一切如來以普賢爲心，復用一切如來

---

① 毅，《中華藏》校勘《石》《麗》作"劍"。
② 其，《中華藏》校勘《普》《南》《徑》《清》作"此"。
③ 頡，《中華藏》校勘《徑》《清》作"纈"。
④ 守，原作"字"，據《中華藏》校勘諸本改。
⑤ 其上，《中華藏》校勘《普》《南》《徑》《清》作"而其"。

虛空所成大摩尼寶以爲灌頂，復獲得一切如來觀自在法智究竟波羅蜜，又一切如來
毗首羯磨不空離障導教令。所作已畢，所求圓滿，於其東方如上所説象座，想阿閦鞞
佛而坐其上。於其南方如上所説馬座，想寶生佛而坐其上。於其西方如上所説孔雀
座，想阿彌陁佛而坐其上。於其北方如上所説迦樓羅座，想不空成就佛而坐其上。
各於座上，又想滿月形，復於此上想蓮華座，每一一蓮花座上，佛坐其中。

　　尒時金剛界如來，以持一切如來身以爲同體，一切如來普賢摩訶菩提薩埵三摩
耶所生，名①攝一切薩埵，名金剛加持三摩地入已，此②一切如來大乘阿毗三摩耶心，
名一切如來心，從自身心而出，即説密語曰：

跋折囉　　薩埵

　　纔説此密語時，從一切如來心，即是彼世尊以爲普賢月輪出，以淨治一切衆生摩
訶菩提心已，各住於一切如來方面。於彼諸月輪中而出一切如來金剛智已，皆入毗
盧遮那如來心中。以其普賢故，及堅牢故，從金剛薩埵三摩地中以一切如來神力，以
爲同一密體，遍滿虛空界量，具足光明，以爲五頂，以一切如來金剛身口意所成五股
跋折囉即成就已，又從一切如來心出，置於右掌中，尒時復從跋折囉出種種色相，光
明照曜，遍滿一切世界。又想於諸光明峯上，一切世界微塵等如來出現。既出現已，
盡遍法界，滿虛空中。及一切世界周流海雲，於一切如來平等性智神通，現成等正
覺。能令發一切如來大菩提心，成就普賢種種行相，亦能奉事一切如來眷屬，能令趣
向大菩提場。復能摧伏一切諸魔，悟一切平等性，證大菩提，轉正法輪，乃至救護一
切世界衆生，成就一切如來神通智最上悉地等。現一切如來神變已，爲普賢故，復爲
金剛薩埵三摩地極堅牢故，同一密體。成普賢大菩薩身已，住於毗盧遮那佛心，而高
聲唱是言：奇哉！曰：

　　　　我是普賢，堅固薩埵。

　　　　雖非身相，自然出現。

　　　　以堅牢故③，爲薩埵身。

　　尒時普賢大菩薩身從佛心出已，於一切如來前，依於月輪復請教示。

　　尒時世尊毗盧遮④那入一切如來智三摩耶金剛三摩地已，現一切如來尸羅三摩
地、慧解脱知見，轉正法輪，展轉利益衆生。大方便力精進大智三摩耶，盡遍一切衆
生界，救護一切，爲自在主。一切安樂悅意受用故，乃至一切如來平等性智、神通摩
訶衍那、阿毗三摩耶，剋果成就最上悉地故。一切如來以此悉地跋折囉，爲彼普賢大

①　名，《中華藏》校勘《資》《磧》《普》《南》《徑》《清》作“召”，下一“名”字同。
②　入已此，《中華藏》校勘《資》《磧》作“入已”，《普》《南》《清》作“已入”。
③　故，原作“固”，據《中華藏》校勘《資》《磧》《普》《南》《徑》《清》改。
④　遮，原作“之”，據《中華藏》校勘諸本改。

菩薩,應以一切如來轉輪位故,以一切如來身寶冠、繒綵而灌頂之。既灌頂已,而授與之。尒時諸如來以彼執金剛之名灌頂故,便号爲執金剛。是時執金剛菩薩屈其左臂,現威猛力士相。右手執跋折囉,向外抽擲弄而執之。高聲作是言:奇哉[1]! 曰:

> 此跋折羅,是諸如來,
>
> 無上恙地。我是金剛,
>
> 授與我手,以我金剛,
>
> 執持[2]金剛。

此是金剛薩埵三摩地一切如來菩提心智第一。

尒時世尊毗盧遮那復入不空王大菩薩三摩耶,出生加持薩埵金剛三摩地已,從自心而出召請一切如來三摩耶,名一切如來心。即説呪曰:

拔折囉　　囉攘而伽反,上

纔説此密語時,於一切如來心中,則彼執金剛菩薩,以爲一切如來之大鈎出已,便即於世尊毗盧遮那掌中而住。尒時從彼大鈎身中,出現一切世界微塵等如來。既出現已,鈎召請入一切如來等事。及一切佛神變作已,由不空王故,及由金剛薩埵堅牢故,同一密合,以爲不空王大菩薩身成就已,住於世尊毗盧遮那佛心,而高聲唱言:奇哉! 曰:

> 我是不空王,從彼金剛生,
>
> 以爲大鈎召,諸佛成就故。
>
> 能遍一切處,鈎召諸如來。

時彼不空王菩薩從佛心出已,便依於諸如來右邊月輪,復請教示。

尒時世尊入一切如來鈎召金剛三摩耶三摩地已,爲一切如來鈎召三摩耶,盡遍衆生界,一切攝召一切如來,爲一切安樂悦意受用故,乃至爲得一切如來三摩耶智所持,增上恙地成就故。即於彼不空王大菩薩,如上於雙手而授之。尒時一切如來,以金剛鈎召名号而灌頂之。是時金剛鈎召菩薩,以彼金剛鈎鈎召一切如來已,而高聲唱言:奇哉! 曰[3]:

> 我是諸如來,无上金剛智,
>
> 能成就佛事,最上鈎召者。

此是不空王大菩薩三摩耶一切如來鈎召智第二。

尒時世尊復入摩羅大菩薩三摩耶,出生加持薩埵金剛三摩地已,即從己身出一切如來奉事三摩耶,名一切如來心。即説密語:

---

① 奇哉,原脱,此據上下文補,以下脱漏“奇哉”者皆補,不另出校。

② 持,原作“待”,據《中華藏》校勘諸本改。

③ 曰,《中華藏》校勘《普》《南》《徑》《清》無。

跋折囉　囉伽

　　纔説此呪時，從一切如來心中即彼世尊執金剛，以爲一切如來花器仗。既出已，同一密體，入於世尊毗盧遮那佛心中，於彼便以爲金剛弓箭身，而住於掌中。即從彼金剛箭身，一切世界微塵等如來身出現已，爲作一切如來奉事等，及一切如來神變作已，由至極煞故，復由金剛薩埵三摩地極堅牢故，同一密合，以爲成就摩羅大菩薩身已，即住於世尊毗盧遮那佛心中。住已而高聲唱是言：奇哉！曰：

　　　　我自性清淨，能以染愛事，

　　　　奉事於如來，以離染清淨，

　　　　染故能調伏。

　　尒時彼摩羅大菩薩身，即從毗盧遮那佛心而下，於一切如來左邊月輪中而住已，復請教示。

　　尒時世尊入一切如來愛染奉事三摩地加持金剛，既入定已，一切如來摩蘭拏金剛三摩耶，盡遍衆生界喜愛，一切安樂悦意受用，乃至一切如來摩羅業最勝恚地獲①果故。彼金剛箭爲彼摩羅大菩薩，如上雙手而授之。是時一切如來皆号彼爲金剛弓，以金剛弓名而灌頂之。尒時金剛弓菩薩摩訶薩，以其金剛箭煞一切如來時，即以高聲唱如是言：奇哉！曰：

　　　　此是一切佛，離垢愛染智，

　　　　以染害離染，一切受②安樂。

　　此是金剛弓大菩薩三摩地奉事一切如來智第三。

　　尒時世尊復入歡喜王摩訶薩埵三摩耶，所生薩埵加持金剛三摩地已，從自身心而出一切如來歡喜，名一切如來心。即説密語：

跋折囉　娑度

　　纔説此呪時，從一切如來心，即彼執金剛以爲一切如來善哉想已，同一密合，便入毗盧遮那如來心。既入心已，而爲金剛歡喜體，住於雙手掌中。尒時從彼金剛歡喜體中，出現一切世界微塵數等如來身。既出現已，作一切如來善哉等事。一切如來神變已作，以極歡悦故，復以金剛薩埵三摩地極堅牢故，同一密合，便成歡喜王摩訶薩身，住於毗盧遮那如來心。而高聲唱如是言：奇哉！曰：

　　　　我是最勝，一切智者，

　　　　所共稱説。若諸妄想，

　　　　分別斷除，聞常歡喜。

---

① 獲，《中華藏》校勘《資》《磧》《普》《南》《徑》《清》無。

② 受，原作“愛”，據《中華藏》校勘《石》《麗》改。

爾時歡喜王摩訶薩身從佛心下,於諸如來背後月輪中住,復請教示。

爾時世尊入一切如來歡喜金剛三摩地已,一切如來無上極歡喜智三摩耶,爲盡遍衆生界,一切歡喜一切安樂悦意受用故。乃至一切如來無上踊躍,獲最勝味悲地果故。其金剛歡悦,爲彼歡喜王摩訶菩提薩埵如上授與雙手。爾時一切如來皆号之爲金剛踊躍,以其金剛名而灌頂之。于時金剛踊躍菩薩摩訶薩,以其金剛歡悦相,以善哉聲令諸佛歡喜已,高聲作如是言:奇哉! 曰:

> 此是諸佛等,善哉能轉者。
>
> 此殊妙金剛,能增益歡喜。

此是金剛踊躍摩訶薩三摩耶一切如來作善哉智第四。

以上四菩薩,並是金剛部中阿閦佛眷屬,都号爲一切如來摩訶三摩耶薩埵。

爾時世尊復次從虚空藏心出現摩訶菩提薩埵三摩耶,所生寶加持金剛三摩地已,此一切如來灌頂三摩耶,名一切如來心。從自心而出,即説密語:

跋折囉　阿囉　怛那二合

纔出此呪時,從一切如來心中遍滿虚空,平等性智善決了故,金剛薩埵三摩地及堅牢故,同一密合。即彼執金剛以爲流出光明,盡遍虚空,猶彼盡遍虚空光明照曜故,以盡遍爲虚空界。爾時以諸佛加持力,一切虚空界悉入世尊毗盧遮那心中,善修習故。金剛薩埵三摩地以爲遍虚空藏,周流一切世界等量,摩訶金剛寶所成身,安住如來掌中。是時從彼大金剛寶身中出現一切世界微塵等已,而作一切如來灌頂等事。一切如來神變,於一切世閒作已,以盡遍世界藏善出生故,以金剛薩埵三摩地極堅牢故,同一密合,成就虚空藏大菩薩。既成就已,住於毗盧遮那心,而高聲唱如是言:奇哉! 曰:

> 我是自灌頂,金剛寶無上。
>
> 雖无住著者,然爲三界主。

時彼虚空藏摩訶菩提薩埵從毗盧遮那佛心下,向一切如來前,依於月輪,復請教示。

爾時世尊入大摩尼寶金剛三摩地已,一切如來有所樂求,皆令圓滿三摩耶,盡遍衆生界,爲得一切利益故,一切安樂悦意受用故,乃至得一切如來事成就最上悲地故。此金剛摩尼,爲彼虚空藏大菩提薩埵,以爲金剛寶轉輪故。又以金剛寶藏①灌頂,既灌頂已,而②雙手授之,是時一切如來以灌頂之号名金剛藏。爾時金剛藏摩訶菩提薩埵將彼金剛摩尼,於己灌頂處置已,而高聲作是言:奇哉! 曰:

---

① 藏,原作“英”,據《中華藏》校勘《石》《麗》改。

② “而”後,《中華藏》校勘《資》《磧》《普》《南》《徑》《清》有“於”。

此諸如來許，能灌衆生頂，

我是手授者，及受①與我者，

以寶而飾寶。

此是寶生如來部金剛②藏大菩薩三摩地一切如來灌頂寶智第一。

尒時世尊復入大威光摩訶薩埵三摩耶，所生寶加持金剛三摩地已，彼自出一切如來光明三摩耶，名一切如來心。從自身心而出此密語：

跋折囉　帝壤

纔出此密語時，從一切如來心，即彼薄伽梵執金剛以爲大日輪，同一密合，入於毗盧遮那佛心，便成金剛日身，住於如來掌中。于時即從彼金剛日身中，出現一切世界微塵等如來身。出已放一切如來光明等事，一切如來神變作已，以極大威光故，金剛薩埵三摩地摩訶菩提薩埵身成就已，住於毗盧遮那心，而高聲唱是言：奇哉！曰：

無比大威光，能照衆生界，

令諸佛依護，雖復淨即是，

淨中能復淨。

時無垢威光摩訶菩提薩埵身，從佛心下已，即依於如來右邊月輪中住，復請教示。

尒時世尊入一切如來以圓光加持金剛三摩地已，一切如來光明三摩耶，盡遍衆生界，無比威光爲一切安樂悦意受③用故，乃至一切如來自身光明爲最上悉地成就故。將彼金剛日，與彼大威光摩訶菩提薩埵，於雙手而授之，是時一切如來共号爲金剛光明，以金剛名而④灌頂之。尒時金剛照曜菩薩摩訶薩，以其金剛日照曜一切如來已，而高聲唱是言：奇哉！曰：

此是諸佛智，除滅無知闇，

以微塵等量，超越於日光。

此是金剛光明大菩薩三摩地一切如來圓光智第二。

尒時世尊復入寶幢菩薩三摩耶，所生寶加持金剛三摩地已，能滿足一切如來所求三摩耶，名一切如來之心。從自心而出，即説密語：

跋折囉　計都

纔出此密語時，從一切如來心，即彼⑤薄伽梵執金剛，以種種殊妙雜色嚴具以爲

---

① 受，《中華藏》校勘《石》《麗》作“授”。

② 剛，原脱，據《中華藏》校勘諸本補。

③ 受，原作“授”，據《中華藏》校勘《南》《徑》《清》《麗》改。

④ 名而，原作“而名”，據《中華藏》校勘《石》《麗》正。

⑤ 彼，原作“從”，據《中華藏》校勘《資》《磧》《普》《南》《徑》《清》《麗》改。

寶幢。出已同一密合，入於毗盧遮那心，便成金剛幢身。既成就已，而安住於佛掌中。尒時從金剛幢身中，出一切世界微塵等如來身。出已而建立一切如來寶幢等事。作一切如來神變已，以大寶幢故，金剛薩埵三摩地極堅牢故，同一密合，以爲摩訶菩提薩埵身，即住於毗盧遮那世尊心中。而高聲唱是言：奇哉！曰：

　　　無比量幢，我能授與，

　　　一切利益。滿足悉地，

　　　一切所求，一切能滿。

　　時彼寶幢摩訶菩提薩埵，從佛心下已，依於諸如來左邊月輪中住，復請教示。

　　尒時世尊入一切如來建立加持金剛三摩地已，能建立一切如來思惟三摩尼幢三摩耶，爲盡遍衆生界，能圓滿一切希求，一切安樂悦意受用故，乃至獲得一切如來大利益最上悉地果故。彼寶幢如上授與雙手掌中，是時一切如來以金剛表刹而名号之，復以金剛名号而灌頂之。尒時金剛表刹菩薩摩訶薩，以彼金剛幢令一切如來，於檀波羅蜜相應。而高聲唱是言：奇哉！曰①：

　　　此是諸如來，希求能圓滿，

　　　名爲如意幢，檀波羅蜜門。

　　此是金剛幢菩薩三摩地一切如來檀波羅蜜智第三。

　　尒時世尊復入常愛歡喜根摩訶菩提薩埵三摩耶，所生寶加持金剛三摩地已，從自身心出此一切如來愛②三摩耶，名一切如來心。而説密語：

跋折囉　訶婆

　　纔出此密語時，從一切如來心，即彼薄伽梵執金剛，以爲一切如來微笑，同一密合，便入毗盧遮那如來心而成金剛微笑身，於如來掌中而住。

　　尒時從彼金剛微笑身，出現一切世界微塵等如來，一切如來希有事等。一切如來神變遊戲作已，常愛歡喜根故，金剛薩埵三摩地極堅牢故，以爲大菩薩身。既成就已，住於世尊毗盧遮那心中已，而高聲作是言：奇哉！曰：

　　　我是爲大笑，一切勝中上，

　　　恒常善住定，以爲佛事用。

　　尒時常愛歡喜根摩訶菩提薩埵身，從佛心而下，依於一切如來背後月輪中而住，復請教示。于時世尊入一切如來希有加持金剛三摩地已，出現一切如來三摩耶，盡遍衆生界，諸根無上安樂悦意受用故，乃至獲得一切如來根淨治智神通果故。彼金剛微笑，爲彼常愛歡喜根摩訶菩提薩埵，如上授與於雙手掌中。尒時一切如來以金

① 曰，原脱，據《中華藏》校勘《石》補。
② 愛，原作"受"，據文意改。

剛愛名而爲之号，便以金剛名而爲灌頂。于時金剛愛摩訶菩提薩埵以其金剛微笑，於一切如來微笑而高聲唱是言：奇哉！曰：

> 此是諸如來，示生現希有，
>
> 大智能踊躍，二乘所不知。

此是金剛愛摩訶菩提薩埵一切如來微笑希有智第四。

以上寶部中四菩薩，是一切如來大灌頂薩埵①。

尒時世尊復入觀自在摩訶菩提薩埵三摩耶，出生法加持金剛三摩地已，從自身心，出一切如來法三摩耶，名一切如來心。而説密語曰：

跋折囉　達摩

纔出此語時，於一切如來身中，即彼薄伽梵執金剛，由自性清淨一切法平等性智善決了故，金剛薩埵三摩地極堅牢故，以爲法光明。由彼法光明，出現一切世界，周遍照曜，便成法界。時彼一切法界遍滿虚空界，同一密合，入於毗盧遮那佛心中，周遍虚空界量，成大蓮花身，住於世尊手中。尒時世尊從彼金剛蓮花身中，現一切世界微塵等如來身。既出現已，一切如來三摩地智神通等，一切如來神通遊戲，於一切世界作已，觀自在故，及金剛薩埵三摩地堅牢故，同一密合，以爲觀自在摩訶菩提薩埵身。成就已，住於毗盧遮那佛心中。而高聲唱是言：奇哉！曰：

> 我是第一義，本來自清淨，
>
> 筏喻於諸法，能得勝清淨。

時彼觀自在摩訶菩提薩埵身，從佛心下已，依於一切如來前月輪中而住，復請教示。

尒時世尊入一切如來三摩地智三摩耶，所生金剛三摩地已，能清淨三摩耶，盡遍衆生界，自身清淨。爲一切安樂悦意受用故，乃至獲得一切如來法智神通果故，即將彼金剛大蓮花，如上授與觀自在菩薩摩訶薩，爲轉正法輪故，爲一切如來法身灌頂已，而於雙手授之。尒時一切如來復以金剛眼名号而爲灌頂，于時金剛眼菩薩摩訶薩，彼蓮花葉以開敷故，貪愛自性離，清淨无染汙。作是觀察已，而高聲唱如是言：奇哉！曰：

> 此是諸佛慧，能覺了貪愛，
>
> 我及所授者，於法而住法。

此是蓮花部金剛眼大菩薩三摩耶一切如來觀察智第一②。

金剛頂瑜伽中略出念誦經卷第一

---

① “薩埵”後，《中華藏》校勘《普》《南》《徑》《清》至此卷第一終、卷第二始。卷首經名下，《普》《南》有夾注“卷首三十四行元悮在前卷末”。

② 此句，原爲卷第二首行，據《中華藏》校勘《石》《麗》移此。

金剛頂瑜伽中略出念誦經卷第二

大唐南印度三藏金剛智譯

　　尒時世尊復入文殊師利摩訶菩提薩埵三摩耶，所生法加持金剛三摩地已，從自心出此一切如來大智慧三摩耶，名一切如來心。即説密語：

跋折囉　　底瑟那三合

　　纔出此語時，於一切如來心，即彼薄伽梵執金剛，以爲智劍而出已，同一密合，入於毗盧遮那佛心中，便爲劍鞘。既成就已，住於毗盧遮那佛手中，于時從彼如來劍鞘身中，出現一切世界等如來身。一切如來智慧等，及一切如來神變遊戲已，由極妙吉祥故，及金剛薩埵三摩地極堅牢故，同一密合，以爲文殊師利摩訶菩提薩埵身。既成就已，住於世尊毗盧遮那佛心。而高聲作是言：奇哉！曰：

　　　　我是諸佛語，号爲文殊聲，

　　　　若以無形色，音聲可得知。

　　尒時文殊師利摩訶菩提薩埵，從世尊心下已，依一切如來右邊月輪中住，復請教示。

　　尒時毗盧遮那佛入一切如來智慧三摩耶金剛三摩地已，現一切如來斷除煩惱三摩耶，爲盡遍衆生界斷除一切苦故，及一切安樂悦意受用故，乃至成就一切如來隨順音聲圓滿惠最上悉地故。彼金剛覺於文殊師利摩訶菩提薩埵如上於雙手授之，于時一切如來以金剛覺而爲名号，復以金剛名授其灌頂。尒時金剛覺菩薩摩訶薩以其金剛劍揮斫已，而高聲唱是言：奇哉！曰：

　　　　此是諸如來，般若波羅蜜，

　　　　能破諸怨敵，滅罪中爲最。

　　此是金剛覺摩訶菩提薩埵三摩地一切如來智慧第二。

　　尒時世尊復入纔發心能轉一切如來法輪摩訶菩提薩埵三摩耶，所生法加持金剛三摩地已，即從自心出此一切如來法輪三摩耶，名一切如來心。即説密語：

跋折羅　　曳都

　　纔出此語時，從一切如來心即彼薄伽梵執金剛，以爲金剛界大壇場出已，同一密合，入於毗盧遮那佛心中，以爲金剛輪身，即於如來手中住。於時從彼金剛輪身出現一切世界微塵等如來身出已，由纔發心能轉法輪故，及金剛薩埵三摩地極堅牢故，以爲纔發心轉法輪身成就已，住於毗盧遮那佛心，而高聲唱是言：奇哉！曰：

　　　　於執金剛中，金剛輪爲上，

彼以纔發心，而能轉法輪。

尒時纔發心轉法輪摩訶菩提薩埵身從佛心下已，依於一切如來左月輪中而住，復請教示。

尒時世尊復入一切如來金剛眼輪三摩地已，一切如來大壇場三摩耶，爲盡遍衆生界，入不退轉輪，一切安樂悦意受用故，乃至成就一切如來轉正法輪最上悉地故，即彼金剛輪，而爲彼纔發心轉法輪摩訶菩提薩埵，如上於雙①手而授之，尒時一切如來以金剛道場名而爲之號。尒時金剛道場菩薩以其金剛輪，爲一切如來不退轉故安立已，復高聲唱是言：奇哉！ 曰：

　　此是諸如來，能淨治一切，

　　是名不退轉，菩提之道場。

此是金剛道場摩訶菩提薩埵纔發心能轉一切如來法輪智第三。

尒時世尊入無言摩訶菩提薩埵三摩耶所生法加持金剛三摩地已，即從自心出一切如來念誦三摩耶，名一切如來心。 即説密語：

跋折囉　婆沙

纔出此語時，從一切如來心彼即以爲一切如來法文字出已，同一密合，入於世尊毗盧遮那佛心，便爲金剛念誦身而住於世尊掌中。尒時即從金剛念誦身，出現一切世界微塵等如來身。既出已，而作一切如來法界性等一切神變遊戲已，而自語言極堅故，同一密合，以爲語言金剛菩提薩埵身已，住於毗盧遮那佛心，而高聲作是言：奇哉！ 曰：

　　自然之秘密，我爲密語言，

　　若説於正法②，遠離諸③戲論。

尒時無言摩訶菩提薩埵身從佛心而下，依於諸如來背後月輪中而住，復請教示。于時世尊復入一切如來秘密語言三摩耶三摩地，爲一切如來語言智三摩耶盡遍衆生界，語言悉地成就故，一切安樂悦意受用故，乃至獲得一切如來語言秘密性勝上悉地故。即彼金剛念誦，爲彼無言摩訶菩提薩埵如上授與雙手，尒時一切如來以金剛語言名而爲之号。于時金剛語言菩提摩訶薩埵，以其金剛念誦而與一切如來談論④已，而高聲唱是言：奇哉！ 曰：

　　此是諸如來，金剛之念誦，

　　於諸如來秘，能爲速成就。

---

① 雙，原脱，據《中華藏》校勘《麗》補。
② “以金剛道場名而爲之号”至“若説於正法”，《中華藏》原《金藏》版本漫漶，代之以《麗藏》本。
③ 諸，《中華藏》校勘《資》《磧》《南》《徑》《清》《麗》作“語”。
④ 論，原作“語”，據《中華藏》校勘諸本改。

此是蓮花部金剛語言摩訶菩提薩埵三摩地一切如來離語言戲論智第四。

已上四菩薩是蓮花部一切如來大智三摩耶薩埵。

尒時世尊復入一切如來毗首羯磨摩訶菩提薩埵三摩耶所生羯磨加持金剛三摩地已,即從自身心出現一切如來羯磨三摩耶,名一切如來心。即說密語:

跋折囉　羯磨

纔出此語時,從一切如來心即彼薄伽梵執金剛,以爲一切羯磨平等性智善曉了故,金剛薩埵三摩地極堅牢故,即彼薄伽梵執金剛一切如來羯磨光明而出現已。由彼一切如來羯磨光明照曜故,諸世界得成一切羯磨界,同一密合,便入毗盧遮那佛心,遍滿盡虛空界量。由一切如來金剛羯磨界故,以爲羯磨金剛身,而住於世尊掌中。尒時從彼羯磨金剛身出現一切世界微塵等如來身,既現已,於一切世界一切如來羯磨等,一切如來神變遊戲作已,一切如來無邊羯磨故,復以金剛薩埵三摩地極堅牢故,以爲一切如來毗首羯磨摩訶菩提薩埵身,即住於世尊毗盧遮那佛心,而高聲唱是言:奇哉!曰:

　　　諸佛羯磨不唐捐,羯磨金剛而能轉,

　　　惟我住兹能廣爲,以無功用作佛事。

于時大毗首羯磨摩訶菩提薩埵身,從佛心下已,依於如來前月輪中住,復請教示。尒時世尊入一切如來不空金剛三摩地已,爲一切如來轉供養等无量不空一切羯磨儀式廣大三摩耶,爲盡遍衆生界,一切羯磨恚地,及一切安樂悦意受用故,乃至獲得一切如來金剛羯磨性智神通㝡上恚地故,是彼羯磨金剛爲一切如來金剛羯磨摩訶菩提薩埵,爲一切如來羯磨轉輪故。復以一切如來金剛羯磨故,爲其灌頂而於雙手授之。尒時一切如來以爲金剛毗首名而爲之号,復以金剛名而灌其頂。于時金剛毗首菩薩摩訶薩,即以彼羯磨金剛置於心上,爲令作用一切如來羯磨事已,而高聲唱是言:奇哉!曰:

　　　此是諸如來,㝡上毗首磨,

　　　我及所授者,羯磨能羯磨。

羯磨部中金剛毗首羯磨大菩薩三摩地一切如來所作事業智第一。

尒時世尊復入難勝鬪戰勇健精進摩訶菩提薩埵三摩耶所生羯磨加持金剛三摩地已,入一切如來擁護三摩耶,名一切如來心。從自身心而出,即說密語曰:

拔折羅　阿囉二合乞沙二合

纔説此語時,於一切如來心即彼薄伽梵執金剛,以爲堅牢甲冑而出已,同一密合,便入世尊毗盧遮那佛心中,復爲大金剛甲冑身,而住於如來手中。尒時從金剛甲冑身中,出現一切世界微塵等如來身。出已,一切如來擁護儀式廣大羯磨等,一切如來神變遊戲作已,由難勝鬪戰精進故,及以金剛三摩地極堅牢故,同一密合,以爲難勝精進摩訶菩提薩埵身成就已，住於毗盧遮那世尊心中，而高聲唱是言：奇哉！曰：

　　　精進所成甲堅牢，堅牢於餘堅牢者，

　　　以堅牢故非色身，能爲㝡上金剛身。

　　尒時彼難勝精進摩訶菩提薩埵身，從佛心中下已，依於諸如來右邊月輪中而住，復請教示。尒時如來入一切如來堅固金剛三摩地已，入一切如來精進波羅蜜三摩耶，爲盡遍衆生界救護。一切安樂悦意受用故，乃至獲得一切如來金剛身㝡上悉地果故，彼金剛甲冑，爲彼難勝精進摩訶菩提薩埵，如上於雙手而授之。尒時一切如來以金剛友名而爲之号，復以金剛名号授其灌頂。尒時金剛友菩薩摩訶薩，以其金剛甲冑而被一切如來已，而高聲唱是言：奇哉！曰：

　　　此是諸如來，㝡上慈甲冑，

　　　堅固精進護，名爲大親友。

　　金剛友大菩薩三摩地一切如來慈護甲冑智第二。

　　尒時世尊復入摧一切魔摩訶菩提薩埵三摩耶所生金剛三摩地已，入一切如來方便三摩耶，名一切如來心。從自身心而出，即説密語曰：

跋折羅　藥叉

　　纔出此語時，從一切如來心即彼薄伽梵，以爲大牙器而出已，同一密合，入世尊毗盧遮那佛心，便成金剛牙身已，而住於如來掌中。于時從彼金剛牙身中出現一切世界微塵等如來身已，一切如來調伏暴惡，一切如來神變遊戲，由極摧一切魔故，及金剛薩埵三摩地極堅牢故，以爲摧滅一切魔菩薩身已，便住於毗盧遮那佛心。而高聲唱是言：奇哉！曰：

　　　我是諸佛大方便，有大威德應調伏。

　　　若爲寂静利衆生，摧滅魔故作暴惡。

　　時彼摧滅魔大菩提薩埵身，從佛心下，依於諸如來左月輪中而住已，復請教示。尒時世尊入一切如來暴惡金剛三摩地已，一切如來意調伏麁惡三摩耶，爲盡遍衆生界无怖畏，一切安樂悦意受用故，乃至獲得一切如來大方便智神通㝡上悉地果故。以彼金剛牙器仗，爲摧滅一切魔，摩訶菩提薩埵如上雙手而授之，于時一切如來以金剛暴惡名而爲之号。是時金剛暴惡摩訶菩提薩埵，將彼金剛牙器仗置於己口中，恐怖一切如來已，而高聲唱是言：奇哉！曰：

　　　此是諸佛現，㝡上降伏者，

　　　金剛牙器仗，哀愍方便設。

　　此是金剛暴惡大菩薩三摩地一切如來大方便智第三。

　　尒時世尊復入一切如來拳摩訶菩提薩埵三摩耶所生羯磨加持金剛三摩地，入^①一切如來身口意金剛縛三摩耶，名一切如來心。從自心出已，即說密語曰：

跋折羅　　散地重音呼

　　纔出此語時，從一切如來心即彼執金剛，以爲一切如來印縛出已，同一密合，入於毗盧遮那佛心，而爲金剛縛身已，而住於世尊掌中。于時從彼金剛縛身中出現一切世界微塵等如來身，出已，爲於一切世界一切如來印縛智等，作一切神變已，由一切拳牢縛故，及金剛薩埵三摩地極堅牢故，同一密合，以爲一切如來拳摩訶菩提薩埵身。成已，住於世尊毗盧遮那佛心。而高聲唱是言：奇哉！曰：

　　　　我是三摩耶，堅牢縛身者，
　　　　諸願求成就，雖解脫示縛。

　　于時彼一切如來拳摩訶菩提薩埵身，從佛心下已，依諸如來背後月輪中住，復請教示。

　　尒時世尊入一切如來三摩地已，一切如來印縛三摩耶盡遍衆生界，一切如來大神力現驗作事故，一切悉地諸安樂悦意受用故，乃至一切如來一切智智印爲生㝡上悉地果故。彼金剛縛爲一切如來金剛拳摩訶菩提薩埵，如上雙手授之。于時一切如來以金剛拳名而爲之号，復以金剛名授其灌頂。尒時金剛拳菩薩摩訶薩，以其金剛縛而縛之一切如來已，高聲唱是言：奇哉！曰：

　　　　此是諸如來，堅牢金剛縛，
　　　　若爲一切印，速疾成就故。
　　　　三摩耶極難，羯磨能超度。

　　金剛拳大菩薩三摩地縛一切如來身口意智第四。

　　於羯磨部中四菩薩三摩地，都名一切如來羯磨智。尒時阿閦如來爲毗盧遮那世尊，入一切如來智印故，金剛波羅蜜三摩耶，金剛加持金剛三摩地已，即從自心出現一切如來金剛三摩耶，名一切如來印。即說密語曰：

薩埵　　跋折麗

　　纔出此語時，於一切如來心，出現金剛光明。於彼金剛光明諸門，即彼執金剛，一切世界微塵等，以爲如來身印。一切智同一密合，周遍一切世界量，以爲大金剛身已，於世尊毗盧遮那前依於月輪住。而高聲唱是言：奇哉！曰：

　　　　諸佛與薩埵，金剛極堅牢，
　　　　若以堅牢故，非身金剛身。

　　如來部中金剛波羅蜜一切如來金剛三摩耶智第一。

_____

①　入，《中華藏》校勘《石》《資》《磧》《南》《徑》《清》無。

爾時寶生如來以爲世尊毗盧遮那如來，入一切如來智印故，寶波羅蜜三摩耶所生寶金剛加持三摩地已，即從心出現此金剛寶三摩耶身印。即說密語曰：

阿羅二合怛那二合跋折麗

纔說此語時，從一切如來心中出現寶光明。於彼寶光明即彼執金剛，一切世界微塵等以爲如來身印，一切如來諸智同一密合，周遍一切世界量，而爲大金剛寶身，依於右邊月輪中住。而高聲唱是言：奇哉！曰：

　　　　諸佛金剛契，我是寶金剛，

　　　　堅牢灌頂門，說如來身印。

如來部中寶波羅蜜一切如來金剛寶灌頂三摩耶智第二。

爾時觀自在王如來，以爲世尊毗盧遮那佛，契一切如來智故，入法波羅蜜三摩耶所生金剛加持三摩地已，即從自身出現此法三摩耶身契。即說密語曰：

達摩　　跋折囉

纔出此語時，從一切如來心出現蓮花光明。於彼蓮花光明，即彼薄伽梵執金剛，以爲一切世界微塵數如來身。一切如來智契已，同一密合，一切世界周遍量，以爲金剛蓮花身已，依於毗盧遮那佛背後月輪中住，而高聲唱是言：奇哉！曰：

　　　　一切佛謂我，清淨法金剛。

　　　　若以性清淨，雖染而清淨。

如來部中法波羅蜜三摩耶所生加持金剛三摩耶智第三。

爾時不空成就如來，爲世尊毗盧遮那一切如來遍智契故，入一切波羅蜜三摩耶所生金剛加持三摩地已，此一切三摩耶自已契，從自心而出。即說密語曰：

羯磨　　跋折哩

纔出此語時，從一切如來心一切羯磨光明。於其一切如來光明，即彼薄伽梵執金剛，以爲一切世界微塵等如來身，遍契一切如來智已，復同一密合，遍滿一切世界量，面向四方，以爲羯磨金剛身已，依於世尊毗盧遮那左邊月輪中住。而高聲唱是言：奇哉！曰：

　　　　一切如來智，我多種羯磨，

　　　　金剛若唯一，盡遍佛世界，

　　　　能事業羯磨。

一切如來三摩耶羯磨波羅蜜一切如來作佛事業智第四。

都名一切如來摩訶波羅蜜。

爾時毗盧遮那世尊復入一切如來受樂供養三摩耶所生金剛三摩地已，此一切如來眷屬摩訶持明天女，從自心而現。即說密語曰：

跋折囉　　邏細綖二合

纔出此語時，從一切如來心出現金剛印，於其金剛印峯，即彼薄伽梵執金剛，以爲一切如來微塵等如來身已，同一密合，爲金剛喜摩訶持明天女，遍身似金剛薩埵女，殊妙色相，形貌威儀，一切嚴具而爲莊飾。一切如①來部所攝，是爲金剛薩埵女。既成就已，即依於阿閦鞞世尊左邊月輪中住。而高聲唱是言：奇哉！曰：

　　　　我无比供養，餘無有能者。

　　　　若以愛供養，能成諸供養。

一切如來喜愛密供養菩薩三摩地一切如來安樂悦意智第一。

尒時世尊復入一切如來寶鬘灌頂三摩耶出生金剛三摩地已，此一切如來部摩訶持明天女，從自心而出，即説密語：

跋折囉　　麽隸

纔出此語時，從一切如來心出現摩訶寶契。從彼寶契即彼薄伽梵執金剛，以爲一切世界微塵等如來身已，同一密合。復爲金剛鬘摩訶天女已，依於世尊寶生左邊月輪中住。而高聲唱是言：奇哉！曰：

　　　　我是無寶，名寶供養，

　　　　若於三界，爲勝諦王，

　　　　即以供養，而爲教令。

一切如來寶鬘灌頂供養一切如來覺分智第二。

尒時世尊復入一切如來歌詠三摩耶所生金剛三摩地已，從自心出現一切如來部摩訶天女，即説密語：

跋折羅　　倪俄以反坻

纔出此語時，從一切如來心出現一切如來法契。從其法契，即彼薄伽梵執金剛，以爲一切世界微塵等如來身，同一密合。復爲金剛歌詠摩訶天女，依於觀自在王佛左邊圓滿月輪中而住，高聲唱是言：奇哉！曰：

　　　　我是諸供養，以爲歌詠者，

　　　　雖能令歡喜，假設如空響。

一切如來歌詠供養菩薩三摩地一切如來偈頌三摩耶智第三。

尒時世尊毗盧遮那復入一切如來作儛供養三摩耶，所生一切如來部大天女，從自心而出，即現説密語：

跋折囉　　涅哩　　帝曳二合

纔出此語時，從一切如來心，爲一切如來作務種種廣大儀式供養。出已，從彼一切如來儛供養廣大儀式，即彼薄伽梵執金剛，以爲一切世界微塵等如來身已，依於世

---

① “一切魔菩薩身已”至“一切如”，《中華藏》原《金藏》本漫漶，代之以《麗藏》本。

尊不空成就如來左邊滿月輪中而住。高聲唱是言：奇哉！曰：

　　　　廣大一供一切供，能作利益遍世間，

　　　　若以金剛儛儀式，而能成就佛供養。

　　一切如來儛供養一切如來無上供養羯磨智第四。

　　已上四部是一切諸如來密法供養。

　　尒時阿閦鞞世尊復爲供養毗盧遮那如來，隨外供養故，入一切如來能爲滋茂三摩耶所生金剛，名一切如來①主香綵女。從自心出，即說密語曰：

跋折羅　度韗

　　纔出此語時，復從一切如來心，即彼薄伽梵執金剛，以爲無量種種莊嚴供養雲集。以此無量衆香雲氣嚴雲，遍滿一切金剛界已，又從彼衆香供養嚴雲海中出現一切世界微塵數如來身已，同一密合，以爲金剛香天身。依於世尊阿閦鞞佛金剛摩尼峯樓閣左角邊月輪中住，而高聲唱是言：奇哉！曰：

　　　　我爲天供養，能令善滋茂，

　　　　若入諸衆生，速得證菩提。

　　一切如來香供養能令滋茂菩薩三摩地所生金剛攝智第一。

　　尒時寶生如來世尊復爲供養毗盧遮那世尊，隨外供養故，入寶莊嚴具供養三摩耶所生金剛三摩地已，從自心出現一切如來承旨天女。即說密語：

跋折羅　補瑟鞞二合

　　纔出此語時，從一切如來心，即彼薄伽梵執金剛，以爲一切花供養莊嚴，出現遍滿虛空已，復從一切諸花供養莊嚴中，出現一切世界微塵等如來身，同一密合，以爲金剛承旨天女之身，依於毗盧遮那世尊金剛摩尼峯樓閣左角月輪中住，而高聲唱是言：奇哉！曰：

　　　　我是花供養，能爲諸嚴具，

　　　　供養寶性已，速獲於菩提。

　　一切如來金剛花供養菩薩三摩地一切如來寶莊嚴具供養三摩耶智第二。

　　尒時觀自在王如來世尊爲供養毗盧遮那如來，隨外供養故，入一切如來光明供養三摩耶所生金剛三摩地已，此一切如來女使從自心而出，即說密語：

跋折囉二合虜計

　　纔出此語時，從一切如來心，即彼薄伽梵執金剛，以爲一切世界光明供養莊嚴，遍滿法界。出現已，從彼一切光明供養莊嚴中，復出現一切世界微塵等如來身，同一密合，以爲金剛光明天身已，於世尊金剛摩尼峯樓閣左角月輪中而住。高聲唱是言：

―――――――――

①　來，原脫，據《中華藏》校勘《資》《磧》《南》《徑》《清》《麗》補。

奇哉！曰：

> 我是大供養，以爲清淨燈，
>
> 若具法光明，速得諸佛眼。

一切如來燈光明供養莊嚴菩薩三摩地一名如來光明遍法界智第三。

尒時不空成就如來世尊爲供養毗盧遮那世尊，隨外供養故，入一切如來塗香供養三摩耶所生金剛三摩地已，從自心出一切如來婢使。即説密語曰：

跋折囉　蹇提

纔出此語時，從一切如來心，即彼薄伽梵執①金剛，以爲一切如來塗香供養莊嚴出現，從彼一切塗香供養莊嚴中，復出現一切世界微塵等如來身，同一密合，以爲金剛塗香天身，依於世尊金剛摩尼峯樓閣左角邊②月輪中住。而高聲唱是言：奇哉！曰：

> 我塗香供養，是殊妙悦意，
>
> 若以如來香，遍授一切身。

一切如來塗香供養三摩耶菩薩三摩地是一切如來戒三摩地慧解脱解脱知見香等智第四。

都名奉受一切如來教者天女。

尒時世尊毗盧遮那如來復入一切如來三摩耶鉤三摩耶所生薩埵金剛三摩地已，從自心出現此一切如來一切羣衆印主。即説密語：

跋折羅　俱奢若_{短聲}

纔出此語時，復從一切如來心，即彼薄伽梵執金剛，以爲一切如來一切羣印出現。從彼諸如來一切世界微塵等，出現如來身已，同一密合。復爲金剛鉤摩訶菩提薩埵身已，依於世尊金剛摩尼峯樓閣金剛中閈月輪中而住。鉤一切如來三摩耶已，而高聲唱是言：奇哉！曰：

> 我是諸如來，堅固三摩耶，
>
> 若我鉤召已，祇奉一切壇。

一切如來鉤菩薩三摩地一切如來三摩耶鉤召智第一。

尒時世尊復入③一切如來三摩耶引入摩訶菩提薩埵三摩耶所生三摩地已，從自心出現導引一切如來入印使者。即説密語：

跋折羅　波捨_{短呼}

---

① 執，原脱，據《中華藏》校勘《石》《麗》補。

② 邊，原作“遍”，據《中華藏》校勘《資》《磧》《南》《徑》《清》《麗》改。

③ 入，原脱，據《中華藏》校勘《資》《磧》《南》《徑》《清》《麗》補。

　　纔出此語①時，從一切如來心，即彼薄伽梵執金剛，以爲一切如來引入羣印已，即從一切如來引入羣印出現一切世界微塵等如來身已，同一密合。復爲金剛羂索摩訶菩提薩埵身，依於世尊金剛摩尼峯樓閣寶門開月輪中而住。引入一切如來已，而高聲唱是言：奇哉！曰：

　　　　我是諸如來，金剛固羂索，

　　　　設入諸微塵，復令彼引入。

　　一切如來金剛羂索大菩薩三摩地引入一切如來智第二。

　　尒時世尊復入一切如來三摩耶鈎鏁摩訶菩提薩埵三摩耶所生薩埵金剛三摩地已，即從自心出現一切如來縛諸如來心使者。即説密語：

跋折羅　娑怖二合吒

　　纔出此語時，從一切如來心，即彼薄伽梵執②金剛，以爲一切如來三摩耶縛衆印而出已，復從彼一切如來三摩耶縛衆印中，出現一切世界微塵等如來身，同一密合。以爲金剛鈎鏁摩訶菩薩身已，依於如來金剛摩尼寶峯樓閣法門開月輪中住。而高聲唱是言：奇哉！曰：

　　　　我是諸如來，金剛堅鈎鏁，

　　　　雖一切縛解，爲生故受縛。

　　一切如來三摩耶鈎鏁摩訶菩提薩埵三摩地一切如來三摩耶縛智第三。

　　尒時世尊復入一切如來攝入摩訶菩提薩埵三摩耶所生薩埵金剛三摩地已，即從自心出現此一切如來諸印僮僕。即説密語：

跋折羅　吠捨短呼之

　　纔出此語時，從一切如來心，即彼薄伽梵執金剛，以爲一切如來諸呪羣衆出③現。即於彼一切如來諸呪羣衆中，出現一切世界微塵等如來身，同一密合，以爲金剛攝入身。依於世尊金剛摩尼寶峯樓閣羯磨門開月輪中住，而高聲唱是言：奇哉！曰：

　　　　我是諸如來，金剛攝牢固，

　　　　能爲一切主，亦復作僮僕。

　　一切如來攝入摩訶菩提薩埵三摩耶所生金剛三摩地名一切如來金剛攝入智第四。

　　已上都名一切如來受教者，如上次第，盡諸部眷屬、壇場主，及金剛薩埵爲首一切菩薩等，各各思惟本三摩地，自己形狀服飾、所執記印。然後思惟自己所持明主菩

---

①　語，原作“呪”，據《中華藏》校勘《麗》改。

②　執，原脱，據文意補。

③　出，原作“生”，據《中華藏》校勘《資》《磧》《南》《徑》《清》《麗》改。

薩色相,又想諸佛世尊滿虛空界,油麻等量。若自己身結加趺坐,置右手於左手上,舌拄上齶,住意於鼻端微細金剛大柱,以念繩繫意,令作堪任。如調鍊淨膩,其心隨調,種種任用。又若水精石、雲母等,本性明徹,隨其色影而爲變現。是心亦尒,本性清淨,但由妄業,狄著世閒伎①藝工巧,隨彼轉變,一切妄想之所莊飾。寧可番妄歸真,修習實相,一切智智無上功德分別道用。如是以決定慧②味,善巧意樂,勇猛威德,觀察自心散亂煩惱所薰,蘊入界等攝、所攝遠離,法無我相應。初始生,猶如陽焰、幻化、乾闥婆城,如空中響,如旋火輪夢妄,遠離過於一百六十世閒心。作是思惟已,於己身心自知可驗。彼是知道者、見道者真實所説,愚夫繫著相者,終不了知。次須入觀止出入息。初依瑜伽安那般那,繫念修習,不動身軀,亦不動支分,名阿娑頗那伽法。久修行者,如是思惟時,入想已身住在虛空,一切諸佛③遍滿法界,以彈指印令從坐起。持誦者應思惟:諦聽! 諸佛告言:"善男子,無上正等菩提速宜現證。汝若一切如來真實未能了知,云何堪忍能修一切苦行?"尒時聽聞一切佛語已,即依儀式,從定而出。即結從坐起印,其印法金剛拳雙結已,檀、慧度互相鈎,進、力度仰相拄。即説密語:

唵　跋折羅　底瑟咤

以此印起已,應觀十方佛海一一佛前,已身住在足下,頂礼於一切如來。礼訖,以此密語應當表白曰:

唵　薩婆怛他揭多迦耶縛无我反袪二合質多鉢囉二合那莫　跋折囉　婆那绊二合迦阿嚧迷

梵存初字,論曰:以一切如來身口意,如是我金剛敬礼! 次④敬礼一切如來已,作如是言:"願世尊示誨,於我云何是真實法? 云何安住奉行?"復應思惟:一切如來各面告如是言:"善男子,應以三摩地本性成就,隨意念誦,當觀察自心。"即説密語:

唵　質多鉢喇底丁里反迷曇羯盧弭

誦此密語時,觀於自心狀如月輪已,復白一切如來:"世尊,願教示於我,欲見月輪相。"一切如來復告言:"善男子,此心本性清淨,隨彼所用,隨意堪任。譬如素衣易受染色,本性清淨心增長智故,以本性成就密語,應發菩提心。"即説密語:

唵　菩提　質儋　欝波陁耶弭

誦此語時,應結金剛縛契。以此密語,即想彼月輪極清淨堅牢,大福德所成。於佛性菩提從所生形狀,如月輪澄静,清淨無諸垢穢。諸佛及佛子,稱名菩提心。既見

---

① 伎,《中華藏》校勘《資》《磧》《南》《徑》《清》《麗》作"技"。
② 慧,《中華藏》校勘《資》作"悲"。
③ 佛,原脱,據《中華藏》校勘諸本補。
④ "次"後,原有"第",據《中華藏》校勘《資》《磧》《南》《徑》《清》删。

智所成月，即以心啓告，顯發於諸如來："世尊，我見彼月輪極清淨。"尒時一切如來告言："汝當親近一切如來普賢之心，汝應善修習此一切如來普賢之心。"堅牢故，於自心月輪中，想金剛杵形像，純真金色，具放光焰，即是無垢清淨佛智。又想其杵具五叉股，持誦師承一切佛旨，以其五叉股契，想置其杵中。而誦密語：

底瑟咤　跋折羅

次説結契法，先金剛縛已，豎忍、願度相著，以進、力度，於忍、願傍如曲，又豎相去兩大麦許。又以定、智度及檀、慧度，兩兩相合，豎如叉股，是名五金剛契。次修瑜伽者，復以金剛羯磨契印，心想廣展此金剛印。即説密語：

娑婆羅　跋折羅

説結羯磨印法，以智、定度，各捻檀、慧度頭，申餘三度，如三股跋折囉，左仰右覆，右在上已，當其心上，摩轉如輪。其次想自心是菩提心，身爲金剛所成。以意念誦前密語，即自隨①意境界，而盡展金剛身，滿一切虛空世界。其次，以此密語收攝其金剛。即説密語：

唵　僧喝囉　跋折囉

其次，彼金剛以此密語而堅牢之，復説密語：

唵　涅哩荼　底瑟咤　跋折囉

以此呪堅牢已，持身如故。其次思惟，於一切虛空界所有一切如來，身口意金剛界，彼皆以諸佛神力加持，入於自身金剛中。作此念時而誦密語：

唵　跋折囉哆麼二合俱含三摩愈含摩訶三摩愈含　薩婆怛他羯多　阿毗三菩提　跋折囉　哆麼二合俱含

梵存初字，論曰：我是金剛身、三摩耶身、摩訶三摩耶身。一切如來現證菩提，爲金剛身。其次以專定心，想己身隨一切相好，莊嚴披服，交絡繒綵，以一切佛冠而受灌頂，以摩訶菩提薩埵身而想自身。其次爲欲超過諸天，色相堅牢故，自己所念誦天三摩地，加持灌頂，以此儀式，應善思惟。次結印法，金剛縛牢縛已，直舒忍、願度是也。爲瑜伽加持故，應置其印於心，次於額、喉、頂上。而説密語：

唵　跋折羅　薩埵　阿地瑟咤　薩嚩麼含二合

以此瑜伽加持自身爲金剛，凡加持契，各隨本部，置其處已，於頂上解散之。又説自所念誦天②灌頂者，謂從心所起金剛寶印，置於額上而灌頂。結灌頂印法，謂結金剛縛已，豎智、定度，進、力二度頭相拄，屈其中分，如摩尼寶狀，是名授灌頂印。而説密語：

①　自隨，《中華藏》校勘《石》《資》《磧》《南》《徑》《清》作"隨自"。

②　天，原作"夫"，據《中華藏》校勘《麗》改。

唵　　跋折羅　　阿羅二合怛那二合阿毗詵遮摩含二合

其次思惟自所念誦呪，先^①入自身，而誦此四字密語：

壤而迦反，上短呼吽重，引鑁无凡反護引

以此瑜伽加持，一切呪印速得成就。

次執金剛菩薩所説，其灌頂印，分擘已，各存本勢，於額前以進、力度互三繞之，如繫鬘法，頂後亦尒。結已，從頂上兩邊至肚，起於檀、慧度，次第散解之。誦此密語：

唵　　跋折羅阿囉二合怛那麼隸　　阿毗詵者薩婆慕那羅二合冥涅哩　　遲呬平句盧末羅迦婆制那鑁亡凡反

餘灌頂契，同用此法散之。次結金剛縛拍手印，而令歡喜。即説密語：

唵　　跋折囉　　都屣扈

以此語法解結契，令得歡喜，當爲金剛體性，或爲金剛薩埵。此瑜伽方便，於十六摩訶薩及弥勒等，諸餘十地得自在者。彼大菩薩，各各自己三摩耶印等三摩地之所加持灌頂。而以如上法，應當思惟修習次第。若復念誦如來部呪，或誦轉輪者，即以如後所説法，應加持灌頂。其中修一切部瑜伽加持者，謂薩埵金剛印，結已置於心上。結印法，結金剛縛已，豎忍、願度如針是也。而説呪曰：

唵　　跋折囉　　薩埵　　阿地瑟咤　　娑婆訶吽

是名金剛部加持語契，復次若寶部結金剛寶契。結契法，結金剛縛已，以智、定度面相捻，稍令曲屈，以忍、願度中分面相捻，偃曲如寶是也。置於額上，即誦密語：

唵　　跋折囉　　阿囉二合怛娜二合　　阿地瑟咤娑婆麼含怛囉

此名寶部金剛寶加持語契，次結蓮花部三摩耶印。其結印法，結金剛縛已，豎忍、願度，稍曲相挂，如蓮花葉，置於玉枕下而加持之。即説呪曰：

唵　　跋折囉　　波頭摩二合　　阿地瑟咤麼含　　頡唎

是名蓮花部加持語契。

次結羯磨部三摩耶印，其結^②法，結金剛縛印，以忍、願度屈入掌中，以檀、惠、智、定等度，豎如針，置於頂上而加持之。即説密語：

唵　　跋折囉　　羯磨　　阿地瑟咤　　薩嚩亡可反摩含二合　　婀

是名羯磨部加持印，復次説一切部次第灌頂法。金剛部如上説，結金剛薩埵縛已，置於頂前以自灌頂。而誦此密語：

唵　　跋折囉　　阿毗詵者　　摩含二合吽

---

①　先，原作“天”，據《中華藏》校勘《南》《徑》《清》改，《資》後有“命”。

②　“結”後，《中華藏》校勘《石》《麗》有“印”。

寶部結如上説寶三摩耶印，置於頂右，以自灌頂。而誦此密語：

唵　跋折囉　阿羅怛那　阿毗　詵者摩含　怛囉

蓮花部結如上説蓮花三摩耶印，置於頂後，以自灌頂。而誦此密語：

唵　跋折囉　鉢頭摩　阿毗詵者摩含頡唎

羯磨部結如上説羯磨三摩耶契，置於頂右①，以自灌頂。而誦此密語：

唵　跋折囉　羯磨　阿毗詵者摩含娜

既如上灌頂已，准前誦②上四字密語，令入己身。復次如上説四印，於自頭上繫灌頂鬘。次第應住於瑜伽，各依本部契。如上分止③、觀羽，存本契勢，於己頂上，繫灌頂鬘額上頂後，如前三繞，他皆倣此。

金剛部結薩埵金剛已，分爲二，應以金剛純寶所成鬘，繫自頭上。而誦此密語：

唵　跋折羅　摩羅　阿毗詵者　摩含鎪平

寶部結寶金剛契已，分爲二，應以諸寶所成鬘，繫自頭上，誦此密語：

唵　跋折囉　阿囉怛那摩隷　阿毗詵者摩含鎪平

蓮花部結法金剛契，分爲二，應以一切法所成鬘，繫自頭上，而誦此密語：

唵　跋折羅　達摩　摩隷阿毗詵者摩含鎪平

羯磨部結羯磨金剛契已，分爲二，應以一切羯磨所成鬘，繫自頭上，而誦此密語：

唵　跋折囉　羯磨　磨隷阿毗詵者摩含鎪平

次如上所説，灌頂鬘中閒於頂上，應置一切如來金剛界自在契。其契法，結金剛縛契已，申忍、願度，少屈相拄，以進、力度，置忍、願度初分外傍已，而説此密語：

唵　薩婆怛他揭多　鼻三菩提　跋折囉　阿毗洗遮摩　含鎪平

次想自身以爲一切如來寶冠莊飾已，如上誦四字④密語：

壞吽　鎪護引

誦此語，令一切如來入於己身。次結金剛縛契，如上以手合拍，令歡喜。誦此密語：

唵　薩婆　怛他揭多　鼻三菩提　跋折羅都使野護

如是以一切如來身口意金剛差別契，修飾自身已，復想一想隨形相，如莊嚴自身。而誦一切如來大乘阿毗三摩耶百字密語，而令堅固。即説百字密語：

唵　跋折囉　薩埵三摩耶麼奴波邏耶金剛薩埵三摩耶，願守護我跋折囉薩哆吠奴烏二合播底瑟咤以爲金剛薩埵涅哩荼烏二合　銘婆嚩爲堅牢我素覩沙揄二合銘婆嚩於我所歡喜阿努囉上訖覩二合銘婆縛素補使揄二合銘婆嚩　薩婆悉地　含銘般囉野綽授與我一切悉地薩婆羯磨素遮銘及

①　右，《中華藏》校勘《資》《磧》《南》《徑》《清》作“左”。

②　誦，原脱，據《中華藏》校勘諸本補。

③　止，原作“上”，據《中華藏》校勘《麗》改。

④　字，原作“子”，據《中華藏》校勘《資》《磧》《南》《徑》《清》《麗》改。

諸事業質多失唎耶令我安隱句爐吽呵呵呵呵護引薄伽梵世尊薩婆怛他揭多一切如來拔折囉麼迷悶遮願金剛莫捨離我跋折哩婆嚩令我爲金剛三摩耶薩埵摩訶三摩耶薩埵阿去,引

如是堅牢已,一切如來身口意金剛加持,以觀自身成等正覺。

次復於一切如來前而獻自身,誦此密語:

唵　夜他薩婆怛他揭多怛他含如諸一切如來,我今亦復如是

復次以正定心,從上所説,觀察自我身心,一切真實大菩提心,是色類種種功德莊嚴所生,善巧方便之所建立,意樂救拔,盡遍世界而爲嚴飾,永盡遠離一切分別。如上觀已,即誦此密語:

唵　怛他揭都含我見如來

復次我今已入普賢摩訶菩提薩埵行位,證得無住涅槃,成就希有,自身勝解不可説示。於一切如來,我今敬礼。白言:“世尊,願加持我,現證等覺,願爲堅牢。”作此祈請已,則想一切如來入於己心薩埵金剛中,而誦此密語:

唵　薩婆怛他揭多阿毗三菩提涅哩荼堅牢也跋折囉　底瑟咤一切如來正等覺①,菩提金剛堅牢安隱②

金剛頂瑜伽中略出念誦經卷第二

金剛頂瑜伽中略出念誦經卷第三

大唐南印度三藏金剛智譯

復次如是思惟:我成等正覺未久,一切如來普賢心、一切如來虛空所生大摩尼寶而灌頂之,得一切如來觀自在法智波羅密,一切如來毗首羯磨性,不空無障㝵教令,所依希求皆悉成就圓滿。我今應當於一切法界,周流盡虛空界一切世界遍雲海中,一切如來平等性智諸神通爲現證故,於一一世間安立之處,爲一切衆生故,應發一切如來大菩提心,成就普賢種種,奉事一切如來種族,詣大菩提道場。應當示現降伏一切魔軍,證一切如來平等性智摩訶菩提。應轉法輪,降伏一切外道,乃至盡遍救護一切衆生。應授彼等種種安樂悦意,應當成就一切如來神通種智㝡上悉地,及餘引喻一切衆生示現童子,戲住王宮,踰城出家,現修苦行,外道來詣我所。復應思惟一切如來神變復當示現,我亦未得,一向離於戲論。我當決定以一切如來三摩地所生,能現一切清淨,一切世間戲論,爲一切世界清淨故,應以此法觀察一切如來部漫荼羅,

---

① 覺,原脱,據《中華藏》校勘《資》《磧》《南》《徑》《清》補。
② 隱,《中華藏》校勘《資》《磧》《南》《徑》《清》作“住”。

所應作漫荼羅,於中如法式坐,修習加持自身,以爲結摩訶菩提薩埵摩訶契。謂金剛薩埵契是也。具此契法加持已而起,以止羽爲金剛拳,觀羽執跋折羅,示威猛相,普遍觀察處置,稱我跋折羅薩埵而按行之。

其作壇處,或別作淨室,或舊淨室。擇地等法,不異《蘇悉地》説。及治地用瞿摩塗淨,准常。次以搓緊合雜繩,具足端嚴,稱其肘量。智者隨其力能,以繩絣其壇。壇形四方四門,以四吉祥莊飾。具以四道繩,繒綵幡蓋,懸以莊嚴於諸角。分門闕,出眺閒,以金剛寶閒錯,而絣外壇場。若爲閻浮提自在王,或爲轉輪王,應畫①壇場,周圍過一由旬。大威德阿闍梨漸小,亦應作,乃至四肘量。智者觀察應堪乎化者,隨意度量。結其壇場,亦無過失,爲欲利益②應所化者。金剛薩埵置立壇場,号爲③金剛界等。如經所説,設於掌中,隨意④作彼等一切壇場,能作利益,何況地上。其爲四肘壇法,四邊椽⑤各闊十二指,於其中應布綠色,畫賢劫等菩薩。謂名慈氏、阿時多等,及守門供養者。或闊十⑥指半一麦又加半,其諸門量,取四肘中九分之一,入門稍闊。若畫壇師依如此法畫者,令諸摩訶薩埵皆爲歡喜。其門外,須攄門闕狹取半,引外攄取一倍,各各橫屈,准上齊量,各各豎畫,兩邊相望,橫畫爲合。取其外圍一面三分之一,從心環遶爲輪。又取其中三分之一,從心如上,環遶爲輪。其壇中央⑦門子輪,從⑧橫下八線道,跋折羅如殿柱,想以成八柱。莊嚴其大圓輪,亦跋折羅像。皆五色作,或一百八,或三十七峰相拄接。從入門至東北角,豎吉祥門柱。如是外壇,智者以此法畫已,於彼似月輪,入其中宮,布置金剛線道,以八柱而爲嚴飾,豎於金剛柱上。各以五月輪,於內壇中央各置佛像。於佛四面及諸壇中心,各次第畫於四三摩耶尊勝者。復以金剛勢擘過,入於四壇。金剛勢者,以意擎舉所畫及於金剛線。若入若出,畫壇人不得騎蹻金剛線道。應誦密語舉之,從下過,不失於三摩耶。即説此密語:

唵 跋折囉引鞞伽此二字本无羯囉二合摩吽

阿閦等四佛皆應布置,初從金剛方,畫阿閦鞞壇,具以執金剛等四三摩耶尊勝者,想四方佛面,向毗盧遮那座。先畫執金剛,在阿閦前。次畫右,次左,次後,諸部准此。次至寶方,寶生壇,圓滿金剛藏等。次花方阿弥陀壇,清淨金剛眼等。業方不

---

① 畫,原作"盡",據《中華藏》校勘《石》《麗》改。
② 利益,原脱,據《中華藏》校勘諸本補。
③ 号爲,原脱,據《中華藏》校勘諸本補。
④ 隨意,原脱,據《中華藏》校勘諸本補。
⑤ 椽,原作"掾",據《大正藏》本改。
⑥ 十,《中華藏》校勘《資》作"一"。
⑦ 央,原作"夾",據《中華藏》校勘《資》《磧》《普》《南》《徑》《清》《麗》改。
⑧ 從,《中華藏》校勘《石》《麗》作"縱"。

空悉地壇,金剛毗首等。於鑁部中,各依本方,置四波羅蜜。輪内四隅,置四内供養。初從火天方,順旋而作,終風天方。外壇四角線道之中,置外供養,作法同前。又四角外,作半跋折囉。於四門閒,畫四攝守門者。於外壇場中,應置摩訶薩埵,具足一切相,能爲一切利益,具知法式。金剛阿闍梨以無迷亂心,應畫諸尊首者。若無力能可畫者,即以種種綵色,各各畫其部印,勝具功德者尊首,皆悉置之。以一切寶末爲粉,或以種種馱覩粉,朱沙石、渌①空、青等是也。或復以殊妙五色染米粉等者。應從内先下色,初下白色,次赤色,次黄、綠,皆在内院,其外院以黑爲之。於五色中,各想字加之。白色中想著“鑁”字,赤色中想置“琰”字,於黄色中想“阿藍”字,於綠色中想“覽”字,於黑色中想“頷”字。如是五字各置於色中已,於彼思惟五種如來智,一謂②法界性智也。以大悲意爲一切世閒煩惱泥,況溺五欲樂,令彼退轉故。以瑜伽思惟,於如來五種智,我當令安立。結此印已,於五種色中各各以印觸之。其結法,以二金剛拳,進、力二度仰側,如針相拄是也。即説密語:

唵　跋折囉　質多羅二合三摩耶

誦此密語時,以明目視之,欲令其色顯現。焰熾者,應誠實誓言加持,是諸衆生多愛染色,諸佛復爲利益衆生故,隨彼染愛,以誠言願此色等皆發焰熾。此結壇法,以粉作之,寂爲第一。欲取久固,畫作亦得。次説畫印法,於鑁輪壇中,畫蓮花臺,座上置窣堵波,此名金剛界自在印。帝釋方輪壇,蓮花座上畫撗金剛杵形,於撗杵上有豎跋折囉,此名金剛心印。琰羅方輪壇花座上,置寶珠,此名己身灌頂印。龍方輪壇中,畫撗跋折囉,上畫蓮花,名花法器仗印。夜叉方輪壇花座,畫羯磨跋折囉,形如十字,皆有鋒刃。此名一切金剛印。凡所畫印,具有圓光,置於蓮花上。又於金剛部本位,畫金剛薩埵印,畫二跋折囉豎而相並,上下一股互相鈎交。次又畫二跋折囉,其形如箭。次畫稱善哉,作拳如彈指像。次畫掌中寶珠,而具光明焰。次畫金剛日輪印,如上光明焰。次畫寶幢,其上畫火焰光。次撗畫雙跋折囉,中閒畫露齒像。次畫跋折囉,腰有蓮花。及畫金剛刀劍,具熾焰光。次畫金剛輪輻金剛,次畫其舌,具赫奕光明。次畫羯磨金剛,周遍皆有頭面,撗畫跋折囉,其上有半跋折囉。次甲胄像,領袖有半杵形③。次畫撗杵,上有二牙。次畫撗杵,上有二金剛拳。次畫薩埵金剛等記驗印,應畫金剛喜戲等。復於其外,隨依儀式,畫各自印記。又於其門閒,畫諸守門者印記。如上所畫印像等,皆下有蓮花,上有光焰。次畫弥勒等自印記。所應畫者,皆隨意畫。又想千菩薩各在諸方,悉具嚴飾,以自語言印而安立之。然後住於壇門前,善遍觀察已,於其壇空處界外,應用殊妙塗香塗之。於外壇之外,周圍各闊一肘,或

---

① 渌,《中華藏》校勘《石》《麗》作“綠”。
② 一謂,《中華藏》校勘《石》作“一爲”,《資》作“謂”。
③ 形,《中華藏》校勘《資》《磧》《普》《南》《徑》《清》無。

以二肘,以衆妙塗香,細密塗之。其次爲一切見驗故,應各置自語言印。其壇師有大威德者,欲令自弟子究竟安住於如來位者,應當決定。抄畫金剛界摩訶薩埵等呪,各置本位上。此等是自語言印,皆從金剛界門生,隨其自羯磨相應,具有大威力,次第而說此密語曰:

第一跋折羅馱都　第二阿閦鞞　第三阿囉二合怛娜二合三婆頗　四嚧計攝伐囉阿羅穰　五阿目伽悉地　六跋折囉薩埵　七跋折囉阿囉二合穰　八跋折囉阿囉二合伽　九跋折囉娑度　十跋折囉阿羅怛那　十一跋折囉底穰而佉反　十二跋折囉計覩　十三跋折囉賀娑　十四跋折囉達摩　十五跋折囉帝乞瑟那　十六跋折囉係覩　十七跋折囉婆沙　十八跋折囉羯磨　十九跋折囉阿羅乞沙　二十跋折囉藥叉　二十一跋折囉散地　二十二薩埵跋折㘑　二十三阿囉怛那跋折㘑　二十四達磨跋折㘑　二十五羯磨跋折㘑　二十六跋折囉邏斯　二十七跋折囉摩囉　二十八跋折囉擬提　二十九跋折囉涅哩底　三十跋折囉杜鞞　三十一跋折羅補瑟箆　三十二跋折囉嚧計　三十三跋折羅建提　三十四跋折羅俱舍穰而佉反　三十五跋折囉跋賒吽　三十六跋折囉薩普吒鑁平　三十七跋折囉尾賒護

於弥勒等一切菩薩,唯純抄一“阿”字,其色如雪,或如月暈陊花色,或於彼等位但抄金剛薩埵字,或抄彼等名字。十六大菩薩,第一畫弥勒,其次不空見,次畫能捨一切惡趣,復畫樂摧一切黑闇憂惱,次畫香象,復畫勇猛,次畫虚空藏,次畫智幢,次无量光,次月光,次賢護,次光網,次金剛藏,次無盡意,次辯積,次普賢,次大光明。及畫所有不退轉者,諸有趣有者,乃至諸輪轉有路摩訶薩大威德者。其金剛阿闍梨,應思惟是等,及餘置外壇中,毗盧遮那等諸天止住欲界者,意樂調伏煩惱者,及舍利弗等,无量諸比丘來詣者,皆思惟之。又想大自在天,共其妻眷屬侍從衆等。又想虚空天,歡喜自在天,及商主天有四妹者,摩訶迦羅、難提、繫攝嚩羅、都没嚧羅陁天,及想諸曜等差別名①字。又種種密語神王、世間迦樓羅等,那羅陁天、梵天爲首,天②帝、王天及一切魔軍并其侍從。於其壇外,各③想其印,或畫其形,或但書名。

次明儀式,金剛阿闍梨如上所說,隨位布置已。復依法住瑜伽,号爲跋折囉吽迦羅,即說此吽三摩地法。復想自身微有豎牙,以嗔怒面而笑。又想以左脚押大自在天,以右脚押大自在妻乳房。次結摩訶三摩耶契,而執花鬘。爲阿闍梨自在者,哀愍利益諸衆生故,應入壇場,即誦本密語。如法奉獻諸佛花鬘,或以身,或以心,一迴右旋其壇,却至本處。以金剛儀式,復取其鬘,置自身頂上,誦本密語而鬌之。復以住

---

① “名”後,原有“文”,據《中華藏》校勘《石》《麗》删。

② 天,《中華藏》校勘《資》《磧》《普》《南》《徑》《清》作“大”。

③ 各,《中華藏》校勘《資》《磧》《普》《南》《徑》《清》無。

瑜伽,速疾而右旋,住夜叉方門,勝伏三界、世間形相,以意而開四金剛門。即説結開門契,結二金剛拳並之,以進、力度仰相拄,檀、慧度互相鈎。以嗔怒意,豎進、力度撥開,此是㝡上開門契。復爲利益諸衆生故,應用此密語開門,密語曰:

唵　跋折囉　糯嚧特伽二合吒耶　三摩耶　鉢羅二合吠舍耶　吽

復以瑜伽住於諸門,從於夜叉方門開已,次如法開琰羅方門,其次轉住,開於帝釋方門,次如法①開龍方門。諸開門倣②此,當衝門而開。其次用殊妙金瓶,或以銀瓶盛一切寶及妙香藥,和水盛之,以妙枝條插於瓶中。於其口上,以種種果子及諸名花,以爲嚴飾。復以塗香而塗之,以雜色繪綵繫其瓶項。作種種莊嚴已,應專一心,以密語護之。於其本位各置一瓶,如其不辦遍,於其四角及於入門各置一瓶。布列香花、雜果,種種供養。以次如上法,求請教令,加持自己等。既作已,即結請會契,而稱自名,啓請一切如來及菩薩衆會,願垂降赴。三唱此伽他曰:

　　　　願來一切諸有中,唯一堅實秘密者,

　　　　用能折伏暴惡魔,現證無邊離自性。

　　　　我今鈎召依教請,願周雲海來集會!

次結雲集契法,結薩埵金剛堅牢契已,屈進、力度,於忍、願度傍稍屈,相離如鈎形。彼金剛契分已,即交臂以手,左内右外抱胷,便以兩手數彈指出聲,召請一切如來,令使雲集。即誦此密語:

唵　跋折囉　三摩闍　穰而伬反,上

從"穰"字生大身菩薩,名金剛雲集。於虚空中思惟,以左右手執金剛杵及捷搥,擊之出聲,遍滿虚空。尒時纔出此方便,即從諸方一切世界微塵數諸如來,及與諸菩薩衆會,以金剛彈指方便,發悟一切世界周流雲海,皆來集會。於修行菩薩行持誦門師前而住,以金剛鈎鈎招集,以金剛羂索引入,以金剛鏁鏁住,以金剛磬令生歡喜。次如上所説,諸座上各思惟,安隱而坐。次誦如上所説一百字密語,及以遏伽水而奉獻之。次修習金剛薩埵大契,速疾誦㝡上一百八名一遍。

我今敬礼一切如來普賢金剛、上首金剛薩埵、執金剛、摩訶金剛薩埵!

我今敬礼如來不空王、妙覺最上金剛王、金剛鈎、金剛請引!

我今敬礼能調伏者、魔羅諸欲、金剛愛染、摩訶安樂、金剛弓、金剛箭、摩訶金剛!

我今敬礼金剛善哉、金剛歡喜、摩訶悦意、歡喜王、妙薩埵上首、金剛首、金剛喜躍!

我今敬礼金剛寶、妙金剛、義金剛、金剛虚空、摩訶摩尼、虚空藏、金剛富饒、金

---

① "法"後,原有"門",據《中華藏》校勘諸本删。

② 倣,《中華藏》校勘《資》《磧》《普》《南》《徑》《清》作"放"。

剛藏！

我今敬礼金剛威德、金剛日、最勝光、摩訶光焰、金剛輝、摩訶威德金剛光！

我今敬礼金剛幢、善利衆生金剛光、善歡喜寶幢大金剛、金剛寶仗！

我今敬礼金剛笑、金剛微笑、摩訶笑、摩訶希有、樂生歡喜金剛愛、金剛歡喜！

我今敬礼金剛法、善利薩埵、金剛蓮花、善清淨觀世自在、金剛妙眼、金剛眼！

我今敬礼金剛利、摩訶衍那①、摩訶器仗、文殊師利、金剛藏、金剛甚深、金剛覺！

我今敬礼金剛輪、摩訶理趣、金剛因、大堅實、妙轉輪、金剛起、金剛道場！

我今敬礼金剛語言、金剛念誦、能授㤀地、無言説金剛、上㤀地金剛言説！

我今敬礼金剛毗首、金剛羯磨、金剛妙教、善遍一切處、金剛大寬廣、金剛不空！

我今敬礼金剛守護、摩訶無畏、金剛甲冑、大堅固、難可敵對、上首精進、金剛精進！

我今敬礼金②剛藥叉、摩訶方便、金剛牙、甚可怖畏金剛、上摧伏魔、金剛暴惡！

我今敬礼金剛密令、善現驗、金剛嚩③、善能解放、金剛拳、上勝三摩耶金剛拳！

尒時以雲集故，一切如來皆歡喜，便得堅固。又金剛薩埵自爲親友，能成一切事。次以大羯磨勝上等契思惟，於瓶中出現蓮花，具妙色香，隨清淨位處，以修瑜伽，次第而令坐之。結金剛縛契已，以定心分擘爲二。次後結諸印，並准此。以止羽金剛指，以觀羽手，應執之，此名菩提冣上契，能授與佛菩提。結此大印已，應當想毗盧遮那尊首，坐於壇中央，結加趺坐，有大威德，色如白鵝，形如淨月，一切相好，皆㤀圓滿。頭具寶冠，垂髮，以繒綵輕妙天衣，繞腰披曳④而爲上服。一切明呪以爲其體，能作無量神變，常以三昧金剛輪，遍滿生死界。備大輪印已，而安置訖印記，如是思惟，世尊即能成就一切羯磨。即説密語：

唵　跋折囉　馱都鐼

次復想諸善逝以白黃色蓮花，阿閦鞞、寶生、觀自在及不空大牟尼，種種殊妙不空色，作是思惟，獲无量果。應次第如法，安立本⑤契。阿閦鞞名觸地契，即説密語：

唵　阿閦鞞　吽

寶生名授所願契，密語：

唵　阿囉二合怛那二合三婆嚩　怛囉二合

無量壽名勝上三摩地契，誦此密語：

---

① 那，《中華藏》校勘《資》《磧》《普》《南》《徑》《清》無。

② 金，原作“今”，據《中華藏》校勘《石》《資》《磧》《普》《南》《徑》《清》改。

③ 嚩，《中華藏》校勘《資》《磧》《普》《南》《徑》《清》作“縛”。

④ 曳，《中華藏》校勘《石》《資》《磧》《普》《南》《徑》《清》作“綐”。

⑤ 本，原作“奉”，據《中華藏》校勘《石》《麗》改。

唵　嚧計　攝縛二合闍囉囉頡哩重呼

不空名施無畏契，密語：

唵　阿慕伽恚悌惡重呼

復次結金剛薩埵等契、明儀式者，一一次第想已而安立之，以威德意氣，用二揺①舉之，謂結二金剛拳，止羽當心觀羽如弄跋折羅勢。誦此密語：

唵　跋折羅　薩埵阿引

用二執豎鈎交肘已，誦此密語：

唵　跋折羅　穰

用二狀如放箭，誦此密語：

唵　跋折羅　阿羅伽護引

又用二金剛於心上，爲善哉契，彈指，誦此密語：

唵　跋折羅　娑度索

又用二置額上爲灌頂，誦此密語：

唵　跋折羅二合阿羅二合怛娜二合唵

復用二金剛置於心上，如轉日輪，誦此密語：

唵　跋折羅　底穰闍

又用二，豎右肘於左拳上爲幢，誦此密語：

唵　跋折羅　計都　多藍二合

即彼二拳指契，置於口，向上雙散之。誦此密語：

唵　跋折羅　何娑呵上

想止羽如拘勿頭，以觀羽擘開之。誦此密語：

唵　跋折羅　達摩頡唎二合

又用左置於心上，如煩惱障，以右爲劒，想以煞之。誦此密語：

唵　跋折羅帝乞瑟那淡引

又用二申臂當前，轉之如輪。誦此密語：

唵　跋折羅　曳都摩含二合

又用二從口而起，誦此密語：

唵　跋折羅　婆沙　阿藍

又用②金剛儞，兩手相繞，觸兩乳、兩頰，置於頂上。誦此密語：

唵　跋折羅　羯磨劒

---

① 揺，《中華藏》校勘《資》《磧》《普》《南》《徑》《清》作“指”。

② 用，原脫，據《中華藏》校勘《麗》補。

又用二①以胸前繞腰，如被②甲像。誦此密語：

唵　跋折羅　阿囉乞沙唅去

又用二展檀、慧、進、力等度，置口兩傍如牙。誦此密語：

唵　跋折羅　藥吃沙二合吽引

又用二拳合相捺，誦此密語：

唵　跋折羅　慕瑟　置鏺

又用二小低頭，金剛意氣，以意申敬。誦此密語：

唵　跋折羅　邏細護引

又用二以繫鬘儀式，而繫之頭上。誦此密語：

唵　跋折羅　麼隣　怛羅二合吒輕

又用二置於心上，以口似變出，謂③引下申臂。誦此密語：

唵　跋折羅擬形以反提擬提

又用二以作儛儀已，置於頂上。誦此密語：

唵　跋折羅　涅哩帝曳二合訖哩二合吒輕

又用二覆手開掌，向下按之。誦此密語：

唵　跋折羅　杜鞞婀引

又用二開掌，仰而向上舉之。誦此密語：

唵　跋折羅　補瑟鞞　唵短

又用二相向，急捺持之爲燈。誦此密語：

唵　跋折羅　嚧計祢重

又用二置於心上，摩其臂前，向外抽散爲塗香印④。誦此密語：

唵　跋折羅　健提俄重

又用二相背⑤，檀、惠度相鈎，豎進度如針，曲力度爲鈎。誦此密語：

唵　跋折羅二合俱奢穰而佉反

又用二如上相背相鈎，交進、力度，相拄爲羂索。誦此密語：

唵　跋折羅　皤捨吽吽重,引

又用二進、力度相鈎爲連鏁，誦此密語：

唵　跋折羅　窣普吒　鏺

————————————

① 二，原脱，據《大正藏》本補。

② 被，原作“披”，據《中華藏》校勘《資》《磧》《普》《南》《徑》《清》改。

③ 謂，《中華藏》校勘《資》《磧》《普》《南》《徑》《清》《麗》作“誦”。

④ 印，《中華藏》校勘《資》《磧》《普》《南》《徑》《清》作“即”。

⑤ 背，《中華藏》校勘《資》《磧》《普》《南》《徑》《清》無。

又用二相背,檀、慧度相鈎,進、力度初分,相交爲磬。誦此密語:

唵　跋折羅　吠舍護引

次作阿閦鞞四部契,又作四波羅蜜等契,次第用之。又於壇外,用仰止羽拳契,應所置摩訶薩埵諸薩埵等,觸地運想而安置之。

次説成就一切契法,於自心中想四面有金剛杵,然後依儀式,結諸羯磨契。次稱讚如上契之功德。

由結大智拳契故,能入佛智。

由結阿閦佛觸地契故,得心不動。

由結寶生契故,能攝受利益。

由結三摩地契,能持佛三摩地。

由結離怖勝上契,能速施衆生無畏。復次由[1]結金剛拳契意氣故,易得爲金剛薩埵。

由結金剛鈎故,能速鈎引一切如來。

由結[2]金剛愛欲契故,設是金剛妻,自身亦能染著。

由結金剛歡喜契故[3],一切寂勝,皆稱歎善哉。

由結大金剛寶契故,諸天人師爲其灌頂。

由結金剛日契故,得同金剛日。

由結金剛幢契故,能注雜寶雨。

由結金剛微笑契[4]故,速得與諸佛同笑。

由結金剛花契故,能見金剛法。

由結金剛藏劒契故,彼能斷一切苦。

由結金剛輪契故,能轉一切如來所説法輪。

由結金剛語言契故,能得念誦成就。

由結金剛羯磨契故,一切如來能隨順事業。

由結金剛甲契故,得爲金剛堅固性。

由結金剛牙契故,設是金剛尚能摧碎。

由結金剛拳契故,能得一切諸契獲得歨地。

由結金剛喜戲可喜契故,常受諸歡喜。

由結金剛鬘契故,得美妙容色。

---

① 次由,《中華藏》校勘《資》《磧》《普》《南》《徑》《清》作“牢”。

② 結,原脱,據《中華藏》校勘《麗》補,下一“結”字同。

③ 故,原脱,據《中華藏》校勘《石》《麗》補。

④ 契,原脱,據《大正藏》本補。

由結金剛歌詠契故，得清淨妙音。

由結金剛儛契供養契故，得一切隨伏。

由結金剛香契故，得悅意處。

由結金剛花契故，得諸莊嚴。

由結金剛燈供養契故，獲大威光。

由結金剛塗香契故，獲得妙香。

由結金剛鈎契故，能爲鈎召。

由結金剛羂索契故，而能引入。

由結金剛鈎鏁契故，能繫留止之。

由結金剛磬契故，能生歡喜。

復次説一切如來金剛三摩耶結契智，欲結三摩耶等契時，先須想於已心中，一切如來三摩地所生大殊勝五股金剛杵已，身合二羽，初分相交，觀羽押止羽，此名金剛合掌。極諸度本，互相握合，此名金剛縛契。凡諸三摩耶契，皆從此無上金剛縛所生。我今當次第説諸三摩耶契法，作金剛縛契已，申忍、願度，屈其初分，相拄爲刀，曲進、力度於刀傍，此是毗盧遮那金剛界自在契。密語曰：

唵　跋折羅　哆尾亡礼反，二合攝嚩二合頡哩跋示哩二合你吽引

次如本縛契已，合申忍、願二度，豎爲莖，此名阿閦鞞佛三摩耶契。蜜語曰：

唵　跋折羅　跋折哩祢吽引

如本願縛契已，屈忍、願度，初分相拄，智、定度面相拄爲寶，此名寶生佛三摩耶契。密語曰：

唵　阿羅二合怛那二合跋折哩祢二合吽

如本縛契已，曲忍、願度，相拄爲花，此名阿弥陁佛三摩耶契。密語曰：

唵　跋折羅　達謎祢吽

如本縛契已，屈忍、願度入掌，申檀、慧、智、定度如針，此名不空成就佛三摩耶契。密語曰：

唵　跋折羅　羯磨跋折哩祢二合吽

次説金剛薩埵等契，結金剛縛契已，想二掌爲月輪，合申忍、願二度，豎檀、慧、智、定度而不①合爲五股金剛形，是名薩埵金剛契。密語曰：

唵　三摩耶薩埵

如本縛契已，曲進、力度爲鈎，頭指去二三分許，此名不空王摩訶薩埵三摩耶契。密語曰：

①　不，《中華藏》校勘《資》《磧》《普》《南》《徑》《清》作“下”。

唵　阿娜耶　薩埵

如本縛契已，進①、力度中分，橫相交，是名摩羅摩訶菩提薩埵三摩耶契。密語曰：

唵　阿胡蘇上佉

如本縛契已，以智、定度，捻進、力度，各彈指爲善哉，是名金剛踊躍薩埵三摩耶契。密語曰：

唵　娑度　娑度

如本縛，豎智、定度，偃屈進、力度，面相拄。此名金剛藏菩薩三摩耶契。密語曰：

唵　蘇摩訶　怛嚩

如本縛，度檀、戒、忍、慧、方便、願等開掌，此名金剛光菩薩三摩耶契。密語曰：

唵　嚧布嗚二合你瑜哆

如本縛，以檀、戒、慧、方便等度豎合，此名金剛表剎亦名金剛扶②。菩薩三摩耶契。密語曰：

唵　遏唎他　鉢臈底

即以上契，置兩頰笑處，翻手解舉散之，此名金剛可愛菩薩三摩耶契。密語曰：

唵　呵呵呵呵　吽呵上

如本縛，豎智、定度，屈力、進度，頭相拄，此名金剛眼菩薩三摩耶契。密語曰：

唵　薩婆迦引哩

如本縛，申忍、願度，屈其初分，相拄如刀相，此名金剛劍菩薩三摩耶契。密語曰：

唵　努佉掣娜

如本縛，戒、方便度合豎，檀、慧度相交，此名金剛輪菩薩三摩耶契。密語曰：

唵　嚩馱蒲地

如本縛，開展智、定度，從口向外申拓③，此名金剛語言菩薩三摩耶契。密語曰：

唵　鉢囉上　底攝勃馱

如本縛，以智、定度，押檀、慧度，爲羯磨跋折羅，此名毗首羯磨菩薩三摩耶契。密語曰：

唵　蘇上婆施哆嚩

如本縛，豎進、力度置於心上，此名勇猛菩薩三摩耶契。密語曰：

---

① “進”前，《中華藏》校勘《麗》有“曲”。

② 扶，《中華藏》校勘《磧》《普》《南》《徑》《清》作“杖”。

③ 拓，《中華藏》校勘《石》《資》《磧》《普》《南》《徑》《清》作“招”。

唵　祢_{寧一反}婆耶　哆縛

如本縛，曲進、力度，開檀、慧度爲牙，此名金剛夜叉三摩耶契。密語曰：

唵　捨咄嚕婆乞沙

如本縛，以智、定捻檀、慧度本聞，屈進、力度於智、定度背上，此名金剛拳菩薩三摩耶契。密語曰：

唵　薩婆辵地

如本縛，置當心已，豎智、定度，此名金剛愛_{即嬉戲妓也}。密供養天三摩耶契。密語曰：

唵　摩訶囉底_{丁里反}

如本縛，長申二臂爲鬘，此名金剛鬘天三摩耶契。密語曰：

唵　嚕　跛戍鞞

作金剛合掌契，從口引出，向下申臂，此名金剛歌詠天三摩耶契。密語曰：

唵　舜舜嚕_{二合}怛囉_{二合}掃溪

即開前契，相繞如儛勢已，合掌置於頂上，此名金剛儛供養天三摩耶契。密語曰：

唵　薩婆布逝

如本縛，覆二羽掌，下按之，此名燒香供養天三摩耶契。密語曰：

唵　鉢囉曷灑你_{寧上}

如本縛，仰二羽掌，上舉之，此名花供養天三摩耶契。密語曰：

　　唵　發邏伽_上冥

如本縛契，豎智、定度，此名燈供養天三摩耶契。密語曰：

唵　蘇帝穰_{而伽反}銳_{魚乙反}哩

如本縛，開掌摩其胷前已，各分向外，此名塗香供養天三摩耶契。密語曰：

唵　蘇伽馱　霓_{魚夷反}

如本縛，曲進、力度作鉤，此名金剛鉤菩薩三摩耶契。密語曰：

唵　阿耶_{去係形以反}穰_{而佉反}

如本縛，橫定、度已，以智度押之，頭入掌內，此名金剛羂索菩薩三摩耶契。密語曰：

唵　阿係_{形以反}許

如本縛，以檀、定度及慧、智①度，相鉤穿之，此名金剛連鏁菩薩三摩耶契。密語曰：

---

　①　智，原脱，據《中華藏》校勘《麗》補。

唵　係窣普吒彭蒲鹹反

　　如本縛，以智、定度，並^①入掌内，此名金剛召入菩薩三摩耶契。密語曰：

唵　健吒婀婀

　　次説如上諸三摩耶契功德：

　　由佛隨念契故，能速證菩提。

　　由薩埵金剛契故，能爲一切契尊主。

　　由寶金剛契故，得一切寶主。

　　由法金剛契故，得佛法藏。

　　由羯磨金剛契故，能作一切事業。

　　由薩埵契故，得成金剛薩埵身。

　　由金剛鈎契故，能召諸執金剛。

　　由金剛愛染契故，能樂一切佛法。

　　由金剛善哉契故，能令諸佛歡喜。

　　由寶契故，得佛灌頂位。

　　由金剛威光契故，得金剛威光。

　　由金剛幢契故，能施滿一切願者。

　　由金剛笑契故，能共一切佛笑。

　　由金剛法契故，能持金剛法。

　　由金剛利劒契故，得佛㝡上慧。

　　由金剛輪契故，能轉妙法輪。

　　由金剛語言契故，得佛語言㞱地。

　　由金剛羯磨契故，速得㝡上成就。

　　由金剛鎧契故，得爲金剛身。

　　由金剛夜叉契故，得同金剛夜叉。

　　由金剛拳契故，得成就一切契。

　　由金剛嬉戲妓契故，獲得大喜樂。

　　由金剛鬘契故，得受佛灌頂。

　　由金剛歌詠契故，得佛讚詠法。

　　由金剛舞契故，得佛攝護賜以供養^②。

　　由金剛燒香契故，能榮^③潔一切界也。

---

①　並，原作“普”，據《中華藏》校勘《資》《磧》《普》《南》《徑》《清》《麗》改。

②　養，《中華藏》校勘《石》《磧》《普》《南》《徑》《清》作“具”。

③　榮，《中華藏》校勘《資》《磧》《普》《南》《徑》《清》作“瑩”。

　　由金剛花契故,得令世閒隨順。

　　由金剛光明契故,得佛五眼。

　　由金剛塗香契故,能除一切苦厄。

　　由金剛都印主契故,能攝召一切。

　　由金剛羂索契故,能引入一切。

　　由金剛鏁契故,能制縛一切。

　　由金剛召入契故,能成就攝入一切。

　　次以十六大供養契,應供養一切如來。結金剛縛已,隨次第,依本處作之。以金剛縛,從心契之,次左脇、右脇背後,次額、口、兩耳、頂後、右肩及腰。既周匝已,還置心上。今次第説十六大供養契密語,其心上密語曰:

唵　薩婆怛他揭多_{一切如來}薩婆答莽_{己身}祢_平耶怛那_{奉獻也}布穰_{而佉反},供養薩頗羅拏羯磨　跋穰_{而佉反}哩婀

　　論曰:於一切如來,我盡以身奉獻,普皆供養,作諸事業,置左脇契。密語曰:

唵　薩婆怛他揭多　薩婆答莽　祢耶怛那布穰窣發羅拏　羯磨鈝_{魚乙反}哩穰_{而迦反,上}

　　論曰:於一切如來,我盡以身奉獻,普皆供養勝上羯磨,右脇契。密語曰:

唵　薩婆怛他揭多　薩婆答莽　祢耶怛那　阿努羅伽_{上那愛業反}布穰窣發囉拏羯磨婆鉡_{護引}

　　論曰:於一切如來盡以身奉獻,普皆供養羯磨弓箭,腰後契。密語曰:

唵　薩婆怛他揭多　薩婆答莽　祢耶怛那　娑度迦囉_{善哉反}布穰窣發羅拏羯磨覩_{所置上歡喜也}娑重

　　論曰:於一切如來盡以身奉獻,以善哉聲普皆供養歡喜事業,額上契。密語曰:

唵　娜麽_{與南无同}薩婆怛他揭多迦耶毗曬罽_平曷羅怛寧　瓢　跋折囉末祢　唵

　　論曰:一切如來身所灌頂諸寶,我今敬礼金剛摩尼! 於心上旋轉,如日輪相。密語曰:

唵　娜麽薩婆怛他揭多素唎曳瓢_{毗也反}跋折囉帝介寧_{威光也}入嚩囉_{熾焰也}奚_{形伊反}

　　論曰:一切如來金剛日等,我今敬礼熾焰威光! 置契頂上,長舒二臂。密語曰:

唵　娜麽薩婆怛他揭多阿_去賒式_{佉反}播哩布羅拏震哆莫你突嚕穰_{而佉反}鈝哩瓢跋折羅突嚕穰_{而佉反}姞嘩怛囕

　　論曰:我今敬礼一切如來如意寶珠! 所求滿足,金剛勝上幢,於口上,笑處解散,金剛縛時。密語曰:_{如解①契法。}

唵　納莫薩婆怛他揭多　摩訶奔入唎_{二合}底_{丁里反}鉢羅慕地夜_{二合}迦嘩瓢跋折羅荷

---

①　如解,原作"女角",據《中華藏》校勘諸本改。

斯訶

　　論曰：敬礼一切如來作歡喜者金剛笑，口上。密語曰：

唵　薩婆怛他揭多跋折羅達磨陁金剛法性也三摩地毗薩兜茗讚歎摩訶達磨係唎

　　論曰：以一切如來金剛法性三摩地，讚歎摩訶法音，左耳上。密語曰：

唵　薩婆怛他揭多鉢羅若而佉反，智慧也波羅蜜多阿鞞祢泥一反呵嚲窣覩努冥讚歎摩訶具沙努倪我伊反淡

　　論曰：以一切如來般若波羅蜜多所出語言，隨大音聲讚歎，右耳上。密語曰：

唵　薩婆怛他揭多者羯羅引叉羅鉢嚲伐多你薩婆蘇上怛囉按左杵多娜曳薩兜拏茗薩婆漫荼唎一切道場斛

　　論曰：以一切如來文字轉輪爲首，諸契經理趣，讚歎一切道場，頂後。密語曰：

唵　薩婆怛他揭多　散陁婆沙密語勃陁僧　祇底毗歌頌也　伽延窣覩努茗　跋折囉婆唎遮語言也

　　論曰：以一切如來密語，我今歌詠，讚歎金剛語言，頂上。密語曰：

唵　薩婆怛他揭多　杜婆香也暝伽雲也三慕達羅海也窣發羅拏普皆布穰而佉反，供養羯冥事業迦羅迦羅

　　論曰：以一切如來香雲海普皆供養事業，右肩。密語曰：

唵　薩婆怛他揭多　補澁波花也鉢羅婆羅窣發羅拏布穰羯冥扱嚲扱嚲

　　論曰：以一切如來種種妙花雲普皆供養，作事業故，右膝。密語曰：

唵　薩婆怛他揭多嚕迦入嚩攞　窣發囉拏布穰羯磨婆羅婆羅

　　論曰：以一切如來光明熾焰普皆供養，作羯磨故。如上作已，復置心上。密語曰：

唵　薩婆怛他揭多　健馱塗香也三慕達羅窣發囉拏　布穰羯冥句爐句爐

　　論曰：以一切如來塗香雲海普皆供養，作事業故。

　　如是十六大供養契所應作已，即結如上花契大印，觀察十方而作是言：我今勸請一切諸佛，未轉法輪者願轉法輪，欲入涅槃者願常住在世、不般涅槃。復作是念：我今奉獻此贍部洲及十方世界中人天、意生，乃至水陸所有諸花，皆持奉獻十方一切摩訶菩提薩埵，及一切部中所住眷屬，一切契明、諸①天等，我爲供養一切如來，作事業故。誦密語曰：

唵　薩婆怛他揭多　補瑟波花布穰暝伽三慕達羅　窣發羅拏三末曳平聲，此呼供養初名斛鼻，引聲

　　論曰：以一切如來花雲海普皆供養。

----

①　諸，原作"語"，據《中華藏》校勘《石》《麗》改。

又結燒香契，作是思惟：以人^①天所有本體香、和合香、變易香，所謂以瞻蔔等諸花，或薰或浸，變成此香。如是等差別諸香，爲供養一切如來羯磨故，我今奉獻。密語曰：

唵　薩婆怛他揭多　杜婆_{燒香也}布穰暝伽三慕達羅窣發羅挈三末曳_平件

論曰：以一切如來燒香雲海普皆供養。

又結塗香契已，應作是念：以人天所有本體香、和合香、變易等差別諸香，爲供養一切如來羯磨故，我今奉獻。密語曰：

唵　薩婆怛他揭多　健陁布穰暝伽三慕達囉窣發囉挈三末曳_平件

論曰：以一切如來塗香雲海普皆供養。

又結燈契已，作是思惟：以人天所有本體自生差別光明_{謂寶珠等}。悅樂意者，爲供養一切如來，作事業故，我今奉獻。密語曰：

唵　薩婆怛他揭多　你婆_燈布穰暝伽三慕達羅　窣發羅挈　三末曳_{二合}件

論曰：以一切如來燈雲海普皆供養。

結金剛寶契已，應作是念：於此世界及餘世界中所有寶山諸寶種類，及地中海中者，彼皆爲供養一切如來羯磨故，我今奉獻。密語曰：

唵　薩婆怛他揭多部蕩_{建恙反}伽遏囉哆那稜_去伽那　布穰暝伽　三慕達囉窣發囉挈三末曳件

論曰：以一切如來覺分寶莊嚴具雲海普皆供養。

結嬉戲契已，作是思惟：以人天所有種種戲弄、玩笑、妓樂之具皆爲供養一切如來事業故，我今奉獻。密語曰：

唵　薩婆怛他揭多　訶寫_{息也反，上邏寫同上}_{戲笑}訖哩陁　曷囉底掃佉_{企伽反}阿努怛羅布穰暝伽三慕達囉　窣發囉挈三末曳件

金剛頂瑜伽中略出念誦經卷第三

金剛頂瑜伽中略出念誦經卷第四

大唐南印度三藏金剛智譯

論曰：以一切如來所戲笑、遊翫、寂上喜樂雲海周遍供養^②。

結薩埵金剛契已，作是思惟，如諸劫樹_{西方國王}、長者以種種花香、瓔珞裝掛樹上，布施一切，_{此名劫樹}。能與種種衣服嚴身資具，彼等皆爲供養一切如來作事業故，我今奉獻。

---

① 人，《中華藏》校勘《資》《磧》《普》《南》《徑》《清》無。

② 周遍供養，《中華藏》校勘《麗》至此卷第三終、卷第四始。

密語曰：

唵　薩婆怛他揭多　阿努怛囉_{無上}婆曰嚕_{二合}跛摩三摩地婆鉢那跛那部折那網_{无可反}薩那布穰暝伽　三慕達羅窣發囉拏三末曳斜

　　　論曰：以一切如來無上金剛喻三摩地修習上妙飲食、衣服雲海普皆供養。

　　　結羯磨金剛契已，作是思惟：虛空藏中一切如來爲承事故，即想一一佛前皆有己身，親近侍奉。誦密語曰：

唵　薩婆怛他揭多迦_去耶祢泥_{底反}耶怛那布穰暝伽　三慕達囉窣發囉拏三末曳斜

　　　論曰：以自身奉獻一切如來雲海普皆供養。

　　　結達摩金剛契已，作是思惟：我今此身與一切菩薩身等同無異，復應觀察諸法實性平等无異。作是觀已，誦密語：

唵　薩婆怛他揭多質多祢耶怛那布穰暝伽　三慕達囉窣發囉拏　三末曳斜

　　　論曰：以一切如來心奉獻雲海普皆供養。

　　　結寶幢契已，復應觀察盡生死中一切衆生，苦惱所纏，深生哀愍。我今爲救護故，發阿耨多羅三藐三菩提心。是故若未度者，我當令度。未安慰者，當令安慰。未涅槃者，令得涅槃。及雨種種寶，隨彼所求皆令滿足。作是思惟已，誦此密語：

唵　薩婆怛他揭多摩訶跋折嚕嗢婆摩怛那波羅蜜多布穰暝伽　三慕達囉窣發囉拏
　　三末曳斜

　　　論曰：以一切如來大金剛所生檀波羅蜜雲海普皆供養。

　　　結香身契已，作是思惟：願一切衆生身口意業一切不善願皆遠離，一切善法願皆成就。作是念已，誦此密語：

唵　薩婆怛他揭多　阿耨多囉摩訶部馱_{田夜反}賀囉俱舍囉波羅蜜多　布穰暝伽　三
慕達囉　窣發囉拏　三末曳斜

　　　論曰：以一切如來無上菩提所生善戒波羅蜜多雲海普皆供養。

　　　結觸地契已，復作是念：願一切衆生成就慈心，無想①惱害，離諸怖畏。彼此相視，心生歡喜，以諸相好莊嚴其身，成就一切甚深法藏。作是思惟已，誦此密語：

唵　薩婆怛他揭多阿耨多羅摩訶達磨網_{無可反}報陁　乞叉地波羅蜜多　布穰暝伽三
慕達囉　窣發囉拏　三末曳斜

　　　論曰：以一切如來無上法大覺悟忍辱波羅蜜多雲海普皆供養。

　　　結金剛鬪勝精進契已，作是思惟：願一切衆生修菩薩行，被精進堅固甲冑。作是念已，誦此密語：

唵　薩婆怛他揭多僧_去娑囉訶鉢哩哆_{當迦反，去}伽摩訶毗離耶波羅蜜多布穰暝伽三慕

---

　　① 　想，《中華藏》校勘《石》《磧》《普》《南》《徑》《清》作“相”。

達囉窣發囉拏三末曳斛

論曰：以一切如來不捨生死大精進波羅蜜多雲海普皆供養。

結三摩地勝上契已①，作是思惟：願一切衆生盡能調伏煩惱、隨煩惱怨讎，獲得一切深禪定相。作是念已，誦此密語：

唵 薩婆怛他揭多阿耨多囉摩訶掃溪企伽反毗賀囉馱田夜反那婆囉蜜多 布穰暝伽三慕達囉窣發囉拏三末曳斛

論曰：以一切如來無上大安樂住禪定波羅蜜多雲海普皆供養。

結一切如來能授與一切衆生願者寶生契已，作是思惟：願一切衆生成就五種明處智，一切世聞出世聞智慧，普皆成就，得真實見，獲得盡除煩惱所知障智，以辯才無畏等一切佛法，嚴飾其心。作是念已，誦此密語：

唵 薩婆怛他揭多 阿耨多羅憂更鑊反囉力揩反沙煩惱也寗耶所知也嚩囉拏 婆薩那習氣也弭奈耶那能調伏也摩訶鉢㗚二合穰大慧也波羅蜜多布穰暝伽 三慕達囉 窣發囉拏三末曳斛

論曰：以一切如來無上調伏淨煩惱習氣大慧波羅蜜多雲海普皆供養。

結勝上三摩地契②已，應當思惟：諸法真實性相，皆空、無相、無作，一切諸法悉皆如是。作是觀已，誦此密語：

唵 薩婆怛他揭多 悟㘁耶密摩訶鉢哩鉢底修行布穰暝伽 三慕達囉 窣發囉拏三末曳斛

論曰：以一切秘密修行雲海普皆供養。

復應思惟：我今所出語言音聲，令一切衆生悉皆得聞。作是念已，誦此密語：

唵 薩婆怛他揭多婆祛語言也祢耶但那 布穰暝伽 三慕達囉 窣發囉拏三末曳斛

然後以金剛言詞，應作歌詠，頌曰：

　　　金剛薩埵攝受故，得爲無上金剛寶。

　　　金剛言詞歌詠故，願成金剛勝事業。

復以金剛語言，應以清美音讚之，頌曰：

　　　於諸世界種類中，能作塵數諸佛事。

　　　如來示現大神變，隨應顯現種種身。

　　　無比不動常堅法，悲體能除世聞苦。

　　　能授悉地諸功德，無比等力勝上法。

　　　無有譬喻等虛空，少分功德尚無際。

① 已，原脫，據《中華藏》校勘《資》《磧》《普》《南》《徑》《清》補。

② 契，原作“慧”，據《中華藏》校勘諸本改。

遍衆生界勝悲地，無比無量盡能成。

常法清淨由悲起，願力成就住世間。

能爲利樂无樂①際，大悲爲體常遍照。

悲行不動不取滅，遊化三界受悲地。

諸不可量盡通達，雖已善逝現希奇。

常住三世力無㝵，寂上依怙無能超。

能授一切三摩耶，願我速成勝悲地。

　　如是讚已，若更有餘勝妙讚頌，隨意讚之。其讚詠法，晨朝當以灑臘音韻，午時以中音，昏黃以破音，中夜以第五音韻讚之。如不解者，隨以清好音聲讚歎。常應每日四時念誦，謂晨朝、日午、黃昏、夜半也。應持四種數珠，作四種念誦。作四種者，所謂音聲念誦，一切聲是也②。二金剛念誦，合口動舌默誦是也。三三摩地念誦，心念是也③。四真實念誦，如字義修行是也④。由此四種念誦力故，能滅一切罪障苦厄，成就一切功德。四種數珠者，如來部用菩提子，金剛部用金剛子，寶部用寶珠，蓮花部用蓮子，羯磨部用雜寶閒錯爲之。行者若能隨⑤順瑜伽，修行三摩地念誦者，則無有時分限數，於一切時無閒作之。

　　次明供養飲食法，應以香潔種種飲食供養，若不能辦，隨力作已。復當心念：世間所有一一上妙飲食，種種珍果，蒲桃、石榴諸非時漿，而作供養。若己身不獲修供養者，即令明解此法弟子如上作之。又以塗香、燒香、種種妙花、燈鬘、末利等末利者，以諸食飲果子等和水置瓶盆中，是以施鬼神也。而作供養。復以幢幡、繒蓋、上妙天衣⑥，及餘殊勝諸供養具，各以本密語加之。或加本部尊密語已，五部佛語是也。隨其力能而供養之。行者欲求如來功德者，於壇場中至心如上作供養時，當得親見金剛薩埵。若不見者，更當至誠祈請，隨行者爲業力所感，或見諸佛或薩埵等以⑦，即以其鬘而奉獻之。尒時行者應自慶幸，以所獻鬘置以頂上，加本部密語已，繫其頭上，當知是人便能獲得殊勝福報。行者修供養訖，即從壇出，取豆果、餅飯、胡麻屑、諸花等，和水安瓶盆中。以歡喜心，四方散之，施諸天、鬼神眷屬等，各以本密語施之。自在天密語曰：

唵遏哩賖始俄反你曳平薩婆訶

---

①　樂，《中華藏》校勘《石》《麗》作“邊”。

②　一切聲是也，原脱，據《中華藏》校勘《磧》《普》《南》《徑》《清》補。

③　心念是也，原作正文，據《中華藏》校勘《磧》《普》《南》《徑》《清》改注文。

④　如字義修行是也，原作正文，據《中華藏》校勘《磧》《普》《南》《徑》《清》及文意改注文。

⑤　隨，原脱，據《中華藏》校勘諸本補。

⑥　衣，原脱，據《中華藏》校勘《石》《麗》補。

⑦　以，《中華藏》校勘《石》《資》《磧》《普》《南》《徑》《清》無。

天帝釋密語曰：

唵遏移達囉那薩婆訶

　　火神密語曰：

唵遏姑娜曳_平薩婆訶

　　琰魔王密語曰：

唵琰摩曳_平薩婆訶

　　羅刹婆密語曰：

唵邏差_上娑地婆哆曳_平薩婆訶

　　諸龍及水神密語曰：

唵婆囉那_平薩婆訶

　　諸風神密語曰：

唵縛夜微_{亡子反}薩婆訶

　　諸夜叉密語曰：

唵藥乞叉苾陁_{田迦反，上}達犁薩婆訶

　　又於此方施諸類鬼神密語曰：

蜜止蜜止毗舍遮南薩婆訶　　蚉蚉_{愚勇反}部馱南　　薩婆訶

　　如上作法施已，當淨洗手、漱口，還入壇中，礼一切佛及諸菩薩，如常念誦。

　　次明與金剛弟子入壇場灌頂法。

　　其阿闍梨先已從師，如法具足受灌頂法，明解三摩耶軌則，_{其阿闍梨法度如則也}[1]。有是得者，應如是請，當具修威儀。於其師所生如來想，合掌恭敬，頭面頂礼，手按師足，作是白言：“尊者即是如來，即是執金剛。我今歸依尊者，求學正等菩提。爲金剛性淨故，求學淨戒律儀。惟願尊者哀愍攝受，如諸寂勝子，見有菩提種子衆生，皆不捨置。我今已發菩提心，爲欲建立不退轉位故，求入漫荼羅。惟願尊者慈悲教示，令我盡見，受一切諸佛所共灌頂，被金剛、寶、蓮花、羯磨，及大部所有，諸勝妙事，願皆攝取，悉授與我，令我身心清淨，智慧明了，於大小乘有所深義，自然開解。於諸梵天、帝釋、毗紐[2]、路陁等天，及彼部屬鬼神、茶吉尼等，我今爲欲利益成熟一切衆生施安樂故，願我盡能摧伏彼等勢力，願我及一切衆生，得離生死，至涅槃處。如諸聖者相好具足，入如來位者，云何當得？願阿闍梨哀愍示誨。”其阿闍梨知弟子堪與勝法，應當告言：“如汝所請，我今依佛所教，能授與汝，應當一心諦聽，心莫散亂。若散亂者，一切如來及金剛薩埵所不加持。”

次教發露懺悔,令自稱己名:我某甲從無始劫來,以身語意廣作衆罪,无量無邊。我今於諸佛前,悉皆至心發露懺悔,不敢覆藏。我今懺悔,誓不更作,願罪消滅。具如廣文。彼一切如來及諸佛子,甚深難入二種資粮,無量功德,利樂一切世間者。我皆隨喜。次令歸依三寶:

> 諸部蓮座天人師,得大解脱超三界,
> 功德圓滿大悲者,我皆至心盡歸依!
> 寂勝慧者所住處,劣乘怖之比稠林,
> 能速滅除生死者①,我今歸依寂勝法!
> 能除貪恚癡蛇毒,以慧得出生死宅,
> 起大悲心覺悟者,敬礼歸命衆中尊!

次教發菩提心:"汝一心聽,菩提心者,從大悲起,爲成佛正因,智慧根本,能破無明業報,能摧破魔怨。汝既能發大菩提心,應以心口相應,發大誓願。隨我語説:我某甲爲救度一切衆生故,發無上菩提心,於三十七品助道法門,乃至六波羅蜜,誓願具足,無閒修行。我所積集善根,悉皆迴施一切衆生。願我及一切衆生,皆得證悟甚深法門,心淨廣大,猶如②虚空。以無功用,自在能辦無量佛事。以平等大悲,種種方便,調伏利樂一切衆生,皆令得入無餘涅槃。於佛十力无畏不共法等,願我與一切衆生,悉皆同得。"如是教已,令諸弟子各隨尊卑,依次而坐。以清淨恭敬,不亂散心,合掌而住。其師或以密語,加其線索,繫其左臂③。或以塗香,或以心念。以此密語而護持之,密語曰:

唵 摩訶跋折囉迦上嚩遮日也跋折哩句嚧金剛作也跋折囉跋折囉含重引

次以此密語,加塗香已,塗諸弟子掌中,密語曰:

唵 跋折囉 健提塗香也虐魚伽反,上

塗香之時告弟子言:願汝等具得一切如來戒定慧、解脱、解脱知見之香。

次以密語加香白花,持以授。密語曰:

唵 跋折囉 補澀篦花也唵

如是告言:願汝得一切如來三十二大丈夫相。

次持香爐,以此密語加之,熏弟子雙手。密語曰:

唵 跋折囉 杜鞞燒香 婀

如是告言:願汝獲得一切如來大悲滋潤妙色。次以此密語,加燈已,令弟子視之。密語曰:

---

① 者,《中華藏》校勘《資》《磧》《普》《南》《徑》《清》作"有"。

② 如,原脱,據《大正藏》本補。

③ 臂,原作"辟",據《中華藏》校勘諸本改。

唵　跋折囉嚕伽你光明也

如是告言：願汝等獲得一切如來智慧光明。

次以如上笑儀式密語，加烏曇、阿說他等樹枝，以爲齒木。復以摧破一切衆生煩惱、隨煩惱，諸佛甚深智慧金剛劍密語，加其齒木。復令弟子，以掌中所受得花，令供養一切如來部中尊上首者。次授齒木，師自私記，勿令差錯。令面向東嚼之，淨洗漱已，所嚼齒木，當面擲之。師應觀其齒木頭所向處，以所嚼處爲頭，隨所向方，多是其部。若向四隅，多是毗盧遮那部。若有立者，當知是冣吉祥相。師既觀已，施諸弟子，各隨所安。應告之言："汝各端心而念，礼諸佛已，繫心睡眠，求境界相，汝所見者，晨來具説。"作是教已，令隨意去。彼所見夢，晨於師所如實説之。若境界顛倒，多妄想者，是不清淨相。應取牛五種味，所謂乳、酪、酥、糞、尿等，相和淨濾瀝已，加金剛密語二十一遍，與之令服。若身心淨者，取白檀水，同用金剛密語二十一遍令服。密語曰：

唵　跋折囉　鄔陁迦　咤

如法服已，至其夜分，引至壇室門外，教令發露懺悔一切罪障，隨喜迴向一切功德。教作如上四種礼拜法已，取赤色衣與被，如著袈裟法。若出家人，合著乾陁色衣，以赤色帛，掩抹其眼。教與結金剛薩埵契，口授此心密語三遍，密語曰：

三摩耶　薩怛鍐

即教豎忍、願二度爲針，以諸白花鬘或種種香花鬘，挂其針上。次當引入壇場門中，三遍授此密語：

三摩耶　吽

應告之言："汝今已入一切如來眷屬部中，我今令汝生金剛智。汝等應知，由此智故，當得一切如來恚地事業。然汝亦不應與未入此等壇場人説此法事，汝儻説者，非但違失汝三摩耶，自招殃咎耳。"師應豎結薩埵金剛契，置弟子頂上告言："此是三摩耶金剛契，汝若輒向未入壇人説者，令汝頭破裂。汝於我所，莫生疑慢，應當深生敬信。汝於我身，當如執金剛菩薩。我所教誨，當盡奉行。若不尒者，自招其禍。或令中夭，死墮地獄，汝應慎之。"作是教已，汝今求請一切如來覆護，令金剛薩埵入其身心。其師又結金剛薩埵契，告言："此是三摩耶金剛，名爲金剛薩埵，願入汝身，以爲無上金剛智。"誦此密語：

跋折囉　薛舍　跋折囉　薛舍婀

次結嗔金剛拳，以忍、願二度相鈎，誦上大乘三摩耶百字密語，以金剛語言唱已，掣開上契，由此密語功能力故，令弟子入金剛智，證殊勝慧。由此智故，恚能獲得覺了一切衆生若干種心，能知世閒三世事業，能堅固菩提心，能滅一切苦惱，離一切怖畏，一切衆惡不能爲害，一切如來同共加持，一切恚地皆得現前，諸未曾有安樂勝事，不求自得。“汝當深自慶幸，我今爲汝略説功德勝事，於一切地位三摩地、陁羅尼、神通三昧、諸波羅蜜、力無畏等，由此法故，悉皆當得。所有未曾見聞，百千契經甚深義理，自然能解。汝今不久，自當證得諸佛真實智慧，何況下劣諸餘悉地。”説是語已，問言汝見何等境界。若彼見白相者，應教宷上悉地智。見黃相者，教義理所生悉地智。見赤相者，教奉事供養悉地智。見①黑相者，教阿鞞遮盧伽悉地智。見雜色者，教一切羯磨悉地智。若不見好色相者，即是罪障。應以鈎罪障契，鈎彼諸罪，復以摧破諸罪契而摧破之。鈎罪契，經云結金剛縛已，申忍、願爲針，曲力、進度於忍、願背，作跋折囉股形，勿相柱著。又於進、力度端，各想有“穰_{而伽反}”字以鈎曳彼身中所有罪障。誦此密語：

唵　薩婆婆波迦_去利灑儜　毗輪駄耶　三摩耶　跋折囉　斛穰_{而伽反，上}

誦此密語時，想彼罪形如鬼形狀，黑色髮豎，即以二羽諸度各各相鈎，頭入掌內，想以進、力二度鈎夾彼罪，令入掌中。餘度面各相捻，即申忍、願二度爲針，於願度端想“怛囉”字，忍、度端想“卓_{知可反}”字。又於字上想生火焰，夾取彼罪。誦此密語：

唵　跋折囉　跋寧_{執也}蜜薩普吒耶_{摧破}薩婆娴播耶_{一切惡趣也}漫陁那寧_{繫縛也}鉢囉_{二合}慕乞沙耶_{解脱}薩婆播波_{一切罪障也}揭底弊_{毗耶反，趣中}薩婆薩埵縛_{无可反}南_{一切衆生}薩婆怛他揭多跋折囉三摩曳_平吽怛囉_{二合}吒

誦此密語已，用力撚之，如彈指法，右上左下。

論曰：一切如來三摩耶能解脱諸惡趣中一切衆生，執金剛應摧破一切惡趣繫縛。

如是次第，摧破彼諸罪已，復想以諸佛光明，淨彼身心。四方阿閦鞞等，上方毗盧遮那，皆放清淨光明。下方想金剛“雄上”字，放嗔怒光明而摧滅之。如是作法時，能令彼等必定得見善境界相，當知彼等罪障皆得消滅。若彼罪障極重，不見好相，師應爲説真實伽他，令其覺悟。頌曰：

　　　　普賢法身遍一切，能爲世閒自在主。
　　　　無始無終無生滅，性相常住等虛空。
　　　　一切衆生所有心，堅固菩提名薩埵。
　　　　心住不動三摩地，精勤決定名金剛。
　　　　我今説此誠實言，惟願世尊扶本願。
　　　　利衆生事諸悉地，慈悲哀愍爲加持。

説此偈已，復結金剛入契，誦“娴”字密語一百八遍。契，經云結金剛縛，以智、定度捻檀、慧度本閒，以進、力度少曲相拄是也。如是作法已，又應問之，如無好相者，但可引入受三摩耶，不應與其灌頂。次當授此密語三遍：

① 見，原脱，據《中華藏》校勘《石》《麗》補。

唵　鉢囉　底車授也跋折　囉護

誦此投①擲所挂鬘於壇中，隨彼因②業，鬘所著處，即念誦其部密語，當知速得成就。

次又授此密語三遍，令弟子所結三摩耶契，於其心上解之。密語曰：

唵　底瑟咤願住也跋折囉哩哩掉茶路反，堅固暝婆摩爲我常也舍式餓反涅伐覩暝婆摩爲我恒常也纈哩馱耶冥爲我心也遏地底瑟咤願爲加持也薩婆悉地一切成就也者鉢哩野車及願授與也户含二合呵呵呵呵護引

論曰：願金剛常住堅固，加持我心，願授與我一切悉地，即③彼所擲花鬘，加此密語：

唵　鉢囉底鈝哩恨拏攝授怛嚩无可反繿摩含二合薩埵摩訶婆囉

論曰：願大力菩薩攝授汝，誦此密語時，即以其鬘繫彼頭上。由繫鬘故，得摩訶薩埵攝授，速疾成就諸勝悉地。

次誦此密語，解所掩眼物。密語曰：

唵　跋折囉薩埵　薩嚩无可反焰帝提爲汝親開目斫具數平眼也伽咤那開也怛鉢囉專也嗢伽咤野提令開薩婆婀具瑜一切眼跋折囉斫具瑜金剛眼也阿耨怛囉无上也係跋折囉跋捨呼彼令觀壇場也

論曰：金剛薩埵親自專爲汝開五眼及無上金剛眼。

次呼弟子，遍示壇中諸部事相。由此法故，爲一切如來之所護念，金剛薩埵常住其心。隨彼所求，乃至執金剛身，無不獲得，漸當得入一切如來體性法中。

次弟子灌頂，其灌頂壇，應在大壇帝釋天方門外，下至二肘，畫粉作。四方正等，面開一門，於四隅内，畫執跋折囉像。自在天方，名住無戲論。火天方角，名虛空無垢。羅刹方，名清淨眼。風天方，名持種種綺麗衣。中央畫大蓮花，其花八葉，臺藥具足。花外周圍，畫月輪相，光芒外出。正方四葉，畫四菩薩，各乘昔願殊勝力者。帝釋方葉，名陁羅尼自在王。琰羅方，名發正念。龍方，名樂利④衆生。夜叉方，名大悲者。四隅葉上，畫四使者。自在天方，名修轉勝行。火天方，名能滿願者。羅刹方，名無染著。風天方，名勝解脫。於花臺上，想有"婀"字，義如列義⑤。於"婀"字上，想一圓點，真如、圓寂、法身、涅槃義也。餘供養幡花莊嚴，一如大壇法式。應作是念：我今爲某甲善男子灌頂，惟願諸佛菩薩降臨道場，受我供養。諦想所請佛菩薩衆，皆來集

① 投，《中華藏》校勘諸本作"教"。
② 因，《中華藏》校勘《資》《磧》《普》《南》《徑》《清》作"自"。
③ "即"後，《中華藏》校勘諸本有"取"。
④ 樂利，《中華藏》校勘《磧》《普》《南》《徑》《清》作"利樂"。
⑤ 列義，《中華藏》校勘《磧》《普》《南》《徑》《清》作"別釋"，《麗》作"前列"。

會。移大壇中寶瓶,隨本方角置之。又於壇周圍界外,想四輪,使四淨人,持上寶瓶,住月輪中。帝釋方人,想如普賢。琰羅方人,想如弥勒。龍方人,想如滅諸障导。夜叉方人,想如離諸惡趣。即引所灌頂者,入帝釋方門,坐蓮臺上,以種種雜花、塗香、燒香、油燈、幡蓋、清妙音樂而以供養。如不辦者,隨力作之。所以尒者,是人坐佛位處故。復以種種歌詠讚歎,令其殷重,生歡喜心。說此頌曰:

> 諸佛覩史下生時,釋梵龍神隨侍衛,
> 種種勝妙吉祥事,願汝今時盡能獲。
> 迦毗羅衛誕釋宮,龍王澍沐甘露水,
> 諸天供養吉祥事,願汝灌頂亦如是。
> 金剛座上爲羣生,後夜降魔成正覺,
> 現諸希有吉祥事,願汝此座忐能成。
> 波羅奈苑所莊嚴,爲五仙人開妙法,
> 成就無量吉祥事,願汝今時咸證獲。

若更有餘讚歎,隨意作之,勸發勝心,令生利喜。

次應與其灌頂,先想弟子頂有"婀"字,上有圓點,義同前釋。又[1]放光焰,熾然赫弈。又想弟子心中有月輪相,内有八葉蓮花,臺上亦有"婀"字。若得金剛部,於"婀"字内想有跋折囉,得寶部者有寶珠,蓮花部有蓮花,羯磨部有羯磨跋折囉,毗盧遮那部想宰覩波。師應想已身如毗盧遮那像,執弟子所得部瓶,_{如來部瓶若是畫像壇,即隨有空}處置之。若手印壇,即於壇上置之。各想其部物體在瓶水内,如跋折囉、寶珠等,各令結其所得部契,置其頂上。誦其部密語七遍,而用塗之。金剛部密語曰:

唵　跋折囉　薩埵阿毗詵者_{灌頂也}吽

寶部密語曰:

唵　跋折囉囉　怛那阿毗詵者　怛囉

花部密語曰:

唵　跋折囉　達磨阿毗詵者　纈利

業部密語曰:

唵　跋折囉　羯磨阿毗詵者　婀

於彼額上想有"攞"字,色相如金。想兩目上各有"囉"_上字,其色如火,上[2]生光焰。其二足閒,想種種色爲法輪相,八輻[3]莊嚴。次誦薩埵金剛心密語,加塗香已,塗

---

① 又,《中華藏》校勘《石》《磧》《普》《南》《徑》《清》《麗》作"字"。

② 上,原脫,據《中華藏》校勘《資》《磧》《普》《南》《徑》《清》《麗》補。

③ 輻,原作"福",據《中華藏》校勘《磧》《普》《南》《徑》《清》改。

彼胷前，所以作法①加持者，爲令弟子成②金剛薩埵故。

次以如上所説，頭上作五處置契法已。復結毗盧遮那契，誦本密語，置於彼心上，次喉，次頂上已。即應諦想一切如來秘密勝上頭加彼頭上，即結如所説四種鬘，各隨其部法，以繫其額。若作阿闍梨灌頂法者，應次第如上法，遍用五瓶。以四種鬘，鱗次以繫其額。如是作已，引出壇外，換去濕服，別著淨衣。若是刹利居士，著本上衣，即於壇內置下小牀，以偃其濕。引入坐已，師以觀羽執五股拔折囉，授其雙手。應以種種方便言詞，開誘安慰。爲説頌曰：

諸佛金剛灌頂儀，汝已如法灌頂竟。

爲成如來體性故，汝應受此金剛杵。

説此偈已，誦密語曰：

唵　跋折囉　祢鉢提尊主微體性也怛鍐阿鞞洗者弭我今灌頂底瑟咤住跋折囉三摩曳薩怛鍐汝爲三摩耶也

論曰：汝已灌頂，獲得金剛尊主竟。此跋折囉，常住汝所爲三摩耶。

復收取金剛杵，若是寶部者，又於跋折囉上想有寶珠，餘部倣此。誦前偈時，應改初句“金剛”字爲“寶珠”字，諸部准此改之。

次第於字本名上加“金剛”字，作名呼之。應誦此密語：

唵　跋折囉　薩怛鍐磨含二合，汝也阿毗詵者冥我灌頂③跋折囉　娜莽八名号也毗曬迦多灌頂係呼聲跋折囉　那莽某甲

論曰：我與汝灌頂訖，以金剛名号與汝作字，汝名金剛某甲。若是餘部，式加寶珠、蓮花等作字呼之。其人若受阿闍梨法者，但以本所得部爲名。若須改舊名者，隨意所樂，任擇諸波羅蜜勝名作之。

又以香花種種供具，供養所灌頂者。師應執小金杵④子，如治眼法，拭其兩目，而告之言：“善男子，世間醫王能治眼瞖，諸佛如來今日爲汝開無明瞖，亦復如是，爲令汝等生智慧眼，見法實相故。”

次復執鏡，令其觀照，爲説諸法性相。説此偈言：

一切諸法性，垢淨不可得，

非實亦非虛，皆從因緣現。

應當知諸法，自性无所依，

汝今真佛子，應廣利衆生。

---

① 法，原作“者”，據《中華藏》校勘《磧》《普》《南》《徑》《清》改。

② 成，《中華藏》校勘《資》《磧》《普》《南》《徑》《清》作“速成”。

③ “頂”後，原有“頂”字，據《大正藏》本删。

④ 金杵，《中華藏》校勘《磧》《普》《南》《徑》《清》作“金剛杵”。

　　次復收取金剛杵，師於弟子當生恭敬，此人能紹諸佛種故，師應授以商佉。作是告言："自今已後，諸佛法輪，汝應轉之，當吹無上法螺①，令大法聲遍一切處，不應於此法中而生疑怖。於諸密語究竟清淨修行理趣，汝應廣爲衆生方便開示。善男子，諦聽！若能如是作者，一切如來皆知此人能報佛恩，是故於一切時處、一切持金剛之所衛護，令汝安樂。"

　　次應引起，至大壇前，爲說三摩耶，令其堅固。告言："善男子，汝應堅守正法，設遭逼迫、惱害乃至斷命，不應捨離修菩提心。於求法人不應慳悋，於諸衆生有少不利益事，亦不應作。此是宬上句義，聖所行處，我今具足爲汝②說竟，汝當隨順如說修行。"弟子應自慶幸，合掌頂受。

　　又執五股金剛杵，而授與之，告言："此是諸佛體性，金剛薩埵手所執者，汝應堅護禁戒，常畜持之。"弟子受已，授此決定要誓密語，令其誦之，密語曰：

唵　薩婆怛他揭多赱地　跋折囉三摩耶底瑟咤願住我所翳沙今也怛嚩亡可反含尤甘反，於我馱囉野冥我今持也跋折囉　薩埵係形以反係係係吽

　　論曰：一切如來金剛薩埵成就三摩耶，願住我所，我常守護。

　　如是作法已，所有一切漫荼囉、秘密三摩耶智，師應教授。若弟子於三摩耶契有退失者，師應遮制，莫令毀壞。弟子於師應恭敬尊重，莫見師短。於同學所，莫相嫌恨。應告之言：汝於一切衆生常生慈愍，哀矜示誨，莫生猒離。爲說偈言：

　　　　三界極重罪，不過於猒離，

　　　　汝於貪欲處，應生猒離心。

　　欲令弟子堅持歡喜故，爲說偈言③：

　　　　此等三摩耶，諸佛爲汝說，

　　　　守持善愛護，當如保身命。

　　弟子受師教已，頂礼師足，白言：如師教誨，我誓修行。

　　復應爲諸已灌頂弟子，令其圓滿寂靜法故，爲除其灾障故，應與作護摩法。於灌頂壇火④天方，不應絶遠，作四肘壇，高一磔手，中鑿君荼，徑圓一肘，深十二指。好淨泥拭，兩重作緣⑤，內緣高闊各一指，外緣高闊各有四指。底須平正，即於其底，泥作輪像，或⑥跋折囉像，柄向南出，如世丁字。柄長四指，闊亦四指。橫頭長八指，高闊

　　　① 螺，原作"蠡"，據《大正藏》本改。
　　　② 汝，原脫，據《中華藏》校勘《麗》補。
　　　③ 言，原脫，據《中華藏》校勘諸本補。
　　　④ 火，原作"大"，據《中華藏》校勘諸本改。
　　　⑤ 緣，原作"掾"，據《中華藏》校勘《磧》《普》《南》《徑》《清》改，下二"緣"字同。
　　　⑥ 或，原作"式"，據《中華藏》校勘《石》《磧》《普》《南》《徑》《清》改。

各四指。次外作土臺,形如蓮葉。次外敷師坐位,君荼周圍布吉祥草,爲聖衆坐位。灑淨香水,敷草灑水,皆順轉作。應以酥、酪、乳、蜜、乳糜、餅、果、五穀等①,五穀者,謂稻、穀、菉豆、油麻、小麥等是。取吉祥樹爲柴,如無此樹,取有白汁樹代之,謂穀、桼等是。齊整短截,別取小枝如拇指大,長十二指,一百八枚。蘇、穀及柴,並置臺石②。若不能鑿作君荼,即以赤色畫其形狀,中安火爐,餘如上。若師北面坐,引諸弟子左次列跪。取先淨火,或新鑽者,以香水二具③,置其臺上。一供養佛菩薩,一供火天,灑水④作淨,置君荼内已,誦此密語:

南莫三漫多　跋折囉南怛嚩旈茶摩訶路灑那薩發囉那　䶃唅引摩含二合

誦此密語三遍,淨水灑火,并灑茅草、諸供具等。

次即燃火,勿以口吹,當以物扇。取白檀香泥,遍塗君荼。以白香花散臺四面,於火焰中想有"囉"上字,變爲火天,白色,髪黄,三目四臂。左⑤邊二手,一執君持,一手執杖。右邊二手,一作无畏相,直前舒掌,豎掌向外。一捻數珠,想火天身遍生火焰。次執香爐,請⑥佛菩薩,所請法式,如大壇中説。諦想諸佛菩薩皆來赴會,坐吉祥草。其師觀羽作無畏相,止羽扼⑦腕,如臂釧像,即召⑧火天。誦此密語:

唵　婀揭娜多曳 平你卑必迦反你跛耶　你嚩无可反濕尾穰而佉反,上係哩　使薩哆三摩釳哩呬上怛嚩无可反婀虎低摩賀嚂婀薩民　散你係覩婆嚩　唵　阿揭娜曳賀界卑也反劫弊毗伽反呵那耶你卑必也反你跛耶　薩婆呵

誦此密語時,想有火天來依如上所想身中,即以香水彈手灑火。次執祭杓,酌上酥油、乳蜜等物,各三杓,以沃火中,以祭火天。或和雜一處,共酌三杓亦得。祭時每杓誦此密語一遍,密語曰:

納莫三漫多勃陁南　唵婀伽娜曳平薩婆呵

師以止羽執金剛杵,以檀度鉤弟子觀羽智度,別以小杓,如前沃火,人各各二十一杓,一一心念諸佛菩薩及火天。於五部中心密語隨喜誦之,一杓一遍,以用供養。若須除灾者,誦此密語:

納莫三漫多　勃馱南　娜摩訶扇地平伽多摩訶扇陁迦羅鉢唎捨忙達摩涅哩若人者反多薩破婆窂覩婆達摩三漫多　鉢囉多薩婆訶

---

① 五穀等,原脱,據《中華藏》校勘《磧》《普》《南》《徑》《清》補。
② 石,原作"右",據《中華藏》校勘《資》《磧》《普》《南》徑《清》改。
③ 具,《中華藏》校勘《資》《磧》《普》《南》《清》作"器"。
④ 水,原作"次",據《中華藏》校勘《資》《磧》《普》《南》《清》《麗》改。
⑤ "左"與後"右"字,《中華藏》校勘《石》《麗》作"右"與"左"。
⑥ 請,原作"諸",據《中華藏》校勘諸本改。
⑦ 扼,原作"振",據《中華藏》校勘《磧》《普》《南》《徑》《清》改,《石》《麗》作"握"。
⑧ 召,原作"白",據《中華藏》校勘諸本改。

一一弟子准此作之。若阿闍梨法，加誦之至一百八遍。又以酥油、乳蜜等，相拌和已，小杓酌之，數至一百八遍，沃火供養，每杓誦上大乘三摩耶百字密語一遍。若意欲別須供養諸菩薩等，即各隨誦本心密語，或三七、七七①，隨意沃之。以上一百八枚小柴，一一兩頭，刺酥蜜中，時時投火。所作法已，次應供養給施，如上所説，座後外八方諸天神、眷屬等，准前誦密語法，酌沃火中。如是作已，師出洗手，還歸本座。如前酌三杓，供養火天訖。告弟子言："汝已具足得灌頂法，假使以諸世間種種供養，不如己身奉施諸佛菩薩，汝應各發如是心。"令諸弟子各自發願已，師應手執香爐，遍供養佛菩薩及火天已。即誦密語，請歸本處。即從座起，就火②壇位。告弟子言："諸佛爲利益一切衆生故，説此殊勝福田妙法，汝③應隨力，各辦香花，供養大衆，能令汝得無量果報。"復爲供養一切如來及金剛部衆，應以羯磨契，及三摩耶契，如上供養。復以金剛讚歎密語，作四種密供養法已，誦此伽他曰：

　　　　金剛薩埵攝授故，得成無上金剛寶。

　　　　今以金剛法歌詠，願爲我作金剛事。

復以金剛儛合掌，及金剛戲笑等，作密供養法。

次應手執香花，供養外壇聖衆已，告諸弟子言："汝等各隨力能，供養諸佛。"彼等修供養畢，爲欲護諸弟子身故，應於諸佛菩薩所，請所獻花、香、果、餅等少分，各各分賜諸弟子。復令重作要誓，如上所説，不得輒説此法。作教誡已，令弟子各還本位。師即隨力，如常念誦礼讚已，即請壇中佛菩薩及眷屬等歸本土。即豎結薩埵金剛契，誦此密語：

唵　訖哩覩嚕已作勝上也薩婆薩埵一切衆生也遏他利益毖提成就捺多授與也曳入他努隨願伽捼達凡三合歸還勃陁蜜灑鹽佛國土布那囉虐魚伽反上麼娜耶微無桂反復垂降赴也唵跋折囉　薩埵牟

論曰：已作勝上利益成就，授與一切衆生竟，願一切諸佛菩薩歸還本國。若重請召，惟願降赴。

此契及密語，一切壇中諸佛菩薩諸部眷屬還本處者，皆毖同用。

金剛頂瑜伽中略出念誦經卷第四

---

① 七七，《中華藏》校勘《磧》《普》《南》《徑》《清》作"七遍或七七遍"。

② 火，《中華藏》校勘諸本作"大"。

③ 汝，原作"法"，據《中華藏》校勘《石》《資》《普》《麗》改。

大唐故大德贈司空大辨正廣智不空三藏行狀^①

前試左領軍衞兵曹參軍翰林待詔臣趙遷

　　皇帝灌頂大師,法號不空。以普賢行願,傳大菩提心金剛智印。奉佛教令,拔濟群品。持大法寶,爲時而來。翼贊三朝,近三十載。大師本西涼^②府北天竺之婆^③羅門族也,先門早逝,育于舅氏,便隨母姓。初母康氏之未娠也,有善相者言曰:"爾後畢^④生菩提薩埵!"言訖不見,大奇之。遂沐浴換衣,斷語持念。未經三日,坐而假寐。夢佛微笑,雙目光流,入母人頂。忽而驚寤,遍體流汗,因覺有身。香燈已後,夜室如晝。十二月而生,生而能言,風神出凡,精氣殊衆。六波羅密,四無量心,宛若生知,非關師授,唯佛與佛乃能究焉。昔者婆伽梵毗盧遮那以《金剛頂瑜伽祕密教王》真言法印,付屬金剛手菩薩。垂近千載,傳龍猛菩薩。數百年後,龍猛傳龍智阿遮梨耶。後數百年,龍智傳金剛智阿遮利耶,金剛智傳今之大師。雖源一,流派分,蓋數十人而已。家嫡相繼,我師承其六焉。

　　初大師隨外氏觀風大國,生年十歲,周遊巡歷武威、太原。十三,事大弘教。祖師道悉談章、波羅門語論,輒背文而諷誦,剋日而洞悟,祖師大奇。他日與授菩提心戒,引入金剛界大曼荼^⑤羅。驗之擲花,知有後矣。十五初落髮,二十進具戒。善一切有部律,曉諸國語,識異國書。先翻經,常使譯語。對唐梵之輕重,酌文義之精華。討習聲論,十二年功,六月而畢。誦文殊願,一載之限,再夕而終。後於祖師處,哀祈瑜伽五部、三密,求之三載,未遂夙心。爲法之故,欲歸天竺。是日宿于新豐逆旅,祖師此夜偶然而夢京城諸寺佛、菩薩像悉皆東行。忽而驚悟,令疾命還。及聞迴至,祖

---

　　① 底本,《大正藏》第 2056 號,第 50 册第 292 頁中—294 頁下,原應安三年寫觀智院藏本。校本,《卍續藏》第 1653 號,第 88 册第 387 頁下—390 頁上。

　　② 涼,原作"良",據《舊唐書》《新唐書》改。

　　③ 婆,原作"波",據文意改。

　　④ 畢,據飛錫《不空和尚之碑》,疑當作"必"。

　　⑤ 荼,原作"茶",據音譯改,下同。

師大喜："我之法藏,盡將付汝。"次於他晨,爲與傳授五部之法,灌頂、護摩阿闍梨教,《大日經》、《蘇①悉地》儀軌,諸佛頂部,衆真言行,一一傳持,皆盡其妙。

後數年,祖師奉詔歸國,大師隨侍。至河南府,祖師示疾而終,是時開元二十九年仲秋矣。影塔既成,以先奉先師遺言,令往師子國。至天寶初,到南海郡。信舶未至,採訪劉巨鱗三請大師,哀求灌頂。我師許之,權於法性寺建立道場。因劉公也,四衆咸賴,度人億千。大師之未往也,入曼荼羅,對本尊像,金剛三密以加持。念誦經行,未踰旬日,文殊師利現身。因誠大願不孤,夙心已遂,便率門人含光、惠昚僧俗三七,杖錫登舟。採訪已下舉州士庶大會,陳設香②花遍于海浦,蠡梵恬③于天涯,奉送大師,凡數百里。初至訶陵國界,遇大黑風。衆商惶怖,作本天法。檳④之無効,稽首膜拜,哀求大師。惠昚小師亦隨慟叫。大師告曰:"今吾有法,爾等勿憂。"遂右執五智菩提心杵,左持《般若佛母經》,申作法加持。誦《大隨求》,纔經一遍,惠昚亦怪之,風偃海澄,師之力也。後又遇疾風,大鯨出海,噴浪若山,有甚前患。商人之輩甘心輸命,大師哀愍,如舊念持,亦令惠昚誦《娑竭羅龍王經》。未移時剋,衆難俱弭。次達海口城,師子國王遣使迎之。大師見王,王大悦,便請大師住宫,七日供養。每日常以真金浴斛滿貯香水,王爲大師躬自澡浴。次及太子、后妃、輔相,如王禮大師。他日尋普賢阿闍梨等,奉獻金寶、錦繡之屬。請開十八會金剛頂瑜伽法門、毗盧遮那大悲胎藏,建立壇法,并許門人含光惠昚同授五部灌頂。大師自爾學⑤無常師,遍更討尋諸真言教,并諸經論五百餘部。本三昧諸尊密印、儀形色像、壇法標幟、文義性相,無不盡源。他日王作調象戲,以示國人。登高望之,無敢近目。大師密誦佛眼真言,并結大印,住於慈定,當衢而立。狂象十餘,數步之内頓倒忙走,舉國奇之。又遊五天,巡歷諸國。事跡數繁,闕而不記。

天寶五載,還歸上京。進師子國王尸羅迷伽表,及金、瓔珞、《般若》梵甲、諸寶、白氎等,奉勑令權住鴻臚寺。他日有詔,請大師入内,建立曼荼羅,爲玄宗皇帝授⑥五部灌頂。是年移住淨影寺。是歲也,終夏愆陽,帝請大師入内祈雨。制日、時不得賒,雨不得暴。大師奏《大孔雀明王經》壇法,未盡三日,膏澤彌洽。皇帝大悦,自持寶箱,賜大師紫袈裟,帝爲披攘,并賜絹二百疋。後有大風卒起,勑令大師止風。大師請一銀瓶,作加持法,須臾風止,帝殊器重。後有池鵝誤觸瓶倒,風擊如前。勑令

---

① 蘇,原脱,據文意補。
② 香,原作"杳",據《卍續藏》本改。
③ 恬,原作"栝",據文意改。
④ 檳,《卍續藏》本作"探"。
⑤ 學,原作"覺",據《卍續藏》本改。
⑥ 授,原脱,據《卍續藏》本補。

再止,隨止隨効。帝倍加敬,恩命號爲"智藏"。八載,恩旨許歸本國。垂驛騎之五疋,到南海郡,後勅令且住。十二載,勅令赴河隴①節度御史大夫哥舒翰所請。十三載,到武威,住開元寺。節度已下,至于一命,皆授灌頂。士庶之類,數千人衆,咸登道場。與僧弟子含光授五部法,次與今之功德使、開府李元琮授五部灌頂,并授金剛界大曼茶羅。是日也,道場地大動,大師感而謂曰:"此即汝心之誠所致也。"十五載夏,奉詔還京,住大興善寺。至德中,鑾駕在靈武、鳳②翔,大師常密使人問道,奉表起居,又頻論剋復之策。肅宗皇帝亦頻密諜使者到大師處,求祕密法,并定收京之日,果如所料。乾元中,帝請大師於內建立道場,及護摩法,帝受③轉輪王七寶灌頂。上元末,皇帝聖躬不康,請大師以大隨求真言拂除七遍,聖躬萬福,帝特加殊禮。大師表請入山,李輔國勅令終南山智矩寺修功德,念誦之夕,大樂薩埵舒毫發光。以相驗之,位隣悉地。大師又曰:"衆生未度,吾安自度之?"遂已先聖登遐,今皇御宇,渥恩日甚,錫賚便繁,今略述而已。《仁王》《密嚴》二經,皇帝特製經序。勅命頒行之日,慶雲大現,舉朝表賀,編之國史。永泰元年十一月一日,制授大師特進試鴻臚卿,號大廣智三藏。

大曆三年,大師於興善寺立道場,賜瑞錦褥十二領,繡羅幡三十二口,價直千萬,又賜二七日入道場大衆齋糧。近侍、大臣、諸禁軍使,勅令入灌頂道場。道俗之流,別有五千餘衆。四年冬,大師奏天下寺食堂中特置文殊師利爲上座,恩制許之,須宣宇內。五年夏五月,詔請大師往太原、臺山修功德。是歲也,有彗出焉。法事告終,妖星自伏。季秋屆于京師,皇上以所乘師子驄并御鞍轡,遣中使出城迎大師。大師固辭,恩命不許。乃乘之入對,皇上大悅。并僧俗弟子咸賜內殿齋飯,錫賚束帛甚厚。六年春④二月,勅賜大師道場繡羅幡二十四口,繡縵天一,并繡額一。十月聖誕日,大師進前後所譯經,有勅宣示中外,編入一切經目録⑤。并僧俗弟子等,都賜物五百一十疋。七年春,勅賜絹一百疋。是歲春夏旱,有詔請大師祈雨。中使李憲誠奉宣恩旨:若三日内雨足,是和上功。非過三日,關和尚事。大師受制,建立道場,一日已終,及依法祈請,亦不過限,大雨豐足。皇帝大悅,設千僧齋,并僧弟子衣七副,以報功也。冬,大師奏,造文殊閣。聖上自爲閣主,貴妃、韓王、華陽公主賛之,凡出正庫財約三千萬數,特爲修崇。八年春,賜大師絹二百疋,充乳藥。五月,奉勅譯《薩路茶王經》一卷,賜絹二百二十疋。冬十二月十四日,上文殊閣梁一切費用,皆是恩旨,

---

①　隴,原作"瀧",據文意改。
②　鳳,原作"風",據文意改。
③　受,原作"授",據文意改。
④　"春"後,原有"玉",據文意刪。
⑤　録,原作"籙",據文意改。

別有錫賚，相望道路。

　　九年春正月，賜綵六十疋。夏四月，賜絹三百疋，充衣鉢。六月十一日，有詔就加開府儀同三司，封肅國公，食邑三千户，餘如故，累讓不許。諸弟子相次馳賀，大師不悦，曰："聖衆儼如，舒手相慰，白月圓滿，吾之去時，奈何臨終更竊名位！"附令懇讓。大師自去冬臘中夜，命弟子趙遷持筆硯："吾欲略一涅槃荼毗儀軌，使爾後代准此送終。"遷稽首三請，伏乞慈悲，且久住世，大師笑而不許。自春及夏，停殯輟寝，宣揚妙法，誡勗門人。每語乃《普賢行願》《出生無邊門經》，勸令誦持。再三歎息，其先受法者，偏使屬意，觀菩提心本尊大印，真詮阿字，了法不生，證大覺身，若指諸掌。慰誨勤勤，悲喜交集。"汝等於法，宜踰身命。是所聞者，斯不易焉。吾思往日涉險冒危，爲法委身，窮歷諸①國。周遊往返，十餘萬里。爾等當思此意，速此修行。無殉利以辱身，勿爲名而喪道。奉我臨終之誠②，成爾書紳之勗。"以大曆九年六月十五日午時，浴香水，換新服，端居正容。命草辭表，北面瞻望，東首倚卧，住大印身定中便去。神雖往而容貌如舊，氣將盡而色澤逾鮮。斯法力之加，豈死相而能壞！行年七十，僧臘五十。僧弟子惠朗，次承灌頂之位。餘知法者，蓋數十人而已。聖上哀悼，輟朝三日。念師資之啓沃，觀遺跡而惻愴。絹三百匹，布二百端，米麵四百石，油七石，柴十五車，炭三車，賜錢四十萬，又賜造塔錢二百餘萬。齋七供養，仍別支給。日日中使予慰存問，勅功德使李元琮知喪事。

　　初大師之將終，衆相先現。諸僧夢千仞寶幢無故摧倒，文殊新閣忽然崩壞，大振院宇。比至驚悟，聲猶在耳。金剛智杵飛空上，大興善寺後池水盡枯涸。林竹生實，庭花變色。諸事異相，近數十條，今略序之，餘皆不録。昔者如來滅度，雙林改白。文宣殁世，泗水逆流。雖古今之有殊，驗徵應之不異也。七月六日，就塔所具荼毗之禮，隨喜者億千萬數。是日有詔，使高品劉仙鶴就致祭。并贈司空，謚曰大辨正廣智不空三藏和上，尊其德也。荼毗火滅，於餘燼中，凡得舍利數百粒，八十粒進入内。又於頂骨中有一粒，半隱半現。後有勅，令於大興善寺舊住院中起舍利塔，特賜造塔錢萬餘貫。承後諸弟子在院者，聖恩愛及，如大師在日。

　　皇上據四海之圖籍，十有三年矣，所賜大師手詔數十首，皆聖人密旨，並却進奉。遠自先朝，至今聖代，所有黑制卷軸盈篋，錫賚束帛，不知其數，累年繋月，積若岳，未嘗言貯畜，輒不謀於生計，今並不書。每在中禁建立道場，頗積年歲，傳授法印，加持護摩，珍除災異，增益吉祥，祕密之事，大師未曾輒有宣爾，今並不列於行狀。諸類事跡，其徒寔繁，蓋存於别傳。付法弟子，輸誠國家，則在於遺書進奉，陳博情蓋，題於

---

①　諸，原作"拜"，據文意改。
②　誠，原作"誡"，據《卍續藏》本改。

辭表。大師自開元,至今大曆,翻譯經法凡一百二十餘卷。諸佛示權,摧魔護國,非臣下堪聞者,緘在於天宮。普賢行門,菩提般若,是瑜伽修行者,須宣於人代。大師據灌頂師位四十餘年,入壇弟子,授法門人,三朝宰臣,五京大德,緇素士流,方牧岳主,農商庶類,蓋億萬計。其登戒壇,二千弟子,一切有部獨爲宗師。

嗚呼!大師訓人之道,其徒不一。泯合二諦,適于衆因。先觀性以示方,非妄投而虛力。以大海之法寶,隨所受而適心。以雪山之妙藥,故應病而令服,是以有《蘇悉地》《毗盧遮那》《金剛頂經》諸真言部。若戒、定、慧,頓漸、半滿,大師之教也。如是大師,其存也三朝帝師,其殁也萬人哀痛。教法懸於日月,生死霑於雨露。二七僧人,常入天宮之會。三千門士,猶承聖上之恩。且佛教東來向近二千載,傳勝法,沐光榮,實未有與大師同年而語者也!諸弟子等所痛,夜室光沈,釋門喪寶;天柱中折,濟舟忽覆。氾氾苦海,將何所依?淚盡繼血,心摧魄喪。小子遷執巾捧錫,九載于茲;握筆持硯,八年而已。叨居翻譯之次,竊承祕奧之躅。大師所有行化之由,會親稟受。平生之日,命令序述,在於侍奉,未暇修纂。況乃奉臨終遺言,固辭不獲。臨之氣盡,悲淚難裁。乱諸故事,十無存[①]一,謹狀。

---

① 存,原作"在",據《卍續藏》本改。

唐大興善寺故大弘教大辨正三藏和尚影堂碣銘並序①

唐權德輿撰②

　　三藏者何？於心爲戒、定、慧，於學爲經、律、論。惟西域二大士，以正智法器爲天人師。大弘教和尚，本號金剛智，南印度人。出家於那爛陁寺，道成于迦毗羅國，事龍智阿闍梨，通總持灌頂之法。入師子國，登楞伽山，航海涉險，聿來中土。開元中，隨鑾輅於兩都，大智、大慧皆摳衣請益。春秋七十三，夏臘五十。化滅於洛京，起塔于龍門，傳法於大辨正和尚。

　　和尚法號不空，師子國人。母氏方娠，蒙佛光照頂。弱冠受具，通三密法。嘗齎國信往詣他方，諷真言而海風恬息，結密印而狂象調伏。若歲大旱，實作霖雨，内出方袍之錫，猶命服焉。至德初，宣皇帝受命于靈朔，譯《不動尊經》以獻。凡所以順天心而導善氣者，又何可勝言！自開元末至大歷中，三朝尊奉，以密行救世，代宗授以特進試鴻臚卿，賜號大廣智三藏。既以衆生病爲病，於卧内加開府儀同三司，封肅國公。大歷九年夏六月既望，示滅於興善寺。追命司空，不視朝三日，尊名曰大辨正。遣使中謁者吊祠，報年減③先師三藏而休夏數同。初武皇帝崇大師，以次公命卿也。先師有“儀同”之贈，“弘教”之諡。大師之弟子，曰沙門含光、曇貞、覺超、惠應④、子⑤鄰、潛真、惠覺等，或爲肅宗灌頂阿闍梨、清涼山功德使，或爲内道場三教大德，或爲僧録，皆偉然龍象，爲法棟樑。

　　而惠應、惠覺傳授秘藏，永懷師道，乃於仁祠法堂嚴事繪飾，儀同在西，肅國在

---

　　①　底本，《新刊權載之文集》卷二十八，上海古籍出版社 1994 年版，原宋蜀刻本。校本，《四部叢刊·初集·集部·權載之文集》、《全唐文》卷五百零六。標題中，弘，《四部叢刊》《全唐文》作“宏”，下同；辨，《四部叢刊》《全唐文》作“辯”。

　　②　原不題撰著人，此補。

　　③　減，原作“滅”，據《全唐文》改。

　　④　應，原作“靈”，《四部叢刊》作“齡”，據《全唐文》改。

　　⑤　子，原作“於”，據《中華藏》本《貞元新定釋教目録》卷十五改。

東，睟容德宇，瞻仰如在。應公又推本其教曰：“昔毗盧遮那如來入不空王三昧，説瑜伽①最上乘義，授於普賢，以平等性智而超妙覺，一印含萬法，五部週四方。金剛之堅利，蓮華之清淨②，悟入之速可思議哉？普賢授龍猛，龍猛授龍智，凡千百載。而先大師授于大師，纂服六葉之教，紹明三摩之法，攝護成就，斯爲妙門。”大凡翻經七十七部、一百卷，命書渻冊，表章答禮，傳譯之差次，弟子之號名，環周素壁，聳視生敬。淨名會中亦參世典，《弘明集》内無匪佛乘。

初先大師之滅也，吕工部向、杜衛公鴻漸爲之記。大師之去③亡也，嚴京兆郢、沙門飛錫爲之碑，感緣行化，皆已詳熟。今應公以二大師遺影之在此堂也，不可以不識。應公入大師之室，德輿游應公之藩，以此因緣，俾揭文字。銘曰：

　　　　法身遍照，六葉傳妙，
　　　　惟二大師，三朝演教。
　　　　天竺西域，瑜伽度門，
　　　　蓮開法界，月破重昏。
　　　　儼然像設，複獲親覲，
　　　　如聞軟語，如結密印。
　　　　一室之中，寂然感通，
　　　　道行無窮，法子之功。

---

① 伽，《四部叢刊》《全唐文》作“珈”，下同。
② 淨，《四部叢刊》《全唐文》作“静”。
③ 去，《四部叢刊》《全唐文》作“云”。

大廣智不空三藏和上本事^①

唐西京西明寺沙門圓照撰

大廣智不空三藏和上，本諱智藏，號不空金剛，梵曰阿目佉跋日囉二合^②，本西域人也。昔事大弘教金剛智三藏和上，稟受真言，二十四年摳衣請益。大師殁後，還詣五天。梵本瑜伽備皆披閱，周遊徧覽。旋赴帝京，或化河西，或居嶺表，或居關内，或處王宫。翻譯真經，不遑寢食。屬天寶末歲，胡馬入關。至德二年，剋復京洛。和上親承聖旨，爲灌頂師，妃主降階，六宫羅拜，三朝寵遇。恒建道場，詳考幽微，卷不釋手。内宫譯者，隨竟上聞，或已宣行，或留中禁。其已得者，具録如前。其未獲者，一心求訪耳。和上精勤不怠，多歷歲時。洎大曆九年示有微疾，制使勞問，天降名醫，針藥相仍，曉夕繼至。疾將未損，宸極不安。天慈曲臨，錫以官封。大曆九年六月十一日勑：“大道之行，同合於異相；王者至理，惣歸於正法。方化城之齊致，何儒釋之殊途？故前代帝王罔不崇奉法教，弘闡與時偕行。特進試鴻臚卿大興善寺三藏沙門大廣智不空，我之宗師，人之舟檝。超悟三學，坐離於見取；修持万行，常示於化滅。執律捨縛，護戒爲儀。繼明善教之志，來受人王之請。朕往在先朝，早聞道要。及當付囑，常所歸依。每執經内殿，開法前席，憑几同膠序之礼，順風比崆峒之問。而妙音圓演，密行内持。扣待如説，自涯皆晤。滌除昏妄，調伏魔怨。天人洗心於度門，龍鬼受識於神印。固以氣消灾屬，福致吉祥。實惟弘我之多，寧止利吾之美。嘗有命秩，用申優禮。而得師爲盛，味道滋深，思復强名，載明前志。夫妙界有莊嚴之土，内品有果地之殊。本乎尚德，敬順時典，可開府儀同三司，仍封肅國公，食邑三千户，餘如故^③。”三藏和上再蒙恩寵，官封增新。然氣力轉微，無由謁見。至十五日，開府

---

① 底本，《中華藏》第 1156 號《貞元新定釋教目録》卷十六，第 55 册第 736 頁中—739 頁中，原《麗藏》本。校本，《中華藏》第 1386 號《大唐貞元續開元釋教録》（簡稱《續開元録》）卷上，第 65 册第 191 頁中—192 頁中，原《金藏》本；《大正藏》本《代宗朝贈司空大辨正廣智三藏和上表制集》（簡稱《不空表制集》），第 52 册第 899 頁下—891 頁中，原《麗藏》本。標題原無，此據文意補。

② 二合，《續開元録》無。

③ “故”後，《續開元録》有“大曆九年六月十一日”。

儀同三司肅國公三藏沙門大廣智不空修表上辭。文曰："沙門不空言：不空幼事先師，已過二紀。早承天澤，四十餘年。演瑜伽之法門，奉累聖之恩眄。自從陛下臨御，殊私轉深。賜黃閣以宴居，降紫微而問道。積恩重疊，日月相繼。雖復精懇，豈酬万一！而露電難駐，蒲柳易衰。一從伏枕，自春徂夏，陛下深睠，存問再三，中使、名醫相望道路。但以膏肓之病，雖針藥而難生。生滅之質，寧戀惜而能固？忽從昨夜已來，頓覺氣力彌愒，身非己有。瞬息掩忽①，心神浸微。違謝聖朝，不任戀慕！不空者年過中壽，未爲夭逝。但以往時越度南海，周遊五天。尋其未聞，集②其未解。所得《金剛頂瑜伽》十萬頌，諸部真言及經論等五十餘萬頌，冀愜翻譯，少答國恩。何夙願之未終，忽生涯之已盡，此不空所以爲恨也。伏惟陛下降諸佛之慈惠，下從人之所願，不空先進《大聖文殊佛刹經》，聖情尋許，頒示中外。伏願哀愍，念臨終之一言，冀福皇家，滋吉祥之萬劫，實爲僧人生死榮幸。五鈷金剛鈴杵，先師所傳，并銀盤子、菩提子及水精念珠并合子，並謹隨表進奉。臨紙涕泣，悲淚交流。永辭聖代，不勝戀慕之至！謹附監使李憲誠奉表陳辭以聞，沙門不空誠悲誠戀謹言，大曆九年六月十五日，開府儀同三司肅國公三藏沙門大廣智不空上表。"寶應元聖文武皇帝批曰："和上行登十地，來自五天。敷演瑜伽，宣流梵夾。周遊万里，踐歷三朝。光澤聖言，親承師授。當下武之興運，繼前薪之火傳。而弘菩薩心，爲眾生病，弥留有問，震悼增深，宜依所請也。"尒時開府儀同三司試鴻臚卿肅國公大廣智不空三藏和上，上表陳情，聖恩垂涕，墨制旋降，所請皆依。和上情禮獲申，一心觀行，右脇累足，怗然而薨。弟子號踊無筭，中使奏聞，聖上宸悼殊深，廢朝三日。爰降中使，詣于僧藍，宣慰眾徒。乃錫賻贈絹三百疋，布二百端，白米、粳米各五車，白麵亦尒，柴十車，油七石，炭三車。並如京宣索，如無，准擬③奏來，當別支送。至其月二十八日，勑內侍韋守宗，送絹七百五十二疋，充先師造靈塔直。洎七月五日，追贈司空，聖睠殊深，又錫謚号，勑"寂滅爲樂，所以歸於真。付囑有緣，所以尊其稱。修其故事，其或强名。故開府儀同三司試鴻臚卿肅國公大興善寺三藏大廣智不空，德盛道高，朕所師仰。心密法印，行超度門；精微有説，廣大無相。一雨之潤，溥④洽於群生；百燈所傳，遍明於正覺。傍達義趣，博通儒玄。聖人之情，合若符契。朕順風前席，積有歲年。慈航不留，梁木其壞。徽音永隔，震悼殊深。論道之官，追嚴師礼。仍加謚号，用副名實，可贈司空，仍謚号大辯正廣智不空三藏和上"。洎六日癸卯，陳設葬儀，遷神城南，荼毗供養。皇帝遣內給事劉仙鶴，以香茶之奠，敬祭于故大辯正廣智三藏和上之靈。"惟靈智識明晤，

---

① 掩忽，《續開元録》作"奄奄"。

② 集，《續開元録》作"習"。

③ 擬，《續開元録》作"無"。

④ 溥，原作"傅"，據《續開元録》改。

天姿聰達，夙植梵行，生知勝因。挺秀五天，周遊万里。心蘊海藏，音通華夷。貝葉傳經，瑜伽演教。弘利兆庶，出入三朝。道在不言，理均無跡。涅槃常寂，至聖同歸。焚香澡身，與化而盡。朕頃承了義，礼具師資。永訣之晨，攸深震慟。香茶之奠，有靈照之。"是月也，宰臣中貴、神策六軍、御史大夫及京兆尹、尚書、僕射、侍郎、列卿、諸衛將軍，各申奠祭。其餘緇素，不可具陳。七日平晨，又陳表謝。草堂①沙門惠朗等言："昨六日，先師茶毗之夕，聖慈哀悼，追贈司空，仍謚号大辯正廣智不空三藏和上。昭宣國礼，寵光神道。三公之贈，有越舊章。和上之稱，先經未載。是知高天之澤浸江海而無涯，幽途之靈蒙日月而下照。凡百②弟子，數千衆人，悲感聖恩，無任戴荷。謹附中使李憲誠奉表陳謝以聞，沙門惠朗等誠惶誠愧謹言③。"寶應元聖文武皇帝批曰："和上發迹五天，周遊万里。宣演正法，拯晤生靈。涅槃歸常，孝行崇謚。礼經斯在，煩以謝恩。"同日，又奉勑語僧惠朗，專知撿挍院事，兼及教授後學，一尊一契有次第者聞奏。其日僧惠勝附奏，請於塔所供養三年，敢効丹勤，常修香火。又奉勑語惠勝："和上在日，阿師子偏得意旨。今聞於塔所焚香火守護，先於和上邊受得《普賢念誦法》，與朕同尊。努力精修，三年滿後，即來對朕，與商量本尊法，所請任依。"是時也，火滅已後收得遺身，體頂等中皆有舍利，光相瑩淨，皎若琉璃。具以上聞，聖情哀悼，内宮稽首，置在道場。至十五日，又勑語句當京城寺觀修功德使開府儀同三司右龍武軍大將軍知軍事上柱國涼國公李元琮，故大辯正廣智不空三藏和上塔所修造宜令且停，別擇好地起修。洎八月二十八日，又勑語元琮，故辯正三藏茶毗得舍利，令於當寺院造舍利塔。至造塔畢，建立豐碑。銀青光禄大夫御史大夫上柱國馮翊縣開國公嚴郢撰文，銀青光禄大夫彭王傅上柱國會稽郡開國公徐浩書字。

　　論曰：自古高僧碩德寵遇殊恩，生時則榮，殁則已矣。今大辯正三藏和上則不如是。生承恩渥，歷事三朝，授以列卿，品加特進。及卧疾也，勞問相仍，中使、名醫，晨夕相繼。特加開府，封肅國公。洎乎薨焉，上弥震悼，輟朝三日，錫贈增優。授以司空，謚大辯正，仍号和上，先古未聞。城外茶毗，寺中起塔，不日不月，悉成就焉。兼樹豐碑，紀其德行，冠絶今古，首出僧倫④。亞相作文，王傅書字，斯乃萬代不朽也。此之所述，略舉大綱。若欲具知，俻如《司空大辯正廣智三藏表制集》中廣説⑤。然所譯經一百一十部，都一百四十三卷，無失一部一卷。事歷三朝，准上勑文，編入《貞元新定釋教目録》中矣。

---

① 堂，《續開元録》作"土"。

② 百，原作"日"，據《不空表制集》改。

③ "言"後，《續開元録》有"大曆九年七月七日大興善寺草土沙門慧朗等表上"。

④ 倫，原作"論"，據《續開元録》改。

⑤ 《續開元録》至此爲止。

唐京兆大興善寺不空傳慧朗①

宋贊寧撰

　　釋不空，梵名阿目佉跋折羅，華言不空金剛，止行二字，略也。本北天竺婆羅門族，幼失所天，隨叔父觀光東國。年十五，師事金剛智三藏。初導以梵本悉曇章及聲明論，浹旬已通徹矣。師大異之，與受菩薩戒，引入金剛界大曼荼羅，驗以擲花，知後大興教法。洎登具戒，善解一切有部，諳異國書語。師之翻經，常令共譯。凡學聲明論，一紀之功，六月而畢。誦文殊、普賢行願，一年之限，再②夕而終。其敏利皆此類也。欲求學新瑜伽五部三密法，涉于三載，師未教詔。空擬迴天竺，師夢京城諸寺佛、菩薩像皆東行。寤寐，乃知空是真法器。遂允所求，授與五部灌頂、護摩、阿闍梨法及《毗盧遮那經》、《蘇悉地》軌則等，盡傳付之。厥後師往洛陽，隨侍之際，遇其示滅，即開元二十年矣。影堂既成，追謚已畢，曾奉遺旨，令往五天并師子國，遂議遐征。

　　初至南海郡，採訪使劉巨鄰懇請灌頂，乃於法性寺相次度人百千萬衆。空自對本尊，祈請旬日，感文殊現身。及將登舟，採訪使召誡番禺界蕃客大首領伊習賓等曰：“今三藏往南天竺、師子國，宜約束船主，好將三藏并弟子含光、慧辯等三七人，國信等達彼，無令疎失。”二十九年十二月，附崑崙舶，離南海。至訶陵國界，遇大黑風，衆商惶怖，各作本國法。禳之無驗，皆膜拜求哀，乞加救護，慧辯等亦慟哭。空曰：“吾今有法，汝等勿憂。”遂右手執五股菩提心杵，左手持《般若佛母經》夾，作法誦《大隨求》一徧，即時風偃海澄。又遇大鯨出水，噴浪若山，甚於前患，衆商甘心委命。空同前作法，令慧辯誦《娑竭龍王經》逡巡，衆難俱息。既達師子國，王遣使迎之。將入城，步騎羽衛，駢羅衢路。王見空，禮足，請住宮中，七日供養。日以黃金斛滿盛香水，王爲空躬自洗浴，次太子、后妃，輔佐如王之禮焉。空始見普賢阿闍梨，遂奉獻金寶、錦繡之屬，請開《十八會金剛頂瑜伽》法門、《毗盧遮那》大悲胎藏，建立壇法，并許

---

　　①　底本，《宋高僧傳》卷一，《中華藏》第 62 册第 5 頁上—7 頁下，原《清藏》本。參考范祥雍點校本《宋高僧傳》。

　　②　再，原作“壽”，據范祥雍點校本改。

含光、慧晉等同受五部灌頂。空自爾學無常師，廣求密藏及諸經論五百餘部，本三昧耶諸尊密印、儀形、色像、壇法、幖幟，文義性相，無不盡源。一日王作調象戲，人皆登高望之，無敢近者。空口誦手印，住於慈定，當衢而立。狂象數頭，頓皆踢跌，舉國奇之。次遊五印度境，屢彰瑞應。

至天寶五載還京，進師子國王尸羅迷伽表及金寶、瓔珞、《般若》梵夾、雜珠、白氈等。奉勑權止鴻臚，續詔入內立壇，爲帝灌頂，後移居淨影寺。是歲終夏愆陽，詔令祈雨。制曰：“時不得賒，雨不得暴。”空奏立孔雀王壇，未盡三日，雨已浹洽。帝大悅，自持寶箱，賜紫袈裟一副，親爲披攏，仍賜絹二百匹。後因一日大風卒起，詔空禳止。請銀缾一枚，作法加持，須臾戢靜。忽因池鵝誤觸缾傾，其風又作，急暴過前。勑令再止，隨止隨効。帝乃賜號曰智藏焉。天寶八載，許迴本國，乘驛騎五匹，至南海郡，有勑再留。十二載，勑令赴河隴節度使哥舒翰所請。十三載，至武威，住開元寺。節度使泊賓從皆願受灌頂，士庶數千人咸登道場，弟子含光等亦受五部法，別爲功德使開府李元琮受法，并授金剛界大曼荼羅。是日道場地震，空曰：“羣心之至也。”十五載，詔還京，住大興善寺。至德初，鑾駕在靈武、鳳翔。空常密奉表起居，肅宗亦密遣使者求祕密法。泊收京反正之日，事如所料。乾元中，帝請入內，建道場護摩法，爲帝受轉輪王位，七寶灌頂。上元末，帝不豫，空以大隨求真言祓除，至七過，翼日乃瘳，帝愈加殊禮焉。空表請入山，李輔國宣勑，令於終南山智炬寺修功德。念誦之夕，感大樂薩埵舒毫發光，以相證驗，位鄰悉地。空曰：“衆生未度，吾安自度耶？”肅宗厭代，代宗即位，恩渥彌厚。譯《密嚴》《仁王》二經畢，帝爲序焉。頒行之日，慶雲俄現，舉朝表賀。永泰元年十一月一日，制授特進試鴻臚卿，加號大廣智三藏。大曆三年，於興善寺立道場，勑賜錦繡褥十二領、繡羅幡三十二首，又賜道場僧二七日齋糧，勑近侍、大臣、諸禁軍使並入灌頂。四年冬，空奏天下食堂中置文殊菩薩爲上座，制許之，此蓋慊憍陳如是小乘教中始度故也。五年夏，有詔請空往五臺山修功德。于時彗星出焉，法事告終，星亦隨没。秋，空至自五臺，帝以師子驄并御鞍轡，遣中使出城迎入，賜沿道供帳。六年十月二日，帝誕節，進所譯之經。表云：“爰自幼年承事先師三藏十有四載，稟受瑜伽法門。復遊五印度，求所未授者，并諸經論，計五百餘部。天寶五載，却至上都，上皇詔入內，立灌頂道場，所齎梵經盡許翻度。肅宗於內立護摩及灌頂法，累奉二聖，令鳩聚先代外國梵文或條索脫落者修，未譯者譯。陛下恭遵遺旨，再使翻傳，利濟羣品。起于天寶，迄今大曆六年，凡一百二十餘卷，七十七部，并目錄及筆受等僧俗名字，兼《略出念誦儀軌》寫畢。遇誕節，謹具進上。”勑付中外，並編入一切經目錄中。李憲誠宣勑，贈空錦綵絹八百疋，同翻經十大德各賜三十疋，沙門潛真表謝，僧俗弟子賜物有差。又以京師春夏不雨，詔空祈請。“如三日內雨，是和尚法力。三日已往而需然者，非法力也。”空受勑立壇，至第二日,大雨云足。帝賜紫羅衣,并雜綵百匹,弟子衣七副,設千僧齋,以報功也。空進表請造文殊閣,勑允奏,貴妃、韓王、華陽公主同成之,捨內庫錢約三千萬計。復翻《蘗①路荼王經》,宣賜相繼,旁午道路。至九年,自春抵夏,宣揚妙法,誠勗門人。每語及《普賢願行》《出生無邊法門經》,勸令誦持,再三歎息。其先受法者,偏令屬意觀菩提心本尊大印,直詮阿字了法不生,證大覺身,若指諸掌,重重囑累。一夜命弟子趙遷持筆硯來,吾略出《涅槃荼毗儀軌》,以貽後代,使準此送終。遷稽首三請,幸乞慈悲久住,不然衆生何所依乎? 空笑而已。俄而示疾,上表告辭,勑使勞問,賜醫藥,加開府儀同三司,封肅國公,食邑三千戶,固讓不俞。空甚不悅,且曰:"聖衆儼如,舒手相慰,白月圓滿,吾當逝矣,奈何臨終更竊名位?"乃以五股金剛鈴杵先師所傳者,并銀盤子、菩提子、水精數珠留別,附中使李憲誠進。六月十五日,香水澡沐,東首倚臥,北面瞻望闕庭,以大印身定中而寂,享年七十,僧臘五十。

弟子慧朗,次紹灌頂之位,餘知法者數人。帝聞,輟視朝三日,賜絹布、雜物、錢四十萬、造塔錢二百餘萬,勑功德使李元琮知護喪事。空未終前,諸僧夢千仞寶臺摧,文殊新閣頹,金剛杵飛上天。又興善寺後池無故而涸,林竹生實,庭花變萎。七月六日,荼毗。帝詔高品劉仙鶴就寺置祭,贈司空,諡曰大辯正廣智②三藏。火滅,收舍利數百粒,八十粒進內。其頂骨不然,中有舍利一顆,半隱半現,勑於本院別起塔焉。

空之行化利物居多,於總持門最彰殊勝,測其忍位,莫定高卑。始者玄宗尤推重焉,嘗因歲旱,勑空祈雨。空曰:"過某日可禱之,或強得之,其暴可怪。"勑請本師金剛智設壇,果風雨不止,坊市有漂溺者,樹木有拔仆者,遽詔空止之。空於寺庭中捏泥媼五、六,溜水作梵言罵之,有頃開霽矣。玄宗召術士羅公遠與空捔法,同在便殿,空③時時反手搔背,羅④曰:"借尊師如意。"時殿上有花石,空揮如意擊碎於其前。羅再三取如意不得,帝欲起取。空曰:"三郎勿起,此影耳。"乃舉手示羅,如意復完然在手。又北邙山有巨蛇,樵采者往往見之,矯首若丘陵,夜常承吸露氣,見空,人語曰:"弟子惡報,和尚如何見度? 每欲翻河水陷洛陽城,以快所懷也。"空爲其受歸戒,説因果,且曰:"汝以瞋心故受,今那每復恚恨乎? 吾力何及,當思吾言,此身必捨矣。"後樵子見蛇死澗下,臭聞數里。空凡應詔祈雨,無他軌則,但設一繡座,手簸旋數寸木神子,念呪擲之,當其自立於座上已,伺其吻角牙出目瞬,則雨至矣。又天寶中,西蕃、大石、康三國帥兵圍西涼府,詔空入,帝御于道場。空秉香鑪,誦《仁王》密語二七

① 蘗,《大唐故大德贈司空大辨正廣智不空行狀》作"薩"。
② 大辯正廣智,原作"大辯廣正智",據范祥雍點校本校勘記改。
③ 空,《中華藏》校勘《資》《磧》《普》作"羅"。
④ 羅,《中華藏》校勘《資》《磧》《普》作"空"。

偏，帝見神兵可五百員在于殿庭。驚問空，空曰："毗沙門天王子領兵救安西，請急設
食發遣。"四月二十日果奏云，二月十一日城東北三十許里雲霧間，見神兵長偉，鼓角
誼鳴，山地崩震，蕃部驚潰。彼營壘中有鼠金色，咋弓弩，弦皆絕。城北門樓有光明
天王怒視，蕃帥大奔。帝覽奏謝空，因勑諸道城樓置天王像，此其始也。空既終，三
朝所賜墨制一皆進納。生榮死哀，西域傳法僧至此，今古少類矣。嗣其法位，慧朗師
也。御史大夫嚴郢爲碑，徐浩書之，樹於本院焉。

　　系曰：傳教令輪者，東夏以金剛智爲始祖，不空爲二祖，慧朗爲三祖，已下宗
承所損益可知也。自後岐分派別，咸曰傳瑜伽大教多則多矣，而少驗者何？亦
猶羽嘉生應龍，應龍生鳳皇，鳳皇已降生庶鳥矣。欲無變革，其可得乎？

釋氏稽古略·秘密教·不空[①]

元烏程職里寶相比丘釋覺岸編集　寶洲再治

不空三藏，籍京兆大興善寺，梵名阿目佉跋折羅，華言不空金剛，北天竺婆羅門族。幼孤，隨叔父觀光東國。年十五，師事金剛智，蒙授教法。洎登具戒，儀範善解一切有部。金剛智入寂已，開元二十五年十二月，携弟子三七人，附崑崙舶返五天印度。歷彼諸國，廣求密藏，及諸經論五百餘部。天寶五載還京，奉勅權止鴻臚。六載，詔入內立壇，爲帝灌頂，賜號智藏國師。移居淨影寺，夏祈雨有應，帝自持寶箱，賜紫袈裟。

洛陽北邙山有巨蟒，毒氣遠噴，聞者立死，帝召師呪而斃之。

天寶十二載，西番、大石、康居三國兵圍涼州，帝請空祈陰兵救之。空結壇，誦仁王密語，帝親秉爐。有神介胄而至，帝視之，問曰："此何神也？"空曰："北方毗沙門天王長子也。"空誦密語遣之。四月二十日，西涼奏報，二月十一日城東北三十許里，雲霧間神兵長偉，城北門樓有光明天王，怒視番帥，鼓角凌雲而至。西番畏懼，卷甲遁去。帝覽奏，因勑諸道城樓置天王像，此其始也。

肅宗乾元中，詔空入內建道場護魔法，爲帝受轉輪王位七寶灌頂。

上元末，空表請入山。李輔國宣勑，令於終南山智炬寺修功德。

代宗立，思渥彌厚。永泰元年，詔譯《密嚴》《仁王》二經，帝爲製序。十一月一日，制授特進試鴻臚卿。大曆三年，詔空大興善寺建壇，爲近侍大臣及諸鎮將帥悉授灌頂，帝親署加號大廣智三藏。大曆六年，空進所譯經凡一百二十卷七十七部。九年，示寂。上表辭帝，勅使勞問，賜醫藥，加開府儀同三司，封肅國公，食邑三千户，固讓不已。且曰："白月圓滿，吾當逝矣。奈何臨終更竊名位！"乃以五股金剛鈴杵先師之所傳者，以銀盤置菩提子、水精數珠留別，附中使李憲誠進。六月十五日，香水澡浴，東首倚臥，北面瞻望闕庭，以大印身定中而寂。享年七十，僧臘五十。弟子慧朗次紹灌頂之位，餘知法者數人。帝輟朝三日，賜絹布、雜物、錢四十萬、造塔錢二百餘

---

①　底本，《卍續藏》第 1519 號，第 76 册第 621 頁下—622 頁中。

萬。勅功德使李元琮知護喪事。七月六日茶毗,詔朝品劉仙鶴就寺置祭,贈司空,謚大辯正廣智三藏。收舍利數百粒,以八十粒進内。其頂骨不壞,中有舍利一顆,半隱半現,勅於本寺別院起塔,御史大夫嚴郢爲碑,徐浩書,樹於本院。《唐書》《僧史》《續高僧傳》。

神僧傳·不空^①

明成祖御製^②

釋不空，梵名阿目佉跋折羅，華言不空金剛，止行二字，畧也。本北天竺婆羅門族，幼失所天，隨叔父觀光東國。年十五，師事金剛智三藏。初導以梵本悉曇章及聲明論，浹旬已通矣。

後同弟子含光、慧𧦬^{扶件切}等三七人，附崑崙舶離南海。至訶陵國界，遇大黑風，衆商惶怖，各作本國法，禳之無驗，皆膜拜求哀，乞加救護，慧𧦬等慟哭。空曰："吾今有法，汝等勿憂。"遂右手執五股菩提心杵，左手持般若佛母經夾作法，誦大隨求一徧，即時風偃海澄。又遇大鯨出水，噴浪若山，甚於前患。衆商甘心委命，空同前作法，令慧𧦬誦《娑竭龍王經》，逡巡衆難俱息。既達師子國，王遣使迎之，極備供養。一日王作調象戲，人皆登高望之，無敢近者。空口誦手印，住於慈定，當衢而立。狂象數頭頓皆踢^{徒郎切}跌，舉國奇之。次遊五印度境，屢彰瑞應。

至天寶五載還京，是歲終夏愆陽，詔令祈雨。制曰"時不得賒，雨不得暴"。空奏立孔雀王壇，未盡三日，雨已浹洽，帝大悅。後因一日大風卒起，詔空禳止。請銀瓶一枚，作法加持。須臾戢静，忽因池鵝誤觸瓶傾，其風又作，急暴過前。勅令再止，隨止隨效。帝乃賜號曰"智藏"焉。

天寶八載，許迴本國。乘驛騎五匹，至南海郡，有勅再留。至德初，鑾駕在靈武、鳳翔，空常密奉表起居，肅宗亦密遣使者求祕密法。洎收京反正之日，事如所料。上元末，帝不豫，空以大隨求真言被除，至七過，翼日乃瘳，帝愈加殊禮焉。

肅宗厭世，代宗即位，恩渥彌厚。又以京師春夏不雨，詔空祈請，"如三日内雨，是和尚法力。三日已往而需然者，非法力也"。空受勅立壇，至第二日，大雨云足。一歲復大旱，京兆尹蕭昕詣寺，謂爲結壇致雨。不空命其徒取樺皮，僅尺餘，繢小龍於其上，而以爐香甌水置于前。轉吹震舌，呼使呪之。食頃，即以繢龍授昕曰："可投此于曲江中。投訖亟還，無冒風雨。”昕如言投之，旋有白龍纔尺餘，搖鬣振鱗自水出，俄而龍長數丈，狀如曳素，倐忽亘天。昕鞭馬疾驅，未及數十步，雲物凝晦，暴雨驟降。比至永崇里第，衢中之水已決渠矣。至永泰中，香水沐浴，東首倚卧，北面瞻禮闕庭，以大印身定中而寂。荼毗火滅，收舍利數百粒。其頂骨不燃，中有舍利一顆，半隱半現，勅於本院別起塔焉。

初玄宗召術士羅公遠與空角法，同在便殿。羅時時反手搔背，空曰：“借尊師如意。”時殿上有花石，空揮如意擊碎於其前。羅再三取如意不得，帝意欲起取。空曰：“上勿起，此影耳。”乃舉手示羅，如意復完然在手。

又北邙山有巨蛇，樵采者往往見之。矯首若丘陵，夜常承吸露氣。見空，人語曰：“弟子惡報，和尚如何見度？每欲翻河水陷洛陽城，以快所懷也。”空爲其受歸戒，説因果。且曰：“汝以瞋心故受今報，那復恚恨乎！吾力何及？當師吾言，此身必捨矣。”後樵子見蛇死澗下，臭聞數里。

又一日，風雨不止，坊市有漂溺者，樹木有拔仆者，遽召空止之。空於寺庭中捏泥媪五、六，溜水作梵言駡之，有頃開霽矣。

嘗西蕃、大石、康三國帥兵圍西涼府，詔空入，帝御于道場。空秉香爐，誦仁王密語二七徧，帝見神兵可五百員在于殿庭，驚問空。空曰：“毗沙門天王子領兵救安西，請急設食發遣。”四月二十日果奏云：“二月十一日城東北三十許里雲霧間，見神兵長偉，鼓角喧鳴，山地崩震，蕃部驚潰。彼營中有鼠金色，咋弓，弩弦皆絶。城北門樓有光明天王怒視，蕃帥大奔。”帝覽奏謝空，因勅諸道城樓置天王像，此其始也。

不空年譜

705 年(唐神龍元年),1 歲

    是年出生,母西域康居(今巴爾喀什湖和鹹海之間)人,父北印度人,婆羅門種姓,居家耆闍崛山一帶(中印度摩揭陀國王舍城東北)。

    其後數年,父母雙亡,其舅帶至康居撫養長大。

714 年(開元二年),10 歲

    隨舅家從康居東遷河西,移居涼州府昭武城(位於今甘肅省張掖市)。

717 年(開元五年),13 歲

    遊歷太原府。

720 年(開元八年),16 歲

    師事金剛智,隨侍左右,諷誦梵經。

    不久剃度出家,法號"智藏"。又受菩提心戒,入金剛界曼荼羅壇,灌頂擲花,得號"不空金剛"。

724 年(開元十二年),20 歲

    於洛陽從一切有部石戒壇受具足戒。

730 年(開元十八年),26 歲

    在長安大薦福寺爲金剛智譯《金剛頂經曼殊室利菩薩五字心陁羅尼品》《觀自在如意輪菩薩瑜伽法要》等經充當譯語。

741 年(開元二十九年),37 歲

    金剛智圓寂於洛陽廣福寺,不空爲師料理後事,發願自往五天求法。

742 年(天寶元年),38 歲

    持國書攜弟子含光、慧辯及俗弟子李元琮等三十七人往師子國求法,初至南海郡(治今廣州),應採訪使劉巨鱗請求,在法性寺建立道場,灌頂傳法,廣度信衆。

    至十二月,登昆侖舶啓程。舉州士庶大會,陳設香花,奉送海浦。

743 年（天寶三年），39 歲

經訶陵國界，於年末到達師子國海口城，受到國王尸羅迷伽的熱情歡迎，遣使迎入宮中，供養七日。後敕住佛牙寺，師事普賢阿闍梨，供獻金寶、錦繡等物，從受十八部金剛頂瑜伽教法及五部灌頂，含光、惠�等同受五部灌頂。

後又渡海至印度，遊歷諸國勝跡，遍訪瑜伽密教，搜羅經論儀軌。

746 年（天寶五年），42 歲

攜師子國王奉進之國書及金瓔珞、《般若》梵夾、諸寶、白㲲、毛等，以及所求經論五百餘部，從海路返航，回到長安。有司敕住鴻臚寺，不數日敕請入內，建立曼荼羅壇場，爲玄宗授五部灌頂。隨後移住淨影寺，奉敕譯經。

747 年（天寶六年），43 歲

是年夏大旱，奉敕入內祈雨，玄宗賜紫袈裟，親自披擐，並賜絹二百匹，恩命號爲"大廣智不空三藏"。

749 年（天寶八年），45 歲

當涉嫌南海郡太守劉巨麟貪贓案，"許歸本國"，遂乘驛騎五匹至南海郡，以行途染疾，滯留韶州。

753 年（天寶十二年），49 歲

因河西節度使哥舒翰奏請"令河西邊陲，請福疆場"，遂赴西北。途經長安，敕准止息保壽寺，制使問勞，四事供養。

754 年（天寶十三年），50 歲

抵達武威城，住開元寺。應節度使哥舒翰之請，開壇灌頂，度人數千。置曼荼羅，幕僚諮受五部三密。翻譯瑜伽經軌《金剛頂一切如來真實攝大乘現證大教王經》，司馬行軍、禮部郎中李希言筆受，《菩提場所説一字頂輪王經》等三部，節度判官、監察御史田良丘筆受。

755 年（天寶十四年），51 歲

二月，四鎮伊西庭節度使封常清赴長安途中，停留武威，請於龍興寺及報德寺"同案譯經"。七月，發生安史之亂，哥舒翰、田良丘等入朝平叛。

756 年（天寶十五年，至德元年），52 歲

五月，奉皇太子急詔入朝，返抵長安，敕住大興善寺。不久長安失守，玄宗出逃四川，皇太子擁兵北上，在靈武建號稱帝。

757 年（至德二年），53 歲

密遣使者問道，奉表起居，又頻論克復之策。肅宗亦頻密諜使者求秘密法，並定收京之日。兩京克復，上皇還京，均上表稱賀。十月清宮，建辟魔法會，塗飾上宮，熏修別殿，爲肅宗灌頂授法。肅宗爲示尊崇，不斥其名，但稱不空之號。仍許翻譯，度僧收徒。

758 年(至德三年,乾元元年),54 歲

正月三日,在譯經院設齋,肅宗遣中使吳遊巖宣旨存問,特賜名香,上表致謝。

三月十二日,上表請搜撿兩京及天下寺舍村坊梵夾修葺翻譯,至六月,上奏已搜集陀羅尼教《金剛頂瑜伽經》等八十部,大小乘經論二十部,計一千二百卷,制書敕准於大興善寺開場翻譯。

九月一日,向肅宗進獻虎魄寶生如來像一軀,並梵書《大隨求陀羅尼》一本。

759 年(乾元二年),55 歲

奉詔入內建立道場,及行護摩法,肅宗受輪王寶生灌頂。

760 年(乾元三年,上元元年),56 歲

閏四月,應史元琮奏請敕准,在大興善寺爲國開灌頂道場。

八月,奉敕率弟子三人到終南山智矩寺修功德。據說念誦之夕,大樂薩埵舒毫發光,以相驗之,位隣悉地。

761 年(上元二年),57 歲

肅宗患疾,奉敕入內修大隨求法,皇帝康復,特加殊禮。

762 年(寶應元年),58 歲

肅宗崩,代宗即位。十月代宗誕辰,進白檀摩利支天雕像一軀,並梵書《大佛頂陀羅尼》一本,狀稱代宗有金輪帝位,正法理國,與靈合契。

763 年(廣德元年),59 歲

十一月,上表奏請爲國設置灌頂道場,每年夏中及三長齋月依經建立,敕准,初設內禁,後置大興善寺。

764 年(廣德二年),60 歲

正月二十三日上表,奏請大興善寺設置大德四十九員,永修香火,以福聖躬,敕准。

十月代宗降誕日,奏請度僧七人,隸籍大興善寺及靜法寺等。

765 年(永泰元年),61 歲

四月,奏請再譯《仁王護國般若經》,敕准於內道場翻譯。

六月,鄜坊等州都防禦使、鄭國公杜冕奏請以封錢資助翻譯,並抄寫 21 本頒示諸寺。

九月,御製新譯《仁王經》序,上表稱謝。

十一月一日,詔拜特進試鴻臚卿,仍賜號大廣智不空三藏。追贈其師金剛智開府儀同三司,仍贈號大弘教三藏。五日,上表陳謝,代宗批復。

766 年(永泰二年,大曆元年),62 歲

正月十四日上表祝賀平定周智光,代宗批復。

五月一日,奏請五臺山文殊顯跡之處願捨衣鉢建造金閣寺,含光檢校。那爛陀寺純陀及西域僧道仙、法達等設計,宰相王縉及十節度使助緣。十一月二十一日,奏請捨衣鉢同修玉華寺,行滿檢校,敕准。

767 年（大曆二年）,63 歲

正月十四日,上表祝賀平定周智光叛亂,代宗批復。

二月十六日,上表以化度寺萬菩薩堂原檢校寺主智藏等十四大德爲常住念誦僧,每年三長齋月,精建道場,爲國念誦,敕准。

三月二十六日,上表請置五臺山金閣、玉華、清涼、華嚴、吳摩子五寺各三七人,爲國行道,常轉《仁王護國經》及《密嚴經》。吳摩子寺改爲大歷法華之寺,常爲國轉《法華經》。

六月二十八日,奏請沙門子翶於化度寺萬菩薩堂開講。

十月十三日,奏請度行者、童子爲僧,住莊嚴寺、西明寺及東京廣福寺。

768 年（大曆三年）,64 歲

六月十三日,奏請度無名僧等四人爲僧,于東京金剛智三藏塔所爲灑掃修持。並上表謝御題先師塔額並設齋,代宗批復。

八月十五日,上表謝恩命爲先師設遠忌齋並賜茶,代宗批復。

十月十三日,上表請降誕日度羅文成等三人爲僧,配住西明寺、化度寺、千福寺等。

是年於興善寺立道場,賜瑞錦褥十二領,繡羅幡三十二口,價值千萬,又賜二七日入道場大衆齋糧。近侍、大臣、諸禁軍使,敕令入灌頂道場。道俗之流,別有五千餘衆。

769 年（大曆四年）,65 歲

六月十七日,奏請光天寺東塔院充五臺山往來停止院。

十二月十九日,奏請天下寺食堂中於賓頭盧上特置文殊菩薩形像以爲上座,普賢、觀音執拂爲侍,永爲恒式。敕准施行,並批復。

770 年（大曆五年）,66 歲

七月五日,奉詔往太原、五臺山修功德,至太原設一萬人齋。十三日,代宗手詔慰問。同日奏請於太原府至德寺置文殊師利菩薩院,並抽三學大德二七人,遞弘本教,仍請道憲於寺長時講説。

九月四日,巡禮五臺山之際,代宗手詔慰問。

十月一日,奏請太原府大唐興國大崇福寺唐高祖起義處號令堂安置普賢菩薩像,淨土院灌頂道場處簡擇二七僧,奉爲國長誦《佛頂尊勝陀羅尼》。七聖忌日設齋行香,仍於三長齋月、每月十齋日,令合寺僧奉爲高祖至肅宗七聖轉《仁王護國般若

經》。並爲寺蠲免一切差科及地稅,准奏。

是月返回京師,代宗以所乘騎並御鞍轡遣中使出城迎接,乃乘之入對,代宗大悦,並僧俗弟子咸賜内殿齋飯,錫資束帛甚厚。

771 年(大曆六年),67 歲

二月二日,奏請章敬寺僧惠林法師於保壽寺爲國講經。

是月,敕賜道場繡羅幡二十四口,繡縵天一,並繡額一。

三月二十八日,上表謝恩賜大興善寺施戒方等道場以米、油、柴諸物等,以充齋供,於三七日念誦行道,爲國修福,代宗批復。

四月九日,應保壽寺臨壇大德慧徹等奏請敕准,登有部戒壇秉法,爲衆授戒。

九月二十四日,上表謝恩賜乳牛五頭各並犢,代宗批復表彰。

十月十二日降誕日,上表進奉三朝所翻經凡 101 卷、77 部並目録 1 卷,有敕宣示中外,編入一切經目録,並僧俗弟子等都賜物五百一十疋。

772 年(大曆七年),68 歲

正月二十七日,上表謝恩許新翻經論入目録流行,代宗批復。

三月四日,奏請爲前年巡禮五臺山途中所訪汾州西河縣西苑房佛堂院賜寺額,代宗敕賜額法津之寺。

是歲春夏旱,奉詔建立道場,依法祈雨,應期大雨豐足,代宗大悦,設千僧齋,並賜僧弟子衣七副,以報其功。

六月一日,上表祝賀奉命祈雨應驗,代宗批復。

六月十六日,奏請東都薦福寺金剛智三藏塔院請抽諸寺名行大德七人,置立一切有部戒壇院,每年爲僧授戒,敷唱戒律,六時奉爲國修行三密法門。

八月二日,奏請超悟法師於化度寺修六菩薩講,於像前爲國講《大般涅槃經》,敕准。

十月二十七日,上表謝敕京城及天下僧尼寺内勝處置大聖文殊師利菩薩院,裝飾綵畫文殊像,奉事修持,爲國念誦。

773 年(大曆八年),69 歲

正月八日,奏請京城兩街各置一寺講新譯《大虛空藏經》,請章敬寺大德元盈法師保壽寺講,資聖寺大德道液法師西明寺講,敕准。

二月十五日,奏請天下寺院置文殊院,大寺七僧、小寺三僧,長時爲國講宣讀誦。敕於大興善寺翻經院起首,修造大聖文殊鎮國之閣。代宗自爲閣主,貴妃、韓王、華陽公主贊之,凡出正庫財約三千萬數,特爲修崇。

是春,賜絹二百疋,充乳藥。

五月,奉敕譯《薩路荼王經》一卷,賜絹二百二十疋。

七月十三日,奏請以聚尼衆止宿爲嫌疑、被京兆府推問之大興善寺寺主圓敬貶配河南府陸渾縣思遠寺改過,爲國修持。

八月四日,奏請補前都維那道遇充大興善寺寺主,敕准。

十月十八日,上表謝恩賜瓊華真人《一切經》一藏,凡五千五十卷,當院安置,並轉讀奉迎禮拜,差二七人長時轉讀。

十二月十日,上表謝十四日大興善寺文殊閣上梁特賜千僧齋飯、飲食、錢物等,代宗批復。

774 年(大曆九年),70 歲

正月,賜綵六十疋。夏四月,賜絹三百疋,充衣鉢。

二月五日,上表祝賀祈雨應時,草木滋華,代宗批復。

四月二十九日,上表慰問追悼二十七日瓊華真人薨,代宗批復。

五月五日,上表謝恩賜白素等,代宗批復。

五月七日,立遺書,以大興善寺直歲慧達、典座明彦、都維那法高、寺主道遇、上座潛真書名爲證。

六月六日,奏請於大興善寺當院兩道場各置持誦僧弟子慧朗等二十一人,常令念誦轉經,庶法燈不絕。

六月十一日,代宗敕特進試鴻臚卿大興善寺三藏沙門大廣智不空,加開府儀同三司,仍封肅國公,食邑三千户。

六月十五日,臨終上陳情永辭表,並進奉金剛智所傳五鈷金剛鈴、杵及銀盤子、菩提子、水精念珠及其合子。代宗隨即降旨,所請皆依。遂情意獲申,一心觀行,右脅累足,恬然薨逝。春秋七十,法臘五十。

六月十六日,代宗哀悼,輟朝三日,並遣中使詣大興善寺不空三藏院,宣慰衆徒,敕諸孝子各守法教,敕贈絹三百疋、布二百端,送大興善寺故大廣智不空三藏院充賵贈物。

六月十八日,敕諸孝子着服哭泣葬送威儀,立靈塔,置圖寫影。手詔賜孝子米麵,擇地起塔及葬日等,供給開支。敕功德使李元琮知喪事。

六月二十八日,又賜造靈塔絹七百五十二匹。

七月五日,敕贈司空。

七月六日,敕葬鳳翔之南少陵原,賜謚號大辨正廣智不空三藏和上,遣內給事劉仙鶴宣册致祭,中書侍郎元載、兵部尚書李抱玉等均致祭文,四部弟子及數萬人衆送葬。荼毗之後,於住院起塔,並樹碑立傳。

七月七日,敕語僧慧朗專知撿校不空三藏院事,兼及教授後學。

後　記

　　《不空全集》原爲廣州光孝寺"共建二十一世紀海上絲綢之路書系"的選題，因與筆者從事的密教研究以及近年來編輯《中華大藏經（漢文部分）·續編》密教經軌和國家社科基金重大項目《密教文獻文物資料整理與研究》的工作有密切關係，經中國社會科學院世界宗教研究所張總教授推薦，筆者接受光孝寺住持明生大和尚委託，簽約承擔整理工作，歷經三年，終成其稿。本稿主體部分是在 2015 年暑期指導 2014 級博士研究生王航和碩士研究生王小蕾、成瑤瑤、劉小兵以及劉群集中點校而成，碩士生李艷和吳嬌也參與部分點校工作。2017 年寒假以來編者集中修改，並補充點校附編經軌及編製年譜，暑期又與王航補充點校有關敦煌文獻。2017 年 12 月、2018 年元月，根據中華書局編輯提出的意見，再次作了修訂，並加以補充完善，博士生王航、王小蕾、寧艷紅以及碩士生左金中參與了遺漏經軌的補充校勘。2018 年 2 月及 3 月初，校勘整理部分遺漏經軌，並對全文有關部分加以補充修訂，至 3 月 6 日完稿。其後根據書局意見，又陸續做了補充、修訂、校對，至 2019 年 8 月底全部完成。正編之前的緒論，於編者《中國密教史》修訂版有關不空部分內容的基礎上修改補充而成。本書的出版，承蒙光孝寺資助，由中華書局出版，特此致謝！

呂建福謹記

2019 年 8 月 26 日